上

晋察冀边区大事记述

中共河北省委党史研究室
河北省晋察冀边区研究会　编著

河北大学出版社
·保定·

出 版 人：朱文富
选题策划：何　东
责任编辑：李　达
助理编辑：陈浩苏
装帧设计：杨艳霞
责任校对：杜启昌
责任印制：常　凯

JINCHAJI BIANQU DASHI JISHU

图书在版编目（CIP）数据

晋察冀边区大事记述 ：上、下 / 中共河北省委党史研究室，河北省晋察冀边区研究会编著．-- 保定 ：河北大学出版社，2022.8
ISBN 978-7-5666-1893-1

Ⅰ．①晋… Ⅱ．①中… ②河… Ⅲ．①晋察冀抗日根据地－大事记－1931-1948 Ⅳ．①K269.506

中国版本图书馆 CIP 数据核字（2021）第 140764 号

出版发行：河北大学出版社
地址：河北省保定市七一东路 2666 号　邮编：071000
电话：0312-5073019　0312-5073029
邮箱：hbdxcbs818@163.com　网址：www.hbdxcbs.com
经　　销：全国新华书店
印　　刷：保定市北方胶印有限公司
幅面尺寸：185 mm × 260 mm
印　　张：61
字　　数：1031 千字
版　　次：2022 年 8 月第 1 版
印　　次：2022 年 8 月第 1 次印刷
书　　号：ISBN 978-7-5666-1893-1
定　　价：248.00 元

本书编委会

不忘初心　砥砺前行（代序）

党的十八大以来，以习近平同志为核心的党中央高度重视弘扬中华优秀传统文化。2015 年 7 月，在中共中央政治局第二十五次集体学习会上，习总书记就关于如何深入开展抗战研究发表了重要讲话，强调指出：深入开展中国人民抗日战争研究，必须坚持正确历史观、加强规划和力量整合、加强史料收集和整理、加强舆论宣传工作，让历史说话。长期以来，对中国人民抗日战争的研究，同中国人民抗日战争的历史地位和历史意义相比，同这场战争对中华民族和世界的影响相比，还远远不够，要继续进行深入系统的研究。

晋察冀抗日根据地是党在敌后创建的第一块抗日根据地，位于华北北部，包含以山西、察哈尔、河北三省交界地为中心的晋、察、冀、热、辽、绥的广大地区。1937 年七七事变爆发后，日军大举增兵，国民党军节节败退，华北战局严重危急。聂荣臻等老一辈无产阶级革命家临危受命，率部迎敌而上，开赴华北抗日前线。根据中共中央和毛泽东的战略部署，聂荣臻奉命率八路军第一一五师一部到达五台地区，分兵发动群众，开展独立自主的敌后游击战争，恢复和发展党的组织，建立抗日民主政权，并创建了以五台、阜平为中心的晋察冀抗日根据地。在艰苦卓绝的反法西斯战争中，聂荣臻等领导根据地军民团结一心，英勇抗敌，筑建了全国持久抗战的“坚强堡垒”，建立了进军东北的“前进阵地”，被中共中央和毛泽东誉为“敌后模范的抗日根据地及统一战线的模范区”。晋察冀抗日根据地不仅在对敌斗争，而且在建党、建军、建政、群众工作和社会改革及经济、文化建设等方面，都创造了光辉的业绩，积累了极为丰富和宝贵的经验，不仅为中国人民抗日战争暨世界反法西斯战争的胜利作出了卓越贡献，而且为新中国的建设提供了宝贵的经验。

在全面深化改革的今天，以习近平新时代中国特色社会主义思想为指导，深入挖掘整理晋察冀抗日根据地史料，全面、系统地开展晋察冀抗日根据地研究和宣传，对于新时期加强党的建设、军队建设、民主政权建设及经济和法制建设具有重要的借鉴意义，为广大党员干部和群众增强“四个意识”、坚定“四个自信”、做到“两个维护”，为实现“两个一百年”奋斗目标和中华民族伟大复兴的中国梦提供精神动力。

河北大学出版社组织策划出版，中共河北省委党史研究室、河北省晋察冀边区研究会、晋察冀边区革命纪念馆整理编著的“晋察冀 1937—1948”系列丛书，规模十分宏大，作者队伍水平很高，研究范围涵盖了党报党刊、原始票证的收集、整理、影印，晋察冀口述史，晋察冀红色文艺作品等方方面面。此项工程贯彻了习近平总书记关于如何深入开展抗战研究的重要讲话精神，是对晋察冀抗日根据地进行的全面梳理和深入研究，具有重要的历史意义和现实价值。这是一件利国利民的大事，好事，值得肯定与支持！

编纂这样一部系列丛书，是一项艰苦而又细致的工作，希望参与此项工作的同志们继承和发扬老一辈无产阶级革命家的精神和作风，不忘初心，牢记使命，严肃认真，一丝不苟，把这一系列丛书编纂好，出版好。

聂力

2019 年 6 月 28 日

目　　录

1933 年

1934 年

1937 年

1938年

1939 年

1940年

1941 年

1942 年

1943 年

1944 年

1945 年

1946 年

1947 年

1948 年

晋察冀边区历史概述

晋察冀边区，开创于中国人民抗日战争之时，止于中国人民解放战争胜利前夕，为筹建新中国而与晋冀鲁豫边区合并为华北解放区。晋察冀边区跨越两个时期，一般在抗日战争时期称为“晋察冀抗日根据地”，在解放战争时期称为“晋察冀解放区”。它位于华北北部，包含以山西、察哈尔、河北三省交界地为中心的晋、察、冀、热、辽、绥的广大地区，战略位置极为重要。抗日战争时期，晋察冀边区是中国共产党在敌后创建的第一个抗日民主根据地，在对敌斗争和建党、建军、建政、群众工作及经济建设、文化建设等方面，都创造了光辉业绩并积累了宝贵经验，被中共中央誉为“敌后模范的抗日根据地及统一战线的模范区”，成为坚持华北敌后抗战和全国持久抗战的坚强堡垒及对日反攻作战和收复东北失地的前进阵地。解放战争时期，晋察冀边区是华北解放的主战场，在战争和反奸清算、土地改革、整党整军、城市管理、发展生产及人民政权建设等方面都取得了丰硕成果，并成为解放华北乃至全中国的坚强阵地和战略后方。晋察冀边区，在全民族抗日战争和人民解放战争中处于特殊地位，为新中国的成立作出了伟大而独特的贡献。

晋察冀地区的抗日救亡斗争。晋察冀地区，早在卢沟桥事变爆发前，在中国共产党的影响、推动或组织下，就多次爆发英勇的抗日斗争，如山海关抗战、长城抗战，以及孙永勤领导的冀热边“民众抗日救国军”抗战、冯玉祥领导的察哈尔“民众抗日同盟军”抗战等，特别是1935年北平爆发的一二·九抗日救亡爱国学生运动，有力地推动了全国人民抗日救亡的热潮，晋察冀地区人民坚决抗战、誓死不当亡国奴。1936年刘少奇主持中共北方局工作后，贯彻中国共产党的抗日民族统一战线方针，彻底转变白区工作路线，积极恢复和发展党组织，加紧开展对宋哲元、阎锡山、傅作义等国民党政府地方实力派的上层统战工作，推动抗日民主运动持续开展，工作成效十分显著。在平津地区，中国共产党领导创建的“中华民族解放先锋队”（简称“民先队”）迅猛发展。在山西，以薄一波为书记的中共山西（公开）工作委员会以山西牺牲救国同盟会（简称“牺盟会”）为核心，开办培训各类抗日救亡军政干部的训练班，放手发动群众、组织群众，开展各种抗日救亡活动。这些工作，都为中国共产党在晋察冀地区发动抗日游击战争，建立敌后抗日根据地，奠定了必要的前提和基础。

晋察冀抗日根据地的创建。1937年七七事变后，日军疯狂进攻华北，北平、天津、张家口、保定、沧州、石家庄等地相继沦陷，11月8日太原陷落。至此，华北战场以中共领导下的八路军为主体的抗日游击战争转入主要地位。根据中共中央的部署和决策，1937年8月，八路军一一五师、一二〇师、一二九师先后从陕北开赴华北抗日前线。9月25日，一一五师在晋东北首战平型关，取得抗日战争以来第一个大胜利。10月22日，聂荣臻奉八路军总部命令，率一一五师一部和一二〇师三五九旅工作团等部共约3000人，留驻五台山区，着手创建晋察冀抗日根据地。在此之前，中共中央北方局已派王平、李葆华、刘秀峰在阜平组建中共晋察冀省委，配合八路军部队在晋、察、冀三省边界地区发动群众，组织抗日武装。聂荣臻部乘敌后空虚的有利时机分兵挺进，大刀阔斧地开辟工作。11月7日，根据中央军委和八路军总部的命令，晋察冀军区在山西五台宣告成立，聂荣臻为军区司令员兼政治委员，唐延杰任参谋长。11月13日，晋察冀军区宣布成立4个军分区：第一军分区，杨成武任司令员，邓华任政治委员；第二军分区，赵尔陆任司令员兼政治委员；第三军分区，陈漫远任司令员，王平任政治委员；第四军分区，周建屏任司令员，刘道生任政治委员。至此，在平绥、正太、同蒲、平汉4条铁路干线中间的晋察冀边区中心根据地初步形成。

为了便于统一领导全区部队建设和作战指挥，11月18日，聂荣臻率晋察冀军区机关从山西省五台县移驻河北省阜平县。同时，与宋劭文、胡仁奎等人协商建立晋察冀边区行政委员会事宜。11月24日至12月21日，晋察冀军区部队粉碎日军2万余人对边区的八路围攻，歼敌1000余人，使晋察冀抗日根据地在敌后站稳了脚跟。1938年1月15日，晋察冀边区临时行政委员会（即边区政府）成立，后经国民政府军事委员会与行政院批准，晋察冀边区行政委员会成为国共合作抗战所开出的中国近代史上的一朵“奇葩”，标志着华北敌后第一个抗日根据地正式形成。

冀中平原根据地也逐步开辟。石家庄失陷后，平汉线省委经过井陉迁至阳泉与八路军一二九师会合，其下属的保东、保南两特委合并为中共保属省委，继续组织抗日武装。这时，红军团长孟庆山受党中央派遣到达冀中，任保属省委军事委员，在高阳、蠡县、任丘、安新一带组建抗日游击队。1937 年 10 月中旬，吕正操率东北军第五十三军六九一团挥师北上抗日，并在晋县小樵镇改编为“人民自卫军”。10 月底至 12 月初，人民自卫军在地方党组织配合下，先后摧毁深泽、安国、安平等县伪组织，建立抗日县政权，并攻占高阳县城，与保属省委及其领导的人民武装会合，迅速打开了冀中平原的局面。12 月，吕正操奉命率领人民自卫军赴平汉路西整训。同时，冀中组建了以孟庆山为司令员的“河北游击军”。1938 年 1 月，中共保属省委改名为冀中省委，北方局派鲁贲任书记，随人民自卫军回到冀中。接着，人民自卫军与河北游击军迅速收编，解决了多股游杂武装和汉奸土匪武装，并派部队进军大清河以北开辟平津保三角地带。4 月 1 日，冀中政治主任公署成立，李耕涛任主任；4 月 21 日至 5 月 1 日，冀中区党的第一次代表大会在安平县城召开，决定统一冀中区党政军和群众团体的领导机构。会后，冀中省委改为冀中区党委，黄敬任书记；人民自卫军与河北游击军统一编为八路军第三纵队，兼冀中军区，归晋察冀军区指挥，吕正操为第三纵队兼冀中军区司令员，下辖 4 个军分区（后增设第五军分区）。至此，冀中平原抗日根据地初步形成。

同时，根据毛泽东的指示和八路军总部的命令，1938 年 3 月，晋察冀军区派邓华支队进入平西，开辟平西抗日根据地。1938 年 5 月，晋西北的宋时轮支队调至平西，与邓华支队合编为八路军第四纵队，并于 6 月 8 日挺进冀东，随之爆发了震惊中外的冀东抗日大起义。起义很快由 7 县扩展到 21 县，并组织起 10 余万人的抗日联军。但由于第四纵队主要领导人对形势估计过于严重，除留包森、单德贵、陈群三个游击支队（各 200 人左右）坚持冀东抗日斗争外，第四纵队和抗日联军全部于 9 月下旬开始向平西转移。队伍在西撤途中伤亡人数较多，损失较大，李运昌等率抗日联军一部返回冀东，与三个游击支队会合，在极其艰苦的环境中继续坚持冀东地区的抗日游击战争。

晋察冀抗日根据地创立以来，为配合徐州、武汉会战，曾多次破坏铁路，袭击敌人，使华北日军感受到严重的威胁。1938 年 9 月，日军调集 5 万余兵力分 25 路围攻晋察冀边区腹地五台、阜平、涞源等地。晋察冀边区军民在八路军一二〇师三五九旅和其他兄弟部队的配合下，经过48天激战，粉碎了敌人的围攻，保卫了根据地。到1938年10月，晋察冀根据地已扩展为有72县、1200万人口的广大地区，拥有县城数十座，武装人员10万人以上，共产党员7万人左右，工农青妇等群众团体会员100万人，建立了抗日民主的新社会秩序，成为“模范抗日根据地及统一战线的模范区”。

晋察冀抗日根据地的巩固。1938年10月，日军攻占武汉后，抗日战争进入相持阶段。晋察冀边区抗日军民同日伪军及国民党顽固派进行复杂斗争，并在斗争中巩固和建设边区。为进一步加强党对晋察冀根据地的领导，根据中共中央决定，1939年1月，成立了以彭真为书记的中共中央北方分局，下辖晋察冀区党委、冀中区党委和冀热察区党委。随之，中共中央北方分局在平山召开了晋察冀边区第二次党代表大会，根据中共中央扩大的六届六中全会精神制定了建设和巩固边区的方针与任务。在党的领导下，晋察冀军区部队在1938年11月粉碎日军大围攻后，于1939年5月至9月的反“扫荡”中，与八路军一二〇师三五九旅、三五八旅协同作战，先后取得了上下细腰涧、大龙华和陈庄等“模范的歼灭战”的重大胜利；在1939年秋季反“扫荡”中，晋察冀军区一分区部队和一二〇师特务团等在雁宿崖、黄土岭歼敌1500余人，击毙号称“名将之花”的日军第二混成旅团长阿部规秀中将，创中国战场毙敌中将军官之首例。在冀中地区，冀中军区部队从1938年11月至1939年4月，在八路军一二〇师主力部队的配合下，粉碎日伪军连续5次的“扫荡”，在河间齐会战斗中创造了平原歼灭战的光辉战例；1940年春，又粉碎了日伪的全面“扫荡”。冀热察区军民执行巩固平西、坚持冀东、开辟平北的“三位一体”的方针，从1940年底至次年初，创造了冀热察边区大块抗日游击根据地。

在反“扫荡”的同时，晋察冀边区军民按照党中央“有理、有利、有节”的原则，打退了国民党顽固派张荫梧、鹿钟麟、金宪章、白志沂等的磨擦进攻。1940年初，晋察冀军区“南下支队”和冀中部队配合八路军一二九师和冀南部队，对进攻八路军总部的朱怀冰、石友三等部予以有力打击，取得了反磨擦斗争的重大胜利。

根据中共中央北方分局青山组织会议的精神，晋察冀边区于1939年冬、1940年初深入进行了整顿党组织的工作，从政治上、思想上、组织上巩固了边区党组织，增强了党的战斗力。边区抗日武装，经过整编与训练，初步形成了正规军、地方武装、民兵“三位一体”的人民战争体系。同时，自上而下地进行了县、区、村各级政府的民主改造，建立健全了各级政府的行政系统。在连续两年行政村选的基础上，1940 年 7 月至 10 月，晋察冀边区根据中共中央关于实施“新民主主义宪政”和建立“三三制”（即在民意机关和政府人员中，共产党员只占 1/3，其他抗日党派和无党派人士各占 1/3）抗日民主政权的指示，在各区发起了空前热烈的民主大选举运动，逐步健全了各级民意机关和行政机关，确立了边区抗日民族统一战线的新民主主义政权体系和相关的民主制度。期间，中共中央北方分局颁布了经过中共中央批准的《关于晋察冀边区目前施政纲领》，即著名的《双十纲领》，为边区的发展指明了正确的方向。

随着《双十纲领》的颁布，晋察冀边区党和政府发动人民群众，大力进行了根据地的财政经济建设和文化建设，实行减租减息，整顿税收，赈济灾民，奖励生产，开荒治滩，兴修水利和合作运销等事业；建立边区银行，发行边币，驱逐各种杂钞和日伪“联银券”；创办民间夜校、冬学、学校、报刊、文艺团体、歌咏队等，繁荣文化教育事业，使边区经济与教育得到恢复与发展，粉碎了日军经济封锁和奴化教育的阴谋。

1940 年 8 月至 12 月，为配合全国正面战场，打破敌人的“囚笼政策”，振奋人心，晋察冀边区部队 46 个团参加了闻名全国的百团大战，担任破击正太路平定至石家庄段和平汉、平绥、北宁各线及拔除边区腹地日伪主要据点的任务。边区数十万群众和民兵协同作战，边区部队与晋绥、晋冀鲁豫区部队一起，共进行大小战斗 1800 余次，毙伤俘日伪军 4.3 万余人，还一度攻占了天险娘子关，使正太路中断一个月之久。到百团大战结束，晋察冀边区发展壮大为包括晋察冀、冀中、冀热察三个战略区 1500 万人口的广大地区，拥有正规军约 11 万人，共产党员 17 万人。

晋察冀抗日根据地的艰苦抗战和恢复发展。百团大战后，尤其是太平洋战争爆发前后，日军对中国正面战场及敌后战场的进攻更加疯狂与残酷，中国抗日战争进入最艰苦时期。1941 年初至 1942 年底，日伪在华北连续推行五次“治安强化运动”，实行“蚕食”政策和“毁灭扫荡”，处于敌心脏地区的晋察冀根据地进入艰难时期。1941 年 5 月至 6 月，日伪军分别集中 4 万和 2 万余兵力对冀东和冀中十分区大举围攻；1941 年秋，日伪军集中 7 万余兵力对北岳及平西进行“铁壁合围”大“扫荡”；1942 年，日军以 4 万余兵力对冀东根据地连续进行三期大规模“肃正作战”；1942 年 5 月 1 日，日军集中 5 万余兵力对冀中平原根据地进行空前残酷的“扫荡”和“清剿”。日伪军在大“扫荡”中，实行“杀光、烧光、抢光”的“三光政策”，大量修建据点、碉堡与封锁沟、封锁墙，制造了老虎洞惨案、平阳惨案、北疃惨案、潘家峪惨案等一系列骇人听闻的大惨案，还在长城沿线、冀晋边界、晋东北制造了三大块“无人区”。边区根据地遭到严重损失，巩固区缩小，大部变为游击根据地、游击区和敌占区，财政经济也遇到极大困难。

为了保卫根据地，坚持华北敌后抗战，晋察冀边区军民与敌人展开英勇顽强的斗争。1941 年秋，北岳区和平西区军民在其他根据地部队的配合下，经过两个月奋战，毙伤敌 5500 余人，粉碎了敌人的“铁壁合围”大“扫荡”。1942 年，冀中区军民在五一反“扫荡”中，歼敌 1.1 万余人。冀中区党政军领导机关随主力部队转移后，成立了以程子华为首的冀中临时区党委，在极端困难的环境中领导冀中区军民继续坚持平原游击战争。在冀东，八路军于 1941 年冬至 1942 年 2 月发起打击伪治安军战役，3 个月内毙伤俘伪军官兵 5000 余人，攻克、逼退敌据点 20 余个，粉碎了日军企图依靠伪治安军统治冀东的阴谋。随后，冀东主力部队转入长城外的热南地区，把抗日的烽火燃到伪满洲国境内，同时还开辟了滦河以东和北宁路以南的新游击区。

1942 年 9 月，中共中央北方分局和晋察冀军区召开边区党政军高级干部会议。会议根据中共中央和八路军总部的指示，制定了“敌进我进”、到“敌后之敌后”去、开展全面反“蚕食”反“扫荡”斗争的方针与措施。会后，主力分散活动，武工队、支队深入敌后，广泛开展地道战、地雷战、交通战、麻雀战等群众性的游击战争，并对敌展开强大政治攻势，争取和瓦解敌人；在游击区运用抗日两面政策，恢复和建立各种隐蔽的抗日村政权；实现党的一元化领导，开展整风运动，精兵简政；全面贯彻《双十纲领》和各项抗日民族统一战线政策，实行统一累进税，奖励生产，繁荣贸易，活跃经济，加强对敌粮食、物资、市场的争夺战。边区军民逐渐打破了日军对晋察冀抗日根据地的“蚕食”进攻和封锁，逐步扭转了晋察冀抗日根据地的被动局面。

1943 年 1 月，晋察冀边区召开第一届参议会，使边区新民主主义政治制度建设臻于完备，边区抗日民族统一战线得到了进一步的巩固和加强。1943 年 9 月至 12 月，边区军民粉碎了日军对北岳区为时最长、最野蛮的“毁灭扫荡”，宣告日军的“蚕食”“扫荡”政策彻底破产。至此，北岳区被敌“蚕食”的地区基本恢复，还新增5个抗日联合县；冀中区恢复和开拓3000多个抗日村政权，公开与隐蔽的根据地在广大地区恢复、发展起来；冀东根据地的平原区基本恢复，摧毁了部分“无人区”，还新开辟8个联合县。从而，打破了敌人“以战养战”，变华北为大东亚战争“兵站基地”的计划，为边区根据地克服困难、准备反攻，打下了基础。

晋察冀抗日根据地的对日反攻和大发展。1944年，国际形势发生了有利于中国抗战的巨大变化。苏军在欧洲战场、美英盟军在太平洋战场的反攻取得决定性胜利。日本为扭转其战略颓势，集中兵力向国民党正面战场发动打通大陆交通线战役。在此形势下，中共敌后抗日战场发起了局部反攻。从5月开始，晋察冀边区军民迅速展开局部反攻，猛烈扩大解放区：北岳区军民全年歼敌7000余人，收复村庄1600多个，打开了察南、雁北地区的新局面；冀中区军民举行“拔碉战役”，全面解放村镇5000余个，不仅恢复了冀中全盛时期的局面，而且开辟了津南地区；冀热边区开辟了通县以南地区，打通了与冀中的联系。随着边区地域的扩大，为适应反攻的需要，根据中共中央1944年7月28日的指示，中共中央晋察冀分局组建了冀晋、冀察、冀中、冀热辽四个二级军区、党委和行署。与此同时，晋察冀边区军民开展了减租减息和大生产运动，以及“拥政爱民”“拥军优抗”和大练兵运动，开展了敌占城市和交通要道工作，特别是东北地区的工作，以准备全面大反攻。

1945年上半年，日本开始缩小在中国的作战范围，将兵力集中于华中、华北，企图进行“长期持久的防御战”，以作好“本土决战”的准备。根据毛泽东关于“消灭敌伪，扩大解放区，缩小沦陷区”的指示，晋察冀抗日根据地各战略区向敌伪军发动了更加猛烈的春夏季攻势。1月至7月，晋察冀边区军民发动了一系列战役，席卷了雁北、察北、热河、辽西，直逼北平、天津、张家口市郊，并粉碎了日军对冀东的大“扫荡”，夺取了向东北进军的前进阵地。8月10日和11日，八路军总部连续发布了七道大反攻令。中国人民抗日战争进入最后阶段。晋察冀军区根据八路军总部的命令，配合苏军对日举行全面反攻。晋察冀边区部队直指北平、天津、保定、石家庄、大同、太原、张家口等大中城市与交通要道，并于8月23日攻占了伪蒙疆联合自治政府驻地张家口。同时，抽调一部主力和大批干部，由李运昌等率领，分三路向热河、辽宁挺进，收复失地；8 月 30 日与苏军协同攻克山海关；9 月 5 日与苏军胜利会师沈阳。因国民党政府命令日伪军“维持地方治安”，阻止其向八路军缴械投降，部队的进攻遇到日伪军的顽抗，晋察冀军区于 8 月 24 日改为着重夺取中小城市和广大乡村，扩大解放区，歼灭日伪有生力量。在近一个月的大反攻中，晋察冀边区军民解放了热、察两省和广大国土，并为建立东北解放区，为中共中央制定“向北发展，向南防御”的战略决策，作出了重要贡献。1945 年 9 月 2 日，日本侵略者在无条件投降书上签字，中国人民坚持 14 年之久的抗日战争终于赢得了最后胜利！

14 年抗战中，晋察冀边区抗日根据地经常牵制、抗击着 1/3 到 1/2 的华北日军和 1/2 左右的华北伪军及部分关东军、伪满军、伪蒙军，作战 3.2 万多次，粉碎敌 1000 人以上、7 万人以下的大“扫荡”110 余次，消灭日伪军 35.1 万余人，同时也付出了巨大牺牲。晋察冀边区形成了以张家口为中心，包括河北省大部和热河、察哈尔两省及山西、绥远、辽宁各一部分的广大区域，为中国全民族抗战与世界反法西斯战争的胜利作出了重大的贡献，为中国人民解放战争打下了坚强的战略基地。

晋察冀解放区保卫抗战胜利果实，准备自卫战争。抗日战争胜利后，国民党蒋介石不顾全国人民渴望和平的愿望，在美国政府的支持下，坚持独裁、内战方针，发动全面内战。为适应抗战胜利后新形势的需要，加强对解放区党政军的统一领导，中共中央对晋察冀解放区党的领导机构和军事机构进行了调整，成立了以聂荣臻为书记、司令员兼政治委员的中共晋察冀中央局和晋察冀军区，下辖冀晋、冀察、冀中、冀热辽 4 个区党委、4 个军区和 2 个野战军。面对国民党军队的进犯，晋察冀军区部队遵照中共中央和中央军委的指示，为保卫以张家口为中心的战略基地，在西线，迎击傅作义部东犯，进行了绥远战役，挫败了国民党进犯张家口的企图；在东线，进行保卫山海关战役，迟滞了国民党军队由陆路进入东北的时间，保障八路军、新四军和大批干部较顺利地进军东北。在停战协定签订前后，晋察冀解放区军民坚持自卫立场，对国民党及其军队抢夺解放区、抢占战略要点和破坏政协协议的行径，进行了坚决斗争。

在对敌斗争中，晋察冀解放区开展练兵运动和部队精简整编，在军区下组建 4 个野战纵队和冀热辽二级军区与冀中、冀晋、冀察、冀东、热河、热辽 6 个三级军区及 21 个军分区，提高了部队的机动能力和作战能力，也节省了财政开支。同时，发展和巩固党组织，加强人民民主政权建设，开展城市工作。在新解放区，发动群众开展反奸清算复仇运动；在老解放区，发动群众深入开展查租查息、增资斗争；推动新老解放区群众掀起生产建设热潮。从而，为争取和平民主，准备应付内战，创造了较好的条件。

晋察冀解放区反击国民党军的大举进攻。1946 年 6 月，国民党蒋介石在美国支持下，悍然撕毁停战协定和政协协议，下令进攻中原解放区，发动全面内战。晋察冀解放区是国民党军队进攻的重要区域之一。蒋介石集中优势兵力，企图首先占领承德和冀东，然后从东西两面会攻晋察冀边区首府张家口。针对敌情，根据中共中央的指示和部署，晋察冀与晋绥两军区进行了晋北战役和大同、集宁战役，至 9 月中旬，歼敌 2 万余人，并取得了宝贵的经验，吸取了教训。其间，趁晋察冀野战军主力在大同、集宁方向作战，国民党东北保安司令长官杜聿明部、第十一战区孙连仲部分头进攻热河、冀东，并先后占领承德及冀东各县城。在张家口面临东西两面受敌的不利态势下，中共晋察冀中央局和军区精心部署和指挥张家口保卫战，并经中央同意，于 10 月 11 日主动撤离张家口。

1946 年 10 月下旬，中共晋察冀中央局在涞源召开扩大干部会议，贯彻中共中央的精神，统一思想认识，总结前一段对大规模内战在思想上、军事上、工作上准备不足的经验与教训，树立了战胜蒋介石进攻的坚定信念，并迅速充实野战纵队，调整二级军区和战斗序列。自 1946 年 11 月初起，部队连续进行易（县）满（城）战役、保（定）南战役、正太战役、青（县）沧（县）战役、保（定）北战役及滦（河）东战役。至 1947 年 7 月初，晋察冀解放区的战局基本好转，掌握了战场的主动权，并使晋察冀与晋冀鲁豫两大解放区连成一片，使华北国民党的战略要点石家庄陷入彻底孤立地位。

为了发动广大农民支持解放战争，晋察冀解放区把土地问题提到了重要日程。全区通过贯彻中共中央 1946 年 5 月 4 日发出的《关于土地问题的指示》（即《五四指示》），开展土地改革。至 1947 年初，仅冀中、冀晋、察哈尔三个省区，在 1.5 万多个村庄，1000 万以上人口的地区，广大农民得到了土地，实现了耕者有其田。农民参战与生产的积极性空前高涨，全边区有 8 万农民参军，其中冀东区有 1.9 万青年参军，冀中区 2 个月内就有 4 万青年参军。同时，加强解放区财政经济建设与对敌经济斗争，开展大生产运动，农业、工业、手工业、家庭副业和商业迅速恢复与发展。加强与提高军工生产，自力更生，解决技术与原材料困难，使军工生产能力每月平均达到生产八二迫击炮弹1万发、炸药2万公斤至2.5万公斤、手榴弹7万枚至10万枚。加强野战军建设，将军区机关与野战军分开，另建野战司令部，边区正规军由20.8万人增至23.8万人（第一野战纵队返归晋冀鲁豫军区）。晋察冀解放区从军事、政治、经济、思想各方面为转入战略反攻作好了准备。

为适应人民解放战争的全局利益，1947年4月，冀热辽中央分局、军区和办事处及其所属冀东、冀热察与热河地区划归东北局领导，同时对晋察冀解放区尚辖的冀中、冀晋、察哈尔三区及其领导机构进行了新的调整。晋察冀解放区拥有11个专区、89个县、4个市、1500余万人口。这时，刘少奇、朱德率领中共中央工作委员会到达晋察冀边区，对边区战略反攻和各项工作进行了直接有力的领导，标志着中国革命领导中心开始由西北向华北转移。

晋察冀解放区开展战略反攻。1947年6月底，晋冀鲁豫野战军渡过黄河，揭开了战略反攻的序幕。在中共中央和中央工委的领导下，中共晋察冀中央局、晋察冀军区和边区行政委员会加强团结，动员边区全党全军全民，夺取战略反攻的重大胜利。9月举行大清河北战役；10月再向保（定）北出击，转兵保南进行清风店战役，全歼国民党第三军主力，活捉军长罗历戎等人；随即乘势发起石家庄战役，至11月12日解放石家庄，全歼守敌2.4万余人。石家庄是中国人民解放军攻占的第一个较大城市，使晋察冀与晋冀鲁豫两大解放区完全连成一片。随后又总结了收复和管理石家庄的城市工作经验，为尔后攻占、收复和管理大中城市提供了宝贵的经验。

根据毛泽东和中共中央关于全国解放战争的全局部署，1947年11月，察哈尔省与冀晋区合并为北岳区；12月，晋察冀军区新扩建3个野战纵队，军区野战主力部队较一年前壮大近1倍。随即，配合东北民主联军的冬季攻势作战，打破傅作义部的平津保三角防御态势；进行平汉路北段破击战，解放大清河以北广大地区；发动察南、绥东战役，解放1.3万平方公里的广大地区；1948年5月中旬发起冀热察战役，在热西、冀东、保北三个方向上机动作战，迫使傅作义部主力无法增援东北。

为适应战略反攻和解放区建设的需要，贯彻1947年7月至9月在西柏坡召开的全国土地会议精神，及会议制定的《中国土地法大纲》，晋察冀解放区放手发动土改复查和平分土地的群众运动，并结合土改整顿党的队伍，开展以查阶级、查思想、查作风，整顿组织、整顿思想、整顿作风为主要内容的整党运动。到 1948 年初，晋察冀解放区平分土地运动取得基本胜利。部队普遍开展新式整军运动，通过“诉苦”（诉旧社会和反动派统治人民之苦）、“三查”（查阶级、查思想、查作风）、“三整”（整顿组织、整顿思想、整顿作风）等活动，发扬政治、军事、经济三大民主，从而使部队在政治上高度团结，生活上得到改善，军事作战能力大大提升。同时，贯彻华北财经会议的决定，大力恢复与发展农业生产，发展工商业并繁荣城市，加强交通运输和金融贸易工作，保证了战略反攻的军需民食。

晋察冀与晋冀鲁豫两解放区合并为华北区。 为了夺取全国政权，中共中央决定将中国革命的总指挥部从西北转移到华北，毛泽东等率中共中央机关于 1948 年 5 月 27 日到达晋察冀边区建屏县（今平山县）西柏坡村，与先期到达的中共中央工委会合。在此前后，中共中央和中央军委决定合并晋察冀与晋冀鲁豫两解放区为华北解放区，党政军领导机关驻石家庄。5 月 20 日，中共中央华北局、华北军区和华北联合行政委员会正式成立，刘少奇兼任华北局第一书记，薄一波任第二书记兼华北军区政治委员，聂荣臻任第三书记兼华北军区司令员，董必武任华北联合行政委员会主席。8 月 7 日至 19 日，华北临时人民代表大会在石家庄召开，选举产生华北人民政府委员会，董必武为华北人民政府主席，薄一波、蓝公武、杨秀峰为副主席，宋劭文为秘书长。9 月 26 日，华北人民政府委员会宣誓就职，晋察冀边区行政委员会和晋冀鲁豫边区政府正式宣布撤销。

晋察冀解放区为人民解放战争作出了重要的贡献。晋察冀军区部队解放了石家庄等大中城市和广大地区，边区有 20 万青壮年参军，有 50 余万民兵参加前方战勤，边区人民负担了 730 万大石公粮，并负担了财政开支边币约合 350 万大石小米，有 10 万余头牲口、5 万余辆大车参加前后方运输。北岳、冀中两区能进行土地改革的 15 066 个行政村、1068 万人口的区域中，已有 90%以上的地区达到了大体平分土地。农业生产和水利建设成绩显著，石家庄、辛集、泊头、阳泉等城市也繁荣起来。为适应解放区建设的需要，1946 年 7 月初，边区大学、专门学校、中等学校达 56 处，学生有 11 000 余人，比 1945 年增加 5 倍。农村和城市的人民民主政权建设也取得了初步经验。

1931 年

9 月

九一八事变（9 月 18 日）　日本驻东北境内的关东军，命令守备队炸毁了南满铁路沈阳近郊柳条湖的一段路轨，反诬中国军队所为，并以此为借口，突然袭击中国军队驻地北大营和沈阳城，制造了九一八事变。事变发生前的本年夏季，日军相继在东北制造万宝山事件、中村事件，发动侵华战争的迹象已十分明显。但当时正值蒋介石集中力量在南方“围剿”中共领导的工农红军，因而对日侵略推行不抵抗主义。九一八事变爆发后，蒋介石又电告东北军：“日军此举不过寻常寻衅性质，为免除事件扩大起见，绝对抱不抵抗主义。”同时把希望寄托在国际联盟的所谓“裁决”上。东北军张学良部奉蒋介石“绝对不抵抗”命令，让东北军大部撤至山海关以内，只有一部分进行了抵抗。在短短 4 个月内，辽宁、吉林、黑龙江三省 100 多万平方公里的大好河山，沦为日本的占领地。

中共中央号召发动全国人民抗日（9 月至 11 月）　在民族危急的重要关头，中国共产党率先举起武装抗日的旗帜。1931 年 9 月 20 日，中共中央发表《中国共产党为日本帝国主义强暴占领东三省事件宣言》，响亮提出：“反对日本帝国主义强占东三省!”9 月 22 日，中共中央作出《关于日本帝国主义强占满洲里事件的决议》，指出党的中心任务是组织发动群众进行反帝国主义侵略的斗争，号召各地党组织领导群众开展反帝运动，组织东北游击战争，给日本帝国主义以严重打击。11 月 27 日，中华苏维埃共和国临时中央政府发表对外宣言，号召全国人民动员起来、武装起来，反对日本侵略和国民党的反动统治。

晋察冀地区开展抗日救国活动（9 月中下旬）　九一八事变后，在党的领导、推动和影响下，紧邻东北三省的晋察冀地区人民发动的抗日救亡运动迅猛兴起。北平各大学学生、教职员工分别举行集会，发出通电或宣言，抗议日本帝国主义的侵略，要求全国各军事机关停止内战，呼吁组织抗日义勇军实行民众武装抗日。北平、天津中外记者 19 人还自动组成“新闻记者沈阳事变视察团”，赴辽宁实地调查。9 月 23 日，北平各界抗日救国会在中山公园集会，为反抗日军侵略的东北死难同胞致哀，并通电全国一致对日绝交。在天津，天津学生抗日救国联合会于 9 月 22 日成立，呼吁“停止内战，一致抗日，以纾国难”。天津宝坻县爱国民众举行各界人民代表大会，宣布全县 30 万人民誓死教国，并作出 6 项抗日救亡决议。在河北，保定、大名、石门（今石家庄）、正定、邢台、张家口等地中小学生，纷纷建立抗日救亡团体，开展多种形式的抗日救亡活动。保定、张家口、迁安、滦县等市县还召开了各界民众抗日救国大会。晋察冀地区抗日救亡运动的兴起表现了各阶层人民的爱国之心，体现了抗日救国已是民心所向，大势所趋。

***北平学生抗日救国联合会成立（9 月 24 日）** 为了推动北平学生抗日救国运动的深入开展，9 月 24 日，北平 38 所大中学校的 136 名代表集会，正式成立了北平学生抗日救国联合会，大会通过了 31 项议案。在北平学生抗日救国联合会的组织下，9 月 28 日，250 多个团体的代表及市民 20 万人，在故宫太和殿前举行北平抗日救国市民大会。接着，北平学生抗日救国联合会向南京国民政府提出了 9 项要求，并于 11 月 8 日召开会议，决定即日起各学校一律罢课，抗议日本扰乱天津，扩大抗日宣传。在北平学生抗日救国联合会的领导下，北平人民掀起了轰轰烈烈的抗日救亡运动，振奋了全国人民。

***保定市各界抗日救国会成立（9 月 30 日）** 为了推动全市抗日救国运动的进一步发展，9 月 30 日，保定市各界抗日救国会正式成立。该会下设总务、宣传、经济绝交 3 个股，具体组织各界群众开展抗日救国活动。10 月初，保定市各界抗日救国会组建了义勇军总部，统一组织、管理、训练学生义勇军和农民义勇军。与此同时，抗日救国会又成立了日货检查组，负责组织学生、工人、市民、商人开展抵制日货活动。日货检查组服务人员由大中学校学生组成，全市 12 所大中学校统一安排，轮流值班。在抵制日货运动中，保定南关码头搬运工人赤色工会千余名会员，按 10 人一组组成数十个“救国十人团”，主动配合学生开展抵制日货活动。保定市的抗日救国运动影响和带动了城乡地区的抗日活动。

***正太铁路同人救国会成立（9月下旬）**　受九一八事件影响，石家庄工人阶级爱国运动持续发展。1931年9月29日，石家庄正太铁路员工成立救国会。该会成立后声援和支持东北马占山部、上海十九路军抗战，为石家庄地区的抗日救国运动的兴起起到了带头作用，激发了人民的抗日救国热情。1932年，救国会进行改组和扩充，将正太铁路同人救国会改为正太铁路员工救国会，并向受到日本侵略者侵犯的冀东地区长城沿线的宋哲元部、孙殿英部捐赠慰问品、组织捐款，慰问后方伤兵。同时，救国会还组织救国十人团、宣传队开展抗日救国宣传，并对本路员工进行军事训练。针对国民党政府的不抵抗政策，救国会多次向南京政府、北平军事委员会及阎锡山致电，呼吁“停止内争，一致御辱”，对促进石家庄的抗日救国运动的不断发展作出了积极贡献。

11月

北平学生南下示威团、请愿团赴南京请愿（11月至12月）　为抗议日本帝国主义的侵略，要求国民政府对日宣战，从11月24日至12月7日，北平先后有5批共5000多名学生参加南下示威团和请愿团赴南京请愿。这一运动很快波及天津等铁路沿线城市及全国。大批北方左联盟员参加了这一斗争。在南京，北平学生南下示威团和各地赴南京示威学生一起，向国民党反动政府举行了大示威，沿途散发传单，高呼口号，揭露日军侵略东北的暴行，并冒着生命危险，捣毁了国民党中央党部、国民党政府外交部和中央日报社。北平各界声援南下示威团，英勇捣毁国民党北平市党部。南下示威运动打击了国民党反动政权，声援了南方苏区军民反对国民党蒋介石反革命军事“围剿”的斗争，教育和鼓舞了全国人民。

1932年

1月

中共中央号召全国人民支援淞沪抗战（1月至2月） 九一八事变后，为了转移国际视线，并迫使南京国民政府屈服，1932年1月28日，日本侵略军向上海闸北发动进攻，制造了一·二八事变。中国驻军第十九路军在全国人民抗日高潮的推动下，奋起抗击。为动员全国人民抗战，中共中央于1月31日发出《中国共产党为上海事变第二次宣言》，声讨日军侵略暴行，谴责国民党不抵抗政策，号召全国人民武装起来，组织抗日义勇军，同日本帝国主义进行坚决斗争，并于2月2日发表《中国共产党关于上海事件的斗争纲领》，号召民众罢工、罢课、罢操、罢岗，反对日本帝国主义及一切帝国主义。在中国共产党的领导下，全国掀起支援上海淞沪抗战的热潮。

2月

晋察冀地区支持上海的淞沪抗战（2月） 在中国共产党的领导下，晋察冀地区各地支持上海的淞沪抗战。天津各业工会救国联合会发出御侮救亡通电，高度赞扬第十九路军奋起抗日、英勇杀敌的精神。天津工人、学生纷纷集会，声讨日本帝国主义侵略罪行，组织后援会，开展支援第十九路军的募捐活动。中共保属特委以保定学联的名义召集各界群众声援上海的淞沪抗战，并举行了由1000多人参加的示威游行。石家庄正太铁路同人救国会捐款1000元，北宁铁路唐山制造厂工人捐献一天的工资。北平各界抗日救国会、北平学生抗日救国联合会等数十个团体和单位，纷纷致电或捐赠，慰问十九路军将士，鼓励他们再接再厉，奋勇杀敌。许多团体和单位纷纷致电国民政府，要求增兵上海，出兵东北，收复失地。

6月

河北省反帝大同盟成立（6月1日） 九一八事变后，中共中央发出号召全党发动群众抗日的决议。12月8日，中共河北省委作出《反帝运动决议》，决定召开反帝同盟代表大会，建立全省统一的反帝同盟领导机关。随后，省委派干部到各地建立各种反帝同盟组织。经过积极的筹备工作，1932年6月1日，河北省反帝国主义大同盟第一次代表大会在北平召开。北平、天津、保定、石家庄、唐山、蔚县、大名等地分盟代表出席了会议。社会科学家联盟北平分盟、左翼作家联盟北平分盟、戏剧家联盟、革命妇女联盟、世界语联盟等代表和共产党代表参加了大会。大会根据当前形势，确定今后总的任务是：加紧武装民众，组织民众义勇军，扩大民族革命战争，变帝国主义进攻苏联的反革命战争为武装拥护苏联的革命战争，反对国民党第四次进攻苏区红军，创造和开展北方的新苏区与红军。大会号召在这些任务下，反帝同盟组织要扩大并深入到工农劳苦群众中去，巩固统一全国乃至国际的反帝战线。会议选举成立了河北省反帝大同盟领导机构，机关设在北平，李铁夫（胡国民，朝鲜人）任反帝大同盟党团书记。会后，河北各地普遍建立了反帝同盟支部或御辱救亡会等组织，推动了河北抗日救亡运动的进一步发展。

1933 年

1 月

山海关抗战（1 月 1 日） 山海关，即榆关，位于河北省境内，雄踞万里长城东端，是扼守东北通往华北的咽喉，地理位置十分重要，素有“天下第一关”之称。1 月 1 日，日军驻山海关铁路守备队在其司令部门前和附近分投数枚炸弹，然后反诬中国守军所为，并乘机猛攻山海关。之后，日军不断增兵。1 月 2 日，日军步炮兵 3000 余名，携大炮 20 余门在飞机的掩护下，向山海关发起猛烈攻击。何柱国（东北军将领、独立步兵第九旅旅长）违抗蒋介石“不抵抗”的命令，率部奋起反抗。1 月 3 日，山海关沦陷。山海关抗战，打响了华北抗战的第一枪，揭开了华北抗战的序幕。

中共中央作出反对日本帝国主义进攻华北的决议（1 月 7 日） 日军侵占山海关并向察哈尔、热河进犯，华北形势危急。1 月 7 日，中共中央作出《关于反对日本帝国主义进攻华北的决议》，指出，日本帝国主义的目标，现在是占领整个华北，北平与天津直接处在日本军阀的铁蹄威胁之下。国民党统治区域的基本任务是开展一切形式的群众反帝斗争，组织群众到反对日本及一切日本帝国主义的民族解放的革命战争中去。决议要求在天津、唐山、北平的矿工、铁路工人及纱厂工人中，党与赤色工会必须 10 倍地加强自己的活动；河北、上海、山东等地的党的组织，必须最大限度地开展工人自卫团、义勇军、工人纠察队等组织，并选派自己的积极分子到东北和热河的义勇军去。决议还要求在北平、天津、上海等地近郊农民中，必须广泛组织群众武装组织。

2月

热河沦陷（2月至3月） 热河地处长城塞外，其地域大致包括今河北省东北部、辽宁省西南部及内蒙古自治区东南部。其地势非常险要，战略地位重要，当时是阻止日本侵略军由东北西进、南进的重要屏障。日本对热河觊觎已久，2月17日，日本关东军司令官武藤信义下达进攻热河的命令。2月23日，日本关东军及伪满军数万人，在飞机、坦克的掩护下，从热南、热北两个方向向热河发起总攻。中国在热河的守军也分两个方向应敌，但仅仅10余天承德弃守。3月10日，日本关东军将热河省并入伪满洲国的版图。热河全省沦陷，河北、平津乃至整个华北陷入危机。

晋察冀地区支援抗战将士（2月） 山海关抗战与热河沦陷，激起了抗日救亡运动的新高潮。2月28日，中共河北省委发表《反对日本帝国主义进攻热河和河北的宣言》，号召工人、农民、学生、士兵和劳苦大众，武装起来，保卫天津与华北。河北和全国各社会团体纷纷致电中国守军，表示声援，各地代表络绎不绝地携带捐款和慰问品，到前线劳军。唐山、古冶车站工人捐款购买医药、食品慰问前方伤员。正太铁路2800多名员工捐款10万元，购买飞机抗日，定名为“正太号”。迁安组织起500余人的抗日义勇军，坚持抗日斗争。北京大学、清华大学、燕京大学、东北大学、北平大学医学院等高校师生，电车工人，邮电工人等各界群众纷纷成立抗日后援会、救护队或义勇队，组织捐款，赴前线救护伤兵，慰劳前方将士。

3月

长城抗战（3月5日至5月） 日军占领热河后，为了迫使国民党政府承认长城是所谓中满边界线，达到把东北三省和热河省从中国版图上分割出去的目的，随即以8万人的兵力和数万伪军分头向长城各口推进。军委会北平军分会代委员长何应钦等，按照蒋介石“一面抵抗、一面交涉”的意旨，集结华北各军及一部中央军约25万人，部署在长城沿线，展开防御作战。从3月5日起，中国军队与进攻的日军在冷口、界岭口、喜峰口、古北口等隘口展开了激烈的争夺战。中国军队奋勇作战，不怕牺牲，苦战80余日，给骄横一时的日本侵略军以沉重打击，鼓舞和振奋了全国人心。但由于蒋介石集中主力“剿共”，抗战准备不足，导致前线战事失利。日军突破长城线后，向冀东和平津地区攻进。在中国军队与日军浴血奋战之时，何应钦等人却向日本求和，并于5月31日签订了丧权辱国的《塘沽协定》，出卖并辱没了中国爱国官兵长城抗战的浴血成果。长城抗战虽然以失败告终，但它标志着河北及整个华北地区武装抗日的开始，宣告了蒋介石、汪精卫“一面抵抗、一面交涉”政策的破产，在河北和全国抗战史上具有非常重要的意义。

***冷口争夺战（3月上中旬）** 冷口，山海关至喜峰口段长城线上重要隘口之一，位于迁安县城北16公里长城之上。长城抗战于3月上旬首先在冷口打响。3月4日，日军侵入冷口，中国守军沈克部向南溃败。3月6日，赶到迁安担任防御任务的晋军商震部乘日军立脚未稳，当夜组织反攻，分三路突进，收复冷口，并追出口外15公里。接着，调整部署，加紧修筑工事。3月中旬，日军进攻喜峰口方向受挫，转变部署再次进攻冷口。中国守军凭借坚固的防御阵地顽强抵抗，并发挥部队夜战的优势，向日军突袭，绕至日军背后，用大刀、手榴弹杀敌。经过激烈争夺，日军退至冷口外10余公里的马道沟、肖家营子一带。两军形成对峙，直至3月底4月初。

***喜峰口争夺战（3月9日至12日）** 喜峰口，古称卢龙塞，位于遵化县东北，是（北）平东通往（热）河东的交通孔道，地势险要。宋哲元部第二十九军担任自城岭子口，经喜峰口、罗文峪至马兰峪的防御任务。3月9日，日军进犯喜峰口，守军万福麟部溃逃，恰适赶来接防的第二十九军冯治安部到达喜峰口，抢先占领要隘，激战一夜，才稳住口上的战局，战斗中营长王宝良中弹阵亡。3月10日，第二十九军官兵在喜峰口与日军激战，白刃相接，几处高地得而复失，失而复得。3月11日，日军再次发动进攻，中国军队沉着应战，待日军进至百米以内，突然以手榴弹、大刀冲杀，冯治安部与日军肉搏10余次，双方伤亡很大。日军遂由一部确保喜峰口，而将主力集中于长城北侧待机。二十九军发挥善于夜战、近战、突袭的优势，采用迂回战术，乘夜间出其不意袭击喜峰口当面之敌。3月12日拂晓，赵登禹旅长率将士肩负大刀，出潘家口，绕至敌人右侧背，黑夜突入敌人阵地，猛砍、猛杀，并将日军阵地的大炮、坦克等物资就地销毁。正与敌援军混战时，绕到敌人左侧背的佟泽光部赶到增援，担任正面防御的王治邦也发起攻击，将日军击退。此战，毙伤日军六七百人，

二十九军伤亡副团长以下军官 14 人。喜峰口战斗，二十九军官兵打出了中国军队的威风，振奋了全国的人心，大刀队的威名传遍全国。当时，日本报纸哀叹，这是“六十年来未有之侮辱”。后来风靡华夏的《大刀进行曲》——“大刀向，鬼子们的头上，砍去!”虽然是在全国抗战爆发后创作的，但其题材源于此。

*__古北口抗战（3 月 11 日至 12 日）__　古北口，长城东线的重要隘口，位于密云县与滦平县交界处，为北平的门户，地势险要，易守难攻。日军占领承德后，迅即向古北口方向追击。中国守军东北军王以哲部坚守古北口长城第一线，中央军关麟征部占据古北口南城东西两侧高地，坚守第二道防线。3 月 11 日拂晓，日军在炮火的掩护下开始向中国守军发起猛烈攻击，很快突破第一道防线。关麟征部遭到侧背夹击，伤亡严重，且联络中断。战斗中，关麟征被手榴弹炸伤数处，由旅长杜聿明代理师长，继续指挥作战。3 月 12 日凌晨，日军向中国守军阵地发起更猛烈攻击。至下午 3 时，中国守军被迫后退。日军先后占领了将军楼口附近及龙王峪口一角，但中国军队仍旧顽强抵抗，据守着古北口外的瓮城及其以东高地一线。此后，日军几次进攻，中国军队仍坚守阵地，奋勇杀敌。古北口方向形成对峙局面。

*__界岭口争夺战（3 月 16 日至 24 日）__　界岭口，位于抚宁县城北 50 公里处，是长城喜峰口以东的一个较大隘口。3 月 16 日，日军进攻界岭口，中国守军稍作抵抗即后撤，日军追至长城内侧，随后退守界岭口。17 日，中国军队组织反击，收复界岭口及附近地区。接着，双方展开反复争夺。3 月 24 日，日军再攻界岭口，中国守军再次后撤，日军进至郭家厂一带，之后又退回长城原线。此后，双方形成对峙状态。

*__罗文峪争夺战（3 月 17 日至 18 日）__　日军喜峰口进攻受挫后，将进攻重点转移到罗文峪一带。罗文峪位于喜峰口西南 50 公里，是喜峰口后方联络线的侧背。由二十九军刘汝明部防御。3 月 16 日，日军进攻罗文峪的三岔口高地受阻。17 日，日军步兵、骑兵在炮火、飞机的支援下，大举向罗文峪、山楂峪等阵地进攻。中国守军坚决抵御，与敌肉搏，血战竟日，阵地得失数次，大部壮烈牺牲。战至傍晚，日军向鹰手营子退去。18 日，日军又发动猛烈进攻。师长刘汝明亲自率领手枪队督战，守军与日军展开激战。战至天黑，日军败退，双方均受重大伤亡。当晚，刘汝明下令守军全线出击，战至天明，迫使日军全部退出罗文峪。

5 月

中共中央号召民众武装保卫平津（5 月 25 日） 5 月 25 日，中共中央、共青团中央发出《为反对国民党出卖华北平津告民众书》，揭露国民党政府出卖华北内幕，号召民众武装保卫平津，开展反日战争，建立劳苦民众统一战线，推翻国民党统治。同日，中共中央还向党内发出《关于中日秘密谈判与国民党出卖平津及华北问题的紧急通知》，要求各地党组织揭露中日秘密谈判内幕，组织群众举行集会游行，声讨国民党卖国罪行，同时组织抗日义勇军，在国民党军队中建立兵士委员会，开展抗日游击战争。

察哈尔抗战 1933 年 4 月至 5 月，日军在进犯长城地区的同时，不断向察东进犯，先后侵占多伦、沽源等地。为了保卫察哈尔省，国民党爱国将领冯玉祥与中国共产党合作，高举抗日义旗，组织抗日武装，掀起了轰轰烈烈的察哈尔抗战。1933 年 5 月 26 日，在中国共产党的影响和推动下，察哈尔省民众御侮救亡大会在张家口召开，正式宣布成立察哈尔民众抗日同盟军，并推举冯玉祥为总司令。当日，冯玉祥就发表就职通电，揭露日本帝国主义对华侵略和国民党当局的妥协退让。随后，他针对同盟军成分复杂、装备不一等特点，采取了一系列整训措施，使部队面貌大为改观，战斗力有所提高。短时间内，部队发展到 10 万余人。察哈尔抗日同盟军的成立，得到河北和全国广大人民的支持，北平、天津、河北、太原等地的学生、工人、农民成批地到张家口参加抗日同盟军。东南、西南多省也致电冯玉祥，对其举兵抗日表示盛赞。

为了收复失地并阻止日军的进犯，6 月 20 日，冯玉祥任命吉鸿昌为北路前敌总指挥，率军克日北上；接着任命方振武为北路前敌总司令，以加强对北征的统一指挥。6 月下旬至 7 月初，抗日同盟军先后克复康保、宝昌和沽源，并血战五昼夜，光复察东重镇多伦，使察哈尔省失地全部收复。同盟军的胜利，给全国民众带来希望，各地抗日组织、爱国团体和爱国人士纷纷致电祝贺，并组织慰问团，捐款捐物，支援前线。但蒋介石国民党政府却百般阻挠，甚至进行武力“围剿”。冯玉祥被迫于 8 月 5 日通电全国，随后撤销抗日同盟军总部，离开张家口。此后，抗日同盟军发生严重分裂。方振武、吉鸿昌等在中共河北前线委员会的支持下，继续高举抗日同盟军的旗帜，率领 1 万余人的部队，转战热河、长城一带。到 10 月中旬，该部在北平近郊遭受日军和国民党军的联合进攻，损失殆尽。方振武被迫流亡香港，吉鸿昌被捕后英勇就义。

察哈尔抗战虽然失败了，但抗日同盟军将士近半年的英勇奋战，打击了日军的侵略气焰，鼓舞了各界民众的爱国热情，推动了全国的抗日运动。

*****共产党争取和影响冯玉祥抗战** 九一八事变后，民族危机加重。在中国共产党的影响下，冯玉祥到张家口组织抗日武装。应冯玉祥之邀，中共北方特科派遣张存实、武止戈、许权中等人到张家口，帮助冯玉祥做军事工作，派张慕陶等人做政治工作，并成立了中共张家口特委。随后，又派宣侠父、赵力钧等共产党员到张家口开展工作。5 月，受中共河北临时省委的派遣，柯庆施、邹春生、王少春等人在张家口成立了以柯庆施为书记的河北省前线工作委员会，逐步接管张家口特委，负责协同冯玉祥组建同盟军，并动员北平、天津和太原等地的大批党员学生，到同盟军建立党支部。许多共产党员为组建同盟军到处奔走，有的甚至献出了宝贵的生命。在共产党的影响和推动下，1933 年 5 月，冯玉祥、吉鸿昌（共产党员）、方振武等在张家口成立察哈尔民众抗日同盟军，举起武装抗日旗帜，得到了全国主张抗日的各派政治势力及广大民众的支持和称赞。

*****华北民众支持同盟军抗日** 抗日同盟军的英勇抗日行动，得到了广大人民的拥护。河北省内掀起了支持抗日同盟军的热潮。在前委领导下，张家口及宣化、张北、万全、蔚县的 19 个群众团体发起组建了察哈尔民众抗日御辱救亡会，开展了广泛的抗日宣传活动和支援抗日同盟军的活动。北平、天津各届抗日联合会、华北青年抗日同盟会等抗日救国团体都对抗日同盟军进行了积极支援。

12 月

孙永勤领导的抗日武装起义（1933 年 12 月至 1935 年 5 月） 热河沦陷后，侵华日军搜刮农民财物，强行收缴农民枪支，并威胁农民“延误者按土匪论处”。长城北侧兴隆县黄花川孙杖子村的农民孙永勤联合好友关元友（共产党员）、赵四川等人于 1933 年 12 月 11 日揭竿而起，宣布成立民众军，树起了“天下第一军，均富又济贫”的大旗。他们带领队伍在兴隆、承德一带打土豪、惩汉奸、袭击伪警察署，受到当地人民的拥护，许多农民持刀携枪纷纷参加民众军，到 1934 年 5 月，队伍发展到 5000 人。

中共地方组织在十分艰苦的情况下，对孙永勤领导的民众军给予了军需品和枪支弹药的援助。中共遵化县委、迁安县委等多次派军事干部徐英等到民众军驻地，向孙永勤介绍关内抗战形势和共产党的主张，商谈加强部队建设的事宜。1934 年 5 月，在五指山双塘子一带，孙永勤接受共产党的建议，把队伍改为抗日救国军，孙永勤任军长，赵四川、马保德任副军长，王殿臣、关元友任参谋长。同时，对抗日救国军进行了整编，下设 4 个总队，军部设直属队和稽查处，并整饬军纪，重申了官兵不得违反“不贪财、不逃军、不扰民、不奸淫”的纪律。抗日救国军改编后，以总队为作战单位，在关外沿长城线的兴隆、承德、青龙、平泉、迁安、遵化等地，积极打击日伪军，部队所到之处，深受群众欢迎，被誉为“仁义之师”。

日本关东军视抗日救国军为“满洲西南‘国境’之大患”，发动多次“围剿”。抗日救国军因连续战斗，部队减员严重，弹药物资严重缺乏，活动范围缩小，处境极为困难。为解决部队给养问题，1935 年 5 月，孙永勤决定向长城以南的冀东平原转移。当行至遵化县茅山吴家沟时，又遭日伪重兵合围，经过两昼夜激战，除少数将士突围外，孙永勤、关元友、赵四川等抗日救国军领导人和 300 多名战士在战斗中英勇牺牲，近 400 人被捕后惨遭杀害。

孙永勤领导的农民抗日武装，在日本侵略者占领区内，坚持浴血奋战一年半之久，攻克、袭击日伪据点 100 余个，消灭日伪军 5000 余人，沉重打击了日本侵略者，激励了河北乃至整个华北人民抗日御辱的斗争，在长城内外播撒了抗日火种。1935 年 8 月 1 日，中华苏维埃中央政府和中共中央发表了著名的《为抗日救国告全体同胞书》（《八一宣言》），高度赞扬了 11 位誉满全国的民族英雄，孙永勤的名字赫然在列。

1934年

4月

中共中央再次号召全国民众一致抗日（4月10日） 4月10日，中共中央发出《为日本帝国主义对华北新进攻告民众书》，号召全国民众在反帝统一战线之下联合起来，反对国民党的投降出卖政策，积极进行民族革命战争，保护华北和中国，驱逐日本和一切帝国主义出中国。

中共中央印发《中国人民对日作战的基本纲领》（4月20日） 4月20日，中共中央以中国民族武装自卫委员会筹备会的名义印发宋庆龄、何香凝等1779人签名的《中国人民对日作战的基本纲领》，呼吁中华民族武装自卫，把日本帝国主义驱逐出中国。同时致函各省委、市委、县委认真贯彻执行，通过公开的、半公开的和秘密的途径，广泛宣传纲领精神，发展签名运动。

7月

中共中央发出开展武装自卫运动的指示信（7月25日） 7月25日，中共中央向各地党组织发出《关于开展武装自卫运动的指示信》，提出中央将于8月1日成立全国的民族武装自卫委员会，9月18日召开全国代表大会，正式成立抗日作战的领导机构，要求各地深入广大群众开展反日的签名运动和民族武装自卫运动，用最大力量努力完成这一工作。

8月

中共中央局军委指挥士兵群众开展反日运动（8月12日） 8月12日，中共中央局军委为开展士兵群众反日运动给华北各级党组织发出秘密信，指示北方各级党组织做好拥护红军北上抗日先遣队对日作战的响应工作，开展北平近郊、天津、京东及察东一带受日军直接威胁的部队工作，具体组织和领导几个部队作战，开展群众的游击运动。

1935年

1月

华北事变（1935年1月至1936年5月） 华北，紧邻东北三省，包括河北、山东、山西、察哈尔和绥远五省和北平、天津两市，地域广阔，物产丰富，交通便利，商贸、文教发达，战略地位非常重要。

长城抗战结束后，日本帝国主义向华北开展以军事、政治、经济、外交等方面配合的大规模的侵略扩张。1935年1月中旬，日军首先制造了“察东事件”，迫使南京政府承认察哈尔沽源以东地区为“非武装区”。5月至7月，其中国驻屯军司令官梅津美治郎和关东军奉天特务机关长土肥原贤二又借口“河北事件”和“张北事件”，胁迫南京政府批准北平军分会代理主席何应钦与梅津美治郎达成的条件，即《何梅协定》，及察哈尔代理主席秦德纯与土肥原贤二签定的《秦土协定》，攫取了河北、察哈尔两省及北平、天津两市的大部分主权。

10月20日，日军继“丰台事件”后，再次收买汉奸、流氓发动“香河事件”，并同时加紧进行以平津卫戍司令宋哲元为重点对象的上层策变活动。11月11日，土肥原贤二向宋哲元提出《华北高度自治方案》，诱其出任华北共同防赤委员会委员长，限20日前宣布。25日，土肥原贤二见宋哲元未如期宣布“自治”，转而策动蓟密区兼滦榆区行政督察专员殷汝耕在通县成立冀东防共自治委员会（1936年1月后改称冀东防共自治政府），同时继续对宋哲元及南京政府施加压力。12月18日，冀察政务委员会在北平成立，宋哲元为委员长，王揖唐、王克敏等为委员，适应了日本侵略者所谓“华北政权特殊化”的要求。

与此同时，日本帝国主义加紧对察哈尔省的侵略，1936年2月，德王在张北成立了伪察哈尔盟公署，完全控制了察哈尔长城以北地区。伪蒙古国军政府于5月12日成立后，先后与伪满洲国、冀东伪政权缔结了所谓的“满蒙协定”

和“蒙冀协定”，三个傀儡政权纠集在一起。

以上诸事件，史称“华北事变”。华北事变表明，中华民族的危机已到了空前严重的程度，“华北之大，已经安放不下一张安静的书桌了”。

10 月

中共中央发表《八一宣言》(10 月) 日军侵占东北后，加紧对中国的进一步侵略扩张，在华北制造了一系列事件，使中华民族陷入了空前的民族危机。在这生死存亡的紧要关头，中国共产党顺应时代的要求，适时提出了建立抗日民族统一战线的主张，于 1935 年 10 月以中华苏维埃共和国中央政府和中共中央的名义在法国《救国报》发表了《为抗日救国告全体同胞书》，文章标注日期为 8 月 1 日，故称为《八一宣言》。《八一宣言》是中共驻共产国际代表团受共产国际七大影响，结合国内形势，经过集体酝酿，由王明执笔起草，经过斯大林和季米特洛夫同意后发表的。《八一宣言》揭露了日本加紧侵吞华北和国民政府对日妥协的面目，指出中华民族已经处于生死存亡的关头，抗日救国是全体中国人民面临的首要问题。宣言呼吁“无论各党派间在过去和现在有任何政见和利害的不同，无论各界同胞间有任何意见上或利益上的差异，无论各军队间过去和现在有任何敌对行动，首先大家都应当停止内战，以便集中一切国力（人力、物力、财力、武力等）去为抗日救国的神圣事业而奋斗”。宣言号召全国各族人民团结起来，停止内战，抗日救国，组织国防政府和抗日联军。这个宣言标志着中共的策略方针开始了一个新的转变，对推动抗日统一战线工作和抗日救亡运动起了积极作用。

11 月

反抗“冀东防共自治政府”的斗争（11 月起） 1935 年 11 月，汉奸殷汝耕在通州成立伪政权“冀东防共自治政府”，冀东人民深受其害。伪政权成立第二天，冀东各县旅平同乡会及各县民众代表联合会立即发表宣言谴责，以实际行动坚决反对伪冀东防共自治政府。国民党昌平、香河、玉田等 11 县县长先后发表声明，公开申明“绝不附逆”，拒绝参加冀东伪政府，5 位县长先后离职；教育界爱国师生发表紧急宣言，通过罢课、集会抗议、募捐、宣传抗日等形式坚决反对殷汝耕叛乱；中共迁安地方组织领导发动群众反对殷汝耕“阅边”活动；唐山、滦县群众拒绝参与伪政府成立一周年的庆祝活动，将提灯会变为“踢灯会”；唐山的开滦矿工、华新纱厂工人通过罢工斗争激化伪冀东政府和资本家的矛盾，打击了日伪政权。1937 年 7 月 28 日，伪政权统治之下反动武装中的爱国力量张庆余、张砚田等人不甘附逆发动兵变，殷汝耕倒台。8 月 10 日，伪政府迁往唐山，原“冀东防共自治政府”秘书长池宗墨接任并重组伪政权。后中共河北省委派朱欣陶打入伪政权内部，先后任秘书厅秘书和警备科科长，朱欣陶利用职务之便将众多情报转达给党组织，同时深入开展抗日民族统一战线工作。在全国人民特别是冀东人民的反抗和打击下，1938 年 2 月 1 日，伪冀东防共自治政府并入伪中华民国临时政府，结束了两年零两个月的可耻历史。

12 月

一二·九运动爆发（12 月） 1935 年夏，日本侵略者加紧向华北进犯，国民党政府继续屈服于日本的压力，与日本相继签订了《何梅协定》《秦土协定》，将河北、察哈尔两省的大部分主权奉送给日本，后又成立了“冀察政务委员会”。蒋介石集团对日妥协、对内反共的政策遭到广大学生和爱国人士坚决反对。12 月 9 日，在中共北平临时工委领导下，北平 6000 多名大中学生冲破国民党军警的重重阻挠，举行声势浩大的抗日救国游行，他们提出六项抗日民主要求：（一）反对华北成立防共自治委员会及其类似组织；（二）反对秘密外交，公布中日交涉经过；（三）保障人民言论、出版、集会、结社之绝对自由；（四）停止内战，一致对外；（五）不得任意逮捕人民；（六）释放被捕学生。当这些要求被拒绝时，游行指挥部决定将请愿改成示威，示威群众高喊“停止内战，一致对外”“打倒日本帝国主义”“反对华北自治运动”等口号。游行学生遭到国民党军警残酷镇压，有 30 多人被捕，数百人受伤。次日，北平各学校学生宣布总罢课。12 月 16 日，在“冀察政务委员会”计划成立的日子，万余名学生和市民再度举行示威游行，终于迫使“冀察政务委员会”延期成立。一二·九运动的怒吼震惊国内外，也唤醒了广大民众。河北人民也在运动影响下又掀起了一次抗日救亡新高潮，天津、保定、沧州、张家口、冀县等地学生纷纷起来，组织活动声援北平学生的爱国行动，进一步扩大了一二·九运动的影响力，并形成一致抗日的统一共识。

*__石家庄声援一二·九运动（12月）__　一二·九运动的消息传到石家庄，石家庄平汉铁路扶轮学校党支部立即决定组织学生声援北平爱国学生的革命行动，迅速组织学生自治会编印传单、标语。共产党员朱效成、周家华利用讲课的机会对学生进行爱国教育和思想发动，宣传共产党的抗日主张，揭露学校当局“读书救国”的谬论，并同校长、蓝衣社特务马九荣在课堂上进行面对面的斗争。在中共党组织和学校爱国师生的带领下，全市学生、工人、市民等4000多人举行了游行示威。与此同时，正定、井陉等县的爱国学生也纷纷起来声援一二·九运动，举行示威游行并掀起抗日宣传运动。石家庄地区的革命斗争伴随一二·九运动的爆发走向新高潮。

*__保定声援一二·九运动（12月）__　在保定，大中学校学生及各届群众热情高涨，声援和响应一二·九运动。12月18日，以河北省立农学院为首的多所学校学生在党支部的组织下，走出校门上街游行示威，市民、工人、店员也主动加入学生游行队伍。中共保定市党组织发动各校成立“学生救国会”，开展抗日反蒋斗争，在与北平学生联合会取得联系后，彼此遥相呼应，共同开展抗日救亡运动。在农学院帮助下，保定各大中学校“学生救国会”普遍成立，保定抗日救亡运动掀起高潮。

中共中央召开瓦窑堡会议（12月25日）　1935年夏，日本帝国主义加紧侵略华北，中国人民掀起抗日民主运动新高潮。1935年底，中央红军结束长征到达陕北后不久，12月25日，中共中央在陕北瓦窑堡召开中央政治局会议，通过了《中央关于军事战略问题的决议》《关于目前政治形势与党的任务决议》等决议案。27日，毛泽东根据会议精神，在党的活动分子会议上作了《论反对日本帝国主义的策略》的报告。会议关于政治形势的决议和毛泽东的报告，圆满地解决了党的政治路线问题。瓦窑堡会议是一次极为重要的会议，是遵义会议的继续和发展。会议提出了抗日民族统一战线的政策，既着重批判了“左”倾教条主义在政治策略上的错误，也警戒全党汲取大革命中无产阶级放弃领导权而导致革命失败的教训，从而使党在新的历史时期将要到来时掌握了政治上的主动权。

1936 年

1 月

平津学生南下扩大宣传团深入河北城乡（1 月 3 日至 22 日）　一二·九运动暴发后，为响应中共北方局号召，在中共河北省委和中共北平市委的领导下，平津学生积极响应“到工人中去，到农村去，到士兵中去，到游击战争中去，到民间去”的号召，成立平津学生南下扩大宣传团。1936 年 1 月 3 日，宣传团兵分四路出发，到河北农村向农民群众进行抗日救国宣传。南下扩大宣传团第一团、第二团从北平出发，经丰台、南苑、黄村、青云店、礼贤镇；第三团从北平出发，经卢沟桥、长辛店、良乡、窦店、琉璃河；第四团从天津出发，经杨村、黄花店、安次、永清。各宣传团边走边向工人、农民、士兵宣传和演出，帮助地方成立抗日组织。1 月 9 日，四个宣传团先后到达固安，因国民党武装军警严把城门，宣传团遂在北关召开全体会议，将第一、第二、第四团改组为第一、第二团，第三团不变；第一团赴雄县、高阳，第二团赴新城、容城、安新，第三团赴涿县、定兴、徐水，展开了更广泛有力的抗日宣传活动。宣传团屡遭国民党军警的围截，第三团被迫于 1 月 15 日由高碑店返回北平。第一、第二团历经艰险，仍按预定计划于 1 月 21 日到达河北省省会保定市汇合。宣传团在保定城街头巷尾向工人和市民进行抗日宣传，在国民党河北省政府门前召开群众大会，还在保定市第二师范宣布了“中华民族解放先锋队”的成立。1 月 22 日，宣传团在国民党反动当局的阻挠和压力下离开保定返回北平，结束了宣传活动。这次南下扩大宣传团的宣传活动历时三个星期，行程 350 公里，是爱国学生走上与工农群众相结合道路的一次伟大誓师，激发了城镇和农村广大青年学生、工人、农民的斗争热情，将一二·九运动掀起的抗日救亡高潮引向深入，在河北和全国产生了深远影响。

***中华民族解放先锋队建立（2 月 1 日）** 平津学生南下扩大宣传团第三团被遣返回北平后，成立了“中国青年救亡先锋团”，以便继续进行抗日救亡运动。与此同时，南下扩大宣传团第一团、第二团到达保定后，成立了“民族解放先锋队”。2 月 1 日，南下宣传团三股力量在北师大校园合并，成立“中华民族解放先锋队”，总部设在北平。随之在天津、武汉、广州等地相继成立分部，到 1936 年底，已经在国内外 30 多个城市如巴黎、里昂、东京等建立了“中华民族解放先锋队”。

***中华民族解放先锋队召开第一次全国代表大会（1937 年 2 月）** 1937 年 2 月，在中共中央北方局领导下，中华民族解放先锋队在北平召开第一次全国代表大会。出席大会的有 18 个地区及单位的 24 位代表，代表着全国 6000 多名队员。大会决议：（一）救亡运动的基本任务是争取国内和平和民主政治的实现，而在工作方式上要争取公开合法。（二）要把救亡运动发展到广泛的各阶层中去，特别是工农大众中去；北平学生运动对全国的重大影响也应加强，要使各阶层群众的救亡运动适当地配合起来。（三）大规模的武装斗争已经迫近，要加强军事学习，用各种方式建立群众的武装力量。（四）开展国防文化运动。（五）积极发展中华民族解放先锋队。中华民族解放先锋队是党中央为了适应新的革命形势，把共青团改造成广大青年群众的抗日救国组织。在抗日战争中，队员们积极参加抗战，后并入青年救国会，大力推动了抗日救国运动的发展进程。

北方左翼文化运动的兴起和发展（1 月至 6 月） 受一二·九运动的影响，1936 年 1 月，党恢复了北方文总的机构，加强对北方左联及社联、教联的领导，左联组织得到进一步恢复和健全。这一时期，北方左联不断加强与中华民族解放先锋队、学生救国会及各届救国会等更多进步团体的融合，积极组织公开游行示威、集会演讲、散发传单、书写标语，组织宣传团下乡宣传等，投入更加广泛的抗日救国革命斗争中，并大量创作《打回老家去》《放下你的鞭子》等抗日戏剧，以及《救亡进行曲》《五月的鲜花》等抗日歌曲，到城市街道、广大农村和抗敌前线演出。北方左联在创办《泡沫》之后，还创办了《浪花》《榴火文艺》《联合文学》《通俗文学》《大风诗刊》《诗歌杂志》等刊物，加强对抗日斗争的宣传。此外，北方左联在党的领导下，按照党的抗日民族统一战线政策，团结北方文艺界进步团体和人士，与广大革命群众一起，坚持开展以反抗日军侵略，挽救民族危亡和针对卖国投降为主的政治和文化斗争，北方左翼文化运动再度进入发展新高潮。

9月

中共中央调整总方针为“逼蒋抗日”（9月1日） 9月1日，中共中央向党内发出《关于逼蒋抗日问题的指示》，指出，目前中国人民的主要敌人是日本帝国主义，把日本帝国主义与蒋介石同等看待是错误的，“抗日反蒋”的口号是不适当的。在日本帝国主义继续进攻、全国民族革命运动继续发展的条件下，国民党中央军全部或其大部分有参加抗日的可能。“我们的总方针，应是逼蒋抗日。”与此同时，我党准备派出代表同国民党进行谈判。

11月

中共中央改造中国共产主义青年团组织（11月） 为团结一切抗日青年，共同反对日本帝国主义的侵略，中共中央于11月作出《关于青年工作的决定》，将中国共产主义青年团组织进行根本改造，使团变为广大群众的非党的青年组织，把吸收广大青年参加抗日救国的民族统一战线，把建立为发扬文化与争取民主自由的广大的青年运动，当做自己为民主共和国而斗争的最中心任务，即将中国共产主义青年团改为民族解放性质的抗日救国的青年团体。

12月

晋察冀地区民众拥护西安事变和平解决（12月） 12月12日，西安事变后，各届人士热烈拥护张学良、杨虎城的政治主张。消息传来，北平、天津、保定、张家口各大中城市的大中学校学生，不顾当局禁令奔向街头游行，贴标语、呼口号、散传单，对西安事变的和平解决表示拥护。北平学生救国联合会、民先队通电全国，呼吁“全国上下，不分党派，不分信仰，结成坚强的抗日统一战线，把华北和西北的力量结成一个坚强的队伍”，并相继派代表去西安，向张学良、杨虎城表示拥护和支持。14日，旅平东北各救国团体联合会发表宣言，指出：“西安之变要在决定今后之国策，故有从速召开救国会议之必要，以定国是。”25日，山西牺牲救国同盟会发表宣言，发动百万民众开展“营蒋抗敌”签名运动，要求保障蒋介石的安全，保障张学良、杨虎城、东北军的安全，要求全国的人力、物力都运用到抗日战争上。

中共中央北方局加大抗日民族统一战线的宣传（12 月） 中共中央关于和平解决西安事变的指示下达后，以刘少奇为首的中共中央北方局，领导河北省委所属各级党组织，立即在党内及各界群众中开展宣传。12 月中下旬，刘少奇连续发表《北方局共产党发言人谈话》《西安事变的和平解决与蒋氏的恢复自由》《西安事变的意义及其以后的形势》等文，使党的统一战线思想更加深入人心。此外，北方局还特派彭真到北平召集党的会议，提高党员对抗日民族统一战线的认识，纠正一些“左”的错误思想，极大地提高了河北各级党组织贯彻执行党的抗日民族统一战线方针的自觉性。

党组织工作路线的转变（1936 年） 为贯彻瓦窑堡会议精神，彻底转变党在北方白区的工作路线，1936 年春，党中央派刘少奇到天津主持北方局工作。刘少奇根据瓦窑堡会议精神和河北的具体情况，批判了“左”倾路线的错误，提出新的工作路线。4 月，刘少奇在《关于白区职工运动工作的提纲》中指出，党目前在中心城市与产业中心的任务是争取群众、争取工人阶级的大多数，积蓄工人阶级的雄厚力量，以准备将来决定胜负的斗争。为更有力地指导北方党的工作，认真贯彻中央正确的政治路线，克服“左”倾路线在北方党内的思想残余，刘少奇还在北方党的机关刊物《火线》上发表《肃清关门主义与冒险主义》《华北政治形势与党的任务》《民族统一战线的基本原则》等多篇文章，促进北方党工作路线的转变。自刘少奇到北方后，河北省党的工作有了新的起色。中央书记处在 8 月 5 日致信北方局和河北省委，对刘少奇来北方后的工作给予充分的肯定和高度的评价。8 月 25 日，北方局又向各地党组织发出指示信，再次明确北方党的主要任务，即团聚和组织全民族一切抗日反汉奸的力量，进行胜利的抗日反汉奸的民族革命战争。指示信还对城市工作、农村工作和党的组织工作作了具体指示。这些意见对河北党的工作路线的彻底转变起了决定性的作用。在刘少奇的正确领导下，北方各地党组织路线逐渐转变。

***北方各地党组织的整顿和发展** 在党的工作路线转变的同时，北方各地党组织还进行了组织调整和整顿。北方局先后恢复和重建了北平、天津市委的工作和山东省委、山西工委的工作，调整了京东特委，重建了冀热边特委，恢复与整顿了保定市委、张家口市委、唐山工委和直中特委、直鲁豫特委等各地特委、县委的工作。到 1937 年抗战全面爆发前，共产党员在京东地区发展为 460

余人，在保定地区发展为 800 余人，华北城乡已有共产党员 7000 余人。各地党组织得到迅速恢复与发展，为动员和组织全省民众投入抗日战争作好了充分的准备。

1937年

2月

中共中央向国民党提出五项要求和四项保证（2月10日） 为促进国共两党合作抗日的实现，2月10日，中共中央致电国民党五届三中全会，提出五项要求：停止内战，集中国力，一致对外；保障言论、集会、结社之自由，释放一切政治犯；召开各党各派各界各军的代表会议，集中全国人才，共同救国；迅速完成对日作战之一切准备工作；改善人民生活。电文指出，如果国民党将上述五项要求定为国策，中国共产党愿意作出四项保证，即实行停止武力推翻国民党政府的方针；工农政府改名为中华民国特区政府，红军改名为国民革命军；特区实行彻底民主制度；停止没收地主土地的政策，坚决执行抗日统一战线的共同纲领。在全国人民要求停止内战、联合抗日的强大舆论压力下，在国民党内宋庆龄、何香凝、冯玉祥等左派要求恢复孙中山所制定的联俄、联共、扶助农工三大政策的斗争下，最终国民党五届三中全会通过了实际上接受中国共产党建议的决议案。从此，国共两党的合作初步形成。

4月

中共中央发出《告全党同志书》（4月15日） 有鉴于统一战线出现新形势，中共中央于4月15日发出《告全党同志书》，指出，自西安事变和平解决与国民党三中全会之后，“中国革命形势已经进入一个新的阶段。这个阶段的任务，即是要巩固已经取得的国内和平，争取民主权利与实现对日抗战”。号召全党“为巩固国内和平，争取民主权利，实现对日抗战而斗争”，“在目前新阶段内，我党工作中心的一环，应该是抗日的民主运动的发展”。

5月

中共召开苏区代表会议（5月2日至14日） 为了迎接全国抗战的新形势，确定党在新时期的方针和任务，中共于5月2日至14日在延安召开全国代表会议（当时称苏区代表会议）。苏区、白区和红军代表220余人参加了会议。河北省委派高文华、李运昌、李一夫、李普玉、李雪峰、张霖之、吴德等参加了会议，张友清代表中共山西工委和薄一波参加了会议。毛泽东在会上作了《中国共产党在抗日时期的任务》的报告和《为争取千百万群众进入抗日民族统一战线而斗争》的结论，全面分析了当时的形势，确定了巩固和平、争取民主、实现抗战三大任务；特别强调在实现抗日民族统一战线中，坚持无产阶级领导权的重要性；要求全党同关门主义、冒险主义和尾巴主义作斗争；号召全党重新学习，提高马列主义水平，造就大批干部，加强团结，发扬党内民主，广泛动员群众，为实现党在新时期的任务而斗争。会议批准了遵义会议以来党的政治路线。这次会议统一了思想，增强了团结，为即将到来的抗日战争作了政治上、组织上的准备。

中共召开白区工作会议（5月17日至6月10日） 苏区代表会议结束后，紧接着召开白区工作会议。中共中央北方局及其所属的北平、天津、河北、山西、河南、山东、绥远等地党组织的负责人共20多人出席了会议。张闻天、刘少奇主持会议。刘少奇在会上作《关于白区的党和群众工作》的报告，张闻天在会上作《白区党目前的中心任务》的报告。会议总结了1927年党的八七会议以来的10余年间党在国民党统治区工作中的经验教训，以及1935年瓦窑堡会议以来华北地区党的白区工作的经验，比较系统地揭露和批评了关门主义和冒险主义的错误，着力引导全党冲破“左”倾思想的禁锢，思考和分析过去白区工作遭受挫折的教训，彻底否定“左”倾错误的工作指导方针。会议着重阐明了在西安事变和平解决以后的新形势下，党在整个白区工作中的基本方针、策略和任务，以及为实现这些方针、策略和任务必须做的党的组织工作和群众工作，为党的白区工作的彻底转变发挥积极的推动作用。会议决定仍派刘少奇为中央驻北方局代表，北方局的工作由杨尚昆、彭真等同志负责。此次会议与此前刚刚召开的苏区代表会议一起，为迎接全国抗日战争的到来，在政治上、组织上作了重要的准备。

7 月

卢沟桥事变（7 月 7 日） 1937 年，资本主义世界爆发新的经济危机。为了缓和危机，继续推行侵略扩张政策，日本帝国主义者以制造卢沟桥事变为起点，发动了全面侵华战争。7 月 7 日晚 7 时 30 分，驻丰台的日本中国驻屯军步兵旅团一部，荷枪实弹开往紧靠卢沟桥中国守军驻地的回龙庙至大瓦窑一带，举行挑衅性的军事演习。深夜零时许，日军驻北平特务机关长松井太久郎电话通知中国冀察当局，声称日军在卢沟桥演习时一名士兵失踪，要求进入宛平城搜查。中国冀察当局拒绝了日方的要求。但日方仍坚持要派兵入城，否则将诉诸武力。冀察当局为防止事态扩大，经与日方商定，先派人员进城调查，再寻处理办法。正当双方交涉的时候，日本中国驻屯军步兵旅团已令驻丰台的第三大队大队长一木清直立即率部奔赴卢沟桥。不久，日方虽得知失踪士兵已归队，却仍提出要城内中国驻军向西门外撤退、日军进至城内再行谈判的无理要求。再次遭到中方拒绝后，遂于 8 日晨向中国守军发起攻击，并炮轰宛平城。中国守军第二十九军驻宛平部队被迫自卫还击，卢沟桥事变（又称七七事变）爆发。这是日本发动全面侵华战争的起点，标志着中国全民族抗日战争爆发。

中共提交《中共中央为公布国共合作宣言》（7 月 15 日） 卢沟桥事变爆发的第二天，中共中央立即通电号召全中国同胞、政府与军队，团结起来，筑成民族统一战线的坚固长城，抵抗日本侵略者的侵略。7 月 15 日，中国共产党代表周恩来、秦邦宪、林伯渠同国民党代表蒋介石、邵力子、张冲在庐山举行会谈。为了促进国共两党团结合作、共同抗日，中国共产党代表向蒋介石提交了《中共中央为公布国共合作宣言》，提出发动全民族抗战等基本主张与奋斗目标。

之后，国共两党代表多次谈判，共商两党团结合作、共同抗日等问题。9 月 22 日，国民党中央通讯社发表了《中共中央为公布国共合作宣言》。《中共中央为公布国共合作宣言》的公布鼓舞了全国民众，推动了国民党抗战，因而具有重要的意义。

8 月

北方局特派员到保定加强抗日救亡工作（8 月初） 中共中央北方局机关人

员在林枫带领下全部撤离北平，迁往太原。与先期到达的刘少奇、杨尚昆、彭真、朱瑞等北方局领导会合，并组建北方局新的领导机关，刘少奇任书记，杨尚昆任副书记，彭真任组织部长，李大章任宣传部长，朱瑞任军委书记。此前，中共北方局特派员到保定加强对抗日救亡工作的领导，全国学联、民先、妇联、东北救亡总会的负责人韩天石、于光远等人相继到保定。在中共保定党组织的领导和帮助下，很快建立起全市性的抗敌后援会、学联、民先等抗日群众团体。农学院、医学院、二师、六中、高职和育德中学等学校的学生纷纷走出校门，联合各界人士组成宣传队、救护队、慰问团，进行抗日救亡活动。

平汉线省委和河北省委建立（8月下旬） 华北事变后，河北省实际上被一分为二：冀东沦陷区和平汉线国民党统治区。为适应即将到来的全面抗战形势，在不同条件下开展党的工作，1937 年 5 月中国共产党白区工作会议决定将河北省委一分为二，建立中共河北省委（敌后）与中共平汉线省委。8 月下旬，中共河北省委在天津建立，李运昌任书记，组织部部长为马辉之，宣传部部长为李大章，军事部部长为林铁。其主要任务是领导平、津及北宁铁路沿线党的工作，开展沦陷区的抗日武装斗争。此后，中共河北省委组织领导了冀东大暴动及冀热辽地区的抗日武装斗争。同时，中共平汉线省委在石家庄建立，李菁玉任书记，组织部长为刘秀峰，宣传部长为李雪峰，委员有杨秀峰、薛振彦。下辖保属、直中、直南、冀鲁边四个特委。平汉线省委的主要任务是在平汉路北段两侧组织发动抗日游击战争，领导河北省中南部党的工作。10 月 10 日，日军占领石家庄后，平汉线省委撤离石家庄。太原失守之前，为配合八路军分区创建抗日根据地，中共中央北方局决定相应地分区重组党的领导机构。10 月下旬，根据中共中央和北方局的指示，撤销中共平汉线省委，成立中共冀豫晋省委，领导包括晋东南在内的正太路以南、同蒲路以东、平汉路以西和黄河以北太行山地区党的工作，并配合八路军第一二九师领导开辟晋冀豫抗日根据地，书记为李菁玉，组织部长为李雪峰，宣传部长为徐子荣，中共平汉线省委结束了其历史使命。

洛川会议召开（8 月 22 日至 25 日） 面对日军的大举进攻和全国抗战的新形势，适时制定全面抗战的路线、方针、政策，正确解决中国共产党及其领导的人民军队的使用和部署，以及如何确定、建立巩固的抗战战略支点，以争取最后胜利等重大问题，紧迫地摆在中国共产党的面前。8 月 22 日至 25 日，中共中央在陕北洛川冯家村召开政治局扩大会议（即洛川会议）。会议由张闻天主持。毛泽东作军事问题和国共两党关系问题的报告。关于军事问题，毛泽东指出，抗日战争是一场艰苦的持久战。红军的基本任务是：创造根据地，牵制消灭敌人，配合友军作战（主要是战略配合），保存和扩大红军，争取共产党对民族革命战争的领导权。红军的作战方针是：独立自主的山地游击战争，包括在有利条件下集中兵力消灭敌人兵团，以及向平原发展游击战争，但着重山地。会议通过了《关于目前形势与党的任务的决定》和《抗日救国十大纲领》，决定放手发动独立自主的游击战争，开辟敌后战场，建立抗日根据地。《抗日救国十大纲领》包括以下十个方面：（一）打倒日本帝国主义；（二）全国军事的总动员；（三）全国人民的总动员；（四）改革政治机构；（五）抗日的外交政策；（六）战时的财政经济政策；（七）改良人民生活；（八）抗日的教育政策；（九）肃清汉奸卖国贼亲日派，巩固后方；（十）抗日的民族团结。会议决定成立以毛泽东为书记（亦称主席）的中共中央革命军事委员会（简称中央军委）和以朱德为书记的中央军委前方军分会（后称华北军分会）。洛川会议是中国共产党在中华民族面临生死存亡重大历史转折关头召开的一次极为重要的会议，会议阐明了中国共产党在抗日战争期间的基本政治主张，指明了坚持长期抗战、争取最后胜利的具体道路。

红军改编为八路军（8月25日） 抗日战争全面爆发后，中国共产党积极倡导建立抗日民族统一战线。为早日实现国共两党合作抗日，进一步推动全国抗战，7月中旬开始，国共两党多次就发表国共合作宣言、红军改编、苏区改制等问题进行谈判。随着抗日战场形势的变化，国共两党就红军改编问题达成协定。8月22日，国民政府军事委员会宣布红军主力部队改编为国民革命军第八路军（简称“八路军”）。25日，中央军委发出改编命令，将红军改编为“国民革命军第八路军”（9月11日，改称“第十八集团军”），设立总指挥部，朱德为总指挥，彭德怀为副总指挥，叶剑英为参谋长，左权为副参谋长，任弼时为政治部主任，邓小平为政治部副主任。下辖3个师：一一五师师长林彪，副师长聂荣臻，参谋长周昆，政训处主任（10月改称政治委员，下同）罗荣桓，副主任萧华；一二〇师师长贺龙，副师长萧克，参谋长周士第，政训处主任关向应，副主任甘泗淇；一二九师师长刘伯承，副师长徐向前，参谋长倪志亮，政训处主任张浩，副主任宋任穷。全军共4.6万余人，部队划入全国第二战区序列。随后，八路军从陕西出发，东渡黄河，奔赴华北抗日最前线。八路军第一一五师于8月31日经过韩城县芝川镇东渡黄河，开赴山西抗日前线。

万全惨案（8月24日至9月上旬） 万全县位于河北省西北部，东邻张家口市。7月11日，日本关东军机械化部队，由北路出古北口，经多伦、张北向张家口进犯。在途经万全时，对万全进行了轰炸、屠杀。8月17日至21日，日本关东军连续派飞机轰炸万全城，许多房屋被炸毁，居民被炸伤，日军还扔下一块六七百斤大石，以示威胁。8月24日，日军击败驻守万全县坝头一带的国民党第二十九军刘汝明部，侵占万全城后，对无辜百姓施以暴行，烧杀抢掠，践踏蹂躏，使300多名同胞倒在了血泊之中。8月27日至9月上旬，日军清乡队侵入万全，在万全城北门外施以暴行，又在城西集体枪杀手无寸铁的群众30多人。据不完全统计，从8月24日至9月上旬，日军在万全城及城外屠杀民众600多人。

日军对华北展开大规模的进攻（8月） 平津失陷后，日本继续向华北增兵，准备展开大规模的战略进攻。8月24日，侵华日军组成以寺内寿一为司令官的华北方面军，辖2个集团军、8个师团、17个旅团和1个临时航空兵团及其他特种作战部队，另有关东军察哈尔派遣兵团的4个独立混成旅团和2个支队，共约37万人。从8月起，日军在华北从平绥、平汉、津浦三路进攻。沿平绥线侵犯察哈尔省，进入山西省北部及绥远地区，张家口、蔚县、广灵、涞源、灵丘、天镇、大同、丰镇、集宁、归绥、包头相继失陷。在平汉铁路沿线，固安、涿州、易县、徐水、满城先后失守，9月24日保定失陷，10月10日石家庄被日军占领。在津浦铁路沿线，大城、沧县、德州等地相继失陷。至12月下旬，历时4个多月，日军击退了平绥、平汉、津浦路北段的中国军队，占领了沿线广大地区，华北地区相继沦陷。

中央派孟庆山到冀中（8月至9月） 中共中央派遣的原红军军委教导团第四团团长孟庆山（河北蠡县人）到达保定，在安新与保东特委接上关系。他从延安抗大出发前，毛泽东接见了他，指出，到冀中组织抗日武装，必须学会统一战线政策，利用一切可利用的条件和力量，一致抗日。要学会依靠群众，要灵活地掌握中央的政策。孟庆山先到太原找到北方局军委书记朱瑞。在从太原到石家庄的火车上，又遇见周恩来和彭德怀，聆听了他们的指示。在石家庄，平汉线省委任命孟庆山为保东特委军事委员、保属省委军委主席。孟庆山和保属省委副主席侯玉田在任丘、高阳、蠡县、安新等地积极组织地方武装，开办短期游击战争培训班，培训武装斗争骨干 200 多名，然后依靠这些骨干到各县发动群众，组织游击队。

9 月

周恩来与国民党军政要员协商合作抗战事宜（9 月 3 日） 9 月初，周恩来同彭德怀、聂荣臻、徐向前、萧克、程子华等经西安抵达山西。随后，周恩来等受中共中央委托，同国民党军政要员阎锡山、徐永昌、刘峙、黄绍竑、卫立煌、傅作义等人商谈八路军入晋后的作战行动问题，并同八路军将领以及北方局领导人共同研究部署发动华北游击战争、创建敌后抗日根据地等重大任务。10 日，周恩来和彭德怀抵达保定，分别以中共中央代表和八路军代表的身份，同保定行营主任徐永昌、参谋总长林蔚等就华北抗战与协同作战问题进行谈判。之后，周恩来又来到元氏与第一战区司令长官程潜会商与友军配合行动事项。周恩来在山西省境内和河北省石家庄、保定等地为国共合作抗战奔波近 3 个月，至 11 月 26 日返回延安。

南壕堑惨案（9 月 7 日） 南壕堑位于河北与内蒙古两省交界处的尚义县，是河北通往内蒙古的交通要冲。1937 年 9 月 6 日，日军河村支队 1000 余人，在伪“蒙古军”的配合下以坦克、装甲车开路，乘坐汽车从张北出发，经大青沟向南壕堑进犯。中国守军与日军在南壕堑东郊落甫梁一带展开激战。傍晚时分，中国守军撤离战斗，日军随即进城。因担心受到袭击，日军当晚在东河滩和大西沟一带过夜。9 月 7 日（农历八月初三）早晨，日军开始屠城。1000 多名日军冲进城中，对手无寸铁的百姓实施大搜捕、大屠杀。城内顿时火光冲天，惨叫连连，美丽的南壕堑成了人间活地狱。日军将各处抓来的百姓排成两列，砍头杀害；还闯入百姓家中，翻箱倒柜，抢掠财物。日军还在城西郊桃卜山、瓦窑沟一带烧杀抢掠。这场大屠杀经历了 5 个多小时，230 多名无辜同胞遭到日军杀害。

固安惨案（9 月 14 日至 16 日） 固安位于京、津、保（定）三角地带的中心，北靠大兴，南连霸县。9 月 14 日，30 余架日军飞机轰炸固安城。日军第一军（司令官为香月清司中将）的第十四师团（师团长为土肥原贤二中将）一部从辛务、西玉、东杨村对岸的大兴渡过永定河，南下侵入固安县境内。随后，日军第六师团（师团长为谷寿夫中将）也侵入固安县。当日军第十四师团到达固安北公田一带时，遭到国民党第九十一师和第四十七师的有力反击，日军第六师团攻入固安牛驼镇之前，也与国民党第一一六师发生战斗。由于日军装备先进，又有飞机和坦克助战，中国军队且战且退。侵入固安境内的日军一路凶性大发，对普通百姓和被俘军人实施了野蛮的屠杀。据不完全统计，仅从14日至18日的5天内，日军先后在辛务、西玉、东杨、中公由、辛仓、马申庄、南赵各庄、辛立、北流邵等29村（街）制造了29起暴行，杀害中国军民925人，烧毁房屋1000多间，抢走家禽家畜、毁坏家具农具无数。

永清惨案（9月14日至17日） 永清县位于河北省中部，西邻固安县，南靠霸县，东北两面与廊坊市相连。平、津相继沦陷后，日军大举南侵。9月中旬，日军冈本部队突破中国军队第五十三军防线，侵入永清县境。日军一路烧杀抢掠，无恶不作，从9月14日至17日短短数日内，就在永清县境内的王庄、仙人桥村、石家营、徐官营、白垡村、瓦屋辛庄、老君堂村、西下七村制造惨案数十起。此外，日军还在鲁家窑、南台子、小方庄等村杀死了许多的百姓。据不完全统计，惨死于日军枪口刀下的无辜百姓达840余人。

涿州惨案（9月16日至18日） 涿州毗邻北京。侵华日军从9月13日开始，派飞机在涿县城乡上空盘旋、投掷炸弹，顷刻间，城乡各地横尸遍野，满目断壁残垣。9月17日拂晓，侵华日军由固安牛坨等地出发，在柳河营乡望海庄村突破了大清河防线，国民党第五十三军向南败退，侵华日军踏进了涿县土地。涿北正面战场上的侵华日军，尾随国民党第二十六路军南进追杀。9月18日涿州古城沦陷于侵华日军之手，涿县人民被推进了水深火热之中。侵华日军在城乡各地随意残杀无辜百姓，制造了柳河营、练庄、东阳屯、北泽畔等一起起骇人听闻的大惨案。据不完全统计，日军共杀害村民280余人。

姜家营惨案（9月16日） 9月16日，侵华日军一部沿永清、固安边界向南进犯，在霸县姜家营、固安县南王起营一线，受到国民党第五十三军第二十四骑兵师和当地民众武装的奋勇抗击。第二十四骑兵师当日午后突然撤出战斗。遭受重创的日本侵略军疯狂地扑向了姜家营村，对全村百姓开始了残酷的大屠杀。首先遇难的是姜家营等村34名参战的爱国青壮年。第二十四骑兵师撤出战斗后，34名爱国青壮年边打边向村西迂回撤退，到村西北角时被日军包围，除一人冲出包围脱险外，其余33人均壮烈牺牲。在村内，日军把抓到的老百姓赶到村西高家坑旁，在四周架起了机枪。将百姓无情地杀害。全村有 4 家绝了门户，32 家都只剩下一名妇女。全村男青壮年中，只有出村赶集或走亲、扛活的七八个人幸免于难。仅两三个小时，姜家营村就有 138 人惨死于日军的机枪之下。

第二战区民族革命战争战地总动员委员会成立（9 月 20 日） 根据洛川会议关于成立战地动员委员会，实施全民动员和组织游击战争的精神，9 月初，周恩来、彭德怀向阎锡山提出建立有各方代表参加的战地动员委员会的建议。阎锡山同意首先在第二战区成立战地总动员委员会。9 月 20 日，第二战区民族革命战争战地总动员委员会（简称“动委会”）在太原的山西大学礼堂举行成立大会。周恩来参加会议并讲话。大会推举国民党著名爱国将领续范亭任主任，杨集贤任副主任，南汉宸任组织部长，李公朴任宣传部长（由赵宗复代理），程子华任人民武装部部长，武新宇任动员分配部副部长，郭任之任铲除汉奸部部长。动委会总会委员中有中共代表邓小平、彭雪枫、程子华、南汉宸（后两人为常驻委员）等 4 人。会议通过宣言，并决定在各县、区、村建立各级动委会组织；敌后地区的各级动委会代行政权职能。会后，在山西、河北各地先后建立了各级（包括县、区、村）动委会。各级动委会是发动群众支援、参加抗战的领导机关，起着政府与民众之间的桥梁作用，有的地方（主要是旧政权瓦解的地区）则具有半政权的性质。动委会在宣传抗日、组织和武装群众、培养干部、开展游击战争、创建根据地、巩固抗日政权等方面，做了大量工作。到 1939 年 7 月 1 日，为维护统一战线，避免与阎锡山当局关系的破裂，动委会完成了历史使命，结束工作。

杨秀峰赴冀西开展抗日活动（9 月中旬） 冀西是河北省平汉线西部的简称，位于太行山东麓与华北平原接壤的山地、丘陵地带，正太铁路从冀西穿过，是通往山西的重要门户，战略位置十分重要。洛川会议后，为落实《抗日救国十大纲领》，中共中央北方局指示杨秀峰（中共平汉线省委委员兼保属特委书记）返回河北，推动河北抗战工作。9 月中旬，杨秀峰通过与国民党河北民军总指挥张荫梧的关系，取得军事委员会委员长保定行营民训处冀西民训指导特派员办事处（简称“冀西民训处”）主任一职，公开在平汉路西侧发动群众抗日，组建冀西游击队。冀西民训处负责阜平、平山、行唐、灵寿、井陉、获鹿、元氏、赞皇、高邑、临城、内丘、邢台等 13 个县的抗日动员工作。10 月 4 日，冀西民训处在井陉乡村师范附属小学宣告成立，下设秘书处、组训处、武装部，由吴砚农、岳一峰、李雪峰、赵德尊、朱泽民、张广才等负责工作。民训处成立后，派出5个工作团分赴各地开展工作。10月中旬，冀西民训处的武装发展到200余人。杨秀峰与八路军第一二九师商酌，决定成立冀西游击队。杨秀峰兼任总队长，一二九师派余伦胜任副总队长、赵炳润任参谋长。太原失守后，八路军第一二九师骑兵营、先遣支队到冀西，与冀西游击队及民训处相互配合，共同开辟冀西抗日根据地。到1938年2月，冀西游击队发展到1000余人。到1940年6月，冀西游击队正式编为八路军第一二九师第十一旅。冀西民训处是带有政权性质的统战组织，冀西游击队则是统战形式的武装，他们结合当地实际情况，认真执行党的抗日民族统一战线政策，从而较早地打开了冀西抗日斗争局面，对创建并保卫冀西抗日根据地发挥了重要作用。

保定惨案（9月16日至24日） 保定市位于河北省中部，太行山北部东麓，冀中平原西部，地处京、津、石三角腹地，素有“京畿重地”之称。9月16日，日本侵略军侵入保定涿县境内，制造了太和庄、柳河营两起惨案，共杀死百姓104人，烧毁房屋260间。同日，大批日军飞机轰炸和扫射保定市内，许多市民惨遭不幸，仅西关火车站前一个防空洞被炸塌，便使200余人丧生。9月23日，日军开始攻打保定城。此时，国民党河北省党部、河北省政府已相继南撤，有着5万人口的保定市最后只剩下无法外逃的六七千名市民。9月24日，日军通过爆破强行攻占西门，保定全部沦陷。日军进城后开始疯狂屠杀百姓，放火烧毁房屋，奸淫、抢掠无所不为，许多未能离开保定城的老幼妇孺惨遭日军杀害。日军在疯狂杀人的同时，还疯狂抢劫。城内几乎所有商店都被日军洗劫一空。他们还闯入民宅，逐户挨门捣箱破柜，抢掠金银珠宝、文物、衣被、绸缎。经过日军烧杀抢掠，昔日繁华的保定城到处是血淋淋的尸体和断壁残垣。据不完全统计，日军攻占保定后，保定的商户、居民罹难者达3000余人，毁于战火的房屋有千余处。

平型关大捷（9月25日） 平型关位于晋东北内长城上，是晋冀两省相通的重要隘口。日军侵占涞源、灵丘、浑源一线后，其第五师团进至平型关附近，选择平型关作为迂回的路线，企图与从大同南下的日军会合于晋东北雁门关一带，会攻太原。为配合国民党军队正面对日作战行动，朱德、彭德怀指示第一一五师师长林彪：第一一五师即向平型关、灵丘间出动，机动侧击向平型关进攻日军。9月23日，第一一五师在灵丘以南上寨村召开干部动员会议，进行兵力部署：以陈光第三四三旅第六八五团占领关沟至老爷庙一线南侧高地，截击日军先头部队；以第六八六团占领老爷庙至小寨村一线南侧高地，实施中间突击，分割沿公路进攻的日军，尔后向东跑池方向进攻；以徐海东第三四四旅第六八七团占领蔡家峪、西沟村和东河南镇一线阵地，断日军后路；以师直属独立团和骑兵营进抵灵丘至涞源、广灵之间，阻击日军增援；以第六八八团为预备队，部署在东长城村。24 日，林彪、聂荣臻下达出击命令。25 日拂晓前，第一一五师所属部队按预定计划埋伏在平型关至东河南镇之间的山间公路两侧高地。拂晓，日军第五师团第二十一旅团后续部队乘汽车 100 余辆，辎重大车 200 余辆，沿灵丘至平型关公路由东向西开进，全部进入第一一五师预伏阵地。第一一五师参战部队抓住战机，全线开火，并乘日军陷于混乱之际，适时发起冲击。第一一五师杨得志第六八五团拦击日军先头部队，阻其沿公路南窜之路；张绍东第六八七团分割包围日军殿后部队，断其退路；李天佑第六八六团冲过公路迅速抢占老爷庙及其以北高地；第六八五团、六八六团阻断先期占领东跑池日军的回援。经过激烈战斗，第一一五师共击毙日军 1000 余人，击毁汽车 100 余辆、马车 200 余辆，缴获步枪 1000 余支、机枪 20 余挺、火炮一门，以及大批军用物资，取得了全面抗战开始以来中国军队的第一个大胜利。平型关大捷打破了日军不可战胜的神话，大大提高了共产党和八路军的威望。同时在整个战略上，为忻口作战赢得了准备时间，有效地钳制了日军第五师团的行动，并从侧翼支援了中国军队在平汉线的作战。

确定独立自主山地游击战的战略方针（9 月）　全面抗战爆发前后，中共中央就开始酝酿、讨论红军的作战方针和战略转变问题。洛川会议后，8 月下旬至 9 月初，八路军一一五师和一二〇师先后东渡黄河，挺进山西抗日前线。随后，一二九师也进入山西。根据原来的商定，八路军准备进入恒山地区配合友军保卫山西，拱卫华北。但从 8 月下旬起，日军分数路沿着平绥、平汉、津浦三条铁路向华北广大地区进攻，华北多地逐渐沦陷。根据形势的变化，中共中央及时改变八路军部署，并调整八路军的作战方针。为了统一八路军指战员对实行独立自主的山地游击战军事战略方针的认识，加速全军由国内革命战争以正规战为主向抗日民族解放战争以游击战为主的军事战略转变，并使国民党军也了解与同意这一方针，毛泽东于 9 月 12 日致电彭德怀，要求向全军和国民党及其军队解释八路军“独立自主的山地游击战争”的军事战略方针，提出了为什么和如何实行这一方针的四项基本原则：八路军有依照情况使用兵力的自由；有发动群众创造抗日根据地义勇军之自由，地方政权与邻近友军不得干涉；南京国民政府只作战略规定，八路军有依据情况灵活机动执行此战略之一切自由；坚持依托山地与不打硬仗的原则。21日，毛泽东再次致电彭德怀，强调指出："今日红军在决战问题上不起任何决定作用，而有一种自己的拿手好戏，在这种拿手戏中一定能起决定作用，这就是真正独立自主的山地游击战（不是运动战）。"① 并对八路军实行独立自主的山地游击战的战略方针，进行了较为透彻的解释。25日，毛泽东在给周恩来及中共中央北方局的电报中又指出："整个华北工作，应以游击战争为唯一方向。一切工作，例如兵运、统一战线等等，应环绕于游击战争。""要设想在敌整个占领华北后，我们能坚持广泛有力的游击战争。"② 这一系列指示，对坚持独立自主的山地游击战争的战略方针，在整个华北坚持抗日游击战争起了重要的指导作用。以刘少奇为书记、杨尚昆为副书记的中共中央北方局正确贯彻执行中央的战略方针，积极配合八路军，动员和组织广大民众，实行全民抗战。9月下旬，中共中央北方局讨论确定了在华北开展游击战争的方针任务，主要有：（一）共产党在平津的组织转入长期的秘密工作，应利用一切合法的可能保存与积聚力量，以等待和准备将来反攻时期收复平津。目前的主要任务是援助平津附近乡村中的抗日游击战争，城市工作服从乡村工作，干部人员除必须留在平津者外，应退到乡村组织游击队。（二）在冀东，应准备迅速发动抗日武装起义配合全国的抗战，并坚持游击战争。（三）在华北其他地区（我军的后方），应动员群众、动员一切力量参加抗战，支援前线；同时准备独立自主地进行游击战争。（四）在华北即将失守的城市、矿山、铁路、工业区，号召工人、职员在敌人到来时，组织工人游击队，或到乡村同农民一起打游击。这一方针任务的确定对华北军民开展游击战争、建立敌后抗日根据地有着重要的指导作用。

刘少奇对河北省委在沦陷区工作的开展作出指示（9月底至11月） 全面抗战爆发后，冀东地区全面沦为日军的占领区，领导沦陷区抗日斗争成为中共河北省委的主要任务。为此，9月底，中共中央北方局书记刘少奇致信给河北省

① 中共中央文献研究室编：《毛泽东年谱》中卷，中央文献出版社1993年版，第23页。

② 中共中央文献研究室编：《毛泽东年谱》中卷，中央文献出版社1993年版，第25页。

委书记李运昌，就冀东地区党的工作作出指示，提出：抗日战争爆发后，河北党组织的中心任务是配合八路军，广泛开展敌后抗日游击战争。党的工作重点应放在农村。城市工作要短小精干，由公开、半公开活动转为秘密工作，埋头苦干，积蓄力量，动员干部和党员去农村，并尽量去平津周围的农村，宣传党的抗日主张。准备发动冀东游击战争，配合八路军建立以燕山山脉为中心的抗日根据地。要求中共河北省委不失时机地抓紧准备冀东抗日武装起义，并指示李运昌回冀东，任中共冀热边特委书记。

李运昌返回冀东后，按照中共中央北方局的指示，全面开展发动冀热边游击战争的准备工作，一方面建立广泛的抗日民族统一战线，动员各阶层民众投入到抗日斗争中来，一方面积蓄力量，培训骨干，组织游击队，开展游击活动。10月，中共冀热边特委建立，李运昌任特委书记，王平陆任军事部长。马辉之继任中共河北省委书记。11月，根据中共河北省委指示，中共京东特委在北宁路南建立，胡锡奎任书记。中共京东特委与冀热边特委相互配合，开展冀东游击战争。同时，中共中央北方局派遣红军干部李润民（原红军团政委）、孔庆同（原红军团长）等人到冀东，帮助冀热边、京东特委开办军事训练班，培养游击战争武装骨干。

抗日民族统一战线的形成（9月）　国共两党于1937年上半年多次就第二次合作进行谈判，但未达成协议。卢沟桥事变爆发的第二天，中共中央发表《中国共产党为日军进攻卢沟桥通电》，呼吁全国人民、政府和军队团结起来，筑成民族统一战线的坚固长城，国共两党亲密合作，武装保卫平津，保卫华北，抵抗日本帝国主义的侵略，驱逐日寇出中国。不久，中国共产党代表周恩来、秦邦宪、林伯渠赴庐山同国民党代表再次会谈国共合作事宜。7月15日，中共代表团向蒋介石提交了《中共中央为公布国共合作宣言》，提出奋斗目标及四项宣言。后国共代表经过多次谈判，共商两党合作、一致抗日的问题。18日，两党就陕甘宁边区人事、红军改编和设立总指挥部以及在若干城市设立办事处、出版《新华日报》等问题达成协议。8月22日，南京国民政府军事委员会发布命令，将西北红军改编为国民革命军第八路军。9月22日，国民党中央通讯社发表了《中共中央为公布国共合作宣言》。次日，蒋介石发表《对中国共产党宣言的谈话》，事实上承认了中国共产党在全国的合法地位。《中共中央为公布国共合作宣言》及蒋介石《对中国共产党宣言的谈话》的发表，标志着国共两党第二次合作和中国抗日民族统一战线的形成。

平汉线省委部署沦陷区党的工作（9月） 9月24日，保定、沧县相继失守，中国守军纷纷南撤，各级政府官员纷纷外逃，冀中出现无政府状态。为发动群众，开展抗日游击战争，抵抗日军侵略，9月中旬，中共平汉线省委在石家庄召开紧急会议，会议决定：所有党员干部应坚守岗位，一律不撤退；动员一切力量，发展抗日武装，开展敌后游击战争；在当地如不能存在时，可拉进太行山区活动。9月下旬，中共平汉线省委在井陉乡村师范附属小学召开紧急会议，省委书记李菁玉、宣传部长兼直中特委书记李雪峰、组织部长兼保属特委书记刘秀峰、省委秘书栗再温等人参加会议。会议传达了中央和北方局的指示，研究部署开展敌后游击战争、建立抗日根据地等问题。会议决定：由于日军逼近滹沱河，故立即派5个工作团分赴冀西各地开展工作，其中，李德仲、栗再温等被派往平山、井陉；孙志远、徐达本、田骥、王江凤等被派往灵寿、行唐、新乐；程氏兰、田润之等被派往井陉横涧煤矿；杨克冰、赵进扬、肖炳山、白高山等被派往元氏、赞皇、高邑。工作团的主要任务为：与当地政府联系，动员群众参加抗日；督促各地政府加紧抗日动员工作；动员民众，组织地方武装，开展游击战争。会议还决定组建中共冀西特委，领导正太铁路以北、滹沱河流域各县的抗日斗争，书记为李德仲，组织部长为栗再温，宣传部长为胡伯瑜。

10月

八路军一二〇师三五九旅到平山扩兵（10月3日） 10月3日，八路军一二〇师三五九旅战地救亡工作服务团（七一七团）政治委员刘道生，率领教导队、警卫连、火线剧社共300多人，从五台山路经平山小觉到达洪子店，与平山地方党的负责人李谨亭、贾一波等取得联系。当晚，八路军工作团和平山县委负责人、党员积极分子在洪子店东寺小学联合召开了联席工作会议。刘道生和地方党的负责人分别讲话。强调当前的主要任务是扩充部队，发展地方武装，积极贯彻党的抗日民族统一战线，动员各界爱国进步人士参加抗日斗争，并提出“有人出人，有枪出枪，有钱出钱，有粮出粮”的动员口号，同时决定立即着手开展扩充部队的工作。从本日起至11月6日，就组织起有1700多人参加的“平山团”，后编为一二〇师三五九旅七一八团。该团第一任团长为陈宗尧。

正定惨案（10月6日至10日） 正定县位于冀中平原，在石家庄以北15

公里，地理位置十分重要。七七事变后，日本华北方面军第一军（司令官香月清司中将）进犯正定。10月5日，日军第十四师团（师团长为土肥原贤二中将）及第六师团（师团长为谷寿夫中将）进至正定新安车站一带。随即由第六师团主攻正定。面对日军的入侵，国民党第十四集团军（总司令为卫立煌）第三十二军（军长为商震）的第一四一师（师长为宋肯堂）及抗日民众坚决进行抵抗。由于日军使用重炮攻城，中国军队伤亡很大，最后在激烈巷战后撤出战斗。8日，日军第六师团部2000余人占领正定。出于报复心理，日军见人就杀、见财物就抢，抢后纵火焚烧房屋。从10月6日至10日，日军在正定城北郊之岸下、永安、北关，城内的北门里、焦安角、小十字街、府墙东街、南仓街、东门里，城东北的西上泽，城东的朱河、里屯、小临济等村实施了一系列的屠杀行动。几日内，日军残杀民众1506人，重伤103人，烧毁房屋106间，抢走牛马80余头，制造了骇人听闻的正定惨案。

赵县惨案（10月7日至15日）　赵县，古称赵州，地处河北省会石家庄市区东南40公里。日军于10月初侵占石家庄，进而将其侵略的魔爪伸向赵县。10月7日，正逢赵县县城大集，5架日军飞机在这人群拥挤的大集上投下20余枚炸弹，炸死炸伤无辜群众200多人，财产损失不计其数。10月11日，日军从西北方向侵入赵县，傍晚在县城附近遭到南撤的国民党军商震部骑兵团的阻击，双方在赵县县城至宋村一线激战了一夜，都有重大伤亡。12日拂晓，日军发起进攻，加上日机轰炸，骑兵团被迫向南撤退，赵县县城失守。日军冲进赵县县城和附近的宋村、常洋、官庄、东晏头等村庄展开对无辜平民的杀戮。自10月7日至15日，侵华日军在赵县县城内外进行了连续9天的大屠杀，制造了910余人死于非命、239人受重伤致残的重大惨案。

中共保属省委建立（10月10日）　日军占领保定后继续南进，平汉线两侧面临即将被分割的形势。面对新的抗战形势，中共平汉线省委决定将保东、保南特委合并组建中共保属省委，由其统一领导冀中地区党的工作和抗日斗争。保属省委由张君任书记，秘书长为王志，组织部长为吴健民，宣传部长为孟继光，军委主席为孟庆山。保属省委下设三个特委：一特委由陈守茂（陈鹏）负责，分管新安、安新、新城、清苑等县；二特委由孟继光负责，分管任丘、河间、高阳、蠡县等县；三特委由吴健民负责，分管饶阳、安平、深泽、深县等县。为坚持抗战，开展敌后游击战争，中共保属省委决定由孟庆山等开办游击战争短期训练班，培训干部，组建抗日武装。孟庆山、侯玉田等在高阳、安新、任丘、蠡县一带开办了四期流动游击战争训练班，培养了200多名干部。经过培训，这些干部成为冀中平原游击战争的骨干力量。他们在各县宣传、发动群众，组织抗日队伍，组建河北游击军，极大地激发了冀中群众的抗日热情。11月，吕正操率人民自卫军占领高阳城后，与中共保属省委汇合，冀中地区各级党组织由隐蔽转为公开领导抗日斗争，派党员干部到保东、保南各县发动群众，改造旧政权，组建人民抗日武装，恢复社会秩序。

梅花惨案（10月12日） 10月11日，日军华北方面军第五师团一部，从西北方向直逼梅花镇。进驻梅花镇的国民党第五十三军第六九一团（吕正操部）第一营奋起抗击，在连续打退日军9次进攻，击毙日军数百人后，撤离梅花镇。12日拂晓，日军增援部队5000余人赶到梅花镇，即对当地居民开始报复。日军从西门扑向镇内，见门就砸，见人就杀，见房就烧，见东西就抢。大屠杀持续了四天三夜，梅花镇的大街小巷到处是血淋淋的尸体。全镇大的屠杀现场有10处，仅此10处就有1200多人惨遭杀害。辘轳把水坑是最大的杀人场，几百名日军端着刺刀，站在水坑周围，四周架起数十挺机枪。日军一边强迫人们往水坑里跳，一边用机枪扫射。在被赶下水坑的600多人中，只有8人幸免一死。到15日中午，日军在梅花镇杀害群众1547人，46户被杀绝，100多名妇女被强奸，600多间房屋店铺被烧毁，此外大量粮食财物被抢劫一空。

小樵镇誓师（10月14日） 吕正操所部第六九一团原属东北军第五十三军（军长万福麟）第一三〇师（师长周福成）。全面抗战爆发后，中共北方局军委指示第六九一团地下党：留在后方，找地下党，开展游击战争。根据第一战区的统一部署，第六九一团奉命开赴任丘县大苟庄一带设防。9月14日，该团在永清县曹家务抗击日军一整天，后因日军突破友军防线而被迫南撤；10月11日，该团又在藁城县梅花镇阻击南下日军，歼灭日军数百人。梅花镇战斗后，第五十三军奉命继续南撤。第六九一团为坚持抗日，拒绝随第五十三军继续南撤。10月14日，第六九一团所部第一、第三营（第二营看守井陉第五十三军弹药库未能归队）、4个直属连、1个通讯队共千余官兵，在河北省晋县小樵镇举行誓师大会，改为人民自卫军。吕正操任司令，中共地下党员李晓初任政训处主任（后改为政治部）。部队改编为3个总队，由赵承金、于权伸、沙克任总队长。改编后，部队先后进驻深泽、安国、安平等县城，配合地方党组织开展锄奸、清匪、组建人民抗日武装、建立抗日民主政权等工作。从此，人民自卫军在中国共产党的领导下，走上了独立自主、开展抗日游击战争的道路。

井陉 1937 惨案（10 月 14 日至 11 月 6 日） 井陉县位于河北省西部的太行山东麓，是晋、冀两省的交通要冲。县境西面的娘子关，为兵家必争之地，战略地位极为重要。10 月 14 日，日本华北方面军第二十师团（师团长川岸文三郎）和第一〇九师团（师团长山冈重厚）侵占井陉地区后，沿井陉至山西平定的公路向前推进，遭到国民党军部分爱国官兵和八路军第一二九师一部的阻击，欲进不能，滞留在公路两侧村庄。在滞留期间，日军在公路沿线村庄烧杀抢掠、无恶不作，在井陉县境内制造了骇人听闻的乏驴岭惨案、北横口惨案、长生口惨案、小龙窝惨案、大龙窝惨案和核桃园惨案等。共计残杀百姓 800 余人，烧毁房屋千余间，犯下了罄竹难书的罪行。

聂荣臻组织召开僧众座谈会宣传《抗日救国十大纲领》（10 月中旬） 10 月中旬，为贯彻党的抗日民族统一战线政策，八路军第一一五师副师长聂荣臻等到五台山寺庙集中的台怀镇召开僧众座谈会，宣传《抗日救国十大纲领》，号召广大僧众积极参加抗日救亡活动。在党的政策感召下，僧众纷纷表示：我们出家不出国，保不住国家就保不住佛教，一定要组织起来参加抗日救亡。会后，青黄两庙僧众有 60 余人参军，并组织起抗日自卫队。此后，聂荣臻同志还多次召集过此类会议，对于发动和组织五台山僧众参加抗日民族统一战线起了重要作用。

中共晋察冀省委建立（10 月 21 日） 太原失守前，为配合八路军分区创建抗日根据地，中共中央北方局决定相应地分区重组党的领导机构。原来由山西省委领导的晋东北、晋西北、晋东南地区党的组织和党的工作，分别交由随后成立的晋察冀省委、晋西北工委、晋冀豫省委领导。10 月 21 日，中共晋察冀省委在阜平成立，领导包括晋东北在内的晋、察、冀三省边界地区党的组织，并配合第一一五师聂荣臻部创建抗日根据地。赵振声（李葆华）任书记兼组织部长，宣传部长为刘秀峰，武装部长为王平。当月，在晋察冀省委的领导下，中共晋东北特委在五台县古城村成立，王逸群任书记，张连奎任组织部长，洪水任宣传部长，胡开明任秘书长。当时，中共晋东北特委领导五台、繁峙、定襄、广灵等县委及灵丘、崞县（东）、忻县（东）、代县、浑源、应县、山阴（东）等地党的工作。11 月底，晋察冀省委改由黄敬任书记，赵振声任组织部长，刘秀峰任宣传部长。随后，各地区党的特委和县以下各级组织先后建立起来。

华北人民抗日自卫委员会成立（10月） 为广泛开展抗日民族统一战线工作，发动抗日游击战争，团结各阶层、各方面势力共同抗日。根据中共中央北方局指示精神，1937年8月底，中共河北省委将华北各界抗日救国会改组为华北人民抗日自卫委员会（简称“自卫会”），并着手筹备改组事宜。10月，自卫会在天津法租界一所学校内召开改组会议，通过改组章程选出执行委员，负责领导自卫会的抗日工作。自卫会由共产党员、国民党爱国人士和其他进步民主人士组成，包括王若僖（国民党爱国人士）、张申府、刘清扬、杨十三（河北省立工业学院教授）、洪麟阁（国民党员）、高志远（滦县马城民团团总）等爱国进步人士，王若僖任主任。共产党在其中设立党团，李楚离任党团书记，王仲华、杨秀峰参与自卫会领导工作。根据党的指示，自卫会向国民政府军委和第六厅备案并取得合法地位。自卫会着力开展抗日宣传，先后创办《新闻报》（后改为《时代周刊》）、《解放》周刊、《中山旬刊》等刊物，宣传中国共产党抗日民族统一战线政策，报道抗日军民斗争事迹，揭露日本侵略罪行等，对天津人民产生重要影响。自卫会还积极组织抗日武装，参与组织冀东暴动。中共河北省委通过自卫会派遣干部进入各种武装力量，争取基层群众，扩大党的影响，推动各方面上层人士坚持抗日立场。其中，华北人民自卫委员会冀东分会在蓟县、遵化、玉田、丰润等县会员就达1.5万余人。冀东大暴动前，李运昌主持的军事会议推选高志远为抗日联军司令，李运昌、洪麟阁为副司令，李楚离、王仲华以自卫会负责人身份到洪麟阁、高志远的起义部队中指导工作。自卫会还设法筹备通信设备、医疗器材和药品等物资支援冀东抗日武装。1938年下半年，中共河北省委迁出天津，该会活动逐渐停止。

***华北人民武装自卫委员会冀东分会成立（12月）** 根据洛川会议精神，中共中央北方局指出：中共河北省委的中心任务为配合八路军广泛开展敌后抗日游击战争，不失时机地准备并发动冀东抗日暴动，创建敌后抗日根据地。此后，中共河北省委及其所属的京东、冀热辽特委，立即着手组织发动冀热辽抗日游击战争，大力实行抗日民族统一战线，广泛发动群众，促成建立各阶级、各阶层抗日人士参加的统一战线。按照中共中央、北方局和河北省委的指示，中共冀热边特委、京东特委为冀东开展抗日游击战争、发动武装暴动做了大量宣传和组织工作。12月，中共冀热边特委和京东特委在滦县多渔屯组织召开冀东十

县人民抗日代表会议。会议决定继续加强抗日宣传、组织工作，并立即组建游击队，开展抗日游击战争。会上成立了华北人民抗日自卫委员会冀东分会，会议推选李运昌、王平陆、高志远、洪麟阁、杨十三、黎巨峰等为分会领导成员。李运昌任主任，王平陆任军事部长，黎巨峰任总务部长。会后，王平陆在原有游击小组的基础上，调集一批共产党员和自卫会会员，组建了华北抗日联军冀东游击支队，王平陆任司令员，史贞任政委，孔庆同任支队长，冀东人民开始了在共产党的领导下的抗日武装斗争。在中国共产党领导下，冀东分会成为组织、领导冀东人民抗日大暴动的坚强领导机构。

人民自卫军进驻高阳城（10 月底） 小樵镇誓师后，吕正操率人民自卫军北上，每到一处都与当地的共产党组织取得联系，并沿途宣传中国共产党的抗日救国主张，组建党组织，建立抗日民主政府、人民自卫队及抗日救国团体。在深泽县城，人民自卫军与邸清哲、赵通三、王晓楼、马健民、刘国华等共产党员、共青团员及爱国人士取得联系，并发出布告，提出政治主张：坚决抗日，铲除汉奸，剿灭土匪，实行民主；废除苛捐杂税，硝盐公卖；在军事上以游击为主，发动群众参战。中共深泽临时县委、县人民抗日政府和救国会随之成立。10 月 24 日，人民自卫军从深泽兵分两路继续北上。司令部率第二、第三总队进驻安国县城，赵承金率领第一总队进驻安平县城。在安国县城，中共保属特委派侯玉田、刘奕珺等前来迎接人民自卫军。人民自卫军与冀中党组织取得联系，中共保属省委派萧悌、孟庆山、帅荣等来安国迎接人民自卫军，并共同商定：部队途经博野到蠡县，同中共保属省委会合，进驻高阳。此后，吕正操率人民自卫军取道博野、蠡县，向高阳进军。在博野，吕正操会见了博野民军司令张仲翰，双方约定同心协力，联合抗日。在蠡县，吕正操会见了在当地组织抗日武装的孟庆山。31 日夜，吕正操指挥人民自卫军进攻高阳县城，歼灭了盘踞高阳城的尹松山部伪冀东保安队和高阳伪自卫团近千人，俘获尹松山，缴获长短枪近千支、轻机枪 10 挺和大量物资。11 月 1 日，人民自卫军和中共保属省委机关进入高阳县城。在高阳县城，人民自卫军与中共保属省委召开群众大会，处决汉奸尹松山、王子臣及日军指挥官铃部武郎。八路军攻占高阳城，震动了整个冀中平原，官兵士气大振，人民群众抗日的热情倍增，踊跃参军，人民自卫军迅速发展到 5000 多人。11 月下旬，人民自卫军整编为 1 个师，4 个主力团（3 个步兵团、1 个特种兵团），1 个特务营，1 个模范营。吕正操任司令员兼第一师师长，李英武任副师长，李晓初任政治部主任，孙志远任副主任（后任党代表）。第一团团长为赵承金，副团长为赵东寰，政治部主任为段玉祺；第二团团长为于权伸，副团长为阎九祥，政治部主任为杨经国；第三团团长为孟庆山，副团长为王洗凡，政治部主任为侯平；特种兵团团长为沙星澜（沙克），政治部主任为戈亚明，特务营营长为胡乃超，模范营营长为张建国。人民自卫军在地方党组织的支持和帮助下，建立了政治机关以开展政治工作，注重加强官兵的纪律教育，开展军队内部的民主生活。

聂荣臻率部在晋察冀三省边界创建抗日根据地（10月至11月） 晋察冀地区地处恒山、五台山和燕山山脉的连接地带，控制着日军进入关内的咽喉要道，扼制着津浦、平绥、正太、同蒲等交通大动脉和北平、天津、太原等大城市，战略地位非常重要。卢沟桥事变后，日军首先占领这一地区，企图把它作为占领整个华北，进而侵占全中国的重要基地。平型关战役前，八路军第一一五师政训处主任罗荣桓即率工作团进入阜平一带，着手发动群众，组织抗日武装，开辟抗日根据地的工作。随着抗战形势的发展，毛泽东于10月20日致电周恩来、朱德、彭德怀、任弼时：留一一五师独立团在恒山、五台山地区坚持游击战争，一一五师主力转移到汾河以西吕梁山脉。根据中共中央指示，中共中央军委会前方委员会于10月22日决定：八路军第一一五师副师长聂荣臻留守五台山，率领第一一五师独立团、骑兵营、教导队的两个连，八路军总部特务团直属大队及第三四三旅和第三五九旅工作团的部分人员3000余人，在晋察冀三省边界地区开展游击战争，创建敌后抗日根据地。

遵照中共中央的决定和部署，聂荣臻于10月27日在山西五台组织了晋察冀军区司令部。当时，由于日军正集中兵力长驱直入，后方相当空虚，人民渴望共产党、八路军领导抗日，这正是发动群众、开展游击战争、建立根据地的大好时机。因此，聂荣臻给各部队和分散发动群众的工作团发出指示：要不失时机地迅速开展工作，号召晋察冀三省同胞，参加游击队、义勇队，武装保卫家乡，开展游击战争；组织各种抗日救国团体，摧毁汉奸维持会，建立抗日的地方政权；肃清土匪，抚济流亡，恢复地方秩序，改善人民生活；团结一切不愿当亡国奴的人民，创造抗日根据地，变敌后为前线。同时，组织部队，分兵挺进敌后，在察南、冀西、五台和定襄、平山和盂县等地区展开工作，放手发动群众，扩大武装，很快在晋、察、冀三省边界地区打开了局面。

由杨成武率领的独立团，向冀察边界发展。在腰站战斗后，于 10 月 10 日克复涞源城。10 月 15 日，在广灵、灵丘间的冯家沟设伏，取得歼灭日军第五师团第二运输大队 100 多人的胜利，并乘胜收复广灵、灵丘、蔚县、阳原、浑源、易县等县城。在对敌初战获胜，得到群众信赖和欢迎的基础上，由独立团抽调干部，组成工作团、工作组，分区分片，发动群众，宣传共产党的主张和各项政策，建立县、区、村各级救国会，派出县长、区长；同时，惩治汉奸，消灭土匪；布告安民，稳定人心。到 10 月底，独立团已发展到 7000 人，扩编为独立第一师（后改称支队），杨成武任师长，邓华任政治委员，下辖 3 个团，成为晋察冀抗日根据地初创时期的一支主力部队，并在各县成立了游击支队。从此，打开了晋察冀边区北部地区的局面。

赵尔陆为首的军政工作团和总部特务团约 2 个连的部队，在晋东北的定襄、五台等县通过阎锡山接受中共建议成立的民族革命战争战地动员委员会（简称“动委会”）这一合法组织，动员群众，支援抗战，号召参军，广泛组织农会、工会、青救会、妇救会等群众团体，并与原五台县长宋劭文（共产党员）取得联系，改造了定襄、五台两县的县、区政权机构，使工作很快扩展到代县、繁峙、崞县、忻县等地，还组织了各县的抗日游击队，成立了中共晋东北特委和游击司令部。从此，打开了晋察冀边区西部地区的局面。

王平为首的地方党政工作团和第一一五师骑兵营（营长刘云彪），以阜平为中心，在冀西的曲阳、行唐、完县（今顺平县）、唐县等地，协同中共地方组织，发动群众，组织义勇军和游击队，并成立了阜平县动委会，王平被推选为主任。骑兵营先后攻占曲阳、唐县、完县、满城等县城，并攻占保定附近的江城敌人兵站，缴获弹药 1000 多箱。随着这些县城的收复，工作团派出工作组分赴各地，发动群众，建立政权。不到一个月的时间，就组成 3 个游击大队，共 4000 余人，很快打开了晋察冀边区东部地区的局面。

刘道生、周建屏领导的工作团及武装小分队共 250 余人，于 10 月和 11 月初先后进到滹沱河以南，正太路以北的平山、盂县为中心的地区，发动群众，扩大和组织武装。在中共地方组织的配合下，不到一个月的时间，就成立了近 2000 人的抗日武装平山团。工作团的武装连队还不断袭击日军的兵站、医院、弹药库、汽车运输队。10 月 29 日八路军收复了平山县城。同时，在井陉、获鹿、正定、阳泉、平定等地农村中发动群众，组织起若干支游击队，打开了晋察冀边区南部地区的局面。

* **攻克涞源县城（10 月 10 日）** 平型关战斗后，八路军总部命令第一一五师独立团向敌后挺进，任务是配合忻口、忻州的国民党军队作战，破坏敌后联络，断绝日军交通，以游击战术的手段在广灵、灵丘、涞源、蔚县与日军周旋。10 月上旬，日军主力南进，准备发动忻口战役，其后勤运输队数百辆汽车、大车在这一带公路上来往运输。而涞源城中的日军由于深入山地，人数少，地形不熟，怕中八路军的埋伏，不敢出城。10 月 10 日晚，八路军第一一五师独立团一营及便衣队袭击涞源城，守城日军 100 余人撤出涞源县城，独立团随即占领涞源县城。涞源县城是八路军挺进华北敌后收复的第一座县城，由于其地处晋察冀三省的结合部，战略位置十分重要，对创建晋察冀根据地有着重要意义。

* **冯家沟伏击战（10 月 12 日）** 在八路军第一一五师独立团收复涞源县城的当天，八路军总部朱德、彭德怀、任弼时电令独立团向敌后挺进，以北岳恒山地区为中心，放手发动群众，开创根据地。独立团立即从涞源、上寨出发，到广灵公路（广灵、灵丘之间）沿线的冯家沟地区，准备伏击日军的运输队。冯家沟是灵广公路线上的一个小村子，南距灵丘 30 公里，北距广灵 10 公里，公路两旁是连绵不绝的大山，大山中间干涸的河滩上有一条 10 米宽的汽车路，是日军向前线运送作战物资的必经之路，村南有一个小山包，形成一个垭口，有利于伏击自广灵南下的日军运输队。12 日晨，杨成武独立团一营到达冯家沟垭口，开始布置阵地：一连居西一线排开，二连靠东监视并阻击灵丘方向可能出现的日军援军，三连埋伏在南面截断日军去路，四连占领路旁高地。上午，板垣师团第二运输大队 120 多辆满载作战物资的大车及 50 多名日军骑兵进入伏击圈，战斗随之打响。三连一部堵住日军的去路，三连另一部协同二连、一连迅速切断敌人的退路，经过短时肉搏后，结束战斗。此战，独立团歼灭日军 100 余人，缴获大车 120 辆、骡马 400 余匹、步枪 70 余支、子弹 40 余箱、食品 2200 余箱等。此战的胜利壮大了八路军的声威，补充了大量军需物资，为创建抗日根据地打下了基础。同时，严重威胁到进攻忻口日军的后勤补给线，有利地支援了忻口作战的中国军队。

11 月

晋察冀军区成立（11 月 7 日） 根据中共中央和八路军总部的命令，11 月

7 日，晋察冀军区在山西五台县石嘴镇普济寺正式宣告成立，聂荣臻任军区司令员兼政治委员。尔后，又任命唐延杰为参谋长，舒同为政治部主任，查国桢为供给部部长，叶青山为卫生部部长。11 月 13 日，晋察冀军区以分散活动在这一地区的部队和工作团为基础，成立了 3 个军分区。第一军分区：司令员杨成武，政治委员邓华，辖雁北、察南及平汉铁路保定至北平段以西的灵丘、广灵、蔚县、阳原、涞源、易县、涞水、定兴、徐水、满城等县。第二军分区：司令员兼政治委员赵尔陆，辖晋东北的五台、定襄、忻县、崞县、代县、繁峙、应县、浑源、山阴等县。第三军分区：司令员陈漫远，政治委员王平，辖平汉铁路保定至新乐段的阜平、曲阳、唐县、完县、望都、新乐以及定县西部地区。11 月 16 日，晋察冀军区根据八路军总部命令又成立了第四军分区，周建屏为司令员，刘道生为政治委员，辖平汉铁路新乐至石家庄段以西和正太路石家庄至寿阳段以北的平山、行唐、灵寿、正定、获鹿、井陉、盂县、平定、寿阳、阳曲等县。至此，在平汉、正太、同蒲、平绥 4 条铁路干线之间的晋察冀边区中心抗日根据地初步形成，统一了边区军事指挥。为了便于统一领导全区部队建设和作战指挥，晋察冀军区司令部、政治部、后勤部于 11 月 18 日由山西省五台县迁至河北省阜平县城。

晋察冀边区政府的酝酿与筹备（11 月 8 日至 12 月底） 坚持敌后抗战和建立敌后抗日民主政权是不可分割的。随着晋察冀抗日根据地的开创，边区范围内数十县已与原山西、河北、察哈尔三省的政府失去联络，被隔绝在敌人后方，为了加强与统一边区的军事政治领导，建立统一的边区抗日政权机构已是势在必行。1937 年 11 月 8 日，即晋察冀军区宣布正式成立的第二天，聂荣臻在向朱德、彭德怀、任弼时的请示报告中提出，晋察冀既成立军区，政权亦应有一统一之组织。我意即成立晋察冀临时行政委员会，下分财政、民政、交通、经济、文化、锄奸等处，并建议由宋劭文担任边区临时行政委员会主席。5 天后，朱德、彭德怀、任弼时批复：晋察冀边区政府稍迟再成立为宜，现在中心工作要加紧壮大武装，组织党，改造县、区、村政权机构。11 月 16 日，周恩来和北方局书记刘少奇批复聂荣臻转晋察冀省委，并致朱德、彭德怀、任弼时等，并向中央报告：在晋察冀全区，为了加强与统一军事政治领导，应即进行统一战线的民主政权的改造与建设。同时，对边区政府的组织和基本政策作出了指示。上述建议和批复，为建立统一的边区抗日民主政权作了思想准备。与此同时，聂荣臻与宋劭文多次探讨统一全区政权机构的问题。军区机关11月18日到达阜平县城之后，聂荣臻即召集冀察两省各军政民领导人就组织全边区临时政权交换意见，得到一致赞同。12月5日，在阜平县城正式成立了晋察冀边区临时政府筹备处，随即着手进行边区军政民代表大会的筹备工作，并连续致电阎锡山。12月中旬收到阎锡山的复电，表示同意筹建晋察冀边区行政委员会，并表示要呈报国民政府行政院。经过紧张的筹备工作，晋察冀边区军政民代表大会在阜平召开，选举产生了华北敌后第一个抗日民族统一战线性质的民主政权——晋察冀边区临时行政委员会。

***晋察冀边区临时政府筹备处成立（12月5日）** 晋察冀边区临时政府筹备处于12月5日在阜平县城正式成立，筹备处由宋劭文、胡仁奎、刘奠基、张苏、王斐然等5人组成。筹备处负责进行晋察冀边区军政民代表大会的筹备工作，制定代表大会的召集办法和大会议程，规定大会代表由部队、群众团体和各地方政府选派。筹备处设主任一人，副主任一人；主任、副主任之下，设总务组、视察组、起草组，每组各设组长一人，各组聘用干事，奉组长之命分担工作。筹备处成立后派出宋劭文、王斐然、仇友文、白靖斋（回族）、李杰庸等人，到山西、冀西、冀中等地进行联络。

晋察冀军区反日军“八路围攻”（11月24日至12月21日） 晋察冀根据地的建立，八路军主力部队的迅速壮大及独立自主的抗日游击战争的蓬勃发展，形成了对占领平汉、平绥、同蒲、正太铁路线及北平、天津、张家口、太原、石家庄等大中城市日军的严重威胁。为确保后方和交通线的安全，日军华北方面军集中第五、第十四、第一〇九师团和察哈尔派遣兵团各一部，共2万余人，围攻晋察冀边区。11月24日，在飞机、坦克配合下，日军从平汉、平绥、同蒲、正太铁路沿线各据点出动，分八路围攻涞源、行唐、曲阳、满城、蔚县、浑源、广灵、平山等地，并逐步向腹地推进，准备歼灭晋察冀军区主力部队。

根据日军的动态和晋察冀根据地的实际情况，中共中央和八路军总部先后作出指示。11月30日，八路军总部指出，敌人的目的是压迫我军留在该区的部队向南或向西转移，以巩固其占领区和维护平汉、平绥、同蒲等铁路线之安全。同时，创立和巩固晋察冀边区，使之成为坚强的抗日根据地，是晋察冀军区最基本的任务。为了粉碎敌人的进攻，全军区所有武装部队和全体民众应分散向各路进攻的敌人游击袭扰，在有利时机、有利地形条件下，求得部分消灭敌人，但不要集中全部兵力，且应避免与敌决战。12 月 5 日，毛泽东、彭德怀指示，对进攻晋察冀边区之敌，注意以下几点：（一）避免正面抵抗，袭击敌之后尾部队；（二）在敌之远近后方活动，使敌进一步仍在我包围中；（三）同蒲、正太路必须积极活动，予以有力的配合；（四）注意在敌后方破坏伪组织、伪军；（五）加紧瓦解敌军工作；（六）在确有胜利的条件下，集结适当力量给敌以部分的歼灭和有力的打击，增加敌恐怖与进攻困难是必要的，但须详细审慎。

根据中共中央、八路军总部的指示，晋察冀军区对边区军民进行了深入的反围攻思想动员和物资准备，同时作出反围攻部署：以独立第一师兼第一军分区迎击浑源、阳原、涿鹿、易县方向之日军；以第二军分区迎击代县、崞县、原平、忻口方向之日军；以第三军分区迎击满城、完县、唐县、曲阳方向之日军；以第四军分区迎击平山、阳泉、寿阳、阳曲方向之日军。各分区部队利用日军兵力不足，地形生疏、不敢贸然深入腹地等弱点，采取军民结合、新老部队结合、主力部队与地方部队结合，以袭击、阻击、伏击等战术打击日军。主力部队避免正面抵抗，寻机歼敌一路；游击队袭击日军后方据点和交通线。主力部队先后取得乱岭关、大龙华、北口村、原平镇、清城镇等战斗的胜利。

为配合晋察冀军区反围攻作战，八路军第一二〇、一二九师各一部，分别在同蒲路北段和正太铁路沿线展开破袭战，调动围攻晋察冀边区的日军回援。至 12 月 21 日，日军除占据浑源、广灵、蔚县、定襄、盂县、平山和行唐等县城外，其余先后退回铁路沿线。

在反围攻作战中，晋察冀军民以伤亡 640 余人的代价，共毙伤日军 1987 人，缴获步枪 312 支、机枪 10 挺、子弹 5 万余发，战马 10 余匹，汽车、坦克各 1 辆。反围攻作战的胜利，使晋察冀根据地在华北敌后站稳了脚跟。

12 月

人民自卫军赴路西整训（12 月初）　冀中人民自卫军脱胎于旧军队，没有来得及进行改造，在队伍发展壮大的过程中，官兵关系和军民关系都出现了一些问题。中共地方组织输送来的兵源和刚入伍的新战士又普遍存在家乡观念，纪律性也较差。因此，人民自卫军亟须提高军政素质，以成为八路军主力部队和坚持敌后抗战的主力军。为此，根据晋察冀军区的指示，吕正操、孙志远于 12 月初率人民自卫军两个步兵团、特务营和抗日义勇队等 2300 余官兵离开高阳地区，开赴平汉路西整训，并于12月12日进至曲阳县党城、阜平县王快和广安地区，在晋察冀军区第三军分区的协助下进行整训。

吕正操、孙志远到阜平城面见晋察冀军区司令员兼政治委员聂荣臻，并对冀中情况做了详细汇报。聂荣臻对他们在冀中的抗战行动给予了很大鼓励。随即按照整训计划开始整训，组织人民自卫军干部到军区直属部队、军政干部学校见习、参观，学习部队的政工工作和游击战术。聂荣臻、舒同亲自给营以上的干部上课，讲解中共的抗日民族统一战线政策和如何开展游击战争等问题，并对人民自卫军的党组织和政治机关组织进行了整理和充实。在此期间，吕正操、孙志远参加了晋察冀军区政治工作会议，根据中共中央指示，晋察冀军区对在冀中平原开展游击战争、建立根据地问题做了具体部署，并确定了当前中共冀中地方组织的主要任务。聂荣臻还在这次会上具体指出冀中根据地的范围为：平津、平汉、津浦3条铁路之间，南边以沧石路为界。冀中区作为一个军事行政区域，从此正式明确了。28日，聂荣臻派晋察冀军区政治部组织部长王宗槐带领军区慰问团，前往吕正操部整训驻地慰问，并帮助该部完成整训工作。随后，吕正操、孙志远率冀中地区部队代表和博野、蠡县、安国、安平等8县的代表50余人参加了晋察冀边区军政民代表大会，并在返回冀中之前还商谈了筹建晋察冀边区银行的问题。

人民自卫军到路西整训历时一个月的时间，在整训过程中，人民自卫军学习八路军的传统和作风，以及其发动和组织群众、创建抗日政权的经验，为建设人民军队，消除旧军队的影响，创建平原抗日根据地，发展抗日游击战争，打下了较好的思想和组织基础。

王耨惨案（12月9日）　七七事变后，在定县（今定州市）东部和安国成立了抗日义勇军第八支队，其立足本乡本土，开展抗日游击战争，使得日军如鲠在喉。于是，日军趁第八支队到路西整训之机，向大王耨和小王耨的村民展开灭绝人性的屠杀。12月9日，侵占定县城的日军大江部队四五百人，分乘28辆汽车，由汉奸带领，长途奔袭大王耨、小王耨和董家庄等地。黎明时分包围了这3个村子，开始大屠杀，从拂晓一直持续到中午11时左右，3个村子以及邻村共有村民220多人被杀害，50多人重伤，200多间房屋被烧毁，17户被杀绝。

河北游击军司令部建立（12月）　在吕正操率人民自卫军主力开赴路西整

训期间，中共保属省委为继续开创冀中的局面，大力发展抗日武装力量，将人民自卫军游击司令部改为河北游击军司令部，孟庆山任司令员，侯平任政治主任，闫九祥任参谋长，金城任总务处长，王志任秘书长，王文波任经理处长。由政治部创办了《国防报》（后改为《火星报》，负责人马可、李德），并建立了游击剧团。在此期间，冀中人民群众踊跃参军，抗日武装大发展。河北游击军以各县人民自卫团为基础组建了 3 个师的主力部队：第一师，孟庆山兼师长，侯平兼政治主任；第二师，段石曾任师长，王凤斋任党代表，杨万林任参谋长，王森贵任政治主任；第三师，马佑民任师长，安贵普任政治主任。另外，还有马本斋任队长的回民教导队。河北游击军还根据党的抗日民族统一战线政策，努力争取和改造各色杂牌武装，通过加委或扩编的方式成立了十三路的抗日队伍。河北游击军经过一个多月的大发展，部队达到六七万人，遍布冀中平原。此后，河北游击军与人民自卫军一起密切配合，袭击日军据点，破袭平汉铁路；很快消灭了定县、无极、藁城、深县、新乐等县 10 多股汉奸、土匪武装近 1 万人；组织北上先锋队，开辟大清河以北地区；建立了深泽、安国、安平等 18 个县的抗日政权，组织各种群众救亡组织。冀中的抗日斗争进入了新的阶段。

《抗敌报》创刊（12 月 11 日） 《抗敌报》是中共晋察冀分局机关报《晋察冀日报》的前身，是在党领导下的敌后大战区创办最早的一张党报。12 月 11 日，晋察冀军区成立不久，军区政治部就在阜平县城创办了《抗敌报》。《抗敌报》创刊初期，由晋察冀军区政治部主办，报社主任由军区政治部主任舒同兼任，副主任是沙飞和洪水，编辑有王家鹏、田松涛、阎恒午、张维、唐炎、陈春森、王爱谦等。当时北岳山区农村物资奇缺，经济困难，《抗敌报》只能用黄毛边纸，石印三日刊，四开单面印刷两个版，发行 1500 份，通过军邮和地方抗日动员委员会发行。从第 12 期改用新闻纸双面印刷，由两版扩为四版，内容丰富，版面清晰，都是抗日救国的内容，深受敌后军民的欢迎。1938 年 4 月，中共晋察冀省委第一次党代表大会召开，《抗敌报》成为中共晋察冀省委机关报，邓拓任报社主任，主持报社的工作。8 月 16 日，《抗敌报》自 63 期起正式改为铅印，四开四版，隔日刊。

1940 年 11 月 1 日，在《抗敌报》创办近 3 年时，中共北方分局决定将《抗敌报》改名《晋察冀日报》，由隔日刊改为日刊，集毛泽东的字为报头。《晋察冀日报》于 1948 年 6 月 14 日终刊，后与中共晋冀鲁豫分局机关报《人民日报》

合并，报名为《人民日报》，成为中共华北局机关报。《抗敌报》办报时间10年6个月零3天，共出版2845期。10年来，《抗敌报》在党的领导下，在邓拓等人的主持下，无论是在指导军民反“扫荡”的军事宣传上，还是在指导劳武结合的生产运动上都发挥了重要的作用，它真实地记录了中国人民在党的正确领导下誓死抗敌、保家卫国的英雄业绩，也在报纸的字里行间记录了日本法西斯屠杀中国人民的血腥暴行，出色地完成了党组织赋予党报“宣传者和组织者”的任务，为抗日根据地军民取得抗日战争和解放战争的胜利，作出了卓越的贡献。

抗敌剧社成立（12月11日） 抗敌剧社是晋察冀军区政治部领导下的专业文艺演出单位，是晋察冀边区的剧社中建制历史最久、活动范围最广、阵容最庞大、创作成果最多的一个剧社。1937年12月11日，晋察冀军区政治部宣传队在河北省阜平县召开纪念广州暴动十周年和西安事变一周年军民联欢会。这次演出第一次用了抗敌剧社的名称，这一天也就定为抗敌剧社成立日。最初，抗敌剧社的社长即宣传队队长杨克武，副社长由军区宣传部干事贾晓光兼任，成员有红军宣传员黄日升、杨晋涛、丁开山、李纪保，青年学生袁颖贺、古立高、赵宝珊、刘如舟、栗茂章、单银香、赵林培、杨更西、杨天祥、郝殿来、郭成林等，并成立了艺术委员会。1938年9月至1939年，晋察冀军区宣传队进行了整编，结束了宣传队的编制和名称，正式定名为抗敌剧社。社长为白瑞林，副社长为罗东，指导员为丁明。剧社下设戏剧、舞蹈、音乐、书画四个队：戏剧队长为刘佳，副队长为那国忠、胡可；舞蹈队长为王天一，副队长为杨晋涛；音乐队长为郑红羽，副队长为李纪保、今歌；书画队长为王明德，副队长为袁颖贺。后来，抗敌剧社几经整编，白瑞林、罗东、汪洋、刘肖芜、刘佳等先后当过剧社领导人。在战斗和工作中，抗敌剧社坚持为工农兵服务的文艺方向，以战斗化、现实化、大众化为口号，长期在部队和敌后进行宣传，足迹踏遍晋、察、冀、绥、热等省的城镇乡村，并首创“帐篷舞台”“汽车舞台”等演出形式。其中，剧社辅导阜平县高街村剧团编演的《穷人乐》和独创的《李国瑞》等话剧受到边区群英大会主席团的奖励。抗战胜利后，抗敌剧社又吸纳了各分区剧社不少有实力的成员，成为经过战火锻炼的数以百计的文艺团体之一。抗敌剧社成员在抗日战争、解放战争中，以笔为枪，用各种文艺形式进行宣传鼓动，唤起民众，激舞士气，为新中国的建立立下了不可磨灭的功勋。

晋察冀军区部队进行改编（12月12日） 在晋察冀根据地的开辟和抗日斗

争中，晋察冀军区各分区分散的游击队、义勇军，有的组成独立营，有的成立了数量不等的游击大队，军区队伍迅速扩大到 2 万多人，这些部队人数不等、番号不统一，不利于指挥作战，亟待进行改编。12 月 3 日，晋察冀军区司令员聂荣臻向八路军总部报告：现在晋察冀兵力为一分区 5000 人，二分区 2400 人，三分区 4000 人，四分区 6 个营。晋察冀军区准备将杨成武独立第一团扩编为独立第一师，下设 3 个团。其他 3 个军分区拟在 12 月 11 日也改成师，下面各成立 3 个团，除一分区的第一、第二、第三团外，以下依次编为第四至第十二团。军区指挥部队还包括赵侗部 700 余人，孟阁臣部 4000 多人，夏维礼部 1200 人，吕正操部已取得电台联系，不日将西移。针对晋察冀军区部队情况，毛泽东、周恩来、彭德怀于 12 月 6 日作出指示：为避免目标太大，晋察冀军区除独立第一师改为第一支队外，其余各分区准备所编组之 3 个师亦即改为支队，支队即师，每支队辖 3 个至 4 个大队（大队即团），每大队辖 3 个至 4 个中队（中队即营），每个中队辖 4 个连。

根据中央军委、八路军总部命令，12 月 12 日，聂荣臻发布军区部队整编命令。整编后，各军分区分别组编 3 个大队，每个大队 1500 人至 2000 人，隶属于支队，军分区领导兼任支队领导。第一支队（第一军分区）司令员兼支队长杨成武，副司令员兼副支队长邓华（后改任政委），下辖第一、第二、第三大队。第二支队（第二军分区）司令员兼支队长赵尔陆（后兼任政委），下辖第四、第五、第六大队。第三支队（第四军分区）司令员兼支队长周建屏（后为熊伯涛），副司令员兼副支队长刘道生，下辖第七、第八、第九大队。第四支队（第三军分区）司令员兼支队长陈漫远，副司令员兼副支队长王平（后任司令员兼政委），下辖第十、第十一、第十二大队。整编之后，部队开始整编训练，训练一直持续到次年 3 月。

此外，还有在平汉路西侧的李树林、夏维礼（驻易县、行唐一带），孟阁臣（驻易县地区）及赵玉昆、高鸿飞（驻易县、涞水、定兴一带）等武装，在晋东北的晋军新二师金宪章部。整编后，晋察冀军区主力部队近两万人，地方游击队已发展到四五万人。

晋察冀军区干部学校成立（12 月中旬） 随着晋察冀根据地的发展、扩大，根据地出现了军队干部严重不足的局面。为了适应晋察冀根据地建设的需要，解决部队发展中干部严重不足的问题，1937 年 11 月中旬，晋察冀军区开始筹备成立军区干部学校。12月中旬，晋察冀军区干部学校在距离阜平县县城30里的普佑寺大庙成立，第一一五师教导大队（随营学校改编）大队长孙毅任校长，下设4个队，分设在阜平县东、西庄，由唐子安、成少甫、赵冠英、魏文建任队长，因学员人数多，后又成立了盛治华任队长的第五队。学校设置科目有：军事训练，包括单兵训练、射击、投弹、刺杀、连以下基本战术、战斗动作以及游击战术、夜间战斗等；政治教育，包括战时政治工作、群众工作、政治经济学、哲学、社会发展史，以及各种基本政策、形势教育等；养成教育，包括一日生活管理、军人良好作风、应付突发情况能力等。教学任务由军区领导分别担任，其中中共晋察冀省委书记黄敬讲解群众工作，宣传部长潘自力讲解军队政治工作，邓拓讲解革命辩证法。晋察冀军政干部学校共办了三期，第一期时间为1937年12月至次年4月上旬，培训人员500多名，学员文化程度较高，大多为初高中学历；1938年6月至10月又培训了第二批学员，培训近500人；后在1938年11月至1939年2月又组织了第三批500多人的培训。晋察冀军政干部学校共培训了基层军政干部1600余人，大部分学员被分配到晋察冀军区所属军分区部队，为军队的发展、壮大以及根据地建设作出重要贡献。

晋察冀军区召开政治工作会议（12月25日） 在晋察冀军区部队改编的过程中，由于新成员的大量涌入，致使部队出现纪律涣散现象，各种不良倾向时有发生。同时，多数连队没有党支部，不少连队甚至没有党员。因此，在整编队伍的同时，对部队进行组织、纪律、作风整顿和教育训练刻不容缓。12月25日，在聂荣臻的主持下，晋察冀军区在阜平召开政治工作会议。会议着重研究部队大发展时期带来的各种问题，决定军区所属各部队普遍建立共产党组织并加强政治工作，培训干部，清洗混入部队中的坏分子，发扬红军的优良传统和作风。正在阜平进行整训的人民自卫军司令员吕正操、政治部主任孙志远出席了会议。会议决定了当前中共冀中地方组织的主要任务，即在开展群众性抗日游击战争，巩固与扩大抗日民族统一战线，建立敌后抗日民主根据地的总方针下，争取落后武装，肃清汉奸土匪，有计划地发展中共领导下的抗日武装，改造旧政权，发展群众抗日组织，安定人民生活，建立和巩固抗日秩序。聂荣臻强调指出：建设敌后根据地，首要的是发动群众，得到人民群众广泛的支持，地形的作用还是比较次要的，而且也是可以改变的……冀中这块抗日阵地，是我们党领导首创的平原根据地，意义非常深远。成功了，对于全国其他平原地区的抗战，将提供出借鉴的经验。会后，晋察冀军区各部队认真贯彻会议精神，加强了党的组织，在所有连队建立了党支部，开展政治思想工作，建立人民军队的各种传统制度。到 1937 年 1 月，晋察冀军区共发展党员 4810 人，党员在连队中的比例逐渐达到 20%—35%。同时，清除了 1300 多名混入部队的各种不良分子，纯洁和巩固了部队，提高了部队的战斗力。

博士庄惨案（12 月 29 日） 河北游击军第六路军 300 余人驻高阳县博士庄村。12 月 25 日，为解决给养，第六路军战士到长果庄村大地主张祥宜家开的布线庄，把他店里的麻布用车拉回博士庄村，放在小街以西的董士楷家里。张祥宜为了报复，便向日军告密，但将部队驻地“小街”以西误报为“大街”以西。

12 月 29 日清晨，日军、汉奸 500 多人包围了博士庄中心大街以西的多半个村庄。由于第六路军多系新兵，缺乏敌情观念和战斗经验，所以岗哨被敌摸掉后还未察觉，有的战士被惨杀于睡梦之中。当指挥员得知敌情后，才仓促集合队伍与敌激战。但终因寡不敌众，部队损失严重。后经奋力拼杀，一部分队伍才冲出重围，另一部分无枪的战士看到再突围已不可能，只好把标志扯掉，混在群众之中。战斗结束后，敌人不分军人百姓，凡是大街以西的人概不放过，进行了惨无人道的大屠杀：刺刀挑腹、战刀砍头、枪打活靶、纵狗咬人、焚烧活人，无所不用其极。跑到村东堤内迎水坝处的群众，遭敌人机枪扫射，一下就死伤 20 多人。其中董景泰一家 16 口人全被杀害。据不完全统计，被日军屠杀的军民有 180 多人，其中村民 160 多人；另有 90 多人受伤，20 多间房屋被烧毁，损失财物不计其数。

晋察冀军区供给部成立修械所（12 月） 晋察冀军区成立时，设有军区供给部，查国祯任部长。该部主要负责包括武器弹药在内的物资供应管理工作，修械所由该部管辖。11 月，八路军总部发出指示，要求各师旅团、游击支队及地方政府和自卫队都要招募技术工人，开办修械所和炸弹厂，以解决迫切需要的修械问题及制造地雷、手榴弹问题。12 月，晋察冀军区供给部在山西省五台县跑泉厂村建立修械所。该所盛时，有工人 80 余人，6 尺、10 尺车床各一台，设有机工股、木工股、铁工股、锻工股，主要修配枪械，制造刺刀，也制造少量步枪、手枪。1938 年 8 月，日军以 5 万兵力“扫荡”五台山地区，晋察冀军区供给部修械所转移到河北省平山县桑园口村。反“扫荡”结束后，该修械所改称晋察冀军区供给部第一修械所。同时，将部分工作人员和机器设备迁回五台县跑泉厂村，组建成晋察冀军区供给部第二修械所，主要修配枪械，制造刺刀，并开始仿制 7.62 毫米手枪和 7.9 毫米步枪。1939 年 3 月，晋察冀军区供给部在河北省唐县大石头沟村和涞源县五亩地村又各组建一个修械所，前者从事手榴弹制造，后者修理枪械。除此之外，晋察冀军区各军分区及地方武装也建立了修械所。

1938年

1月

聂荣臻关于吕正操部拟转向冀中活动电报毛泽东、朱德等（1月2日） 聂荣臻于1月2日向毛泽东、朱德、彭德怀、任弼时、邓小平等报告关于吕正操部拟转向冀中活动的情况，并请求派人来加强边区工作。报告的主要内容有：（一）平汉之敌时增时减，对我采取活动的游击动作，企图向平汉路东西扩张，以扶植和推广伪组织来巩固其统治。（二）已决定吕正操部于4日转向平汉路东27个县区活动，摧毁一切伪组织，恢复自己的政权。其部署：主力到达安国、博野、蠡县与原留高阳附近之部队联络后，即分两路，一路经无极、深泽，沿滹沱河西岸活动；一路向任丘、雄县、霸县积极活动。（三）请北方局即派人来冀中，加强该地区工作。同时省委亦必须增加人员增强党的工作。

冀东地方党组织为抗日暴动作准备（1月至6月） 按照中共中央、北方局和河北省委的指示，中共冀热边特委和京东特委为在冀东开展抗日游击战争和发动武装暴动，做了大量的宣传和组织工作。根据冀东十县人民抗日代表会议的决定，王平陆组建了华北抗日联军冀东第一支队，并于1月7日夜袭清河沿伪满洲“国境”警防所。王平陆牺牲后，为继续开展游击活动，京东特委从北宁铁路以南地区选派18名共产党员，支援冀热边抗日游击战争，连同原有游击支队人员共38人，在孔庆同、高振东等人率领下，开展抗日游击活动。1938年2月间，攻克兴隆县药王庙伪军据点，后因遭日伪军“围剿”，被迫潜伏。冀热边特委总结了这次游击作战的教训，改为在各地组织游击小组，打击白面馆和日本浪人、收枪、除汉奸。丰润、玉田、滦县、乐亭等县的游击小组都很活跃，既打击了日本人和汉奸，又发动了群众，为冀东武装抗日暴动播下了种子，锻炼了骨干。

在组建游击队伍的同时，中共冀热边特委、京东特委所属各级组织通过各种方式和渠道宣传抗日救国主张，动员群众、教师、学生及各阶层人士进行抗日。抗日自卫会组织在一些县相继建立，仅丰润、玉田、遵化、迁安、滦县、乐亭、昌黎、蓟县等8县的自卫会员就达1.5万余人。抗日救国会会员通过亲联亲、友连友，将大量农民组织到暴动洪流中。特别是通过各种关系打入伪警防队、警察队、武装民团和伪政权做秘密争取工作，为抗日暴动积蓄了众多武装力量。另外，6月下旬，中共冀东组织在北宁铁路以南的滦县门庄和北宁铁路以北的丰润县岩口分别举办游击战争干部培训班，为暴动培训了骨干力量。在各级党组织和广大共产党员的紧张准备下，冀东抗日暴动的条件日趋成熟。

* **夜袭清河沿伪满洲“国境”警防所（1月7日）** 根据中共冀热边特委和京东特委滦县多余屯会议精神，王平陆在原有游击小组的基础上，调集一批共产党员和自卫会员，组建了华北抗日联军冀东第一支队，王平陆任支队司令员。1月7日，王平陆率领支队夜袭迁安县、青龙县交界处的清河沿伪满洲“国境”警防所。这是冀东第一次游击战争的尝试。战斗中，王平陆不幸受重伤，翌日光荣牺牲。王平陆后来被赞誉为打响冀东抗日游击战争第一枪的人。这一“枪”开启了当年7月冀东人民抗日大暴动的序幕。

* **李楚离向聂荣臻汇报冀东抗日暴动准备工作（2月）** 按照中央关于配合八路军挺进冀东，组织冀东暴动的指示精神，河北省委于2月派李楚离去阜平向聂荣臻汇报冀东抗日暴动准备工作。聂荣臻通知河北省委：晋察冀军区已遵照党中央指示，命邓华率部队抵平西活动，随时准备东进，配合冀东抗日武装起义。为此，河北省委先后派吴德、李楚离到平西，与邓华商定八路军东进计划和发动冀东抗日起义事宜。

* **刘少奇就开展冀东工作致电聂荣臻、彭真（3月27日）** 聂荣臻同彭真于3月27日接刘少奇电示：冀东游击战争的发动，应取得晋察冀边区八路军的直接帮助，在天津的河北省委负责人及马辉之应调晋察冀边区工作，并从冀东调党员数十人、干部数人到晋察冀边区学习游击战争，以便从边区率队回冀东去开展游击战争。河北省委以后转归你们领导。你们务必在天津建立经济交通关系。

* **泰康书店（春）** 1938年春，京东特委书记胡锡奎提议在滦县稻地镇（今属丰南区）建立秘密联络站作为特委机关，公开开办一家书店，取名泰康书店。

张克宇以掌柜身份公开住在书店里。泰康书店秘密印刷党的文件，并将毛泽东著作《中国革命和中国共产党》《抗日游击战争的战略问题》《论持久战》等印成小册子散发。此外，每天夜深人静时，张克宇都收听延安广播，及时把中共中央的指示和全国各战场的抗日捷报收抄刻印转发。

***门庄训练班（6 月下旬）** 为培训暴动骨干力量，1938 年 6 月下旬，中共冀热边特委在滦县门庄举办游击战争干部培训班，胡锡奎亲自讲授政治课，李润民讲授军事课。政治课的内容有：抗日斗争形势、中日势力对比、抗日民族统一战线等。军事课主要讲解游击战术、利用地形地物、侦察敌情等。参加过游击干部训练班的学员回到各县后，为抗日积极分子讲解游击战术。暴动时，他们都成了骨干，不少人担任了抗日联军总队级的军事干部和政治干部。暴动后，为开创冀热辽抗日根据地作出了贡献。

晋察冀边区军政民代表大会的召开及边区行政委员会的建立（1 月 10 日至 15 日） 晋察冀边区军政民代表大会原定于 1938 年 1 月 5 日召开，由于日军的封锁，交通不便，一些代表未能及时赶到，不得不推迟 5 天。1 月 10 日至 15 日，晋察冀边区军政民代表大会在阜平县城第一完全小学校礼堂召开，晋东北、冀西、察南、冀中等地区到会代表共 148 人，代表着边区共产党、国民党，代表着边区各县政府、动委会、自卫会、救国会，代表着边区各群众团体，代表着边区各正规部队和游击队、义勇军，代表着汉、回、藏、蒙各民族和和尚、喇嘛等各界人士，肩负着边区 43 个完整与不完整的县 1000 余万人民的期望，本着精诚团结、抗日高于一切的精神，共商救国大计。

宋劭文在大会上致开幕词，指出，今天的代表大会，将决定我们今后政治方面如何作法，军事方面如何作法，财政方面如何作法。他号召“大家一心要把政府健全起来，把这个区域巩固起来，使它成为我们华北抗日根据地，领导着广大的群众，参加抗战，坚持到底，共同奋斗”①。聂荣臻出席大会并发表重要讲话，指出：边区处在敌人四面包围之中，同各个省政府断绝了关系，局面异常混乱，迫切需要建立抗日根据地，成立由各党派、各阶层联合组成的政府。由于敌人兵力不足，边区军民又广泛开展游击战争，对敌人构成了威胁，迫使

---

① 晋察冀边区革命史编纂委员会编：《晋察冀边区民主政权建设文献选编》上册，中共党史出版社 2013 年版，第 16 页。

敌人在占领太原后停止大规模进攻。这样，才使边区的形势较为缓和下来。今后，只要我们坚持统一战线，建立起健全的政府，统一政权组织，广泛地组织和发动群众，坚持团结，坚持持久战斗，就一定能够取得抗日战争的胜利。国民党代表刘奠基在致辞中说：国共合作的历史证明了“只有革命势力和广大群众紧密联合，才会有很大的力量，才会粉碎敌人的进攻的”①。共产党代表黄敬也在大会开幕典礼上发表了讲话，指出，晋察冀边区临时政府“是一个彻底民主的政府”，是“新中国成立的最具体的模范”，担负着“非常伟大的历史的任务”。全体共产党员坚决拥护新政权，并全力执行新政权赋予的一切任务。

接着，与会全体代表召开会议，根据抗日民族统一战线方针和《抗日救国十大纲领》，对各项议题与提案进行了热烈讨论，并通过了政治、军事、财政、经济、文教、民运等决议案，选举产生了华北敌后第一个抗日民族统一战线性质的民主政权——晋察冀边区临时行政委员会，聂荣臻、宋劭文、刘奠基、吕正操、胡仁奎、李杰庸、孙志远、张苏、娄凝先等 9 人为委员，王斐然、张仲翰、孟阁臣 3 人为候补委员，宋劭文当选为主任委员，胡仁奎为副主任委员。

1 月 14 日、15 日，大会通过了宣言和向全国的通电，公开申明了边区政府的性质和任务：“边区临时行政委员会，是以民族统一战线的政权形式，包含着各党、各派、各阶层及各种民族分子。它的实际内容是贯彻抗日与真正民主。在行政的体系上，也是中华民国的地方政府，服从中央政府的领导，经过中央政府的批准，接受中央政府的法律与命令。”历史所赋予它的任务是：“真正负担起普遍武装人民、动员人民参战的任务；真正负担起改善人民生活、保障民主权利，并彻底肃清一切汉奸的任务；真正能够统一财政经济、保证部队给养、发动群众高度的积极性去参加战争中一切工作；使晋察冀边区成为华北抗战的良好的根据地，以争取持久抗战的最后胜利!”② 边区政府的性质和任务的公开申明，充分地表现了边区抗日民族统一战线的巩固，“这一巩固给那些阴谋拆散中国抗日民族统一战线的日本帝国主义及汉奸卖国贼以致命的打击。这一巩固显示出晋察冀边区抗日根据地已经成了华北持久抗战的主要堡垒之一。这一巩

① 晋察冀边区革命史编纂委员会编：《晋察冀边区民主政权建设文献选编》上册，中共党史出版社 2013 年版，第 21 页。

② 晋察冀边区革命史编纂委员会编：《晋察冀边区民主政权建设文献选编》上册，中共党史出版社 2013 年版，第 27 页。

固更证明了我民族持久抗战的前途必然是胜利的”①。

1 月 15 日，大会结束，晋察冀边区临时行政委员会宣告成立。会后，经阎锡山呈报国民政府军事委员会与行政院批准，边区临时行政委员会改称“边区行政委员会”，建立民政、财政、教育、实业、秘书五处：宋劭文兼任财政处长，胡仁奎兼任民政处长，刘奠基兼任教育处长，张苏兼任实业处长，娄凝先兼任秘书长。晋察冀边区军政民代表大会的召开和边区行政委员会的建立，是中国共产党正确执行抗日民族统一战线政策所取得的巨大成果，标志着华北敌后第一个边区抗日民主根据地的形成和第一个边区抗日民主政权的确立。

***大会通过《政治问题决议案》（1 月 12 日）** 大会于 1 月 12 日召开了第二次会议，会议通过了《政治问题决议案》。《政治问题决议案》指出，边区最高行政机关——晋察冀边区行政委员会的委员和候补委员由边区“代表大会选举”，呈国民政府任命。边区政府以下设县政府、区公所、乡镇或村公所，并规定：县长、秘书及各科长、区长及助理员，均由民选。下级对上级政府执行报告制度，上级政府对下级政府实行巡视制度和检查制度。该决议案还明确了建立军政民的正常关系；规定建立独立的司法系统和统一的人民武装自卫队；取消薪饷制度。

***大会通过《财政问题决议案》《经济问题决议案》（1 月 12 日、13 日）** 大会于 1 月 12 日、13 日召开的第三、第五次会议上通过了《财政问题决议案》和《经济问题决议案》，提出了加强边区财政经济建设的基本政策。财政金融方面，为坚持持久抗战，实行战时自筹、自给的财政调度，通过各种方式开辟筹措抗战经费的渠道，包括征收救国公粮，发行救国公债；废除苛捐杂税，创立累进直接税；发展公营企业；建立边区关税，设立边境临时关卡等。经济建设方面，规定基本任务是发展独立自主的民族经济。农业上，要大力恢复和扩大农业生产，鼓励开垦荒地，扩大耕地面积；减轻农民负担，实行减租减息；改进农业生产技术，兴修水利等。工业商业上，着重发展农村手工业，家庭副业；在手工业发达区域，建立规模较大的工厂、作坊；加强开发军需工业；发展边区和敌占区贸易；建立边区关税等。

---

① 晋察冀边区革命史编纂委员会编：《晋察冀边区民主政权建设文献选编》上册，中共党史出版社 2013 年版，第 29 页。

* **大会通过《文化教育决议案》（1月13日）** 大会于1月13日召开的第五次会议上通过了《文化教育决议案》。《文化教育决议案》规定发展边区文化教育的基本原则是：发挥高度的民族革命精神，培养健全的军事政治干部，造就专门技术人才，以便充实抗战的领导力量与发展抗战时期的各种事业。同时培养广大爱国青年，扩大民族革命的群众基础。为此，《文化教育决议案》要求：（一）整顿学校教育，恢复由于日军侵略而破坏停办的初级和高级小学，编定修改各种救亡读物与教材，编定各种革命丛书以适应抗战。对教师要进行检查和训练。教育经费要按合理负担办法及利用公有收入筹充。小学完全免费，改善学生及教师生活待遇；（二）扩大民众教育，建立工、农、妇女等各种补习学校、识字班、夜校等，创立图书馆、书报社、讲演所，组织宣传团、剧社、俱乐部到广大乡村进行宣传；（三）加紧干部教育，设立各种干部训练班、短期学校、技术训练班、讲习所等，培养造就干部和各种人才。

* **大会通过《军事问题决议案》（1月14日）** 大会于1月14日召开的第六次会议上通过了《军事问题决议案》，规定：妥善解决部队的供给，渐次做到由政府统筹统支，纠正各自为政、勒索摊派，并与政府工作人员一样"取消部队薪饷编制，规定最低限度生活费用，逐渐使之一律"。提出了建设整顿边区人民抗日武装和优待抗日军人的基本要求。对除正规军之外的脱离生产的各种武装部队，要求应逐渐统一编制为游击队。专门制订了《晋察冀边区优待抗日军人家属暂行办法》，指出抗战军人家属亦应受优待。

* **大会通过《群众运动决议案》（1月14日）** 大会于1月14日召开的第六次会议上通过了《群众运动决议案》，规定边区政府应保证群众集会、结社、言论、出版、信仰之自由；政府应扶助群众运动，承认各群众团体的独立性，不干涉其内部问题，在可能条件下，予以物质上的协助；政府应即颁布改善与保障各阶级、各民族利益的条例和法令，如劳动法、土地法、商业法、婚姻法等。群众团体依法有监督与弹劾政府之权力，但不能直接干涉政府行政。

晋察冀军政干部学校建立（1月初） 为解决根据地创建缺乏干部的问题，晋察冀军区于1937年11月底决定以一一五师随营学校为基础，成立军政干部学校。在校长孙毅的领导下，召集后方医院一批负轻伤的军事干部、一一五师留守处和随营学校部分人员，组成教职员队伍。用一个月时间，招收500名学员，分成4个大队，于1938年1月初在距离阜平县城20里的东庄举行开学典礼。聂荣臻司令员亲临致辞，孙校长讲话。学校的任务是培养连级干部，共办了 3 期，每期约 4 个月。第一期分 4 个大队（一队至四队）；第二期分 5 个大队（五队至九队）；第三期分 3 个大队（青年队、军事队、政治队）。根据实际需要什么就学什么的办学宗旨，课程分军事、政治两类，强调理论联系实际，政治课讲授和讲座紧密结合，军事课课堂联系战场，学以致用。此外，还要求学员提高思想觉悟，锻炼意志，增强组织性、纪律性，树立艰苦奋斗、勇敢牺牲的精神。军政干校各期学员毕业，大部分分配到前方，担任基层指挥员。实践证明，他们绝大多数作战英勇，指挥果断有方，为中国人民解放事业及中华人民共和国成立后的军队建设，贡献了自己的力量。

晋察冀省委、军区部署冀中工作（1 月上旬）　1 月上旬，中共晋察冀省委和晋察冀军区根据中共中央指示，对在冀中平原开展游击战争建立根据地问题作了具体部署，召开了有吕正操、孙志远参加的政工会议。对冀中工作专门进行了讨论，聂荣臻在会上发表了重要讲话，指出，敌后不论山地，还是平原，开展游击战争首先要靠人民群众的支持。会议初步划定了冀中抗日根据地的范围，确定当前冀中党的主要任务是在开展群众游击战争、巩固与扩大抗日民族统一战线、建立敌后抗日民主根据地的总方针下，争取落后武装，肃清汉奸土匪，有计划地扩大党领导下的抗日秩序。同时，决定吕正操率人民自卫军返回冀中平原，配合地方党开辟、创建冀中抗日根据地；决定派鲁贲到冀中地区主持地方党的工作，决定任命孙志远为人民自卫军政治部主任，并参加保属省委。自此开始，人民自卫军即改称为“冀中人民自卫军”。

河北游击军基本力量大发展（1 月上旬）　河北游击军经过大发展，到 1938 年 1 月上旬，基本力量已发展到 3 个直属师、1 个回民教导队、1 个模范营、1 所军政干校、1 个游击剧团，另组织收编各地武装 13 路；人民自卫军游击第一师也属于它指挥，总共四五万人。3 个直属师为：第一师师长孟庆山（兼），副师长项修文，政治部主任侯平（兼），辖第一、第二、第三团；第二师师长段石曾，政治部主任王森贵，辖第四、第五、第六团；第三师师长马佑民，政治部主任安贵普，辖第七、第九团和 1 个模范营。人民自卫军游击第一师师长高顺成，政治部主任王力田（后为金瑞衡），辖 5 个团。回民教导队队长马本斋。军政干部学校校长孟庆山（兼），政治部主任王志（后为阎钧）。游击剧团团长田园。13 路为：第一路，指挥许佩坚，副指挥兼参谋长田同春；第二路，指挥王责；第三路，指挥陈沐新；第四路，指挥王烈军；第五路，指挥高士一；第六路，指挥郭墨村；第七路，指挥孟阁臣；第八路，指挥项佐民、刘克忠；第九路，指挥李庆锁；第十路，指挥赵玉昆；第十一路，指挥马玉祥；第十二路，指挥柴恩波；第十三路，指挥江东升。此外，还争取收编了河间、大城县部分联庄武装，编为第十二、第十三、第十四3个团，直属河北游击军领导。后经过一个月的大发展，部队达到六七万人，声势大振。这是共产党的抗日民族统一战线政策的胜利，也是冀中全体共产党员到处奔走联络，放手发动群众，耐心宣传教育，艰苦工作的结果。

南于八村战斗（1月18日） 人民自卫军在平汉路西经过一个月的整训后，于1月中旬返回冀中。1月15日，人民自卫军第二团宿营于高阳县的南、北于八村。16日拂晓，驻保定日军板垣师团第四十二联队第三中队100余人，利用夜幕掩护前来偷袭。人民自卫军第二团在蠡县游击第五支队及人民群众的参战和配合下，在团长于权伸的指挥下，按预定作战方案，由防御转为反击，与敌激战一天。敌人除二三十人乘黄昏逃回保定外，其余全部被歼灭。日军早川丹治中队长被击毙，人民自卫军活捉中村颜映等7名日军，缴机枪1挺、掷弹筒1具、步枪70余支。南于八村战斗，是人民自卫军在冀中平原上对日军进行的第一次歼灭战，是第一次几个部队主动配合，军民密切配合作战的重大胜利。

《抗敌副刊》出版（1月21日） 为了介绍八路军的生活和作战经验，指导军事斗争，《抗敌报》于1月24日增出了每周一期的《抗敌副刊》，其为五日刊，油、石印间出，四开四版。《抗敌报》移交晋察冀边区党委主办后，《抗敌副刊》担负起军区政治部机关报的宣传任务。1938年6月，《抗敌副刊》改为《抗敌三日刊》，仍为晋察冀军区政治部机关报。经聂荣臻倡议，1942年6月5日，《抗敌三日刊》更名为《子弟兵》报。因“子弟兵”这个称呼，把部队担负的任务和群众的切身利益紧密结合在一起了，更能体现军民的鱼水深情。1948年5月华北军区成立后，《子弟兵》报改由华北野战军第二兵团出版，1949年3月1日改由十九兵团出版。《抗敌副刊》（《子弟兵》报）是我党我军在华北敌后抗日根据地创办的、坚持时间最长的一份报纸，是抗日战争时期华北地区人民军队主要的报纸之一。

卡尔逊两次参观晋察冀边区（1月、7月） 卡尔逊，全名埃文斯·福代斯·卡尔逊，美国驻华大使馆参赞，上海美国海军武官处情报官，第一个考察敌后根据地的外国军事观察员。1937 年 8 月中旬，卡尔逊抵达上海时，中国的抗日战争已全面爆发。受埃德加·斯诺的《红星照耀中国》一书的影响，从 1937 年 12 月 26 日到 1938 年 2 月 21 日的 58 天里，他先后考察了晋绥、晋西北、晋中、冀中等敌后根据地，并于 1938 年 1 月 29 日到晋察冀边区政府所在地河北阜平。

在聂荣臻的陪同下，卡尔逊参观了晋察冀根据地的建设情况，检阅了军政学校的学员队伍，并在五台山镇海寺中住了一晚。卡尔逊惊奇地发现，这里有边区临时政府、各种抗日救国的群众组织、边区法院、边区邮局、报社、剧社、军政学校，甚至还在规划建设边区银行、军械所。根据地“夜不闭户，路不拾遗”的和谐安定；“母亲叫儿打东洋，妻子送郎上战场”的群众抗日激情；八路军灵活机动的游击作战方式……使卡尔逊非常震撼。通过与聂荣臻的几次长谈，卡尔逊了解到了八路军如何广泛发动群众，如何解决棘手的武器补充、后勤补给的问题，如何对抗日军“扫荡”等问题。“我看到一个新中国正在创立。北方地区，日军在渗透，国民党在撤退，共产党在这一地区进行全新的民主试验！”在写给罗斯福的信中，卡尔逊不仅汇报了国共两党和日军的作战情况，还详细介绍了抗日民主根据地的民主政治建设、经济政策和军民团结抗战情况。

1938 年 7 月，卡尔逊又一次来到晋察冀边区。25 日，聂荣臻在五台县金刚库晋察冀边区政府新址迎接这位老朋友的再次造访。两个老朋友再次彻夜长谈，卡尔逊意识到，他第一次在晋察冀根据地所见到的一切绝不是纸上谈兵，八路军经过长期艰苦抗战，不仅在敌后牢牢站住了脚，还日渐巩固了根据地建设。年初已经在规划中的边区银行如今已建成，并用“坡度贬值”的办法巧妙地把大量滥发并混杂在晋察冀地区的察哈尔票子、河北省票子、伪蒙疆票子和山西晋票等名目繁多、杂乱无章的“杂钞”挤出边区，打赢了一场“货币战”。离开晋察冀边区后，卡尔逊这个“诚实正派的美国军人”将两次边区之行带给他“终生难忘的阅历”以及他对边区成就的客观评价公之于众，引起了中国各界和世界反法西斯力量对中国抗战、特别是中共及八路军游击战的高度重视和普遍关注。

冀中省委成立（1 月下旬）　中共中央北方局派鲁贲随同人民自卫军到冀中主持党的工作。1 月下旬，鲁贲在肃宁县城主持召开中共保属省委会议。在会上，他传达了北方局和晋察冀省委对冀中工作的指示，讨论了创建冀中平原敌后抗日根据地的任务。会议决定迅速建立和健全党的领导机构，确定在开展群众性游击战争、巩固扩大抗日民族统一战线、建立抗日民主根据地的总方针下，当前主要任务是建立冀中的中心区，争取改造杂色武装，肃清反动势力，有计划地扩大武装力量，进一步改造政权，发展群众组织，安定人民生活，巩固抗日秩序。会议决定将保属省委改为冀中省委，取消军委组织，确定鲁贲、张君、吴健民、孟继光、孟庆山、孙志远、王志、陈鹏、侯玉田等为省委委员，由鲁贲任省委书记，张君任副书记，吴健民任组织部长，孟继光任宣传部长，王志任秘书长。会后，中共冀中省委机关即从肃宁县城迁至安平县城。从肃宁会议至当年6月，安平县一度成为冀中抗日根据地的指导中心，冀中抗日根据地的创建工作轰轰烈烈地展开了。

冀中武装锄奸剿匪、争取改造杂色武装（1月下旬至2月下旬） 在抗日高潮中，伴随着冀中地方武装的大发展，混进了一些土匪武装、地主联庄等武装力量，也出现了一些打着抗日旗号的杂色武装。为了坚持冀中平原长期抗战，按照冀中省委的决定，人民自卫军和河北游击军从1938年1月下旬开始，全面展开剿匪、锄奸工作，相继解决了盘踞在安国、深泽一带的土匪高建勋部，消灭了深县土匪徐二黑部及白七、张八等部，共歼灭民愤极大的汉奸和土匪武装10多股近1万人。接着，争取改造联庄和瓦解会道门武装，巩固和扩大主力部队。到2月底，冀中平原大清河以南的大股土匪武装已经被消灭和收编，大部联庄、会道门武装亦被争取收编。这不仅壮大了抗日武装，更重要的是为发动群众创建抗日根据地扫除了障碍，创造了有利条件。

***收编保南48村联庄会（2月12日）** 保南48村联庄会是清苑县以张登为中心的48村联庄民团，号称有5000人，脱产人员有1800人，总会长是以西王庄为中心的东片民团团长王洛亭，副总会长是以张登为中心的中片民团团长刘全章和以冉庄为中心的西片民团团长李九皋。48村联庄会自称既不投敌，也不依附自卫军，但经常与八路军抗日部队发生冲突，干扰抗日军民的行动，打死打伤八路军干部、战士。八路军忍无可忍，以武力相对，迫使其接受领导，并将其改编为人民自卫军清苑支队。东片民团编为第一大队，王洛亭任大队长；中片和西片民团编为第二大队，刘全章任大队长，李九皋任副大队长。六七月又进行了改编，第一大队编为冀中军区警卫营，第二大队编为第二军分区警卫营。至此，清苑南部的北宋村民团和48村联庄会武装全部改编为八路军，这一

地区的局面也迅速打开，抗日活动直逼保定近郊和平汉铁路沿线。

火线剧社（年初） 火线剧社是一个综合性文艺团体。前身为河北人民自卫军宣传队及少年先锋队，成立于 1937 年 11 月。1938 年初改称火线剧团，王林任团长，曾演出话剧《活路》《自取》《警号》《家贼难防》。同年 10 月，该团与冀中军区宣传大队正式合编为火线剧社，属冀中军区领导，陈乔、王炎、崔嵬、傅铎等先后任社长，主要成员有苏路、路玲、田风、赵辛培、王涛、侯金镜、凌子风、张子舫、海默、远千里等。火线剧社是冀中抗日根据地最大的文艺团体，下分演剧、美术、宣传等 3 个中队。该社以“抗日高于一切，一切服从抗日”为宗旨，积极配合部队的政治任务进行宣传鼓动工作。其活动形式多种多样，有话剧、京剧、歌剧、活报剧、歌曲、舞蹈、曲艺等。剧社经常随部队活动，并及时创作、演出一些反映部队生活和根据地农村生活的话剧，以鼓舞部队士气，提高农民的阶级觉悟，增强军民抗战到底的决心。如 1941 年 10 月，为悼念冀中回民支队司令员马本斋的母亲，剧社创作了大型话剧《马母》（陈乔创作），在追悼大会上演出；胡丹沸等创作了《把眼光放远一点》，多次在部队和农村演出，产生了很大影响，曾获得 1943 年晋察冀鲁迅文艺奖金的季度奖。此外，剧社曾多次去冀中地区的任丘、大成、白洋淀等地巡回演出，上演了话剧《太平花》及《仇》（陈乔创作）、《冲破黎明前的黑暗》（傅铎创作）和歌剧《王秀鸾》（傅铎创作）等。1939 年 4 月，东北救亡总会东北战地服务团（简称“东战团”）一行 28 人，由团长张庆泰、党支部书记黄中率领，从西安出发，途经晋东南和冀南，到达冀中平原，从事文艺宣传工作。5 月间，冀中军区决定以东战团 20 余人为基础，再从各军分区剧团中抽调 40 余人，组成军区火线剧社二社，由张庆泰任社长，黄中任指导员，苏路为导演。1940 年 3 月至 9 月，火线剧社到华北联合大学文艺部集体进修。1949 年，冀中军区整编，原火线剧社建制取消。

2 月

晋察冀边区临时高等法院成立（2 月 1 日） 边区政府成立之初，没有统一的司法机关，当地的司法工作由在各县设立的承审处或司法科负责，另外在动委会、救国会、自救会等组织内还设有锄奸部等司法部门。根据边区军政民代表大会的决议，晋察冀边区临时高等法院于 2 月 1 日正式成立，冯震寰任院长。

临时高等法院是边区最高审判机关，它在冀中区设有办事处，各县也相继成立了司法处，还设有易（县）满（城）徐（水）地方法院，从而初步形成了边区独立的司法系统。

晋察冀军区部队首次出击平汉路（2月9日） 为配合国民党正面战场徐州作战，拖住津浦路之敌不使其向南进攻，八路军总部训令晋察冀军区在平汉路方面主动出击。聂荣臻接到总部训令后，于2月3日向各分区发布晋察冀军区战斗部署。次日，八路军总部电告同意了聂荣臻的作战部署，并指示：平汉铁路以西、同蒲铁路以东我部队主力，应有较大部分集结于作战地点，适当隐蔽，准备随时打击进攻之敌，同时利用一切时间进行训练。石家庄、保定铁路线以东地区应加强力量和领导，积极向津浦铁路发展，破坏津浦铁路敌军的行动，并注意大量收集枪支。

为了便于指挥各部作战，聂荣臻与唐延杰于2月6日带领司令部的几位作战参谋，深入到完县、唐县地区，侦察敌情，直接指挥有关部队的作战行动。2月9日夜，在军区的统一部署下，边区部队分兵数路，向平汉线保定至新乐段出击。第三军分区部队在冀中人民自卫军的配合下，袭占新乐、定县、望都县城及清风店、方顺桥等火车站，并一度袭入满城和保定城关。第一、第二军分区部队配合行动，攻占蔚县的九宫口、北口和浑源的王庄等据点，并袭击了浑源、忻口、原平、崞县、代县等城镇日伪军据点。第四军分区部队攻占了新乐县城，并一度袭入井陉矿区。此次破袭战共毙伤敌人740余人，缴获轻机枪27挺，步枪300余支，烧毁火车站4个，发动群众破坏铁路100余里，使敌平汉路运输一度瘫痪。望都南北及定县、新乐间之铁路电线被2000余群众破坏达30余里，收回电线数万斤。冀中部队攻克了新镇、霸县、永清等城镇，游击活动深入到大清河以北地区。

晋察冀军区首次出击平汉路获胜，受到了毛泽东和八路军总部的表彰和嘉勉。2月12日，毛泽东致电聂荣臻、杨成武、邓华等，嘉勉晋察冀军区："你们9号晚英勇的模范的袭击，给日寇以大的杀伤与威胁，占领许多要点，毁坏交通铁路，夺取敌人武器辎重，这一伟大胜利，是有很大的战略和政治意义。这一胜利，大大地配合东线友军抗战，大大地兴奋了广大的抗战军民，大大地打击了敌人和汉奸，提高了你们的作战信心与战术。""望你们继续这一胜利的精神与经验，再接再厉地为争取新的伟大的胜利而斗争。”①

* **晋察冀军区出击平汉路战斗部署（2 月 3 日）** 晋察冀军区于 2 月 3 日发布战斗部署，即（一）第一军分区：主力之一部进至浑源，相机占领该城，另以游击队配以主力一部向广灵、蔚县活动，彻底摧毁伪组织，破坏交通。紫荆关之东北地区，因地限制，土匪多等，对我行动不利，对该方暂不派部队行动。（二）第二军分区：第四团以主力集结宏道，以 1 个营位于横山，依靠横山以北山地，积极向忻口各方活动，另以 2 个连在大算村东西南贾一带，向原平方面活动。第五团主力派 1 个营，向雁门关与代县交通线附近活动，对山阴、应县应派出少数部队配合游击队向该方活动。第六团主力于现地区，以 1 个营于中解口，向代县与阳明堡方向积极活动。特务一营及机炮队驻白石、长乐一带，向崞县活动，并应切实与铁道西一二〇师部队联络，配合行动，电台应互相联络。（三）第三军分区：骑兵营以 1 个连与邓华率领之部队 1 个连互相配合，袭击满城。该营主力向保定积极活动，并钳制保定及其增援之敌，阻止敌人南进。邓华所率营除 1 个连配合骑兵营外，其余主力袭击方顺桥。第十大队除精干主力袭击望都外，其余积极彻底破坏铁道、电线、桥梁与伪组织。第十二大队以 2 个连破坏唐河铁桥与铁路，并阻止定县向北增援之敌。其大部队驻牛道岭 2 个营袭击清风店车站及松林店。第十一大队以 1 个营向定县积极活动，以配合该团主力袭击新乐，1 个连向行唐方向警戒。注意与冀中人民自卫军联络。（四）第四军分区与徐海东、黄永胜部配合行动。（五）第五支队以主力相机袭占行唐。（六）县城据点注意避免强攻。（七）冀中人民自卫军：沧、石路中心县已为赵承金团克复，现正向束鹿、晋县推进中，努力破坏交通，摧毁伪组织。津浦线之阜城、景县、交河、献县等县有敌伪军及伪组织，衡水、枣强、武邑等县有河北游击队段振声等地方武装四五千人，与人民自卫军甚接近。由人民自卫军派兵一部，配合当地抗日武装，积极向津浦线活动，威胁敌后。现驻安国、博野、蠡县各部，将配合平汉路西各部行动，由吕司令详细部署之。（八）平汉路之动作，应 3 日内部署完毕，待命行动，以使东西两边取得更好的协同，准备联合行动。

* **聂荣臻向八路军总部并北方局汇报平汉线战斗情况（2 月 12 日）** 聂荣臻

① 《聂荣臻传》编写组编：《聂荣臻传》，当代中国出版社 1994 年版，第 222 页。

于2月12日向八路军总部并北方局汇报在平汉线袭击敌人的战斗情况：“（一）平汉线日军9日被我袭击后，极为恐慌。被我破坏之铁轨与电线至今未敢动修。晚派往望都之侦察汇报：该城时起谣风，一日数惊，日后守在工事里不敢出来。（二）我主力集结于机动位置外，仍有小部在铁路附近游击，继续不断破坏铁路。（三）此次战斗经验，我感觉敌各处守兵都较薄弱。正因为薄弱，所以敌不重守城市，只守城内几个支点，甚至弃城而固守工事。主力隐蔽于地道内，少数守工事，设数道沙包、木栅、铁丝网固守待援，因铁路、马路增援甚易，故此对城市猛袭，夜克平汉线3城：望都、定县、新乐，均以接梯攀入，同时敌警戒亦甚疏忽。（四）对各铁路线守敌之攻击，应尽可能取得配合动作，使敌不能互援。（五）此间群众抗战情绪极好，经过之地都欢迎，沿途老幼男女对我之热烈，喜形于色。自卫队已全组成步哨，前出到铁路沿线，并且协同游击队破坏道路。”①

冀中部队首次开辟大清河北（2月初） 大清河北处在敌人的军事、政治、经济重镇北平、天津、保定之间，战略地位极为重要。冀中中心地区的混乱局面基本得到解决后，冀中省委决定开辟大清河以北地区。2月初，冀中省委和人民自卫军司令部决定把人民自卫军独立第一团组成北上抗日先锋队，朱占魁任司令员，崔文炳任政治主任，刘秉彦任特派员，于11日从安平县出发，向大清河以北挺进。15日到达任丘县大苟各庄，与河北游击军第五路高士一部、人民自卫独立第二团柴恩波部会合，组成了三支部队统一领导的“一、二、五军政委员会”，朱占魁任主任，高士一、柴恩波任副主任，崔文炳、刘秉彦、杨琪良、徐恩荣等为委员。17日，北上抗日先锋队在独立第二团的配合下，攻克新镇县城，俘敌70余人，缴枪40余支。随后又攻克永清县李家口、固安县牛坨镇等伪军据点，收编了一部分杂色武装，扩大了部队，初步打开了大清河以北之局面。

晋察冀边区政府颁布《减租减息单行条例》（2月9日） 减租减息政策是中国共产党在抗战时期解决农民土地问题的一项基本政策。晋察冀边区初创时期，广大农民遭受严重的地租和高利贷的盘剥，生活极为贫困。为了改善广大农民的生活处境，边区行政委员会于2月9日颁布《减租减息单行条例》。此后

---

① 周均伦主编：《聂荣臻年谱》，人民出版社1999年版，第223页。

又于 3 月 8 日颁布《村合理负担实施办法》《村合理负担评议简章》等。根据上述法令精神，各地把减租减息、实行合理负担当作发动群众参加抗战的一项极为重要的工作，进行深入宣传发动。实行二五减租、一分利息，即凡出租土地的地租，应一律减收原租额的 25%，佃户按 75%缴租；钱主利息收入不论新债旧欠，年利率不得超过一分。实行合理负担的原则是有钱出钱，钱多多出，钱少少出，无钱不出；有粮出粮，粮多多出，粮少少出。具体办法是：大体以地亩银两为依据，分配应缴数目。各村按各户地亩银两多少，参照实况，由政群联席会议共同评定出应负担数目。大会宣布，通知各户按时缴纳，对家庭生活特别困难的实行减免。减租减息，合理负担，规定了减租减息的租额和利率，废除了一切杂租和附加，减轻了农民的租息负担，受到了广大群众的衷心拥护，调动了人民群众抗日的积极性。

毛泽东就开展雾灵山游击战争问题致电八路军总部并告北方局（2 月 9 日） 冀东是华北通往东北的咽喉要道，人口稠密，产业发达，且有深山密林可供迂回，历来为兵家要地。中共中央和毛泽东对开创冀东抗日根据地极为重视，时刻关注着准备工作的进展。毛泽东在洛川会议上就曾提出，红军可出一部于敌后的冀东，以雾灵山为根据地进行游击战争。在以聂荣臻为司令员的晋察冀军区成立后，毛泽东于 2 月 9 日就开展雾灵山游击战争问题致电八路军总部并告北方局：以雾灵山为中心之区域应有广大发展前途，那是独立作战区域。派精干部队去，派去的军政党领导人员须有独立应付新环境之能力。根据这一指示晋察冀军区即着手抽调部队先行开辟和发展平西地区根据地。

* **晋察冀军区组建邓华支队（2 月中旬）** 根据毛泽东开展雾灵山游击战争问题的指示精神，朱德、彭德怀、任弼时于 2 月 10 日电示聂荣臻：请立即准备派一精干游击支队 1500 人左右，由杨成武或邓华择一人为指挥员，另选得力政治委员，并配足其他干部及交通器材，准备在 20 号以前向承德、北平、山海关之间出动，创造冀东根据地。遵照八路军总部的指示，晋察冀军区决定从红军骨干较多、战斗力较强的第一分区，抽调部分军政干部和第三团组成邓华支队，先赴平西、平北地区活动，打下基础后相机东进。聂荣臻专门指示邓华："不能到了那里扩充一些部队，抓一把就走。'抓一把'是抓不到东西的，也是同我们建立根据地的意图相违背的。至于部队的名称，军区已经研究过了，就叫邓华支队"。邓华任支队司令员兼政治委员，易耀彩任参谋长。支队下属第三十一和

第三十三两个大队、一个教导队，后又组成第三十二大队，全支队有3000多人。随后，邓华支队赴平西、平北地区活动。

晋察冀边区行政委员会颁布政治主任公署组织法（2月11日） 为了巩固和扩大晋察冀抗日根据地，边区政府把工作重点首先放在建立集中统一的政权领导方面，先后颁布各项法令、章程，统一各级行政机构。2月11日，边区行政委员会颁布《政治主任公署组织法》，规定：政治主任公署设政治主任1人，由边委会委任；秘书1人，干事5人至7人，由政治主任选用并报请边委会加委；书记员4人，由政治主任录用；服务员20人。政治主任公署属于边委会的派出机构，其主要职责是：（一）联系本区政治、军事；（二）指挥监督本区各县县长；（三）办理本区行政、财政、教育、实业等工作；（四）政治主任可撤换县长，派代请委。据此，边委会在晋东北和冀西设立了政治主任公署。

彭真抵达晋察冀（2月中旬） 抗日战争爆发后，彭真参与部署党在北方地区开展游击战争、创建抗日根据地的工作。根据中共中央北方局决定，2月中旬，彭真从晋东南辽县出发，由八路军一二九师三八五旅七六九团团长陈锡联护送过正太铁路，赴晋察冀边区传达中央十二月政治局会议精神，并代表北方局指导晋察冀边区工作。彭真抵河北省平山县洪子店镇后，听取当地干部汇报工作，并召开干部扩大会议，作关于抗战形势和任务的报告。2月23日聂荣臻致电刘少奇，建议彭真留任省委书记。翌日，张闻天、刘少奇复电聂荣臻，彭真留在晋察冀边区工作。中央书记处也于2月26日致电北方局，决定北方局组织部长彭真驻晋察冀边区，以北方局代表名义协同聂荣臻指导晋察冀、平汉路东及平津等地党的工作。此后，彭真同聂荣臻等一起，发展、巩固晋察冀抗日根据地，创造性地执行党中央关于抗日战争的战略方针和基本政策，放手发动群众，壮大人民力量，提出并实施了根据地党的建设、政权建设、武装建设以及土地、经济、劳动、金融等方面的政策，主持制定了《中共中央北方分局关于晋察冀边区目前施政纲领》。他明确提出“要使马克思主义中国化”，在根据地“改造旧社会，建立一个新民主主义社会”。在彭真、聂荣臻等的领导下，晋察冀边区各项工作做得非常出色，被党的扩大的六届六中全会主席团誉为“敌后模范的抗日根据地及统一战线的模范区”。

《战线》创刊（2月20日） 《战线》是晋察冀省委（晋察冀边区党委、北岳区党委、中共北方分局、中共晋察冀分局、中共晋察冀中央局）党刊。1938

年 2 月 20 日在河北省阜平县创刊，为半月刊。1945 年 6 月 15 日停刊，1947 年 12 月 5 日复刊，1948 年 4 月 10 日中共晋察冀中央局、中共晋冀鲁豫中央局撤销，成立中共华北局，《战线》于 5 月终刊，共出版 130 余期。《战线》是晋察冀抗日根据地的机关刊物（权威刊物），读者对象主要为县级以上干部，内容主要刊登根据地党政军民领导人的重要文章，转载中共中央领导人的文章，是指导根据地建设的理论阵地，曾发表过许多关于根据地工作的重要文章，诸如《根据地建设中的几个问题》（杨尚昆，第 52 期）、《在北岳区党委二月扩大干部会上报告提纲》（刘澜涛，第 57 期）等。在战火纷飞的敌后艰苦抗战环境下，《战线》的创办，对根据地党的政策宣传和党建工作的开展，发挥了重大作用，同时为人们留下了宝贵的物质财富和精神财富。

唐县淑闾惨案（2 月 20 日） 2 月 20 日拂晓，集结在望都的日军得知王平政委住在淑闾村的情报（其实王政委已于 2 月 15 日转移）后，即纠集 300 多名装备精良的日军，兵分两路围剿淑闾村：一路从三堤、郭村、高昌到淑闾村东，汽车停在村东沙滩，另一路从固现插到淑闾村南。黎明时分，日军分成五股发动进攻，每股敌人大约 20 人，配备一挺机枪，一门野炮。当时驻村的八路军战士，对敌人进行顽强反击，但由于部队初建，武器弹药匮乏，抵挡不住敌人猛烈的炮火，只好掩护群众撤退。日本侵略者进村以后，见人就开枪，连老人和孩子都不能幸免。敌人看到村子里人不多了，就追踪着逃难的人群到村北山沟里，将机枪架在山头上对无辜群众进行疯狂扫射。敌人看到山洞就先用机枪射击，后用刺刀乱刺。这次惨案，仅淑闾村就被杀害了 151 人。另外，阳邱、房庄、贾庄等村 10 余人也不幸遇害。为了掩护群众，八路军 80 余名战士壮烈牺牲。

晋察冀边区行政委员会颁布垦荒条例（2 月 21 日） 晋察冀三省边陲地带，无人耕种的荒山荒地很多，加之日军的掠夺破坏，国民党军队的溃退及某些地主的逃亡，荒芜耕地猛增。为恢复扩大耕地，发展农业生产，边区行政委员会于 2 月 21 日颁布了《晋察冀边区垦荒单行条例》，规定：荒地的面积在 5 亩以上者由所在地的贫苦农民合伙垦种或分种；无论公私或寺庙的山场，未经垦种的，农民可以自由组合垦种；凡公私荒地荒山，经承垦人垦竣后，其土地所有权，属于承垦的农民；公有私有荒山荒地，抗日军人家属均有垦种的优先权；私有荒山荒地有粮银的，垦种人要照数交纳。这些办法积极鼓励民众垦荒，保障了垦荒者“无租垦种”的法人权利，调动了农民尤其是贫苦农民的垦荒积极性。各地出现了开垦荒地、整修滩地的繁忙景象。据不完全统计，1938 年和 1939 年，仅平山、阜平等 9 个县，垦荒达 15 000 多亩。冀西、平西、晋东北 29 个县，1940 年统计，共垦荒 199 950 亩。从 1938 年到 1940 年，仅北岳区的不完全统计，垦荒达 27 万余亩。

晋察冀边区行政委员会颁布《奖励兴办农田水利暂行办法》（2 月 21 日） 晋察冀边区春季少雨干旱，夏季雨量集中，经常发生水灾。边区政府成立初就把兴办水利、治理水害作为发展农业生产、彻底战胜水害的重要措施。早在 1938 年 1 月边区政府成立的军政民代表大会上，就提出“切实办理水利”的主张。2 月 21 日，边区政府又颁布了《奖励兴办农田水利暂行办法》，规定：边区内旧有水利事业，无论是公营私营，必须由负责机关积极整理，以增进灌溉量，但组织不健全的，当地政府要督促改组；如有河道河渠可以利用的，愿意集体开凿的，要呈报当地政府。为此，冀中主任公署决定恢复沿河各县的堤工会，并先后组织潴龙河河务委员会、大清河河务局、冀中区河务局、子牙河办事处等，负责整理险堤决口，进行河务、水利工程建设。1939 年大水灾后，为适应迅速治水需要，冀中区在水利工程有关各县成立了由冀中行署统一领导的河务委员会，充分调动了群众治河的积极性。这些政策和措施，调动了广大农民兴办水利事业的积极性，为增进农业生产创造了条件。

高阳县莘桥惨案（2 月 26 日） 莘桥镇，位于高阳县城东南 9 公里处，北临保（定）沧（州）公路，东靠潴龙河，镇东北的安济桥（今布里桥）是通往天津及各地的码头。2 月 26 日，驻高阳城内的日军先向莘桥打炮，尔后数百名日军乘汽车向镇内扑来。在汉奸段臣的带领下，日军放火烧了镇上最大的泰来祥和聚泰成两家杂货店（这两家店铺共有店员 60 余人与资金 5 万余元）、学堂及 20 多户民房，后撤回县城。27 日，日军乘 28 辆汽车再次扑向莘桥。先是将 28 名村民杀害在镇南田家坟，然后对手无寸铁想渡潴龙河逃难的群众疯狂射击。日军进镇后，在段臣带领下直奔一贯道道堂。日军进道堂后，先搜去了一贯道的活动经费和 24 人的银圆、纸币等钱物，然后把人们赶到通合布线庄大院，逼问游击队去向。面对日军的残暴行径，人们始终没有屈服，表现出中国人民不畏强暴、坚贞不屈的民族气节。此次惨案，莘桥镇 130 余人被屠杀，40 多人身受重伤，1600 多间房屋被烧毁，财物损失不计其数。

望都县常庄惨案（2 月 26 日） 2 月 26 日拂晓，望都、方顺桥等据点的日伪军 4000 余人，带着几十辆汽车和机枪大炮等轻重武器，从望都出发，直奔常庄而来。由于抗日武装十大队一营领导思想麻痹，战备观念较差，没有作战经验。当营长还在指挥队伍进行操练时，敌人突然来到眼前，一营战士仓促投入战斗，虽然奋勇抵抗，但阻挡不住敌人的猛烈进攻。一营战士掩护群众边打边退，使群众迅速转移到了村西鹞剑沟和梯子沟里躲藏起来。因为是两条死沟，沟的尽头是很陡的峭壁，仅有一条只能爬过一人的小路，故 150 名群众和一营战士被包围在沟里，进退不得。日军凭借精良的武器和有利的地形，对抗日军民进行了血腥大屠杀。晚上，日伪军返回村内又放火烧房，整个村子顿时浓烟滚滚，火光冲天。日军在常庄进行了 24 小时的烧杀，使 200 多名抗日军民遇难，其中一营七连有 70 多名战士在突围中为国捐躯，103 名群众被杀害，伤残 8 人，496 间房屋被烧毁，损失财物不计其数，常庄村到处是残垣断壁，尸横遍野，血流成河。许多百姓家破人亡，无家可归。

晋察冀区四个直属“特委”成立（2 月） 中共晋察冀省委成立后，积极发展新党员，着手建立党的组织。1938 年 2 月，晋察冀省委成立了四个直属“特委”（1938 年冬改称地委）。王国权任第一特委（察南蔚县、冀西涞源、灵丘地区）书记，王逸群（后为张连奎）任第二特委（五台地区）书记，厉男（后为刘杰）任第三特委（阜平、完唐地区）书记，李德仲（后是栗再温）任第四特委（平山、盂县地区）书记。至 3 月，边区各县委机关也先后建立，并开始发展新党员。3 月 15 日，中共中央作出了《关于大量发展党员的决议》。省委根据中央指示精神，积极在地方和军队中大量吸收新党员，建立党的组织，党员数量有了突飞猛进的发展。据中共晋察冀省委组织部不完全统计，到 1938 年 6 月初，边区（平汉路以西）党员发展到约 10 460 人（阜平县六区和五分区数字缺），其中 90%以上是抗战爆发后新发展的。边区党员的大量发展，使党在这一地区的群众基础迅速扩大，边区党已由范围狭小的地下党开始成为拥有广大群众的党。

3 月

晋察冀边区抗日群众团体广泛建立和统一（3 月 3 日、6 月 16 日） 发动群众，组织群众，武装群众，动员千百万群众进入抗日民族统一战线，是中共中央为争取抗战胜利而制定的重要战略方针。聂荣臻在创建抗日根据地一开始，就不失时机地分兵发动群众，并抽调干部组成工作团、工作组，担负发动、组织群众的任务。经过广泛地组织发动，边区农民救国会、妇女救国会、工人救国会、青年救国会等群众团体纷纷建立起来。但由于没有形成统一领导，没有统一的工作方针，这些群众团体与政府之间的矛盾不断发生。边区军政民代表大会后，根据《群众运动决议案》精神，各地动委会、救国会、自卫会逐步结束，并开始成立边区各界统一的群众组织。3 月 3 日，边区工人、农民、妇女抗日救国联合会在阜平成立，并确定了各团体在抗战时期的工作总方针与具体纲领。6 月 16 日，边区青年救国会正式成立，齐一丁任主任。会议通过了巩固与扩大组织案，对巩固与扩大组织、经费、加强下层组织的力量等问题，均有具体规定；对今后的工作方式也作出具体决议。各群众组织建立了从边区到县、区、村的各级执委会，包括主任、组织、宣传、生活改善、秘书等成员，从而健全了组织系统，统一了领导，走上了稳定发展的道路。

***晋察冀边区工人、农民、妇女抗日救国联合会成立（3 月 3 日）** 晋察冀边区的工人、农民、妇女 3 个抗日救国会筹备会，同时于 3 月 3 日在阜平县城召开第一次代表大会，会议决定正式成立边区工人、农民、妇女抗日救国联合会。王文兴、杨耕田、赵宝瑾分别当选为边区工救会、农救会和妇救会主任。大会确定了各团体在抗战时期的工作总方针与具体纲领。农救会确定：（一）遵守统一战线工作方式；（二）从以经济斗争为主要工作转到以抗日武装斗争为主要工作；（三）积极参加生产，改善生活。妇救会确定：发动妇女参加抗日，巩固后方，援助前方，适当解决妇女自身问题，以利动员妇女。号召边区妇女在“直接参加生产中提高经济地位，求得生活之改善”，“在抗日斗争中求得妇女本身之社会的、政治的解放”。

晋察冀边区军民粉碎日军大举进攻（3 月 4 日） 晋察冀军区于 2 月 9 日夜首次出击平汉路，使日军大为震惊。从 3 月 4 日起，日军由高碑店到石家庄调动了 1.2 万余人，在飞机配合下，沿平汉路由保定、易县、满城、曲阳等地分 4 路出动，向晋察冀边区涞源、阜平腹心地区大举进攻，企图歼灭八路军主力，摧毁八路军军政首脑机关。3 月 8 日凌晨，日军 5000 余人到达距阜平 20 多里的王快镇。经聂荣臻等研究决定，一面即令边区领导机关火速迁往山西省五台地区（彭真与省委、军区司令部驻金刚库，晋察冀边区行政委员会驻射虎川太麓寺，群众团体驻石嘴普济寺）；一面组织边区军民展开反围攻斗争。在此次战役中，按计划，避开敌人正面，待敌深入后，军区各支队及游击队在敌人之侧后及交通线上猛烈袭击，使敌人疲于奔命，首尾不能相顾。经过 7 天反击战，3 月 10 日，侵入阜平地区之敌慌忙撤回原防地。此次战役，八路军共作战 40 余次，毙伤日伪军 1400 多人，缴枪 230 余支。

***聂荣臻向朱德、彭德怀报告边区粉碎日军进攻情况（3 月 11 日）** 聂荣臻于 3 月 11 日致电朱德、彭德怀：此次敌人进攻我边区，所到之处所有房屋均被烧毁，曲阳、阜平城已成焦土，民众被杀者极多。平汉线以西民众纷纷向边区内地逃难，现已有难民五六十万人。同日，聂荣臻再次致电朱德、彭德怀，汇报反击敌人进攻情况：（一）进占阜平之敌 5000 余人，于本日晨向曲阳方向撤退，我军主力正在尾敌追击中；（二）进占大、小龙华之敌约 3000 人，于昨日下午开始向紫荆关方向撤退，我军正在追击中；（三）估计进攻之敌因遭我军连日抗击伤亡甚大，深入我军腹地，群众坚壁清野，使之一切供给困难，且受我军民与游击队等的威胁，难于立脚，估计有全部退出边区可能，现正令各部跟踪追击，求得在追击中消灭敌人。

毛泽东关于中央军委指导问题致电晋察冀军区等（3 月 8 日） 中央军委对前方作战的指导问题，毛泽东于 3 月 8 日致电朱德、彭德怀，八路军各师及晋察冀军区，指出："（甲）军委指导只提出大的方针，由朱、彭根据此方针及当前情况作具体部署。军委有时提出具体作战意见，但是意见性质，是否切合情况，须由朱、彭按当前敌情情形加以确定，军委不加干涉。（乙）关于敌我位置、作战情况等，除总部随时向军委报告外，各师各总部报告之电报应同时发给军委一份，使军委充分明了情况。"① 这一指示，既利于军委全面掌握晋察冀军区情况，又体现了各地在具体作战部署时的灵活性。

朱德、彭德怀关于配合津浦线北段作战的指示（3 月 9 日） 3 月 9 日，朱德、彭德怀作出关于配合津浦线北段作战的指示，指出，津浦南北段在苦战中。目前日军已遭受严峻抗击。积极配合津浦作战，使之持久，对华北形势极为有利。敌夺取徐州有迅速转移主力来华北首先进攻我军可能，将使华北形势增加困难。你们以前派出之东进部队，应令其向沧德线积极动作，以配合津浦北段

---

① 中共中央文献研究室编：《毛泽东年谱（1893—1949）》中卷，人民出版社、中央文献出版社 1993 年版，第 54 页。

作战。

冀中部队再次出击大清河北（3月中旬） 冀中部队开辟大清河北地区，使日军极为恐慌。大清河北的日伪军于3月8日拼集兵力，向冀中北上抗日先锋队进行反扑，侵占了霸县和新城，并一度侵占雄县县城。冀中北上抗日先锋队撤回大清河南地区。3月中旬，北上抗日先锋队二次北上，再度收复新镇、霸县县城。第一营收容了杨世武部500余人，编为特务营；收垡河集县游击队100人，编1个连；还成立了干部学校。两个营攻打永清县老牌汉奸王建中（匪号王二），当地士绅连人带枪参加冀中部队。收编安次、武清联庄2000人，编成14个游击大队、2个游击团（第一、第五团）；收编武清7区联庄700人，编为游击第三团；收编固安四区联庄200人，编为游击第二团。

晋察冀边区银行成立（3月20日） 边区银行成立之前，晋察冀边区因地处三省之间，金融形势纷繁复杂，三省流通的各种钞票都兼而有之，形形色色的钞票离开了本省本县就如同废纸。货币金融上这种割据、混乱局面，严重影响着晋察冀三省物资的相互交流、贸易的畅通。尤其山西、河北两省间，因晋钞、冀钞不能相互通融，贸易往来受阻更大。鉴于客观形势以及边区人民的迫切要求，晋察冀边区军政民代表大会通过了《边区为统制与建设经济得设立银行发行钞票》决议案。

3月20日，晋察冀边区银行在阜平县马棚村正式成立（不久迁到五台县石咀村普济寺），关学文任行长，胡作宾为副行长，银行准备金为200万元法币，开始发行边币。当时人民自卫军曾将在安国县没收“维持会”的3万银圆，提供边区银行作为准备金。银行成立后，在有条件的地方设分行、办事处、代办所，代办总行业务。5月9日，在安平县成立了冀中分行，陈尚礼任经理，冯国俊任副经理。最先成立代办所的县为五台、唐县、平山、灵丘、阜平等。经筹划、审核，1939年3月30日，边区政府命令普遍成立银行办事处及代办所。行政专区各设办事处一处，冀西一、四两区合设一处，县各设代办所一处，直属各该区办事处。边区银行担负着推行边区的货币金融政策的使命，即统制金融、调剂金融、办理贷款及投资扶助经济、保存金融实力等，银行的日常业务即储蓄、汇兑、贷款和兑换，还负有代理金库的使命。由于战时财政困难，银行发行成为解决财政供应的重要手段。

晋察冀边区银行，是敌后抗日根据地第一个建立起来的银行，是边区人民支援抗战和加强经济建设的工具，是对日伪开展货币斗争的经济组织和金融枢纽。它是抗日战争时期财政金融事业上的一项创举，在中国金融货币史中占有重要地位。

*边币发行政策（6 月）　边区政府采取了许多行之有效的措施，保证边区的边币发行，提高边币信用，扩大和平衡边币市场，加速边币流通。1938 年 6 月，边币发行政策中决定：（一）确定边币独占发行，边币为市面唯一的交换媒介，禁止法币、杂钞等在市面流通。持有法币、杂钞者，必须在交易前，先到兑换机关兑成边币，否则不得使用。这就使奸商很难投机操纵扰乱边区的金融。（二）人民有正当理由，需要携带法币或杂钞出境者，随时可以持边币到银行换取法币或杂钞。这样就使民众乐于保存边币。（三）人民有愿储藏法币者，听之。但不得投入流通界，致被敌伪吸收。向民众说明边区金融政策的目的，并不是吸收法币，而是防止敌人吸收法币，来套买外汇，扰乱金融。这样就避免了法币逃亡的现象。（四）为了逐渐巩固边币的信用和地位，还必须借助于法币，依赖法币，需要联合在金融上势力最大的法币以打击杂钞。因此，规定边币以法币作基础，边币与法币的兑换率为一比一，与其他各钞兑换则照市价。（五）严禁奸商私运法币、现银出境。（六）禁止伪钞入境或流通。通过边区政府的努力，边币在市场上赢得了地位，民众逐渐接受并使用这一交换媒介，促进了商业的繁荣，以及边区经济的恢复和发展。

开滦五矿工人举行同盟大罢工（3 月 22 日）　抗日战争爆发后，中共河北省委及冀东各级党组织，按照中共中央和北方局关于在冀东开展抗日游击战争，开创敌后抗日根据地的重要决策，全力投入冀东暴动的组织筹划等一系列准备工作。3 月 22 日，在中共河北省委领导下，唐山工委书记周文彬领导开滦五矿 3 万余人举行同盟大罢工，以配合冀东抗日暴动的准备工作。罢工从赵各庄矿罢工开始，至 5 月 4 日结束，共历时 45 天。罢工酝酿阶段，省委曾发出指示，在罢工中，要抓住工人的迫切要求，由经济斗争引导到政治斗争，由改善工人生活的反英斗争，形成浓厚的反日空气，引导开滦工人举行武装暴动，支援八路军抗日。在此次罢工中，省委组织部长吴德两次来唐山东矿传达省委关于罢工的指示，并和周文彬等一起研究部署罢工工作。根据复杂的斗争形势，采取不同斗争策略，巧妙利用英、日帝国主义的矛盾，迫使英国资本家让步，使罢工取得了胜利。工人纠察队还曾多次从工人集会中当场揪出日本特务和汉奸走狗，揭穿了日本人妄图利用工人罢工夺取矿权和插手工人运动的阴谋。在极其复杂的情况下，罢工由经济斗争开始，逐步发展为政治斗争，不断提高工人的抗日救国热情，为后来的开滦矿工参加冀东抗日大暴动奠定了思想和组织基础。

*__矿工英雄节振国__　在开滦五矿大罢工中，涌现出矿工英雄节振国，他英勇积极，又练得一身好武术，被公推为赵各庄矿工人纠察队大队长，起了中坚作用。在冀东大暴动中，节振国被任命为工人特务大队长。在他的带领下，纠察队员手拿斧头和镐站岗放哨，罢工工人控制了整个矿山。在矿工的生活出现困难时，他向罢工委员会提出分掉东煤场存煤换粮食的建议。4 月 15 日晚，数千工人和家属聚集在东煤场装煤，节振国率纠察队在周围警戒。抢煤场斗争的胜利，为坚持罢工斗争提供了物质保证，终于迫使资本家接受了工人提出的大部分条件，工人取得了大罢工的胜利。6 月下旬，叛变投敌的原纠察队员夏连凤带领日军宪兵和伪警扑向节振国家。当时节振国不在家中，日本宪兵抓住了节振国的妻子刘玉兰和哥哥节振德。节振国闻讯赶回家中，与日本宪兵和伪警展开了搏斗。节振国临危不惧，砍死砍伤 4 个宪兵和 2 个伪警，趁敌人退出院外之机，他翻墙而走。节振国刀劈日本兵的消息轰动了唐山城乡，成为唐山沦陷 5 年来抗日斗争最壮烈的一幕。节振国抱定“拉队伍，跟日本鬼子斗”的决心，集聚了 30 多名弟兄在滦县韩家哨起义，投奔了冀东抗日联军李运昌部，被改编为抗联第二路司令部直辖特务第一大队，节振国被任命为大队长。1938 年 7 月起，节振国率领部队活跃在矿区和广大农村，发动矿工参加抗日武装，神出鬼没打击日伪军，威震冀东，两度收复赵各庄、唐家庄矿区，有力地支援和配合了冀东地区的抗日斗争。1938 年秋，节振国看到共产党领导的部队，在困难的条件下继续与日军进行殊死的斗争，心情非常激动，怀着对党的敬仰和向往之情，郑重地向李运昌提出入党申请。他在党的领导下坚持抗战，多次率领游击队进入赵各庄袭击警察所、打特务、除民团，还处决了叛徒夏连凤，使赵各庄日伪统治机构一度陷于瘫痪，有力地打击了日本侵略者的嚣张气焰。1939 年秋，由周文彬介绍，节振国加入了中国共产党。1940 年 8 月 1 日，节振国在与日军的遭遇战中，不幸牺牲，时年 30 岁。

毛泽东、刘少奇致电聂荣臻加强瓦解敌军的宣传工作（3 月 22 日）　日军占领华北后，为了削弱抗日武装力量，在华北沦陷区开始进行奴化教育，培植伪军，建立伪组织。晋察冀军区在对敌进行军事打击的同时，对伪军展开宣传工作，促使其反正，并取得了成效，但在宣传方式和力度上还有待进一步加大。3月22日，毛泽东和刘少奇致电八路军总部和北方局等，指出，在华北对瓦解敌军的宣传工作异常不够，许多地区看不见一句向敌军进行宣传的标语口号。为在政治上瓦解敌军，教育群众，影响友军，各部队、各地党部及群众团体应用中、蒙、日三种文字大量书写对日军及伪蒙军进行宣传的标语口号和材料。军区和边区政府于是充分发挥文化事业的战斗作用，开展对敌文化战，编印了许多通俗的图书、歌曲、剧本，出版了一批通俗的报纸、壁报、街头诗和其他读物，文字简短，通俗易懂，着重揭发日军的残暴欺骗，提高民族觉悟。同时，根据各地日伪军实际情形，选择具体的宣传材料，普遍在边区和敌占区大量散发、张贴，有的利用小贩、居民送进日伪据点，有的利用邮寄、河流、风向散发传布到敌占区。

晋察冀边区开展村选运动（3月23日至6月）　村政权是边区抗日民主政权的基石。在边委会召开的第一次县长联席会议上，对改造村政权问题展开了热烈的讨论，认为这是边区政权建设的重心。根据军政民代表大会的决议，3月23日，边区行政委员会颁布了《边区区村镇公所组织法暨区长、村长、镇长、闾邻长选举法》，规定：区、村、镇分置区公所、村公所、镇公所，区长、村长、镇长均由区民、村民大会或镇民大会选举产生。依据上述法规，村置村公所，设村长1人。村镇在500户以上者，得增设副村长或副镇长1—5人。村长、副村长或镇长、副镇长，由村民大会或镇民大会选举，并由区公所呈报县政府备案。随后，边区政府发布边区第一次村选命令，配合着各区、村的反贪污、清算村账斗争，各地展开热烈的民选村长运动。晋察冀区有8000个村庄进行了民选村长运动，参选公民占40%—50%。冀中区24个县有3128个村庄进行了选举和政权改造，占所属村庄的68%。这次村选极大地激发了广大农民参政议政的积极性，对于改造村政权和加强边区抗日民主政权的基础，起了一定作用，并为基层民主选举积累了宝贵经验。但由于历史条件的限制，当时村政权的组织仍保留了编乡、编村及闾邻长制等旧村镇的浓厚残余，一些村政权仍为少数地主封建势力及地痞流氓所把持。

中央书记处发出《关于北方局领导人员分工的决定》（3月24日）　3月24日，中共中央书记处对北方局领导人员分工重新作出了调整，发出《关于北方局领导人员分工的决定》，指出，北方局负责人刘少奇回延安，但仍负责华北党的领导工作；杨尚昆率北方局工作人员在吕梁山脉，就近与华北各地党部联络，直接部署晋西南工作；朱瑞在晋东南，以北方局代表名义指导同蒲路及平汉路东西两面党的工作；彭真在晋察冀，以北方局代表名义协同聂荣臻指导晋察冀、平汉路东及平津党的工作。“所有华北各地党与群众工作及地方武装情形除向杨尚昆同志报告外，须同时直接向胡服（刘少奇）报告。朱瑞须向杨尚昆建立武装交通，晋察冀向晋西北建立交通，尚昆及晋西北向延安建立交通，彭真向平津建立交通。”①

冀中军民粉碎日军春季攻势（春） 冀中地区战略地位十分重要，逼近几条铁路干线。3 月，为配合正面战场台儿庄战役，在晋察冀军区统一部署下，冀中部队攻击日军侵占的铁路沿线城市，破坏铁路交通。自 3 月 9 日起袭击平汉路后，日军开始感到冀中部队的威胁，于是在 3 月下旬至 4 月下旬，有计划地分三路进攻冀中平原。一路由北面进攻霸县；一路由东面进攻献县、河间；一路由西面进攻安国、李亲顾（属定县）。每路敌兵，各约一联队，并附有若干伪军及冀东警防队。4 月初，先后侵占霸县、河间、献县、大城和安国县城。4 月上旬，人民自卫军和河北游击军发动反攻，与敌保持严密接触，包围敌人，截断其接济，并让民众完全退出县城，使其无法建立伪组织。在日军不能立足的情况下，冀中部队先后收复了河间、安国、霸县、献县、大城等县城，此外，乘胜夺回 1937 年底被敌侵占的高阳、安新两座县城。在 20 天的艰苦战斗中，冀中军民与敌进行了大小战斗 100 余次，毙伤日伪军 1000 人左右，冀中根据地扩展到 38 个县，军队发展到 6 万余人。至此，冀中局势趋于稳定。

开辟平西抗日根据地（3 月） 平西抗日根据地是晋察冀边区的重要组成部分，包括昌平、宛平、房山、良乡、涿县、涞水、怀来、蔚县、宣化、涿鹿等县全部或一部的区域，有较好的群众基础。七七事变后，原宛平县委书记魏国元受党组织派遣回家乡平西青白口一带，积极开展工作，很快掌握了一支地方武装。随后，中共北平市委又派农委书记刘杰及李光汉等人，八路军总部派吴伟、赖富等 12 名老红军，陆续来到青白口，帮助建立抗日武装。接着，北方局刘少奇、彭真又派苏梅等来到青白口指导工作。在党的统一领导下，党员和群

---

① 中央档案馆编：《中共中央文件选集（1936—1938）》，中共中央党校出版社 1991 年版，第 477—478 页。

众骨干分组分批到附近农村发动群众，建立武装。1937 年 10 月，国民抗日军开入斋堂川，与地方党组织配合，发动群众，宣传抗日，并帮助训练地方武装。11 月中旬，国民抗日军暂时离开平西到阜平进行整训，改编为晋察冀军区第五支队。在此期间，为开辟平西地区，晋察冀军区于 1938 年 2 月中旬，派邓华率所属三团挺进平西。到达后，迅速扩编为邓华支队。该支队连克敌人据点，摧毁日伪政权，镇压土匪，收编地方武装。为发动群众，建立抗日政权，创建根据地扫清了障碍。1938 年 3 月底，该支队在东斋堂村成立了第一个抗日民主县政府——宛平县政府，魏国元任县长。4 月，五支队受命又返回平西，在昌平、宛平、房山、涞水、涿县一带，负责开辟抗日根据地。经过几个月的工作，又先后建立了房（山）涞（水）涿（县）、宣（化）怀（来）、昌（平）宛（平）3 个联合抗日县政府，大部分地区建立了农、青、妇救国组织和自卫抗日武装。平西抗日根据地初具规模，取得了挺进冀东的前进阵地。

* **聂荣臻向八路军总部报告邓华支队到平西的情况（3 月 19 日）**　聂荣臻于 3 月 19 日向朱德、彭德怀报告：邓华支队已挺进平西。1 个月来，在五支队和其他游击武装配合下，先后开辟了涞水、房山、良乡、宛平、昌平等地区的工作，消灭了多股地主土匪武装，摧毁了一些伪军、伪组织，占领了不少据点，还建立了 3 个联合县政府及一批人民自卫队武装，为挺进冀东打下了基础。

4 月

冀中区政治主任公署成立（4 月 1 日）　晋察冀边区召开军政民代表大会时，冀中曾派代表参加，吕正操和孙志远当选为晋察冀边区行政委员会委员。会后，在吕正操、孙志远的倡议和推动下，冀中政治主任公署筹备处成立，准备成立统一的政权机构，筹备处主任为李杰庸。4 月 1 日，冀中区政治主任公署在安平召开成立大会，安平、深泽、蠡县等 10 余县的代表参加。根据晋察冀边区行政委员会的委任，李耕涛任公署主任。不久，由于国民党顽固派在敌后加强反共活动，为加强领导，由吕正操兼任主任，李耕涛改任副主任。冀中区政治主任公署下设民政、财政、教育、实业、司法等科。由高持真任民政科长，宋景毅任财政科长，王心田任教育科长，苏粲如任实业科长，张泮林任司法科长。大会宣布了四项施政方针：（一）发动群众、组织群众、训练和武装群众，积极参加抗战；（二）实行民主，建立民意机关，广泛发展群众组织，实行区、村普选；（三）改善民生，取消苛捐杂税，提倡土著手工业，发展农村经济，实行合理负担，减租减息，优待抗属；（四）动员财力、物力，保证部队经费、给养的充分供给。同时，还成立了冀中税务局（局长尚子锦）、晋察冀边委会司法处冀中分处（主任张泮林）和晋察冀边区银行冀中分行（经理陈尚孔）。此时，冀中共辖38个县，其中有24个完整县。5月1日，冀中政治主任公署正式成立，下辖4个行政督察专员公署，分别由冯钧、王文仲、仇友文、韩德三任专员，从而加强了对各县工作的领导。在冀中区政治主任公署的领导下，冀中根据地的各项建设很快恢复和发展起来，为冀中抗战提供了保障。

宋时轮支队开赴平西（4月1日） 抗战爆发后，八路军第一二〇师三五八旅七一六团团长宋时轮，率部开赴晋西北抗日前线，遵照中央军委的命令，于9月率第七一六团一个营组成雁北支队（又称宋时轮支队），并任雁北支队支队长兼政治委员。为了支援冀东人民武装抗日暴动，八路军总部于4月1日命令第一二〇师的宋时轮支队，转移至龙关、赤城地区，同邓华支队靠拢，创建冀热察抗日根据地。4月27日，八路军总部又发布命令：宋时轮支队由山西省雁北地区开赴平西与邓华支队会合，两部合编为八路军第四纵队，其任务是挺进冀东，协同当地党组织，领导人民举行抗日武装暴动，开展游击战争，创建冀热察抗日根据地。5月25日，宋时轮支队到达平西宛平杜家庄与邓华支队会合。

蓟县县委召开扩大会议（4月4日） 中共蓟县县委于4月4日在盘山千像寺召开扩大会议，研究抗日救国会的工作，决定积极开展抗日救国宣传，大力发展会员，争取民团武装，做好争取保甲长的工作。至冀东大暴动前，蓟县抗日救国会组织已发展到包括中小学师生、农民、民团、上层士绅等近千人。与此同时，各县抗日群众组织也不断发展壮大，仅丰润、玉田、遵化、迁安、蓟县、昌黎、滦县、乐亭等8县的“自卫会”“救国会”会员已达1.5万余人。

聂荣臻就军区兵力情况报告朱德、彭德怀、毛泽东（4月9日） 聂荣臻于4月9日向朱德、彭德怀、毛泽东报告晋察冀军区现有实力：平汉路西2.1万人，枪9000余支；平汉路东吕正操部1.4万人，枪8900余支；孟庆山部5500人，枪4000余支。“现在最困难的是高级军政干部太少。请你们无论如何在红大（即抗日军政大学）调出5个，曾任过大团或小团的政治干部来充师政委或主任，团以上的军事干部至少要10个，此外调一个能力强的政治委员或参谋长到吕部去工作，必须如此，方能把组成的这些力量使之成真正八路军之一部。”①

聂荣臻报告打败进攻涞源之敌经验（4 月 10 日） 军区部队于 3 月 4 日至 10 日成功打败了进攻涞源之敌。4 月 10 日，聂荣臻致电朱德、彭德怀，报告了制胜的有关经验：（一）此次进攻涞源之敌中岛 15 联队，共 2700 余人，事先在金坡构筑坚固工事，屯集大批粮食，后即向紫荆关、涞源攻击前进，经过几次战斗，用 6 天才侵占涞源。（二）敌人的企图是想以涞源为据点，建立机场，修通易县经涞源到蔚县的公路，并构筑工事，形成一道封锁线，以割断邓华支队与军区之联系，限制我继续向东及东北方向发展。（三）由于我包围涞源各部首长，坚决勇敢地坚持战斗，游击战与运动战配合，近半月之久，敌不断被我袭击、伏击、夹击。经过大小 10 余次战斗，敌人遭受重大损失，被歼 500 余人，我伤亡支队参谋长及营以下干部战士约 300 人。敌伤亡比我更大，且我俘获人马武器辎重不少。特别是 10 日，敌人在于善铺至浮图峪线遭我 4 次打击，不得不于 10 日晚即仓皇退却。辎重除被我缴获一部外，大部烧毁，伤兵未收容，遗弃死尸近 200 具，尚正用火烧，未曾收走，臭气冲天，可见敌退之狼狈。（四）此次战斗中，我们除了南北夹击部队之主力执行机动外，在敌人据点周围的小部队及便衣队，不断打击敌人的抢粮及烧房部队，使敌人一草一木都要拿日本人的性命来换取。同时有的据点周围受袭扰时，敌则机炮声齐作，日夜不停，邻近部队则奔命来援，使敌仓皇万分。因此敌人虽占领了据点，构筑了工事，我虽无重火器，无法去攻克它，但敌人亦无法久留。（五）打败涞源之敌是有战略意义的。这一胜利的取得总结起来是由于我们有最高之积极性及机动勇敢，同时游击战与运动战之配合。（六）对敌人的困难估计不够，虽屡电敌有东退可能，应时时准备追击。当发现敌退却征候，未即准备追击；已知敌退之部队亦未及时猛追，所以未得到追击应有之胜利。（七）我第一、三、五支队应乘胜扩张战果，做得亦不够。②

晋察冀边区行政委员会关于中心小学校任务及办法的指示（4 月 10 日） 为适应战争的形势，增加教育效能，减少受敌侵扰的影响，边区政府决定建立“中心小学校”，使学校与政府之间能够灵活地连到一起，学校与学校之间能够

① 周均伦主编：《聂荣臻年谱》，人民出版社 1999 年版，第 230 页。

② 参见周均伦主编《聂荣臻年谱》，人民出版社 1999 年版，第 231 页。

发生更多横向联系，形成一个教育网，提高行政效率。4 月 10 日，边区行政委员会发出《边委会指示信关于中心小学校任务及办法》，指出：把相邻的几处小学校编成一个单位，各校互相领导，互相帮助，互相交换经验，择其校址适中、规模较大、较好的一校作为核心，以起模范作用，这个核心学校定名为中心小学校。中心小学校与其他学校的关系，仅是在研究问题、共同活动上起着模范的作用。教职员须具有优良的学识、创造的能力、吃苦耐劳的精神，时时刻刻自强不息，来做其他学校的表率。县区政府对中心小学应该加强领导，使它们能够很有兴趣地向前发展，做成其他学校的实际领导者。中心小学自己本身应当注意：（一）在教学管理方面，应该努力强化提高，适应现在的需要，以前的老套是不需要的。（二）在领导儿童的组织及活动上，应求其能实行者，尽量施行。如组织儿童团、歌咏队、服务团等，可以提高儿童生活的兴趣，可以训练他们的服务能力；实行小先生制，可以传习不识字的老百姓，广播浅近的知识。这些组织和活动，都应当将其教育意义发挥出来，不要只做形式，徒供旁人参观欣赏。（三）除了学校工作外，还要帮助社会教育的进行。由此可见，以中心小学为龙头，以骨干教师为学校的中坚力量，对于推动学校各项工作的进步，促进学校各项要求的落实，带动整个教师队伍素质的提高有着不可估量的作用。边区政府有意识地培养不同学科、不同方面、不同年龄的骨干教师，以带动和促进其他教师的进步。

八路军一二〇师开辟雁北地区（4 月 10 日）　根据中共中央军委指示，八路军第一二〇师三五九旅七一八、七一九两个主力团，在王震率领下，由晋西北开赴晋北恒山山脉的浑源、广灵、灵丘地区，配合晋察冀边区开辟桑干河两岸抗日根据地。5 月，王震率部到达恒山地区后，奉上级党的指示，在灵丘上寨召开会议，组建了由王震任书记的雁北党委，然后派三五九旅政治部主任袁任远率七一八团开辟桑干河地区工作。七一八团一部转战阳高县团堡、鳌石、南徐等桑干河南岸一带，另一部到桑干河北岸活动，宣传发动群众，并摧垮了安家皂、王汉庄、赵石庄、许堡等村的地主武装，扩大了共产党八路军的政治影响。6 月，在阳高县西团堡村召开了附近 100 多个村庄参加的代表会议，成立了（阳）高（阳）原（大）同（天）镇区和大王（今大同县所属范围）区公所。这是在桑干河沿岸建立的最早的抗日民主政府。

中共晋察冀边区第一次代表大会召开（4 月上旬）　晋察冀边区党、政、军及群众组织的建立，适应了根据地创建初期各方面工作迅速开展的需要，但还没有来得及进一步提高和巩固。为了提高和巩固党的领导，并总结根据地创建以来各方面的工作，讨论制定巩固和扩大边区的方针和任务，在彭真、聂荣臻主持下，中共晋察冀边区于 4 月上旬在山西五台县金刚库村召开了边区第一次党代表大会。参加大会的代表包括晋察冀边区党政军民主要领导干部，共 120 余人。大会共开 8 天，由黄敬主持。

会上，彭真传达了中共中央十二月政治局会议精神，并作《关于全国抗战形势和争取抗战胜利方针的报告》。彭真在报告中总结了从抗战爆发至中央十二月会议 5 个月来抗战的经验教训，着重分析了全国抗战形势和争取抗战胜利的方针。他强调：要在抗日民族统一战线中“保持党的独立性”，“加强严密党的组织，提高党的警觉性，提高党的纪律，开展自我批评，并大力加强党的无产阶级成分”，“加强党内马列主义教育和党的基本教育”，“普遍建立扩大党的组织，并巩固党的组织”，“巩固与提高共产党在各方面的作用及其领导机关的威信”。会议在听取中共晋察冀省委书记黄敬所作《地方党 5 个月工作总结与今后工作方针》的报告之后，彭真又作了《关于黄敬同志报告讨论的结论》的报告。他指出：“晋察冀边区党最近 5 个月的领导，基本上是执行了党中央抗日统一战线的正确政策的。因此在八路军帮助和全党同志的艰苦奋斗及群众拥护下，已光荣地完成了中央、北方局当时所给予它的任务，创造、巩固、扩大了晋察冀边区抗日根据地，使它成为坚持华北抗战的堡垒，并在全国抗战中起了伟大的占领作用。”他还提出：“目前边区党的中心政治任务，是扩大和巩固边区抗日根据地，以坚持华北抗战，配合主力作战，并使它继续发展成为全国统一战线的模范区域。”① 聂荣臻报告抗战及军区形势，黄敬报告边区工作，舒同报告部队工作。

大会总结了边区自创建以来的基本经验，确定了正确的巩固和扩大晋察冀抗日根据地的方针，提出了建党、建军、建政等根据地建设的任务，加强了党的集中统一领导。这对于巩固边区党的组织，加强边区抗日武装和政权建设，动员边区全党和人民努力奋斗，巩固和扩大抗日根据地，坚持敌后抗战等具有重大意义。5 月 10 日，聂荣臻、彭真致电张闻天转刘少奇、杨尚昆，汇报晋察

① 《彭真传》编写组编：《彭真年谱》上卷，中央文献出版社 2002 年版，第 77—78 页。

冀边区第一次党代表大会召开情况。刘少奇在审阅中共晋察冀省委召开的第一次边区党代表大会的文件后，于7月10日写信给彭真、聂荣臻，阐述了根据地建设的若干政策问题。

***聂荣臻、彭真汇报晋察冀边区第一次党代表大会召开情况**（5月10日）聂荣臻、彭真于5月10日致电张闻天转刘少奇、杨尚昆，汇报晋察冀边区第一次党代表大会召开情况及各项决定，其中指出：（一）这次大会因无干部可补充，未能选举部队党委、省委。会议中同志情绪极好，对中央决议精神一致接受，发言热烈，唯以政治水平关系，理论欠深入。（二）为巩固扩大边区，使边区成为统一战线的模范，代表会决定，目前中心工作为积极争取地主富户抗日，充分启发他们和工农的参战积极性，停止实行合理负担，代之以经常性税收制度。（三）动委会可恢复，政府已同意；路东晋察冀边区行政委员会办事处已成立，路西除宋劭文之主任公署外，河北亦设一主任公署；严密党的组织，健全各级领导机关与支部，密切上下级关系。（四）保证党员在抗战中特别是出钱出力方面起积极模范作用。严格纠正贪污腐化倾向是党本身的中心工作。（五）路东党的宗派观念及小组织倾向极严重，派黄敬前往整顿。（六）边区、省委只黄敬较强，各特委政治上亦甚弱。路西党员除唐、定两县因托派案件未清不计外，重新登记者有8430人，路东部队有2万多人、1万多支枪，领导机关如此薄弱，无论如何不能支持，请你们派两三个较强的省级干部来。①

***刘少奇写信给彭真、聂荣臻阐述根据地建设的若干政策问题**（7月10日）7月10日，刘少奇在审阅中共晋察冀省委召开的第一次边区党代表大会的文件后，写信给彭真、聂荣臻阐述根据地建设的若干政策问题。关于对士绅地主的态度问题，指出抗日民族统一战线的中心环节，在已有组织的政党与实力方面来说，是国共两党的合作以及一切抗日武装、抗日团体的合作；在社会群众基础方面来说，是联合与争取广大的工农、小资产阶级群众到抗日阵线上来，把抗日统一战线的主要对象，放在联合与争取士绅地主身上是不对的。同时，不要过分地伤害他们，以便尽可能联合一些地主士绅抗日，或至少不积极反对抗日。党的口号，还是争取与联合一切愿意抗日的人抗日。不要单独提出联合地

---

① 参见晋察冀边区革命史编纂委员会编《晋察冀边区革命史编年》，河北人民出版社2007年版，第212页。

主士绅的口号。在谈到民主政府与政府组织问题时说，你们那里的政府，是在敌人后方的地方抗日政府，它取得了广大人民的拥护以从事抗战。但在宣传上，在政府及其他公开团体与机关的文件和口号上，应以少说或不说“民主政府、统一战线政府”等语为好，相反，应用三民主义及阎锡山按劳分配主义的语句。新的内容要用旧的形式表现，用国民党与阎锡山的形式表现。关于民众运动，指出：建立各团体比较健全的领导机关，是真正去组织群众与教育群众的必要条件。要真正组织乡村群众，需要切实的、不怕麻烦的、深入而活泼的工作，因此，培养一些群众工作干部，并且不随便调动他们，是很必要的。群众团体要经常联系群众，必须去注意群众的切身生活问题，即便是很小的群众的切身利益，强调“党的组织任务，应该主要是巩固与严密党的组织和教育训练新党员，这需要很有计划地来进行”①。

冀西政治主任公署成立（4 月 15 日）　《政治主任公署组织法》颁布后，边委会于 4 月 15 日在冀西设立政治主任公署，主任由张苏兼任，计有 16 个县。同时，原山西省晋东北行政区改称晋东北政治主任公署，宋劭文兼任公署主任，辖 20 个县。随着边区地域扩大和战争环境的需要，10 月，边委会决定设置行政督察专员公署（简称专署）。在冀西政治主任公署以下设立第一、第二、第三专署：第一专署，辖涞源、徐水、易县、满城、定兴、蔚县等，专员陈一凡；第二专署，辖唐县、望都、完县、阜平、曲阳等，专员张冲；第三专署，辖平山、灵寿、行唐、井（陉）获（鹿）、正定等，专员徐达本。年底，撤销冀西主任公署，所辖各专署由边委会直接领导。

党中央发出巩固和扩大晋察冀根据地的指示（4 月 20 日）　晋察冀抗日根据地初步建立之后，党中央又进一步发出了扩大根据地的指示。4 月 20 日，毛泽东、张闻天、刘少奇向彭真、聂荣臻等发出了《关于巩固与扩大晋察冀根据地的指示》，指出，晋察冀根据地的建立，已经大体成功，但在各方面都是不巩固的。目前的中心任务是“在各方面巩固已得的胜利，并在巩固的现有的基础上去继续发展”。为此，必须：（一）加强部队的整训及党的工作，洗刷混入部队中的流氓、土匪等不良分子；（二）肃清根据地内的土匪，加强地方除奸工作，恢复和建立抗日秩序；（三）加强平汉路东的工作，派得力干部去吕正操部

① 中共中央文献研究室编：《刘少奇年谱》上卷，中央文献出版社 1996 年版，第 222—223 页。

任政治委员，成立路东军分区司令部；（四）巩固党组织和党内的团结统一，加强党的纪律；（五）纠正群众运动中某些过“左”的行动与行会倾向，建立真正强有力的群众团体；（六）政府的组织形式要保持稳定，主要工作是广泛组织训练自卫军，筹集军费与粮食，解决部队给养。这一指示为根据地下一步开展工作指明了方向，推动晋察冀根据地不断发展壮大。①

毛泽东、张闻天、刘少奇就河北、山东平原地区发展游击战争发出指示（4月 21 日） 冀鲁平原，人口稠密，物产丰富，平汉、津浦铁路纵贯南北，是日本侵略者竭力争夺与控制的地区。八路军经过 7 个月的作战，粉碎了敌人对山区各根据地的多次围攻，创建了山区抗日根据地，在山岳地带站稳了脚跟。而冀鲁平原虽群众性的抗日游击战争已经开展起来，但亟待加强。同时敌华北方面主力军南下进攻徐州地区国民党军，而国民党军在冀鲁平原的兵力相对薄弱，所以，为进一步发展平原敌后游击战争，以钳制和打击敌人，配合正面战场友军作战，4 月 21 日，毛泽东、张闻天、刘少奇致电刘伯承、徐向前、邓小平等，向八路军发出关于开展平原抗日游击战的指示。指示指出：在目前全国坚持抗战和群众工作正在深入这两个条件下，河北、山东平原地区广大地发展和坚持游击战也是可能的。党和八路军在河北、山东平原地区，应坚决采取尽量广大发展游击战争的方针，尽量发动最广大的群众走上公开的武装抗日斗争。因此，应即在河北、山东平原划分若干游击军区，并在各区域成立游击司令部，有计划地系统地普遍发展游击战争，并广泛组织不脱离生产的自卫军。要发展党员，建立党的各级组织。在收复的地区应即建立政府。②

冀中区召开首次党代表大会（4 月 21 日至 5 月 2 日） 冀中平原抗日根据地已开辟 30 多个县的广大地区，拥有了庞大的抗日武装力量。为进一步加强冀中抗日根据地建设，中共中央和北方局、晋察冀军区先后指示中共冀中省委，要统一党的领导，统一编组军队，统一政权和群众组织，并派黄敬到冀中主持党的工作。黄敬向冀中省委传达了有关指示和决定，省委认为指示非常及时，决定召开冀中区党的第一次代表大会，动员全党从各个方面加强冀中抗日根据

① 参见中央档案馆编《中共中央文件选集（1936—1938）》，中共中央党校出版社 1991 年版，第 502—504 页。

② 参见中共中央文献研究室编《毛泽东年谱（1893—1949）》中卷，人民出版社、中央文献出版社 1993 年版，第 64—65 页。

地的建设。

冀中区党的第一次代表大会于 4 月 21 日至 5 月 2 日在安平县城召开。出席大会的有地方和部队党组织代表 500 余人，代表着 8000 多名党员。黄敬主持大会，并作关于贯彻抗日民族统一战线的报告，传达中央指示和第一次边区党代表大会精神。吕正操作关于建军和冀中形势的报告。大会分析了冀中地区的斗争形势，总结了建军和创建根据地的经验，确定了坚持平原抗日游击战争的方针，通过了统一冀中党、政、军、群众团体的领导机构等重大决定，还通过了减租减息、统筹财政、调剂金融、统治贸易等政策。大会选举黄敬、鲁贲、吕正操、孟庆山、张君、周小舟、孙志远等人为冀中省委委员，黄敬为省委书记，鲁贲为副书记，张君为组织部长，周小舟于 10 月间来冀中任省委委员兼宣传部长。5 月上旬，冀中省委按照军分区的划分，设立了第一、第二、第三、第四 4 个特委（不久改称地委），分别由董汝琴、张雪峰、翟晋阶、罗玉川任书记。不久，又成立第五特委，马载任书记。同年秋，冀中省委改称冀中区党委。

这次大会是冀中建立党组织以来空前的一次大会，有着重大的历史意义和现实意义。它加强了冀中党的团结，更好地贯彻执行了中共中央的路线方针和政策，从此冀中党开始对冀中区的军事、政治、经济以及各项工作起着统一的全面的领导作用，大大加快了创建冀中平原抗日根据地的步伐。

第一个公营商店——裕民公司（4 月 21 日）　为杜绝汉奸活动及调剂商品运销，克服战时经济困难，活跃市场，保证军需民用的供给，边区政府成立后，成立了边区第一家公营商店——裕民公司，作为管制对外贸易的经济组织。裕民公司在各县及输出输入的交通关卡，都设有分公司，一切私人输出输入事务，均须托其代办。裕民公司的经理和公司大部分干部由边区政府委派，并吸收了部分业务精通的商人。公司的主要业务是：组织货源，收购粮食、棉花等，重点保证军队机关的供给，同时批发给小商小贩，解决部分民用必需品。在裕民公司建立的同时，各县还成立了贸易局（或裕民公司分店），为边区商业贸易工作的开展打下了基础。裕民公司运营时间不久，由于缺乏经验，经营管理不善，加上对内贸易的垄断，损害了私商的利益，遂于秋季反“扫荡”后，宣布结束，各公营商店一律移交给县政府管理。

八路军先遣队到涞水宣传抗日（4 月 26 日）　晋察冀军区一分区一团团长陈正湘、政委王道邦于 4 月 26 日带领八路军先遣队到达涞水石亭村，宣传《抗日救国十大纲领》。不久，陈正湘以北上抗日先遣支队司令员的名义，在涞水板城村召集房涞涿边界上的各路杂牌军首领，举行了“诸侯会议”，达成了关于“破交打点”配合军事行动的协议，公推陈正湘为总指挥，从而为开展抗日游击战争及创建房涞涿抗日根据地奠定了基础。

五台山蒙藏同乡会举办“喇嘛训练班”（4月27日） 利用宗教和民族问题进行挑拨离间，使中华民族日趋分裂、自相残杀，是日本侵略者的一贯阴谋。五台山是我国的四大佛教圣地之一，其间往来的和尚、喇嘛是一支不小的力量。为了认真贯彻执行抗日民族统一战线政策，团结五台山僧众一致抗日，聂荣臻经常去宣传党的宗教政策和抗日救国纲领。4月，边区政府成立了蒙藏同乡会。五台山蒙藏同乡会，于4月27日开始在五台山举办“喇嘛训练班”，以增强僧众抗日热情，巩固与扩大抗日民族统一战线。训练班期间，五台山佛教救国同盟会、晋察冀边区行政委员会及各群众团体负责人为训练班讲授“日本对华政策”“抗日民族统一战线”“民族自卫战”“九月来中国抗战形势与中国的前途”“汉满蒙回藏的关系”“亡省后的东北”和“宣传方法”等7种课程。训练班结束后，学员们分赴蒙藏同胞聚居的全国各地进行抗日宣传，走上了抗战救国的道路。

晋察冀军区部队再次出击平汉路（4月28日至5月14日） 当徐州会战正酣之际，遵照指示，晋察冀军区决定再次出击平汉路，并拟定了第二次向平汉线出击的部署。聂荣臻于4月12日向朱德、彭德怀报告了这一部署：（一）人民自卫军部队，积极向保定活动，并破坏保定、方顺桥间的铁路。（二）安国一带部队，向定县、正定间积极活动并破坏铁路。（三）束鹿一带部队，积极向正定以南活动并破坏铁路。（四）肃宁一带部队，经河间以南地区，向沧县以南积极活动，破坏津浦路。（五）十大队向方顺桥、望都间积极活动，破坏铁道交通。（六）骑兵营向定县、望都地区东西夹击平汉线，并破坏铁路交通。（七）八大队全部向正定、井陉间积极活动，应尽可能破坏一切交通，以钳制南进之敌。（八）六支队派一部积极向宛平、良乡间活动，并破坏铁路。（九）一支队以第一团进至易、涞以北，涿州、房山以西地区，积极向平汉、易、涞线活动，破坏交通，扩大部队。以1个团位于紫荆关、王安镇地区，以整理恢复涞源政权，组织争取群众，肃清土匪，并向金坡、大龙华活动。其余1个团及师直属队仍位于涞源附近。（十）四支队除留1个营于司各庄、银坊地区，争取群众，肃清散匪，其余主力，积极向平汉线活动。（十一）五支队在涞源附近整理后，即开至宛平以南、房山以北地区，积极向平汉线活动，破坏平汉路、房山之线，争取群众，摧毁一切伪组织，争取伪军。①

根据部署，4 月 28 日至 5 月 14 日，各部队出色地完成了任务。第一军分区部队破袭保定以北平汉路；第三军分区部队破袭保定以南铁路；冀中部队和各地方部队配合这次破袭行动。八路军一度攻入保定南关、昌平、涿县、涞水、容城、安次、永清等城。攻占涞水的部队，沿平汉线向北推进，争取 2400 多名伪军反正。奇袭保定南关及日军飞机的部队，毙日伪 80 余人。总计破坏铁路 170 多里，使平汉路中断 3 天。聂荣臻在总结此役时说："致令敌人不得不以大的兵力增援到保定、定县、石家庄一带，以维持其交通，我则达到了钳制大量敌军的目的。"② 平汉路的成功破袭，有力地钳制了日军行动，配合了正面战场的作战。

抗敌报社召开编辑工作和报社规划会议（4 月下旬） 中共晋察冀省委第一次党代表大会后，《抗敌报》从军区政治部划出，成为中共晋察冀省委的机关报，由邓拓任报社主任，主持报社工作。这时报社有编辑、记者和发行人员计 40 多人。4 月下旬，邓拓主持编辑工作和报社规划会议。会议关于如何在敌后根据地办报，关于报纸的改革与发展，主要商定了三条：一是不断出报。从 3 月间报社遭日军飞机轰炸后报纸停刊 18 天的经验中得出结论：今后不管敌后游击战多么频繁、艰苦，我们这个党报都要坚持不断出版。二是增加评论，积极组织社论、专论和短评。报纸要适应敌后游击战和开创根据地的需要，增加指导性、战斗性。三是改为铅印，缩短刊期，争取早日改三日刊为隔日刊，及时向敌后人民进行新闻报道。这样的改革，是敌后根据地办报的需要，也表现了这几个青年报人的开创精神和在敌后办报的决心，为在敌后坚持游击办报，打下了思想基础。

五台山僧众向部队捐献武器（4 月） 五台山僧众向二分区部队捐献镇海寺永乐院内所藏的一大批枪支，其中包括步枪 160 支，手枪（驳克枪、杂式手枪、手提枪）164 支，迫击炮 1 门，轻机枪 1 挺，冲锋枪 8 支和马枪 3 支。1943 年 3 月又将显通寺内所藏的步枪 126 支、冲锋枪 41 支、轻机枪 1 挺和手榴弹 8 箱

---

① 参见周均伦主编《聂荣臻年谱》，人民出版社 1999 年版，第 232 页。

② 《聂荣臻传》编写组编：《聂荣臻传》，当代中国出版社 1994 年版，第 224 页。

（500余颗）、子弹12箱（12 000发）分两次献给了二分区部队。这两次献枪对解决二分区部队武器弹药缺少的问题起了重要作用。

5月

晋察冀边区司法机构调整（5月1日） 由于受旧的司法传统和观念的影响，在司法工作中片面强调“司法独立”，结果使司法工作很难成为保障各项抗日民主政策实现的有力武器，造成司法工作和政治任务相脱节。为改变这种状况，边区政府从5月起，对边区司法机构进行了一系列调整。5月1日，将临时高等法院改组为隶属于晋察冀边区临时行政委员会的司法处，同时将冀中办事处改为晋察冀边委会司法处冀中分处，各县司法处改为县政府司法科，撤销了易满徐地方法院。从此，司法与行政走上了统一的轨道。1939年1月，又将晋察冀边委会冀中分处改为冀中区政治主任公署的司法科，并设置专署级的司法机关——承审处、审判处、司法处等（同年3月改为巡回审判区）。1940年4月，专署及司法与行政统一起来，改为专员公署司法科，5月又改为专员公署司法处。司法和行政的统一，既尊重了司法工作的相对独立性，又能保证在边区法令畅通的基础上，形成符合敌后抗战需要的司法体系。

晋察冀边区行政委员会颁发《边区商业统制办法》（5月2日） 1938年，因控制放松，边区粮食、棉花一时大量出口，商人将大米、面粉及一切食粮向敌区大同、太原、保定等处运输贩卖，奸商偷运棉花出境为敌制炸药提供原料。相反，敌区奢侈品如花露水、儿童玩具、纸烟之类大量入口。因此，边区行政委员会于5月2日颁布了《边区商业统制办法》，发至各县执行。主要内容是：在边区边境关卡设立分公司，凡必需货物输入边区皆由公司收买，发给小贩转运贸易；凡边区中心（阜平以西，沙河以南，东冶以东，洪子店以北）小贩不准购买区外货物；边区土货由公司收买转运；各军政机关在关卡市场随时验证；中心区外人欲购米粮，须向各地裕民公司购买；非必需品不许入境。9月再次发出命令，一是决定暂行废止《棉花出境税暂行条例》，所有边区各县新旧棉花，一律严禁输出敌境；二是决定除军用品如枪弹、医药及文具中之报纸、油墨、蜡笔、钢板、钢笔、油印机等必需品外，凡敌区其他货物，一律严禁入境。1939年2月边委会颁发禁粮出境令。1940年4月颁发《外货入境税暂行办法》。同年夏天至1941年初又禁止纸烟入口，先后通令纠正合作社垄断商贩的违法行为，停止自卫队“戒严”，取消各县税局，改为边境设卡，统一由出入口税局领导。边委会把限制内部贸易自由的偏向逐渐清除了，正常的商业逐步繁荣起来。

八路军第三纵队及冀中军区成立（5 月 4 日） 中共冀中区第一次代表大会以后，即着手大力整编部队。5 月 4 日，根据中央军委和八路军总部命令，冀中人民自卫军和河北游击军合编为八路军第三纵队，同时成立冀中军区。军区领导机关由纵队兼，吕正操任司令员，孟庆山任副司令员，李英武任参谋长，孙志远任政治部主任，纵队下辖支队，支队下辖大队（相当团）。军区下设 4 个军分区。人民自卫军编为：纵队第七、第八、第九支队兼第一、第二、第三军分区。河北游击军编为三纵队第十支队兼第四军分区。各支队主要领导人是：赵承金任第七支队（兼第二军分区）司令员，刘哲华任政治部主任；沙克（沙星澜）任第九支队（兼第三军分区）司令员，张逊之任政治部主任；孟庆山兼任第十支队（兼第四军分区）司令员，侯平任政治部主任（后黄兴义任政治部主任）。七八月间，又成立第五军分区（独立第一支队兼）。另外，还有军区直辖的 6 个独立支队，一个北上挺进支队，一个回民教导总队。独立第一支队司令员为朱占魁，政治部主任为杨雨民；独立第二支队（在平汉路西易县、徐水地区）司令员为赵玉昆；独立第四支队司令员为高士一，政治部主任为杨琪良；独立第五支队，司令员为魏大光；独立第六支队司令员为江东升；北上挺进支队，司令员为赵东寰。回民教导总队（由原人民自卫军“回民干部教导队”和原河北游击军“回民抗日教导队”合编而成），总队长为马本斋，政治部主任为刘文正。至 6 月末，整编工作基本结束，全纵队主力共 4 万余人。

聂荣臻于 6 月 30 日向毛泽东等报告冀中部队改编情况：路东部队已改编为第三纵队，辖第七、第八、第九、第十支队。为便于路东指挥，已成立冀中军区，下辖 4 个分区。第一分区：束鹿、深县、武强、交河、饶阳、献县。第二分区：蠡县、高阳、安新、容城、徐水、清宛。第三分区：藁城、晋县、深泽、安国、定县、博野。第四分区：河间、大城、任丘、文安、新镇、雄县、新城。直属县：肃宁、安平。独一团活动在霸县、固安、永清、安次、廊坊一带。

彭真发表《抗战的新形势和边区党的几件重要工作》（5 月 10 日） 彭真于 5 月 10 日在中共晋察冀省委主办的党内刊物《战线》上，发表了题为《抗战的新形势和边区党的几件重要工作》的文章。文章指出，中华民族的持久抗战粉碎了日寇“不战而胜”和“速战速决”的战略企图，并使其遭受了极大伤亡和局部的失利，敌寇的困难和危机已日渐严重，不得不逐渐由主动转为被动，由优势转向劣势；相反地，我们则已由被动地位开始转向主动地位，由劣势向优势转变，整个抗战形势正向着有利于中国的方向发展。晋察冀边区，自太原失守后，已在整个抗战中起了极大的战略作用，而且日益巩固扩大起来。在目前形势下，为发扬本区所具有的伟大战略作用，以配合争取主力战的胜利，为进一步巩固扩大边区，使它成为华北更健强的抗战堡垒和前进的有力阵地，我们必须动员一切力量，以巩固现有基础，并继续向前向外发展！为此，必须做好以下重要工作：巩固党和军队、政权及群众抗日组织；党和政权及一切群众团体应在“一切服从战争，一切给予战争，一切为了前线胜利和充分满足前线战争需要”的口号和目标下，广泛深入地进行战争动员；进一步巩固扩大统一战线，改善党和基本群众与地主、富户的关系，加紧启发他们的抗日积极性，使他们踊跃地出钱出力；健全农会工会等基本群众组织，建立和健全强大的自卫队和抗日先锋队；深入进行锄奸工作，严厉肃清汉奸土匪；最重要的是经济财政上的动员，这是目前边区的生死问题。各级领导机关必须领导动员全体党员，去说服教育和鼓动群众，并以身作则，立即完清钱粮，踊跃购买救国公债，慷慨捐款救国，无论如何保证1个月内完成上收钱粮。这一文章指出了我军由被动转向主动的抗战形势，并为巩固扩大根据地，动员一切力量进行抗日作出了具体指导。①

彭真发表《广泛进行抗战的财政动员》（5月10日） 5月10日，彭真同时在《战线》上发表了《广泛进行抗战的财政动员》一文。文章认为，在民族自卫解放战争中，广大群众的财政动员和前线军事的进展有密切的关系，和军事同等的重要。可是各级政权机关、各级党部和党员大多数却始终没有把动员各阶级各阶层人民踊跃出钱当作生死问题，用最大的努力去解决，甚至根本置之脑后。这是我们工作中最严重的缺点。边区过去没有正确的财政政策，没有规定正常的税收制度；财政的来源专靠向富有者征收或募捐……而说服工作又十分不够，因此才筹款极少而矛盾极多。现在晋察冀边区行政委员会已开始规定正常税收制度，合理负担已停止实行。目前所征收的，是数千年来群众所视为“分所当纳”的田赋；正在准备征收过程中的，是救国公债，它不但有国民政府

---

① 参见《战线》第5期，1938年5月10日。

的明令可据，而且在全国其他区域已征收过一期（五万万元）……至于进出口税（包括棉花税），只限于进出口商人，与基本群众和地主均无直接关系。在许多苛捐杂税都已废除的条件下，只要积极从政治上去动员群众，启发他们的抗战积极性，我们的党员首先尽力积极地缴纳或购买（救国公债），是可以顺利完成的，同时也不会引起矛盾。即使对于有钱而顽抗不缴的个别分子给以制裁，也是罪有应得。① 这一文章指出了财政动员的重要性，使民众积极购买国债，增加了抗日力量。

晋察冀边区农救会举行第一次执委会（5月10日） 晋察冀边区农救会于5月10日在五台县石咀举行第一次执委会。执委会就发动边区农民参加抗战、组织自卫队、搞好春耕、建立健全各级农救会组织等问题进行了认真讨论，并落实了具体措施。同时决定了主要抓好的几件工作：（一）发动群众参加游击队、义勇军，每县60人（不完整的县40人）；（二）组织纳粮购公债宣传周，时间为16日至22日；（三）开展建立模范农会活动，每个县要建立一个模范区农会，每个区建立一个模范农会。

晋东北政治主任公署召开各县县长会议（5月10日至12日） 晋东北政治主任公署于5月10日至12日在五台县六限石村召开晋东北各县县长会议。会议由宋劭文主持。参会人员汇报讨论抗日动员中政府工作方面的具体问题，详细研究了民政、财政、发动生产竞赛运动等问题。会议确定今后对敌斗争的主要任务，决定征集军粮2万石，并决定在各县推行救国公债。会后，全区所属各县干部群众积极响应政府号召，认购救国公债、缴纳军粮，出现了许多典型人物和模范事例。至7月底，全区共完成救国公债16万元，超过销售任务的50%，征收军粮的任务也完成了接近一半。五台、定襄、崞县（东）、代县、繁峙、浑源等县均已完成半数以上的合理负担派款任务。

冀中各界救国会诞生（5月上中旬） 为了加强对群众运动的统一领导，冀中党代表大会之后在安平县城先后召开了各群众团体的代表大会或代表会议，选举产生冀中区各抗日救国会的领导机构。逯开山当选为冀中区农民抗日救国联合会主任，郑靠山为副主任；周续辉当选为冀中工人抗日救国联合会主任；周克刚当选为冀中青年抗日救国联合会主任；赵亚平当选为冀中妇女抗日救国

① 参见《战线》第5期，1938年5月10日。

联合会主任。不久，又成立了冀中人民抗日武装自卫委员会，其任务是开展统一战线工作，团结冀中上层人物，组织推动各抗日群众团体工作的开展，由史立德任主任，李英儒任秘书长。7月，撤销了冀中人民武装自卫委员会，成立了冀中各界抗战建国联合会，选举史立德为主任，王奂如为副主任。8月18日，建立了冀中回民抗战建国联合会总会，由刘文正任主任，马玉槐任副主任。在中共领导下，冀中各界救国会做了大量有益的工作，为建立抗日民族统一战线，争取抗战胜利和人民民主权利作出重要贡献。

*冀中区妇女抗日救国联合会（5月15日）** 5月15日，冀中第一次妇女代表大会在安平县城召开，出席大会的有各县代表20余人。大会通过了《各级妇女救国会组织章程》，决定正式成立冀中区妇女抗日救国联合会，推举赵亚平、郭茂桐、杨沫、韩朝新、李振庸、齐岩、刘沙等7人为执行委员，由赵亚平任主任，郭茂桐任组织部长，杨沫任宣传部长。其他执委分别到各分区任特派员：李振庸去一分区，韩朝新去二分区，齐岩去四分区，刘沙去三、五分区。冀中中部、南部各县都成立了妇救会组织。

廊坊码头惨案（5月13日） 码头位于廊坊安次区（原安次县）正南10公里，原名崔家码头。清初，改为码头镇。5月10日，安次县城内47名日伪军“扫荡”码头镇。抗日先锋军独立第一营在码头设伏，重创日伪军。5月13日，为了报复抗日军民，剿灭抗日队伍，经过3天的充分准备，驻守安次县城的日军纠集杨村、天津等地40多辆汽车，组织上千日伪军，乘汽车先奔灰城村（该村由于永定河泛滥已移村）。上永定河堤，而后向西行，途经北、前、西、中、南五个马庄，又过第什里、石桥，到达调河头。所经之处，百姓纷纷逃散。谁料日伪军诡计多端，利用迂回战术，调头沿永定河故道向东到甄庄，又向北拐弯，直奔码头镇。日军带着伪军挨家逐户搜查，见人当场枪杀或刺死，无人户即放火烧房。日军分头多处点火，熊熊烈火很快燃遍全村，整个码头镇烟火弥漫，火焰冲天，房屋、柴草、篱笆转眼化为灰烬。在日军的两次袭扰中，码头镇有52名百姓惨死于刺刀枪口和火海之中；日军共烧毁房屋约467间，烧死肥猪63头，烧毁粮食、财物无法计算；抢走银圆3830元，钞票24 920多元，很多户家破人亡。

晋察冀省委公布《关于在政权机关中工作的党员必须遵守的条例》（5月14日） 为迅速打开敌后抗日根据地的局面，晋察冀边区遵照中共中央指示，开展了大量发展党员的工作，但是在执行中由于只追求数量而忽视质量，出现了低标准发展党员的现象，不良分子乘机混进了党组织，贪腐现象也随之产生。中共晋察冀省委及时发现了这一问题，于 5 月 14 日颁布了《关于在政权机关中工作的党员必须遵守的条例》，指出："近来各级政权中，仍不时发现个别工作人员违犯群众利益或惊人的贪污腐化现象，甚至个别党员也堕落到犯这种可耻的罪恶——背叛阶级又背叛民族利益的罪恶。"因此《关于在政权机关中工作的党员必须遵守的条例》规定："（一）必须坚决站在抗日民族统一战线和民主的立场上；（二）必须保护工、农、小资产阶级及其他阶层一切抗日群众的利益；（三）刻苦耐劳，积极负责，绝对廉洁、正直；（四）绝对服从党的决议和指示。"① 此条例强调违反上述任何一条，如果经批评不改正者或党的机关认为有必要辞职者，必须辞职，否则开除党籍。此为中共党史上的第一个廉政条例。然而，一些干部、人员无视党纪，大吃大喝，贪污公款、公粮、公物等贪腐现象时有发生，如有的干部一天吃喝要两三块钱，贪污军费 200 多元等。为防止和惩治行政机关、武装部队和公营企业中的贪污现象，晋察冀边区行政委员会于 6 月 27 日颁布了《晋察冀边区惩治贪污暂行条例》，此条例共 6 条，对贪污的行为及量刑作出了明确的界定，首次在刑罚中规定了死刑，表明了边区政府要建立清廉民主政府的决心和信心。此后，各地掀起清算账务、撤换横行贪污人员的运动。

八路军第四纵队挺进冀东（5 月 27 日至 6 月） 根据八路军总部的指示，八路军第四纵队于 5 月 27 日在平西正式组成，宋时轮任司令员，邓华任政治委员，李钟奇任参谋长，伍晋南任政治部主任，苏梅任政治部副主任。下辖第三十一、第三十二、第三十三、第三十四、第三十六大队（团建制），另有 1 个教导队、1 个骑兵队和 1 个独立营。总兵力大约 5000 人。经过短期整编集训，第四纵队于 5 月 31 日从平西斋堂出发，分两路向冀东挺进。宋时轮、伍晋南率原宋时轮支队所属各部，沿途连续作战，打下南口、居庸关和昌平县城。进至延庆县，逼退千家店伪满军据点。接着在花盆村与伪满军遭遇，全歼伪满军一个营，缴获大批武器。邓华、李钟奇率领的部队，连克永宁、四海等据点，摸进兴隆县城，攻克 9 座碉堡。6 月下旬，四纵主力到达蓟县靠山集、将军关和遵化

---

① 《晋察冀抗日根据地》史料丛书编审委员会、中央档案馆编：《晋察冀抗日根据地》第一册（文献选编上），中共党史资料出版社 1989 年版，第 164 页。

县下营一线。四纵挺进冀热边区后，长城沿线人民深受鼓舞，伪军、伪组织出现动摇。

***聂荣臻关于四纵队拟速进冀东建立根据地的报告（6月12日）** 6月12日，聂荣臻向毛泽东、朱德、彭德怀等报告：乘敌空虚，四纵队拟速进冀东建立根据地。同时指出：（一）为执行创建新的根据地之任务，首先袭取兴隆，以该处为中心。现决定分两路进攻，宋支队进袭密云以东平谷、三河、蓟县，以便相机进占各县城；邓支队于进逼兴隆成功后，则继续向东南地区发展。（二）请刘少奇告天津转冀东特委：加紧工作，并派人与宋、邓纵队联络，以便布置整个工作。（三）该纵队在沿途经过所见，群众抗日情绪甚高，对我军很热情。如永宁捐税局，我们一到，便把存款1000元送来。打了四海之后，附近民众便自动募捐、慰劳。石匣商会慰劳400双鞋袜，并派人来接头。

***聂荣臻对创建根据地的指示（6月22日）** 在第四纵队东进过程中，聂荣臻于6月22日向宋时轮、邓华等进一步发出指示：（一）你们在北进中，沿途取得了许多胜利。每个战斗中，都表现着我们新组建部队的战斗力及干部的勇敢、坚韧与机动。但在每次战斗中，干部的损失过大，此点望特别注意。（二）你们现既到达兴隆县，应就在此地区开始创造根据地的工作。对于敌之堡垒要塞，如无十分把握时，宜用政治工作，争取伪军反正，截断其给养之来源，或进行包围，集结主力，打击增援之敌。（三）你们似宜依靠雾灵山向四周发展，并应以一部北出黑峪关，尽力破坏承德、滦平、平谷、通县、兴隆间之马路。同时以一部沿着山脉截断由承德经遵化到北平之汽车路，东出迁安，首先以兴隆、遵化、迁安地区为根据地。望你们根据当地实际情况详加考虑。这一指示及时指出了第四纵队东进过程中出现的问题及下一步的战略部署，为同冀东抗日联军的会合奠定了基础。①

聂荣臻、彭真就打破敌人吸收法币及筹集抗日基金的问题致电中央（5月31日） 为了增加边币发行量，促进边区金融事业的发展，聂荣臻、彭真于5月31日致电毛泽东、刘少奇、朱德、彭德怀、任弼时，报告了边区关于打破敌人吸收法币及筹集抗日基金问题的决定：（一）边区境内贸易完全自由，出入口贸易及货币输出入严厉实行统制，并征出入口税，依靠群众力量进行稽查；

---

① 参见周均伦主编《聂荣臻年谱》，人民出版社1999年版，第244页。

（二）边区境内只准边区银行纸币在市面行使，其他货币如欲使用须兑成边币；（三）民众如需到外区购货或有正常理由，可随时持边币到银行兑换法币或山西省钞等；（四）民众持有法币、省钞，只要不在市面行使，经过动员他们兑换后，如仍欲保存，听其自便；（五）边境严格稽查商品及货币之走私。同时，"依据国府颁布条例，发行救国公债 300 万，实际或可征得 200 万，自 6 月 1 号开始，合理负担一律停征"①。这一政策，加速了边币流通，有利于边币市场的稳定。

冀热边特委和京东特委合并（5 月） 为了便于对冀东抗日暴动的统一领导，按照河北省委指示，5 月，中共冀热边特委和京东特委合并为冀热边特委，胡锡奎任特委书记，冀热边原特委书记李运昌任特委军事部长，专抓军事工作，原两特委成员均为合并后的冀热边特委成员。中共唐山工委书记周文彬参加冀热边特委，所属各县委负责人和党员骨干都有明确分工。这为发动冀东暴动作好了组织上的准备。

冀东抗日联军领导机构组成（5 月） 按照中央关于配合八路军挺进冀东，组织冀东暴动的指示精神，中共河北省委经研究，确定了行动计划和暴动队伍领导机构。5 月，根据中共河北省委的安排，华北人民抗日自卫委员会在天津召开会议。冀东分会负责人李运昌、杨十三、洪麟阁（天津教育界原爱国人士）、高志远（滦县"民团"首领）等参加了会议。李楚离、王仲华以华北人民抗日自卫委员会领导成员的名义参加并主持了会议。会议对冀东抗日武装暴动作了具体部署，决定立即着手组织抗日联军，序列为华北抗日联军第三军区（简称冀东抗日联军），建制是总队、大队、中队、小队。高志远为冀东抗日联军司令，李运昌、洪麟阁为副司令。因高志远、李运昌、洪麟阁在各地分别发动暴动，为便于指挥，各自组成司令部。为加强暴动领导，河北省委派王仲华、李楚离分别指导高志远部和洪麟阁部暴动组织工作。因此，自卫会实际上成了共产党发动冀东抗日暴动的公开领导机关。

马辉之赴延安汇报冀东大暴动准备情况（5 月） 按照刘少奇的电令，中共河北省委书记马辉之离天津去延安，向中央汇报冀东发动暴动的部署和准备工作。刘少奇、张闻天等听完汇报后作了重要指示，指出，冀东战略地位重要，

---

① 《彭真传》编写组编：《彭真年谱》上卷，中央文献出版社 2002 年版，第 81 页。

为敌必争，且孤悬敌后，在那里组织暴动，不但要有充分准备，还要有八路军的策应和其他根据地的配合。否则，即便发动起来，也难以巩固和坚持。中央已责成宋时轮、邓华率领四纵挺进冀东，冀东暴动的时间要以八路军到达时间来定。暴动举行后，河北省委撤销，马辉之、姚依林（时任省委秘书长）等到抗日根据地去，在晋察冀军区和分局的领导下，负责地方党政工作。暴动后，要以八路军为主坚持冀东抗日游击战争，建立以燕山山脉为中心的抗日根据地。为团结友党友军和各阶层人士共同抗日，要在根据地建立共产党领导下的抗日民族统一战线的民主政府，可请与共产党合作的国民党人士刘绍襄做政府主席。中央一再强调暴动要做好准备工作，不要冒险，要做好统战工作。冀东的民团、保安队、警察多为破产农民，其中的上层人物有些也有民族意识，对他们要注意争取，以扩大抗日武装力量。中共中央再次为发动冀东武装抗日暴动指明了方向。

晋察冀边区国民党组织相继恢复（5月）　5月，彭真邀请刘奠基（又名刘定安，曾任太原市国民党党部常务委员，七七事变后任“第二战区民族战地动员委员会”晋东北特派员，晋察冀边区行政委员会委员兼教育处长）到五台山金刚库晋察冀军区司令部驻地，要他把边区国民党组织起来。彭真指出，抗战爆发后，边区所辖各县国民党的县党部逃的逃、跑的跑，多数已经瘫痪。为了加强国共合作，团结一切抗日力量，发展完善统一战线，应当把边区的国民党组织起来；只有共产党组织，不称其为统一战线，不利于团结抗战。随后，刘奠基根据彭真的意见，首先在晋察冀边区行政委员会工作人员中进行了国民党员的登记，然后召开了党员大会，推选刘奠基、蒋自力、刘子容、张伯英、赵子炜为晋察冀国民党筹备处委员，并成立了直属区分部，由杨子玉负责。从此，边区有了国民党组织。经过对各县国民党部进行整顿，山西省的五台、定襄、盂县、繁峙、榆阳，河北省的阜平、平山、灵寿、唐县、曲阳先后成立了国民党县党部。

津南人民抗日自卫军成立（5月）　5月，驻博野的“河北民军”在国民党反动军阀张荫梧策动和指使下，乘司令员张仲翰、政治主任齐健秋不在之机，突然袭击政治部和解除共产党领导力量较强的特务营的武装，将共产党和进步分子排挤出“河北民军”，制造了博野事件。张仲翰、齐健秋被张荫梧排挤走之后，奉冀中军区之命，开始以“河北民军”原警卫连为基础，在深县另组建一支抗日武装——津南人民抗日自卫军，张仲翰任司令员，齐健秋任政治部主任，郭元猷任副司令员。1939年元月，该部队到献县、交河一带活动，很快发展到1000余人，冀中军区派来一批军政骨干，以加强对部队的领导。这支部队为开辟和打开津浦路两侧的抗日局面起到了很大作用。

*博野事件（5月）　张荫梧是河北博野县人，七七事变后，他组建了一支"河北民军"，公开提出"限共、防共、杀共、罚共"和"专门打八路军"的口号。1938年5月，驻博野的"河北民军"二团团长张文祥、三团团长李侠飞，在国民党反动军阀张荫梧的策动和指使下，突然袭击特务营，将共产党和进步分子排挤出"河北民军"。此事件发生后，张荫梧为完全控制"河北民军"，公开下令撤换张仲翰"河北民军"司令的职务。7月间，张荫梧派张存实（失掉组织关系的中共党员）从山西陵川率领"河北民军"主力一个团来博野担任"河北民军"司令员。张荫梧本意在于控制这支民军，但张存实来冀中之后，就旗帜鲜明地表示拥护共产党，拥护八路军，拥护抗日民族统一战线，积极同当地军民合作抗日，并团结和争取了"河北民军"副司令员张子元，使张荫梧的阴谋遭到破产。

大官亭修械所（5月）　该所又称冀中军区供给部修械所，其以原吕正操率领的人民自卫军修械所为主，合并了一些小型修理所，于1938年5月在河北省饶阳县大官亭村成立。它是冀中军区供给部最早建立的一个综合性兵工厂，是敌后各根据地规模最大、生产武器品种最多的修械所，主要修理枪支并制造步枪、掷弹筒、手榴弹、地雷及82毫米迫击炮弹。鼎盛时期，职工约有1000人，拥有各种机床70余台，柴油机3台。大官亭修械所起初由刘国祯任所长，设有所部和生产部两部分。其中生产部下设修枪科、刺刀科、大刀科、木工科、皮件科、烘炉科、翻砂科、新枪科、手榴弹科、迫击炮科。1938年5月，人民自卫军修械所成功仿制出根据地兵工厂的第一支步枪，并开始批量生产。它是一种带折叠式三棱刺刀的仿中正式7.9毫米马步枪，由于是民国二十七年制造，故命名为"二七式"步枪，战士们把该枪亲切地称为"咱们的边区造"。1938年11月，日军对冀中进行疯狂"扫荡"，修械所被迫转移。此时，所长刘国祯调走，高志杰、赵连璧分别担任正、副所长。12月末，修械所离开驻地开始反"扫荡"。1939年2月转移到平汉铁路西，1939年4月划归晋察冀军区工业部。

冀中区部队五月出击（5月）　1938年春，侵华日军为打通津浦铁路，连接华北与华中战场，从南北两方面向徐州地区和黄河一线进攻。为配合国民党军在徐州地区的会战，刚刚改编为八路军第三纵队的冀中部队，奉晋察冀军区命令，向日军控制的平汉、津浦铁路附近逼近，积极破坏两线交通，以抑留日军之兵力于华北。这次作战时间较长，一直持续到5月下旬。冀中军区部队，袭击了保定城，曾三次占领南关及东关；一度包围定县，两度攻入定县城内，毁敌大批粮草和弹药；多次破坏徐水至新乐间的铁路30余处，收割电线万斤，焚毁电线杆甚多，先后使敌列车脱轨达13次，其中在徐水以南炸毁敌运粮车1列，多节车厢出轨。此外，破击津浦铁路的部队，袭击了泊头、交河县城等地，给日伪军以一定的打击。

彭真调查审理“唐县托派案”（5月）　5月，彭真开始亲自调查审理“唐县托派案”。1937年12月底，阜平训练班发现一个叫肖吉庆的学员是“托派分子”。肖吉庆被逮捕后诬陷唐县县委书记臧伯平等为“托派”，臧伯平由军区锄奸部逮捕收审。随后，又相继逮捕了杨士杰、蔺庭祥、张生祥、马天水等人。彭真到晋察冀后，亲自对此案重新进行了调查审理，认为是一个错案。后来彭真到延安开会，将案子交代给李葆华，说这个案子不能随便处理，等他回来再处理。之后李葆华请示彭真，彭真说华北没有“托派”。1939年，臧伯平等平反获释，诬陷者肖吉庆被枪决。

6月

冀中党政军机关迁移（6月4日）　1938年6月间，冀中中部、南部各县党政军民各方面的工作已基本走上正轨，而冀中北部各县抗日斗争尚未充分开展起来，大清河两岸委任的各部抗日武装有待于进一步整顿，还有一些联庄武装尚未解决。为了彻底打开大清河以北平、津、保三角地区的局面，加强对北部地区的领导，冀中区党、政、军、群领导机关于6月4日从安平县北迁到任丘城西青塔镇一带。冀中军区机关驻青塔镇，中共冀中省委机关和群众团体驻出岸村，政治主任公署驻北漕口村。随着冀中党政军领导机关北迁，冀中区所辖4个行政区划定之后，各军分区的辖区即与行政区划统一起来，地委、专署和军分区机关的驻地也相应向北迁移。一分区由深县迁到河间县，二分区仍在蠡县未动，三分区由深泽县迁至文安县苏桥镇，四分区由河间迁至任丘县鄚州镇。这样，大清河以北根据地逐步得到发展。

中央就鹿钟麟、张荫梧到河北致电晋察冀（6 月 7 日） 河北省战略地位极其重要，自古为兵家必争之地。八路军挺进敌后，屡败强敌，收复失地，建立政权，引起国民党当局的忌恨，国民政府想利用河北省复杂的形势，将手伸向冀中、冀南。6 月初，国民政府任命鹿钟麟为“河北省政府”主席，任命张荫梧为“河北省政府”民政厅长兼保安司令。鹿、张在抗战初期率领部队南逃，他们这时的使命是在敌后同共产党搞“磨擦”，从人民手中“收复失地”。鹿钟麟率部从武汉出发，6 月底到洛阳，完成与河北省政府主席冯治安的交接后，开始省政府、司令部、省党部的筹备工作。7 月底北上到山西省长治县八路军总部所在地会晤了朱德、彭德怀。此后，就开始在冀中、冀南等地争权抢地，破坏抗日。针对鹿钟麟的破坏行径，中共中央对此早有清醒认识，毛泽东、张闻天、刘少奇于 6 月 7 日致电邓小平并转朱瑞、刘伯承、聂荣臻、彭真：“加强实力，巩固信仰，是你们目前工作的中心。”① 6 月 16 日，刘少奇又致电聂荣臻并转吕正操：鹿仲麟率省府已到冀南，并派邵鸿基在南宫设办事处，召集县长会议，极力设法组织自己的武装。请注意在冀中动员全党进行巩固武装、政权各方面的工作。②

冀热边特委田家湾子会议（6 月 8 日） 随着冀东抗日暴动准备工作的就绪，6 月 8 日，中共冀热边特委同党外同盟者代表在丰润县田家湾子村召开重要军事会议，部署冀东全区发动抗日武装起义问题。李运昌、黎巨峰、王大中、洪麟阁、杨十三、刘冠英（高志远部的代表）等人参加了会议，会议由李运昌主持。会议通过了共产党提出的驱除日本帝国主义、打倒冀东防共自治政府等 10 条起义行动纲领，决定立即成立“华北抗日联军第三军区”，组建 6 个总队（以后称冀东抗日联军）。由洪麟阁兼任第一路司令，杨十三任政治部主任，李楚离为华北人民武装自卫委员会代表，辖第一、第三总队。由李运昌兼任第二路司令，胡锡奎任政治部主任，辖第三、第四、第五总队。由高志远直辖第六总队，王仲华为华北人民自卫委员会驻高部代表。决定起义日期为 7 月 16 日。

冀中政治主任公署召开第二次行政会议（6 月上旬） 继冀中第一次行政会议召开一个月后，6 月上旬，冀中政治主任公署召开冀中第二次行政会议。参加

---

① 中共中央文献研究室编：《刘少奇年谱》上卷，中央文献出版社 1996 年版，第 218 页。

② 参见中共中央文献研究室编《刘少奇年谱》上卷，中央文献出版社 1996 年版，第 219 页。

会议的有 24 个县。除参加第一次会议的单位外，增加了雄县、大城、容城、藁城、献县、安新各县。会议根据边委会关于进行村选的命令，颁布了《区、村、镇组织法》和《区、村、镇选举法》，布置了普选工作（后据 24 县统计，有 3128 个村庄进行了改选，占所属村庄的 68%）。在会议期间，公署还转发了《晋察冀边区减租减息单行条例》，布置了征收第一次救国公粮 12 万石的任务。会后不久救国公粮如数完成，而且到年底又完成了第二次征收救国公粮 38.5 万石的任务，并劝募救国公债 154 万元。

白求恩率医疗队到晋察冀（6 月 17 日） 加拿大共产党员、著名医生白求恩率领一个由加拿大人和美国人组成的医疗队，于 1938 年初到延安。后经延安来到晋察冀边区。6 月 17 日，他带着 13 匹骡子驮着的药品器材，到达晋察冀军区司令部驻地金刚库，受到聂荣臻等的热烈欢迎，并被聘请为晋察冀军区卫生部顾问。白求恩一方面不辞劳苦地奔走于前线各地考察和救护伤员，一方面又非常关心军区医疗卫生事业的发展。针对卫生工作制度不健全，部分医务人员游击习气严重和未经训练的青年农民加入卫生队伍的状况，他运用国外先进管理经验，编制了《消毒十三步》《防空袭条例》等一系列卫生基础教材。两个月后，白求恩在松口村建立土洋结合的模范医院，并担任院长。他轮流抽调各军分区卫生部门和医院负责人前去观摩、实习，有力地推动了游击战争中医院管理水平的提高。但医院落成不久，就毁于战火。白求恩吸取这一教训，组织流动医院，深入前线，及时救治了大量的伤病员。10 月 22 日，白求恩到达平山县洪子店，受到晋察冀四分区司令员熊伯涛接待，并参加了当地群众反围攻胜利大会。29 日，聂荣臻司令员在蛟潭庄接见了他，并向他介绍了反围攻取得的重大胜利，赠送了战利品日本航空服等。次日，白求恩、游胜华、王道建等人在常裕村组成医疗队，为在反围攻中负伤的唐延杰参谋长做了手术。1939 年 2 月 18 日，白求恩率领晋察冀军区东征医疗队，从北岳山区到达冀中平原。他带领医疗队先后参加了齐会、大团丁、宋家庄等几次著名的战斗，医疗队极其紧张地开展了前线医疗救护工作，抢救了许多伤员的生命，并为一些群众治病。6 月底，他返回北岳区。1939 年 10 月初，他在为伤员做手术时不幸被感染，但仍坚持工作。随后病情加重，于 11 月 12 日辞世于唐县黄石村。白求恩逝世后，晋察冀边区在唐县召开了万人追悼大会。12 月 1 日，延安也召开了追悼大会，毛泽东送了挽联，并于 12 月 21 日写了《纪念白求恩》这篇著名文章。

晋察冀省委组织工作会议召开（6 月） 6 月，中共晋察冀省委在五台召开组织工作会议，总结自边区党代表大会以来党的工作和确定今后任务，黄敬主持会议并作了《关于目前政治形势与任务的报告》，赵振声作了《关于组织工作的总结与今后组织工作方针的报告》，彭真作了关于讨论黄敬的报告和赵振声的报告的结论。彭真在报告中提出，要提高党的工作的计划性、科学性，应严格分工，明确职务，划分党与政权、群众及上下级关系，改正手工业作风，建立集体领导，培养大批有独立战斗力的干部；在巩固和发展党的问题上，必须严厉批评、纠正脱离无阶级立场的盲目的不负责的洗刷，应大批吸收工人、贫农入党，保证党的工农成分的绝对优势，同时应吸收经过斗争锻炼的知识分子入党。报告还就党在敌占区的工作问题、锄奸问题、区委脱产生产问题等提出了意见。此次会议确定，目前党的组织工作的方针是在发展中求巩固，中心工作是严密党的组织，健全党的领导。①

冀中设立专员公署（6 月至 7 月） 为了加强对各县工作的领导，根据晋察冀边委会的指示，冀中军区于 6 月至 7 月间对各军区所辖县作了重新调整，划分为 4 个行政区，成立行政督察专员公署。第一专区辖有河间、深县、武强、饶阳、肃宁、献县、青县、交河等县及沧县津浦铁路以西地区，公署设在河间，冯钧任专员兼任河间县县长。第二专区辖有蠡县、博野、深泽、安平、安国、定南、无极等县及新乐、正定县部分地区，公署设在蠡县，王文仲任专员兼任蠡县县长。第三专区辖有任丘、文安、新镇、安次、霸县、永清、静海、大城等县，公署设在文安，仇友文任专员兼任文安县县长。第四专区辖有雄县、固安、新城、容城、徐水（路东）、安新、新安、高阳、清苑等县，公署设在雄县，韩德三任专员兼任雄县县长。随后，又成立第五行政督察专员公署，由李风林任专员。

晋察冀边区各级民意机关的初步建立（6 月） 边区各级政权是在中共领导下的具有抗日民族统一战线性质的民主政权。从其初创之日起，就最大限度体现了民主精神。它不仅规定，边区全体人民不分性别、职业、民族、阶级、党派、信仰、文化程度、居住年限，经过登记，均享有选举、罢免、创制、复决之权，还创立了初步的新型民主制度，如边区政府由边区军政民各界、各阶层、

---

① 参见《彭真传》编写组编《彭真年谱》上卷，中央文献出版社 2002 年版，第 82—83 页。

各党派、各民族代表选举产生，村一级政权实行民选等。特别是边区政府还初步建立了各级民意机关——行政会议。这一机构具有军民联席会议的性质，由政府领导人、各群众团体代表和各界人士组成。

边区行政会议是边区最高的群众参政机构，由边区军政民各界负责人组成。1938年6月4日，晋察冀边区在五台县射虎川召开了首次边区行政会议。会议就发行公债，征收粮食，解决部队的服装、弹药等问题进行了认真讨论，并制定了具体措施。会议还详细研究了加强军政民联系的办法，决定今后每两个月召开一次边政会议，并邀请附近县的士绅参加，以解决各类重要的政务问题。

县行政会议是县级群众的参政机关。根据边委会颁布的《县政会议组织办法（草案）》规定，县行政会议由县长、人民武装自卫队总队长、县级各群众团体代表组成，负责讨论审议全县重大兴革事项，审议县政府及各方交办事项，以发扬民主，巩固和加强县政权领导。县政会议每半月召开一次。根据《边区区村镇公所组织法暨区长、村长、镇长、闾邻长选举法》的规定，区最高民意机关是区民代表会议，行使选举权、罢免权、创制权、复决权。村（镇）的最高民意机关是村（镇）民大会，无论男女在村（镇）区域内居住1年或有住所达2年以上，年满16岁，经登记后为村（镇）公民，有出席村民大会或镇民大会及行使选举、罢免、创制、复决之权。在没有召开区民代表会议以前，设立区行政会议，由区长、区各群众团体代表和开明士绅等组成，为区公所的议事机关。在没有召开村（镇）民大会之前，在村（镇）建立“救亡室”或“民族革命室”等初步的民意机构形式，以保证区、村政权同群众的联系，并辅佐区政、村政的改革。

边区各级参政机构的初步建立，使边区政府既能通过这一机构来动员和领导广大群众贯彻党的各项方针政策，做好各方面工作；又能反映并吸收各界民众对政府工作的批评和建议；还能使人民通过这一渠道来表达自己的意见和愿望，行使参政议政、当家做主的权利。尽管它本身还有待于进一步提高和完善，但对于密切边区各级政权同人民群众的关系，巩固边区政权，推进其民主政治建设，团结和动员广大人民群众参加抗战，进行新民主主义的各项建设都具有十分重要的促进作用。到1938年10月，在边委会以下，已拥有2个政治主任公署、8个行政督察专员公署及72个县政府，并且实现了边区政权在组织机构和地域上的统一，形成了集中统一的抗日民主新秩序。这为建立巩固的抗日根据地、坚持长期的敌后抗日游击战争奠定了重要的政治基础。

平北游击区的开辟（6 月） 为保持平西与冀东的联系，第四纵队派一支游击队在密云西部和昌平、滦平之间开展游击战争，先后建立了昌（平）滦（平）密（云）和密（云）平（谷）蓟（县）联合县抗日政权，任命刘国良为县长。平北游击区的开辟加强了平西同冀东的联系。

7 月

晋察冀边区行政委员会决定发行救国公债（7 月 1 日） 经晋察冀边区军政民代表大会选举产生的晋察冀边区政府，为了解决财政困难，充实抗日经费，采取了废除摊派制度，实行合理负担，恢复田赋，整顿税收，废除苛捐杂税等措施，使边区财政工作取得了很大成绩。据统计，1938 年上半年至 1939 年上半年中，边区已得租税收入 250 万，赈济金 40 万，救国捐款 6 万，水灾救济 4 万，其他收入 65.7 万，以上共计 365.7 万。收入虽巨，但仍入不敷出。以 1938 年初边区军政费开支每月 100 万元计，1938 年上半年至 1939 年上半年至少需军政费 1200 万元，这和收入 365.7 万元相比，差距巨大。可见，尽管边区财政工作取得了一定成绩，但收支相抵缺口很大，财政不足仍然是难以解决的棘手问题。最后，经过慎重考虑，边区政府决定发行救国公债，以解决财政困难，充实抗日经费。晋东北、冀西各县作出发行救国公债的决定。7 月，边区政府正式发行救国公债。本公债于 7 月 1 日照票面十足发行。票面分 100 元、50 元、10 元、5 元、1 元五种。晋察冀边区共发行救国公债 300 万元，分 30 年还清，每年还本一次。开始在北岳区发行 200 万元，后又在冀中补发 100 万。与此同时，边区政府随即制定了《晋察冀边区救国公债条例》《晋察冀边区救国公债付息暂行办法》《晋察冀边区救国公债募集办法》，对计息方法、付息还本手续、募集方法等问题进行了明确规定。在发行救国公债的过程中，边区民众对认购公债表现出前所未有的热情，这充分表现了边区民众对于坚持抗战的支持和拥护，对于前方浴血奋战的将士及其家属的崇敬与关怀，对于英勇的抗战将士与遇难同胞的敬仰和援助。这次发行救国公债活动，给了“亡国论”以有力的回击，使前线官兵和全国人民看到了中华民族的希望，看到了抗战胜利的曙光，使人民相信：伟大的中国人民一定能够打败日本帝国主义，夺取抗战的胜利。

晋察冀军区部队第三次出击平汉线（7 月 6 日夜至 8 日） 根据八路军总部

的部署和聂荣臻的命令，为纪念抗战一周年，配合正面战场的中原作战和冀东人民抗日暴动，以牵制敌人，晋察冀军区各部队于7月6日向平绥、平汉、北宁、正太铁路干线举行破击战。两天中，共歼日伪军千余人，俘130余人，收复易县、平山县城，缴机枪4挺、迫击炮1门、步枪300余支、手枪14支，炸毁火车头3个、桥梁两座，破坏铁路百余华里。平西部队曾一度攻入北平西郊区，炸毁石景山发电厂锅炉，使北平一度停电。杨成武率部反击平汉路北的敌人，进占狼山、香山，震撼北平。7日夜间，冀中部队曾攻入安次县城，伪县警备大队长栾寿康率部起义。此次战斗，歼日军40余人，俘伪县长、伪警察局长、伪新民会长及伪军官兵百余人。同时，驻望都、保定、徐水、满城等地伪军1500余人起义，被编为晋察冀军区游击军，王溥任司令员，归第三军分区指挥。

***聂荣臻发布各部向敌进攻的部署（6月20日）** 6月20日，聂荣臻发布《电令军区各部向敌进攻的部署》，命令："为执行7月7日向敌人进攻与示威的总部命令，兹部署如下：（一）冀西部队一分区一团打击易、涞之敌人，并大肆破坏涿州、涞水间之交通。以一部积极配合三五九旅打击广灵、蔚县敌，逼近两处之敌人。二分区积极向浑源、广灵活动，不断打击敌人之交通部队，并袭扰两处之敌人。三分区部队破坏新乐至保定之交通外，主要的是向保定之敌进攻，并尽可能用与伪军及维持会之关系，以便衣混入保定，实行暴动，给保定敌人大的打击。四分区部队大肆破坏正太路交通外，并积极向东南敌袭击，相机占领平山。五支队主力用各种方法袭击宛平及卢沟桥，相机占领之，并破坏卢沟桥。骑兵营配合冀中四分区之动作。（二）冀中区部队独立一团应以有力之一部协同五支队袭击宛平与卢沟桥，其余部队进袭北宁路之敌人，并带炸药大肆破坏交通。四分区一部进袭涿州、定兴之敌，并大肆破坏良乡、定兴间之交通，主力积极向津浦线方面动作。三分区以主力配合路西三分区部队袭击保定，并对定兴至保定交通大肆破坏。三分区部队以一部配合路西之三分区袭击定县到新乐间之敌人外，以主力着重扰袭新乐、正定敌人。三分区应配合四分区向津浦方面动作。（三）四纵队自行相机动作。各部队之任务，依据各部队准确情况，周密侦察与计划，求得占领几个城市。特别宛平、卢沟桥，这对敌人的后方震撼上，对我国抗战情绪上是有很大意义的，是军区力量的表现，动作时间

以7月7日夜起至8日止。”①

冀东抗日大暴动全面爆发（7月6日至8月） 在中共中央、中共北方局、中共河北省委、晋察冀军区的领导下，从1937年10月至1938年7月，经过近一年的准备，冀东地区逐渐形成暴动的大好形势，具备举行武装暴动的有利条件，并时值中原会战，驻冀东侵华日军和伪军部分南调，兵力空虚，正是暴动的有利时机。虽然6月下旬的田家湾子会议决定了暴动日期为7月16日，但八路军第四纵队的快速东进，引起了敌伪的恐慌，急调冀东各县民团到长城一线阻截。而且起义消息泄露，敌人准备全力镇压，形势紧迫，暴动不得不提前举行。

7月6日夜，中共滦县县委首先在港北村发动起义，成立冀东抗日联军第五总队，队伍很快扩充到1200人。安各庄伪警察分局局长率全体警察和民团立即起义响应，昌黎等地起义军赶来汇合，遂成立抗联第九总队。7日，中共冀热边特委和抗联第二路军司令部在丰润、迁安交界的岩口镇领导起义，成立抗联第四总队，连克兴城镇、三屯营，各地群众纷纷带枪响应，队伍发展至1400多人。以港北、岩口暴动为开端，其他各地暴动相继而起。8日，洪麟阁、杨十三、李楚离率众在遵化地北头村起义，成立抗联第一总队。9日，高志远、王仲华在滦县马城、胡各庄起义，成立抗联第六总队。14日，中共蓟县县委发动武装起义，首先打下邦均伪警察分局，组建三总队，拉开了冀东西部抗日暴动的序幕。16日，高志远率第六总队与南下的第五总队共同攻克乐亭县城。为策应开滦矿工起义，李运昌率抗联第二总队5个大队和1个特务大队占领洼里和古冶车站，切断了北宁路。18日，开滦赵各庄矿工1000多人在周文彬、节振国、胡志发领导下爆发起义。西起潮白河，东至山海关，北自长城以外的青龙、兴隆，南到渤海岸，起义怒火很快燃遍冀东大地20余县。参加暴动人数达20余万，其中有开滦煤矿工人7000人，原定成立6个总队，结果仅高志远、李运昌、洪麟阁3部分就组织起抗日联军48个总队，还有一些500人左右的大队、区队、游击队。各路暴动武装人员共10万余，其中属于冀东抗联系统的约7万人，属于国民党和其他方面的约3万人。

中共中央时刻关注着冀东抗日暴动的进展，并为之创造良好的条件。四纵

① 周均伦主编：《聂荣臻年谱》，人民出版社1999年版，第243页。

于6月下旬进入冀热边地区后，艰苦转战长城沿线。7月8日，毛泽东、刘少奇电示，要他们须用更敏捷行动向迁安、遵化、卢龙地区扩大活动，并指示：“赵同部队须向宛平配合行动，牵制北平日军不能向冀东移动。”四纵指战员于8月初攻克迁安县城，同时开进遵化、丰润县境。晋察冀军区所属各部也沿平汉线、平绥线广泛出击，配合冀东抗日暴动。四纵主力和冀东抗联部队驰骋在冀东原野，攻克和攻入昌平、兴隆、蓟县、平谷、玉田、迁安、卢龙、乐亭8座县城，国民党组织的第七路军攻克宝坻县城。四纵主力和暴动队伍占领了铁厂、破城、三屯营、左家坞等冀东各县所有重要集镇，遍布冀东农村的日伪政权全部被摧毁。在四纵挺进冀东和冀东抗日暴动过程中，先后建立11个抗日县（镇）政权。上海《文汇报》《导报》等登载了有关冀东抗日暴动的文章。

8月中旬，四纵主力和冀东抗日联军在遵化县铁厂镇胜利会师。8月27日，四纵党委、冀热边特委和冀东抗日联军各部负责人在铁厂举行会议。会议根据中共中央关于建立抗日根据地的方针，决定成立冀察热宁军区，统一军队指挥，推举宋时轮为军区司令员；成立冀察热宁边区行政委员会，以统一政权领导。铁厂会师及铁厂会议，标志着冀东人民抗日大起义的巨大胜利。8月22日，中共冀热边特委致电朱德、彭德怀，并请转蒋介石及全国将士、抗战团体，报告冀东抗日大暴动取得的伟大成果，并表示：以坚持的努力，为创造冀热边抗日根据地，配合全国抗日战争最后胜利而斗争。8月29日，驻武汉八路军办事处的中央代表团成员叶剑英向蒋介石转呈贺电。9月1日，中共中央和北方局致电祝贺冀东抗日大暴动的胜利，肯定了冀东抗日暴动胜利的重大意义，明确了抗联今后的奋斗目标，给予冀东抗日军民极大鼓舞。为了加强领导，根据北方局的指示，中共河北省委机关由天津移到冀东。

***杨家院战斗（7月中旬）** 7月6日夜，中共滦县县委和红军干部李润民集合暴动骨干300多人，在港北村宣布起义，成立冀东抗日联军第五总队，李润民任总队长，收缴民间枪支，摧毁伪政权。这支抗联队伍活动于滦县、乐亭、昌黎三县之间。李润民、高培之率滦县第五总队，以军事高压迫使滦县安各庄警防队起义。7月12日，驻滦县安各庄的伪警察队队长周维新率部起义，并向全国发出通电声明：“脱离日伪，还我衣冠。”警防队反正后同昌黎暴动队伍合编为抗联第九总队，于振忠任总队长，张克雨任政治主任。第五、第九两个总队进驻杨家院、邹家洼、甄家庄、糯米庄一线时，滦县保安队一个中队骑兵和

步兵警察 300 人来袭。李润民巧布口袋阵，打响了著名的杨家院战斗。生俘中队长刘韬以下 200 多人，缴获轻机枪 2 挺、长短枪 200 多支、马 2 匹。杨家院战斗大捷，震惊了滦县、乐亭之敌。他们紧闭城门，明灯加岗，不敢轻出。第五总队乘胜南下茨榆坨、曾家湾、司各庄（今属滦南县）一带，队伍很快发展到 3000 多人，李润民、高培之将第五总队扩编出两个总队。在倴城与高志远部会师，并肩作战攻克乐亭县城，并配合在乐亭的黎巨峰、阎达开、李振华组建了抗联第十总队。这个时候，乐亭沿海的盐警发动了起义，成立了抗联第三十九总队。至此，昌滦乐的武装抗日暴动风起云涌，出现了前所未有的大好形势。

***仁术堂会议（7 月中旬）**　7 月中旬，为推进暴动形势的发展，暴动司令部在破城镇仁术堂药店召开大队长以上干部会议，李运昌、李楚离、丰（润）北（部）县委书记苏林彦、抗联顾问魏春波等出席会议。会议决定：（一）继续发展暴动形势，扩大暴动规模；（二）注意保存实力，不打无把握之仗；（三）做好锄奸防特工作，能确定的铁杆汉奸可先锄后报；（四）确定新编总队番号，以共产党员为干部人选，先搭好架子。仁术堂会议为进一步扩大暴动队伍奠定了组织基础，推动了各地扩军工作的开展。扩军高潮时第四总队达到 4000 多人。在第四总队的基础上，将各处汇集来的队伍又编成第十一、第十二、第十三、第十四等 4 个总队。到 7 月底，冀热边特委领导的第二路暴动队伍发展到 5.5 万人，组成 28 个总队、12 个独立大队和区队。

***冀东抗日联军工人特务大队（7 月 18 日）**　1938 年 4 月开滦煤矿工人大罢工取得胜利后，工人遭到英、日帝国主义的镇压，中共唐山工委书记周文彬遵从中共河北省委引导开滦工人举行武装起义的指示，在矿工中做了大量工作。在冀东抗日大暴动的形势下，7 月 18 日夜，周文彬、节振国等率工人起义。当夜，攻占赵家庄警察局。第二天，占领整个矿区。随后，又援助唐庄子矿工起义，并带动林西矿工起义，起义人数达 7000 多人。后遭到日军镇压，周文彬、节振国率领工人武装转入农村，编成“冀东抗日联军工人特务大队”。

***攻克平谷县城（7 月 19 日）**　6 月，八路军第四纵队挺进冀东，配合冀东抗日大暴动，中旬到达镇罗营地区。四纵队三十四大队在罗家沟、鱼子山等山村发动群众，组建抗日救国会；在鱼子山组建抗日游击队，并做好攻打平谷县城的准备。7 月 19 日夜，大队长易耀彩率三十四大队冒雨包围平谷县城，命一连一排长宋来仁率 18 名战士，从北城泄水沟潜入，砍死守敌，打开城门，一营、

三营和参战的游击队、群众涌入城内；命一个连消灭南门守敌，迎接二营入城。日军由西门落荒而逃，伪县长、伪警察局长、日本顾问从南城水沟洞逃命，伪军500余人被俘获，全部武器弹药被缴获。平谷县城解放后，四纵队建立平谷县抗日民主政府、抗日救国总会和平谷县抗日游击总队。与此同时，刘向道等人在马坊发动暴动，并与蓟县的起义队伍组成平三蓟密顺游击总队。7月底，第三十三大队攻克蓟县县城。8月初，第三十一大队攻占迁安县城。四纵的到来，加速了冀东人民抗日暴动的进程和暴动规模的迅猛扩大。

*朱德、彭德怀关于宋邓部队活动方针的指示（8月6日）** 8月6日，朱德、彭德怀致电聂荣臻转宋时轮、邓华发出的《关于宋邓部队活动方针的指示》，指出：你们以艰苦卓绝的精神战胜了许多困难，甚慰。我们意见如下，一是你们主力应即以平谷、密云、蓟县、兴隆地域为中心，用一切努力建立根据地，避免攻坚与不必要的疲劳。二是白河以西、以北之沽源、丰宁、张家口、怀柔四城之间之地域广阔，交通不发达，除赤城外无县城，应注意发展居民工作，在不得已的情况下，主力可转至该区旋回及休避。因此，在荣臻同志未派队接替白河以西骑兵任务时，万不宜放弃。三是关东军向苏联边境挑衅，形势紧张。苏联各工厂及人民全体要求歼灭进犯之日军。日苏大战是否爆发，还决于关东军少壮派。四是英、美因日寇占九江后威胁武汉，态度比前进步。英王访巴黎后，英法关系当更进一步亲善。五是国内参政会闭幕后，形势更好转。共产党员陈绍禹、周恩来等7人提出意见和演说，取得参政人中多数热烈的拥护。以后你们注意收新华社新闻。

*铁厂会议（8月27日）** 为解决各路暴动队伍的统一指挥及有计划地开展游击战争，创建抗日根据地，8月27日，四纵党委、冀热边特委和冀东抗联各部负责人在铁厂镇举行会议。会议由邓华主持，胡锡奎、李运昌、李楚离、王仲华、周文彬及高志远部的代表陈宇寰、洪麟阁部的代表杨十三等参加会议。会议对冀东暴动后的形势作了正确的分析，指出冀东大暴动是胜利的，但部队多，秩序乱，纪律差，需要统一领导和指挥，要抓紧整顿部队。会议确定了建立、坚持根据地的方针，决定建立统一的指挥和领导，抓紧整训部队。会上成立了冀察热宁军区，推举宋时轮为军区司令员，邓华为政委，高志远、李运昌、洪麟阁为副司令员，下设5个军分区，由高志远、李运昌、洪麟阁各组织1个军分区，由四纵派干部组织2个军分区。会议决定成立冀察热宁边区行政委员会，

由华北人民自卫委员会领导成员、国民党爱国人士刘绍襄任主任。会议还提出，建立健全各县抗日政权，建立抗日秩序。同时，决定从四纵主力部队抽调部分干部，分派到暴动队伍中，帮助训练和整顿部队。

***中共中央和北方局贺电（9月1日）** 9月1日，中共中央和北方局致电祝贺冀东抗日大暴动的胜利。贺电中说："中共中央与中共北方局今以十万分的高兴，庆祝抗日联军反日反汉奸起义的胜利及与八路军纵队的汇合，并向在起义中在前线上死难的烈士及其家属致以崇高的敬礼！由于冀东国共两党同志及无党派抗日志士的合作，抗日联军与八路军纵队的胜利，已给日寇以沉重的打击，摧毁了冀东汉奸政权，发动了广大的民众，配合了全国的抗战。""我们相信这一支在抗战中新进、成长、壮大起来的生力军，定能在冀东各党派各领袖的合作与正确领导下继续胜利，创造冀热边新的抗日根据地，长期坚持抗战，给日寇的野蛮侵略以更沉重的打击，收复冀东。望你们继续巩固团结，集中注意力打破敌人对你们的进攻，扩大与巩固部队，武装与组织民众，建立冀东抗日政权，肃清汉奸，扩大与巩固你们的胜利，为驱逐日寇，建立独立、自由、幸福的新中国而奋斗到底。"①

晋察冀边区军民举行纪念七七抗战一周年及追悼阵亡将士大会（7月7日） 晋察冀边区军民数千人于7月7日举行纪念七七抗战一周年及追悼阵亡将士大会。边区党政军首长彭真、聂荣臻、舒同、宋劭文及群众团体负责人均出席。首先聂荣臻致辞，宋劭文报边区成立的历史及今后任务。中共代表彭真作了重要讲话。参加大会的美国记者汉森也讲了话。大会通过建立阵亡将士纪念塔等4项决议。与此同时，冀中区党政军民2万余人在任丘县城外原二十九军营房联合召开抗战周年纪念大会，冀中30多个县的各界代表和军烈属到会。第一天冀中党政军民领导及代表，慰问各县来的抗战烈士家属。第二天召开群众大会。第三天隆重举行安葬烈士薛振彦的仪式，并处决了1937年12月杀害薛振彦的凶手马友宾、杨长江。

彭真发出"实施货币统制巩固边区金融"的指示（7月17日） 7月17日，彭真就怎样粉碎日军的阴谋以巩固边区金融问题，发出"实施货币统制巩固边

---

① 《晋察冀抗日根据地》史料丛书编审委员会、中央档案馆编：《晋察冀抗日根据地》第一册（文献选编上），中共党史资料出版社1989年版，第185页。

区金融”的指示：立即停止法币及一切杂钞在市面流通，确定边钞为市面流通唯一货币，一切交易只限使用边钞；严禁汉奸、奸商私运法币出境，替日军吸收本区法币；动员民众将其所有法币、杂钞，一律兑换边钞，但个别民众如果一定要自己保存一部分法币或杂钞，应给以保有的权利和自由；禁止伪钞入境和在本区流通；全力维持农民银行纸币信用，仍应与中央银行、中国银行、交通银行法币以同一比价与边钞兑换；除四行法币按边钞一元的比率兑换外，一切市面通行之杂币应一律按市价与边钞兑换；一切货币出入境，均须经过政府在边界所设货币统制机关依法办理出入境手续；在边界应依靠群众组织和力量，严缉货币走私。指示强调："如果我们坚决执行了上述方针，一切法币、杂钞可以集中作为银行基金，使敌寇无法吸收我们的法币，到伦敦提取我们的外汇基金，无法用伪钞来侵略、腐蚀、扰乱本区的金融经济，无法排泄废钞于本区，无法用任意贬价各种纸币的办法，以扰乱我们的金融，从中渔利。同时，也再难利用假钞来鱼目混珠，破坏法币信用，我们更不致遭受日寇通货膨胀政策的灾殃。"①

廊坊东沽港惨案（7月27日至8月3日）　东沽港是廊坊安次区（原安次县）最南端的一个大村镇，全镇1200多户，7000多人。镇村中有三条南北大道，过去曾以中间一条为界，东属武清县，西属安次县，往东6公里是武清县的王庆坨镇。7月27日，八路军三分区第二十五大队三营一个连的兵力驻在东沽港。日军得知情况后，先派遣两架飞机，进行侦察，扔下多枚炸弹，炸毁民房数间，炸死村民两名。次日凌晨，王庆坨伪乡长曹荫湘派11名壮丁队（即伪自卫团），带领从天津来的500多名日伪军，征调200多辆农用大车，直奔东沽港，进行第一次大"扫荡"。日军从村东、村南、村东北三路向村内攻来。抗日战士英勇抗击，掩护百姓转移。上午11时左右，抗日部队撤离村庄。穷凶极恶的日伪军闯进村，惨杀百姓，烧毁民房，奸污妇女，抢掠财物。杀死无辜百姓110人，烧房1400多间，抢走牲畜300多头，抢走衣服、粮食等物不计其数。时隔6天后的8月3日，杨芬港据点的日军又来东沽港"扫荡"，制造了第二次惨案，即七八惨案，杀死无辜百姓18人，再次把村内抢掠一空。两次惨案中，日军共杀害无辜百姓128人，奸污妇女23人，烧毁民房1400多间，抢走牲畜660头，

① 《彭真传》编写组编：《彭真年谱》上卷，中央文献出版社2002年版，第85页。

打死牲口 50 头，抢走衣物粮食无具体数字。

冀中平原掀起拆城破路群众运动（7 月） 为了长期坚持冀中平原游击战争，在敌强我弱的形势下，为改变平原地势平坦、城垣坚固这个有利于敌、不利于我的客观条件，创造开展平原抗日游击战争的战场，冀中军民于年初开始拆城、破路、挖沟，掀起了改造平原地形的大规模群众运动。

拆城工作是从 1 月开始的。七七事变后到 1937 年底，冀中区大部分县城还掌握在我们手中，这主要是日军兵力不足，在长驱直入的作战方针下，无暇也无力顾及冀中腹地，随着抗日战争的持久，日军不对付猛烈开展的敌后游击战争，势必转移和增加敌后兵力，在此情况下，日军占领县城和一些重要集镇，是难以避免的。因此，为执行“基本上是游击战，不放松有利条件下的运动战”的作战方针，坚固的城墙，不仅对抗日军民毫无用处，而且有利于敌人占领后的防守，所以冀中抗日军民决定抓紧时机要将城墙拆掉。在孟庆山的倡导下，首先拆掉保属省委和河北游击军司令部所在地肃宁县城。冀中区第一次党代表大会之后，全党统一了思想，又拆除了河间县城及素以“金汤”闻名的蠡县城，继而各县都普遍发动了拆城墙的群众运动。至七八月间，冀中腹心地区的 24 座城堡全被拆除。参加拆城的群众共达 30 余万人，大小砖石四散民间，被用来修建房屋，填补街道，垒成鸡窝、猪圈。

破坏道路改变平原地形地貌，既能限制和迟滞敌人的行动，又可保存自己打击敌人，这是为坚持平原游击战争进行战场建设的重大措施。如对津保公路、沧石公路、平大公路北段以及县城之间的公路加以破坏，有的路基高出地面近两米，将其夷为平地，由附近农民分头种上庄稼，使其不复存在。尔后，是破坏冀中平原上四通八达的乡间大车道，限制日军的汽车、坦克到处横行，以利于抗日军民开展游击战争。对于乡间道路起初是拦道挖横沟，敌人的快速部队仍可绕道而行，却给人民群众来往耕作运输带来不便，于是改为顺道挖沟，破路工程变成了挖筑道沟的工程。道沟的宽度、深度、两侧坡度有统一的规格，沟深约两米，底部宽两米，挖出的土翻在两边筑成土墙，上边可以行人，沟内大车可以通行无阻，每隔百米左右，在道沟中间筑一椭圆形土丘，相对而行的车辆可绕土丘的上下道错开，还可以防止敌人顺道沟射击。广大群众在“多流一滴汗，少流一滴血”的口号下，都组织起来，积极参加破路挖沟。至 1939 年秋，冀中全区共破路挖沟 50 075 公里，道沟遍布于冀中平原，形成了冀中平原的“新长城”，形成了保卫自己、打击敌人的有利阵地。

拆城与破路，是冀中人民进行的前无古人的平原战场建设的伟大创举，是充分发动与组织群众的成果，是冀中军民用血汗凝成的历史杰作。这一创举，使无险可守的平原变为“山地”，再与广泛性的人民群众抗日斗争这座“人山”相结合，就构成了坚不可摧的“钢铁长城”，使冀中平原成为广泛开展抗日游击战争、克敌制胜的战场。

8月

河北抗战学院创办（8月初） 抗战爆发后，北平、天津、保定、石家庄等地大批进步青年和知识分子纷纷涌向根据地，要求学习本领，锻炼自己，抗战报国。8月初，冀中、冀南抗日根据地党政领导机关，在河北省深县联合创办了一所新型学校——河北抗战学院，杨秀峰兼任院长，谌厚慈（开明的老国民党员）任教育长，吴砚农任秘书主任。学校分军政、民运两院。军政院总队长阎九祥，教导主任刘亦瑜、吴立人。民运院总队长邢仁杰，教导主任陈乔、甘春雷。孙犁、罗青、杨绍振、邢杰、张子铨等任专职教员。全学院的日常工作由吴砚农主持。7月开始招生，招收的学员大部分是河北省中部、南部地区的爱国青年学生和抗日政府、人民团体及部队选送的干部。8月初开学，到1939年2月办了两期，每期3个月，共培养地方和军队干部2700余人。这些学员，在学习中迅速提高了觉悟，一半以上参加了共产党，毕业后大部分回原部门、原地区和原部队工作，还有一部分分配到太行、太岳和冀东地区，为加强各敌后抗日根据地建设发挥了重大作用。

彭真、聂荣臻提出与鹿钟麟谈判的意见（8月15日、18日） 鹿钟麟到河北后，提出要把冀中直至平汉铁路以西的地方归还河北建制，阎锡山部陈长捷也下令将雁北割还给山西省政府。为了打退鹿钟麟等对河北的磨擦进攻，根据中共中央的指示，彭真于1938年6月对鹿钟麟到河北后的形势进行了估计，提出推进民主、巩固现有政权的方针。8月15日，彭真和聂荣臻致电朱德、彭德怀并报毛泽东、王稼祥、刘少奇，针对鹿钟麟的企图，提出了与鹿钟麟谈判的具体意见：坚持党的独立自主的方针，强调冀中、冀西“出于军事上的需要，宜暂仍归晋察冀边区领导为妥”；冀中部队“编制、番号仍属八路军”，“不得干涉此部队行政、教育”，仍“保存八路军在晋察冀的指挥系统”；冀中政权“现任人员不变”，“财政金融问题亦须与边区商决办法”①。8 月 18 日，彭真和聂荣臻再次致电彭德怀报毛泽东、王稼祥、刘少奇，提出对鹿钟麟谈判的补充意见，包括为应付鹿钟麟，决定冀中行政专员由吕正操兼任，不必设副职，如必须设副职，即以王平担任；冀西专员现为张苏，可不变更，此区仍归晋察冀边区指挥。

中央关于晋察冀边区货币政策的指示（8 月 17 日） 8 月 17 日，毛泽东、张闻天、王稼祥、刘少奇致电聂荣臻、彭真，发出《关于晋察冀边区货币政策的指示》，指出：“边区货币政策应根据以下原则：一是边区应有比较稳定的货币，以备同日寇作持久的斗争。二是边区的纸币数目，不应超过边区市场上的需要数量。三是边区的纸币应有准备金：货物，特别是工业品；伪币；法币。四是日寇占领城市及铁路线，我据有农村。边区工业品之来源是日寇占领地，边区农业产品之出卖地亦在日寇占领区域。因此，边区应有适当的对外贸易政策，以作货币政策之后盾。五是边区军费浩大，财政货币政策应着眼于将来军费之来源。六是在抗战最后胜利前，法币一定继续跌价，法币有逐渐在华北灭迹之可能。杂币更会跌落，伪币亦会有一定程度的跌落。边区纸币如数量过多，亦会跌落。问题中心在于边区纸币应维持不低于伪币之比价。我们提议下列具体办法：（一）发行一定数量的边区纸币（此数量由你们考虑决定，电告我们），收买法币，保留一部分法币，大部分购买工业品，用一部分法币兑换伪币；（二）对于杂钞，应设各种方法使其流到边区以外去；（三）有无可能送一部分杂币至总部及一二〇师，带一部分法币来延安，请考虑电复；（四）扩大边区纸币的印刷，因将来印刷一定比现成更困难。上述各项请考虑研究，待彭真来延时再详细讨论决定。”②

中央发出打退鹿钟麟等磨擦进攻的重要指示（8 月 18 日、20 日） 为了坚持团结抗战，巩固与发展抗日根据地，针对国民党顽固派发动的反共“磨擦”，中共中央及时作出了明确指示。8 月 18 日，毛泽东、张闻天、王稼祥、刘少奇致电聂荣臻、彭真：晋察冀边区行政委员会系国民政府行政院与军事委员会批准组织，不能拆散，路西各县政府仍须直属边区领导，鹿钟麟只能经过晋察冀

① 中共中央文献研究室编：《刘少奇年谱》上卷，中央文献出版社 1996 年版，第 229 页。

② 中央档案馆编：《中共中央文件选集（1936—1938）》，中共中央党校出版社 1991 年版，第 539—540 页。

边区行政委员会指挥路西各县行政。冀中地方政府应切实把握，不可放松；须派最得力的同志去做专员、县长，即使因此而减弱省委、特委的人力，亦在所不惜；由晋察冀军区及八路军总部委任吕正操为冀中军区司令员；由晋察冀边区行政委员会委任路东3个专员、各县县长及晋察冀边区行政委员会冀中办事处主任。“要求鹿对一切维持现状，承认既成事实，不妨害华北抗战，军事行政照既定方针进展。”① 8月20日，毛泽东、王稼祥、刘少奇又再次致电聂荣臻、彭真：晋察冀军区仍照原计划划4个军分区，每个军分区由晋察冀边区行政委员会委任一行政委员，暂时不必变更；冀中最高行政机关，仍为边区政府办事处及其主任，下设3个专员，即由边区政府委任或选举；冀南设冀南行政公署与正副主任，下设6个专员。“总之，我们要迅速建立与巩固河北的统一军事行政系统，使鹿钟麟来不致容易被他拆散。如果在河北形成几个军事行政系统，那将来的困难与磨擦将会更多。”② 中共中央两个指示，使彭真和聂荣臻进一步明确了打退鹿钟麟等磨擦进攻的紧迫任务和正确应对的方针、原则。

彭德怀与鹿钟麟就河北行政、民运和武装指挥关系等问题会谈（8月20日至22日） 8月20日至22日，彭德怀与鹿钟麟在屯留县故县镇，就河北省的行政、民运和武装指挥关系等问题会谈两天，达成如下协议：（一）冀中、冀南行政专区和分区人选暂时照旧不变；（二）统一河北民运，组织总动员委员会和常委会，鹿钟麟为主任，但民运总方针须由执委会决定；（三）八路军在河北的正规军、游击队须得朱德、彭德怀同意或委任临时指挥，河北专区、分区的地方武装须经该军分区司令员指挥；（四）晋察冀边区行政委员会所辖冀中各县仍归河北省政府，有关命令行使时，须经过该边区行政转达或同意才能生效。22日，彭德怀、朱瑞向中共中央汇报有关谈判情况。24日，中央回电认为，他们与鹿钟麟的谈判是适当的。

冀中民运干部学校成立（8月） 8月，根据冀中区党委决定，在任丘县出岸村成立冀中民运干部学校（区党委党校前身），由李长青任校长，陈学礼任教务长。第一期学员共500人，多为县、区以上群众团体干部及部分县、区干部，分为工人、农民、妇女、青年、回民5个大队。学校设有专职教员，黄敬、鲁

① 《彭真传》编写组编：《彭真年谱》上卷，中央文献出版社2002年版，第88页。
② 《彭真传》编写组编：《彭真年谱》上卷，中央文献出版社2002年版，第88—89页。

责、吕正操等党政军领导也去讲授有关“党的基本政策”“党的基本建设”“群众工作”“平原游击战争”等课程。训练约 3 个月。11 月间，学员毕业回本县工作。

9 月

王稼祥等关于冀中政治工作的指示（9 月 8 日） 9 月 8 日，王稼祥、谭震林、舒同、孙毅致电吕正操、程子华并聂荣臻、朱瑞，发出《关于冀中政治工作的指示》，指出，冀中斗争已进入新的时期，敌之严重压迫我之小股活动，在短期内不会有改变，为此提出政治工作要加强连队特别支部，以及班排小组的党支部等项要求。①

《冀中导报》创刊（9 月 10 日） 《冀中导报》是冀中区党委机关报，原名《导报》，于 1938 年 9 月 10 日创刊于任丘县陈王庄，社长为彭栗，总编辑为朱子强。1939 年初，因为日军不断围攻，冀中区党政机关不断转移，出版困难，冀中《导报》停刊，同年冬天复刊，改称《冀中导报》，社长为范瑾，副社长兼总编辑为朱子强。1942 年日军对冀中实行大“扫荡”，《冀中导报》采取了分散隐蔽措施，部分人员随冀中区党政机关转移向外线，部分人员在冀中坚持隐蔽活动，油印出版了几期《冀中导报》和《冀中导报》临时刊。在这种情况下，冀中区党委决定停刊，直到 1945 年 6 月 15 日《冀中导报》再次复刊。社址在饶阳县长流庄，报社社长由区党委书记林铁兼任，副社长为王亢之，总编辑为魏泽南。这次的报头是毛泽东在冀中五一反“扫荡”之前书写的。在全国胜利的前夕，《冀中导报》改为《河北日报》，仍为冀中区党委机关报。1949 年 8 月 1 日，其与《冀南日报》《冀东日报》合并为中共河北省委机关报《河北日报》。

晋察冀军区召开第一次卫生扩大会议（9 月 16 日） 9 月 16 日，军区卫生部在五台县耿镇召开了第一次全区卫生扩大会议。这次会议决定了发展军区卫生事业中当前急需着手的 10 项工作，主要是：军区卫生机构的编制和当前工作的重点；医疗、卫生、防病、卫生教育及对卫生干部的培养；救护与转运；防毒；药材补充，医务人员津贴，各级卫生机构的联系；老弱残废的安排及新战

① 参见中央档案馆编《中共中央文件选集（1936—1938）》，中共中央党校出版社 1991 年版，第 543—544 页。

士入伍检查；争取地方医生参加八路军的医务工作等。这次会议对军区卫生事业的建立和发展具有重要意义。

毛泽东、朱德、彭德怀、刘少奇关于创建冀热察根据地的指示（9 月 16 日） 9 月 16 日，毛泽东、朱德、彭德怀、刘少奇在关于创建冀热察根据地的指示中指出：（一）在全国坚持抗战有利形势与华北普遍的游击战争，加以八路军远近距离的配合，有广大群众的拥护，冀东地方党有相当基础；（二）利用敌人主力进攻武汉及平汉路、同蒲路间的空隙，争取时间，用一切努力整顿军队，要建立政治制度，建立党，严肃纪律，密切军队与人民的关系，但不应放弃必要的军事教育与游击动作的教育；（三）在部队和群众中开展反汉奸的斗争，揭发一切挑拨离间、破坏团结的阴谋，防止奸细打入军队进行破坏工作，须有计划有耐心地清洗部队中的极坏分子；（四）在整顿队伍与创造根据地的工作上，必须要有计划与工作中心；（五）密切军队与地方党的关系，加强党内团结。①

9 月 26 日，毛泽东、朱德、彭德怀、刘少奇联名致电聂荣臻及冀热察区党委并告宋时轮、邓华，指出："应利用目前敌人主力进攻武汉及平汉路、同蒲路间的空隙，争取时间，一方面加强整顿军队、培训干部，一方面大力开展根据地创造工作。有全国坚持抗战有利形势与华北普遍的游击战争，加以八路军远近距离的配合，有广大群众的掩护，有雾灵山、燕山、五龙山东西四千余里大山脉便于回旋，冀东地方党有相当基础。根据以上各种条件，创造冀热察边区根据地，创造相当大的军队，是有可能的。但环境是恶劣的，工作是困难的，必须以高度的布尔什维克的精神克服斗争中的一切困难，坚持统一战线的原则，建立坚决持久抗战胜利的信心，克服起义的新军中不可免的复杂的严重现象。"目前应以主要力量在白河以东、以部分力量在白河以西创造根据地。"在整顿军队方面，目前应注意培养基干兵团与基干游击队，使之成为战斗的纪律的模范，成为领导斗争的核心。"②

10 月 2 日，毛泽东、朱德等致电聂荣臻、宋时轮、邓华："在冀热边区创造抗日根据地有极重要的战略意义，宋、邓纵队与冀热边区全体同志应为达成这个任务而坚决斗争。""地方党所领导的游击队尽可能最快地编入八路军。"要

---

① 参见晋察冀边区革命史编纂委员会编《晋察冀边区革命史编年》，河北人民出版社 2007 年版，第 243 页。

② 中共中央文献研究室编：《毛泽东年谱》中卷，人民出版社 1999 年版，第 91 页。

“提高部队党及地方党的纪律，号召全党团结进行艰苦的斗争”①。10 月 15 日，毛泽东、朱德、彭德怀、王稼祥致电冀热察区委并告宋时轮、邓华作《关于冀热察边工作的指示》，强调：“应坚持冀热察边的艰苦斗争，创造根据地，培养基干部队，准备持久，以最大决心克服发展中遇到的一切困难。”为此，要巩固部队，用一切有效办法提高部队持久抗战的胜利信心，提高政治自觉的纪律，提高指战员的政治积极性，建立救亡室工作；大量的发展党，吸收进步分子入党，建立连队的支部和生活，使之成为领导连队斗争的核心。②

晋察冀边区开展反鹿钟麟等的磨擦斗争（9 月） 遵照中共中央指示精神，晋察冀边区开展了反鹿钟麟等的磨擦斗争。9 月初，张荫梧派工兵团代表到晋察冀第四军分区，进行破坏活动，但被拒绝入境。该代表说，将回正太路南开会，然后另派代表带部队到平山洪子店。为此，聂荣臻命令第四军分区首长“无上级和中央命令，禁止任何武装部队和团体入境活动”，并在报刊上大力宣传热烈拥护边区、军区，反对一切对边区的捣乱行为等，制造反磨擦的舆论。同时建议应严厉制裁“冀中一切反共反八路军之分子”，“并搜集材料，向其抗议”③。9 月 7 日，聂荣臻接毛泽东、朱德等电示：为反对国民党政府冀察战区河北民团总指挥张荫梧企图侵占晋察冀抗日根据地的行为，即通知正太路以北各县党组织，发动当地军事行政机关及民众团体，拥护晋察冀边区行政委员会与军区司令部。

不久，鹿钟麟又指示张荫梧率部由束鹿进袭博野、安国县境内的八路军第三纵队第二军分区司令部，杀害了许多干部和群众，并在安平县崔安铺村活埋了冀中第二特委宣传部长宋乐恒、深泽县委书记何昆山、深泽县农会主任何福林、深泽县基干游击队指导员张振安 4 人，制造了安平事件。冀中八路军第三纵队适时进行反击，打垮了张荫梧部河北民军的武装进攻。

9 月底，鹿钟麟先是派其高级参谋邱立亭以冀察战区总司令代表身份到冀中会见吕正操，企图游说吕正操脱离共产党的领导；后又邀请吕正操到南宫县谈

---

① 中央档案馆编：《中共中央文件选集（1936—1938）》，中共中央党校出版社 1991 年版，第 547—548 页。

② 参见晋察冀边区革命史编纂委员会编《晋察冀边区革命史编年》，河北人民出版社 2007 年版，第 252—253 页。

③ 周均伦主编：《聂荣臻年谱》，人民出版社 1999 年版，第 253 页。

判关于河北省政权“统一问题”，均遭到吕正操的严词拒绝。10月初，鹿钟麟又以河北主席身份与张荫梧等人到抗战学院“视察”，在学员面前大肆吹嘘自己的抗战功绩，并信誓旦旦地说要与河北共存亡，诬蔑学生呼抗日口号是形式主义。后来被学生问得张口结舌，草草地结束“视察”。

晋察冀边区军民发动反围攻战役（9月20日至11月7日） 日军华北方面军根据日本大本营“南取广州、中攻武汉、北围五台”的战略部署，调集第一一〇、第二十六、第一〇九师团和第二、第三、第四独立混成旅团共3万余人，并配备大量飞机、坦克、装甲车及炮兵，于9月20日由平汉、平绥、同蒲、正太铁路沿线以及北面的阳原、广灵，分兵二十五路出动，企图分进合击，围歼晋察冀边区领导机关和主力部队于五台、阜平地区。

中共中央、北方局和八路军总部十分关心晋察冀边区这个敌后第一块抗日根据地的成长和发展，在日军向边区发动大规模围攻的严峻时刻，及时地提出了粉碎敌人进攻的方针，同时命令边区友邻部队给予有力配合。如八路军一二〇师一部赶至雁北地区，一二九师积极破击正太铁路，并派一部兵力到正太路北，配合晋察冀军区部队反击敌人围攻。10月2日，毛泽东、朱德、彭德怀等人向聂荣臻及晋察冀省委发出《关于战胜敌对晋察冀边区围攻的工作指示》，提出了粉碎敌人围攻的政治、军事方针。10月3日，八路军副参谋长左权对聂荣臻《关于进犯晋察冀五台之敌情况及我军行动部署的报告》作了批复，并于10月10日又发出《关于粉碎围攻晋察冀边区的具体意见》。同日，中共北方局也发出《告全体党员与华北民众书》，指出，日军以数万兵力向晋察冀边区猛烈进攻，并同时向晋东南、晋西北进攻，配合其主力进攻武汉。号召：华北全党、八路军、游击队的全体将士及一切抗日政府、民众团体与全体人民紧急动员起来，粉碎敌人的进攻。

为粉碎日军的围攻，晋察冀边区军民进行了紧张的作战准备，并根据中共中央、八路军总部指示，制订了坚壁清野，诱敌深入，广泛的游击战与有利条件下的运动战相结合，内线作战与外线作战相结合，各个歼灭敌人的方针。反围攻作战，大致经过三个阶段。

第一阶段：9月24日，日军四面出动，向边区腹地推进。北线日军自蔚县、广灵、易县南犯。第一军分区部队与一二〇师三五九旅一部配合，在马家沟、对佛寺、直峪等地与日军激战，毙伤日军800余人。西线和南线日军合围五台、台怀、洪子店，第二、第四军分区部队在上社、柏兰镇等地击毙日军清水喜代美大队长以下 600 余人，日军于 10 月 3 日占领五台。当东线日军由王快向阜平孤军深入时，晋察冀军区于 10 月 3 日集中第一、第三军分区设伏，激战至 5 日，歼灭日军 1300 余人，而后主动转移。

第二阶段：日军占领阜平后，在边区腹地筑点修路，以点、线为依托，实施分区“清剿”。军区以少数部队配合民兵打击敌人后方交通线和据点，断绝敌人补给，逼敌撤退。10 月 17 日，第三五九旅七一七团在蔚县至涞源公路设伏，全歼日军田原大队长以下 400 余人，烧毁汽车 35 辆，缴获全部辎重。

第三阶段：10 月 16 日，边区军民继续围困袭扰占据城镇的日军。第三军分区部队和阜平游击队于 10 月 26 日夜袭阜平城，诱使日军互相混战。日军损失惨重，孤立无援，遂于 27 日以飞机掩护，弃城东窜，八路军收复阜平，乘胜追击，在王快附近将日军击溃。28 日，三五九旅一部与一分区部队，在广灵南设伏，毙伤日军独立混成第二旅团步炮兵 500 余人，击毁汽车 10 余辆。11 月 3 日，军区部队一部与三五八旅七一六团配合，伏击日军一个大队，歼灭内野大队长以下 400 余人。至 11 月 7 日，边区军民经过 48 天浴血奋战，进行了大小战斗 167 次，歼灭日军 5300 余人，缴获大批武器弹药和物资。除被敌人占领的五台、涞源、灵丘、唐县、完县、曲阳等县城外，收复了大部分地区，取得了反围攻战役的胜利。粉碎了敌人“北围五台”的阴谋。

***冯家沟战斗（9 月 25 日）** 华北日军 3 万余人于 9 月 20 日开始对晋察冀抗日根据地展开大规模的围攻。这时，八路军第一二〇师第三五九旅在旅长王震的率领下，活动在晋察冀根据地的西北部地区。为粉碎日军的围攻，第三五九旅奉令牵制由平绥铁路（北平至归绥）及同蒲铁路（大同至蒲州镇）北段向根据地进攻的日军，并相机集中兵力配合兄弟部队向日军反击。第三五九旅以第七一九团于应县、山阴地区活动，牵制由西北方向进攻的日军；以第七一七团位于灵丘、阜平之间待机；以第七一八团位于广灵、灵丘之间，节节抗击由广灵南进的日军。24 日，日军独立混成第二旅团 4000 余人分 3 路向灵丘进攻。25 日，第三五九旅第七一八团以一部兵力展开于直峪、邵家庄、圣佛寺、冯家沟、聂家沟地区，对由广灵向灵丘前进的中路日军进行抗击。经激烈战斗，第七一八团阻止了日军的进攻。28 日，第七一八团西移海子村、漫山村一带，与右路进攻日军周旋。第七一八团先后夜袭右路进占吉略沟的日军与中路进占冯

家沟的日军，给日军以严重打击。在对日军6个昼夜的抗击中，第七一八团伤亡300余人，毙伤日军800余人，缴获山炮1门。

*柏兰战斗（9月25日）** 9月25日下午，日军第四混成旅团的独立第十五步兵大队长清水喜代美率部1300余人，驮载辎重的骡马200余匹，渡过滹沱河，在飞机的掩护下，进攻柏兰镇。这时，晋察冀军区领导机关在耿镇、石咀附近的一条山沟中。为了掩护领导机关的转移，晋察冀军区第二军分区第五大队和军区学兵营利用牛道岭、东峪口一带的有利地形，阻击敌人。经过一天的激战，消灭日军240人，使敌人未能前进一步。经过几天休整的日军，继续向晋察冀边区进犯，29日晚经柏兰镇行进到南坡村、石佛寺、耿家庄一带。聂荣臻司令员命令唐延杰参谋长率领警卫连，于29日夜设伏于石佛寺南约半里深的沟渠里。30日清晨，日军在南坡村、教场村的河滩上正集结待发，唐延杰参谋长当机立断，命令学兵营、警卫连10挺机枪和步枪集中火力向日军和在河边饮水的骡马射击，日军的马匹当即被击散。混乱之时，第五大队在耿家庄阻击日军的先头部队，学兵营袭击其后尾。日军首尾受击，慌忙缩回石佛寺。学兵营又与日军在石佛寺一带展开了激战。至30日下午5时，日军第一〇九师团一部，从定襄方向沿清水河增援。此时，晋察冀军区机关和边区党政机关已全部安全转移，阻击任务胜利完成，八路军主动撤离。日军进退维谷，困守耿家庄6天后，在五台城日军的接应下撤回五台城。柏兰战斗（亦称激战牛道岭），消灭日军400多人，击毙日军清水少将，打击了日军的嚣张气焰，粉碎了日军企图摧毁晋察冀抗日根据地的阴谋，鼓舞了抗日军民的信心。

***聂荣臻发布粉碎敌“北围五台”阴谋的命令（9月27日）** 9月27日，聂荣臻发布粉碎敌人“北围五台”阴谋的命令：根据敌人围攻中采取跃进式向前推进的战术，所属部队要迅速集结兵力，位于机动地区或估计敌人可能前进道路之翼侧或两侧，以运动战对敌作有效之打击。凡兵力小于我之敌，如已到达其预定地点，即乘敌立足未稳之际，勇猛袭击，求得消灭或将其驱逐出去。如敌占优势时，则以一部不断地向敌据点进攻，使敌不得安息，同时不断破坏道路，使据点之敌孤立起来，在逼退中打击之。

***八路军总部发出配合晋察冀边区作战的命令（9月28日）** 朱德、彭德怀于9月28日致电一二〇师、一二九师首长及聂荣臻等：敌正大举向晋察冀边区围攻中，但由于敌过去向该区进攻之一再失败，故此次围攻较前已更加慎重。

为粉碎敌人围攻，策应晋察冀边区作战，第一二九师各游击支队应积极向正太线进击，打击正太线北进之敌。第一二〇师应沿同蒲铁路作战，各游击支队除了加紧向忻、代线活动外，应即以三五八旅主力转移至忻县、原平线以西地区，准备配合作战。

***八路军连续多次遭到敌人毒气攻击（10月2日）**　10月2日，日军一部在飞机掩护下，进至定襄以北受录、季庄一带，遭到八路军一二〇师七一四团阻击，伤亡严重，遂利用有利风向，施放催泪性红筒2548个，造成正面2700米染毒区，白色毒雾几乎笼罩了一二〇师的第一线阵地。同日，向王进村一带进犯的日军，也遭到八路军的迎头痛击，伤亡重大。在增援部队到达后，日军以飞机、炮兵火力猛攻一二〇师阵地，并大量施放毒气。10月3日，日军进占五台县城。除东、西两线外，日军还多次使用毒气。如10月下旬，在灵丘县贾庄战斗中，日军第二混成旅团一部施放毒气，致使一二〇师三五九旅七一八团有两个连中毒，战士四肢发痒、流泪、喷嚏不止。11月中旬，在买庄战斗中，日军第二混成旅团第五大队发射毒气炮弹，迫使八路军部队撤退。八路军一部夜袭灵丘县义泉岭警备队第三支队时，敌施放大量毒气筒，八路军约500人及80户村民中毒。11月29日，八路军三五九旅一部在灵丘以北的杏树咀、乐陶等村，伏击正在乘车北犯的日军400余人时，日军以火炮、掷弹筒发射大量毒气弹，王震旅长以下300余人中毒，撤出战斗。

* **毛泽东、朱德、彭德怀等发出《关于战胜敌对晋察冀边区围攻的工作指示》（10月2日）**　10月2日，毛泽东、朱德、彭德怀、王稼祥、刘少奇、彭真致电聂荣臻转晋察冀省委、左权、刘伯承、周士第、甘泗淇《关于战胜敌对晋察冀边区围攻的工作指示》，分析了此次敌围攻的形势与特点，指出，此次围攻比以前任何一次来得都较有计划性和持久性，但仍不能集中绝对优势兵力进行周密的围攻计划。因此，要把各方面动员起来，争取战胜敌之围攻。要在党政军民中进行深入的政治动员，建立起持久抗战胜利的信心，争取持久，准备艰苦奋斗，是一切工作的重心；要动员群众参战，反对动摇、投降、妥协的某些可能现象的发生，肃清奸细，实行清野空舍，埋藏粮食器具；军队应注意掩护秋收。在军事上，要相当地集中主力于我有利的各种条件下，准备待机；以小部队与敌进行极不规则的小战，迟滞和疲惫敌人，以部分部队在敌后展开交通破击战；如敌无弱可乘，即相机将主力转至敌后，仍以小部队逐渐引敌深入，

使敌疲惫、疏忽、扑空，待敌转移方向或退却时给敌以突然的袭击或追击；刘伯承、周士第等部须予以有力配合。①

***刘少奇致电要求布置持久粉碎敌人围攻的斗争（10月3日）** 10月3日，刘少奇、杨尚昆、彭真致电聂荣臻并转黄敬，要求根据日军围攻边区的形势，布置持久的粉碎敌人围攻的斗争，指出，在党内和群众及政权中进行深入战斗动员，在一切服从战争，一切为了前线胜利、保卫家乡的口号下，形成群众武装上前线的热潮；认真实施清野工作，避免或减少敌寇的破坏；广泛开展游击战，寻敌弱点，在运动中打击、消灭敌人；加强党的团结，充分发挥党员高度的积极性及模范作用。同时，加强、巩固、扩大统一战线，提高群众抗战的信心和积极性，反对动摇、投降，加紧除奸工作，严厉镇压汉奸活动；设法克服党和群众工作中可能发生的混乱现象，巩固党组织和群众组织，大量吸收在反围攻斗争中表现积极的工人、农民、学生和青年知识分子入党。②

***东、西庄战斗（10月4日）** 东、西庄战斗是晋察冀军区1938年秋季反围攻作战的一部分。10月初，日军第一一〇师团一部向阜平进攻。10月3日，晋察冀第一军分区第一、第三大队，第三军分区第十一、第十二大队，军区骑兵营在东、西庄地区设伏，以冀中军区独立旅从阜平南面配合，以第三军分区一部切断敌人退路，阻止敌人增援。10月4日上午7时，八路军部队突然发动攻击，与敌人展开激战。进入伏击地区的日军顿时混乱，被歼灭一部。当日12时，曲阳的日军陆续增援。八路军以一个营钳制增援敌人，主力部队迅速撤出战场。这次东、西庄伏击战斗，歼灭日军1300多人。

***左权就粉碎围攻晋察冀边区的具体意见电告聂荣臻（10月10日）** 10月10日，聂荣臻接左权电告：敌人进攻边区初步计划已经完成，边区一时将转入更艰苦的阶段。要加强边区军民团结，高度建立坚持抗战胜利的信心；大规模动员开展游击，以有力部队留边区内分区游击，在指挥组织上保持其灵活性；边区主力似以转移至涞源、易县以北为宜。③

***邵家庄伏击战（10月28日）** 根据中央军委和八路军总部指示，活动于

---

① 参见中央档案馆编《中共中央文件选集（1936—1938）》，中共中央党校出版社1991年版，第547—548页。

② 参见《彭真传》编写组编《彭真年谱》上卷，中央文献出版社2002年版，第92页。

③ 参见周均伦主编《聂荣臻年谱》，人民出版社1999年版，第259页。

恒山地区的八路军第一二〇师第三五九旅奉命配合晋察冀军区反围攻作战。10月25日，第三五九旅旅长王震获悉，日军北线指挥官独立混成第二旅团长常冈宽治少将由张家口进至蔚县，并将经广灵到灵丘视察，遂决心集中主力第七一九团和第七一七团一部于广灵南10公里的邵家庄地区设伏，将其歼灭之；第七一八团一部在灵丘北10公里的黄台寺地区设伏，阻击灵丘来援日军。28日拂晓，各部队到达指定位置。8时许，灵丘日军乘汽车10余辆北上接应常冈宽治，进至贾庄附近遭第七一八团伏击，被歼200余人，余部退回灵丘。10时许，常冈宽治率宪兵、炮兵和工兵等200余人，乘汽车10余辆，由广灵进至邵家庄地区。第七一九团第一营和第七一七团第九连，突然从公路东西两侧向日军发起攻击，经白刃格斗，歼其大部，击毙常冈宽治少将以下数名指挥官。广灵日军来援，被第七一九团一部阻于张家湾。11时许，阻援部队得知被伏击日军大部歼灭，遂主动撤出战斗。这次战斗，共歼日军500余人，缴获炮3门、轻重机枪7挺、步马枪70余支，炸毁汽车10余辆，有力地配合了各兄弟部队的反围攻作战。这次伏击战受到了晋察冀军区的通报嘉奖，蒋介石也打电报嘉奖："贺师在张家湾附近（邵家庄地区）斩获甚众，应传令嘉奖。"

***滑石片歼灭战（11月2日）**　10月下旬，八路军一二〇师三五八旅由忻县附近转移至五台以南的寨里村、中座村地区集结待命。11月2日晚，五台敌第一〇九师团蚋野大队500余人，孤军冒进，袭占了晋察冀军区第二军分区部队驻地高洪口。三五八旅在旅长张宗逊的指挥下，决心在滑石片附近伏击由高洪口回窜之敌。当夜，七一四团进至滑石片西北地区，准备打击五台可能出援之敌与截击滑石片逃窜之敌；七一六团设伏于滑石片以西高地担任主攻歼敌任务。当七一六团二营进至滑石片沟里时，恰与敌人遭遇。二营各分队立即猛烈向敌人侧翼冲击，一营亦迅速向敌侧后包围攻击。敌遭突然打击，慌忙中一边抗击，一边寻找逃路，企图向前突围，又遇三营攻击。敌大部被歼，残敌向北逃窜。4日上午，五台之敌出动增援，在凤凰山南院村与滑石片逃窜之敌同时遭七一四团阻击，敌被击退，狼狈向五台逃窜。此次战斗毙敌大队长以下官兵500余人，俘日军10人，缴获山炮2门、小炮4门、轻重机枪31挺、步枪352支、战马153匹。

***明铺伏击战（11月17日）**　11月17日，八路军三五九旅七一七团接到命令，在蔚县通往涞源的公路上，伏击由蔚县前往涞源的日军增援部队。接到

命令后，团长刘转连、政委晏福生率领主力从涞源进入蔚县，经过侦查，决定在飞狐峪腹地的明铺村两侧山上伏击敌人。11月17日拂晓，满载日本兵和军火物资的35辆汽车进入八路军伏击圈。突然，枪声、地雷和手榴弹的爆炸声响成一片。经过几十分钟的激战，大获全胜，击毁敌车35辆，全歼日军400余人，缴获92式步兵炮2门、迫击炮1门、轻重机枪12挺、步枪180余支，以及大量的军火物资。日军大队长田原绝望地跑到山脚下切腹自杀。这场战斗切断了敌人的交通要道，迟缓了敌人南北联合进攻晋察冀的阴谋，鼓舞了根据地党政军民的抗日信心和决心。

大后方参观团访问晋察冀边区（9月25日） 9月25日，由著名民主人士李公朴先生率领的大后方参观团及华侨记者、《救亡日报》社记者等，来到晋察冀边区访问。当天，聂荣臻同白求恩接受《救亡日报》社记者叶文津采访。9月27日，晋察冀军区司令部举行了欢迎"大后方参观团"大会，聂荣臻出席，并在大会上讲了话。此后，他们用半年时间从军事、政治、经济、文化、教育、民运等各个方面对根据地进行了认真、系统的考察，先后参观、走访了边区各机关、单位、团体和15个县、500多个村。之后，李公朴写成《华北敌后——晋察冀》一书，对边区的伟大成就给予了充分肯定，并由此得出抗战必胜的结论："华北是我们的，中华民族是不可征服的!"他还认为，晋察冀边区就是人民的希望，就是新中国的雏形。

冀东抗日暴动队伍西撤受挫（9月至10月） 冀东抗日暴动爆发后，群众抗日热情高涨，抗日武装迅速扩大。9月初，中共冀热边特委和抗日联军李运昌部在丰润县霍庄召开会议，贯彻铁厂会议精神，研究部队整训，肃清土匪和建设丰润、玉田、遵化、迁安一带抗日根据地等事宜。会议进行中，宋时轮赶来，力主去都山建立根据地，认为应在山区建设一个比较巩固的根据地，才能坚持冀东抗日游击战争。霍庄会议没有结果便结束。抗联李运昌部随四纵主力东渡滦河，向都山进发。9月中旬，进军都山的四纵主力和冀东抗联，在抚宁、青龙边境连续遭敌阻击，进军都山未能实现，不得不放弃在都山建立根据地的计划。

四纵进入冀东地区以来，连续苦战数月，损失较大，人员、军需急需休整补充。此外，冀东抗联队伍虽士气尚高，但队伍庞大，成分复杂，指挥不统一，不经整顿，难以抗击日军进攻和完成创建根据地的任务，加之此时日军开始部署"围剿"冀东的计划。为此，四纵党委于9月中旬在迁安县莲花院（今属迁西县）召开有四纵各大队干部参加的扩大会议，决定除留 3 支各 100 人的游击支队坚持游击战争外，四纵主力和暴动队伍大部西撤，去平西整训。四纵将会议情况和意见上报晋察冀军区和八路军总部。这时，根据中共中央和北方局指示，马辉之、姚依林率河北省委机关到达冀东，准备参加领导创建冀东抗日根据地工作。但此时四纵党委已决定西撤，正等待八路军总部意见。

9 月 26 日，四纵队主要领导致电中央请求西撤。同日，中央来电阻止西撤，并指示应以高度克服困难的精神，去创造冀热察根据地。此时，宋时轮已率四纵部分主力和蓟县抗联部队向西转移。此后，八路军总部、北方局、晋察冀军区也屡次致电四纵队，阻止西撤。但是，四纵党委与中共河北省委、冀热边特委、冀东抗日联军的领导干部把日军进攻的形势估计得过于严重，忽视了自己的有利条件，缺乏坚持冀东的信心。10 月 8 日，由邓华主持，在丰润县九间房召开会议，决定八路军主力和抗联西撤，四纵留下 3 个支队，坚持冀东游击战争。10 月中旬，四纵主力和抗联部队约 5 万人分 3 个梯队向平西撤退。第一梯队是四纵邓华所部和高志远的抗联部队，第二梯队是洪麟阁和陈宇寰的抗联部队，第三梯队由李运昌率部殿后。

由于数万队伍在蓟县北部的山路上摆成一字长蛇阵西撤，故遭敌围追堵截，刚刚起义的群众队伍伤亡很多，李运昌、李楚离所率两路抗联队伍只剩下 6000 多人，而且军心动摇，难以通过有重兵把守的两道封锁线。如果继续西进，将腹背受敌，甚至有全军覆灭的危险。在这关键时刻，胡锡奎、李运昌、李楚离在平谷县樊各庄召开部分抗联负责干部参加的紧急会议，决定停止西进，返回冀东坚持游击战争。这支部队经连日苦战，最后仅剩下 1400 余人，回到了丰（润）滦（县）迁（安）的腰带山一带。四纵队于 10 月间撤至平西时，部队和起义武装仅剩下 4000 余人。

冀东抗日暴动虽然只有两三个月的时间，却发动了 20 万人参加，组织起了 10 万多人的武装队伍，暴动轰轰烈烈，震惊中外。尽管后来没有巩固和发展自己的胜利，但它沉重地打击了日伪汉奸在冀东的殖民统治，鼓舞了冀东与全国人民的抗战热情，并为以后冀热边抗日根据地的建立准备了基础，积累了经验。同时，在战略上配合了正面战场保卫武汉的战役。

***莲花院会议（9 月中旬）**　四纵宋时轮部同冀东抗日联军李运昌部到都山地区创建抗日根据地计划，受敌阻击未能实现后，于 9 月中旬在迁安县莲花院

召开四纵党委扩大会议。会上，多数人认为，冀东是平原，且靠近平津和东北，交通方便，日军易于调动。另外，新组织起来的暴动队伍未经训练，很难应付日军即将进行的大“扫荡”，故提议除留八路军少数部队配合地方人民武装坚持斗争外，四纵主力和部分暴动队伍撤至平西抗日根据地进行整训，待明年回来开展冀东游击战争。也有少数人认为，冀东形势很好，党有相当基础，群众条件也好，又有相当武装力量，是可以坚持的。会议最后决定：四纵主力西撤，留下3支各100人的游击支队，坚持游击战争。其他暴动队伍去平西整训，人数各路自定。莲花院会议后，四纵将会议情况和意见上报晋察冀军区和八路军总部。

***中央致电暴动部队（9月26日）**　9月26日，毛泽东、朱德、彭德怀、刘少奇联名致电聂荣臻及冀热察区党委并告宋时轮、邓华，指出：“在整顿军队方面，目前应注意培养基干兵团与基干游击队，使之成为战斗的纪律的模范，成为领导斗争的核心。”根据各种条件，创造冀热察根据地，创造相当大的军队，是有可能的。但环境是严重的，工作是困难的。必须以高度的布尔什维克的精神克服斗争中的一切困难，坚持统一战线的原则，建立坚决持久抗战的信心，克服起义的新军中不可免的复杂的严重现象。目前应以主要力量在白河以东、以部分力量在白河以西创造根据地。①

***刘少奇就冀东的中心工作致电中共河北省委（10月1日）**　10月1日，刘少奇致电马辉之并聂荣臻：宋部西移，冀东同志仍应坚持游击战争，并进行创立根据地的工作。目前的中心工作是建立基干的部队，提高部队的纪律与战斗力，恢复秩序。李运昌等部队，如果可能的话，以改变成八路军为好。②

***朱德、彭德怀、刘少奇再次指示不同意西撤（10月8日）**　10月8日，朱德、彭德怀、刘少奇致电聂荣臻并宋时轮、邓华，指出，目前即将冀东游击队大部拉到白河以西，将要发生许多困难，邓华应尽可能争取在遵化、玉田、迁安地区，持久进行整理部队，建立根据地的工作，只有到万不得已时，才可率主力向白河以西转移。在主力西移时，应配备必要的基干队伍及干部与地方工作人员在原地活动，坚持当地游击战争，但省委主要干部马辉之、姚依林等

① 参见中共中央文献研究室编《毛泽东年谱（1893—1949）》中卷，人民出版社1993年版，第91页。

② 参见中共中央文献研究室编《刘少奇年谱》，中共中央文献出版社1996年版，第237页。

应随主力西进。①

*九间房会议（10月8日）　10月8日，四纵党委、河北省委、冀热边特委和冀东抗联主要负责人在丰润县九间房召开会议。会议由邓华主持，马辉之、姚依林、胡锡奎、李运昌、李楚离、王仲华、高志远、洪麟阁、杨十三等人参加了会议。会上，多数人认为，在日军很强烈的进攻面前，形势已到了万不得已之时，决定八路军主力和冀东抗联西撤，四纵留下苏梅、陈群、包森、单德贵、赵立业等几位干部，组成3个支队，分散在基础较好的地区坚持斗争。

***聂荣臻就坚持冀东抗战电示宋时轮、邓华（10月11日）**　聂荣臻于10月11日电示宋时轮并告邓华：关于四纵的行动，曾由军委总部数电指示，希望你们详加考虑，坚决执行。实现根据地之创立亦非易事，只能战胜一切困难，在艰苦过程中来创造。如果你们拟回平绥南部，则势必完全放弃冀热。请你们在现地立下决心，站稳自己的足跟，以便解决一切问题。

***马辉之、姚依林、邓华就是否坚持冀东抗战致电八路军总部、中共中央（10月15日）**　马辉之、姚依林、邓华于10月15日致电八路军总部、中共中央：准备到平西，把那里作为整理训练部队的暂时根据地，于明春再回冀东。如果执行日前在遵化、玉田、丰润建立根据地的指示，是非常不利的，我们负不起这样重大的责任。如果必须在此坚持，必须：（一）除将十一支队即刻派回外，加派两个团的兵力来此；（二）立即派军政干部14人，团级干部12人，营级干部36人，连级干部108人；（三）借给我部一批手榴弹。如果以上三项不能立即解决，还是以西进为有利，请立即电复。②

***毛泽东、朱德、彭德怀等对冀热察区巩固与发展部队的指示（10月15日）**　10月15日，毛泽东、朱德、彭德怀、王稼祥、刘少奇联名致电冀热察区党委并告宋时轮、邓华，强调：（一）应坚持冀热察区的艰苦斗争，创造根据地，培养基干部队，准备持久；（二）巩固部队，用一切有效办法提高部队持久抗战胜利信心，提高政治自觉的纪律，提高指战员的政治积极性，建立救亡室工作；（三）大量地吸收进步分子入党，建立连队的支部和生活，使之成为领导

---

①　参见中共中央文献研究室编《刘少奇年谱》，中共中央文献出版社1996年版，第239页。

②　参见中共河北省委党史研究室编《冀东（冀热辽）革命根据地党史大事记》，河北人民出版社1993年版，第38页。

连队斗争的核心。①

*冀东抗联副司令洪麟阁牺牲（10月15日）** 在西撤中，冀东抗联副司令洪麟阁率部走在最后，队伍一字拉开，沿山前进。行至范家坞、燕山口一带，日军发觉抗联部队的动向，调兵堵截。洪麟阁沉着指挥，一昼夜之内战士们枪不下肩，腹空无食，冒着大雨，英勇杀退敌军。这时，驻马兰峪的日军骑兵队反扑过来。洪麟阁派人通知西行的二总队接应，同时令所带队伍各占地势投入战斗。洪麟阁分析敌人来势汹汹，伺机报复，应避其锋芒，设法拖住敌人，免得大部队蒙受损失。不料机枪连军号声响，目标暴露，洪麟阁当机立断，率部投入战斗。这时，日军马队由北向南沿公路绕了过来。洪部在两个山头设伏的三挺机枪，轮番射击。日军的枪炮连连向联军阵地轰击。在前进不能后退不得的情况下，洪麟阁当即下令后撤，从北面向外围迂回，终因敌众我寡，造成很大伤亡，洪麟阁的头部和腿部负了重伤。警卫员、通讯员、司号员扶住洪麟阁寸步不离。洪麟阁因负伤多处，于10月15日，在台头村牺牲。朱德总司令对洪麟阁的牺牲表示惋惜。他说："革命的成功要靠共产党人的英勇奋斗，没有党外杰出的志士仁人的协力共助也是难以成功的。洪麟阁就是我们革命队伍非常需要的爱国知识分子，也是我们党非常需要的军事人才。他的牺牲对我们是一重大损失。"

***聂荣臻就冀东抗日大暴动问题作的结论** 聂荣臻在中共中央北方分局党代表大会期间，就冀东抗日大暴动问题作结论。结论说：（一）冀东党坚决发动冀东游击战争，精神始终不懈，这有重要意义。我们不能只看其有许多弱点，首先应看到战士们的精神。在发动冀东起义中，一般说，组织工作做得不够，这主要是由于没有经验。（二）冀东起义的发动，是统一战线的成功，所以冀东党仍要努力于统一战线的工作。（三）冀东地区，是华北敌人的深远后方，是东北、华北的咽喉地带，战略地位极其重要。在冀东建立抗日根据地，无论国内国际，都有很大影响。对此，仍要努力。（四）冀东起义的胜利，由于主客观原因，未能巩固起来，但不能说冀东游击战已根本失败。（五）冀东的教训是："创造新的根据地是不容易的，是长期性的，不是一下子就可以干好的事情，特

① 参见晋察冀边区革命史编纂委员会编《晋察冀边区革命史编年》，河北人民出版社2007年版，第252—253页。

别是不能有抓一把就走的思想，而要着眼于在激烈的斗争中建立根据地。基于这样的认识，我们在冀东还需要认真执行这个任务，继续这个任务。”（六）在冀东创造根据地的有利条件是：八路军主力未受多大损失，且部分发展了；地方武装，部分带过来了，部分潜伏了，可以联络，经过这次教训，加强了组织纪律性；冀东党可以领导恢复地方武装。困难条件是：敌人更加注意；群众可能有些失败情绪；今后发动群众可能会更困难。我们必须要有克服困难的准备。①

彭真出席中共六届六中全会（9月）　7月上旬，彭真离开晋察冀边区，赴延安参加中共六届六中全会。9月29日至11月6日，中国共产党在延安召开扩大的六届六中全会。会议期间，彭真在全会上作了《关于晋察冀边区工作的报告》。在延安期间，彭真还到中央党校给学员作报告，介绍晋察冀边区的形势和发展，动员他们到晋察冀去。他还到西北战地服务团，邀请和鼓励大家到敌后去工作。中共六届六中全会结束后，出席会议的彭真带领刘澜涛、刘仁、许建国、方琳、周容鑫、宋鼎、郑天祥等20多人，从延安动身，途中自葭县（今佳县）渡过黄河，经晋西北，12月底，回到晋察冀。

***中共六届六中全会主席团赞誉晋察冀边区为模范抗日根据地（10月5日）**　10月5日，中共六届六中全会主席团致电晋察冀边区，指出，全会扩大会听了彭真同志关于晋察冀边区的报告，完全同意边区党所执行的坚定的统一战线的方针，在这个方针下，依靠全党全军的努力，已经创造晋察冀边区成为敌后模范的抗日根据地及统一战线的模范区。这些都在华北抗战中已经和将要起极其重大的战略作用，而且你们的经验将成为全党和全国抗战中最有力的指南。全会完全相信你们必能更加团结一致，联合一切友党友军，胜利地粉碎敌人对你们的围攻，并且进一步地巩固与扩大你们的根据地。从而长久保持晋察冀边区是最进步的模范的抗日根据地，并成为将来反攻日寇最好的前进阵地。②

晋察冀边区行政委员会颁布《抗属及贫苦子弟等入学优待暂行办法》（9月）　9月，边区行政委员会颁布了《抗属及贫苦子弟等入学优待暂行办法》。

① 参见《中共中央北方局》资料丛书编审委员会编《中共中央北方局》抗日战争时期卷上册，中共党史出版社1999年版，第148—150页。

② 参见《晋察冀抗日根据地》史料丛书编审委员会、中央档案馆编《晋察冀抗日根据地》第一册（文献选编上），中共党史资料出版社1989年版，第199—200页。

规定："初级学生有下列条件之一者将由村供给书籍费：抗属子弟无力购买书籍者、学生之父兄于七七事变后充任本村村长或教育委员者、热心公务成绩卓著者或家境确属赤贫者。"另规定："高级学生有下列条件之一者可得膳费半数之补助：抗属子弟家境无力担负全部入学费用者、学生之父兄于七七事变后充任小学教师2年以上成绩优良且曾受政府传令嘉奖或领有褒奖状者、学生之父兄于七七事变后充任本村村长或教育委员2年以上成绩卓著且曾受政府传令嘉奖或领有嘉奖者、家境贫寒无力缴纳全月膳费且学业成绩优良者。"还规定："高级学生有下列条件之一者可得完全公费之补助：抗属子弟家境贫困无力求学者、家境赤贫学业成绩优良者、家乡被敌人盘踞因而供给不继者（至能供给之日止）、家乡忽遭意外损失以致不能维持生活者。"边区教育体现了为工农劳苦大众服务的精神，将教育对象扩大到工农子弟，扩大了学校教育的社会基础和人才的来源。

晋察冀边区行政委员会颁布扫除文盲办法令（9月）　9月，边区行政委员会发出扫除文盲办法令：（一）办理扫除文盲机构，县由教育科长主持，配合群众团体、文化团体及热心教育人士办理。村由村长主持，配合民族革命史文化组、群众团体、小学教师、热心教育人士。此等机关定名为县或村扫盲实施委员会。（二）分期完成。第一期，凡15岁至25岁男女文盲均须入学；第二期，凡26岁至35岁男女文盲均须入学；第三期，凡36岁至45岁男女文盲均须入学。（三）修业期限，暂定为3个月必须读完本会所编民众识字课本3本（约千字），以能确切认识与书写自如为准。学习科目有习作科目，包括民众识字课、写字、救亡歌曲；还有训练科目如国难讲话（包括政治、经济、文化、时势），军事科目秩序训练（如点名整队、集合等）。此外还规定了考核奖励办法。

冀中行政区重新划分（9月）　9月，冀中行政区开始重新划分，至10月划分为5个军分区和专区。各军分区管辖县份是：第一军分区，深县、饶阳、武强、献县、交河；第二军分区，定县、新乐、安国、深泽、无极、博野、安平；第三军分区，河间、任丘、大城、文安、青县；第四军分区，高阳、蠡县、肃宁、清苑、安新、新安、徐水、容城；第五军分区，霸县、雄县、新镇、新城、固安、永清、安次。根据晋察冀军区命令，冀中独立第一支队兼第五军分区，朱占魁任司令员，饶孚民任参谋长，杨雨民任政治部主任；冀中政治主任公署委任李凤林为第五行政督察专员（兼霸县县长）。

平津唐点线工作委员会的成立（9 月）　平津唐点线工作委员会及其所属组织是遵照党中央和中共中央北方局的指示建立的。1938 年 3 月 21 日，中共中央在《关于目前时局与党的任务给刘晓的指示》中明确提出："在敌人占领的中心城市中，应以长期积蓄力量、保存力量、隐蔽力量、准备将来的决战为主。"5 月，马辉之奉命到延安，向洛甫（张闻天）、刘少奇等汇报冀东抗日武装起义的准备工作时，刘少奇除对冀东武装起义作出具体部署外，还指示成立平津唐点线工作委员会，由吴德负责，归中共中央长江局领导。马辉之在回天津途中，到武汉向博古传达了中央关于平津唐点线工作委员会归长江局领导的决定。因吴德离开天津，中共河北省委研究决定，平津唐点线工作委员会改由葛琛负责。

9 月平津唐点线工作委员会正式成立。葛琛（原名俞荪，化名刘景庭、葛玉蘅）任书记，赵耕田（又名赵观民）任委员，顾磊（严子涛）任干事。平津唐点线工作委员会下辖北平、天津、唐山 3 个城市工作委员会和铁路线党组织。葛琛分管北平城委和唐山城委，赵耕田分管天津城委和铁路党组织，顾磊负责天津和铁路线党的关系。平津唐点线工作委员会机关设在天津法租界寿德大楼（今天津市和平区和平路 322 号狗不理大酒店）4 楼 68 号房间，对外以"耕石刻字社"为名；工作人员有刘耕石（刻字社老板）、刘锦纯（老板娘）、周英等；所用秘密电台是中共河北省委留下的，设在英租界 62 号路伊甸园，直接受葛琛领导，负责人为王士光，工作人员和掩护人员有王新等；开会和研究工作经常是在张士侠（朱其文爱人）家里。

1939 年 1 月，中共中央决定平津唐点线工作委员会，由长江局划归晋察冀中央分局（北方分局）领导。当时由于分局机构尚未健全，聂荣臻即指示冀热察区党委书记马辉之暂时代管平津唐点线工作委员会的工作。在此后的艰苦斗争中，区党委通过电台与平津唐点线工作委员会保持着密切联系，并建立了 4 条交通线，第一条由田家台经妙峰山到北平；第二条由镇边城到北平；第三条由北平经松林店、张坊到平西；第四条由北平经三家店到平西。4 条交通线，打通了抗日根据地与北平等城市之间的联系，为进一步开展城市工作打下了基础。5 月，赵普宣任平津唐点线工作委员会书记。1941 年秋，中共唐山城委书记王继祯、赵普宣被日本宪兵逮捕。尽管赵普宣后来逃脱出来，但组织已经暴露。鉴于此种情况，北方分局为防止平津党组织遭受更大的破坏，"尽量挽救当时在平、津尚未被捕的干部"，决定"把各地党的负责人完全接进根据地"。1941 年

12 月，北平城委书记周彬调回晋察冀，1942 年 2 月，天津城委书记顾磊亦调回晋察冀。此后，北方分局决定不再设点线工作委员会及平、津、唐三城委，其工作由分局城工部及有关区党委、地委领导。历时 3 年多的平津唐点线工作委员会到此结束。

自 1938 年 9 月至 1942 年 2 月，平津唐点线工作委员会开展了一系列艰苦卓绝的地下抗日斗争，如为抗日根据地输送大批干部和党员，采购和运送物资，搜集一些重要的军事情报等，出色地完成了党交给的重任。

10 月

唐山沙流河惨案（10 月 4 日）　沙流河村位于唐山市丰润区西北，距县城 17 公里，地处河北唐山市丰润、玉田、遵化三县（区、市）交界，是方圆百里的农村商品物资集散地，是历史上有名的“京东八大镇”之一。9 月 8 日，洪麟阁指挥冀东抗联一路军挥师包围了沙流河敌据点。战斗从清晨一直持续到下午 2 点，先后击溃了伪巡警武装 30 人和“民团”200 人。最后，坚守东门里炮楼的日军在丰润城关增援之敌的接应下，放弃据点逃回了丰润。暴动队伍转战他处后，日军再次卷土重来，盘踞了沙流河据点，加紧组织伪政权，加强了警察所，并派了一个近 30 人的日军中队驻守该据点。10 月 4 日，这天正值沙流河集日。整个集市摩肩接踵，人山人海，一片节日气氛。人们万万没有想到在这赶集之际竟会大祸临头。日军载有炸弹的飞机在沙流河上空盘旋一阵，见到街上密密麻麻的人群，以为是暴动的队伍包围了他们的据点，于是日军的飞机开始从集市的西北上空用机枪扫射。赶集的人们一开始不知道是枪响，还以为是在放鞭炮，故绝大多数的人并没有离开集市，仍然在争先购买东西。接着，敌机朝人群稠密的地方接连扔了 3 枚炸弹。顿时，人们死的死，伤的伤，哭的哭，叫的叫，整个集市上一片混乱，连死带伤有 100 多人，给人们的生命财产造成了巨大损失。

彭真发表《论晋察冀边区抗日根据地的政权》（10 月 13 日）　10 月 13 日，彭真在中共中央机关刊物《解放》杂志第 55 期上发表《论晋察冀边区抗日根据地的政权》一文，总结了晋察冀边区抗日民主政权建设的重大成就、根本原因和基本经验。文章指出：“晋察冀边区今天已经成为华北坚强的抗日游击根据地之一，它不但在坚持华北抗战和保卫大武汉的斗争中，起了和起着伟大的战略作用，而且在全国、全世界起了和起着极大的政治影响和作用。”边区行政委员会作为边区的最高行政机关，由边区全体军、政、民代表会选举产生，管辖7个行政区共71个县，县以下区、村有民选的区长、村长，县有工、农、商、妇、青及士绅代表组织其县行政会议，边区有同样性质之民意机关边区行政会议。晋察冀边区在一定程度上安定了政治和社会经济秩序，得到边区人民的热烈拥护，有着很高的威信，一切政府的政策，大部分都顺利地进行。即使在敌人统治区域，也比敌寇的伪政权有着更高的威信。文章还具体总结了边区政权建设的经验，具体分析了边区各级政府与群众联系的组织形式及工作程序，指出晋察冀边区行政委员会与县政府和群众联系的组织形式，是边区和县行政会议，村的最高民意机关是村民大会，区的最高民意机关是区民代表会议。①

聂荣臻就全国及边区抗战形势答记者问（10月20日）　10月20日，聂荣臻就全国及边区抗战形势答《抗敌报》社记者问时说，按目前形势，武汉、广州的失陷只是时间问题。此后，国内汉奸及少数人的投降妥协活动会增加，但我们持久抗战的方针不会变。日军占地越多，兵力越分散，困难也越大。我们失去交通要道，困难也会增加。在这种情况下，就看谁能顽强坚持。晋察冀边区坚持敌后抗战，在国内外起了重大影响，日军必然会加紧进攻。当前的中心任务是提高全边区人民的积极性，支持军队和政府持久抗战。我们相信一定会把日军赶出边区。

聂荣臻报告反围攻的经验教训（10月21日）　10月21日，聂荣臻向朱德、彭德怀、毛泽东等报告军区一个多月来反敌人围攻的经验和教训：（一）敌人在政治上企图分化八路军和共产党与其他友军、友党及群众的关系，尽量争取阎锡山，把矛头指向八路军和共产党。（二）我们在政治工作方面，积极发动群众还不够普遍。政权机关、县以上大都能坚持游击战精神，区乡较差。党的工作，河北各县较好，晋东北较差。（三）在军事方面，敌采取作战时步步推进的策略，在我军抵抗下，每日前进十里八里作一据点，并构筑工事。（四）敌人第一步前进是占领几个城市和交通要道，连接后方联络线。（五）八路军在进攻动作中，各方面配合得很好。（六）敌在战术上主要是步步推进，但也采用挺进支队。（七）敌占领五台、阜平各据点后，曾由五台、沙河分两路向耿镇、石咀、

① 参见《解放》第55期，1938年10月13日。

台怀施行“扫荡”迂回战，企图捣我后方及军政机关。（八）敌在进攻前，往往先施行威力侦察，以一部兵力展开作进攻态势，然后再以进攻队形及多梯队，集中兵力、火力，并施放毒气，攻击一点。（九）因敌人每路均有炮兵，有些地形虽属山地，但我无火力，故而有利于敌之攻击，如柏兰镇附近之牛道岭两翼均不便展开兵力，敌以炮火正面突破。（十）五台、阜平地区的山地多高山、岩石，道路少，我军在山地运动不易，而敌人占领四周铁路和公路，故敌情变化甚快。我以游击战小部队活动较有利。（十一）以较大兵团作战，干部和部队的教育都不够。同时从游击战争上来说，组织过大，运动不便；单位过大，指挥困难。（十二）目前的作战方针为敌占领各城市后似感兵力不足，后方部队尚不能作深入之进攻，我军除一方面分散游击，同时集结相当兵力待敌进入山地时，坚决突击之；另外以一部分主力转移敌后，不断伏击、袭击其运输线、联络线，孤立、围困深入之敌，逼退深入之敌，在敌人退却时打击之。①

晋察冀省委改成晋察冀边区党委（10月25日）　10月25日，根据中共中央1938年8月关于改变敌后党的领导机关名称的决定，晋察冀省委改称晋察冀边区党委。由刘澜涛任书记，李葆华任组织部长兼党校校长，胡锡奎任宣传部长，林铁任民运部长。边区党委下辖4个地委和察北特委。此时，一地委书记为王国权，二地委书记为张连奎，三地委书记为刘杰，四地委书记为栗再温。1939年3月19日，中共中央北方分局发出《关于晋察冀边区党委组成的通知》，决定以刘澜涛、赵振声、林铁、舒同、刘秀峰、刘道生、罗元发、赵尔陆、刘杰、栗再温等人组成边区党委执行委员会，以刘澜涛、赵振声、林铁为常务委员。边区党委主要成员的分工是：刘澜涛任书记，赵振声任组织部长，林铁任组织部副部长兼民运部长，刘秀峰任宣传部长。

冀中区青年工作委员会成立（10月）　10月，冀中区党委设青年工作委员会，黄敬兼任青委会书记，周克刚任副书记。各地委也同时设青年委员（兼冀中青救会特派员）。各地委的青年委员是：一地委刘国华，二地委吴大发，三地委孙国良，四地委宋罗其，五地委阎素。

行政督察专员公署成立（10月）　随着边区地域扩大和战争形势的需要，10月，晋察冀边区行政委员会决定再设立一派出机构，即行政督察专员公署。

---

① 参见周均伦主编《聂荣臻年谱》，人民出版社1999年版，第262—263页。

在冀西政治主任公署以下设立第一、第二、第三专署：第一专署，辖涞源、徐水、易县、满城、定兴、蔚县等，专员陈一凡；第二专署，辖唐县、望都、完县、阜平、曲阳等，专员张冲；第三专署，辖平山、灵寿、行唐、井（陉）获（鹿）、正定等，专员徐达本。在冀中政治主任公署以下设立第一、第二、第三、第四专署：第一专署，辖河间、深县、武强、饶阳、肃宁、献县、青县、交河、沧县等，专员（兼河间县长）冯钧；第二专署，辖蠡县、安平、深泽、无极、定县、安国、博野、正定、新乐等，专员（兼蠡县县长）王文仲；第三专署，辖文安、新镇、安次、霸县、永清、静海、大城、任丘等，专员（兼文安县长）仇友文；第四专署，辖雄县、固安、新城、容城、徐水、安新、新安、高阳、清苑等，专员（兼雄县县长）韩德三。年底，撤销冀西政治主任公署，所辖各专署由边委会直接领导。政治主任公署和专署是边区政府的派出机关，这表明，边区各级政权机构开始走向健全，边区政府已初步形成了集中统一的抗日民主政权体系。

11 月

彭真发表《晋察冀边区汉奸托派的卖国罪行》（11 月 7 日）　11 月 7 日，彭真撰写《晋察冀边区汉奸托派的卖国罪行》一文，发表在延安《解放》杂志上。文章指出，为了摧毁边区，日寇不但经常集中一切力量从外部进行武力的进攻，而且经常派遣汉奸托派到边区内部进行多方面的破坏工作。文章列举大量事实材料，揭露了汉奸托派以“假革命”欺骗民众，破坏抗战，破坏抗日民族统一战线的种种罪恶阴谋，强调反托派斗争绝不是中国的什么党派的斗争，而是全中华民族反对日寇汉奸、争取抗战胜利的伟大斗争的一部分。1939 年 3 月 15 日《抗敌报》全文转载了彭真的文章。

柳沟峪会议（11 月初）　冀东抗联部队东返途中，由于长途行军，抗联战士已经相当疲惫，加之正逢日军大“扫荡”，使抗联处境极为艰难，且连日苦战又有不少人员自动离队，故部队减员严重。于是部队在迁安县莲花院召开会议，决定回乡分散坚持，待机集中。最终李运昌部直属队只剩下 130 人。为了坚持冀东的游击战争，11 月初，李运昌在迁安县柳沟峪主持召开重整旗鼓的抗联干部会议。会议以冀热边特委的名义，决定学习红军长征精神，攻坚克难，坚持冀东的游击战争，把抗战进行到底。会后，派谷云亭、张志超、王化一、杨文汉等分散各地，恢复地方党组织，收拢失散的暴动队员。到年底，冀东抗联恢复到1400余人，与四纵3个小支队配合坚持冀东游击战争。柳沟峪会议是冀东抗战史上一次重要会议，对重整部队，恢复党的组织，建立地方政权，坚持抗日战争起到了关键性的作用。

毛泽东发出《关于巩固冀中部队、坚持长期游击战争的指示》（11月24日） 在敌人回师华北对冀中区进行大举围攻时，中共中央对巩固冀中抗日根据地，坚持长期游击战争，作出了重要决策。11月24日，毛泽东代表中共中央、中央军委给聂荣臻发出《关于巩固冀中部队、坚持长期游击战争的指示》，指出：估计今后华北形势的进展，冀中区域的中心任务是巩固现有武装部队，依靠群众力量，坚持长期游击战争。为完成以上任务，中央决定：（一）派程子华带一部分干部去冀中，程任吕纵队政治委员；（二）贺龙、关向应率一二〇师主力去冀中，推动影响当地部队正规化的进程；而冀中党应大力帮助扩大一二〇师，具体计划由关向应到晋察冀后与聂荣臻、彭真依据实际情况商酌办理；（三）贺龙、关向应到冀中后，吕正操部则归其指挥，唯建制系统仍属晋察冀军区管辖。① 遵照中共中央的决定，1939年1月8日，程子华率领四五十名红军干部和知识分子干部到达冀中。贺龙、关向应率部于1939年1月25日到达冀中，与冀东区党政军领导机关胜利会合。

冀中军民五次反“扫荡”作战（1938年11月至1939年4月） 日军在围攻晋察冀边区失败后，又开始“扫荡”冀中平原，妄图“肃清平地，以能按期达到肃清山地之目的”。日军调集平汉铁路北段一一〇师团、津浦铁路北段二十七师团各一部及伪军1万余人，从1938年11月至1939年4月，采取“鲸吞式围剿”作战，分地区、分阶段地对冀中抗日根据地接连进行五次大规模围攻战，妄图歼灭八路军主力和冀中党政军首脑机关，以占领冀中平原。

11月12日至12月9日，日伪军6000余人，战车2个中队，在飞机掩护下，以平津铁路为基点，分兵五路向大清河以北之固安、永清、霸县、雄县地区进行围攻。这是冀中人民子弟兵首次与日军进行大规模的作战。经过20个昼夜，冀中部队作战29次，伤亡200余人，毙伤日伪军600余人，俘伪军千余人。敌占领霸县、雄县、新镇、容城等县城。第三军分区领导机关转移至大清河以南，

---

① 参见《彭真传》编写组编《彭真年谱》上卷，中央文献出版社2002年版，第95页。

第五军分区部队化整为零，分区活动，第四军分区领导机关转移到白洋淀。

1938 年 12 月 21 日至 1939 年 1 月 20 日，日军对冀中平原进行第二次围攻，作战地区在潴龙河以西。敌集中兵力约 1500 人，配备战车、炮兵，从平汉路各据点出发，对安国、博野、蠡县进行围攻。冀中军区集中第二、第四军分区的主力打击敌军，在一个月中，经过大小战斗 22 次，毙伤敌军 300 余人。敌侵占了安国、博野、蠡县三座县城。

1939 年 1 月 25 日至 2 月 5 日，日军第二十七、一一〇师团和独立混成旅团共 7000 余人，在飞机配合下，开始对冀中实行第三次围攻。日军兵分五路：一路由保定进攻高阳、任丘；一路由定县经蠡县进攻肃宁；一路由沧县进攻河间、肃宁、任丘；一路由泊头镇进攻献县；一路由唐官屯进攻大城。日军企图将子牙河以西之部队和军政领导机关压迫到河间、肃宁、任丘、大城之间加以消灭。日军先后侵占任丘、河间、大城、高阳、献县等县城。形势非常严峻。这时，贺龙、关向应根据中央军委命令，由晋西北率一二〇师主力到达冀中。程子华也率 100 名军政干部由冀西到达冀中，并任冀中军区政治委员。随后成立了以贺龙为首的冀中区军政委员会和作战指挥部。在贺龙、关向应、吕正操的统一指挥下，一二〇师和冀中部队并肩作战，集中力量打击孤立深入之敌，作战 16 次，共毙伤日伪军近 900 人，迫使敌人由攻势转为守势，粉碎了敌军第三次围攻。

1939 年 2 月 1 日至 15 日，晋县、安国、河间、献具、交河等县之敌，纠集兵力 3000 余人，附装甲车、坦克车 20 余辆，分兵多路，对冀中平原举行第四次围攻。此时，冀中党政军领导机关和一二〇师直属队转移到了武强县西北的张德台、溪村一带。敌先后占领深县、武强、安平、饶阳等县城。一二〇师七一五团为掩护机关，在深县以东的邢家庄拦击敌军，连续打退敌 4 次冲击，杀伤大量敌人后，主动撤出战斗，使敌人对冀中的第四次围攻失败。

1939 年 3 月 18 日至 4 月 1 日，敌纠集日军第二十七师团驻河间等地之宫崎联队全部及驻新乐以北平汉沿线之第一一〇师团等部共 9000 余人，对冀中根据地进行第五次围攻。敌人分兵七路围攻文安、肃宁、任丘地区，企图捕捉冀中党政军领导机关，消灭八路军主力。在 14 天中，敌宫崎联队的主力，紧跟冀中党政军领导机关之后，连续组织了 4 次合击。由于冀中部队依靠群众，及时掌握了敌情，判断正确，指挥灵活，采取“盘旋式打圈子”的战术寻机打击敌人，一次又一次跳出了敌人的合围圈。经过 30 余次战斗，敌伤亡 900 余人，冀中军区主力顺利转移到子牙河以东地区。至3月20日，敌人占领了肃宁，但合击八路军领导机关的企图完全失败了。4月1日，敌除在肃宁、任丘、文安三城各驻兵一部外，各路敌军即返回原驻地。

经过敌人的五次围攻，虽然冀中平原的县城和一些重要市镇被日军占领，但是敌人消灭八路军主力和确保冀中平原的企图遭到了彻底破产。

***南羊村伏击战（1月6日）**　1939年1月6日，第二军分区第二十三大队第三营在安国至博野公路上的南羊村伏击了博野出犯之敌。部队获悉博野之敌要出动进犯，遂在南羊村路上埋了炸药，埋伏在沿街房顶上。6日上午，博野之敌60余人，乘车向南羊村开来。当敌人进入伏击圈时，炸药引爆，敌坦克被炸毁，汽车也被炸起火。第三营一齐猛烈射击，勇猛冲杀，日军小队长藤白幸郎以下30余人毙命，10余人负伤，其余狼狈逃窜。第三营仅伤5人，缴获轻机枪1挺、步枪5支、子弹1500余发。此战，打击了敌人的嚣张气焰，当地军民深受鼓舞。

***曹家庄战斗（2月2日）**　1939年1月31日夜，七一六团附独立第一支队第一营转移到河间以西之良村一带。2月2日，驻河间县城敌人出动200余名向西进犯。七一六团获悉后，决心打击这股敌人，就以第三营迅速进至曹家庄北侧的沈家庄，准备从侧翼包剿敌人，以第二营及独立第一支队一营在曹家庄南边的马家镇、王村为预备队。上午9时，敌人进到曹家庄东面之管中堡、杜中堡后，便以密集炮火向曹家庄轰击，七一六团沉着隐蔽待敌。10时许，敌人向曹家庄发起了攻击，在敌人接近七一六团阵地时，该团三营以猛烈火力打击敌人，一营由沈家庄向敌侧后出击，与三营配合夹击敌人。激战两三个小时，七一六团把敌人压退到管中堡、解中堡和中堡店3个村庄，占据曹家庄和杜中堡与敌对峙。15时，河间敌人300余人前来增援，进至解中堡后，向曹家庄、杜中堡发起攻击，七一六团顽强抗击，打退敌人的多次进攻。20时，七一六团向敌发起反击，攻占了解中堡和管中堡，敌人不支，于2月3日凌晨2时向河间撤退。七一六团追击攻入河间城内，战至3日4时，七一六团撤出。这次战斗，共毙伤敌人150余名，缴获轻机枪3挺、步枪24支。这是一二〇师到冀中后给敌人的第一次有力打击。

***大曹村战斗（2月4日）**　敌人在曹家庄遭七一六团打击之后，又纠集1000余人兵力，于2月4日拂晓前从河间城出发向西进犯，企图进行报复。早6

时，敌人进到大曹村东北之小刘庄。当时一二〇师七一六团第二营位于大曹村，一营、三营及独立第一支队第一营位于刘家疃、大王庄，冀中军区北上挺进支队此时也到达良村，与七一六团取得了联系。七一六团根据敌人行动的情况，决心再给河间出犯之敌以打击。9 时，敌人开始向大曹村进攻，二营依托工事坚守，连续打退敌人的 4 次冲击。敌人施放毒气，二营指战员用小便、雪浸湿毛巾蒙住口鼻，继续顽强地进行战斗。战至天黑以后，七一六团、冀中北上挺进支队一部发起反击，敌人仓皇逃回河间。此次战斗，共毙伤日伪军 300 余人，其中有日军大队长 1 名，缴获轻机枪 1 挺、掷弹筒 2 具、长短枪 16 支及各种物资。

* **邢家庄遭遇战（2 月 10 日）** 鉴于敌人已形成合击安平、饶阳、深县、武强之间地区的态势，冀中总指挥部决定一二〇师和冀中区领导机关于 2 月 9 日黄昏向沧石路以南护架池一带转移。当冀中区领导机关向护架池一带前进时，得悉武强之敌已向西南前进，可能进攻护架池一带。总指挥部遂即决定已出发的部队返回，未出发的部队作好战斗准备。同时命令从大青山来到冀中的一二〇师七一五团加速进至武强西北之邢家庄、东西黄龙一带。2 月 10 日拂晓，驻邹村敌人向张法台方向进犯，一二〇师七一五团昼夜兼程于 10 日拂晓前赶到了邢家庄，与敌人遭遇，该团立即占领阵地，拦击来犯之敌。敌以为已捕捉到冀中区领导机关，于是蜂拥而来，在坦克、装甲车掩护下，向邢家庄展开围攻，王村之敌也赶来增援。七一五团指战员与 1000 余名敌人展开英勇顽强的战斗，连续打退敌人 4 次冲锋，杀伤敌人 130 余名。战至下午 4 时，七一五团掩护一二〇师及冀中区领导机关安全转移后，撤出了战斗。

* **黑马张庄伏击战（3 月 1 日）** 敌人第四次围攻后，驻河间城的日伪军每天都派出二三百人到周围村庄抓夫、抢粮、平道沟，令各村成立伪组织，组建自卫团，实行“联防”，并形成了单日出西门、双日出东门的规律。为了给河间之敌以有力打击，阻止其由点向面的扩展，七一六团和冀中军区第三十大队经过侦察敌情、勘察地形，决定在河间县城以西 4 公里之黑马张庄伏击河间城西出之敌。2 月 28 日夜，部队秘密进入伏击地区，七一六团第二、三营布于黑马张庄，第一营布于梅家店，冀中军区第三十大队布于达子房。3 月 1 日 7 时，日军 120 余人出河间西门经果子洼向黑马张庄前进。8 时 30 分，敌先头部队 40 余人接近黑马张庄，由于侦察员暴露，敌人首先开火，伏击部队向敌猛烈射击，敌被迫退入村头一独立院落。敌先头部队受阻，后续部队乃改道由南面向黑马

张庄进攻，遭严重打击后，亦退向一独立院落。此时，伏击部队向敌发起攻击，战斗到 11 时 30 分，敌退至一片小树林和坟地死守。河间敌 130 余人增援，被阻于果子洼。黄昏后，七一六团和冀中军区第三十大队的一个营向敌人发起总攻，战斗 2 小时，敌向河间城溃退。此次战斗，共进行了 12 个小时，歼敌 130 余人，生俘 1 人，缴获重机枪 1 挺、轻机枪 2 挺、掷弹筒 1 具、长短枪 10 支、子弹 7000 余发、战马 16 匹、其他军用物品 87 件。这是在打破敌人第四次围攻之后，一二〇师和冀中部队并肩作战，主动歼敌的一个成功战例。

中央关于继续创建冀热察区根据地的决策（11 月 25 日） 四纵和冀东抗联队伍西撤后，留在冀东的八路军 3 支游击队组成了军政委员会，苏梅任书记，陈群、包森、周文彬、单德贵为委员。但由于没有形成统一的军事指挥和党政工作职能机构，3 支游击队处于各自为战的状态：苏梅、陈群支队活动在丰润、迁安地区，包森支队活动在遵化县北部，单德贵、赵立业支队活动在蓟县、平谷、密云 3 县山区。同时，3 支游击队与坚持在冀东的抗联队伍也没有形成统一领导。大暴动时建立起来的各抗日县政权也随部队西撤，游击队在作战时没有政权和后援支持，加之日军不断围攻和“扫荡”，群众抗日情绪跌落，使坚持在冀东的抗日武装处于十分严峻和艰险的境地。中共中央一直高度关注冀东地区抗日游击战争形势的发展。11 月 25 日，毛泽东给朱德、彭德怀、聂荣臻的电报中，再次强调一定要坚持冀东抗日游击战争。毛泽东指出：“冀热察地区有许多有利条件，是可能坚持抗日游击战争、创建游击根据地的。但是也有许多困难，要经过长期艰苦斗争，才能达到目的。”又指示：“与冀东须保持联系，冀东干部如不够时，须立即派回一部工作。”① 1939 年 1 月，在中共北方分局召开的晋察冀边区第二次党代表大会上，根据中央指示，研究讨论了坚持冀东游击战争问题。聂荣臻在大会结论中肯定了冀东地方党组织坚决发动冀东游击战争的精神和成绩，总结了经验教训，指出：“创建新的根据地是不容易的，是长期性，不是一下子就可以干好的事情，特别是不能有抓一把就走的思想，而要着眼于在激烈斗争中建立根据地。”② 他分析了冀东的有利条件和存在的困难后明确提出：“以后冀东依然要成立与创造根据地。”③ 之后，成立了冀热察区党委和冀热

---

① 中共唐山市委党史研究室编：《冀东革命史》，中共党史出版社 1993 年版，第 211 页。

② 中共唐山市委党史研究室编：《冀东革命史》，中共党史出版社 1993 年版，第 211 页。

③ 中共唐山市委党史研究室编：《冀东革命史》，中共党史出版社 1993 年版，第 211 页。

察挺进军，统一领导冀热察地区的军队及地方党、政权工作。

聂荣臻撰写《抗日模范根据地晋察冀边区》一书（11 月） 11 月，聂荣臻根据晋察冀抗日根据地初创一年来的斗争情况，向党中央写了 10 万多字的军事报告，报告共分“在战斗中成长的晋察冀边区”“一年来我们在敌后战斗的收获”“日寇的新围攻和我们的反围攻斗争”“边区抗战的经验对于全国抗战的教训”四大部分。报告中说：根据地现已发展到了 3 省 72 县，面积 10 万平方公里，人口 1200 多万，武装部队有了巨大发展，还组织了众多的民兵、游击队、义勇军等抗日武装，经历大小战斗数百次，歼日伪军 1.5 万余人。报告系统地总结了发动群众抗日的经验，根据地斗争的意义，日伪军作战的特点及战胜其所采取的战略战术等。这份报告，毛泽东给予了高度重视，要聂荣臻对报告进行补充、修改后，成书出版，并为之作序，亲笔题写了书名——《抗日模范根据地晋察冀边区》，并于 1939 年 3 月 18 日，致电八路军前方总部、一一五师、一二〇师、一二九师等单位：“这本书对外对内意义甚大。”毛泽东在序中称赞晋察冀边区坚决实行了孙中山的三民主义，“用艰苦奋斗的游击战争创立华北抗战的堡垒”。这本书有凭有据地述说了晋察冀边区在一年半的时间内如何实行三民主义与如何坚持游击战争的经验，不但足以击破汉奸及其“应声虫”的胡说，而且足以为各地如何实行三民主义、如何唤起民众以配合抗战提供典范。总政治部主任王稼祥为《抗日模范根据地晋察冀边区》一书作序。序中说：“晋察冀边区已经成为在敌后方的一个抗日模范根据地了，聂荣臻同志的这本小册子叙述了这个模范根据地的产生、发展、巩固，及其与日寇的艰苦卓绝的奋斗。”朱德也为本书作序：本书以亲身的经历来阐明晋察冀边区的发展与巩固，其目的在于向全中国军民与全世界人士宣告：我们要胜利，我们一定胜利。1939 年 5 月，该书在延安、重庆两地出版发行。①

12 月

抗大二分校的创建（12 月 13 日） 为了准备对付日军进攻西北，减少陕甘宁边区财政粮食的困难，扩大抗大学员人数和加强学员理论联系实际的能力，

---

① 参见晋察冀边区革命史编纂委员会编《晋察冀边区革命史编年》，河北人民出版社 2007 年版，第 261 页。

12月13日，中共中央、中央军委决定成立抗大第二分校，任命陈伯钧为校长，邵式平为副校长，袁子钦为政治部主任，张平凯为副主任，徐德操为训练部长，吴县恩为供给部长。同时将抗大第一大队的第一支队改编为抗大第二分校的第一大队，任命詹才芳为大队长、李中汉为政治委员。二分校先遣队5个学员队于1938年12月22日从延安、蟠龙等地出发，经绥德、米脂、葭县，后抢渡黄河天堑，进入山西的兴县。在八路军一二〇师的帮助下，顺利进入晋察冀边区。1939年1月28日，第一梯队到达晋察冀边区的灵寿县陈庄一带。之后第二梯队到达，队伍会师后，二分校共有2000多名教职员工在敌后汇合。抗大第一期于当年3月初开学，学员1100多人，大多是外来的知识青年。1939年5月，抗大二分校第二期开学，学员主要是来自北岳区的干部和冀中部分地区的干部，共编为4个大队，14个小队。此外，还有地方干部1个队，共15个队，学员共计2327人。彭真致电杨尚昆、朱德、彭德怀，转毛泽东、王稼祥并中央书记处，提出抗大二分校的办校方针："抗大二分校应作为保障并发扬八路军的传统作风，创造训练八路军和一般地方干部之学校；学生从部队和政治面貌及历史清楚之党员或无党派积极抗日分子中选送；学校生活完全八路军化；为加强学校的集体领导，由学校负责同志组织特别小组负责党和政治领导。"① 当年的9月下旬，抗大总校来到晋察冀，二分校将陈庄一带的校址让出，迁往灵寿县的韩信台和唐县、完县边境的神南镇一带继续办学。总校于1940年1月迁往晋东南，即今天的前南峪一带。抗大二分校共开办4期，1943年2月，奉中央军委命令归总校建制。抗大二分校是抗大各分校中创办最早的分校。抗大二分校的创建，为支援抗日输送了大批干部人才。

鏖战南寨垴（12月25日） 12月25日，日军千余人从石家庄、保定分三路经温塘向第四军分区洪子店进攻。同时，平定之敌近千人经盂县向北冶进攻，对洪子店形成夹击之势。当时，经过充分的转移、准备，洪子店已经成为一座空城。25日上午，敌人的骑兵在温塘东遇到四分区排哨的阻击。敌军虽伤亡甚重，但仍进至马舍口。驻守在南寨垴的部队力阻敌兵前进，于是形成鏖战态势，战斗进入胶着状态。敌人集中火炮疯狂地向南寨垴密集射击，然后沿米峪河西岸向北疏散，并渐次跃进。面对三面受敌的情势，四分区部队只好放弃阵地，

---

① 《彭真传》编写组编：《彭真传》，中央文献出版社2002年版，第214页。

除留一个中队隐蔽以备夜间袭敌之外，其余全部撤出南寨垴，转入平定方向迎敌。下午 4 时，敌人进入了洪子店。次日，平定近千日军来犯，部队在北冶猛烈阻击，将其击退。而在东线，四分区奋勇队 40 余人，身着便衣，分两部前往温塘。奋勇队包围了敌军营房，炸死敌人 20 余名。散住在其他屋子的几十名敌人，与奋勇队在街巷院落中展开白刃肉搏。此时，温塘之敌闻讯，飞速驰援。于是奋勇队撤出战斗。

晋察冀边区行政委员会提出文化建设的几点意见（12 月 29 日） 12 月 29 日，边区政府提出了文化建设的几点原则意见：第一，用一切力量和总后方文化界建立密切联系，取得文化主力的帮助；第二，建立并健全全边区统一的文化工作的领导机关，提高文化工作的组织性与计划性；第三，纠正与克服文化工作中狭隘的功利主义的观点与态度，全面地开展文化运动；第四，大量吸收与培养文化工作的干部，健全文化工作的领导；第五，推进文化工作，大踏步走进广大群众中去，面对广大群众，开展通俗的文化运动。这五点意见为边区文化建设指明了发展方向。

晋察冀分局和晋察冀军区召开蛟潭庄联席会议（12 月末） 12 月末，在彭真主持下，晋察冀分局和晋察冀军区在平山县蛟潭庄召开联席会议，聂荣臻、贺龙、关向应、萧克、马辉之等参加会议。会议于 1939 年 1 月初结束。会议部署冀热察地区的工作，宣布了冀热察区党委和冀热察挺进军的领导成员：区党委由马辉之、姚依林、萧克、张明远等组成，马辉之任书记，挺进军由萧克任司令员兼政治委员。会议确定冀热察区党委和挺进军当前的任务：巩固平西，坚持冀东，开辟平北，创建冀热察抗日根据地。会议确定了组成平西、平北和冀东（冀热边）3 个地委，张明远任平西地委书记，苏梅任平北地委书记，周文彬任冀东地委书记。

刘庆山事件（12 月） 《抗敌报》于 12 月刊登了一条“灵寿县长失职撤职议处，区长粟怀玉等亦依惩治贪污条例法办”的报道。事件经过如下：刘庆山是灵寿县第三区的一个农民，也是抗日积极分子，因发现第三区区长粟怀玉及其助理员梁世昌有贪污公粮、公债和慰问金等问题，向县长蓝天检举揭发。蓝天县长不加调查，庇护下属，认定刘庆山属诬告，将刘庆山扣押县府，未经审问即执行枪决，造成了轰动一时的“刘庆山事件”。经民众团体控告，晋察冀边区委员会派专员调查核实此案，并公布了调查结果：当地区长和助理二人贪污情况属实，按照《晋察冀边区惩治贪污暂行条例》法办，县长因不经查实，庇护下属而被撤职。同时，边区委员会指示做好刘庆山家属的抚恤、民众团体的安抚工作，保障救亡工作人员的生命安全等事宜。

晋察冀边区临时邮政总局创办（12月） 晋察冀边区行政委员会于12月创办了晋察冀边区临时邮政总局，在边区腹地恢复了一些邮政局、所，组织开辟了通往北岳区各县的邮路，并向外逐步开辟了通往晋西北与延安的主要干线和向南越过正太铁路通往太行区的辅助干线，沟通了晋察冀边区根据地与延安中共中央及驻太行区八路军总部的联系。

晋察冀边区开展1938年冬学运动（冬） 晋察冀边区行政委员会成立不久，就发出了一系列关于开展社会教育的命令和指示，明确指出“要把冬学当作今天政治动员工作的中心任务之一，使它真正担负起战争动员中的组织任务”。1938年冬，晋察冀边区各县从党内到群众团体内积极地进行动员，要求“村村办冬学”，“会的教人，不会的跟人学”。晋察冀边区第一次冬学运动开始。第一次冬学运动的男女学员有20多万人。他们多是自卫队员和农、工、青、妇等群众团体的会员。冬学学习内容有政治常识（抗战形势）、中心工作、识字课、教唱救亡歌曲，有的地方还学习军事知识和除奸知识。通过这次冬学运动的训练，多数学员不但学了文化，而且了解了抗战的持久性，坚信最后胜利一定属于中国，提高了抗战信心，激发了抗战热情。

此后，晋察冀边区年年办冬学。参加冬学学习的人数年年都有所增加。如繁峙县1939年共办冬学190处，有学生12 000余人；1940年办冬学230处，学生增加为17 000人。在北岳区，无论是巩固区还是游击区都达到了一个村庄办一所冬学的目标，有的村庄甚至办了几个冬学。再者，冬学的办学形式由最初是各种人混合编班的单一形式发展成为男冬学、女冬学、成年班、青年班和儿童班等多种形式。办学的时间分为早冬学、午冬学、晚冬学。这样就能充分地利用各种人的闲暇时间，使各种人都有了上冬学的可能性。为了提高群众上冬学的积极性，营造浓厚的学习氛围，晋察冀边区各地还提出了许多行之有效的鼓励冬学学员学习的方法，如奖励学习模范，组织冬学突击队到各村检查和帮助办学，组织冬学考试和冬学竞赛，组织参观优秀冬学，建立学习站，设立岗哨识字牌和家庭识字牌，创造随处可识字、处处能学习的环境。有时在冬学运动中遇上敌人“扫荡”，那就投入反“扫荡”斗争。反“扫荡”斗争一结束，就猛烈地开展冬学运动。

晋察冀边区开展的冬学运动，不仅是一种大规模的社会教育实践，也是发动群众参加抗战的大动员，它提高了农民抗日的积极性，促进了抗日根据地的建设。

晋察冀边区大力发展人民武装（年底）　晋察冀军区在建设主力部队时，以极大的努力加强地方武装的建设。抗日自卫队是敌后游击战争中的一支伟大力量。在根据地各村庄，凡 16 岁以上 55 岁以下的男女公民，基本上都参加这个不脱离生产的武装组织。他们担负站岗放哨，传递消息，盘查汉奸匪特，运送伤员和作战物资，破坏敌人交通以及其他各项抗战勤务。他们的武器虽然主要是红缨枪、大刀、手榴弹，但他们所显示出来的力量，往往使拥有机枪、大炮的敌人无所施其技。自卫队中，有由党员和先进分子组成的基干自卫队（或称为模范自卫队），有由青年积极分子组成的青年抗日先锋队。这两部分以后统称为民兵，是人民自卫队中的骨干。为了进一步巩固和壮大人民武装力量，边区行政委员会于 1939 年 9 月颁发了《边区人民武装抗日自卫队暂行组织条例》，提出建立“百万民兵”的号召。10 月，成立了边区临时人民武装委员会，1940 年 4 月后，又逐级选出了正式的边区人民武装委员会的领导成员。各级党委加强了对人民武装的领导，以优秀共产党员担任自卫队和民兵的领导职务。这样，晋察冀边区的武装力量，不仅拥有强大的主力部队，还拥有众多的地方部队和人民武装。这三级武装组织有机地结合在一起，成为坚持游击战争、巩固与发展根据地的可靠保证。

***冀中人民抗日武装的发展和加强（冬）**　冀中抗日根据地的人民武装，到 1938 年冬季，已普遍建立和健全了人民武装自卫队的组织。凡是 16 岁到 55 岁的抗日人民，不分阶级、性别和宗教信仰，基本上都参加了人民武装自卫队。各县设总队部，区设大队部，村设中队部，健全了各级的组织领导。该组织在站岗、放哨、盘查行人和充当向导、抬担架、运送作战物资、配合部队作战等方面起到了一定的作用。从 1939 年春起，日军加强了对冀中抗日根据地的围攻和“扫荡”，并占领了一些城镇。为适应对敌斗争的需要，根据地开始建立民兵组织，首先组织起基干自卫队，由 24 岁至 35 岁的先进分子组成。后来，18 岁到 30 岁身体健康、坚强勇敢、家庭牵挂较少的女性也组成了妇女基干自卫队。这时，在深泽、安国、定南等几个县的一些村庄，在村党支部和青救会的支持

下，由青年积极分子组织了青年抗日先锋队（简称“青抗先”）的组织。

1939 年 7 月，冀中青救会召开第一次青年代表大会，作出了普遍建立青抗先的决定。到年底，全区青抗先会员发展到 10 万余人，成为一支最活跃的民兵力量。为了加强人民武装的建设，1939 年秋，在冀中全区建立起各级人民武装委员会（简称“武委会”），负责统一领导人民武装。1940 年 3 月 16 日，冀中区政治主任公署又发出了《关于加强妇女自卫队领导令》，决定人民武装自卫队县总队部、区大队部和村中队部增设妇女干事一人，其任务除在所在队部领导下负责领导、教育、训练妇女自卫队外，并兼任该同级妇救会武装部长。在各级村党支部的坚强领导下，民兵不断成长壮大，战斗力进一步得到加强，军政素质也得到了提高。

平西抗日根据地的恢复（年底） 八路军第四纵队主力部队从冀东返回平西时，根据地已经遭到严重破坏，各县、区、村建立了伪政权，敌伪和土匪的活动十分猖獗。因此，部队到平西后，就立即投入紧张频繁的战斗，先后收复了镇边城、军响、青白口、东斋堂、西斋堂等重要村镇，逐步控制了东起长辛店，西至紫荆关，南起高碑店，北到蔚县、宣化、怀来、涿鹿的大片地区，与晋察冀边区一分区紧密相连，重新打开了局面，先后建立了宛平、涞水、宣（化）涿（鹿）怀（来）、房（山）良（乡）、涞（水）涿（县）5 个抗日民主县政府。同时，开办了县、区、村基层干部短期训练班，进行党的抗日救国主张和各项方针政策的教育。到 1939 年初，平西逐步建立了县、区、村各级政权和群众组织，并成立了专员公署。平西抗日根据地逐渐恢复。

1939年

1月

中共中央北方分局成立（1月初）　中共中央扩大的六届六中全会以后，为了加强战区和敌后工作的统一领导，1938年11月9日，中央政治局在发出的《关于北方局及分局委员的通知》中决定：成立晋察冀分局，以聂荣臻、彭真、关向应、程子华为晋察冀分局委员，彭真兼分局书记。1月初，中共中央决定撤销晋察冀分局，成立中共中央北方分局。中共中央北方分局（对外称“教委会”）在河北省平山县蛟潭庄成立，代表中共中央和北方局，对晋察冀地区的党政军民工作实行全面领导。以聂荣臻、彭真、关向应、程子华为委员，彭真任书记，刘仁为组织部部长，李常青任宣传工作委员会书记，肖明为副书记。同年夏，姚依林任分局秘书长，赵振声任分局组织部长。随后又成立社会部，许建国（杜里卿）任部长，陆平任分局青委书记。此时，分局下辖晋察冀区（后改称北玄区）、冀中区、冀热察区3个区党委。当时，晋察冀区党委书记为刘澜涛；冀中区党委书记为黄敬；冀热察区党委书记为马辉之，领导平西、平北与冀东党的工作，并领导平、津、唐等敌占大城市党的工作。中共中央北方分局的成立，统一和加强了晋察冀边区党政军与群众工作的领导，使晋察冀、冀中、冀热察3个战略区更为紧密地结合起来，为巩固和发展晋察冀抗日根据地起了重要的保证作用。

程子华等到冀中（1月8日）　中共六届六中全会后，程子华回到山西，向战动总会和一二〇师首长移交了工作，肩负党中央赋予的新的重任，准备挺进冀中地区开展抗日对敌斗争。1938年12月初，程子华离开岢岚，经岚县、静乐，向同蒲铁路进发。12月底，程子华率领四五十名红军干部和知识分子干部到达晋察冀边区，会见了聂荣臻、彭真等，具体商定了去冀中的任务与计划。

1939年1月8日，程子华到达冀中军区所在地——高阳县大王果庄，和吕正操、王平、孙志远等首长会合，担任三纵队兼冀中军区政治委员，原政治委员王平任副政治委员。随同程子华一起到冀中的干部，大部分到各军分区、主力团担任军政主要领导职务。其中谭冠三任冀中军区政治部副主任，张仁槐任冀中军区政治部宣传部部长，旷伏兆任第一军分区政治委员，帅荣任第四军分区政治委员，聂鹤亭任第四军分区副司令员兼参谋长，李天焕任第四军分区政治部主任，周彪任第五军分区政治委员。这批干部到冀中部队任职，加强了冀中军区各级的领导，建立和健全了政治委员和八路军的政治工作制度，进一步加强了共产党对冀中部队的领导。在程子华的主持下，冀中军区召开了3次政治工作会议，这对冀中部队的巩固与提高，对三纵队的正规化、八路军化的建设，起到了重大作用。

晋察冀边区第二次党代表大会召开（1月13日至2月初） 中共中央北方分局成立后，于1月13日在河北省平山县蛟潭庄附近的北苍蝇沟村召开晋察冀边区第二次党代表大会（亦称“苍蝇沟会议”）。此时，国际友人白求恩大夫从灵丘来到军区，也参加了大会。会议历时20多天，于2月初结束。会议传达与贯彻了中共六届六中全会精神，宣布成立以彭真为首的中共中央北方分局，全面总结创建晋察冀根据地的各项工作与经验教训，确定边区党在抗战相持阶段中的基本方针和任务。大会特别强调加强党的领导和根据地建设工作。在大会上，彭真作了传达六届六中全会精神的主报告和《关于新阶段的诸问题》的结论报告。聂荣臻作了边区《十四个月抗战的经验与总结》的报告和会议总结，马辉之作了冀热察边区工作的报告，黄敬作了晋察冀边区工作的报告，舒同作了军队工作的报告。

彭真在主报告中系统阐述了以毛泽东为首的党中央关于中国革命的基本理论和在抗战时期的基本政策，着重阐明了党的统一战线与民主共和国问题。他说：从党的五中全会至六中全会，中国革命的性质虽然没有变化，仍然是资产阶级性质的民族民主革命，但是由于国际关系和国内阶级关系的变化，“革命的战略方针已经改变了”，“从苏维埃革命战争转变到抗日民族战争”，在国内建立起了抗日民族统一战线。党在17年的斗争中，学会了运用马克思主义，更能具体运用马克思主义解决中国的实际问题，使马克思主义中国化、民族化；了解了中国社会发展和阶级斗争的规律，一切从分析具体情况开始；学会了国际和国内的革命经验教训，根据客观情况决定自己的方针。彭真根据毛泽东对战争的分析，阐述了战争的规律及其发展的主客观原因，以及中日战争相持阶段的特点及其积极因素与消极因素的消长变化，指出："抗战须经过战略防御、战略相持和战略反攻三个阶段；战略相持阶段也是准备战略反攻的阶段，期间长短，决定于我之进步、敌之困难与国际援助的发展程度，只要我之进步以及敌之困难与国际援助二者或其中之一同时具备了反攻的条件，便是举行反攻的时候了；目前正处在由战略防御向战略相持转变的过渡阶段。"他论述了抗日民族统一战线的特点，指出统一战线的形成是在斗争中，因此其发展与巩固也是在矛盾斗争中进行的。在抗战新阶段，全民族的紧急任务是：坚持持久抗战，巩固与扩大抗日民族统一战线，克服困难，停止敌之进攻，准备力量实行反攻，驱逐日寇出中国。共产党员在完成这一总任务的各方面工作中，要起模范的作用。①

在《关于新阶段的诸问题》的结论报告中，彭真根据毛泽东关于马克思主义普遍真理与中国具体实际相结合的思想，着重阐明了马克思主义中国化的问题。他说："马克思主义中国化的意义，是把马克思主义的原则和方法应用于中国的具体问题上。就是要根据当时当地的具体情况，灵活地运用马克思主义的原则和方法来具体解决中国的问题。""怎样能够中国化呢？这就要：（一）真正确实地懂得马克思主义的革命方法和精神，把它融会消化成为自己的东西，不是死背马克思主义的句子，当成教条咬文嚼字，那只是书蛀子。（二）精密地分析当时当地的情况，分析其特点，了解客观的环境、主观的条件和各方面相互联系的关系。（三）总结并参照已经在长期斗争中所得的经验教训，把它和当前具体情况及理论原则配合起来，以决定具体的方针、方法等。（四）慎重地处理问题，要能够随着客观形势的发展变化而及时更改订正自己的方针战略策略等。""马克思主义的中国化要克服两种错误倾向。"一是教条主义、公式主义；二是狭隘的经验主义。"这两种（错误倾向）都是反马克思主义的，都是错误的，也更不是马克思主义的具体化。"② 关于党内民主与集中问题，《关于新阶段的诸问题》的结论报告指出："在新环境下党的公开合法的地位与活动范围的扩大，需要提高和发扬党内的民主。"关于点线工作，该报告指出："在敌占大城

① 参见《彭真传》编写组编《彭真传》，中央文献出版社2002年版，第146—149页。

② 《彭真传》编写组编：《彭真传》，中央文献出版社2002年版，第147—148页。

市中党战略上要采取退却方针。”要利用各种灰色公开合法的形式，一点一滴地埋头苦干，去团结组织群众；在工厂和各种部门中建立短小精干的支部；耐心地培养教育干部。结论报告还就城市与乡村问题、中国革命性质与规律问题、关于人民战线的几个问题等分别进行了说明和论述。

会议期间，聂荣臻作了关于边区《十四个月抗战的经验与总结》的报告。报告说：（一）由于晋察冀军民坚持抗战，已钳制了敌人 5 个至 10 个师团的兵力，使敌人没有巩固的后方，也不能利用华北资源去进攻华中、华南，不能扩大伪军、伪组织，我们却可以用华北的人力、物力去进行抗战。（二）我们创建根据地是为坚持抗战，不是搞割据，不是搞磨擦，“若为‘升官发财’则必使根据地塌台”。（三）我们以自己战斗的实例，为人先导，对敌后游击战争起示范作用。（四）我们坚决执行中共中央路线，有团结互助精神，不仅提出主张，而且有实际行动，因此取得友党、友军的敬服。（五）晋察冀根据地处在敌人深远后方，是华北铁路网的中心，是国防最前线，又是华北其他根据地的枢纽。它是全国在敌后唯一的统一战线的政府，“其他区域皆以此为模范”。（六）边区粉碎敌人围攻的基本经验是：敌大部队深入山地，人与给养必须靠后方联络，将其后路切断，必易得胜；在山地，不要据险而守，而应以小部队进行灵活的游击战；夜袭经常能获得成功；对敌扰乱性的游击战要多进行；伏击经常能取得成功。（七）冀中平原可以开展游击战争。（八）冀东的挺进游击战，开始取得了很大胜利，但胜利没有能巩固住。①

大会讨论了当时的斗争形势，认为：抗战进入相持阶段后，由于日本帝国主义采取新的侵华方针，国民党反共顽固派消极抗战，制造磨擦，边区已经成为最突出的斗争前线，根据地的斗争将会更加复杂和艰苦。大会全面总结了创建晋察冀根据地的各项工作与经验教训。会议指出，边区党在各方面取得的辉煌胜利，主要是遵循与执行了党中央的正确路线、方针与政策，团结了全边区人民进行抗战，努力奋斗牺牲之结果。所取得的经验可以概括为：创建根据地和开展游击战争，最基本的是要依靠人民群众，得到边区广大人民的支持和拥护，才是我们事业成功的可靠基础。在发动与组织千千万万人民争取胜利的斗争中，党的正确的路线与政策是事业成功的决定因素，只有依靠正确的政策，特

---

① 参见周均伦主编《聂荣臻年谱》，人民出版社 1999 年版，第 274 页。

别是统一战线政策，才能把一切抗日的人们团结在党的周围，去夺取抗战的胜利。

晋察冀边区第二次党代表大会正确地分析了全国抗战和敌后边区的形势，总结了创建边区抗日根据地的基本经验，确定了建设和巩固边区的基本方针和各项任务，在边区根据地的发展史上具有非常重要的意义。

八路军一二〇师到达冀中（1 月 15 日） 中共六届六中全会闭幕后，贺龙离开延安返回山西岚县。1938 年 12 月 11 日，贺龙和关向应一起主持召开了为期 7 天的团以上干部会议，传达六届六中全会精神，总结抗战以来的工作，部署讨论东进冀中的任务。在这期间，还召开了旅以上干部会，着重讨论了带哪些部队去冀中的问题。会议决定贺、关率领师直、第三五八旅第七一六团和独立一支队开赴冀中，并调七一五团两个营从晋绥大青山直接开赴冀中，同时对坚持晋西北和大青山斗争的兵力作了部署。会上还就如何执行中央交给一二〇师去冀中部队巩固冀中平原抗日根据地，坚持游击战争，帮助冀中三纵队整训和发展，扩大自身力量的三大任务，进行了认真的讨论和研究。会后，贺龙即命令紧急进行三项准备工作：（一）派师侦察连侦察忻县到阳曲铁路沿线的敌情，拟定通过同蒲路的具体计划；（二）司令部编写出平原游击战的若干教材，供部队学习教育；（三）筹集、补充武器、弹药和粮食，安置老弱病残人员。由于考虑到国民党政府派驻一二〇师有位叫陈宏模的上校参谋，贺龙强调，这些工作必须秘密进行，按期完成。12 月 20 日，贺龙、关向应、萧克发出了东进冀中的命令。12 月 22 日，他们率部从晋西北的岚县出发。1939 年 1 月 2 日，贺龙、关向应、萧克到达山西省忻县峪口村后，去河北阜平会见晋察冀军区聂荣臻司令员和北方局书记彭真，一起商讨了挺进冀中的具体事宜。1 月 15 日黄昏，贺龙率部从新乐以南、正定县新安村车站以北越过平汉铁路，进入冀中。为了行动方便，贺龙将部队分成左、中、右 3 个纵队。贺龙率独立一支队为中央纵队，七一六团掩护师供给部、卫生队为右路纵队，教导团为左路纵队。部队急行军 140 华里，由长寿车站与新安村车站之间，越过平汉铁路。16 日，到达安国县邢邑镇贾村。19 日，贺龙与甘泗淇赶到任丘县的大王果庄，会见冀中区领导人吕正操、程子华、黄敬等，向他们传达了中共中央的指示及一二〇师到冀中的战略任务。1 月 25 日，贺龙率部在冀中河间县城西北的惠伯口村与冀中区党政军领导机关胜利会合。一二〇师七一五团，在王尚荣团长的率领下，从绥远大青山根据地出发，于 1939 年 2 月 8 日到达冀中，10 日到达武强县邢家庄与师部会合。一二〇师到达冀中，给冀中军民以极大的鼓舞，对打破日军的围攻，粉碎鹿钟麟、张荫梧等国民党顽固派在冀中制造的磨擦事件，稳定冀中的局势，巩固冀中抗日根据地，对三纵队正规化、八路军化的建设，起到了重要作用。

左权发表关于晋察冀边区反围攻经验的文章（1月17日） 1月17日，《新华日报》发表左权《论敌人大举围攻晋察冀边区及晋察冀边区反对敌人大举围攻斗争中之经验教训》的文章，对晋察冀边区反敌人大举围攻的斗争中存在的经验教训作了具体论述：有充分的反对敌人围攻的准备；正确的领导与坚固的团结；机动的作战，边区军队反敌人围攻的作战，就是采用游击运动战；坚决打击敌人，坚持持久的作战；深入的民众动员；政权工作一般的尚能适应战争环境，特别是县与行政区，都有着艰苦奋斗，坚持持久奋斗的精神与决心。这些经验教训，对于坚持持久作战，特别是在敌人后方，坚持持久作战，准备不断地反对敌人的围攻，战胜敌人的不断进攻与围攻，争取抗战的最后胜利，是极有意义的。

中央发出《关于我党对国民党防共限共政策的指示》（1月21日） 1月21日至30日，国民党在重庆召开五届五中全会。会议制定了“溶共、防共、限共、反共”的方针，通过了所谓《限制异党活动办法》等秘密文件，并设立“防共委员会”。自此以后，国民党对共产党的磨擦日渐加剧。1月23日，中共中央书记处发出《关于我党对国民党防共限共政策的指示》，指出，最近蒋介石令敌后抗战部队不得擅自移驻，不得兼管行政，坚持取消冀南甚至冀中行政公署、战地政治委员会之设立等，说明蒋介石和国民党的政策在于加紧限制八路军的发展。各方顽固分子特别是暗藏的日军奸细，便乘机加紧对八路军的磨擦、排挤和破坏。我们对磨擦如逆来顺受，则将来磨擦逆流必更大，顽固派气焰必更高，故我们应以冷静而严正的态度对之。在国民党五中全会结束以前，八路军暂不作大的移动，以观统战形势之发展。已建立之政权，不到万不得已时，决不轻易放弃。① 这一指示在国民党反共限共形势日趋紧张的情况下起到了鲜明的指导作用。

南龙贵惨案（1月23日） 南龙贵村位于石家庄市鹿泉区东南部，隶属寺

① 参见中央档案馆编《中共中央文件选集（1939—1940）》，中共中央党校出版社1991年版，第12—13页。

家庄镇所辖，距鹿泉城区 22.5 公里，北靠洨河，西临龙凤湖，属平原村庄。该村原名“难龙柜”。1938 年冬，获鹿县南部地区佛教会势力迅速发展，引起驻寺家庄日伪皇协军的不满。佛教会与日伪军双方矛盾日益加深。1939 年 1 月 23 日，南龙贵、西龙贵、任村的佛教会会徒离开寺家庄佛堂返回时，皇协军突然向教徒们开枪，众教会徒闻枪声四处逃散。一些教会徒将两名皇协军士兵捉到南龙贵村并进行拷打。此举引起日伪皇协军的疯狂报复。1 月 24 日，驻寺家庄的皇协军突然包围了南龙贵村，进村后见人就杀，见房就烧，对该村进行疯狂的报复。大街上、武道庙前到处都有被枪杀的村民尸体。在这次惨案中，惨遭杀害的村民总共 147 人，南龙贵村有 108 人，另有 39 名外村人。皇协军还烧毁房屋近 400 间。

晋察冀边区行政委员会发布村选举的指示信（1 月 25 日）　1 月 25 日，晋察冀边区行政委员会发出关于村选举的指示信，强调：第一，村政权之脆弱无力，不足以适应战斗环境担当战斗任务，在 1938 年最后一次粉碎敌人围攻中，暴露的最为明显。因此，如何改造村政权机构，便成了政权问题中的中心问题。《边政导报》《抗敌报》上都曾有所论列，我们认为村政权脆弱的主要原因有两个：一是村长任务过于繁重；二是民权尚未充分运用，民众对于政权的淡漠态度至今还没有彻底的改变。第二，针对以上两种主要的原因，我们对于村政权的改造，决定先从发展民权，减少村长事务做起：村公所之上设村民代表会；村公所之下设调解、经济、生产、教育四委员会。第三，这样一套村政权机构，一是增进了民权，使村公所成为村民自己的政权；二是实行了分工，使村长减少了繁重的事务，有思索计划照顾全局的余裕，使村政权有了各负专责的人员去顺利地进行；三是议事机关的人员兼执行机关的人员，可使议事的不致徒唱高调，尽出难题，所有决议都能切合实际，执行的不致蔽于职守，不顾全局，所有工作都能行符其言；四是村政权的机构虽然这样确定了，但可能发生的情形，我们有所预料。我们料到的有：一是有些群众不了解政权和他自身利害的关系，对于参加政权，不感兴趣，选举的时候不认真；二是有些群众服从依赖家长、闾邻长惯了，事事推在家长、闾邻长身上，选举也会照样办理；三是有些群众对于 15 个如何编制的问题引起某种纠纷，争执不决。这都有待于地方干部努力。所以，要做到以下几点：（一）深入宣传解释，使民众彻底了解民主的政权是自己的政权，政权的好坏和自身的利害密切相关，从而开展热烈的竞选运动，认真选举为自己做事、替自己说话的代表。（二）深入宣传解释，使民众打破依赖家长、闾邻长，推诿家长、闾邻长的观念，以公民的资格发挥自己的主张，执行自己的任务，争取自己的权利。（三）为避免纠纷起见，15个人的编制问题，以地域户口划分为宜。但为群众所不同意时，地方政府也可因地制宜，便宜处理。（四）各村选民按15人编制，编余在10人以上者，推出代表1人，10人以下者，分编于其他各组。①

北方分局党校成立（1月） 1月，中共北方分局党校在平山县北苍蝇沟村成立，彭真兼任校长，周荣鑫任教导主任，白文治、蹇先佛（女）分别任党总支正、副书记，钟子云等任专职教员，李常青、邓拓、萧冰等为兼职教员。第一期学员三四百人，分为一、二、三班，主要培训边区区、县级党员干部。大体一年举办两期。

冀东抗联司令部建立路南办事处（1月） 1月，冀东抗联司令部在北宁铁路以南地区建立路南办事处，任务是组织队伍，准备第二次暴动。队伍分散在路南地区各地，隐蔽活动。张鹤鸣、张振宇、赵驭欧、于振中在滦县大门庄、港北、柴各庄、兴隆庄一带活动，赵玉清、阎少先在滦县甄庄、杨家院、邢各庄一带活动，曹致福在暗牛淀活动，李玉玺（刘守仁）在川林一带活动，田子修在倴城东南的高各庄、龙洛湾、连北店、庞清水靠近乐亭县一带活动，高小安在安各庄、曾家湾、小集及沿海一带活动。同时，抗联分别在沙沟子、麻各庄、桑园、连北店、高各庄十几个村庄建立抗日交通站、联络点、堡垒户。秋季时，因冀东部队和干部去西整训，路南办事处撤销。

察绥游击军转战同蒲路东（1月） 察绥游击军第一、二支队在刘苏、陈凤桐带领下，于1月份由同蒲路西雁北地区转战到路东，与先期转战到山阴沙家寺、胡峪口一带的第十五支队、第一支队工作团会合。在山阴、应县南坡沙家寺、东安峪、茹越口、小石口、北楼口一带活动一段时间后，转移到浑源黄崖、土岭、穆家庄一带创建根据地。随后，在浑源县鸽子峪、黄崖、辛庄一带进行整训，并将部队整编为察绥独立游击支队，下辖3个大队，支队长为刘苏，政委为陈凤桐。

---

① 参见《晋察冀抗日根据地》史料丛书编审委员会、中央档案馆编《晋察冀抗日根据地》第一册（文献选编上），中共党史资料出版社1989年版，第219—222页。

2 月

平西根据地反“扫荡”（2 月初至 6 月） 平西根据地的巩固和发展，引起日军惊慌。从 1939 年 2 月至 6 月，敌人调重兵连续三次发动对平西根据地的进攻。2 月初，敌军 2000 多人分兵五路，从石门子、矾山堡、怀来、门头沟、房山分进，以东西斋堂、上下清水为重点分进合击。八路军经一周作战，毙伤敌大尉以下 200 余人，完全恢复了原有地区。4 月 24 日，日军 3000 余人，从察南、平绥线、房（山）涞（水）涿（县）三路合击八路军平西抗日根据地腹心斋堂地区。冀热察挺进军和地方游击队英勇奋战，粉碎了敌人的进攻。5 月 1 日，日军被迫撤出抗日根据地。成功粉碎敌军春季“扫荡”后，平西根据地的抗日力量逐渐壮大，主力部队已扩大到 3000 余人，地方游击队亦发展到 3000 余人。6 月下旬，敌人以 2500 人的兵力分五路发动了第三次进攻。东路由河北进占大安山，东北面从傅家台、沿河城两路会攻斋堂，怀来敌人则从石门子、矾山堡两路会攻大龙门。挺进军诱敌深入，内线、外线相配合，击溃敌人，毙伤敌 500 多人。接着，挺进军以一部兵力乘胜出击，袭击了南口、八达岭、门头沟、阳坊、温泉、香山、大小汤山等地，并粉碎了敌人对妙峰山的多次进攻。秋季，为了配合北岳区的反“扫荡”，平西部队又以一部南下紫荆关，西出桃花堡，有力地牵制了进攻北岳区的敌人，并打破了敌人再次进攻平西的计划。

冀热察区委员会和冀热察挺进军建立（2 月 7 日） 为巩固平西抗日根据地，坚持冀东和开辟平北的游击战争，创建冀热察抗日根据地，2 月 7 日，根据中共中央和八路军总部的指示，中共北方分局在平西野三坡建立中共冀热察区委员会和八路军冀热察挺进军。中共冀热察区委员会以河北省委原主要成员为基础成立，马辉之任书记，张明远任宣传部长，吴德任组织部长，萧克负责军事工作，委员有姚依林、胡锡奎、李运昌、李楚离。八路军冀热察挺进军以八路军第四纵队为基础成立，萧克为司令员兼政治委员。随后，冀热察军政委员会成立，萧克任书记，马辉之、邓华、宋时轮、伍晋南等为委员。中共冀热察区委员会和八路军冀热察挺进军统一领导指挥平西、平北、冀东地区的党政军力量，提出了巩固平西、坚持冀东、开辟平北的“三位一体”战略任务，将坚持冀东游击战争，创建冀东抗日根据地的任务，纳入冀热察区的整体战略部署之中。中共冀热察区委员会的成立及冀热察挺进军的组建，是中共中央和中央军委深谋远虑作出的战略决策，是中国共产党领导八路军在华北抗战中一项重大举措。三年来，“以冀热察为中心，创造大块游击根据地”的任务得到实现，形成了对华北敌军四面包围的有利形势，有效牵制了敌军力量。

在发展中，八路军冀热察挺进军队伍也由开始的五六千人发展到后期的1.2万人。1941年底，中央作出精兵简政的决定，冀热察撤销冀热察挺进军这一级机构，减少层次，缩小目标。6个战斗团按照平西、平北、冀东的作战区域划分，改为第十一、第十二、第十三军分区，统归晋察冀分局调配。

聂荣臻发出《对敌估计及我们今后的对策》指示（2月8日） 2月8日，聂荣臻向各分区领导发出《对敌估计及我们今后的对策》指示，指出：（一）对敌估计。一是由于我们采取持久战略方针，敌人也不得不对我长期作战。二是敌人“扫荡”华北，是为巩固后方。三是目前“敌人的动作是扩大据点，使之连接成线，构成交通线，由点线逐渐向面的方面扩张”。敌今后在战术上多以攻为守，同时建立伪组织，压迫民众，破坏我政权及财政设施、救国公粮等。四是“扫荡”冀中部队，主要是日军一一〇师团小野旅团及伪军一部。敌占大清河北大部城市后，企图再占滹沱河以北向冀南进攻。（二）我们的对策。一是今后华北游击战争将更加具有广泛性，敌人同样亦将以游击动作来对付我们。因此目前总的任务是不断地粉碎敌人的进攻，巩固晋察冀现有的阵地，坚持游击战争，配合主力，停止敌人的战略进攻，争取第二阶段的到来，并以高度的坚持性战胜一切困难。二是在平汉以西的各部队，应积极打击各小据点向外面扩张之敌，保持现有政权及实现财政计划，配合冀中粉碎敌人的进攻。三是在战术动作上，不应完全对峙，应力求主动向敌据点周围不断地活动袭击，继续制止其修汽车道构筑公路与铁路据点。以1/3的主力继续深入敌后主要交通线上，给以更大的威胁与破坏。其余主力要集结于机动地区待机。四是要使敌人不断受到打击，使敌人单守据点不能彼此连接起来，一切据点逐渐直至完全陷于孤立。要求每个游击部队高度地发挥积极性、灵活性，不要久驻驻地不动，应严密警戒，防敌袭击，经常变更宿营地，严密侦察袭击敌人，更要寻敌弱点，选敌弱点突然袭击之。（三）吕正操等意见一般我都同意，补充以下意见，一是冀中应首先打击敌人突出的部队（由点向线活动的部队），使敌不能连接成线，从而孤立其据点。二是选敌兵力薄弱，工事不坚固的据点，坚决地袭击占领之。

三是冀中部队与一二〇师应具体决定部署与协同动作。[①]

中央提出指导边区反磨擦斗争的系列指示（2月10日） 1938年10月，武汉会战结束，抗日战争由战略防御阶段转入战略相持阶段。在此转折关头，中共六届六中全会确定了巩固华北、发展华中的战略方针。与此同时，蒋介石主持召开南岳军事会议和国民党五届五中全会，确定了“溶共、防共、限共、反共”的方针。这时，鹿钟麟加紧了分割、破坏晋察冀边区的阴谋活动，公开提出“取消冀南主任公署”。针对国民党顽固派日益嚣张的反共磨擦活动，中共中央、八路军总部、北方局分别向各敌后根据地发出巩固统一战线，坚持抗战，反对磨擦的指示，具体指导各地的反磨擦斗争。

1939年2月10日，中共中央书记处发出《关于华北等地磨擦问题的指示》，分析了华北各地磨擦的根源，提出了解决华北各地磨擦的主张，指出，坚决要求国民党政府撤换鹿钟麟，以朱德为冀察战区总司令兼河北省主席；为发展冀察鲁三省游击战争，巩固三省抗日根据地，应将山西八路军部队，多开一部分赴三省，而三省的八路军部队则决不能减少；晋察冀边区及冀中、冀南现行政权，不但决不应取消，相反地应在山东及其他地区，依照战略形势划分新的行政区域；八路军及游击队就地筹粮；八路军名称为敌所畏，为国人所爱，决不应轻易更改；对反共军的非理进攻必须反击，决不能轻言让步；等等。3月4日，中共中央再次发出对鹿钟麟政策问题的指示，重申坚持要求撤换鹿钟麟，并提出，对于国民党方面，我们的对策应保护同情者，孤立与打击积极磨擦的分子。

5月1日，中共中央北方局书记杨尚昆在《统一战线与磨擦问题》一文中，论述了如何在维护统一战线中开展反磨擦斗争，指出：“磨擦是一种斗争，是统一战线中阶级斗争的表现与方式”。对于巩固统一战线和对付磨擦的办法是：坚持抗战，巩固国共合作，一切为着抗战胜利，不能一味地让步，要说明共产党八路军的正确主张与严肃批评国民党的错误；要扩大自身的力量；发展共产党组织，严密共产党组织与加强党的教育；等等。

7月23日，中共中央对处理晋察冀边区问题向北方分局发出指示，指出，晋察冀边区之成立是合乎抗战利益，并已得阎司令长官及军委、行政院之批准，

---

① 参见周均伦主编《聂荣臻年谱》，人民出版社1999年版，第276页。

任何方面取消边区的企图，我们都认为是破坏抗战、破坏团结而坚决反对……冀中是边区的重要组成部分。

为了进一步巩固与发展抗日民族统一战线，中共中央还制定了“发展进步势力，争取中间势力，孤立顽固势力”的策略方针，以及同顽固派斗争要坚持“有理、有利、有节”的原则。

中共中央、八路军总部、北方局上述指示精神，一方面反映了中国共产党和敌后军民以民族利益为重，以巩固和扩大抗日民族统一战线大局为重及团结互助的郑重态度；另一方面宣示了在顽固派进攻面前的原则立场和方针政策，为全党全军进行反磨擦斗争和巩固发展抗日民族统一战线指明了方向，也为晋察冀边区军民击退国民党顽固派的反共磨擦提供了锐利的思想武器。

晋东北各县民政科长会议召开（2月上旬） 晋东北专员公署于2月上旬召开各县民政科长会议，盂县、平定（北）、寿阳（北）、繁峙、五台、崞县（东）、代县、定襄、灵丘等9县派人参加了会议。会议重点讨论了改革区村政权机构、进行村选、征收救国公粮等问题，决定从2月15日到3月15日为征收公粮、进行村选的竞赛时间。会议还具体研究了敌区工作、自卫队工作、救济难民等问题。会议期间，正值晋东北民族革命训练班学员受训期满，专员公署、牺盟五台中心区决定派李柳与学员16人组成晋东北村选突击队，首先到繁峙县帮助工作。

冀中区军政委员会成立（2月13日） 为了统一领导冀中的斗争，便于协同作战，聂荣臻同彭真、关向应于2月7日致电毛泽东、王稼祥、朱德、彭德怀、杨尚昆，决定组织冀中区军政委员会。2月11日，接朱德、彭德怀电示：委任贺龙为冀中总指挥，吕正操为副总指挥，关向应为政治委员，统一指挥冀中武装斗争。2月13日，八路军一二〇师和冀中区党政军联席会议在肃宁县东湾里召开。根据中央军委和中共北方局的决定，由一二〇师和冀中区党委、冀中军区的领导人组成冀中区军政委员会，统一领导冀中区的党政军民工作。委员会由贺龙任书记，关向应、周士第、甘泗淇、吕正操、程子华、王平、孙志远、黄敬等任委员。为了统一指挥一二〇师和三纵队的作战行动，委员会成立了冀中区作战总指挥部，贺龙任总指挥，吕正操任副总指挥，关向应任政治委员。

冀中区军政委员会部署持久平原游击战工作任务（2月15日） 冀中区军

政委员会在贺龙的主持下，于 2 月 15 日和 19 日举行两次会议，讨论中共六届六中全会精神，分析了冀中的斗争形势，全面安排部署了冀中抗日根据地的工作。会议估计：日军在“首先肃清平原，而后指向山地”的作战方针下，今后可能集中兵力，对冀中根据地实行更大规模的围攻，企图在青纱帐起以前逼迫八路军退出冀中。为此，冀中区军政委员会决定部署相应的兵力，准备继续开展对敌斗争。会议还决定，为加强部队的建设，根据八路军总部的整军训令和晋察冀军区的整军计划，第三纵队抽出主力一部，开赴冀西山区进行半年整训，其余留在冀中的部队，与一二〇师共同战斗，并抓紧战斗间隙就地进行整训，主要的作战任务由一二〇师担当。此外，会议还对地方党政工作，认真贯彻党的各项政策，加强基层组织，深入开展群众工作，以及减租减息，开展群众性的游击战争和扩大部队等作了相应的决议。这两次会议，对于加强冀中根据地的建设具有重大意义。

晋察冀边区文救会召开创作问题座谈会（2 月 26 日） 晋察冀边区文救会于 2 月 26 日召开创作问题座谈会，有 30 多位作家参加。聂荣臻、彭真出席会议并讲话。聂荣臻指出：文化生活是革命军队不可缺少的，军队要有战斗力就一定需要文化。人要吃饭，枪炮要弹药喂养，人的脑子要用大量“文化粮食去喂养”。彭真指出：“三民主义的现实主义应该是我们现阶段文艺的总方针，我们的文艺作家应该是为了三民主义的彻底实现而奋斗，创作方法是现实主义的。”“三民主义的现实主义是现在中国自身所独有的，同时又是新现实主义在中国现阶段的具体运用。三民主义的现实主义是文艺工作者统一战线的口号。”关于三民主义的现实主义的哲学基础，彭真指出：“三民主义的现实主义的哲学基础是辩证唯物论。”并在讲到三民主义的现实主义文学在边区的发展问题时说：晋察冀边区是为三民主义的新中国而斗争的前锋，是全国抗战的重要支点，“边区的民主运动是站在最前线的”，边区又“真正在开始实现着民生主义”，“所以边区是三民主义的现实主义文学的最好园地”。“今后我们只要能够与伟大的斗争密切联系起来，我相信我们一定能够创造出三民主义的现实主义的伟大作品，这种作品不仅在边区，在全国亦将有其伟大价值。”① 会后不久，聂荣臻指示在军区政治部建立新闻摄影科，科长为沙飞，规定今后凡是军区的重大活动，都要

---

① 《彭真传》编写组编：《彭真年谱》上卷，中央文献出版社 2002 年版，第 104 页。

通知摄影记者参加。

冀中区各军分区、各专署重新划分（2 月） 2 月，由于战争形势的变化，冀中平原根据地各军分区、各专署重新进行了划分。冀中区共辖 34 个县，行政区划分为：第一专署辖深县、武强、饶阳、献县、交河 5 个县；第二专署辖安平、定南、安国、深泽、博野、无极、新乐 7 个县；第三专署辖建国、青县、任丘、河间、大城、文安 6 个县；第四专署辖蠡县、清苑、高阳、肃宁、安新、新安、徐水、容城 8 个县；第五专署辖雄县、固安、新城、永清、霸县、安次、静海、新镇 8 个县。沧县并入青县，正定划归冀西；建国县系由献县、交河、河间各一部分组成。各专区设专职专员，专员不再兼任县长。扩大专员公署的编制，设秘书、审判官、承审员及第一、第二、第三、第四、第五科（后改为民政、财政、实业、教育及司法科）；建立专署级的贸易、合作、税收、银行等机构。对专署主要领导干部也进行了调整：第一专署行政专员为吴树声，第二专署行政专员为王文仲，第三专署行政专员为仇友文，第四专署行政专员为郑厚庵，第五专署行政专员为李凤林。

冀中区后方基地转移到平汉路西（2 月） 为适应战争形势的变化，冀中军区从 2 月份开始将供给部、卫生部的机关部分人员与所属被服厂、修械所、技术研究社、医院等，转移到平汉路以西山区，先后驻扎在唐县的葛公、洪城和完县的清醒、神南、杨家庄、娘娘宫一带村庄。从此，这一带村庄成为冀中军区供给部、卫生部的后方基地。

3 月

聂荣臻、彭真提出维护边区完整的意见（3 月 1 日） 聂荣臻、彭真认真贯彻中央关于解决华北各地磨擦的指示精神，领导边区人民坚决反对鹿钟麟等的磨擦活动，为维护边区完整进行坚决斗争。3 月 1 日，聂荣臻、彭真致电毛泽东、王稼祥，明确提出：坚持冀中、冀西的行政属于晋察冀边区，（一）今日行政系统问题乃为国土守责任问题，无高爵厚禄。（二）边区行政区域形成于抗战中，系根据抗战需要。特别在相持阶段，冀中要靠游击战争支持，绝对且必须依靠上级，此区应加强配合，统一指挥。（三）边区在国际上有很高地位，军事上亦有重要战略地位，敌寇在攻击汉口的同时分兵进攻五台，即铁证。取消边区有利于敌，不利于我。（四）敌寇围攻五台后，又围攻冀中，晋察冀边区行政委员会为敌后代表中央政府团结并打击敌人之柱石，突然取消必招致人民极大疑虑、恐慌，给阴谋寻隙破坏之敌伪以施展伎俩之便利。同时，边区作为我抗日部队向冀热察区开展游击战之发源地，必须有统一之行政机关。①

3 月 27 日，彭真致电聂荣臻、关向应、程子华，报朱德、彭德怀、杨尚昆并中共中央书记处，提出了有理有力地开展反磨擦斗争，维护边区完整的具体意见。彭真强调，必须用一切力量、方法坚持我们的方针。考虑蒋介石有可能突然下令取消边区政府，彭真提出，在蒋介石未令取消边区政府前，再增加边钞发行量，再发一次公债，解决经费问题；在尚未开始此项谈判时期，不应表示有此态度；县、区、村实行民选，彻底建立各级参议会，加强各级行政会议，使民众实际取得民主权利等。此外，为了团结大多数人，争取国民党内部的同情，最大可能地孤立鹿钟麟，边区应表示拥护国民政府及蒋介石。“为呼应国防最高委员会全国精神总动员法令，全边区包括冀中，决定 4 月 5 日至 10 日普遍举行拥蒋及精神总动员大会。”②

聂荣臻、彭真提出的维护边区完整的意见，既可以达到反对鹿钟麟等国民党顽固分子的目的，又注意维护国共合作继续团结抗战的局面，表现出宏远的全局观和灵活的策略观。

刘澜涛撰写《为进行边区党的支部民主改选而斗争》一文（3 月 1 日） 3 月 1 日，刘澜涛在《为进行边区党的支部民主改选而斗争》中指出：“由于边区统一战线的巩固与扩大（共产党在边区公开合法地位的存在和扩大）；由于边区党一年来在不断地和日军血战中的发展壮大（党的质量之进步），使边区党在今天可能而且必须提出民主改选的时期，因之，区党委决定三、四两月份为边区党的支部民主改选的时期，具有重大的政治意义。”③

蒋介石委任石友三、庞炳勋为冀察战区副总司令（3 月 4 日） 蒋介石于 3 月 4 日委任石友三、庞炳勋为冀察战区副总司令，委任石友三兼察哈尔省主席，拨发步枪 800 支，机枪 30 挺，子弹 100 万发和半年薪饷。蒋还致信石说：“华北

---

① 参见晋察冀边区革命史编纂委员会编《晋察冀边区革命史编年》，河北人民出版社 2007 年版，第 277 页。

② 晋察冀边区革命史编纂委员会编：《晋察冀边区革命史编年》，河北人民出版社 2007 年版，第 281 页。

③ 河北省社会科学院历史研究所等编：《晋察冀抗日根据地史料选编》，河北人民出版社 1983 年版，第 120—123 页。

平原不能让共产党八路军作根据地，遗患未来。石总司令必须与鹿主席同心协力，将八路军消灭或撵到北边去。这次给你们充分补充，你们赶快加紧准备，中央还要加派有力部队到前方，用钳形攻势一举消灭那里的八路军。”石友三即召开军官秘密会议，策划进攻八路军的计划。此后，河北等地的磨擦进一步加剧。①

晋东北各县群众团体第二次联席会议召开（3月10日）　晋东北各县群众团体第二次联席会议于3月10日在五台县召开。参加会议的有五台、定襄、忻县（东）、代县、盂县、寿阳、平定（北）、繁峙、灵丘、浑源等县的30余位代表，历时一周。会议认真总结了第一次联席会议以来的工作情况，评选出浑源、定襄、盂县、灵丘等4个县为群运工作先进县，各奖给优胜锦旗一面。会议认真讨论了群运工作中的统一战线等重要问题，并就今后工作的主要内容、步骤、方法等问题作了全面具体的布置。

晋东北各县政民联席会议召开（3月15日）　晋东北各县政民联席会议于3月15日在五台县召开。晋东北专署、辖区各群众团体、牺盟五台中心区及11个县的政民代表共80余人参加了会议。会议两天，认真回顾总结了以往政民工作的情况及主要经验教训，重点批评了个别县政民关系不协调、形式化、政府工作人员中的贪污腐化等问题，并总结了发生问题的主要原因。会议就政府和群众团体各自工作范围作了具体划分，并制定了今后如何加强政民联系、密切相互关系的具体措施。

中央军委派“总政战地工作考察团”到冀中（3月18日）　为了贯彻中共六届六中全会精神，中央军委于3月派出以八路军总政治部组织部部长方强为团长的“总政战地工作考察团”到华北敌后帮助指导工作。3月18日，毛泽东、王稼祥、滕代远、谭政为派出考察团事致电八路军前方总部、三个师、晋察冀军区、吕正操纵队等部。电称：为了实地了解华北各地工作状况，帮助部队及地方建立前后方联系，特组织战地工作考察团，由方强率领，已于16日启程，经晋西北、晋察冀军区到达冀中。该团主要任务是考察我军工作，收集经验，协同各级机关整理部队，训练下级干部，巩固党的领导，提高部队战术基础。考察团一行100余人，于1939年8月到达冀中军区。考察团在冀中的4个月中，

---

① 参见《彭真传》编写组编《彭真年谱》上卷，中央文献出版社2002年版，第105页。

考察了冀中军区的工作，直接帮助冀中军区进行了第二批整军，创建冀中的主力兵团，成立教导团，培训了1000余名连排干部。考察团到冀中，对冀中军区的工作，对三纵队的正规化、八路军化的建设都起到了很大的指导和推动作用。考察团在结束工作后写出了《八路军在冀中的两年》和《八路军冀中纵队整军经验》两份经验材料上报中央军委。12月底，考察团结束了在冀中的考察工作。

路家庄惨案（3月22日） 路家庄地处冀县、衡水县、深县、束鹿四县交界，村民世代靠农耕和种植柳杆、桑树维持生活。“治安肃正计划”期间，日本人把一面“太阳旗”悬挂在束鹿新城北面的一棵大柳树上，附近的老百姓感到无比愤懑和耻辱。当时，束鹿倪家庄有股地主武装，号称是乔明礼“民军”的一个支队，团长姜忠琪，参谋长范计川，派了几个战士将树上的日本大旗扯了下来。扯旗事件发生后，敌人断定这一带有中国军队。22日清晨，姜、范支队在村西头村公所准备开饭时，日军的先头部队乘10辆汽车，从西南方直朝村里逼近。缺乏作战经验的“民军”士兵，老远就朝敌人打起枪来。日军跳下车，近300名日军开始向村里冲。“民军”的一个班固守在村西南角房上，居高临下，又在暗处，使敌人有所伤亡。日军一时攻不进，便借助大南风，朝村里施放了毒瓦斯。在村的北面，日军用机关枪和小钢炮向村内扫射、轰炸，一些“民军”士兵和老百姓丧命。进村的敌人，见房就烧，见人就杀。临近黄昏，2000多日军荷枪实弹、刺刀闪闪，开始挨门挨户搜查、抓抄、烧杀、奸淫。整个村庄，到处是硝烟弥漫，火光冲天，哭声喊声混成一片。从3月22日至23日，160多名“民军”士兵战死了，237名路家庄的老百姓惨死在日军的屠刀和枪口下，全村700多间房屋被焚。

晋察冀边区行政委员会颁布设立银行办事处及代办所的指示（3月30日） 3月30日，为推动边区经济建设，晋察冀边区行政委员会决定在各县设立银行办事处及代办所，并颁布《为普遍设立银行办事处及代办所令》。文件规定，行政专区，各设办事处一处，但冀西第一、第四两专区，合设一处，均在总行管辖下推动各县代办所进行工作。县各设代办所一处，直属于各该区办事处，但距敌区较近县，均酌情缓设。至已设代办所县，不用另设。办事处设于专署所在地，与专署同行动。专署应依据货币政策，协助办事处，推行业务。各县府（或县佐公署）应根据货币政策，督促并协助各该县代办所，推行业务。代办所，由各县贸易局，或公营事业代理之，暂不设员，为慎重业务起见，由代办所指定专人管理之。同时指出抗战时期各县代办所主要任务："在于'破坏敌人金融''维持边币价值''吸收法币''推行边币'以稳定边区金融。"不久，边区银行晋东北办事处和各县代办所先后成立。1940年晋东北专署改为一专署后，边区银行晋东北办事处改称边区银行第一办事处；鉴于成立了二专署（东雁北），所以又设立边区银行第二办事处。同时，在各县代办所之下又设立兑换所，进一步扩大边币发行量。

陈波儿率"中央战地妇女儿童考察团"考察边区（3月下旬） 3月下旬，由著名演员陈波儿率领的"中央战地妇女儿童考察团"一行5人（陈波儿、陆耕、宋迪夏、王紫菲、常之华），由大后方重庆经延安、晋西北到晋察冀边区考察访问。3月22日抵崞县，崞县党政民各界召开大会热烈欢迎，并听取陈波儿等人考察各地妇女儿童工作的情况介绍；25日考察团抵五台，在访问部分村庄之后于29日到达晋东北专署、牺盟五台中心区所在地。当晚，晋东北专署、牺盟五台中心区召开全体工作人员大会，对考察团表示热烈欢迎。陈波儿在欢迎大会上介绍大后方的民运工作，同时提出了战区妇女婚姻问题、战区农村妇女手工业问题、救济难民问题、动员后方妇女参加前线工作问题、全国妇女领导问题、前后方的联系问题、组织战区流动图书馆问题、扩大国际宣传问题等进行座谈讨论。4月4日，考察团参加晋东北专署、群众团体及牺盟五台中心区在五台县举行隆重的"四四"儿童节纪念大会，陈波儿发表了讲话。4月11日，考察团到达边区党政军驻地，边区各抗日群众团体召开了联欢晚会。随后又到北岳地区各地进行了考察。7月，离开北岳地区前往冀中，但因大水所阻，乃转到晋东南。

上下鹤山战斗（3月下旬） 3月下旬，为粉碎日军"打通盂县至五台的交通线，消灭滹沱河南岸的八路军"的阴谋，二分区四团经过周密部署，成功地进行了组建后的第一次战斗上下鹤山战斗。20日夜，部队奉命由五台县豆村一带南下，于22日进至盂县上社镇东北10公里的上下石塘一带集结。24日午夜，部队进到上社镇敌据点，并按三营担任主攻，一营和二营一部分担任预备队、一部分作战斗警戒的作战方案，各自占领了有利地形。经4小时战斗，歼敌50余人。因天近拂晓，再战不利，即撤出战斗，转移到上社以东的上鹤山、大水头、窑门子一带隐蔽。25日午，上社镇之敌遭夜袭后，日军讨伐队即由盂县城出动300余人，附钢炮、迫击炮4门，驰援上社镇。两股敌人在上社镇会合后，便在飞机的掩护下，分南北两路，向四团驻地上、下鹤山方向袭来。四团部队抢占制高点，给敌人以致命打击。留守下社日军出动增援，又被四团另一部阻击并击溃。全部战斗经过 7 小时，共歼灭日军石塚中队长以下 200 余人，生俘日军 2 人，缴机枪、步枪 200 余支（挺）、战马 10 匹及其他军用品一部。26 日，聂荣臻向部队发去电报，指示："上下鹤山战斗的胜利，给了敌人严重的打击与很大的杀伤，这是整军后的第二次胜利。这一胜利，完全是由于你们的英勇坚定的牺牲精神与整军后战斗组织力量之加强的结果。希望你们保持与继续发扬这种战斗精神，成为永远的作风。"

晋察冀军区统一整编、训练部队（3 月至 6 月） 晋察冀军区成立一年多来，通过发动、武装群众和改造杂色武装，使边区抗日武装力量迅速发展壮大。到 1938 年底，部队已达 9.4 万余人。这些武装力量大都是在抗战初期大发展中新组建起来的，军政素质较差，战斗力较弱，迫切需要进行整编和训练，以便更好地担负巩固敌后抗日根据地，开展敌后游击战争的任务。1939 年 2 月 10 日，八路军总部发出了整军训令，对部队整编的数量，整训的内容与时间，提出了具体要求。晋察冀军区于 3 月召开首次党代表大会，号召全区要抓好整军训练，迎接更艰苦的斗争。军区根据八路军总部的整军训令，于 3 月份开始对全区部队实行整训。3 月至 6 月为第一期，8 月至 11 月为第二期。整编的目的是把游击部队上升为机动性较大、集中性较强的基干兵团，同时按照统一编制，紧缩机关和后方部队，充实连队，裁减老弱病残，清洗政治面目不清的分子及其他不良分子，整理各种政治组织。

全区部队经过整编，共编成了 31 个战斗团。其中北岳区部队为第一、二、三、四、五、十九、二十、二十五、二十六团，教导团、骑兵团、特务团及游击军；冀热察挺进军为第六、七、九、十、十二团；冀中军区为第十六、十七、十八、二十一、二十二、二十三、二十五、二十七、二十九、三十、三十一、三十二、三十三团，警备第一、二团及回民支队。每个团一般由 3 个营 9 个连组成，兵力 2000 人至 2500 人。同时，进一步健全了各种组织制度，基本上达到了正规化、八路军化的要求，对后来坚持长期的敌后游击战争起了重大作用。

各地主力部队编成后，随即展开政治、军事训练和各项建设。大力加强党的建设工作。党员数量不足、质量不高的部队，陆续发展了一批新党员，并特别注重增加工农成分。到五六月间，主力部队的党员达到总人数的 30％至 40％，一些基础薄弱的部队，也基本上每个班有一两个党员。各个连队普遍建立了党支部，团或相当团的单位建立了总支部，营建立了分总支。团以下各级党的领导机构，都经过党员民主选举产生，实行集体领导分区负责的制度；进一步提高广大指战员的政治觉悟。部队成员大部分是农民，具有劳动人民的优良品质，有一定的革命觉悟。经过教育，广大指战员在政治思想上有了显著进步。部队加强了对青年工作、锄奸工作、民运工作和敌军工作的领导。连队普遍成立青年队，在军政学习、文化娱乐、群众工作及执行各种任务中，发挥了突出作用，成为党的有力助手。整训中的大部分时间是进行军事训练。对战士主要是进行射击、投弹和刺杀训练，对干部主要是提高指挥能力。广大指战员在政治觉悟提高的基础上，学习热情格外高涨，掀起了练兵热潮。在这同时，军区大力加强各级指挥机关的建设，抽调了许多干部充实司令机关，并在军事学校和短期训练班中不断培养参谋人员。除了在实际工作和战斗锻炼中培养和提拔新干部以外，军区把原有的学兵营扩充为教导团，各军分区成立了教导队，冀中军区成立了教导团，挺进军成立了随营学校，专门培养基层干部。抗日军政大学第二分校担任连、营、团干部的训练。9月抗大总校迁移后路经晋察冀的时候，还向边区输送了一批干部。此外，各级领导机关还根据需要经常开办各种临时训练班。干部经过短期训练，工作能力普遍得到提高。

* **聂荣臻关于整军计划的部署（2月19日）**　2月19日，聂荣臻向毛泽东等报告关于整军计划的部署：（一）路东各分区除第一团原有2400余人外，其余各团均在1400人左右，拟2个团合并为1个团；（二）以第一团为基础编为1个团，第三团与三分区十大队合并为1个团，该2个团仍属于一分区，另外有2个游击支队；（三）第二团与十一大队合并为1个团（属三分区）；（四）二分区四、六大队合并为1个团；（五）四分区七、八大队合并为1个团。以上暂拟番号为一、二、三、四、五团；（六）二分区五大队2个中队改为五、六大队，四分区九大队3个中队改为八、九大队，三分区十三大队3个中队改为十、十一、十二大队（以上这些大队等于过去的小团）；（七）以整理之团为基干部队和突击兵团，以改编之大队为游击和钳制部队，可适应于目前游击战、运动战相互配合需要之原则，现正在开始整编中；（八）冀中整理4个团（每个支队1个团）整编办法已面告王平，即从事整编。晋察冀军区整编计划，从3月初开始，到1939年底，全区主力部队编成31个团，地方部队编10个游击支队、5个游击总

队，总兵力达 12.7 万人。①

*冀中军区召开第一次政治工作会议（3 月上旬） 3 月上旬，在程子华主持下，在贺龙、关向应协助下，冀中军区召开第一次政治工作会议。会议提出："按照八路军的样子建设三纵队，逐步实现正规化"的号召，决定将所属部队分两批按照主力团的编制进行整编，然后展开有计划的教育和训练。在整训部队时，加强党的领导，健全政治委员制度，创造主力兵团，坚持冀中平原游击战争。此次会议对冀中部队的巩固和提高有重大意义。此时，晋察冀军区和第一二〇师陆续派遣了一批红军老干部，分配到军区、军分区和主力团担任军政重要领导职务。其中，吴西任第二军分区政治委员，常德善任第三军分区司令员，萧新槐任第五军分区参谋长。

根据会议精神，冀中军区部队从 3 月至 8 月在完县进行整训。这一批整训编成 3 个主力团：第一军分区第十六团，由第二十一大队、独立二团和第四军分区独立二团 1 个营编成，团长庞大川，政委邓东哲；第二军分区第十七团，由第二十二、二十四大队和第四军分区独立二团 1 个营、1 个新兵营合编而成，团长杨书明，政委翟家骏；第四军分区第十八团，由第二十八、二十九大队和第三十大队 1 个营、独立二团 1 个营编成，团长杨万伦，政委王志。第五军分区第一大队也参加了完县地区的第一批整训，因军分区其他部队未去，所以只进行了训练，没有进行整编。经过整训，提高了冀中军区部队政治素质和战斗力。

*八路军一二〇师在冀中部队进行整编（3 月 28 日） 3 月 28 日，冀中军政委员会决定：八路军一二〇师在冀中部队进行整编，一二〇师七一五团与冀中军区独立第四支队合编为一二〇师独立第一旅，高士一任旅长，王尚荣任副旅长，朱辉照任政治委员；一二〇师七一六团与冀中军区独立第五支队合编为一二〇师独立第二旅，魏大光任旅长，廖汉生任副旅长，王同安任政治委员，下辖 3 个团；同时，决定一二〇师三五九旅在冀中扩编的特务团拨归冀中军区建制，以加强冀中军区警卫部队力量。同时，另成立一二〇师独立第四支队到第二军分区活动。4 月上旬，部队整编完毕。

晋察冀边区党校成立（3 月） 晋察冀边区党校于 3 月份在阜平县庙台村成立，赵振声兼任校长，梅开五任教育长，李勇争任党总支书记。党校的主要任

① 参见周均伦主编《聂荣臻年谱》，人民出版社 1999 年版，第 277—278 页。

务是培养晋察冀区党委下辖的各级党员干部，分高级班和普通班。高级班培训县、区干部，每期收学员100多人，学期三四个月；普通班培训支部书记，每期收学员200多人，学期两个月。

冀热察区党委召开全区党的代表会议（3月） 3月，冀热察区党委在平西斋堂召开全区党的代表会议。会议分析了冀东抗日大暴动后的形势，初步总结了经验教训，确定巩固向前发展的方针，决定冀热察挺进军在青纱帐期间挺进冀东，再次发动武装暴动，重新打开冀东地区抗战局面，建立冀东抗日游击根据地。会议提出以“巩固平西根据地，开展冀热察游击战争”作为全区党和军队当前的斗争任务。会后，区党委组织部长吴德到冀东传达中共六届六中全会精神和北方分局的指示，解决坚持冀东游击战争和创建根据地的部署问题。吴德到冀东后，在十分困难的环境下，先后在丰润县、遵化县和蓟县等地分片召开八路军各支队、抗联及中共冀东地方组织领导干部参加的会议。参加会议的有苏梅、包森、陈群、赵观民（又名田野、赵耕田、张建翼）、阎达开、谷云亭、苏林彦、丁振军等。根据中共中央和上级党委的指示，进一步明确坚持冀东抗日游击战争、创建冀东抗日游击根据地是冀东党组织的重要任务。同时，逐步建立财政制度，实行统筹统支等创建游击根据地的具体措施。根据冀热察区党委的决定，将原中共冀热边特委改为中共冀东地方委员会。从而统一了干部的思想认识，坚定了坚持冀东游击战争的信心。

***中共冀东地委成立（3月）** 1938年11月柳沟峪会议后，回到冀东各地的党员骨干在恢复地方工作、收拢部队的同时，开始联络失散的党员，发展新党员，恢复基层组织。1939年3月，中共冀热边特委改为中共冀东地方委员会（简称“冀东地委”），隶属中共冀热察区党委。周文彬任书记，成员有张逢春、阎达开、谷云亭、苏林彦、丁振军、李子光。地委机关主要活动在迁安县松山峪、滦县杨柳庄一带，在其活动范围内，按北宁铁路以南、以北和冀东西部三片分设党组织负责人。地委负责人分片负责开展工作：北宁铁路以北地区由苏林彦、谷云亭、宋敏之负责，北宁铁路以南地区由丁振军、阎达开负责，冀东西部地区由李子光、马子敬、陈富轩负责。由唐地（王继桢）任中共唐山城委书记，负责唐山市区工作，唐山市委直接由点线委员会领导。各地中共基层党组织逐步得以恢复和发展。

彭真报告平西房山事变原委（春） 春，彭真致电中央，报告平西房山事变原委：平西中心区房山一区投降派、顽固分子与流氓在南窖日军、房山伪军及敌探策动下，利用我兵力不足，秩序紊乱，煽动堂文会叛变，主要口号是“八路军走了，再不回平西。八路军扩兵要公粮不打仗。打走八路军，可以不当兵、不拿粮、不支差”。此事变参加者多属落后民众，大部分民众则因八路军退走不满意，悲观失望。叛匪搜查抗日工作人员，杀害抗日分子家属，抢掠钱财，强迫二区一部分村庄村长去开会。现叛匪一部已被我军解决，其余在继续中。收复之村庄，进行争取群众回家等安抚工作。这次事变的主要原因是：半年来县委放松对一区领导，一区干部工作不深入，脱离群众，放松了南窖附近工作很长时间，我军也很长时间没有在南窖附近活动，日伪汉奸乘机活动。他又指出：这里没有除奸工作，在政策上，当邓华部到达并收复这个地区时，在政策上曾不分主次地把百姓的牛羊拉光，以后政权对这里上层进行了无原则的争取。今春纠正了这个错误，开展了这里的反顽固斗争。

晋察冀边区反磨擦斗争的胜利（3月至9月） 遵照中共中央的指示，晋察冀边区军民在北方分局和边区政府、军区的领导指挥下，在反日军“扫荡”进攻的同时，对国民党顽固派的磨擦进攻给予坚决的斗争和有力回击。

针对3月至5月张荫梧等公开制造武装磨擦，在冀中先后杀害中共支部书记以上干部80多人的事件，彭真、聂荣臻于4月30日致电吕正操、程子华、贺龙、关向应等，明确指示：“在目前情况下，争取张荫梧合作之可能减小，对冀中区之恶劣应采取分化或形式退让自卫在实际上进攻之方针。”6月11日，张荫梧亲率河北民军3000余人，包围袭击冀中军区在深县的后方机关和留守部队，残杀八路军干部战士400余人，制造了深县惨案。冀中军区火速调动部队，在一二〇师一部的支援下，对张荫梧部进行坚决反击，歼灭顽军2500余人，张荫梧率领残部突围逃走。8月27日，张荫梧余部在赵县东北的唐家寨被第一二九师部队歼灭，张荫梧落荒而逃。之前，冀中军区第三军分区部队在一二〇师七一五团支援下，经过10余小时战斗，平息柴恩波部叛乱。张荫梧顽军被歼灭后，原河北民军宣布脱离张荫梧，并同第一二〇师特务团和冀中先遣支队合编为民众抗日自卫军。1939年11月，又与挺进支队合编为冀中军区警备旅，王长江为旅长，张存实为副旅长，旷伏兆任政治委员。张仲翰另组建津南自卫军，任司令，后归第一二〇师建制。

9月，鹿钟麟派郑继成率部再次进犯冀中，张荫梧也派他的支队司令乔明礼带一个支队协同。当他们从冀南一过滏阳河，八路军第一二〇师和冀中军区第一分区部队很快将他们消灭了，郑继成、乔明礼都受伤被俘。战后，八路军即公开通电，揭露郑继成、乔明礼制造磨擦，破坏抗战的罪行。为了有利于巩固扩大抗日统一战线的大局，即把郑继成、乔明礼送回。

9月，蒋介石看到鹿钟麟磨擦不力，未能收拾河北局势，同意他辞去河北省政府主席职务。同时张荫梧投敌叛国、破坏抗战的罪行已经公开暴露，蒋介石不得不命令“着张荫梧停职查办。”至此，冀中区军民反磨擦斗争取得了决定性的胜利。

4月

晋察冀边区发展互助合作事业（4月3日） 抗战之初，晋察冀各地区的生产互助和合作社就开始发展起来，但速度较为缓慢。为了推动根据地互助合作事业的发展，1938年，边区政府在春耕之际，发布专门指示，提出要大力提倡广大群众在生产劳动中互相帮助，调剂人力和畜力，以尽快完成春耕生产任务。此外，边区尊重知识，尊重人才，边区政府要求各级党政机关物色与吸纳各处的农林科技人员参加边区农业研究工作，并极力提高边区科技人员的地位和待遇。4月3日，晋察冀边区行政委员会颁布《奖励合作社暂行条例》和《奖励生产事业暂行条例》，号召人民大力发展农业、手工业和林牧副各业，举办生产、运销、信用等合作社。《奖励合作社暂行条例》规定对“在各村庄中最先成立起模范作用者、经营业务有相当成绩者”进行奖励，并详细说明了奖励办法。《奖励生产事业暂行条例》规定，凡在生产上首先发明者以及改良土壤卓有成效者，可申请专利3年至5年。这年春夏，边区合作社很快发展到5069个，社员达508 600余名，股金达873 500余元。

晋东北春耕委员会成立（4月3日） 4月3日，晋东北春耕委员会成立并召开第一次执委会，专署孟科长、牺盟五台中心区陈一凡、士绅代表周浙甫及二分区、新二师、保安队等代表共7人被推举为执委。会议就今后如何开展春耕运动作出10项决议，主要内容为：各级均成立春耕委员会，限文到后5日内成立；加强与边委会及各县春耕委员之间的上下级联系；对种子、人力、牲畜的补助办法；发动灾民、无地游民、妇女、儿童参加春耕；组织垦荒团；兴修水利；春耕运动与优待抗属结合；宣传要点；组织分工；等等。

晋东北民族革命中学创办（4 月 15 日） 4 月 15 日，晋东北民族革命中学（简称“民中”）在山西省五台县侯家庄创办，阎锡山兼任校长，边委会主任、晋东北专署专员宋劭文兼任副校长，康瑞华任校务主任，李玉章任指导员（中共党支部书记），教职员共 19 人。同日，民中正式举行开学典礼，宋劭文亲自到会并讲话，勉励全体师生关心国家大事，响应政府“实行精神总动员、提高爱国热情”的号召，发扬艰苦奋斗、克服困难的革命精神，努力学习，打下抗战建国的基础，完成复兴民族、改造社会的重大使命。民中的主要任务是专门培养抗日干部。学员来自附近各县，分 3 个队，学员最多时达 500 余人。

齐会战斗（4 月 23 日） 粉碎敌人第五次围攻后，一二〇师转移到河间县东北坞家村、卧佛堂、齐会、郭官屯地区，进行了休整和扩编，统一了指挥，加强了战斗力。4 月 20 日，驻沧县日军第二十七师团第三联队乘 50 余辆汽车进入河间县城。4 月 22 日，敌人以 1 个大队 800 余人连同伪军数十人，用 80 多辆大车满载给养弹药，由河间向北的三十里铺进犯，企图寻找八路军作战。贺龙根据这一情报判断，敌人并非有计划地围攻，遂决心抓住这个有利战机，就地歼灭该敌。4 月 23 日，日军向东进犯，占据南北大齐和北刘曹一线，并在坦克、大炮的掩护下，向齐会村发起猛烈进攻。齐会是河间县东北一个有四五百户人家的村庄，周围都有通外村的道沟。七一六团第三营帮助群众疏散外村后，早已在村内构筑了防御工事，作好了战斗准备。在敌人的猛攻下，全营指战员依托有利地形，沉着应战，击退了敌人的多次进攻。战至黄昏，七一六团第一、二营同时从西、北两面对敌人展开猛攻；村内三营也进行反击，敌人受到内外夹击，阵势大乱，开始向村南撤退。4 月 24 日拂晓，敌人在七一六团主力的尾追和截击下，向马村方向夺路而逃，又遭到齐会周围村庄早已部署好的七一五团、独立第一旅第三团的包围。敌人几次猛攻，付出重大伤亡，仍无法突出包围。黄昏，我军开始总攻，充分发挥夜战、近战的特长，争先进入敌人阵地，与敌人展开肉搏，敌人死伤惨重。战至 25 日，敌人乘黄昏时刮大风南窜，残敌百余逃回河间，战斗胜利结束。

齐会战斗共歼敌 700 余人，狠狠地打击了敌人的气焰，也是敌人进攻冀中根据地以来最惨重的一次失败，创造了平原地区大规模歼灭日军的光辉战例。这一胜利稳定了冀中战局，极大地振奋了冀中军民，对巩固冀中根据地起到了重大作用。此次战斗中，贺龙冒着枪林弹雨亲临前线指挥作战，在敌人施放毒气弹后，只戴一个水浸过的口罩，仍继续指挥战斗。战后，中共中央机关报《新中华报》发表社论，庆祝齐会战斗的重大胜利，称贺龙是“抗日前线的民族英雄”，蒋介石也发来慰勉电，称“贺师长杀敌致果，奋不顾身，殊堪嘉奖”。

晋东北召开教育工作会议（4月26日） 4月26日，晋东北召开教育科长、高小校长及文化界代表参加的第一次晋东北教育工作会议。程宏毅主持大会并就抗战以来的教育工作状况和今后的工作任务等问题向大会作报告。会议重点讨论了抗战建国教育的基本原则、学校教育、社会教育、敌区教育、教育行政、教育与其他工作的关系、教育与精神总动员、技术人才的发现与培养等问题，并就今后工作作了具体安排。

晋察冀军区工业部成立（4月） 晋察冀军区工业部（简称“军工部”）1939年4月在河北省完县神南镇成立，从日本留学回来的刘再生任部长，张珍任副部长，杨成武任政治委员（9月任）。初成立时仅7人，合并了冀中兵工厂干部、技术人员及工人后，机构逐渐扩大与健全。直属职能部门是：工务科（军械科、统计科），负责生产计划、工作检查与统计总结；材料科，主管采购、调配各军工连所需材料；粮秣科（供给科），保证钱粮、被服供应；管理科，管理各军工连伙食、住房等；警卫排。10月组织技术研究室，集中了一批从保定、北京、天津来的20多名知识分子，进行军需产品的研究制造，刘再生兼任主任。按照聂荣臻关于“集中领导、分散经营、就地取材、小型配套”的原则，军工部将军区供给部和各军分区的修械所进行整编。由技术研究社、大官亭修械所（两者属于冀中军区供给部）和晋察冀军区一、三军分区的修械所组成晋察冀军区“北区”7个兵工厂和3个化工厂，主要分布在河北阜平、完县、唐县、曲阳、涞源等地。以二、四军分区修械所为主，在平山县一带建立“南区”6个兵工厂。1940年1月，整编后的兵工厂实行连队编制。军工部的建立是晋察冀边区军事工业发展和自给的标志。其初期产品主要是手榴弹、枪支、子弹和黑火药，后期除继续扩大生产枪支弹药外，主要成就是高级炸药的研制和生产，雷银和雷银纸雷管的研制成功。军工部领导下的边区军事工业，从无到有，逐步发展，产品的品种增加，质量和数量不断提高，并造就了一批学有专长的军工技师和数千名纯熟工人，为边区根据地的坚持与发展，作出了重大贡献。

晋察冀边区行政委员会公布经济建设原则方案（4月） 4月，晋察冀边区行政委员会以《为实现抗战建国纲领而奋斗》的宣传提纲的形式公布了边区经济建设的原则方案。该方案科学地阐明了敌后根据地进行经济建设的重要性和可能性，指出："持久抗战进行到今天"，经济建设"成为从敌我相持争取到敌守我攻以获得抗战胜利的决定条件之一"。不但在抗战的总后方要发展战时经济，而且在敌后开辟的"根据地与游击区，也还是能够而且必须开展经济建设的事业"。方案系统地提出了边区经济建设的各项任务，指出，为了改善人民生活，必须发展农、工、畜牧等多种生产事业，并解决适合于游击战争环境下的生产组合与生产技术问题，尽可能地把废弛的劳动力与浪费的劳动力利用起来。要充分发挥合作社在区村经济活动中的作用，有步骤地广泛地发展生产合作社、运销合作社、消费合作社和信用合作社，把合作社作为开展生产事业与乡村建设的契机。方案还要求繁荣贸易、稳定金融、整理财政税收。最后强调，经济建设是巩固、壮大敌后抗日根据地和战胜敌人的一个决定条件，边区各级政府要把它作为中心工作，以最大的努力，克服一切困难，以完成抗战建国的神圣事业。

东北救亡总会战地服务团到冀中（4月） 东北救亡总会（简称"东总"）于1938年1月在武汉成立后，遵照周恩来指示，决定组建抗日宣传工作队到敌后抗日根据地，宣传动员群众救亡参战。适此，东北军内中共领导的"长虹剧社"在华北敌后受阻，来到武汉。东总把这两个宣传队合并，取名"东总战地服务团"，团长为张庆泰。东北战地服务团（简称"东战团"）一行28人，由团长张庆泰、党支部书记黄中率领，从武汉到西安，途经晋东南和冀南，于1939年4月在冀中军区一个排的保护下从郑州附近的荣泽口渡河，进入冀中根据地，开展文艺宣传工作。东战团每到一处就利用晚上的时间演戏，受到冀中区军民的欢迎。5月间，冀中军区政治部决定以东总战地服务团为基础，再从各军分区剧社中抽调40余人，建立了军区"火线剧社二社"，张庆泰任社长，黄中任指导员，苏路任副社长兼导演。8月，火线剧社自冀西归来，两社合并，陈乔、苏路分别任正、副社长，社员达150余人。

5月

彭真部署冀东工作（5月5日） 5月5日，彭真致电聂荣臻、舒同、萧克并冀热察区党委并报北方局、中央书记处：冀东目前应集中一切力量进行开展游击战争之准备工作，特别是艰苦深入的党和群众工作，并根据目前实际情况，遵照分局党大会决定重新布置。平西应成为你们向北向东发展之巩固根据地，从各方面进行树立巩固根据地的必要的深入的工作。政权方面，平西仍成立专员公署，直属晋察冀边区政府，并以此名义向冀东发展，在冀东另建立主任公署，属晋察冀边区行政委员会；冀东应作持久的财政计划，部队在平西期间及将来留在平西的部队，由晋察冀边区行政委员会经过军区供给部实行统筹统支，帮助解决困难；各县必须建立金库，保管一切收入并呈报晋察冀边区行政委员会；统筹统支实行后，部队应停止筹款，有正当收入时须报告军区供给部，列入预算开支中；平西须立即排除伪钞、杂钞，并由党部统治流通；部队开支应按人员、马匹实数及经济制度做成预算。平西党和群众工作方面，应根据边区一般的方针进行长期的深入的工作，特别是要巩固与发展各阶级、阶层人民间的统一战线，积极动员、组织广大基本群众，调整政民关系，切实检查讨论布置。①

冀东军民粉碎敌大规模的围攻“扫荡”（5月上旬） 5月上旬，日伪军2万余人，开始对冀东游击区进行围攻“扫荡”，敌封锁了滦河及喜峰口到古北口的长城各关口，以遵化为枢纽，用分进合击战法，妄图歼灭八路军。八路军3个支队和抗联部队，在民众的配合下，同敌人展开艰苦斗争，顽强地坚持抗日阵地。至6月中旬，粉碎敌摧毁冀东游击根据地阴谋。据统计，自1938年10月至1939年6月，日伪军对冀东根据地先后进行了5次大规模的围攻“扫荡”，每次集中的兵力，少则五六千名，多至2万余名，以分进合击的战法，分五六路围攻游击区。同时，广泛增修公路，于各交通要道和重要村镇安设据点，进行反复“清乡”。这期间，冀东抗日武装同敌共作战233次（其中主动出击105次），歼灭伪军1500余人，另有1100多名伪军反正，破坏铁路11次。

上下细腰涧大捷（5月14日） 日军对晋察冀边区的“扫荡”由冀中平原转向平汉铁路西部山岳地带。5月9日黄昏，在山西省五台县铜钱沟地区，日军第一〇九师团佐佐木支队在炮火和飞机支援下，与八路军第三五九旅第七一七团展开激战。由于日军发射了毒气炮弹，褐色烟雾弥漫阵地，八路军官兵利用夜暗，迅速插到敌人背后去，顺利地转移了阵地。次日，佐佐木支队进占山西省五台县台怀镇。13日，向山西省繁峙县神堂堡进犯的日军第三旅团加纳部队，在口泉村遭到八路军三五九旅第七一八团等部伏击，被歼一部。当日晚，在山

① 参见《彭真传》编写组《彭真年谱》上卷，中央文献出版社2002年版，第110页。

西省五台县上下细腰涧一带，又遭到八路军三五九旅第七一七团截击。该敌遂向山哑口猛扑，激战竟日，并大量施放毒气，企图掩护突围。深夜，王震亲自率领七一八团等部夹击敌人。至 14 日晨，全歼加纳部队 700 余人，缴获迫击炮、步兵炮 5 门等大批物资。此次战役的胜利有力挫伤了敌军锐气。

胡仁奎、刘奠基重庆之行（5 月 14 日） 5 月 14 日，彭真致电聂荣臻并报中共中央、北方局：据胡仁奎、刘奠基来电称，关于边区问题，山西驻渝代表向蒋报告后大有转机。蒋介石、阎锡山商定，派胡仁奎、刘奠基等去重庆商讨冀省行政职权之处理与其他问题。此前的 1938 年 11 月阎锡山就给晋察冀边区行政委员会宋劭文来电，要晋察冀边区行政委员会派人到第二战区汇报工作，经宋劭文与聂荣臻商量决定，派晋察冀边区行政委员会副主任胡仁奎（中共地下党员，又名胡梅亭）、晋察冀边区行政委员会委员刘奠基（又名刘定安，国民党山西省党部委员）前去。胡仁奎、刘奠基二人于 1939 年 1 月 30 日到达第二战区驻地陕西宜川秋林镇。5 月的一天，阎锡山邀胡仁奎、刘奠基到他办公室，出示蒋介石给他的一封电报，上面说："闻刘定安、胡梅亭在尊处，请来渝一谈。" 6 月中旬，胡仁奎、刘奠基到了重庆，由国民党组织部长朱家骅接待，安排住在中共训练团驻地（时蒋介石自任训练团团长）。蒋介石多次接见胡仁奎、刘奠基。他们详细向蒋介石汇报了晋察冀边区行政委员会一年来政治、军事、经济和国共合作、统一战线等方面情况。蒋介石听后未多表态，只是说赵芷青返渝后讲了一些情况，他很关心，让胡仁奎、刘奠基把材料留下；有关边区国民党的情况，让胡仁奎、刘奠基同朱家骅、徐恩曾进一步商谈。经商谈，朱家骅、徐恩曾坚持边区不能单独设立国民党领导机构，各县的党部分别归属晋、察、冀三省党部领导，胡仁奎、刘奠基则认为边区必须设立统一的国民党领导机构，才利于团结抗日。后达成一个折中方案：边区国民党分设晋东北、冀西、察南三个党务专员。党务专员从已在晋察冀边区工作的国民党员中挑选，由中央组织部委任，不受省党部领导，但应任省党部委员。三地的党务专员：晋东北为刘奠基，冀西为胡仁奎，察南暂无人选，回去后上报任命（1940 年 10 月三个党务专员合署办公，成立了晋察冀边区联合办事处）。胡仁奎、刘奠基在离开重庆前，蒋介石设家宴为其送行。蒋介石指示："你们回去后转告同志们，要精诚团结，坚持敌后抗战，要与一战区取得联系，加强合作。"并赠送路费和纪念品。1940 年 3 月，胡仁奎、刘奠基才回到晋察冀边区行政委员会驻地阜平县花山村，政府为两人的胜利归来举行了群众欢迎会。之后，他们又分别向聂荣臻、宋劭文汇报了重庆之行的详细情况。

晋察冀边区农民抗日救国会公布工作纲领（5 月 15 日）　5 月 15 日，晋察冀边区农民抗日救国会公布了工作纲领：（一）巩固与扩大抗日民族统一战线，实行抗战建国纲领，把所有不愿做亡国奴的农民都团结到农会中来，使农会成为农民的统一战线的组织，以加强抗战的力量；（二）拥护国共长期合作，切实执行政府一切抗战法令，忠诚遵守精神总动员纲领，誓死遵守国民公约；（三）动员广大民众参加抗战；（四）发展战时农业生产；（五）在抗日高于一切原则下改进人民生活；（六）支持政府战时财政经济政策；（七）实行农民合作制度；（八）加强农民教育，提高农民政治文化水平，并高度发扬农民的民族自尊心和抗战胜利自信心，坚持抗战到底；（九）推行民主政治，改进军政的关系，以及密切军政民的联系；（十）厉行除奸——铲除汉奸、托派，巩固前线与后方，并切实坚壁清野，增加敌人困难。工作纲领的颁布，对于动员民众抗战，巩固与扩大抗日民族统一战线具有深远意义。

聂荣臻嘉勉平山团（5 月 20 日）　5 月 20 日，聂荣臻发布通令，嘉勉由平山县青年组成的平山团，并为此撰写《永远保持并发扬平山团的光荣》一文。文章中说："此次敌寇对我军区新的大举进攻，一开始就遭受到严重的打击，我西线的英勇的八路军同志，坚决执行了军区所给予的战斗任务，与冒险进攻的敌人进行了七昼夜的苦战，首先获得了伟大的胜利，特别是在土楼子一带的上下细腰涧战斗，包围深入之敌，予以大量的歼灭，更决定了这一胜利战果的获得。在这一战斗中，在贺师长领导下的一二〇师与平山团的全体英勇的指战员同志，特别发扬了我八路军的光荣传统，不顾一切牺牲，最坚决地把深入的敌人歼灭在山地里。这是平山团全体指战员同志最光荣的胜利纪录。平山团全体指战员同志们！你们无限英勇的顽强战斗精神，在我晋察冀军区的抗战史上已经留下了不可磨灭的光辉一页。你们不屈不挠流血战斗的光荣胜利，已经证明了你们是八路军的模范部队之一，是中华民族最忠诚的后裔。你们是平山的子弟，边区的子弟，生长在太行山脉上，你们执行了捍卫家乡、捍卫边区的神圣的任务。这特别证明了你们是平山子弟的优秀武装、边区子弟的优秀武装，你们是太行山上铁的子弟兵，我们号召全边区的父老兄弟，向你们学习。”①

大龙华歼灭战（5 月 20 日） 大龙华是边区北部易县到涞源的必经之地。敌人于 5 月 7 日占领大龙华后，企图打通涞易线，分割军区同平西之间的联系。当时驻守大龙华的日伪军总计不过 1200 人。为了粉碎敌人割裂抗日根据地的企图，经请示军区批准后，第一军分区决心发起大龙华战斗，拔除这个据点。为此，第一团主力、第三支队、第三团三营、分区特务营、骑兵营、炮兵连和第一支队的 2 个大队，隐蔽集结于大龙华、梁各庄之间的大红门地区，准备伏击和阻击由梁各庄向西增援的敌人；同时，多支小部队向易县城、解村、店北火车站进行扰袭、牵制。5 月 19 日晚，参战部队隐蔽地进到指定位置。20 日晨，攻击部队勇猛发起冲击，敌人逃出堡垒，往村里收缩，部队突入村内，展开了争夺战。20 日上午 8 时，梁各庄敌人出来增援，大龙华敌人也拼死突围，逃出的 130 多人又被预先设伏的第一团第二营主力包围，接着由大龙华追击的第一营一部赶到投入战斗，将敌大部歼灭。下午，一分区部队继续对大龙华守敌发动攻击。第一团第一营第四连，在炮兵连掩护下猛攻村北堡垒，经 20 分钟的白刃搏斗，把敌人全部歼灭。另一部分敌人扼守在村西南小山上，向进攻部队疯狂射击。第一连奋勇冲上山头，把敌人打垮。大龙华战斗，毙伤日军 350 余人，活捉日军中队长、小队长以下官兵 11 人，缴获轻重机枪 6 挺、大小炮 5 门、各种枪 90 余支、汽车 3 辆、日军机密文件 50 余册。

5 月 24 日，针对日军情况及作战特点，聂荣臻将第一军分区部队在易县大龙华战斗中缴获的日军桑木师团机密文件 50 多册（其中有日军华北方面颁发的《关于剿匪与警备的指针》《关于使用特种器材（毒气）之参政》和日军一一〇师团颁发的《对山区方面匪团封锁计划》等），经仔细研究后，写了详细报告，连同原件，于 6 月下旬请宋时轮带到延安，送交党中央。毛泽东后来对聂荣臻说，他看到送去的这些敌军文件，觉得非常重要，中央制定的对敌作战的一些方针原则，有的就是据此而定的。

冀热察区党委发出对冀东工作指示（5 月） 5 月，冀热察区党委发出对冀东工作的指示，指出，冀东工作的基本任务和方针是坚持游击战争，创建游击根据地。具体政策是：（一）扩大与巩固正规军和游击队，大量发展地方抗日武

---

① 周均伦主编：《聂荣臻年谱》，人民出版社 1999 年版，第 282—283 页。

装，反对“抓一把”、保守主义、浪费等不良倾向；（二）建立抗日政权；（三）开展群众工作，建立群众组织；（四）加强财经工作；（五）加强抗日民族统一战线工作；（六）发动群众瓦解伪军组织；（七）争取分化和改造“联庄会”；（八）对土匪原则上是消灭，在游击区以剿为主，敌区以争取为主。

战地总动员委员会敌后工作团到达雁北地区（5月） 5月，焦国鼐、王任山率领战地总动员委员会敌后工作团70余人从岢岚到达雁北地区，在察绥游击军（后改编“察绥支队”）配合下开展工作，成立了战委会雁北办事处，焦国鼐任主任，王任山任副主任，下分4个分队，派赴应县、广灵、灵丘、浑源等县，建立和加强县、区抗日政权和民众抗日团体。7月，战委会撤销后，工作团干部都分配到雁北地区工作。

6月

彭德怀提出停止磨擦、坚持河北抗战的八项纲领（6月2日） 6月2日，《抗敌报》公布彭德怀同国民党鹿钟麟会谈情况。彭德怀代表中共与八路军提出了停止磨擦、坚持河北抗战的八项纲领：（一）坚持河北抗战，精诚团结，和衷共济，以彻底粉碎敌人的新进攻。（二）充分发动与组织民众，武装民众，开展游击战争，争取抗战的持久与最后胜利。（三）加强国共合作，在平等民主原则下，协商解决双方一切有关事宜。（四）实行民主，改善民生，保障人权。（五）统一行政。一是撤销双县长、双专员，对专区及各县之原有民选专员与县长，一律由省府重新加委；二是由省府明令撤销弃职及破坏统一战线之顽固分子，吸收河北素孚众望之前进人士，及坚持河北抗战有功诸军事领，参加省府；三是查办弃职潜逃或放弃坚持战争与领导民众职责的县长，奖励坚决抗战、勤奋职守的县长；四是遇县区主管行政人员必须更调升迁时，应先由各县参政会提出候选人，交由共同委员会审查核定后，由省府加委；五是实行村乡区，直至专员之选举。（六）巩固金融，发展救济事业。（七）划定军区、军分区，合理统一军事指挥。（八）明令承认各地的群众团体，恢复被解散的群众团体。

东长城大捷（6月14日） 6月14日，八路军第一二〇师三五九旅七一八团于灵丘西南之东长城冉庄地区抗击日军独立第二混成旅团1000余人的进攻，激战至18日，共毙伤日军浅川联队大队长以下500余人，缴获轻重机枪19挺、骡马60多匹及其他军用品1部。此次战役的胜利，有利地打击了敌人的进攻，挫伤了敌军的士气。

东兴惨案（6 月 17 日） 东兴地处冀县西北部，西临滏阳河，北面和东面与衡水县接壤，是一个拥有 360 多户人家的村庄。六七百人的游杂军队突然集结在东兴，惊动了冀县城里的日军，他们便联合驻新河县的日军，于 6 月 17 日拂晓向东兴扑来。新河方面的日军从村西包围，但未过河，只用一门炮在河西岸朝村里轰击，以防止村里的部队过河突围；冀县方面的敌人从村东包围。日伪军进了村，只用一部分兵力围攻村西北角的游杂武装，大部分则用来对付老百姓。日军见人就杀，见房就烧，一时间，火光冲天，哭声四起，乡亲们一个一个死在敌人的刀枪下。日伪军的烧杀奸淫从上午七八点钟持续到晚上 9 时，临走又把八九十户人家抢劫一空，抢走的粮食、布匹、被褥和金钱已不计其数，仅赶走耕牛就有 10 多头。东兴战斗打响后，顽杂军赵云祥部千余人就驻在东兴东面附近的村庄，面对日军在东兴屠杀，却隔岸观火，不放一枪。退却到东兴村西北角的两支游杂部队，也于 17 日晚 10 时左右撤离东兴，后匆匆逃散。此次战斗中，全村 148 人被杀害，53 人受重伤，500 多间房屋被烧毁。

中共北方分局在唐县军城召开扩大会议（6 月中旬） 随着抗战形势的发展，八路军总部于 4 月 21 日致电中共北方分局、晋察冀军区及冀热察挺进军，指出目前全国整个战局已进入相持阶段，暂时不宜派部队深入冀东、热河，应在冀、热、察三省边区山岳地带之游击根据地建立后，再相机向冀东、热南及沽源三方面发展。据此，6 月中旬，中共北方分局在唐县军城召开扩大会议（简称“军城会议”）。会议由彭真主持，聂荣臻出席了会议，李运昌代表冀东参加会议。会议讨论了坚持冀东游击战争、创建冀东抗日根据地的问题。会议根据形势的变化和中央军委的指示，决定八路军不再大规模挺进冀东，冀东不再发动第二次暴动。冀东的坚持与发展，主要依靠党和人民的艰苦斗争，也因此，冀东由小股的多股的游击队发展成为大的游击队，由多块的小块的游击根据地发展成为大块的游击根据地。同时决定将冀东抗联武装和八路军 3 支游击队，统一编为八路军，序列为冀热察挺进军第十三支队。任命李运昌为司令员，李楚离为政治委员，包森为副司令员，曾克林为参谋长，刘诚光为政治部主任。会议决定冀热察区党委冀东地委改为冀热察区党委冀东区分委（简称“冀东区分委”），李楚离任书记。会上，彭真在发言中指出：冀东深入敌后，远离其他根据地，统一战线要更广泛，要在巩固中求发展，发展中求巩固。此次会议确定了冀东抗日游击战争的基本方针，形成了冀东统一的领导体制。但由于李楚离、李运昌等冀东主要领导干部均在平西根据地开会，1939 年秋李运昌返回冀东时，又正值日军进行第六次大“扫荡”，军城会议精神未能在冀东立即贯彻。

晋察冀边区公安总局成立（6 月 25 日） 敌人在对边区根据地进行日益残酷的围攻、“扫荡”、抢掠、烧杀的同时，在边区周围的各个城市成立了许多特务机关，并派遣大批汉奸、敌探混进边区根据地，进行种种破坏活动。为了更有力地镇压汉奸、敌探，保障抗日人民的安全，1939 年 4 月初，晋察冀边区在中共北方分局书记彭真直接领导下，着手组建晋察冀边区公安总局。5 月至 6 月，边区第一期公安干部训练班培训出骨干 50 多人。6 月 25 日，晋察冀边区公安总局在阜平县花山村正式成立，李波任局长。《抗敌报》7 月 3 日发表《晋察冀边区公安总局成立宣言》，宣布边区公安总局的主要任务是：（一）巩固边区抗日根据地，保卫各级抗日政权，反对一切破坏抗日政权的行为；（二）安定社会秩序，巩固人民团结；（三）配合部队作战，帮助部队侦察、警戒，把所有混入边区的汉奸、敌探及阴谋分子彻底扫清，保障边区人民的利益及生命安全。边区公安总局是边委会的职能部门，直接领导晋察冀区（晋东北、冀西）各县公安局和冀中区、冀北区（冀热察区）公安分局的工作。冀北区公安分局于同年 6 月筹建，负责平北、平西、冀东等 3 个专区公安局及所属 17 个县公安局的工作。冀中区公安分局于同年 9 月筹建，负责冀中 5 个专区公安局及所属 34 个县公安局的工作。边区公安总局还一度在部分农村，主要是冀西，推广建立了政治警察制度。边区各级公安局的建立，大大加强了边区的公安保卫工作。

刘秀峰、张君等人启程赴延安汇报晋察冀边区情况（6 月） 中共中央为了进一步了解晋察冀抗日根据地的情况，毛泽东同王稼祥等于 1938 年 12 月 30 日电告吕正操纵队等：中央和军委为了更深刻了解各部队现状、作战经过和执行六中全会决议情形，决定各部队派人到延安报告工作。据此，晋察冀边区党委宣传部长刘秀峰、冀中区党委组织部长张君、冀中军区政治部组织部长李梦令等人，于 1939 年 6 月从北岳区启程赴延安。到达延安后，八九月间，他们分别向中共中央、华北华中工作委员会汇报了晋察冀边区党政军民的工作情况，陈云、王稼祥听取了汇报。中央书记处根据他们的汇报，于 10 月 28 日发出了《关于冀中工作的指示》。

*** 中央书记处发出《关于冀中工作的指示》（10 月 28 日）** 中共中央书记处

于 10 月 28 日发出《关于冀中工作的指示》，指出，冀中工作取得了很大成绩，创造了伟大的党和军队，发展了民运，建立了政权，使冀中平原成为抗日根据地之一。要求：（一）冀中各领导同志必须正确估计到平原游击区的特点和今后困难的增多，准备在最艰难的条件下坚持斗争。在军队方面，除要有一定数量的正规化主力团外，还要有由坚强的当地干部领导的与本地群众血肉相连的游击队；在地方工作中，除巩固我们的乡村外，应该打入敌之城市与据点，建立短小精干、绝对可靠的党和抗日的堡垒。（二）必须正确把握统一战线中的政策，对地主阶级实行麻痹政策，对工农采取积极的政策，在坚持抗战，在救济水灾、改善民生等工作中，把工农劳苦群众真正团结在我党周围。（三）必须整顿内部。三纵队主力应减少单位，紧缩机关；注意洗刷干部队伍中混入的敌探、托派、国民党及阶级异己分子；坚决地改造区、乡政权，使政权真正掌握在工农及可靠分子手中；停止党的发展而专心于巩固工作。（四）从晋察冀方面抽调一些中下级军政干部及党的干部到冀中去帮助工作。冀中区党委坚决贯彻党的指示，有利地推动了冀中平原抗日根据地各方面的工作。

冀东党组织的恢复与发展（夏） 冀东地委成立后，地委负责人按照分工分头原则开展恢复基层组织工作。在丰润县、滦县、迁安县边境地区活动的谷云亭、杨文汉、张志超、魏春波、李守善、张逢春、胡志发、韩东征、周鸣岐、周治国等人，经过一段时间的工作，先后在丰润县小岭郾、王官营、霍庄、东西高庄一带和滦县榛子镇、杨柳庄、西新庄、李家沟一带，发展了一批党员，建立了中共基层支部；在丰润县、玉田县、遵化县边境地区活动的路拓、张志全、王维昕等人，分别在玉田县东西果各庄、大山王庄一带，遵化县池家屯，丰润县杨官林、大旺庄、仰山、南夏庄等地发展了一批党员，建立了中共党小组或支部；在西部蓟县盘山一带活动的李子光、王坤载、冀扶朽、陈富轩等人，在蓟县城南及桑梓、马坊、黄旗庄，蓟县东部的太平庄、六百户、东马坊、穿团城和玉田县的金庄子，遵化县的孟家铺等地，发展了一批党员，建立了中共基层支部；在北宁铁路以南地区，路南办事处和昌乐办事处的党员分散隐蔽活动，在滦县、乐亭县农村联络失散的党员，恢复建立党组织。经过一段时间的艰苦努力，恢复、重建党组织工作取得很大进展。到 1939 年 7 月冀东区分委建立时，全冀东地区已恢复发展党员 300 余名，重建了一批党小组和支部。基层党组织的恢复和发展，为冀东地区反“扫荡”和抵制日伪政治进攻发挥了重大作用。

7月

阎锡山在晋东北破坏团结抗日活动加剧（7月初） 抗战初期，阎锡山就任国民党第二战区司令长官后，一度与共产党合作抗日，使山西成为全国统一战线的模范区。随着抗战的深入发展，阎锡山逐步向右转，千方百计限制共产党及其领导下的抗日力量的发展，不断制造磨擦。国民党五届五中全会后，阎锡山加紧进行反共磨擦，特别是1939年3月秋林会议后，走向了积极反共的道路。6月30日，阎锡山下令解散动委会。7月初，把动委会所属13支游击队（第四支队在大青山除外）整编为7个支队，后合编为新陆军暂编第一师，续范亭任师长。为了从晋察冀边区中夺取晋东北的政权，他从晋东北20个县中划出东雁北的灵丘、广灵、怀仁（东）、阳高、大同、应县、山阴（东）、浑源、天镇等县，成立山西省第十一行政区督察专员公署，委派其亲信白志沂任专员兼保安司令，专事同共产党搞磨擦，从抗日政府手中接收政权，“收复失地”，破坏晋东北敌后抗日根据地。

中央关于阎锡山右转后的对策问题发出指示（7月8日） 秋林会议后，彭真就感到山西形势逐步恶化，遂于4月3日致电北方局和中共中央：“此次宜川会议，旧派预备向新派作大斗争，旧派企图取消牺盟会，取消决死队，破坏统一战线，取消政委制……山西形势似趋向恶转。”7月，阎锡山宣布在雁北设立山西省第十一行政区督察专员公署后，彭真于7月8日致电聂荣臻并报北方局、中共中央，指出，雁北专员区先已确定属晋察冀边区指挥，若划归山西省府，必遭更多困难，磨擦终必增加。我们必须力争雁北仍归边区，否则“一直让步，边区全局将输”。中共中央同意彭真意见，7月23日，中共中央电示北方分局：(一) 晋察冀边区之成立是合乎抗战利益，并已得阎司令长官及军委、行政院之批准，任何方面取消边区的企图，我们都认为是破坏抗战、破坏团结的行动而坚决反对；(二) 冀中是边区的重要组成部分，绝不能交鹿钟麟；(三) 对阎锡山派雁北专员，我们应采取挡驾态度。晋察冀边区行政委员会可立即委派政治上完全可靠的专员到雁北几县（同蒲路东），把雁北严密控制在边区政府之下。8月10日，中共中央再次指示：对于阎锡山向日右转及其许多有害于国共合作、团结抗战的布置，我们应团结山西进步力量给阎的进攻以反攻与抵抗，巩固原有阵地，但应注意方式，不应在报纸上及言论上公开反阎；采取一切办法，在政治上、组织上巩固党、整顿党，使党成为短小精干、坚强有力的领导核心。这一系列指示为雁北开展反磨擦斗争指明了方向。

冀中军区召开参谋工作会议（7 月 8 日至 16 日） 为了总结抗战以来冀中军区和一二〇师司令部工作的经验教训，冀中军区于 7 月 8 日至 16 日在蠡县刘家佐村召开参谋工作会议，一二〇师与冀中军区干部共同参加会议。八路军一二〇师师长贺龙致训词并作了重要讲话。贺龙在训词中指出，我们这个会议是八路军第一次大的参谋会议，也是个专门人才的会议。八路军从血的战争中提拔的一些参谋，由于中国共产党的正确领导，一般地说工作做得还不错，他们组织战斗、建设军队、教育部队，在接连不断的战斗中取得伟大的胜利。他强调，我们这个参谋会议，是抗战以来第一次，意义非常重大，不仅能使各级司令部工作健全，而且对健全部队、教育部队、提高部队的战斗力和组织战斗等各方面的工作，都能有飞跃的进步，使我们在残酷的民族解放战争中勇敢地进行战斗。司令部是首长指挥军队的机关，是军队行动的指南，司令部工作不好，首长的指挥便是盲目的。参谋长是首长的第一个助手，是首长指挥军队的有力的助手，工作甚为重要。同时，司令部要有科学的分工和确实的负责，假若司令部工作做得不好，首长的计划决心，也就很难实现。他还指出，抗战两年来，得到了很多的胜利，获得了宝贵的经验教训，这次会议我们要总结抗战以来司令部工作的经验教训。抗战两年来，冀中军区与一二〇师各级司令部还是不健全，如组织上的不健全，参谋人员培养的数量不够。这次会议要找出不健全的原因，想出克服这些问题的办法。总的来说，这次会议总结了抗战以来司令部工作的经验教训，确定了今后参谋工作的努力方向。此后，部队开始按照编制建立健全各级司令部组织机构和制定各种规章制度，使司令部能够指挥多兵种联合作战，应付残酷的现代战争，争取更大的胜利。

晋察冀边区军民战胜严重水灾（7 月上旬） 自 7 月 3 日起至 7 月底，晋察冀边区各地连降暴雨，因山洪暴发，河流水势猛涨，日军乘机将永定河、子牙河、大清河、滹沱河等河堤扒开决口 182 处，造成河北平原数十年来未曾发生的大水灾。冀中区 30 余个县、6752 个村受灾，1500 多万亩农田被冲毁，200 多万人无家可归。北岳区 14 个县受灾，死亡 4500 多人，损失房屋 6 万多间、土地 100 多万亩、粮食 80 多万石、牲畜 2200 多头。

在大水灾面前，边区党政军机关领导全体军民节衣缩食，开展生产自救。

彭真、聂荣臻等北方分局领导密切关注边区水灾灾情的发展。《抗敌报》连续发表《救济水灾，坚持敌后抗战》《救灾与节约》《救灾与互助》等社论，传达北方分局关于抗洪救灾的指导意见，号召边区军民开辟新的生产，提倡节约，发扬互助友爱精神，共同克服困难，坚持敌后抗战。7 月 26 日，聂荣臻发表《告边区同胞书》。8 月 1 日，聂荣臻在《抗敌报》上发表谈话，号召边区军民发扬同甘苦、共患难、共存亡的精神，战胜水灾，坚持抗战。几篇社论和聂荣臻的谈话明确了救灾的任务和方向，推动了边区各项抗洪救灾工作迅速及时、紧张有序地展开，也使千百万彷徨无依的灾民增强了战胜灾荒的信心。7 月 27 日，彭真、聂荣臻将边区水灾情况致电北方局并中共中央，称边区水灾奇重，农村经济之破坏损失空前未有，并且我之后方机关多隐蔽在山沟险处，因之损失甚重。灾情严重影响边区秋收及秋季救国公粮征收，如灾情不再扩大，秋收还可及半，秋季救国公粮最多能收到半数。请求中央给予援助。晋察冀边区还组织各界水灾慰问团赴灾区进行慰问，协助开展救济工作。其中边区各界水灾慰问团第四组到达晋东北，并与专区各界干部详细讨论了慰问、救济办法，然后分 3 个小组深入到各县开展工作。

8 月 30 日，晋察冀边区行政委员会公布关于救灾治水、安定民生的具体办法。主要是发扬边区精神克服困难，发扬互助合作精神渡过难关，要同生死、共患难；开展生产建设，改善民生，彻底救灾治水，在坚决保卫边区原则下动员可能的力量，救灾治水，主要办法就是筹款救急、安置灾民和解决粮食问题。在边区各级党委、政府的周密部署、精心指导下，边区党政军民团结一致，节衣缩食，克服困难，展开了大规模的生产自救运动。到 1940 年 4 月，边区不仅恢复了生产，社会经济也得以稳定，基本胜利地完成了救灾工作。

***彭真《关于边区救灾运动与统一战线》的社论（1940 年 5 月 18 日）**

1940 年 5 月 18 日，彭真为《抗敌报》撰写《关于边区救灾运动与统一战线》的社论，指出，在晋察冀边区的救灾运动中，边区全体党政军民万众一心，克服困难，短短 5 个月时间就基本上完成了这一艰巨的救灾工作，安定了民心，稳定了边区的社会经济，保持了抗战的物力、财力和人民生活的坚实的基础，坚定了边区人民坚持敌后抗战的必胜信心，沉重打击了敌寇、汉奸，以及反共投降派、顽固派内外呼应，企图破坏并摧毁边区的阴谋。这是边区各界同胞坚持抗战、团结进步的伟大力量的表现，同时也是“边区抗日统一战线光荣的胜利的收获”①。同时，救灾运动又更加密切了边区党政军民的关系，进一步巩固与扩大了边区抗日民族统一战线。因此，在这一次救灾运动中的经验教训，值得全边区的党政军民各界同胞深切体会。

冀东地委改为冀东区分委（7 月中旬） 根据军城会议精神，7 月中旬，冀热察区党委冀东地委改为冀热察区党委冀东区分委（简称“冀东区分委”），李楚离、李运昌、李子光、周文彬、田野（即赵观民）等为分委委员，李楚离为书记。分委设东部地委和西部地委。

中央关于冀中、雁北区划电示北方分局（7 月 23 日） 为了坚持团结抗战，巩固与发展抗日根据地，针对国民党顽固派发动的反共磨擦，中共中央及时作出了一系列明确指示。7 月 23 日，中共中央对处理晋察冀边区问题向北方分局发出指示：（一）晋察冀边区之成立是合乎抗战利益，并已得到阎司令长官及军委、行政院之批准，任何方面取消边区的企图，我们都认为是破坏抗战、破坏团结的行动而坚决反对。（二）冀中是边区的重要组成部分，绝不能交鹿钟麟。过去彭德怀提冀中归还河北建制，而保留我们的主任公署，鹿钟麟为副主任，这是可以的，因为这是求得双方妥协，暂时解决河北问题的方案之一。现河北问题既不能解决，冀中当然仍属于边区。（三）对阎锡山派雁北专员，我们应采取挡驾态度。晋察冀边区行政委员会可立即委派政治上完全可靠的专员到雁北几县（同蒲路东），把雁北严密控制在边区政府之下。②

晋察冀边区行政委员会发布《敌区教育实施计划纲要》（7 月 31 日） 为了反击日军的文化侵略，粉碎日军从根本上亡我国家的计划，唤起敌占区民众的中华文化保护意识，晋察冀边区行政委员会于 7 月 31 日颁布《敌区教育实施计划纲要》。指出，敌人每次实行武力进攻时，常伴以文化侵略，如采取焚烧学校或捣毁学校一切设备、逮捕教职员及散发荒谬传单书册等种种毒辣手段，摧毁边区文化，企图从根本上亡我国家，灭我种族。为推行敌区教育工作，争取敌区民众，以粉碎敌伪一切阴谋毒计，乃制定《敌区教育实施计划纲要》。《敌区教育实施计划纲要》实施原则为：为避免敌伪的摧残和破坏，改变教育形式，趋重实际工作，利用技巧的灵活方式；教育工作人员，须具有坚定不移的毅力，

---

① 《彭真传》编写组编：《彭真年谱》第一卷，中央文献出版社 2012 年版，第 158 页。

② 参见《晋察冀抗日根据地》史料丛书编审委员会、中央档案馆编：《晋察冀抗日根据地》第一册（文献选编上），中共党史资料出版社 1989 年版，第 268 页。

能在任何困难与摧残下坚决完成任务。工作范围包括学校教育、社会教育，通过教育使一般青年、成人、妇女、儿童都能正确地理解抗战的意义，以及抗战与他们的切身关系和他们在抗战中应负的责任——经常把抗战形势、建国工作、胜利消息用口头或文字（报纸小册、漫画、标语、传单等）的方式传播给他们、解释给他们，并让他们讨论。针对敌伪的欺骗、麻醉的宣传教育予以无情打击，揭露其欺骗阴谋，使民众知晓这种奴化教育的危险，提高民族自尊自信的意识，把精神总动员的内容渗透到每个国民心坎里。《敌区教育实施计划纲要》规定，训练内容应注意：统一战线的理论和实际的运用；汉奸的分析和争取的方法；敌伪宣传的方法及其效能；现阶段教育工作的传授。

北方分局召开会议专门讨论冀中工作（7月31日至8月1日） 中共北方分局于7月31日至8月1日召开会议，专门讨论冀中工作。会议由彭真主持，关向应、程子华、聂荣臻等先后发言。8月1日，彭真作总结发言。他分析了冀中党发生偏“左”、偏右问题的原因，即缺乏统一战线下的阶级斗争经验，对于扩大与巩固统一战线与坚持党在政治上、组织上的独立性二者之间的矛盾与一致，未能正确灵活地把握。他指出，冀中工作今天是由一帆风顺走向困难，由顺境走向逆境，会发生困难。冀中基本上没有离开党的路线。党在冀中发展，基本上应面向劳苦群众，革命的知识分子也要大量吸收。要在党内普遍加紧阶级教育与阶级警觉性，健全政权本身组织。党给政权的是方针、策略、路线，如果什么都管，则政府工作不会走上轨道。必须使政府有充分主动性来处理其工作，要健全政权工作，必须首先给政权以主动性。应抽调干部加紧财政工作，依靠群众积极性筹一批救国公粮，这样冀中区粮食尚不至于太困难。吸收一批法币，最好能吸收一些美金，因为法币及边币都可能通货膨胀。部队财政，区县均应有预算，建立金库制度，以便扫除贪污。要搞好农会工作，这是基本的。青年工作集中于青抗先，其他工作应该进行，但主要是农会工作与青抗先工作。必须从民生问题上，改善群众生活，从实行减租减息上着手。注意培植群众中有信仰的领袖，这在将来阶级斗争中是有力的武器。

根据此次会议精神，北方分局于8月11日发出《对冀中工作的指示》，指出两年来冀中区的工作有很大成就，开展了党与群众工作（党员由8000人左右发展到七八万人），建立了抗日政权，建设了广大军队，坚持了游击战争。同时指出，统一战线，从坚持冀中平原游击战出发，巩固、扩大统一战线，但同时要坚持党在政治上、组织上的独立性。党的工作，要对全体党员作一个深入的组织上的审查，审查清楚各级干部的政治面貌和来历，将隐藏在党内的阶级异己分子清洗出去。在党内普遍与深入开展阶级教育，提高阶级警觉性。同时，分局还对政权工作、财政工作、群众工作等提出了具体要求。此次会议为冀中抗日根据地的建设和发展指明了方向。

冀中军区回民支队成立（7月） 冀中军区回民支队是抗战时期和全国解放战争时期在党领导下发展成长起来的一支回民武装。抗战初期，冀中有回民近10万人，主要分布在献县、定县、雄县、河间、交河、任丘、安国等地。面对日本帝国主义的侵略，冀中回族人民奋起反抗，保家卫国。1937年9月下旬，共产党员萧秉钧和回族青年刘文正在定县、安国一带组织回民抗日武装，被中共晋察冀省委命名为抗日义勇军第九支队。不久，这支队伍的部分人员调往冀西，补充到八路军主力兵团。1938年2月，中共冀中省委将留在冀中的部分人员改编为人民自卫军回民干部教导队，萧秉钧任政治主任，刘文正任政治副主任，马永恩任队长。3月，回民干部教导队到安平县皇城村整训。在此之前，回族爱国志士马本斋在家乡献县东辛庄一带成立了回民义勇队，并扩展到河间、沧县一带，很快发展到200多人；孟庆山率部进驻河间县城后，以马仲三抗日武装中的回族战士为基础，组建了河北游击军回民教导队，并任命马仲三为队长。1938年3月，刘文正奉命到河间、献县一带，发动回族群众参加抗日武装，并与马本斋取得联系。随即马本斋到河间县城同孟庆山会面，商谈组织抗日武装事宜。不久，马本斋率部到河间县城与马仲三部合编为河北游击军回民教导队。

1938年6月，根据冀中军区指示，人民自卫军回民干部教导队与河北游击军回民教导队在河间县城合编，成立冀中军区回民教导队，马本斋任总队长，马仲三任副总队长，刘文正任政治主任。为了使部队走向正规化，8月，部队到河间县沙河桥镇进行整训，后又派丁铁石任政治主任，加强党的领导，提升部队政治思想素质。1939年7月，根据冀中军区指示，回民教导总队改称"冀中军区回民支队"，马本斋任司令员，丁铁石任政治主任。9月间，冀中军区派红军干部郭陆顺任回民支队政治委员。为了进一步加强政治工作和党的领导，马本斋、郭陆顺等对干部战士进行了系统的政治军事训练，特别是11月，叶明率中央考察团到回民支队视察工作时，对党员进行了系统的党的生活的教育，并帮助部队党总支建立关于党的会议、汇报、学习等各种制度，对加强支队党的建设起了重要作用。通过一系列的整训教育，回民支队指战员的政治觉悟和军事素质大大提高，该回民支队成为威震冀中平原的一支劲旅。

8月

彭真主持撰写《中共中央北方分局关于二十个月来党的工作总结报告提纲》（8月初） 为迎接中共七大的召开，彭真根据党的六届六中全会关于筹备召开党的第七次全国代表大会的意见，于8月初主持撰写《中共中央北方分局关于二十个月来党的工作总结报告提纲》并上报中央。重点汇报了边区党从大量发展，打下坚固基础，到初步整顿、巩固的成绩和经验教训，提出边区党当前组织工作的任务是大量地发展扩大，巩固中发展，发展中巩固，争取成为强大、巩固、钢铁一般的党。此提纲还阐明了边区党的建设的重要意义和作用。指出：建党是一个伟大的事业，与军事建设、经济建设、政治建设同是建国的一部分，而且是最重要的工作；坚持边区抗战，保障政治任务顺利完成，靠党的工作健全；发扬优良作风，培养干部供给全党，帮助落后地区，克服不平衡；不仅为了今天，不仅为了建立三民主义的新中国，而且是为了实现我们最终的理想。因此，在这一伟大艰巨的历史过程中，必须造就钢铁一般的打不破的堡垒——党，才能克服一切困难，达到胜利。①

彭真等关于晋察冀边区各项工作致电中央书记处（8月8日） 8月8日、9日，彭真、聂荣臻、程子华致电中央书记处转周恩来，报告晋察冀边区军事、政权、财政经济、群众工作、党的建设、除奸工作等方面的概况。指出，就军事方面看，我位置及对敌形势，四面均为敌人包围，但敌据点间及敌后代县、崞县间，平定、寿阳、井陉、正定、（高）邑（获）鹿、灵寿、新乐间，五台、繁峙间等，均是我游击队基干兵团，派出部队破坏敌交通，我主力集结于机动，布置整训，不失时机对敌出击；冀中一二〇师即将西移过来，三纵队在路西应训部队向路东集中，各分区部队均在原区域活动，并利用战斗行军空隙，在青纱帐期战斗稍缓；萧克部队方面为深入平西工作，巩固平西向北发展，一部到冀中大清河北，接近北宁，相机东进，配合冀东现有游击队发动冀东游击战争。

---

① 参见《晋察冀抗日根据地》史料丛书编审委员会，中央档案馆编《晋察冀抗日根据地》第一册（文献选编上），中共党史资料出版社1989年版，第274页。

在边区周围有日军3个师团、2个混成旅团，不断向根据地“扫荡”，从缴获的日军内部文件看，其战略战术主要是抄袭国民党对中央苏区第五次“围剿”的做法，强调分散配备，占领要点，广筑堡垒，各点之间以公路沟通；在山地分割缩小我占领区；每次“扫荡”必烧杀抢粮，破坏我经济，辅之以平时封锁；在冀中则不断合击；政治上不断扩大伪组织，散布谣言，挑拨我军民关系。但在我不断打击下，敌人只占有“点”和“线”，无法扩大成“面”。建议公布这些日军内部文件，以反击反共顽固派对我们“游而不击”的污蔑。军区今后的作战部署是：在冀西和冀中，游击队不断袭扰敌人，破坏交通，主力集中于机动位置整训，待机打击扰之敌。冀热察区的方针是：巩固平西根据地，向北发展，相机向冀东挺进。

安次穆家口突围战（8月8日） 冀中五分区第四大队、教导大队，在安次县穆家口打退近2000名日伪军的围攻。8月8日上午10时，从天津开来的日军大部队纠合驻葛渔城、黄花店等据点的日伪军，将驻扎分区机关和冀中区党委工作团的穆家口村包围。因这天正刮西南风，日军把主攻方向选在村西南角，而在东面佯攻。防守西南角的四大队三营在周正明营长指挥下，依托护村围壕，连续打退敌人数次冲锋，阵地前尸横遍野。日军恼羞成怒，借西南风施放毒瓦斯，并戴上防毒面具趁机发起攻击。三营指战员在中毒之后，又连续击退敌人3次冲锋，打得敌人再也无力组织进攻。晚10时，分区机关和部队撤出穆家口，安全转移到永清县河西营。

雁北地委召开扩大会议（8月上旬） 为了进一步贯彻中共中央关于回击国民党顽固派的磨擦进攻的指示，中共雁北地委不断加强各地的组织建设，地委主要领导分别在各地召开会议，进行贯彻落实。8月上旬，中共雁北（东）地委书记李光汉、地委组织部长刘达分别到浑源和应县召开县委扩大会议，布置反白（志沂）斗争。关向应、甘泗淇、王震等参加了浑源县委扩大会议。关向应在会上作形势报告，揭露阎锡山的市侩本质及派白志沂接收雁北搞反共活动的阴谋，要求广大军民提高警惕，坚持根据地斗争。会议根据对敌斗争和反白（志沂）斗争需要，决定派康世安等人开辟桑干河沿岸工作，由康世安负责大同县党的工作；决定成立大同、天镇、阳高、怀仁（东）等4个县的游击政府，王怀远任大同县长，季村任阳高县长，高烈任天镇县长，康世安兼任怀仁（东）县长。

聂荣臻等向八路军总部报告总政9日训令执行情况（8月13日） 8月13

日，聂荣臻同舒同一起，向八路军总政治部作关于总政9日训令的执行情况的报告，指出：（一）6月15日，召开全军区政治工作会议，除总结整军工作外，讨论了7月至9月3个月的政工计划，包括动员武装、政治教育、敌军工作及党的工作等。（二）确定了巩固党在思想上、政治上的独立性的基本方针。加强阶级教育、传统教育，除在党内口头传达以外，并用适当方式编成下列几种教材：目前形势与任务、三民主义与共产主义、共产党员与八路军的传统问题、列宁主义讨论提纲、三民主义讨论提纲。对团以上干部，还增加了如何巩固党、发展党（包括党员条件，保证党思想上、组织上、政治上独立性问题，党员应为党的最有组织的奋斗者）的内容，作为党内教材。（三）7月至8月，党的工作计划要求加强支部作用，提高党员质量，进一步巩固党的基础。①

全歼日军东京慰问团（8月13日） 8月，晋察冀四分区主力部队五团得到可靠情报，由9名日本女人组成的慰问团将在日军一个中队掩护下，由平山县城到温塘据点“慰问”。五团连夜在平山南望楼至东回舍间的铁牛山设伏，布置战斗。13日上午9时，日军掩护的慰问团从平山县城出发，当日军进入五团火力圈时，三连首先在东回舍打响，给日军以迎头痛击。接着三营九连在营长罗祖斌率领下利用青纱帐作掩护猛烈冲击日军指挥中心，打乱了日军的作战队形。其他营连从四面八方用机枪、迫击炮、步枪、手榴弹一齐杀向日军纵深之处。在冲锋号声鼓舞下，一营主力从北山拉网式展开冲击，三连拦头，四连堵尾，二、三营挺着1000多把刺刀冲上去。经过半小时激战，将日军这一中队150多人全部消灭，击毙日军驻平山城司令春谷凭四郎，缴获汽车3辆、大车27辆、步枪95支、歪把机枪6挺、九二重机枪2挺、手枪10支、子弹5万发。五团李文章副营长等18人牺牲。19日，四分区五团在阎庄召开万人祝捷大会，四分区司令员熊伯涛、政治委员刘道生到会并讲话。会上追悼了李文章等18名革命烈士，决定在阎庄建立五团烈士陵园。

聂荣臻关于瓦解敌军工作向各军分区通报并报八路军政治部（8月22日） 聂荣臻于8月22日向晋察冀各军分区领导通报并报八路军总政治部：大龙华战斗中，我军利用各种机会，以喊话、唱歌、散发宣传品等方法，开展瓦解敌军工作，收到较好效果，有的日军士兵自愿缴械。俘虏的十几名日军士兵，经教

---

① 参见周均伦主编《聂荣臻年谱》，人民出版社1999年版，第286页。

育释放回去后，许多日军士兵向他们打听情况，他们一致说八路军好。以后在7月的战斗中，被先前释放的俘虏们在部队被我歼灭，多为不战四散逃窜，其后又有数名日军士兵举手缴枪，并问我军敌工科刘科长、金干事在否。由此可见，瓦解敌军条件日益成熟，火线上应当喊话，正确释放俘虏。

曲阳县党城惨案（8月25日） 8月25日，驻曲阳城日伪军500余人冒充八路军，进占党城、口南一带村庄，假借召开群众大会之名，诱捕村干部、自卫队长及各抗日救亡团体负责干部100余人，当场杀害27人。敌人惨无人道的屠杀激起了曲阳县民政各界的极大愤怒，民政各界纷纷要求为死难的英烈报仇，惩治内奸，歼灭敌人。8月31日，曲阳县工救会、农救会、青救会、妇救会、抗敌后援会等群众团体联名致电聂荣臻，恳请“速派劲旅，予以痛击，拯民水火”。聂荣臻当日复电曲阳县各抗日团体和全县爱国同胞，痛斥了日军的罪行，表示立即布置痛击该敌工作，誓复深仇，并指挥第三军分区主力部队遂即出击，与日军激战。经几番猛烈攻击与袭击，八路军于9月8日攻克党城、口南，二三百敌人被击溃，残敌在八路军追击下退到曲阳城。这次战斗，沉重打击了敌人的嚣张气焰，为死难同胞报了仇。

八路军一二〇师离开冀中平原赴冀西山区（8月27日） 8月7日，毛泽东代表中央军委电示八路军第一二〇师贺龙、关向应：为粉碎国民党的反共阴谋，巩固陕甘宁边区与加强河防，并准备应付突然事变，决定一二〇师三五九旅即由恒山地区调往陕北绥德、米脂地区，以巩固绥德警备区；一二〇师在冀中部队即移至恒山地区，并视情况再移至晋西北地区，以利指挥。遵照中央军委的指示，在冀中的一二〇师领导机关和主力部队分两个梯队，于8月27日至9月下旬，先后离开冀中，向平汉路西转移。8月27日，第一梯队（包括独立第一旅、第二旅，第一支队）由张宗逊、张平化率领，由定县长寿车站附近通过平汉路，于9月1日到达河北行唐县口头镇附近地区集结。一二〇师领导机关与七一六团为第二梯队，从冀中博野地区出发，于9月24日到达行唐县南北城寨地区。王震率领三五九旅主力由雁北开赴陕北绥德地区，留下一部分部队组成雁北支队，继续坚持恒山地区的游击战争。

一二〇师主力在冀中区转战的8个月中，圆满完成了中央军委赋予的巩固冀中、帮助三纵队和扩大部队的三项任务。其间，共与敌进行大小战斗116次，歼灭日伪军5900余人，并打退了国民党顽固派对冀中的多次武装进攻，巩固了冀中抗日根据地。一二〇师为了帮助冀中部队的正规化建设，抽调了一批干部到三纵队，加强了各级的领导，举办军政干部、政治指导员、参谋、锄奸干部、敌工干部等训练班，为三纵队培养了各类基层干部300余人，还组织工作组到冀中部队指导并帮助作战与训练，与冀中的部队共同作战、训练，互相参观学习等。一二〇师部队本身也得到了发展壮大，部队扩大两倍以上，由原来的6300余人扩大到21 900人，由原来的1个旅、3个团（缺1个营）、1个独立支队扩编为2个旅、7个团、6个独立支队。一二〇师来到冀中，对后来冀中部队能够长期坚持平原游击战，经受住敌人的残酷大“扫荡”，起到了重大作用。

一二〇师离开冀中转移到平汉路西之后，又配合晋察冀部队取得了陈庄战斗及雁宿崖、黄土岭等战斗的胜利。由于1939年12月，国民党顽固派阎锡山在山西发动了“十二月政变”，根据中央军委命令，贺龙、关向应率领一二〇师主力部队，于1940年1月从晋察冀边区出发，2月初返回晋西北抗日根据地。与此同时，一二〇师三五九旅主力奉命调赴陕北加强黄河防务。10月初，王震率领三五九旅主力部队又开赴陕甘宁绥德地区。

***关向应撰写《论冀中平原游击战争》一文（8月）** 一二〇师政委关向应在冀中利用各种机会调查了解游击战争的基本情况，注意及时总结斗争经验，在戎马倥偬中写了《论冀中平原游击战争》一文，最早发表在《新长城》1939年8月第2号上，以后又在《解放》杂志上转载。文章分析了冀中所处的环境和战胜敌人的有利条件，即冀中根据地处在敌人四面包围之中，但它又同其他抗日根据地相互联系，相互配合，周围之敌人同时又处于八路军的包围之中。文章还分析了冀中与晋察冀边区在战略上不可分离的关系，指出，冀中游击战争能够坚持到今天，是与整个晋察冀边区的战略地位分不开的，因而必须保持冀中同整个边区的一体性。文章着重指出，群众的力量是坚持冀中平原游击战争的堡垒。这篇文章，对于总结冀中根据地的经验和指导对敌斗争起了重要作用。①

肃宁县大曹村惨案（8月28日） 由于日军将大清河、滏阳河、滹沱河、潴龙河等扒开，放水淹没冀中，故肃宁县城周围一片汪洋，驻守肃宁的日军所需物资必须由河间的日军转送。8月27日，驻河间的日伪军50余人，押送几辆

---

① 参见谢忠厚、肖银成主编《晋察冀抗日根据地史》，改革出版社1992年版，第144页。

载满军用物资的汽车向肃宁方向驶去。日伪军在大曹村附近不断骚扰群众，调戏妇女，群众奋起反抗，将其中的5名日军捉住，送到区公所。日军为了报复当地群众，于28日、31日，前往大曹村及附近村庄进行“扫荡”，残杀群众73人，烧毁民房2300余间，烧毁粮食、衣物不计其数。大火一直烧了一个多月才渐渐熄灭，村村皆成废墟，户户一片灰烬。大曹村惨案是日本侵略者铁蹄践踏中华大地，对无辜百姓实行“杀光、烧光、抢光”的“三光政策”所犯下的滔天罪行。其罪恶深重，罄竹难书！大曹村及附近人民群众义愤填膺，抗日情绪更加高涨，仅大曹村即有68名青壮年参加了八路军。

中共中央北方分局召开讨论白志沂问题会议（8月29日） 针对国民党顽固派白志沂问题，中共中央北方分局于8月29日召开专门会议进行讨论。会上，彭真传达北方局指示精神，指出，对阎锡山反共反八路军的态度，政治委员回到部队，负责洗刷坏分子，提拔好干部；晋察冀应作为反对反共的基本队伍，但不是先锋队，晋西北和晋东南打先锋较好。要坚决保持雁北为晋察冀边区行政委员会之一部；如果白志沂来，我们欢迎；如白志沂去接任，则由晋察冀边区行政委员会将坏县长一律撤换，委派好县长，不理会白志沂；晋察冀边区行政委员会成立察南雁北办事处，王斐然任主任，专门负责应付白志沂磨擦；如白志沂以武装接收，则放手给予打击。

9月23日，晋察冀边区行政委员会雁北察南办事处在灵丘县雁翎村宣告成立，王斐然任办事处主任。为了反对白志沂破坏雁北抗战的阴谋，北方分局和晋察冀边区行政委员会决定：（一）各县政府一律拒绝移交；（二）雁北地区禁止使用晋钞；（三）抵制白志沂在雁北征粮、征税、征兵。9月下旬，为了庆祝雁北察南办事处成立和欢送一二〇师三五九旅主力部队奉调保卫陕甘宁边区，雁北各界举行群众大会，王斐然等在大会上讲了话。

冀东区党分委遵化北舍身台会议（8月） 冀东区党分委于8月在遵化北舍身台召开会议，冀东区党分委主要领导周文彬、刘诚光、丁振军、谷云亭等出席。会议着重分析了冀东敌我斗争的形势，并提出了建立抗日政权问题。为取得经验，决定自下而上先建立基础政权，而后再建立区、县政权。会议决定由丁振军负责筹建政权工作。对各村伪政权采取争取、利用、改造的方针，使其成为抗日的“两面政权”，并由谷云亭负责在丰润县的皈依寨试行村办事员制度。会后，在丰润县北部皈依寨建立了村政权的试点。不久，在丰润、遵化两县交界的东八堡、小岭鄘一带试建了两个区政权。10月，建立丰（润）滦（县）迁（安）联合县政府，辖3个区、百余村庄。村办事员制度在冀东游击区逐渐推广。

冀中区北代会议（8月） 冀中区党政军群领导机关于7月至9月陆续转移到武强县的南代、北代村一带。这期间，冀中区党政军群领导机关利用洪水泛滥，日军无法进行围攻“扫荡”的间隙，在3个多月的时间里，召开了一系列干部扩大会议。其中，7月7日，冀中区党政军民在北代村召开纪念抗战两周年群众大会。会后，冀中区党政军领导人宴请慰问了附近各县数百名抗日烈属、军属。8月，冀中区党委、冀中行署在北代村召开扩大会议和第三次行政会议（通称“北代会议”）。冀中区地、县委书记和冀中区党政军民主要领导干部参加了会议。会议历时20天左右，到9月结束。主要内容是分析了冀中当前敌我斗争形势，确定了今后的工作方针、任务，具体确定了巩固党、建军、建政、深入群众、开展减租减息和发展群众游击战争等工作。行政会议分析了大水灾后的形势和救灾的具体措施，决定拨出40万元救灾款开展合作运动，组织群众贩运和生产度荒。会议决定建立中心村和模范村。中心村是辅助区政权深入村工作的组织。每个中心村管六七个小村，每区划分4个至6个中心村，全冀中区共建立850个中心村。9月，冀中区第二次妇女代表大会在北代村召开，会议全面总结了冀中妇救会成立以来的工作，确定了今后的工作方针和任务。大会改选了冀中妇救会的领导机关，田秀娟任主任（未到职），韩朝新任副主任。大会决定取消特派员制度，建立各分区妇救会。9月，冀中区回民第二次代表大会在北代村召开，到会代表50余人，会议决定设立冀中伊斯兰抗日先锋队（民兵性质）和在各分区设立特派员，选举马玉槐任回民抗建总会主任。10月1日，冀中军区第二次政治工作会议在北代村召开，至14日闭幕。会议总结和交流了各部队前一期整军经验及政治工作经验，确定了今后的任务，提出第三纵队“继续向正规化、向八路军化前进”的要求，决定抓紧进行第二次整军。吕正操、程子华、孙志远分别作了军事工作、形势与任务、政治工作报告，八路军总政考察团团长方强也讲了话。

晋察冀边区党委（北岳区委）第二次代表大会召开（8月底至9月初） 为了贯彻落实中共中央的决定和北方分局代表大会精神，讨论巩固边区党、巩固抗日根据地的任务，晋察冀边区党委（北岳区委）于8月底至9月初在阜平县易家庄召开第二次代表大会。大会解决了以下几个问题：（一）对当前全国及边区政治形势作了准确的分析，特别指出投降妥协与分裂是当前抗战的主要危险；（二）总结了半年以来边区整个工作，基本上完成了党所给予的光荣任务，边区相当巩固，坚持了华北抗战，配合支持了全国抗战；（三）总结了半年以来边区忠实地执行党中央提出的统一战线的方针，并把边区建成为全国统一战线的模范区；（四）党对政权工作的帮助获得了很大成绩，边区全党同志最忠实地支持与实行着边区政府的各种抗日政策，这些政策的实行，打击或战胜了敌伪对边区的各种灭亡中国与消灭边区的政策；（五）总结了边区的群众运动，指出边区群众运动获得了伟大的成绩；（六）总结了党的工作，指出党在巩固发展中的成绩，并特别号召全党要大力发扬党的优良作风，全边区党员努力巩固壮大党，为争取成为在中央领导下的模范地方党部而奋斗；（七）总结了坚持游击区工作的经验教训；（八）确定了今后的总方针。大会确定晋察冀边区党委的中心任务是壮大人民武装，巩固边区抗日统一战线，巩固壮大党的组织和领导，粉碎敌人的大举进攻。

9 月 3 日，代表大会通过了《告全边区同胞书》《告边区周围沦陷区域同胞书》和《致军区八路军电》，号召边区和沦陷区人民群众团结一致，进行全面的全民族的抗战，争取抗战的最后胜利。会议还对曲阳县几年来对敌斗争的事迹给予高度评价，以大会的名义，给中共曲阳县委和全体同志致电，赞誉曲阳为“坚持游击区工作的模范”。此次会议的召开，统一了思想，指明了根据地建设的方向，为迎击与粉碎将要到来的日伪秋季大进攻，作好了准备。

9 月

伪蒙疆联合自治政府成立（9 月 1 日） 1937 年日军侵占华北后，相继在绥远、察哈尔、山西成立“蒙古联盟自治政府”“察南自治政府”“晋北自治政府”3 个伪政府组织。1937 年 1 月 22 日，在日本军部的策划下，这 3 个伪政权的头目集于张家口，协商成立了伪蒙疆联合委员会。1939 年 9 月 1 日，伪蒙疆联合委员会改组为伪蒙疆联合自治政府，德穆楚克栋鲁普出任主席，李守信出任伪蒙古军总司令，统辖内蒙古 5 个盟和察南、晋北两政厅。定张家口为首都。

《挺进报》创刊（9 月 1 日） 《挺进报》是冀热察区党委的机关报，由萧克、马辉之组成的第一届冀热察区党委根据对敌斗争的需要，于 9 月 1 日在平西涞水山区创办《挺进报》。报纸为3日刊，8开石印。1942年4月，冀热察区党委撤销，《挺进报》由平西涞水迁移到平北赤城大海陀一带，改为平北地委的机关报，油印。1944年又改为石印，直到1945年抗战胜利。社长开始时是张致祥、赵明，后来是王炜、傅伯英。《挺进报》是在极其艰苦的战争环境中创办和发展壮大的，报社的同志用顽强的精神在与敌人的频繁“扫荡”斗争中坚持办报。报纸发行地区为平西、平北，包括从张家口近郊直到北平附近的宣化、怀来、崇礼、龙关、赤城、延庆、昌平等县的广大农村，还曾通过军邮寄到延安中央宣传部、《解放日报》社和解放出版社。《挺进报》作为区党委的机关报，除刊登新华社的新闻稿件外，还报道冀热察区的地方新闻，宣传党的各项政策。党委领导非常重视新闻报道工作，平北军分区政委兼地委书记段苏权和副书记武光、陆平等及各县负责同志，都为报纸写过文章。抗战胜利后，1946年平北的《挺进报》与平西的《冀察群众报》合并成《察哈尔日报》，《挺进报》光荣地完成了历史任务而终刊。

晋东北民众抗议阎锡山撤换民族革命中学教职员（9月3日）　9月3日，阎锡山下令撤换山西第一行政区（即晋东北专区）民族革命中学（简称“民中”）校务主任康瑞华及所有教职员的职务。民中学生会组织全体学生坚决反对这一决定，当即组成学生请愿团，赴专署提出4项请愿要求，并致电阎锡山要求收回成命。晋东北各群众团体及边区妇救会等组织也纷纷致电阎锡山，要求恢复康瑞华等人职务。11月，阎锡山派人来接管学校，又遭到民中学生的拒绝。此后，该校3个队的学员由二地委分配到各地参加抗日工作。民中创办半年多来，培养了大批抗日干部，其中有100多名学员加入中国共产党。

雁北军民召开欢迎白志沂抗日的联欢会（9月7日）　8月下旬，阎锡山委派其亲信白志沂率保安队（辖3个团）及一部分所谓“战地工作队”，窜到雁北地区，勾结汉奸，捣毁八路军抗日政权，狂妄叫嚣向八路军“收复失地”。9月初，白志沂奉阎锡山之命，带领保安队1500余人由晋西北出发经五台、繁峙到灵丘，驻上关、下关一带，阴谋抢夺抗日政权。尽管白志沂气焰嚣张，但为达成统一战线，团结一切力量共同抗日，雁北（东）地委于9月7日与灵丘县党政军民各界联合召开盛大的联欢会，欢迎白志沂率领的保安队到东雁北参加抗日。到会的有各界代表、三五九旅、驻地附近儿童团、自卫队及群众共1000余人。三五九旅旅长王震在大会上讲话，强调要加强军政民及八路军与晋绥军（特指保安队）之间的团结，共同抗日，坚决反对不打日本、专搞反共磨擦的人。各界代表及保安队代表也先后在大会上讲话。

晋察冀边区行政委员会发出《关于边区社会教育实施办法的通知》（9 月 11 日） 晋察冀边区行政委员会于 9 月 11 日发出《关于边区社会教育实施办法的通知》，指出：为谋得民族彻底解放和抗日战争的最后胜利，必须动员全国民众，参加抗战，粉碎敌人新的阴谋，同时在持久抗战的过程中打下建国的基础，更需要加强民众的政治认识和供给他们以一般生活上必要的常识。因此，今天的社会教育是要抓紧主要的对象，以提高他们的文化水平、政治认识、生产技能，增强其民族的自尊心，坚定其抗战的自信心，使其生活与社会密切关联起来，这是历史所赋予的现实的课题。社会教育的对象为广大民众，为了教学方便，得按照成年人与未成年人的心理上之差别分别教学。将 17 岁及以下儿童归于未成年人之类，17 岁以上青年归于成年人之类。要利用各种已有的群众组织如自卫队、群众团体、儿童团去推行社会教育。

彭真就晋察冀边区工作致电北方局并中央书记处（9 月 13 日） 彭真于 9 月 13 日致电北方局并中央书记处，聂荣臻、关向应、程子华来分局开会，对于晋察冀边区工作的决定如下：巩固边区统一战线，并保持与发展我在边区之优势，力求弥补我军在他区之劣势；更广泛深入地动员和组织群众，武装基本群众抗战，更彻底地实现民主，改善民生，同时积极争取地主、士绅抗日，巩固我与国民党合作。关于民主问题：冀中区村政权尚未彻底改造，边区村代表会及村长选举已顺利完成，目前应教育支部及群众充分运用村政权，并巩固统一战线，保障工农群众优势；边区划小区已大部完成，民选区长，并改造充实区行政会议，保证其成为真正的区代表会；县级统一充实，并充分运用各级行政会议及精神动员会议，使之成为真正有力之民意机构；组织青抗先、模范自卫队等民众武装 50 万人，并广泛开展游击战争，以配合基干部队坚持抗战，粉碎敌之强大围攻；边区各级公安局已着手建立，将使其成为最有力的锄奸和打击破坏统一战线分子之武器。关于民生问题：边区已普遍执行减租减二五、利息一分及废除苛捐杂税，本年又垦荒 3 万亩，增耕田 14 万亩，工人增加工资 10%—20%，目前除普遍完成减租减息外，特别加紧从发展生产等方面改善民生。关于山西新旧派斗争问题：阎锡山在民青会上提出牺盟、民青有七分可靠，要赶快肃清，其他党派在晋绥部队中应停止发展组织，不然会破坏统一战线。

新派人物认为山西局势将继续逆转，且恐有更大之逆转；新派中有人提出新派统一起来，军政民一齐动员，坚决反对一切错误处置，予阎锡山以最大压迫，必要时新派要独立。①

晋察冀军区卫生学校成立（9月18日） 1938年8月，根据八路军总部号召医务人员到前方去的指示，卫生部门迅速组织了由姬鹏飞、孙仪之和江一真带领的3个医疗队分赴新四军、八路军一二九师、晋察冀根据地，其中江一真带领的医疗队到了晋察冀边区。晋察冀边区创立初期，医务人员奇缺，救治伤病员的任务很重，为了尽快为部队培养医务和护理人员，晋察冀军区决定成立卫生学校，并在完县神北村开始了筹备工作。从冀中军区抽调了殷希彭、刘璞、陈淇园、张文奇、张禄增等5位专家教授任教员，从三分区卫生部抽调从延安卫生学校来的郭庆兰和任彬任护士教员，教员自己动手编写教材、制作教具，并从各军分区的卫生队、休养所抽调学员。白求恩从抗日前线回到完县神北村后，积极参与指导创建晋察冀军区卫生学校，以及伤员救治工作。后因日军在神北村南边的洪城建了据点，卫生学校的建校地点就转移到了山高谷深的牛眼沟。

1939年9月18日，晋察冀军区卫生学校在唐河东岸的牛眼沟村正式宣告成立。江一真任校长，殷希彭任教务主任。学校设军医、护士、调剂三期，学制分别为一年半、一年和半年，学员150人。根据军区命令，将军区后方医院的一个休养所调入该校，扩建为卫校附属医院，作为学校实习基地。聂荣臻于10月接见了军区卫生学校领导人，指出，要做到一切从战争实际出发，发扬吃苦精神，办好学校，加速培养医务技术人员。要正确认识知识分子在革命中的重大作用。办好学校，最重要的是要有好的教员，有了好的教员，才可能出好的学生。好教员的标准是：一有政治觉悟，热心抗战事业；二有教学能力，有理论知识和实践经验；三能适应战争环境，因时因地搞好教学。1939年冬，延安抗大女生队和八路军卫生学校师生数百人奉命转移到晋察冀边区，这两所学校同晋察冀军区卫生学校合并，仍称晋察冀军区卫生学校，学员增加到了1000多人。为解决学员的吃住问题，晋察冀军区卫生学校于1940年1月迁址到唐县葛公村。10月下旬，日军发动冬季“扫荡”，晋察冀军区卫生学校离开了葛公村。为了纪

---

① 参见《彭真传》编写组编《彭真年谱》第一卷，中央文献出版社2012年版，第129—130页。

念在边区病逝的国际共产主义战士白求恩，晋察冀军区于 1940 年 2 月将军区卫生学校改名为“白求恩卫生学校”，并将学校附属医院命名为“白求恩国际和平医院”。学校发展到有学员 343 名，教学和医疗设备及各种制度也日臻完善。晋察冀军区卫生学校为晋察冀各根据地培训了大批医护人员。

聂荣臻、彭真起草《中共中央北方分局对坚持冀东游击战争的意见》（9 月 22 日） 聂荣臻、彭真于 9 月 22 日在听取了张明远汇报冀东根据地发展情况后，起草了给马辉之、萧克并报八路军总部、中共中央的《中共中央北方分局对坚持冀东游击战争的意见》，认为，中央、总部与分局关于“巩固平西根据地，创造冀察热边区游击根据地，发展冀东游击战争”的方针是正确的，“抓一把”（即扩充点部队就走）的倾向是有害的，必须反对与克服。加强冀察热边区游击根据地的建立与发展，是巩固平西与支持战争的中心环节。要提高坚持冀东游击战争的信心，动员党与干部及冀东的游击部队为发展与坚持冀东游击战争的方针而斗争。冀东的游击部队不应停留平西，应与冀察边游击区域衔接。目前应注意洗刷老弱病小与检举可能混入的异己分子、汉奸、托派、反共分子。要加强党的领导与政治工作，总结过去的经验教训。挺进军之发展应与上述方针相适应，巩固地发展，部队建设应以减少单位、充实现在几个基干支队为原则。指挥机关应执行军委的指示，缩减直属队，加强各支队，彻底纠正政权及部队中之浪费现象。①

陈庄伏击战（9 月 25 日） 9 月，盘踞在平汉路石家庄、正定、无极、行唐、灵寿之日军 1500 多人，由混成第八旅团长水原义重少将指挥，从灵寿向北进犯晋察冀根据地腹心地区，企图消灭八路军后方机关和破坏后方设施。9 月 23 日，日军集中到灵寿县慈峪镇，准备对晋察冀根据地重镇陈庄发动突然袭击。

陈庄是一个 800 多户人家的大镇，是边区商业、交通重地之一。日军幻想以远距离奔袭，对抗日根据地后方军民进行猝不及防的袭击。这便是日军所吹嘘的“牛刀子战术”。这时，八路军第一二〇师独立第一旅和第一支队全部、独立第二旅的大部，在第三五八旅旅长张宗逊指挥下，在行唐西北的口头地区进行整编训练。就在晋察冀军区得知日军企图袭击陈庄的同时，第一二〇师师部、第七一六团也于冀中博野地区出发，9 月 24 日到达行唐西北的南北城寨。当敌

---

① 参见《彭真传》编写组编《彭真年谱》第一卷，中央文献出版社 2012 年版，第 130—131 页。

人主力进至陈庄时，被埋伏在那里的八路军第一二〇师三五八旅七一五团、七一六团，晋察冀军区第四军分区第五团与津南自卫军包围，在师长贺龙和三五八旅旅长张宗逊指挥下，我军与敌激战5个昼夜，全歼该敌。这期间，日军曾两次由灵寿出动援兵1000多人，均被八路军击溃。至9月30日，此役总计歼灭日军1280余人，俘日军16人，缴炮26挺、轻重机枪10余挺、长短枪180余支、军马40匹。以“牛刀子战术”闯入根据地的狂妄日军，终于遭到惨败。陈庄战斗被誉为“模范的歼灭战”。10月12日，晋察冀边区各界在灵寿县张家庄召开陈庄歼灭战祝捷大会。一二〇师、抗大总校及二分校、华北联合大学全体学员、第四军分区第五团及驻地机关团体和彭真、聂荣臻、贺龙、关向应、陈伯钧、罗瑞卿、张宗逊、周士弟、李志民、成仿吾等党政军领导参加了会议。灵寿、平山、阜平县干部带来了猪、羊、花生、核桃、板栗等慰问品，敲锣打鼓慰问参战指战员。会议由甘泗淇主持，聂荣臻、贺龙等首长讲话。会议从晚上开到第二天凌晨2时结束。

中共中央发出《对晋察冀工作的指示》（9月27日）　9月27日，中共中央在听取北方分局宣传部部长刘秀峰关于晋察冀边区工作后发出《对晋察冀工作的指示》，指出：“晋察冀各方面的工作均有伟大的成绩，堪称华北党的模范。”该文件提出：（一）抗战进入相持阶段后，困难增多，我党应给予充分认识，用一切努力巩固党，巩固军区，来与敌人进行长期的艰苦的斗争。（二）对国民党党部之成立与发展，应采取抵制政策；对一切否认和取消边区的企图应坚决反对；对地主阶级应采取中立或麻痹政策，但应注意农民是我们的主要依靠，不应把争取地主抗日与组织农民抗日同等看待，不应迁就地主而不改善人民生活；对友军应有必要警惕，以防意外。（三）应大大注意政权中干部质量之改善，要把各级政权紧紧地握在我党手中。（四）应把全体群众都组织起来，尤其应注意妇女工作；改善群众生活，应多从发展生产事业上着手；克服动员工作中的强迫命令方式；应有计划有系统地进行人民的文化识字教育，这是政治教育的先决条件。（五）党的工作重心是巩固，不是发展。“贡献给七次大会应当是巩固党的模范，而不是十万党员。”在敌占区，特别是铁路线与大城市，应建立短小精干的绝对可靠的党的组织，分局与区党委应专门培养一些这样的干部，派出去做此工作。[①] 接到该文件后，彭真于10月上旬主持北方分局会议学习讨论。

李运昌返回冀东（9月下旬） 9月下旬，参加军城会议的李运昌奉命由平西返回冀东，坚持开展游击战争。奉晋察冀军区命令，原冀东抗日联军返回冀东的零散部队与在冀东坚持抗日游击战争的八路军3个游击支队，统编为八路军冀热察挺进军第十三支队，下辖3个团。司令员为李运昌，副司令员为包森，政治委员为李楚离。

华北联大到晋察冀（9月下旬） 华北联合大学由陕北公学、鲁迅艺术学院、延安工人学院、延安吴堡战时青年训练班合并而成，并于1939年7月7日在延安召开了成立大会，成仿吾任校长。7月12日，全体师生离开延安向晋东南的太行区出发，但是到晋察冀边区后，聂荣臻、彭真等边区领导致电中共中央，要求把华北联合大学留在晋察冀边区。原因有三：一是为晋察冀边区培训干部。边区包括北岳区、冀中区、冀东区、平西区、平北区，广大地区的干部急需培训。二是生源充足。边区接近北京、天津、石家庄、保定等大中城市，可以通过城市地下党组织，动员许多城市学生参加培训。三是华北联合大学女学生多，如果长途行军冲过正太路封锁线去晋东南非常困难。中央复电同意华北联合大学留在晋察冀边区。经晋察冀中央分局研究决定，华北联合大学就在阜平城南庄一带建校。11月7日，在城南的一片空场上，举行了盛大的开学典礼。参加典礼的除学校全体师生外，还有边区党政军领导和李公朴率领的大后方抗战建国教育考察团全体团员，以及当地干部群众。大会结束后，华北联合大学接到军区的紧急通知：日军向根据地进行冬季“扫荡”，并已向阜平方向进犯。校部决定，全校师生立刻向西南方向进发，并组成第二、第四两个军分区参战实习总队，分散到各县及区、村，编成参战实习队。冬季反“扫荡”于1939年12月结束后，华北联合大学于1940年1月在平山县开始有秩序的教学活动。华北联合大学在晋察冀边区办学整6年，先后毕业的学生共8000多人，连同经过华北联合大学培训一个时期即分配工作的干部，人数达1万名以上。华北联合大学为边区培养输送了大批人才，对坚持敌后抗战，发展壮大根据地，开展边区各项工作都作出了不可磨灭的贡献。

---

① 参见《晋察冀抗日根据地》史料丛书编审委员会、中央档案馆编《晋察冀抗日根据地》第一册（文献选编上），中共党史资料出版社1989年版，第289—290页。

雁翎队组建（1939 年秋） 雁翎队是活跃在冀中白洋淀的一支水上民兵队伍。1939 年秋，驻扎在新安的日军头目龟本以献铜、献铁为名，下令水区猎户交出打野鸭的猎枪和大抬杆等武器。为揭露敌人收缴猎枪的阴谋，奉中共新安县委指示，三区区委书记徐建、区长李刚义到大张庄召集郭里口、王家寨一带水区猎户，动员他们组织起来，抗击日本侵略者。后来，孙革、姜秃、赵保亮等二三十人带着 20 副鹰排（小船）、40 支大抬杆参加了区小队，并被编为一个班。为了防止浪花打湿枪膛内的火药，大抬杆的信口"点火处"要插上一根雁翎。县委书记侯卓夫给这支在白洋淀苇塘河中与敌人进行斗争的游击队命名为雁翎队。1940 年夏，雁翎队从三小队中独立出来，队长为陈万，副队长为邓如意，指导员为刘森，侦察员为赵波。

后来随着斗争深入，队伍逐渐发展到 180 余人，拥有 50 多条船，火枪变成了三八大盖。1940 年，根据上级指示，雁翎队分成两个小队，每队 30 多人，其余输送给主力部队。当时，一队队长为郑少臣，副队长为冯振江，指导员为槐泽民；二队队长为张印清，副队长为孙革，指导员为任贵深。两个小队隶属三区委领导，平时分开训练，战时统一作战。1941 年，日军从东、西、南三面开始向白洋淀围攻。为了适应当时形势，雁翎队在邸庄、东西李庄缩编为三小队，队长为郑少臣，指导员为槐泽民，特务长为张旗，文书为张杰，侦察员为赵波、田振江，通讯员为张亮。

雁翎队成员大都是渔民和猎手，熟悉水性、地势，具有高超的泅泳和射击技术。为了粉碎日军的"蚕食""扫荡"，他们发挥自身特长，以芦苇荡作掩护，打敌巡逻艇，阻敌运输队，捣毁伪政权，镇压汉奸，炸敌炮楼，四处袭击敌人，有力地配合了主力作战。据统计，在 4 年多的时间内，雁翎队整体参加战斗 45 次之多，共毙伤俘日伪军近千人，缴获各种枪支 428 支（挺）、其他军用物资不计其数，还先后为上级机关和主力部队输送不少优秀干部和战士。

*** 王家寨、季庄子伏击战** 1939 年 9 月的一天，赵北口的汉奸带着 20 多个日军，坐着一只汽船到新安据点。驻在季庄子的雁翎队得知这一情况后，就派班长赵老群带 2 个排和一部分同志埋伏在王家寨和季庄子之间的苇塘里。下午 3 点多钟，日军的汽船从新安回来。当汽船进入埋伏圈，班长一声令下，雁翎队 2 个枪排的 4 支枪同时点火，打得敌船转开了圈。此时，雁翎队的其他队员江义、孙占刚、孙革等也都向敌人的汽船开了火。这次战斗，毙敌 20 余人，俘日军 2

人，雁翎队无一伤亡，缴获步枪 20 多支、子弹 4 箱、机枪 1 挺。这是白洋淀雁翎队首次打敌汽艇，受到了中共新安县委的表彰。

*大张庄、王家寨伏击战　1941 年 3 月，驻新安的日军头目龟本，从天津、保定调集了 130 多只汽船，配合步兵和骑兵，对白洋淀开始了水陆联合“扫荡”和“蚕食”。日军的汽船，在白洋淀上横冲直撞昼夜巡逻。日军在白洋淀周围到处修建岗楼，在村村建立伪政权，对人民实行残酷镇压，人民过着朝不保夕的艰难生活。5 月的一天。侦察员赵波、田振江报告：“20 多个鬼子和 30 多个伪军，乘 2 只汽船到赵北口去了，下午返回。”区委书记张希平和大家研究决定，在大张庄和王家寨之间的苇丛中埋伏，等敌船返回时打伏击。下午 3 点多钟，日军的汽船进入雁翎队射程之内，郑少臣一声令下，雁翎队 20 多支抬杆及排子枪、手榴弹一齐开火，毙敌 20 多人，剩下几个敌人开着破船逃往新安。正当突击一组的张牛、田振江、李向奇、张亮、胡宝善等人要驾船追赶逃命的日军时，后边开来一只敌船，船头 2 挺机枪凶猛地向雁翎队扫射。在这种情况下，队员们把小船开进苇塘，故意蹬翻，把枪沉到河里，每人顶着一张荷叶，踩着水顺利地游过河，钻进苇地，安全撤到了泥李庄。

10 月

晋察冀军区机关举行欢迎会（10 月 7 日）　晋察冀军区机关于 10 月 7 日在军区司令部驻地唐县军城镇和石家庄举行盛大欢迎会，欢迎贺龙、关向应、甘泗淇等率领一二〇师由冀中转移到冀西，欢迎中国人民抗日军政大学副校长罗瑞卿率领的抗日军政大学师生、成仿吾率领的华北联合大学师生由延安来到晋察冀边区。北方分局及晋察冀军区的主要领导彭真、聂荣臻等出席欢迎会。聂荣臻致欢迎词，贺龙、甘泗淇、罗瑞卿在欢迎会上讲话。

冀中区冬季反“扫荡”（10 月 8 日至 12 月底）　日军对冀中五次围攻失败后，改变了战法，于 1939 年冬季对冀中进行了大规模“扫荡”。根据实际情况，冀中军区确定了反“扫荡”作战方针，即部队分散活动，避敌锋芒，适时集中兵力，打击弱敌，游击队和民兵则广泛地开展游击战，并发动群众空舍清野，大力破坏交通线。冀中冬季反“扫荡”相继展开。10 月 8 日至 20 日，日伪军 6000 余人分别从新城、固安、安次、永清、霸县等地出动，采取分进合击与远距离奔袭相结合的方式，“扫荡”大清河北。冀中十分区 3 个主力团先在内线连环驻军，进行村落战，打击敌人，在八洋庄、板家窝、仁义庄、蛮子营等地给敌以沉重打击，后转到外线打击敌人，在新城县辛桥镇、胡楼集，安次县张坨、老堤头给敌以有力打击，粉碎了敌人对大清河北地区的“扫荡”。12 月 3 日至 7 日，驻平汉铁路沿线正定、新乐、定县等地之敌 1500 余人，“扫荡”平汉铁路以东、滹沱河以北、沙河以南地区，企图合击八路军主力部队。八路军主力部队先后转到外线，敌“扫荡”区域内的县区游击队带领民兵与敌周旋，组织群众空舍清野，用麻雀战袭扰敌人，使敌人不断遭受打击只得退回原地。12 月 16 日至 31 日，敌人动用 1.2 万余人的兵力对冀中 3 个地区同时进行“扫荡”，这 3 个地区即武强、深县、饶阳、安平、束鹿、衡水地区，河间、沧县、献县、交河、阜城地区，大清河以北地区。冀中部队采用避实击虚的战法，伏击、袭扰敌人，拔出敌人新建据点，在河间达房子、束鹿刘庄、良乡万里、雄县神堂堡等地打击敌人。到月底，共与敌作战 60 余次，毙伤日伪军 1500 余名，粉碎了日军对冀中 3 个地区的“扫荡”。持续近 3 个月的连续反“扫荡”作战胜利结束，日军企图控制冀中的目的再次破产。

***望都薛庄战斗（10 月 30 日）**　1939 年秋，驻清苑县张登的滕本部队纠集了邻县几个据点的兵力，采取分进合击的战术，不断对我军进行“围剿”。10 月 26 日，清苑县抗日民主政府县长刘寿彭带领部分工作人员和县大队（冀中第二游击总队第十大队）及第一、第六区小队 250 余人一起活动。为了摆脱敌人，跳出包围圈，县大队转移到蠡县宋庄，后又回到王力、顾家营，辗转奔波，避敌主力。但敌人一直紧追不舍。10 月 29 日，县大队转移到望都县薛庄宿营。为了迷惑敌人，遂奔定县方向转了一圈。经过 4 个昼夜的长途跋涉，县大队战士疲惫至极，当晚回到薛庄。10 月 30 日拂晓前，张登、白城、方顺桥等据点和安国、博野、望都等县的日伪军约 600 余人，包围了薛庄，并从南、北、东三面向村里袭击，薛庄陷入了敌人包围之中。全体指战员同日伪军展开了巷战，殊死拼搏，击退敌人一次又一次的进攻，但因敌众我寡，部队伤亡严重。战斗持续到 31 日晨，历时一昼夜。县长刘寿彭、大队长于焕文、政委王友诚及干部、战士 150 余人壮烈牺牲。敌人杀害无辜群众 30 人，烧毁民房 77 间。

***河间达子房伏击战（12 月 16 日）**　12 月 16 日晨，驻河间县城的日军 200 余人和伪军一个中队，沿河间至肃宁公路运输粮食去肃宁县城。冀中军区第三军分区之第二十三团三营，判断日军于当日下午可能返回河间，于是在河（间）

肃（宁）公路之间达子房村设伏。下午 2 时许，当日军沿公路回返，进入伏击圈时，四面八方一齐开火，日军伤亡惨重，大队长被击毙，进入村内的伪军被俘，残敌窜到村西北一片坟地继续顽抗。战斗 1 小时后，河间敌人前来增援，八路军遂撤出战斗。此战俘虏伪军 30 余人，毙伤日军 60 余人，缴获轻机枪 1 挺、掷弹筒 1 具、步枪 40 余支、战马 5 匹，八路军无一伤亡。

*束鹿刘庄伏击战（12 月 17 日）**　束鹿县城至旧城的公路上，每天有日军汽车来往运输物资，刘庄正处于两地中间位置。冀中第三军分区第二十三团第二营准备在刘庄设伏打击日军。12 月 17 日拂晓前，二营进入预伏地区，修筑工事，挖断公路，埋设了集束手榴弹。8 时，日军乘 8 辆汽车从旧城方向开来，当第一辆汽车到达公路上的深沟时，车队被迫停下来。此时，集束手榴弹爆炸了，八路军的机枪、步枪、手榴弹一齐向日军打击，日军伤亡惨重，残敌仓皇逃到公路一侧，企图依托路基进行抵抗。二营战士猛扑过去，刀劈枪挑与日军展开白刃战斗。战斗历经 40 分钟，一个中队的日军除三四人逃跑外，全部被消灭。此战击毙日军中队长铃木以下官兵 60 余人，缴获迫击炮 1 门、掷弹筒 1 具、轻机枪 2 挺、步枪 40 余支和一批弹药及军用物资。

*良乡万里突围战（12 月 21 日）**　12 月 20 日晚，八路军冀中军区第十军分区第二十九团分两路挺进涿（县）良（乡）宛（平）地区，途中火烧固安城北十里铺永定河大桥，收缴南北蔡等村庄联庄会自卫团的枪支。21 日拂晓，团部带第一营进驻良乡万里村，二营驻万里村西南 1 公里的萧家场，三营驻万里村以南 2 公里的窑上村。部队到达驻地后，即察看地形，制定战斗方案，连夜构筑工事。21 日清晨，固安等地日军 1000 余人向一、三营同时发动进攻，一、三营依托有利地形，采取近战打法，连续打退日军 8 次冲锋。上午 9 时，良乡县日军 300 余人向二营发起进攻，遭到有力打击，死伤累累。下午 1 时，日军增援部队冲进窑上村与三营展开巷战，经过 4 小时激战，三营将日军击退，夺回失去的阵地。天近黄昏，日军停止了攻击，但仍然对八路军四面包围。入夜，日军四面点起篝火。夜 12 时，八路军以二营为前卫，团部和一营带着伤员为本队，三营为后卫，实施突围。首先，由六连向东面日军佯攻，接着以七连为突击队，集中 12 挺机枪，向日军猛扫，向西突围，全团紧随二营突出重围。22 日上午 8 时，部队安全转移到固安县郭家务、小里垡一带。此次战斗，共毙伤日军 280 余名，缴获轻机枪 1 挺、步枪 40 余支。

***雄县神堂战斗（12月27日）** 为了配合冀中第五军分区的反“扫荡”斗争，晋察冀边区、冀中军区于12月中旬派出锄奸部长卓雄为首的工作团到十分区开展工作。12月26日夜，工作团渡过大清河，到达雄县大步村。分区派出二十七团掩护，其与工作团在大步村会合后，北上进驻梁神堂、张神堂、佐各庄三村，团部设在梁神堂。部队刚刚安排就绪，就被来自白沟、新城等地的日伪军近2000人四面包围。次日晨，日伪军抢占了分区部队和工作团驻地附近的关李马浒、张马浒、王马浒和刘神堂四村，从东、西、北三面发起进攻。战斗首先在佐各庄打响，驻守该村的二十七团三营的两个连击退了敌人的两次进攻。与此同时，梁神堂、张神堂战斗也相继打响，敌人遭到同样的失败。之后敌人集中40余门大炮向村内轰炸，再次进击，仍遭失败。中午，敌人增至2000余人，并调飞机2架、坦克2辆，再次发起进攻，并向团部驻地梁神堂施放毒瓦斯。二十七团指战员在群众支援下坚守阵地，与敌展开巷战、肉搏战，直至把敌人赶到村外。天黑后，二十七团利用夜幕掩护冲出突围，安全转移到大清河南。此次战斗，共歼敌400余人，缴获机枪2挺，击毁坦克1辆，击落飞机1架，创下了以少胜多的战例。

***安次张坨突围战（12月）** 12月，冀中十分区三十二团在团长刘秉彦、政治委员王逸群的率领下，转移到安次县南部的张坨、老堤头村一带。25日拂晓，被800多名日伪军包围。在刘秉彦的指挥下，三十二团从张坨村的东北方向突围出击，钳制日伪军，掩护团部及其他部队成功从村子的西南方突围。三十二团与敌人展开肉搏战，完成任务后，也顺利转移。此次突围战，激战1天，毙伤日伪军300余人，击毁装甲车2辆，缴获机枪2挺、步枪数十支、子弹3000余发，从而有效地钳制了日伪军对冀中十分区的“扫荡”，粉碎了日伪军要消灭三十二团主力部队的企图。

晋察冀边区群众干部学校创办（10月10日） 为了训练群众运动的干部，晋察冀边区各群众抗日团体创办的边区群众干部学校于10月10日举行开学典礼。学校的主要任务是训练县、区级群众运动的干部，每期2个月，主要课程有统一战线、政治常识、群众工作等。边区群众干部学校的创办，使边区群众运动工作提高到一个新的水平。

顽军白志沂制造反共磨擦事件（10月16日至27日） 阎军白志沂在边区部队全力以赴反击日军“扫荡”之际，突然发动反共磨擦，企图强夺各县抗日政权。10 月 16 日晚，白志沂派兵包围广灵县政府驻地安沟，强迫县长刘笈山交出县政府大印，遭拒后，遂施行暴力，夺走大印。18 日，又分别包围县公安局、各区区公所驻地，企图强压印信，接收政权。由于群众报讯，抗日干部均事先分散转移。白志沂部企图未逞，便四处抓捕干部、抢夺公私财物。21 日上午，又派兵 200 余人突然包围灵丘县政府驻地张家湾，抢夺县印及所有公文财物，绑架县长高钦及政府、群众团体工作人员到站上村。24 日，聂荣臻、宋劭文就灵丘事件致电王斐然、白志沂，要求顾全大局，有问题和平协商解决，竟遭拒绝。于是令中共雁北（东）地委组织部长刘达带领三五八旅七一五团二营到站上村，要求白志沂释放被绑架人员，白志沂部不予理睬并开枪射击。八路军被迫还击，歼灭白志沂部大部，救出高钦等人。此后，白志沂率残部窜向浑源、应县。27 日，白志沂残部又包围浑源二区区公所，绑架区长卢适之及察南雁北办事处干事江枫，随后将二人惨杀于小寺村。白志沂部又在训草村抓捕正在休养的察绥游击支队民运科长王铭森、总务科长范郁文，并将二人惨杀于应县马牙寺村。同时，白志沂部在管仲沟还袭击察绥支队驻地，打死排长 2 人、战士 20 余人。随后，又与应县土匪勾结，在应县、繁峙、浑源等地抓捕抗日干部，袭击抗日游击部队，制造多起反共反人民的惨案。

北岳区冬季反“扫荡”（10 月下旬至 12 月 8 日） 从 10 月初开始，日军对晋察冀边区平汉路西基本区进行疯狂的冬季大“扫荡”，企图消灭军区主力部队，摧毁根据地。边区军民积极行动起来展开了反“扫荡”斗争。10 月下旬，日军以 2 万余兵力分 12 路进行大“扫荡”。晋察冀军区部队在一二〇师主力一部配合下，采取灵活转移、伏击奇袭及攻击敌人后方交通线和据点等办法打击敌人。11 月 3 日，在涞源县南面的雁宿崖村西北设伏，经过一天激战，取得了歼敌 500 余人的胜利。随后，又取得黄土岭伏击战的胜利，击毙被日军称为“山地战专家”的“蒙疆”驻屯军最高司令官兼独立混成第二旅团长阿部规秀中将，使日本侵略者大为惊恐。敌人连遭失败后，大力调集军队，准备发动更大规模的全面“扫荡”。

从 11 月 20 日起，敌人出动 2 万左右的兵力，分路向边区中心阜平进攻，实行连续合击行动，企图将军区主力部队压缩于阜平地区聚而歼之。根据敌我力量和敌人的行动特点，晋察冀军区确定“主力避免与敌决战，适当分散于敌人周围，以积极的游击动作迷惑与疲惫敌人，抓住有利战机歼灭敌人”的作战方针。八路军灵活地与敌周旋，不断袭击敌人，曾在阜平五丈湾设伏歼敌 100 多人，逼破敌人撤退。12 月 4 日，在高洪口地区伏击敌人，经勇猛冲杀、白刃格斗，歼灭了日军木内大队长以下 300 余人。与此同时，冀中军区部队和冀热察挺进军积极配合，几次出击平汉线，有力地牵制了敌人。此次反“扫荡”战役于 12 月 8 日胜利结束，历时 40 多天，共作战 108 次，毙伤日伪军 3600 余人，缴获火炮 2 门、轻重机枪 21 挺、步马枪 400 余支及大批军用物资。

*__聂荣臻发布反“扫荡”战役部署（11 月 18 日至 28 日）__ 聂荣臻于 11 月 18 日发布反“扫荡”战役部署：敌人以分区“扫荡”和“牛刀战术”，开始进攻我一分区，并逐渐转移攻势于三分区，尔后可能渐渐转移至二、四分区。为击破敌人“扫荡”计划与破坏其“牛刀战术”，以争取反“扫荡”战役的胜利，部署如下：各分区主力要集结隐蔽于敌合击圈外线机动位置，以一部扰敌修路，一部配合游击队活动于敌后联络线上，断敌供应，待敌疲惫撤退时进行追歼。根据战役形势的发展，22 日，聂荣臻再次发布反“扫荡”部署：（一）贺龙、关向应率第三五八旅全部及特务团即日转移阜平、灵寿间地域，并统一指挥二、四军分区协同作战，打击与消灭南北或东西夹攻之敌；（二）三团、二团全部集结军城、武家湾地区待机，三分区其他部队除二十团主力应积极活动川里、倒马关线外，余均向南面活动。当日，聂荣臻还发布了反“扫荡”补充指示。28 日，聂荣臻又一次发布反“扫荡”作战部署：（一）估计敌以分区“扫荡”捣毁我后方为其战役开始的重要步骤，然后转移兵力会攻阜平，企图构成据点，修筑汽车路，贯通神堂堡与阜平、王快至党城，以割裂我军区为基本目的，同时继续进行“扫荡”；（二）我兵力重点集结于内线与外线各机动位置，以一部积极袭扰破坏敌修路企图，并消耗疲惫敌人主力，在有利条件下歼灭敌人。同时，以有力一部配合各游击队与游击支队，广泛大量地积极活动于敌人后方联络线上，如党城、曲阳、定县及龙泉关至五台、阜平至神堂堡、大营间，并破坏其汽车路，断绝交通运输，不断袭击扰乱敌后方各据点。

*__雁宿崖伏击战__ 11 月 2 日夜，日军独立混成第二旅团第一大队（大队长辻村宪吉）等部 1500 余人，由涞源向水堡、走马驿、银坊方向进犯。晋察冀军区和一二〇师决定在涞源、银坊之间的雁宿崖地区设伏，以第一军分区第二团急进至雁宿崖峡谷两侧预伏待击，以第一军分区游击第三支队于三岔口、张家坟一线，诱敌深入，以一二〇师七一五团担负牵制任务，以第一军分区第二十五

团等部为预备队。各部队接到命令后，一面行军，一面进行战斗动员，迅速到达指定位置，按预定部署展开行动。位于战场附近各村的群众和民兵，也紧急动员起来，准备参战。3日拂晓，涞源敌人分两路出动：一路500多人从插箭岭向走马驿进攻；一路600多人经白石口向银坊进发。当敌进到三岔口时，与游击第三支队交火。该部节节抗击，诱敌深入。敌人被引过白石口后，为保障其右侧安全，又分出200余人取道辛庄、北道神前进，当即遭预先占领阵地的八路军第三团第二营伏击，死伤大部。接着，八路军第二团全部投入战斗，将敌人压迫到雁宿崖西北的一个高地上。预伏部队立即发起攻击，将敌人逼入雁宿崖那条四五十米宽的峡谷中。下午4时，八路军发起全面进攻，日军500余人全部被歼灭。与此同时，向走马驿进攻的另一路敌人，被游击第三支队和第一二〇师第七一五团三营阻击，逃回插箭岭据点。

*黄土岭围歼战　雁宿崖歼灭战后，日军独立混成第二旅团长阿部规秀中将恼羞成怒，亲自率领第二、第四大队1500多人，于1939年11月4日，再次由涞源向晋察冀第一军分区腹地雁宿崖、银坊、管头等地进犯，企图寻歼晋察冀军区部队主力。晋察冀军区司令员聂荣臻令第一军分区司令员杨成武统一指挥第一军分区第一、第三、第二十五团，游击第三支队，第三军分区第二团，第一二〇师特务团等部，再次打击进犯之敌。4日晚，日军进至张家坟、雁宿崖、三岔口一线。游击第三支队和第一团各一部与日军保持接触，诱敌深入，监视动向；第七一五团、第二十五团、游击第三支队各一部在涞源东五回岭、浮图峪和城西北石佛及城南插箭岭一带袭扰迷惑敌人。6日，日军进抵黄土岭，并继续东犯。杨成武遂利用黄土岭以东寨头至上庄子峡谷有利地形设伏：第一团、军分区炮兵连占领寨头西北、西南阵地；第一二〇师特务团由神南庄北上，准备从第三团方向加入战斗。7日晨，日军主力由黄土岭沿山谷向东行动，下午3时进入八路军伏击圈。伏击部队突然发起攻击，第一团和第二十五团按计划拦头杀出，第三团、特务团及第二团从西、南、北三面迅速出击合围，日军陷入包围之中。日军猝不及防，且战且退，战至傍晚，过半被歼。残部被压至谷底，伏击部队连发数炮，战斗进行得异常激烈。下午6时，日军阿部规秀中将在上庄子一个农家小院指挥战斗时被八路军迫击炮击中毙命。新指挥官绿川纯治大佐疯狂地命令部队突围，10余次冲锋均被击退。这时，唐县、定县、涞源等县日军1200余人相继向黄土岭增援。8日，被围日军在猛烈炮火和5架飞机掩护

下，向司各庄、雁宿崖方向突围，八路军遵照军区的指示，主动撤出战斗。此役，歼灭日军900多人，沉重打击了日军的嚣张气焰。阿部规秀被击毙，北平和东京的报纸都登载了这一消息，哀叹“名将之花凋谢在太行山上”。

黄土岭战斗的胜利，使全国抗战军民极为振奋，纷纷来电祝贺。全国各大报纸连日报道黄土岭战斗的胜利和击毙日军中将的经过。国民政府军事委员会委员长蒋介石，也致电八路军总司令朱德予以嘉奖。

***小白石岭战斗（11月15日）** 1939年农历十月，日军探听到晋察冀军区机关在阜平城南庄一带活动，后勤人员多，战斗人员少，便从石家庄、正定调集兵力，偷袭晋察冀边区机关。当时，八路军一二〇师正在冀西活动，马上抽调三五八旅3个营与晋察冀军区第四军分区第五团协同阻击敌人。日军迅速开进城南庄南台、土楼一线，企图围歼正在向岔河一带转移的中共北方分局等机关。11月14日下午4时，八路军的参战部队赶到城南庄的小白石岭，先于敌人布防，1个营住在中白岔村，2个营住在棋盘地村。由于这2个村子人家少，住在这里的指战员多，屋里住不下，极度疲劳的战士们只好睡在冰天雪地里。15日晨，侦察员报告，土楼的日军正向小白石岭进犯。八路军遂以1个营的兵力在小白石岭阻击敌人，其他2个营到大南沟和大南梁拦击敌人。小白石岭的部队在营长的带领下，一个上午打退敌人20多次冲锋，战斗十分激烈。到中午，战士们已经把子弹、手榴弹用光，就用刺刀与日军肉搏，一直打到下午2时，营长带领的全营500名战士，除少数伤员转移外，全部壮烈殉国，营长也牺牲在战场上。其他2个营踏着厚厚的积雪冲上大南沟和大南梁两处制高点，狠狠阻击日军，日军付出惨重代价。

***高洪口伏击战（12月4日）** 1939年冬，日军先后集中2万人的兵力，向设在五台山的中共北岳区委“扫荡”，五台第一抗日交通站负责人、五台县委宣传部干事李联奎立即组织交通站人员，认真部署情报搜寻工作，深入敌占区，及时了解日军活动线路。掌握消息后，迅速将所得情报向驻扎在耿镇村的八路军四团团长萧文玖作了汇报。12月3日，李联奎经过反复侦察，得知日军1000余人要经高洪口一带向五台县城撤退，马上报告四团。萧文玖很快作出部署，派二分区四团及特务营设伏歼敌。4日，当日军主力过王家庄，其后尾400余人刚离开南高洪口村时，二营以突然猛烈的火力向敌射击，并迅速冲下河谷，将日军截成两段，歼敌150余名。二、三连及一营一部合力将躲避在南高洪口西南

的50余名敌人合围起来，全歼34名。这次伏击战歼灭日军300余人，缴获轻机枪5挺、步枪80余支、子弹1万多发。

晋察冀边区行政委员会发出冬学运动的号召及冬学运动计划大纲（10月23日） 晋察冀边区行政委员会于10月23日发出关于冬学运动的号召及冬学运动计划大纲。其主要内容为：普遍地加强民众的政治教育，使一般民众对抗战，对一些进步的理论、进步的主张和实践，有深刻的认识，提高民众的民族自尊心；迅速地加紧扫除文盲；广泛地提高乡村文化娱乐，借此转移民众落后的习俗。推行冬学运动的原则为：政权机关与群众组织要取得密切的联系，尽可能利用群众团体、自卫队等各种组织进行各项工作；要与目前的中心工作密切配合，把教育贯彻到各项中心工作中去。在领导的组织方面可利用扫除文盲实施委员会的组织或者军、政、民三方面配合组织冬学运动委员会，推行这一工作。

北方分局召开组织工作会议（10月下旬至11月上旬） 党组织经过迅猛地大发展之后，中央决定对各级党组织进行适当的整顿与巩固，中共中央政治局于8月25日发出《中央政治局关于巩固党的决定》。文件指出，在目前形势下，在思想上、政治上、组织上巩固党，成为我们今天极端重要任务，成为完成党的政治任务的决定性因素。因此，党的发展一般的应当停止，而以整理紧缩严密和巩固党的组织工作为今后一定时期的中心任务。中共中央对晋察冀边区党组织的巩固和建设非常关切，9月27日发出《中央对晋察冀工作的指示》。

为了贯彻中共中央政治局的决定，总结晋察冀边区党的组织工作方面的情况及经验教训，中共中央北方分局于10月下旬在曲阳县青山村召开组织工作会议（亦称“青山会议”）。部队党与地方党的负责干部数百人参加了会议。前期，边区地方和部队的党组织联合召开了5天会议，接着地方党组织又单独召开了7天会议，会议到11月上旬结束。会上传达了9月27日《中央对晋察冀工作的指示》、8月25日《中央政治局关于巩固党的决定》和10月10日关于时局的指示。会议根据中央关于巩固党的决定和指示，总结了边区党的组织工作经验，制定了在组织上、思想上、政治上全面巩固党的方针和政策，决定边区党在组织方面的总方针是：党的发展一般的停止，集中力量从事党的组织的整理与巩固工作，同时加紧克服工作的不平衡。在会上，分局组织部长赵振声作了《关于边区党的组织问题的报告》，回顾了边区党组织的发展历史过程与状况，全面地总结了边区党的组织工作，对于党的发展及党的各种制度、党的成分与质量、党支部工作及党员教育与干部政策、党的秘密工作和党的团结、县区领导与部门工作等方面作了论述。在肯定主要工作成绩的同时，指出了党在发展中存在的主要问题：有些干部党员对党的认识不够，降低入党条件；不严格履行入党手续，易使投机分子混入党内。贺龙、黄敬、马辉之、许建国等也作了发言，分局常委关向应作了会议总结，分局书记彭真作了会议报告和结论。

彭真在所作的重要报告中分析了边区形势，阐述了边区党的任务和工作。他指出，相持阶段中，下面相持愈多，敌后战斗将更艰苦、更频繁激烈，困难更增加，应充分估计到极端严重局面的到来，充分动员党、军队、人民坚持华北抗战。边区要成为更巩固的根据地，更巩固的党的根据地，特别是持久的巩固的根据地，主要依靠正确的统一战线的根据地的政策，巩固的党和军队，普遍坚强的群众组织和群众动员，特别是我们的优势和群众的血肉般的联系。在财政经济方面，要把给养、民生、统一战线作为财政经济政策的三个中心着眼点；在政权方面，要按统一战线的方针建设政权，但同时保持工农的优势；在群众工作方面，要在统一战线方针下发动阶级的统一战线的群众运动。在讲到巩固党的组织问题时指出，从思想上、政治上、组织上巩固党，已经成为今天的重要任务，成为完成党的政治任务的决定因素。加强党内马列主义教育，是巩固党的中心一环。强调要加强党的干部教育，用马列主义武装我们的头脑，提高文化理论水平，学会掌握与运用党的路线和策略；进行组织教育和意识的锻炼，养成干部的组织性、纪律性。最后，彭真作了结论报告，指出，分局党的大会后，各区党委工作都有很大进展，这是中央、北方局正确领导和各区党委正确执行扩大的六中全会及分局党大会决议及全体同志努力之结果。同时，彭真对北方分局领导下的晋察冀区党委、冀中区党委、冀热察区党委逐一进行了评估，客观地肯定了边区党的主要工作成绩及其存在的问题，指明了党的组织工作的发展方向。

青山会议是贯彻中共中央巩固党的决定和总结边区党的组织工作的一次重要会议。这次会议制定了整顿和巩固边区党组织的正确方针、政策，对边区党组织的整顿、巩固工作和加强边区党的建设有重要的指导意义。12 月 2 日，彭真致电北方局并中共中央书记处，报告北方分局组织工作会议关于贯彻中央巩固党的决定的情况及所采取的措施，提出边区相当数量的县已有党员，对组织混乱、极不巩固的县的党组织，决定立即审查，停止发展，致力于党的巩固工作；有的县党的组织有大发展，但极不平衡，党组织还很混乱，对这类党组织县委决定分期分批整顿；对没有党员、只有少数干部的县，要积极发展，但要做到严格审慎地发展，保证不重复过去某些县发展中已有的错误。①

中央军委发出《关于坚持平原游击战争的指示》（10月） 中央军委于10月发出《关于坚持平原游击战争的指示》，指出，面对冀中抗战的新形势，应注意如下几点：（一）应在干部中坚持平原游击战争的信念；（二）坚持平原游击战争在于具有伟大的忍耐心和警惕性，必须最大限度地发挥政治工作的机警灵活、不间断、不迟延的作风，加强连队，特别是支部以至班、排小组的工作，保证一班一排都能分散活动独立作战，能化整为零、化零为整；（三）有组织有计划地彻底进行锄奸工作及干部、党员的审查工作；（四）严明军队纪律，坚持统一战线，巩固基本群众，争取中间分子，争取广大人民的拥护；（五）巩固军、政、党的联系，加强地方武装，统一主力与地方游击队的指挥关系，使各种地方武装配合主力作战；（六）在领导方式上应发挥各级人员的机动能力，培养独立自主的工作作风。

丰滦迁反对日伪训练青年的斗争（10月） 1939年10月，冀东第一个抗日县政府——丰滦迁联合县政府建立，卢启明任县长。同时，中共丰滦迁县委成立，周文彬兼任县委书记。联合县共辖100余个村庄，分3个区。联合县政府建立后，随即领导群众进行反对日伪训练青年（简称“青训”）的斗争，并建立了公开性的群众组织——青年报国会。青年报国会的纲领是：（一）不当亡国奴，反对“青训”；（二）积极参加抗日工作；（三）学习抗日理论；（四）不泄露抗日秘密、实行互助。主要任务是领导青年反“青训”斗争，模范执行抗日政府法令，帮助建立妇女报国会、儿童团等群众组织，进行救灾、优抗劳军和代耕等工作，并对群众进行民族气节教育、抗战勤务教育、文化教育、保密教育等。到1940年底，这个公开性的群众组织在游击根据地内普遍建立，会员达10万余人。

冀中区相继召开文化工作者、财政和教育科长会议（10月） 1939年10月，冀中区文化工作者会议召开。抗战学社、教师联合会以及饶阳、武强等16个县的代表参加会议。会议通过了《冀中文化界抗战建国联合会组织章程》、工

① 参见《彭真传》编写组编《彭真年谱》第一卷，中央文献出版社2012年版，第138页。

作任务和工作方针，选出了9名常务委员，史立德当选为冀中文化界抗战建国联合会（简称“文建会”）主任。会后各级文建会组织相继建立，到1940年10月，县文建会已有23个，区文建会已有310个，村文建会有3900多个，会员发展到4万余人。同时，冀中行署召开第一次财政会议，发出整理村财政的号召，提出整理村财政的步骤。当时村财政开支浪费现象严重，聚伙吃饭成为普遍现象，费用名目繁多。会后分三步整理村财政问题，严禁贪污、浪费，实行村财政公开，停止一切不应有开支。冀中行署还召开第一届教育科长会议，各县教育科长共40余人参加了会议。会议研究了冬学运动和发展小学教育问题。会议决定，各县成立县、区、村冬学委员会，要求各县争取每个行政村设初小1处，每个区成立高小1处，争取大部分儿童入学。对学校教师提出“抓紧可能的一切时间与空间坚持工作”及“敌来停课，敌走上课”的口号。到1940年10月，定南等21个县共恢复初级小学2449处、高级小学411处，入校儿童，男生达104 710人，女生达38 579人。

11月

冀热察挺进军开展整训工作（11月）　11月，冀热察挺进军进行了较大规模的整编，撤销了原第四纵队的第十一、第十二两个支队的番号，将第十一支队的三十一、三十二、三十三大队和房涞涿游击支队改编为第六、第七两个团；十二支队及平西游击支队一部合编为第九团；原已合编的抗日先锋队和冀东抗日联军及平西游击队之一部合编为第十团；冀东过来的800多人编为第十二团；在冀东的包森支队编为第十三团。整编后，部队利用战斗空隙进行了3个多月的军政训练，建立了政治工作制度，加强了党的领导。这个时期平西部队兵力达到1.2万余人，老部队中党员比例占30%以上，游击队中也普遍建立了党组织，使部队的军政素质和战斗力大有提高。在整训主力部队的同时，还积极开展地方武装建设，扩大和巩固县区游击队，在有基础的村庄中建立村游击小组，还在县区村普遍建立了民兵组织。整训后，除第七、第九两个团留在平西外，其他部队开赴雁北、平北、冀东。

平西根据地的巩固与扩大（1939年11月至1941年初）　根据北方分局的指示，冀热察挺进军粉碎敌人“扫荡”，主动出击敌人，坚持开辟与扩大平西根据地。1940年1月，挺进军主力一部出击宛平、房山境内的王平口、佛子庄、长沟峪、周口店一线，袭占了北窖、南窖等日伪重要据点，毙伤俘日伪军200多人。同时，在永定河畔、门头沟地区和北平近郊，挺进军频频出击，接连得胜，给日伪军以很大震动。1940年3月初，敌人从察南、平郊各据点集结日伪军9000多人，分数路向平西根据地发动大规模“扫荡”，企图摧毁平西根据地。平西党政军民经过14天反“扫荡”斗争，迫敌于22日撤出根据地。此后，挺进军不断袭击敌人，尤其在百团大战中，连克蔚县以北、以东6个敌据点，并派小部队活动于西山、妙峰山，震动了北平、张家口等地敌人。到1941年初，平西形成了以野三坡为中心的抗日根据地。包括宛平、房山、涞水县的大部，良乡、涿县、宣化、涿鹿、怀来、昌平、延庆等县的一部，人口达30余万。在巩固区实行了减租减息和民主选举运动，区村政权得到改造，群众生活得到改善，广大群众的政治地位和抗战觉悟有很大提高。平西根据地的巩固与扩大，为坚持冀东、开辟平北、创造冀热察区大块抗日根据地，建立了巩固的前进阵地。

冀中军区警备旅成立（11月） 11月，冀中民众抗日自卫军与冀西民军北上先遣支队合编为冀中军区警备旅，全旅2000余人。王长江任旅长，旷伏兆任政治委员，张存实任副旅长，周斡民任政治部主任。下辖两个团：第一团团长为张子元，政治委员为王先臣；第二团团长为赵震寰，政治委员为谭斌。

12月

中央就“晋西事变”发出指示（12月6日） 在蒋介石策划下，阎锡山于12月3日以山西旧军6个军兵力，向隰县、永和、孝义地区的新军“决死第二纵队”和八路军晋西支队大举进攻，制造了“晋西事变”（亦称“十二月政变”）。随后，蒋介石又命令朱怀冰、庞炳勋、石友三等部，向晋东南、冀南八路军进攻，企图侵占华北各抗日根据地，限制人民抗日力量的发展。国民党第一次反共高潮由此开始。12月6日，中央军委、毛泽东、王稼祥就晋西事变向朱德、彭德怀、聂荣臻、彭真等发出指示，指出：新旧军严重冲突，说明山西旧派对抗日的叛变。这种反新军、反抗日的武装叛变，可能在晋西南、晋西北再扩大。我们的方针是：认清冲突扩大之可能，准备坚决应付事变，立即由新军提出反对叛军口号，但不要反阎锡山；在新军内迅速巩固党的领导，断然撤换不可靠者；八路军应给新军以鼓励、掩护和支持，在形式上以调解方式出现，如叛军进攻八路军，则消灭之；晋西南、晋西北战略地位十分重要，绝不能放弃。12月9日，毛泽东、王稼祥又发出《关于晋西事件与我们方针的补充指示》，指出：目前阎锡山本人投降与反共似尚未下最后决心。晋西南、晋西北两区为华北与西北间之枢纽，必须掌握在抗战派手里，决不能让投降派胜利。我们的方针是：坚决反击阎锡山的进攻，力争抗战派的胜利。此后，晋察冀边区遵照中央指示，开展了反磨擦斗争，彻底打退了国民党顽固派的进犯。

彭真对晋西北新旧派的方针提出意见（12月14日） 12月14日，彭真致电赵林、罗贵波并报中共中央、北方局，对晋西北新旧派的方针提出以下意见：（一）晋西北战略地位十分重要，无论如何我们要坚持和继续巩固、扩大已得阵地。为此，壮大特别是巩固我党我军我新派及群众力量与阵地；争取旧派中的和社会上的中立动摇分子，即争取多数；坚决地有计划地打击以至消灭已经准备投降的特别是最反动的妥协者。（二）首先要巩固续范亭部暂一师，对各级干部中之不可靠分子立即断然撤换或适当处理；可疑异己分子的军政干部，如握有实权又不便撤换，可改为副职，取消其实权，换以可靠党员充任；四十四团干部应坚决彻底重新配备，必须达到党能掌握的程度；续部仍坚持以统一战线面貌出现，加强党的秘密工作，并表示拥护阎司令长官；应特别警觉并警戒。（三）决死第四纵队系西北新派主力，亦应立即撤换或适当处置不可靠分子，特别是军官。加强党的领导，集中于机动位置，应注意与续部及我军互相呼应依托等，以之为中心团结晋西北新派，联络旧派中可能争取的分子，并依军委指示表示坚决态度。（四）对工卫队应多方推动其干部及下级的干部，应使郭挺一（二〇七旅即工人武装自卫旅旅长）坚决站在新派的立场上，积极对投降派进行尖锐斗争。（五）我与新派及续部应极密切而战术灵活的配合。①

歼灭白志沂顽固势力（12月中旬） 白志沂的暴行，激起边区人民的极大愤慨。彭真指示边区政府于10月24日发表通电，表示强烈谴责，并要求晋军以大局为重，立即停止反共磨擦。同时，在《抗敌报》上发表文章驳斥顽军所谓“向八路军收复失地”的谬论，并派人前去交涉，要求释放所有被白志沂抓捕的人员。10月29日，边区各群众团体联合发出《抗议白部武装挑衅、配合敌寇进攻、破坏抗日政权的罪行》告全边区同胞书，号召广大人民团结一致，与白部的武装挑衅进行坚决斗争，并要求政府对白志沂进行严惩。晋察冀边区行政委

---

① 参见《彭真传》编写组编《彭真年谱》第一卷，中央文献出版社2012年版，第139页。

员会及边区群众团体联合组成调查团，于 2 日从边区驻地出发，到灵丘、广灵调查白志沂制造的灵丘、广灵事件真相，慰问受难干部群众。随后，晋察冀边区行政委员会拨出赈款 6000 元，救济两县难民。聂荣臻于 11 月 7 日对《抗敌报》社记者温州发表重要谈话，严厉谴责反共分子在雁北地区的罪行，指出，这是边区抗战两年来空前重大的憾事。希望能够合力同心，亲密合作，保卫雁北根据地。白志沂气焰十分嚣张，不但无理拒绝，而且竟然开枪射击。彭真与聂荣臻断然决定采取反击措施：由察绥游击军和雁北支队与转战到此地的八路军第一二〇师七一五团，于 12 月中旬一举将白志沂主力歼灭，白志沂残部连夜逃跑。至此，雁北反磨擦斗争取得胜利。

晋察冀边区开展整顿和巩固党组织工作（冬）　根据中共北方分局青山组织会议精神，晋察冀边区于 1939 年冬、1940 年初进行了整顿党组织的工作，时间为半年。当时，晋察冀边区党组织从抗战前只有少数地下党员发展到 17 万余人。但在大发展中，有一些不够党员条件的人进入党内，也混进了少数敌对分子，有些基层党组织的战斗力不强。在中共北方分局的指导下，晋察冀、冀中、冀热察 3 个区党委，将各地党组织划分为一类、二类、三类，制定分期分批进行巩固工作的计划，要求各级党委抓住审查干部、整理支部和健全领导三个环节，重点是审查干部。对于如何做好审查干部工作，彭真强调：各级党委应逐级把干部弄清楚。审查干部不要只看鉴定表、履历表，要从日常工作中、斗争中、生活中去了解。不要只听他说，而是切实看他如何做。不要只看他一两件事及很短时间，而是要多方面长期去考察。要看他政治上、阶级思想上的开展，要看他在紧急关头能否为党牺牲一切，特别是在个人利益与党的利益冲突时党的意识、组织观念如何。经过审查，必须严厉洗刷阶级异己分子、投机分子、奸细、敌探，但在洗刷方式上应是个别的详细的慎重的审查、洗刷，不应成为普遍的清党运动。在审查干部过程中，各级党委按级负责，区党委审查县委，地委审查主要的区委，县委协同区委审查党支部。审查中采取领导与群众相结合的办法，并要求党员干部主动向党报告自己完成任务、思想、作风等情况。到 1940 年 7 月，对全区支部委员以上的党员干部进行了普遍审查。

整理支部也是巩固党的重要一环。首先制订出分类整理支部的具体计划，由上级党委派出工作组进行切实的帮助整理。从地委、县委到区委抽调一批比较得力的干部，组成支部工作团、考察团或调查组，深入基层，先试点，然后再分类分期整理。各级党委要根据支部所在村庄的经济状况、阶级关系和村政权演变情形，支部是否真正起着团结群众的核心作用，执行党的政策的忠实性、彻底性、顽强性与灵活性如何等方面，整理基层党支部。在整理党支部的工作中，还特别注意把这项工作与检查总结党支部工作、改造党支部联系起来，与减租减息、改造村政权的斗争联系起来。在审查干部和整理支部以后，进行民主选举，把党员群众拥护的优秀分子选到党支部领导岗位上来。

在审查干部和整理支部的基础上，建立健全党的工作制度，大力进行马列主义的教育、党的组织观念和党的意识教育，养成党员干部的组织性和纪律性，从组织上保证完成党的政治任务。通过党内教育，广大党员干部的政治思想觉悟大为提高，各级党组织在思想上、政治上得到进一步巩固。

到 1940 年下半年，边区党组织的整顿和巩固工作取得了显著成绩。经过审查和整理，全边区 17 万余名党员干部绝大多数是好的，对党忠心耿耿，作风正派，具有一定的工作能力，并经得起考验，只有极少数人思想上、政治上有严重问题而被洗刷出去。据北岳区 15 个县统计，洗刷 759 人。在冀中区 9 万名党员干部中，被洗刷的异己分子、投机分子及太落后分子 2730 人（其中叛变者 138 人，逃跑脱党者 406 人）。在巩固党的工作中，涌现出大批模范党支部，党组织迅速发展，在相当大的程度上克服了发展不平衡的现象，党支部在群众中的核心和堡垒作用进一步得到加强。边区党成为领导全区人民对敌斗争和进行根据地建设的核心力量。

冀中区开展打狗运动（冬）　冀中农民有养狗看家守户的传统习惯，但抗日武装大多在夜间行军，容易引起村里的狗叫，狗声传数里以外，妨碍部队和干部秘密隐蔽活动。另外，在冀中闹灾荒的情况下，养狗浪费粮食，不利于节约救灾。为此，1939 年冬，中共冀中区党委发出了打狗运动的指示，全面动员，统一行动，在全区灭狗。冀中广大群众服从抗日大局，积极迅速投入到打狗运动中，甚至打掉敌设据点的狗。不到两个月时间，根据地的狗基本绝迹，仅公营商店和合作社收购的狗皮就达 60 万张，除输出外，还给部队缝制了皮大衣。打狗运动使冀中党政军民夜间行动更加自如，更便于部队转移和机动，增强了部队对敌袭击的突然性。

1940 年

1 月

聂荣臻发布反“扫荡”训令（1 月 1 日） 1 月 1 日，聂荣臻发布反“扫荡”训令，训令说：敌人近来在平汉路以西边区周围的主要活动是修路，而在平汉路以东日军约 6000 人至 10 000 人正在“扫荡”冀中二分区和三分区。估计敌人在军事与政治配合下，将利用去年边区遭水灾的困难，先修路，尔后可能乘青黄不接时再行“扫荡”平汉路以西根据地。针对此情况，作出如下部署：（一）各兵团要首先破坏敌在边区周围所筑之公路，并尽量求得打击与消灭其一部，以利军区部队尔后作战，尤其是后方机关之转移；（二）主力集结于适当位置，加紧整理训练与补充，以一部或小部采取轮流的办法，积极活动于外线或敌人之侧后，准备必要时配合冀中反“扫荡”，出击平汉路之敌；（三）严整地方武装，加强领导指挥，抓紧军政教育，准备在向敌人后方的进攻中，能起其应有与必要的协同作用；（四）严格整理后方编制，淘汰老弱，减少不必要的单位和人员，尽量充实作战单位，清查处理无用物品，减少其笨重性。[①]

冀东区党分委召开第一次扩大会议（1 月 1 日） 参加军城会议的李运昌由平西返回冀东时，正值日伪军对冀东游击区进行大规模围攻“扫荡”，游击队和地方干部处于高度分散状态，难以集中开会和整编队伍。直到 1939 年底冀东形势好转后，才具备集中开会的条件。1940 年 1 月 1 日，冀东区党分委在遵化县阁老湾村召开第一次扩大会议（史称“阁老湾会议”）。会议由李运昌主持，周文彬、包森、李子光、丁振军、刘诚光、徐志（李德昭）、王少奇等在冀东的区党分委委员、部队及地方的主要领导干部参加了会议。会议中心内容是传达贯

---

① 参见周均伦主编《聂荣臻年谱》，人民出版社 1999 年版，第 296 页。

彻北方分局军城会议精神，根据冀东地区的形势制定冀东党组织的基本任务，总结冀东一年多来的工作。与会人员根据军城会议精神和冀热察区党委指示，讨论了在冀东建立游击根据地和坚持游击战争的问题。会议决定，冀东全党全军的任务是，巩固现有游击区，肃清土匪，开辟新区，建立多块、小块游击根据地；建立抗日政权和各种抗日群众组织；实行正确的财政经济政策，减轻人民负担，改善人民生活；加强对伪军、伪组织人员的争取，加强锄奸工作；巩固与扩大党的基层组织，大量发展党员，健全党的领导机构；严密党的组织，加强党的纪律，建立党的经常性工作制度和工作检查制度。根据军城会议决议，冀东抗日武装统一编为八路军冀热察挺进军第十三支队，组建司令部。李运昌任司令员，李楚离任政委，包森任副司令员，曾克林任参谋长，刘诚光任政治部主任。除单德贵支队仍保留建制外，将分散在冀东各地游击武装重新整编为9个游击总队，即第一总队，总队长赖邦，教导员薛辉荣；第二总队，总队长王正军，教导员张树先；第三总队，总队长郑紫明，教导员杨春垠；第四总队（后改为第七总队），总队长刘四；第五总队，总队长姜士林，教导员于禾；第六总队，总队长王化一，教导员王文；第七总队，总队长耿玉辉；第八总队，总队长傅兴（后为欧阳波平）；第九总队，总队长李振中，教导员孟桢。这9个总队统由冀热察挺进军第十三支队司令部指挥。同时建立地方武装，各县设县大队，领导县、区抗日游击队和群众武装。

为了实现上述任务，会议作了具体分工：李运昌、徐志率部队开辟以鲁家峪为中心的丰（润）玉（田）遵（化）地区；周文彬、丁振军、刘诚光率部队巩固和发展丰（润）滦（县）迁（安）地区；包森、李子光率部队开辟盘山地区，并以盘山为依托，开辟蓟（县）平（谷）密（云）地区。这期间，为加强和充实冀东领导力量，中共北方分局和冀热察区党委陆续派几批领导干部来冀东工作。1938年和1939年两次去平西参加整训的党政干部和游击队也相继返回冀东。这些干部和游击队员经过在平西根据地的学习和训练，军事和政治素质有很大提高，成为开创冀东游击根据地的骨干力量。阁老湾会议标志着冀东开启了一个有统一领导、有计划创建抗日游击根据地的新局面。

《救国报》创刊（1月1日）　《救国报》是中共冀热察区党委冀东区党分委在冀东创办的第一份党报，也是抗日战争时期中共在敌后创办较早的地方党委机关报。1939年5月，中共中央发出《关于宣传教育工作的指示》，要求“从中央局起到省委、区党委，以至比较带有独立性的地委、中心县委止，均应出版地方报纸”。1939 年冬，冀东区党分委在平西会议上讨论了中央的指示，决定创办冀东的地方党报《救国报》，并决定选派共产党员崔林出任创办人。

《救国报》于 1 月 1 日在遵化县南部山区的卢沟寨小学创刊，崔林任社长。《救国报》是油印小报，每期出 8 开 2 版。报纸创刊时为 3 日刊，每周出两期。后因敌人对根据地的“扫荡”，报社机关又无长期固定地点，经常处于游击环境中，遇到敌人骚扰，报纸就改为 5 日刊或 7 日刊。到 1945 年 10 月终刊，前后 6 年，始终坚持出版。《救国报》创刊时是一张秘密印刷、发行的报纸。最初稿件有两个来源：一是冯国玺用一台普通收音机收听记录中央社的新闻广播，然后由崔林整理一些新闻刊登；二是冀东军分区司令部、各个战斗部队和地方组织提供地方新闻稿件。在敌人的破坏下，1941 年夏天，《救国报》迁到鲁家峪继续发行，并成为冀东区委的机关报，报纸每期印数由创刊时的两三千份，增加到 5000 份。在艰苦的 1942 年秋到 1943 年间，敌人对报纸的破坏非常严重，由于敌人的频繁“扫荡”，《救国报》曾三进三出长城，经常辗转在长城内外和滦河东西，在游击中办报。期间 1942 年 8 月，崔林调任冀热边特委秘书长，特委宣传部长吕光兼任《救国报》社长。为了适应新的形势，特委决定由 5 个地区分别出版《救国报》的地方版，即滦西版、滦中版、滦东版、路南版和燕南版。1945 年 11 月 3 日，《救国报》改为《冀热辽日报》，为冀热辽区党委机关报。

《救国报》从 1940 年元旦创刊到 1945 年 11 月，在艰难困苦的岁月中坚持出版 6 年，共出版报纸 240 期，有 15 名报社成员牺牲，包括《救国报》社初创时期 5 人战斗集体中的 4 人，他们是崔林、尹铭钰、冯国玺、刘海山。另一名报社初创人严德成积劳成疾，不幸去世。《救国报》在游击环境中坚持、发展、壮大，到鲁家峪根据地时，报社成员已有 40 多个，并设有社部、编辑组、总务科、电台和两个印刷所。报社不仅印刷报纸，还承担了为党委机关印刷、出版学习读物的任务。

《救国报》的出版、发行，对加强冀东敌后抗日根据地的政治宣传、唤醒人民的抗日觉悟、及时传递战地消息作出了巨大贡献。在提高和鼓舞军民抗日斗争的勇气和信心、组织群众、武装群众、团结人民、打击敌人各方面，真正起到了动员、组织的作用，当之无愧为冀东抗战宣传战线中的一面旗帜和指引冀东人民奋勇前进的一面旗帜。

北方分局传达中央关于争取时局好转的指示（1月3日） 1月3日，中共中央北方分局召开干部会议，传达并贯彻中央《关于组织进步力量，争取时局好转的指示》。彭真主持会议，并在会上作了《目前政治形势与当前紧急任务》的报告。该报告指出，目前日本帝国主义解决中国问题的方针、方法、手段，是在正面着重于诱降，企图用诱降来结束战争；在敌后着重于确保占领地，企图确实达到由点线扩大成面，实现“以战养战”的目的。国民党及大资产阶级陷入了抗日与降日的极大动摇中，“限共”从政治为主，进而以军事为主，局部的反共与投降活动公开、半公开地有计划地进行着。在这种形势下，中国共产党的任务与工作方针，是继续坚持抗日民族统一战线的总方针，坚持抗战，争取团结不愿意投降的大多数，击破大资产阶级的阴谋，巩固自己，争取时局的好转。该报告在分析目前形势的基础上，提出了晋察冀边区的任务，要求在相持阶段，边区全党不仅要坚持抗战，而且要准备在大资产阶级投降后，使边区成为反投降的根据地，成为党巩固的根据地。边区目前的紧急任务是深入进行巩固根据地的工作，强化边区内部统一战线工作，强化党在各方面的领导，利用我们在边区的阵地来争取时局好转，随时准备应付敌人的“扫荡”战争与突发事变。

陈群率部返抵冀东（1月上旬） 冀热察挺进军第十三支队第十二团团长陈群奉命率一营一连和团部通讯排以及40名左右地方干部，携带电台1部，由平西返抵冀东东部地区，在遵化高拔岭村与刘诚光会合后，决定将抗日联军第五总队编为第十二团二营。随后，各部分散到各地开辟游击区。

反击国民党顽军乔明礼、侯如墉部的进攻（1月12日） 国民党军河北民军总指挥乔明礼部和别动第四纵队司令侯如墉部6000余人，向驻赞皇地区之范子侠部发动进攻，抗日武装予以反击，并向侯如墉、乔明礼两部驻平汉线两侧的部队发起进攻，将其大部消灭。同时，冀中军区第二十二、第二十三团等部，配合八路军第一二九师三八五旅主力、平汉抗日游击纵队、青年纵队，将盘踞在束鹿、宁晋、赞皇地区的顽军乔明礼部和侯如墉部的主力消灭。这次反顽战役，共毙伤俘顽军3200余人，缴获炮2门、轻重机枪7挺、长短枪1100余支。

南下支队赴晋东南参加讨伐顽军朱怀冰部（1月24日） 朱怀冰是国民党第九十七军军长。1938年秋，由黄河南进入豫北根据地后，就支持地方反动武装，不断制造反共磨擦事件。后进到河北省邢台、内邱以西地区，进行反共活动。1940 年 2 月，与鹿钟麟一起盘踞在武安、涉县、磁县、林县一带，包围压迫抗日武装，抢掠物资，叫嚣要“驱逐八路军”。为了打退朱怀冰部的进攻，遵照中共中央和八路军总部命令，晋察冀军区于 1 月 24 日抽调 2 个主力团和冀中警备旅的 2 个团组成南下支队，由司令员陈正湘、政治委员刘道生率领，开赴晋东南。2 月中旬，南下支队进入太行山区，配合八路军一二九师的部队，在师长刘伯承、政治委员邓小平统一指挥下，进行讨伐朱怀冰顽军的作战。同时，聂荣臻和吕正操也到了八路军总部。讨伐朱怀冰的磁武涉林战役从 3 月 5 日开始，8 日结束，共消灭朱怀冰部和其他杂牌军 1 万余人。战役结束后，冀中军区警备旅在元氏、赞皇一带进行了休整。6 月初，晋察冀军区 2 个主力团返回边区，冀中警备旅第一、第二团也陆续返回冀中。

晋东北民众发出与顽固派坚决斗争的通电（1 月 28 日） 晋东北专署、牺盟五台中心区、晋东北工农妇青救国会联合于 1 月 28 日发出通电，公开揭露山西第一行政区保安队副司令杨澄源等人枪口对内、不断制造磨擦事端、破坏边区统一的倒行逆施，要求广大群众团结一致，与顽固派进行坚决斗争，并请求上级政府对杨澄源等顽固派以国法进行严惩。翌日，边区行政委员会发布《为晋钞问题告晋东北各县民众书》，就山西第一行政区保安队造谣惑众、破坏边区经济、诋毁边委会声誉的罪行予以公开揭露和批驳，号召广大民众团结一致，维护边区的政治统一和经济生活的正常运转。

冀中南进支队赴冀南参加讨伐石友三战役（1 月 30 日） 为了反击国民党顽军破坏抗战的行径，中央书记处于 1 月 30 日给朱德、彭德怀、杨尚昆等发出《关于武装自卫反顽进攻指示》，指出，对河北和山西境内的任何军队，不论是中央军、晋绥军及石友三，如果进攻八路军地区，我应在自卫原则下，在有理有利条件下，坚决反抗并彻底消灭之。要坚决打击一切从抗日战线后面进攻者，形成全体军民反汉奸反进攻的热潮。根据中央书记处的指示和八路军总部的命令，冀中军区抽调 5 个主力团（第十六团、第二十一团、第二十二团、第二十三团、第二十四团）组成南进支队，在程子华率领下开赴冀南，配合冀南和晋冀鲁豫部队参加讨伐石友三战役。石友三，曾任西北军第五军军长。1938 年底，被蒋介石由鲁南调到冀南和冀鲁豫地区，并被委任为国民党第三十九军总司令。从此，石友三强占地盘，袭击八路军，杀害抗日民众，不断挑起事端，制造反共磨擦。讨伐战役由宋任穷、程子华统一指挥，从 1940 年 2 月中旬开始至 3 月底结束，共消灭顽军3600余人。讨伐石友三任务完成后，南进支队司令员赵承金、政委谭冠三及第十六、第二十一团奉命留在冀鲁豫军区，其余部队陆续返回冀中。

开辟平北抗日根据地（1月至六七月） 1月，冀热察区党委派苏梅、钟辉琨率20多名党政军干部组成的工作委员会和第九团第八连及原平北的一支小游击队再次挺进平北，进到昌平、延庆之间的十三陵以北一带。苏梅为平北地方工作委员会书记。经过一段时间的努力，建立了包括5个区的昌（平）延（庆）县政府。还有许多村庄成立了救国会、自卫队等群众组织。随后，向怀柔、延庆、赤城、龙关之间的广大地区发展。部队所到之处，执行正确的政策，争取上层分子，打击死心塌地的汉奸，保护一切拥护抗日的人员，对一般伪组织人员，只要不妨碍抗日工作，一概不杀不抓。经过4个月的艰苦工作，部队力量逐步扩大，在昌平、延庆、怀柔等地，先后建立了十几人或几十人的游击队，工作委员会派出干部深入各地广泛开展工作，基本上站住了脚跟。根据平北的情况，冀热察区党委和挺进军决定继续增派一部分骨干力量进入平北地区，采取“逐次增兵”的办法，以防过早引起敌人注意。5月，派团长白乙化率第十团去丰（宁）滦（平）密（云）之间开展游击活动。同时，派段苏权带领一支小部队和干部进入平北地区。六七月间，挺进军又派程世才率第七团进入平北，准备开辟更大局面，但很快引起敌人注意，敌增兵“围剿”，第七团不久便撤回平西。这时，在平北，先后开辟了以沙塘沟村为中心的昌延地区，以红旗店为中心的白河西岸地区，以青龙口为中心的延庆北部地区，还有黑河以西、长城以东地区，四海、永宁以北地区和赤城以北地区，共6个小块游击根据地；把原先建立和新建立的县加以调整，划为昌（平）延（庆）怀（柔）、龙（关）崇（礼）赤（城）、昌（平）怀（柔）密（云）、龙（关）延（庆）怀（来）4个联合县，成立了各县抗日政府。

晋察冀军区召开党代表会议（1月） 1月，晋察冀军区在唐县和家庄村召开党代表会议。会议由聂荣臻主持，主要议程是传达和讨论中央军委和八路军总部关于整训部队的指示。会议讨论通过了全军区部队开展政治整军的具体部署。政治整军的目的是加强党对军队的绝对领导，提高部队的战斗力。整军的内容是深入进行争取时局好转，准备应付时局逆转的政治动员；继续创造、巩固与发展模范支部、分总支、总支，并在此基础上创造模范连、营、团；提高干部军政素质，建立与健全党政工作的各项组织制度，改进工作作风。同时，进行战术技术训练，全面提高部队军事素质。整军分两期进行：第一期从1月初开始至3月底，第二期从4月初开始至6月底。冀中军区部队是在1940年11月至1941年9月分三期进行整军。参加整训的部队有35个主力团、20多个游击支队（总队）、7个独立营以及所有县基干游击队，共10万余人。

2月

晋察冀边区行政委员会公布修正减租减息单行条例（2月1日） 根据1938年2月公布的《晋察冀边区减租减息单行条例》实行以来存在的问题，边区行政委员会于2月1日公布了《修正晋察冀边区减租减息单行条例》，并发出《论减租减息的意义与执行问题》的指示信。该条例的基本精神是巩固抗日民族统一战线，争取民族革命战争的彻底胜利，调剂群众利益，改善人民生活。其要点有：（一）实行二五减租；（二）出租人未得租户、佃户之同意，不得将地收回转租转佃他人；（三）严禁庄头、二东家中间剥削，违者受刑事处分；（四）债权人之利息收入，年利率不得超过10%，现扣利、高利贷一律禁止。指示信还对减租减息的历史由来和意义及《修正晋察冀边区减租减息单行条例》修正的必要性等作了详细说明。

萧克就平西、冀东工作致电北方分局和中共中央（2月1日） 2月1日，萧克致电北方分局和中共中央：平西已经成为巩固的根据地，人口约20万，南至北、东至西大约各150公里，成立了5个县政府，根据地党、政权、群众3个方面的工作及地方武装全已建立基础。冀东已形成游击根据地，现已成立3个县政府。平北游击根据地已建成，成立1个县政府。八路军主力，在平西约1.2万人，地方武装1180人，冀东1800人（电台1部），平北约200人。平西有随营军校，培养连排干部。冀东和冀热察游击战争有大的前途；冀东经过今年的努力，有充分可能创造大块或者更多小块游击根据地；到了3月须将平西之部队全部派回冀东。冀东除现有小块游击根据地外，须创造多数的小块区域，特别是加强蓟（县）、平（谷）、密（云）地区的工作，以便将来与平北联系。11日，中共中央、中央军委向萧克等发出《关于挺进军的战略任务的指示》，指出，冀热察挺进军的战略任务是确保平西根据地，发展冀东游击战争，直至热河、山海关，并准备将来再向辽宁前进。因为你们区域敌情特别严重，你们扩大军队的方针，仍应在巩固的基础上，力求一步一步地扩大，如同你们发展根据地的方针一样。你们要注意扩大随营学校或办抗大分校，只有自力更生，大量创造干部，才能担负创造冀热察三省伟大根据地的任务。要十分注意财政工作与经济建设工作，在抗大分校内设立行政工作班，教授政权工作及财政经济工作，这是支持长期战争的基本决定条件之一。该指示为坚持创造冀热察区抗日根据地指明了方向。

彭真再次提出关于区村政权选举的意见（2月15日） 彭真于2月15日致电晋察冀边区各区党委并报北方局、中共中央并李富春，再次提出关于区村政权选举的意见。意见指出，边区政权是抗日民族统一战线的民主政权，区村政权的彻底民主化，是民主共和国建立的下层基础和动员团结各阶层人民积极参加抗战的最好斗争方式，因此在选举中必须坚持统一战线方式；边区是敌后抗日根据地，同时也是我党持久革命的根据地，在选举中必须坚持并发展我们的优势，即坚持和发展基本群众的优势。所谓优势，不是我们包办各级政权而实行为基本群众专政，根本不要统一战线，而是指统一战线中的优势，应依据民主主要原则的基本群众的优势和党的绝对领导。区长、村长、区代表会的秘书、村代表会的秘书及其他4个委员会（4个委员会指民政委员会、财政委员会、教育委员会、建设委员会）的主席，必须由党员和可靠的最积极的进步的党的同情者当选，不得让地主、富人占据；代表会和各委员会中，在党员和基本群众占绝对多数的条件下，应吸收真正拥护抗日民主的个别地主、富农分子参加，这对吸引他们拥护边区政权和巩固统一战线、支持抗战有极大作用，我们必须足够估计到地主、富农在乡村有丰富的政治经验和传统，能在我们占绝对多数的条件下用各种阴谋把持政权，特别是村政权，我们必须特别注意，防止他们影响和操纵村政权。①

北方分局、边区行政委员会发出开展生产的号召（2月20日） 为了解决敌后根据地的财政困难状况，中共中央、中央军委于2月10日发出《关于开展生产运动的指示》，指出，斗争已进入更艰苦阶段，财政问题的解决，必须提到政治高度，望军政首长和各级政治机关努力领导今年部队中的生产运动。为贯彻和执行中央指示，北方分局和晋察冀边区行政委员会于2月20日发出开展生

① 参见《彭真传》编写组编《彭真年谱》第一卷，中央文献出版社2012年版，第146—147页。

产的号召，要求各地党、政、军、民努力生产，开发资源，自力更生，克服困难，坚持长期抗战。2月25日，晋察冀军区号召军队一面战斗，一面生产。同日，晋察冀边区工人、农民、妇女、青年等救国会也公布《开展春耕运动的宣传大纲》，号召所有会员在春耕动员委员会的指挥下，积极热烈地投入春耕运动，搞好春耕生产，坚持抗战。随后，边区开展了轰轰烈烈的大生产运动。

彭真致电中央书记处建议边区移民陕北（2月24日） 晋察冀边区由于1939年的大雨灾害，很多山地被冲毁，秋收骤减，边区春荒极为严重。为减轻边区负担，彭真于2月24日致电中央书记处：已赈款20余万，并拨合作社贷款300万，但仍有向敌区逃荒的情形。边区正动员群众救助灾民，并尽量使其不去敌区。陕甘宁边区地多人少，提议乘机发动一大规模的由晋察冀及其灾区向陕北的移民运动。移民自有困难，但有可免灾民逃往敌区、增强陕北人力，以及灾民到陕北后即可开始春耕等好处。灾民到陕北后须贷给其粮食、农具，不知陕北情况如何，如可以，请规定移民条例，以便号召动员。随后，晋察冀军区将吕正操一部开驻武安、涉县、林县地区，北岳区一部开驻高平、陵川地区，以打击平汉路漳德一带及长治一带敌人，同时等待秋收后，再返回边区。

彭真建议加强对粮食及经费支出的管理（2月25日） 彭真于2月25日致电聂荣臻、吕正操、贺龙、关向应并报北方局、中共中央：由于对粮食及经费支出缺乏有效的管理，边区粮食及财政问题现在已极端严重，“长此以往，在敌后根据地中财政首先上轨道之地区财政方面要破产”。为此，提议：组织有职权的经济委员会，给以审查各部预、决算，检查粮食及经费开支之权限；必要时，下令协同各部队首长点验去边区领粮款的任何部队，并负责检查其破坏经济制度之人。所有过去各部在预算额外滥用、浪费之粮食，应从各该部今后所领粮食项内扣除，否则粮票制度无法建立。①

聂荣臻、吕正操等到八路军总部汇报和请示工作（2月27日） 2月27日，聂荣臻、吕正操等到晋东南第十八集团军总部，向朱德、彭德怀汇报和请示工作。28日，聂荣臻在第十八集团军总司令部直属队干部欢迎会上作《晋察冀边区的形势》的报告，阐述了晋察冀边区的地理位置、战略意义及军队和政权的情况。3月4日，吕正操在第十八集团军总司令部直属队干部欢迎会上作关于

① 参见《彭真传》编写组编《彭真年谱》第一卷，中央文献出版社2012年版，第147页。

《冀中的抗战形势》的报告，阐述了冀中区的特点和战略形势，认为冀中的战争具有全面化、全民化的特点，宿营、行军经常遇到敌人，随时随地都有仗可打。

北方局就拥护朱德主持河北工作电示彭真及冀中区党委（2月29日） 2月29日，中共中央北方局电示彭真及冀中区党委：为拥护朱德主持河北工作，拟于适当时机召集河北全省参议会，选举河北行政委员会，并选举朱德为行政委员会主席，由河北行政委员会执行省府职权，发表施政纲领，并由参议会呈请国民政府委任朱德为河北省政府主席兼冀察战区司令长官。随后边区开展“拥朱”活动，冀中区工、农、青、妇、回民、文化各群众团体于3月17日联合代表冀中区800万人民发表谈话，要求建立全省民意机关，彻底解决河北问题，反对鹿钟麟到根据地夺取，拥护朱德主政河北。1940年初，庞炳勋接替鹿钟麟任河北省政府主席兼冀察战区副总司令消息传来后，4月上旬，北岳、冀中和察南的工、农、青、妇抗日救国联合会等数十个民众团体联名通电，坚请国民政府收回庞炳勋主政河北的命令，迅速命令改任朱德长官。

冀东游击根据地初步创建（2月） 2月，冀东第十三支队司令员李运昌率部进入遵化南部地区，以鲁家峪游击根据地为中心，开辟丰润、玉田、遵化三县边境地区。同时，包森和李子光配合，以盘山游击根据地为中心，开辟蓟县、三河、平谷、密云、兴隆地区。十二团和丰（润）滦（县）迁（安）县地方党政干部密切配合，发展巩固以腰带山为中心的游击根据地。他们经过一段积极工作，成功创建盘山、遵化（包括洪山和鲁家峪）、腰带山三块游击根据地，并以三块游击根据地为依托，向四周发展，迅速扩大游击区。

晋察冀军区召开政治工作会议（2月） 晋察冀军区于2月召开政治工作会议。会议对3年来的军区部队政治工作作了系统的总结。聂荣臻在会上作了重要讲话，指出，为了加强党对部队的绝对领导，必须强调政治委员和政治工作制度，加强连队党支部工作。会后，军区部队中发展共产党员9000余名，加强了支部在连队中的堡垒作用。

晋察冀边区民主宪政运动兴起（2月） 抗战进入相持阶段后，国内抗日进步势力的力量不足，使得投降与倒退的危险仍然存在。为了力争时局好转，克服逆转的危险，中共中央于2月1日发出《关于目前时局与党的任务的决定》，提出当前全党要坚决执行十大任务，其中一项就是要“广泛开展宪政运动”。晋察冀边区坚决贯彻落实中央决定，边区抗敌后援会于2月2日发出号召，要求全边区广大民众积极行动起来，实行民主政治，开展民主宪政运动。23 日，边区党政军民各界主要领导人彭真、聂荣臻、刘澜涛、宋劭文、杨耕田、王文兴、田秀娟等 24 人又发起成立了“边区各界宪政促进会”，宗旨为：“广泛开展边区宪政运动，使晋察冀边区成为实行宪政、实行民主政治的模范。”并以边区的宪政运动促进全国的宪政运动。随后，冀西、晋东北先后成立宪政促进会，电促国民政府迅速委任朱德总司令主政河北省。4 月 14 日，晋察冀边区各界宪政促进会宣告成立，彭真被推选为理事会理事长，并电请国民政府修正国民代表大会（简称“国大”）选举法和组织法，提出选举边区“国大”代表的两项原则。边区的民主宪政运动逐渐开展。

3 月

察南雁北办事处研究春耕生产问题（3 月 1 日） 为了搞好春耕工作，察南雁北办事处于 3 月 1 日举行第一次全体委员大会，研究春耕生产，决定：（一）出版报纸指示工作方法，宣扬模范例子；（二）有计划地筹备农具籽种，互相调剂，借贷籽种 1 分利息；（三）令各合作社加速购买籽种；（四）各级政权机关团体及民中学生参加实际工作，组织春耕突击队。同日，办事处发起“一两米”运动，规定从 3 月 1 日至 7 月 1 日，4 个月内机关干部每人每天从原主粮内节约一两米，支援灾民。

毛泽东等就“帮助萧克挺进军巩固平西根据地”致电贺龙等（3 月 3 日） 3 月 3 日，毛泽东、王稼祥就“帮助萧克挺进军巩固平西根据地”致电贺龙、关向应，指出：“萧克挺进军方面，盼望你们经常加以注意给以子弹与干部（学生）的帮助。该部任务是巩固平西根据地，发展冀东游击战争，这在战略上是有颇大意义的。如果该部能完成此种任务，不但对晋察冀边区是直接的配合，对雁北与晋西北根据地的创造也是有很大配合作用的。那里的困难条件更多，故须酌量给予帮助。”①

平西根据地春季反“扫荡”（3 月 9 日至 22 日） 3 月，日伪军 6000 余人，分 10 路向平西根据地发动春季大“扫荡”，企图摧毁平西抗日根据地，驱逐八路军退出平西。3 月 9 日至 14 日，日军逼近平西根据地中心区域。平西抗日军民

① 中央档案馆编：《中共中央文件选集（1939—1940）》，中共中央党校出版社 1991 年版，第 313 页。

奋起抗击，经过碣石的防御、齐家庄的机动伏击和谢家堡的猛烈夜袭，转变了敌我军事态势的优劣对比。日军为挽救颓势，于3月15日至18日继续向平西根据地进犯，但由于平西抗日军民的不断打击，使日军指挥混乱，军心恐慌，协同作战破产。3月19日至22日，日军再次进犯，企图予以报复。日军在双塘涧遭到平西军民的猛烈袭击，伤亡惨重，狼狈逃窜。双塘涧战斗的胜利，宣告了平西军民春季反“扫荡”的胜利结束。此次反“扫荡”共毙伤俘日伪军600余人，缴轻重机枪6挺、掷弹筒5具、步枪60余支，并击落敌机1架。

彭真就召开冀热察挺进军和冀东部分领导干部会议致电冀热察军政委员会（3月16日）　3月16日，彭真致电冀热察军政委员会、冀热察区党委并转李运昌并报北方局、中共中央及聂荣臻：北方分局召集冀热察挺进军和冀东部分领导干部会议，对冀东过去及今后工作问题作了检讨和总结。关于冀东抗日大暴动和第四纵队西撤问题，认为四纵队在冀东时的客观形势和条件是良好的，“在3个多月战斗和环境比较安定的局面下，是可以创造出一个比较大的局面的”。“当时未能巩固已得胜利，在冀东创造巩固的游击根据地，主要原因是主观领导上的错误和缺点。”“冀东游击战争能够开展、坚持并有发展成为大块根据地的前途及其条件。”彭真指出冀东今后的工作方针是巩固地发展，有时着重巩固，在巩固中发展；有时着重发展，在发展中巩固。冀东目前应努力巩固并发展已有的游击根据地，创造新的、更多的、小块的游击根据地，并注意现有区域的巩固及发展，使各区互相呼应并力求联系，进而形成大块区域；必须注意游击部队的壮大发展与巩固，应派出小支队向新区活动，求得立下脚跟，或派出干部到新区去帮助当地人民斗争，组织各县区或乡的地方武装。在游击根据地，除建立党的堡垒外，应加强游击队的政治工作，执行八路军的各种制度；建立公开的或隐蔽的抗日统一战线的民主政权；广泛发动群众，实行正确的政治经济政策，建立抗日秩序。他还指出，在平西，目前主要是巩固，但应注意积极向西北发展；平北主要是发展，发展平北对平西的巩固与冀东的坚持有很大的意义，平北是联系平西与冀东的桥梁，是将来建立以冀热察边为中心的大块根据地的要素。

粉碎日军对冀中中心地区的“扫荡”（3月17日至30日）　3月17日，驻高阳、蠡县、河间、安平、武强等地日伪军6000余人，分5路向滹沱河以北、潴龙河以东、滏阳河以西冀中抗日根据地中心地区进行“扫荡”，企图围歼冀中区党政军领导机关和部队主力。按照反“扫荡”作战方针，部队在内线频繁转移，与敌周旋，使敌连续扑空，在外线则寻找战机，击敌虚弱；游击队和民兵广泛开展游击战，袭扰敌人，并发动群众展开各种形式的斗争。冀中区党委书记黄敬、冀中军区参谋长孙毅和军区政治部主任孙志远率领党政军领导机关，同敌盘旋打圈子，最后跳出合围圈，安全地转移到平汉铁路以西的行唐县口头镇一带。第四军分区第十八团，担负保卫冀中党政军领导机关的任务，在安平县的刘吉口村和安国县的王奇村，严重打击了“扫荡”之敌，掩护了冀中领导机关的转移。在敌“扫荡”区域内的县区游击队，在民兵配合下，积极打击和袭扰敌人，共与敌作战 6 次，毙伤敌 300 余人。为配合中心区的反“扫荡”，第二军分区第十七团，在正定县至无极县公路上马孤庄伏击敌人，毙伤俘敌 70 余人，缴轻机枪 1 挺、步枪 11 支。第十军分区第二十七团，在永定河以北地区作战 13 次，毙伤俘敌 200 余人，缴步枪 40 余支，尔后又攻克白疃据点，袭击了廊坊火车站，破坏廊坊至落垡铁路一段。“扫荡”之敌于 3 月 30 日撤退。

彭真就八路军扩兵计划致电各区党委（3 月 20 日） 3 月 20 日，彭真致电晋察冀边区各区党委并报北方局、中共中央：八路军总部扩兵计划的完成，是克服投降危机和争取时局好转、坚持华北抗战和准备反攻力量的主要工作。他指出，4 月 1 日至 5 月 30 日，3 个区党委完成 3.2 万名新兵的动员计划。具体分配：晋察冀边区党委 1.2 万人，冀中区党委 1.8 万人，平西区党委 2000 人，冀东依靠游击队巩固发展，数目由区党委另定。动员计划两个月完成后，一个时期内各部队即停止扩兵，以免天天动员致使部队及群众疲忙厌倦。新兵动员工作基本上由地方党委负责，宣传鼓励工作由部队辅助，并由地方党委、群众团体、政权机关及部队政治机关所派作动员工作者组织各县新兵动员委员会，领导动员工作，该委员会党团直接受县委领导，乡级受区委领导。新兵管理巩固教育工作等，由部队负责，对于新兵必须采取诚恳和气的态度，并迅速建立良好的教育及文化娱乐工作。彭真又指出，动员新兵系四五月中心工作，一切工作应围绕此中心，但同时不应放松巩固党的中心工作。此外，他还就新兵动员的准备工作、优抗工作等作了具体指示。

井陉煤矿惨案（3 月 22 日） 井陉地处冀晋两省的结合部，是自古以来的通衢要冲。井陉煤藏丰富，1937 年 10 月，日军就占领了井陉、正丰煤矿。1940 年 10 月，日军将井陉、正丰、六河沟煤矿和石门炼焦厂合并，成立“井陉煤矿股份有限公司”。日军侵占井陉矿不久，就开始实行掠夺性的开采。日本侵略者为掠夺煤炭资源，对煤矿工人进行血腥统治。根据当时的统计，1940 年，每日平均有 3315 名工人在井下劳动，每班工人要在井下连续高强度工作 12 个小时以上，但工人收入却十分微薄，工人们过着牛马不如的非人生活。日军只管疯狂掠夺煤炭资源，而不管工人的人身安全，井口冒顶、瓦斯爆炸、透水等恶性事故不断发生。工人在事故中死后，尸体便被日军直接丢进南大沟中的“万人坑”。其中发生在 1940 年 3 月 22 日的井陉煤矿新井瓦斯爆炸事故最为惨烈。据事后统计，1000 多名矿工中，死亡 357 人，伤残 480 余人，另有 120 头骡子也在事故中死亡。在这些遇难的矿工中，大多数是青壮年，最大的不过 50 多岁，最小的只有十一二岁。事故中侥幸存活下来的人也是遍体鳞伤，许多人落下了终身残疾。抗日民主政府知道这个消息后，对遇难矿工家属非常关心，专门拨款拨粮，秘密分发给遇难矿工家属。4 月 5 日，抗日民主政府还专门召开追悼会，向群众揭露这次惨案的真相，驳斥敌人的欺骗宣传。边区主办的《抗敌报》也专门发表公开信，谴责了日本侵略者的严重罪行。

冀中参议会筹备委员会成立（3 月 24 日） 3 月 24 日，冀中行署召开发起组织冀中参议会座谈会，全区党政军民各界代表 100 余人参加，对建立冀中民意机关的意义与河北问题展开讨论。八路军代表第三纵队政治部主任孙志远、冀中共产党代表黄敬发表了重要意见。座谈会发布宣言，宣布成立冀中参议会筹备委员会，推举史立德、郑靠山、周续辉、周克刚、韩朝新、马玉槐、路一、安志诚、孙志远等 9 人为筹备委员会委员。

晋察冀边区行政委员会发出《关于献金赈灾的指示》（3 月） 3 月，晋察冀边区行政委员会发出《关于献金赈灾的指示》，指出，由于 1939 年秋季边区遭到数十年来前所未有的大水灾，更由于日军疯狂的烧杀破坏，于是造成了边区空前严重的灾荒。为了解决摆在目前的春荒问题，胜利地完成今年的春耕运动，增加农业生产，保证军食民食，争取边区经济的自力更生，配合军事政治的斗争，在经济战线上给敌人以致命打击，在第二次专员会议时，晋察冀边区决定将救灾款项全部分配到各县，解决春荒。冀中区募到的救灾款 54.65 万元，仍全数拨归冀中区各县赈济灾难民众，本会已责成冀中行署就近妥为办理；冀西、晋东北献金除晋西一专区各县及平山等县已动用 29 855.023 元外，其余

106 642.969 元，已分配晋东北、雁北、冀西各地区发放。①

五台县解决灾民土地和粮食问题（3 月） 3 月，由于 1939 年大水灾和日军的残酷“扫荡”以及白志沂、杨澄源等顽固派的破坏，晋东北各县严重缺粮，抗日军民靠吃树皮、草根、糠充饥。各级党组织发动群众搞生产自救以度春荒，五台县召开党政军联席会议，专门研究灾民的生产生活问题，具体措施为：（一）解决难民土地问题，保证找地 200 顷让难民耕种；（二）解决难民粮食问题，拨救灾款 1 万元、救灾粮 600 石，以借贷形式支助难民。盂县组织县、区、村三级救灾委员会，提出“多捐一元钱，多救一条命”的口号，加强对富绅的教育，共募集银圆 9607 元，边币 17 532 元，玉米、黍子、小麦、小豆等各种粮食籽种 8000 余斤，支援灾民发展生产。经过大量工作，全县不仅没有饿死 1 名灾民，而且不违农时地完成了春耕生产。

4 月

晋察冀第五军分区成立（4 月 1 日） 为了有利于开展雁北、察南地区的工作，经中共中央的批准，晋察冀第五军分区于 4 月 1 日在灵丘县上寨正式成立。邓华任司令员兼政治委员（后李天焕任政治委员），易耀彩任参谋长，王紫峰任政治部主任。军分区包括灵丘、广灵、浑源、应县、繁峙 5 县，下辖第六团、第二十六团（后来）、雁北支队。同时，中共雁北（东）地委改称“中共晋察冀第五地委”。

彭真等就边区参议会问题致电北方分局、中共中央（4 月 6 日） 4 月 6 日，彭真、黄敬致电北方分局、中共中央：（一）河北参议会成立及朱总当选主席后，晋察冀边区在疆域的形成上仍以不变为宜，既可在与顽固派磨擦时构设一道防线，又正合我们在敌后按敌情和战略需要划分行政区域的主张；（二）边区决定在七八月间用平等直接普选制选举各级议会；（三）边区参议会准备只设一个，冀中不另设参议会，而在边区参议会设一驻会委员办事处；（四）我们拟由冀西、冀中各县以县为单位临时选举省参议员，参加河北省参议会及省主席选举。②

① 参见《边区军报》第二卷，1940 年 3 月 11 日。

② 参见《彭真传》编写组编《彭真年谱》第一卷，中央文献出版社 2012 年版，第 153 页。

晋察冀边区完成各级选举的准备工作（4月至6月） 根据中共中央和毛泽东的指示，4月间，中共北方分局召开晋察冀边区党的扩大干部会议，对边区民主选举运动和政权建设的各项基本原则作出了重要的决议。会后边区行政委员会起草了《晋察冀边区县、区、村暂行组织条例》《晋察冀边区参议会暂行组织条例》《晋察冀边区暂行选举条例》三个文件，并发出通知，请各党派、各方面人士和各机关、各团体反复讨论研究，提出修改补充意见。6月2日，晋察冀边区党委作出《关于进一步在边区实现新民主主义政治和促进全国实施真正民主宪政的决定》，指出："为了进一步改革边区的政治机构，提高边区人民参政的积极性和责任心，深入广泛地动员边区群众的革命力量，巩固扩大边区抗日民族统一战线和为了进一步有力地促进全面实施真正的民主宪政，争取时局好转，区党委特决定由6月15日到8月底为边区新民主主义运动期。"① 选举产生区、县、边区各级民意机关和政府执行机关。此外，还对民主运动的具体内容作了规定。6月7日，边区行政委员会召开各级选举准备会议，作出了《各级选举的动员与组织工作》的决定。10日，边区行政委员会又发出《各级选举准备会议决定》，对边区民主大选举的动员、组织工作及方法步骤等作了具体部署。6月15日，边区行政委员会颁布了经过6次修改的2个"组织条例"和1个"选举条例"等3个文件，同时发出《为胜利地完成各级选举而斗争》的指示信，从此揭开了边区民主大选运动的序幕。选举文件公布后，全边区由上而下逐级召开了选举准备会议，成立了由边区到区级的选举委员会，并进行了广泛深入的宣传动员和组织工作。为了配合这次民主选举运动，边区各地印发了大量的小报和宣传品，仅晋察冀区25个县就出版各种报刊100余种，各地还普遍召开群众动员大会，举办民主选举训练班。另外，还有剧团、宣传队、歌咏队活跃在游击区、接敌区和山区农村，儿童团员、青救会员、妇救会员等挨家挨户进行宣传，形成了群众参选参政的热潮。

北方分局召开扩大干部会议（4月10日） 正当晋察冀边区进行抗日民主政权机构改革时，毛泽东《新民主主义论》的复写稿和《中国革命和中国共产党》讲课稿于1940年2月先后传到北方分局。北方分局书记彭真认真研读毛泽

---

① 河北省社会科学院历史研究所等编：《晋察冀抗日根据地史料选编》上册，河北人民出版社1983年版，第284—285页。

东的这两部著作，并结合边区的实际，思考怎样在根据地内建设新民主主义社会的问题。4月10日，彭真主持召开北方分局扩大干部会议。会议的中心议题是在抗战处于相持阶段的条件下，如何进一步建设和巩固边区，使边区不仅成为敌后模范的抗日根据地，而且成为新民主主义社会的雏形。彭真在会上作了报告和结论。彭真在报告中，分析国际、国内形势，阐述克服投降危机、争取时局好转的策略方针，提出坚持和巩固边区根据地的方针和任务，指出：晋察冀边区既是抗日根据地，也是革命的根据地。在边区既要改造一个旧社会，也要创造一个新社会。巩固边区和迎接敌寇不断的新“扫荡”，是目前的中心任务。边区统一战线的方针是发展进步势力，争取中间势力，肃清汉奸，打击顽固势力。必须明确边区政权的抗日民族统一战线性质、任务和施政方针，这是政府各种具体政策实施的出发点。彭真的报告对边区民主选举运动和政权建设的基本原则和方针，以及妇女工作、冀东过去及今后工作问题，提出了具体意见。与会干部进行热烈、深入的讨论后，彭真又作了结论报告，着重讲了战略与策略、敌我战略形势、反顽固反投降斗争、巩固党的工作等问题。彭真在结论中指出：目前党的本身工作的中心任务，是全面地巩固党，就是自上而下地和自下而上地从政治上、思想上、组织上进一步巩固党；要在党内培养有远大的政治眼光，有坚强的布尔什维克的组织性、纪律性的伟大政治家；还要克服妇运、青运中存在着的关门主义倾向，使妇救会与青救会成为广泛的妇女和青年的统一战线组织，把妇女和青年的切身生活改善与抗日联系起来，动员广大妇女、青年积极参加抗日武装工作，又要注意妇女和青年的特殊性。

萧克作了冀热察军事问题的报告，分析了冀热察区的形势，提出了挺进军的战斗任务与战略指导方针，并对一年来的工作作了简要总结。他指出，总的战略任务，是开展游击战争，开展平北，巩固平西，坚持冀东。各个区域战略方针不相同，总的是巩固地向前发展。最后，会议制定了在边区改造旧社会、创造新社会，特别是彻底改革政权机构、建立健全新民主主义政权机构的方针政策。

冀中区春季反“扫荡”（4月10日至5月底） 日军不甘心对晋察冀边区连续“扫荡”的失败，于4月10日乘冀中八路军主力部队南下参加讨伐石友三战役之际，由津浦、平汉两线向冀中调集3.7万余兵力，对冀中根据地子牙河流域、大清河以北、唐河及潴龙河流域、沧石路沿线等地区进行全面“扫荡”，企图彻底摧毁冀中抗日根据地。4 月 13 日，日军 3000 余人由津浦线出动，进犯大清河以北之固安、永清、雄县、新城、霸县地区，企图合击冀中军区第十军分区主力，遭第十军分区部队和县区武装连续打击后，于 5 月底撤回平汉、津浦铁路沿线据点。与此同时，日军 1200 余人由平汉铁路出动，对唐河、潴龙河地区进行“扫荡”，企图合击第四军分区部队。第四军分区部队主动转移，分散伏击，先后作战 12 次，歼日军 600 余人，迫使日军于 5 月下旬撤回原防。4 月，日军由子牙河西各点抽调千余人，组成 3 个“讨伐队”，分别进犯河间、献县、肃宁、任丘地区，企图围歼冀中第八军分区主力。第八军分区部队和地方武装，时分时聚，先后作战 20 余次，歼灭日伪军 700 余人，拔除日军据点 9 个，迫使日伪军于 5 月下旬撤回原防。在进犯上述地区的同时，日伪军由沧石公路沿线出动 900 余人，对深县、深泽、晋县地区进行“扫荡”，企图合击冀中军区第三十二团。第三十二团及县区游击队于豆店、刘官庄等地，先后作战 8 次，迫敌撤回原防。冀中军区部队春季反“扫荡”，历时 50 余天，共作战 216 次，毙伤俘敌 3000 多人，缴获轻重机枪 10 挺、步枪 800 余支，击毁汽车 14 辆，击落敌机 1 架。

* **王力村突围战（4 月 16 日）**　4 月 16 日拂晓，驻定县、安国、蠡县的日军共 900 余人，分 5 路合击八路军驻清苑县王力、大小李各庄一带的冀中第四军分区领导机关，驻张登的日伪军 200 余人在唐河以北阻击，企图全歼冀中第四军分区领导机关于王力一带。八路军第三十三团二营及分区警卫营等部，依靠村沿工事顽强抵抗，打退日军多次冲锋，毙伤日伪军 300 多人，于晚 10 时胜利突围。此役，分区警卫营营长周友臣、政治委员安贵朴在战斗中不幸牺牲。

* **博野县白塔战斗（4 月 25 日）**　4 月 25 日，驻保定、安国、蠡县、博野、高阳等地日伪军 2000 余人，合击驻博野县白塔村的冀中第九军分区第三十三团。团领导决定团直机关及直属连队、游击总队一部向东南撤退。团直属队及第二、三营跳出日军合围圈，但掩护部队突围的第一营被日军重重包围。第一营战士浴血奋战，激战终日，毙伤日军 300 余人，伤亡营长、教导员以下指战员 300 余人。白塔战斗结束后，日军进村杀害群众 272 余人，占全村总人口的 16％，烧毁房屋 630 余间，抢粮 10 万余斤，制造了“白塔惨案”。

晋察冀边区各界宪政促进会成立（4 月 14 日）　1939 年 9 月，中国共产党团结各民主党派和无党派人士，向国民党参政会一届四次会议提出定期召开国民大会，实施宪政案。迫于舆论压力，蒋介石在11月召开的国民党五届六中全会上宣布将于1940年11月12日召开国民大会，制定宪法，开始宪政。为了促进民主宪政的实现，中共中央于1939年10月、12月两次发出推进宪政运动的指示，要求各级党委积极主动地参加与领导宪政运动，使之成为发动广大民众，实现民主政治的有力的群众运动。晋察冀边区各界宪政促进会于1940年4月14日宣告成立，彭真被推选为理事会理事长。边区各界宪政促进会电请国民政府修正"国大"选举法和组织法，提出选举边区"国大"代表的两项原则。在边区各界宪政促进会的带领下，边区各地相继开展民主宪政运动。

彭真就粮食问题致电聂荣臻并报北方局、中共中央（4月18日） 4月18日，彭真致电聂荣臻并报北方局、中共中央：麦收（冀中）、秋收（路西）后所有军队、政府及一切附属机关一律吃公粮，全年共计需公粮50万大石；每年仍只收公粮一次，但在冀中分春、秋两季征收，麦收后冀中先征收15万石公粮应急并调剂冀西。秋收后（冀中）、明年春（路西）征收合理负担即农工商业累进税一次，拟征1500万元；合理负担征收后除关税及出口税外，其余一切捐税连同田赋一律废除。晋东北在现洋及晋钞肃清后尚可发行六七百万边钞，冀中亦尚可发行一部边钞补充不足之数。各级浪费及贪污现象极严重，只抗大二分校数目即十分惊人，已下令清查。①

北方分局发出《关于国民教育的指示》（4月20日） 4月20日，中共中央北方分局发出《关于国民教育的指示》，指出："开展国民教育，是培养革命干部与知识分子，动员群众参加与坚持抗战的重要环节，各地党的领导机关，各地宣传教育部，必须把这个工作当作中心任务之一。"② 此外，各地应尽可能恢复与建立小学校，某些县、区应成立中学，吸收与鼓励大批知识分子担任教员，开办各种夜校、识字班。

晋察冀边区人民抗日自卫队第一次代表大会召开（4月20日） 晋察冀边区人民抗日自卫队第一次代表大会于4月20日在阜平地区召开，会期两天。大会总结边区人民武装两年半来的战斗经验，确定了今后的战斗任务，并通过了《边区人民武装抗日委员会组织章程》，发表成立宣言，宣布边区人民武装抗日

---

① 参见《彭真传》编写组编《彭真年谱》第一卷，中央文献出版社2012年版，第155页。

② 《晋察冀抗日根据地》史料丛书编审委员会、中央档案馆编：《晋察冀抗日根据地》第一册（文献选编上），中共党史资料出版社1989年版，第330页。

委员会于是日成立，荀昌五、胡淮当选为正、副主任。大会号召：积极壮大边区人民武装，千百倍地提高与加强边区人民武装战斗的力量与政治素质，立即在群众武装的广大队伍里掀起从军杀敌的狂潮，“英勇地战斗起来，向着全民总武装的伟大目标前进，与日寇、汉奸、投降派进行决死的斗争!”边区人民武装抗日委员会正式成立，标志着边区民兵自卫队壮大和发展，具有重大意义。“它将开创边区人民武装斗争的新的历史时期；它将领导边区广大人民武装保卫家乡、保卫边区，在保卫政权、巩固边区根据地的事业上，贡献最大的努力；它将和边区人民亲密地携起手来，成为反‘扫荡’、反投降、坚持抗战团结进步的支柱和中心。”①

粉碎日军对灵丘南山根据地的“扫荡”（4月26日） 4月26日，大同、浑源、灵丘、繁峙等地日军集结1200余人，分三路“扫荡”灵丘南山根据地。一路经大黄岭、口头向下寨进犯，一路经上、下石矾奔上寨而来，一路由大营经大兴庄进攻上寨。下午，三路日军合兵进占上寨。27日，又与下关援敌700余人配合猛攻上寨西南山。晋察冀第五军分区部队沿途袭敌，共毙伤敌300余人，粉碎了日军对灵丘南山根据地的“扫荡”。

印度援华医疗队来到晋察冀边区（4月） 4月，印度援华医疗队柯棣华大夫等一行从延安来到晋察冀边区。柯棣华在边区以白求恩为榜样，战斗了两年零八个月，并于1942年7月加入中国共产党。柯棣华任白求恩卫生学校附设的国际和平医院院长，为中国人民解放事业付出了巨大心血。1942年12月9日早晨6时15分，柯棣华大夫癫痫病发作，经抢救无效，不幸逝世。12月17日，晋察冀边区在万公村召开了追悼柯棣华的大会。12月30日，延安也召开了追悼大会，毛泽东写了悼词。

马仁兴率部开赴冀中（4月） 国民党军朱怀冰部第十四旅骑兵团团长马仁兴于4月14日率领全团官兵在河南林县举行起义，奔赴解放区。在八路军举行的欢迎大会上，马仁兴以骑兵团团长的名义，向全国发表了“反对内战，争取团结抗日”的通电，并即席发表演讲。会后，马仁兴率部开赴冀中敌后抗日根据地，被冀中军区授予东北抗日先遣团番号，后改称晋察冀军区骑兵第二团，

---

① 《晋察冀抗日根据地》史料丛书编审委员会、中央档案馆编：《晋察冀抗日根据地》第一册（文献选编上），中共党史资料出版社1989年版，第334—335页。

又称冀中骑兵团。马仁兴任团长，汪乃荣任政治委员，杨经国任政治处主任。之后，马仁兴率领这支铁骑驰骋于冀中、晋察冀、冀南、晋绥各地，采用机动灵活的战术，给日军以沉重打击，取得了一个又一个胜利。

5 月

北方分局召开会议研究讨论《抗敌报》、通讯社工作（5 月 4 日） 5 月 4 日，彭真主持召开北方分局会议，研究讨论《抗敌报》、通讯社等工作，邓拓、李常青、刘平、刘澜涛先后发言，彭真作结论。结论指出，《抗敌报》是党对晋察冀边区广大群众的领导机关报，过去党对《抗敌报》的注意不够。《抗敌报》带有狭隘的边区性，反映实际斗争不够，应加强各区党委与《抗敌报》的联系。会议决定成立分局党报委员会，由邓拓、刘澜涛、李常青、胡锡奎、杨耕田、张明远、黄敬组成，邓拓为书记。

冀东区粉碎日伪军反复“扫荡”（5 月 5 日至 6 月 10 日） 阎老湾会议后，中共冀东地方组织和八路军逐步开辟和扩大游击根据地，冀东游击区域有了很大发展。到 1940 年 6 月初，已经开辟出遵化县城北、遵化县和蓟县边界、迁安县境内滦河以北、丰（润）玉（田）遵（化）边界的鲁家峪、蓟县盘山、平谷县鱼子山、兴隆县雾灵山等多块、小块游击区。为了摧毁刚刚建立起来的东西两块抗日根据地，消灭抗日武装力量，从 5 月 5 日至 6 月 10 日，日伪军集中 4000 多人对冀东游击根据地进行“扫荡”。一路千余兵力，从迁安县和喜峰口出动，“扫荡”丰（润）滦（县）迁（安）地区。一路千余兵力，从遵化、玉田、丰润三县出动，“扫荡”丰（润）玉（田）遵（化）地区。在冀东西部地区，2000 多名日伪军“扫荡”蓟（县）平（谷）密（云）地区。与此同时，驻伪满地区的日伪军及驻伪蒙疆地区的日军也集结到长城线上，与华北方面日伪军相配合，对“满洲国”与冀东交界地区反复进行“讨伐”。八路军采取分散活动，绕至日军后方采取避强击弱、破坏交通等办法，顽强奋战。在反“扫荡”的紧要关头，陈群率领的八路军第十二团主力到达冀东，并即刻投入反“扫荡”斗争。在历时 37 天的反“扫荡”战斗中，八路军共与日军作战 47 次，毙伤日伪军 1500 余人，缴获机枪 2 挺、长短枪 400 余支，并争取伪满军一个中队反正，从而打击了侵略者的气焰，鼓舞了抗日军民的士气。

晋察冀边区行政委员会发出《掌握财政坚持预决算制度的指示》（5 月 13

日） 5月13日，晋察冀边区行政委员会发出《掌握财政坚持预决算制度的指示》，指出："抗战已经确定进入相持阶段，在这一阶段中，敌寇汉奸汪派的政治阴谋及大资产阶级投降派所导演的投降妥协活动，与敌寇对敌后必然进行更残酷的'扫荡'，造成我们财政物资的困难，这两者成为相持阶段的主要困难，这已是很明显的事。""掌握财政是政府工作中重要组成部分之一。""预决算制度，是建设财政制度中的一个基础制度，必须坚持。""建设财政，肃清浪费，争取财务行政的正规化，是民主政治的重要组成部分之一。"号召各级政府更进一步地掌握财政并坚持预决算制度。[①]

《抗敌报》社召开干部大会（5月18日） 5月18日，《抗敌报》社召开干部大会。彭真出席会议并作报告。彭真在报告中指出：《抗敌报》作为党报，是在政治上、精神上沟通党与群众的血管和纽带，是党在思想上、政治上与所有敌人——日寇、汉奸、汪派、顽固派、投降派作斗争的武器，是党在思想上、政治上团结广大群众，特别是革命的知识分子、青年的武器。其一般任务就是在政治上、精神上密切党与群众的联系。通讯社是党宣传机关的一种，它的任务与党报的任务是相同的。晋察冀通讯社是这个区域党报与群众中间的一个纽带。它把这个区域里各种斗争的现实，反映到党报上来，反映到全国，粉碎敌人的一切反动宣传。今后《抗敌报》的工作，在内容方面要加强党性，宣传党的理论和主张，使群众从报纸上了解党的一切主张；要把边区党政军民伟大的斗争，各种斗争的胜利、斗争的成绩，及其经验教训，及时反映到报纸上来，教育群众并供全国参考；要把广大群众对民主、民生、抗战各方面的意见以及与国家民族、人民生活有关的各种实际情况反映到报纸上来，使《抗敌报》不仅是我们党的机关报，而且成为边区1500万人民自己的报纸，代表大多数群众的利益，使党的主张成为群众自己的主张；要揭露敌寇、汉奸与反共派、投降派的一切破坏抗战、破坏团结、阻碍进步的各种罪恶，把他们的这些罪恶有计划地公布于全国人民面前。报告还指出，技术与政治是不能完全分开的，要用高度的政治积极性来进行技术改革，克服在写稿上、排印上、发行上的种种困难。同一天，彭真为《抗敌报》撰写《关于边区救灾运动与统一战线》的社论，

---

① 参见晋察冀边区财政经济史编写组、河北省档案馆、山西省档案馆编《抗日战争时期晋察冀边区财政经济史资料选编（财政金融编）》，南开大学出版社1984年版，第650—651页。

指出在晋察冀边区的救灾运动中，边区全体党政军民万众一心，克服困难，短短 5 个月时间就基本上完成了艰巨的救灾工作，安定了民生，稳定了边区的社会经济，保持了抗战的物力、财力和人民生活坚实的基础，坚定了边区人民坚持敌后抗战的必胜信心，沉重打击了敌寇、汉奸与反共投降派、顽固派内外呼应，企图破坏摧毁边区的阴谋。

北方分局会议讨论晋察冀边区实施宪政问题（5 月 19 日） 为了推进晋察冀边区民主宪政运动的开展，5 月 19 日，彭真主持召开了北方分局会议，讨论边区实施宪政等问题。在讨论召开边区宪政促进会第二次理事会时，彭真提出，要揭露国民党顽固派破坏边区和妨害救灾的罪行，并指出，只有巩固团结，反对反共，坚持进步，才能巩固边区统一战线，坚持边区抗战。彭真还就晋察冀边区国民党问题作结论发言，指出，对边区国民党的估计，既有部分的抗日分子，也有顽固地主、特务分子及汉奸投降派分子。边区国民党的前途，如大地主大资产阶级投降，则特务分子及顽固地主会投降；如全国国民党变质，则边区国民党可能成为公开的进步的。在边区，我们应扶持国民党中的进步分子成为一个派别，以隐蔽的灰色的面目出现。这是由于全国国民党的左派尚未组织起来。在各县调查出的国民党进步分子，可经过胡仁奎提拔为干部，同时把汉奸、顽固分子逐渐洗刷出去。原则上不能否认国民党在边区的合法存在地位。对边区国民党总的方针是推动、扶助其可能进步的进步；抵制其发展；争取中间势力与进步分子，孤立顽固派。但同时也要防止斗争中的“左”倾。会议决定边区宪政促进会在平西、冀中设立理事会分会，以研究如何深入农村工作。①

蔚县寺儿沟惨案（5 月 20 日、22 日） 寺儿沟地处蔚县东北山区，由东寺儿沟和西寺儿沟两个自然村组成。5 月 20 日黎明前，山浦一郎带领驻蔚县日军和从张家口调集的 1000 多名日伪军，包围了寺儿沟，集中炮火轰炸，随后进村。中共蔚县八区（桃花镇区）区委书记沈白日和村民分别藏匿在 5 个旧窑洞内，日军发现后，往窑洞投放毒瓦斯，中毒人员纷纷昏倒在洞内。在这次惨案中，寺儿沟被杀害 52 人。5 月 22 日，山浦一郎再次突袭寺儿沟，烧毁 583 间灰瓦房、粮食 1.7 万公斤，同时枪杀邻村武家嘴、南梁逃难群众 23 人。在两天时间内，日军共杀害群众 75 人，伤 50 人。

---

① 参见《彭真传》编写组编《彭真年谱》第一卷，中央文献出版社 2012 年版，第 158—159 页。

彭真就政权组织机构设置问题致电北方局并中共中央（5月22日） 为了推进晋察冀边区政治体制改革，彭真多次主持召开北方分局会议，讨论研究边区政权机构改革的原则、边区各级政权的组织机构和民主选举制度等问题，并及时向中共中央和北方局报告请示。5月22日，彭真致电北方局并中共中央，就晋察冀边区政权机构曾有过争论（与陕甘宁相同或无争论的未列）提出意见，即边区设参议会，县设议会，并设常驻机关；各级代表与议员选举按生产单位及行政区域（部队参加地方选举）依公民比例（优待少数民族）进行，选民有随时撤换所选代表之权；公民选举权及被选举权依陕甘宁规定，凡年满18岁男女均有选举权和被选举权（平等直接不记名投票）；各级政府执行机关由参议会、议会、代表会选出（不限于议员或代表）；参议会、代表会及政权执行机关均为民主集中制；选举时坚决执行中央“三三制”的一般规定，对反共顽固分子，用不选和洗刷的办法，不给予选举权、被选举权；发扬政权机关中与选举中大众的民主主义作风，坚决克服包办命令强制倾向。①

彭真就县议会职权和县政府组织机构问题致电北方局并中共中央（5月23日） 5月23日，彭真致电北方局、中共中央，就县议会职权及县政府组织问题提出意见：县议会有权选举，可罢免县长，监督县政府行动；议决县预算，审议县决算、县款收支及县政府所有财产经营处分事项；议决县举行法规及县政府兴革事项；划设民政、财政、教育、实业及其他专门委员会。县政府组织，除原有之民、财、教、实、司法五科，添设秘书室和地政科，秘书室设秘书一人，掌机要、记录、文件、印信；地政科掌土地调查、登记、测量、地税征收及有关地政租息事项。②

彭真针对村政权问题再次致电北方局并中共中央（5月24日） 5月24日，彭真致电北方局、中共中央，就村政权组织问题提出意见：过去设村代表会，公民每15人选代表1人组织之；由村民大会选举正、副村长各1人；代表会下设民政、财政、教育、建设和调解等5个委员会，由村代表推选，但不限于代表；村长下有闾长，财力、物力、人力动员，均通过邻闾长，以户口为单位进行。其缺点是正、副村长与村代表会平行，代表会无选举权与罢免正、副村长

① 参见《彭真传》编写组编《彭真年谱》第一卷，中央文献出版社2012年版，第159—160页。
② 参见《彭真传》编写组编《彭真年谱》第一卷，中央文献出版社2012年版，第160页。

之权；邻闾长一方面使村政权不能脱离封建家长制束缚，一方面使代表会不能发挥应有作用，甚或成为形式。为此，我们决定变更村政权组织机构；村代表设正、副主席各 1 人，对外称村长、副村长；各委员会由代表会组织，主任委员必须是代表，其他委员不限于代表；由村长、副村长共任主任委员及自由编组成村政会议（实际就是村执行委员会）；取消邻闾制、保甲制、牌户制、闾长制，但仍保存闾的名义。每个闾的公民 15 人自由编组，推选 1 名代表，每闾设 1 名代表主任，原人力动员及一切工作，均以闾为单位经过代表会及公民进行之。物力、财力动员由代表主任与代表仍按户口进行。①

晋察冀边区各界宪政促进会第二次理事会召开（5 月 25 日至 26 日）　5 月 25 日，晋察冀边区各界宪政促进会第二次理事会召开，历时两天。彭真在会上作了《实施宪政与争取时局好转》的报告，指出，实施宪政，是克服投降危机，彻底战胜日寇的决定性条件。只有真正实施宪政，给人民以抗日救国的绝对自由，民选各级政府，建立抗日民族统一战线的抗日民主政权，对汉奸反动派施以无情的专政，才能同时也必能彻底克服投降危机，争取时局好转。报告提出边区应从两方面来促成宪政的实现，第一，促成全国真正民主的国民大会的召开和建立，以决定宪政实施的根本大计，以自上而下地推行全国宪政；第二，进一步彻底改革边区各级政权机构，使之成为健全的模范的抗日民主政权，建立新民主主义共和国的模范的地方政府，奠定实施宪政的下层基础，以自下而上地促进全国宪政。关于在边区实施宪政的原则、办法，报告提出，边区政权机构改革的原则，应根据民主选举的原则及边区实际抗战需要和战争环境确定；各级民意机关和政府执行机关组织的原则都应是民主集中制；边区各级政权的民意机关，应该是全权的民主的民意机关，而执行机关应服从各级的民意机关；县以上应设全权的民意机关，而村级政权的机构把"政权""治权"很好地结合起来，把村长制和代表会有机地结合成统一体；宪政的实施应以公民为单位，不应以户口为单位；政权机构改革应以适合残酷抗战环境，使人民容易行使其民主权利，又能提高行政效率满足抗战需要为着眼点；应该实行平等的直接的普遍的无记名投票的民主选举制，即真正给予民众以民主权利的民主选举制。少数民族同胞的选举权和被选举权应该特别规定，不应机械地按公民人数作比

① 参见《彭真传》编写组编《彭真年谱》第一卷，中央文献出版社 2012 年版，第 160—161 页。

例。游击区，应用一切努力帮助少数民族同胞派出代表出席国民大会。此外，必须争取青年和妇女选派代表出席国民大会的权利。这个报告分析了抗战形势，阐明了实施真正的民主宪政的重大意义和基本要求，提出了晋察冀边区实施民主宪政的方针和措施。①

晋察冀边区七大代表团遭敌袭击（5 月 26 日） 北方分局和晋察冀军区及时向所属各个军区、分区、地委、行署等党政军领导通报党中央筹备七大的情况，并部署各大单位选举代表。经过广泛征求意见和民主选举，参加党的七大的代表基本确定。为了保证边区七大代表团的安全，对外称东进支队，陈伯钧为队长，孟庆山为参谋长，舒同为政治委员。5 月，各单位人员陆续穿过封锁线来到阜平，共 140 余人。5 月底，东进支队从阜平出发，经过长城岭、石咀、耿镇、北高洪口，翻越五台山，进入游击区，接近敌占区。在赴延安途中通过同蒲路时，遭敌袭击，冀中区党委副书记兼民运部长鲁贲牺牲，吴健民、陈洪、许先 3 人不详。我军损失考察团全部代表鉴定表、杜理卿给中央案件 2 包、李华生考察材料 1 包及边区代表团鉴定表、边区给中央的密码和彭真给中央信件等重要文件。后到达八路军一二〇师驻地——晋西北的娄底村，边休息边整顿边等候、寻找失散的同志。6 月初，晋察冀边区七大代表团到达延安的瓦窑堡。

北方分局召开会议讨论边区实施民主宪政的原则问题（5 月 28 日） 5 月 28 日，彭真主持北方分局会议，讨论晋察冀边区实施民主宪政的原则问题。他指出，要适当地划分组织法、选举法、选举细则、议事细则，目前要确定的是选举法和组织法。公民资格的认定应加上不分阶级、党派、信仰。经晋察冀边区行政委员会“褫夺公权”一节，只是条文上如何写的问题，这必定要有明白规定，而仍以经边区各级政府规定为好。直接选举用于各级民意机关，间接选举用于各级行政机关，应明确规定。选举、罢免、创制、复决四权，公民直接行使的是选举、罢免两权，创制、复决权间接行使。针对选举中的各种具体问题，彭真指出，游击区机动执行，晋察冀边区行政委员会聘请十分之一以下的名流及其他抗日团体分子。抗日团体须经县以上群众团体两个以上，或部队团以上，或政府两个以上的证明。少数民族代表，蒙、藏、满各一，回民以人数比例实行之，较小于平常的比例。常驻机关带有监察性质，不是一个代表参议

① 参见《彭真传》编写组编《彭真年谱》第一卷，中央文献出版社 2012 年版，第 158—162 页。

会的，它的任务还仅是监督，召集临时会，处理日常事务。会议的召开，须经过常驻机关的决定，五分之一的议员的联名提议，县长或边区行政委员会的提议；或经常驻机关决定，五分之一的县参议会的联合提议，十分之一以上的人民的联合提议，各种委员会向县政府有建议之权。会议还对候选人名单的产生等问题提出了具体方针、办法。①

晋察冀边区行政委员会颁布禁止法币白银外流的规定（5 月） 5 月，晋察冀边区行政委员会颁布《为禁止法币白银外流规定办法》，指出："（一）白银绝对禁止流通，公然行使，私相授受者，一经查获，全部没收，其欲自行保存或向银行政府机关兑换者听之；（二）白银绝对禁止出境，携经敌区或敌人据点者，一经查获，全部没收并以汉奸治罪；（三）法币不得携往敌区，违者一经查获，全部没收，其有必要用途者，须向县以上各级政府领取执照证明；（四）法币行使必须向银行政府机关兑换边币，违者一经查获，一律没收一半；（五）敌区汇票，各行伪钞杂钞，伪中央或中国银行新钞，一律不准流入，违者一经查获，全部没收，并以汉奸治罪，民商之持有伪钞汇票者，限布告到达十五日内，一律设法用出，过期查获，以汉奸治罪；（六）查获以上各项违禁物者，得于没收全额内提奖 20%；（七）查获以上各项违禁物，经交县区政府处理，私行处分者，酌量情节治罪；（八）借故敲诈者，应受到刑事处分。"

冀中军区后勤部成立（5 月） 5 月，冀中军区前方供给部与后方供给部在河北省定县清醒村合并，成立冀中军区后勤部，王文波任部长，于斌任政治委员，封永顺任供给部长，顾正钧任卫生部长。原军区卫生部卫生教导队与供给、青年两个教导队合编为供卫青联合学校（简称"联校"），谢健任总队长，王育荣任教务主任。"联校"下设军医、调剂、护士 3 个队，军医班（期）训练时间为 1 年，调剂班（期）为 4 个月，护士班（期）为 3 个月。至 1943 年 1 月联校结束前，共训练军医、司药、护士 527 人。

6 月

冀中军民武装保卫麦收战役（6 月 1 日至 25 日） 春季反"扫荡"结束后，冀中进入麦熟季节。为保卫群众麦收，彻底粉碎敌人的抢麦阴谋计划，冀中区

① 参见《彭真传》编写组编《彭真年谱》第一卷，中央文献出版社 2012 年版，第 162—163 页。

党委、行署和冀中军区于 1940 年 5 月发出武装保卫麦收的指示，要求各级党政组织领导群众快收快藏，部队和民兵积极活动，封锁据点，破敌交通，以袭击、伏击、反合击等战术，打击抢麦之敌，保卫麦收。6 月 1 日，聂荣臻同聂鹤亭、唐延杰等发布关于武装保卫麦收的训令，指出，粉碎敌人企图，保障军民给养，彻底完成保护麦收的任务，充分准备和坚决迎接这一激烈而残酷的斗争，并争取这一斗争的完全胜利，是全军最紧急的战斗任务。训令要求全体军区部队，立即广泛深入地动员起来，为完成保护麦收的巨大任务而斗争，粉碎鬼子破坏麦收的阴谋诡计，粉碎鬼子"以战养战"的毒辣政策，不准鬼子抢我们的粮食，不让鬼子抢去一粒麦子。训令还规定，不仅出动一部兵力，必要时需出动主力。在情况许可下，将内线的部队机关尽量外移，以便更大规模地参加麦收工作。此后，冀中区党政军民掀起了护麦高潮。自 6 月 1 日至 25 日，各部队与县区游击队相配合共作战 43 次，毙伤日伪军 570 余人，攻克据点 9 个，粉碎了敌人的抢麦计划。

* **康庄伏击战（6 月 2 日）**　5 月下旬，衡水安家村之敌频频出动，四处骚扰民众，民众惶惶不安，对麦收危害极大。活动于冀中地区的冀中军区回民支队一部决心打击出扰之敌。6 月 2 日晨，第一中队袭击安家村据点，诱衡水之敌出援；第二、第五、第六中队及特务大队一部，在衡水县游击大队的配合下，分别设伏于东西康庄、南漳桥、白庙、北漳桥、杨家庄等地。12 时许，衡水据点日伪军 40 余人出援，在康家庄以北全部被歼。这是冀中八路军一次出色的伏击歼灭战。

* **张庄反合击战（6 月 6 日）**　6 月 6 日 9 时，日伪军 500 余人由永清县韩村、杏马房、王希城等据点出动，向永清东北之张庄进犯，企图消灭驻在该村掩护群众麦收的第五军分区第二十七团。全团依托村落打击进犯之敌，顽强阻击，激战数小时，毙伤敌 100 余人，30 余名伪军被打死，10 名日军投降，敌人受到重创后，随之撤退。

* **献县西尹官村和召市伏击战（6 月 7 日、20 日）**　6 月 6 日夜，冀中军区第三军分区第二十三团两个营，秘密进至献县张枝头、西尹官一带，准备以诱伏战术消灭西大章据点之敌。7 日晨，八路军以 10 人的便衣队至西大章据点附近活动，诱敌出动。果然敌百余人向便衣队追击，追至西尹官村附近时，被设伏部队三面夹击，伤亡 30 余人，狼狈逃走。八路军缴获重击枪 1 挺、步枪 10 余

支。6 月 20 日，献县豆店据点之敌 90 余人到召市一带抢麦，二十三团事前已得情报，在召市设下伏兵，当敌进入伏击圈后，一阵猛打将敌歼灭。接着攻克了豆店据点，后又逼退了辰进、许司马据点，挫败了日军的抢粮行动。

***偷袭榆科伪军据点（6 月 7 日）** 榆科位于深县至衡水的公路上，距深县 4 公里。此处伪军经常骚扰群众，抢夺财物。5 月初，伪军即准备麻袋、苇席，计划抢麦。活动于该地区的回民支队，决定拔除此据点，保卫麦收。回民支队遂挑选了 40 余名班排长，利用缴获的日军军服，化装成日军讨伐队，在支队政治部主任丁铁石指挥下，于 6 月 7 日直奔深县榆科据点，乘伪军列队欢迎之机投入战斗，当场毙敌 20 余人，俘敌 30 余人，缴获步枪 30 余支，使敌抢粮计划破产。

***晋县留章伏击战（6 月 13 日）** 6 月 13 日，晋县小樵镇日伪军 70 人经留章到庞村抢麦。第二军分区第十七团估计敌将原路返回，遂以 2 个连占领留章断敌归路，1 个连位于陈家庄待机歼敌，1 个连进至渝滩阻击小樵可能增援之敌。下午，敌人由庞村抢麦 10 余辆马车后原路返回，行至留章遭十七团痛击，经 1 小时激战，除 8 人逃跑外，其余全部被歼，十七团夺回了被抢的小麦。

李楚离、曾克林率部返回冀东（6 月 10 日） 6 月 10 日，李楚离、曾克林率第十二团主力和单德贵支队由平西军响村出发返回冀东，中途在十三陵与日军遭遇。激战 1 日，李楚离负伤。曾克林率队伍于 6 月 19 日抵蓟县盘山塔院村，与包森、李子光会合。同来的还有焦若愚、苏林彦和在中共中央北方分局党校受训的 50 多名地方干部，并带来 1 部电台。从此，冀东与平西挺进军和平北地区以及冀东西部和中部之间有了无线电通讯联络。

冀中回民支队粉碎日军对深南的“扫荡”（6 月中旬） 6 月中旬，日军对深南（深县南部）地区开始了为期 52 天的大“扫荡”，妄图将回民支队一举歼灭或挤出深南地区。回民支队在反“扫荡”作战中，在护驾池村遭敌数路围攻。在一个排的兵力掩护下，回民支队主力从距敌左翼 3 里多的地方转到了敌人开始“扫荡”的出发地，没受任何损失。6 月 18 日，回民支队一部，在深南地区魏家桥南堤上设伏，全歼从黄龙据点出犯的日伪军 15 人，缴获轻机枪 1 挺、掷弹筒 1 具、步枪 10 支、子弹 400 余发。

冀中区军民发起青纱帐战役（6 月 25 日至 8 月 10 日） 麦收过后，青纱帐起，阴雨绵绵，冀中军区部队抓住有利战机，发起青纱帐战役。重点在博野、蠡县、清苑、安新、高阳、肃宁、河间、献县、青县等地区，向日伪军发动进攻。自6月25日起，冀中第八军分区第二十三团和南进支队第十六团，指向献县、河间、饶阳中间地区，连战3日，攻克大章、刘路、北风等据点，毙伤日伪军160余人，缴获长短枪百余支、军马20匹。29日，第一军分区部队转移兵力伏击来援日军，歼其一部；7月中旬，利用青纱帐在深县以西地区设伏，歼日伪军一部。与此同时，第三军分区部队袭击饶阳地区之圣水据点，歼灭日伪军数百人；第五军分区部队袭击霸县地区之陶家郐据点，歼灭日伪军百余人。下旬，地方武装积极袭扰敌人，破坏交通，打击小股敌人，掩护地方干部恢复和整理被敌人摧毁的工作。到8月10日，冀中军民共作战146次，毙伤日伪军2600余人，俘虏伪军500余人，破坏公路160余里，攻克和逼退了一些日伪据点，部分地区恢复与扩大了冀中抗日根据地。

***攻克刘路、大章、北风三据点（6月26日至27日）** 为打开河间、献县、饶阳地区局面，八路军冀中军区第三军分区指挥第十六团、第二十三团进攻河间、献县之间的刘路、大章和北风据点。6月26日夜，第十六团以1个营袭击大章据点，1个营伏击参军镇的援敌；第二十三团以1个营袭击刘路据点，1个营警戒北风、商家林，相机占领北风据点。午夜，战斗开始，袭击刘路的部队，迅速将敌包围，首先捕捉了敌哨兵，然后乘机袭入敌住室，敌从梦中惊醒，仓促应战，仅半小时，我军部队即将敌大部歼灭。此时，一小股日军凭借工事顽抗，部队集中兵力向其猛攻，激战1小时将其全歼。27日7时，商家林、北风之敌出动增援，被阻援部队击溃，窜回商家林，冀中部队乘势攻占了北风。袭击大章据点的部队，战斗开始后，几次冲击均未奏效，敌3次突围亦未得逞，战至27日拂晓，敌伤亡累累，而冀中部队越战越勇，集中火力从南面打开缺口，一举将敌歼灭。此战，共毙伤日伪军100余人，俘伪公安局长、维持会长以下军政人员60余人，缴获轻机枪2挺、步枪100余支、战马20匹、其他军用品1部。

***巧取张登碉堡** 张登位于唐河北岸保定至蠡县的公路上，桥南碉堡驻伪军1个班，该班伪军濮顺之已经发展为内线关系，青纱帐战役期间，冀中部队与内线约定消灭该碉堡之敌。在约定的时间，第四军分区敌工科副科长徐英等7人携带手枪、手榴弹、煤油、火柴等物品直奔该碉堡，当内线濮顺之在楼顶发出讯号时，即迅速冲入，将敌挂在墙上的枪支、子弹一一收缴，全部伪军当了俘

虏，部队将敌人碉堡烧毁后撤走。

***雨夜奔袭大马圈据点（7 月 28 日）** 大马圈位于晋县南 20 公里，驻伪军 1 个中队。7 月 28 日夜，第二军分区第十七团二营从 20 公里外冒雨奔袭该据点，据点内伪军以为附近无八路军，天又下大雨，毫无戒备。当二营突然降临，伪军完全惊呆，光着身子乱钻乱窜，在“交枪不杀”的喊声中，80 多名伪军全部当了俘虏，二营缴轻机枪 1 挺、步枪 50 余支。

***安（国）定（县）公路两次伏击（7 月）** 7 月上旬的一天，第二军分区二十二团侦察得知，安国县城日军向大五女据点运送物资，当即决定第一营在张村村南安（国）定（县）公路上伏击。上午 9 时，日军两辆汽车从安国开来，当第一辆汽车进入伏击圈后遭地雷爆炸，一营立即冲上前去，经 3 分钟战斗，除 1 名日军逃脱外，其余 20 名日军被全歼，一营缴获步枪 20 余支。第二辆汽车的日军见第一辆车遭伏击，跳下车进攻，均被击退。半个月后，该团又侦察得知，定县日军去东亭据点，决定再次于南角羊村村南的安定公路上设伏。80 余名日军分乘 3 辆汽车由定县开来，当第一辆汽车栽入挖好的陷坑时，部队猛扑上去，除 2 名日军逃跑外，其余 25 名日军被全歼，部队缴长短枪 20 余支、掷弹筒 1 具。

彭真在北方分局青委干部会议上作结论报告（6 月 29 日） 6 月 29 日，彭真在北方分局青委干部会议上作结论报告。他指出，青委书记应当成为党委常委之一，以加强对青委领导和青委本身工作。青委书记不能任常委时，由常委 1 人兼书记。青委不属于民运部，但属于党的常委。青委负责同志参加公开工作，下级青年干部可参加上级青委。人民武装委员会是自卫队、妇女队、青抗先等统一的领导机关，实行统一的武装指挥，统一的合理的勤务分配及统一的军事训练计划，人民武装委员会设自卫队部、模范队部、青年队部、妇女队部。各个队应保有组织上的独立性。各级可组织文救会，现在的社、剧等协会不一定在下级发展组织，其可成立团体，作为文救会的团体会员。文救会是文化人的组织，其任务是广泛开展群众的文化运动。剧团、歌咏团等仍照原来的团体建制。边区统一战线有基础，工、农、青、妇是统一战线的基干。青年工作的任务是组织全边区全体青年，以工农为基干，争取一切青年到青救会中来，用马列主义、民主精神、民族主义去教育激励他们。[①]

平北机构调整（6月） 6月，冀热察挺进军派遣程世才、段苏权率领主力部队第七团进入平北，扩大根据地。至7月，建立了平北军分区、中共平北地委和平北办事处（不久改为专署），程世才兼任军分区司令员（不久程世才回平西，由覃国翰继任），段苏权任政治部主任（后任政治委员），苏梅代理地委书记，张季樵（张致祥）任平北办事处主任。

冀中党政军领导机关由平汉路西返回冀中（6月） 6月，冀中党政军领导机关由平汉路西返回冀中，冀中区党委在定南县李亲顾村召开地委书记联席会议，研究确定青纱帐期间冀中平原的对敌斗争方针和工作任务。同时，冀中行署在徐达本副主任主持下，在定南县李亲顾村召开专员联席会议，总结政权工作，部署冀中的民主选举运动及财政文教工作。冀中区工、农、青、妇各群众团体，也在定南地区分别召开代表大会，研究今后进一步深入群众工作问题，决定进一步扩大和健全各级群众组织，积极参加民主宪政运动，正确贯彻抗日民族统一战线政策。

冀中向北岳山区运粮（1940年6月至1941年4月） 冀中平原与北岳区唇齿相依，在根据地建设和对敌斗争中互相支援，密切配合。冀中军队到北岳区整训，转移到北岳区休整，冀中对北岳山区提供粮食支援。1940年，北岳区遭灾，粮食歉收，为解决北岳区粮食困难，冀中区组织广大民兵和群众，在武装部队掩护下，采用车拉、马驮、人背的方式，冲破敌人封锁向北岳区运粮。运粮分南北两段进行，北段在保定以北，由十一专署负责组织实施，第十军分区第二十九团两个营担负掩护任务，运输人员由新城、固安、霸县的民兵自卫队轮流担任。因敌人在保定以北的平汉铁路两侧挖有封锁沟，故只能采取人背的方式运粮，每次1000余人，自带口粮，每人背粮15公斤，往返一次110公里。每次运粮都是傍晚出发，夜半过平汉铁路封锁沟，拂晓到达房山、涿县、涞水山区根据地。次日休息，晚上再返回。南段在保定以南，由八专署负责组织实施，第七军分区的一个营担负掩护任务，采用车拉的方式向北岳山区运粮。后来敌人在平汉铁路挖了封锁沟，就改用人背的方式。至1941年4月，共运粮1900万斤。1940年6月至10月，共动员大车14 379辆，政府购买大车250辆，

---

① 参见《彭真传》编写组编《彭真年谱》第一卷，中央文献出版社2012年版，第163—164页。

牲口200多头，过铁路用大车4945辆，运粮1100万斤。1940年11月至1941年4月，因日军筑深沟高墙，大车不能通过，改由群众背运，运粮群众达62万人次，运粮800万斤。因日军截击，运粮民兵和群众牺牲160多人，损失大车300多辆、牲口200多头。冀中向北岳山区运粮，不仅动用巨大的人力和物力，而且要有复杂的组织工作，还付出了流血的代价，这是冀中军民支援兄弟抗日根据地的一个重大贡献。

雁北军民反封锁斗争（6月） 日军自春季以来，在浑源、广灵、灵丘公路干线沿线及抢风岭、泽清岭等公路要口修筑据点、碉堡34个（座），并大量增派兵力，企图封锁、分割东雁北根据地。雁北抗日军民开展反分割、反封锁斗争，广大民兵先后出动15次，割敌电线1000余斤，破路7.5公里，并经常在公路沿线袭扰小股日伪军，有效地打击了敌人的军事封锁和经济封锁。

7月

北方分局召开纪念中国共产党成立19周年大会（7月1日） 正值晋察冀边区开展民主选举运动时，迎来了中国共产党成立19周年纪念日。7月1日、2日，中共中央北方分局在唐县和家庄举行纪念大会。彭真、聂荣臻分别作了长篇报告。彭真在《为晋察冀边区建设成模范抗日根据地而斗争》的报告中回顾了中国共产党19年来的历史，指出中国共产党是真正的坚决革命的政党，在中国没有任何政党能够和我们党相比较。我们党有着科学的马列主义，有着很大数量的军队，纵横在华北与大江南北的抗日战场上，与华北敌兵进行着顽强的残酷的斗争。我们党有着布尔什维克的中央和领袖，有着全世界闻名的全国人民所爱戴的伟大领袖毛泽东。彭真还总结了共产党在晋察冀边区创建抗日根据地的成就和经验，指出，“边区党已经成为党中央和北方局所确认的模范的地方党之一。”“党在这一根据地不但创造了强大的党，组织了广大的群众，建立了政权，而且党正在改造着旧社会，创造一个新民主主义的社会。”他要求每一名干部及党员为使边区成为抗日根据地，特别是使之成为强固持久的革命根据地而努力。聂荣臻出席会议并讲话，指出，要正确掌握统一战线政策，保持八路军组织上政治上的独立性；党员要军事化，因为中国的革命主要是武装斗争；党员要进一步布尔什维克化，坚决为完成建党、建军、建政三大任务而奋斗。

晋察冀边区行政委员会发出推广纺纱机的指示（7月1日） 晋察冀边区行

政委员会实业处于 7 月 1 日发出《推广纺纱机解决土布的经线问题》的指示，指出，边区在冀西特别是在冀中，是素以纺织工业闻名的，虽然抗战以来，边区纺织工业大为跌落，但就目前来说，冀西的布仍占输出的大宗，此项工业品和晋东北雁北的粮食的调剂与交换，在边区贸易上仍占重要的位置。我们已有办法用土纱代替洋纱，同时，要训练大批纺织干部与工人。纺织工业应当成为目前边区经济建设首先是工业建设上重要的一环，这一工作到今年冬底，应该打下相当的基础。我们当前工作的方针与目标，就是推广使用改造的纺纱机，制止棉花落入敌手，大量纺出适作经线的土纱，以代替洋纱，大量织成土布以杜绝洋布，力求纺织工业的自给自足与自力更生，我们要为开展土纱土布，根绝洋纱洋布而斗争！

冀东专署建立（7 月 4 日） 7 月 4 日，晋察冀边区行政委员会第十三行政督察专员公署（以下简称冀东专署）建立，焦若愚任专员。专署内部设民政科、财政科、人民武装部、秘书科。冀东专署在冀东东部设东部办事处，丁振军为主任，代表专署领导东部地区政权工作。

抗战三周年晋察冀边区抗日根据地概况（7 月 7 日） 7 月 7 日，《抗敌报》公布抗战三周年晋察冀边区抗日根据地，已包括 70 余县的 1500 万人口，共产党员达 17 万余人，主力兵团和地方武装近 10 万人，民兵和游击小组已发展至 50 余万人。晋察冀八路军，三年中作战 2206 次，毙伤日伪军 52 379 人，俘虏日军 256 人，俘虏伪军 4809 人。缴获步马枪 12 298 支、短枪 1231 支、轻重机枪 266 挺、各种火炮 43 门。日伪军投诚 5844 人。同一天，晋察冀边区第一专区各界召开抗战三周年纪念大会。

聂荣臻关于开展平北冀热边区游击战争致电萧克（7 月 10 日） 7 月 10 日，聂荣臻致电萧克："开展平北冀热边区之游击战争，创立此边区之游击根据地，必须认清是个长期艰苦的过程。因为敌人已经有痛苦的教训，不会让我们的武装及一切抗日力量在其后方轻易生长起来。但同时因敌兵力不足，为敌不能解除之弱点，经常表现在敌占广大地区，固守据点，需增加兵力时，得从各据点抽调，此随时给我以可乘之机。同时又必须警觉，当我们在赶到某地开展工作时，不要过于乐观，以为马上就可以成为根据地。当敌增兵压迫此区时，或者情况不明，轻易将主力投入战斗，是不妥当的。因此，我们的干部，我们的游击队和我们的领导，都应十分认真地考虑，要采取绝对有把握而又有特性的斗争方式。不仅新地区之游击战是如此，即在基本根据地，如冀中及晋东北，在敌人据点间亦同此精神。只有如此，才能坚持与锻炼出来。”①

晋察冀军区在唐县娘子神召开高级干部会议（7月13日） 为了进一步加强军区正规军建设，坚持敌后持久抗战，根据中央指示，晋察冀军区于7月13日至7月底在唐县娘子神召开高级干部会议。在会上，彭真作了《目前政治形势》的报告，聂荣臻作了《关于军事问题》的报告，政治部副主任朱良才作了《政治工作问题》的报告，吕正操作了《坚持平原游击战争战术问题》的报告。会议经过热烈讨论，总结了抗战三年来边区的军事建设工作，确定了今后对敌斗争的方针和任务。与会各军区司令员、政治委员对上述报告进行了热烈讨论，最后由聂荣臻作总结报告。会议至月底结束。

13日至15日，彭真在会议上作了《目前政治形势》的长篇报告。他在报告中分析了国内国际形势、中国社会与中国革命的性质，阐述了边区的各种基本政策。他指出，在边区，我们正在创造着一个新社会。地主和农民在社会地位上平等了，妇女、儿童、青年得到了解放，社会地位大大提高了，工人和资本家的关系也在改变着，家庭的关系在发生着变化，社会思想和生活同样在普遍地改变着。这一切说明，抗战与整个新民主主义的革命是直接联系着的。

17日至18日，聂荣臻在会议上作了《关于军事问题》的报告。报告共分四大部分：（一）战争的形势与我们的任务；（二）我们在敌后抗战的经过及经验教训；（三）关于军队的建设问题；（四）关于作战指导及战术的运用问题。他指出，晋察冀的抗战斗争实践证明，中央决定八路军开赴敌后，在华北坚持游击战，以坚定全国抗战的信心，是军事远见与正确的战略方针。他在分析了目前的斗争形势及有利条件后，提出今后的任务：以交通战为主要斗争形式，吸引住敌人；同时警惕反共顽固派的夹击，以巩固根据地，支持全国长期抗战。他对军区成立以来军事斗争的经验与教训进行了总结，认为武装斗争必须与建立政权、进行经济与文化斗争相结合；要有正确的敌占区政策；要与地方党密切配合；争取改造各种杂色武装；平原与山地互相支持，平原向山地提供人力物力，又依托山地坚持斗争；整训游击队，逐步成为主力军；建立机动灵活的地方武装，深入敌后开展游击战争；“边区子弟兵”的口号有重大政治意义，使

① 周均伦主编：《聂荣臻年谱》，人民出版社1999年版，第306页。

军政民血肉相连，成为不可战胜的力量；建立民兵及抗日青年先锋队是扩军的最好来源；战术上坚持基本的游击战，但抓住敌深入或退却的一路，也可集中主力打歼灭战。关于今后战争领导问题，他提出以下意见：强调统一，反对各自为政，又要发扬独立作战的精神；密切协同；广泛破坏交通，以打破敌人的“囚笼政策”；主力部署于机动位置，策应各方作战；加强对游击队的教育训练，能灵活坚韧地战斗；多用伏击战和袭击战；加强侦察警戒；在内线作战，开始集中兵力打敌一路，待敌合击圈缩小时，相机转至外线，打敌侧背。

会议最后，聂荣臻作了总结报告。他在总结报告中指出，估计敌人进攻边区屡遭失败之后，会更加强调分散守备，采取推广据点（日军已在边区构筑了690个据点，其中北岳区206个，冀中区432个，平西52个），修筑公路，实行分割封锁等手段，妄图压缩和消灭抗日根据地。因此，必须要加强战略区的统一领导与各个区域独立战斗的精神，要互相支援，避免被敌各个击破。在作战手段上，要多采取伏击、袭击等战术，事先准备，动作果敢，速战速决。在指挥上要灵活机动，能打就打，打不了就走，走是为了寻找更好的时机打击敌人。会议还对部队建设、改善管理教育、加强指挥机关的工作等问题，提出了明确的要求。

这次会议，是晋察冀军区创建以来一次具有重大历史意义的会议，对部队总结交流军区创建以来部队建设经验，提高高级干部的政治思想水平，进一步加强部队正规化建设，加强对敌斗争，具有重大意义。

晋察冀边区开展大规模的民主选举运动（7月15日至10月） 做好各级选举的一切准备工作后，晋察冀边区从7月15日至7月底，完成了区代表会和区长的民主选举。区选是边区这次民主选举运动的基础，它的成功与失败，对于整个选举运动有决定的意义。其主要任务就是进一步改造原有的区政会议，使之成为真正的区民代表会。边委会总结和推广了灵寿、井陉两县的区选举经验，边区各地在区选中，呈现出热烈的竞选场面。按照边区暂行选举条例的规定，区代表会的代表以村为单位选举，200个公民以下的村选区代表1人，200个公民以上的村，每增加300人，增选区代表1人。《晋察冀边区暂行选举条例》指出，各抗日党派、群众团体、工厂、兵营、学校及公民自由组合，均得提出候选名单，在不妨害选举秩序下，自由竞选。边区各地的区代表候选人，有的是公民组合联名提出的，有的是个人挺身自荐的，更多的是机关、团体或党派推举的。他们或在竞选会上自由地公布竞选纲领，发表演说，或由团体组织宣传队到街头，进行竞选宣传演出，有的则进行个别的鼓动工作。同时，选民对候选人公开地进行批评或赞扬，民主生活大为活跃。到 7 月底，边区各地均选出了区代表会和区长，圆满地完成了区选任务。

从 8 月初到 8 月底，完成了县选和国民大会代表的选举。当时，正值百团大战前后，虽然边区各地的战斗和抗战勤务都相当紧张，但由于组织到位，使选举与参战紧密结合，参加县选的选民数量反而超过了区选，除参加抗战勤务和个别特殊情况外，几乎全体选民都参加了县选。县议会的选举以区为单位进行，2 万个公民以下的县，选举县议员 20 名；2 万个公民以上的县，每增加 2500 人，增选县议员 1 名。国民大会代表规定每县选举 1 人，边区各职业团体也规定了代表名额。在县选的高潮中，中共中央北方分局和边区国民党党部同时在边区《抗敌报》上公布了《施政纲领》和《竞选纲领》。中共中央北方分局《关于晋察冀边区目前施政纲领》的公布，解决了边区各阶级各阶层人士亟待回答的问题，不仅成为边区共产党的行动纲领，而且很快成为全边区人民共同的行动纲领，保证了这次民主选举的顺利完成。

边区从 9 月到 10 月，选举边区参议员。从 9 月开始，以县为单位，3 万人以下的县，选举参议员 2 人；3 万人以上的县，每增加 3 万人，增选参议员 1 人；沦陷区的县、市，不能进行选举者，由边委会聘请参议员；边区各职业团体、少数民族、正规部队，均以单位选举参议员。到 9 月底 10 月初，边区各地都选出了边区参议员和出席国民大会的代表，全边区民主选举运动基本结束。由于百团大战第三阶段正在进行，晋察冀边区开始了激烈的反“扫荡”战役，边区参议会未能及时召集。但至此，边区大规模的民主选举运动已取得了基本的胜利。

晋察冀边区这次民主选举运动，是一次广大人民群众参加的革命运动，在边区造成了空前的民主热潮，其发动群众之广泛深入，以及广大群众对选举所表现出来的空前热情，都是历史上前所未有的。边区建立健全了立法与行政统一的新民主主义政权组织机构和一套正规的民主政治制度，边区各级政权更加成为团结和组织人民，坚持敌后根据地斗争的有力武器。1940 年 11 月 10 日，中共中央当时的机关报《新中华报》发表了题为《晋察冀边区民主建设的新胜利》的社论，指出，晋察冀边区这次民主选举运动，其成就是伟大的，其在政治上的意义是极为重大的。它奠定了彻底实现新民主主义政治，更加巩固和发展晋察冀边区坚持敌后抗战的坚实基础。这一选举运动的经验，应成为全国首先是其他敌后抗日根据地，在民主建设上宝贵的参考和借鉴。

***晋察冀边区选举委员会冀中办事处成立（7月20日）** 7月20日，晋察冀边区选举委员会冀中办事处成立。吕正操、徐达本、黄敬、高持真、孙志远、孙毅、周克刚、郑靠山、周续辉、韩朝新、马玉槐、路一等人当选为执委，吕正操为委员长，徐达本、周克刚为副委员长。随后，县、区、村各级政府委员会相继成立，冀中民主运动全面展开。到10月15日，冀中平原村、区、县都成立了村、区代表会和县议会，新选出村长、区长、县长，并选出了出席边区参议会的参议员。自此，村、区代表会和县议会成为各级政府的最高权力机关。全区民主选举运动的胜利完成，进一步巩固扩大了抗日民族统一战线，冀中抗日根据地空前巩固。

谋划部署百团大战（7月22日） 为打击日军对华北抗日根据地的“治安肃正”和“囚笼政策”，破坏日军进攻西安的计划，截断正太路交通线，克服国民党内部部分人对日妥协投降的危险，争取时局好转，7月22日，八路军总部向晋察冀军区和第一二〇、第一二九师下达《关于大举破击正太路战役的预备命令》，并报中央军委。文件简要地分析1940年夏季的中国抗战形势，明确提出发动此战役的目的是彻底破坏正太线若干要隘，消灭部分敌人，收复若干重要名胜关隘据点，较长期截断该线交通。要求各部队对其他各重要铁路线，特别是平汉、同蒲等铁路组织有计划的总破袭，配合正太铁道战役的成功。7月29日朱德、左权又作出《关于扩大正太战役战果的军事部署》，指出，正太战役兵团今后行动的方针，主要是打击敌增援部队和不放弃继续破路，并要求晋察冀军区部队集结主力于阳泉、井陉段以北的适当地点。8月8日，八路军总部再次发布破击正太路“战役行动命令”。命令规定，晋察冀军区主力约10个团，破坏平定（平定不含）东至石家庄段正太线，破坏重点应在娘子关至平定段。对北宁线、德州以北的津浦线、德石路、沧石路、沧保路，特别是元氏以北至卢沟桥段的平汉线，应同时分派部队袭击破袭。命令还规定，各部于8月20日22时同时开始战斗。根据八路军总部的部署，晋察冀军区对作战部署进行了调整：对平汉线破袭动作开始后，石家庄至保定间、保定至卢沟桥间、北宁路至平津间、津浦北段以及石家庄至卢沟桥间之平汉北段，务须使之交通全部断绝，并至少须在 1 周内不能通车；特别是保定至石家庄段及保定至卢沟桥段必须全部断绝，以阻止敌向正太路增援。

根据八路军总部命令，晋察冀军区抽调 8 个步兵团、1 个骑兵团和 2 个骑兵营、3 个炮兵连、1 个工兵连和 5 个游击支队，分别组成郭天民、刘道生指挥的右纵队，杨成武指挥的中央纵队和熊伯涛指挥的左纵队，以及钳制部队和总预备队，担负破击正太铁路的作战任务，并对根据地作战区域内其他交通线也作了相应的破击部署。参战各部队作了紧张的战前准备，进行了攻坚战和破路的短期训练，派出小部队侦察地形、敌情，选择进攻道路，进行粮秣、弹药及各种物资器材的准备。边区政府和各群众团体组织了成千上万的民兵，使其准备随军担任向导、侦察、破路、运输等任务，并组织了工作团、慰问站，开展地方工作和劳军。

冀东军分区成立（7 月 25 日） 7 月 25 日，冀热察挺进军第十三支队番号撤销，成立冀东军分区，李运昌任司令员、包森任副司令员、李楚离任政治委员、曾克林任参谋长、刘诚光任政治部主任。同时整编部队，将原 8 个总队除部分充实第十二团外，其余新编成第十三团，由包森兼团长和政委，辖 3 个营。整编后，李运昌指挥第十二团和地方武装在东部连克玉田县的鸦鸿桥、窝洛沽，丰润县的金庄、三女河、任各庄等据点，并向北宁线出击；包森指挥第十三团在冀东西部地区沿蓟运河两岸平原地区，连克蓟县的上仓、下仓、三岔口和宝坻县的新安镇、八门城、林亭口、张头富等据点，接着向北向西，到平谷、三河、密云、顺义等县活动。到 8 月上旬，冀东初步形成东西两大块抗日游击根据地。西部：东自遵化县之马兰峪，西至白河长约 350 公里，南起蓟县、三河，北至兴隆县长约 60 公里。东部：东起滦河，西至玉田县长约 60 公里，南起北宁路，北至兴隆县境长约 100 公里。先前于 7 月初由冀东办事处改建的第十三行政督察专员公署下辖 5 个抗日县政府，1600 个抗日村政权，人口近百万，有中共党员 1300 名。

晋察冀边区统一党政军序列（7 月） 7 月，中共中央北方分局、晋察冀边区行政委员会、晋察冀军区决定，统一各军分区、地委、专区序列：北岳区仍为第一至第五军分区、地委、专区；冀中的第一至第五军分区、地委、专区顺序改为第六至第十军分区、地委、专区；平西、平北、冀东分设第十一、第十二、第十三军分区、地委、专区。同时决定，将第十地委由冀中区委领导，改为由冀热察区党委领导；在军事方面，第十军分区受冀中军区和平西挺进军司令部双重领导。

冀中区党委党校创办（7月） 7月，冀中区党委决定创办区党委党校（对外称“群众干部训练班”），校址暂在平汉路西曲阳县石门村，区党委组织部长刘亚球兼任校长，冯树章任总支书记。党校于8月间开学，学员分2个班，共三四百人。培训对象是区级干部。主要课程是社会发展史、党的建设、党的方针政策、游击战术，半年1期。11月份，党校迁回冀中。

晋察冀边区妇女救国会召开第四次代表大会（7月） 边区妇女的发动自妇救会成立以来发展很快，边区妇救会负责领导边区的妇救工作。1940年7月，晋察冀边区妇救会召开第四次代表大会，颁布了《晋察冀边区妇女抗日救国会组织章程》《工作纲领》。《晋察冀边区妇女抗日救国会组织章程》指出：“本会以推动全边区妇运，组织与团结全边区妇女参加抗战建国事业，争取最后胜利，促使新民主主义共和国之实现并谋妇女解放为宗旨。”“凡年满15岁以上的妇女，承认并遵守本会组织章程及执行本会一切决议者，不分种族、宗教信仰、党派、职业、阶级都为本会会员。”边区妇救会以全边区妇女代表大会为最高权力机关，大会闭幕期间执委会为最高权力机关。执委会由代表大会选举执委29人至35人及候补执委4人；常委会由执委会执委中推选5人至7人，处理日常工作。常委会设正、副主任各1人，下设生活改善、组织、宣传、武装、青妇五部及秘书处。此外，还对专区、县、村各级妇救会组织等都作了明确规定。《工作纲领》对妇救会的工作任务也作了明确规定，从而使妇救会组织更好地向前发展。妇救会有会员26万人左右。①

8月

晋察冀边区第一次经济工作会议召开（8月1日至10日） 为研究部署晋察冀边区经济发展，晋察冀边区行政委员会于8月1日至10日召开晋察冀边区第一次经济工作会议。3日，边区行政委员会主任宋劭文作了关于《晋察冀边区经济发展的方向与现阶段我们的中心任务》的报告。在报告中，他全面分析了

① 参见《晋察冀抗日根据地》史料丛书编审委员会、中央档案馆编《晋察冀抗日根据地》第一册（文献选编上），中共党史资料出版社1989年版，第382—383页。

三年来边区经济的变化，指出了现阶段边区经济的特征，提出了边区经济发展的方向：调节资本主义生产的发展；实现耕者有其田；实行八小时工作制；广泛开展合作运动；肃清半殖民地经济的残余；发展必要的公营企业。他着重提出了边区现阶段经济建设的中心任务：发展农林牧畜业，发展工业，发展并指挥调剂商业，统制外汇，训练干部掌握技术。最后他在总结中指出，在殖民地半殖民地半封建经济包围着的边区，是不能抑制资本主义生产发展的。因此，在经济建设上，我们要开展两条战线上的斗争：一方面要反对无原则地发展资本主义，防止在边区有妨碍到国民生计的大资本家；另一方面要反对过左的倾向，不能害怕富农、中小商人、中小资本家的发展。我们要正确运用统一战线的路线，动员全边区休息着的逃避着的资金到生产战线上来，动员全边区抗日的力量到生产战线上来，才能保证经济建设胜利完成任务，也才能保证更加巩固与扩大民族统一战线，边区民主政治更加光辉，更加巩固。

边区行政委员会副主任胡仁奎在会上作了《贸易与汇兑》的报告。他分析了边区处于战时敌后的特殊环境，强调边区的贸易是战争的组成部分，贸易的任务是服从政治，贸易不仅是商业任务，也是政治任务。他指出，我们不但不能把可以资敌的军用物品卖给敌人，还要把我们的必需品买回来；我们不但要把我们剩余而非军需品的土货卖到敌区，还要把敌人作倾销来夺取市场的非必需品，一文钱的货也不放进来。在完成上述任务后，还要完成贸易平衡的任务。为此政府要通过关税、政治动员及行政手段执行保护贸易的政策和方法。他在“汇兑”部分指出，当我们打击了伪钞，在货币斗争中战胜了敌人之后，敌又以汇票形式代替伪币偷偷流入边区。因此要采取打击的办法，紧急处理，把伪币和汇票，有计划地打回敌区，换回商品。他强调，要统制贸易，必须统制汇兑。把兑换事业有计划地交给统一机关办理，对稳定金融有很大作用。

边区实业处长张苏在《生产与合作》的报告中，总结了边区政府成立近三年以来，在农业、工业生产和合作事业上的成绩和存在的问题，论证了在战时发展边区生产的重要性与可能性，提出了今后发展边区生产的任务。他指出，生产是一切建设的基础，是坚持敌后持久抗战取得胜利的物质保证，要求各级政府应把生产工作列在一切工作的首位，根据各地的具体环境，提出具体的生产计划，并努力完成。强调办好各种合作社对小农经济占优势的边区经济的重要意义，并要求格外扶助生产、运销合作社，使其得到更快发展。

与会代表对上述报告进行了热烈讨论，明确了边区经济建设及对敌经济斗争的方向、中心任务和具体政策。会议还作出关于投资法、劳动保护法、工人管理法和贸易问题等项重要决定。这次经济会议，对于进一步奠定边区自给自足的经济基础，使根据地经济建设健康的发展，加强对敌经济斗争，起了重要历史作用。

彭真在北方分局会议上就边区国民党问题发言（8月4日） 8月4日，彭真在北方分局会议上，就晋察冀边区国民党问题发言时指出，国民党在边区依靠特务工作，一方面与我争取群众，一方面破坏我根据地。国民党特务工作人员与日本特务机关两者不能截然分开，它们在这个区域，在相互利用条件下结合着。在复杂的民族斗争与阶级斗争中，豪绅地主对我不满，成为日寇特务机关活动之基础。封建组织早已有之，不应叫作日本特务机关的外围组织，只能说是封建迷信组织受日寇利用，才合乎事实。锄奸要根据统一战线方针，如果与统一战线分开，与党的路线是不合的。要把国民党一般党员与特务工作人员区分开，把积极破坏根据地的国民党特务人员与一般特务人员区分开。要公开地打击清乡党（系抗战时期活动在灵寿、曲阳一带的日本特务外围组织），要争取国民党中好的分子与其作斗争，把其孤立起来。

彭真就切实推行中央“三三制”致电晋察冀各区党委（8月5日） “三三制”是抗战时期党领导根据地政权建设而采取的一项具体政策，具有统一战线的性质。在推行“三三制”政策的过程中，晋察冀边区出现了一些错误的认识和做法，如有的人认为这是消极让步，有的地方称找不到中间分子或认为中间分子就是同情工农的地主分子，有的地方出现操纵选举的情况等。为了保障“三三制”政策在边区的顺利实现，彭真于8月5日就切实推行中央“三三制”问题致电晋察冀边区各区党委。他指出，要使边区群众了解“三三制”的意义与重要性；中间分子是指富裕中农、富农、开明士绅、名流、赞成抗日民主的地主、中小商人及手工工厂和作坊的主人、小工厂主等，其政治标准，只是赞成或不反对抗日民主，不反共，却不一定赞成民生改善、减租减息、增加工资等。要让群众团体提出候选名单，包括中间分子名单；在选举中，不但要团结进步分子，而且要联合中间分子，领导群众积极打击反共顽固分子及特务分子的破坏行为。特别是在工作落后地区，对于以收买、强迫、利诱、威胁方法竞选的特务顽固分子，应依法检举，由各级政府按破坏选举罪惩处。彭真关于

“三三制”的论述，对于解决边区政权建设中存在的问题，推动边区“三三制”政权的建设具有重要的意义。

迁西县大寨村惨案（8 月 11 日） 迁西县大寨村，属东荒峪镇，在东荒峪南偏东 3.5 公里处，南距滦河 1 公里，明初立庄，抗日战争时期曾化名“复兴”。8 月 11 日上午 9 时，日军把村内所有 18 岁以上男性村民圈拢到郭桂芝后院。日军称 1 名士兵失踪，怀疑被八路军和村民杀害，让村民指认杀害日本士兵的八路军或村民，否则把全村人杀光、房屋烧光。因遭到村民的拒绝，日军遂施放毒瓦斯。这次毒瓦斯共伤害村民 102 名。

毛泽东、朱德对晋察冀军区干部会议电示聂荣臻等（8 月 13 日） 8 月 13 日，聂荣臻同彭德怀、彭真等接到毛泽东、朱德电示：对野战军政工会议和晋察冀军区干部会议的问题，你们应详细讨论中央七七决定及最近中央与党政各种指示。此外，我们还有下列意见：（一）共产党领导的军队中的政治工作，在抗战中应有其独立性；（二）军队政治机关与军队各种干部尤其是军政干部，必须了解与掌握党的政策与策略，因此必须加强干部中的策略教育，使其成为干部教育中最重要的一项；（三）为坚持敌后的艰苦斗争，必须团结全党干部。①

北方分局制定《晋察冀边区目前施政纲领》（8 月 13 日） 为了在边区创造一个新民主主义的社会，彭真根据毛泽东的新民主主义理论，结合边区的实际情况，一边进行社会改革，一边调查研究，制定适合在边区建设新民主主义社会的法律法规。在 1940 年 4 月北方分局扩大干部会议上讨论制定边区民主选举运动的基本原则和政策时，彭真提出制定边区地方宪法问题。会后，彭真与聂荣臻、贺龙、关向应、程子华、刘澜涛、黄敬、鲁贲、姚依林等研究，决定由北方分局起草一个施政纲领，并成立一个精干的小组，由彭真牵头，晋察冀、冀中、冀东、雁北各地领导同志参加，负责调查研究和草拟纲领的工作。彭真带领这个小组，先是分头下去开展细致的调查工作，然后召开各种各样的座谈会，听取大家的意见和建议。回到阜平后，将意见和建议集中起来，由邓拓负责起草初稿。在初稿起草过程中，彭真逐条审阅、修改，并多次召开北方分局会议，与聂荣臻、贺龙、关向应、黄敬、鲁贲、姚依林等一起研究修改。经过深入细致调查，多方征求意见，反复讨论、研究、修改，几易其稿，到 1940 年

---

① 参见周均伦主编《聂荣臻年谱》，人民出版社 1999 年版，第 309 页。

8月初，北方分局讨论通过了边区施政纲领。

在边区民主选举运动即将进入县选高潮的同时，边区国民党党部于8月6日提出了《晋察冀边区国民党竞选纲领》，准备在《抗敌报》上公布。北方分局于8月13日、14日、15日连续致电北方局和中共中央，呈报《晋察冀边区目前施政纲领》，请求审议批准以北方分局的名义迅速公布实施。纲领共20条，故又称《双十纲领》。经过中共中央批准，北方分局机关报《抗敌报》于8月19日公布中共中央北方分局关于《晋察冀边区目前施政纲领》，同时公布《晋察冀边区国民党竞选纲领》。次日，晋察冀边区党委发布《关于拥护中共中央北方分局关于〈晋察冀边区目前施政纲领〉的决定》，提出，中共中央北方分局关于《晋察冀边区目前施政纲领》并不是只讲原则和总的方针的宣传纲领，而是当前具体的行动纲领，是我们已经在执行中而今后更将坚决贯彻和保障其实现的纲领。中共晋察冀区党委愿为其彻底地、百分之百地实现而奋斗，并号召全边区各级党委各个同志，把这一纲领当作自己的行动纲领，一致紧张动员起来，为彻底地百分之百地实现这一纲领而奋斗，我们并愿与全边区友党同志及无党派的抗日人士一致努力。冀中区党委、冀热察区党委也先后适时地回答了边区各阶级、各阶层人民亟待要求解决的问题。《双十纲领》一经公布，立即得到边区广大群众的热烈拥护，不仅成为边区党的行动纲领，而且迅速成为边区一切人民的共同的行动纲领；不仅成为边区民主大选运动顺利完成的有力保证，而且成为今后建设和巩固边区根据地的有力保证。

《双十纲领》在全国各敌后抗日根据地及各阶层中引起了很大反响。中共中央机关报《新中华报》10月3日发表社论，对《双十纲领》给予高度评价，指出，它是抗日民族统一战线的、新民主主义的施政纲领，是最适合目前抗日需要的，它保证边区能成为全国最模范、最进步的民主抗日地区，能成为全国总反攻的前进阵地。全国各地，特别是敌后方各抗日根据地，在政治、经济、军事、文化设施计划上，都应以它为最好的参考和借鉴。

***《双十纲领》的主要内容**　中共北方分局制定颁布的《双十纲领》的主要内容有：

亲密国共合作，坚持团结抗战，坚决保卫与发展边区。

摧毁敌伪政权，没收日本帝国主义的财产。

拥护边区人民子弟兵，充分保障其给养和经常的满员。

实行全民武装自卫，广泛武装人民，开展群众游击战争。

彻底完成民主政治建设，健全各级民意机关及政府机构。在民意机关和政府人员中，争取并保证共产党员占三分之一，其他抗日党派及无党派人士占三分之二。

一切抗日人民有言论、集会、结社、出版、信仰及居住自由，非依政府法令及法定手续，任何机关、团体或个人，均不得有逮捕、紧闭、游街及任何侮辱他人人格、名誉之行为，以保障人权。

保障一切抗日人民的财产所有权。

实行有免征点和累进最高率的统一累进税。

发展农业，发展军事工业及公营矿业、制造业和手工业，奖励合作社与私人工业，争取工业品自给自足，发展林业、畜牧业及家庭副业，发展商业，保障境内正当贸易之自由。

普遍实行二五减租。

减少工作时间，实行八小时工作制，改良劳动条件和工人待遇，保障同工同酬。

保障妇女在社会上、政治上、经济上及家庭地位上平等，妇女依法有财产继承权；男女婚姻自主，反对买卖婚姻与一夫多妻制，反对蓄童养媳、溺婴与戕害青年发育的早婚恶习。

优待抗属，抚恤抗日烈士遗族及伤员、残废。

实行普及的义务的免费的教育，建立并改进大学及专门教育，加强自然科学教育；优待科学家及专门学者；开展民众识字运动和文化娱乐工作，定期逐步扫除文盲。

边区各民族应相互尊重生活、民俗及宗教习惯，在平等基础上亲密团结抗战。①

彭真对《双十纲领》进行全面解释（8 月 19 日） 为了向广大党员干部和人民群众宣传解释北方分局的目前施政纲领，在《抗敌报》公布《双十纲领》的同一天，即 8 月 19 日，彭真在《抗敌报》上发表了《关于我们的目前施政纲

① 参见《晋察冀抗日根据地》史料丛书编审委员会、中央档案馆编《晋察冀抗日根据地》第一册（文献选编上），中共党史资料出版社 1989 年版，第 401—404 页。

领》一文，对《双十纲领》作了全面解释。他指出，这一纲领是针对晋察冀边区目前的需要而提出的，它不是全国性的，它是关于晋察冀边区的目前的施政纲领，它所处理的是边区政治经济建设发展的现阶段实际亟待解决的问题；同时也是为了坚持边区今后的抗战，为了在相持阶段敌后的困难情况下，能够顺利实现与保障、巩固与保卫边区而亟待解决的问题，因为唯有这些问题得到解决，才能胜利地保卫边区。这一纲领，纯然是党中央抗日民族统一战线的方针与《抗日救国十大纲领》的地方化与具体化。其出发点首先是为了巩固与发展边区的统一战线，因为只有巩固广泛的边区统一战线，才能巩固和发展边区。其次是要从政治上、经济上保障工农群众生活的改善，给他们以实际的援助，使他们有精力和时间更积极地参加保卫边区的战斗与发展建设事业，高度发扬他们对抗战建国的自觉性与积极性。因为敌后抗日根据地之得以保卫与发展，以及全国抗战之坚持与胜利，只有依靠群众才有可能，特别是在目前已经到来的相持阶段中，所以我们必须更进一步地依靠群众。最后是为了保障边区有顽强的健康的持久性，使边区不但成为模范的抗日民主根据地，而且成为新民主主义的即三民主义的政治经济建设的模范，亦即建国的模范。同时也只有这样，才能彻底战胜日本帝国主义。文章强调，这一纲领不是只讲原则和总的方针的宣传纲领，而是当前具体的行动纲领，是我们已经在执行中且今后更将坚决贯彻和保障其实现的纲领。它是北方分局当前具体的行动纲领，也是本党边区各个区党委和每个党员的具体行动的纲领，它的贯彻实施，将进一步建设一个模范的抗日民主根据地，建立一个新民主主义亦即三民主义的新社会的雏形。不久，中共中央机关刊物《解放》杂志也全文刊登了这篇文章。

晋察冀军区部队参加百团大战（8月20日至12月5日） 在八路军总部的统一部署和指挥下，8月20日至12月5日，华北八路军和地方武装对华北日军发动大规模的以破坏铁路、公路干线，攻袭沿线日伪军据点和反“扫荡”战役为主的进攻作战。随着战役的展开，参加这一战役的主力部队共105个主力团，以及华北地区的地方武装和民兵、游击队，共20余万人，史称“百团大战”。

按照八路军总部命令，正太铁路破袭战于8月20日全线发起攻击。郭天民、刘道生指挥的右纵队向乱柳（阳泉附近）至娘子关段破袭，担任主攻任务的第五团部队经过3个小时的反复冲击，在黎明前夺取了娘子关，歼灭守敌大部，并乘胜破坏了娘子关东面的铁路桥及附近工事和通信设施。天亮后，敌铁甲车来援，部队从娘子关退出。与此同时，右纵队其他部队也攻入磨河滩等地，遭敌反扑后，又主动撤离。中央纵队指向娘子关至微水段及井陉煤矿，担负主攻任务的第三团在矿区工人配合下，首先切断矿区电源，靠着夜幕掩护，向敌人发起猛攻。到 21 日黎明时将守敌全部歼灭，将矿区一部分重要机件拆除后运往根据地，其余厂房、矿井及敌人堡垒全部予以破坏。其他部队攻入沿线蔡庄、南岭、北峪等敌占据点多个，并对铁路桥梁进行了破坏。左纵队向微水至石家庄段攻击，20 日晚首先攻击岩峰、上安两个铁路据点，敌人凭借坚固工事据守顽抗，部队攻击未果。

8 月 21 日，晋察冀军区发出乘胜扩张战果的战斗命令："各纵队必须坚决执行各该纵队之全部任务，克服天雨困难，坚决动作，迅速扩张战果。"在 3 个主攻纵队破击正太路的同时，晋察冀边区人民群众和民兵在"不留一条铁轨，不留一条枕木，不留一座桥梁"的战斗口号下，乘机广泛破坏铁路、公路、桥梁，收割电线。总预备队也向平山、灵寿间出击。正太铁路敌军受到边区军民的突然打击，急忙从冀中、冀南抽调 5000 兵力，从 8 月 25 日起，向正太铁路东段反扑。石家庄、井陉等据点敌人也纷纷出动，八路军遂退出正太铁路，重新进行部署。8 月 26 日，根据战役的进展和敌情的变化，总部指示晋察冀军区：力求收复上、下社以北各据点，并向太原、寿阳、盂县以北，定襄、忻县以南开展工作，并继续坚持寿阳、石家庄段正太线南北的游击战争。8 月底，按照前方总部的统一部署，晋察冀军区以 4 个团的兵力向盂县、寿阳以北地区出击。该地区敌人遂继续向盂县西部地区出击。为了配合这次出击行动，担负牵制任务的军区部队一部再次袭击井陉煤矿、娘子关等地。因敌独立第四混成旅团于 9 月 5 日起开始北调，晋察冀军区于 9 月 10 日决定除留两个团在盂县以东、以北地区休整，准备配合兄弟部队行动外，其余各部队全部向根据地东部和东北部转移，准备执行下一步作战计划。

破击正太铁路战役结束以后，9 月 10 日，前方总部命令各部队进行第二阶段战役，摧毁根据地内的敌军据点和交通线，要求晋察冀军区以开展西北方向工作为目的，集结主力破击涞源、灵丘境内的公路，夺取涞源、灵丘两城，并以有力部队在同蒲路东侧积极配合一二〇师作战。为此，晋察冀军区组织涞灵战役。聂荣臻、聂鹤亭、唐延杰于 9 月 10 日签发军区部队第二阶段战役作战计划：杨成武指挥右翼队夺取涞源及附近据点，尔后协助左翼队夺取灵丘；邓华指挥左翼队阻敌增援，配合右翼队，相机夺取灵丘及附近的各据点。

杨成武指挥右翼队于9月20日开始发起涞灵战役，经过一夜激战，攻占涞源东、西、南三面城关和附近几个据点。但由于敌人防守严密，并施放毒气，进展不大。9月23日改变部署，除留一部监视城内敌人外，集中主力扫清周围据点，先后攻下敌人筑有坚固工事的三甲村、东团堡等据点十几个，歼敌数百。9月28日，张家口、蔚县等处敌人3000余人增援涞源，遂主动放弃涞源地区的作战。10月2日，军区下达涞灵战役第二期作战命令，邓华率部向灵丘、浑源、广灵地区出击，部队先后袭入南坡头、抢风岭等处据点。后由于敌军实行反扑，军区部队停止原定作战计划。涞灵战役于10月10日结束。除此之外，其他担任牵制配合作战的部队也对完县、唐县、定县、望都、满城间的公路和铁路进行了破击。冀中主力部队还进行了策应涞灵战役的任（丘）河（间）大（城）肃（宁）战役。

华北日军为扭转局势，调集兵力，于10月6日起从晋东南开始，逐次对晋察冀、晋西北等地进行大规模报复性“扫荡”，企图寻找八路军主力作战，破坏根据地领导机关和恢复交通线。10月13日，敌人集中1万多名日伪军分数路向平西进攻。同日，聂荣臻、聂鹤亭、唐延杰等致电各军分区，要求各部作好准备，以策应平西的反“扫荡”：（一）冀中应以乘胜积极扩张战果的攻势，广泛开展游击战，以有力一部连续破坏平汉、石德、沧石等交通线，迫退已进犯之敌；（二）一分区在徐水、保定、满城地区之游击支队，三分区在定县、唐县、望都地区之游击支队，四分区在行唐、灵寿、井陉、获鹿地区第二支队，以及二分区在寿阳以北地区的游击支队，配属一部工兵，积极破坏平汉、正太两条交通线，继续不断地打击各该地区之敌；（三）主力迅速休补，争取时间恢复战斗力；（四）一分区一团集结大良岗，二十团在涞源以东地区，另以两个连的兵力控制紫荆关，十分区三十二团集结张坊地区，准备策应平西作战。10月19日，八路军总部也对晋察冀反“扫荡”发出电令：要求晋察冀边区应立即准备粉碎敌人的“扫荡”，党政军民应切实配合进行深入之战争动员，部队应集结适当位置妥为休整，准备坚决地消灭进犯之敌；要求一二九师应以不少于3个团之兵力逼近并破击正太路，一二〇师以4个团之兵力破击雁门关南北同蒲路，冀中区应以有力部队破击平汉路，平西区应以有力部队向南配合作战，以配合晋察冀边区反“扫荡”作战。在各部的支持下，平西部队经过半月苦战，迫使敌人主力撤退。

11 月初，由平西退出的敌人会同平汉路沿线的敌人分数路向边区进攻。军区机关和主力部队及时跳出敌人合围圈。11 月 15 日，敌人占领阜平后，又从内向外实行所谓“分区清剿”。11 月 10 日，晋察冀边区党委发布《为粉碎日寇“冬季扫荡”告各界同胞书》。边区各界民众立即行动起来，迅速完成公粮的动员和储藏，保证部队给养，实行彻底的坚壁清野，广泛开展游击战争，配合主力兵团的反“扫荡”作战。针对敌人的企图，边区部队以主力兵团隐蔽配置于机动位置等待战机，另以兵力一部分散活动，与地方游击队和民兵一起，广泛进行游击战，实行内外线密切配合，疲惫和消耗敌人，连续不断地给敌人以打击。到 1941 年 1 月 4 日，历时 55 天的边区反敌冬季“扫荡”作战胜利结束。日军在“扫荡”平西的同时，对冀中也进行报复行动。冀中区军民为了配合平汉路西山区根据地的斗争，并破坏敌人修通石德路的计划，于 11 月 15 日开始向敌人发起进攻，摧毁敌人多处铁路和车站设备。12 月 7 日，冀中部队又把作战重点转向平汉路，挺进平汉路西的冀中部队也积极行动，打击敌人。

经过 3 个半月的浴血奋战，华北各地八路军共进行大小战斗 1824 次，毙伤俘日伪军 44 535 人，争取伪军反正 1845 人；拔除敌大小据点 2900 多个，破坏铁路 474 公里、公路 1500 公里，炸毁桥梁、车站、隧道和火车站 260 余处，正太路基本瘫痪，中断 1 个多月；缴获各种火炮 53 门、长短枪 5900 余支和大批弹药、军用物资。其中，晋察冀军区参战部队先后达 39 个团，作战 657 次，毙伤伪军 8700 人，俘日军 88 人、伪军 830 人，攻克娘子关、井陉煤矿等敌据点 109 个，破坏铁路 78 公里、公路 1894.5 公里，缴获大批武器弹药和物资，使正太路石家庄至平定段遭到严重破坏。

百团大战沉重打击了日军的“治安肃正”“囚笼政策”和“以战养战”等阴谋计划，鼓舞和动员了敌后军民和全国人民的抗日精神，提高了中国共产党和八路军的地位和威望，打击了国民党制造的所谓八路军“游而不击”的谣言，对全国抗战形势的发展起了良好作用。周恩来称华北“百团大战”是一件振奋人心的大事。蒋介石也发了嘉奖电。《大公报》《新蜀报》发表社论，称赞八路军的战绩。百团大战使边区军民经受了巨大的考验和锻炼，牵制了日军的兵力，推迟了日军“南进”的时间，并对支持正面战场作战，遏制妥协投降暗流，争取时局好转，起了积极的作用。

***挂云山战斗（9 月 6 日）** 挂云山位于井陉县（原属建屏县）西北，是华北平原和太行山区的分界岭之一。9 月初，百团大战第一阶段胜利结束后，破击正太路的晋察冀军区左纵队奉命向晋察冀腹地转移。9 月 5 日，驻石家庄等地日军集中兵力围追堵截，企图把转移部队消灭在滹沱河畔。晋察冀军区第四军分区平井获支队二大队奉命牵制敌人，掩护部队转移。当晚，平井获支队三中队李鸿山和建屏县一区武装委员会妇女部长吕秀兰等人到挂云山察看地形，进行战斗部署。吕秀兰带领三中队一个机枪班、区小队及民兵等在挂云山的卧狼垴驻守，李鸿山带领两个排和部分民兵把守南北都是万丈悬崖的主峰，扼住通往挂云山的通道。6 日黎明，日伪军动用 3000 多兵力、数十挺轻重机枪和山炮，分五路向挂云山扑来。短时间内，日军对挂云山发动了数十次大规模进攻，据守挂云山的八路军战士、民兵不足 200 人，在武器简陋、弹药不足的情况下，奋勇阻击，打退了敌人一次又一次进攻，敌人伤亡惨重。李鸿山牺牲后，吕秀兰让基干队员李芳芳代替自己在卧狼垴指挥，自己到主峰担任指挥全山的战斗任务。敌人久攻不下，改变策略，佯攻两侧同时，集中火力强攻卧狼垴。战至最后只剩李芳芳一个人，子弹很快打光，李芳芳拉响最后一颗手榴弹与敌人同归于尽。卧狼垴失守后，敌人再次强攻主峰。下午 4 时许，游击队胜利完成牵制敌人、掩护部队转移的任务。接到撤退命令后，吕秀兰指挥战士们沿一条偏僻小路撤退。为掩护同志，她自己带领康三堂、李书祥、刘贵子、康英英、康二旦等 5 位同志继续阻击敌人。日伪军在猛烈炮火的支援下，冲上了山顶，包围了来不及撤退的吕秀兰和她的 5 位战友，吕秀兰和战友们扔出最后一颗手榴弹后，摔碎手中的枪支，面对敌人的刺刀，高喊口号，从容地跳下悬崖，壮烈牺牲。

***东团堡攻坚战（9 月 22 日至 25 日）** 东团堡战斗是发生在百团大战期间涞灵战役中的一次战斗。东团堡位于涞源城东北，是日军供应线上的重要据点，也是其在涞源、宣化公路上封锁晋察冀边区的一大支撑点。9 月上旬，百团大战第一阶段结束后，日军纷纷向各据点增派兵力，抢修工事，企图与八路军决战。八路军晋察冀军区第一军分区第三团开始进攻日军的东团堡据点。守军是日军独立混成第二旅团一个士官教导大队，共 170 多人。9 月 22 日夜，八路军对东团堡据点发起突然攻击。防守的日军进行猛烈反扑，还不时使用毒气。经两天的战斗，八路军控制了日军的外围工事，日军收缩至核心工事继续反击。9 月 24 日晚 8 时，八路军主力部队向日军核心工事发动总攻。东团堡日军守军最后收

缩在东北角的一座碉堡内，不断施放毒气。25 日上午，张家口方向的飞机向固守的日军空投物资，大批的子弹落在八路军的阵地上被八路军缴获。傍晚，翻译金井冒着生命危险从阵地中逃出，报告说日军准备自焚。为了防止日军将武器烧毁，三团的所有士兵冲向日军阵地，但日军早已自焚，部分武器也被烧毁。至此，八路军第一军分区第三团完全占领了东团堡据点，宣告此次战斗胜利结束。此次战斗，八路军共歼日军 170 余人，自身伤亡 212 人，占领了东团堡据点，策应一团对涞源的进攻。因东团堡战斗的失败，日军驻涞源警备司令小柴俊男作《大日本皇军驻东团堡守备队长恨歌》，被刻成石碑得以保留。

*一代名帅救遗孤　在晋察冀军区中央纵队进攻井陉矿区的战斗中，三团一营四连进击到日军重炮轰击过的东王舍火车站时，通讯员杨仲山、连长韩金铭从战火中救出两名日本小女孩：大的叫美穗子刚刚 4 岁，小的叫镏美子不满周岁。他们的父亲加藤清利——井陉火车站的日本副站长，在战斗中受了重伤，经过抢救无效死亡，母亲也在战火中死亡。按照聂荣臻指示，两名日本遗孤被送到百团大战前线指挥驻地井陉县洪河漕村。聂荣臻看到两个小姑娘非常高兴，对战士们说："孩子是无辜的，应该让所有的人明白，敌人虽然残忍地杀害了我们的无数同胞和儿童，但我们决不伤害日本人民和他们的后代。"聂荣臻立即吩咐管理人员到附近找到奶妈陈秀妮，让其给年龄小的孩子喂奶，又打电话给军区卫生部副部长游胜华给孩子疗伤，还让警卫员到集市上给孩子买糖、饼干和水果。8 月 22 日清晨，聂荣臻修书一封，派当地民兵把两名日本孩子送交日方军营。但因前方正在打仗，无法通过，后几经辗转将两名孩子送到平山中古月晋察冀军区后方医院。大女孩由八路军战士封奇书照料，小女孩由另一位当地奶妈陈文瑞喂养。十几天以后，两名孩子的伤势基本稳定后，才将其送到井陉县洪河漕村，再转送日本军营。9 月 14 日《抗敌报》为此发表通讯《老乡！将这两个日本女娃送到敌人那里去！》。

*冀中区交通破击战（8 月 20 日至 9 月 10 日）　为配合百团大战，冀中部队的主要任务就是破击平汉铁路、北宁铁路以及冀中区内敌人主要的公路和津浦铁路，牵制敌人不能向正太铁路沿线增援。8 月 20 日夜，声势浩大的破击战在冀中全区同时展开，冀中区的 11 个主力团及地方武装 10 个独立营、44 个县大队及广大民兵、群众，都投入到猛烈的破击战中。第六军分区的警一团和回民支队，掩护群众破坏晋县至磨头间的石德铁路及束鹿、赵县等公路，并先后

在后屯、陈家口击退抓夫之敌，袭击赵县南高邱、大章等敌据点。第七军分区第十七团，掩护群众破坏沧石公路、平汉铁路，打击外出抓夫修路之敌。各县游击队也带领民兵、群众积极破坏敌人的交通线，定县至安国、博野，深县至安平，无极至深泽县城等公路均遭到破坏。第八军分区第二十三团，破坏沧石公路，击退修路之敌。第九军分区第十八团、第三十三团及地方武装，掩护群众破坏保定至高阳、张登、蠡县，定县至蠡县，蠡县至肃宁县城等公路，烧毁桥梁，并袭击敌人的据点，伏击出扰之敌，使敌人交通断绝，惊慌异常。第十军分区第二十七团，掩护群众破坏高碑店至新城之间的公路及固安以南之平大公路，攻入平汉铁路高碑店车站，破榆垡以北平大公路一段，接着连日发动掩护群众，破坏固安县、永清县、霸县地区的公路等。百团大战第一阶段，冀中部队共与敌作战 78 次，攻克敌据点 13 个，摧毁敌碉堡 13 座，毙伤俘日伪军 1400 多名，缴获一批军用物资，共破路 103 次，破铁路 40 余公里，破公路 590 公里，炸毁铁桥 5 座，烧毁木桥 15 座，毁火车机车 1 辆、车皮 49 节、汽车 10 辆、道房 26 间，收铁轨 50 条、电线 13 730 公斤、电线杆 1551 根。冀中区的交通破击战牵制了北宁、津浦铁路线特别是平汉铁路线北段的敌人，使其不能及时增援正太铁路，有力地配合了百团大战第一阶段主战场的作战。

***上下河战斗（9 月 23 日）** 上下河战斗是百团大战部署在涿鹿地区的战斗，是涞灵战役的一个组成部分。其任务是袭击和歼灭涿鹿南部的石门和倒拉嘴及蔚县北部吉家庄和桃花之敌，阻击涿鹿、宣化、张家口的日军增援，保证涞灵战役的胜利。按照部署，冀热察挺进军九团配置于百团大战的最北端。9 月 22 日凌晨，部队到达岭北的上下洗马和上河村，宣涿怀县大队、模范队和担架队也随军前往，然后兵分两路，攻克除石门、倒拉嘴外的其他据点。第二天拂晓前，部队重新集结在上下河和上下洗马，准备阻截增援的涞灵之敌。部队落脚后，团首长便和驻在上河村的二营干部观察地形，作战斗部署。二营配置在上下河之间的土堡子一线，拦击敌人。一营和三营隐蔽在上下洗马，待战斗打响后，一营迅速迂回到下河村，断敌退路，形成合围。之后，团长黄光明到二营指挥，政治委员王季龙到一营指挥。9 月 23 日早晨，部队进入阵地。日军一个加强中队和百余名伪军，乘汽车从涿鹿方向开来，当发现上下河之间的八路军后，便下车疯狂扑来。二营营长詹大南、政治委员曾威指挥部队与敌展开激战，打退敌人的多次进攻，但因日军武器装备精良，火力太猛，八路军伤亡也

很大，战斗陷入僵持状态。夜幕下，面对被包围的敌人，团首长在阵地前，对战斗进行研究总结。随后，团指挥部重新组织火力，调一营协助二营战斗。政委王季龙和战士带上集束炸弹，手持大刀，提上上好刺刀的步枪偷偷靠近敌人阵地，打得敌人措手不及。月光下，双方展开短兵相接的白刃战。午夜时分，战斗终于结束。这次战斗，歼灭日军一个加强中队182人，缴获重机枪3挺、轻机枪5挺、掷弹筒5具、步枪百余支、其他军用物资1部，粉碎了日军南援涞源、灵丘之敌的企图，保证了涞灵战役的顺利进行。

*__任（丘）河（间）大（城）肃（宁）战役（10月1日至20日）__ 为了策应涞灵战役，在军区的统一部署下，冀中主力部队于10月1日至20日进行了任（丘）河（间）大（城）肃（宁）战役。这一带是冀中根据地的中心地区，自1940年春季敌人进行“扫荡”后，敌据点增加到44个，很多村庄建立了“新民会”“维持会”等伪组织。破袭正太铁路战役开始后，敌人曾从这里抽调兵力去加强重要交通线的守备，使这一地区出现了空隙。为此，冀中部队抓住有利时机，向该地区实施战役进攻，破击敌占据点和交通线。各地游击队和民兵纷纷出动，破路、挖沟、炸桥和围困敌人，取得了显著战绩。此役共作战112次，毙伤俘日伪军800多人，缴获各种枪300多支，破坏公路150多公里，平毁据点29个，从而摧毁了这个地区内大部日伪组织，恢复了抗日村政权和群众组织，有力地打击了敌人控制冀中中心地区的企图，配合了边区及整个华北战场的作战。

*__晋察冀军区再次发布反“扫荡”作战部署（11月30日）__ 11月30日，聂荣臻、聂鹤亭、唐延杰再次发布晋察冀军区反“扫荡”作战部署：敌区积极修筑易县经紫荆关到涞源的公路，以隔断北岳与平西的联系；修满城经定县、唐县到曲阳的公路，以隔断北岳与冀中的联系；修曲阳到阜平的公路，使之成为北岳的“腹心之剑”。边区八路军的对策：（一）第一军分区以一部兵力破坏、阻击敌修易、涞公路，保持与平西联系，游击部队全部深入敌后，积极破坏敌交通，摧毁伪组织；（二）第三军分区两团主力与三团于灵山、阜平线坚决破坏与打击敌之交通运输，骑兵团与游击部在曲阳、唐县、定县平原地区，积极破坏与打击敌之修路和据点，摧毁伪组织；（三）三纵队调1个团来路西，以1个团位于定县、曲阳、新乐地区，1个团位于保定、满城、定县地区，以游击动作破坏敌人交通运输，摧毁伪组织，配合山地作战，东西夹击敌人；（四）第二、

第四、第五军分区目前仍以积极游击战，与进入边区腹心地区的敌人周旋；（五）教导团位于行唐以北地区，向党城、阜平线之沙河以南地区进行游击侦察活动；（六）邓华率六团仍在陈庄、灵寿地区，军区司令部暂在灵寿、平山地区指挥。

彭真就晋察冀边区国民党竞选纲领问题致电各区党委（8 月 23 日） 8 月 23 日，彭真就晋察冀边区国民党竞选纲领问题致电各区党委，并告聂荣臻、朱良才、程子华，报北方局、中共中央，指出最近边区国民党活动的基本特点，是把一般党的工作和特务工作在组织上和工作上严格分开，又密切配合。边区国民党一般的工作力争公开合法地位，以进步面貌出现，以与我党争取群众；其特务工作力求秘密，集中力量打入我党我军内部，实行其所谓内奸政策，并破坏我党与群众关系，破坏边区各种建设。为此，对于一般愿意合作的抗日的国民党干部与党员或党部，应继续与其合作（但不帮助其发展），争取其积极抗战，积极反汪反顽固分子；对于从事破坏工作的特务，应动员群众严厉打击，普遍揭穿其破坏团结、破坏边区抗战的阴谋和罪恶，并可以根据确实的破坏边区抗战的证据，依法以行政力量镇压。彭真还指出，边区国民党所颁布的竞选纲领基本上是进步的，其目的是争取群众，与我党竞争。目前我党的中心工作是打击其在选举中的贿买、威胁、利诱及特务破坏等行为，并须依据确切证据严格检举。①

晋察冀第二地委巩固党的工作基本完成（8 月） 自中共中央北方分局青山会议后，晋察冀第二地委经过 9 个月的巩固党的工作，从组织上清除阶级异己分子 35 人，给犯错误党员留察处分 13 人，警告、严重警告处分 14 人。同时，发现、培养、提拔一批干部，仅五台县就提拔县级干部 23 人、区级干部 95 人；代县提拔区级干部 145 人。五台、盂县、定襄、崞县（东）、阳曲（东）5 县共有党员 2126 人，创造模范党支部 137 个、模范党小组 520 个。

9 月

北方分局召开扩大干部会议（9 月 1 日） 为了总结边区抗战 3 年多来的经验，彭真于 9 月 1 日专门主持召开了中共北方分局扩大干部会议，来自晋察冀、

---

① 参见《彭真传》编写组编《彭真年谱》第一卷，中央文献出版社 2012 年版，第 172—173 页。

冀中、冀东、平西、平北等整个边区党、政、军、民各方面负责干部共 900 余人参加了会议。会议历时 9 天。会议开幕第一天，彭真代表北方分局作了长达 4 万余字的政治报告。报告分为目前国际形势、国内形势、我们如何在边区把中央的政策具体化、我们的施政纲领、党的各种基本政策等五部分，全面传达和阐释了中共中央和毛泽东等关于目前形势和党的政策的重要指示，第一次着重论述了如何将中央总的政策在边区具体化的问题。彭真深刻指出，要反对像公式主义者或事务主义者那样对待中央的路线和政策，我们应把中央总的路线和政策，根据边区今天具体的主观和客观情况来具体运用，把它具体化。只有把中央总的路线和政策在边区彻底具体化，无保留地彻底实现，才能最广泛深入地动员、组织、依靠边区的广大群众，而使边区的统一战线扩大、巩固到最大限度，并使边区依靠着各种建议和组织工作的顺利发展，巩固到最大限度，成为我们真正可以长期依靠的持久的根据地。报告还进一步阐明了边区目前施政纲领的精神实质和全面执行的问题，检查了边区在执行中央的路线和政策中"左"的或右的倾向，系统地阐述了深入巩固和改革与建设边区根据地的各种具体政策。这个报告，成为边区党、政、军、民团结一致，克服困难，创造新民主主义社会的纲领性文件。会议讨论通过了政治报告和工作总结及对边区形势的估计，检查了统一战线中"左"的和右的错误，着重讨论和决定了巩固与建设边区根据地和边区抗日统一战线的各项政策，解决了统一累进税、土地关系、租佃关系、劳资纠纷、债务关系、优待抗属、抗战勤务等许多实际问题，为全面执行《双十纲领》作了充分的准备。这是边区自创建以来与会干部最多的会议，是一次贯彻毛泽东新民主主义理论及中央关于目前形势和党的政策等重大决策，系统总结了晋察冀边区创建 3 年多来的斗争经验，准备应付国际国内巨大事变的动员大会、誓师大会。

中央社会部对晋察冀边区保卫工作的指示（9 月 1 日） 9 月 1 日，中央社会部对晋察冀边区保卫工作作出指示，提出一些原则：（一）正确认识保卫工作的重要意义。（二）坚决执行正确的锄奸政策，即必须适合党的统一战线的方针，认清日寇是主要敌人，反对锄奸工作的一般化；应经常记得党的策略方针是联合多数，打击少数。（三）建立严格的正规制度，确立各种革命法规，建立各种正规的工作制度，使工作正规化、科学化、具体化。（四）培养新老干部，提高其理论、政治、文化水平并使其掌握国际、国内的社会常识，加强其策略教育、技术教育，使一切干部政治化、策略化。（五）全党全军进行广泛的教育。（六）加紧发展敌后大城市的工作，应详细研究情况，搜集一切敌后城市的社会关系，认真寻找各种可回敌后大城市的党内干部与党外人才，并讨论发展平汉、同蒲、平绥、正太各线大城市的工作。①

冀中军区召开第三次政治工作会议（9月9日） 9月9日，冀中军区在平汉路西召开第三次政治工作会议。会议总结了第二次政治工作会议以来的工作，布置了今后任务。聂荣臻、彭真、萧克分别讲话，吕正操、程子华等作报告，程子华作会议总结。冀中部队由于基本上完成了“正规化”“八路军化”的任务，保证了党的绝对领导，因此会议提出“向铁的党军化前进”的口号和开展创造模范党员、模范战士、模范干部、模范支部、模范班、模范排、模范连的任务，并作出第三期整军决定。会议于10月2日结束。

彭真就自首分子的处理问题致电北方局（9月16日） 9月16日，彭真就自首分子的处理问题致电北方局：自首分子已经发现者即有30余种不同情况，内有几种处理甚感困难。目前自首分子在党内尚有相当大的数目，在党外亦有很大一部分，其之所以极力表现好是企图恢复党籍，国民党特务人员亦极力争取利用此类分子，如处理不好，反促成其与国民党特务团结，进而反对、破坏我们。自中央巩固党的指示深入下层后，自首分子极感苦闷不安，我们处理应付深感麻烦，究竟如何处理应付，请具体指示。19日，北方局复示彭真并报中共中央：“我们的对策，在原则上应在党员与群众中广泛进行宣传，揭破敌人此种政治阴谋，号召我党员与群众反对填反共志愿书、写回心票、喊反共口号，以提高民族气节和阶级气节。但为使党员与群众不致遭受不应有的损失，在某些地区某些特殊情况下，亦应变通办理。”复电还对巩固的抗日根据地、游击区和敌占区的具体应付办法，作了具体的指示。②

中央发出关于晋察冀边区实行统一累进税问题的指示（9月18日） 9月18日，中共中央发出关于晋察冀边区实行统一累进税问题的指示。指示强调，“累进税应照顾极贫困的工农，规定对最低限度的收入者予以应有的免征，但免征者不应超过人口的10%—20%，以使80%—90%人口，即绝大多数人口，其

① 参见《晋察冀抗日根据地》史料丛书编审委员会、中央档案馆编《晋察冀抗日根据地》第一册（文献选编上），中共党史资料出版社1989年版，第407—409页。

② 参见《彭真传》编写组编《彭真年谱》第一卷，中央文献出版社2012年版，第174页。

中包含中农、贫农基本群众，均须予适当的负担。在一定条件下，征税应无例外。如目前为着发展与调剂公私商业，因之对公私商业均应征以一定的税额之税金，但如实行的累进税，有时则又应例外，实行免税或减税，例如对抗属及退伍、残疾军人等的优待。”此外，晋察冀对工人免税行之已久，如果其他阶层人民无大的反感，如果乐捐所得，与征税相差不大，则不必改变。①

晋察冀边区贸易管理局成立（9 月 20 日） 晋察冀边区政府在总结经验教训的基础上，于 1940 年 8 月制定了《管理对外贸易暂行条例》等一系列政策法令，明确指出我们的贸易政策要成为粉碎敌人对我们的经济阴谋的武器之一。其政策是：一方面“统制对外贸易”，绝对禁止日货的输入，于战争有利的东西尽量输入进来，于战争无关鸿旨的东西尽量限制输入。凡是可能用土货代替的外货，纵然是必需品，也把它的输入限制起来。其目的是维持贸易平衡，甚至争取出超，以巩固边区的财政。同时，鼓励一切土货输出，但因输出资敌而有害于抗战之物品，如粮食，则仍严禁出口，这就是“统制对外贸易”的内容。另一方面，边区的内部原则上贸易必须是自由的。只有如此，才能促进手工业的发达，农业的增进，商业的活跃，持久抗战才会有巩固的后方，才能安定民生，发达生产。各级政府主办的贸易机关的任务在于节制民食民衣，促进土货的出口，平衡物价，稳定金融，并不是与民争利。由于各级贸易管理机关坚决执行了边区政府的贸易政策，有计划地输出，有计划地输入，控制了对外贸易，使敌人占领的城镇和交通沿线农产品供不应求，这就使我们在很大程度上掌握了经济战线上反封锁的主动权，迫使敌人不得不以我们所需要的工业品来换取其所需要的农产品及土特产品，这就在一定程度上打破了敌人的经济封锁。9 月 20 日，晋察冀边区行政委员会召开高级干部会议，进一步讨论财政建设等重要问题，决定成立晋察冀边区贸易管理局，陈大凡任局长。

北方分局会议讨论冀热察区党委及军政委员会的工作（9 月） 9 月，彭真主持北方分局会议，讨论冀热察区党委及军政委员会的工作。马辉之、张明远、聂荣臻先后发言。彭真最后发言指出，平北应以小部队来坚持，创造众多游击小组，建立党组织要多方考虑，更慎重地去发展，这里统一战线应是最广泛的。

---

① 参见《晋察冀抗日根据地》史料丛书编审委员会、中央档案馆编《晋察冀抗日根据地》第一册（文献选编上），中共党史资料出版社 1989 年版，第 459 页。

冀热察军政委员会可以取消，萧克参加区党委，政策上由区党委负责，军事上由军区负责。冀中五分区划归平西区党委领导，军事上归萧克指挥，政权由区党委领导，将来可由晋察冀边区政府派一特派员管理几个专署工作。9月25日，聂荣臻、彭真等致电北方局、中共中央，汇报了北方分局讨论冀热察挺进军及平西、平北工作的情况。

冀中行署召开第二届教育科长联席会议（9月） 9月，冀中行署在定南庆村召开第二届教育科长联席会议，50余人参加了会议。会议主要解决的问题是：（一）检讨了过去小学教育建设上的偏向，即在普及工作上偏重数量的发展，没有掌握"在提高指导下的普及"的原则；（二）统一党校行政组织与学生统制，统一了教材，坚持四二制（即补小4年，高小2年）与严格分班；（三）与文建会及各团体共同商定每村设民众学校1处，各村设民校委员会，专司民校工作；（四）争取第一专区成立1处中学，协助政府培养干部；（五）布置1940年的冬学运动。据七专区6个县、八专区6个县、十专区2个县的统计，当年冬季，共成立民众学校2136处，入学男生180 021人、女生123 071人，在群众中形成了学习热潮。

北方分局作出关于坚持冀东游击战争问题的指示（9月） 9月，北方分局作出关于坚持冀东游击战争问题的指示，并致电马辉之、萧克，并朱德、彭德怀、毛泽东、王稼祥等，认为冀东游击战争的坚持与发展，已证实了中央、总部与分局巩固平西根据地，创造冀察热边游击根据地，发展冀东游击战争的方针是正确的。执行上述方针，仍须克服有害的"抓一把"的倾向。为此，提出以下意见：加强冀察热边区游击根据地的建立与发展，这对于巩固平西与支持战争是中心的一环；要巩固与提高部队坚持冀东游击战争的信心，冀东的游击部队不应回平西，其应与冀察热游击区域衔接，准备克服困难，迎接敌之秋季进攻。

10月

彭真就统一累进税的原则要点致电北方局并告贺龙、关向应、林枫（10月7日） 在敌后根据地实行统一累进税，是毛泽东在中共六届六中全会上提出的。彭真在北方分局9月1日扩大干部会议上，全面阐明了边区统一累进税制度，详细提出了统一累进税的征收原则、核算方法等。10月7日，彭真致电北方局并告贺龙、关向应、林枫，报告了北方分局扩大干部会议关于统一累进税的各项原则要点：（一）统一累进税是直接税累进的所得税和财产税，以粮秣钱三种形式征收，每年征收一次。（二）进出入口税虽然系间接税，但实际上对于经营出口贸易的商人带有所得税性质，对统一战线和民生无影响，仍继续征收；土地房屋买卖契税实际系财产税之一种，对统一战线和民生无大影响，仍继续征收；一切捐税均废除。（三）在累进税中不另文规定贫农免征，但既有免征点，则极贫农民实际上即免征；雇农与工作仍合进去，以便规定免征，对他们与极贫农民，仍依靠政治动员自愿乐捐，以起模范作用。（四）再三鼓励生产，属于投在合作与工业矿产和土地改良方面的资本均免征资本税，只征收其累进所得税。（五）新佃农亦征收累进税。（六）为避免富豪负担过重，特规定累进最高率。（七）抗日军人家属收入与财产计算，仍将抗日军人本人计入，过去系按户口计算，纠纷弊病极多，有些地区将免征点提高至两倍，实际只便利抗属中之中农。（八）资产中应征收的以有收入者为限，为营利之用者免征的是房屋、牲畜、工业投资、合作社股金、水利投资、农业国家机关及群众团体存款。（九）收入应征收者为土地收入、羊群收入、林木收入、合作事业收入、房租利息、各种工商业收入；免征者为抗日工作人员生活费、小学教员生活费、雇佣劳动者工资、抗属优待之收入、抗战将士阵亡抚恤收入、政府公营企业收入、教员基金收入。（十）农业中副产只占正产 1/10 者，不能超过正产物 1/10，其余计入此产物内。（十一）农业累进税系将土地财产与收入合计，一律以土地为计算单位，以平均每年可能收入 8 斗谷者为标准亩，谷种不同质的土地以此折算。（十二）计算时自耕农以一亩算一亩，地主（出租）土地以一亩半算一亩，佃户土地以二亩算一亩。（十三）免征点按人口计，每人以自耕之一亩半地为免征点，即自耕农免征点为标准地一亩半，地主为标准地二亩四分五，佃农为三亩。（十四）工商业累进税收入与资金亦合计，以收入 1 元等于资金 5 元计算，收入免征点为 75 元，资金免征点为 375 元。（十五）计算一律以人口为单位，居住敌区人口不算，逃荒在敌区其土地托他人管理者，按一人计算。（十六）土地收入在一县内不同区村者，采取属人计算法，免负担则采取属地分担办法，而其散在其他各县的土地收入，均以人为单位，采取属地分担办法。（十七）兼营工商业者只能分一个免征点，另一种征纳时即不再办免征点。（十八）新垦之土地在一定期间免征。（十九）农业累进税共分 12 级，从免征点起算。无论土地多少，属于各级项目内的土地与收入，均分别按该级分数计算后，再依次加高，级与级之间的亩数均计算按率的现税。（二十）工商业累进税大体与农业累进税相同。报告还对统一累进税实行过程中可能遇到的困难作了充分估计，指出，统一累进税实行的困难在动产和工商业收入之调查，收入关键在农村，故凡党的基础较差的乡村实行中困难较多。

彭真就边区村经济制度致电彭德怀、杨尚昆并中共中央、林枫（10月8日） 鉴于“收入关键在农村”，10月8日，彭真致电彭德怀、杨尚昆并中共中央、林枫，就如何建立严格的村经济制度，逐步实现完全的边区财政统筹统支，提出了具体意见。电报中说，村财政由边区实行统筹统支，目前尚存在着许多困难，因此，我们规定关于村财政的统筹统支原则先经过一个过渡时期。由党的干部及行政双方努力树立村财政制度，规定何者应开支，何者不允开支；村中一切收入建立严格会计制度，由区政权监督并报县政府，然后再计划进一步由边区统筹统支；村长优待须每年规定，因其人数较少亦易规定。村财政经整理现已完成，村中村级工作人员领生活费者只限小学及高小教员，此外一律无生活费，所有村均按优抗条例优待，取消津贴；冀中在村财政整理后开支已减至原额的60%—40%；村财政整理后，包括村公所办公费、教育费、自卫队办公费及小学教员生活费平均每月每村约需100元，全边区1.2万余元，行政村全年约需开支1400万元（优待抗属在外）。此外，还有一笔修理费，如修补校舍等是不可免的。村财政制度建立后，党的支部及村政权的组织机构和民主作风得到发扬，因为其与群众有切身利害关系，群众关心和监督其积极性日益提高，贪污浪费现象大减，工作较好的地区的农民对算村账不但铁面无私，而且积极细心。

晋察冀边区文救会第一次代表大会召开（10月10日至18日） 晋察冀边区文救会是“晋察冀边区文化界抗日救国联合会”的简称。为讨论、研究、总结晋察冀边区文救会成立以来的工作，10月10日至18日，晋察冀边区文救会召开第一次代表大会。大会指出，敌后晋察冀边区文化运动的方向，是新民主主义的方向，是抗日统一战线的方向。大会明确指出，边区文化运动当前的具体任务是：（一）巩固扩大抗日文化统一战线；（二）粉碎敌寇汉奸、汪派、托派的奴化活动与欺骗文化；（三）开展深入的社会教育，逐步地扫除文盲，提高大众文化政治水平；（四）开展学术研究工作和艺术创作工作，加强在职干部文化政治学习及马列主义理论学习，发展学术，提高工作者学术水平；（五）大量地培养文化工作干部，编制、出版大众的通俗的教材、刊物、小册子，解决边区文化食粮问题；（六）普遍地开展与健全文救会的组织，加强边区文救会的领导。大会提出应从思想上、政治上、文化上、工作上提高边区文化干部质量。大会通过了文救会的组织章程，改选了边区文救会的领导机关，成仿吾、李常青、沙可夫、何干之、周巍峙、田间等人为执委，周巍峙为主任。此次代表大会确定了边区文救会的工作纲领、工作任务及文化运动的方向，选举了领导机构，确定了当前边区文化运动的具体任务，在晋察冀边区文化运动史上具有划时代的意义。《抗敌报》于 10 月 18 日发表《庆祝第一次文代会成功》的社论。

彭真就晋察冀边区农民永佃权问题致电北方局、中共中央并林枫（10 月 20 日） 10 月 20 日，彭真就晋察冀边区农民永佃权问题致电北方局、中共中央并林枫：边区过去并未提出农民有永佃权口号，但某些地方实际已提出类似口号或规定。现规定如下：租佃契约规定佃户有永佃权者，应依法保障之；契约未规定，但佃户长期租种已习惯公认为有永佃权者，应赞助农民保持之；契约未规定的土地及非永佃者，不提保障永佃权口号；地主不得无故违约收回土地，不得以同样地租转租佃户；地主有权收回土地，或出卖或雇工自种，但在同样价格、相同工资时，原佃户有买入或被雇的优先权；地主收回自种 3 年内，又行出租者，原佃户以同样地租有优先权；佃户无力耕种时，地主有权收回。

《加强边区文化工作的新意义》的社论（10 月 20 日） 10 月 20 日，《抗敌报》发表题为《加强边区文化工作的新意义》的社论。社论说，一定社会的文化虽然受着一定社会的经济基础和政治条件的制约和规定，但同时，它又能反作用于一定社会政治经济的发展。因此，文化是社会斗争的一种武器。与敌寇直接搏斗的晋察冀边区应该确实地掌握这种武器，使它为我们当前的政治任务——争取民族解放而服务。3 年来，由于边区文化工作者的艰苦努力，边区在文化战线上同样获得了光辉的战果，边区的文盲已经逐渐减少，边区人民的文化水平和政治水平已经逐渐提高。在今天，边区已经由一个文化落后的地区，一变成为全国有数的，一般人民文化政治水平较高的先进地区了。

华北联合大学向正规化方向发展（10 月 29 日） 10 月 29 日，中共中央给彭真、成仿吾发出《关于华北联大教学任务方针的指示》，指出，华北联大应设行政工作、民众工作、文艺、师范四部，学制 1 年；为培养高级文化教育干部，可从各部毕业生中选择优才生组织研究生，学习期限最低1年；华北联大是党领导下统一战线性质的学校，招收学生应不分党派信仰，对非共产党人在坚持抗日与民主的统一战线政策原则下，保证其思想、信仰及学术之自由；在学生中养成学习第一的作风，避免不必要的课外及校外活动，纠正学习中“突击”“竞赛”之类的学习方式。是月，华北联大向正规化发展，将下属各学部改为“学院”：社会科学院设财政、法政2个系；文艺学院设文学、戏剧、音乐、美术4个系；附设1个文工团；教育学院设教育系；工学院设2个班。

彭真报告晋察冀边区在反顽斗争中发生的偏“左”、偏右的倾向（10月下旬） 10月下旬，彭真向北方局、中共中央报告晋察冀边区在反顽斗争中发生的偏“左”、偏右的倾向：边区各级党在反顽固、反投降斗争中基本上正确执行了中央及北方局指示，在政治上、组织上发展了党的优势，大大提高了党员和基本群众的阶级意识和政治警觉性，但在执行中个别地方和党委发生了偏“左”、偏右的错误。其特点是，“左”的错误露骨地表现出来，而右的错误则多采取隐蔽形式存在发展着。这些偏“左”、偏右的错误虽是个别的，却是严重的，大部分在分局4月扩大干部会议后大体纠正，另一部分在9月的扩大干部会严格提出纠正，目前各方仍在按照分局施政纲领纠正。因为中央和北方局的指示在边区的实现，以及各种工作的按期完成，工作获得了很大成绩，导致目前在部分干部中发生下列两种错误倾向：（一）对上级党的各项指示只考虑如何执行如何完成，而不考虑党为何有如此决定，这一点已成为比较普遍的现象；（二）工作成绩较好、各种工作能提前完成的个别县开始产生骄傲自满倾向，这种倾向虽是个别的，却是目前正在生长的倾向，9月的扩大干部会已严厉提出纠正。

“东北干部训练队”到达晋察冀边区（10月） 抗日军政大学“东北干部训练队”（原“抗大三分校直属二队”）98人（内有朝鲜族3人），在队长张昉（即张学思，张学良将军胞弟）、指导员高存信（高崇民的长子）率领下，从延安到达晋察冀边区，中共中央北方分局和晋察冀军区召开欢迎大会。彭真、聂荣臻参加大会，彭真、刘澜涛讲话。随后，东北干部训练队到达冀中平原，由冀中军区分配到军区各部门任职，张昉任军区参谋处长，高存信为军区作战科长。

11月

《抗敌报》改名为《晋察冀日报》(11月7日) 11月7日,《抗敌报》改名为《晋察冀日报》,邓拓任社长兼总编辑。彭真发表了《军区三周年、十月革命二十三周年与〈晋察冀日报〉》一文。聂荣臻为《晋察冀日报》和军区成立三周年题词:坚持敌后抗战整三年,边区子弟兵愈战愈强,《抗敌报》更以新的姿态——《晋察冀日报》出现,我们的宣传战思想战也愈战愈有力。11月9日,彭真为《晋察冀日报》改刊纪念题词:《晋察冀日报》是统一边区人民的思想意志和巩固团结共同抗日的武器,也是边区人民忠实的言论代表和行动指针,它将成为边区文化战线上铁的党军。

新乐县沙井惨案(11月9日) 沙井村位于新乐市东北部,抗日战争时期,在中国共产党的领导下,新乐县大队、区游击队和广大民兵对日军积极开展反"扫荡"斗争,给日伪军以沉重打击,仅1940年九十月间,就接连打了3次胜仗。日军企图进行报复,便从石家庄、保定、定县调集3000多人的兵力,配备各种轻重武器,对新乐县进行大"扫荡"。11月8日,新乐县大队两个排,一、四区两个小队,县公安局警卫队和近百名县、区干部共300余人转移到沙井村。9日凌晨,日军突然包围沙井村,县大队和县、区抗日武装人员立即进行反击和突围,由于敌我力量悬殊,只有18名战士冲出日军的包围。村内未能冲出来的干部、战士,与敌人展开近巷战。在这次战斗中,我军战士被日军直接杀死110多人,伤50多人,被抓走90多人,损失枪支近百支,被烧毁房屋300多间,被抢走大牲畜70多头,财物损失严重,日军制造了沙井惨案。

《晋察冀边区统一累进税暂行办法》正式颁布(11月10日) 晋察冀边区行政委员会于11月10日公布施行《晋察冀边区统一累进税暂行办法》,决定从1941年起在边区北岳、冀中和平西地区正式施行。办法指出,实行统一累进税是边区税收制度的重大改革,其基本精神是更加合理地调节各抗日阶层的经济负担,要求纳税人口占边区人口的80%左右,有利于发展边区经济,巩固与扩大根据地的抗日民族统一战线,支持长期抗日战争。其特点是把财产税、所得税、营业税融为一体,向财产所有人、收入所得人统一累进直接征收,把繁难的工作简单化。其要点为:(一)对各种资产与收入之征税与免税作了明确规定。(二)计算单位:土地计算单位为"标准亩"。资产收入计算单位为"富力”。（三）税等、税率、定分及最高率：根据每个家庭每人平均富力之多少，分为12个等级，其税率按等累进。（四）免税点定为，每人各种资产收入合计不足1.5“富力”者，概予免税；超过1.5“富力”者，只就其超过部分征税。12月15日，边区行政委员会又颁布了《晋察冀边区统一累进税暂行办法实行细则》。冀中统一累进税推行委员会于12月7日正式成立，行署副主任徐达本、抗联主任史立德任正、副主任。各专区也成立推行委员会，县以下各级均设审查委员会。统一累进税受到了抗日人民的普遍拥护，一些逃往敌占区的地主纷纷返回边区，在累进税征收中，不仅基本群众踊跃交纳，开展了“碾三遭米运动”，坚持把最好的粮食交给抗日政府，而且一些以往的顽固分子也积极参加政府举办的训练班，一些免税贫苦农民也争着纳税，认为为抗战作贡献光荣。到1943年1月召开边区首届参议会时，会议全面总结实施统一累进税的经验，对累进税的计算办法、税等、税率等问题作了重要修改。参议会后，由边委会正式公布了《晋察冀边区统一累进税税则》和《统一累进税税则施行细则》。晋察冀边区成为最早实行统一累进税的地区，它为其他根据地实行财政税收制度的根本改革提供了宝贵经验。

冀中区农救会、工救会、妇救会召开代表大会（11月） 11月，冀中区农救会、工救会、妇救会在定县邢邑村分别召开代表大会，总结一年来工作，确定今后工作的方针与任务。农救会代表大会选出侯玉田、郑靠山、田致忠、赵玉琪等23人为执行委员会委员，侯玉田为主任，郑靠山为副主任。工救会代表大会选出执行委员会委员十几人，周续辉为主任。妇救会代表大会推选韩朝新、狄越等20余人为执行委员会委员，韩朝新为主任，狄越为副主任，白芸为组织部长，郭茂桐为生活改善部长，李振庸为武装部长，刘清言为青年部长。

12月

舒同总结晋察冀军区建军工作（12月12日） 12月12日，舒同作《晋察冀军区建军工作之初步总结》，论述了创造部队的几点经验、巩固部队和不断正规化的工作、巩固部队和正规化工作总的经验与教训。到1940年12月，晋察冀军区部队发展到108 952人。晋察冀军区司令员兼政治委员为聂荣臻，参谋长为唐延杰，政治部主任为舒同，政治部副主任为朱良才，供给部长为查国祯。军区下辖八路军第三纵队兼冀中军区、冀热察挺进军和12个军分区、回民支队和南进支队。八路军第三纵队兼冀中军区司令员为吕正操，政治委员为程子华，参谋长为孙毅，政治部主任为孙志远。冀热察挺进军司令员为萧克，政治委员为陈漫远，参谋长为程世才，政治部主任为伍晋南。晋察冀军区骑兵营也于1940年扩建为骑兵第一团，团长为刘云彪。边区正规军建设的加强和部队的成长壮大，为巩固发展边区抗日根据地，长期坚持华北敌后抗战，粉碎敌人的“扫荡”，准备了一支坚强可靠的正规化武装力量。

阜平东庄战斗（12月14日）　东庄村位于阜平县城东10公里处，是西进县城的交通要道。1940年秋，日军向县城一带进犯，在东庄村建立据点，修地堡、工事、交通壕，并对附近村庄骚扰。为了保护人民的生命和财产，晋察冀军区决定打击这股敌人。12月14日晚，军区六团在团长李湘、政委杜文达的带领下，从柏崖史家寨村出发，分三路对东庄村实行包围。战斗打响后，在日军还不知情的情况下，一营进占东庄村，三营攻占东庄村北的一个山头，二营紧密配合，打得日军晕头转向。日军从县城增兵500人要解东庄之围，不敢走大路便从小派山而下，被二营及民兵阻击，日军只好从东庄村向河滩逃去，躲在河滩大渠里，利用沙梗阻击。战斗持续4个多小时，15日凌晨4时左右结束。日军死伤200多人，东庄据点被彻底拔掉。

彭真向中央报告边区开展大城市工作的决定（12月15日）　12月，彭真在接到中共中央关于开展城市工作的指示后，于15日向中央报告晋察冀边区关于对平、津、保、石等大城市工作决定的第一步具体工作：调平、津现有的可靠干部和党员来分局个别受训，训练后仍回平、津工作；由冀中、路西两个区党委调训一批能到平、津、保等大工厂及交通部门等去工作的可靠工人党员，并调一批家庭可以供给其到平、津、保和敌后城市各大学、中学上学的青年学生同志。派去的工人、学生党员第一步不作党的宣传，也不发展党员，绝不暴露面目，做到工人好好做工，成为技术好、与工人关系好的好工人，学生则成为学习用功、功课好、与同学关系好的好学生。第二步，审慎地、稳健地建立党的和平堡垒。所派去的人，所建立之党的组织，均不发生横的关系，只以各种极秘密技术的方式与我们保持较疏远的关系。

《晋察冀日报》社举行创刊三周年纪念大会（12月17日）　12月17日，《晋察冀日报》社全体职工举行创刊三周年纪念大会，彭真、胡锡奎、姚依林等领导人参加大会。彭真在会上讲话，说《晋察冀日报》是中国共产党北方分局的机关报，是代表最进步阶级说话的报纸。它不仅代表最进步阶级说话，而且代表全边区1500万人民说话，是全边区人民走向新中国的向导和灯塔。

聂荣臻发表《彻底粉碎敌寇“扫荡”，永远保卫晋察冀边区》的文章（12月18日） 12月18日，聂荣臻在《晋察冀日报》上发表题为《彻底粉碎敌寇“扫荡”，永远保卫晋察冀边区》的文章。文章详细阐述了敌人疯狂“扫荡”边区，子弟兵与敌英勇激战、拼搏，以及边区人民反“扫荡”的经过及其意义，并从军事、政治、经济、文化和统一战线等方面，论述了取得边区反“扫荡”胜利的有利条件及坚定基础。文章特别表彰游击军司令员王溥，指出：“我们此次反‘扫荡’战役中在台峪以东英勇作战光荣殉国的游击军司令员王溥同志，就是曾经受敌人压迫在冀东伪警防队，饱历痛苦，阅尽敌寇黑暗、野蛮的奴役，宰制与谋害，亲见敌寇对我祖国同胞横加凌辱、淫掠与奢戮，愤而高举义旗，反戈抗日，回到祖国战场上来，为保卫民族、保卫人民、保卫边区而不断奋战，终于流尽了他的最后的一滴血，洒在他所热爱的祖国的山川上。”

晋察冀边区银行第一办事处召开代办所负责人联席会议（12月20日） 12月20日，晋察冀边区银行第一办事处召开五台、盂县、定襄、崞县（东）、代县等代办所负责人联席会议，会期两天。会议总结了巩固根据地的经济阵容，以及打击伪钞、扩大边币市场方面的经验教训。会议决定，今后一段时间内对敌开展金融斗争的主要任务为：打通外汇路线，统制敌伪汇兑票据；扩大与巩固边币市场，肃清伪钞，解决白银问题；总结合作贷款；加强对代办所工作的领导和检查；在各区、村普遍开展兑换业务，加强对游击区群众的宣传教育。

容城县北后台突围战（12月21日） 为了加强对冀中十分区的领导，1940年秋，冀热察区党委为十分区培训了机要、报务人员，配备了一部电台，并决定由冀热察区党委书记马辉之率少数地方干部去十分区巡视工作。同时，十分区三十二团在平西休整已经结束，便与巡视人员一同返回冀中。12月20日晚，他们进驻拒马河两岸，一营和特务连进驻河南岸的大后台村，马辉之等和团部、二营驻河北岸的佟村、佟高庄一带。21日拂晓，保定、徐水、定兴、白沟等据点的日伪军3000余人分9路合击八路军驻地。日伪军采用声东击西的战术，对河的北岸八路军进行虚张声势的射击，而把重火力埋伏在河的南岸。三十二团领导见河南岸没有动静，以为没有敌人，就派一个连掩护马辉之等以及团直属队、团后勤驮子等几百人率先过河，团主力留在原地，准备阻截敌人。过河的队伍刚进大后台村即陷入敌人四面埋伏之中。马辉之指挥大家销毁电台、文件，进行突围。大后台突围战中，八路军在各种条件及装备极其不利的情况下，与几倍于己的日军激战一天，毙伤敌200人左右。八路军400余人除马辉之率领150多人冲出突围外，其余壮烈牺牲。

定县宣村歼灭战（12月26日） 百团大战还未最后结束，日军便调集了华北所有能够调遣的兵力，对敌后抗日根据地进行疯狂的报复性“扫荡”。日军首先集中兵力“扫荡”北岳区，对冀中区暂时采取守势。冀中区军民为了更直接地配合北岳区的反“扫荡”战役，从12月7日起，把作战重点转向山地与平原接合部的平汉铁路地区。二十七团、三十二团分别在松林店、徐水间炸毁了日军运输物资的火车3列，攻克据点多个。十七团、十八团越过平汉路，掩护满城、易县、定县、完县等地群众破坏公路，打击附近据点的小股日伪军。12月26日，十七团查明满载一个师团的武器装备的一列日军军车从保定开往石家庄，于是决定在定县以南宣村、黄宫城间铁路上埋设地雷，并进行设伏。晚8时，当由定县方向开来的日军军列行至十七团伏击圈内时，地雷齐响，列车出轨。埋伏在铁路两侧的十七团战士立即冲杀上去，经半小时激战，车上100多名日军全部被歼灭。这次战斗，共炸毁日军山炮7门、汽车40辆、坦克1辆、火车车厢13节，缴获山炮2门、长短枪100余支以及大批军用物资，从而获得晋察冀军区和八路军总部的嘉奖。29日，《晋察冀日报》为此发表《宣村歼灭战》社论，聂荣臻签发《表扬十七团宣村伏击战的通令》。

冀东区分委召开第二次扩大会议（12月底） 12月底，中共冀东区分委在蓟县盘山召开第二次扩大会议。会议由李楚离主持。会议全面总结了两年多来发展游击战争和创建游击根据地的经验，制定了今后的工作任务。会议集中讨论了党的建设、政权建设、群众工作、财政供给、合理负担、武装斗争和开辟新区等方面的问题，并作出相应的决议。会议决定民兵和地方武装归政府领导；统一游击根据地内的群众组织名称（一律改称“报国会”）；党组织要通过“报国会”，促进统一战线的发展，逐步改造村政权。会议还决定巩固两个主力团，发展县区游击队，并成立营级规模的教导队，以培训连排干部。会议期间，焦若愚召集各县长专门讨论了政权建设和合理负担等具体政策措施。会后，冀东根据地的建设工作有了较大发展。

1941年

1月

晋察冀边区党委改称北岳区党委（1月1日） 晋察冀区党委于1月1日改称北岳区党委，刘澜涛仍任书记，林铁任组织部长兼党校校长，胡锡奎任宣传部长。原晋察冀边区党委下辖各地委同时改为北岳区下辖各地委。晋察冀边区各群众团体亦改称北岳区各群众团体。但是，这时的北岳区没有建立相应的政权、军事机构，统归晋察冀边区行政委员会和军区直接领导各专署和军分区。1942年2月，冀热察区党委撤销后，平西、平北地委划归北岳区党委领导（原平北地委领导的丰（宁）滦（平）密（云）联合县划归冀热边特委领导）。1943年9月，又撤销北岳区党委，设中共北岳区工作委员会。

战时儿童保育会晋察冀边区分会发起成立（1月1日） 战时儿童保育会是抗战时期成立的以救济、教育难童为宗旨的民间团体。自抗战爆发以来，因战争造成了成千上万的难童亟待救济，1938年3月，战时儿童保育会在汉口成立，之后，各地陆续成立分会。1941年1月1日，彭真、聂荣臻、宋劭文、胡仁奎、吕正操、程子华、黄敬、萧克、马辉之等边区党政军民各界领袖发起成立战时儿童保育会晋察冀边区分会，以收养烈士遗孤及父母因从事抗战而无法抚养的少年儿童，保护并抚育革命后代。同时号召各界共襄义举，“保存民族精华，抚育革命后代”。1941年6月，战时儿童保育会晋察冀边区分会成立，随后，发布《成立宣言》及其组织章程和保育院组织章程，并推选刘素菲（女）、刘光运为正、副主任。《晋察冀日报》于1941年7月刊登了社论《战时儿童保育会晋察冀分会的创建》，提出：“儿童就是未来。保育儿童，保育中华民族的后一代，保育我们革命的后备军，这是这一代男女老幼的光荣职责，这更是共产党人严重的政治任务。”

行唐南龙岗战斗（1 月 3 日） 冀中第七军分区十七团于 1940 年 12 月 26 日在平汉铁路新乐至寨西店间的宣村发起的歼灭战结束后，到行唐南龙岗一带休整。1 月 3 日，驻行唐日军得到消息后，立即集结日伪军 300 多名直奔南龙岗。驻扎在南龙岗的是十七团三营、团部及一营，二营驻扎在相距不远的北龙岗村。早晨 6 时，日伪军到达南龙岗村西南，兵分三路对三营实施包围。三营发现敌情后，一面报告团部，一面抗敌。团部得到报告后，决心来一次反包围，将来犯之敌一举歼灭，遂命令二营副营长带领七连，配合三营十一连、十二连向敌人右翼迂回；二营营长带五连、六连向敌人左翼迂回；八连携重机枪一挺，占领村西高地，警戒行唐之敌。团部又命令第一营以一个连的兵力占领柳树沟村，防止敌人切断我军后路；3 个连控制安太庄渡口；团部特务连进入北龙岗村南工事，警戒东南河滩，保护右翼部队。7 时 30 分，十二连绕至敌右翼道沟里，七连、十连包抄敌人后路，将村南潜伏之敌歼灭，击毙日军 40 多名，俘伪军 18 名。紧接着，七连、九连、十一连、十二连同时发起冲锋，一举歼灭东路之敌。尔后，部队继续向西运动，将中路之敌包围。日伪军退居河堤内的独立房屋，企图顽抗，但因兵力悬殊，仅仅 20 分钟，就被八路军歼灭。中路之敌被歼后，以上 4 个连又赶往村西支援十连。此时，赶来支援的第二营五连、六连也已绕至敌后，将西路之敌完全包围，同时发起进攻，除 6 名敌人逃脱外，其余全部被歼。整个战斗从早晨 6 时开始，至上午 9 时全部结束，共击毙日伪军 200 余名，俘日伪军 25 名，伪警务局局长陈玉楼、特务系长孙贵其当场毙命。同时，缴获平射炮 1 门、轻重机枪 10 挺、长短枪 110 多支、炮弹 68 发、战马 30 匹等。部队转移时，两架敌机赶来报复，被击中一架。南龙岗战斗是抗战以来行唐境内最大的一次战斗。此战的胜利，不仅鼓舞了行唐人民的斗志，增强了人民战胜侵略者的决心与勇气，而且使定县、新乐、灵寿之敌大为震惊，士气严重受挫。

北方分局召开全委会议（1 月 10 日） 晋察冀边区反“扫荡”刚刚结束，北方分局书记彭真便于 1 月 10 日在平山韩丁村主持召开中共北方分局全委会议，研究边区的斗争形势，确定今后对敌斗争的具体方针、任务。会上，彭真就国际国内形势和边区形势及工作方针作了主报告。在对边区形势分析的基础上，彭真根据中共中央关于目前时局的指示和北方分局扩大干部会议的精神，进一步明确提出了边区党的工作方针：充实主力，壮大主力，广泛开展群众游击战争，更密切地与其他各种斗争形式相结合，不断粉碎敌寇进攻、“扫荡”，缩小敌占区；集中力量，抽调一部分区级干部，加紧突击落后地区，克服工作上的不平衡；严格整理与健全财政制度；加紧党的统一战线工作；严厉肃清党内外残存的强迫命令方式，发扬民主作风，密切党与群众的血肉联系，加强党员照顾全盘、照顾大局的观念；正确地贯彻并执行《双十纲领》，纠正无原则的让步投降、不敢斗争的右倾倾向和表面上拥护《双十纲领》，实际上则对《双十纲领》消极怠工的倾向；严格地深入地检查各级工作。彭真报告后，聂荣臻、刘澜涛、程子华等先后发言，就军事、政治、经济、文化建设等问题，进行了热烈讨论。最后，彭真作了结论报告，着重讲了巩固党的工作和生产、财政、贸易等工作。

关于巩固党的结论报告，彭真提出了十项任务：（一）突击落后地区；（二）有计划地编辑教材，定期检查党的教育工作，特别是策略的教育；（三）严格建立各级党委的会议制度，补充缺少的人员；（四）正确发挥党内民主，健全自觉纪律，清洗投机分子、异己分子；（五）动员全党在职干部从事理论学习，一切被清洗的，应通知本人（少数特殊的除外），并使其有越级上告权；（六）应把干部分为三类，只有政治面貌清楚、政治坚定的第一类干部才能分配以各级党的主要负责工作，尚无发现有问题的干部应分配以较次要的工作，有问题而无证明的第三类干部则不应分配秘密工作；（七）动员一批农村知识分子进入民中、联大，对他们进行教育；（八）党员应掌握一定的军事知识及武器的使用方法；（九）党应是绝对统一的，各部门工作只是分工，而不是单独的系统；（十）有计划地培养当地干部，使其成为群众领袖。

关于财政问题，彭真就财政整理和征收统一累进税提出了具体意见。他指出，县、区财政整理是目前财政整理的重要项目。在统一累进税实行后，县、区收支即由边区统一，一切地方款一律停止。村财政整理的方向是停止一切摊派罚款，严格实行预决算制度。征收统一累进税，冀中因通货缺乏，一次全部征收确有困难，分两次征收群众又感到过于麻烦，可一次征收，以税收半数作为贷款随收随贷，以调剂金融。免征点的规定一般应迁就生活水准较低的地方。免征点规定太高，应降一个富力为免征点，或降低标准亩。

关于生产问题，彭真指出，目前边区生产发展不平衡，有些地方高于战前水平，有些地方则低于战前水平；有些地方群众劳动积极性提高，但有些地方则降低。发展生产，必须注意八个问题：（一）春耕与秋收、夏锄与秋耕时，要停止群众勤务，保证群众有充分劳作时间；（二）调整劳资关系；（三）发动广大妇女参加生产；（四）提高村级干部的生产积极性；（五）农会、工会应担负改良生产技术、发展生产的责任，各级政府实业部门应逐渐补充得力的技术干部；（六）破路应有组织地进行，从冀中往冀西运粮应成为农闲时的突击工作，以调剂群众勤务负担；（七）各部门各机关要开展广泛的热烈的春耕突击运动，一切群众勤务一般应一律停止；（八）有计划地繁殖牲畜，由政府委托群众经营，在双方有利的情形下做好组织工作，同时在群众中普遍进行保护牲畜的教育，适当调剂群众的勤务，以遏制牲畜的锐减。

关于贸易问题，彭真指出，对外贸易要统制，但应由政府按限制必需品出口、鼓励必需品入口、限制非必需品入口、鼓励非必需品出口的原则，征收出入口税来统制对外贸易，而不是由贸易局来统制或独占对外一切贸易。贸易局是调剂贸易的机关，不是统制贸易的机关。境内贸易应完全自由，允许自由竞争。合作社不得用行政力量干涉自由竞争，不得强迫群众到合作社买卖货物。彭真还就劳资关系、工会问题、充实主力、突击落后地区与开辟新区、锄奸工作、青年知识分子、平原地区工作、公共卫生等问题，提出了具体意见。

关于文化运动，彭真指出，边区文化运动的方针是提高文化人的文化水平，同时提高边区大众的文化水平。文化运动是新民主主义革命的一个部分，以其各种特殊形式为实现其总的任务而奋斗；以实现斗争作为文化创作的基础，与实际的斗争血肉般地联系起来。彭真还指出，要组织边区文化界救亡联合会，领导边区各协会、北岳区文救会、冀中文建会和平西文救会；各协会是边区文化人的组织，其任务是研究、创作、介绍与批评；文救会是各群众团体与各机关统一的宣教机关，其任务是在文化方面加以推动，其他的行政方面的工作则应由政府办理。彭真还对各级文救会与各级群众团体的关系、文化人的待遇、部队剧团、出版及文化人的团结等问题，提出了重要意见。

彭真在北方分局全委会议上的报告，经过充实完善，于1941年1月15日以《目前政治形势》为题刊登在晋察冀根据地的《边政导报》上。

晋察冀边区行政委员会开展粮食平粜工作（1月12日）　在抗日战争时期，粮食成为敌我激烈争夺的主要物资。为了阻止敌人对边区粮食的掠夺和套购，并应付可能遇到的灾荒，调剂市场粮食，平抑粮食价格，帮助群众发展生产、改善民生、度过春荒、保证抗战用粮，早在1940年秋，晋察冀边区行政委员会就开始号召边区人民集资购粮。1941 年 1 月 12 日，晋察冀边区党委决定投资 300 万元、集股 300 万元，成立边区平粜（平粜是指政府在荒年缺粮时将仓库所存粮食平价出售）委员会，开展粮食平粜事业。邵式平、陈庸为平粜委员会正、副主任，专门负责此项工作，并公布暂行简章。平粜委员会下设组宣、股票管理、出纳、运输储备、总务 5 部，从成立即日起开始工作。平粜委员会的成立，让边区政府掌握了大量的粮食，不仅使 1941 年全年边区军需民用粮食有了可靠保证，帮助边区群众度过了 1941 年的春荒，还平抑了边区全年的粮食价格，打击了奸商的囤积居奇，避免了“谷贱伤农，谷贵伤民”和粮食流向敌占区。1941 年秋，平粜委员会又投资 500 余万元大量购买粮食，解决了 1942 年全年边区军需民用粮食问题，克服了因 1941 年秋日伪对边区进行“铁壁合围”大“扫荡”所造成的严重粮荒，为抗战胜利起到了保证作用。

北岳区开展第四次村选运动（1 月 15 日） 经过 3 年的村选，特别是 1940 年大规模的民主选举运动后，北岳区的民主建设和抗日民族统一战线走上了新的发展时期，并形成了空前的民主热潮。为了更加扩大民主范围，调动更广大人民的抗日积极性，按照中央的指示，北岳区 1941 年发动了旨在加强基层政权的村选运动。1 月 15 日，中共北岳区党委发出《关于 1941 年村选及村建设的决定》，对 1941 年即将进行的村选及村建设作出了详细的规定：村政权必须在“三三制”的基础上进行改选，实行以公民小组为单位的村代表选举制度；要以充分的准备和深入的动员去开展村选工作；要高度发扬大众的民主主义的作风，坚决反对一切变相的强迫命令的动员工作；要普遍吸收广大群众对村政权和各级政权的意见和批评，充分发挥自我评价的革命精神；各级党委负责人要随同各地组织的工作团到各地检查工作，随时研究总结和应用发展各种工作和斗争经验。

这一决定发出以后，北岳区各村立即按照规定开始了更广泛的村选运动。各级党政组织按照“三三制”原则进行广泛的干部和群众动员，运用各种方法调动民众参与政治的积极性，以实现乡村政权整合目标。这次村选，是 1940 年民主选举运动的延伸、深入和补充，是边区村政权第四次的改选，共有 633 个行政村进行了村选，参选群众 33 453 人。据北岳区 10 个县村选统计，在所有的村代会和村政委员会中，共产党员平均占到 33%，党外进步势力和中间势力平均占 67%，基本达到了“三三制”的要求。这次村选运动，完成了基层政权的重建，完善了新民主主义的村政权，提高了干部素质，增强了群众的参政热情和对政府的信任感，为抗日根据地政权的巩固和发展奠定了重要基础。

晋察冀边区行政委员会召开庆祝边区成立三周年大会（1 月 15 日） 晋察冀边区行政委员会于 1 月 15 日召开庆祝晋察冀边区行政委员会成立三周年纪念大会。宋劭文作边区政权工作报告。当时正值北方分局全委会议召开期间，大家得到皖南事变的消息后，感到无比震惊和气愤，彭真出席了庆祝晋察冀边区成立三周年大会，并发表长篇演说，高度赞扬边区过去一年来在坚持抗战、反对投降斗争中所取得的伟大成绩；严厉谴责了国民党顽固派、亲日派坚持反共，阴谋制造皖南事变的无耻行径；号召“全边区 1500 万人民紧急动员起来，和顽固派、亲日派的反共阴谋作无情的斗争!”① 大会决定通电全国，抗议国民党顽固派制造皖南事变的反共罪行，要求严惩祸首，还发布了《告全边区同胞书》。《晋察冀日报》于 1 月 29 日发表了题为《准备应付巨大的突然事变》的社论，驳斥皖南事变后国民党顽固派对江南新四军的无耻造谣中伤，揭露其抗战以来坚持内战、分裂、投降的种种倒行逆施。彭真和聂荣臻一起，领导边区党政军民举行各种抗议活动，通电全国，掀起了反分裂、反投降的热潮。

冀东区分委发动破交战（1 月 15 日至 5 月） 从 1940 年冬季开始，日军对冀东抗日根据地进行疯狂的分割封锁、围攻“扫荡”。日军在各据点之间普遍修建公路、架设电话线，加强交通联系，企图依靠这些公路，分割封锁各抗日游击区和根据地，以便迅速集结兵力，进攻游击区和根据地。为了粉碎日军的分割封锁、围攻“扫荡”，冀东区分委分别于 1 月 15 日、3 月 15 日和 5 月初发出了对日军交通进行“大破袭”的动员令。中共冀东区分委于 1 月 15 日发布“大破袭”动员令后，全区军民齐出动进行大破击。到 2 月间，全区参加破坏交通的军民达 8 万人次，使冀东区内日伪军的交通线和通讯网一度全部陷于瘫痪状态。3 月 15 日，冀热察区党委发出对冀东工作的指示信，指出，冀东已基本完成了建立大块游击根据地的任务，但是发展得还不够平衡，“更广泛地发动群众游击战争，进一步削弱敌伪在游击区的统治，求得在比较巩固区根本摧毁敌伪统治，求得大块游击根据地进一步的巩固，是目前冀东党的中心任务”。为了完成这一

---

① 《晋察冀抗日根据地》史料丛书编审委员会编：《晋察冀抗日根据地》第三册（大事记），中共党史资料出版社 1991 年版，第 121 页。

任务，5月初，冀东区党委再次发出“大破袭”动员令，号召全区军民“以战斗精神纪念革命的红五月”。动员令要求在5月中使日伪军在基本区内的公路不能通车，电话不能通话，我军经常袭击日伪据点，使之昼夜不安。5月1日，十二团第二营和十三团第一营、第三营，与地方武装配合，在玉田县渠梁河一带设伏，一举击毙日军南木铁雄大尉以下日伪军150余名，伤200余名，缴轻机枪4挺、长短枪200余支。在主力部队作战胜利的鼓舞下，破击战立即全面展开。日伪军刚刚修复的公路和电话设施又重遭破坏。在破坏交通时，我军还结合进行爆破活动，在已破坏的公路旁或电线杆附近埋设地雷，当日伪军赶来修复时便被炸得人仰马翻。我军有时夜间还秘密地在据点外围栅栏门上挂手榴弹，造成了日伪军的恐惧，不敢随意行动。为了配合破击战，丰（润）滦（县）迁（安）联合县各村还组织了锣鼓队，在进行破击时，数十个村子锣鼓齐鸣，声闻数十里，使据点内的日伪军心惊胆战不敢出扰。遵化县的群众还组织了鞭炮队，在进行破击中，在铁筒里燃放鞭炮借以迷惑日伪军，丰（润）玉（田）宁（河）地区还组织了火枪队，配合主力作战和封锁据点。

在大破击战中，一些县区抗日政府还发动群众对日伪军据点施行封锁围困，同时，抗日政府大破伪满在热河地区的封锁，鼓励口内外物资交流，不仅局部改善了口外人民的生活，而且扩大了抗日政权的政治影响。由于群众性游击战争的广泛开展，游击根据地获得了空前的发展，武装力量也迅速扩大。

***渠梁河伏击战（5月1日）**　在大破袭中，冀东军民还经常伏击外出的日伪军。5月1日，冀东八路军第十二团第二营和第十三团第一营、第三营，与地方武装配合，在玉田渠梁河伏击战中，击毙日军南木铁雄大尉以下日伪军150余名，伤200余名，缴获轻机枪4挺、长短枪200余支。在这次战斗中，丰（润）玉（田）遵（化）第八区的“报国队员”（民兵）10多人在高桥要路口埋伏，配合打援，歼灭鸦鸿桥援敌13名，迫敌援军回窜。为此，唐山日军大为震惊，立即宣布戒严。驻丰润的日军顾问佐佐木二郎召集伪乡长会议，扬言要由天津调兵来围攻冀东八路军。

中共中央决定彭真赴延安参加中共七大（1月25日）　中共中央于1月25日致电北方分局，决定彭真赴延安参加中国共产党第七次全国代表大会。彭真离职期间，由聂荣臻代理北方分局书记。为了保证彭真赴延安途中的安全，聂荣臻安排了足够的兵力，进行了缜密的侦察、多方面的警戒，对如何通过同蒲铁路敌人的封锁线，以及具体的行军路线，作了周全的部署。3 月下旬，彭真从平山县驻地出发，经过晋西北抗日根据地渡过黄河，奔赴延安。由于敌人严密封锁，彭真一行辗转、周折，花了一个月左右的时间，才通过敌人的封锁线，到达晋绥边区党政军机关驻地兴县。几天后，彭真带着随行人员到了延安。

潘家峪惨案（1 月 25 日） 潘家峪村位于唐山市丰润区，是腰带山中的一个山村，是冀东地区丰（润）滦（县）迁（安）联合县抗日游击根据地的中心区。1 月 25 日拂晓前，驻唐山、丰润、遵化、玉田、迁安、滦县等地的 3000 多名日伪军，在日军指挥官佐佐木二郎的率领下，将潘家峪团团包围起来。他们将伪军全部安排在四周的山上站岗，日军则进入村中，用枪托、刺刀把村民全部驱赶到位于村中心的西大坑。因西大坑不便警备，日军就临时改变了主意，将村民赶到了地主潘惠林的大院。此院分东、中、西三院，前后三层房，四周是一丈多高的院墙，院内已经铺满浇了煤油的松枝柴草。周围院墙上站满了荷枪实弹的日军，土堆和平房顶上也架起了机枪。随着佐佐木的号叫，日军点燃了柴草，机枪、步枪一起向村民射击，手无寸铁的村民陷入了浓烟烈火和枪林弹雨之中。英雄的潘家峪人民用血肉之躯同敌人展开了殊死的抗争，大家一起冲向大门，但在日军机枪的扫射下，大部分人倒在了血泊之中，只有潘国奎、潘树林等十几个人从东院北门冲出大院，侥幸逃离虎口。与此同时，日军又从村外南山坡搜捕杀害了 32 人。屠杀一直持续到傍晚，日军才退出了潘家峪。在这次惨案中，惨无人道的日本侵略者共屠杀无辜群众 1301 人，烧毁房屋 1398 间，村内所有财物被毁坏抢掠一空。

惨案发生的第二天，冀东军分区党政领导率领十二团的官兵来到潘家峪，带来大批粮食、衣物、药品，挨家挨户地慰问、安抚。当时就有 12 名幸存者参加了八路军，进入复仇的行列。5 月 9 日，冀东党政领导在火石营村召开各村群众参加的追悼大会。会上，冀东军分区政治部主任刘诚光庄严宣布“潘家峪复仇团”成立。

兴隆县狗背岭惨案（1 月 25 日） 兴隆县狗背岭位于兴隆县城西 30 公里处，属六道河镇朱家沟村境内。1 月 25 日，伪兴隆县警务科得到狗背岭山后朱家沟、小西天、响水湖等地有抗日政府工作人员活动的情报后，立即派遣六道河警察分驻所警察前去搜捕。伪警察一进山后，就遇到了在此地休整的八路军部队，遂被抓获。伪兴隆县警务科长、日本军官神内兼一听到后，大动肝火，亲自带领200多名日伪军前去“围剿”。日军进山后，八路军早已撤离。神内兼一气急败坏地号叫：“山里百姓坏了良心，抓到后格杀勿论!”命令下达后，日军施以疯狂的报复行动，烧毁民房154间，残杀无辜群众47人。

北方分局对平北工作作出指示（1月31日） 平北抗日根据地地处北平以北，（北）平承（承德）铁路以西，（北）平张（张家口）铁路以北，长城内外一带地区，是伪满、伪蒙疆、伪华北三个伪政权的结合部，是侵华日军的战略后方，战略地位十分重要。平北抗日根据地开辟稍晚，到1941年春，数块小的根据地连接扩大为大块的平北抗日根据地，东西约250公里，南北约200公里，人口约40万。此时根据地处于稳定发展时期，并不断巩固和扩大。1月31日，中共中央北方分局发出《关于平北两年工作的指示》，提出在政策上应特别注意巩固与扩大统一战线，并对政权建设、军事建设、财经工作、党的工作等问题作了具体指示。

冀中军民发动交通战（1月至4月） 1941年1月，日军在冀中实行“新交通政策”，企图通过“水路蛛网”的交通线达到分割冀中平原，“置冀中军民于囚笼”，分块“蚕食”的目的。1月至4月，日军增修公路250余公里，挖封锁沟300余公里，新建据点、碉堡200多个（座）。针对日军的“新交通政策”，在晋察冀军区直接领导下，冀中区人民武装在正规军的支援和配合下展开了交通战。从1941年1月开始，冀中军区进行了以破坏交通为中心任务的大破击战。通过拆城墙、挖道沟、破坏铁路公路及附属设施等方式，改变了平原交通地形，限制了敌人的快速机动，给敌人用“点线政策”确保冀中的战略计划以严重的打击，保证了冀中平原根据地的巩固和发展。据统计，在此期间，冀中军区破坏公路148公里，平封锁沟70公里，拔除敌人碉堡20座（群众武装单独破击的成绩未计算在内）。

北方分局成立城市工作委员会（1月） 根据中央“以各根据地的党为据点，开辟各大城市工作”的指示，中共中央北方分局于1月成立城市工作委员会，委员会由聂荣臻、刘仁、刘慎之、许建国组成。书记为聂荣臻，刘仁、刘慎之主管日常工作。党的城市工作的主要内容，是对城市群众秘密宣传，提高人民的抗日觉悟，提供情报，为根据地输送知识分子及各类人才，为根据地购买紧缺物资等。鉴于平津唐点线工作委员会遭受破坏的教训，北方局决定不在敌占城市设立统一的领导机构，而由设立在根据地的城市工作委员会采取“异地领导”“多头联系”“单线联系”的方式开展敌占城市的工作。此前，城市工作委员会的交通线与社会部的交通线交叉使用，敌占城市内城市工作委员会系统的组织与社会部的组织也有交叉。这种情况很容易互相影响，这家遭到破坏就必然影响到那一家。因此，北方分局决定把城市工作委员会系统与社会部系统两家严格地分开。城市工作委员会决定建立自己独立的交通线。1941 年，城市工作委员会陆续开辟了多条秘密交通线，为根据地获取了大量情报，输送了大量的人才，购买了许多紧缺物资，有力地配合了晋察冀根据地的抗日斗争。

晋察冀第二军分区建成四条红色交通线（1 月起） 为沟通各根据地之间的联系及各根据地与中共中央和北方局之间的联系，晋察冀边区陆续开辟了多条秘密交通线。从 1941 年 1 月起，晋察冀边区在第二军分区境内建成 4 条经晋绥边区到延安的红色交通线。专门负责这项工作的是中共北方局西线秘密交通总站，总站设在定襄县窑泉村，对外称“河南武装工作队”，王觅轩为站长。4 条交通线分别为：（一）由定襄窑泉经南涧、芳兰过忻窑支线，再经管家营过滹沱河，经马城、横山、上零山，到崞县的蔡家岗、荣华村、白水村，然后过同蒲路到晋绥边区；（二）由窑泉出发，经五台县至崞县同川过同蒲路到晋绥边区；（三）由窑泉经定襄五区管家营过滹沱河，再经复兴寨到忻县（东）过同蒲路到晋绥边区；（四）由窑泉沿丛蒙山到阳曲（东）过同蒲路到晋绥边区。4 条交通线的沿线均有固定的秘密交通站，工作人员达 120 余人。至 1945 年 8 月，这 4 条交通线除传达了大量文件、报刊、资料等外，还掩护了大批过路干部，其中掩护部长级干部 40 多人次，其他干部、学生等 2000 余人次，出色地完成了任务。

平北根据地开展春季反“扫荡”（1 月至 3 月） 平北抗日根据地开辟较晚，但战略地位十分重要。平北抗日根据地的开辟，使日军非常恐慌，所以对平北根据地的“扫荡”一直没有停止过。1941 年 1 月至 3 月，日军调集兵力，对平北根据地开始连续进行分区“扫荡”，妄图歼灭或驱逐八路军主力部队，一举摧毁平北根据地。日军集中兵力，采用“梳篦战术”，反复“扫荡”平北中心区——龙（关）赤（城）第一、四、五区，并惨无人道地实行“三光政策”，在丰宁县和滦平西郊等 498 个山区村庄实行“集家并村”。平北八路军主力部队避强击弱，转移外线作战，县区干部率领游击队和民兵在内线与敌周旋，采用麻雀战术，疲惫、迷惑敌人。2 月 4 日，琉璃庙子伪警察大队 300 余人向白河川一带进犯，被八路军冀热察挺进军第十团诱至马营以北的鹿皮关予以歼灭。3月，第十团继续袭击怀柔的木林、古北口以北的东营子、白马坡等据点，给日伪军以重大杀伤。第十团还在龙（关）延（庆）怀（柔）地区截击敌人，粉碎了从张家口等地出动的3000多名日伪军的“扫荡”。接着，在阎家坪、小鲁庄、西马坡、狮子沟等地主动袭击、伏击日伪军，连续获得胜利。至3月，终于粉碎了日军这次大“扫荡”。

***阎家坪战斗（1月30日）**　1月30日拂晓，日军第二独立混成旅团五十联大队之一部，纠集怀来、龙关两县的伪警察部队共计1000余人，分三路向阎家坪进攻。平北支队第一大队在龙（关）延（庆）怀（来）县政府警卫队的配合下，奋起反击，一直激战到天黑，打得敌人首尾不能相顾，狼狈逃窜。这场战斗毙敌30余人，缴获山炮1门、轻机枪2挺、掷弹筒1具、步枪30支。

***鹿皮关战斗（2月4日）**　在平北根据地1941年春季反“扫荡”中，2月4日，琉璃庙子伪警察大队300余人向白河川一带进犯，被八路军冀热察挺进军第十团诱至马营以北的鹿皮关一带，第十团团长白乙化同志带领十团在分析敌我态势之后，决定设伏迎敌。当敌人钻进我伏击圈后，白乙化指挥战士向敌人猛烈开火，激战一昼夜，毙伤敌200余人，俘伪中队长以下35人，缴获各种枪支100余支。白乙化坚持亲临第一线指挥，警卫员多次把他拽走，他都坚持回到最前沿阵地。战斗中，敌人的一颗子弹射中了他的太阳穴，白乙化不幸牺牲，年仅29岁。白乙化，满族，辽宁辽阳县人，1931年在东北参加抗日。1939年任华北抗日联军副司令员，1940年任冀热察挺进军第十团团长，是平北抗日根据地的主要创始人之一。

2月

晋察冀边区颁布出入口税暂行税则（2月1日）　为了便利军需民用与促进生产事业，保护贸易，限制资金外溢，晋察冀边区于2月1日颁布了《晋察冀边区出入口税暂行税则》。税则规定，边区出入口税由边区各地出入口税局统一征收；征税所用票证由边区行政委员会统一监制颁发，不是统一监制票证的可以拒绝纳税；凡边区出产之货物输出边区以外者为出口货物，按种类依规征税；凡非边区出产之货物输入边区以内者，为入口货物，按种类以税则征税；未在税则范围内的货物，无论军用民用，均准免税入口。货物入口时，无论公私商贩还是机关团体或个人，应即执证向出入口第一征收机关报纳税款，并按价征收，有证明文件者不以出入口论。此外，对禁止出口货物、禁止进口货物、出入口货物种类、征收税率、透漏走私的处分等情况也进行了具体规定。

冀中贸易分局召开各县贸易局长联席会议（2 月初） 日本侵略者为了解决物资困难，并妄图从经济上摧毁抗日根据地，于 1940 年 8 月开始对敌后各抗日根据地实行经济封锁，这造成了根据地进口物资紧张，价格上涨，出口物资价格下跌，经济困难。为了适应经济斗争的需要，反对敌人的经济封锁，组织物资输出输入，扭转不等价交换现象，冀中行署决定将各级贸易局与出入口税局合并成各级贸易管理局，无论稽征、外汇、业务活动都由该局管理，以集中力量统一对敌经济斗争。同时决定以粮食专卖为中心，配合管理外汇、平抑物价和组织商人的工作，发动全面的对敌经济攻势。为落实上述工作，1941 年 2 月，冀中行署召开各县贸易局长联席会议，2 月 4 日，会议结束。会议作出决定如下：（一）加强贸易机构。贸易局和税务局合并成各级贸易管理局，统制对外贸易。（二）切实管理外汇。根据敌后外汇的特点，决定由银行掌握政策，贸易局具体执行。（三）实行管理商业。为了建立严密的商业组织和加强对商人的团结教育工作，大会决定完成商人登记，组织商业小组，建立区商业联合会。（四）掌握交通运输。以专区为单位，建立运输业务，办理一切商民的运输业务。

根据会议精神，冀中贸易局和税务局于 9 月合并为冀中贸易局。合并后的主要任务是扶植生产，进行内外调剂，组织剩余物资出口，购进必需品。贸易局和税务局合并后，各级政府认真执行了“对内贸易自由，对外实行统制”的政策。对外主要集中力量开展对天津的贸易斗争，由商人采购煤油、纸张、药品、五金、弹药、电讯器材等军需民用物品。对内贸易主要是开展冀中的土布、棉花与北岳区山货、牲畜、硫黄等物资交流。这种内外物资交流，是在敌我犬牙交错、封锁与反封锁残酷斗争的环境中进行的。因此主要靠公营商店、合作社的力量进行，同时也注意发挥私商小贩的作用，特别是《双十纲领》颁布后，提出了团结商人的方针，引导其为抗战服务。据当时 22 个县统计，有 1300 个商人小组，8 个区商联会，这对发展生产、活跃经济起到了积极作用。

北岳区党委召开扩大干部会议（2 月 10 日） 为了贯彻中共中央北方分局扩大干部会议精神和全委会议决定，确定 1941 年的具体方针与任务，揭露国民党制造“皖南事变”的阴谋，巩固抗日民族统一战线，中共北岳区党委于 2 月

10日在平山县水峪村召开扩大干部会议。刘澜涛在会上作报告，阐明了北岳区当前形势的特点和任务，以及全面贯彻执行《双十纲领》中的几个具体政策问题。刘澜涛在报告中指出，我们的任务是动员党内外一切力量，巩固已有阵地（山岳根据地与平原根据地）；积极、主动、有计划地突击落后地区；巩固地猛烈地开展新地区的各种工作；克服工作中严重的不平衡现象，缩小孤立敌占区，勇敢坚决地与日军、汉奸争夺群众，争夺地盘，随时准备迎击与粉碎敌人新的“扫荡”，永远保卫与发展晋察冀边区。在谈到全面彻底执行《双十纲领》时，他指出，《双十纲领》是晋察冀边区3年来伟大斗争的反映，是党中央抗日民族统一战线在边区的地方化和具体化的结晶，是目前边区全党工作的总方向和检查工作的总尺度。它是为了巩固发展边区统一战线，从政治上经济上保障工农劳苦群众生活的改善，并为了保证边区有顽强健康的长期持久性而发布的。《双十纲领》的发布，使边区抗日民族统一战线发展到了一个新的时期。①

聂荣臻参加了会议，并在会上作了报告。聂荣臻在报告中指出，华北连年灾荒，国民党反共顽固派却要八路军、新四军撤到老黄河以北，企图置之死地。这是阴谋，必须坚决反对。他具体地阐述了党的抗日民族统一战线政策，指出，我们今天的抗日民族统一战线政策，它不是一切联合否认斗争，也不是一切斗争否认联合，而是综合联合与斗争两方面的政策。我们的策略原则是利用矛盾，争取多数，反对少数，各个击破。② 而在外交政策上，我们的根本方针，是在坚持独立战争与自力更生的原则下，利用外援，而不是放弃独立战争与自力更生去投靠任何帝国主义。晋察冀军区今后的方针是壮大主力部队，使之更能机动，应付全国事变，开展地方工作，开辟新区，要与敌人一村一山地争地盘，以扩大我军对“面”的占领。

大屯惨案（2月11日） 大屯村位于宽城县碾子峪乡，坐落在燕山深处、长城脚下的长河北岸，原属迁（安）青（龙）平（泉）联合县第五区。全面抗战爆发以后，八路军开始进入这一地区，群众抗日活动日益活跃。这引起了日军的警惕，为实施武力镇压计划，加强所谓“治安肃正”，日军在这一带修筑了

① 参见晋察冀边区革命史编纂委员会编《晋察冀边区革命史编年》，河北人民出版社2007年版，第412页。

② 参见晋察冀边区革命史编纂委员会编《晋察冀边区革命史编年》，河北人民出版社2007年版，第413页。

许多据点和伪警察署所。2 月 11 日，日本军官铃木带领 300 余名日伪军携带大炮“围剿”大屯村。日伪军先是用炮击，然后用机枪扫射，之后进村挨家挨户地屠杀手无寸铁的人们，然后把汽油倒在房子里，将其点着。大屯村群众进行了殊死反抗，但由于力量悬殊，很多人遭到残杀。到凌晨 4 时，敌人在大屯村杀人、放火、抢掠整整折腾了 5 个小时才离去。这个仅有 140 户、460 口人的村庄，被日军血腥屠杀了 187 人，日军共烧毁房屋 535 间，烧死毛驴 10 头、猪 120 头、羊 350 只，抢夺粮食 15 万公斤、猪肉 750 公斤，生产工具、生活用品等被烧抢一空。

遵化鲁家峪惨案（2 月 14 日）　鲁家峪位于遵化县城西南，在遵（化）玉（田）丰（润）三县接壤地带。由于群山环抱、岩洞满谷，山上密林覆盖，地面沟壑纵横，犹如天然迷宫。早在 1927 年，这里就建立了党的组织。1938 年冀东大暴动，鲁家峪有 130 多人参加了暴动队伍。1940 年 1 月 1 日，在遵化县葛老湾会议上，冀东区党分委正式确定鲁家峪为冀东中部革命根据地。鲁家峪抗日军民的革命行动，使日伪军惶恐不安。日伪军的小股敌特，经常在此失踪匿迹，这更引起他们的怀疑和重视。敌军的“清乡”也被八路军和民兵击败。日军恼羞成怒，趁“强化治安”之机，对鲁家峪多次进行重点“围剿”，制造了鲁家峪惨案。

1941 年 2 月 14 日，驻唐山日军副司令员米左，纠集了日伪军 1000 多人“围剿”鲁家峪。当时八路军机关单位设在鲁家峪大庄里的东峪、北峪和宝龙峪等村内，并有山洞、地洞等供隐蔽。为了保密，还制定了军民共同遵守的规定，凡外人到鲁家峪办事探亲，只能到大庄，就连运送伤员，也得换成鲁家峪村的报国队员转送，不明身份的人严禁入内。所以，日军到鲁家峪一带多次“围剿”，也没有摸到根据地底细。这次日军包围鲁家峪，一是寻找八路军主力进行报复；二是摧毁鲁家峪根据地一切设施；三是找村干部，破坏村政权。

2 月 14 日，日军包围了鲁家峪大庄，未来得及转移的七八百名群众被日军驱赶到该村虫王庙前的干河沟里。日军先对青壮年进行赤身检查，认定他们不是八路军后，又逐个审问。在一无所获后，米左凶相毕露，指挥日军和特务从人群中拉出刘志顺等 30 多人，对其棒打石头砸。日军还逼两个农民躺在雪地上，然后穿着皮鞋用力踩在他们身上，让他们说出八路军和村干部所在。尽管遭到百般折磨，但没有一个群众屈服。日军的企图失败后，就分头放火烧房。

霎时，鲁家峪大庄成为一片火海，浓烟大火整整烧了半天。傍晚，日伪军才离开鲁家峪。此次大火，烧死 9 人，烧伤 6 人，大牲口烧死 26 头，房屋焚毁 1931 间，粮食、衣物和生产工具除被抢走以外，焚烧一尽。

冀中行署召开各界春耕运动联席会议（2 月 16 日） 为做好当年春耕备耕工作，2 月 16 日，冀中行署召开各界春耕运动联席会议，出席会议的有行署徐达本主任、吴砚农秘书长及工、农、妇、青、文、武各团体及军区政治部、民运部等单位的代表，会议讨论了春耕计划及春耕的人力、畜力、种子等的调剂和扩大春耕面积等问题，并作出了相应的决定，确定了推动春耕运动的领导机关。会后，冀中行署据此精神向各专署、各县发出春耕的指示信。2 月 20 日，《晋察冀日报》发表社论《今年春耕运动的几个问题》，指出，今年的春耕是最困难的一个年头，应特别注意下列几个问题：（一）为了免除对劳动力的消耗，以便集中所有劳动力于春耕阵线，不必要的勤务，必须免除，要保证边区人民不失农时；（二）为了增加劳动力量，应该广泛发动妇女参加春耕；（三）村级不脱离生产的干部，他们原本是劳动出身的，在春耕运动中，更须积极参加生产；（四）地主和农民关系的协调与否，影响春耕甚大，应该协调和改善地主与农民的关系；（五）边区军政农学各界，应该在春耕期间，展开春耕突击运动，帮助群众从事春耕；（六）增加生产量，提高生产率，除了发动和集中极大的劳动力从事生产以外，还必须注意提高生产技术。此外，还要注意春耕的保卫问题。文章还号召全边区人民，为春耕的胜利而艰苦奋斗。《冀中导报》也发表了《人人要参加春耕运动》的社论，号召更加提高全体人民的生产积极性，组织人力，调剂牲口，开展互助，给贫苦抗属代耕，改良技术，争取把农业生产大大提高一步。这一系列措施，保证了冀中春耕工作的顺利完成。

冀中区党委召开高级干部会议（2 月 22 日） 为了贯彻《双十纲领》，传达贯彻中共中央北方分局《关于形势与 1941 年工作方针的指示》，做好 1941 年的各项工作，巩固抗日民族统一战线，中共冀中区党委于 2 月 22 日召开高级干部会议，区党委书记黄敬在会上作了《统一战线和〈双十纲领〉执行问题》的报告。报告指出，在目前严重形势下，正确地把握党的统一战线的各种政策有很大的重要性，《双十纲领》是边区三年执行与运用党的政策经验的结晶，是适合于全国及边区抗战形势与阶级关系、阶级力量发展的结果。此外，黄敬结合冀中的具体情况，对进一步加强根据地建设提出了明确要求，作出了具体部署。

在华日人反战同盟冀中支部成立（2 月 23 日） 抗日战争时期，一些觉悟了的日本士兵和日本俘虏，在中国共产党的努力争取感召下及日本共产党人的积极领导下，脱离日本军队，成立在华日人反战同盟，毅然加入中国人民反抗侵略战争的行列，掉转枪口对日本法西斯反戈一击，成为世界战争史上的奇迹。1939 年 7 月 7 日，觉醒的日本士兵在延安组织成立了在华日人反战同盟。1941 年 2 月 23 日，在华日人反战同盟冀中支部在唐县南洪城村成立，成员有田中、东忠、吉田、小松、中山，后来又增加了松山、后滕和小友、西村、小狄等，田中任支部长，东忠任副支部长兼宣传部长。这是在华日人反战同盟 21 个支部中的 1 个，成员共 16 名。5 月 7 日，在华日人反战同盟晋察冀支部成立，并发表宣言，宫本哲次为支部长。支部的宗旨是在中国共产党及八路军的领导下，高举反战大旗，与八路军联合起来，为共同消灭杀人的侵略战争，打倒日本法西斯，解放中华民族和日本人民而奋斗到底。在华日人反战同盟冀中支部成立后，积极开展对日军的反战宣传，瓦解日军士气，唤醒日本士兵觉醒。他们印制发放传单、阵前喊话、电话交谈、送慰问袋、挂鲤鱼旗等。他们的反战宣传起到了普通八路军战士无法起到或很难起到的作用。此外，他们还帮助八路军争取敌军，教育改造日军俘虏；帮助八路军培训日语工作人员，开展敌军工作；帮助八路军教授军事技术。日人反战同盟为中国抗战的胜利贡献了力量。

晋察冀边区召开粮食会议（2 月 26 日） 粮食问题是中共坚持抗日战争的重要物资基础，也是敌我双方极力争夺的重要物资。日军的侵略破坏和掠夺，再加上频繁的自然灾害，使晋察冀边区的粮食问题一直比较突出。为总结边区粮食征收工作，促进粮食工作的开展，2 月 26 日，晋察冀边区粮食总局召开边区首届粮食工作会议。出席会议的有粮食总局，冀中、冀北粮食分局，各专区粮食支局局长及各运粮线上各县的粮食局长，各运输委员会负责人，军区、军分区供给部代表，抗大二分校、华北联大、抗战建国学院和晋察冀边区行政委员会直属伙食单位的供给人员，共 40 余人。会议的主要议程是：1940 年度公粮征收工作总结和今后粮食工作的布置；冀中及其他地区运粮工作的检查，以及粮食预决算制度、粮票制度、公粮粮库制度和粮食平粜工作等问题。宋劭文到会并讲话。

晋察冀边区抗战建国学院并入华北联大（2 月） 晋察冀边区抗战建国学院创办于 1939 年秋，院长由边委会主任宋邵文担任，学校的干部都是从各个工作岗位抽调来的优秀干部。学校主要培养具有实际工作能力和水平的区级行政工作人员和专门技术人才。课程主要有统一战线、基本政策、政权工作、助理员工作、合作工作和税收工作等，后来又根据实际需要开办了财政队、秘书队、妇女队等。华北联大是 1939 年 7 月在延安创立，由陕北公学、鲁迅艺术学院、延安工人学校、安吴堡战时青年训练班等四校合并而成的学校，成仿吾任校长。华北联大主要是为敌后根据地培养党政、文化教育、民运的高级干部。为了加强边区文教事业的发展，2 月，中共中央北方分局和晋察冀边区行政委员会决定将边区抗战建国学院并入华北联大。边区抗战建国学院同华北联大之社会科学院合并，改为政法学院，由郭任之任院长，杜文明任副院长。

3 月

晋察冀边区参议员选举结束（3 月 1 日） 根据中共中央关于抗日根据地政权建设的指示，晋察冀边区于 1940 年 7 月开始了大规模的民主选举运动。1941 年 3 月 1 日，晋察冀边区参议员选举胜利完成。这次区参议员选举从 1940 年 9 月开始，以县为单位，3 万人以下的县，选举参议员 2 人；3 万人以上的县，每增加 3 万人，增选参议员 1 人；沦陷区的县、市，不能进行选举的，由边区委员会聘请参议员；边区各职业团体、少数民族、正规部队，均以单位选举参议员。经过选举，边区选出彭真、聂荣臻、萧克、张明远、李运昌、张清华、高继尧、张超、胡光、李文志、刘天舟、胡正法、陆敬之、陈富、丁曾石、石言、王少奇、李文光、杜信修、刘伯川、赵明贤、左玉田、王崇明、张惠、王老年、张举三、韩福荣等参议员 35 人，其中包括沦陷区参议员 5 人。

冀中“外围军”东进纵队成立（3 月初） 1941 年晋察冀边区进入了抗战以来最困难时期，为了坚持抗战，渡过难关，晋察冀边区以反正伪军和杂色武装为基础建立了八路军“外围军”。“外围军”是一支具有统一战线性质的特殊武装，除了接受晋察冀边区少量补给外，保留独立建制，来去自由。它主要活动在日军统治比较严密的敌占区、游击区，具有地方性、独立性、擅长游击战等特点，为抗战胜利作出了不可或缺的贡献。七七事变前，大清河以北有多股绿林武装，事变后多数武装举起了抗日旗帜，后为八路军收编。由于八路军要求过于严格，使一部分人难以适应，逃跑后重操旧业。为了争取这些人回到抗日队伍，共同抗日，1939 年，十分区组成了“北上支队”，团结这些人共同抗日。1941年3月初，冀中第十军分区根据军区建立“外围军”的指示，在总结“北上支队”经验的基础上，将其扩大为“东进纵队”。总队长为缑海楼、副总队长为李大卫，总队辖3个支队，共计1000余人。“东进纵队”是共产党领导下的统一战线武装，群众称之为“便衣队”。这支部队在平、津、保三角地带坚持对敌斗争，在保护人民利益方面起到了特殊作用。

平西发动“筹粮战役”（3月9日至16日） 为掩护征收公粮，恢复与开辟房山、良乡、涿县一带地区的工作，加强与冀中第十军分区的联系，1941年3月9日，冀热察挺进军主力和地方党政军民密切配合，在平西房山、良乡、涞水、涿县等地发起了一场面向平汉路北段外线的“筹粮战役”。至3月16日，共作战十几次，毙伤日军中队长以下官兵190余名，攻克孙家町、高庄、石窝等据点多个，缴获武器弹药1部，征收公粮25万公斤。

冀中行署召开专员会议（3月10日） 为总结半年来政权建设的工作经验，确定本年度政权组织工作重点，布置好1941年度生产建设计划，3月10日，冀中行署召开了第四次专员会议。会上，行署主任徐达本作《统一累进税财政制度》的报告，区党委书记黄敬作《目前政治形势》的报告。会议提出统一累进税完成后的政权组织工作，确定本年政权组织工作的任务为突击改变落后村的面貌，克服工作中的不平衡，建立全面的完善的新民主主义政权，准备迎接日军春季“扫荡”。会议确定1941年为生产建设年，并制定了生产建设计划。对生产的部署，除确定本年度种植面积外，还要求增加耕畜，保证完成一户一猪、一人一鸡的计划，扩大植树造林，同时发展榨油、造纸、农具制造和家庭手工业。此外，对代耕、贸易、水利都提出了具体的计划和要求。之后，《冀中导报》发表了《人人要参加春耕运动》的社论，冀中农救会和妇救会分别提出积极参加生产的号召和具体要求，工会则号召调节劳资关系，在清明节前订好劳资合同，提高工人的生产热情，积极投入春耕运动。经过一系列的动员和组织，冀中根据地广泛地掀起了生产热潮。

晋察冀边区政府召开春耕生产会议（3月16日） 农业是边区经济的基础，边区政府一直把扶持农业生产作为自己的一项重要任务。为了全面开展春耕生产工作，3月16日，晋察冀边区行政委员会召集军政民各界举行联席会议。会议由实业处处长张苏主持，决定将本年春耕生产运动划为三个阶段：3月13日至4月20日为准备阶段，4月21日至5月20日为春耕突击阶段，6月6日至6

月 21 日为麦收与第二期播种阶段。3 月，为指导农业工作，晋察冀边区政府还颁布了《晋察冀边区行政委员会关于农事实验场工作的指示》，指出，边区过去的农业生产，是把中心放在扩大耕地面积上，今后，要把提高农业技术作为发展边区农业生产的中心环节。

冀中召开首次贸易工作会议（3 月 25 日） 随着对敌经济斗争的胜利，边区的生产事业得以发展，边区的商业也逐渐繁荣，为了进一步促进边区经济的发展，1940 年 8 月，晋察冀边区政府又制定了《管理对外贸易暂行条例》等一系列政策法令。1941 年 3 月 25 日，冀中行署召开首次贸易工作会议，各专区及部分县的贸易局局长参加。会议确定了贸易方针，对内贸易，扩大平原与山区交换；对外贸易，争取大量出口（指与敌占区贸易）、出超。会议还规定了各级贸易局会议、汇报、巡视检查及贸易自报互报等制度；作出了 4、5、6 三个月的工作安排；对外汇、法币、团结商人及生产与贸易、合作与贸易、贸易与政府的关系等问题进行了总结。

北方分局召开公安保卫工作联席会议（3 月） 边区公安工作担负着严厉打击汉奸敌特，保卫边区各级党政军首脑机关和抗日人民安全的光荣任务，因此，抗战进入艰苦斗争时期，公安保卫工作更加受到各级党政军领导的高度重视，进行了认真地整顿和加强。中共北方分局于 3 月在平山县红岭北村召开了北岳、冀中、冀东领导干部参加的公安保卫工作联席会议，研究加强边区公安部门的建设工作。会上，晋察冀边区公安总局局长李波和晋察冀军区锄奸部长余光文作了工作报告，许建国代表中共北方分局作了会议结论。这是边区公安保卫工作的一次空前的盛会。会议强调了公安工作必须置于各级党和政府的领导之下，必须加强各级公安部门的基层组织建设和公安管理法制建设；要把专门机关的侦察破案与群众性的锄奸工作结合起来，把严厉打击和镇压敌特汉奸与保障抗日人民的人权结合起来；要严格执行捕杀批准手续并正确执行党的锄奸政策。会议还明确并协调了边区公安部门、党委社会部和军队锄奸部这三个单位的分工与协作关系。这次会议对加强边区公安部门的建设，推动边区公安工作的发展起了重要作用。会后，北岳区和冀中区党委还分别召开了公安保卫工作会议，贯彻北方分局公安会议决议，进一步明确公安保卫工作的中心任务应该是宣传教育群众，揭露敌探奸细阴谋，把发动群众锄奸斗争与专业人员深入侦察相结合，坚决镇压汉奸敌特的破坏活动，保障抗日人民的安全，为边区在《双十纲领》的指导下，各项建设能深入顺利地展开创造一个更好的相对安定的环境。

晋察冀边区行政委员会整顿和加强公安保卫工作（3 月至 12 月） 为加强公安机构和公安工作规范的建设，晋察冀边区行政委员会于 1941 年 4 月 10 日颁布了《公安局暂行条例》，规定了各级公安局的性质、任务、权限和组织机构，健全了边区公安部门的基层组织。此条例确认了边区公安局在北岳、冀中和冀北的组织形式，还确定各专区设“公安督察员”，受专署直接领导；县设“公安局”，直属县政府；区设“正副治安员”，受区公所领导；村设“治安员”，直属村公所。各县境内的集镇，由县“公安局”增设“派出所”，为各县公安局的派出机构，以执行在集镇中打击镇压汉奸敌特，维护集镇治安，保护集市贸易，稽查户口，调解处理民事纠纷和违警事件的任务。接着，边区政府又颁发了《关于特种刑事案件审理程序之决定》，严格健全了公安部门搜查、逮捕、审讯、侦察汉奸敌特等特种刑事案件的手续。年底，中共北方分局作出《关于公安局问题的决定》，加强对边区公安部门的领导。同时，边区行政委员会、边区公安总局于 1941、1942 年先后制定了《公安局警务规约》《村治安员的工作决定》《群众锄奸组织纲要》《村锄奸小组工作纲要》，使多数公安工作有章可循，规范了公安法制建设，对完善边区公安法制建设和基层各项建设，开展群众性锄奸斗争起了重要作用。

冀中出入口税局成立（3 月） 为了解决物资困难，并妄图从经济上摧毁抗日根据地，日本侵略者于 1940 年 8 月开始对敌后各抗日根据地实行经济封锁，这造成了根据地进口物资紧张，价格上涨，出口物资价格下跌，经济困难。为了反对敌人的经济封锁，控制日方非必需品的倾销和控制根据地粮食走私外流，1941 年 3 月，冀中区改组了税务局，建立了统一管理出入口贸易的出入口税局，以克服原有机构不健全、不统一的缺点。同时，颁布了统一的出入口暂行税则，统一、详细地规定了征税、免税和禁止出入口货物的种类。5 月间，针对新税则具体规定上的一些缺点，冀中区本着保护贸易、扶植生产、巩固金融的精神，将税则加以修改。

冀中区整顿和加强小学教育（春至冬） 在冀中根据地的建设中，文化教育建设是重要的组成部分。到 1940 年夏季，冀中区文化教育事业有了很大发展，基本上每个村都有初级小学，每个区都有高级小学，学龄儿童入学率也很高。为了使教学走上正轨，1941 年春，冀中区开始对初级小学进行整顿，冬，对高级小学进行整顿。小学教育坚持“四二制”，即初级小学 4 年，高级小学 2 年。小学一律改为秋季结业，麦假前毕业。停止随时招收新生的做法，并对在校学生进行编级测验，不及格者依次退级，根据文化程度编入适当年级学习。测验结果显示，各年级退级的学生约占原有学生的 20％—30％。经过整顿以后，全冀中的小学不仅做到班级划分清楚，学生文化程度亦大体一致。特别是高级小学二年级经过整顿后，学生总数由 1 万多人减少到 7000 多人，学生的年龄基本一致，为中学教育的正规化作了很好的准备。高级小学的设置也由原来每个区一所的中心小学设高级班，发展到区级设高级小学总校部，中心小学高级班改为高级小学分校部。到 1941 年秋，又取消了总校部和分校部，所有高级小学和高级班一律与中心小学合并为中心完全小学。从此，小学的组织机构和领导关系完全统一起来，加强了中心小学对各村小学的辅导作用。据 1941 年 8 月 28 个县的统计，冀中区共有高级小学或中心完全小学 290 余所，初级小学 3897 所，男生 25.6 万余人，女生 19.7 万余人。

冀中十分区开展反“蚕食”斗争（3 月至 6 月） 1941 年 3 月，日军开始对冀中区进行全面“蚕食”，首先以大清河以北的第十军分区为“蚕食”的重点，同时依托四周据点和交通线向其他地区“蚕食”。4 月 1 日，日伪军 2000 余人，分别由保定、徐水、固城、新城、安新、定兴等地出动，以容城为中心对第十军分区进行“扫荡”，同时修筑从高碑店经过新城到霸县的公路，并在沿线建立据点。至 6 月，第十军分区仅存面积为 200 平方公里的狭长地区。6 月 10 日，日军又集中 2 万余人对该地区进行大规模“扫荡”。第十军分区部队与敌周旋，15 日，转至容城地区。日军随即跟踪合击，第十军分区除留少数部队坚持斗争外，机关与部队主力转移至白洋淀附近地区打击敌人。此后，敌“清剿”达一个月之久，使第十军分区根据地变成了游击区。

4 月

冀中区军民开展反“奔袭”斗争（1941 年 4 月至 1942 年春） 日军对冀中根据地边沿区“蚕食”的同时，并没有放松对中心区的进攻。按照日军的预谋，对其所谓的“未治安地区”“要不断对之进行有计划的讨伐作战”。敌人这种对抗日根据地中心区的“扫荡”“奔袭”，是为了配合其步步推进的“蚕食”，达到其巩固和扩大占领地区的目的。在 1941 年到 1942 年春季这段时间里，日军对冀中根据地的中心区既有大规模的“扫荡”，又频繁地进行“奔袭”，妄图消灭冀中抗日根据地党政军民领导机关和主力部队。由于冀中八路军战斗力的提高和根据地各项建设的不断加强，冀中抗日军民取得了反“奔袭”的胜利。

*__蠡县桑园突围战（4 月 28 日）__　4 月下旬，冀中军区吕正操司令员率工作组 20 多人，带警卫连两个排和一部电台到十分区检查工作，同时对那里在残酷环境中坚持抗战的军民进行慰问，并同该地区回民支队一个营及支队剧社会合后一起活动。两天后，吕正操司令员率回民支队和工作组南返，于 4 月 27 日夜乘船穿过白洋淀，拂晓到达白洋淀南边的北冯村。28 日晚又向西南穿过高（阳）保（定）公路，到达蠡县城北的桑园村。当时已经是下半夜，部队还没来得及休息就发现被敌人包围。原来蠡县县大队前一天曾在这里驻扎，敌人来是想袭击县大队的。回民支队立即和敌人展开激战，吕正操司令员率工作组在警卫连掩护下突出村庄，进入道沟，向西然后折向东南。回民支队一营顽强阻击敌人，在完成任务撤退时，二连指导员杨兆卿负伤后留下来拉响了两颗手榴弹与敌人同归于尽。剧团的青少年在突围中也与敌人奋力拼杀，终于突出敌人重围。

*__安平义里反合击战（5 月 5 日）__　5 月 1 日至 4 日，冀中军区在安平县义里村举行纪念五四青年节和三纵队成立三周年纪念大会，冀中党政军民领导机关、当地群众和部队共万余人参加。由每个军分区选出一个模范连举行阅兵式，进行射击、投弹、刺杀等军事表演，骑兵团进行马术表演。5 月 4 日晚上，军区火线剧社演出著名话剧《日出》。这里连续几日的庆祝活动引起了敌人的注意，5 日拂晓，安平、深县、晋县的数千名日伪军向义里村合围而来。在发现日伪军的时候，《日出》刚刚演完，军区机关部队迅速北渡滹沱河，群众也迅速转移疏散，未待敌人形成合围之势便跳出了敌人的合围圈。担任警戒任务的第二十二团阻敌于滹沱河南岸，毙伤敌人七八十人。敌人合围扑空后恼羞成怒，沿途烧毁民房 1587 间，抢去牲口 300 余头。

*__定州东阜才战斗（8 月 2 日）__　8 月 2 日，驻定县、安国的日伪军 700 余人，在松尾大队长率领下，向冀中军区第十七团驻地“奔袭”。当时，第十七团在定南县（今定州市）东阜才，第一营驻赵庄，第二营驻东阜才，第三营驻马阜才。2 日拂晓，二营营长刘鸣琴发现安国方向有七八十敌人奔驻地而来，立即向团部报告，团部批准二营可以迎击敌人。然后，左叶副参谋长先到马阜才通知第三营准备投入战斗，然后又到东阜才协助二营指挥作战。此时，敌人从北、

东北和正东三个方向向东阜才包围上来。第二营出村迎击，在青纱帐里与敌遭遇，不得不退回村里进行村落防御战。同时，另有一股敌人到马阜才村东，三营重机枪猛烈射击，将敌人压制在一个大水坑中。敌人遭到突然打击，又陷入不利地形，仓皇窜出水坑，又被三营密集火力打死打伤数十人。此时，进攻东阜才南面的一股敌人进了村，占领了一部分房屋。刘鸣琴指挥部队与日军展开肉搏战，逐屋争夺，反复冲杀。县、区游击队和民兵也闻讯赶来助战，终于将突入村内和村边的敌人大部歼灭。此战经 10 个小时，毙敌 192 人，伤敌 37 人。八路军伤亡 130 余人，二营营长刘鸣琴和两位连级干部壮烈牺牲。这次战斗，由于对敌情掌握不准确，以致由青纱帐的遭遇战被迫转为村落防御战，处于被动地位。但面对敌人的包围，指挥者指挥适当，利用犄角之势，对敌人实行反包围。战斗中，指战员英勇战斗，不怕牺牲；民兵和群众积极参战助战，给进攻的敌人以毁灭性打击，取得了反“奔袭”战的胜利。

***博野刘家佐反“奔袭”（1942 年 2 月 20 日）** 1942 年 2 月 20 日，冀中党政军领导机关在第二十七团的警卫下，经过半夜行军到达博野县凤凰堡村，第二十七团团部带第三营驻凤凰堡东北三公里的南刘家佐，第二营驻北邻的北刘家佐，第一营驻相邻的符家佐。拂晓，部队刚刚宿营完毕，第一营发现有日军冲入村内，立即开枪射击。原来这是从蠡县城“奔袭”而来的千余名日军。一营与日军展开了巷战，经过几次反复冲杀，白刃格斗，敌我双方各占据几处房屋，形成对峙。驻北刘家佐的二营听到枪声立即进入阵地，此时，敌人已从村东蜂拥而至。六连猛烈射击，但敌人仍然冲进了村里，第二营也与敌人展开激烈的巷战。一营、二营的激烈战斗吸引和拖住了敌人，冀中领导机关和第二十七团团部在第三营的掩护下安全转移。一营、二营经过一天的激烈战斗，到黄昏时分分别奉命撤出战斗。此战，部队刚到宿营地就遭到敌人突入袭击，原因是敌人破译了我无线电通讯密码，掌握了八路军行动计划。幸亏第二十七团一营、二营驻地位于敌人来袭的路上，经顽强阻击保护了机关和团部安全转移。此战，二十七团以伤亡 200 余人，损失机枪 9 挺、步枪 20 余支的沉重代价重创来犯之敌，掩护了机关安全转移。

***定州东内堡反袭击（1942 年 4 月 6 日）** 1942 年 4 月 5 日下午，冀中第七军分区机关由深泽县大兴村转移到定南县东内堡村，当晚在村西北举行居民联欢会，很晚才散。得到消息的定县城内的日军独立混成第八旅团的一个独立大

队纠集分别驻扎定县、安国、博野的中队及其他据点的敌人百余人企图于5日夜间袭击东内堡。由于怕被提早发现，敌人绕行小路。虽然避开了八路军在伍仁桥监视敌人的侦查员，但也拖延了到达东内堡的时间。6日晨，日军到达东内堡后兵分两路，从村西北和村北进攻。哨兵发现敌人后立即鸣枪，听到枪声后，机关人员纷纷向事先指定的村西南角集合，警卫连连长带领一个排战士到村西北口阻击敌人，同时用大车堵住村口。奉命到村北口阻击敌人的一个排尚未到达村北口，敌人便冲进村里。战士们赶紧占据有利地形阻击敌人，掩护政治部向南撤离。两个排阻击敌人半个小时后也撤出战斗，出村西口沿木刀沟河堤追赶机关，随机关转移至无极县东宋村。这次战斗由于政治部民运科驻地离北口太近，来不及转移，导致科长程化仁牺牲。

晋察冀分局发出合作与贸易的决定（4月5日） 由于晋察冀边区政府鼓励边区贸易和合作事业，因此，边区贸易和合作事业在对敌斗争中不断发展壮大。特别是合作事业更是迅猛发展，群众入社率很高，仅北岳区到1940年底就有合作社4120个，社员49 800余人。合作社在组织群众生产救灾、平粜粮食、平抑物价、抵制敌货、开拓边币市场、供应群众生活必需品、运销土特产、促进边区贸易和生产发展中起了重要作用。但在此过程中，因少数干部对合作社精神了解不够，故发生了强迫入股、排挤商人、发财赢利、脱离群众等现象。为了纠正这些偏差，1941年4月5日，中共中央晋察冀分局发出《关于合作与贸易的决定》，指出，合作社是广大群众的、统一战线性的、集体互助的经济组织，应吸收各阶层人民自愿参加。在合作社中应广泛地发扬民主，使社员对社务做到切实监督。

晋察冀边区政府颁布抗战勤务动员办法（4月21日） 全面抗战爆发以来，为了更好地发动群众支持抗战，共产党领导的各敌后抗日根据地积极组织动员人民群众参加各种抗战勤务工作，为坚持抗战和抗战胜利作出了不可磨灭的贡献。为了保证抗战勤务工作顺利进行，并使人民群众的抗战勤务负担公平合理，晋察冀边区行政委员会于4月21日颁布了《晋察冀边区抗战勤务动员办法》。这一办法共六章，包含总则、抗战勤务之计算、抗战勤务之组织调动、抗战勤务之领导等内容，并于1941年5月15日正式实行。4月26日《晋察冀日报》刊登《晋察冀边区抗战勤务动员办法》全文并发表社论《论抗战勤务动员办法》。社论指出，动员组织调度千百万人力畜力，服勤务于战场之上，是极端重要的工作，也是极端繁难的工作；勤务的动员组织调度不好，不是影响到军队和战斗，就会影响到人民的生产，甚或遗此误彼，两不讨好。边区深切体会了历史上的经验教训，自始就注意到抗战勤务的问题。随着战争的频繁与发展，人力物力是有限的，而抗日战争是长期的，为了坚持敌后抗日根据地，必须做好抗战期间勤务动员工作。

晋察冀军区发布粉碎日军“治安强化运动”指示（4 月 23 日） 为了确保华北成为日军发动太平洋战争的“兵站基地”，1941 年，日本华北方面军增兵到 32.5 万余人，并对敌后根据地开始政治、军事、经济、文化等一体的“总力战”。从 1941 年 3 月开始，日军对华北实行了五次血腥的“治安强化运动”，晋察冀抗日根据地由于位于华北敌后抗战的最前线，因此成为日军“治安强化运动”进攻的重点。针对日军开展的“治安强化运动”，为了更有力地打击敌人，晋察冀边区于 4 月 23 日发出《粉碎日寇“治安强化运动”和打破敌分割封锁政策的指示》，指出，为了更有力地打击敌人的分割、封锁、“蚕食”，迫使敌人困守据点，决定除地方武装积极地采取游击动作以外，其他部队应经常抽出主力一部（每个团 1 个营），有计划有组织地对小股出犯和掩护挖沟修路的敌人，给以歼灭性打击。不断地争取这样小歼灭战的胜利，对于粉碎日军的分割、封锁、“蚕食”和“治安强化运动”有着决定性意义。

5 月

冀中军区举行三纵队成立三周年纪念大会（5 月 1 日） 冀中军区于 5 月 1 日在安平县义里村举行八路军第三纵队成立三周年纪念大会。党中央专程送来毛泽东的亲笔题词：“坚持平原游击战争的模范，坚持人民武装斗争的模范。”朱德、彭德怀、张闻天、聂荣臻、秦邦宪等也题词嘉勉。冀中区党政军民领导机关及当地群众和部分部队共万余人参加了纪念大会。会后举行了阅兵和军事表演，每个军分区选出 1 个模范连参加受阅和比赛。夜间由冀中火线剧社演出文艺节目。庆祝活动结束后，人们便迅速转移。5 日拂晓，安平、深县等地日军数千人来袭，却扑了空。5 月 4 日，聂荣臻在《晋察冀日报》上发表《庆祝三纵队成立三周年》的文章，称誉第三纵队在吕正操、程子华的指挥下，开创了冀中平原抗日根据地，取得非常光辉的成就，成为模范的平原根据地之一。

冀中区召开中等教育会议（5 月 10 日） 在冀中根据地的建设中，文化教育建设是重要的组成部分。为更好地发展边区文化教育工作，5月10日，冀中行署在定县地区召开第一届中等教育会议。会议主要内容是规划如何发展中等教育问题。会议决定扩大八中，恢复十中，创办第七、九专区联中，成立短期师范及职业中学，军区创办抗属子弟中学，各专区、县成立短期师范学校6所。根据教育会议规划，7月，冀中军区开办了抗属中学（简称“抗中”）。1940年底，冀中根据地绝大多数村庄恢复了小学，小学生总数超过了战前。冀中区恢复和新办小学3142所，高小178所，入学儿童达31万余人，有11个县入学率超过75%，有的县达95%以上。

* **冀中军区开办抗属中学（7月）** 为了培养更多的抗战建国人才，1941年7月，冀中军区开办了抗属中学（简称“抗中”），由老共产党员、军区政治部组织部长李梦令担任校长，军区政治部宣传部副部长李继之任教育长。全校教员60余人，学生700余人，女生占1/3，编为6个队，学生的衣服、膳食和学习用品均由学校供给，每人每月还能收到学校发的一元零用钱。抗中课程有：数学、语文、俄语、政治、历史、地理、生理卫生、体育、美术等。同时，学生还要学军事知识，过军事生活。抗中经常在游击中上课、宿营，故老师和学生都随身携带教具、教材。

冀中行署召开经济会议（5月11日） 针对新税则在具体规定上的一些缺点，本着保护贸易、扶植生产、巩固金融的精神，冀中行署于5月11日召开经济会议，检讨对敌经济斗争和现行税则存在的问题，一致通过了以下决议：（一）今后一切对外贸易要逐步统一于冀中贸易管理局；（二）迅速修改税则，奖励出口，限制输入，抵制敌货，以扶持生产，巩固金融；（三）在巩固地区，组织商业联合会，以团结教育商人；（四）建立定期的经济联席会议。会议统一了对敌经济斗争指挥，集中了各方面力量，增强了对敌经济斗争的力量。

晋察冀边区各界抗日救国联合会成立（5月15日） 为了更加广泛地团结、组织和武装边区所有一切的抗日人民，密切边区各群众团体间的联系，统一其领导，统一其步调，集中力量，5月15日，晋察冀边区各界抗日救国联合会成立，参加成立大会的有北岳、冀中、冀东各群众团体与牺盟会代表，以及少数民族和各界来宾200余人。黄敬到会讲话。大会通过了各界抗日救国联合会简章，选出侯玉田（在延安，未到职）、杨耕田、王兴文等45人为执委会委员，侯玉田、杨耕田分别当选为正、副主任，王兴文、史立德分别任正、副组织部部长，郭强、周克刚分别任正、副宣传部部长，顾德任秘书长。5月24日，《晋察冀日报》发表《晋察冀边区各界抗日救国联合会成立》的社论，指出，晋察冀边区各界抗日救国联合总会，在边区各区各个群众团体推派代表参加之下，于本月15日正式组织成立了。4年间，边区各群众团体正确地领导着他们的会员，给予了建设根据地事业、抗战解放事业以很大的贡献。这些团体把曾经散漫的边区人民组织了起来，广泛地团结了他们，教育了他们，使他们的民族觉悟、政治认识和抗战热忱飞速提高；边区人民积极参加到各种斗争的战线上英勇奋斗，粉碎了各次敌寇的"扫荡"，粉碎了各种敌寇的破坏阴谋，克服了许多巨大的困难，支持了伟大而艰苦的民族解放的神圣事业。边区各界抗日救国联合会的成立，使边区的群众运动和群众工作走上一个新的发展的道路，对广泛团结边区人民支持抗战发挥了重要作用。1945年10月边区恢复各群众团体的独立系统，边区各界抗日救国联合会撤销。

冀中开展《冀中一日》写作运动（5月27日） 为了贯彻毛泽东对新民主主义文化必须大众化的指示，进一步开展群众性的创作活动，更全面、系统地反映冀中抗日民主根据地各地区、各战线、各个对敌斗争岗位上的战斗面貌，1941年初，冀中区党委书记黄敬、冀中军区司令员吕正操、军区政委程子华等人提议搞一次群众性的创作实践，提出了创作《冀中一日》的倡议。很快，《冀中一日》筹委会在安平彭家营正式宣告成立，参加会议的有冀中区党委、行署、军区政治部和各群众团体以及报社的代表。会议研究决定，选定一天写出冀中军民在各个不同岗位上的抗日活动和精神面貌。经过讨论，与会代表一致同意选定红五月。鉴于5月即将到来，要留出时间做动员部署，就确定为5月27日。4月20日，筹委会发出关于《冀中一日》活动的通知。

活动期间，筹委会先后收到了上万件稿件。经过编辑整理，最后选编了《冀中一日》四辑：第一辑为《鬼蜮魍魉》，控诉日军残酷的暴行；第二辑为《铁的子弟兵》，写武装斗争和我军的生活；第三辑为《民主、自由、幸福》，写根据地的民主建设；第四辑为《战斗的人民》，反映群众在党领导下的英勇斗争。《冀中一日》共选用稿件233篇，55万字，是千万抗日军民用血泪写成的一份真实的战斗记录。出版时，程子华写了序言性的题词。初版油印200本，当即由交通员们穿过敌人封锁线，传递到冀中各地。

在发动编辑过程中，由于时间仓促及处于游击环境，《冀中一日》尚存有缺点，但是，这是一次名副其实的群众文艺运动。它提高了人民对文学的认识、对写作的认识、对现实的认识；它使冀中干部、人民，从文学上再认识现实生活及工作。《冀中一日》大浪潮后，文艺成了群众性的事业，大受欢迎。

冀中八分区开展大规模破袭战（5月27日） 从1941年春开始，日军加紧对根据地的“蚕食”，各县日伪军抓夫强挖县界封锁沟，增设据点，分割冀中抗日根据地。为了打破日伪军封锁，5月27日，冀中八分区展开大规模交通破击战，有二十三团、三十团、分区游击总队独立营和县区武装参加，发动群众35 300余人，历时50天，袭扰了献县、饶阳、武强县城和小范、大流等据点，攻克献县陈庄据点，并多次伏击出动和运输之敌，共作战31次，毙伤日军80余人、伪军100余人，俘日军1人、伪军164人，缴枪76支，破坏敌沧石公路12公里、平大公路16公里，平毁封锁沟14公里，收电线1000多公斤。这次战役，打开了献县东部和献交县的局面，阻止了敌人向武强、饶阳老根据地“蚕食”。

***攻克陈庄据点（5月27日）** 八分区的大规模破袭战，多次袭扰敌人据点，其中在5月27日，分区部队以迅雷不及掩耳之势，快速奔袭攻克献县境内日军重要据点陈庄，200余名敌伪军除被当场击毙外，全部被俘。此役，缴获重机枪1挺、轻机枪3挺、掷弹筒3具、其他军需品甚多。此战极大地震慑了日军。

冀中发动抵制仇货运动（5月30日） 1941年，晋察冀边区行政委员会发出《展开全面的抵制仇货运动粉碎日寇经济毁灭边区的毒辣阴谋》的指示。5月30日，为纪念五卅运动，冀中各界举行纪念“五卅”抵制仇货（敌对国家的商品和货物，主要就是指日货）扩大干部会，决定在冀中全区发动抵制仇货的群众运动，发展土货工业，以土货代替仇货，并号召干部起模范作用。同日，冀中土货工业品展览会开幕，展出各种与人民群众生活相关的土货，号召群众抵制仇货，购买和支持土货。由于群众性抵制仇货运动的开展，仇货市场很快肃清了，土货工业得到了恢复和发展，汇票价格下跌。

晋察冀一分区开展炸火车炸铁路破交活动（5月） 5月，晋察冀边区第一专区在反“蚕食”斗争中，积极进行破交活动，一个月内出动民兵5000余人，破路50余公里，割电线1000余公斤，缴获子弹9800余发，捕捉汉奸9人。其中，仅五台县民兵5月7日至15日就出动23次，参加人员1236人，破路25余公里。其中，5月31日，晋察冀第一军分区部队，在平汉铁路北段徐水、漕河之间的史各庄附近埋设地雷多颗，炸日军军用火车一列，火车倾覆后，八路军向日军发起猛攻，激战 2 小时，共毙伤日军官兵 80 余人，炸毁漕河铁桥 1 座、机车 1 辆、车厢 17 节。一分区的破交活动破坏了日军的交通和通讯，沉重打击了日军的“蚕食”。

晋察冀边区政府成立经济设计委员会（5 月） 5 月 1 日，中共中央作出了党员参加经济和技术工作的决定，强调经济和技术是革命工作不可缺少的部分，是每个党员不可缺少的责任，必须加强对经济和技术部门党员和非党员的领导。为了贯彻落实中央决定，进一步发展边区经济建设与开展对敌的经济斗争，5 月，晋察冀边区行政委员会决定成立边区经济设计委员会。宋劭文、邵式平分别为正、副主席。该会的主要任务是关于经济方面的调查、统计、研究、设计等，为边区经济建设与发展出谋划策。

平北根据地展开 5 月反“扫荡”（5 月） 经过一年多艰苦努力，至 1941 年春，平北地区由数块小块抗日游击根据地连接扩大为大块的平北抗日根据地，东西 250 公里，南北 200 公里，人口约 40 万。平北根据地的开辟将平西和冀东连接起来，使三个地区的斗争相互配合，严重影响到日伪蒙疆地区的统治。为了消灭平北抗日根据地，1941 年 5 月初，日伪军 5000 多人，向平北根据地中心区进行“扫荡”。平北八路军采取高度游击战，避开同日军主力作战，除留部分主力配合地方游击队坚持内线斗争外，大部主力及时转移到外线袭击敌人，经 1 个多月的奋战，毙伤日伪军 400 余人，俘伪军 26 人，缴轻机枪 4 挺、步枪 45 支。平北根据地 5 月反“扫荡”取得胜利。

***狮子沟歼灭战（5 月 18 日）** 5 月中旬，在取得春季反“扫荡”斗争阶段性胜利的基础上，平北军分区政治部主任段苏权率领平北军分区指挥机关和平北游击队，跳出敌人的“扫荡”圈，越过长城后，谋划攻打独石口日伪据点。段苏权从当地干部口中得知独石口伪据点防守严密，而崇礼境内的狮子沟据点防守松懈，便当即决定改变计划，率队奔袭狮子沟。5 月 17 日下午约 4 时，部队从麻地沟出发，向狮子沟行进。第二天拂晓战斗打响，用了 2 个多小时，击毙日本指挥官渡边，端掉了据点，俘虏了 30 多人，缴获机枪 1 挺、步枪 30 多支、战马 40 匹。段苏权用缴获的马匹和枪支，组建起了平北军分区第一支骑兵部队，即平北游击支队骑兵队。1941 年底，骑兵队被编为骑兵大队，成为开辟坝上草原根据地的主要武装力量。

6月

冀东抗日根据地6月反“扫荡”失利（6月1日至7月3日） 5月29日，日本华北方面军集中6万余兵力对冀东进行“扫荡”。5月25日即完成其“扫荡”部署，将冀东游击根据地和游击区四面包围，5月29日开始围攻盘山游击根据地，并由北向南逐步压缩。冀东军分区部队因事先对日军进攻的规模和企图缺乏明确的判断，5月30日发觉东西两线皆有敌人重兵包围，于是决定由第十二团团长陈群率所部及青英部队南下破坏北宁路，而后进入北宁路南相机返迁（西）遵（化）兴（隆）地区，扰日伪军后路；李运昌、李楚离、包森率军分区直属机关及第十三团，就地观察，待弄清日军兵力、意图后再决定行动措施。但是，由于日军包围圈收缩非常迅速，十二团南下遇阻未能越过北宁线。于是八路军主力被迫陆续集结于宁河北部、丰润西部、玉田和蓟县南部的狭长水网地带，造成极为不利的局面，被迫进行了一场代价极为惨重的鏖战。

6月1日、2日、6日，7月3日，冀东八路军第十二团、第十三团，同日军连续打了几次恶仗，毙敌1000余人，跳出合围圈。但八路军也遭受重大损失，减员1000多人，损失步枪1000多支、机枪13挺，十二团团长陈群牺牲。地方游击队也损失很大，根据地人民受到极大摧残。

***杨家套战斗（6月1日）** 6月1日，日伪军得知冀东玉田县南部杨家套驻有八路军第十三团主力，即出兵围攻。敌佐佐木部由窝洛沽向北，黑虚部由林南仓向南，新安镇之敌向东围攻十三团驻地杨家套。战斗从早晨开始，八路军利用村庄与河坝英勇抗击，使敌无法迂回前进。敌向阵地投掷燃烧硫黄弹。为避免损失，激战至晚10时，八路军主动撤出战斗，安全转移。这次战斗，敌伤亡200多人，损失汽车3辆；八路军伤亡20多人，损失步枪12支。

***十棵树战斗（6月2日）** 杨家套战斗后，八路军转移至杨家套西北十棵树、六道街一带。6月2日凌晨5时许，分区直属队与日军截击部队发生战斗，不久，第二营、第三营分别在各自驻地与围攻日军激战。战斗打响后，日军以90余辆汽车由蓟县县城和上仓镇运来3000余名日军增援，第十三团各部相继陷于日军分割包围中，互相联系中断，处于各自为战状态。日军以强大火力，不断施放燃烧弹、毒气弹发动强攻，激战至中午，天降暴雨，日军停止进攻。此战，日军伤亡300余人，八路军亦伤亡数十人。入夜，八路军分散突围。李运昌

率第十三团第一营自张庄向北转移，突破封锁线，摆脱 2000 余名日军的追击，到达蓟县北部地区。为分散日军的注意力，一部转入雾灵山区，一部转入平北。李楚离、包森率第二营、第三营及分区直属队向南转移。由于道路泥泞，行军迟缓，至蓟县南部李四庄一带时，天已破晓，突围已不可能。鉴于仍处于日军重兵包围之中，部队已两日两夜且战且走，体力消耗殆尽，且枪弹几乎打光，再战将有全军覆没的危险，不得已决定除短枪随身携带外，将步枪、机枪埋藏，战士化装就地分散潜伏，待“扫荡”高峰过后，再行集结。但此举为日军发觉，日军便反复“清剿”搜查，八路军指战员在群众掩护下大部分安全转移，而所藏枪支大部分损失掉。

***盂四庄战斗（6 月 2 日）**　6 月 2 日，陈群率领第十二团一部在玉田县南部的盂四庄遭到日军包围。在战斗中，陈群不幸中炮弹牺牲。陈群，1929 年加入中国共产党，1930 年参加红军，参加了长征。抗战开始后，任八路军一一五师团长、晋察冀军区副团长，是冀东抗日根据地开创者之一。他牺牲后，十二团被迫以营为单位分散活动。分散后的部队多次遭遇敌人围攻。6 月 6 日，冀东第十二团政治处主任曾辉率团直属队、第三营和青英部队，在丰润县新军屯镇东北之于前庄，遭日军“扫荡”队 2000 余人围攻。经过激烈战斗，晚 9 时冒雨突围，毙伤日军 300 余人。第十二团牺牲 150 余人，青英部队牺牲 139 人，只有少数指战员突围而出。同日，第十二团二营和特务连被 2000 多名日伪军围困在河夹流村苇塘，激战两小时，趁大雨突围，牺牲 60 多人。第十二团一营 7 月 3 日被 4000 余名日伪军包围在丰润、宁河边界的韩家庄，苦战终日后突围，营长杨作林以下 200 余人壮烈牺牲。

彭真到延安汇报晋察冀边区工作（6 月 4 日至 8 月 21 日）　彭真到达延安后，在 6 月 4 日至 8 月 21 日的两个半月内，就晋察冀边区根据地工作，分 7 次向中央政治局和毛泽东作了系统、全面的报告。听取报告的有毛泽东、朱德、任弼时、王明、康生、陈伯达、张闻天、何凯丰、李富春、叶剑英、王若飞、杨尚昆、邓小平、王稼祥、博古、高岗、林伯渠、胡乔木等。根据毛泽东关于彭真报告的记录手稿，彭真的《晋察冀根据地工作报告》共分为三个部分：第一部分是边区的具体政策，第二部分是边区党的建设，第三部分是边区今后坚持的问题。报告的主要内容是“如何在晋察冀边区具体执行党中央的政策”，目的在于总结“具体执行党中央的政策中的经验和教训”。毛泽东在听取报告中认为，晋察冀中央分局从实际出发，创造性地实行减租减息，发展生产，实行“三三制”，团结各阶层人民，并坚持对敌斗争，这是把马列主义中国化，是执行了一条活马克思主义的路线。中共中央将七次汇报要点分批转发各根据地党委。汇报中和汇报后，根据毛泽东指示，彭真向中直、军直、边直机关学校作了 20 余场介绍晋察冀边区情况的报告。

6 月 4 日第一次汇报，重点为晋察冀边区“具体执行党中央的政策中的经验教训”，接着详细汇报了晋察冀边区政权建设与改革的过程及具体政策。6 月 18 日第二次汇报，重点汇报边区的经济建设政策。7 月 16 日第三次汇报，讲了晋察冀边区劳动政策和金融政策。7 月 23 日第四次汇报，重点汇报财政政策问题，汇报介绍了晋察冀边区财政和税收制度的建设与发展的进程；统一累进税及其性质、计算办法、缴纳形式、免征点、累进最高率，以及鼓励发展农业、工业与合作事业的措施；救国公粮、公草；村财政及其整理的成绩；边区财政管理的经验等。7 月 30 日第五次汇报，重点为抗战勤务问题，简要汇报了边区解决抗战勤务问题的过程和改进办法。8 月 6 日第六次汇报，重点汇报党的工作问题，讲了晋察冀边区党的建设与经验，概括汇报了边区党的发展时期和巩固时期党的建设情况和经验。8 月 21 日第七次汇报，继续讲了晋察冀边区党的建设与经验问题。

9 月，遵照中央和毛泽东的指示，根据中央批转各根据地党委的汇报要点，彭真对汇报稿进行了认真补充和修改，写成《关于晋察冀边区的工作报告》一书。全书 10 余万字，分为两部分：第一部分为党在晋察冀边区的各项具体政策，第二部分为晋察冀边区党的建设。该书于 1941 年底由清凉山的解放出版社出版。毛泽东称它“是马列主义的”。彭真向中共中央政治局的报告及其《关于晋察冀边区的工作报告》一书的出版，全面地、系统地总结了晋察冀边区从创建起到 1941 年 2 月，约 3 年零 3 个月的时间，在建设中执行党中央的政策的情况和经验，创造性地发挥了毛泽东的根据地思想，不仅对于建设和深入巩固根据地有着极其重要的意义，而且对于各敌后根据地的建设和深入巩固也具有普遍的借鉴意义。中共中央党校出版社于 1981 年 10 月重新出版彭真的工作报告，书名为《关于晋察冀边区党的工作和具体政策报告》。

***彭真关于边区政权建设的报告（6 月 4 日）**　6 月 4 日，彭真作了第一次汇报。他首先汇报了晋察冀边区制定各种具体政策的根据，接着详细汇报了晋

察冀边区政权建设与改革的过程及具体政策。对 1940 年边区政权彻底改革中的一些问题，包括民意机关与行政机关的关系、民主与集中的关系、公民的选举权与被选举权、选民的撤换（代表）权、实行以人口为基础的行政单位、边区参议会与边区行政委员会的关系、县议会与县长的关系、区民意机关与区长的关系，特别是对村民代表会与村公所的建设与改革，一一作了汇报与说明。之后系统分析了边区民主选举运动中各阶层人民的态度与斗争，以及经过选举，各阶层地位所发生的变化，总结了边区在选举运动中执行“三三制”建政原则的经验。最后，彭真明确地作出了这样的结论：在边区，工农群众已经把自己上升为统治阶级，与左翼地主和中等资产阶级共同管理政权，管理国事了，已经把一个封建的国家制度摧毁，建立起一个新的政权了。①

***彭真关于边区经济政策的报告（6 月 18 日）**　6 月 18 日，彭真作了第二次报告，讲了晋察冀边区的经济政策。他概括汇报了边区的基本经济状况和总的经济政策，并在此基础上详细汇报了边区的土地政策，指出，3 年来，边区贯彻党的减租减息政策，争取基本群众占优势，巩固与发展统一战线，经历了激烈而复杂的斗争过程。在斗争过程中，先后遇到了减租与缴租问题、减息与还债问题、钱租与实物租问题，提出了具体的政策措施，纠正了右的、“左”的偏向，既把广大农民群众充分发动起来，又使地主与我们合作抗战，巩固了边区统一战线政权。

***彭真关于边区劳动、金融政策的报告（7 月 16 日）**　7 月 16 日，彭真作了第三次报告，讲了晋察冀边区的劳动政策和货币政策问题。具体汇报了晋察冀边区在执行劳动政策中所遇到的问题和实践经验，即根据地劳动政策的出发点是一方面要改善工人生活，另一方面要使富农和资本主义经济能够顺利发展，使资本家有利可图。既强制富农和资本家改善工人的待遇，也促使工人遵守劳动纪律。关于金融政策问题，介绍了晋察冀边区金融发展的几个阶段及在各个阶段实行的政策，总结了边币发行的主要经验，与敌进行货币斗争的成就和经验。

***彭真关于边区党的建设的报告（8 月 6 日、21 日）**　8 月 6 日和 21 日，彭真作了第六次和第七次报告，讲了晋察冀边区党的建设与经验，汇报了边区党

---

① 参见谢忠厚、肖银成主编《晋察冀抗日根据地史》，改革出版社 1992 年版，第 327 页。

的发展时期和巩固时期的建设情况和经验，汇报了审查干部；汇报了分期分类地整理党支部的方法与经验，以及在改造党支部中注意进行教育及支部成分的调剂；汇报了洗刷混入党内的敌探奸细分子、阶级异己分子和太落后分子的问题，包括洗刷手续、处理办法、洗刷面、洗刷中的错误倾向等；汇报了巩固健全党的领导问题，包括确定党的政策与原则，建立各种制度，加强工作的组织性与纪律性，正确处理民主与集中、一般指示与具体帮助、突击工作与日常工作、集体领导与科学分工等关系问题；还汇报了党校建设的问题。

北方分局向中央汇报冀热察工作（6 月 15 日）　6 月 15 日，中共中央北方分局关于冀热察地区形势及目前中心工作向中央和北方局报告，指出，以冀热察为中心，创造大块游击根据地的任务已基本上实现。冀热察党委目前的中心工作，应放在巩固现有阵地上，并在巩固中向前发展。平西主要开展西北部工作，求得与平北相互联系。平北主要向西发展，开拓察南西部工作，以求与平西在蔚县以北地带相衔接。平北东部之丰、滦、密地区应积极向东发展，以求进一步与冀东连接起来。冀东应注意向北部山区发展，求得冀东与平北及冀东东部、西部在北面山区中连成大块。在此前提下，同时注意开拓武清、香河、宝坻平原，以求与冀中十分区相呼应。北宁路以南地区（新开辟了 200 余座村庄），目前应注意隐蔽发展政治军事力量，建立隐蔽的根据地。

平北根据地夏季反“扫荡”（6 月 15 日至 7 月上旬）　5 月，日军对平北根据地的“扫荡”被粉碎后，不甘心失败，于 6 月 15 日纠集兵力由石匣、古北口等据点出动，对平北抗日根据地开始进行夏季“扫荡”。平北根据地主力部队转移至外线，袭击敌后据点，破坏敌后交通，袭击敌运输队，使日军不能在抗日根据地立足。在反“扫荡”中，至 7 月上旬，八路军进行大小战斗 9 次，毙伤日伪军 170 余人，俘伪军 14 人，缴获轻机枪 2 挺、长短枪 90 余支。

晋察冀边区文化界抗日救国联合会成立（6 月 16 日至 21 日）　为统一领导边区的文化工作，团结更多的文化界知识分子参加抗日，6 月 16 日，晋察冀边区文化界抗日救国联合会召开成立大会，到会的文化界团体代表有 32 人，选举产生了文化界抗日救国联合会执委会 23 人，常委 9 人，沙可夫当选为主任，罗东为组织部长，周巍峙为宣传部长。会议通过了《晋察冀边区文化界抗日救国联合会工作纲领》《晋察冀边区文化界抗日救国联合会暂行章程》，发表了《晋察冀边区文化界抗日救国联合会成立宣言》，并通电全国文化界。大会历时 6

天，21 日结束。晋察冀边区文化界抗日救国联合会成为晋察冀边区统一的文化工作领导机构。其成立后，边区各地原有的文化工作者协会等组织都统一更名为文化界抗日救国会。

许建国、姚依林赴平北检查工作（6 月中旬） 在平北根据地建设和巩固过程中，出现了一些偏差，主要是在推行合理负担和锄奸工作中，有的地区出现了“左”的倾向，这些偏差尽管是暂时的、局部的，却引起了领导的高度注意。1941 年 6 月中旬，中共中央北方分局派许建国、姚依林到平北地区检查工作。6 月 19 日，他们对平北减轻群众经济负担提出了五项解决办法：（一）建立正规的供给制度，克服浪费，严惩贪污；（二）减少对群众的动员项目；（三）整理税收；（四）在我工作占优势地区，坚决打击敌伪政权，不对敌负担；（五）整顿村财政。8 月 17 日，根据许建国、姚依林对平北和冀东的考察情况和北方分局的指示，平北各方面政策及时得到调整，得到各阶层人民拥护，统一战线越加巩固和扩大，群众运动得到进一步发展，政权建设和游击区域逐渐巩固和扩大，为粉碎日军的“扫荡”奠定了基础。

艾峪口惨案（6 月 25 日至 7 月） 宽城的艾峪口地处长城脚下，与关内董家口有一水之隔，是抗日人员出入长城内外、开展抗日工作的必经之地。1 月 29 日夜，艾峪口欺压百姓、无恶不作的恶霸刘茂林被八路军镇压，其在日伪青龙警务科当汉奸的儿子刘爽怀恨在心，伺机报复。6 月 25 日深夜，150 余名荷枪实弹的日伪军，包围了艾峪口、河西、东沟等 5 个自然村，会同艾峪口的敌人，闯入各户，抓捕了诸成平、诸清林、刘成海等 18 人，当夜将其关在艾峪口日本宪兵班，拂晓，押往青龙日本宪兵队。6 月 26 日下午 4 时，由青龙警务科、日本宪兵队，满载 8 辆汽车日军和警察，开到艾峪口西地分驻所，深夜 10 时，采用突袭的办法，把艾峪口、西地、东沟几个村庄团团围住，挨户搜查，进行了疯狂的第二次大逮捕，抓走了刘振祥、刘贺祥等 40 多人。艾峪口 5 个自然村，18 岁至 45 岁男人，除极个别在外的侥幸脱身，其余无一幸免。艾峪口先后不到一个月，共有 58 人被抓，除 5 人被放回外，其余 53 人都被杀害在热河、沈阳、丹东等地。在两次逮捕和屠杀中，全村先后惨死 210 多人。

冀中区党委召开组织工作会议（6 月下旬） 为总结反“蚕食”斗争经验，研究新形势下对敌斗争策略和应采用的组织形式与工作方法，6 月下旬，冀中区党委召开组织工作会议。会上，黄敬作了报告。会议根据基本区、近敌区、敌占区的特点，确定了反“蚕食”的具体方针，强调被敌“蚕食”地区允许群众和秘密工作人员以“两面政策”应付敌人，运用合法斗争与非法斗争相结合的对敌斗争策略。会后，区党委为了贯彻组织工作会议精神，具体了解各地区党的工作情况和游击区敌我斗争形势，决定由周小舟、刘亚球负责检查地、县委的工作，巡视组负责检查区委和村党支部的工作。周小舟、刘亚球先后在地、县工作约 3 个月，巡视组在各县区、村工作约半年。

7 月

聂荣臻发表《两个伟大的节日与伟大的时期》一文（7 月 1 日） 《晋察冀日报》于 7 月 1 日发表了聂荣臻《两个伟大的节日与伟大的时期》一文。文章指出，没有中国共产党就不可能有晋察冀和华北各敌后抗日根据地，也就无法支持全国抗战。日本帝国主义在中国已泥足深陷，无法解脱。苏德战争爆发，世界已进入历史新时期，希望中国“各党派各军界能亲密地团结”，为反抗法西斯、保卫自由独立而战。以此文为主旨，聂荣臻在当天军区纪念“七一”大会上作了讲演。

晋察冀边区第二届艺术节举行（7 月 1 日至 7 日） 7 月 1 日，晋察冀边区第二届艺术节在平山县隆重开幕。2 日，艺术节召开大会，推举彭真、聂荣臻、朱良才、吕正操、宋劭文、成仿吾、杨耕田等为名誉主席。5 日，聂荣臻在大会上讲话，指出，各艺术团体在文艺运动中都作出了很大的贡献。我军的传统是“把艺术当作政治工作的武器”“需要战斗力就一定需要文化”，军队要用这个武器来提高战斗力。艺术要大众化，也要提高，不要因有某些缺点而否定一切。艺术工作是需要 10 年、20 年长期努力才能有成就的，有些艺术工作者不安心艺术工作是不对的。边区第二届艺术节期间，聂荣臻及 2.5 万多军民观看节目，盛况空前。

晋察冀边区行政委员会发出逃亡户财产代管办法（7 月 7 日） 晋察冀边区行政委员会于 7 月 7 日发出《晋察冀边区抗战期间逃亡户财产代管办法》。办法规定：凡籍隶边区、全家逃亡其他地区而所留财产（动产与不动产）别无亲属经营，亦未托人代管者，为逃亡户；逃亡户的财产所有权不变，但为免其财产荒废，一律由该管县政府代管，其留有亲属经管或曾托人代管者，该管县政府不予代管；逃亡户缴纳税款以尽其收入为限，不得因其收入不定缴纳税款而处分其财产；逃亡户返籍时要向该管县政府声请发还代管之财产，其逃亡期间财产收入所余部分不予发还，但该逃亡户当时之生活却难维持者，代管机关得以实际情形，呈请晋察冀边区行政委员会酌情发还财产收入所余之一部或全部；逃亡户财产之租息关系，无论代管还是返籍、自营，均须遵照晋察冀边区行政委员会颁布之减租减息单行条例之规定办理。

晋察冀边区政府颁布婚姻条例（7 月 7 日） 晋察冀边区行政委员会于 7 月 7 日颁发《晋察冀边区婚姻条例》（草案）。《晋察冀边区婚姻条例》共计六章三十四条，规定男女婚姻自主、自由、自愿，废除一切封建婚姻制度。婚姻不以订婚为必须手续。寡妇再嫁，他人不得干涉。男女法定结婚年龄为男满 20 岁，女满 18 岁。婚后夫妻有同居的义务，夫妻生活费用及家务处理，由双方共同负责。婚前夫妻双方各自财产及婚后夫妻一方以各自劳力所获报酬，均为各自特有财产。《晋察冀边区婚姻条例》同时规定了依法离婚的有关条件和程序，对买卖婚姻行为、破坏抗属婚姻行为规定了严厉的处罚措施。《晋察冀边区婚姻条例》具有新民主主义婚姻制度的基本精神，使广大妇女的婚姻权益从法律上得到了根本保障，也改变了过去妇女在家庭中的地位问题，提高了妇女的社会地位，大大推动了妇女更加广泛地参加社会生产生活，鼓舞了妇女的抗日积极性。

北方分局对恢复冀中十分区工作发出指示（7 月 15 日） 位于大清河以北、平津保三角地带的冀中十分区由于地理位置十分重要，日军从 1941 年初就对该地区进行了“蚕食”和“扫荡”，至 6 月左右，十分区基本被敌人控制。为了恢复十分区斗争，7 月 15 日，中共中央北方分局关于恢复十分区的工作电示冀热察区党委，指出，平西、冀东、冀中要从各方面向十分区开展工作，于青纱帐期间配合该区打开局面，站稳脚步。确立地方性的分区制度，统一地方武装的指挥；广泛开展抗日民族统一战线工作，建立联络部队，争取落后武装，做好对日伪军的工作，首先是伪军工作；深入进行恢复党的工作，成立党政军委员会，以统一党政军的领导。

冀中发动青纱帐战役（7 月 22 日至 8 月底） 7 月，日军将“蚕食”的重点转向第九军分区的肃宁地区。8 月，日军继续以 4 个联队的兵力“扫荡”第七军分区的安平、饶阳等地。日军所到之地，大肆修路、挖沟、筑碉、浚河，进行所谓的交通建设，以分割冀中根据地。为了打击日军的“蚕食”政策，冀中军区部队利用青纱帐，于 7 月 20 日至 8 月底，向日军据点展开进攻。第八、第九军分区部队共作战 50 多次，毙伤日伪军 1000 多人，攻克大城大流河、河间米各庄等据点多个，打开了青县、大城、文安、任丘、高阳、蠡县地区的局面。第六、第七军分区部队，攻克肃宁青口，安国西伯章，深泽吕羊、小庄，定县换马堂，赵县西纪村等据点，毙伤日伪军 400 余人，缴获步手枪 200 余支。第十军分区部队乘机重新进入大清河以西的容城地区，攻克日军碉堡数座，争取了部分伪军反正，恢复了 60 多个村庄的工作。

北岳区武委会召开各县主任联席会议（7 月 30 日） 为粉碎日军推行的第二次“治安强化运动”，北岳区武委会于 7 月 30 日召开各县主任联席会议，历时 5 天。会议确定了今后民兵工作的重点为：（一）加强民兵活动，严密侦察情报与警戒工作，积极打击敌探、特务的活动，封锁敌寇于据点内；（二）普遍进行平沟、破路、割电线的工作，彻底粉碎敌人的新交通政策；（三）强化军事领导与战时纪律，健全工作制度，实行村级改选，巩固人民武装组织；（四）加强青纱帐期间的教育、训练工作，提高队员的民族自尊心与自信心，粉碎敌寇的欺骗麻醉宣传与诱降政策；（五）修理与补充武器、担架，准备坚壁清野，以粉碎敌人可能进行的秋季“扫荡”。此外，会议还讨论了志愿义务兵役制、半年来的组织工作等问题。

北岳区党委召开组织工作会议（7 月） 为了贯彻中共中央北方分局关于组织工作主要突击落后区，克服不平衡的指示，北岳区党委于 7 月召开组织工作会议。林铁作了题为《党的建设进入全面巩固的新阶段》的报告，提出要继续贯彻党的全面巩固和克服不平衡的指示，“一般应由组织的巩固为主转到政治上、思想上的巩固为主”。会议决定全面巩固组织工作，不仅要巩固党的组织，而且要巩固政权及地方武装的各级组织。

晋察冀边区第一专区士绅参观团到冀西（7 月） 7 月，由牺盟会五台中心区发起组织，主要由敌占区、游击区士绅组成的晋察冀边区第一专区士绅参观团，到冀西各地进行为时 1 个月的参观学习。期间，参观了边区机关、团体、学校、工厂、作坊等 10 余处，参加了军区成立四周年纪念大会，受到聂荣臻、宋劭文等边区党政军领导的接见并进行了长时间座谈。参观结束后，参观团发表《参观归来告士绅同胞书》，此后又分别回到家乡向群众进行宣传，用所见的边区在政治、经济、文化等各方面取得的巨大成就和所受的教育揭露日伪的欺骗宣传，鼓励群众积极参加抗日斗争。

8月

冀东分委召开第三次扩大会议（8月1日） 为了总结6月反“扫荡”失利的经验教训，冀东分委于8月1日在遵化县大张屯召开了第三次扩大会议。李楚离、李运昌、周文彬、焦若愚、李子光、丁振军、包森、曾克林、刘诚光、徐志等参加了会议。会上确定了坚持冀东和开辟热南山区的任务。会议认为，6月反“扫荡”作战之所以失利，主要是对冀东地区特殊的战略地位所决定的战争的长期性、残酷性认识不足。自1940年形势好转以来，我军普遍滋长了轻敌速胜思想，忽视隐蔽发展和秘密工作，缺乏战略的内线侦察，以致对形势作出错误判断，在大“扫荡”到来时仍处于敌情不明状态。这是最重要的原因。而地区狭小，也是重要原因之一。1940年以来，冀东虽已形成大块游击根据地和游击区，但仍只限于北宁路以北、滦河和长城以南的基本区，这只能对付中、小规模的“扫荡”。而对付一次数万兵力的大规模“扫荡”，由于没有多少可供回旋的地区，以致造成被动。会后，区党分委为此次反“扫荡”的失利向冀热察区党委写了专题检讨报告。

会议还讨论了苏德战争爆发后对中国抗战特别是冀东抗日游击战争的影响，确定了坚持冀东基本区，大力开辟新区，首先开辟热南的方针。会议还讨论了坚持冀东抗日游击战争的各项基本政策，指出必须执行避免过分刺激敌人的隐蔽和精干政策；紧缩机关，使地方干部社会化；加强秘密工作，使秘密工作与政权、群众工作分开。在军事上，加强主力部队的司、政、供、卫的建设；减少非战斗人员，充实战斗部队；避免兵团式活动，强调地方性和分散游击活动；广泛开展群众性游击战，加强县区基干队的建设；广泛建立不脱离生产的群众武装，加强青年报国队和以党员为骨干的秘密游击小组的建设，将党员参加武装斗争提到第一位，使这种武装成为群众性游击战争的主体和补充主力部队的源泉。在地方工作上，从长期持久抗战着眼，正确地执行财政经济政策，推行合理负担；加强基层政权的改造和民主建设，吸收忠实于国家民族的国民党员、党外人士参加县区政权，以巩固、扩大抗日民族统一战线，巩固根据地。根据6月反“扫荡”后的形势，会议决定在青纱帐初期，各级武装力量在基本区广泛出击，打击日伪军，以鼓舞群众，巩固地区，恢复主力部队的实力；在青纱帐末期，集中优势兵力向外线发展，开辟长城以北的热河南部地区。同时，注意向滦河移动，向北宁铁路以南以及宁河、香河、武清、宝坻等冀东西南部敌占地区发展。

会后，组织长城工作团，调丰（润）滦（县）迁（安）县长高敬之和原迁（西）遵（化）兴（隆）县长姚铁民分任工作团正、副主席，北出长城，开辟兴隆、承德地区；调玉蓟宝游击队和迁青兴游击队各一部，重建第十二团第二营，补充了第三营，由军分区参谋长曾克林兼任第十二团团长。

晋察冀一、三军分区发动交通破袭战（8 月 1 日） 8 月 1 日，晋察冀军区第一军分区发动群众 7 万余人，在易（县）满（城）间、易（县）涞（源）间展开为期一周的交通破袭战，毙伤日伪军 100 余人，毁敌碉堡 5 座，平沟破路 60 余公里，收割电线 1250 余公斤。同时，第三军分区发动民兵 1 万余人，向唐县、完县间敌封锁线出击，攻克据点 1 个，毙伤日军 100 余人，平沟破路 200 余公里。

野北惨案（8 月 6 日） 野北村位于曲阳城西北，距县城 25 余公里。该村有 3 个自然村：东野北、西野北、北野北。其中西野北最大，全村 104 户，532 人。野北村是曲阳通往阜平的交通要塞，敌人把其视为进攻晋察冀边区的首要目标。1941 年 8 月 6 日，盘踞曲阳灵山的日军出动 100 多人突然包围了野北村，以集合开会为名把群众赶到西野北 3 个院里，用机枪扫射，制造了一起令人震惊的大惨案。这次惨案，日伪军共杀害抗日干部群众 147 人，烧毁房屋 107 间。

晋察冀边区召开第二次经济会议（8 月 6 日至 16 日） 为加强边区贸易活动，晋察冀边区行政委员会于 8 月 6 日至 16 日召开第二次经济会议。出席者包括主任宋劭文，实业处处长张苏，银行总经理关学文，以及农林、工矿、粮食、贸易各局局长，冀中、平西贸易局局长，北岳区各专区贸易局局长、税务局局长、实业科长、银行办事处主任，一部分县的经济工作干部，共 60 余人。张苏在会上作了《边区经济发展的现状与我们的经济政策》报告和《边区第二次经济会议问题讨论总结》。会议根据边区经济发展的趋势，针对敌人对边区开始实行“蚕食”“封锁”“三光政策”的形势，明确地提出，经济上的自给自足“是粉碎敌人经济毁灭边区的唯一保证”，“是坚持敌后独立抗战的唯一保证”，因此，要迅速建立起边区自给自足的抗战经济体系，并规定了当前边区各项具体经济政策。首先要调整边区的贸易政策。会议确定边区的贸易方针是“内部贸易自由，对外贸易管理”。一方面，只有活跃和发展边区内部贸易和市场，才能促进边区工农各业的发展。要坚决纠正边区公营商店和合作社统制和垄断贸易的现象，鼓励私人商业发展；严禁边区内各区县随意设卡，扣押商人和一切侵害商人利益的违法行为；帮助建立边区商业救国会，大力团结和争取内外商人为活跃和发展边区贸易作出贡献；要有计划有组织地保护和开辟各种各样的方便群众的集市和市场。另一方面，对外必须实行保护贸易的原则，根据自己的需要而对货物的出入境有所限制。其次，会议还决定重新修订边区“合作社法”，对边区合作社进行一次普遍的彻底的整顿，使之真正成为“统一战线的群众性的经济组织”。再次，会议决定适当提倡种植边区工副业生产所必需的棉、麻、油等经济作物，发展商品生产，大力提倡和奖励发展边区手工业和家庭副业生产，适当发展边区采煤、冶铁和铁加工等重工业和军工生产，大力奖励和推广科技发明创造，以解决边区工副业必需品自给自足问题。最后，会议还决定彻底改变边币以国民政府法币为基准的币值，真正建立起边区自己的独立的单一的本位币制。此次会议对于繁荣和活跃边区经济，夺取对敌经济斗争的胜利发挥了很大作用。

晋察冀军区政治部与北岳区党委作出《关于敌伪军工作组织问题的决议》（8月11日）　8月4日，中共中央作出《关于敌伪军伪组织的工作决定》，指出对敌工作方针是，加深敌兵厌战怠战与思家思乡情绪，促进其觉悟。所有俘虏一经解除武装，一律不准杀害。对不同的伪军采取不同的政策，总的原则是争取同情分子，控制两面派，打击坚决作恶的分子。根据中央指示精神及本区实际，8月11日，晋察冀军区政治部与北岳区党委作出《关于敌伪军工作组织问题的决议》，确定除继续加强瓦解日军、争取伪军的工作外，应加强被敌“蚕食”地区的工作，在村一级要建两面政权，实行革命的两面政策，利用敌人建伪政权之机会，派遣秘密党员和我党的基本群众打入伪政权，充任伪保长、伪联络员，欺骗应付敌人，掩护抗日武装和抗日干部，保护群众利益。随后，边区县、团以上机关，建立了党政军统一的日伪工作委员会。

晋察冀军区发布关于部队中合作社问题的训令（8月13日）　在晋察冀成立合作社过程中，各部队中也成立了合作社，并起到了调剂用品、节省开支、改善部队生活的作用，但在发展合作社过程中出现了许多问题，甚至出现了购买日货、滥购物品、逃税漏税、从中渔利等严重问题，影响了边区整个财政计划。8月13日，晋察冀军区颁布了《晋察冀军区关于部队中合作社问题的训令》，规定：（一）确定一定的用品（日常必需品）列具名单，交由各专员公署领取免税执照。这样，一则可免紊乱税收，二则可遏制不肖之徒假冒军队名义，从中渔利。（二）除极端必须不能以国货代之者，一概禁买日货。（三）禁买一切奢侈品。（四）部队合作社只限军人购买，以免引起民间合作社之不满与妨碍民间合作社之推广。

北岳区、平西区反“铁壁合围”大“扫荡”（8 月 14 日至 10 月 15 日） 以北岳区为中心的晋察冀边区根据地被日军视为“华北治安的最大隐患”。因此在第二次“治安强化运动”中，日军集中了 7 万余兵力，在新任华北方面军司令官冈村宁次的亲自指挥下，对晋察冀边区的北岳区和平西区进行了长达两个月的“铁壁合围”大“扫荡”，企图消灭晋察冀军区主力和首脑机关，摧毁根据地设施，达到最终消灭晋察冀抗日根据地的目的。日军“扫荡”于 8 月 14 日开始，大体经历了三个阶段。第一阶段从 8 月 14 日至 21 日，日军以驻山西的第一军从灵丘的上寨、下关，经过五台县的高洪口，南至娘子关设立封锁线，割断北岳区内河北与山西的联系；以第二十一师团、第二十六师团和独立混成第十五旅团从北面包围平西和北岳根据地，并控制涞源至易县公路，切断平西与北岳的联系；以第一一〇师团为主，控制定县至定兴的平汉路沿线，割断北岳与冀中的联系；以第三十三师团控制以微水、井陉为中心的正太路沿线，堵住八路军向南转移的通道。同时以部分兵力，佯攻平北根据地古北口、密云地区和冀中第七分区，以掩盖进攻北岳、平西的意图。第二阶段从 8 月 23 日至 9 月 3 日，日军突然向平西、北岳两区大举进攻。随后，日军集中大量兵力向晋察冀边区首府所在的第三分区进行合围“扫荡”，企图围歼晋察冀军区主力和领导机关。第三阶段从 9 月 4 日至 10 月 15 日，日军转入分区“清剿”。日军进入各区后即搜剿分散隐蔽的干部、战士，破坏根据地设施，抢掠财物，修筑碉堡公路。

面对日军优势兵力疯狂的“扫荡”，晋察冀军区于 8 月 21 日发出反“扫荡”命令。晋察冀军区主力为避敌锋芒，相机转移到平汉、正太铁路沿线等外线地区待机破敌，只留下一部分党政军领导机关在聂荣臻的率领下，与日军展开了艰苦的周旋。8 月 27 日，聂荣臻率部到达阜平的马驹石。8 月 31 日夜，他率队涉过大沙河。刚过河，意外地遇上日军。聂荣臻立即率队返过大沙河，转移到阜平县城北的雷堡村。9 月 1 日，晋察冀军区领导机关和部队万余人在阜平以北雷堡地区被 5 万余敌军包围。聂荣臻当晚命侦察部队携电台到阜平东北的台峪，用电台大声呼叫，将日军重兵吸引到台峪。被围领导机关和部队乘机化整为零，从敌人包围圈的缝隙中穿插过去，于9月上旬先安全转移到阜平西常家渠一带，随后安全转移到平山县境，处于敌侧后的机动位置。同时，晋察冀军区副司令员萧克指挥平西部队进行英勇抗击，在给日军重大杀伤后，主力于8月30日跳出合围圈，转至外线。之后，根据八路军总部的命令，一二〇师、一二九师和冀中部队分别向平汉线、正太路、石德路和同蒲路出击，攻克了广平、南和、沙河、隆平等县城和忻口火车站，予敌人以严重威胁和打击。同时，晋察冀军区转移到外线的部队也迅速集结，乘敌人主力分路后撤之机，袭击敌人分路搜剿和运输部队，武装保卫秋收秋征，并于9月26日收复了边区首府阜平城。各地方武装则配合打击汉奸伪组织活动。在内外夹击下，日军于10月15日全线撤退。日军第二次“治安强化运动”被粉碎。

在这次反“扫荡”中，晋察冀军区指战员采取高度灵活的战略战术，两个月内共与敌人作战800余次，毙伤俘日伪军5500余人。在9月25日著名的易县狼牙山战斗中，北岳区第一军分区一团七连六班战士为掩护主力和群众安全转移，多次打退数百名敌人的猛烈进攻，退路被切断后，继续顽强奋战，杀敌近百人。最后5名战士在班长马宝玉的带领下，在狼牙山棋盘陀至死不屈，英勇跳崖，给日军极大的震慑。

这次日军“扫荡”也使晋察冀根据地承受了巨大损失，八路军伤亡5900余人，损失枪支1000多支、子弹4万多发，干部群众被抓被杀6000多人，被抓劳工2万余人，被烧房屋15万余间，被毁庄稼5万余亩，被毁被抢粮食5800余万斤、棉花1.2万余斤，被抢牲口、家畜12.8万头。敌人还在根据地内增修据点113个、公路500余公里，挖封锁沟158公里，并制造了大片“无人区”。至此，北岳、平西地区被“分割”“封锁”，晋察冀边区中心根据地进入了艰苦斗争时期。

***八路军前方总部发出粉碎敌对边区“围剿”的指示（8月15日）** 彭德怀于8月15日发出《关于粉碎敌对边区“围剿”的指示》，指出，此次进攻平西与五台区根据地之敌人，具有很大决心，而且是长期的。我们要积极分散地进行游击战，而且须分配大量干部到乡村，领导群众广泛地发动游击战争，日夜不断袭扰敌人，真正做到使敌人行不安、宿不稳，在疲惫与退却时，我主力才寻

求有利的部分决战，切勿过早决战。① 8 月 28 日，彭德怀、左权又电示聂荣臻、萧克、吕正操等：此次日军“扫荡”晋察冀边区山地，比以前任何一次都时间长，且可能将山区根据地纵深割裂。为保持与敌长时间接触，提议以小部队分途昼夜袭扰，避免主力过早作战。待敌深入至适当地带时，我之主力分途转移敌后及外翼，寻求打敌运输部队及薄弱部分，选精干小部队，配以工兵，至平汉铁路不断炸车。

***晋察冀军区发出反“扫荡”作战方针指示（8 月 23 日）** 晋察冀军区于 8 月 23 日发出反“扫荡”作战方针与战术的指示，要求主力按地区适当分散，适时转移和隐蔽，避免与敌进行决战，以保存有生力量。另以主力一部配合地方武装开展广泛的游击战，经常保持与敌人接触，打击敌人“清剿”搜山活动，袭扰临时据点，破坏交通运输，迟滞和消耗敌人，掩护机关部队转移。担任阻击、侧击、尾击敌人的部队，必须适时地分散，以机警灵活的积极动作，确实起到迟滞、疲惫、迷惑与消耗敌人的作用。各部队要加强侦察警戒，防止遭到敌人由多梯队组成的新的合击。敌人深入我腹地后，转至外线的部队应积极向敌据点和封锁线展开活动，平沟毁墙和破坏交通，钳制和分散敌人的兵力，同内线部队相呼应，以粉碎敌人的“扫荡”。

***北岳区党委发出反“扫荡”指示（8 月 24 日）** 北岳区党委于 8 月 24 日发出《为彻底粉碎日寇秋季大“扫荡”的指示信》，要求普遍开展群众性的游击战争，展开麻雀战，困扰、袭击与疲惫敌人；破坏交通，肃清敌探、特务，武装保卫秋收，彻底坚壁清野，使敌人食无粮、饮无水、用无物，号召把疯狂的日本侵略军歼灭在繁茂的青纱帐里。

***北方分局和晋察冀军区向各级党委发出反“扫荡”指示（9 月 11 日）** 中共北方分局和晋察冀军区于 9 月 11 日给各级党委发出反“扫荡”指示，指出，自敌人对晋察冀进行空前严重的“扫荡”以来，整个华北正处于敌寇围攻、“扫荡”的严重形势中，华北全党全军必须：（一）广泛开展群众游击战争；（二）进一步依靠群众，认真动员群众，发动群众，组织群众，密切党与群众的关系；（三）收集军用资料，同时收买大量铜板（铜币）等军工原料，送交十八集团军

① 参见晋察冀边区革命史编纂委员会编《晋察冀边区革命史编年》，河北人民出版社 2007 年版，第 449 页。

总部制造子弹；（四）根据各个地区情况，及时进行反“扫荡”的准备工作。

*聂荣臻发布加强群众工作的训令（9月22日）** 在反“扫荡”中，为了做好群众工作，聂荣臻于9月22日发布《关于加强群众工作的训令》，指出，日军自石咀、门限石、高洪口至上社建立据点，宣布此线以西为“治安区”，以东为“无人区”，迫使群众逃向“治安区”，与八路军分离。对此，我军必须打击敌掩护部队，增强群众信心。政治上说服群众返回家园，与敌斗争，切不可把“治安区”的群众看成汉奸而打击，这样正中敌计。

*三进三出常家渠（9月2日至7日）** 9月2日，聂荣臻率万余人突围部队到达阜平西部一个狭长隐蔽的小山沟，即常家渠村。常家渠山间极为狭窄，两侧山峰峭耸，高插入云，山间草深林密，便于隐藏，敌人飞机侦察和轰炸都很困难。村南侧紧邻阜平到五台的东西大道，但村子四周山山相连，陌生人很难进来。村里只有几户人家。为防止被敌人侦察，部队停止使用电台，不烧火做饭，断绝与外界的一切联系。队伍在常家渠一带的山沟里隐蔽了三天，9月5日下午黄昏时分，聂荣臻下令立即突围。不料，只走了五六里，便发现由阜平来的日军正顺着大道向西开进，为避免与日军遭遇，聂荣臻命令部队返回常家渠继续隐蔽。9月6日黄昏，聂荣臻率队再度出发。即将突围成功时，侦察员匆匆赶来报告：由阜平向西运动的敌人不走了，都宿营在大道上的安子岭、东西下关、大教厂一线的村庄，堵住了准备穿插出去的突围路线。聂荣臻随即命令突围队伍再度折回。9月7日，聂荣臻得知“通往龙泉关方向有一个小口子，敌人白天来，晚上撤”的情报时，决定乘敌人的合击圈未完全合拢之前，率领队伍冒险突围。在朦胧的月光中，部队迅速跳出了日军在阜平至五台的一线苦心设置的大包围圈，分散向各个方向转移。毛泽东、朱德和彭德怀等中央和八路军总部首长，闻听日军电台广播说：“聂总部”电台已被炸毁，军队被包围，已全军覆没。再加上中央的电台一连几天收不到晋察冀军区的电台信号，故十分着急，便指示一个电台主任带着电台密码顺黄河而下去联络聂荣臻总部。当他们从电台上听到聂荣臻等人已冲出敌人包围时，立即快马加鞭返回延安向毛泽东和党中央报喜。

*狼牙山战斗（9月25日）** 1941年9月25日，日伪军约3500余人围攻易县狼牙山地区，企图歼灭该地区的八路军和地方党政机关。晋察冀军区一分区一团二营七连奉命掩护党政机关、部队和群众转移。后又留下六班马宝玉等五

名战士担负后卫阻击的任务，掩护全连转移。五名战士边打边撤，将日伪军引到狼牙山棋盘陀峰顶绝路。面对步步逼近的日伪军，他们宁死不屈，毁掉枪支，义无反顾，纵身跳下数十丈深的悬崖。马宝玉、胡德林、胡福才壮烈殉国；葛振林、宋学义被山腰树枝挂住，幸免于难。为了纪念和表彰五壮士的英雄壮举，10 月 18 日，晋察冀军区决定在烈士牺牲地点，建碑纪念。1959 年重建纪念碑，更名为“狼牙山五勇士纪念塔”。聂荣臻为纪念塔题词：“视死如归本革命军人应有精神，宁死不屈乃燕赵英雄光荣传统。”

***陈庄事件（10 月 12 日）** 徐水陈庄村（南陈庄），位于徐水西部太行山脚下，距县城 26 公里。该村群山环抱，是游击战争的战略要地。该村建党早，是晋察冀一分区的重要根据地。1941 年秋季，日军集中强大兵力开始对徐水西部山区根据地进行大“扫荡”，中共徐水县委根据上级指示，将党政机关和武装力量化整为零，在根据地和游击区进行分散活动。县委书记刘化南和县长刘萍等带领机关干部和地方武装活动在西部山区西峪、陈庄、五义庄一带，灵活机智地同日伪军周旋，指挥全县人民的抗日斗争。10 月 12 日凌晨，日伪军 5000 余人包围了徐水县陈庄、瓮庄一带，徐水县党政领导干部、参加集训的县区干部及县游击队的干部战士共 130 余人遭到合围。在突围中，干部战士英勇奋战，30 多人负伤被俘，70 多人壮烈牺牲。县委书记刘化南、县长刘萍负伤被捕，绝食殉国。

***晋察冀边区开展反“扫荡”善后工作（10 月 14 日）** 10 月 14 日，聂荣臻电示各军分区，日军此次“扫荡”已基本结束，部队应依据当前情况集结修整，检讨反“扫荡”中的经验教训；集中分散与寄存人员，整理组织；集中医治伤病员，迅速解决冬季装备与准备作战；迅速恢复电话线路。关于地方工作，照北岳区党委指示，协助地方党进行。

冀中军区粉碎日军秋季“扫荡”（8 月 14 日至 21 日） 日军在对冀中根据地边缘地区步步“蚕食”的同时，也没有放弃对冀中中心区的“扫荡”。8 月 14 日至 21 日，日伪军 3000 多人对滹沱河两岸的安平、晋（县）深（县）（无）极、安国、束鹿地区进行了为期 8 天的“扫荡”。这是日军对晋察冀边区秋季大“扫荡”第一期作战的重要组成部分。8 月 14 日，日军向安平、深泽地区扑来。此时，冀中区党委、冀中行署、冀中军区机关均驻在滹沱河、南安平县子文镇一带，第十军分区机关和第二十九团驻在子文镇西北 4 公里的南北郝村，第二十二团也驻在附近。上午 8 时，八路军得知辛集之敌人已进至子文镇南 10 公里的北里厢村，立即决定冀中区和第十军分区领导机关及部队渡河向北转移，第二十九团二营在河北岸杨各庄、马家营掩护渡河。正在坐船渡河之时，安国、博野南来之敌进至马家营，二十九团二营坚决抗击，顶住了日伪军进攻。冀中党政军领导机关在参谋长沙克指挥下依次渡河。由于只有一条船，冀中抗联各团体和新世纪剧社及文艺干部学校 800 余人最后到达时来不及渡河，即由二十二团掩护，向东南突出敌人的包围圈到达饶阳西南安全地带。冀中区党委、行署和军区机关渡河后向西急行，下午 5 时左右行至晋（州）深（县）（无）极县木刀沟以北时，发现新乐、定县之敌向这一地区合围而来，空中有敌机盘旋扫射。在青纱帐掩护下，军区领导立即指挥大家向东转移，留第十军分区机关和第二十九团与敌周旋。军区领导机关经过一夜行军百里，第二日拂晓到达安平东北部之宗佐村，后遭到四五架敌机轮番轰炸扫射，军区司令部一名作战参谋和一名通讯员牺牲。区党委和行署在木刀沟以北地区与军区机关失去联系，未能跳出敌人的合围圈，分散突围时有 10 余人负伤或被俘。

在马家营掩护渡河的二十九团二营完成掩护任务后向西撤离，经过与敌周旋，天黑后到达晋（州）深（县）（无）极县侯村，安置好伤员后继续西行，在江仁村与第十军分区机关部分人员会合，次日在晋（州）深（县）（无）极县小镇村与第十军分区机关会合。第二十九团团部和一营、军分区剧社在团政治处主任蒋崇璟带领下向西转移到藁无县的大小西关村，在敌人合击圈与敌人周旋，直到“扫荡”结束。

在此次反“扫荡”中，第七军分区机关在定南、晋（州）深（县）（无）极地区与敌周旋。第二十二团在滹沱河南岸掩护冀中抗联和新世纪剧社，机动转移，避敌锋芒，未受损失。第六军分区和第七军分区部队还分别在石德路和平汉路展开破击战，破铁路，毁桥梁，炸火车，以牵制日军的“扫荡”。日军经过周密策划的历时 8 天的“扫荡”以失败而告终。

東北惨案（8 月 15 日至 21 日） 東北县位于辛集镇以北，处于冀中、冀南接合地带，北面靠近滹沱河，南有石德铁路，中部有沧石公路穿过，战略地位极为重要。八路军冀中军区主力部队十七团、二十二团经常在这一带活动，县、区游击队和民兵武装也经常袭扰日军。日军为了消灭八路军主力部队，摧毁人民群众的抗日力量，8 月 14 日，日伪军 3000 多人分九路对沧石路以北重点是東北地区的枣营、杜合庄、袁村、韩陈庄、百福村、东柳科、西柳科、西朗月、宿王宋、吴王村、小冯村、耿家营、西枣营进行了七昼夜的拉网式大“扫荡”，杀害束北县无辜群众 500 余人，烧毁房屋 2000 多间，制造了骇人听闻的束北惨案。

彭真发出对冀东、平北工作指示意见（8 月 17 日） 8 月 17 日，彭真根据许建国、姚依林对冀东、平北的考察报告提出了重要的指示意见。他指出，在平北、冀东我们还不具有优势，今后的环境依然是异常艰苦的，不可能创造出像北岳区或冀中平原同样的根据地。冀东地区广泛开展群众性的游击战争，建立广泛的抗日统一战线，以及政权建设、经济建设、锄奸政策，不能机械地搬用上述地区的做法，一切必须根据当地的具体情况决定。对冀东游击战争坚持的长期性和艰苦性，应有足够估计，应依靠已有的基础巩固地一点一滴地向前发展，要麻痹敌人，不要过分夸大宣传，以免不必要地刺激敌人。在接敌区选开明士绅当村长，在村政权改革中，应去掉少数最坏分子，一般士绅仍应吸收其参加村务会，清算村账应只限于本届，切勿追究陈年老账。县区游击队应普遍建立与巩固，加强党的领导与政治教育，健全各种制度，提高其战斗力和群众纪律，不宜过急改编为正规化兵团。建立财政经济制度，开展节约运动和反对贪污浪费教育；力求统筹统支，减轻人民负担，力禁频繁和无限制地向人民征发；二五减租和一分利息，目前冀东、平北不能实行，酌情减量即可。

平山 1941 年惨案（8 月 23 日至 9 月 14 日） 平山是晋察冀边区的核心地区，是抗日模范县，是中共中央北方分局、晋察冀军区、第四军分区、四地委、三专署与五专署的驻地。因此，平山便成了敌人多次“扫荡”的重点。1941 年 8 月 23 日，侵华日军调集 1.7 万余兵力，对平山开始了为期两个月的大“扫荡”。“扫荡”开始，敌人分六路合击平山，见人杀，见房烧，见物抢，在驴山、东黄泥镇、东柏坡、西柏坡、通家口、南庄、北庄、盖家峪、燕尾沟、西沟、白家庄和陈家院等 20 多个村庄制造惨案，屠杀中国同胞 1300 多人，受伤者无数。

马本斋母亲白文冠被日军抓走（8 月 27 日） 回民支队是抗日战争时期冀中地区在党领导下发展成长起来的一支民族抗日武装，支队转战冀中平原、渤海之滨，进行过 500 余次大小战斗。其队长马本斋不仅对国家民族赤胆忠心，同时也是有名的孝子。日军得知这点后，在多次拉拢诱降马本斋失败后，决定抓来马本斋的母亲为人质逼迫马本斋投降。8 月 27 日清晨，驻河间日军山本司令官调集河间、献县、沙河桥、淮镇、景和等据点日伪军1000余人将献县东辛庄村（现为本斋村）包围，抓捕了马本斋的母亲白老太太，妄图以白母作人质逼迫马本斋投降。面对敌人的威逼利诱，马母临危不惧，毫不动摇，并在敌人的监狱中进行了英勇斗争，以绝食反抗敌人，7天7夜水米未进，9月16日为国捐躯，时年68岁。噩耗传来，马本斋悲愤挥笔："伟大母亲，虽死犹生，儿承母志，继续斗争！"11月13日，朱德、彭德怀为悼马母发表《致冀中全体军民书》，指出："中国人民有这样的母亲，不仅是中国人民的光荣，回民的光荣，中国妇女的光荣，而且是中华民族决不灭亡的最具体例证。"1944年2月，马本斋病逝后，朱德赠送挽联赞扬马本斋及其母亲："壮志难移汉回各族模范，大节不死母子两代英雄。"

冀中部队开始进行整编（8月29日）　由于日军的"蚕食"和"扫荡"，冀中抗日根据地巩固区的面积大大缩小，人力、财力、物力也相应地减少，军队和地方脱产人员占总人口比例明显偏大，人民负担日益加重，部队由于伤亡、疾病和非战斗减员，也出现了兵员不充实的问题。为适应斗争形势的需要，调整主力部队与地方部队的比例，加强地方武装与人民武装的建设，8月12日，冀中军区与冀中区党委共同召集各军分区和地委游击总队负责同志开会，根据八路军总部和晋察冀军区关于加强地方军事建设的指示，研究游击总队与军分区合并，并确定了各军分区以游击总队所属独立营加部分主力团的连队编成地区队的方案。8月29日，冀中区党委、冀中军区召开各军分区和各游击总队负责干部会议，决定执行八路军总部关于《野战军地方军之建立及军区军分区独立系统的建立指示》，将游击总队与军分区合并，游击总队所属的独立营改为地区队。军分区除领导主力团外，还领导地区队和县游击大队（县游击大队同时受县委领导）。各军分区主力团分别编为野战团（甲种团）和基干团（乙种团）两种。野战团辖3个营和2个直属连，管辖3个连；基干团辖5—7个连。地区队（丙种团）辖3—5个连。至9月，各游击总队即与军分区机关合并完成，军分区机关仍兼三纵队各个支队，负责对所属主力团的领导和指挥。与此同时，军分区又成为地方军的领导体制，作为军委的军事部，在冀中军区的直接领导下，接受地委在政治上的领导，统一指挥和训练所属地区的地方武装。

开辟热南地区（8月下旬）　热南泛指热河省锦承路以南的地区，包括兴隆、青龙两县全境，滦平东部和承德、平泉、凌远南部地区。南界长城，与冀东抗日游击根据地相连，西经平北游击根据地，与平西根据地相通，向东可伸向伪满洲国腹地，战略位置极为重要。伪满洲国建立以后，热南即被日军视为重要的“国境线”，因此建立起了残酷严密的殖民统治。1938 年，八路军曾进入这一带，但由于力量不足等原因，只建立了几小块零散的根据地，没有大规模地开辟热南地区。

1941 年 8 月初，冀东区党分委扩大会议提出了坚持冀东、开辟热南的任务后，冀东党组织决定全力开辟热河，立即抽调地方干部组成长城工作团，调丰（润）滦（县）迁（安）县长高敬之、原迁（西）遵（化）兴（隆）县长姚铁民分任正、副团长，进入热河南部，开辟滦河以西地区。很短时间内，他们就深入到天桥峪、黄花川、河南大峪、车河川、柳河川一带地区，沿线建立了百余里秘密交通线，为后续部队开辟道路。9 月中旬，冀东军区司令员李运昌、政委李楚离率领八路军和地方干部 300 余人越过长城，进入热南地区，正式开始了大规模开辟热南地区的斗争。

鉴于热南日伪兵力雄厚，且已统治了七八年之久，广大群众虽然极端仇恨日本殖民统治，但在日伪长期欺骗宣传和严密残酷统治之下，不了解共产党和抗日政府的政策，所以部队采取隐蔽开辟的方针。进入热南地区后，部队不集中兵力打仗，而是分兵发动群众。部队化整为零，以排为单位和地方干部组成若干小型武工队，白天隐蔽，夜间活动，以各种形式向群众宣传共产党、八路军和抗日民主政府的主张与基本政策，宣传整个抗战形势和抗战必胜、日本必败的道理。对于群众性封建迷信团体的活动，因势利导，使其同情抗日，参加抗日。对伪甲长、伪牌长及投靠日伪的社会上层分子，晓以民族大义，争取其同情抗日，直到为抗日工作，使基层伪政权变为抗日的两面政权。进入热南的部队和地方干部，严格遵守群众纪律，关心群众生活，扩大政治影响。为解决热南地区的军需、民用，改善群众生活，针对日伪统治政策，八路军、抗日政府贯彻通商自由政策，采取了武装保护民间贩运、贸易的措施。在开辟工作中，还大力开展伪军、伪组织的分化、争取工作，使许多伪村长、自卫团长能做些抗日工作；地方性伪军、伪警察有的保持中立，不破坏抗日工作；有的与抗日政府、军队保持联系，供给情报。

通过上述工作，至年底，开辟了西起雾灵山，东至都山，南起长城，北到锦承路，有 40 多万人口的基本区，并建立起承（德）滦（平）兴（隆）、迁

（西）遵（化）兴（隆）、迁（西）青（龙）平（泉）三个联合县，使抗日武装在热河南部广大山岳地区扎下了根。

冀中军区召开全军供给工作会议（8月） 为了贯彻晋察冀边区行政委员会关于军政民一切开支要完全统一到晋察冀边区行政委员会，一切收支都要有年度预算和决算的指示，冀中行署提出“不造预算，不发粮票，没有粮票，不发粮食，不报决算，不批下次预算”。为了贯彻执行上述规定和指示，冀中军区供给部于1941年8月在安平县报子营村召开了全军供给工作会议。会议传达了上述规定指示，研究执行方法，明确了前后方供给工作分工等问题。这次供给工作会议，除军分区供给处领导参加外，部分团供给处处长也参加了会议。

9月

冀中军民发动交通破袭战（9月2日至月底） 8月中旬，日军在用重兵“扫荡”北岳区和平西的同时，还以第一一〇师团、第二十二师团各一部3000余兵力，在飞机配合下，分数路“扫荡”冀中平原根据地第七军分区之滹沱河两岸安平、深泽、无极、束鹿、安国等地区。为了粉碎日军“扫荡”，并策应北岳区反“扫荡”，9月2日，冀中军民展开交通破袭战，分别在平汉、石德、沧石、津保等交通路线上展开猛烈破击。截至9月底，共炸毁火车4列、铁甲车2辆、汽车3辆，破毁铁路5余公里、铁桥1座、公路55余公里，收电线2620余公斤，攻克据点多个，歼敌520余人，缴获长短枪220余支、机枪2挺、掷弹筒2具、炮1门，以及其他许多军用品，有力地配合了晋察冀边区反“扫荡”，打击了日军在冀中的“蚕食”政策。

冀中十分区在白洋淀召开地委扩大会议（9月初） 经过1941年春夏日军对冀中的疯狂“蚕食”，冀中抗日根据地日益缩小，十分区大部分地区被日伪军控制。面对这种严峻形势，各地积极贯彻上级“敌进我进”的方针，着手深入被“蚕食”地区，以小型武工队的组织形式隐蔽地开展工作，以武装斗争为主，结合开展各项工作，整顿党组织，团结基本群众，实行革命的两面政策，改造基层政权，做好上层及伪军统战工作，很快就在很多地区站稳了脚跟，开辟了一些小块的隐蔽根据地。9月初，冀中区党委第十地委在白洋淀召开地委扩大会议，主要内容是认清斗争形势，统一思想，总结几年来执行政策和工作中的经验教训，研究在新形势下坚持对敌斗争，恢复十分区抗日根据地的问题。会上，学习了中央军委6月9日关于反“蚕食”斗争的指示和中共中央8月4日《关于对伪军组织工作的指示》，以及有关统一战线工作和转变斗争策略等文件。强调在新的形势下，要把革命的两面政策和武装斗争有机地结合起来，用革命的两面政策对付敌人，坚持在复杂情况下开展群众性的抗日游击战争，引导斗争向有利于我的方向发展。同时，打破原有各个县的边界线，全分区划分为3个联合县：平大公路以西、平汉铁路以东、高（碑店）霸（县）公路以南为第一联合县，即容（城）定（县）新（城）雄（县）霸（县）联合县，县委书记王达（张郁文），县长孔庆英；平大公路以西、平汉铁路以东、高（碑店）霸（县）公路以北为第二联合县，即新（城）固（安）霸（县）涿（县）联合县，县委书记苏玉振（丁世英），县长尚锋（于明涛）；固安、霸县之间的平大公路以东至北宁铁路西侧，西北跨越平大公路延伸到卢沟桥以南的永定河左岸为第三联合县，即永（清）安（次）宛（平）固（安）霸（县）联合县，县委书记高均，县长李士增。另外，根据斗争形势的需要，地委决定，由宣传部长杨英带少数民族干部和少数游击队回大清河以北，开展恢复根据地的工作。

冀中儿童保育委员会成立（9月初） 9月初，冀中儿童保育委员会成立，委员有吕正操、程子华、黄敬、史立德、韩朝新、李洁新等17人，韩朝新、李洁新分别为正、副主任委员。冀中儿童保育院在保育委员会领导下建立，李洁新任院长。《冀中导报》刊登了儿童入院条件、手续及入院后生活待遇和本年度收容50名为限等内容。冀中儿童保育院在党的领导下，顶住了日军多次“扫荡”，渡过一次次难关，一直坚持到抗战胜利。1946年初，冀中儿童保育院由地下转为公开。最初保育院在任丘，后又搬到河间。1949年2月，冀中儿童保育院随区党委进入保定城内，改为河北省保育院。

日军对平北根据地开展秋季“扫荡”（9月上旬至11月） 在日军第五次“治安强化运动”中，平北地区也遭到日军残酷的“扫荡”和“蚕食”。1941年9月上旬至11月，日军调集了华北方面军、伪满军、伪蒙军共1万余人向平北根据地进行了空前规模的大“扫荡”。在寻找八路军主力决战而扑空后，日军对平北进行了大肆摧残和破坏，并在根据地东部之丰（宁）滦（平）密（云）平原地区和通往西部山区的各山口要隘均修建了据点，派驻6000多名日伪军常驻把守，以图长期控制平北。为了粉碎日伪“扫荡”，坚持根据地斗争，9月10日，中共平北地委发出《为粉碎日寇“扫荡”的布置及争取反“扫荡”胜利的指示》，指出，经中国共产党八路军一年半的努力，恢复了冀热察三省交界的一块领土，解放了40万被奴役的人民，创造了大块游击根据地，但根据地还不够巩固，还经不住敌人的残酷摧残，这正是平北全党军应以最大的努力去解决的问题。指示提出了争取秋季反“扫荡”胜利的13项方针。但是由于敌我力量悬殊，再加上日伪军建立的伪大乡和保甲制度，大量收买汉奸、叛徒和上层动摇分子，分化瓦解地方抗日政权和武装，疯狂搜捕屠杀地方抗日干部群众，大肆制造“无人区”，致使八路军主力被迫转移到平北西部山区，平北大部分变为游击区和敌占区。

快活峪惨案（9月10日、10月24日） 快活峪村坐落在河北省滦平县西南方向营盘乡的一个偏僻的山沟里，地处华北和伪蒙疆、伪满洲两个傀儡政府的结合部。1938年6月，这里建立了党的基层组织。1941年五六月份之后，八路军挺进军十团三营经常在这一带活动，打击日伪军。1941年8月13日，把驻西驼峪谷的日军铃木部队朱狩中队70多人围歼。9月5日，日军、伪警察、讨伐队进入快活峪，将全村280多间房子全部烧毁，抢走了全部牲畜，整个快活峪被洗劫一空，14名村民被杀害。9月10日，日军纠集万余兵力，对丰滦密长城沿线根据地进行持续78天的大“扫荡”，并在快活峪首先实施“肃正要纲”“禁住禁作”与“集家并村”，提出先搬迁，后修“圈”。古北口关东军一七四指挥部指示日伪军加快对快活峪一带的“扫荡”。10月24日凌晨，200多名日伪军分兵两路包围了快活峪沟，抓捕18名群众，除死里逃生的5名群众外，其余13人都惨死在日本侵略者的屠刀之下。

沟里惨案（9月22日） 沟里村位于河北省曲阳县西北，大沙河的西岸，距县城15余公里。因抗日工作开展得很活跃，被誉为“曲阳河西抗日模范村”。9月22日拂晓，盘踞在行唐县苇园村的日伪军500多人，突然包围沟里村，以开会为名，把全村100多名村民逼到大街北头西侧的闫洛进家中，将门锁住，点着院内的干柴和房屋，而从屋里往外冲的村民一个个惨遭杀害。日伪军还把50多人扔进井里，又往井里扔了许多石头和烧着的木柴，并向井内开枪、扔手榴弹，然后用棉被盖住井口。日军和汉奸整整屠杀了4个多小时，共杀害干部、群众83人，烧毁房屋240余间，财产损失无法计算。

日军在长城外侧疯狂制造“无人区”（9月） 制造“无人区”，是日军“剿灭”共产党、八路军和残害中国人民的极为残暴的罪行。为确保长城线的“治安”，9 月，驻热河日本宪兵本部提出，以伪满“国境地带无人区化”为“灭共对策”。10 月间，日本关东军西南防卫司令部大村少将主持制定《西南地区治安肃正工作实施纲要》，承德日本宪兵本部拟定《国境地带无人区化方案》，把热西沿长城地区和热南地区划为“无人区”，并成立西南地区特别工作班，调集 23 个伪满警察讨伐大队、伪“国兵”（即伪满正规军）和日本关东军 7000 余人，开始疯狂“扫荡”，沿长城一线推行“集家并村”，制造“无人区”。

在热西，日军发动对平北地区的“扫荡”，在延庆和怀柔北部实行“并村”，然后向北发展，把滦平全县和赤城、丰宁大部造成“无人区”。在热南，首先在兴隆全境并村，随后向北延伸到承德、平泉南部，向东延伸到青龙河西岸卢龙以北的桃林口，从而在长城北侧形成了西起独石口，经古北口至喜峰口的“无人区”。

日军制造“无人区”的罪行罄竹难书。在“三光政策”下，禁止居住，禁止耕作，禁止通行，焚毁一切房屋，抢光一切财产，将所有群众从该区域赶走，凡违抗者一律杀害。同时，纵火烧毁山林，庄稼全部被毁坏。将群众驱赶到所谓“集团部落”（“人圈”）中，实行惨无人道的法西斯统治，群众失去了土地和房屋，只能住在简陋的窝棚，冬冷夏热，疫病流行，许多人死于冻饿和瘟疫。日军又以名目繁多的捐税和层出不穷的“献纳金”“出荷”等，对群众进行盘剥搜刮。此外，“人圈”中，日军实行严密而残酷的统治，钳制人民的思想。据统计，日军在制造“无人区”的过程中，共屠杀群众 10 万余人，抓走劳工 15 万人。日军制造“无人区”，给群众造成极大的苦难，给抗日斗争造成极大的困难。

北方分局决定建立秘密交通线路（9 月） 为了加强晋察冀边区同党中央以及边区各地秘密交通联络，及时传递党内文件，转移爱国青年和城市地下工作者到根据地，经过研究，中共中央北方分局城工部于 1941 年 9 月，决定开辟从阜平西至延安，南至太行，东至冀中，北至平西、平北、冀东等地的秘密交通线路，并决定此项工作由城工部长刘仁负责。到 1941 年底，晋察冀边区又建成一条经由恒山山脉到晋绥边区转延安的红色交通线，沿途经过繁峙小南川、义兴寨，应县铁甲岭，山阴雁门关、白草口、盘道梁等地。此后 3 年间，雁北支队、军区六团在这条红色交通线上，先后护送边区各地过路干部 2000 余人，其中包括聂荣臻、吕正操等高级干部，出色地完成了光荣而艰巨的护送任务。

10月

晋察冀军区组织对敌武装宣传队（10月1日） 日伪军的“治安强化运动”，对华北各抗日根据地造成了很大威胁，根据地面积缩小，八路军活动受限，军民财政经济困难，斗争十分艰苦。为了粉碎日伪军“治安强化运动”的阴谋，中共中央决定对敌人开展政治攻势。根据中央指示精神，中共中央晋察冀分局、晋察冀军区和晋察冀边区政府决定动员广大军民，对敌伪展开强大政治攻势。在政治攻势开始之前，各级地方党组织和部队政治机关，集中精力进行充分准备。10月1日，中央军委总政治部发出《关于扩大对日伪军宣传的指示》。根据这一指示，晋察冀军区选拔具有战斗经验和一定政治水平的干部战士，组成了34个30人至60人的武装宣传队，指定队长、政委（或指导员）专人负责。宣传队一律携带轻便武器，既能执行宣传任务，又能应付意外情况。同时，军区组织宣传队人员学习上级有关指示，研究敌人的治安运动特点，明确宣传内容及方法。军区政治部还编印了适应各类宣传对象的大量宣传品。对日军的宣传品，多由“在华日人反战同盟晋察冀支部”和“华北朝鲜独立同盟晋察冀边区分盟”“朝鲜青年义勇军”参加设计和拟制。其中有传单、布告和《日军之友》《实话报》《解放画报》等报刊，以及慰问袋、贺年片等。军区抗敌剧社还突击编排了文艺节目，随武装宣传队行动。宣传内容以揭露日本帝国主义扩大侵略战争的罪行，宣传日军必败、抗战必胜为重点。1942年3月在开展对敌第二期政治攻势时又组成了26个武装宣传队，印刷宣传品248种，130多万份，参加宣传的文艺团体有“抗敌剧社”“西北战地服务团”“七月剧社”等。在1942年7月开展对敌第三次政治攻势时，武装宣传队规模更大，宣传更为有力，甚至到了“敌后之敌后”进行宣传。

中央军委总政治部对冀中第四次政工会议作出指示（10月10日） 中央军委总政治部于10月10日对冀中即将召开的第四次政治工作会议作出指示，强调华北各根据地向上发展与扩大的阶段早已过去，现在的问题是长期坚持，保存现有实力，以待时机。军事建设的中心工作，不是如何扩大主力，而是如何加紧军区地方武装和人民武装的建立。指示还针对工作不深入、讲形式、爱铺张、主观主义的问题进行了批评。

齐庄事件（10月17日） 齐庄村位于河北省蠡县东北部，地处潴龙河北岸，紧靠潴龙河千里大堤，抗日战争时期隶属冀中九分区蠡县四区。这里建党早，群众基础好，且又处于蠡县、高阳、肃宁三县交界地，是冀中部队及党政团体常驻地。10月17日清晨，蠡县县委、县团委和县大队400余人被敌人包围，齐庄四周枪声响成一片。由于敌情来得突然，县委主要领导当即决定分路突围：县大队向西通往刘家营方向的道沟突围，县公安局向南堤突围。战斗从清晨6时一直打到下午3时左右，县党政军群机关以及县大队受到重创，县委书记王进学负伤，县长王志远、公安局长王勤、县大队长丁砚田、政委陈叔恒、总支书记李顺和等73人为国捐躯，数十人身负重伤。

晋察冀边区开展军民誓约活动（10月20日）　10月20日，中共中央北方局暨第十八集团军政治部发出《关于开展军民誓约运动的指示信》。军民誓约的誓词如下："我是中华民国的国民，我是中华民国的军人，在日本帝国主义打进我们国土的时候，为着中国人民的利益，为着中华民族的生存，我愿遵守军民誓约，作如下宣誓：（一）不做汉奸顺民；（二）不当日伪官兵；（三）不参加伪组织维持会；（四）不替敌人汉奸做事；（五）不给敌人汉奸粮食；（六）不买敌人货物；（七）不用汉奸做事；（八）爱护抗日军队；（九）保守军事资财秘密；（十）服从抗日民主政府。以上誓约，倘有违背，愿受军纪法令制裁。此誓。"中共中央北方分局和晋察冀军区决定按照八路军政治部的要求，开展军民誓约活动，各地把军民誓约刷写在街头的墙壁上以便群众诵读；在进行识字教育时，先学军民誓约的文字；北岳区还把誓约内容编写成冬学教材，供冬学使用。有些冬学还把军民誓约与讲说民族气节和民族英雄的故事结合起来进行宣传，务使军民誓约深入人心。1942年1月28日，晋察冀边区各地所有村庄，普遍举行了庄严隆重的军民誓约宣誓仪式。这次军民誓约运动，在广大群众中进行了一次民族气节教育，使广大群众更加坚定了抗日到底的决心。1942年1月28日也成为全边区军民誓约日。

冀中军区发出开展交通斗争训令（10月23日）　1941年，日军提出"新交通政策"后，开始在县界挖县界封锁沟，在铁路和公路两侧挖深4丈、宽3丈的封锁沟。为了打破敌人挖沟封锁抗日军民的活动的目的，10月23日，冀中军区司令员吕正操、政委程子华发出《关于开展交通斗争的训令》，指出，为粉碎敌人挖通津石运河和修沟挖堡的企图，对付敌人可能在"扫荡"中修筑晋县至安平和安平至北流罗等公路，八路军必须抱定寸路必争、寸沟必填的坚定决心，与日军作顽强斗争。

冀中召开专署教育科长会议（10月） 为了使冀中小学教育走上正轨，从1941年春季，冀中区开始整顿初级小学，1941年冬，开始整顿高级小学。1941年10月，冀中区召开专署教育科长会议，规定了彻底统一小学各科教材的步骤、统一教学进度的办法，确定了统一的教学计划及简明校历。为限制滥事动员学生参加无关的各种集会，具体规定了学生参加集会的种类与时间，规定每周三下午为救亡日，为儿童团学生会活动的时间，以加强对儿童的政治教育；规定每周六下午为劳动日，为儿童参加劳动的时间，使教育与劳动生产进一步结合。此外，还提出“儿童本位”的教导原则，贯彻“教、学、做”三位一体的精神，为儿童身心方面合理地健康地发展提供了保证。

日军在晋东北制造“无人区”（10月底） 1941年秋季，日军开始在晋东北疯狂制造“无人区”。到10月底，日军从娘子关以北，经盂县东山、五台一区、五台二区、五台三区和繁峙县的部分山区，长250公里，宽15公里至20公里地带实行了残酷的“三光政策”。据五台县不完全统计，境内“无人区”长50余公里，1.8万居民被杀害9200余人，被捕280余人。同时，敌人毁耕地3万余亩，烧毁房屋9800余间，抢走粮食9660余石。敌人在定襄县东南沿山长20公里，宽10公里地带制造“无人区”，20多个村庄被毁。敌人还在盂县实行并村，将251个村庄划为“无人区”。

11月

中央军委发出根据地军事建设指示（11月7日） 太平洋战争爆发前后，日本在中国集中更大兵力重点进攻共产党和敌后抗日根据地，同时对国民党加紧军事打击和劝降，中国抗日战争处于战略相持阶段的最困难时期，晋察冀抗日根据地也遇到严重困难。面对敌后抗日根据地严峻的政治军事形势，中央军委于11月7日发出《关于敌后根据地军事建设的指示》，明确指出，为加强各根据地广大民众的自卫武力，以适应新的战争形势，必须更加认真地建立自卫队和民兵，这是目前敌后根据地军事建设上一个极大的问题。但迄今各根据地（除晋察冀外）在这一工作上尚未收到应有的成绩，今后务须加紧努力来完成这一任务，否则各根据地必将遭受莫大的损害。还指出，在敌后抗日根据地的斗争更加激烈和残酷的形势下，军事方针应是采取熬时间的长期斗争、分散的游击斗争，以一切斗争形式（从最激烈的武装斗争到最和平的革命两面政策方式）与敌周旋，节省与保存自己的实力（武装实力与民众实力），以待有利时机的到来。指示具体地提出了加强地方武装与人民武装的各项具体政策，每个根据地的军事机构应包括主力军、地方军、人民武装（即不脱离生产的自卫队及民兵）三部分。1941 年 12 月，中共中央在《关于太平洋战争爆发后敌后抗日根据地工作的指示》中，对敌后抗战形势中有利和不利因素作了更加透彻和详尽的分析，并提醒全党："中央号召在敌后艰难困苦条件下英勇斗争的全体同志，咬紧牙关，度过今后两年最困难的斗争。"这为晋察冀边区和其他各根据地广泛开展游击战争，坚持持久抗战，发挥了重要的指导作用。

晋察冀边区行政委员会发出关于冬学运动的指示（11 月 11 日） 冬学就是为提高边区广大人民文化水平，发动全民抗日，利用冬季农闲时期对群众进行文化政治教育。冬学运动是一种有力的文化政治运动，也是边区文化教育建设的重要环节。在冬学运动中，扫盲是首要任务，根据地的许多青年就是靠冬学脱盲的；还有一些政治活动，如减租减息、组织互助组、总结一年生产经验、制定第二年生产计划等，也在冬学运动中穿插进行。11 月 1 日，中共中央北方局发出《给抗日根据地关于冬学运动的指示信》，指出，利用冬闲时间开展冬学运动的目的，一是提高广大人民的文化水平，二是启发民众的民族抗战意识。冬学的内容为：第一，进行锄奸教育；第二，推动军民誓约运动；第三，号召公民参军支前。根据上述指示，北岳区行政委员会和北岳区群众团体，于 11 月 8 日联合开会研究开展冬学运动的具体问题，并决定北岳区各地冬学，一律于本年 12 月 1 日正式开学。为此，北岳区文救会还编写了通俗易懂的冬学课本。11 月 11 日，晋察冀边区行政委员会根据北方局指示，发出关于冬学运动的指示，指出，今年的冬学运动是有特殊重要意义的，在《冬学运动实施大纲》里已经指出。全边区党政军民尤其是教育部门，要以百倍的努力，踏踏实实地开展这一运动，从而胜利地完成今年新的任务。

晋察冀军区发动大规模交通破袭战（11 月 10 日至 12 月 10 日） 华北日伪军发动第三次"治安强化运动"后，为了粉碎日伪军对抗日根据地的分割、封锁，11 月 10 日，晋察冀军区统一部署，发动大规模的群众性交通破袭战役。至 12 月 10 日，北岳、冀中和平西，发动群众 30 余万人，共平封锁沟 190 余公里，破公路 420 余公里，毁封锁墙 66 公里，毁敌碉堡、岗楼、哨棚 170 余座，割电线 9500 余公斤，毙伤日伪军 1400 余人，抓捕特务汉奸 500 余人。

北岳区党委召开干部扩大会议（11 月 21 日） 根据中央指示，为了加强人民武装建设，总结北岳区秋季反“扫荡”工作，部署下一步工作，北岳区党委于 11 月 21 日召开扩大干部会议。聂荣臻在会上作《目前政治形势和我们今后任务与工作》的报告。报告共分 5 个部分：（一）总结反“扫荡”胜利的经验；（二）敌投入秋季“扫荡”的兵力与企图；（三）这次“扫荡”与反“扫荡”大体上可划分为 3 个阶段；（四）反“扫荡”的方针是正确的；（五）认清形势，搞好总结，以利再战。在报告中，聂荣臻联系北岳区反“扫荡”的经验教训，在肯定民兵工作取得了很大成绩的同时，指出了存在的问题：组织上过分强调独立，训练上存在形式主义，干部培养上片面追求正规化。报告明确提出今后的军事建设，要把中心和最大的力量放在改造与整理人民武装上，“把广泛的游击战争的口号变为实际，才能把群众游击战术具体化，才能把广大民兵变为主力军的后备与补充的源泉”①。会议决定，根据这次反“扫荡”的经验，要对人民武装“加以改造和重新整理”。主力部队要提高质量和战术素养；地区队提高干部质量，做到两人有一支枪；民兵改变“民多兵少”的松散状态，加强对使用步枪（取之于敌）、土炮、手榴弹、地雷等的技术训练，这是建军的中心。指挥上要集中统一，民兵服从地区队，地区队服从主力，不允许各自为政。

冀东区分委发动打“治安军”战役（1941 年 11 月下旬至 1942 年 2 月） “治安军”是日本侵略者为推行其“以华治华”方针，解决其兵力日益不足问题，指使华北伪政权建立起来的正规部队。到 1941 年秋，共组建作战部队 12 个集团、37 个团，连同一个教导团和后勤机构共计 7 万余人，装备比较精良，每团都有日本顾问严密监督指挥。“治安军”建军伊始就把冀东作为重点驻防地区，在冀东推行第三次“治安强化运动”，极力煽动地主、富农向群众反攻倒算，对冀东人民进行残酷的经济掠夺和政治统治。在这种形势下，上层人士动摇，基本群众恐慌，甚至一些地区在征收抗日公粮公款和军鞋上都发生困难。基本区处于危机状态，各地纷纷向在热南地区活动的冀东区党分委和军分区领导告急。

为了狠狠打击作恶多端的“治安军”，争取多数伪军保持“中立”。1941 年

---

① 聂荣臻著：《聂荣臻军事文选》，解放军出版社 1992 年版，165 页。

11 月下旬，冀东区党分委和军分区在热南王厂沟举行紧急会议，讨论上述形势，认为有必要粉碎“治安军”的进攻，保卫基本区。因此，会议决定：除留游击队配合地方干部坚持热南外，在热南的主力部队全部返回基本区并向遵化地区集结，进行打“治安军”战役。12 月上旬，部队集结到基本区，军分区司令员李运昌、副司令员包森、参谋长曾克林在遵化马家寨召开军事会议，对战役进行了部署。12 月 12 日，冀东军分区司令部在遵化傅家城召开动员大会，李运昌作了动员报告，号召全区军政民“为烈士报仇，为保卫家乡、保卫基本区而战!”随后，战役于 12 月 15 日展开，经过连续作战，先后发动了四十里铺战斗，袭击双城子据点战斗，山头庄、刘备寨战斗，马庄户战斗，旧寨战斗，梁子河、张庄子、马各庄战斗，果河沿战斗，杨店子战斗，贾庄子战斗等，共作战 20 余次，共歼敌 5000 余人，其中生俘伪军中校以下官兵 2189 人，击毙日军中佐以下官兵 526 人，击毙伪军官兵 551 人，经瓦解而逃亡、反正者 2000 余人，有两个“治安军”团长因为战败被“治安军”总部处死，缴获各种炮 8 门、机枪 68 挺、长短枪 2000 余支、掷弹筒 25 具、弹药 24.7 万发、电台步话机 6 部及其他大批军用物资，攻克和逼退日伪据点 20 余个，平毁了遵化石门至宝坻新安镇之“防共壕”，使日伪军不敢留驻小据点，小股伪军不敢进入基本区。

在战役进行期间，各县区游击队、民兵和广大群众积极配合主力作战，不断地破坏公路、割断电话线，以游击战、地雷战、麻雀战袭击伪军。抗日军民在对“治安军”进行军事打击的同时，还展开声势浩大的政治攻势。冀东军分区政治部印发了 40 余种各式各样的宣传品和“归顺通行证”，用各种办法送到“治安军”中。在“治安军”经过的路上、村边等张贴出“不替鬼子卖命”“只有反正才是出路”“八路军抗日政府优待俘虏”“欢迎伪军兄弟枪口对外”等标语传单。各地还组织民兵、群众向据点和“治安军”临时驻地喊话。在八路军沉重的军事打击和强大的政治攻势下，“治安军”军心涣散，兵无斗志，逃亡反正者大量增加。正是在这种人民战争中，“治安军”被打得溃不成军。

打“治安军”战役是冀东八路军创建以来第一次战役行动，取得了空前胜利，有着深远的战略和政治意义，彻底粉碎了日军在冀东的第三次“治安强化运动”，打乱了日军在冀东的战略部署，使其“以华治华”的阴谋破产。此战役巩固和扩大了冀东抗日根据地，使基层政权更加稳固，使冀东八路军主力从 400 人猛增到 7000 多人，提高了共产党和八路军的威望，坚定了人民群众抗战必胜的决心，为冀东抗战胜利奠定了基础。

*** 王厂沟会议（11 月下旬）** 为了打击冀东“治安军”，保卫冀东基本区，1941 年 11 月下旬，冀东区党分委和军分区在热南王厂沟举行紧急会议。会议具体分析了“治安军”的状况，认为“治安军”虽然兵多势众，装备精良，但士兵多系农民或失业青年出身，中下层军官多是伪清河军官学校毕业的青年，大都是为了饭碗，有一定的民族意识，比较容易争取；高级军官多出身于旧军队，无游击战经验，且混饭吃的居多，真心事敌的少。“治安军”虽是正规部队，但多为刚刚组建，作战经验较少或者没有，战斗力不强。由于其进驻冀东基本区不久，情况不明，未受到严重打击，因之骄横狂妄，疏于防备。乘其站脚未稳，主要相机集中优势兵力，依靠群众掩护，设置有利的战场，出其不意攻其不备。同时，发动强大的政治攻势，揭露其“曲线救国”的虚伪面目，是完全可以战胜的。因此，会议决定：除留游击队配合地方干部坚持热南外，在热南的主力部队全部返回基本区并向遵化地区集结，进行打“治安军”战役。

*** 马寨军事会议（12 月上旬）** 12 月上旬，冀东八路军主力集结到了基本区，军分区司令员李运昌、副司令员包森、参谋长曾克林在遵化马家寨召开军事会议，对战役进行了部署。会议决定：改变过去高度分散的方法，适当集中使用兵力，打击运动中的“治安军”；务使每战集中优势兵力，务求全歼；破坏建筑据点计划，不使敌站稳脚跟；发动游击队、民兵参加作战，开展广泛的游击战；发动群众，向“治安军”开展政治攻势，坚持和贯彻俘虏政策，扩大政治影响，瓦解敌军。

*** 四十里铺战斗（12 月 15 日）** 打“治安军”战役从 1941 年 12 月 15 日开始，首战在遵化四十里铺。此前，军分区司令部通过侦察获悉“治安军”第三集团第六团准备于 12 月 15 日从迁安三屯营（今属迁西）向遵化移防，中途经过四十里铺。四十里铺是老根据地，又是丘陵地带，有利于伏击。这时，八路军主力尚未到齐，为了不失战机，李运昌、包森毅然决定，以少打多，歼灭这股“治安军”。14 日夜，八路军四个营的兵力连夜集结，埋伏在东起四十里铺的白马峪、西至大柳树的 10 公里长的公路两侧，形成袋型阵地。15 日晨 8 时，“治安军”第六团开始进入伏击圈。由于八路军连日来对这条公路上往来联络的日伪军未予惊动，而且伪军都认为八路军主力已经被消灭，因此非常麻痹轻敌，既不搜索，也不戒备。当“治安军”一半队伍进入伏击圈时，伪军散兵在四十

里铺与八路军十二团二营遭遇，伏击部队不得不提前全线出击，“治安军”顿时阵脚大乱，绝大部分未抵抗就举手投降，未进入伏击圈的逃回三屯据点。战斗半个小时便告结束，歼灭“治安军”第六团团部和一个营，击毙和俘虏450人，缴获机枪5挺、步枪350支、弹药2.5万发、辎重150马车。此战开创了冀东八路军整营歼灭伪军的先例，抗日根据地的军民精神为之一振，“治安军”受到震慑，小股的伪军再不敢外出“扫荡”。

***袭击双城子据点（12月26日）**　四十里铺战斗后，“治安军”第三集团继续向遵化移驻，所属的第五团一个营进占遵化东双城子，另两个营占据其南部之大寨、铁厂。他们一面强征民夫赶修据点，一面不断四处骚扰。为消灭其锐气，包森决定用白天化装奇袭的办法攻取双城子据点。12月26日拂晓前，包森率第十三团第三营、特务连和迁（西）遵（化）兴（隆）基干队进入攻击阵地。晨，由精干的班长、排长40多人组成的三支突击队，化装成赶集的、给据点送粮草的、走亲访友的、娶亲的老百姓，从东、东北、北三面靠近双城子据点。突击队原拟混入据点内后，突袭伪军营部，内外夹击，歼灭该部伪军。不料，只有一路突击队进入据点内，另外两路遭到伪军哨兵强行检查，突击队长只好拔枪击毙伪军两个哨兵，立即发起冲击，打死伪军20多人，冲进据点内抢占东南角和西北角的两座碉堡。情况突变，按原计划里应外合已经不可能，撤出战斗也不可能，因为进入村内的突击队已经被分割包围，且人员有限，又多是短枪，碉堡又没有完全完工，不好防守又无法撤出，后续部队百余人也被伪军火力压制在据点外的小河边，战斗形成了对八路军不利的僵持局面。针对这种情况，包森冷静分析形势，认为伪军自恃武器精良，又有援兵可待，依靠工事作战尚有一定战斗力。若断其援兵，集中兵力打击，则不难攻克。至于援兵，三屯营的伪军距离战场较远，又不属于同一集团，不会增援，遵化城的伪军不属于同一团，也不会真心增援，只有大寨的伪军一定会来增援。于是，包森决定改奇袭为强攻，并重新布置兵力：派九连占领小寨南山要地，坚守山口，阻击大寨的援兵，遵化游击队阻击县城的援兵，对三屯营方面只派游击小组侦察警戒，其余3个连集中兵力强攻双城子据点。战斗非常激烈，呈胶着状态。而敌人的援兵也如包森所料，三屯营伪军没来援助，县城的伪军来援时遇到游击队很快就撤走了，只有大寨的援军多次猛攻九连阵地，但都被九连打退。入夜，包森率三营七连、八连和特务连发起总攻，经过数小时的逐街、逐院、逐屋争夺

苦战，到27日凌晨3时，待援无望的伪军开始突围，除伪营长和20多人漏网外，其余200多人全部被歼灭。双城子据点尚未修成即被拔除，八路军首创白日攻坚并大获全胜，军威大振，群众情绪高涨，“治安军”士气开始下降。

***刘备寨、东梁子河战斗（1942年1月3日）** 双城子战斗后，包森带领特务连、十三团的三营、遵（化）兴（隆）游击队等部队驻在刘备寨、山头庄、张庄子一带。此时，“治安军”已经完成了向基本区的移防，开始集团“扫荡”。此时，包森得到情报，获悉驻遵化平安城的“治安军”第四集团所属第十团一个营要来这一带“扫荡”，便立即和大家研究决定伏击敌人。三营埋伏在刘备寨通往梁子河东西走向的大道沟里，包森亲自带特务连和遵（化）兴（隆）游击队埋伏在刘备寨的北山上。1942年1月3日，“治安军”出现在刘备寨一带。包森率部反击，向敌人发起猛烈进攻，战斗不到2个小时结束，歼灭“治安军”1个营大部，毙日本教官1名，俘敌100余人，缴获重机枪1挺、轻机枪2挺、步枪100多支。

刘备寨战斗之后，包森料到敌人一定会认为八路军又采取“打了就走”的战术，敌人一定会派兵前来寻找日籍教官的尸体。果不出所料，1月5日，包森从平安城据点的上层人士得到情报，“治安军”第十团第三营将于6日再来刘备寨寻找被击毙的日籍教官的尸体。于是，包森就在东梁子河、马各庄、张庄子一带布下了口袋阵，口袋嘴就选在东梁子河村。6日上午9时左右，由平安城据点出来的1个营“治安军”向东梁子河方向开来，很快就进入了口袋阵，战斗只用了1个多小时就结束了。“治安军”残部向石门方向逃窜，在刘官屯又遭到丰（润）玉（田）遵（化）游击队伏击，死伤10余人，被俘76人，残部丢弃团旗而逃。至此，“治安军”第十团被全歼，该团番号被取消，伪团长被处死。

刘备寨、东梁子河两战，大长了冀东抗日军民的志气，大灭了日伪军的威风，使平安城的“治安军”大伤元气，所剩残兵败将惶惶不可终日，再也不敢轻举妄动了。

***马庄户战斗（1942年1月4日）** 1月4日，冀东八路军第十二团在丰润县马庄户、牵马岭一带与前来“扫荡”的“治安军”第三集团第八团千余人展开激战，将“治安军”击溃，重伤伪团长，俘虏伪营长1名、连长2名。

***旧寨战斗（1942年1月5日）** 1月5日，冀东八路军第十二团一部佯攻大寨“治安军”第五团团部，以第二营设伏于大寨以南5公里的旧寨，诱伏来援

的“治安军”第五团所属的第二营。战斗仅仅用了 30 分钟即告结束，“治安军”二营被全歼，八路军俘伪营长以下 250 余人，击毙日籍教官 1 名，缴获重机枪 10 挺、炮 1 门、步枪 200 余支，八路军无一伤亡。

*果河沿大捷（1942 年 1 月 13 日）** 冀东八路军连战连胜，“治安军”被成建制地消灭，军心动摇。为了挽回败局，伪华北治安总署“总监”齐燮元亲自来冀东督战，并把以营为单位的驻防改为以团为单位，日军也出动步兵、飞机助战。针对此种情况，八路军也相对集中兵力。包森调来在西部地区活动的 3 个连，连同原有的 7 个连驻防于黄家山一带。

1 月 12 日，玉田县城内一上层人士传来情报：驻玉田县城的“治安军”将于翌日到遵化平安城一带“扫荡”，但具体时间和兵力不明。包森综合各方情报判断：“治安军”出动的兵力可能相当于十三团集结之兵力，只要战场选择合适，临战指挥得当，就有战胜的把握。于是，连夜急行军，于 13 日凌晨 1 时到达遵化县果河北岸蔡老庄、蔡二庄一带。与此同时，驻玉田城的“治安军”第二集团司令部及所属的第三、第四两个团也倾巢出动。司令部及第三团北进界山口进入遵化境内，第四团北入燕山口于 13 日晨到达蔡老庄、蔡二庄之间的果河口，遭到先期到达的八路军第十三团第四连痛击。缺乏夜战经验的“治安军”退回南岸死守阵地。包森以 3 个连兵力正面牵制，以 4 个连兵力分两路连夜渡河迂回至敌后的燕各庄，形成了对这股伪军的包围。拂晓，八路军从正面发起进攻，歼伪军机炮连 200 余人，其余 500 余人南窜至燕各庄，被预先埋伏在这里的八路军全歼。另一部 300 余人在日籍教官带领下逃入山上的憋姑寺负隅顽抗。此时，包森审讯俘虏得知，“治安军”第二集团是倾巢出动，估计该集团司令部和第三团应在 15 公里之外。包森当机立断，派出警戒部队阻击界山方向之援军，继续强攻憋姑寺。下午 1 时，寺内伪军待援无望，打死日籍教官后投降。下午 3 时，“治安军”第二集团司令部和第三团进至燕各庄东范石桥，遭到八路军警戒部队阻击。此时，已经全歼“治安军”第四团的八路军对第三团“治安军”发起猛烈攻击，敌人阵容大乱，扔掉两门山炮和大批辎重，全线溃退，溃不成军。

果河沿战斗，包森以 7 个连的兵力全歼“治安军”第四团，击溃“治安军”第二集团司令部和第三团，击毙和俘虏伪军 1000 多人，缴获山炮 2 门、迫击炮 4 门、轻重机枪 26 挺、长短枪 700 余支、弹药 10 万余发及大批辎重，八路军仅伤亡30多人。“治安军”第四团团长受伤被俘后逃跑，后被上级处死。此战是冀东抗日根据地的大胜仗，创造了以少胜多的范例。

***杨店子战斗（1942年1月20日）**　“治安军”果河沿战斗惨败后，日军和伪满军配合“治安军”在遵化、玉田一带“扫荡”，寻机报复。第十三团为避其锋芒，化整为零。此时，冀东军分区司令员李运昌率领八路军第十二团和部分游击队则在东部地区展开攻势作战。1月20日，李运昌和十二团团长曾克林指挥十二团两个营和游击八总队向迁安县东部杨店子据点发起攻击。杨店子地处滦河西岸，控制滦河渡口，为“治安军”第二十团1300余人驻守。20日凌晨，八路军发起攻击，激战至晚8时，击退迁安、沙河驿援敌三次进攻，攻克外围据点殷家营、王庄子后，经逐屋争夺，攻克杨店子据点大部，伪团部退守核心工事。后虽因为伪军工事坚固未能攻克，但此战给伪军以严重打击，杀伤伪军300余名，击毙日籍教官1名、连长4名，缴获步枪194支、机枪5挺。由于惊恐，24日，“治安军”放弃杨店子据点撤往迁安县城。撤退途中，大量士兵逃亡，一个团最后只剩下300余人。杨店子之战为以后开辟滦东、路南地区创造了条件。

***贾庄子战斗（1942年2月5日）**　果河沿、杨店子战斗后，当地的“治安军”几乎溃不成军，无力再战。为了稳定军心，稳住阵脚，日军急从津浦线调兵增援。1942年2月5日，日伪军“扫荡”丰润、玉田、遵化地区。凌晨2时，八路军第十三团第二营与日军第二师七十团一个大队遭遇。因情况不明，包森率部撤出战斗，隐蔽于南山，并跟踪侦察日军行动。包森判定该股日军将于原路返回。下午4时，包森命令二营及特务连于遵化贾庄子设伏。下午5时许，该股日军果然原路返回，遭到八路军伏击痛击，八路军击毙日军中佐大队长以下70余人。

冀中总结接敌区和敌占区对敌斗争经验（11月）　为了研究和总结接敌区和敌占区的对敌斗争经验，冀中区党委于11月份召开地委书记会议，黄敬主持会议并作总结。会议肯定了第六地委和群众创造的在接敌区所实行的革命两面政策的斗争形式和方法，指出这是非法斗争与合法斗争的结合，是粉碎日寇对抗日根据地“蚕食”政策的正确策略，并明确规定了党在根据地、接敌区、敌占区这三种地区的具体工作方针。这次会议对深入贯彻党中央的基本政策和对敌斗争起了重大作用。

12月

晋察冀边区政府召开北岳区高干会议（12月5日） 为了总结1941年秋季反“扫荡”的经验教训，进一步建设好根据地，12月5日，晋察冀边区行政委员会召开北岳区高干会议，边区行政委员会委员和北岳区各专员参加了会议。会议主要内容是：（一）总结1941年秋季反“扫荡”工作；（二）确定今后政权工作新方向；（三）整理区村政权；（四）加强对敌斗争，改组人民武装抗日委员会，成立各级人民武装部。

“华北朝鲜青年联合会晋察冀支会”和“朝鲜青年义勇队华北支队”成立（12月10日） 1919年，朝鲜“三一”独立运动失败后，大批爱国志士和革命青年流亡中国，继续进行谋求朝鲜独立的复国运动。中国全面抗战爆发后，一部分朝鲜革命青年开赴陕甘宁边区，参加了中国共产党领导下的抗日斗争。1938年秋，由武亭为总司令的朝鲜义勇队，开赴华北抗日前线，到达太行抗日根据地，与八路军并肩作战，英勇打击日本侵略者，这是最早参加华北抗战的外国友人组成的武装部队。1941年6月，原属重庆系统的朝鲜义勇队部分成员先后投奔华北，在八路军总部所在地开办以武亭为校长的朝鲜义勇队干部培训班，在根据地成立了朝鲜干部学校和朝鲜武装宣传队。12月10日，“华北朝鲜青年联合会晋察冀支会”举行成立大会，同时“朝鲜青年义勇队华北支队”成立，其在晋察冀抗日战场上，成为一支国际力量。

晋察冀边区发动对敌第一次政治攻势（1941年12月至1942年2月） 日伪军的“治安强化运动”，对华北各抗日根据地造成了很大威胁，根据地面积缩小，八路军活动受限，军民财政经济困难，斗争十分艰苦。对于日本新的侵略阴谋及其带来的严重后果，中共中央与八路军总部高度警惕，并采取了相应的对策，号召党政军民立即行动起来，对敌人开展政治攻势，粉碎日伪军“治安强化运动”的阴谋。根据中央指示精神，中共中央北方分局、晋察冀军区和晋察冀边区政府动员广大军民，于1941年12月至1942年2月发动了第一次较大的对敌政治攻势。晋察冀军区选拔具有战斗经验和一定政治水平的干部战士，组成了34个30人至60人的武装宣传队，指定队长、政委（或指导员）专人负责。宣传队一律携带轻便武器，既能执行宣传任务，又能应付意外情况。同时，军区组织宣传队人员学习上级有关指示，研究敌人的治安运动特点，明确宣传内容及方法。军区政治部编印了适应各类宣传对象的大量宣传品，其中有传单、布告和《日军之友》《实话报》《解放画报》等报刊，以及慰问袋、贺年片等。军区抗敌剧社还突击编排了文艺节目，随武装宣传队行动。宣传内容以揭露日本帝国主义扩大侵略战争的罪行，宣传日本必败、抗战必胜为重点。第一期政治攻势胜利结束后，中共中央北方分局于 1942 年 2 月 4 日召开了对敌政治攻势联席会议，认真总结了第一期政治攻势的经验教训。通过政治攻势，揭露了日伪军的欺骗宣传，打击了伪军、伪组织，密切了军民关系，配合了根据地反“清乡”、反“蚕食”、反“扫荡”的斗争，对于挫败日军的“治安强化运动”起到了重要作用。

***北岳区全面开展对敌政治攻势（12 月 18 日）**　12 月 18 日，北岳区全面展开大规模的对敌政治攻势和对敌占区人民的宣传工作，揭露日本帝国主义在太平洋发动新的侵略战争的罪行，指出其最后必败、反法西斯阵线必胜的前途。对日军，主要是促进其产生反战、厌战、悲观失望的情绪；对伪军、伪组织人员，主要指出他们不要为日军送死，要及早回头，立功赎罪；对敌占区、游击区人民群众，主要是鼓励他们的抗日情绪和坚定他们的抗战必胜信心，号召他们公开地和秘密地参加抗日斗争。

晋察冀边区政府制定八种物资严禁资敌（12 月 21 日）　为对敌进行经济战，并保证抗战物资，晋察冀边区行政委员会于 12 月 21 日制定了《边区关于粮食等八种物资运销紧急处置办法》，并电令各级政府遵照执行。八种物资为：粮食、油（动植物油）、榨油原料（核桃、核桃仁、杏核、杏仁、花生、花生仁、各种麻籽、菜籽、棉籽）、铁、棉花、布匹、皮毛（各种羊皮、羊毛、羊绒、驴皮、骡皮、马皮、牛皮）、铁器。此八种物资严禁资敌，不许运往敌占区或敌占据点，违者一经查获，除没收物资外，还以汉奸罪论处，或者罚款。各级政府及贸易管理局卡、各公安机关、各团体及人民均负有稽查责任。这一办法的实行，使边区内部的市场得到一定程度的恢复，内部贸易也在一定时期内得到了活跃和发展，对保护边区内部粮食等物资免遭敌人掠夺起到了积极的作用。

冀中七分区发动反“蚕食”（1941 年 12 月 23 日至 1942 年 1 月 11 日）　藁城、无极、新乐抗战时属于冀中七分区，是冀中平原抗日根据地比较巩固的地区，是 1941 年日军对冀中根据地进行“蚕食”比较晚的地区。12 月 8 日，日伪军 2000 余人向藁城、无极、新乐等地连续“扫荡”，在正无（正定至无极）路以北，沙河以南，建立据点 10 余个，企图实现由点到面的“蚕食”占领。冀中第七军分区部队，乘日军立足未稳，开展反“蚕食”战役。12 月 23 日，十七团一部于祁村伏击无极出动之敌，24 日于楼底村截击敌人。同日，游击队一部，于安定（安国至定县）公路以北大小营一带，袭击敌之运输队，缴获大车 20 辆。是日夜，又发动千余群众，破坏北苏到张家庄段公路，将祁村、池阳敌碉堡拆毁，使敌之先筑碉堡后修公路的计划破产。25 日上午，十七团与二十二团并肩作战，分别于林中、张家营、固德、大王等处打击抢掠之敌。同日，藁（城）无（极）县区小队，将小西门及郝庄间碉堡摧毁。27 日夜 11 时，二十二团一部袭击禅房据点，杀伤敌人一部，救出被捕之区村干部 80 余人，并发动群众大破禅房、南四公、赵庄、蟠桃、北苏、南孟、张家庄各点公路，给敌人严重打击。28 日夜，定南县大队一部袭击定县东关之敌，毙伤日伪军各 5 名，缴获步枪 11 支。随后，八路军配合游击队，掩护地方干部，组织力量深入正无路南禅房一带开展工作，并组织群众 3000 余人破坏敌人的公路网。寨西出动之敌，遭林中村部队伏击，激战 7 小时，敌增援 3 次，全被击退，林中村部队共毙伤日伪军百余人。

此次反“蚕食”战役历时 20 天，共作战 27 次，攻克甄村、禅房据点 2 个，拆毁祁村、池阳、小西门至郝庄碉堡 12 座，毙伤俘日伪军 798 人，击毁坦克车 1 辆，缴获轻机枪 1 挺、掷弹筒 1 具、长短枪 140 支，破坏公路 40 余公里，平沟 80 余公里，在新乐、长寿之间两次各炸毁敌火车 1 辆，解救被捕的区村干部 80 余人。

北方分局加强公安部门领导（12 月 25 日） 为加强党对各级公安部门的领导，中共中央北方分局于 12 月 25 日作出《关于公安局问题的决定》，决定将晋察冀边区公安总局改为北岳区公安局，受北岳区党委和边区政府领导；冀中、冀北公安分局改为冀中、冀北公安局，分别受冀中区党委、冀中行署和冀热察区党委、冀北办事处的领导。同时决定边区县以上各级公安局内均成立党团，以保证党的各项政策和决定能在公安工作中得到认真及时的贯彻执行。

冀中农民抗日救国会召开扩大干部会议（12 月 26 日） 冀中农民抗日救国会于 12 月 26 日召开扩大干部会议。到会代表有 4 个分区、36 个县的干部 64 人。会议进行 20 天。会议总结了一年来的工作，确定了今后的工作方针，大会决议：继续开展敌占区、近敌区、落后区的工作，克服工作上的不平衡，健全集体领导分工负责和严格检查制度，加强区级领导；发动会员投资，成立农业促进社，并使它成为专门研究改良农业技术的实践场所。

冀中区进行人民武装的整顿（12 月） 根据中央军委 1941 年 11 月 7 日发出的《关于敌后根据地军事建设的指示》，冀中区于 12 月进行了武装的整顿，这次整顿，主要是明确编制、增设组织、理顺关系、加强统一。整顿中，根据人民武装组成人员和担负任务的不同，明确划分为一般自卫队和民兵两大部分。自卫队是全民的自卫组织，根据地内年龄在 16 岁以上、55 岁以下者，均应编入。民兵由模范自卫队、青年抗日先锋队组成，是人民武装的主要部分。为了执行任务便利，冀中区将青年抗日先锋队与模范自卫队、一般自卫队和妇女自卫队分别进行编组。另外，人民武装正式增设游击小组。游击小组由民兵中选拔精悍分子，作为村支部直接领导下的战斗组织。游击小组的编成，依环境的需要和村庄的大小而定，一般分为三五人至十多人，有的组内又分战斗组、侦查组和爆破组等。游击小组的任务，除积极主动地配合主力游击作战外，更主要的是在本地独立自主地作战，经常袭扰敌人。同时，对人民武装的领导机构进行自上而下的改组，进一步明确了各自职责和隶属关系。在县以上取消人民武装委员会，改设各级人民武装部。区、村级仍设人民武装委员会，并在区、村设自卫队部，各自卫队队长由民主选举，各队长为区、村级人民武装委员会委员。武装委员会是议事机关，其权力在于研究讨论和决定每个时期的共同行动，以发挥集体领导的作用，保证决策的正确性。委员会解决问题以民主方式进行表决，但对上级的命令要无条件执行。县以上各级人民武装部为政府的组成部分，部长由政府委派，接受军区、军分区领导。人民武装平时在人民武装部指挥下进行独立自主的活动，在配合主力作战时，应接受主力军或游击队的指挥。此外，还对一般的抗战勤务、动员工作和群众游击战争的领导工作作了明确的区分。这次整顿，是人民抗日武装发展的重大转折，为以后人民武装的迅猛发展打下了基础。

冀中合作社联合总社成立（12 月） 合作社是共产党领导下的民办公助的群众性经济组织。冀中的合作社运动是在 1939 年 9 月特大水灾之后，通过去外地购运粮食低价供应社员、组织农副业生产等救灾活动开始的。合作社的宗旨是为群众服务，为抗战服务。合作社实行民主管理和群众监督。合作社的经营范围以供销为主，兼营其他。其是综合性的合作社，除了日常生活用品的供应外，还有工业、副业生产运销和信贷业务。合作社在冀中区发展很快，至 1941 年底共有村社 3362 个，社员 98 万余人，股金 138 万余元，生产、销售业务发展也很快，在根据地经济建设和对敌经济斗争中发挥了很大作用。为了进一步推动合作社发展，冀中行署于 12 月份在定南县召开全区合作社社员代表大会，冀中区党委书记黄敬、冀中军区政治委员程子华多次与会指导。会议通过选举正式成立冀中合作社联合总社，选举出总社的社务委员共 13 人，主任委员为梁耀，副主任委员为李雪峰、张平之。徐达本在会议上作总结报告。大会期间，还举办了各地合作社生产成品展览，展出的品种有花布、毛巾、袜子、皮革制品、油墨、麦秆纸、决枪、小步枪、手榴弹、地雷、新式纺纱机、革新水车、点豆机、手工榨油机、富力石磨、剥花生机等，还有一些试制推广的革新农具。展览会充分体现了抗日根据地发展工业、副业生产，为战争和农业服务的特色，也深刻反映了抗日根据地各民族各阶层人民自力更生的精神。经过这次大会，合作社的组织和合作社经济得到进一步发展。

聂荣臻在晋察冀军区卫生会议上的讲话（12 月）　12 月，晋察冀军区卫生会议召开。聂荣臻参加会议，并作了总结讲话。在讲话中指出：（一）医务治疗工作是一种革命工作，它是进步的科学，它向旧的非科学的东西作斗争。特别是在中国，在这个经济文化落后的国家中，我们必须用进步的科学，去消灭对人民卫生和医务落后的野蛮的东西。（二）军区三年多时间，在医务治疗工作上，已有相当的成绩，特别是有国际友人白求恩、柯棣华、巴苏华等，对我们的医务工作有很大的贡献和帮助；同时在我们的卫生学校中，也吸收了很多科学家、医学家来帮助我们培养了许多干部，对部队的医务工作作出了很大成绩。（三）整个卫生工作包括医务治疗工作、行政工作、各种卫生组织与教育，缺一不可。（四）前线救护工作要学习白求恩大夫的精神。（五）要预防传染病，讲究卫生。（六）要培养医务干部，研究特殊病症的治疗和预防。（七）军事机关与后方机关要经常检查工作，在伤病员中开展政治工作，要把行政工作与政治工作紧密联系起来。

日伪军在平北黑河川修筑“人圈”（12 月底）　黑河川位于赤城县东部古长城之山谷中，原属沽源县二、四区。1941 年底，日军在平北黑河川地区到处修筑“集团部落”（群众称之为“人圈”），实行“集家并村”，驱赶群众进去居住。“集团部落”之外划出“无住禁作地带”，房屋一律拆毁、烧毁，不准居住；

庄稼一律毁坏，不准耕种；不进“集团部落”的人一律杀死，实行彻底的“三光政策”。“集团部落”和“无住禁作地带”构成了“无人区”。在“集团部落”内，日军又以名目繁多的捐税和层出不穷的“献纳金”“出荷”等，对群众进行盘剥搜刮，实行严密而残酷的统治，钳制人民的思想。日军制造“无人区”，给群众造成极大的苦难，给抗日斗争造成极大的困难。住在“人圈”中的群众没有丝毫的人身自由，不少人穿的是蓑衣、纸衣，吃的是树皮、糠菜，且这里疫病流行，群众死亡率很高，甚至有的户死绝。

日伪军在热西、热南实行“集家并村”（冬） 1941年冬，日军集结重兵“扫荡”热西、热南，驱赶群众“集家”，即将群众驱赶到所谓的“集团部落”中，实行惨无人道的法西斯统治，群众失去了土地和房屋，只能住在简陋的窝棚，冬冷夏热，疫病流行，许多人死于冻饿和瘟疫。期间，西起平北的独石口，经由古北口，东抵喜峰口的长城线以北、锦热路以南，包括兴隆全县、青龙西部、平泉部分地区和承德南部广大地区，都被划入“集家区”，该地区群众遭受严重摧残。

下

晋察冀边区大事记述

中共河北省委党史研究室
河北省晋察冀边区研究会 编著

河北大学出版社
·保定·

1942年

1月

晋察冀军区、边区政府号召敌占区人民奋起抗日（1月1日） 晋察冀军区、晋察冀边区行政委员会于1月1日联合发出布告，号召敌占区人民奋起抗日，敦促伪军官兵迅速悔悟反正杀敌。同日，聂荣臻签发晋察冀军区司令部《告敌占区人民奋起雪耻及伪军反正杀敌》的布告："值此日寇愈陷愈深、四面楚歌之际，正我中华准备反攻光复旧土之时。大军出动，屈指可待，全国人心振奋异常。敌占区父老兄弟，被敌凌辱者久矣！饱经异族蹂躏，备受亡国惨痛；睹日寇之必败，见祖国之复兴，立应奋起，报仇雪耻。本司令为国前卫，救民有责，定当予以援助。至若伪军伪官，虽曾附逆事敌，或处威迫之下，自图苟安，或因受敌利诱，误入歧途，但能审情度势，幡然悔悟，举义反正，为国杀敌，以赎前愆，本司令宽大为怀，不咎既往，概予优容。其因时机未熟，脱身不易者，可先通衷曲，密表态度。稍有执迷不悟，甘心祸国者，定当国法从事，绝不宽容。"①

抗大二分校附属中学成立（1月1日） 为了独立培养军事干部后备人才，晋察冀军区决定成立抗大二分校附属中学。二分校附中从1941年4月开始招生，1942年1月1日正式成立，抗大二分校政治部主任李志民兼任校长。抗大二分校附属中学于1月6日隆重举行开学典礼，全校教职员工及附中学生数千人参加。边区行政委员会主任宋劭文和军区司令员聂荣臻参加了开学典礼，并发表了重要讲话。为办好附中，教员以"当好保姆，带好娃娃"的精神去工作。中学所设课程有语文、数学、物理、化学、历史、地理和外语等，预计在3年内使

---

① 周均伦主编：《聂荣臻年谱》，人民出版社1999年版，第348页。

学员达到初中毕业水平。后因办学条件的变化，这批学生经过近 5 年的学习才毕业。毕业时，一群“娃娃”已成长为 20 岁左右风华正茂的年轻人。学校最盛时期全校师生员工达到 1500 多人。

晋察冀边区合作联合会成立（1 月 7 日） 为了加强对边区合作社的领导，使合作事业健康发展，边区政府决定将 1939 年各专区和县成立的合作事业促进会改为合作联合会，以领导管理合作社工作。1 月 5 日，北岳区召开各县合作社代表参加的合作社代表大会，贾尚文在会上作了《四年来北岳区合作事业概况》的报告。会议讨论通过了《合作社法草案》，决定了今后合作社的工作方针和发展方向，提出合作社走上新阶段的口号。会议选举产生了总领导机关——北岳区合作联合会，韩少白任主任。1 月 7 日，晋察冀边区合作联合会召开成立大会。杨耕田在会上作政治报告。报告就目前对敌人经济斗争和合作社的重要任务，四年来边区合作社的成就与缺点，对合作社的新认识，合作社当前的工作和努力方向作了重要指示。合作联合会的成立，促进了各地合作社事业的健康发展。

攻克安平城（1 月 8 日） 1 月 8 日夜间，冀中骑兵团一部，乘日军空虚之际，袭入安平县城，将城内伪政权、伪组织摧毁，毙伤日伪军 50 余人，俘伪军 150 余人，缴获步枪 50 余支、电话机 5 部、重要文件 1 部、药品及大量军用物资，并救出被监禁的地方干部 20 余人，解放修路民夫 500 余人。日军一向称为“金城汤池”的安平城，突然被攻破，给了日军很大威胁。此次战役不仅配合了藁（城）正（定）新（乐）反“蚕食”战役，并将修路民夫救出，使日军修通深安（深县至安国）公路的计划破灭。

晋察冀边区推行志愿义务兵役制（1 月 13 日） 在坚持敌后抗日战争、准备反攻的要求下，保证军队满员并不断发展壮大，就成为革命战争的重要问题。1 月 13 日，晋察冀边区行政委员会颁布了《晋察冀边区志愿义务兵役制度实施暂行办法》，规定：凡本边区之男子在 18 岁以上、35 岁以下者，均有服兵役之义务。志愿服兵役者，应依本办法报名登记，听候征召入伍。3 月 1 日，晋察冀军区颁布《志愿义务兵役条令》，决定将报名待征入伍的青年编为“义务兵”，退伍军人编为“后备兵”，以加强军事训练和政治教育。这使全军区部队深刻了解新兵役制的意义，从而推动这一制度付诸实施。3 月初，冀中行署转发《志愿义务兵役条令》后，各地纷纷成立“志愿义务兵动员委员会”及“宣传委员会”

等组织进行动员。冀中各群众团体的工作人员带头报名，待命入伍，广大青年纷纷响应。北岳区党委也于 3 月 30 日发出《关于认真爱护边区子弟兵的通知》，提出在新形势下要强调“拥军优抗”。是月，北岳区志愿兵义务兵役动员进入高潮，从 1 月到 3 月初，各地报名入伍者，超过预定人数两倍以上。6 月 2 日，北岳区党委召开新兵役工作总结大会，刘澜涛作《北岳区第一期志愿义务兵役制度实施总结》报告，聂荣臻作总结，指出，志愿义务兵役制的实施，是边区兵役制度的新建设。因此这个总结的重点，应置于检讨这一新的兵役制度是否适当，以及实施中的特殊经验，以决定今后我区是否仍应实行这种制度，并供给其他根据地作为参考……今年志愿的义务兵役制在边区的执行，虽然还有许多缺点，但是基本上是贯彻执行了党的新兵役政策。从执行过程中看，今年的困难比去年减少了许多，这就证明了边区广大群众拥护与接受了这个新的制度，证明了这个制度是正确的，在边区的基本区域可以实现。① 同时指出，义务兵役制在执行的方式方法上有许多错误，有待改正。

此新的兵役制度，是由旧的封建募兵制度过渡到革命的义务兵役制度的桥梁。新兵役制的实施，合理地解决了晋察冀边区的兵源问题，得到了边区广大军民的拥护，成为中外兵役史上的创举。

北方分局、晋察冀军区召开军分区以上干部会议（1 月 15 日至 25 日） 在聂荣臻主持下，中共中央北方分局、晋察冀军区于 1 月 15 日至 25 日在平山县寨北村召开高级干部会议。会议决定自本年 2 月份起，有计划、有步骤地在晋察冀边区实行精兵简政，整编三级武装，确定“到敌人侧后去开展游击战争”的方针。会议强调切实贯彻党的一元化领导，实行精兵简政，节约人力物力，支持长期战争；决定各军分区司令员、政治委员参加地委，地委书记参加军分区军政委员会，地区区队长和政治委员分别参加活动范围的各县县委，有关几个县的军政任务由县委和地区队联席会议商定。会上，聂荣臻作了《目前形势与今后工作》的报告，指出，目前战争中心在太平洋，敌人的注意力主要在华南方面，同时敌对苏联还会继续加紧戒备，因此对华北增兵可能会减少，但敌人决不会放松对占领区的统治及对我们的“扫荡”与掠夺。在目前形势下，我们对敌斗争的主要方针，一是除对其他战略区反“扫荡”进行必要的配合外，一

① 参见周均伦主编《聂荣臻年谱》，人民出版社 1999 年版，第 362 页。

般不作大规模的对敌出击，以免引来过多的敌人与“扫荡”；二是以地方武装为主，由地区队到县区游击队，采取广泛的游击战争，配合政治攻势，扫荡伪组织与伪军，相机收复一些地区。同时“由于敌之侧后，存在着大的空隙，因此在封锁沟外的活动可能收到大的效果”。要彻底纠正对游击战的消极观点，深刻地认识我在民族斗争中的广大社会基础，使我在敌人封锁沟外仍能活动。在对部队的教育训练与对干部的培养方面，要加强军事与技术教育，深入战斗教育。不断提高在职干部的教育，注重理论联系实际，反对教条主义与狭隘的经验论。要有计划地进行军事、政治、文化、科学常识的教育。军事教育规定每日早操1个小时，正式操课2.5个小时，政治课1小时15分钟，文化课50分钟，每星期六上午会操，下午为党日。抗大二分校，要以培养团营级干部为目的，新老干部各半，注意选拔一批政治干部转为军事干部。最后，还就加强党性锻炼提出具体要求。这次会议，及时贯彻了党中央的方针政策，为坚持抗日根据地斗争，克服严重困难作了思想上、组织上的准备。

晋察冀边区行政委员会制定优待敌占区学生入学办法（1月15日） 为争取敌占区学生来边区求学，并解决其入学困难的问题，晋察冀边区行政委员会特制定《晋察冀边区优待敌占区学生入学办法》，规定：优待敌占区学生的各项额定开支由边区统支，小学各项费用由县预备费项下开支依规定领取报销，中学应按月列入学校经费预算，一并领取报销。各小学如有合于办法内的学生时，应填县敌占区学生登记表报县，由县政府报请专署批准后实行优待。北岳区各专署应按月将批准实行优待学生名册汇报本会备案，北岳区各中学应将名册报请本会批准备案，冀中各中学报行署批准备案。凡敌占区或接近敌占区学生，因不堪敌伪摧残或不愿受敌伪奴化教育来边区求学者，无论其入中学或小学，均依本办法优待。其愿入大学或专门学校者，得由政府介绍其入免费大学或专门学校。入学优待办法如下：发给必需的书籍文具，发给全部食粮及柴、菜金（每人每月按小米1斤4两、钱1角2分折合计算），发给服装（同工作人员之规定）。敌占区学生因经济困难，或因患病及偶然事项，需要帮助时，由学校负责经过学生会或儿童团发扬互助友爱精神互助解决。凡敌占区学生来边区入学毕业后，因继续入学或参加抗日工作或辗转返里者均听其自决。

晋察冀边区行政委员会成立四周年纪念大会召开（1月15日） 晋察冀边区行政委员会于1月15日召开了晋察冀边区行政委员会成立四周年纪念大会。

根据目前严峻的斗争形势，宋劭文主任提出边区六大任务：（一）扩大与发展统一战线；（二）实行志愿义务兵役制；（三）进行村选、县选，召开首届边区参议会；（四）保证经济自力更生，粉碎敌人经济封锁；（五）加强国防教育，粉碎敌寇欺骗宣传；（六）巩固抗日社会秩序。此次大会召开之时，正值边区面临严重困难时期，大会的召开对于鼓舞边区军民渡过难关发挥了重要作用。

冀中区召开第二届财政科长会议（1月17日至26日） 冀中区于1月17日至26日召开第二届财政科长会议。会议总结了1941年冀中区的实业工作，制订了1942年的工作计划，讨论布置了本年春耕工作。重要决定有：（一）关于本年种植面积的决定；（二）增加牲畜饲料，保证1户1猪、1人1鸡的计划；（三）扩大植树造林；（四）发展榨油、造纸、农具制造和家庭手工业，并决定组织各级春耕运动委员会，以加强对春耕的领导。会议还就严格整理财经制度问题建议如下：（一）减轻敌占区、近敌区人民负担，敌占区之统一累进税（简称“统累税”）尾欠一律豁免，近敌区则酌情减免之；（二）整治财政上的紊乱现象，停止募捐，严禁非法摊款；（三）规定群众武装的经费开支标准；（四）确定村经费一律按去年预算减至80%（即减少20%）；（五）确定各级政府经费，限期整理县财政，清理公债。

冀中区党委发出《太平洋战争爆发后的工作指示》（1月17日） 太平洋战争爆发后，侵华日军为维持更大规模的侵略战争，对中国的人力、物力、财力进行了更大规模的侵略。华北各敌后抗日根据地是日本侵略者掠夺的重点，日军对冀中平原更是紧紧不放。为保卫冀中抗日根据地，1月17日，冀中区党委发出《太平洋战争爆发后的工作指示》，指出，在太平洋战争告一段落时，敌必以大力巩固其后方，特别是处在其后方心腹的冀中。因此，冀中的环境仍是异常残酷与困难的。我们号召冀中军民坚持斗争，以渡过更加残酷与困难的时期。

冀中区广泛开展地道斗争 地道战，是抗日战争时期冀中军民在坚持平原游击战争中的一个伟大创举，是坚持敌后游击战的一种特殊的战斗形式，是毛泽东人民战争思想在斗争实践中具体运用的产物。在斗争实践中，冀中地道经历了一个由简单到复杂、由单纯防御到攻防结合的发展完善过程，大体经历了两个阶段：1939年至1941年是以藏身为主的地洞、地道；从1942年开始，逐渐向战斗地道发展，在抗战后期趋于完善，形成村落地道战。

地道斗争起源于1939年，冀中蠡县三区、清苑一区附近地区的干部群众为了躲避敌人抓捕挖的隐蔽洞，人们称为“蛤蟆蹲”，逐渐成为区村干部、民兵和群众就地坚持斗争的重要依托，但这种洞穴只有一个洞口，一旦被敌人发现就无法逃脱，于是人们发明了多口地洞，院院相通，洞洞相连。这种初级地道保护了干部和群众，对抗日游击战争是个促进，在实践中受到广泛赞扬，但也有人提出钻地道是右倾保命、逃避斗争的表现，不赞成挖地道。1941 年 7 月，冀中军区政治委员程子华和冀中武装抗日委员会副主任、民兵总队长简明，带工作组赴蠡县、高阳、清苑等地调查地道情况，总结经验教训。程子华、简明实地调查后，给冀中区党委写了关于冀中地道斗争的专题报告。在报告中充分肯定了开展地道斗争的重大作用，认为这是人民改造平原地形的一个伟大创举，是在敌强我弱的条件下保存自己、打击敌人的有效手段。随后，根据这个报告，冀中区党委书记黄敬主持召开了会议，研究了开展地道斗争的问题，统一了认识。1942 年 1 月 17 日，冀中区党委发出《关于地道斗争问题的指示》，明确指出，地道斗争在某些残酷地区作为民兵进攻与防御的依托阵地及群众逃避敌人之突然包围的方法，是有真正作用的，但必须与武装斗争、爆炸运动等密切配合①，各级党委要加强对地道斗争的领导。这一指示文件增强了干部群众坚持地道斗争的信心。3 月 20 日，冀中军区司令部、冀中武委会发出了《关于开展地道斗争的指示信》，充分肯定了高阳、蠡县地区两年来利用地道与敌斗争的经验和地道在广泛开展的游击战争中的重大价值，并详细阐述了地道斗争的性质、作用、地道构造以及开展地道战的战略技术问题。《关于开展地道斗争的指示信》的发布是对冀中开展地道斗争的一个新的推进。4 月，冀中军区指示，各地要成立军政民交通指导委员会，专门指导交通战、改造地形和地道斗争。在冀中区党委和冀中军区的一系列指示下，冀中各地的地道斗争蓬勃发展起来。

地道从保存自己的防御性设施变成同敌人作战的地道，始于冀中五一大“扫荡”。1942 年 5 月 1 日，日军在冈村宁次的亲自指挥下，以 5 万多的兵力对冀中开始了历时两个月的大“扫荡”。冀中基层组织遭到严重破坏，部队高度分散，斗争进入极为残酷、极为困难的阶段。在新的形势下，为了粉碎日军的“驻屯清剿”，恢复和坚持冀中抗日根据地，6 月下旬，冀中军区发出指示：要普遍发展秘密地洞，特别是发展干部的小型武装以及群众的小型地洞，要绝对保

---

① 参见程子华著《程子华回忆录》，中央文献出版社 2005 年版，第 359 页。

密，便于在情况紧急时隐蔽，熬过难关，夺取最后胜利。冀中区党委领导人民进一步发展了地道，灵活地开展地道抗日斗争，在残酷的环境中打击敌人。据不完全统计，当时有各种各样的地道 100 多种。冀中区地道斗争虽然已经全面展开，但还存在不少问题，如何使地道更适应作战要求，如何对付敌人的水攻、火攻、烟攻、毒攻和挖掘等，都需要进一步解决。冀中区党委总结了定县北疃村地道斗争的教训，于 1943 年 2 月在唐县张各庄召开的会议上，提出大力开展地道战，建设天、地、阴三通（指高房工事相通，院与院相通，地道与各战斗点、院相通）战斗村。1943 年 4 月 13 日，冀中军区指示，要全区普遍开展地道斗争。1944 年，冀中地道在战斗中大发展。这时，冀中军区司令员杨成武又亲自带队到任丘、蠡县、大城、饶阳、安平等县，对地道进行了一次全面的考察，进一步摸清了地道存在的问题，总结了几年来地道战的经验与教训，对地道的构筑、战术要求、组织与领导作了统一的科学的规定，并在全区推广。

抗战胜利前夕，战斗地道趋于完善，做到了“四好、五防、三通、三道、三交叉”，将整个地道、村落、野外变成了一个整体的地道斗争的阵地。“四好”是好打、好钻、好藏、好跑，即能打、能退、能攻、能守。“五防”是指防水、防火、防掘、防钻、防毒。“三通”是将地道内完全贯通起来，将全村各户大门堵死各院相通，将高房顶用天桥连通起来，成为“天通、地通、院户通”。“三道”是村落地道、联村地道、野外地道连成一块，形成地道网。“三交叉”是“天、地、院”组成纵横三层火力网，纵的是高房、院内、地道火力网，横的是村边、街道、院内火力网，从而村内村外配合，对进攻村落之敌进行夹击。这时的地道达到了保存自己，杀伤、消耗、消灭敌人，坚持工作，坚持斗争，提高军民胜利信心的目的。如清苑县冉庄地道经过几次改造，就形成了比较完整的作战体系，在消灭日伪军中发挥了优势。同时，以地道作依托，冀中抗日军民在残酷的环境中更好地开展了各项工作，如开设地道医院、地道电台、地道工厂、交通站、报社、仓库、看守所等，筑起了一条广泛开展抗日游击战争的地下长城，为打败强敌开辟了通向胜利的道路。

***冀中军区、冀中行署、冀中武委会联合发出《关于开展地道斗争的指示信》(3 月 20 日)**　3 月 20 日，冀中军区、冀中行署、冀中武委会联合发出《关于开展地道斗争的指示信》，对于开展地道斗争的意义与作用，地道构筑的要求、具体的建设方法，挖掘地道的准备工作以及组织管理、开展的顺序与时机、

可能遇见的困难及应对策略等政策、技术、战术问题都作了较为详细的说明。指出地道是一个完全群众性的、新的、秘密性的地下交通站，是“保护人民生命财产的安全和开展游击战争的依托”；构筑地道要“由小到大”，由“简单到复杂”。地道的内部结构为干线、支线、洞口、地下室、气眼、陷阱、村外地下堡垒、坚壁及其附属设备（为防毒、防水、照明、指挥、联络等设备），附有各部分建设方法和具体图例；挖掘地道前要进行深入的宣传动员，准备好材料、工具，选择恰当的地道位置，组织人力，并加强督促和管理；地道斗争要与武装斗争配合起来，与爆炸、改造地形、村落“麻雀战”、伏击战等斗争紧密配合；各村要密切配合，利用地道对敌人造成反包围。至此，冀中平原的地道，迅速以藏身为主的地洞向以作战为主的地道发展，成为反突击、反“蚕食”、打击敌人的堡垒和缩小敌占区、扩大根据地的有利方法之一，从而大大改善了近敌区敌我斗争形势，有力地打击了日军对抗日根据地的“蚕食”政策。

晋察冀边区开展轰轰烈烈的春耕运动（1月19日至3月） 坚持敌后长期抗战，需要持久的财力、物力。为了保证晋察冀边区的军需民食，争取边区各个战略地区（北岳区、冀中区、冀北区等）经济上的自给自足，彻底粉碎敌人的经济封锁及破坏掠夺，晋察冀边区开展了轰轰烈烈的春耕运动。1月19日，晋察冀边区行政委员会发出《关于春耕准备工作的指示》，指出各地要加强对春耕工作的领导，动员一切力量，踏实与紧张地工作，尽量提早完成，打下今年春耕运动空前胜利的雄厚基础。随之，冀中农会于1月向各级农会发出春耕工作“五大保证”“六大号召”。“五大保证”即（一）保证每人种活3棵树；（二）保证增加肥料，增加棉、粮等作物产量；（三）保证锄地3遍；（四）保证每个会员都选种；（五）保证不荒芜1寸土地。“六大号召”即（一）增添小井；（二）积极垦荒；（三）改良农具，创造农具；（四）研究改良生产技术；（五）1户1猪，有猪必有圈；（六）创造劳动英雄与模范家庭。

为了进一步推动边区春耕的顺利开展，聂荣臻、唐延杰于2月7日发布关于春耕问题的训令，指出，估计日军有于“扫荡”晋东南、晋西北之后，转向我区“扫荡”直接破坏春耕，以继续其去年对我秋收之破袭，而造成我在接济上，尤其是经济上更多的困难之极大的可能。为此，干部除应遵照过去迭次指示，随时对敌“扫荡”应有充分之准备外，应组织春耕的战斗和实行战斗的春耕。（一）春耕未开始以前，对公粮之搬运应立即进行，以免妨碍春耕；（二）提前春耕，除长城北及雁北地区外，应立即开始春耕（开冻前施肥，开冻即耕），不担任勤务之部队，所有人力、物力均须以最高程度之势力参加春耕，准备突击；（三）应与党政机关协同，在日军在本区以前的‘扫荡’中建立临时据点之附近地区，提前春耕。①

遵照晋察冀边区政府、军区的指示，各地抓紧时间，进行春耕。北岳区军民在区党委“不荒废一寸土地，多打粮食”的号召下，开展了轰轰烈烈的春耕运动。各级党政军民成立春耕联席会，负责生产的统一领导。3月19日，北岳区第一专署召开春耕生产联合会成立大会，并对春耕生产中的监督领导、劳逸结合、分类指导、贷款等问题作了决议。晋察冀边区行政委员会发放生产贷款，帮助困难户解决种子、农具、耕畜问题，同时拨13 000元作为奖金，奖励生产运动中涌现出来的劳动模范，保证了边区春耕工作的顺利完成。

中共中央、中央军委《关于平西工作及领导问题的指示》（1月20日） 平西抗日根据地从开辟初期至今，脱离生产人员从未低于全人口的3%，主观需要与客观负担能力的矛盾较为严重。1941年6月19日，中共中央北方局关于平西工作向中央和北方局的报告中，指出了这一矛盾随形势的变化更为尖锐，同时指出平西的党组织除昌（平）宛（平）涞（水）个别地区外，还极端不巩固，党员数量少，分布不平衡，支部与群众联系差，在党的组织领导、干部使用及巩固党组织上也存在问题。因此，建立广大的、巩固的、群众性的党，是平西党委目前的重要任务。1941年日伪秋季大“扫荡”后，平西抗日根据地严重缩小。12月1日，萧克就平西供求实况及目前严重问题再次报告中共中央北方分局和彭德怀。为解决平西存在的问题，中共中央、中央军委于1942年1月20日发出《关于平西工作及领导问题的指示》，指出：（一）解决平西问题的关键是实行精兵简政，使党政军民脱离生产的人数不超过平西区人口的3%，克服党政军工作人员粗枝大叶的作风，提高党的工作的组织性与纪律性，认真落实党的政策和决议；（二）应将十分区划归北岳区管理，平西冀热察区党委建制及挺进军番号取消，另在冀热边成立一精干的区党委和地方性军区，以管理平北、冀东工作；（三）萧克调任晋察冀军区副司令员，张明远调任冀中区党委常委，马辉之调任北岳区党委常委。根据中共中央指示，北方分局和军区撤销冀热察区

---

① 参见周均伦主编《聂荣臻年谱》，人民出版社1999年版，第352页。

党委及挺进军领导机构，将平西编为十一分区，并调原一分区参谋长黄寿发任司令员，原四团政委萧文玖任政委。

晋察冀边区行政委员会发布儿童团与小学校关系的决定（1月20日） 儿童团是抗日民主政权开展工作的有力助手和支援敌后抗战的重要力量。为了处理好儿童团开展活动与受教育的关系，晋察冀边区行政委员会于1月20日公布《关于儿童团与小学校关系的决定》。决定指出，儿童团是儿童自己的组织，学校不加干涉；儿童团在校内应保证学校教育计划的胜利完成，不得干涉学校行政；星期日和例假日是参加社会活动的时间，除此之外，儿童团如有必要活动需占教育时间，应取得校方的同意。

晋察冀边区军民举行联合誓约大会（1月26日） 为热烈响应中共中央北方局和十八集团军野战政治部关于开展军民誓约的号召，晋察冀边区党政军民于1月26日在平山县境隆重举行盛大的“边区军民联合誓约大会”。参加誓约典礼者达万人，敌占区士绅参观团、沦陷区各界、各民族、各阶层代表都参加了大会。与会者一致高呼“不做敌寇铁蹄下的顺民”“不当汉奸顺民，不当敌伪官兵，不参加伪组织维持会，不替敌人汉奸做事，不给敌人粮食，不买敌人货物，不用汉奸票子，爱护抗日军队，保守军事资财秘密，服从抗日民主政府”。这是一次广泛深入的民族气节教育。此后，边区各地军民掀起了广泛深入的誓约热潮。

北方分局对平北工作的指示（1月31日） 中共中央北方分局于1月31日发出《关于平北两年来工作的指示》，指出：（一）目前平北工作方针，是巩固与发展并重。一方面，要建立制度，深入工作，巩固我现有地区；另一方面，要积极地向前发展。发展方向，应以崇礼、宝昌、沽源地区为主，同时注意向东发展，以求与冀东区相连接。（二）在政策上应特别强调巩固与扩大统一战线。减租减息工作应双方自愿，要求不得过高，可用仲裁协商办法，不应以法律与命令形式普遍执行。（三）鼓励一部分积极优秀的党员参与政权建设，以改进政权，提高政权威信；在有基础的地方，可进行政权改造，促成民主运动和“三三制”的雏形。（四）建立正规的财政制度，统一主力与地方部队的供给，一切预决算均应统一与分区的供给机关。在较巩固地区应实行合理负担，累进率要缓，负担面要大。（五）调北岳区张志祥为平北地委宣传部长，徐明为民运部长。《挺进报》移平北工作，为平北与冀东两地之党报。

兴隆1942“大检举”惨案（1月下旬） 1月下旬，日伪军在兴隆县施行全县规模的“大检举”，逮捕村民2000余人，400余人被就地屠杀，200余人被惨杀于兴隆街南土门山沟，其余被押往伪满充当劳工，极少数有活着回来的。潵河川的楸木林村，有居民80多户，99个男人被杀害，该村成了“寡妇村”。

冀东西部地区县以上干部联席会议召开（1月） 冀东西部地区县以上干部联席会议于1月召开，李楚离参加会议，并作了《关于冀东斗争形势与任务》的报告。根据冀东区党分委大张屯会议决议和1941年8月17日彭真关于冀东工作的指示精神，李楚离详细地阐述了冀东战略上的重要性与坚持冀东游击战争的方针以及各项基本政策，并强调，目前在大多数地区的政权（特别是平地中的政权）仍应适当地采取两面政策来应付敌人；群众团体的组织形式，在冀东目前情况下，仍应以统一战线性的报国会为主要形式，吸收各阶层人士参加；减租减息，目前在冀东不便进行，租息少减去一些即可。《关于冀东斗争形势与任务》为冀东西部地区的斗争与建设提供了指导。

北岳区第二地委增设“河南分委”（1月） 根据抗日根据地被严重封锁、分割的情况，北岳区第二地委增设“河南分委”，以加强对日军封锁线外抗日游击根据地的领导。河南分委下辖忻州、定襄、阳泉、寿阳等县，陈一帆任分委书记，陈守忠、张淮三分别任组织部长和宣传部长（后张淮三任组织部长，范儒生任宣传部长）。同时成立第一专署河南办事处，彭伯周任主任；组建河南区队，何能彬任区队长，韩庄任政治委员。

开辟保定地区秘密交通站（1月） 为了加强晋察冀根据地与平津大城市的联络，中共中央北方分局城工委在1月制定的《1942年工作计划》中提出：“本年中心放在开辟党的新的巩固阵地，加强党员教育及提拔训练新的干部上面。”开辟平、津、唐为主的大城市工厂、学校、交通部门的工作。建立与健全中间领导机关，开展调查研究工作等。1942年初，城工委书记刘仁和负责日常工作的刘慎之先后派从唐山到根据地的工人干部张一峰和从北平撤到根据地的学生干部张大中到保定地区开辟交通站，负责根据地与平津的秘密交通联络工作。他们在中共晋察冀第一地委、满城县委的协助下，陆续在保定西郊的蛮子营、大车、大东辛庄、水碾头等村建立了秘密交通点，形成了天津、北平—保定—水碾头—大车、大东辛庄、蛮子营—韩村—抱阳—石井—柏山—支锅石—阜平的秘密交通线，全线长100余公里。刘仁给满城、易县交通站配备了由陈德夫带领的武装交通队，队员大多数相当于区级干部，政治上坚强，机智勇敢。交通站在当地秘密发展了一批地下交通员，分别以各种公开身份或名义执行秘密交通任务。自1942年建站至抗战胜利，满城、易县交通站共接送地下工作人员和抗日革命分子400余人次。

2月

晋察冀边区进行全面整风准备工作（2月至7月） 2月1日，毛泽东在延安中共中央党校开学典礼大会上作《整顿党的作风》的报告，从此以延安为中心的全党整风运动便陆续展开。晋察冀边区党政军领导也将开展整风运动提上了重要议事日程，并着手进行各方面的准备工作。在宣传动员方面，边区党刊《战线》与《晋察冀日报》先后转载了《解放日报》社论《造成学习热潮》以及毛泽东、彭真等署名的《整顿学风、党风、文风》《领会二十二个文件的精神与实质》等有关整风的社论。6月2日，北岳区各群众团体召开整风动员大会，号召各团体干部立即行动起来投入整风学习，并对整风的内容与办法提出了具体意见。6月21日至25日，晋察冀边区文、音、美、剧各协会也分别召开整风检查动员大会。

中共中央北方分局、晋察冀军区、北岳区党委于7月1日召开机关党员大会，聂荣臻在会上作了《关于加强党性锻炼》的长篇报告，指出，所谓加强党性锻炼，是要求每个党员——特别是干部具有坚强的无产阶级的观点和马列主义的思想方法。他还指出党员干部中存在的种种错误，地方上有些党员仗势欺人，假公济私；贪污腐化堕落的现象，同样在党内滋长着；党员中有宗派主义的思想与行动等。他指出："以上这些现象，就是过去北岳区党委所指的在党内形成的'新兴的黑暗势力'！这是党性不强的具体表现，这是农民落后的方面反映到党内，侵入到党内来，却仍然以无产阶级的战士的面貌，以党员的名义出现，来做许多黑暗的反党反无产阶级的思想与行动的勾当！我们决不应该轻描淡写地轻放过去。要使我们党更加成为坚强的无产阶级的政党，更加发挥战斗力量，使得党在思想上政治上组织上更加巩固起来，就必须与这种党内所谓新兴的黑暗势力作斗争，就是要把那些不可救药的坏分子清洗出去，把落后现象大加扫除，加强每个党员的党性的锻炼，否则党就不会走上健康之路!”[①] 报告还讲了党内许多学风、文风不正的事例，要求大家加以克服。7 月 1 日，《晋察冀日报》又发表文章和社论，进一步阐述了整风运动的重要意义，提出了一面学习，一面工作，一面检查。

为加强对整风运动的领导，北岳区党委于 7 月 18 日成立了学习委员会，刘澜涛、胡仁奎、李杰庸、郭任之、杨耕田、项柏仁、李常青等 7 人为委员，刘澜涛、胡仁奎分别任正、副主任。学习委员会制定了学习条例和半年整风学习计划，并决定各专区党政民机关依专区序列成立一、二、三、四、五、六分会，各县成立县学习委员会。会后，北岳区各级学习委员会相继建立起来。自 8 月 1 日起，北岳区整风学习全面展开。

毛泽东看到聂荣臻的《关于加强党性锻炼》的报告后，于 8 月 4 日专门就整风问题指示聂荣臻，提出要注意抓紧党政军民学各方面高级干部的学习，纠正他们中存在着的三风不正的思想。这为边区整风的领导指明了方向。边区领导对毛泽东的指示进行了认真的学习贯彻。为了解决学习资料短缺的问题，《晋察冀日报》于 4 月 16 日，首先刊登了《整顿三风问题资料特辑》。随后，边区政府集中人力物力加紧编印了 22 个整风学习文件，并设法尽快发至全区各个有关部门。上述准备工作，为晋察冀边区整风学习的全面开展打下了基础。

晋察冀军区发出精兵简政整编命令（2 月 2 日） 1941 年至 1942 年，由于日军更加残酷的“蚕食”“扫荡”，晋察冀边区的面积、人口大幅减少，而当时边区的主力部队和脱产的党政民干部占根据地总人口的 5%，边区人均负担量为国民平均收入的 14.6%，军政供给与人民负担之间的矛盾很突出。在这种情况下，如不立即采取果断措施迅速减轻人民负担，长此以往，就会出现根据地民力逐渐衰竭的现象，从而影响根据地经济的恢复和发展，影响军政民团结，影响根据地在残酷的敌后环境中长期坚持和发展。因此，根据中共中央和中央军委的指示，在中共中央北方分局的领导下，边区从 1942 年开始厉行精兵简政。

中共中央北方分局和晋察冀军区于 1 月 7 日召开高级干部会议，决定自 1942 年 2 月起，有计划有步骤地实行精兵简政，整编主力部队，加强地方武装和民兵建设，以节约人力物力，支持长期战争。为了统一领导，使军事斗争与

---

① 周均伦主编：《聂荣臻年谱》，人民出版社 1999 年版，第 365—366 页。

其他各种斗争密切结合，各军分区司令员、政治委员参加地委，任党委委员，地委书记参加军分区军政委员会，任委员；地区队区队长、政治委员分别参加其所活动范围的各县县委；有关几个县的共同任务由县委和地区队联席会商定。2月2日，晋察冀军区发出精兵简政整编命令，军区部队进行全面整编。5月23日，晋察冀军区颁发《实行新编制的命令》，指出，军区决定实行新的编制，其基本精神是，明确划分主力军和地方军及其相互关系，紧缩机关部门，充实战斗部队，大量减少马匹以利于行动。根据当前战斗环境和物质基础，加速提高作战能力，以积蓄和准备反攻力量。这次整编，是本着精编主力军、紧缩机关、充实连队、加强地方武装的精神进行的。主力军分别编为甲种团和乙种团。北岳区（包括平西、平北、冀东）整编甲种团6个，乙种团16个。骑兵团改编成骑、步兵各1个营。冀中区整编甲种团5个，乙种团5个。此外，尚有抗大第3团、骑兵第2团和1个回民支队。地方军分为地区队、县基干游击队与区基干游击队。北岳区在原来的9个地区队的基础上，又新组编了8个。冀中区新老地区队共有14个，第十一、十二、十三军分区整编后有7个乙种团，8个地区队。

通过精兵简政，各个抗日根据地“鱼大水小”“头重脚轻”的状况得到了根本扭转，成功地解决了机构庞大和战争破坏的社会经济缺乏足够承受力之间的矛盾，充实、加强了基层，使抗日根据地的建设更加适合游击战争的需要，促进了广泛的群众性游击战争的开展，同时大大减轻了人民负担，进一步密切了党、军队和群众的联系。

***聂荣臻发布减少非战斗人员与马匹的命令（2月5日）**　2月5日，聂荣臻发布关于减少非战斗人员与马匹的编字第4号训令：“因我处在敌后战斗频繁（的环境），人力物力经常消耗，加之敌对我根据地迭次破坏与摧毁，致使边区人民负担日渐加重。为减轻边区人民之负担和执行中共中央精兵简政的指示，以支持长期的战争，以积蓄足够的力量准备反攻，而达到最后战胜敌人的目的，我们必须在人力、物力、财力的使用上均做持久的打算，我们不仅应在经济开支上力求节约，关于部队中之非战斗人员和马匹亦须力求减少。”① 训令对减少马匹、人员的数量作了具体规定。

聂荣臻报告晋察冀军区干部配备情况（2月8日）　2月8日，聂荣臻同朱

① 周均伦主编：《聂荣臻年谱》，人民出版社1999年版，第351页。

良才就晋察冀军区干部配备致电中央军委，指出，第一军分区司令员为杨成武，政治委员为罗元发，副司令员为高鹏，参谋长为徐德操；第二军分区司令员为郭天民，政治委员为赵尔陆，参谋长为赵冠英，政治部主任为汪之力；第三军分区司令员为黄永胜，政治委员为王平，副司令员为詹才芳，政治部主任为王宗槐；第四军分区司令员为邓华，政治委员为刘道生，参谋长为易耀彩，政治部主任为王紫峰；第十一军分区司令员为黄寿发，政治委员为萧文玖，政治部主任为潘峰；第十二军分区司令员为覃国翰，政治委员为段苏权，参谋长为陶汉章，政治部主任为杨春甫；第十三军分区司令员为李运昌，政治委员为李楚离，参谋长为彭寿生，政治部主任为刘诚光。

冀中体育促进会成立（2月11日） 为了活跃冀中军民的体育文化生活，冀中体育促进会于2月11日成立。促进会选出了7名常委，韩复东、赵树青分别当选为正、副主任，并决定了目前主要工作，即（一）筹备召开本年冀中春季运动会；（二）建立农村体育场；（三）制定各种球规，出版体育教材；（四）吸收会员，扩大组织，聘请体育教练，团结体育爱好者。

南双庙惨案与上板城惨案（2月12日、14日） 日本侵略者为镇压长城沿线抗日人民，消灭八路军，1941年以后多次进行大检举，检举的对象是15岁至60岁的男性居民，被检举者多在当地被处决。1942年2月12日，日本驻承德宪兵队实行“大检查”，仅有50余户的南双庙村，被抓村民110人，5人被就地杀害，其余被押往承德监狱，72人被杀害或折磨致死。14日晚上，日本宪兵队又在上板城一带抓捕村干部、党员、群众等47人，47人全部被杀害于承德市水泉沟“万人坑”。

晋察冀边区召开第一次抗战勤务大会（2月20日） 2月20日，晋察冀边区行政委员会召开第一次抗战勤务大会，报告目前边区抗战勤务问题，并提出改进工作的具体意见和办法。大会一致决议，减少勤务，以充实今年春耕劳动力。21日，边委会举行第42次会议，审查此次勤务会议的决议，决定由民政处修正抗战勤务动员办法及关于抗战勤务问题的决定，并通令各级政府切实执行。为贯彻执行第一次抗战勤务精神，4月20日，北岳区党委发出关于同意抗战勤务工作的第55号通知，决定由政府成立抗战勤务部，将民众抗战勤务部、牲畜运输大队、驮骡运输大队、交通站工作以及抗战勤务动员办法的执行，一律划为抗战勤务部的工作。

北岳区党委发出《关于1942年村选的决定》（2月22日） 1941年实行的“三三制”原则之下的村选，已经把北岳区的村政权建设作为新民主主义政权的坚强的下层基础，但是还不能完全适应当时严重的战争环境。为进一步建设新民主主义村政权，积极准备反攻力量，1942年2月22日，北岳区党委发出《关于1942年村选的决定》，指出村选工作的重点是实行“三三制”“精兵简政”和游击区村政权建设。具体来说，即团结一切进步分子与中间力量，彻底认真主动地实行村政权的“三三制”；同时在“精兵简政”的口号下，适当地改革村政权的组织机构，并在不同地区实行不同的村政权组织机构，适应八路军和日军斗争的具体要求；根据目前形势，在游击区、接敌区展开与日军尖锐的争夺战，扩大抗日民主政权，掌握两面派与转化向敌之两面派为向我之两面派。这次的村选，坚决执行党的“三三制”原则，在党的“精兵简政”的口号下建立起精干的战斗化的村政权组织与严格的村财政制度。

姜庄子斧头歼灭战（2月23日） 在冀中军民的反“蚕食”斗争中，冀中第八分区文新县大队大队长储国恩于2月23日凌晨率领干部、战士17人，携带手枪、斧头，化装成干活的民工，混入姜庄子敌据点，趁敌人熟睡之机，用斧头将25名日本兵全部砍死，缴获火炮1门、轻机枪2挺、长短枪20余支，这就是姜庄子斧头歼灭战。这次战斗，给了敌人一次沉重的打击，文安县南部一片地区的敌人据点和碉堡一度被迫撤出。姜庄子斧头战得到朱德总司令通令嘉奖，延安《解放日报》也头条报道了这一胜利的消息。

北方局、华北军分会发布对付敌人大规模“清乡”的指示（2月25日） 中共中央北方局、华北军分会于2月25日发布《关于对付敌人大规模“清乡”的指示》，指出，在反“扫荡”斗争中，应当根据对敌战争的估计制定出一定的反“扫荡”计划，将主要负责同志及机关工作人员分散到各个地区，帮助下级党去进行工作；必须派武装工作队携带大批宣传品到敌区各铁路、公路沿线去工作；必须密切军队和地方党的联系，军队的政治工作应当把帮助群众工作、帮助民兵工作当作自己的主要工作。同日，中共中央北方局、八路军野战政治部发布《关于反“扫荡”中军队与地方互相协助的指示》，指出在反“扫荡”战争中，保护群众利益，团结群众，依靠群众，增进军民之间血肉一般的团结，是我们战胜日军“扫荡”的主要保证之一。军队每到一地即应协助地方党与人民完成战争之各种准备，地方党应领导政府和各群众团体以村为单位组织战时联合办事处，协助军队进行战时各种工作。同时，发出《关于在反“扫荡”中加强政治工作的指示》，要求在反“扫荡”中应进行充分的思想准备与政治动员工作，使全体人员认识到敌人“扫荡”的严重性，并派遣干部带领与教育民兵作战，布置群众坚壁清野，协助群众增加生产，保护群众利益，进行敌伪军工作，注意优待俘虏。

晋察冀边区新文字运动协会成立（2月下旬） 晋察冀边区新文字运动协会于2月下旬举行成立大会。委员会报告了筹备经过，讨论并通过了简章与工作纲领等多种提案，并选举姚依林为理事长。接着，新文字协会常务理事会举行第一次常委会，并通过了半年的工作计划。

冀中平原根据地迅速缩小（2月至4月） 2月至4月，日军多次调集几百人至几千人兵力，通过建碉堡、修路、挖沟、筑墙等手段，对冀中平原根据地进行分区“扫荡”和逐步“蚕食”。日军在敌占区强化伪政权，推行保甲制度；在游击区，增设点碉，修建公路，挖建封锁沟墙。至4月底，日军在冀中平原建点碉1125处，修公路2185公里，挖封锁沟墙1765公里，逐步“蚕食”了第六分区、第七分区、第九分区的西部及第八分区的子牙河以东地区，占领控制了第十分区全部地区。八路军大部队能活动的根据地基本区只剩下沿滹沱两岸从西到东的中间狭长地带，约3000多个村庄，280万人口，19 000平方公里的面积。与1940年相比，1年多时间内，根据地面积缩小了2/3，财政经济也出现了空前严重的困难。

冀热察挺进军、区党委撤销（2月） 根据中共中央的指示，冀热察挺进军番号撤销，萧克任晋察冀军区副司令员，平西划为第十一军分区，平北划为第十二军分区，冀东为第十三军分区，统归晋察冀军区直接指挥。中共冀热察区党委撤销，平西、平北地委划归中共北岳区党委领导，冀东成立冀热边特委。原平北地委领导的丰（宁）滦（平）密（云）联合县划归冀热边特委领导。冀中十地委仍属冀中区党委领导。稍后，又撤销了北岳和冀中两个区党委，冀中成立冀中工作委员会，中共北方分局直接领导北岳区的各地委、冀热边特委和冀中工委，平北地委和第十二军分区撤销，组成平北地分委和平北支队，归平西地委和第十一军分区领导。

3月

班威廉、林迈可等国际友人到达边区（3月1日） 3月1日，晋察冀边区召开大会，热烈欢迎从平津脱险来到边区的国际友人——燕京大学英籍教授班威廉、林迈可，美国花旗银行经理赫鲁，以及南斯拉夫、荷兰、法国、奥地利的几位专家、商人。这些人都是在太平洋战争爆发后，通过北平市地下党的关系，越过敌人的重重封锁，秘密从北平经平西到达晋察冀边区。聂荣臻出席了边区欢迎国际反法西斯友人大会并讲话，对燕京大学教授班威廉夫妇、林迈可夫妇等来边区表示热烈欢迎，同时，号召边区军民要以打击日本侵略军的实际行动来支援各国人民的反法西斯斗争。

班威廉、林迈可等人是搞物理学和无线电的，他们在边区开办无线电培训班，培训无线电技术人才，并将他们在抗日根据地受到的热情接待，分别报告给各自国家的驻华使馆，向世界宣传了敌后抗日军民的斗争和生活。

晋察冀边区颁布《优待技术人员暂行办法》（3月2日） 在敌后抗战的艰难条件下，中共中央北方分局和晋察冀边区政府还是千方百计地为知识分子创造较为稳定和良好的工作、生活条件。3月2日，晋察冀边区行政委员会颁布《优待技术人员暂行办法》，指出，实行该办法的目的在于团结技术人员，加强边区经济建设。凡农业、林业、畜牧、水利、工业、矿业等技术人员，有一技之长并经政府任用者，均可用此办法得到优待。技术人员按其学历、经历、技术水平，及对边区经济建设的贡献等条件，由边委会核定为技术员、技佐和技士、技正之职称，每月零用费分别为10元、15元至20元、30元；家境困难或有特殊事故，得由本人申请，经所在机关审核后报告边委会批准，予以补助，每年技术员80元至200元，技佐100元至300元，技士200元至400元，技正300元至500元。此条例和办法的实行，扫清了提高生产技术道路上的障碍，对于调动和鼓舞生产技术研究的热情，是一个巨大的推动力。

北岳区第一专区举行“三八”妇女节纪念大会（3月8日） 3月8日，北岳区妇女为纪念“三八”妇女节及北岳区妇救会成立四周年，召开纪念大会，到会万余人。宣传队、卫生部、护士学校的女同志参加了大会。第二分区政治部主任汪之力被特邀参会，并向大会作了妇女工作报告。大会号召，纪念“三八”妇女节，全北岳区妇女广泛团结起来，推动全国和全世界妇女，在不同的战区，进行反法西斯运动；加紧春耕，增加生产，开展清洁卫生运动，消灭与防止春瘟的发生。大会结束后，开展了游艺比赛、运动表演、戏剧演出等活动，村剧社演出了《解放舞》《不拖尾巴》和《武装保卫春耕》等剧。

晋察冀边区开展春季卫生运动（3月9日） 由于日本侵略者投散病毒，加之自然灾害，1941年冬季反“扫荡”战役后，晋察冀边区不少地区疾疫流行。为了保障军民的身体健康，中共中央北方分局、晋察冀军区和边区政府把开展乡村群众卫生运动，作为边区卫生建设的一项重要任务。3月9日，晋察冀边区行政委员会向冀中区行署发出《关于开展地方卫生工作的几个决定》的指示信，要求冀中区训练县级、村级卫生行政干部并检查公私医院。同日，冀中行署发出《关于开展地方卫生工作的指示》，号召全区开展卫生运动周活动，并指出工作的重点是开展清洁和捕鼠工作，以防日军施放毒气和细菌造成传染病的流行。为了推动晋察冀边区春季卫生运动的顺利开展，晋察冀边区于3月14日首次召开军政民卫生联席会议，决定普遍开展春季卫生运动。随后，各区根据晋察冀边区政府的指示，相继开展了春季卫生运动。

晋察冀边区发动第二期对敌政治攻势（3月至6月） 为了巩固与扩大政治攻势的成果，根据中共中央北方分局2月对敌政治攻势联席会议决定，中共中央北方分局、晋察冀军区和晋察冀边区政府动员广大军民，于3月至6月日本樱花节期间对敌开展第二期政治攻势，并要求把政治攻势与武装斗争结合起来，粉碎敌人的“治安强化运动”。中共中央北方分局于2月4日发出《关于开展第二期对敌政治攻势的指示》，指出：“太平洋战争爆发后，敌军、伪军、伪组织与敌占区人民在思想以至政治上都发生了很大的变化，这是我们开展对敌政治攻势的有利时机。”《关于开展第二期对敌政治攻势的指示》指出了第一期政治攻势中存在的缺点、敌伪在政治上的变化，并对第二期政治攻势作了具体部署。3月10日，聂荣臻发布晋察冀军区开展第二期对敌政治攻势的指示，指出，第二期政治攻势（春季政治攻势）在日本樱花节期间继续进行。第二期政治攻势的基本方针是，“继续对敌伪与敌占区人民进行日寇的失败主义的宣传，联系到各种具体事实进行煽动”。

在北方分局的统一领导下，晋察冀边区的第二期政治攻势力量更集中，规模更大，准备更充分。政治攻势开始后，边区党政军民共组织26个武装宣传队，“抗敌剧社”“西北战地服务团”和“七月剧社”等文艺团体，部队和地方各级宣传部门、敌工部门、日人反战同盟支部、华北朝鲜青年联合会的成员进行全体总动员。共印制宣传品248种、130多万份，内容丰富多彩，形式生动活泼、针对性强。通过对敌政治攻势，敌占区、游击区人民受到宣传教育后，增强了日本必败、中国必胜的信念，情绪振奋，纷纷自动组织起来抗粮、抗夫，拒绝接受敌人的欺骗宣传，不再甘心受敌人奴役。

北方分局发出冀东工作及冀东地委组成问题的指示（3月15日） 中共中央北方分局于3月15日发出《关于冀东工作及冀东地委组成问题的指示》，指出，为适应今后游击环境，冀东主力部队应编为4个丙种团（小团），并在2至3个县之间组织1个地区队，作为小团以外的地方主力部队。每县设基干地区队，直属分区指挥。冀东目前应相机向东南发展，开拓新区域，开展小部队的游击战争，以分散敌之兵力。今后应注意加紧向北发展，坚持锦阳路南游击战争，并利用关系开展路北工作，建立秘密堡垒，准备在适当的时机开展路北游击战争。分局决定组织冀东地委，以李楚离、李运昌、周文彬等为常委，李楚离为书记。地委下设东部和西部两个分委，代表地委领导各县工作。

平西建立各级人民武装部（3月16日） 平西人民武装委员会于3月16日召开临时代表大会。会议总结了平西人民武装委员会一年来的工作及经验，并决定采取北岳区组织形式，上下建立统一的部队制，成立平西人民武装部，蔡委心任分区人武部部长。随之，各县也建立了人民武装部。

彭德怀、左权关于晋东南的反“扫荡”经验电示聂荣臻（3月18日） 彭德怀、左权于3月18日电示聂荣臻：从晋东南的反“扫荡”经验看，应注意对敌人宿营部队不断组织袭击，以杀伤其人马，增加其恐慌。对敌人之具体情况，适时提出新的口号与印发宣传品，收效极大。关于防毒工作须立即在军民中广泛宣传，免遭敌害。同日，晋察冀边区行政委员会发出《准备春秋反“扫荡”的指示》，指出：“由于敌寇战线的延长，兵力不足。估计可能进入边区‘扫荡’之敌不及去秋之半。然其‘扫荡’之突然性、深入性、破坏性，却必然会变本加厉。”此外，对反“扫荡”工作作了具体的部署。

聂荣臻布置北岳区保卫工作（3月20日） 3月20日，北岳区党委保卫工作会议召开，聂荣臻参加会议，并作了《目前战争形势及其发展的可能》的报告。聂荣臻指出：（一）现在日寇作战的重点仍然在太平洋，对中国正面，还在牵制；（二）虽然日寇作战的重点在太平洋，但是其对敌后的动作，则比任何时期都更加积极；（三）对于敌后，敌人特别强调华北，企图使华北成为战略基地，使华北协助其太平洋战争；（四）为占领华北，敌人首先必须解决边区，并从此开刀。[1] 目前，日军为“确保华北”，正在“蚕食”边区：对北岳山区推行摧毁政策，在冀中散布鼠疫，在游击区、敌占区加强思想政治控制，强化治安。针对上述情况，我们要做好保卫工作，抓紧准备反“扫荡”和春耕。

彭真发表题为《论根据地的锄奸政策》的文章（3 月 30 日） 彭真于 3 月 30 日在《战线》第 79 期发表题为《论根据地的锄奸政策》的文章，指出，根据地的锄奸机关“应是抗日政府的合法的斗争机关，不应是非法的恐怖机关”。其任务是维护根据地巩固的统一战线秩序。对付敌探奸细的特务活动，“不能简单地以特务对特务”，必须着重依靠广大而巩固的民族统一战线，依靠广大群众的政治觉悟与积极性，来进行广泛而深入的锄奸活动。锄奸机关必须充分认识敌探奸细对根据地的严重危害性，提高反敌探奸细的警觉性，积极肃清并防范他们，“麻木不仁就是对于自己的残酷”。文章还阐明了锄奸工作的原则、手段及公安局的工作和职责等，提出了目前锄奸工作中最重要的问题是：“对于锄奸部门干部的政策教育，养成他们革命的法制精神。”

华北敌伪推行第四次“治安强化运动”（3 月 30 日至 6 月 15 日） 为了支持太平洋战争，3 月 30 日，日军开始在华北推行第四次“治安强化运动”，为期两个半月，6 月 15 日结束。在日本华北派遣军和兴亚院联络部的指挥下，伪华北政务委员会出面领导这次运动，以伪新民会为实践运动的核心力量，提出的口号是“东亚解放”“剿共自卫”“勤俭增产”，以期把华北广大地区变为日本“大东亚”战争后方基地。其主要目的是：为适应大东亚战争及完成大陆作战计划，“谋得剿共自卫、勤俭增产两大目标”，加强对抗日根据地之“思想战”和“经济战”；配合“蚕食”“扫荡”，以图加固其在占领区的统治并缩小抗日根据地。为应对日军此次“治安强化运动”，4 月 1 日，中共中央北方分局发布《关于反对敌寇第四次“治强强化运动”的指示》，指出敌人第四次“治安强化运动”主要是对抗日根据地进行思想战与经济战，反对敌人的“治安强化运动”是我们目前对敌斗争的中心。我们应该在敌占区人民中进行广泛的宣传和鼓励，为反对敌之经济掠夺与破坏，必须集中一切力量在接敌区与敌进行斗争，切实

---

① 参见周均伦主编《聂荣臻年谱》，人民出版社 1999 年版，第 356 页。

研究接敌区敌我斗争的形势及斗争形式、组织形式问题，加强敌伪军工作，打击伪组织。

彭真对冀中工作的指示（春） 彭真在收到黄敬、刘澜涛关于冀中情况的电文后，对冀中区工作发出指示，指出，现在敌人对我的“蚕食”政策已占优势，但尚有敌人未巩固的地区。凡是不能立足的干部应断然调离。工作必须坚持，方式必须改变，必要时应断然领导群众采取两面政策，对敌人做必要的应付，否则群众会遭受不必要的损失。过分要求群众，就会使群众与我们脱离而使工作塌台。指示还指出，敌人今春虽尚未对冀中大举“扫荡”，但增兵华北对我轮番连续“扫荡”，使冀中区大部地区变为敌占优势地区。在这种情势下，要坚持平原游击战争，必须有以下四个条件：（一）基本群众之自觉积极的支持；（二）广泛巩固的社会各阶层的统一战线；（三）正规的、深入的锄奸工作（以广大群众和统一战线为基础）；（四）普遍开展敌伪工作（包括伪军和伪政权），使敌人不易打我而我易打他。对敌伪奸的政策是一打一拉，又打又拉，打击与争取、瓦解并进。

4月

晋察冀边区行政委员会颁布保护内地外国教会财产的通知（4月1日） 晋察冀边区行政委员会于4月1日颁布《关于保护内地外国教会财产的通知》，指出，根据国民政府颁布之内地外国教会租用土地房屋暂行章程之规定，为条约所许可之外国在内地租用土地房屋，不能绝卖，也不能取得所有权及作收益或营业之用；为扩大统一战线，在巩固团结、尊重信教自由的原则下，外国教堂所租用的土地房屋仍维持其租用权，如果租用的土地房屋无人管理时，应由该教堂的教民推代表主管或由政府暂为代替。

冀东区春季反“扫荡”斗争（4月1日至5月中旬） “治安军”的惨败使日军更加重视冀东地区。日军在冀东集结重兵，构筑封锁线，开挖封锁沟，对冀东抗日游击根据地进行经济封锁，并部署军队，包围“讨伐”，企图消灭八路军大部队。日军在完成部署后，从4月1日起，开始“扫荡”丰（润）玉（田）遵（化）、丰（润）玉（田）宁（河）、迁（西）遵（化）兴（隆）、丰（润）滦（县）迁（安）和迁（安）滦（县）卢（龙）等联合县境。冀东区党委对日伪军即将进行的大“扫荡”，作了充分的思想和战斗准备，在打“治安军”战役刚刚结束后，就于 2 月 27 日发出《为粉碎敌人的春季“扫荡”而斗争的指示》，制定了反“扫荡”的方针，即保存实力，保护根据地，避免与强敌决战，主力转移外线；广泛开展游击战，消耗疲惫敌人。该指示特别强调，不是用消极躲避的方法反“扫荡”，而是积极向敌占区发展，开辟新区。《救国报》也发表社论，号召全区军民不要为打“治安军”的胜利而冲昏头脑。3 月 15 日，晋察冀军区司令员聂荣臻电示冀东军分区：日军要在即将到来的大“扫荡”中，对根据地实行“三光政策”。为此，冀东区党分委再次发出《反“扫荡”准备工作的补充办法的决定》，指出，为减少反“扫荡”中的损失，要广泛组织与发动群众进行坚壁清野，适时疏散、转移，并发扬互助精神；反“扫荡”间隙，组织群众进行春耕，有计划地多种高秆作物，以利转移、战斗；广泛开展伪军工作，向伪军、伪组织发动政治攻势，争取、瓦解伪军；组织游击队、民兵，广泛开展群众性游击战、地雷战，打击小股日伪军，积极破交，监视与袭扰据点和驻守之日伪军；加强锄奸工作，打击日伪军暗探、奸细。冀东军分区司令部于 4 月 14 日发布反“扫荡”作战命令：进驻热河之各主力团，自本月 20 日起举行战役出击，分头破击（北）平热（河）铁路、锦（州）承（德）铁路和各县之间的主要公路，相机攻占车站、据点，迁（安）滦（县）丰（润）、迁（安）滦（县）卢（龙）、丰（润）玉（田）遵（化）三县地方武装，袭击破坏北宁路；迁（西）遵（化）兴（隆）、丰（润）玉（田）遵（化）、蓟（县）宝（坻）三（河）等县地方武装，破坏通喜、通唐公路，粉碎日伪挖沟计划；广泛动员民兵，开展游击战，消耗疲劳日伪军，配合主力作战。

4 月 2 日，冀东军分区政治部主任兼十二团政治委员刘诚光率部护送干部到平西整训，在遵化县境内遭遇日伪军 3000 余人的合围，在甲山战斗中刘诚光及以下指战员 200 多人壮烈殉国。随后，日军再次集中兵力寻找八路军决战。此时，八路军各主力团已转移到外线的热南、滦东地区。日军寻战不成，从 4 月 15 日起，由“分进合击”改为“辗转清剿”。4 月 18 日，日伪军 4000 多人对遵化县南部的鲁家峪抗日游击根据地进行了长达半个月之久的大“扫荡”，冀东军分区设置在这里的卫生处、供给处和修械所、炸弹厂、被服厂均遭到破坏。

为了减轻日军对冀东地区的压力，晋察冀军区于 4 月 12 日发布支援冀东反“扫荡”的命令，命令各分区支援冀东反“扫荡”；冀东第十二军分区（平北）以第十团主力向（北）平古（北口）路北段作宽正面出击，以吸引蓟县、平泉、密云地区的日伪军；冀中第八军分区向津浦路北段作宽正面破击，威胁青（县）、沧（县）各县，以吸引日军第二十七师团主力南移；冀中第十军分区东进纵队，组织精干部队到北宁路天津至北平段炸车；命令吕正操转告津浦路八路军第一一五师部队破击津浦路，配合作战。

自4月21日起，冀东地区各级武装在友邻地区配合下，向日伪军展开大规模战役出击。在热南的八路军各主力团发起热南战役，先后拔除一批日伪军据点，破坏锦（州）承（德）特列和承（德）兴（隆）公路，牵制长城线上压向基本区的日军和伪满军，并乘胜开辟了都山以北、平泉以南地区，使热南的抗日游击根据地与迁（西）遵（化）兴（隆）联合县连成一片。在基本区坚持的各县地方武装，遵照军分区命令，向“扫荡”的日伪军展开游击战。自4月25日至月底共作战20多次，击毙日军100多人，攻克据点两个，炸毁北宁铁路一段、火车4列、桥梁4座，破坏了日伪军挖封锁沟的计划。接着，冀东区开展“红五月”运动，沉重打击“扫荡”之敌。热南战役牵制了长城沿线的日伪军，对基本区反“扫荡”起到重大配合作用，受到朱德总司令、彭德怀副总司令的电报勉励。

5月中旬，为增援对冀中根据地进行“扫荡”作战的部队，日军第二十七师团主力调往津浦线。到6月上旬，日军对冀东地区的“一期作战”结束。这次反“扫荡”作战，由于我军准备充分，采取的方针正确，使日军的阴谋未能得逞。但由于日军集中优势兵力并使用残暴、野蛮手段，抗日群众和地方工作遭受了严重损失，约1000多个村庄由根据地变成日伪军战略区或游击区，鲁家峪、盘山两个根据地遭到严重摧残。

***甲山战斗（4月2日）**　4月2日，冀东军分区政治部主任兼十二团政治委员刘诚光，率领政治部教导连和十二团一个连及警卫班等约300人护送一批政工干部去平西整训，途径迁安县松山峪（今属迁西县）时，发现附近村镇有情况。于是命令部队绕道转移到遵化县境内，分别在范庄、郭家岭、李家窝铺宿营。因叛徒告密，被日伪军重兵包围。3日拂晓，八路军抢占甲山迎战，从凌晨与敌激战到午后，打退了敌人多次冲锋，先后4次组织突围。但因敌众我寡，只有40余人杀出重围。敌人以密集的炮火从山脚下逐层向甲山猛烈攻击，刘诚光率部浴血奋战，伤亡惨重。在弹尽援绝之际，刘诚光等人烧毁文件，砸毁武器，用枪托、石块与敌人展开肉搏。他们有的拉响手榴弹冲入敌群，有的死抱

敌人纵身跳崖……刘诚光等 258 名八路军干部与战士血洒甲山，壮烈殉国。刘诚光牺牲时年仅 27 岁，他为了抗日战争的最后胜利，将满腔热血洒在了英雄的甲山上。

***五里桥、彭桥惨案（4 月 15 日至 19 日）** 3 月底，日本侵略者在冀东推行第四次“治安强化运动”，出动大批日伪军“扫荡”抗日根据地，搜捕抗日军政人员，屠杀基层干部，抓捕青壮年，破坏基层抗日组织，实行惨无人道的杀光、抢光、烧光的“三光政策”，疯狂推行法西斯统治，制造了东门外二郎庙、观水桥、东五里桥、南五里桥等数起骇人听闻的惨案。4 月 12 日，日伪军突然袭击、包围了城南八里的前、后独树村（今属虹桥镇），当场杀害了村武装班长，抓走 13 名村干部和七八十名青壮年。4 月 15 日至 19 日，日军将这些村干部，连同玉田镇北李庄、虹桥镇围里、陈家铺乡马圈、陈家铺乡杨老铺、杨家板桥镇六辛庄等村的基层抗日干部和村民 100 余人，集体屠杀于冀东玉田县城东之五里桥、彭桥两地。当时作为刑场的四五十米长的大沟里堆满了尸体，浸满了鲜血。

***鲁家峪惨案（4 月 16 日至 5 月 1 日）** 鲁家峪位于遵化县城西南的遵化、玉田、丰润三县接壤地带。鲁家峪为一行政村，当时包括东峪、西峪、北峪、龙宝峪、前山屯、鲁家峪大庄 6 个自然村。抗日战争时期，鲁家峪以谷深沟陡、山势险峻的地理优势，成为冀东中部抗日领导中心和兵工厂、卫生部、电台、报社的驻地，也成了侵华日军多次进行重点“围剿”的地区。

1942 年 4 月 16 日，日军二十七步兵旅团长“北部防区”司令员铃木启久，调集了唐山、丰润、玉田、遵化等地的日伪军 4000 余人，对鲁家峪进行了历时半个月之久的空前大搜捕、大屠杀、大抢掠、大烧毁，使鲁家峪又一次遭受巨大的灾难。日军先是包围了鲁家峪大庄和东峪，很快又包围了北峪等村。老百姓在此情况下，均潜伏于附近的山洞和地洞。对作为坚壁物资，隐藏伤病员、群众的所有山洞，日军逐个用射击、烟熏、火烧、灌水、石堵、枪杀、爆破甚至施放毒气等惨无人道的手段进行破坏。日军对被搜出的青年男子进行毒打、火烧、刀砍、枪杀，对青年妇女施行兽欲强奸，有的被轮奸致死，有的被奸后又被剖腹取胎儿，也有 10 余岁的幼女被奸后又被带回据点轮奸。日军还将鲁家峪及其周围的北峪、东峪、芦子峪、阎王峪等山村的房屋全部烧毁。抗日干部王明远、轩静宜及八路军伤病员、群众等 205 人惨遭杀害，财产损失不计其数。

冀东军分区设置在这里的卫生处、供给处和修械所、炸弹厂、被服厂均遭破坏。

*冀东区开展“红五月”出击运动（5月）** 冀东军分区于4月29日发布命令：为纪念“红五月”，给死难烈士、同胞报仇，粉碎日伪军“清剿”计划，号召主力团、游击队积极出击，打击日军，破坏交通。在日军集中力量“扫荡”冀东西部和长城沿线地区时，冀东各级抗日武装，在长城南北广泛出击。从5月10日至月底，先后作战30多次，歼灭日伪军300多人，攻克热河的车河铺、二拨子、熊虎斗、六道河等据点，破坏公路10次，摧毁路基10多公里。

晋察冀边区政府整顿全区合作社（4月开始） 晋察冀边区的合作社在1940年至1941年得到迅猛发展，仅北岳区到1940年底已经有各类合作社4120个，冀中区到1942年五一大“扫荡”前合作社也发展到4037个。数年来，边区合作社在组织群众生产及与敌展开激烈的粮食、物资、市场的争夺战中，发挥了重要的作用，但边区主要是北岳区的合作社在发展中也出现了一些问题，削弱了边区合作事业的战斗力。为此，边区政府于1942年春决定对边区合作社进行一次普遍彻底的清理整顿工作。

1942年4月，边区政府在北岳区召开了著名的合作会议，讨论通过并正式颁发了《晋察冀边区合作社组织条例》（1939年颁发的《边区合作社暂行规程》即行作废），从八个方面对边区原合作社条例进行了重要修订：（一）强调合作社是统一战线的最广大群众的经济组织，必须团结各阶级、阶层最广大群众的力量；（二）强调合作社是集体互助的经济组织；（三）强调合作社必须是社员的权利组织，明确规定社员大会和社员代表会是合作社的最高权力机关，取消“监事会”之类的合作社权力机关；（四）强调合作社是群众自愿参加的组织，入社出社，听其自愿，决不能强迫、限制；（五）合作社的盈利分配必须是以社员为主；（六）合作社的业务要适应战争环境和农村的实际情况，宜于“供应、运销、生产、信用”四项业务综合兼营，最好是一村一社；（七）强调县、区联合社必须以全部精力对村社进行业务指导和调剂，必须以村社为其基本社员，自下而上地建立，以往联合社的私人、团体和政府的股金应退出或转入村社；（八）明确规定村社的领导机关是县、区联合社，专区以上的领导机关是合作社联合会。《晋察冀边区合作社组织条例》的正式颁发，标志着边区合作事业开始走上较为成熟的发展阶段。

边区合作会议还决定由政府、群众团体和合作社三方面组成县、区、村三级“合作社整理委员会”，来领导各级合作社的整理工作。边区政府宣布从 1942 年 5 月 1 日起，边区政府发给各级合作社的原许可证一律作废，只有经过整理，清算了账目，达到了标准的合作社才可重新领取许可证。6 月 25 日，边区政府又发出关于《加强整理合作社的领导》的指示信，进一步指出整理合作社运动要抓住三个重要关键和三项重要工作。三个重要关键是，要使合作社业务真正为群众谋利益；要使合作社真正成为民主的，权利属于社员群众；要以村合作社为合作事业发展的中心和重点。三项重要工作是，清理账目，追回欠款，进行反贪污斗争；允许社员的入社、退社自由，反对强迫命令；民主选举出社员真正拥护的好干部。从此，一场全面整理合作社的运动在边区深入开展起来。

因为冀中区合作社在五一大“扫荡”后大部被敌破坏，所以这次整顿合作社的工作主要是在北岳区进行的，北岳区村一级合作社的整理工作，从 1942 年 6 月开始，到 8 月底结束。各专区的整社工作，由于各级领导重视，广大群众拥护和支持，工作进展顺利，一般到 1942 年秋冬陆续结束，一些游击区、县，分别延续到 1943 年和 1944 年。边区合作社的整顿取得了显著成效：广大干部改进合作社经营作风，普遍提高了合作社在群众中的威信；涌现出一批全心全意为社员服务的模范干部和模范合作社；合作社的种类增多，业务空前活跃，入社人数和股金大幅度增长等。

通过整顿，晋察冀边区合作社得到边区广大群众的真心拥护和支持，有力地保障了边区军民必需品的供给，合作社在开展对敌经济斗争和发展边区经济中，发挥了主力军作用，并成为边区新民主主义经济的有力柱石。

***北岳区召开合作社整理会议（4 月 24 日至 29 日）** 晋察冀边区行政委员会与北岳区合作社联合会于 4 月 24 日召开北岳区合作社整理会议，29 日结束。各专区县政府实业科长参加了会议，各合作社、边委会实业处及各局、北岳区各群众团体，也派代表参加了会议。应晋察冀边区行政委员会主席宋劭文的邀请，冀中军区政治委员程子华参加了会议，并作了《冀中区的合作事业》的报告，介绍了冀中区合作社工作的经验，指出：“4 年来，晋察冀边区行政委员会财政经济政策的正确执行，使边区的经济建设与民生改善，获得很多成绩，今天需要更进一步的建设，更有力地开展对敌对奸商的斗争。”“合作社不是公司商店，应与群众利益密切联系。”合作社的业务，一般分供给、运销、生产、信用四种。“合作社是群众的组织，应有一套民主制度。”“合作社在政府指导之下

进行活动，政府应予以种种便利，多方扶植。”冀中的合作社是从运销、生产救灾中发展起来的，1942年上半年，已有村社4037个，社员2 059 084人，对于支持生产救灾、供应军需和民用以及对敌斗争起了重要作用。会议决定5月至8月把北岳区所有县、区、村各种合作社整理完毕。

冀中参观团赴渤海区参观考察（4月中旬） 4月中旬，冀中党政军领导机关派第八地委书记翟晋阶，第八军分区政治部主任张逊之、作战科长高存信、宣传科长魏泽南等组成参观团，赴津浦路东之渤海地区参观考察。当时中共中央北方局和八路军总部有意将该地区划归冀中领导，故组织了此次参观考察。6月中旬敌“扫荡”该地区时，翟晋阶在盐山县大单庄战斗中不幸牺牲，其他同志于两个月后返回冀中。

冀中文建会召开第三次扩大执委会（4月） 为加强与政府、群众团体的联系，冀中文建会于4月召开第三次扩大执委会，该会决定：（一）确定文建会为各文化团体的联合组织；（二）建议文学、戏剧、美术、音乐等文化工作人员，以及小学教师，组成各种学术研究团体；（三）建议各分区成立剧团性质的文化工作队，其成员可参加文建会，为团体会员；（四）村文化小组各种工作由政府教育部门接收，村剧团由村代表会选举产生的俱乐部接收。

宽城“大检举”惨案（4月） 1942年2月，冀东区党委发布“大破交”动员令。迁（安）青（龙）平（泉）联合县宽城境内各地下党组织、报国会遵照上级指示，组织万余名群众积极开展“大破交”活动，破坏敌主要公路干线，割断抬走敌电线，使敌人的交通运输和通讯联络一度中断。被触怒的日军开始进行疯狂报复，大搞检举屠杀。4月，日伪军在宽城境内进行“大检举”，先后从椅子圈、艾峪口、北大岭等24个村庄抓捕群众422人，其中342人惨遭杀害。

5月

冀中五一反“扫荡”（5月1日至6月20日） 太平洋战争爆发后，日军为把华北变成“大东亚战争的兵站基地”，同时切断晋察冀边区山区根据地粮食和物资的重要来源，便把冀中平原抗日根据地列为“治安强化运动”中进攻的重点和中心区。为此，日军从1942年上半年就开始作充分的准备，在冀中挖封锁沟、修封锁墙、建立据点和碉堡，对冀中各军分区进行轮番“扫荡”和“清剿”，把冀中区主力部队和领导机关压缩在中心区的狭长地带，还对冀东、北岳、冀南等抗日根据地进行大“扫荡”，进一步切断冀中与周围各抗日根据地的联系，完成对冀中抗日根据地的“封锁”和包围。1942年5月1日，日本华北方面军调集4个师团、2个混成旅团及2个联队，共5万余兵力，配以飞机、骑兵和机械化部队，在华北方面军司令官冈村宁次指挥下，向冀中平原抗日根据地进行两个月规模空前的毁灭性大“扫荡”（史称五一大“扫荡”）。

对于日军精心策划的五一大“扫荡”，冀中军区根据3月以来敌人对北岳区、冀南区、冀东区的大规模“扫荡”和其他迹象，已判断敌人大规模“扫荡”冀中即将开始。4月24日，冀中军区司令员吕正操、冀中区党委书记黄敬、军区参谋长沙克、政治部代理主任卓雄、参谋处长张肪等（政治委员程子华在冀西），商定了反“扫荡”方案：（一）精简区党委、行署和军区领导机关；（二）二十七团随领导机关活动；（三）各主力部队（除骑兵团坚持内线反“扫荡”外）突破敌人的包围圈，由内线转到外线去打击敌人，地区队留原地区，分散隐蔽活动，和敌人兜圈子，寻机打击敌人；（四）部队和机关在根据地的中心地区（深、武、饶、安）一带活动，待敌人合围圈即将形成时，再向外线转移；（五）要搞好侦察、通信联络和保密工作。与此同时，区党委和军区向地委、军分区发出了反“扫荡”紧急指示。各地委、军分区遵照区党委和军区的指示，结合本地区的情况，分别进行了传达布置与深入动员工作，进行了空室清野，分散和紧缩机关，减少非战斗人员等各项战斗准备。4月26日发出反“扫荡”的命令，并变更电台密码，破坏了敌人的无线电跟踪。大“扫荡”开始后，冀中军民在腥风血雨中，同仇敌忾，英勇顽强，灵活机智地开展了反“扫荡”斗争。大体分为三个阶段。

5月1日，日军1.5万余人开始第一阶段“扫荡”。日军以第一一〇师团、第二十六师团一部“扫荡”潴龙河以东地区，以独立混成第七旅团一部“扫荡”滹沱河以北地区，以独立混成第九旅团及骑兵第十三联队“扫荡”德石铁路沿线以南地区，尔后，稳扎稳打，增建据点，由边缘向中心区深县、武强、饶阳、安平地区逐步压缩，企图聚歼冀中区党政军领导机关和主力部队。5月7日，冀中区党委和军区发出指示，要求各部队灵活歼敌，避免硬拼，主力部队一部分散于内线坚持，大部转向敌侧后，乘虚袭敌据点和交通线，策应内线部队的反“扫荡”斗争。10日，日军“扫荡”兵力增至2万余人，封锁了环绕冀中中心区的滹沱河、滏阳河、德石路和沧石路，构成所谓“连环阵”。

5月11日，日军转入第二阶段的“扫荡”，对冀中中心区进行分区“清剿”。同日，以7000余人的兵力合围晋县、深泽、安平地区，冀中军区警备第一团第一营在深县南林家铺遭敌合围。12日，日军以1万余人的兵力合围深县、武强、饶阳、安平地区和深（县）束（鹿）边地区。日军的每次合围，配飞机空中侦察和轰炸扫射，地面部队多梯队、多层次、大纵深部署，犹如“拉网”，逐步搜索前进。针对日军的合击手段，冀中军区以主力一部坚持中心区斗争，领导机关和主力大部于13日转至滏阳河以东地区，摆脱了敌之合围。各军分区部队和机关也陆续突出重围。内线部队紧密依靠群众，利用地道同日军展开艰苦卓绝的斗争。

日军在分区“拉网扫荡”未能捕捉到冀中领导机关和主力部队后，即分兵追歼突围滹沱河以北的冀中部队，同时调整部署，继续对冀中中心区“清剿”。这时，冀中区党委和军区误认为“扫荡”之敌撤退，遂令第六、第八、第九军分区部队主力返回中心区。日军发现冀中主力部队回到了中心区，立即以优势兵力实行所谓“压倒战”。23日，第六军分区机关率主力一部，由德石路南返回深县以北地区，被日军合围于献县李三角附近地区，激战整日，毙伤日伪军400余人，于当夜突围；第八军分区机关率主力一部返回中心区河（间）肃（宁）公路以南之西道口遭敌重兵合围，付出了重大代价后突出重围；第九军分区机关率主力一部，由白洋淀地区南下，进至肃宁以西，得悉第八军分区机关遭敌合围，随又返回白洋淀。坚持内线作战的部队，以连、排为单位与民兵、群众相结合，生死与共，依托村落，利用地道战、地雷战、麻雀战等战法，顽强斗争，予敌以大量杀伤。外线部队对敌交通线和据点展开猛烈攻击。第八军分区部队一部袭击赵扶、姚马渡、文安等据点，于津浦路炸毁日军火车2列。回民部队一部一度袭入交河、泊镇。第九军分区部队一部，利用白洋淀之优势伏击日军并袭击安新县城。第十军分区部队一部袭击冬各庄，并一度袭入大城县城。

6月初，日军转入第三阶段“扫荡”，即在中心区进行全面“清剿”。日军控制冀中抗日根据地中心区以后，转入全面“清剿”，到处搜捕坚持分散斗争的党政军民工作人员，破坏抗日政权和群众组织，建立伪政权、伪组织，大力筑据点，修公路，挖封锁沟墙。在此严重局势下，冀中区党委、军区于6月4日决定，一部分地方武装就地分散，配合民兵就地坚持反“清剿”斗争，领导机关与主力部队迅速转向邻区。第十七、第十八、第二十九团冲破突围，于7月初转移至北岳区。6 月 9 日，第二十二团和警备旅第一团转移至深泽以北的宋村时，遭到日军 2000 余人围攻，经 30 余次争夺，歼敌 860 余人，日军“真渤特区”司令官少将坂本吉太郎被击毙，八路军乘夜胜利突围。同日拂晓，第八军分区机关及第三十团一部，在河（间）肃（宁）公路南侧雪村一带遭敌合击，战至午后毙伤日伪军近千人，第八军分区指战员大部伤亡、失散，司令员常德善、政治委员王远音牺牲，余部突围后转移到冀鲁边地区。冀中军区、区党委和行署机关率第二十七团转移到冀南地区。6 月 12 日，在南宫、威县间的掌史村遭敌合围，部队奋力冲杀，歼敌 300 余人后胜利突围。9 月各部队陆续转移到晋察冀抗日根据地北岳区。

与此同时，遵照八路军总部命令，冀南、太行、北岳、平西和山东等地的八路军分别向平汉、正太、津浦等铁路沿线广泛出击，有力地支援了冀中区军民的反“扫荡”斗争。

至 6 月底，日军收缩于主要城镇，五一反“扫荡”基本结束。在历时两个月的反“扫荡”中，冀中军民共作战 272 余次，毙伤日伪军 1.1 万余人，粉碎了日军消灭冀中区领导机关和主力部队的企图。冀中军民反“扫荡”斗争，得到中共中央、中央军委、八路军总部和晋察冀军区的深切关怀与友邻地区的大力支持，但由于敌我力量过于悬殊以及对形势估计不足和对某些战斗指挥的失误，致使冀中抗日根据地遭受了严重损失，根据地起了重大变化。冀中根据地变成了敌占区、游击区、游击根据地和隐蔽根据地四种地区，每个村庄都建立了伪政权。此时，留下坚持斗争之小部队和县、区游击队，不得不化整为零，以班为单位进行隐蔽活动。冀中平原人民抗日斗争进入最艰苦时期。

***莲花池战斗（5 月 11 日）** 5 月 11 日，“扫荡”冀中根据地之日军七八千人，上有飞机，下有坦克，分数路对沧石路南之深（县）束（鹿）地区进行合围。冀中第六分区领导机关一部、警一团 1 个营、第十四地区队和抗三团团部及直属第一大队、第二大队处于敌合围圈内。军分区司令员王长江指挥分区机关及警一团第二营在莲花池英勇奋战，毙伤敌 400 余人，击伤敌机一架，于黄昏突出重围。

***小吕、王村伏击战（5 月 13 日）** 5 月 13 日，冀中第七军分区第二十二团 3 个连、第十七团 1 个连和藁（城）无（极）县大队，由第二十二团团长左叶指挥，在无极县东北之小吕、王村、王先村，伏击日军加岛大队长率领的步骑

兵500余人及伪真定道道尹率领的视察团，经40多分钟激战，击毙伪道尹及日军骑兵中队长，击伤加岛大队长及3名伪县长。此役，共毙伤日伪军官兵200余人。

*__北岳、平西部队广泛出击配合冀中反“扫荡”（5月15日）__　聂荣臻、萧克、唐延杰于5月15日发电报，作出配合冀中反“扫荡”的部署，提出，为有力配合冀中反“扫荡”，吸引深入冀中中心区之敌外转、缩短敌“扫荡”时间，我决以一、三、四、十一各军分区向石家庄至琉璃河段之平汉线展开有力破击。根据此指示，20日至27日，北岳区和平西部队向平汉路西侧地区全面出击，8天共歼敌1200余人，攻克、摧毁碉堡39座，摧毁伪组织21处，毙敌藤田副司令、藤川中队长，俘伪组织人员370余人，平毁封锁沟100余公里。

*__朱德、彭德怀电勉冀中军民（5月17日）__　5月17日，朱德、彭德怀电勉冀中军区吕正操、程子华，嘉奖冀中军民顽强坚持平原游击战争，号召冀中部队渡过艰险路程，争取反“扫荡”全部胜利。同时命令各战略区积极出击，山东部队向津浦路沧县至德州段，晋察冀豫军区向平汉路石家庄以南，进行大规模破袭，钳制敌人。

*__彭德怀电示聂荣臻可从冀中抽调部队加强山区作战（5月18日）__　5月18日，彭德怀等电示聂荣臻：敌人的企图和计划是确保华北，我们必须首先确保晋察冀区，尤其首先确保冀中区。敌人此次“扫荡”冀中区的企图是彻底摧毁和重新建设。为此，我军要长期坚持冀中，坚持华北，改变某些斗争方式，以求减轻这次粉碎“扫荡”的损失。提议从冀中抽调正规军3个团及部分地方军转移至山地，加强山区作战，争取扩大山区根据地，如冀热察边。某些地区的地方斗争方式须立即准备和采用两面政策。在武装斗争方面，亦应采取公开的游击斗争。冀中反“扫荡”战是相当长期的，最严重的是在最后阶段的反“清乡”斗争中，巩固群众与军队的政治情绪，避免过大过早的疲劳与牺牲，准备随时打击敌伪，分散“清剿”，是全战役的重心。

*__北方局、军分会对冀中反“扫荡”的指示（5月20日）__　中共中央北方局、华北军分区于5月20日电示吕正操、程子华、黄敬等：冀中军区的反“扫荡”斗争不是孤立的，而是紧密联系着华北战局。我们已号召全华北各个地区配合你们作战。但粉碎此次“扫荡”的主要责任还在冀中本身。我们号召冀中全体军民，团结在冀中党及八路军周围，发挥最大的顽强性与坚忍性，争取粉

碎敌人大“扫荡”的胜利。

* **杨家庄战斗（5 月 25 日）** 5 月 25 日，冀中第七军分区第四十五地区队，在束晋县杨家庄遭日军千余人合击，当部队转移至杜合庄时，又被敌四面包围，最后各自为战。代政委胡俊生率一部向西北方向突出重围，区队长刘进负重伤被俘，后因失血过多而牺牲。其他人员将枪支坚壁，分散躲过敌人的搜捕。几天后，有 100 余人自动在安平石干村区队卫生所集合，找到坚壁的枪支，又继续战斗。在这次遭敌合击中，十七团一营截击角丘出动之敌，战斗两小时，伤敌 100 余人。

* **白庄战斗（5 月 30 日）** 5 月 30 日，冀中警备旅某营一部、冀中第七军分区第十七团一个连及晋（县）深（泽）（无）极联合县大队，相继转移到深泽县白庄村，拂晓被敌“扫荡”部队千余人包围。发现敌情后，第十七团张子明副营长统一指挥，迅速制定战斗方案，组织群众利用地道隐蔽与转移。部队和当地民兵依托工事和地道，与敌激战一天，接连打退敌人 1000 多兵力连续 5 次冲锋，于夜间胜利突围转移。这次战斗，抗日部队以 20 余人伤亡的代价，毙伤日军晋藤联队长以下 400 余名。冀中反战同盟支部的日本朋友东忠也参加了战斗。

* **冀中区党委、冀中军区发出坚持冀中区工作的指示（5 月 31 日）** 冀中区党委、冀中军区于 5 月 31 日发出《关于坚持冀中区工作的指示》，指出，目前形势之严重，非短时期所能打开，因此我之方针不放弃一切可能与敌斗争外，必须尽一切可能保存力量，以待时机。在敌人“清剿”的基本区，敌兵力较大，一时难望转变，必须适时退守，主动掌握伪组织，以两面政策应付敌人。抗日组织（特别是党的组织）应迅速隐蔽，不能存身的党员、干部、游击小组迅速调出，与县区游击队配合，进行游击活动，愿参军的可入伍。各主力部队，远离敌后空隙地区，进行休整，各分区地方干部迅速转至外线工作。应抓紧敌“扫荡”的空隙，巩固与经营新的地区，创造或大或小的新根据地。八、九分区应特别着重对河（间）大（城）、文（安）新（城）、白洋淀地区的领导。

* **高庄突围战（6 月 1 日）** 6 月 1 日晚，回民支队 1700 余人转战至阜城县东镇，遭敌重围后，连夜将部队隐蔽到千顷洼。因树木稀少无法隐蔽，就将部队分为两部隐蔽在纪庄、高庄村内。2 日拂晓，敌人 300 多辆运兵车，封锁了阜（城）景（县）公路西去的道路。天亮后，敌人的搜索部队包抄过来，首先与一

大队三中队接火，回民支队全队开始突围，敌人很快在离纪庄设立了三道封锁线，数百名日伪军以密集的火力封锁了向西突围的道路。驻高庄的二、三大队，在司令员马本斋的指挥下，分两路突围，但受到西北沙岗、高家坟等几个制高点的敌人火力的阻击，部队伤亡很大。后又组织了第二次冲锋，摧毁了敌人的机枪阵地，控制了制高点，为大部队突围扫清了道路。这次战斗共毙伤日伪军300余人。

***雪村战斗（6月8日）**　6月8日，冀中第八军分区司令员常德善、政治委员王远音率领第三十团、第二十三团第二营和军分区机关一部，于拂晓转移至河间肃宁公路以南之雪村（肃宁县属），遇河间、肃宁、献县、饶阳等多路敌人合击。在向北突围时，常德善被敌机枪击中头部，当即壮烈牺牲，王远音因腿部负伤，行动困难，用手枪自戕殉国。在激战中，第三十团团长肖志国、政治委员汪威壮烈牺牲。机关和部队伤亡惨重。

***马阜才战斗（6月9日）**　6月9日拂晓，定县、安国、深泽、无极等据点之敌5000余人，分路合击沙河岸之东西城、赵庄、马阜才、大定一带，冀中第七军分区和第九军分区机关各一部及第十七团（欠1个营）、第十八团（全部）、第二十二团两个连，被合击于此。第七军分区机关及第十七团、第二十二团经激战后突出重围。第十八团由于指挥员犹豫不决，突围失败，部队失去控制，伤亡惨重，团政治委员钟洲、政治处主任赵士元牺牲。第九军分区政治部主任袁心纯、第十八团副团长焦玉礼被俘，袁心纯被俘后大骂敌人，绝食5日，壮烈牺牲。

***宋家庄防御战（6月9日）**　6月9日，“扫荡”冀中之敌坂本支队300余人，合围深泽县宋家庄。驻军第二十二团两个连、警备旅第一团一部及第四十地区队共800余人，在县游击队和民兵的配合下，由第二十二团团长左叶统一指挥，据守村落英勇奋战，敌坂本支队长被击毙。当日下午1时至5时，敌从安国、定县、无极、深泽、安平陆续增援到1800余人、火炮4门、重机枪7挺、轻机枪80余挺、掷弹筒40余具，并施放烈性毒瓦斯，发起猛烈围攻。抗日军队沉着应战，血战16小时，击退敌38次冲锋。至深夜，军队分两路胜利突围。这次战斗，共毙伤日军官兵900余人、伪军300余人。

***聂荣臻就冀中各项工作指示致电冀中区党委（6月10日）**　聂荣臻于6月10日致电冀中区党委：（一）冀中是华北主要产棉区，是敌人企图确保华北的中

心一环，为达到确保目的，并迅速利用资源，首先占领冀中对敌人是比较有利的。（二）敌对冀中我军实力、地方工作都有相当高的估计，在这一次“扫荡”中用兵较多，并成立特别区行政公署管辖冀中22个县的据点，而目前敌对我主力及后方机关合击歼灭计划基本上并未成功，因此“扫荡”决非短期内所能结束的，“清剿”期可能延长，敌人会在“清剿”期中继续对我主力及司令机关进行合击。（三）敌之“扫荡”在冀中西部与中心地区，这是冀中主要产棉区，冀中西部同时是要分割山地与冀中平原的外翼地区，形势虽会较前严重，但比中心区略好。整个冀中地区的严重性今后都将继续发展，但西部与中心地区尤为严重，因此我们对中心区与外翼地区在方针、斗争形式、组织形式上亦必有所不同。冀中中心地区长期巩固，群众太平观念较深，未经过残酷斗争锻炼，此次环境骤变，群众情绪可能有一时的消沉，各种群众组织可能短时期内发生混乱，妥协资敌现象可能普遍发生，在工作上必然会遭遇许多新的困难。外翼地区工作虽较薄弱，但因敌之注意较差，群众有残酷斗争锻炼，往往可以成为坚持冀中游击战争的新的据点，并依靠此地区以恢复中心区。（四）对冀中的敌我力量要有足够的估计。“敌人无法克服兵力不足与分散的弱点”，战斗力会不断减弱。5年来我们有坚持冀中游击战争的丰富经验，因此坚持冀中是可能的。（五）这次反“扫荡”损失巨大，要设法安定群众情绪。（六）今后要坚持平原的、分散的、小块的游击战争，这是冀中游击战争的新的特点。（七）冀中区领导机关可暂转入平汉路西，留一个精干的前方指挥部。

*　**掌史战斗（6月12日）**　6月12日，吕正操、黄敬、徐达本、沙克、卓雄、张学思率领冀中党政军领导机关及第二十七团（2个营）转移至冀南区南宫、威县之间的掌史村，被敌1300多人包围。抗日部队依据临时构筑的工事，与敌血战竟日，于夜间胜利突围。这次战斗，共毙伤敌300多人。这一胜利，受到中共中央军委的电令嘉奖，被誉为“平原游击战坚持村落防御战的范例”。战后，冀中党政军领导机关及二十七团转移至冀鲁豫的范县一带，休整1个多月。在冀鲁豫受到杨得志司令员、苏振华政治委员和党政军机关的热情接待。

*　**北阳堡战斗（6月18日）**　6月18日，冀中第六军分区司令员王长江、政治委员旷伏兆率警备旅机关和警二团向冀鲁豫地区转移，行至冀南馆陶县北阳堡村，遭日军一个联队包围。北阳堡是一个有三四百户人家的村庄，四周修筑了6尺多高的土围墙，村中大都是低矮的土坯平顶房屋。冀中部队领导经过

商议，决定依据村落坚守，待天黑突围。期间，敌数次进攻均被击退，接着敌又从馆陶、邯郸调来援兵，兵力达5000余人，继续向村里猛扑，但均以失败告终。天黑后，抗日部队乘夜色突出重围，顺利转移。此役毙日军联队长1名、大队长1名，伤大队长1名，共毙伤敌380余人。7月上旬，部队到达冀鲁豫军区范县一带，与吕正操、黄敬所率之冀中领导机关会合。

***边家铺战斗（6月24日）** 6月24日，冀中第十军分区司令员周彪、政治委员帅荣率分区机关和二十九团驻任丘县边家铺和芦庄，日军1个大队于上午进攻芦庄的二十九团，二十九团奋起抗击，击退敌人多次冲锋。日军另一支剔抉队80余人则向驻边家铺的分区机关进攻，展开激战。当敌组织突击尚未就绪之际，军分区参谋长刘秉彦抓住有利时机，命两个连立即反突击，将敌全歼，俘日军中队长伊豆文雄。进攻芦庄之敌被迫撤退。

***东圈子战斗（6月）** 6月，冀中第八分区第二十三团大部由团政委姚国民、副团长赵振亚率领奉命向渤海地区转移，经50多公里的夜行军，越过运河、津浦铁路，天亮到达盐山县东圈子村时，遭天津、德州、盐山等地的1000多名日伪军围攻，二十三团依据有利阵地固守，前后打退敌人8次冲锋。敌人施放毒气，二十三团随即撤到村内，同敌人展开巷战，逐房逐院英勇抵抗，坚持到天黑，敌纵火烧房，二十三团英勇冲出重围。激战整日，杀伤敌五六百人。副团长赵振亚、政治处主任孟庆武、一营副营长戴敬武等壮烈牺牲。战后，二十三团一营经过艰苦行军，到达海边，从浪沦子乘渤海支队的大木船到达八大祖爷庙一带，与先期到达的八分区参谋长李弗畏、政治部主任张逊之会合。

《晋察冀画报》社成立（5月1日） 《晋察冀画报》最初的设想源于1939年沙飞和罗光达在军区驻地平山县蛟潭庄举办的边区摄影展，后在聂荣臻的支持下，晋察冀军区新闻摄影科开始了紧张的筹备工作。沙飞和罗光达作了明确分工，沙飞负责筹建编辑部和领导全区的摄影工作，罗光达负责印刷厂的筹建，解决设备和技术人员问题。1940年冬，日军为报百团大战之仇，调集数万兵力向晋察冀边区进行残酷的报复“扫荡”，摄影科随军区从唐县转移到平山，画报筹建工作不得不停止，到1941年1月底才重新开始。1941年5月，晋察冀军区政治部主任朱良才召集沙飞、罗光达、裴植、赵烈等开会，正式成立画报筹备组。军区印刷所划归筹备组，沙飞全面负责，裴植担任党支部书记，集中全力筹办画报。在上级的关心和支持下，画报筹备工作紧锣密鼓地进行。1942年1

月，聂荣臻、朱良才、潘自力召集沙飞、章文龙等在平山陈家院军区司令部开会，具体研究画报的编辑方针、任务和创刊号的编辑计划。聂荣臻明确了编辑方针和任务，他指出，应该把边区抗日军民的英勇斗争、光辉事迹反映出来，以鼓舞人民更勇敢地斗争，画报不仅要面向边区，面向群众，而且要面向全国，面向全世界。根据聂荣臻的指示，筹备组加大创刊号编辑工作力度，选调优秀作品。经过紧张的筹备，5 月 1 日，《晋察冀画报》社在平山县支角沟村正式成立。军区政治部任命沙飞为主任（社长），罗光达为副主任（副社长），赵烈任政治指导员。下设编校、出版、印刷、总务 4 股，出版、印刷股下又分制版、石印、铅印、排字、装订、刻字、铸字、缮写等组。沙飞兼任编校股股长，章文龙、赵启贤、唐炎等为编辑、摄影记者，裴植、李遇寅分别任总务股正、副股长，张一川任印刷股股长，杨瑞生、康健分别任制版组正、副组长，彭启亮任铅印组组长，侯培元任排字组组长，吴云吉任装订组组长，徐复森负责刻字铸字，何重生担任制版、印刷总技师，全社共 100 余人。《晋察冀画报》社的主要任务是编辑出版《晋察冀画报》，还承担《子弟兵报》、战士教育材料和军区文件、宣传品的印制任务。画报社成立后，军区摄影科、军区印刷所、画报筹备组撤销。为了安全生产，画报社由支角沟迁往更隐蔽的碾盘沟。7 月 1 日，《晋察冀画报》创刊号面世。经过两年的紧张筹备，《晋察冀画报》在抗战烈火中诞生。在艰苦的抗战岁月里，画报社克服各种困难，利用战斗的空隙印刷出版《晋察冀画报》，推动了边区文化艺术工作的进一步开展，为整个边区新闻摄影工作树立了榜样，激发了边区人民的斗争士气。1945 年 8 月，画报社从阜平坊里、洞子沟出发到了张家口。

***《晋察冀画报时事专刊》出版（3 月 20 日）**　为了及时配合形势宣传，同时也为了试版，晋察冀军区政治部决定先出时事专刊。《晋察冀画报时事专刊》于 3 月 20 日出版，专刊选用了“志愿义务兵役制的伟大胜利”“宣传大出击——太平洋战争爆发后的对敌政治攻势”“在政治攻势下”（表现日军投诚、伪军反正、敌占区同胞投奔解放区等内容）、“国际朋友班威廉夫妇来边区”“在华日人反战同盟支部最近活动”“狼牙山五壮士的故事”等 6 组新闻照片，作者是沙飞、张进学、李鸿年、叶昌林、夏风等。《晋察冀画报时事专刊》出版后，引起晋察冀各方重视，其在延安和其他解放区也受到赞扬。3 月 28 日，《晋察冀日报》发表文章，称赞这是给边区文化建设开辟了新纪录，增强了边区军民的胜利信心

与斗争勇气。5月23日，延安《解放日报》报道说，晋察冀军区政治部于3月间出版的《晋察冀画报时事专刊》是“自力更生的模范，晋察冀边区的光荣”。

***《晋察冀画报》创刊（7月1日）** 7月1日，《晋察冀画报》创刊号出版。晋察冀军区为此召开了隆重的庆祝大会，军区政治部朱良才主任、潘自力部长参加庆祝会并讲话。他们传达了聂荣臻对画报社的表扬，边区政府给画报社颁发了奖旗、奖状。在联欢晚会上，画报社全体同志纵情歌唱由章文龙作词、赵烈作曲的《晋察冀画报社社歌》。《晋察冀画报》创刊号，封面是彩色套版八路军向长城外进军的雄姿，内页有毛主席、朱总等领导的照片，以及聂荣臻等领导的题词。聂荣臻为创刊号题词：“五年抗战，晋察冀的人们究竟做了些什么？一切活生生的事实，都显露在这小小的画刊里。它告诉了全国同胞：他们在敌后是如何地英勇地保卫着自己的祖国，同时也告诉了全世界的正义人士，他们在东方在如何艰难困苦中抵抗着日本强盗!”创刊号刊登各类照片150多张，内容包括平型关、百团大战等战役，子弟兵生活、群众参军支前、边区建设、妇女参政、优待俘虏、文化教育等各方面边区生活的照片，还有国际友人白求恩、林迈可、柯棣华的照片。7月7日，《晋察冀画报》印刷的1000本全部装订完成，以向抗战五周年纪念日献礼。画报出版后，通过各种渠道送往党中央、八路军总部、大后方重庆等地，并发往国外，分送边区党政军民各单位及临近抗日根据地。同时，还由晋察冀边区新华书店、延安新华书店等公开发行。《晋察冀画报》的出版发行，对坚持抗日战争取得最后胜利起到了重要作用。

晋察冀边区政府颁布实行统一累进税的方针政策（5月2日） 统一累进税是一种先进合理的税收制度。实行统一累进税是中国共产党的一贯主张。1940年8月，中共中央北方分局在边区民主大选的高潮中制定颁布的《晋察冀边区目前施政纲领》正式宣布了边区“实行有免征点和累进最高率的统一累进税”，以粮、秣、钱三种形式缴纳。1942年5月2日，晋察冀边区行政委员会明令颁布《晋察冀边区统一累进税税则》（共8章37条）、《晋察冀边区统一累进税税则实施细则》《统一累进税审查委员会章程》《统一累进税纳税分数评议章程》，采取了奖励发展工商业和农牧副业等生产事业的政策，规定免征私人工商业资产税，免征家庭副业、私人畜养业和合股集资的合作事业的资产税与所得税；还规定农民兴修水利免征资产税，新开荒地不征税，旱地变水田、改良土壤、精耕细作增产不增税等。这不仅激发了边区广大农民开垦荒地、兴修水利、增加投入、提高农业产量的积极性，促进了边区农业生产的迅速发展，而且大大促进了边区私人工商业、家庭副业以及合股集资的合作事业的发展，并刺激地主、富农把多余的资金转移到发展工商业和家庭副业上来，有力地活跃了边区经济。

晋察冀边区举办第三届艺术节（5 月 4 日） 晋察冀边区第三届艺术节于 5 月 4 日在军区机关驻地举办，边区文艺界和边区军民万余人参加了庆祝大会，聂荣臻出席大会并讲话。西战团演出了大型话剧《李秀成之死》（阳翰笙编剧，凌风导演，主要演员有王黎、林韦等）。本届艺术节举办时，正值边区文艺界已开始整风运动，因此，大会发出号召："在这次艺术节以后，我们要以更大的力量来检查自己，整顿我们的'三风'，加强我们的学习、研究和批评。"在这届艺术节的《宣传要点》中，也强调要肃清"艺术工作中的主观主义、党八股"，"必须认识公式化的作品在宣传中是不能起它应有的作用的"。根据当时局势的发展，《宣传要点》还特别强调，"要深深记住太平洋战争爆发后我们的统一战线的基础"，应"竭尽我们所有的智慧发动对敌的宣传，用我们艺术的力量，瓦解敌伪，争取沦陷区人民"。《宣传要点》最后号召边区所有艺术组织、艺术工作者，"应全力地、多面地、积极地准备我们新的战斗"。

北方局、华北军分会发出反对敌人"蚕食"政策的指示（5 月 4 日） 中共中央北方局、华北军分会于 5 月 4 日发出《关于反对敌人"蚕食"政策的指示》，指出，在敌"治安强化运动"的各个环节中，"蚕食"政策是对抗日根据地危害最大的一环，也是目前敌人向我华北各抗日根据地进攻的一个主要手段。敌在"蚕食"的初期，对根据地采取的是政治、经济、思想文化多方面的大量的秘密渗透工作，派遣特务、奸细到根据地内侦察情报，制造谣言，挑拨离间，蛊惑民心，收买汉奸、叛徒和地痞、流氓，瓦解抗日的各种基层组织等。因其是缓慢的、零碎的、秘密的、隐蔽的，震荡较小，根据地军民往往对其较为轻视。而其秘密渗透一旦得逞，便立即采取军事突袭和"扫荡"的办法，逼退八路军主力和党政军领导机关，摧毁各种抗日组织而代之以各种伪组织，使抗日根据地变为游击区、敌占区。因此，反敌"蚕食"政策是粉碎敌"治安强化运动"的中心环节，应当引起华北全党全军的高度重视和一致行动。反"蚕食"政策的基本方针，应该是积极制止敌占区的继续扩大，组织我们全面的力量，彻底粉碎敌人对我们的"蚕食"政策，正确灵活地掌握武装斗争与政治斗争，使武装斗争与政治斗争密切联系起来。该指示要求主力部队以 1/3 至 1/2 的兵力，分散到各县活动，同地方党委密切联系，帮助地方武装和民兵，开展游击战争。晋察冀军区收到此指示后，于15日转发各军分区，要求主力部队经常以1/3至1/2的兵力分散活动，深入敌之侧后，配合地方游击队打击敌之“蚕食”进攻。

北岳区党委发出目前对敌斗争的指示（5月19日） 北岳区党委于5月19日发出《关于目前对敌斗争的指示》，提出：“强化接敌区的工作，与敌人争夺沟外地区，粉碎敌人建立二道封锁的阴谋。”要求在接敌区除了深入党的工作与坚持武装斗争以外，必须尽力保护群众利益，减轻人民痛苦，使之少受敌人的掠夺摧残；加强伪军伪组织工作；加强统一战线，特别是上层统一战线工作；转变接敌区的斗争形式和组织形式；建立抗日的两面政权，建立秘密的游击根据地。

北疃惨案（5月27日） 北疃村是定南县的中心地带，县领导机关经常在这里驻防。北疃村在地道战方面作过精心准备，从村的西南角和东北角之间建有干线地道，还有与之相通的支线地道以及连户地道、连户洞和连村地道。5月27日凌晨，“扫荡”冀中之敌500多人，由定县县城出发，向北疃村方向大举合击。北疃附近的南疃、东西赵庄、东西城村及马福村等10余村庄的村民，见敌来势凶猛，纷纷来到北疃，进入地道隐蔽。第七军分区定南县游击大队与敌激战6小时，予敌以重大杀伤，后由于力量过于悬殊，游击队及民兵准备进入地道，凭借地道，与敌继续坚持战斗。日军攻入北疃村后，对地道内释放毒气。洞内的老人、妇女、小孩窒息而死，走出地道的幸存者惨遭日军的屠杀或火烧。27日至28日，日军盘踞北疃两天一夜，除对军民大肆屠杀、放毒、抓捕外，对妇女更是横加奸污蹂躏，被奸污的妇女有一百七八十人，被奸污致死者有6人。

此次惨案中，军民被毒死、杀死224人，死绝23户。临近的李亲顾村，100多人被杀，3户被杀绝。据后来调查统计，连同附近村庄军民，中毒者达3000余人，死难者至少800多人。死于深洞、井内，埋于深壕，以及被抓失踪者，更无法精确统计。民房被烧毁36间，其他财物更是损失殆尽。北疃惨案，是日本侵略者使用毒气武器大量屠杀中国军民的案例之一，完全暴露了日本侵华战争的疯狂性、野蛮性和反人类的灭绝性。

聂荣臻、萧克和朱良才发布取消等级制度的命令（5月30日） 5月30日，聂荣臻同萧克、朱良才发布取消等级制度的命令：“因我军过去有长期的斗争历史，在今天又是长期处于分散游击战争之环境，过去既无等级制度之习惯，实行等级中又无深刻长久之教育，致实行等级制度时，有许多不便，兼之意见尚未完全一致，因此，1942 年 2 月 5 日编字第二号命令所颁布试行之等级制度，与 2 月 2 日编字第一号令有关等级命令着即取消，至于待遇之马匹、津贴等，仍照本年 2 月 5 日编字第二号命令原则执行。”

北岳区摧垮盂县汉奸组织红枪会（5 月）　5 月，北岳第二分区第十九团、第三十四团在分区政委赵尔陆的统一指挥下，一举摧垮不断捕杀抗日干部战士，破坏抗日工作，在盂县东北部一、二、三区 40 余村拥有万余名会员的盂县汉奸组织红枪会。从 22 日开始的 1 周内，先后击毙其首领李铁柱及骨干分子 100 余人，摧垮了全部村庄的红枪会组织，收缴了全部凶器。之后，又与地方干部 200 余人及军区抗敌剧社、二分区七月剧社、当地区小队、民兵共 1000 余人组成工作团，分赴各村召开群众大会，揭露红枪会愚弄群众的骗局和破坏抗日的汉奸本质，从而教育了广大群众和红枪会会员，肃清了残余的顽固分子，迅速恢复了各村的抗日政权和群众组织。

6 月

王厂沟会议（6 月上旬）　日伪军在第四次“治安强化运动”期间，重点摧毁遵化县鲁家峪、丰润县腰带山等抗日游击根据地，冀东抗日游击根据地被迫北移到以长城为轴线的热南和唐山北部山区。但是，北部受关东军、伪满军，南部受华北日伪军的两面夹击，形势更加严峻，斗争更加复杂和残酷。为此，中共冀东地委于 6 月上旬在热南根据地青龙县王厂沟召开会议。会议由李运昌主持。会议总结了反第四次“治安强化运动”的经验教训，讨论春季反“扫荡”以来基本区的形势。会议根据中共中央北方分局和晋察冀军区关于“扫荡前原有根据地应进一步深入巩固，为敌控制的地区应力图恢复”的指示，决定立即发动青纱帐战役，以恢复被日伪军“蚕食”的基本区。会议还决定，转移到热南的地方干部一律返回原工作地区，组织游击队、民兵，继续开展抗日游击战，配合主力作战，恢复地方工作，夺回被“蚕食”的地区。会后，军分区召开 3000 多人参加的追悼会，悼念军分区副司令员包森、政治部主任刘诚光等为抗日而牺牲的烈士。会上李运昌作了《用实际行动为死难烈士复仇，立即举行青纱帐复仇战役》的动员报告。由于这次战役是以“打日军为主，为死难烈士、同胞复仇”为动员口号，所以又称“青纱帐复仇战役”。

冀东青纱帐复仇战役（6月15日至7月底） 根据中共冀东地委6月上旬的王厂沟会议精神，冀东军分区司令部于6月10日发布了进行青纱帐复仇战役的作战命令：八路军第十二团两个营负责恢复迁（安）滦（县）丰（润）地区，第十三团两个营恢复丰（润）玉（田）遵（化）地区，两部主力会合后，南下恢复丰（润）玉（田）宁（河）地区；第十三团另一个营在冀东西部地区，第十二团另一个营在遵化东北部地区；迁（安）滦（县）丰（润）基干队一个大队出击滦河东，另一个大队出击北宁路以南地区，配合策应主力在中心区之作战；其余各县基干队，分别在各地袭击据点，破坏交通，配合作战。

从6月15日至30日实施战役第一阶段作战计划。经过充分准备，各路部队由热南地区跨过长城，返回基本区，开始向日伪军作战。6月26日，第十二团在滦县、迁安县边界的骆各庄首战告捷后，第十三团、第十二团先后取得了马兰峪歼灭战、甘河草伏击战、赵店子伏击战等胜利。同时，各县、区游击队及民兵也频频出击，给日伪军以沉重打击，特别是迁（安）滦（县）卢（龙）联合县的抗日武装在陈家沟伏击日军汽车队，受到了冀东军分区的嘉奖。随着战役的发展，各县、区地方干部先后进入被“蚕食”地区，宣传、发动群众，提出“敌人把好人变成坏人，我们要把坏人变成好人”的口号，向伪军、伪组织展开强大的政治攻势，瓦解、摧毁了“反共自卫团”“反共救国会”等伪组织，开展了锄奸、反特、反奸细斗争。随着斗争的深入发展，我军整理基层党政组织，恢复各种群众抗日团体，变“蚕食”区为游击区、根据地。7月底，复仇战役胜利结束。此役共作战50余次，歼灭日伪军1600多人，毙伤俘“治安军”团长、伪县长以下伪军官兵975人，缴获重机枪3挺、轻机枪2挺、掷弹筒9具、长短枪597支及大批其他军用物资。战役中攻克、逼退据点10余个，破坏交通10余次，平毁壕沟10余公里。被敌“蚕食”的地区，除玉田、蓟县南部和迁（安）滦（县）丰（润）第一区以外，全部恢复，并开辟滦河以东、北宁路以南地区，创造了进一步发展的前进阵地。青纱帐复仇战役获得重大胜利，受到晋察冀军区通报表扬，聂荣臻同萧克于8月12日致电冀东部队，称赞冀东根据地军民：“更加锻炼得坚强了”，更加表现出“冀东子弟兵的优良模范，发扬了党军的光荣传统”。“这种英勇善战机动顽强的战斗作风与精神，实足以寒敌伪贼胆，我们除深为嘉慰外，正向全军全国宣扬你们的军威。”同日，《晋察冀日报》以特讯形式报道此次我军胜利之战役。

***甘河草伏击战（7 月 15 日、16 日）** 7 月 15 日，驻迁安县沙河驿日军 180 多人和“治安军”200 多人押送给养车队开往滦县上五岭。曾克林率第十二团第一、二营和游击队在甘河草设伏，因为游击队开火过早，日伪军撤退，只重伤“治安军”第五集团司令刘化南。曾克林根据侦察判断日伪军以为八路军已经转移，第二天再来时一定疏于戒备，就仍在原地设伏。7 月 16 日，日伪军果然又来，八路军重点攻击日军，全歼日军 180 多人，毙伤俘伪军 200 多人，血洗潘家峪的刽子手佐佐木二郎也被击毙。甘河草伏击战是冀东部队在复仇战役中打得最漂亮的一次战斗，第十二团从此更是声威大震，远近闻名。

***陈家沟伏击战（7 月 16 日）** 在冀东青纱帐复仇战役中，各县、区游击队、民兵频频出击，给日伪军以沉重打击。7 月 16 日，迁（安）滦（县）卢（龙）联合县第一区武装报国队大队长张小川和区游击队队长李恩良率领 13 名报国队队员在陈家沟伏击日军汽车队，仅 15 分钟即打死日军 20 多名，缴获轻机枪 2 挺、长短枪 20 多支，毁坏汽车 1 辆。此次伏击战受到冀东军分区嘉奖，李运昌不仅接见了全体队员，而且将这支武装命名为“小川部队”。

平北地委与军政委员会召开联席会议（6 月中旬） 中共平北地委与军政委员会于 6 月中旬召开联席会议，讨论了平北的形势，会议确定平北工作的总方针是坚持与巩固现有的地区，深入各方面的工作，隐蔽地向敌占区发展。抓紧青纱帐的有利季节，党政军民密切配合，向敌人全面反击，竭力扭转前一个时期所形成的严重退缩的局势。会议决定第十团主要负责干部参加丰（润）滦（县）和昌（平）延（庆）县委，第四十团主要领导干部参加龙（关）崇（礼）赤（城）和龙（关）延（庆）怀（来）联合县委，区委书记兼任区游击队的指导员。

晋察冀边区自然科学界协会成立（6 月 17 日至 23 日） 提高科学技术，创造新的生产方法，是发展生产的最积极和最有效的途径。为了繁荣边区的科学技术事业，分局、军区和边区政府在敌后极其困难的环境下，采取了若干重要奖励政策和管理措施。经过边区文化界著名人士成仿吾的倡议和筹备，6 月 17 日至 23 日，晋察冀边区召开首次自然科学研究会，正式成立了晋察冀边区自然科学界协会（简称“边区科协”）。边区的工农矿业及军事工业、医学界各种科学家与技术人员和各界代表，还有物理学家班威廉、燕大原教授林迈可、印度医学家柯棣华、奥地利医学家傅莱等国际友人，共百余人参加了会议。军区副司令员萧克、边委会主任宋劭文到会祝贺并作重要讲话。会议总结了工作，交流了经验，通过了边区科协《简章》和《工作纲领》，选举班威廉、陈凤桐、张珍、傅莱、王士光、张芳、刘再生、胡仁奎、姜希贤、柯棣华、林迈可、江一真、李彪辰、殷希彭、张苏、祖德铭等人组成边区科协理事会，选出陈凤桐、刘再生等5人为常务理事。会议还决定理事会下设电学会、工学会、农学会、医学会等学会组织，各学会分设专业组，如工学会设有机械、化学、土木、采冶、纺织等5个组。边区科协的建立，加强了对边区科技人员和科技工作的统一组织和领导。

北岳区党委召开首次宣教干部扩大会议（6月20日至28日） 日伪军的残酷“扫荡”和破坏，给晋察冀边区的文化教育事业造成很大的损失和困难。但是，在分局、军区和边区政府领导下，边区文化教育迅速得到恢复、整顿和改革，文化教育机构在数量上虽然缩减了，但质量大大提高，形成了战时敌后抗日根据地特有的新民主主义的文化教育结构。6月20日，北岳区党委召开第一次宣传教育干部扩大会议，28日结束。会议着重讨论整风、干部教育、对敌政治攻势和加强宣传教育领导等问题。

冀中区党委、军区发出青纱帐期间工作指示（6月21日） 冀中区党委、冀中军区于6月21日发出了《关于青纱帐时期工作指示》，要求冀中各级党组织和部队，根据五一大“扫荡”以来的新环境，继续向外转移，“迅速完成公开干部与正规军之转移与撤退；……迅速克服思想上政治上组织上的混乱现象，完成斗争形式与组织形式的转变……斗争形式是短小精干的非法组织与公开半公开合法组织，互相连接、互相配合”。强调要普遍实行革命的两面政策，要普遍发展秘密地洞。《关于青纱帐时期工作指示》还对武装斗争、政民工作、党的工作、统一战线工作、公安工作等提出了具体要求。

聂荣臻同萧克、程子华发布转移冀中主力及准备北岳区反“扫荡”的命令（6月28日） 聂荣臻同萧克、程子华于6月28日发布晋察冀军区转移冀中主力及准备北岳区反“扫荡”的命令，指出：“目前敌正在冀中区进行疯狂的‘清剿’与合击。为保存主力，等待时机，特将冀中军区第七、九、十军分区之主力转移至北岳区……冀中部队不适于山地作战，因之，该部队活动力求在平原地区，如敌‘扫荡’开始，力求深入平原地区活动。该部队在平时即注意熟悉（平汉路以西）平原区敌情、地形、居民、地方工作等情形；但要估计到‘扫荡’时在平原活动，可能受到限制。因此，指挥者必须有给他们在山地活动的预定部署。在整训时须注意山地作战的锻炼，并熟悉在预定活动的山地的地形民情等。”[①] 但由于对敌人“扫荡”的残酷性估计不足，准备不够，这次冀中反“扫荡”受到严重损失。

平北地委下达展开反敌诱降阴谋的通知（6 月 29 日） 中共平北地委于 6 月 29 日下达展开反敌诱降阴谋的通知，指出日伪军利用特务、叛徒以及各种社会关系，对抗日军民进行“诱降”“逼降”“劝降”活动，伴之以造谣中伤与镇压，以达到所谓“民匪分离”的目的。通知提出的基本原则是：（一）在政治上尖锐揭露“说降客”；（二）对首要的“说降客”予以断然处理；（三）对胁从分子积极予以争取。平北各根据地根据地委指示，立即开展了反诱降锄奸工作。在延庆，共发现敌特 174 人，绝大多数被处决，从而沉重打击了日伪诱降阴谋。

中央军委给冀中第三纵队发来勉励信（夏） 夏，中央军委给冀中第三纵队发来勉励信，赞扬冀中部队在五一反“扫荡”中的英勇事迹，指出：“我三纵队在冀中平原，在吕、程[②]同志领导下，坚决执行了党中央和军委、前总和军区的一切指示，密切联系着广大群众，灵活采用许多新的斗争形式，给日寇以重创，获得伟大的胜利，艰难转战，整整五年。在光荣的祖国战争中，我三纵队指战员的英勇和牺牲，在华北以至全中国人民心坎中铭下了不可磨灭的史迹。”[③]

7 月

聂荣臻发表《祭左权同志》（7 月 3 日） 1942 年 5 月 25 日，八路军副总参谋长左权在日军对太行抗日根据地发动大“扫荡”时，指挥部队掩护中共中央北方局和八路军总部等机关突围转移，不幸牺牲，年仅 37 岁，各界抗日民众深感悲痛。7 月 3 日，聂荣臻在《晋察冀日报》发表《祭左权同志》纪念文章。在回忆了与左权共同经历的中央苏区第五次反“围剿”、长征、抗战的共事过程后，聂荣臻说：“我又想起你受过中外长期的军事教育，经历对内对外的丰富战场生活，你不仅是我军的优秀将领，而且是全中国不可多得的军事人才。你没

① 周均伦主编：《聂荣臻年谱》，人民出版社 1999 年版，第 364 页。

② 即吕正操、程子华。

③ 晋察冀边区革命史编纂委员会编：《晋察冀边区革命史编年》，河北人民出版社 2007 年版，第 528 页。

有疲倦，你没有虚荣，你没有个人打算，你更没有要求请假去休养，亦没有借口要到哪里去学习。你是我们军中的模范军人，尤其是我们军中参谋工作者的永远的好榜样。……太行山、五台山上千千万万的战友一致高呼着：左权同志精神不死！”① 7月7日，晋察冀边区党政军民5000余人，举行了追悼左权和抗日阵亡烈士大会。

北方分局发出五一反“扫荡”后对冀中工作的指示（7月4日、5日） 中共中央北方局于7月4日发出《对目前冀中工作的指示》，指出，冀中总的方针仍是坚持平原群众抗日游击战争，目前的工作方针则应是隐蔽掌握乡村政权，建立与开展城市工作，加强交通点线区域的广泛统一战线工作。斗争方式以隐蔽的武装斗争为主，但必须有公开的、小型的、来往不定的武装斗争与它配合。同时要善于利用各种公开合法的斗争方式保护群众的日常利益，以保存力量。7月5日，中共中央北方分局又发出《对冀中工作的补充指示》，指出，青纱帐时期的工作方针，一方面利用现在游击战争形式，扩大游击区，缩小敌占区，求得配合其他有利条件而继续坚持下去；另一方面，要足够估计到严重形势之到来，使武装斗争变为隐蔽的辅助的，以配合两面政策、统战工作、伪军伪组织工作之另一种坚持方式。如果没有这方面的充分准备，在严重形势到来而被迫转变时，就会使工作与干部受到更大的损失。

《晋察冀画报》创刊（7月7日） 《晋察冀画报》最初的设想源于1939年在军区举办的边区摄影展。1941年5月，画报筹备组成立。1942年1月，聂荣臻司令员在《晋察冀画报》编辑方针、任务和创刊号编辑计划会议上，明确了编辑方针和任务，他指出，应该把边区抗日军民的英勇斗争和光辉事迹反映出来，以鼓舞人民更勇敢地斗争。画报不仅要面向边区，面向群众，而且要面向全国，面向全世界。根据聂荣臻的指示，筹备组加大创刊号编辑工作力度，选调优秀作品。同年5月24日，画报筹备组正式成立，沙飞担任主任（社长）编辑，工作人员共100余人。1942年7月1日《晋察冀画报》创刊号出版，并为此召开了隆重的庆祝大会，军区政治部朱良才主任、潘自力部长参加庆祝会并讲话。他们传达了聂荣臻对画报社的表扬，边区政府给画报社颁发了奖旗、奖状。《晋察冀画报》创刊号印数为1000本，封面是彩色套版八路军向长城外进军

① 周均伦主编：《聂荣臻年谱》，人民出版社1999年版，第365页，第366页。

的雄姿，内页有毛泽东、朱德等领导的照片，以及聂荣臻等领导的题词。聂荣臻为创刊号题词：“五年抗战，晋察冀的人们究竟做了些什么？一切活生生的事实，都显露在这小小的画刊里。它告诉了全国同胞：他们在敌后是如何地英勇地保卫着自己的祖国，同时也告诉了全世界的正义人士，他们在东方在如何艰难困苦中抵抗着日本强盗！”① 创刊号刊登各类照片 150 多幅，包括平型关大战、百团大战等战役，子弟兵生活、群众参军支前、边区建设、妇女参政、优待俘虏、文化教育等各方面边区生活的照片，还有国际友人白求恩、林迈可、柯棣华的照片。画报出版后，通过各种渠道送往党中央、八路军总部、大后方重庆等地，并发往国外，分送边区党政军民各单位及临近抗日根据地。同时，还由晋察冀边区新华书店、延安新华书店等公开发行。《晋察冀画报》的出版发行，对坚持抗日战争取得最后胜利起到了重要作用。

平北地区夏季反“扫荡”（7 月 9 日至 8 月 19 日） 日军妄图彻底“消灭”平北主力部队，从 1942 年 7 月 9 日至 8 月 19 日，日本华北方面军调集了两个混成旅团和伪满军一部共 1 万余人，对平北根据地西部山区进行了大规模的夏季“扫荡”。平北主力部队第十团、第四十团，按照平北地委 6 月工作会议精神，决定对日伪军“扫荡”进行坚决的反击。在 1 个月的反“扫荡”战斗中，主力部队大胆向游击区挺进，避敌锋芒，忽东忽西，往返调动日伪军，疲惫日伪军，抓住有利时机加以打击。当日军大部队集结合击时，平北主力部队便分散转移到外线袭扰日伪军；当日伪军分散“清剿”时，平北主力部队便迅速集结，伏击分散“扫荡”“清剿”的日伪军。月余时间内，平北根据地军民在这次反“扫荡”中，作战 38 次，毙伤日伪军 291 名，俘 30 名（其中日军 3 人），缴机枪 1 挺、步枪 18 支，迫使日伪军于 8 月 19 日陆续撤出中心区而结束“扫荡”。在日伪军的野蛮“扫荡”和“三光政策”下，平北根据地虽然遭受了巨大损失，但根据地军民在中共中央北方分局和平北地委的领导下，在极艰难困苦的环境中坚持了下来。

聂荣臻发表《敌伪四次“治强运动总结”的总结》（7 月 10 日） 为了把沦陷区变为侵华日军牢靠的大本营，日伪军在占领区大力推行所谓的“治安强化运动”，试图通过高压手段，把沦陷区人民变成其顺民、奴隶，但一次次均以失

---

① 周均伦主编：《聂荣臻年谱》，人民出版社 1999 年版，第 367 页。

败告终。7月10日，聂荣臻在《晋察冀日报》上发表《敌伪四次“治强运动总结”的总结》。文章指出，临到失败的末日的日本法西斯盗匪们，在侵略战争日益扩大与严重的危机困难前面，就发动了所谓的“治安强化运动”。敌人企图用这个运动来挽救它那不可克服的军事、政治、经济的危机，巩固其在华北的占领地，巩固其后方兵站基地，压榨奴役华北千百万人民的血汗和生命。这个运动已经前后进行了4次，敌寇汉奸曾经动员了全部的力量，然而事实永远和敌人的愿望相违背，“治安强化运动”一次又一次的结果，都在向敌人做无情的讽刺，最露骨地暴露了野兽们的疯狂丑态，而敌人夸耀的所有成绩，最后只剩下了其对广大的华北人民所欠的一笔无比巨大的血债。可惜的是，敌人这种政治上的目的和其掠夺屠杀的兽行始终是背道而驰的，离开了刺刀，离开了掠夺屠杀就没有敌人的统治，因此，愈多一次“治安强化运动”，愈多一次屠杀与掠夺，就愈增加华北人民对敌的仇恨，而敌寇在刺刀尖上的思想战与政治战就永远不能成功！① 文章还指出，日军提出的“建设大东亚”“王道乐土”等口号，不过是残酷屠杀中国人民的代名词；所谓“勤俭增产”，不过是掠夺的代名词。压迫越烈，反抗越大。“治安强化运动”的一次次的失败，证明了人民战争的无穷威力。7月16日，延安的《解放日报》转载了聂荣臻此篇文章。

朝鲜独立同盟在华北积极开展抗日活动（7月） 抗日战争进入艰苦卓绝的关键时刻，华北朝鲜青年联合会在山西漳河河畔召开全体大会。会议决定将联合会改为华北朝鲜独立同盟，其机关刊物《朝鲜青年》改名为《民族解放》，朝鲜义勇队华北支队改为朝鲜义勇军华北支队，大会修改了同盟会纲领及章程，并明确提出了建立朝鲜民主主义人民共和国的政治目标。大会于7月14日闭幕。8月25日，朝鲜青年联合会晋察冀支会和朝鲜义勇队华北支队第二队改名为朝鲜独立同盟晋察冀分会和朝鲜义勇军华北支队第二队。朝鲜独立同盟晋察冀分会全体盟员集会，欢迎从晋冀鲁豫边区到晋察冀边区的朝鲜义勇军华北支队第二队的人员。李益星队长说，坚决和晋察冀边区军民一致努力工作，共同打倒日寇。9月1日，朝鲜独立同盟晋察冀分会召开第二次盟员大会，检讨过去8个月来的工作，决定以后加强武装宣传工作，团结边区周围广大朝鲜同胞，帮助和指导“除亲日派韩奸以外”居留华北的20万朝鲜同胞解决政治、经济、文化

---

① 参见周均伦主编《聂荣臻年谱》，人民出版社1999年版，第368页。

及生活等方面问题，积极参加中国抗战，团结日本各反战团体，共同打倒日本帝国主义。1942 年秋，朝鲜义勇军晋察冀边区分队出征反“扫荡”、反“蚕食”第一线，配合晋察冀主力部队深入游击区、敌占区对敌作战，不到 1 个月时间仅在晋东北游击区就连续参战 6 次，取得良好战果，被誉为“一支活跃在边区前线的朝鲜反法西斯劲旅”。1945 年 8 月，华北朝盟成员与义勇军奉命和边区冀热辽部队一起挺进东北，配合苏蒙联军对日大反攻胜利后，返回朝鲜，参加了解放朝鲜的斗争。

北阳堡战斗（7 月 11 日） 冀中区党政机关一部、一个军工厂和收容的零散人员共 500 多人向冀鲁豫根据地转移，冀中军区第六军分区司令员王长江、政治委员旷伏兆率警二团 5 个连掩护，于 7 月 11 日拂晓到达馆陶县北阳堡村，与日军 1 个联队和伪军 2000 人遭遇，当即抢占村落有利地形，修筑工事，据村固守。日伪军将村庄包围，发起多次攻击，均被击退。中午，日伪军在装甲车掩护下再次发起猛烈进攻，并施放毒气，军分区指战员英勇抗击，将日伪军击退。傍晚时分，日军联队长亲自指挥，集中兵力攻击北阳堡村东口，一度占领村边土地庙，又被军分区军队击退。入夜，军分区部队经过细致侦察和严密组织，于夜 9 时顺利突出包围。此次战斗共毙伤日伪军 380 余名。

晋察冀边区党政军民帮助群众夏种、救灾（1942 年 7 月至 1943 年初） 1942 年夏，晋察冀边区天灾人祸不断，日伪军对晋察冀边区进行残酷的“扫荡”，实行“三光焦土政策”；同时，根据地遭受了多年未遇的旱灾，许多群众无饭吃无衣穿，以树皮、草根充饥，甚至外出逃荒。为了帮助边区群众渡过敌祸、天灾，7 月 12 日，聂荣臻同萧克代表晋察冀军区发布命令，要求部队帮助群众夏种、救灾，提出：“去年冬天无雪，今春缺雨，入夏苦旱，荒象颇严，七七始降雨，至旱已普遍，时节虽告迟晚，但仍未过晚，望各部（除勤务外）迅速帮助人民下种，争取时间，免失农时，要知一滴雨，不仅一颗粮食，一滴雨即一线生命，当此敌人严密封锁，全军自力更生，年成之收款，乃根据地之存亡问题，望各部队切实执行为要。”① 1943 年初，中共中央北方分局和边区政府号召全体党员干部“以儿子爱护母亲的态度”对待灾区人民，建立“救灾委员会”，集中领导救灾斗争，边区部队、机关开展“节约‘一粒米’”运动，群众

① 周均伦主编：《聂荣臻年谱》，人民出版社 1999 年版，第 368 页。

开展“一口饭一把糠一把菜”互助募捐运动。边区政府发放60余万元救济款、4000大石救济粮紧急赈灾，拨出300万元专款给群众修建被烧房屋，拨出300万元购置药品为群众防病治病，拨出几十万元为群众添置衣被，另外拨出210万元贷款，扶植重灾区群众发展家庭副业和运销业。通过救济、募捐、赈灾、自救等一系列措施，边区群众的生产生活得到妥善安排，外出逃荒等现象逐渐消失，一些敌占区、游击区灾民进入边区参加工副业生产。

彭德怀作出《关于平原抗日游击战争的几个具体问题对魏巍同志的答复》（7月15日） 1942年夏，中共中央北方局和晋察冀军区要求冀中区党委抓紧青纱帐有利季节，整理各级组织，恢复工作，加紧进行组织形式、斗争形式的转变，创造继续坚持斗争的新阵地。7月15日，彭德怀在答复魏巍提问时具体阐明了《关于平原游击战争的几个具体问题》，旗帜鲜明地批驳了某些错误行为，就平原抗日根据地在某些地区的形势变化、坚持平原根据地公开武装斗争的条件、非法斗争与合法斗争等问题作了充分论证和阐述，明确指出，平原抗日根据地在某些地区形势起了变化，成为游击根据地，但如能适应形势的发展，及时改变组织形式与斗争形式，仍能进行一定限度的各种斗争，在敌占区亦可以采取隐蔽的伪装的方式与敌人进行武装斗争。彭德怀特别强调：平原抗日游击根据地的斗争方式是复杂的，又是密切配合的，主要是公开的武装斗争与秘密的各种斗争相结合。

《关于平原抗日游击战争的几个具体问题对魏巍同志的答复》是在平原抗日游击战争已经发展到了一种新的形势下，对一些问题公开进行的阐述：（一）平原抗日根据地在某些地区已起了质的变化。由于平原地区对日军斗争进入空前紧张、空前尖锐的时期，使平原抗日根据地在某些地区的性质发生了变化，变成了游击根据地。具体的表现是，大面积根据地逐渐被日军分割成为若干小面积地区，日军依靠其公路、碉堡、封锁沟等随时对某一地区进行“扫荡”，根据地大兵团作战困难，从而进入分散的群众性抗日游击战，并适应形势发展，及时改变组织形式与斗争方式。对于在新形势下平原游击队仍能坚持游击战的，还应该展开武装斗争。（二）坚持平原游击根据地公开武装斗争的条件。日军兵力分配不足，只能对根据地某一分区进行围攻。根据地军队应该灵活掌握日军这一弱点，相互密切配合是华北地区平原游击根据地得以巩固的重要条件之一。日军进行的是非正义战争，军队纪律散漫，其残酷的掠夺激起全民反抗，已造成尖锐的民族矛盾，而八路军在政治上占有绝对优势。根据地必须善于掌握具体变化，采取灵活机动的斗争策略。游击战争必须要有根据地，没有根据地的战争是单纯的军事行动，而且会使武装斗争与群众一般斗争相隔离，其结果必然忽视群众利益，甚至难以发动群众。游击战争必须与群众的政治、经济要求结合起来，才能得到群众的拥护，才能持久与发展，才能完成一定的政治任务。（三）非法斗争与合法斗争问题。在日本法西斯刺刀下与殖民地政策下，不应该幻想存在合法斗争，因为客观上不会存在这种事实。某些地区自己解除民兵武装、取消抗日政府，代以维持会，这都是严重错误的。如根据地无法坚持公开斗争，可适时转为地下或撤退，还可以设法打入日伪军内部，侦察敌情，协助公开的武装斗争。根据地实行的两面政策的实质是利用日伪军所许可的合法组织形式，进行欺骗日伪军的斗争，因此这并不是合法斗争。但合法斗争并非绝无可能，如利用日伪矛盾及日军某些怀柔阴谋、打击其他汉奸等方式，在日伪军占区建立小型的秘密武装，直接依靠群众中政治觉悟高的人，这样做会得到广大群众的同情，是可以存在的。所谓的隐蔽斗争，即是不大张旗鼓；所谓伪装斗争，即是八路军也要减少自己的目标。

8 月 10 日，中共中央北方分局发出《对彭德怀同志“坚持平原游击战争几个问题的答复”的意见》，要求迅速将彭德怀的信传达到县以下党委，要求冀中树起军区、政府、群众团体的大旗，搞好宣传，稳定人心，在青纱帐期（间）给日伪军以重大打击，粉碎日伪军建立汉奸秩序的企图。彭德怀关于坚持平原游击战争的论述，对于稳定人心，坚持冀中抗战，具有重要意义。

北方分局决定组成冀中党政军民临时领导机构（7 月 17 日）　历经日伪军“扫荡”“清剿”，整个冀中根据地已变成游击区，吕正操、黄敬、徐达本等主要领导人已转移到晋冀鲁豫地区，冀中部队和不少冀中党政军领导干部已转移到北岳区。鉴于此实际情况，中共中央北方分局于 7 月 17 日决定由程子华负责组成冀中区党政军民临时领导机构，领导冀中的党政军工作，程子华担任区党委书记。临时机构设于唐县张各庄、洪城、葛公村一带。冀中区党委委员刘亚球、周小舟、黄兴义以及冀中军区供给部长封永顺、卫生部政治委员于斌等陆续从冀中到达北岳区。7 月下旬到 8 月底，为了把在分散隐蔽的反“扫荡”中失散的，以及不宜留在冀中工作的干部收容起来，有组织、有计划地转移到北岳区，根据程子华的指示，军区政治部在白洋淀梁庄一带设立了冀中军区干部收容总站和分站，冀中区党委在安平、定县一带建立了秘密交通站，先后收容干部千人以上。

《晋察冀日报》报道雁北政权建设情况（7月17日） 《晋察冀日报》于7月17日在第一版从政治、经济、文化等方面详细报道“一年来雁北（东）政权建设取得长足进步”的情况，列举的主要事实有：举办窑洞贷款和21.5万元的春耕贷款；正确解决土地纠纷200余件，巩固了农村统一战线的下层基础；整顿了各级政府组织，健全了组织机构，基本做到了“三三制”；参选公民占80%以上；征收税款超过去年近3倍，纳税人口占73%以上，负担面比过去扩大1倍；完成公粮分配数50%；国民教育显著进步，有小学235处，入学儿童5660人，比1941年上半年增加1倍；参加冬学人数达10 100多人；等等。

北方分局决定成立平北地委（7月18日） 根据反“扫荡”后平北面临的新形势，7月18日，中共中央北方分局发出对平北工作的指示。指出，目前平北应以巩固为主，巩固地向前发展，应注意向矾山堡发展，以求打通平西、平北两地的联系，同时，在伪满境内寻找社会关系，秘密发展党员，建立秘密堡垒，派必要干部开展平绥路南工作和发展伪满境内工作。为了领导及推动平北地区的对敌斗争，中共中央北方分局决定建立中共平北地委，段苏权为第十二军分区政治委员兼平北地委书记。

晋察冀边区行政委员会关于北岳区贸易工作及组织的决定（7月29日） 晋察冀边区行政委员会于7月29日作出《关于北岳区贸易工作及组织的决定》，指出：“军事上敌强我弱的形势，未起根本变化以前，我在贸易上的劣势基本上转变是不可能的。但在主观努力之下掌握物资，适当地平抑物价，减少出超，控制部分伪钞，我之劣势是可以部分改变，困难是可以克服的。因此目前贸易工作的中心问题，是掌握物资掌握伪钞的问题。”边区贸易管理局局长陈庸在晋察冀边区贸易管理局北岳区第三次支局长联席会议上作出了《关于1942年下半年度贸易工作问题报告与大会决议》，称边区5年来财政经济建设与财政经济斗争取得了不少成绩，但自1941年反“扫荡”以后，由于敌寇以“蚕食”政策加以抢掠破坏、沟线分割，根据地被缩小，财政源泉与经济阵地也随之缩小。对敌经济斗争的基本问题是掌握物资争取物资的问题，为达此目的必须与军事政治斗争相配合，依靠团结群众团结商人才能收效。[①]

冀中九地委召开南部四县县委书记会议（7 月下旬） 冀中九地委于 7 月下旬在肃宁县苏家台召开南部四县（高阳、蠡县、博野、肃宁）县委书记会议。会议确定：（一）各级干部建立隐蔽地洞，建立堡垒户、堡垒村；（二）精简机关，部分干部回家隐蔽或在农村任小学教员，部分干部去北岳区；（三）县大队以班为单位分散活动，各县组织手枪队、武工队，镇压汉奸、特务；（四）加强伪军和伪组织的工作，区委和支部均设敌工委员，敌工工作应在支部领导下进行。

北方局、北方分局发出对冀中工作的指示（7 月） 经过日伪军疯狂的五一大"扫荡"，冀中根据地遭受空前破坏，大部分地区沦为敌占区被日伪军占据，只有很少一部分地区如东淀苇塘等成为游击区。冀中区党政军机关和人员，除按照北方分局、晋察冀边区政府和军区的要求转移出一部分外，其余人员利用苇塘、青纱帐等有利条件，就地分散隐蔽，寻机与日伪军展开游击战争。7 月 2 日，聂荣臻同萧克、程子华致电八路军总部、中央军委，提出关于坚持冀中游击战争方针的建议："（一）关于坚持今后冀中游击战争方针，仍然以公开的主要的武装斗争配合以其他各种斗争形式；（二）我们根据现有不多材料估计今后（特别是今冬明年上半年）形势发展，考虑到武装斗争逐渐变为隐蔽潜伏的，以配合其他各种斗争形式为好；（三）如果估计形势发展，要求我们改变方针时，则组织形式与斗争形式均需改变。因此青纱帐期（间）工作方针应立即布置，免得为敌逼迫时改变困难和工作与干部遭受过大损失。"[②] 5 日，中共中央北方分局发出《对冀中工作的补充指示》，指出，青纱帐时期的工作方针，一方面利用现在游击战争形式，扩大游击区，缩小敌占区，求得配合其他有利条件而继续坚持下去；另一方面，要充分估计到严重形势之到来，使武装斗争变为隐蔽的辅助的，以配合两面政策、统战工作、伪军伪组织工作之另一种坚持方式。如果没有这方面的充分准备，在严重形势到来而被迫转变时，就会使工作与干部受到更大的损失。7 月 28 日，中共中央北方局发出《对目前冀中等地工作的指示》，指出："冀中形势，自我军主力被迫退出后，仍在严重发展之中。……

---

① 参见魏宏运主编《抗日战争时期晋察冀边区财政经济史资料选编（工商合作编）》，南开大学出版社 1984 年版，第 359—363 页，第 569—585 页。

② 周均伦主编：《聂荣臻年谱》，人民出版社 1999 年版，第 366 页。

今后冀中总的方针，仍是坚持平原群众抗日游击战争而不变。但目前工作方针，则应是隐蔽地掌握乡村政权，建立与开展城市工作，加强交通点、线区域的广泛统一战线工作。斗争方式，以隐蔽的武装斗争为主，但必须有公开的、小型的、来往不定的武装斗争与之配合，以便欺骗敌人，掩护隐蔽武装之存在，同时需善于利用各种公开合法的斗争方式，保护群众日常利益，以保持力量，保持党与群众长远利益。”① 为了更好地贯彻上级指示，冀中区根据变化了的形势，打破此前县域，划分出多个联合县，以利于坚持地区的党政军人员机动灵活地大范围回旋，领导地方抗日武装展开游击斗争。

北岳五地委组建桑干河工委和桑干河、边跃武工队（7月） 为扭转1941年秋季日军大“扫荡”和伪蒙疆实施“施政跃进运动”后东雁北抗日根据地日益缩小的被动局面，根据上级精神，中共北岳五地委决定组建桑干河工委和桑干河、边跃两支武装工作队（简称“武工队”），深入大同、天镇、阳高、浑源川下和应县川下等“敌后之敌后”开展工作。桑干河工委由穆岳等人组成，穆岳（后蔡维新）任工委书记，于振光为副书记。桑干河武工队队长为张一波（后周幼农、崔嵬），政委为穆岳（后蔡维新），活动范围分东北、西北、东南、西南4个区域，分别由李子清、于振光、魏明、杨一平负责。边跃武工队队长为王喜桂，政委为王瑞，主要活动于大同县麻峪口、河头一带。

平北夏季反“扫荡”和恢复东南地区的斗争（7月） 7月上旬，正当平北根据地贯彻6月会议精神，准备向日伪军积极展开斗争的时候，日伪军集结重兵万余人向平北的西部地区发动了空前规模的夏季“扫荡”。平北根据地军队主力和指挥机关避开日伪军锋芒，向游击区转移，留下小部分部队就地分散，与日伪军进行周旋。第四十团由赵川堡和崇礼之间的圪咀子一带转到坝外白庙滩东北地区。军分区直属队大部带第十团主力，原拟向丰（润）滦（县）密（云）地区转移，后因伪满军在长城沿线阻拦，只有第十团的1个营转移到该地区，其余北上转到坝外沽源到大囫囵之间地区，同在当地活动的骑兵大队会合。军分区直属队的另一部转到了怀来城附近。到平北前来补兵的第十一军分区第八团，向南转到延庆川。日伪军多次合围扑空，到23日，发现根据地军队北上，

① 晋察冀边区革命历史编纂委员会编：《晋察冀边区革命史编年》，河北人民出版社2007年版，第533页。

又分兵三路追击。后来发现根据地军队在坝外草原，又摆开阵势围攻，企图“聚歼”根据地军队。根据地军队明查日伪军的企图，除留骑兵大队仍在沽源大囫囵地区活动以吸引日伪军继续北上外，其他部队于7月底再次穿过日伪军的合围地区，隐蔽地返回坝内，第四十团回到了张家口以东的青口边一带，军分区直属队带第十团主力回到了基本区。日伪军扑空后，8月3日再次回到中心区，继续寻找根据地军队决战。根据地军队主力和领导机关此时已分散活动。日伪军失去了决战的目标，随即实行分散“驻剿”，大肆烧杀抢掠。根据地军队乘日伪军兵力分散之机，连续给日伪军以沉重打击。分散活动在昌平、延庆地区的部队，夜袭高山寺、东庄子、大柳沟等据点；在沽源、崇礼地区的骑兵部队，不断伸到康保、沽源、张北、多伦之间的公路上袭扰日伪军，给日伪军以沉重打击和威胁。8月19日以后，大部分日伪军“扫荡”部队陆续撤出了中心区。根据地军民反“扫荡”宣告胜利结束。夏季反“扫荡”共作战38次，毙伤日伪军291人，俘虏30人（日军3人），缴获轻重机枪各1挺、步枪18支。

在东部丰润、滦县、密云，南部昌平、延庆地区，党政军民协同一致，抓住日伪军后方空虚的有利时机展开反击，攻袭据点，打击搜山和骚扰根据地的日伪军。同时，发动7000多名群众配合地方武装和分散活动的主力部队，展开了破击战，共破坏公路320公里，收割电线375多公斤，破坏桥梁24座、壕沟22条、城堡2座。这些战斗活动，有力地打击了日伪军的疯狂气焰，振奋了干部和群众的斗争精神，直接配合了西部地区的反“扫荡”。

同时，地方党政军联合组织的工作队，乘势分头行动，广泛展开反诱降斗争和恢复地区的工作。工作人员每到一地，就召开各种会议广泛宣传抗战形势，坚定胜利信心，揭露日伪军的暴行及其诱降阴谋。在深入调查的基础上，工作队采取打击首恶、争取多数、分别对待的政策，每个区都处决了一两个罪大恶极的汉奸、特务，号召有一般罪恶的伪组织人员主动悔过自新。

在此基础上，平北根据地着手恢复平北地区被破坏的各种抗日组织，并把伪政权和亲日的两面政权改造为抗日的两面政权。“无人区”的政权和自卫队等各种抗日组织相继得到恢复，生产也有了一些发展。在丰润、滦县、密云地区，各种抗日组织都紧密结合生产实际，按群众居住的山沟建立，生产时每个山头都有自卫队放哨，防备日伪军搜山。各地普遍建立了军事活动站、粮站和联络站。

经过这次反“扫荡”和整顿，平北的形势有所好转，东部丰润、滦县、密云地区的人口逐渐增多，战斗力日益增强。尽管日伪军的摧残越来越狠毒，但群众与共产党和八路军靠得越来越紧，对日伪军的斗争越来越坚决。

晋察冀边区发动第三次对敌政治攻势（7月至12月） 在第三期对敌政治攻势开始之际，正值日伪推行第五次“治安强化运动”。中共中央北方局和八路军野战政治部于6月26日发布《关于对敌政治攻势的指示》，决定从7月7日前后起在华北举行全面的对敌政治攻势，并决定以两个月为期对敌伪展开猛烈的宣传攻势，打击敌人到处叫嚣已毁灭我根据地之狂妄宣传，加强争取伪军、伪组织上层分子的工作，深入敌区活动之部队与武装工作队，应该坚决打击与摧毁各种伪组织与敌之特务机关。中共中央北方分局和晋察冀军区在总结前两次对敌政治攻势的基础上，动员了边区党政军民各方面的力量，开展了第三次对敌政治攻势。要求各地对敌政治攻势要进一步同反“蚕食”、反“扫荡”相配合，武工队和小部队的活动结合为一体，面向封锁沟外，伸展到“敌后之敌后”去，动员党政军民各方面的力量，结合军事、政治、经济、文化等各种斗争，还要求各军分区增派一些小部队，开展对敌政治攻势。组织各种宣传队伍，乘日伪军集中兵力“扫荡”后方空虚的时机，在平汉、正太各铁路沿线和雁北地区，展开猛烈的武装破袭，与政治攻势相配合。为不给日伪军以喘息的机会，乘胜扩大政治攻势的成果，根据地从12月1日至7日发动了闪击式的宣传突击周，几天之内，逮捕了近6000名伪组织人员。平汉路以西所有日伪军占领的县城和较大的据点，在根据地政治攻势的打击下，一片慌乱，日伪军内部失败情绪和厌战情绪进一步增长。同时，晋察冀边区部队对敌进行军事打击，北岳区部队先后打进了日伪军占据的灵寿城，袭进繁峙东关、徐水北关，攻克正定西北之北孙村、石家庄西北之杜北村、灵丘东之张庄、徐水东南之葛村等据点，两次袭入王京车站。冀中、冀东部队曾攻克永清城、承德南之辛杖子、都山东南之三岔口、锦热路上之上谷车站等。两个月内，晋察冀边区领导的八路军及地方武装作战206次，歼日伪军2300多人，收割电线1.25万多公斤，从而粉碎了日伪的第五次“治安强化运动”。

8月

晋察冀边区开展第一期全面整风学习运动（1942年8月1日至1943年4

月） 晋察冀边区党政军领导机关和群众团体，以及北岳区的整风运动从8月1日全面展开。冀中区和冀东、平北地区的整风运动，由于受战争环境限制暂时推迟进行。从8月至11月，在边区党政军民干部中，形成一个整风学习的高潮，各级普遍组织学习毛泽东关于整顿三风的报告和中央规定的整风文件。在学习中，各级学习委员会强调要背诵词句，深钻细研，在领会文件精神实质，掌握立场、观点和方法上下功夫。各地分别建立每日学习两小时、学习日、学习检查评比等必要的学习制度，有的还根据本单位实际情况，创造出许多灵活多样的学习方法，如学习漫谈会、疑难解答会、学习交流会等，有的单位还利用办墙报、设问答栏等形式加以配合。北岳区还对学习情况定期进行检查评比，并对指导学习作出突出贡献的学习委员会、领导干部、教员，以及坚持学习好的集体、个人给予表彰，推广其经验，以典型带动全局。一些民主党派人士和青年骨干也投入学习的行列。11月初，北岳区党委总结了3个月的整风学习，军区政治部作了补充指示，使整风运动逐步深入。各级学习委员会引导党员干部对照检查自己，开展批判与自我批评，把深研文件、反省个人、检查工作三者有机结合起来，运用学习成果指导反省检查，在反省检查中再加深对文件的理解，互相促进。在整风学习中，边区各级党委还大力提倡结合学习文件，开展学文化、学时事、学政策的活动。1943年4月，晋察冀边区党政军领导机关和群众团体，以及北岳区的第一期整风运动结束。通过集中学习，边区全党贯彻中共中央的路线、方针、政策的自觉性进一步得到了提高。

晋察冀军区召开各直属部队干部大会庆祝建军15周年（8月1日） 为了激励晋察冀边区党政军民同仇敌忾抗击侵华日军的士气，提升军民渡过困难时期的信心，8月1日，晋察冀军区召开各直属部队干部大会，庆祝建军15周年。聂荣臻在会上作了《从现在去认识过去，从过去来了解现在》的报告。同日，《晋察冀日报》发表《八路军永远和我们在一起——纪念八路军诞生15周年》社论，指出，最近1年间，仅就北岳区部队来说，在作战中光荣牺牲的就有1697位民族英烈，负伤者有2506人。在今后不管何等残酷战争的年月里，八路军也永远不能离开华北和边区，永远不能离开我们亲爱的父老同胞！

彭真、罗瑞卿对晋察冀边区反“扫荡”的指示（8月2日） 针对华北日伪军准备再次“扫荡”晋察冀边区各根据地的阴谋，8月2日，彭真、罗瑞卿就晋察冀边区反“扫荡”致电聂荣臻等并报中央军委，指出，日军对边区“扫荡”

已有长期准备，在秋初、秋中必将开始，其目的是打击根据地主力，歼灭根据地党政军高级领导机关，摧毁我根据地生存条件与民兵及各下层机构，从而由北向南逐步确实掌握华北，因此，此次“扫荡”较以往任何一次都严重。根据日伪军“扫荡”可能采取的战略战术及边区反“扫荡”的有利不利条件，对反“扫荡”战役提出以下意见：（一）根据地之基本方针为内外配合，包括待日伪军疲乏后打击。（二）对大股日军以游击战围困，消耗疲惫之；对弱小日伪军则集结相当主力歼灭之。（三）每分区之适当兵力，以连为单位而分散；健全军事政治领导是领导民兵区基干队进行游击战之核心。（四）当日军主力进入基本区时，外线之游击战须充分准备。（五）日军以重兵突然合围，根据地主力转移通常很困难，要抓住日军正规战术机械运用与攻击不强之弱点，以小部队在适当地点坚决抵抗一路或两路，造成日军之分进合击之参差不齐，以利根据地军队转移。（六）组织地方秘密情报站，搜集情报。（七）政治工作须作充分准备，巩固反“扫荡”之绝对信心，预先揭破日军之各种挑拨离间及欺骗，巩固各方面团结。同时，须印发各种传单到日伪手中。（九）冬服鞋袜须早准备，在“扫荡”前适时发下。

程子华作《敌对冀中“扫荡”与冀中战局》（8月4日） 针对冀中抗日根据地的时局，8月4日，程子华对日伪军在冀中进行“扫荡”和冀中战局作出四点论述：（一）对日军在冀中“扫荡”的认识。日军对冀中平原的“扫荡”，是在新的困难条件下进行的。由于日军在侵略战争中的长期消耗，造成他们经济困难，物资短缺，日军厌战情绪严重等。他们不得不确保华北作为其“大东亚圣战”的后方基地。而冀中地区又是华北主要粮物产地，抗战5年来冀中抗日根据地的发展与巩固，严重威胁了日军在平、津、保、石等地的利益，还威胁了日军的军事命脉——平汉、北宁、津浦、石德等重要交通干线。太平洋战争爆发后，冀中各部队一举攻下安平、深县等20余座县城，给日军以重创。所以，日军妄想“消灭”冀中军分区主力，加强对这一区域进行疯狂的“扫荡”。（二）如何“扫荡”与“清剿”。日军对这次“扫荡”，曾作了长期的准备。日军首先采用集中合围的方式，对任丘、河间、大城等县进行“扫荡”，企图把冀中主力部队压缩到滹沱河以南的狭小地区合击歼灭。日军采取“纵横搜索”“分股清剿”“突然合击”等各种战术对中心区进行“扫荡”。在“清剿”过程中，日军还利用挑拨离间、毒刑拷打的手段残杀无辜群众，甚至老人儿童。（三）冀中分区的胜利与损失。在反“扫荡”和反“清剿”的战斗中，冀中根据地军民先后在沧石路以南的护驾池，无极县赵户村、李贵子村、宋庄村，赞皇县北阳铺村等十几次战斗中，在双方兵力悬殊、我军缺乏武器弹药的不利情况下，表现英勇顽强，并以极小的伤亡，给日军以 3600 人伤亡的沉重代价，为 5 年抗战史中所罕见。这次反“扫荡”、反“清剿”过程中，根据地军队也受到损失，其主要教训是开始时对日军这次“扫荡”的严重性认识不足，从思想、组织、工作上准备不足，以及对“扫荡”“清剿”中心区的连续性、反复性未能充分认识，造成坚壁在中心区后方的机关、部分干部未能及时分散转移。（四）关于今后坚持冀中平原游击战。经过 5 年来抗日斗争经验，冀中平原建立起了团结一致的组织力量，改善了民生，群众性的抗日斗争高潮已经形成。冀中根据地是在八路军与冀中全体人民经过无数次战斗后巩固发展起来的。面对日伪军的“扫荡”和“清剿”，冀中军民更加坚定了坚持抗战的决心与信心，锻炼了战斗意志，冀中军民之间的关系更加团结和巩固。以后，在根据地被分割成若干游击区、对敌斗争形势更加残酷的情况下，抗战军民要转变思想，适应情势，坚持冀中平原游击战的正确方针，在改变传统游击战的同时，借助有利优势，灵活机动地攻敌之弱点，把平原游击战争坚持下去。

晋察冀军区召开文艺工作座谈会（8 月 6 日）　为了更好地让文艺工作贴近现实，贴近群众，服务抗战，8 月 6 日，晋察冀军区召开文艺工作座谈会，聂荣臻在会上作《关于部队文艺工作诸问题的报告》。报告分四个方面：八路军对文艺工作的态度，文艺工作者在八路军中的地位，文艺工作者的前途，文艺工作者的成就问题。聂荣臻在报告中指出：部队的文艺工作是政治工作的一部分，是一个有力的武器。文艺工作者要深入斗争实践，为革命战争服务，同时努力使自己成为作家、艺术家，“伟大的作品将来一定要产生，而且会产生在前线，产生在堡垒附近”①。8 月 13 日的《晋察冀日报》上全文发表了《关于部队文艺工作诸问题的报告》，该报告对晋察冀边区的文艺工作的健康、积极发展起到了很好的指导作用。

冀东区反“扫荡”（8 月 11 日）　8 月初，日军在冀东地区推行的第四次“治安强化运动”和“冀东一号一期作战”被基本粉碎。但是，日本侵略者为

---

① 周均伦主编：《聂荣臻年谱》，人民出版社 1999 年版，第 369 页。

“确保冀东”，并不甘心失败，对冀东根据地进行“冀东一号二期作战”，9月中旬结束。参加此次作战的，有日军第二十七师团和第一一〇师团大江大队、驻蒙日军面高坦克联队、山炮联队的1个中队及汽车队、由宪兵编成的松井讨伐队以及伪“治安军”10个团、伪满军2000余人，总兵力共4万余人，由铃木启久少将指挥，首先反复“扫荡”“清剿”冀东东部地区。自8月17日至9月末，日军独立混成第十五旅团，在伪军配合下，大举“扫荡”冀东西部地区。在1个多月的反“扫荡”中，冀东军民共作战20余次，毙伤日军300余名、伪军150余名，俘伪军400余名，缴获轻重机枪13挺、掷弹筒9具、长短枪520余支。

聂荣臻等发布精简整编训令（8月19日） 根据战争需要以及中共中央精兵简政实施情况，8月19日，聂荣臻同萧克发布精简整编训令，指出，中央精兵简政指示，军队中曾已执行，但检讨起来还做得很不够，还没有引起我各级干部严重注意，还没有对精兵简政之精神深刻认识。根据晋察冀边区的抗战形势需要，决定军区为彻底执行精兵简政，根据编制执行之，检查结果有局部修改之必要，其基本精神在机关部队与非战斗部队人员之尽量减少，充实战斗连队，骑马与机关驮马尽量减少，对非队列人员与马匹，要做到自己供给自己，以减少公粮、经费、人力的开支与浪费。人数太少的部队撤销，没有武器的弹药停用，多余的干部送延安学习，老弱病残送地方安置。

冀中区青纱帐战役（8月25日） 为了打击疯狂“清剿”的日伪军，掩护转变组织形式和斗争形式，恢复小块游击根据地，冀中区党委和军区指示各军分区于8月25日发起青纱帐战役。这次战役以第八、第九、第十军分区为主，第六、第七军分区配合，以任（丘）河（间）大（城）、深（县）武（强）饶（阳）、肃宁南北和文（安）新（镇）地区为突击重点，采取破袭、攻碉等作战手段。战役进行了40多天，到10月上旬结束，共消灭日伪军1200多人，逼退日伪军点碉56处，平毁公路、封锁沟50多公里，伪军投诚350多人。这次战役的胜利，打击了日伪军的嚣张气焰，振奋了民心士气，地方武装还乘机在日伪军点碉路沟间恢复了一些小块的隐蔽根据地。

青纱帐战役期间新恢复的一些隐蔽根据地，大多在各军分区活动地域的外沿地带。这些地方在反“扫荡”前已被日伪军“蚕食”，变成日伪区或者游击区，成为日伪军的后方和接合部，戒备比较松懈。这里的群众有反“蚕食”斗争的经验，受过残酷斗争锻炼。因此，八路军能够在这些地方站住跟脚。如第六军分区在滏阳河两岸、深南、深束赵县、元氏、宁晋地区，栾城和赵县以西，束鹿和赵县之间浩固附近；第八军分区在任丘、河间、大城之间，青县、建国、交河之间和饶阳、武强、献县之间的三角地区以及滏阳河东岸和交河以西地区；第九军分区在安新和之光两县交界处的藏庄、老河头一带；第十军分区在文新、胜芳之间，都恢复了一些小块游击根据地和隐蔽根据地。其中以文安新镇、胜芳苇塘区与白洋淀水网地带的形势发展最好。“依据河湖港汊发展游击战争”，这是毛泽东在《抗日游击战争的战略问题》中提出的一个重要的方针。第十军分区从 7 月间就着手经营文新、胜芳苇塘地区。这两片苇塘处于文安、新镇、霸县之间，连接着大清河南北两岸，仅胜芳苇塘东西长就达到 30 公里，南北宽七八公里。苇塘里河流纵横，小块陆地星罗棋布。芦苇高达丈余，其中只有几条曲折迂回的小路，生人往往进去就出不来，是游击健儿活动的天然屏障。当苇塘地区的工作有了一些基础时，第十军分区部队便以这里为出发点，分别伸到大清河以北群众条件较好的地区，配合地方干部恢复工作。与此同时，第九军分区高阳大队、安新大队和任丘第三区小队，也在白洋淀周围建立了游击根据地。

北岳区党委召开粮食工作会议（8 月 29 日） 粮食是重要的战略物资，随着晋察冀各根据地形势的恶化，北岳区集中了大量转移来的人员，粮食供应等问题显得尤为重要。1942 年秋，日军计划从华北掠夺 2000 万石粮食“以战养战”。北方分局和边区政府“先发制人”，确定粮食工作为此后的中心任务。8 月 29 日，北岳区党委专门召开粮食工作会议，邵式平在会议上作《几年来粮食工作之经验教训与今年度的工作布置》的报告。报告指出，粮食工作在边区的发展过程中变化极大。几年来的粮食工作，可以说是党的统一战线的财政经济政策在敌后根据地具体化的过程。党的基本原则是自力更生，兼顾军民，有钱出钱，有粮出粮，有力出力。30 日，刘澜涛在北岳区党委粮食会议上作了总结报告，指出，敌我斗争形势与去年不同，且正在发展；在粮食征收过程中有极大可能遇到反“扫荡”战争；今年收成极不平衡，有些地区较好，有些地区则非常不好。因此，我们不仅要看到有利的条件，还必须估计到今年新的严重困难。只有正确地强调认识今年的困难，才能把全部精神贯注于克服困难。① 由于边区

---

① 参见《战线》第 93 期，1942 年 9 月 11 日。

政府动作提前，人民群众密切配合，北岳区根据地粮食入库率完成计划的95%以上，四、五专区完成计划甚至超计划完成，粮食入库率分别达到100%和107%。日伪军在华北抢掠2000万石粮食的计划被粉碎，晋察冀边区政府赢得粮食争夺战的胜利，及时掌握了数十万石粮食，为克服严重旱灾，保障军需民食提供了可靠的物资力量。

吕正操等率领冀中党政军领导机关回到晋察冀（8月下旬至11月） 8月下旬，吕正操等率领的冀中党政军领导机关、警备旅及二十七团，离开冀鲁豫地区，于汤阴以南过平汉铁路，9月初，到达太行区的涉县。在此，受到彭德怀副总司令、罗瑞卿主任以及八路军一二九师刘伯承师长、邓小平政委的欢迎。冀中机关部队继续在此休整。9月18日，八路军总部在此召开大会，总部首长和一二九师首长检阅了冀中部队，并举行了军事表演。11月，吕正操所率领的冀中党政军领导机关和二十七团离开太行山，于娘子关西过正太铁路回到晋察冀，与程子华所率领的冀中党政军临时机构会合。警备旅留在太行。

日军决堤引洪冲淹冀中平原（8月） 7月下旬，北岳各区大雨连绵，又值8月上旬冀中大雨，河洪暴涨，山洪暴发，冀西各河大水直泻冀中平原。区内滹沱河、沙河、唐河、潴龙河、子牙河等河水暴涨，白洋淀水位与岸持平。日军密令沿岸各处决堤，引水向低洼处横溢淹毁冀中军民。白洋淀32连桥、淀南的孟中峰堤、滹沱河沿岸、潴龙河沿岸的高晃村、大洼村的河堤以及唐河、沙河同时溃堤。肃宁县以北，河间县以南，安平至饶阳县路，津保路以北至白洋淀、沧石路两侧等地区，悉成泽国，水深过6尺，千里平原顿成茫茫大海一般，房屋田园尽被淹没。冀中区内共决堤128处，区内35个县全部受灾，平均灾情达8成以上，其中受灾达9成的共15个县，6752个村庄，占冀中区总村数的95%。水灾共淹毁农田154万亩，冲毁房屋17万间，使财产损失达1.6亿元，灾民达200万人。日军决堤之后，同时对冀中根据地军民进行抢劫、奸淫、屠杀……冀中军民无不恨之入骨。根据地军民齐心协力从事救灾，并与日伪军进行顽强抗争。

路南工作委员会成立（8月） 北宁路以南地区濒临渤海，人口稠密，物产丰富，很早就有党的工作，是冀东大暴动中心区域之一，始终有秘密的抗日活动。1940年8月，冀东区党分委组织了路南工作团，在滦县的门庄、港北、杨家院一带开辟了小块隐蔽活动地区。1941年春，成立了迁（安）滦（县）卢

（龙）联合县，以路北为依托向路南发展。1942 年 8 月，第十三地委为大力开辟路南，在青纱帐期间，抽调了部分路南籍的干部深入路南地区，采取隐蔽方式，在 300 多个村庄不同程度地开展了工作，很快打开了局面。地委和军分区鉴于路南的工作有扩大发展的前途，决定成立“路南工作委员会”，并组织了路南的地方武装第一区队。从此，第十三地委分别向丰润、滦县的南部展开了大规模的开辟工作，抗日地区日益扩大。

北方分局东北工作委员会成立（8 月） 为了更好地开展侵华日军大本营伪满地区的抗战工作，8 月间，中共中央北方分局决定成立东北工作委员会，聂荣臻兼任书记，韩光为副书记。同时，决定在冀东地区和冀中地区也成立东北工作委员会。聂荣臻将东北工作委员会的工作任务归纳为：“打破长城封锁线，牵制敌人，向东北开展工作，配合反攻。”10 月间，中共中央北方分局东北工作委员会派遣赵濯华等到冀东地区，建立和健全冀东东北工作委员会，在分局和冀东地委双重领导下，向伪满城乡进行战略派遣，秘密开辟东北工作，为大反攻作准备。中共冀东地委书记李楚离兼任冀东东北工作委员会书记，赵濯华任副书记，杨雨民、张化东、宋国强为委员。

冀中区党委关于“扫荡”结束后的工作指示（8 月） 8 月，冀中区党委委员刘亚球、周小舟到冀中六、七分区指导工作，根据中共中央北方分局指示和当时冀中根据地已经全部变为游击区的新形势，指示各地委立即采取以下措施：（一）党政群各级领导机关机构大力压缩，将精简下来的大批干部暂时送平汉路西学习；（二）加强和健全党的地下交通工作，在安平县南北郝村一带暂设党委组织部联络据点（地下招待所），负责赴路西干部的组织、护送工作；（三）基层党组织（村党支部）实行精干隐蔽方针，灵活运用革命两面政策同日伪进行斗争；（四）采取各种形式，坚决镇压汉奸、特务和叛徒。

北岳区第二地委（二分区、一专署）调整区划（8 月） 为适应对日伪军斗争需要，北岳区第二地委（二分区、一专署）调整区划。盂县的牛村、洞沟、东关头以北，盂城至上社、下社、独子口以东地带与河北平山县蛟潭庄、小庄一带的 3 个区，合并成立盂平县，组建盂平县委，王维新任书记，曹国章、田云分任组织部长和宣传部长；成立盂平县政府，孙雨培任县长。全县共辖 7 个区，原盂县境内的村庄新划为 4 个区。合并阳曲县（东）与盂县的管头、凌井店以北、盂城至大围、教场、进圭社以西地带为盂阳县，成立盂阳县委，吕善昌任书记，李力安、李振江任县委副书记并分别兼组织部长和宣传部长；成立盂阳县政府，朱哲人任县长。全县共 7 个区，阳曲（东）境内为新划之二、三、六区，盂县境内为新划之一、四、五、七区，原盂县的十三、十四两区的 26 个村庄划归定襄。

北方分局成立平津联络站（8 月） 北平、天津沦陷后，地下党组织遭到严重破坏，随着抗战形势进入战略相持阶段，敌后情报工作愈加重要。8 月，中共中央北方分局社会部决定成立平津联络站，李才任站长。平津联络站的主要任务是：迅速恢复与原北平陈叔亮组主要成员的联系，加强工作指导，并负责联系天津、上海、沈阳方面的情报组织。李才到北平后，在原陈叔亮组的基础上组成了以陈卓毅、郑大堃为首的情报小组。这个小组的工作很活跃。李才还单独联系一些情报关系。

9 月

晋察冀边区贯彻执行党的一元化领导（9 月 1 日） 1942 年 9 月 1 日，中共中央政治局通过《关于统一抗日根据地党的领导及调整各组织间关系的决定》，强调在日伪军“扫荡”频繁、环境日益残酷的形势下，各抗日根据地必须实行党的领导一元化。这一决定明确指出，中央代表机关（中央局、分局）及各级党委（区党委、地委）为各地区的最高领导机关，统一各地区的党政军民工作的领导。同时，强调既要严格执行民主集中制，又要防止党委包办和民众团体的工作，取消过去各地党政军委员会。中共中央的这一决定，及时解决了边区各系统在对日伪军斗争中，地方和军队两个系统许多工作难以协调一致的问题。

中共中央的决定下达后，中共中央北方分局、晋察冀军区立即在全区范围内将其贯彻。北方分局于 10 月 24 日发出通知，要求调整区党委和二级军区以下各级领导机构，实现晋察冀边区党的一元化领导。据此，北岳区党委于 11 月 20 日作出《关于党的一元化的决定》，在组织领导上，根据分局 10 月 24 日通知，实行了改组，除原有委员外，又增加朱良才（军区政治部主任）等数人，朱良才兼任区党委副书记。改组后的北岳区党委，成为北岳区范围内党政军统一的领导机关。随后，北岳区各地委也相继进行了改组。改组后的各地委书记分别由军分区司令员或政治委员兼任，地委原书记改任副书记兼军分区政治委员或副政治委员。其领导机构如下：第一军分区司令员杨成武兼任第一地委书记，第二军分区政治委员赵尔陆兼任第二地委书记，第三军分区政治委员王平兼任第三地委书记，第四军分区政治委员刘道生兼任第四地委书记，第五军分区政治委员罗元发兼任第五地委书记。同时，冀中区党委按照中共中央的指示和北方分局的通知精神完成了改组。冀中区政治委员程子华兼任冀中区党委书记（1942 年 9 月，冀中区原党委书记黄敬调任中共冀鲁豫区党委书记），马辉之任党委副书记。冀中区下属领导机构调整如下：第六地委由张逢时任书记兼军分区政治委员，第七地委由吴西任书记兼军分区政治委员，第八地委由金城任书记兼军分区政治委员，第九地委由吴立人任书记兼军分区政治委员，第十地委由旷伏兆任书记兼军分区政治委员。1942 年 9 月，中共中央北方分局将冀东地区党分委改为第十三地委，下设东部地分委和西部地分委。1943 年 2 月，中共中央北方分局决定将平北东部地区划为冀东领导，平北西部地区划归平西领导，并设平北地分委和平北支队。

在区党委和地委改组的基础上，各地分委、县委也依照具体情况进行了改组。主力团和地区队驻防地区设有地分委的，其主要负责的党员干部参加该地区的地分委，未设地分委的则分别参加有关县委。北岳区二地委在滹沱河南北的两个地分委以及其他边沿地区的党委，都采用这种组织形式。有些县委机关同部队的团、地区队在一起工作和生活，在县委统一领导下，关系融洽。另外，边区区级以上的农妇青等群众团体，也相应地改组成统一的各界抗日救国会。产业工会、各界抗敌后援会、文联、学联则为抗联的团体成员，仍保持其组织系统一定的独立性。

封锁沟以外地区，除了主力团和地区队的负责人参加所在地边沿区的县委以外，还采取了一些补充办法。如在北岳区沟线外的一些小块地区，成立统一领导一切的党的委员会，统一领导该地区的全面对日伪军的斗争，委员会包括武工队的政治委员、队长及政府和群众团体的有关干部。

晋察冀边区各级领导机关的调整和党的统一与一元化，全面地加强和改善了党对一切工作的统一领导，为以革命的“总力战”粉碎日伪军的“总力战”，渡过难关，巩固、恢复和发展抗日根据地，准备反攻，从组织领导上提供了保证。

晋察冀边区政府指示游击区建立两面政权（9 月 4 日） 1942 年，日军对晋察冀边区大“扫荡”后，平原地区差不多所有村都建立了日军的“维持会”和伪政权，被迫应付日伪军。为了坚持对日伪军的斗争，保存与积蓄革命力量，维护人民利益，逐步恢复抗日根据地，晋察冀边区行政委员会于9月4日发出《关于目前游击区政权组织及工作的决定》，指出，在日伪军不断分割封锁、突击“蚕食”之下，游击地区的村级抗日政权，可以利用日伪政权的组织形式，或者把抗日政权加以伪装，作为暂时应变的必要措施。两面派的村政权，在组织形式上，可以是多种多样的，以能迷惑日伪视线，掩护抗日工作为准，不必求其强同。当地的县政府、行政村公所，是抗日政府的县、区、村组织及县公署，大乡保甲是日伪政府的县政组织。此外，对游击地区县、区政权与工作，也作了若干规定。由于游击地区的县、区情况复杂多变，工作之间发展不平衡，《关于目前游击区政权组织及工作的决定》明确，县、区政权组织形式必须适应具体情况而机动应变，区公所不是一级组织的原则不变。区公所的组织要以短小精干、便于活动、便于领导为原则。区大队部编制原则上规定1人。区公所与武装结合，区游击队长由大队长或区长兼任。区长采取分区领导制，每人领导一个地区，负责解决全面问题。县政权组织以短小精干、力量集中、便于分散活动为原则，公安局、武装部单独设置。县政府设县长、秘书、科长、办事员若干人。县议会自行召集会议，议长名义保留，对外多团结上层，不兼任政府职务。工作决定还对游击地区县、区干部的领导责任，进一步巩固游击区，加强对敌斗争以及县、区、村的组织形式与斗争方针等事项提出要求，限期上报至晋察冀边区行政委员会。至1943年初，游击区和部分敌占区村庄，相继建立了抗日的两面政权。伪政权改造以后，在党的领导下利用合法形式展开了对日伪军及其伪政权的斗争，对保存力量，坚持阵地，粉碎日伪军的分割“蚕食”政策起到了积极作用。

聂荣臻等发布游击队改编命令（9月4日） 面对日伪军一次次的“扫荡”“蚕食”，晋察冀边区各抗日根据地形势恶化，为解决粮食、供给等方面的问题，贯彻精兵简政政策，聂荣臻同萧克于9月4日发布命令：“（一）前次各分区政委在军区开会决定，将区游击队取消，以区游击队充实县基干队，现各分区某些区游击队仍未取消。为减少吃公粮人员，真正充实县基干队，凡区游击队一律取消，编入县基干队，由县游击队分散到各区（靠近敌人之区及封锁沟内之区）活动，在某区活动之分队应选择该区之人员以便熟悉地方情形。（二）县游击队分散到各区活动部队仍直接受区委领导指挥，惟供给上仍属县游击队，区游击队取消后各分区应注意各区不脱离生产之游击小组。（三）军区、地方军区游击队之编制表取消。”① 命令发布后，各根据地的游击队按照军区指示进行了改编。

冀中军区完全地方化（9 月初） 由于五一反“扫荡”后冀中根据地全部变成游击区，主力部队已撤出，中共中央北方分局和晋察冀军区决定“冀中各军分区完全地方化”，规定地委书记兼任军分区政治委员，分区专员兼任军分区副司令员，县长、区长分别兼任县大队队长、区小队队长，县委书记、区委书记分别兼任县大队政治委员和区小队指导员。1942 年秋冬，冀中各军分区的主要领导成员是第六军分区司令员王先臣，地委书记兼政治委员张逢时，专员兼副司令员吴树声；第七军分区司令员尹诗炎，地委书记兼政治委员张达，专员兼副司令员谷小波；第八军分区司令员孔庆同，地委书记兼政治委员金城；第九军分区司令员王凤斋，地委书记兼政治委员吴立人，专员兼副司令员赵介；第十军分区司令员刘秉彦，地委书记兼政治委员李斌，专员兼副司令员任志远。

迁安县大杨官营惨案（9 月 10 日） 冀东东北部的迁安，北靠长城，南邻北宁铁路，是冀东抗日根据地中心。大杨官营村位于迁安县城南 15 公里处，村落西靠岗山，东傍迁安滦县公路。1942 年 9 月 10 日清晨，日军头目藤川命令日伪军将关押在迁安监狱、昊天观和圣人庙的八路军抗日干部、群众 300 多人以转移为名，分四路由日伪军监押，出县城东门往南，来到大杨官营村西岗山脚下的老牛圈。老牛圈是 3 个相连的大水坑。日伪军先包围了大杨官营村，并在老牛圈四周架起机关枪。中午时分，日本侵略军用刺刀把第一批押到的 100 多人集中在大水坑旁，强迫他们跪下，被押送的抗日干部与群众宁站不跪，大义凛然，控诉日军暴行。藤川命令日伪军挥刀将第一批驱押的 100 多人砍头，将头颅和尸体推进水坑。随后，日本侵略军又分批把从大杨官营及附近村庄抓的抗日干部和群众共 200 多人全部杀害（只有 3 位幸存者），其中有老年、妇女和儿童，被害者尸体填满了水坑。翌年夏季，山洪暴发，老牛圈水坑中被害人的头骨被冲出，共找到被害人头骨 312 颗。面对日军疯狂“扫荡”和残酷野蛮的镇压，迁安人的抗日信念更加坚定。惨案前后，仅大杨官营村就有 128 名青壮年参军，被编入冀东八路军主力部队第十二团，在党的领导下，取得了抗日战争的最后胜利。

---

① 周均伦主编：《聂荣臻年谱》，人民出版社 1999 年版，第 371 页。

晋察冀边区党政军高级干部会议召开（9月11日至16日） 9月11日，中共中央北方分局和晋察冀军区在平山县寨北村召开边区党政军高级干部会议，着重研究如何进一步加强党的领导，总结以往反“蚕食”斗争的经验教训，切实贯彻中共中央关于“敌进我进”的指示。聂荣臻主持会议。会议全面分析了敌我斗争形势，批判了对敌斗争中的各种错误倾向和主力部队忽视游击战争、坐等良机打大仗的观点，确定了以武装斗争为核心，配合各种斗争，向敌后展开全面攻势，变游击区为根据地、敌占区为游击区的方针。萧克副司令员在会上作了军事报告。聂荣臻作了《目前政治形势》的报告，分国际形势、太平洋战局与华北抗战、国内局势、印度与英国问题、坚持敌后斗争到最后胜利五部分。会议提出了贯彻到“敌后之敌后”去的指示，所有部队都要深入“敌后之敌后”开展游击战争，并制定了“敌进我退”、向“敌后之敌后”伸展的反“蚕食”斗争的行动方针。9月16日，聂荣臻在边区党政军高级干部会议上作结论讲话。结论共11个部分：对目前形势的传达；在目前形势下，本政策上要反对“左”和右两种错误倾向；关于反“扫荡”与反“蚕食”的联系问题；以游击战为主，但不是放弃了运动战；关于军事教育问题；部队防守的地区划分与部署；关于开展伪军工作的问题；军事上争取主动的问题；巩固根据地不能与保存实力对立起来；关于地方武装与人民武装问题；领导一元化问题。这次会议解决了反“蚕食”、反“扫荡”斗争中的思想认识问题，同时采取了相应的组织措施，对于扭转反“蚕食”斗争的被动局面，开辟敌占区起到了决定性作用。寨北会议后，北岳区主力部队的1/3到1/2，执行向“敌后之敌后”挺进的任务，组织了多支武装工作队，积极伸到沟外，恢复和开辟地区，配合正面的反“蚕食”斗争，形成了“敌进我进”的新局面。

***冀中区落实高干会议精神（9月）** 冀中区党委和冀中军区，根据中共中央北方分局高干会议关于“成立以白洋淀、文安洼、大清河一带之苇塘为主的游击根据地，逐渐向外扩张恢复与开辟工作”的指示，对不同地区确定了不同的对敌斗争方针和具体政策，即对敌人力量较薄弱的地区，采取积极进攻的方针，以保持我之中心立脚点；对敌力量较强，一时难以收复的地区，采取以隐蔽斗争为主的革命的两面政策，坚持对敌斗争；对敌人占领较久的地区，积极开辟，使之逐步转化为我之游击区域或游击根据地。

枣强县王均大惨案（9月12日） 1942年，日军为摧垮冀南党政军机关和主力部队，调集大批兵力，连续发动了“4·29”“6·11”两次大规模的合围“扫荡”，但冀南区党政领导机关仍然在枣强县里祥一带村庄指挥全区军民的抗日斗争。9月12日拂晓，日军调动驻献县、河间、德州、衡水等地的日伪军5万余人，由冈村宁次亲自指挥，分东、西两个区域对冀南分区控制地区进行空前残酷的“合围扫荡”。冀南党政军机关在事前得到情报，于9月11日夜间全部撤离。日军负责“扫荡”枣强县东部地区的四十一师团指挥部设在大师友村，日伪军见八路军主力部队已安全转移，日军指挥官庄上命令飞机扫射和地面部队快速围堵相结合，把枣强县东南部的董庄、前后陈庄、东王均、杨苏等数十个村庄的大批青年驱赶到王均村，进行惨绝人寰的大屠杀。日军在王均村盘踞6天，共设立4处杀人场：第一个杀人场在王均村前街中部的一个空场上，共有20多人被掩死；第二个杀人场在村东头的大水坑旁，先后有40多人淹死在水坑之中；第三个杀人场设在村民宋九振家的一处大猪圈旁，共18人遇害；第四个杀人场在村西的打谷场上。9月16日，日军在打谷场正中堆满柴草，100余名群众被杀害。大屠杀结束，日军撤走后，村干部组织群众将遇害人员进行清理和掩埋。在王均村惨案中，日军共杀害无辜群众310人，除王均村的12名群众以外，其余皆是从附近村庄被抓来的村民。

北岳区秋季反“扫荡”（9月24日至10月上旬） 日伪军集结万余兵力，在飞机配合下，向北岳区开始秋季“扫荡”。日军先头部队分3路向抗日根据地腹心地区推进：南路曲阳日军松尾大队600余人，经王快向西推进；西路龙泉关、石咀日伪军400余人，向东推进；北路灵丘日伪军千余，向南集中，于9月28日侵占阜平县城。此后又分两股北犯、一股西犯，向周围地带“扫荡”，企图与根据地军队决战。为加强对敌斗争的领导，北岳区党委、晋察冀军区政治部作出《关于沟外武装工作队一元化之决定》，决定主力部队及地区队的负责同志，原则上均参加所驻地区的地委、县委。为坚持封锁沟外的阵地，由军队和地方派得力干部组织武装工作队，设队长、政治委员统一指挥。9月29日在阜平城附近毙北犯日伪军60余人，并在庙儿台一带对日伪军进行阻击。同时，在不老树侧击西进之敌，毙日伪军20余人。9月30日上午收复阜平，10月1日再次侧击西进之敌，10月上旬，各路日伪军沿原路退回。北岳区日伪军的秋季“扫荡”被粉碎。

刘少奇关于冀中工作任务的指示（9月24日） 刘少奇于9月24日在中共

中央北方局干部会议上应邀作了《关于合法斗争、非法斗争与两面政策问题》的报告。报告中指出，冀中大“扫荡”后，情况变更，组织形式、斗争形式亦须变更，冀中全党全军的任务是坚持冀中抗日游击战争，建立游击根据地，发展敌占区工作，最高限度地保存与积蓄根据地的力量，坚持两年，准备反攻。除进行武装的抗日游击战争外，冀中要更多地依靠合法斗争、两面政策和更多的群众工作。

冀中十分区党政军领导机关进驻大苇塘（9月24日至11月中旬） 大苇塘位于胜芳以南、苏桥以东，东西约30公里，南北七八公里，七七事变前是绿林出没之地。因为抗战形势日益残酷，冀中十分区党政军领导机关于9月24日进驻大苇塘，在此建立了季节性临时基地，领导十分区抗日根据地恢复工作达两个月之久。八路军利用芦苇盖起了简易房屋，从附近村庄征来炊具粮食，并修了“磐坨路”。经过艰苦细致的群众工作和争取伪军、伪组织工作，冀中十分区地委站稳了脚跟。11月中旬，冀中十分区领导机关撤出苇塘，分散于新（城）雄（县）霸（县）地区之隐蔽根据地。除军分区政治部副主任李孔亮率领3个连到平西山区休整外，其余部队均以大连为单位分散活动。

晋察冀边区反“蚕食”斗争（9月） 日伪军在对根据地中心区进行“扫荡”的同时，也沿封锁沟不断地进行“蚕食”与“扫荡”。在东线，日伪军于易县、满城、完县、唐县、曲阳、行唐、灵寿一线以西和以北地区，继续推进，企图挖掘第二道封锁沟。在南线，日伪军于灵寿、平山以北的新“蚕食”地带挖沟筑堡，企图建立新的封锁线。在西线，日伪军以“蚕食”手段，不断扩大曲阳、盂县、定襄、五台等地的“无人区”，盂县、阳泉、寿阳的日伪军也频繁出动，修建碉堡。在雁北地区，日伪军结合“蚕食”向繁峙、灵丘以南和应县、浑源、广灵以南等山岳地带，先后“扫荡”6次。此外，平西地区的斗争也相当紧张。

晋察冀边区各军分区主力部队、地方武装和民兵广泛开展游击战，同日伪军展开了激烈的争夺，使日伪军每进一步都要付出很大代价。9月中旬，日伪军在满城西北的吴家庄、岗头、大栅营、孟村、佃头一线修建碉堡，第一军分区部队在民兵的配合下日夜袭扰。日伪军每修建一座碉堡，都要被根据地军队破坏四五次，日伪军不得不大量抽调兵力和征集民夫进行抢修，从而迟滞了原本的行动，使修建时间推后了10多天。9月底，日伪军挖掘吴家庄至韩家庄间封锁沟，第三团对日伪军先后袭击 15 次，伏击 3 次，炮击 4 次；民兵在日伪军必经的路上埋设地雷，并驱散民夫 5000 多人，终于迫使日伪军放弃了挖沟的计划。日伪军在易县斑鸠山、神石庄、玉山铺等地修碉时，第二十团连续奔袭斑鸠山 3 次，第一团袭击神石庄 9 次，给日伪军很大杀伤，焚毁了日伪军修碉的物资、器材。10 月下旬，唐县日伪军 90 多人出动建点，占据唐县以西的王子山，第三军分区的骑兵团和第二团各一部袭击唐县日伪军，歼灭 70 多人，其中大部分是日军。11 月，驻徐水大王店的日伪军出动 400 多人在马鞍山建点，第二十团乘其立足未稳，连续进行了 4 次强袭，毙敌中队长以下 40 多人，摧毁岗楼、碉堡各 4 座，迫使日伪军停修半个月。根据地南线、西线各部队也积极出击，袭扰和打击修碉挖沟的日伪军，围困据点，平沟破路，有力地阻击和迟滞了日伪军的“蚕食”推进。

从冀中到平汉路的秘密交通线建立（9 月） 为了加强秘密交通工作，冀中区党委、地委均成立了武装交通队，区党委至地委，地委至县委均建立了秘密交通站。为了保障能够安全通过平汉路，区党委还建立了两支铁路武装交通队，各军分区和地区队还建立了军事系统的通信站。从冀中到平汉路的交通线有以下五条：（一）区党委交通处所建立的曲阳县北水峪站（第四总站），站长冯淑章负责与七地委联系，并通过七地委与六地委、八地委联系，以后又建立了由行唐到藁（城）无（极）直接与六地委的交通线；（二）区党委所建的完县西柏山交通站（第五总站），站长刘瑞符负责与九地委联系，并通过九地委与十地委联系；（三）冀中行署公安局所建立以安平县报子营为中心的交通站，东至肃宁、饶阳县境，南至深县县境，西经安国、定县境到北岳区；（四）冀中军区卫生部所建东起安平县杨各庄，西至唐县张合庄的交通线，交通队长为霍兆林，指导员为纪平；（五）十分区所建的东起雄县杨相庄，经新城、涿县，过平汉铁路，再经房山县的十渡至平西地区，该交通线队长为祝凤山。

《冀中导报》停刊（9 月） 冀中五一反“扫荡”后，冀中区领导机关和主力部队向外转移，坚持地区的党政干部及人员与地方武装力量编组，分散隐蔽，寻机开展游击战，冀中形势恶化。为此，冀中区党委于 9 月决定《冀中导报》停刊，改由各地委结合本地斗争实际出版小报。根据区党委的指示，9 月底前各地委均建起了报社，出版油印小报，各地委报纸名称和报社社长是：六地委《团结报》，社长李键；七地委《黎明报》，社长王亢之；八地委《胜利报》，社长肃竹；九地委《团结报》，社长周景陵；十地委《黎明报》，社长黄应。

冀东区秋季反“扫荡”（秋） 9月17日，日军进行“冀东一号终期作战”，对冀东根据地进行毁灭性的“扫荡”和“清剿”，重点进攻长城内的基本区和长城外的热南地区。反“扫荡”初期，冀东抗日武装实行“敌进我进、敌守我守”的作战方针，避敌锋芒，主力部队由基本区转入关外热南山区、滦东一带打击、牵制日伪军，开辟新的游击区，仅留少数精锐部队，配合地方武装在平原地区分散活动，并组织武工队到敌后之山海关北武清、香河等地开展游击活动。9月23日，聂荣臻、萧克、唐延杰给冀东军分区发来关于《对敌秋季“扫荡”的估计与我之作战方针》的电报指示，列举了可能进攻冀东的敌军兵力、番号及其“扫荡”方式、策略后，指出，战役前须避免与敌决战，以主力一部转入敌后，一部一连排为单位，配合游击队的战斗，战役后期相机打击敌人。据此，中共冀东地委发出《反“扫荡”方针与部署》，针对日伪之兵力、计划，决定初期避免与敌决战，主力团转移至机动位置，进行休整，开辟地区；少数部队配合地方武装在基本区坚持，以游击战打击、消耗日伪军，破坏敌之挖沟行动，为战役后期创造出击条件。当日伪军“扫荡”基本区时，我军转入外线部队，全力向敌后出击，进行大破交，摧毁小据点。战役末期，我军以营为单位，返回基本区，打击日伪军，摧毁伪组织。

日军见冀东主力转移后，于10月中旬在长城内外部署三道封锁线，企图割断根据地长城内外的联系。面对日军优势兵力，冀东游击队和党政军民坚持利用小型游击战袭扰和打击日伪军，先后攻克宁河县板桥、迁安、遵化、兴隆等地的据点，破坏日伪军的封锁沟，镇压汉奸，扩大游击区，维系民心，在极其困难的环境中开展对敌斗争；坚持在反“清剿”斗争中，恢复开辟热南、滦东和北宁路南一带的抗日工作。转移外线作战的第十三团活动在兴隆和密云一带，第十一团进入兴隆南部和西部活动。11月，为粉碎日伪军“集家并村”的企图，第十三军分区兵分三路，在长城内外主动出击，分别向青龙、绥中、承德、平泉、宁城、滦平、隆化、热南中部地区出击消灭日伪军。同时还开展各种政治攻势，分化瓦解伪军。到年底，第十一团已开辟了承德以东的大片地区，建立了承（德）平（泉）宁（城）办事处。第十三团攻克蓟县以北地区和隆化县岩山一带，使日伪军制造“无人区”的“集家并村”阴谋计划未能实现。在滦河以东的第十二团，经过两个多月的时间，先后建立了迁安、卢龙、抚宁、昌黎联合县办事处，并于各县都组建了游击队、基干队等抗日武装，共 1200 多个村庄建立了抗日政权。至此，冀东军民粉碎了日伪军摧毁冀东抗日游击区和游击根据地、消灭冀东抗日力量的企图。

*__冀东地委召开扩大会议（10 月 9 日）__　冀东地委于 10 月 9 日举行扩大会议，讨论反“扫荡”的部署安排。会议强调，在反“扫荡”中不能单纯隐蔽，要把战略防御与战略进攻有机结合，采取“敌进我进”方针；在日伪集中优势兵力进攻基本区期间，要把冀东孤悬敌后四面受敌的不利形势变成向四周出击的有利条件。会议决定，1942 年冬除留下部分精干主力配合地方武装支持党政干部坚持基本区外，组织好主力武装，跳出日伪军包围的圈，向东西南北四面出击，大力发展新区。

*__冀东部队利用反“扫荡”空隙进行政治整军__　经晋察冀军区批准，冀东部队利用反“扫荡”空隙进行政治整军。通过学习毛泽东的有关论述，冀东区教育干部和战士认清形势，振奋精神，增强抗战必胜信心。同时，整顿组织纪律，改善军民、官兵关系，提高部队军政素质。政治整军的主要内容是：团以上干部整风，营连以下干部整顿官兵关系；恢复建立部队政治工作制度，强调支部在连队的领导作用，加强全军的时事、政治教育以及执行“三大纪律八项注意”的教育。到后期，政治整军结合军事训练进行。整军是分批分期进行，历时一年多，使部队得到了巩固，战斗力得到了加强，为冀东部队大发展奠定了坚实的基础。

10 月

晋县耿庄惨案（10 月 3 日）　耿庄位于滹沱河南岸的晋县与深泽两县交界处。抗日战争初期，村里就建立健全了抗日组织和基层抗日武装，并积极配合八路军主力部队炸碉堡、截军粮，打击日伪军。1942 年 10 月 3 日上午，驻守在深泽城内的百余名日军在伪汉奸的带领下，将耿庄包围。日军进村后，把抓到的 70 多名村民和部分抗日工作人员，驱押到村外一处三角形的空地上。日伪军在空地的南、北两侧高处架起机枪，空地的东、西两边有几十名日军一字排开，把村民与抗日工作人员包围在中间。另有 20 多名日本骑兵在四处巡逻。凶残的日军向村民与抗日工作人员追问我军的下落。在场的村民与抗日工作人员都怒视着日军，没有人回答。气急败坏的日军先后把纪小义、纪小瑞、纪大仓等人枪杀，然后把村民与抗日工作人员分成两排，先后用刺刀杀死30多名村民。面对日军的凶残，人们奋起反抗，赤手空拳与日伪军进行搏斗，最后又有十几名村民被杀。这次惨案共有48名抗日工作人员和几十名无辜村民被杀害。

晋察冀边区通报打击反动会道门情况（10月5日） 就打击一时猖狂的反动会道门情况，聂荣臻同萧克、唐延杰于10月5日致电彭德怀等及晋察冀军区各兵团首长："盂县敌兵利用封建迷信会门新九宫道，在盂县城会回地区组织红枪会，以欺骗及威胁手段强迫群众参加，自4月1日以来相继组织武装暴动，捉捕我部队侦察人员与地方党政干部，破坏我政权，使该县一、二、三区工作遭受部分破坏。"① 为解除群众痛苦，打击首要汉奸，争取被欺骗强迫群众，北岳区根据地于10月22日夜组织两个团，同时出击，包围九宫道中心组织所在地，"将盂县新九宫道总负责人李铁桂，土塔、紫牛庄各地盘据其中心组织负责人及红枪会连排干部60余人当场击毙"，消灭了该组织。

青县后洼村惨案（10月13日） 距青县县城西15公里的后洼村1944年前属大城县八区管辖，1944年后划归青县，侵华日军曾经多次对该村进行疯狂"扫荡"并制造后洼村惨案。10月13日早上8时，驻守大城县的宪兵队得知有抗日干部住在后洼村开展抗日斗争工作的消息，突然包围了后洼村，区委书记邓润熙被捕。日伪军把村内群众押到街中的空地上，并对邓润熙、村武委会主任王汝刚、区小队队员王发林进行拷打，威逼他们说出其他干部的去向，3个人坚贞不屈。最后，日伪军把他们3个人捆在马尾上拖回大城。邓润熙等3人被捕后，驻扎在大城的日军头目守滕，以"情报不准，严防不范"为由，对驻樊庄据点的日军小队长岩田进行训斥。岩田亲自率领20多人，在10月14日拂晓，将后洼村包围，把300名群众强行驱赶到村东土地庙前的空地上，并在人群四周架起机枪，又把其中100多名群众带到村东王汝相家堆满干柴的庭院里，随后将院子出口封住，放火点燃了干柴，同时日伪军朝着院内的群众开枪，院内枪声、火光连成一片。日伪军在撤走前，又点燃了全村的房屋，整个后洼村变成一片火海。

晋察冀边区行政委员会颁布《晋察冀边区惩治贪污条例》（10月15日） 1942年至1945年，中国共产党在全党范围内开展了著名的延安整风运动，此时

① 周均伦主编：《聂荣臻年谱》，人民出版社1999年版，第373页。

晋察冀根据地一边抗灾荒、反“扫荡”，一边抓反腐不放松。借着延安的东风，根据地的反腐斗争也推向了高潮，1942 年 10 月 15 日《晋察冀边区惩治贪污条例》应运而生。这部条例共计 9 条，对量刑首次作出了数额规定，按小米的市价作为核算标准。如“贪污数目在 500 斤小米市价以上者，处死刑或 10 年以上有期徒刑。贪污数目在 300 斤小米市价以上 500 斤未满者，处死刑或 7 年以上有期徒刑”。这是量刑中规定死刑的两条。当时边区政府工作人员生活费在 10 元左右，按照当时的物价折算，每斤小米为 5 分钱，300 斤小米即 15 元，比一个人一个月的生活费还多，贪污 15 元以上者，就可以处死刑。晋察冀边区党组织开展的反腐斗争，得到了广大人民群众的支持，取得了空前的胜利。从 1942 年以后，晋察冀边区干部贪腐事件越来越少，部队和干部的廉洁自律观念越来越强，部队工作作风和生活作风越来越好，军民的鱼水之情越来越深。

冀中区党委党校第三期在冀西开学（10 月） 经过日伪军的大“扫荡”“蚕食”，冀中区斗争形势极其险恶，为避敌锋芒保存实力，冀中区党政军除留少部分人员坚持冀中对敌斗争，大部分人员按照上级部署，转移到其他根据地休整、轮训。10 月间，冀中区党委党校第三期学习班在唐县神北村开学。学员主要是冀中各分区和县工、农、青、妇等群众团体的主任、副主任、部长，行署、专署的科长，共四五百人，学习的内容是党的政策和对敌斗争经验，特别是五一反“扫荡”斗争经验。这些学员大部分于 1943 年 3 月去延安学习，其余的根据工作需要陆续回到冀中工作。

晋察冀边区成立各界抗日救国联合会（10 月） 晋察冀边区在调整各级领导机关，实行党的一元化领导的同时，为加强边区群众运动的统一领导，也对边区群众团体进行了统一改组。在改组前，中共中央北方分局向中央提交了关于《将各级群众团体合并为一个总的领导机关，并取消各个群众团体组织系统》的方案。10 月 24 日，中央书记处复示聂荣臻：“同意群众团体改组的方针。”此后群众团体改组工作便陆续开始。11 月 3 日，北岳区党委作出《关于北岳区群众团体领导一元化的决定》。按照这一文件的精神，北岳区各群众团体联合代表大会于 1943 年 4 月 25 日至 5 月 2 日举行，20 余个群众团体 140 余名代表参加会议，40 余名群众工作者代表列席。会议一致通过北岳区各界抗日救国联合会《组织简章》，民主选举产生了执行委员会和常设委员会，选举杨耕田为主任。会后，北岳区所属区以上群众团体进行了统一改组。与此同时，冀中区召开了各群众团体常委扩大会议，到会20余人，决定成立冀中区各界抗日救国联合会，选举产生了执行委员会和常设委员会，选举杨新月为主任。冀东、平北地区的群众团体的统一改组工作也相继完成。

北岳区党委作出群众团体领导一元化的决定（11月3日） 北岳区党委于11月3日作出《关于北岳区群众团体领导一元化的决定》，提出："由北岳区一直到区，原有各群众团体单独的组织系统一律改组，将工、农、妇、青、文各团体，共同组织联合的统一的领导与统一的系统，作为各团体最高领导机关，简称为各界抗日救国联合会。……产联、抗援会、学联、文联仍保持其目前的单独组织系统，这些团体可以会员的资格参加抗日救国联合会，接受抗联之统一领导。"① 这一文件提醒各级在改组前后，应严格注意防止"闹独立、闹系统，不能密切配合"，认为是"裁撤与取消群众组织"，某些领导干部"不注意领导与照顾全面工作，而只注意其系统工作"，"过分强调统一领导，忽视和放弃某些特殊性工作的研究讨论"等错误偏向的出现。

日军在热河地区实施大搜捕（10月） 10月，热河西南地区防卫司令部实施《西南地区肃正实施纲要》，指令承德宪兵本部特高课长木村光明在全热河地区，特别是青龙（主要是西部宽城）、兴隆、滦平三县，对抗日地下组织实行彻底"清剿"镇压。日伪军前后进行4次大搜捕，共逮捕抗日军民990人，经审讯后，将其中580人送往伪承德地方检察厅，由伪承德法院特别治安厅以违反《治安维护法》和"反满抗日"名义判决。

日军在宽城制造三起惨案（10月至11月） 10月15日，承德宪兵司令驻青龙、宽城、喜峰口宪兵分队，联合平泉特高课、冷口日本宪兵队、峪耳崖宪兵队、铁门关宪兵队以及宽城县讨伐队，对青龙至宽城、喜峰口至宽城公路两侧地下抗日组织工作人员及当地民众实行拉网式检举屠杀。驻宽城日本宪兵队长小野带领日伪军在孟子岭、前坡峪、药王庙、骆驼厂、龙须门、下板城、长沟、山湾子等村共检举抓捕抗日群众320人，全部押到宽城警察署及西街张家大院。这些群众经毒刑审讯后，有88人被宽城日军中根守备队在宽城南街东山根被枪杀，其余被押送到承德监狱。11月3日，驻孤山子日军及于友三讨伐队

① 《晋察冀抗日根据地》史料丛书编审委员会编：《晋察冀抗日根据地》第三册（大事记），中共党史资料出版社1991年版，第196页。

在山家湾子、椅子圈、葫芦峪等地抓捕检举王再甫、陆殿甲等 79 名群众。这 79 人除半路逃出 3 人以外，其余全部被押到宽城，由伪承德法院授权于当月 11 日，在宽城县南关枪杀。另有 27 人被分别押往鞍山、本溪、营口等地服刑。11 月 15 日，由投敌叛变分子原迁青联合县六区民政助理赵钧带领喜峰口日本宪兵队和宽城讨伐队先后到老亮子等村庄抓捕村干部，地下党员杨云庆、杨云祥、杨云阁及群众 200 多人，全部被关押到宽城警察署。日伪军按照叛徒早已交出的党组织及骨干人员名单，逐个对 200 多人进行审讯拷打，给其定性为“反满抗日”“破坏治安”等罪名后，将 35 人枪杀，并将其余人送往承德监狱关押。从 1942 年 7 月至年底，日伪军在宽城制造了 3 起惨案，共杀害抗日人员及群众 164 人，另有 500 多人被无辜判刑关押。

11 月

北方分局召开党报委员会议（11 月 1 日） 根据中共中央关于党的领导一元化的决定精神与北方局指示，中共中央北方分局召开党报委员会议，决定《晋察冀日报》同时兼有北岳区党委机关报的性质。会议要求：凡属于全国性及全边区性的问题，任何党的组织及个人不得标新立异、擅自发表意见。会议决定开展群众性的读报活动，加强党报的通讯发行工作。

北方分局发出优待妇女干部及儿童保育工作的通知（11 月 4 日） 为了使边区党政军民干部的儿童得到充分的营养与照顾，中共中央北方分局于 11 月 4 日发出《关于优待妇女干部及儿童保育工作的通知》，决定奖励妇女干部自行抚育儿童。文件规定：妇女干部在边区以内者，尽量将儿童由保育院领回自行抚育，应酌量减轻这些干部的工作；极少数妇女干部因工作确实不能自行抚育之儿童，及母亲不在边区无法领回之儿童，仍继续由保育院负责。文件还对优待妇女干部和儿童保育费用作了新的规定，自 1942 年 11 月起：（一）党政军民脱产妇女干部分娩时，发给费用 40 元；怀孕 3 个月以上流产者，发给休养费 30 元；怀孕 3 个月以下流产者，发给休养费 20 元。（二）卫生费每月由 5 角增为 1 元。（三）婴儿周岁前由母亲自养者，每月发给津贴 15 元；请人代养者，每月发给奶母小米 18 斤（或按市价折款），每年发给棉花 3 斤、宽面布 4 丈。（四）儿童周岁以上至 4 周岁由母亲自养者，每月发给津贴 5 元，并发给成人粮食、柴菜金的半数；请他人代养者，每月发给小米 22 斤、津贴费 5 元，每年发给棉花 3

斤、宽面布3丈。（五）儿童4周岁至14岁以下者，不论自养或请人代养均按成人粮食、柴菜金待遇，每年发给棉花3斤、宽面布4丈。

三河泗河惨案（11月5日） 泗河村位于河北省三河县城东南10公里，东与天津蓟县接壤，1942年，全村有300多户2000口人。1942年11月5日，100多名日伪军突袭泗河村，将中共蓟（县）宝（坻）三（河）联合县委成员李尚武、县大队部分战士和部分干训班学员包围，进村挨门逐户搜查八路军。激战中，四区区长穆真如、县基干大队第一中队队长刘克顺与第二中队队长陈金玉等27名干部、战士壮烈牺牲，部分伤员被转移到北燕村。11月6日，在泗河村的日伪军找来10口大缸，灌满水，将人头朝下按进去，致使30多名群众被折磨致死。11月7日，泗河村部分群众及两面保长张凯，被日伪军刀扎、火烧，身负重伤。11月8日，连续4天被围困的群众饥寒难熬，下午，日军强迫他们站到冰冷的河水中搭人桥，又有多人被冻死冻残。日伪军连续4天的野蛮暴行，使泗河村有48名群众被杀害，上百人致伤致残，400多间房屋被烧毁。

晋察冀边区发布典地回赎办法（11月7日） 为正确处理边区承典农民与土地出典人的关系，维护边区的抗日民族统一战线，11月7日，晋察冀边区行政委员会发布《关于处理典地回赎问题的几项办法》。文件规定，处理典地回赎的纠纷，必须坚持保障地主土地所有权、保障农民土地使用权的原则；出典人赎回的土地，不能自耕，再行出租出佃出典出卖者，土地使用人（不论其为原承典人或原租佃户）有优先承租承佃承典承买权；承典人如是土地使用人，因失去该项土地使用权致生活困难而与出典人发生纠纷时，农会（抗联会）应约同双方进行调解，或协同政府进行和解。

冀中区党委部署冬季工作（11月7日） 冬季来临，冀中区的抗日局势更加艰苦，冀中区党委于11月7日发出《关于冀中形势及任务的指示》，对冀中党的工作、武装斗争、统战、群运等诸项工作作了具体安排。文件指出，冀中仍然是游击根据地，严重形势仍在发展中，但基础仍然存在，有利形势正在逐渐扩大，要适应新的形势，善于组织掌握各种斗争形式与敌进行斗争。武装斗争为坚持游击战争的主要斗争形式，各级党委要加强对武装斗争的领导。连队取消排，改为大班制。挑选原游击小组、青抗先、模范自卫队中的优秀分子，组织民兵游击小组，广泛开展地道斗争和爆炸运动。群众团体统一组成抗联会。游击根据地的村政权实行两面政策，争取掌握伪组织。党的工作注重形势教育，肃清各种形态的悲观情绪，整顿支部，开展反自首斗争。巩固抗日统一战线，要在人民负担、劳资关系、经济政策等方面协调各阶层的利益。此后，冀中区坚持对敌斗争的党政军民克服困难，顽强地与日伪军展开游击战，为 1943 年开展恢复地区斗争保存了中坚力量。

晋察冀边区重要物资实行专卖出口（11 月 12 日） 侵华日军为了达到“以战养战”的目的，大肆掠夺沦陷区物资，通过经济掠夺手段，从抗日根据地抢购物资，一方面支持其战争机器的运转，另一方面压缩根据地军民的物资需求空间。为了粉碎日伪军的阴谋，11 月 12 日，晋察冀边区行政委员会发出《关于掌握重要物资实行专卖出口的指示》，提出：“专卖是掌握重要物资对敌进行经济斗争的重要手段之一”，“专卖工作是在敌伪经济封锁与敌我不等价交换，在贸易上我处于相对劣势的情况下，部分地逐渐地争取主动与胜利，以期改变整个贸易形势的方法。它是以掌握我之重要物资，换取敌之重要物资，冲破敌伪经济封锁，争取对敌等价甚至高价交换。这一工作必须政府与贸易管理局专卖商店，密切配合统一领导，才有胜利的把握。”①

北岳区建立童子军（11 月 14 日） 为了更好地教育边区少年儿童健康成长，根据晋察冀边区行政委员会命令，北岳区取消儿童团，另建童子军，并颁发《小学校与童子军关系的决定》，提出：（一）小学校的生活指导、体育娱乐、课外活动等工作，由学校组织进行，童子军在校内一般不进行单独活动；（二）县里普遍聘请小学教师为教练，其进行童子军的训练工作，指导童子军的会议，帮助童子军的工作，应为小学教师职责之一；（三）社会活动属于学校生活指导范围者（如参观参加学校间的比赛及活动等），由学校领导，一般抗战服务工作与学校教育有关者（如宣传工作、中心工作的配合、劳动生产等），由校方与村童子军中队部共同领导。

冀东八路军在热河境内广泛出击（11 月 15 日至月底） 冀东基本区沦为游击区后，冀东军分区主力部队，为配合恢复基本区的反“蚕食”斗争，在热河境内及长城南侧进行广泛出击，先后攻克锦热路的上谷、永合两车站及兴隆、承德、平泉、宁城、蓟县、抚宁等 21 个日伪据点，扩大了热南根据地，开辟了

---

① 魏宏运主编：《晋察冀边区财政经济史资料选编（工商合作编）》，南开大学出版社 1984 年版，第 364—367 页。

凌（源）青（龙）绥（中）地区，游击区扩大为11个抗日县政权，其中3个县跨长城南北，2个县完全在“伪满”境内，武装部队已发展到8100人。但在此期间，冀东基本区形势还是很严峻：日伪军已挖成贯穿数县的东西6条、南北4条、深3米、宽5米的封锁沟墙，沿墙安设大量据点与碉堡，并普遍成立了“大联乡”“自卫团”，日伪军不断进行“扫荡”“清剿”，大部分游击根据地变成了游击区和敌占区，人民群众遭到严重摧残，根据地处于极端困难时期。

遵化县马家峪惨案（11月19日） 马家峪位于河北省遵化县城南30公里，村西越过山岭就是遵（化）唐（山）公路。抗日战争时期，八路军在村西山沟里建有生产炸药的兵工厂，村西的山洞中有冀东军区供给部的军用物资和八路军伤病员。11月19日，驻扎在丰润县的200多名日伪军，在日军头目佐佐木的率领下，到马家峪村北的大屯官村进行屠杀“扫荡”。马家峪群众得知消息后，跑到深山里躲起来，村里只剩下老人、妇女和儿童。11月20日凌晨，日伪军包围了马家峪。手持刺刀的日伪军把村中50名老人和200多名妇女、儿童驱赶到村街中心五道庙的空场上听“训话”。五道庙前有一条30多米宽、4尺多深的大壕沟。日伪军强迫老人都蹲在沟北侧，妇女、儿童蹲在沟南侧，并在四周架起机枪。佐佐木威胁妇孺老幼说出八路军和伤病员的隐藏地点，马家峪群众誓死不说。日伪军先后把徐浩林、徐从林从人群中拉出来将其杀害。村民王合奎、徐兆灿面对日伪军的酷刑义正词严，受到拷打。中午时分，日伪军再次进村烧杀抢掠。午饭后，日伪军把从村里搜捕到的徐兆喜、徐兆明、徐兆清三人驱押到五道庙前，放火将他们活活烧死。日伪军见得不到八路军隐藏地点的信息，用镐头、木棒、枪托、刺刀等暴打无辜群众。傍晚时分，日伪军在拷打、枪杀无果的情况下，凶残地将30名老人用刺刀杀死。这次日伪军在马家峪制造的惨案，共有43人被杀，因为这些被害人大多是60岁以上的老人，自此，马家峪的人们把这些老人遇难的地方叫“老人坑”。

晋察冀军区发布调整北岳区人民武装部归属的命令（11月26日） 为便于广泛地开展游击战争，坚持与保卫抗日根据地，加强军队与民兵更密切地配合，在军事上得到统一指挥，晋察冀军区于11月26日发布命令，将人民武装部划归军区司令部领导，并对有关细节作了明确规定：（一）北岳区与专区人民武装部归军区与军分区领导指挥，司令部对人民武装部负指导责任，即等于供给部、卫生部与后勤部的关系，人民武装部即为军分区直属部门之一。（二）北岳区人民武装部内设作战教育科、组织科、抗先科；军区领导指挥北岳区人民武装部，军分区领导指挥专区人民武装部。

冀东地委会议讨论山区根据地建设问题（11 月下旬） 中共冀东地委于 11 月下旬召开会议，讨论了山区根据地建设问题，李楚离、李运昌、周文彬、李中权等参加，并作出了《关于建设山地根据地问题的决定》。会议检查批评了过去把山地只看成是反“扫荡”的回旋区，而轻视其战略意义的观念，要求把山地建成“相当稳固和隐蔽稳固”的根据地，广泛开展锦承路北和山海关北的游击战争，决定从基本区抽调 300 名至 500 名区级干部，加强山区和基本区，解决对山区的粮、布等日用物资的供应问题。

12 月

潘家戴庄惨案（12 月 5 日） 潘家戴庄现归河北省滦南县管辖，抗日战争时期属冀东八路军北宁路南游击区。1942 年 10 月，日本侵略军在冀东推行第五次“治安强化运动”。日军以路北为重点，沿长城各县制造“无人区”，在路南挖“遮断壕”，修碉堡，搞“清水摸鱼”。

为配合路南区群众的抗日活动，八路军迁（安）滦（县）卢（龙）县基干大队长张鹤鸣率领游击队二连、新三连等地方抗日武装挺进路南，活动在唐官营、川林和潘家戴庄一带打击日伪军。12 月 4 日下午，地方武装由唐官营经潘家戴庄向程庄转移时，被敌伪汉奸发现，秘报给驻张各庄日本骑兵队队长铃木信和日军第二十七步兵团少将铃木启久。张各庄、司各庄两据点的日军、特务、伪警备队共 250 人，直扑程庄、潘家戴庄。八路军基干部队为保存实力，决定暂时避开日伪军的锋芒，迅速转移，但其中大部分群众受到汉奸“中日亲善”的欺骗宣传没有转移。

12 月 5 日拂晓，铃木得知八路军部队转移，命令下属重新杀回潘家戴庄，将全村包围，把全村男女老幼驱赶到村东南的大场上，先后杀害 10 多名群众，仍然没有找到基干游击队的去向；又从人群中挑选出 20 多名年轻力壮的小伙子，令其在村边的老沟址上开挖出 1 条长 10 丈、宽 0.7 丈、深 0.6 丈的大坑。日伪军手持刀枪棍棒，把无辜群众打昏后推进大坑，见谁往上爬就开枪打死谁。随后，他们在坑内点燃大火，把坑里的人全部烧死。午后，日伪军又逼着青壮年在村边挖了 1 条长 2 丈、宽 1.5 丈、深 0.5 丈的大方坑。日伪军把村里妇女奸污后推进坑里活埋，同时被杀害的还有老人和儿童。最后，日伪军又把挖坑的20多名青壮年枪杀后埋入杀人坑，之后从杀人场又窜回村里，先砸门抢劫财物，后纵火烧房。大火一直烧了3天3夜，柴草木灰随风飘出30多里，潘家戴庄一片焦土。

惨案发生后，抗日军民把能辨认的800多具受害者尸体装殓掩埋，并将其与另外200多具残缺不全、无法辨认的尸体合葬成一座肉丘坟。潘家戴庄"千人坑"大惨案，日伪军共屠杀1280人（包括附近村在场的82人），杀人现场惨不忍睹。此外，日伪军实施"焦土"战术，烧毁民房1030间，村内财产被抢劫一空，村庄变成一片焦土。

惨案发生的当天晚上，迁（安）滦（县）卢（龙）联合县第三总区区长蔡勇为等赶到现场救助，冀东军分区司令员李运昌亲笔给潘家戴庄村民写去慰问信，号召大家团结起来，为惨遭杀害的同胞报仇，以实际行动向日伪军讨还血债，将抗日斗争进行到底。冀东抗日政府先后给潘家戴庄送去粮食、衣被、种子、牲畜、生活日用品及建房的砖瓦木料，号召生存下来的群众尽快重建家园，恢复生产，打击日军。

聂荣臻揭露日军所谓的"大东亚战争"骗局（12月7日） 为了达到欺骗、麻痹人民群众的目的，侵华日军创造出"大东亚战争"理论，以"友善""共荣"等口号粉饰、美化其侵略行径。12月7日，聂荣臻为《晋察冀日报》撰写社论《什么是日寇所谓的"大东亚战争"及其结局》，指出，日军以"大东亚战争"来代替"解决中国事件"这个不祥名词，号召进行"黄种人对白种人的战争"，目的是欺骗亚洲和中国人民。但这是徒劳的。一年来的太平洋作战，日军军舰被击沉502艘，日军4个月损失飞机2200架，远远超过了其国内的生产补充能力。因此，在中国和世界人民打击下，日本侵略军必败无疑。社论的发表，警醒了一些存在模糊认识的群众，鼓舞了广大抗日军民"抗战必胜"的信心，促使更多的人民群众拿起枪杆子走上抗日第一线，与日军进行不屈不挠的斗争。

柯棣华大夫病逝（12月9日） 12月9日，晋察冀军区白求恩国际和平医院院长、印度援华医疗队队员柯棣华大夫因癫痫病发作逝世于该院院部，终年32岁。柯棣华原名德瓦卡纳思·桑塔拉姆·柯要尼斯，柯棣华这个名字是他在偕同援华医疗队来中国时的改称，他在自己的姓后面加一个"华"字，意在表示抗日的决心和对中国人民的友谊。1938年1月，柯棣华毅然随印度国大党援华医疗队来到中国广州，先后在武汉、重庆国统区工作，受到周恩来、叶剑英、董必武的接见，后拒绝国民党要员的劝阻，奔赴革命圣地延安，受到毛泽东、朱德的接见。1940 年 7 月，任白求恩国际和平医院第一任院长并在中国结婚生子。在艰苦的战争年代，医院设备和医疗条件很差，柯棣华因陋就简，积极救助伤员和人民群众。柯棣华处处严格要求自己，政治上积极要求进步，1941 年 7 月 7 日，光荣加入中国共产党。12 月 17 日，晋察冀军区在唐县葛公村召开追悼会，悼念柯棣华，到会军民约万人，聂荣臻出席大会。18 日，柯棣华遗体公葬于烈士墓。30 日，延安各界召开追悼大会，毛泽东为柯棣华大夫写了挽词："全军失一臂助，民族失一友人。柯棣华大夫的国际主义精神，是我们永远不应该忘记的。"朱德挽词："生长在恒河之滨，斗争在晋察冀，国际主义医士之光，辉耀着中印两大民族。"周恩来给柯棣华的家属写了慰问信。

聂荣臻提出敌后根据地军事建设的意见（12 月 14 日） 晋察冀边区作为"模范根据地"，时刻受到中共中央的关注和指导。1942 年，边区经受了侵华日军空前的大"扫荡"，根据地建设遭受较大破坏，中央军委对晋察冀边区的军事建设发出指示。一直身处晋察冀边区军事建设一线的聂荣臻，对如何结合斗争实际做好敌后根据地军事建设工作，于 12 月 14 日致电中央军委：中央军委关于敌后根据地军事建设问题，……总的精神我是完全同意的，但在某些具体问题上，我尚有不同的意见。对军委 11 月 7 日指示第 2 号和第 3 号我有如下的意见：（一）主力军与地方军的分建问题，强调地方军的建设，此问题我区与晋西北晋东南都有不同，因为他们是由主力到地方化，而我区的建设开始即由地方性质和地方形式组织起来，虽然在几年的斗争锻炼过程中，一部分部队形成八路军主力军之一，起了主力军的作用，但我区的编制仅到团止，团以上则为军分区、军区同时均在一定地区内坚持斗争与各种建设，故至今我区之组织，仍属于地方性质者为多，此对于坚持根据地有重要意义，现在主力如无特殊任务时，我区的兵团是否一定要由军分区抽出组织主力兵团，小的机动在本区内既无妨碍，超出本区大的机动今后可能又较少。同时重叠之地方机关深以为苦，此请重新考虑。（二）规定地方军如此，定要重新扩充，主客观条件均不可能，如果从主力兵团分划一定数量出去，则首先请军委考虑为应付各种事变的必要，华北八路军应经常保持有若干主力，而分给我区者又为若干。（三）军事建设分 3 级（主力军、地方军、民众武装），各有其组织与建制，但在分区和军区范围内均需要有集中的领导和统一的指挥，集中领导统一指挥与独立活动分散指挥不是对立的，因游击战争中游击动作需要各自独立活动在一个地区的统一，是统一于某个任务，而不是对各游击部队集中一块作战之意，有集中与统一才能有在一定地区内共同行动，进行某个阶段或某个地区的整个任务，也才能使根据地各种制度和坚持党的各种政策实现。（四）地委书记可兼军分区政委，但不应成为绝对的制度，因为许多地委书记不一定是本地人。（五）人民武装不仅有武装性，与一般群众组织不同，还负有必需的抗战勤务，人民武装应成为公民的义务组织，为加强军事组织和训练，绝对的民主是不妥当的。①

关于冀中军事组织调整的建议（12 月 14 日、15 日） 聂荣臻、萧克于 12 月 14 日致电彭德怀并报中共中央，建议精简冀中军事机构，就冀中军区指挥机关及主力部队转移至冀西山区后，关于此后冀中军事组织，提出三个方案。15 日，聂荣臻又致电彭德怀并报中共中央，认为前电提出的关于冀中军事组织第二个方案较好，即把第三纵队直属机关及军分区机关裁并，以团为单位隶属于北岳地区各军分区，可减少非战斗人员 4000 余人。同日，彭德怀复电聂荣臻："我意将三纵队司令部取消与军区司令部合并，吕正操同志专管冀中游击战争。"②

冀东东北情报联络站成立（12 月 16 日） 随着抗日斗争局势的发展，搜集伪满的战略政治情报、向东北派遣情报人员、建立情报组织越来越显得必要，而且也有了客观可能性。12 月 16 日，中共中央北方分局社会部派任远（刘杰）到冀东工作，并决定将原冀东情报站改为"冀东东北情报联络站"（对外称"冀东军分区联络部"），任远受北方分局社会部和冀东地委双重领导。冀东东北情报联络站成立后，相继在路南及滦东建立 3 个分站。这些情报联络站为根据地开展抗日斗争提供了很多情报，至 1945 年日本投降时，情报站秘密人员已发展到锦州、北票、沈阳、四平、佳木斯、吉林、长春、哈尔滨等城市，为抗战胜利后人民武装抢占东北提供了帮助。

鸡蛋坨崖五勇士跳崖（12 月 27 日） 鸡蛋坨位于河北省涞水县曹霸岗村的西面。曹霸岗村地处涞水野三坡下段，位于涞水县城西北 45 公里处，东临北京

---

① 参见周均伦主编《聂荣臻年谱》，人民出版社 1999 年版，第 377 页。

② 晋察冀边区革命历史编纂委员会编：《晋察冀边区革命史编年》，河北人民出版社 2007 年版，第 560—561 页。

市房山县。1938 年，曹霸岗村为房（山）涞（水）涿（县）县政府驻地，1942 年，村中驻有八路军冀热察挺进军七团。曹霸岗村四面环山，为战争险要关隘，上可接罗古台、庄里一带，下可连蓬头、福山口。福山口在抗战时期驻有晋察冀军区十一分区司令部、平西地委、平西专署、县委机关。1942 年 12 月 27 日，日军纠集 1000 多人从宛平杜家庄出发，沿庄里、罗古台南下直扑曹霸岗。时八路军七团主力在外作战，团部留守部队只有二连和特务连。情况危急，团部命令二连掩护团部机关和群众安全转移。二连抢先占领鸡蛋坨，战斗从深夜打到第二天中午，接连打退了日伪军的 3 次进攻。敌众我寡，团部命令边打边退。二连接到撤退命令后决定由一向作战勇敢的李连山带领八班并带一挺机关枪掩护全团转移。战至 28 日下午 4 时，弹尽粮绝，八班战士与日伪军展开白刃战，直至最后只剩下李连山、刘荣奎、宋聚奎、邢贵满、王文兴。为了不当俘虏，5 位战士从 20 余丈高的鸡蛋坨山崖上纵身跃下，壮烈牺牲。

平北地委大海陀会议（12 月底） 为了总结 1942 年对日伪军斗争经验，布置 1943 年春工作任务，平北地委于 1942 年 12 月底在赤城、延庆交界的大海陀村召开县、区干部会议。地委书记武光作了关于平北根据地的开辟和此后党的任务的报告。这次会议，对平北根据地的坚持和发展有重要意义。

北方分局城工部整理北平地下党组织（年底） 中共中央北方分局城工部于 1942 年底开始对北平地下党组织进行整理，主要有计划地抽调地下党员到根据地接受训练。在北平有立足条件的训练后仍派回北平，没有立足条件的另行分配工作，以便切断日伪当局可能掌握的线索，解除潜伏的危险，为地下党组织的巩固与发展创造条件。保定地区的秘密交通站配合完成此项任务。至 1943 年上半年，经过保定交通线接到根据地的党员有 26 人。这些党员经过学习训练，先后被派回北平的有徐彦、安捷、沈化忠等，还有一些人被派往天津、唐山、德州等地。这次整理使北平地下党组织渡过了难关，巩固了组织，开始了新的工作。

1943年

1月

晋察冀边区军民阻击日伪军“跃进蚕食”（年初） 晋察冀边区取得反“蚕食”和对敌政治攻势等连续胜利后，日伪军在1943年初被迫变换手段，把向根据地的“逐步蚕食”改变为“跃进蚕食”，就是拼凑一两千人的兵力，准备好建筑点碉的器材和大批民夫，先对预定“蚕食”地区分进合击，突然占领，迫使根据地军队外转，然后分散控制要点，并以一部分兵力伸向四周活动，掩护民夫修建碉堡，筑路挖沟，企图一举控制大面积地区。1943年1月至4月间，日伪军在平山、灵寿、行唐、曲阳、唐县等地区，采取此种手段一次就前进了15至20公里，建点碉80多处，“蚕食”面积约3000平方公里，将其第一线推进到科头、口头、岔头、西湖庄、东王坡、庄子河、楼子间一线。

针对日伪军“跃进蚕食”的特点，根据地将部队分别部署在正面、侧翼和封锁沟以外地区，积极主动地以广泛的游击战消耗日伪军。正面部队同民兵相配合，当日伪军前进时在运动中给以重大杀伤；分散建点时，则乘日伪军立足未稳，打击与歼灭其薄弱部分，并不断分批袭扰日伪军，驱散民夫，破坏修碉器材。侧翼部队在民兵、游击队的配合下，打击日伪军运输部队，分散袭扰日伪军。封锁沟以外部队主要是破坏交通和打击抓夫的小股敌人，破坏集中待运的器材，并利用时机以大胆的奇袭，夺取日伪军薄弱据点，趁机扩大游击区和游击根据地。

由于采取了正确对策，晋察冀边区在反日伪军“跃进蚕食”的过程中，虽然由于装备技术条件的限制未能阻止日伪军前进，却使日伪军付出了相当大的代价。在唐县西大洋地区，行唐的口头、东寺、刘库池等地区以及平汉线的东长寿车站，根据地军队都给了敌人以沉重打击。3月中旬，日伪军向平山、灵寿地区“蚕食”时，根据地军队在民兵的配合下广泛展开游击活动，组织了数十个“飞行射击组”和“飞行爆破组”，以冷枪射杀和地雷爆炸打击日伪军，给了日伪军很大的杀伤。这期间，仅行唐封锁沟以外地区活动的部队和民兵，就袭敌 101 次，毙伤日伪军 863 人，攻克碉堡 12 座，缴长短枪 166 支。

日伪军为了确保已“蚕食”地区，每前进一步，都要加强封锁沟墙，并在村庄周围挖掘封锁沟。因此，挖沟与平沟的斗争，就成为“蚕食”与反“蚕食”的一个重要内容。3 月 4 日，满城 600 多日伪军押民夫 1.8 万多人，企图在满城东北的西黑山至塘湖挖沟修碉。第一军分区部队乘日伪军立足未稳，连续予以猛袭，驱散民夫 8000 多人，迫使日伪军停工。3 月 10 日，日伪军又纠集 1000 多兵力和 2 万民夫再度强修，根据地军队当夜再次猛袭，毙伤日伪军 270 多人，驱散民夫 1.5 万多人，并把刚修好的碉堡、公路、封锁沟全部平毁。在根据地军队连续打击下，日伪军终于被迫放弃了原来的计划。

在反日伪军“跃进蚕食”中，各地人民武装发挥了很大作用。日伪军在“蚕食”行唐地区时，当地的民兵广泛开展麻雀战，在 1 个月内毙伤日伪军 140 多人。日伪军在“蚕食”平山地区时，民兵连续在 6 个夜晚捣毁日伪军筑碉用的砖瓦 30 多万块。在 3 月至 4 月，仅第四军分区的民兵，毙伤日伪军即达 580 多人。人民武装的日益活跃，大大增强了反“蚕食”斗争的力量。

冀东区反“集家并村”斗争（年初） 冀东军区主力南下进入基本区作战的时候，日伪军抽调了关东军 1 个联队、伪满军 2000 多人，连同当地日伪军共 1.3 万多人，分多股先后对承德、兴隆、平泉、遵化、凌源、青龙、迁安等县的大片山区，进行了疯狂的轮番“扫荡”，实行“三光政策”，再次以暴力推行“集家并村”。仅在兴隆县就烧毁民房 7 万多间，屠杀群众数千人，制造了黄花峪、马架子村等骇人听闻的惨案。在短短的 1 个月内，将这些地区洗劫一空。

为了避免群众继续遭受损失，冀东区改变斗争策略，在平川地区特别是公路两侧和据点附近，有计划地允许群众进入“大圈”，组织群众在圈内进行斗争。留下的一部分基层干部、积极分子和不愿入圈的群众一起，仍在“无人区”坚持斗争。

日伪军在“人圈”里进行了极端残暴的统治。“人圈”四周筑有围墙、碉堡。“人圈”附近 2.5 公里以外，一律划为“无住禁作”地带。圈内群众不得与圈外发生任何联系。“人圈”内不仅有伪政权，还建立“检举”“汇报”制度，强迫群众参加“协和会”“挺身队”等伪组织，为其站岗放哨、出探巡逻。有的“人圈”还建立起反共武装。汉奸特务在圈内活动极为猖狂，许多无辜群众惨遭杀害。1943年2月上旬，日军在兴隆楸木林、大帽峪两个“人圈”一次就杀死青壮年男子180多人。

“人圈”内的生活条件也极端恶劣，不少群众住在牲畜棚子里，各种疫病流行。1943年，仅兴隆县就有6000多人死于伤寒病。日伪军在经济上的剥削压榨更是敲骨吸髓。“粮食组合”几乎把群众的粮食掠夺干净，苛捐杂税更是层出不穷。整个热南东起乾沟，西至曹家路，南迄长城，北到巴里罕，纵横数百里到处是一片荒凉凄惨景象，600多万亩土地荒芜，1000多个村子成为废墟。

在险恶环境下，根据地仍然坚持热南地区的斗争。凡是根据地工作基础较好的地方，都适时地改变了斗争策略，将工作重点转入“人圈”，并把圈内圈外的斗争结合起来。地方工作人员常在小部队的掩护下，携带宣传品进入“人圈”，有时把某些上层分子和伪职人员召到圈外开会。对没有做什么坏事的人给以鼓励，使其能够为八路军工作；对做了坏事的人给予教育，并施以必要的压力促其转变；对顽固不化、罪大恶极的分子坚决镇压。多数上层分子和伪职人员，经过争取教育后有所转变。

冀东军区通过各种途径，同进入“人圈”的原抗日村干部和基本群众保持联系。有的“人圈”里还建立了地下党的组织和秘密农会，圈内群众冒着生命危险，使用暗号为根据地军队传送情报，设法将粮食、食盐送给坚持在山沟里战斗的群众和部队。

为了使武装斗争与反“集家并村”斗争结合得更紧密，主力部队改为以连、排为单位活动，部队政治干部兼地方党政职务，全体指战员都做群众工作。工作人员和未入圈的青壮年大部分都武装起来，党政军民相依为命，生活在一起，战斗在一起。部队同群众一起抓紧时机抢耕抢种，若日伪军来了，就将其打退，日伪军毁坏了庄稼，就再种，顽强地坚持斗争。

为解决群众极端缺乏生活用品的困难，部队常以武装掩护群众秘密运输，沟通长城内外贸易，使山区人民能得到最低限度的食盐、布匹及其他用品。部队在靠近长城内外的地区建立了一些隐蔽的供应基地，在地方武装的保护下，负责筹集被服、鞋袜、粮食等各项物资，秘密运出关外。北出长城的部队也都自带布匹、鞋袜和日用品。指战员把换下来的旧军装、鞋袜送给群众穿用，帮助他们解决困难。群众有病，部队就给予治疗。战士受了伤，群众悉心照顾。部队行动，民兵也背起枪跟着出发，主动担任各项勤务。生活在热南山区的 5 万多群众，历尽了千辛万苦，始终坚定勇敢地坚持着斗争。

晋察冀边区开展乡村文艺创作征文活动（年初） 为了全面反映抗日军民的战斗生活，推进文艺创作，晋察冀边区文联、鲁迅文艺奖金委员会及北岳区文救会于年初共同发起新年乡村文艺创作征文活动，共收到稿件 696 篇，其中文学作品 570 篇。《晋察冀日报》于 6 月 24 日公布了乡村文艺创作征文评定结果。这次活动共评出获奖作品 158 篇，其中文学作品 124 篇。边区第一、第二专区入选的有：《希望你坦白的承认》（诗歌，二专区，灵丘张明）、《十二月调》（一专区，孟平封世杰）、《时局歌》（一专区，七一山人）、《新年节感今伤昔》（一专区，绍民）、《十七字打油诗》（一专区，金新吾）、《告伪军反正》（一专区，元亨）等。这次乡村文艺创作活动，不仅丰富了人民群众的文化生活，提高了人民群众的思想觉悟，而且有效地推动了文学创作。

彭德怀对扩大民兵力量作出指示（1 月 3 日） 吕正操、程子华于 1 月 3 日致电八路军总部，报告日军准备对北岳区进行长期“扫荡”，北岳地区因进行反“扫荡”，军队供应紧张，人民负担更加繁重。彭德怀指示，北岳区不再增加主力军，要扩大游击队民兵，特别是扩大不脱离生产的民兵。此后，在共产党领导下，晋察冀民兵武装迅速壮大，并积极参与保卫和建设根据地任务。晋察冀边区民兵一边战斗一边生产，创造了麻雀战、地雷战、地道战、阻击战和伏击战等具有机动灵活的战术，配合主力部队作战，担任抗战勤务，随时随地打击敌人。在民兵队伍中，由于有党的政治动员，党员的带头作用，有组织的军事政治教育和组织的民主性等原因，民兵逐渐成为打败日军的重要力量，也成为主力军的重要兵源。

晋察冀边区行政委员会发出禁止粮食资敌的紧急措施（1 月 7 日） 1941 年秋开始，日军在华北沦陷区推行“紧急粮食对策”，疯狂抢劫粮食，企图解决在华北战场 40 万日军的给养困难，以达到“以战养战”的目的，并把粮食统制起来，使群众无法供给抗日军队。为了太平洋战场的需求，日军在华北建设所谓的“大东亚兵战基地”，加紧物资掠夺，致使华北日伪军占领区发生了空前的“粮荒”，北平、天津“粮食奇缺”“米像珠子一般稀少”。为此，晋察冀边区行政委员会于 1943 年 1 月 7 日发出《六项紧急措施》，明确指出：“粮食是决定战争胜利的重要因素，谁能掌握粮食，谁就能够坚持战争，取得胜利。”“只有巩固区粮食不出封锁沟，游击区粮食才能切实保存，只有游击区粮食不上伪市场，巩固区粮食才能有效统制。同时必须打击敌伪造谣，打击敌伪钞票，严防因缉私而形成滥捕滥罚及缉私人员之营私舞弊。干部人员违背上项规定者，一律加倍治罪，以期达到利民而不害民，制敌而不害己，希即遵照切实执行。”① 在各级党委和政府的领导下，华北抗日根据地军民团结一心，机智灵活地运用多种方式，沉重打击了日伪军大规模抢粮的企图，挫败了日伪军困死、饿死根据地军民的阴谋，为保障根据地的生存和发展打下了坚实的物质基础。

北岳区党委作出建立商会（商务会）的决定（1月8日） 为了团结广大商人，激发其爱国与增进生产贸易的热情，组织起雄厚的经济力量，展开对日伪军的经济斗争，北岳区党委于1月8日发出《关于建立商会（商务会）问题》的指示，提出建立商会，并明确：凡是有一定的资本，或个人劳动力与人合资，从事商业交换流通以经营贸易为专业或以此为基本职业的都是商人。商会就是商人自己的业务组织，建立商会是一个艰巨的任务，各级党委必须有计划地动员商人积极参加。各级党委应将发展商业、建立与健全商会组织、加强对商人的领导，以及积极培养经营商业的干部，放在党的议事日程上，有计划有组织地推动这一工作。②

晋察冀军区发出1943年的政治工作方针（1月10日） 在日伪军占领区斗争困难的局面下，为了打开根据地斗争的局面，晋察冀军区政治部于1月10日发出《关于军区部队1943年的政治工作方针》，明确军区部队1943年政治工作的基本方针是：第一，加强与巩固组织，提高军政素质；第二，增强地方武装工作的领导；第三，进一步开展日伪军工作。

中共中央对边区第一届参议会宣言的指示（1月11日） 中共中央书记处于1月11日向北方分局发出《对晋察冀边区第一届参议会发表宣言的指示》，指出，1940年发布的《施政纲领》，在群众中有很大影响，依然适用，要求北方分局不发布和旧纲领并无多大区别的新纲领，而且不对旧纲领条文有所修改，以

---

① 魏宏运主编：《晋察冀边区财政经济史资料选编（工商合作编）》，南开大学出版社1984年版，第411—413页。

② 参见魏宏运主编《晋察冀边区财政经济史资料选编（工商合作编）》，南开大学出版社1984年版，第517—519页。

免影响旧纲领在群众中的威信。建议参议会发布一个宣言，此宣言由参议会中的中共党员发起，邀党外人士联署向参议会提出通过，然后发表。同时，在起草参议会宣言时应注意：（一）目前晋察冀边区形势的特点，是边区极大部分地区日益游击化，根据地日益缩小，处境日益困难。对基本根据地地区与已经变为游击区之地区，边区的政策应有不同的提法。（二）应着重提出调整边区各阶级关系的政策，以巩固边区党政军民及各阶层间的团结。（三）应着重提出认真实行精兵简政政策，以便度过黎明前的黑暗，克服困难，准备反攻；军民公私，必须积极协力发展生产，发展贸易，以开财源，以裕民生。（四）冀中、冀东等广大的游击区中，对于日伪政权、日伪组织及日伪之各种设施虽应对之分别进行瓦解、分化、争取打击或相机抵制，却难以一律摧毁或坚决反对。（五）应积极缩编主力军，健全游击队，加强民兵组织和训练。（六）特别要教育部队爱护尊敬并帮助老百姓，使军民同心同德，共赴困难。（七）一些过高而难实现的办法不应提出，如允许战后实行薪俸制等。

晋察冀军区发布民兵与军队配合作战问题的训令（1 月 14 日） 1942 年反“扫荡”、反“蚕食”过程中，军队与民兵的作战配合，取得了很大成绩，但也存在一些严重问题。1943 年 1 月 14 日，晋察冀军区发布《关于民兵与军队配合作战问题的训令》。文件指出，北岳区民兵经 1942 年的整理，在组织上是较严密了，参战与担任勤务上较前更积极了，地雷爆炸运动中有不少单独袭击堡垒获得胜利者。民兵与军队作战配合上，过去收到许多显著的成绩，如百团（大战）中历次运粮，其中 1942 年秋季运粮成绩突出，这是根据地人民武装建设上的很大进步，民兵真正成为军队的有力帮手。但是，民兵与军队的配合作战仍存在问题，存在的主要问题是：某些干部（特别是连级干部）对民兵的作用重视不够，在作战中经常不负责任地滥用民兵力量，军队领导与鼓励民兵作战不够。《关于民兵与军队配合作战问题的训令》提出：“必须教育全体干部与战士深刻认识，要知道根据地的巩固，如没有强有力的人民武装，仅仅是军队的力量是不可能的。”“以后军队应尊重民兵之制度与职责及干部之意见。在配合战斗中，应注意关心民兵之安全，在战斗中对民兵力量使用上注意节省与爱护，不使民兵遭到不应有的损失。”①

---

① 周均伦主编：《聂荣臻年谱》，人民出版社 1999 年版，第 381 页。

晋察冀军区发布人民武装干部几项规定的命令（1月14日） 由于人民武装是政权的组成部分，边区人民群众思想中对此存在一定的误解，为此，1943年1月14日，晋察冀军区发布《关于人民武装干部几项规定的命令》。文件明确指出，人民武装是政权的组成部分，但由于它是军事性质的，故归军队统一领导。北岳区、各军分区、县、区各级人民武装都是军事组织和领导民兵的机构，是垂直的隶属系统，而不是政府系统。有些人把县武装部误认为政府的一个科，把区大队长误认为区助理员都是错误的。县长因兼负县人民武装部长的职责，是以县人民武装部长的资格执行部长的职务，故应与副部长共同负责执行上级武装部的指示与命令和向上级作报告，并以部长的名义对区大队长下发指示，而不宜以县长名义行之。一般部务则由副部长负主要责任，但为求工作配合之便利，区大队长须受该区区长的指导。

冀中区建立锄奸保卫组织（1月14日） 经过日伪军1942年的“扫荡”“蚕食”，冀中区的斗争环境更加艰苦，锄奸保卫任务更加艰巨，规范逮捕处理汉奸、特务的权限与法定手续等显得更加必要。为了提高正确掌握锄奸政策的自觉性，要从坚持党的抗日民族统一战线和“三三制”的新民主主义民主政治的高度，掌握锄奸政策，认真保障人权和保卫革命的力量，镇压真正的敌特汉奸，把对敌特汉奸的政策与对抗日人民的保障爱护政策结合起来，破除锄奸工作的神秘化，全党全民动员起来参加反敌特的斗争，从政治上肃清敌特汉奸的社会基础。1943年1月14日，冀中区党委发出了《关于锄奸保卫工作指示》，指出了“左”的错误的危害，分析了其产生的原因，提出了在现实环境下锄奸保卫工作的方针与任务。文件还指出，更进一步地依靠广大群众的政治觉悟与积极性，认真保证抗日人民民主权利与自由，以抗日的宽大政策团结争取最大多数，更进一步巩固与扩大社会统一战线，实行严厉镇压极少数死心汉奸和坚决为日军服务的叛徒的政策，引导群众锄奸运动更广泛深入发展，以保证坚持冀中平原游击战争直到最后胜利。[①] 冀中区党委指出，要加强侦察工作，区别不同对象，灵活进行处理。为了摧毁敌特汉奸组织及打击敌特汉奸的活动，要发展在日军内部及伪组织中的内线工作，以便提供准确可靠的情报。对于被日伪

---

① 参见中共河北省委党史研究室、冀中人民抗日斗争史资料研究会编《冀中抗日根据地斗争史》，中共党史出版社1997年版，第318页。

军利用的封建迷信组织，如先天道、红枪会、大刀会等，无论在根据地还是日伪区，均不能一律认为是敌特的外围组织。要严格执行逮捕处理人犯权限的规定，对汉奸嫌疑分子，经过上两级批准，公安局有权进行侦察，根据侦察结果，再经过法定手续正确处理。为了加强党对锄奸工作的领导，边区健全了县以上各级党委的保卫委员会组织，建立了会议制度。县级保卫委员会由县委书记、组织部长、公安局长、县大队副政委、县长（或党团书记）5 人组成，县委书记为主席。专区保卫委员会的主要任务是：研究锄奸政策，传达上级的锄奸方针，统一各方面锄奸工作的步骤，交流工作经验；监督锄奸机关对党的政策的正确执行，决定重要锄奸干部的使用；审查批准对主要反革命分子的侦察、逮捕、释放、处决等事项，通过政府机关实行之；指导党的锄奸教育，帮助组织部门审察干部，监督秘密工作。由于加强了对锄奸工作的领导，贯彻执行了各项有关政策，锄奸工作得到健康发展。

晋察冀边区召开首届参议会（1 月 15 日至 21 日） 在解决对敌斗争中的一系列问题之后，为了进一步团结边区各阶级各民族，加强边区的民主建政，按照中共中央的部署，晋察冀边区决定召开首届参议会。这届参议会的参议员早在 1940 年由民主大选选举产生，但由于根据地斗争环境日益艰苦，正式召开会议的时间一直推迟至 1943 年。1942 年 10 月 17 日，中共中央北方分局、晋察冀军区发出《关于筹备召开晋察冀边区参议会的通知》，指出，1940 年边区参议会大选后，曾计划召开盛大的边区参议会，但因战争的日趋残酷与各种工作的紧迫，致使大会酝酿虽久，卒未召集。边区参议会是边区最高民意机关，边区参议会的召集是边区民主建设上的重要步骤。它不仅要总结边区 5 年来民主政权建设的经验和规定政府的一切重要政策和法令，而且对于进一步加强边区内部的团结与扩大敌后民主政治的影响，也具有重要的作用。目前敌后斗争环境虽极紧张，但应争取时间召开边区参议会。因此分局决定，自即日起进行召集边区参议会的筹备工作，并定期召集边区参议会。

经过积极筹备，1943 年 1 月 15 日，晋察冀边区首届参议会在河北省阜平县温塘村开幕，到会参议员 288 人，来自晋东、冀西、冀中、冀东、平北、平西、察南、雁北各地区、游击区和敌占区，包括共产党员、国民党员、无党派人士、开明士绅、文化界人士、科学技术专家、少数民族代表、各群众团体代表、军队代表及敌占城市的抗日爱国人士等。此外，国际友人班威廉夫妇、记者、科技人员、在华日人反战同盟、朝鲜独立同盟晋察冀支部成员等中外来宾和政府各界 80 余人列席会议并旁听。大会开始之前，举行了炮兵、骑兵、步兵等规模盛大的阅兵式。大会选举聂荣臻、宋劭文、刘奠基、吕正操、成仿吾、于力、阎力宣、李楚离等 11 人为大会主席团。宋劭文致开幕词。

会上，聂荣臻作了《关于晋察冀边区当前形势和任务》的报告，分析了国内外形势后指出，国际上法西斯阵线的最后失败与反法西斯阵线的胜利局面已经确定，但是战争将更加残酷，根据地军民要忍受并且克服更大的艰难困苦，必须用全力去争取最后的胜利。宋劭文作了《晋察冀边区行政委员会工作报告》。大会通过并批准了边区行政委员会 5 年来工作的报告，通过了中共中央北方分局提出的施政纲领（即《双十纲领》）作为边区施政纲领，通过了《政府组织法》《参议会组织法》《参议会驻会议员办事处组织规程》《租佃债息条例》《统一累进税税则》《统一累进税税则施行细则》《法院组织条例》《婚姻条例》《抗战勤务条例》等 14 项重要法令。大会选举了边区行政委员与边区参议会议长、副议长，成仿吾当选为议长，于力为副议长；推选宋劭文为边区行政委员会主任委员，胡仁奎为副主任委员，王斐然为高等法院院长。

最后，参议会通过《晋察冀边区第一届参议会宣言》，明确地提出了边区政府今后的施政重点，即继续深入贯彻《双十纲领》和抗日统一战线的各项政策，更加巩固各党各派各阶层人民的大团结，进一步发展边区统一战线；加强领导游击区人民对敌斗争，变游击区为根据地；精兵简政，节省民力，发展生产，繁荣经济，密切军政军民关系，积极积蓄反攻力量等。这为边区各级政府在困难环境下迅速改进工作，打开局面，大步前进，指明了正确方向。

晋察冀边区首届参议会顺利完成各项议程，于 1 月 21 日闭幕。大会充分发挥了民主，每一议案，都经过认真的讨论。参议员畅所欲言，党内外人士的正确意见都被采纳，体现了边区政治上的民主和团结。在选举中也体现了“三三制”精神，如 7 名驻会议员中，共产党员只占 2 名，9 名政府委员中，共产党员只占 3 名。这届参议会进一步联合了各党派、各阶级、各民族和各界人士，扩大了抗日民族统一战线，对于团结一致度过最困难的时期和争取抗战最后的胜利，起到了积极作用。会后，《晋察冀日报》撰文，高度赞扬边区各项工作成就及民主精神。1 月 24 日，中共中央北方分局作出了《关于晋察冀边区第一届参议会的总结》的报告，对晋察冀边区第一届参议会的情况作了总结，指出大会的成就、主要原因、各方面工作中的缺点以及参议会闭幕后应进行的工作等问题。

***聂荣臻报告边区5年来的军事情况** 聂荣臻出席阜平温塘召开的晋察冀边区首届参议会，并代表北方分局和晋察冀军区，向到会参议员介绍有关的军事情况：5年来，根据地军民作战14 392次，歼日伪军17.4万人，俘虏伪军及投诚的伪军共3.9万多人；根据地军队伤亡62 477人，其中团以上干部68人，地方区以上干部牺牲、被捕3700多人。到1942年底，日伪军共在边区建碉堡3356座、公路1.34万公里，封锁沟3940多公里，封锁墙450公里。八路军的胜利，是在极其严峻的形势下取得的。会议期间，聂荣臻还为大会题写了对联："我们屹立在五台山、太行山、恒山、燕山，旌旗指向长白山；我们驰骋在滹沱河、永定河、潮河、滦河，凯歌高奏鸭绿江。"

北岳区党委召开温塘会议（1月23日） 1942年，晋察冀边区多个根据地受到日伪军的残酷"扫荡""蚕食"，基本区范围有所缩小，力量有所削弱，对敌斗争形势更为残酷和复杂。北岳区按照北方分局、边区的部署，很好地开展了整风运动，接纳了冀中等地的休整部队及人员，各项工作取得显著成绩。1943年1月23日，北岳区党委在平山县温塘召开扩大干部会议（又称"温塘会议"）。刘澜涛在会上作了题为《1942年北岳区对敌斗争的估计和1943年工作的方针与任务》的报告，提出，1943年北岳区的基本任务，是进一步巩固根据地，坚持日伪军占领区游击战争，克服困难，积累力量，准备反攻和准备战后建国。

《晋察冀日报》报道日本掠夺华工及干部牺牲情况（1月27日、2月6日） 《晋察冀日报》于1月27日发表消息：日伪军在华北掠夺劳力骇人听闻，1937年到1942年，仅仅6年，竟掠夺约559万人。其中1937年323 289人，1938年501 686人，1939年954 882人，1940年约1 200 000人，1941年约1 000 000人，1942年1 611 321人。1942年的壮丁有150多万人被强运到东北，有5万余人被强运到绥远、察哈尔、华中、朝鲜等地。2月6日，《晋察冀日报》发表《边区五年来的伟大成就》的社论，指出，5年来，边区共建立13个专区，98个县、650个区、15 308个行政村的抗日政权。边区政权干部5年来为祖国的独立解放而牺牲的区以上干部就有3736人。

冀中区党委张各庄会议（1月至2月） 1943年1月至2月，在程子华主持下，冀中区党委在唐县张各庄村召开有各地委书记、军分区司令员参加的扩大干部会议。会上，周小舟作了《冀中平原根据地当前形势的报告》，程子华作了《冀中根据地今后对敌斗争方针和策略的报告》。会议初步总结了1942年五一反“扫荡”的经验，学习研究了北方局关于坚持以武装斗争为主的指示，确定了一系列坚持冀中斗争的各项重要政策。冀中区党委先后作出了《关于锄奸保卫工作的指示》《关于反自首斗争的指示》《关于今后敌伪工作指示》《关于整理组织工作的决定》《关于统一战线工作的指示》和《关于武装斗争的补充指示》等文件，还研究了开展地道斗争、小部队分散活动的各种战术及发展“外围军”等问题。这次会议至1943年2月结束，对统一思想，转变组织形式和斗争形式，最广泛地争取和团结一切可以团结的力量，继续坚持冀中平原游击战争，具有十分重要的作用。

晋察冀边区继续进行精兵简政（1月至6月）　日本侵略军在抗日根据地实施残酷的“三光政策”，使根据地人力物力遭到巨大的损失，加之长期战争中人民的负担和消耗不断增加，使根据地物资供应愈发困难。为了适应根据地更加缩小的状况和人力、物力、财力十分困难的条件，以利于坚持根据地，开展对日伪军斗争，中共中央于1942年底发出“精兵简政”的指示，要求抗日根据地切实整顿各级组织，紧缩机构和人员编制。1943年1月15日，晋察冀军区接八路军总部电示：继续贯彻精兵简政方针；巩固正规军及各种正规制度；健全司令部的工作；加强正规军的游击战争与技术教育，以及纪律教育；加强各级干部的业务学习与整顿三风联系起来；严格履行节约运动。

为了扭转对敌斗争中的不利局面，积极响应中央的指示，晋察冀军区于1月28日发出《关于重新整编精简的命令》。从2月开始，晋察冀边区进行了精兵简政。精简后，北岳区共编为19个团和10个地区队；冀中军区撤销了后勤部，精简了指挥机关，各主力团也进行了整编，除警备旅归第一二九师外，共编为6个团和11个地区队；晋察冀军区警卫营与边区政府警卫大队合编为独立团；平北地区划归平西地委和第十一军分区领导，撤销了平北地委和第十二军分区机构，改组成平西地委平北分委和平北支队，原平北的丰（宁）滦（平）密（云）联合县划归冀东地区领导；当地第十团一部划归第十三军分区指挥。2月24日，晋察冀军区发布《关于重新规定第三、第九军分区部队整编的命令》，继续对第三、第九军分区部队进行整编。6月，晋察冀边区精兵整编再次精简后方机关，重点整顿和压缩军区及北岳区各分区的后方机关，合并撤销了一些机关部门，充实了战斗部队。

晋察冀边区各级行政机关也再次进行精简，机关人员平均减少了 47.8%，事务主义、文牍主义作风初步得到纠正，工作效率普遍提高，基本上克服了机关庞大、部门过多、分工过细的缺点。

晋察冀边区通过精简整顿，机关编组更加合理，人员精干，指挥灵便，战斗力有了进一步提高。晋察冀军区的精兵简政，是精兵简政政策在各抗日根据地内具体实施的一个缩影。它的提出与执行，为反法西斯战争和民族解放运动的最终胜利奠定了坚实的基础。

***晋察冀军区发布重新整编精简的命令（1 月 28 日）** 晋察冀军区于 1 月 28 日发出《关于重新整编精简的命令》。文件指出，重新整编之原则是力求充实连队，精简机关，从机关抽出人员补充连队，要求所有大团一律缩编为小团。其编制是：每团包括团部、1 个特务连、1 个侦察连和 5 个步兵连（人员不足者编为 4 个连）。根据军区整编精简命令，军区部队进行了第三次整编。经过精简，北岳区共编为 19 个团和 10 个地区队，冀中军区共编为 6 个团和 11 个地区队。

***晋察冀军区发布重新整编第三、第九军分区的命令（2 月 24 日）** 聂荣臻同萧克于 2 月 24 日发布晋察冀军区《关于重新规定第三、第九军分区部队整编的命令》，发布三条整编命令：（一）第十八团现在人数不足，决定原冀中军区 2 个特务连编入第十八团，以使第十八团充实编制；（二）原第九军分区之特务连编入第二十四团作地区队之用，唯番号仍为第二十四团不变，该团建制归第九军分区，在路西休整时，统一归第三军分区指挥，随时替换冀中区队过路西休整；（三）决定第二十三团不过路改编。

***晋察冀边区成立审计委员会（2 月）** 为巩固精简成果，克服困难，边区成立了审计委员会，军区副司令员萧克任主任。该会由晋察冀军区和晋察冀边区行政委员会共同组成，负责贯彻精兵简政政策，审核批准军政部门的财粮预算和人员编制，检查、检举各级军政部门的贪污浪费现象。各级党政军系统也成立了审计委员会，负责控制编制，审查经费开支情况。审计委员会还采取了一些具体措施。例如，在财政方面，缩减公杂费用，严格经费开支手续，杜绝浪费，厉行节约；在供给方面，主要是尽最大努力节约被服和粮食，部队延长被服使用年限，规定棉衣 2 年 1 套，单衣 1 年 1 套，并实行交旧领新制度。

***冀中区成立干部教导团（2 月）** 冀中军区领导机关精简时，撤销了到北

岳区休整的3个军分区机关，编余有600余名营连排级（个别团级）干部。晋察冀军区和冀中军区决定成立冀中军区干部教导团，对其加以培养和训练。冀中军区干部教导团于1943年2月在唐县张各庄开始组建。军区任命第十军分区司令员周彪为团长兼政委，军区司令部作战科长高存信为副团长兼训练处长，第十军分区政治部主任方国南为政治部主任，机关和各队干部配备得都比较强。训练处集中了1支由45人组成的教员队伍，组成战术、技术、兵器、军事体育、政治、文化等教学组，各门课程都有专长人才任教，还有反战同盟的日本朋友田中、东忠等5人担任了掷弹筒教员。学员按职务和文化程度统一编队，共编6个连。为提高干部的军政素质，教导团采取了严格训练、严格要求的方针，实施正规化训练。在训练内容上以军事训练为主，占总教育比率的百分之七八十。政治教育主要进行马列主义和形势教育，进行了整风学习，以提高学员的阶级觉悟和全心全意为人民服务的思想觉悟。文化教育主要学习语文和数学，以提高学员的文化水平。3月1日，教导团举行开学典礼，吕正操在会上讲了冀中形势和成立教导团的重要意义，要求大家一面学习，一面总结平原游击战争的经验，根据需要随时回冀中参加斗争，恢复冀中根据地，准备反攻。

***聂荣臻等发布《关于精简机关及直属部队的命令》（6月24日）** 1943年夏季，日伪军对晋察冀军区所在地北岳区进行了疯狂“扫荡”，为了精简机构，提高工作效率，减轻军民负担，6月24日，聂荣臻同萧克、朱良才发布晋察冀军区《关于精简机关及直属部队的命令》，指出，北岳区部队，今第四次之精简，着重在军分区、军区之指挥机关及直属部队。务使机关部队人员，在不影响工作的条件下，力求减少，以达到1人做2人至3人之工作，抽出人员补充战斗连队或训练单位，以求更适合今后斗争环境之短小轻便和减轻人民之负担。精简之精神不是消极地裁撤人员，而是在‘精’，精之意义即在于积极方面提高战斗力，提高工作效率，所以今作再次之精简，不是简单的一人一马之减，而是着眼于组织上工作方法上之改进，按比例与部队性质配备人马。处理编余人员，必须行政工作与政治工作很好配合，注意深入解释，关注人员情绪，退伍人员务使其参加生产。①

---

① 参见周均伦主编《聂荣臻年谱》，人民出版社1999年版，第397页。

2 月

承德县二一惨案（2 月 1 日） 承德县鹰手营子、东涝洼、胖和尚沟、南双庙、三道河子、黄旗湾、西大庙、松树沟、牤牛窑、胡杖子、大杖子、两益城、苇子峪、小营等 14 个村庄，地处万里长城的北侧，燕山主峰雾灵山的东侧，山庄重镇承德的西南，水陆交通要塞下板城的西北。自 1938 年开始，这里就是八路军的抗日游击区。1943 年 2 月 1 日，日本侵略军驻承德宪兵队本部特高科长木村光明指挥承德宪兵分队、下板城日本军田野大队和承德县警务科警察讨伐大队，分成三股，在承德县鹰手营子等 14 个村庄实行大检举、大逮捕。第一股，承德宪兵队 600 多人于 1 月 31 日晚闯进鹰手营子村将全村男女老少集中到姚兴院里看押，并于第二天清晨将所有男人绑着押送到新杖子村。2 月 1 日，承德日本宪兵队分别包围了胖和尚沟、东涝洼、南双庙、苇子峪、两益城、小营村，挨家挨户抓人，并将被抓捕的人关押在新杖子村东的于家店大院内，进行严酷审讯和杀害。第二股，下板城日军田野大队 200 多人，在胡杖子、大杖子、牤牛窑村和附近几个小村庄，抓捕了 280 多人。第三股，承德警务科警察讨伐队、日伪警察 200 多人，在警察股长黑烟（日军）指挥下，于 2 月 1 日凌晨，分别窜进黄旗湾、三道河子、松树沟、西大庙村，抓捕了村干部及为八路军办事的伪牌甲长和普通群众 250 多人。日军在承德先后抓捕上千名无辜群众，杀害 254 人，制造了骇人听闻的二一惨案。因主要劳力被抓走残害致死，剩下孤寡病残生活无着，病死、冻死、饿死、愁死者竟达 600 多人，南双庙、东涝洼、鹰手营子 3 个大村庄变成了“寡妇村”。

冀东区发动第一次恢复基本区战役（2 月初至 22 日） 在第五次“治安强化运动”中，日伪军“蚕食”大部分基本区，八路军主力被迫转移到外线，地方工作人员也大部分撤出。虽然由于新区的开辟，抗日游击根据地面积扩大了，但热南抗日游击根据地是个贫困山区，再加上日伪军反复疯狂地烧杀抢掠，八路军的兵员和供给存在严重困难。如果日伪军在基本区确立统治后，把主要兵力转向滦东和热南，八路军的境遇会更加困难。中共冀东地委深知这个危险，决定立即采取行动，恢复基本区。1 月 5 日，中共冀东地委召开会议，决定集中主力部队，以秘密迅速的行动，突破长城封锁线，举行一次恢复基本区战役。会后，冀东部队相继编成第二、三、四地区队。东、西部地分委也根据地委会议精神，向各县部署了在战役进行中恢复地方工作的问题。在一切准备就绪后，冀东军分区在热南五指山根据地达峪村举行党委会议，讨论恢复基本区战役实施计划。会议根据1942年11月以来部队两次向南跨越长城作战失利的教训和李运昌的提议，决定本次战役集中2/3以上主力，由李运昌亲自率领进入基本区作战。晋察冀军区批准了这次战役计划，并令部队每天用电报向军区报告战役进展情况。2月初，战役开始，部队按既定计划分东、中、西三路越过长城封锁线，向基本区进发。第十三团为西路，由团长舒行、政委李子光率领，从兴隆县水泉根据地出发，于2月3日进抵蓟县城东的九百户村，遭敌围攻，苦战一天后，夜间突围，2月5日返回热南根据地。第十二团为东路，由团长曾克林率领，因日伪军重兵阻截未能按计划进入迁（安）滦（县）丰（润）地区作战，就地坚持在滦东活动，摧毁了青龙河封锁线。军分区直属部队和第十一团为中路，由李运昌、彭寿生率领，在喜峰口附近越过长城封锁线，2月12日到达遵化县丁家岭，击退敌人的阻击后，继续南下。2月17日到达唐山的南青坨，与原本在丰（润）玉（田）宁（河）地区坚持的第四地区队会师。八路军主力突破长城封锁线，直逼日伪冀东军政大本营唐山市，引起日伪军的恐慌，日伪军急忙调兵多路围攻。2月22日，部队转移到滦河以东地区休整。至此，第一次恢复基本区战役结束。这次军事行动共击毙日伪军500余人，虽然时间短，对敌杀伤不大，但影响很大，连日本侵略军头目铃木启久都哀叹“很难令人承认遮断壕的掩护作用”。

***冀东地委河南大峪会议（1月5日）** 中共冀东地委于1月5日在兴隆县河南大峪召开会议，李运昌、焦若愚、吕光等参加会议。会议总结了反第五次“治安强化运动”以来的全面工作，研究了冀东的斗争形势，确定了1943年上半年的三项基本任务：（一）动员一切力量，恢复被“蚕食”的基本区；（二）巩固山区根据地；（三）继续开辟新区，主要是向北发展。会议决定举行一次恢复基本区战役。为完成上述任务，会议要求地方党政干部配合行动，大力加强统一战线和宣传工作，争取伪军，瓦解伪组织；凡村办事员、武装班长等已完全叛变的组织不再重建，尽可能利用伪保长和旧政权组织进行工作；群众团体未被破坏又表现较好的可继续利用，已被破坏的则另建秘密组织；基层党支部化小，支部之间一律不发生横向联系，由区委直接领导，区委书记、区长和游击队长组成工作团，以加强统一领导。

聂荣臻等发布反“扫荡”训（2 月 3 日、28 日） 自 1 月 11 日起，日军出动较大兵力由东向西，以堡垒推进，企图“蚕食”北岳区边缘平原地带，然后建立封锁线，分割北岳与冀中的联系。聂荣臻同萧克发布《晋察冀军区关于反“扫荡”准备工作的训令》，要求各部应分配作战活动区，控制制高点；主力、地区队应以 1/3 以上兵力伸出封锁线外作战；部队与民兵配合，广泛开展交通破袭战；在日伪军可能分割封锁的地区，预作保护人力物力与打击日伪军的准备。1 月 28 日，聂荣臻同萧克、唐延杰再次发布《晋察冀军区加紧完成反“扫荡”准备工作的训令》。该文件根据八路军总部关于“目前由于敌之战略战役动向尚不十分明显，我各战略区不应做过多刺激敌人之行动”的指示，要求军区“各部除应依照军区训令加紧完成反‘扫荡’各项准备外，应加强经常的战役侦察工作，在目前除积极反敌‘蚕食’外，不宜炸车攻城，以免过分刺激与吸引敌之注意”①。

承德大帽峪惨案（2 月 7 日） 大帽峪惨案是 1943 年春节日军在兴隆县潵河川的 50 个“人圈”中实行“大检举”的案中案。大帽峪位于蓝旗营镇以西 1.5 公里的山湾里，是五指山抗日根据地通往冀东基本区的一条秘密运输线的必经之地。1943 年 2 月 7 日晚，由日本宪兵队指挥，孙德英讨伐大队 300 多人具体执行，将佟家沟以东、三道沟以西一带十余个“人圈”中逮捕的几百名居民集中关押在蓝旗营镇的两所大院中。其中，仅大帽峪一个仅 67 户人家的小“人圈”，就被逮捕 73 人。日军对每个被捕的居民轮番审讯，动用种种酷刑。2 月 12 日，日军将大帽峪的 30 多人用汽车拉往兴隆。剩下的 30 多人拉到新挖的 3 个大坑中全部杀害。大帽峪的居民，这次死在蓝旗营和死在外地的共计 69 人。此外，惨案后，日军和特务又到该“部落”刑讯逼供，杀害 8 人。由于惨案，导致该“部落”居民患病和冻饿而死的又有 62 人。大帽峪惨案前后共有 140 人被杀害，占该村原来总人口的 52.4%，有 9 户被杀绝，有 30 户死去丈夫，大帽峪成了“寡妇村”。

兴隆县楸木林惨案（2 月 9 日） 楸木林地处河北省兴隆县城东南半壁山镇，日伪时期实行集家并村时叫楸木林部落。1943 年 1 月，楸木林村民为把一名八路军伤病员转移到沟门子（安子岭）“无人区”，被常驻佛爷来村的日伪特

---

① 周均伦主编：《聂荣臻年谱》，人民出版社 1999 年版，第 388 页。

务截获，八路军伤员和护送伤员的两位群众坚贞不屈，先后被日伪军杀害。兴隆县城的日本宪兵队长发现楸木林一带有抗日活动，引起警觉。2月9日，天刚蒙蒙亮，日伪军就到楸木林村，抓走107人，施以各种毒刑，威逼其检举八路军行踪，虽1人被活活绞死，1人被枪杀，但始终没有人检举。最后日伪军用4辆汽车把被俘群众押至兴隆县城，在南土门“万人坑”杀死43人（其中1人当场中弹未死，逃至家中后死去），另外56人被押送至承德、锦州等地处死，无人生还。这个只有55户210口人的部落，惨遭杀害的有101人（被抓的107人里6人死里逃生），其中有10户被杀绝，有21户丧失了男劳动力，被称为“寡妇村”。

晋察冀边区行政委员会发出继续《开展民众教育建立春学的指示》（2月9日） 为了继续开展民众教育，从思想上、行动上动员群众，准备力量，争取1943年抗日斗争的胜利，晋察冀边区行政委员会于2月9日发出《开展民众教育建立春学的指示》，明确提出，春学教育的主要任务是政治教育与农业生产教育，两者要密切联系，提高人民农业生产技术与生产热忱，积极开展春耕运动，加紧粮食生产，并继续教育群众坚决执行政府禁粮出口的法令，反对日伪军掠夺粮食的阴谋。

晋察冀军区确定1943年军事工作方针（2月11日） 由于1942年日伪军对冀中根据地进行了长达2个月全面残酷的“扫荡”，冀中根据地已由巩固的抗日根据地变为游击根据地，但是冀中根据地有着5年来与敌斗争的经验与基础，仍能以分散而精干的配备坚持冀中平原游击战争。平北保持了原有阵地，冀东坚持了中心区的斗争，还开辟了滦河以东、长城以北的广大地区。据此，聂荣臻同萧克、唐延杰等分析认为，根据1942年情况估计，1943年日伪军对晋察冀根据地作战重点必然转向北岳，对游击区进行严密封锁，“扫荡”与“蚕食”交互配合，据以往经验，日伪军进行大“扫荡”在春耕夏收前后的可能性较大。为此，晋察冀军区颁布《1943年军事工作方针》，确定1943年军事工作的总方针是：继续从政治上、思想上、组织上巩固与提高部队战斗力，克服接近最后胜利道路上的困难，粉碎日伪军的“蚕食”与进攻，坚持阵地，积蓄力量，准备反攻，争取有力地配合全国主力实行反攻与收复失地。

“在华日人反战团体华北联合会晋察冀地方分会”成立（2月11日） 成立于1941年5月7日的晋察冀日人反战同盟支部与成立于1941年2月23日的冀

中日人反战同盟支部，根据“延安在华日人反战团体华北联合会”的指示，于1943年2月11日，召开“在华日人反战团体华北联合会晋察冀地方分会”成立大会。晋察冀军区司令部、政治部、敌工部和北岳区抗联会，均派代表参加。朝鲜义勇队也出席了会议。大会总结了过去的工作，确定了1943年的工作方针和任务，选举宫本哲治、津田秀、渡边、上原健治、东忠等5人为执行委员，宫本哲治、津田秀分别当选为正、副书记。晋察冀地方分会成立后，通过排演文艺节目、印刷传单、战地喊话等方式，积极配合抗日武装进行反战宣传活动，瓦解日军的斗志，争取日军投诚。同时，盟员也付出巨大牺牲，5月，冀中反战同盟支部长田中实在战斗中被俘，忠贞不屈，英勇就义。反战同盟的牺牲换取了巨大成效，1943年，战场上投诚的日军占日俘总数的43%，相当于1940年的7倍。

北方分局决定暂时撤销平北地委和平北军分区（2月18日） 平北根据地的创建实际上从1938年宋时轮、邓华支队东进时开始，1941年初已基本上成为大块根据地。平北是北岳区与冀东地区相连的桥梁，战略地位非常重要。为了巩固平北根据地，使平北各项工作进一步深入开展，1月22日，中共平北地委在武光主持下于延庆县山区召开党员干部会议，讨论切实贯彻党的一元化领导，解决党、政、军关系不够协调的问题。2月18日，中共中央北方分局作出《关于三年来平北工作总结的决定》，决定将平北划为两个部分：东部地区归冀东；西部地区成立中共平北地分委，受平西地委领导，军队组织平北支队，由平西军分区指挥。5月5日，中共平北地分委、平北支队和平北办事处（政权）同时成立，平西地委原宣传部长陆平调任平北地分委书记，张孟旭为办事处主任。平北地分委成立后，即于5月初在怀来县西坡村召开扩大干部会议，贯彻中共中央北方分局《关于三年来平北工作总结的决定》，作出《关于进一步贯彻执行减租减息和劳动政策的决议》《关于各级党委树立严格工作制度的决定》，统一领导干部的认识，坚定斗争信心。

聂荣臻发出《关于整风问题向中共中央北方局的报告》（2月24日） 1941年，抗日战争进入困难时期。为了克服困难，加强党的核心凝聚力量，彻底清除“左”派思想的影响，全党进行了一次普遍的马克思主义教育运动，即整风运动。由于晋察冀边区处于反“扫荡”中，整风工作未能按时进行。1943年2月24日，聂荣臻发出《关于整风问题向中共中央北方局的报告》，指出：“党中央指示整风后，平北、冀东、冀中因去年全部处于反‘扫荡’，故未进行整风工作。冀中拟于今春开始进行。北岳区整风计划于（1942年）8月1日开始，至1943年4月底结束。”报告中说，整风运动的重点放在反对主观主义，一般说在部队与地方都收到了一些成绩。各地对调查研究工作都很注意，工作较前深入，计划较前切实，在干部的思想方法上与以前显然不同。但完全做到学与用的一致，离整风的要求相去尚远，教条主义的学习态度，在机关干部身上表现得比较多。在整风中我们主要从长期教育的观点出发，没有发生到处开展斗争的现象，没有专向下级开火或者专整下级的现象。各级负责同志一般都是亲自负责的，但有些地方只是将工作主要委托给宣传部管理，没有把整风问题当作经常议事日程。晋察冀边区的意见是还要继续加强学与用的一致，针对实际工作中的一切不良倾向来进行教育，使干部从实际斗争中深刻认识主观主义、宗派主义与党八股在具体工作中的表现，从而进一步认识如何在思想方法上改造自己。① 整风运动的展开使广大党员干部进一步掌握了马克思主义列宁主义普遍真理和中国革命具体实际相统一的基本方向，使全党在马克思主义的基础上达到了高度的统一和团结，为夺取抗日战争的胜利奠定了思想基础。

晋察冀军区实行棉衣、夏衣收缴领发与保管制度（2月24日） 抗日战争进入相持阶段，日军加大对根据地及游击区的“扫荡”与封锁，晋察冀边区的经济更加困难，物资更加匮乏，聂荣臻同萧克、朱良才于2月24日发布晋察冀军区《关于棉衣、夏衣收缴领发与保管的训令》，提出，由于战争之持久，物资之大量消耗，加以敌之‘蚕食’推进与严密封锁，致物价高涨和财政经济日益困难。为坚持阵地，积蓄力量准备反攻，必须有计划有组织地开展节约运动。② 1943年冬天不做棉衣，旧的全部收缴；夏衣领发时做深入的动员教育，以便尽量做到节省。

晋察冀边区召开第三次经济会议（2月25日） 经过1941年、1942年反“扫荡”、反“蚕食”、反“清乡”的胜利斗争，自1943年起，各抗日根据地开始逐步恢复并转入局部反攻。为了更好地开展对敌经济斗争，支援边区的抗日斗争，2月25日，晋察冀边区召开第三次经济工作会议，宋劭文作了题为《当前

---

① 参见周均伦主编《聂荣臻年谱》，人民出版社1999年版，第387—388页。

② 参见周均伦主编《聂荣臻年谱》，人民出版社1999年版，第388页。

对敌经济斗争的方针》的报告，强调提出，要把北岳区生产运输迟滞的形势转变为活跃国民经济的形势，把粮食绝对禁止出口，改变为缉私与专卖有机地联系起来；要把以货币易物的形式转变成为以物易物的形式；要把军政民的力量密切结合起来，以发展国民经济为基础，改善民生，适当减轻人民负担，严禁奸商居奇操纵的行为，团结商人，打击敌人。为此，晋察冀边区决定成立边区、专署和县三级经济委员会，统一军政民各系统对敌经济斗争的力量和步调，加强经济战线对敌斗争的领导。

晋察冀边区行政委员会发布工商管理局与实业部门关系的补充决定（2 月 27 日） 为集中力量，加强对日伪军经济斗争，统一领导，同时避免过去各专管机关与行政联系不密切现象，晋察冀边区行政委员会于 2 月 27 日发布《关于工商管理局与实业部门关系的补充决定》，明确各级工商管理局与工商管理员为各级实业部门的组成部分，受各级实业部门的领导，各级工商管理局与工商管理员出席各级实业部门的会议，其重要工作计划，须经实业部门核准，其工作须定期向实业部门报告。

冀中区发展游击战争打开斗争新局面（2 月至 6 月） 1942 年底，冀中区加强了各级党委对武装斗争的领导，地方党政干部同地方游击队混合编组，领导小部队分散活动，广泛开展地道战、挑帘战、院落伏击战、堵门战等，巧妙地打击日伪军，取得了很好的成绩。1943 年上半年，敌人仍在频繁地进行“清剿”，并有重点地实施“驻屯清剿”，有时对分散活动的八路军小分队造成一定的损失，为此冀中区党委于 3 月发出了《关于武装斗争的补充指示》，进一步加强了对各地武装斗争的指导。在反“清剿”中，为了对付日伪军的奔袭、合击，部队或者先期转出包围圈，到外线钳制和打击敌人；或者化整为零，三三两两逐次进入地道，躲避日伪军，待机歼灭日伪军。当日伪军分散“驻剿”时，县、区地方武装和党政干部依托地道坚持斗争。对小股日伪军，采取伏击或村落隐伏战术，坚决予以歼灭。对防守比较薄弱的据点，则抓住有利时机主动出击。对付日伪军的包围、合击，根据地军队常以村落联防战进行反合击，即按分散宿营、集中作战的原则，一部被围，则固守预设阵地抗击，周围部队按预定计划自动来援，对日伪军实施反包围，形成内外夹击，消灭日伪军，摆脱包围。据 1943 年前 5 个月的统计，冀中区县大队以上部队向敌人进攻作战 410 余次，毙伤日军 1959 名、伪军 2019 名。冀中军民战胜了敌人的五一大“扫荡”以及自然灾害造成的困难，逐渐度过了最艰难的阶段，逐步恢复了元气，站稳了脚跟。

***冀中区党委发出武装斗争的补充指示（3月）** 冀中区党委、军区在总结1942年坚持斗争、恢复地区经验的基础上，于1943年3月发出了《关于武装斗争的补充指示》，指出，坚持冀中阵地，最主要的就是坚持游击战争。就冀中全区来说，武装斗争以外的斗争形式，尤其是革命的两面政策和“合法”斗争，虽然所占比重和作用大为增加，但都是围绕着武装斗争进行的。武装斗争必须是主要的斗争形式，而根据地军队的每一次战斗行动又必须密切结合当时当地的具体政治任务，不是单纯打仗。同时，《关于武装斗争的补充指示》对于分散小部队作战的战术问题，也作了详尽的指示。

平北地区恢复基本区（2月至5月） 平北地区由于1942年日伪军“蚕食”进攻，根据地面积不断缩小，处境十分困难。1943年2月，平北地区组织机构调整后，中共平北地分委和平北支队根据中共中央北方分局《关于三年来平北工作总结的决定》精神，认真分析了所面临的形势，作出了反“蚕食”斗争和军事斗争的决定，于1943年5月间组建了地区队，扩大了自卫队和民兵组织，开展反“蚕食”斗争。主力部队、地方武装和民兵组织坚持三位一体，协调行动，积极发展游击战争。一年来，不仅逐渐恢复了1942年失去的地区和村庄，而且大力开辟了新区，相继成立了滦（平）昌（平）怀（柔）顺（义）联合县和龙（关）崇（礼）宣（化）联合县。恢复、新建和开辟村庄688个，占平北地区村庄总数的48.8%。到5月份，平北根据地得到了基本恢复。

3月

晋察冀边区经济委员会成立（3月1日） 为了进一步开展对日伪军经济斗争与加强根据地经济建设，3月1日，中共中央北方分局发出《关于进一步开展对敌经济斗争与加强根据地建设的决定》，决定成立晋察冀边区经济委员会，由程子华兼任主任。边区行政委员会规定边区经济委员会的任务主要有三项：（一）确定对日伪军经济斗争与发展国民经济的方针和工作计划；（二）统一作战步调，密切各部门的工作配合；（三）调整各部门的关系，解决各部门出现的问题。3月5日，晋察冀边区行政委员会进一步作出《关于组织各级经济委员会的决定》，在各专区、各县设立经济委员会，加强根据地的经济建设和对日伪军经济斗争。各专区经济委员会由专员、实业科长、军分区司令部或政治部1人、抗联会主任、联合办事处主任、银行办事处主任、工商局局长共7人组成，专员任主任；各县经济委员会由县长、实业科长、驻军政委（无驻军者由县基游队政委参加）、县抗联主任、县联社主任、银行营业所主任、工商局局长共7人组成，县长任主任。根据边区行政委员会《关于组织各级经济委员会的决定》精神，一、二专区和所属各县经济委员会很快全部建立起来，一专区河北、河南办事处也同时成立了经济委员会。一专区经济委员会于3月8日正式成立后，当即作出此后工作的三个决定，指出当时的主要任务是争夺粮食，以各种办法打开贸易路线，吸取大量粮食及食盐等日用必需品，把贸易路线伸向日伪军占领区、资源丰富地区，沟通与晋西北的贸易路线，并决定把工作重点放在盂阳、盂平、五台、定襄等地。

灵丘县刘庄惨案（3月1日） 刘庄位于山西省灵丘县。1943年3月1日，灵丘上北泉据点的日伪军100余人包围刘庄，以“开会”为名，强迫村民集合在村西一所院内，然后纵火焚烧，部分群众翻窗户冲出来与日伪军搏斗，被日伪军机枪射死，刺刀刺死，其余被活活烧死。刘庄惨案中，243名男女老幼同胞惨遭杀害，其中老人35名、儿童60名，有35家被灭门。惨案发生后，晋察冀边区行政委员会特拨款2000元，救济刘庄遇难同胞。3月11日，《晋察冀日报》报道了惨案发生经过，并专门配发《为刘庄惨案而控诉》的社论。4月3日，《晋察冀日报》报道：灵丘刘庄惨案发生后，雁北（东）各地群众纷纷举行追悼复仇大会，控诉日寇罪行，决心拿起武器为死难同胞报仇雪恨。《晋察冀日报》还全文转载上关附近1000多人参加的群众大会向全边区、全国、全世界的呼吁通电，4月23日及5月23日又先后两次报道刘庄群众组织复仇队，炸死炸伤日伪军近20名的消息。

北岳区开展抗灾救灾工作（3月3日） 1942年至1944年，华北地区发生了严重的旱灾、蝗灾等自然灾害，受灾面极广，如旱灾“包括河北、河南、山东、山西四省之一部分，以全面积计算，四省人口约一万万之中，灾民至少占三分之一”。灾荒范围包括整个华北地区，而晋察冀根据地是抗战时期中共在华北领导的重要敌后抗日根据地，面对严重的自然灾害，需要政府充分发挥宏观调控作用。1942年秋至1943年春，北岳区受灾面积达90%，灾民达18万人。针对灾情，晋察冀边区行政委员会于1943年3月3日发出《对于目前救灾工作的指示》，肯定了当前救灾工作的成绩，同时指出，救灾与生产运动事业结合不够，资金减少，周转不灵，有一些干部对救灾工作重视不够。为迅速解决严重的灾荒问题，紧急做好救灾工作，北岳区党委发出紧急救灾指示，要求党政军民一起着手进行调查，一村一户地解决，在各地进行募捐救灾，各机关、团体、地主士绅自动发起募捐救济运动；在灾区组织与加强救灾委员会的工作，将灾民组织到生产运输事业当中去。3 月 16 日，聂荣臻在《晋察冀日报》上发表《救济灾难同胞》的文章，文章倡议大家要用“每人节省一口饭”的精神，救济灾难同胞。在根据地，边区政府采取了以生产自救为主，政府扶植帮助引导的政策，充分调动社会各阶层的救灾积极性，成功恢复了正常的生产和生活。

晋察冀边区公布 1943 年度文化教育方针任务（3 月 5 日）　晋察冀边区行政委员会公布《1943 年度文化教育的方针与任务》，明确工作方针为：加紧整顿基本区教育工作，坚持与开辟游击区、近敌区教育工作。从政治上、思想上动员全边区人民，坚定克服困难的决心和争取胜利的信心，粉碎敌伪的奴化教育、反动宣传及一切阴谋。广泛团结抗日知识分子，积蓄力量，准备迎接新时期的到来。为此，要调整干部，健全教育行政机构，加强指导工作，密切上下级的联系，克服各自为政的现象与自由主义的作风。指导政府附设的出版机关有计划地印制各种教材课本，完善发行办法，保证学生都有书可读。开办短期师范学校，培养新小师资。转变小学教师对儿童的观点与作风，改进生活指导，实施民主教育，启发儿童的积极性与创造性。在各级学校及民众学校中，除一般的识字文化教育、政治教育外，要随时注意气节教育、生产教育、卫生防疫教育。邀请学术团体、科学专家帮助编辑中学、小学等各种教材。号召文化团体、文艺工作者写作现实的通俗的科学读物、故事小品，写作儿童读物、儿童歌曲，协助政府开展乡村文化娱乐工作。此文件还要求广泛团结边区抗日知识分子。

晋察冀军区发布县基干游击队整理的训令（3 月 15 日）　1943 年初开始，晋察冀边区各根据地的游击队实行与地方党政军混合编组的方法，活动范围不断扩大，力量不断加强，但也出现了一些亟待解决的新问题。3 月 15 日，聂荣臻、萧克、朱良才发布《晋察冀军区关于县基干游击队整理的训令》，提出，要提高县基干游击队干部的能力，不称职的即予撤换。基干队要经常轮训，以提高战斗力；领导干部要积极寻找日伪军的弱点，主动领导基干队打游击战，争取些小的胜利，以增强信心；对整训之基干队必须抓紧教育，军事上应以班以下之战斗动作及游击动作为主，技术动作及步兵兵器之性能为辅，政治教育应多解释实际问题以坚定基干队的斗争意志；建立并巩固各种必要的军队制度，如经济制度、管理制度，以消灭贪污浪费及极端民主化的现象；严格基干队的纪律，对违犯军纪及群众纪律者应予适当的处分，绝不姑息；县基干队与地区队主力之连队应注意领导民兵游击小组作战，并培养其战斗力。

冀东地委加强滦东和路南工作（3月15日） 中共冀东地委、军分区主要领导成员李运昌等在滦东先后听取了迁（安）卢（龙）昌（黎）工委、路南工委关于滦东和路南两地区开辟工作的汇报，根据工作发展和新的形势，于3月15日分别作出《对于滦东工作的决定》和《路南工作决定》。文件提出，将原来把滦东“开辟为游击区”的要求，改为“创建游击根据地”，继续向北和铁路以南发展。随后，冀东地委增派于明寿、刘亦如、刘光路、张士义（白砥中）、张文浩等一批干部到滦东工作。文件中还指出，将原来把北宁路南开辟为“隐蔽根据地和游击区”的要求，改为“创建游击根据地”，要求广泛发动游击区战争，壮大武装力量，广泛建立游击小组，开展群众运动，建党、建政。

北岳地区部队整编（3月17日） 在中共中央北方分局、晋察冀军区的指导下，北岳地区部队结合斗争实际需要按照要求进行了整编。3月17日，聂荣臻、萧克、唐延杰致电中央军委、八路军总部：晋察冀军区北岳地区部队包括冀中军区转至平汉铁路以西之部队，已重新改编，主要是整编主力军，取消甲种团，一律编小团；紧缩机关，充实连队。整编后各军分区的干部组成为：第一军分区，司令员杨成武，政治委员罗元发；第二军分区，司令员郭天民，政治委员赵尔陆；第三军分区，司令员黄永胜，政治委员王平；第四军分区，司令员兼政治委员邓华；第十一军分区，司令员黄寿发，政治委员刘道生。

冀东部队在热南发起支持群众反“集家”斗争战役（3月21日至5月底） 3月21日至5月底，冀东军民在热南地区发起支持群众反“集家”斗争的战役。在两个多月中，冀东军民与日伪军作战20余次，歼灭日伪军警500余名，缴炮2门、机枪17挺、枪200余支、掷弹筒10具，毁汽车10辆。这次战役行动对于打击敌伪制造“无人区”和巩固几块山区根据地起到了很大作用，冀东部队还在锦承路北和凌源、建昌、绥中等地发展了新的游击区。

北方局发出《关于冀东工作的指示》（3月25日） 1942年底，冀东部队两次进关失利后，冀东军分区于1943年2月实施了恢复基本区战役，取得了较大成绩。战役后，冀东军分区主力部队与游击队一分为二，一部北出长城巩固热南根据地，一部留在长城以南反“扫荡”。3月15日，中共冀东地委作出《路南工作决定》和《对于滦东工作决定》。3月25日，中共中央北方局发出《关于冀东工作的指示》，提出，在华北形势未发生基本变化前，冀东仍坚持游击战争，准备反攻力量；要在冀东地区广泛开展游击战争，争取建立多块游击根据地；在长城线内外、北宁路南北、滦河东西广泛游击，巩固地向前发展，必要时可派遣小兵力深入日伪区，调动日伪军的兵力，扩大八路军影响，破坏日伪区社会秩序；要使冀东平原成为游击根据地和游击区，恢复并深入平原地区工作，争取与十分区相联系。在北方局的指示下，冀东地委广泛建立游击小组，壮大游击队，开展游击战争，建立抗日村政权，扩大群众性抗日组织，争取上层扩大统一战线，斗争形势从守势向攻势转化并不断取得胜利，被“蚕食”区的恢复和新区的开展工作都有相当的发展。

晋察冀边区儿童贯彻“三大号召”，开展“五不运动”（3月28日） 为了边区少年儿童健康成长，拒绝日伪政权的“奴化”教育，从小养成坚定的抗日意识，成为根据地一股抗日力量，晋察冀边区行政委员会、北岳区群众团体和北岳区中国童子军理事会为迎接“四四儿童节”发出指示，号召全边区儿童贯彻“三大号召”，开展“五不运动”。“三大号召”是：积极入校学习，努力帮助家庭生产，按时出操上课。“五不运动”是：不上日本人办的学校，不念日本人写的教科书；不听日伪军的话，不参加日伪军的会；不吃日伪军的东西；不见日伪军，不告诉日伪军一句实话；不受日伪军骗，不参加日伪军的少年团。以后，各地儿童团以“五不誓约”为中心内容，广泛进行抗日政治教育，开展了“五不运动”。

4月

聂荣臻等发布《对第四军分区反“蚕食”斗争的指示》（4月3日） 1943年初，日伪军开始加强对北岳区的“清剿”“蚕食”力量，为了做好反“清剿”、反“蚕食”斗争，聂荣臻、萧克等于4月3日发布《对第四军分区反“蚕食”斗争的指示》，明确了第四军分区反“蚕食”的作战方针：严密注意正面警戒，但主要的精力应主动地轮番地以主力的1/3深入日伪区打击敌人，反日伪军“清剿”；整个部署及外出活动部队，均需有纵深的配备，以便机动打击敌人；外出的部队保持多股的纵深的灵活的变换队形，以分散日伪军，合击目标；日伪军即将“蚕食”的地区，应以地方工作准备及领导游击小组开展游击战为主，主力部队要积极向日伪军可能出动的方面纵深活动，以打击日伪军。

北方分局提出 1943 年城市工作方针、任务（4 月 10 日） 随着抗日斗争的发展，城市工作成为中共中央北方分局、晋察冀边区及各根据地的一项重要工作内容。4 月 10 日，北方分局向中央和北方局报告了两年来城市工作的情况，在回顾总结的基础上，中共中央北方分局提出了 1943 年工作的方针与任务：坚决贯彻隐蔽精干的方针，集中力量进行工人、学生这两方面的工作；加强宣传工作，收听新闻，设法向城市输送《晋察冀画报》；尽量参加日伪组织或可以公开的灰色团体，团结群众。在组织上，分局城委由聂荣臻、刘慎之、刘仁、许建国 4 人组成，由聂荣臻负责。各区党委、地委亦建立城委，区党委书记及组织部长都是城委的组成人员。此后，根据地各级党委立即落实以上任务，建立城市工作委员会。6 月初，冀中区党委就发出《关于城市工作的决定》，冀中区党委设立城市工作委员会，地、县委设专门城市工作人员，并规定了城市干部的配备，划分了各地委城市的工作范围。

聂荣臻同萧克、唐延杰发布反“扫荡”训令（4 月 11 日） 面对日伪军对北岳区发动大规模“扫荡”的局势，根据对第一、三、四军分区反“扫荡”作战准备工作的检查结果，4 月 11 日，聂荣臻同萧克、唐延杰发布晋察冀军区训令，要求在各根据地的抗日军民要在反“扫荡”中控制制高点，求得战术上的主动，以制高点为依据，争取积极的游击动作，给附近驻扎及行动的日伪军以打击。训令提出，为控制制高点，预先要熟悉地形，构筑必要的工事，并进行演习；要加强将主力部队分成小股到日伪区活动的训练，不能只依靠地区队和民兵到日伪区活动。

冀东地委召开会议确定承（德）平（泉）宁（城）游击根据地工作方针（4 月 16 日） 中共冀东地委、军分区负责人李运昌、李中权、吕光、彭寿生等在青龙县龙湾村（今属迁西）举行会议，听取了黄云（杨雨民）关于承（德）平（泉）宁（城）地区开展工作和斗争形势的汇报，决定在承（德）平（泉）宁（城）的游击根据地建党建政，既不要过分刺激日伪军，又要广泛开展游击战争；以光秃山为基地，继续向西、北、东发展，由小沟向大川发展，向蒙民区隐蔽发展；在“集家并村”区领导群众进行反“集家并村”斗争。此外，会议就军队的助耕、节约民力、解决群众生活困难以及对汉奸、暗探、烟犯、土匪等实行争取教育和宽大政策等问题作了规定。

北岳区召开第三次学委会委员会议（4 月 16 日） 在中共中央北方分局、晋察冀边区领导下，北岳区按照中共中央关于认真开展整风运动的要求，经过 4 个多月的整风学习，取得很大成效。4 月 16 日，中共北岳区委学习委员会召开第三次委员会议，总结从 1942 年 8 月 1 日开始至 1943 年 4 月 15 日为止的第一阶段的整风学习，部署第二阶段即从 1943 年“五五”学习节起至 1943 年底为止的整风学习。在第一阶段整风学习中，北岳区的广大党员干部思想觉悟有了很大提高，组织纪律性大大增强，宗派主义、自由主义、本位主义等现象被有效地克服，党员之间、干部之间更加团结，部队、地方的干部普遍增强了全局观念。

老帽山六壮士跳崖（4 月中旬） 老帽山是北京市房山区十渡村与马安村之间的一座陡峭高山。1943 年 4 月中旬，日伪军 300 多人携带轻重机枪和迫击炮，从南窖方向向十渡村进犯，企图袭击房（山）涞（水）涿（县）联合县委、县政府及冀中十分区部队指挥机关。冀中十分区二十七团派一个排在老帽山凭险扼守，阻击敌人。战士们完成阻击任务，开始撤离时，日军由汉奸带路从背后包抄上来，战士们腹背受敌，撤退已来不及。英勇的八路军战士与日军进行殊死搏斗，最后只剩下 6 名战士。6 名无名壮士用尽子弹后，面对扑上来的日军，宁死不做俘虏，抱枪纵身跳下山崖，英勇就义。

北岳区开展反“辗转扫荡”斗争（4 月 19 日至 5 月 17 日） 晋察冀边区粉碎日伪军的“蚕食”和“跃进蚕食”后，日伪军于 4 月 19 日纠集 1.2 万余人对北岳区东部地区，由南而北地进行分区“辗转扫荡”，企图奔袭八路军指挥机关，实行“三光政策”，破坏根据地。日伪军在战术上采取轻装急进、夜间远程奔袭或施行大迂回，以构成对一个地区的包围，还经常以优势兵力，夜间突然插入根据地腹心地区，控制制高点，对各个狭小地区进行分散“清剿”，搜索、挖掘物资，对根据地实行经济上的破坏。对于敌人的“辗转扫荡”，北岳区八路军起初判断不准，准备不足，致使有的部队机关遭到敌人包围合击受到很大损失；后来经过认真总结经验教训，很快调整兵力部署，由被动变为主动。北岳区军民针对敌人昼夜连续运动过度疲劳，不能携带重火器，迂回之敌翼侧暴露突出，担任经济封锁之敌兵力过于分散，后方守备兵力更加空虚等特点，采取新的斗争策略，以后方活动的小部队乘敌后方空虚，积极活动开辟新的游击区，配合反“扫荡”；主力部队采取避实击虚、机动灵活的游击战，积极打击进犯之敌；民兵积极广泛地开展地雷战，给敌以袭扰，配合主力作战。经过 1 个月的反“扫荡”，北岳区军民共作战 218 次，毙伤俘日伪军 2700 余名，炸毁汽车 12 辆，攻克碉堡 5 座，缴获大量武器弹药及物资，从而粉碎了日伪军对北岳区的“辗转扫荡”。

***聂荣臻等发布反“扫荡”命令（4 月 21 日）** 聂荣臻同萧克、唐延杰于 4 月 21 日发布反“扫荡”命令，指出：“目下敌在华北之作战重点在太（行山）南，可能转向中条山；而北岳敌之作战重点则在第四军分区。估计目前敌对北岳区，尚非全面‘扫荡’，而以较过去更大的分区‘扫荡’态势（因屡次‘蚕食’均遭打击）对我山区进行大规模‘蚕食’。第二军分区及雁北所出之敌，在策应第四军分区敌之动作，今后情况发展可能有二：陈庄、会口、郭苏线之敌与营里、清水口之敌继续合击搜剿第二、四军分区间我后方驻地和沿岔头、陈庄、会口、郭苏及滹沱河岸修筑堡垒线。”为此，“第二、四军分区已进入全面的反‘扫荡’及反‘蚕食’，并需继续查明敌情，自行适当部署外，其他各部应严密注意当前与纵深之敌情变化，适当集结相当主力于机动位置，并做足够之战斗准备”①。

***聂荣臻等转发八路军总部反“扫荡”指示的训令（4 月 23 日）** 聂荣臻同萧克、唐延杰于 4 月 23 日转发八路军总部反“扫荡”的指示，要求各战区除做必要之战备外，还应做到：（一）加强情报工作，对当前之日伪军动向进行战役侦察，查明日伪军各交通线之运输，军实囤积情形外，并做破坏之准备；（二）各地伪军接替日军据点兵力之任务，作详细调查研究；（三）加强伪军工作，准备在敌人集中‘扫荡’我区时，争取部分伪军反正及准备消灭某些可能消灭之部分，以资钳制与分散敌人，破坏敌集中使用之计划。②

***聂荣臻等就北岳区反“扫荡”情况致电中央军委、八路军总部（4 月 30 日）** 聂荣臻同萧克、唐延杰于 4 月 30 日致电中央军委、八路军总部并各分区首长，通报北岳区反“扫荡”的战斗情况。他们指出，此次日伪军对北岳区的“扫荡”，由第四军分区、第三军分区、第一军分区有秩序地分区进行“扫荡”，

---

① 周均伦主编：《聂荣臻年谱》，人民出版社 1999 年版，第 393 页。

② 参见周均伦主编《聂荣臻年谱》，人民出版社 1999 年版，第 393 页。

所采取的手段为轻装奔袭八路军指挥机关，而主要目的则在搜剿挖掘与摧毁根据地坚壁的物品，掠夺牲口粮食，破坏根据地人民经济。由于部队未积极迫近日伪军，没有领导民兵广泛开展地雷战，也由于有内奸引导日伪军，所以根据地损失比较大。

***晋察冀军区发布敌人“扫荡”特点及我之对策的训令（5月1日）** 聂荣臻同萧克、唐延杰于5月1日发布晋察冀军区《关于敌“扫荡”特点及我之对策的训令》，指出，日伪军5000余人分东西两线，向第四军分区突然奔袭，扑空后即在军分区进行“清剿”，到4月27日止共计8天，日伪军才开始退去。此次日伪军“扫荡”第四军分区的特点，是由南而北，在汉奸指引下，轻装奔袭八路军指挥和后方机关，挖掘“坚壁”物资。其行动秘密，迂回合击，合击不成，即分成百余人一股分区“清剿”。搜山时由牲口在前面踩地雷，军分区损失较大。因此，军分区部队应正面与纵深全面警戒，完善通信联络；地雷对日伪军的肉体与精神都是大的打击，要领导军民全面开展地雷战；机关必须轻装精简，并有防袭击作战预案；要不分昼夜袭扰“驻剿”之日伪军；加强对落后群众及退伍兵的教育，防被日伪军利用。随之，明确了具体对策：（一）军队应以连或排为单位，主动地、积极地、不分昼夜地逼近日伪军，向日伪军袭击，使日伪军行止不安。这首先要求连排级干部必须具有政治上的自觉性与积极性，以及军事上的机断专行与灵活的精神。（二）派出小部队（半个班至一个班）配合领导民兵，组织飞行射击组与爆破组，积极向日伪军袭击袭扰与打击日伪军小股搜山之部队。（三）担任掩护妇女老少及牲畜任务之民兵，除组织周密瞭望与规定信号及时报警外，应利用险要地形，埋地雷、打手榴弹、打土枪、滚礌石等，用一切方法去杀伤日伪军，使日伪军不敢分散搜山。（四）如当日伪军撤退并抢走物品与捉走群众时，应迅速转到中途打埋伏，在日伪军混乱后使被捉之群众得以乘乱逃跑；抢夺物品，打散与抢夺牲口等均必须积极勇敢的动作。（五）老少妇女隐蔽时，应选择地形险要与偏僻且可通达他地之处，其外围则应以青壮年与民兵隐蔽瞭望与掩护老弱者之转移。①

北岳区召开首届群众团体联合代表大会（4月25日至5月2日） 为了总结群众运动经验，研究加强统一领导，确定当前任务，4月25日至5月2日，

① 参见周均伦主编《聂荣臻年谱》，人民出版社1999年版，第395页。

北岳区在阜平县燕头村召开首届群众团体联合代表大会。会议总结了群众团体成立 6 年来的工作，研究了统一领导等问题。边区参议会议长成仿吾、中共北岳区党委书记刘澜涛在大会上讲话，边区农会主任杨耕田作了《目前北岳区群众运动发展和任务》的报告。大会决定成立北岳区抗日救国联合会，选出 49 名执委，9 名常委，杨耕田当选为主任，岳志坚任组织部部长，沙可夫任宣传部部长，王文兴任工人部部长，赵国屏任农民部部长，李宝光任妇女部部长，李开信任青年部部长，顾德任秘书长。当时，北岳区各抗日民众团体共有会员 120 余万人。

冀中各抗日群众团体联合召开常委扩大会议（4 月底） 由于日伪军的疯狂“扫荡”“蚕食”，冀中区的斗争局势恶劣，为了避敌锋芒，减少冀中人民的负担，冀中区许多抗日群众团体随主力部队转移到北岳区休整。4 月底，由冀中平原转移到北岳区的冀中各抗日群众团体领导人，联合召开常委扩大会议，研究新形势下民运工作的任务。5 月初会议结束。会议选出杨新月为主任委员兼农运部部长，范照西为工运部部长，刘国华为青运部部长，白芸为妇运部部长，张树义为组织部部长，吴大发为宣传部部长，马玉槐以冀中回建总会主任身份为抗联会之党委委员。7 月至 8 月间，原冀中区专署、县、区、村的农、工、妇、青等各抗日群众团体，均改组为各界抗日救国联合会。

宋劭文提出实现统累税调查改算工作要求（4 月） 1941 年 4 月，边区政府全面实行统累税，作为统一战线的财政税收政策，将边区多种税收统一为一种，将以往多层多次征税改为由边区政府每年征收 1 次。税收政策的改革，得到边区各阶层人民普遍拥护。统累税的关键在于纳税比例需要通过科学调查才能确定，而不能凭空估计，否则达不到边区人民合理负担税收的目的。1942 年 10 月 30 日，晋察冀边区行政委员会发出《关于县区财政工作的指示》，指出：“自统一累进税实施以来，财政建设上有很大进展，无论在新的建设上或清理工作上，各县区都有较显著的成绩。”同时，“要下决心把县区财政收支款项彻底清理，肃清一切弊端——肃清‘小库’，肃清两面态度，肃清紊乱现象”。通过两年的税收实践，宋劭文谈到了怎样实现统累税调查改算工作中的三个要求：首先，把边委会对本县要求的标准和去年实际调查的结果相对照，找出增减的规律，作为具体化的依据，但决不可把这个比例平均到区村。其次，在实现这一要求中，必须切实注意结合地区的真实性、一致性，区与区、村与村的交界处，县应负完全责任；县与县交界地专署应做好检查；专区与专区交界之区村，边委会应负责检查，但县区应提供意见。最后，在实现这一要求中，要注意调查村与改算村的一致性。通过客观、实事求是的调查改算，保护和奖励政策的实施，边区财政税收制度建设才能臻于健全完备，边区工商业和农牧副业才能得到发展，边区经济才能更加活跃，人民的负担才能更加合理。

冀中平原群众性游击战争广泛开展（4月至5月） 4月12日，冀中区党委发出《关于青纱帐时期工作方针》的指示，指出，冀中根据地变为游击根据地的形势，不到战略反攻时不会改变。今后主要是坚持顽强斗争，反对日伪军继续围攻、“清剿”。各级党委利用青纱帐有利条件，在致力恢复与扩大根据地和游击区的同时，还必须进一步抓紧党政军民的组织整顿工作。4月至5月间，在青纱帐开启的有利条件下，冀中平原群众性游击战争得到广泛开展，各地在地道战的基础上发展起来的灵活机动的有机战术，如“夜袭”“三速”“三击”“挑帘战”“顶门战”“化妆袭击”“院落伏击”等得到广泛的应用，不断给日伪军以严重打击。同时对汉奸、特务也开展了“掏老窝”“单打一”等多种形式的政治攻势（如争取、改造、教育其本人或其亲属等相结合的斗争），取得了显著的成效。到秋季，各地的地道构筑，逐渐形成了户连户、村连村；地道内有了望孔、射击孔、干线、支线，且地道能容纳全村人和整连的战斗部队，是能藏能战能守能攻的“地下长城”。

平北地委召开干部扩大会议（5月初） 中共平北地分委于5月初在怀来县西坡村召开了扩大干部会议，贯彻中共中央北方分局《关于三年来平北工作总结的决定》精神。会议认真检讨了右倾错误带来的严重危害，强调从思想上、政治上、组织上取得一致，实行党的一元化的领导，加强军队的思想政治工作，发动群众，发展地方武装，加强党政军民团结，坚决扭转困难处境，开创斗争新局面。会议还作出了《关于进一步贯彻执行减租减息和劳动政策的决议》和《关于各级党委树立严格工作制度的决定》。这次会议在主要问题上统一了领导干部的认识，坚定了斗争信心。5月1日至28日，日伪军6000多人配备1个炮兵中队，向平北根据地“扫荡”。平北根据地第十团、第八团和地方武装共作战31次，毙伤俘日伪军230余名。平北根据地伤亡及失踪118人，粉碎了日伪军对平北地区的夏季“扫荡”。

5月

晋察冀边区开展第二期全面整风学习运动（5月至12月） 在总结第一期整风学习的基础上，中共中央北方局决定于5月5日开始转入第二期整风学习，要求紧密联系业务学习和工作实际，进行全面检查整顿，以便提高业务水平，改进领导作风，促进边区的全面建设。第二期整风学习，地方以县以上领导干部和边区领导机关为主，军队系统以军分区以上领导干部为主。

7月1日，中共中央北方分局举行盛大的干部晚会，庆祝中国共产党成立22周年和动员全边区党员干部深入整风学习。分局、军区与北岳区党委及附近各机关、团体党员干部近千人参加了会议。刘澜涛主持会议。聂荣臻作了《加强党性锻炼》的报告，指出，我们虽有党的领导，有毛泽东为舵手，“但是如果船员不得力，仍然不能到达胜利的彼岸”。因此，党员必须联系实际进行整风学习，改进领导方法，克服宗派主义、本位主义、特殊化等不良倾向，加强党性锻炼，经得起斗争的考验，做到“胜利了不骄傲，受挫了不低头”①。

从7月7日开始，晋察冀边区政府召开了为期两周的高级干部会议，对县长以上干部进行了以“肃清官僚主义、改进领导作风”为主题的集体整风。除北岳区各专员、县长外，冀中行署副主任吴砚农和两个专员也赶来参加了会议，边区参议会成仿吾议长、于力副议长及驻会参议员也都列席。宋劭文主任作了题为《贯彻简政，改进领导，肃清官僚主义》的重要报告。报告指出，官僚主义是主观主义的思想方法和工作作风在政府系统的主要表现，其实质是脱离实际，脱离群众，是与民主政治的本质所不相容的。报告还深刻揭示了官僚主义的各种表现，明确提出，把“贯彻简政，改进领导，肃清官僚主义”作为边区民主政治建设的主要内容来抓。与会高级干部进行了认真的自我检查和反省，在改进领导作风、提高工作效率等一些原则问题上取得了一致认识。这次会议标志着边区正式开始了第二期整风学习运动。会议闭幕后，聂荣臻特于7月20日下午代表边区子弟兵，宴请到会的全体专员、县长，并就当前时局和政权工作在对敌斗争中的重要性作了谈话。

为了从组织领导和制度上克服和纠正官僚主义，边区政府制定颁发了《关

---

① 周均伦主编：《聂荣臻年谱》，人民出版社1999年版，第398页。

于各级政府各部门工作的决定》《关于加强行政效率减少各级事务手续的补充决定》等重要文件。规定：（一）在各级政府机构中设主管机关行政事务的部门和人员，以便各级行政首长和广大干部进一步从烦琐事务中解放出来，深入实际和群众，加强调查研究和工作指导。文件对各级政府各部门的工作重点、调查研究中心、工作制度和方法等进行了具体安排。（二）制定出专署、县、区的进一步简政方案。本着游击区政权要高度集中、统一，便于集中力量对敌斗争，边缘区政权适当增加人员设两套机构，各部门深入村的工作设专人负责的原则作了具体布置。（三）制定了一套政权干部任免考核奖惩和教育培训的管理制度，并在此精简了事务手续和文牍。晋察冀边区高级干部会议结束后，晋察冀边区行政委员会于8月9日发出了《关于贯彻高干会议精神的指示》，要求各级政府反对官僚主义，深入开展整风和简政工作。文件指出，此次高干会议初步总结了6年来的领导工作，指出了6年来建政的成绩，同时明确认识并揭发了领导工作中存在的官僚主义倾向。大会闭幕后，整风、简政、改进领导的中心任务，便是将大会的精神自上而下地贯彻到区村中去，在各种具体工作中将大会的精神体现出来。①

北岳区党委为深入开展整风运动，加强从思想上、组织上、政治上的建党工作，于8月上旬召开了组织宣传工作会议，会期12天。会议明确指出，思想上、政治上的右倾危险，小资产阶级的自由主义及脱离群众的官僚主义是当前党员干部思想上最主要的危险倾向。会议号召全党集中火力向这些最主要的危险倾向进军。会议期间，林铁在会上作了《从组织上巩固党的几个问题》的报告，总结了6年来敌后建党的经验，科学分析了北岳区党的组织、基层干部、干部工作等方面的现状。胡锡奎作了《一年来宣传工作的检查和党的中心任务》的报告。会议贯穿了整风精神，与会人员由下而上地开展了批评与自我批评，对建设和巩固党的任务有了统一认识，并引起了高度重视。8月25日《战线》刊登了《八月组宣会议的成功和意义》一文，充分肯定了会议的意义，提出整风运动是党的思想革命，一切工作必须贯彻整风精神。这次会议为北岳区的建党工作指明了方向。

---

① 参见晋察冀边区革命史编纂委员会编《晋察冀边区革命史编年》，河北人民出版社2007年版，第612页。

边区政府高干会、北岳区党委组宣会为第二期整风运动作出了表率。边区各级在学习文件的基础上，结合业务工作特点，进行了全面的检查和剖析。地方县以上、军队团以上建立了整风学习中心小组。边区党政机关各业务部门的领导，带领全体干部总结工作，检查问题，开展批评与自我批评，并开展业务竞赛，改进工作作风。军队系统团以上政工干部结合政治工作，军事干部结合战术思想，一般干部结合党建、对敌斗争与建军工作等，进行了整风检查。边区文艺界也针对思想上存在的“艺术至上”等倾向，进行了检查清理，开展了文艺整风。通过整风学习，党政军干部提高了业务素质和领导水平，推动了边区各项工作的开展，边区出现了崭新局面。

晋察冀军区和北岳区党委召开对日伪军工作会议（5月5日） 随着世界反法西斯战争的发展，日军从华北撤走3个师团增援南洋，日军在华北兵力严重不足，许多下级官兵感到胜利无望，回国无期，集体自杀。为此，晋察冀军区和北岳区党委于5月5日召开了对日伪军工作会议。会议决定大力加强对日伪军工作，通过改造释放的日军俘虏和进行日本居留民的工作，促使日军士兵的觉醒，以瓦解日军士气，削弱其战斗力。其后，随着对日伪军工作广泛开展，日伪军之间矛盾加深，起义、投降的伪军日益增多。

晋察冀边区文联召开第二届代表大会（5月6日） 晋察冀边区文联于5月6日召开第二届代表大会，会上，朱良才代表晋察冀军区与北岳区党委发表讲演。沙可夫报告文联的工作，提出进一步转变认识立场、与工农兵相结合等任务。第二届代表大会选举了23人为第二届执委，9人为常委，沙可夫任主任。

完县野场惨案（5月7日） 野场是河北省完县西北山区的一个小山村。这里是抗日老根据地，九分区后方供给部在此，晋察冀军区工业部驻在离野场5公里的神南。5月1日至7日，日伪军四面包围了完县西北山区，并盘踞在山上，每天下山搜索，企图摧毁八路军后方机关。由于根据地机关早已作好准备，进行了彻底的“坚壁清野”工作，部队转移，群众也隐藏在山沟里，使日伪军的计划落空。5月7日清晨，日伪军出动100多人，在汉奸庞珠子的引导下，把隐藏在石沟的野场村、龙旺水、王家庄、解放4个村的200余名群众赶到一起，以机枪向人群扫射，并把没有断气者用刺刀挑死。灭绝人寰的野场惨案里，包括儿童团长王璞、妇女主任张竹子在内的118名无辜群众被残忍杀害，54人身受重伤，4户全家遇难，妇孺占死伤人数的3/4以上。惨案发生后的第二天，晋察冀边区第四专员公署党政军民各界组织了慰问队，到野场一带进行救济、慰问和医疗工作。晋察冀边区和完县人民政府召开了追悼大会，县长宋致和为死难同胞宣读了祭文。5 月 19 日，晋察冀边区第四专区公署发表了《为野场惨案告同胞书》。5 月 23 日，完县县议会、完县各界抗日联合会、完县县政府、完县第七区队联合发表《为控诉野场寨圈惨案通电》。晋察冀边区北岳区第四区各界抗敌联合会、晋察冀边区第四区行政督察公署、晋察冀军区第三军分区政治部，于 5 月 30 日发出《为日本法西斯残杀我妇孺老幼向全世界控诉》一文，向全国和全世界控诉侵略者的罪行。7 月，晋察冀边区在野场村石匣岭为死难烈士立下两座纪念碑，晋察冀边区和完县人民政府追授王璞为“抗日民族小英雄”光荣称号。

阜平县五丈湾民兵粉碎日军“扫荡”（5 月 12 日） 5 月，驻曲阳的 1400 余名日伪军在飞机掩护下，突袭阜平县城。阜平县五丈湾村民兵中队长李勇率领的游击组，把从阜平城出动“扫荡”的 500 余名日伪军诱入布雷区，用步枪同地雷战相结合的方式，先后 2 次炸死炸伤日伪军 130 余人，日伪军被迫向西经东、西下关，龙泉关溃逃到五台县石咀。5 月 21 日，聂荣臻司令员、萧克副司令员及人民武装部部长程世才通令嘉奖该游击组，北岳区党委授予李勇以“模范共产党员”的光荣称号，号召“全区民兵向李勇学习”。

易县狼牙山惨案（又名淇村惨案）（5 月 15 日） 1943 年 4 月，侵华日军华北派遣军对晋察冀冀西抗日根据地进行大规模“扫荡”。4 月 30 日傍晚，日军第一一〇师团所属的白泷支队（日军少将白泷指挥的步兵 5 个大队），从满城、完县出发，向北推进，对冀西狼牙山地区进行“扫荡”。5 月 15 日清晨，日军和清乡队围困住北淇村和附近几个村转移到石榴渠的群众八九十人，把他们圈到北淇村西大寺广场。另有大批日伪军从河套向北淇村进犯。日伪军将村民圈到北淇村西大寺广场，向村民逼问党员和游击队员去向。村民齐心不说党员和游击队员的下落，于是日伪军把村里的男人一个一个扔到大寺广场西面的枯井里，一层人一层石头。日伪军走后，被投入井里的 25 人中，有 11 人被赶来的游击队员救出。日伪军制造了血井惨案，又往北到别的村进行“扫荡”。血井惨案前后几天，日伪军在狼牙山附近 70 余村进行烧杀、抢掠，共计杀死 300 多人，还使 200 多人受伤，烧房 7000 多间，抢去牲口 500 多头，其他如粮食、财产等，被抢掠与破坏不计其数。

聂荣臻等发出《晋察冀军区反“扫荡”指示》（5 月 16 日） 1943 年春夏之交，日伪军因兵力不足而又要及时“扫荡”，于是分区域对晋察冀边区第三、四军分区及第一、十一军分区进行“扫荡”，主要目的在于摧毁晋察冀边区后方机关及军民资材。5 月 16 日，聂荣臻同萧克、唐延杰发出《晋察冀军区反“扫荡”指示》，指出，此前日伪军妄图由分区“扫荡”完成其对北岳区的全部“扫荡”。正在对第一、十一军分区进行的“扫荡”，仅集中兵力于该区之主要地区（如进攻平西只从东北两面进兵，西南两面未见动作），而非全面行动，为分区“扫荡”。在日伪军集中于某一狭小地区时，该区有时较全面“扫荡”时情况更为严重（全面“扫荡”时敌兵力分散于广大地区，不能集中对我一区）。故后方机关及战斗部队的转移，不宜机械地限制于准备全面“扫荡”时预定分配之固定地区，即在日伪军合击某一区时，除坚壁之财物外，人马之大部甚至全部可向未“扫荡”地区转移；不仅后方机关如此，即便是战斗部队，也少留或不留，而仅留地方武装及侦察部队等兵力。根据日伪军集中进攻一狭小地区（经常是我之中心地区或后方机关所在地）的实际，《晋察冀军区反“扫荡”指示》要求：主力转出合击圈外后，应对敌形成反包围，用各种战斗手段达到迫退敌之目的。

王厂沟伏击战（5 月 16 日） 王厂沟位于河北省宽城满族自治县西南部沟塘自然村和村东北的群山之中。1943 年 5 月初，冀东军分区政治部主任李中权率领军分区警备连从迁安县向热南地区转移，于 5 月 12 日到达王厂沟。12 日下午，由晋察冀军区派来的干部在冀东军分区十三团特务连的护送下也到达王厂沟。13 日早晨，日伪军 150 余人从宽城孟子岭出发，突袭王厂沟。接到情报后，李中权决定在王厂沟与日军打一场伏击战。战斗从早上 7 时一直打到晚上 10 时，将日本关东军春田中队 150 人全部歼灭，缴获重机枪 1 挺、轻机枪 2 挺、掷弹筒 3 具、步枪 27 支。王厂沟的群众在这次战斗中积极主动支前参战，民兵配合部队作战，党员及青壮年都到战场抢救伤员。战斗中，八路军指战员伤亡 50 余人。其中，曾经参加过长征的八路军十三团特务连连长薛辉荣不幸壮烈牺牲，警备连连长张进学、二排排长巩玉然在战斗中受伤。

晋察冀边区开展保卫麦收斗争（5 月至 6 月） 自从伪政权南北统一进行“肃军”“肃政”“肃民”运动以来，日伪军、敌特的活动更加毒辣、深入与隐蔽。5 月 21 日，晋察冀边区行政委员会发出《关于实施夏防运动保卫麦收加强第八期政治攻势的指示》，对日伪军活动的特点，实施夏防运动的重要意义、办法、标语口号作了重要指示。5月23日，聂荣臻同萧克、唐延杰发布晋察冀军区《关于保卫麦收、夏耕的命令》，命令各分区立即布置、执行掩护根据地群众收麦的任务，对敌控制之下的产麦区、我之临接区则以掩护群众藏麦为主，同时各区均应组织以战斗保卫夏耕。6月中旬，冀中第七分区开展了保卫麦收斗争，组织部队打击出动抢麦之敌，动员群众快收快打快藏，教育两面政权工作人员支应日伪军拖延不交。第三十六地区队带领安平县大队、区小队并跨区与博野、饶阳县区游击配合，从6月11日至16日连续在安平县刘兴庄、东里村、南里村，饶阳县王岗、孟岗，蠡县滑岗、蔺岗，作战5次，共毙伤日军中队长小森以下40余人，毙伤伪蠡县大队长郑国志以下100余人，缴轻机枪1挺、掷弹筒1具、步枪50余支、战马5匹。6月21日，聂荣臻同萧克、唐延杰致电八路军总部、中央军委，报告："北岳区麦收于6月初开始，全区部队除必要勤务者外全体参加麦收，截至20日已全部胜利完成。周围日伪军仅部分有抢麦企图，但尚未行动。"① 边区开展的保护群众麦收斗争，打击了日军抢麦和破坏麦收的计划，使其毁灭抗日根据地军民生存条件的企图破灭。

晋察冀边区加强小学教育（5月） 晋察冀边区于1940年基本完成普及的、义务的、免费的小学教育任务，1941年颁布《边区小学暂行办法》，提出"小学正规化"的口号，使小学由量的发展进化到质的提高阶段。为提高小学教师的教学水平，边区政府先后颁布《小学教师检定任用办法》《小学教师服务章程》《小学教师考核奖罚条例》《优待敌占区学生入学办法》和《关于优待高小贫寒优秀学生的规定》。1943年4月10日，边区政府发布《关于整理小学加强儿童教育的指示》。5月6日，《晋察冀日报》发表社论《实施生产教育的重大意义》，明确提出了加强生产教育的方针，开始改革小学教育。各地小学依据各自学生的入校情况，实施以全日制为主的教学方式，附设半日随习班、半日二部制、半日巡回制或隔日巡回制等不同办法，并将学生的生产成绩列为评定学生成绩优劣的标准之一，使学生养成劳动的习惯，小学教育培养的目标开始有了新的含义。1943年，据北岳区32个县不完整统计，共有完全小学46处，高级组20处，学生2749人；初级组26处，学生38 837人。由于教学形式的改进，据第四专区调查，1943年4月份入学儿童占全区儿童的62%，7月份增至70%。此

① 周均伦主编：《聂荣臻年谱》，人民出版社1999年版，第397页。

后，边区各地教学效果有了明显提高。

承（德）平（泉）宁（城）联合县工委、办事处成立（5 月） 为了加强对承德、平泉、宁城对敌斗争的领导，中共冀东地委决定撤销承（德）平（泉）宁（城）工作队，在三县边界地区成立承（德）平（泉）宁（城）联合县工委、办事处。承（德）平（泉）宁（城）联合县成立后，黄云任工委书记，周治国任办事处主任，共辖 6 个区，有游击队员 600 余人。6 月初，承（德）平（泉）宁（城）联合县工委召开干部会议，明确了当前的任务：继续向东、向北发展，巩固扩大地方政权；发展地方武装，牵制打击日伪军；贯彻抗日民族统一战线，动员各阶层人员参加抗日，瓦解日伪军政组织。

北岳区农村经济成分发生重大变化（5 月） 5 月，晋察冀边区《战线》刊物刊登《北岳区农村经济和阶级关系变化的调查资料》。该资料表明，由于减租减息、合理负担、发展生产和开展对日伪经济斗争，抗日根据地内经济成分发生重大变化：一是封建经济在逐渐削弱。1937 年与 1943 年比较，地主占总人口比重由 3.61％下降到 2.51％，占有土地由 16.43％下降到 10.7％，地主拥有的劳动力与牲畜也大量减少。二是农民负担大为减轻。借贷利息降低了约 60％，地租减少了 1/3 到 1/2，一般地租量平均是农民总收获量的 20％至 25％。三是富农经济有升有降，基本上处于平衡状态，农村小商品经济迅速发展。中农占总人口比重由 40.57％上升到 47.47％，中农几乎拥有全部耕地的一半，成为农村中强大的经济力量。四是共营经济、合作经济、家庭手工业和副业逐步发展。

北岳区第二地委作出进一步巩固组织的工作计划（5 月） 在总结 1 月至 3 月整理支部、干部鉴定、干部思想教育等巩固组织工作中的经验教训基础上，北岳区第二地委决定 6 月 15 日至 9 月 15 日为第二期巩固组织工作时期。第二期巩固组织的总任务是：“彻底贯彻第一期巩固组织的计划，在发动群众斗争与各种任务（保卫麦收、夏防运动、统累税调查改算工作）的配合下，进一步展开与全面深入进行反右倾斗争，加强思想领导和整风学习，克服严重的官僚主义作风，认真搞好干部鉴定，正确掌握政策，彻底完成支部的整理，进行实际的支部教育，从斗争中提高支部的战斗力。”工作计划具体规定了各地区各系统的巩固重点及干部鉴定、整理支部、干部教育中的政策界限与方法步骤等，要求五台、盂阳、代县、盂平、定襄以巩固为主，在巩固中慎重发展；崞县（东）在短期内着重从思想上、组织上巩固，从斗争中慎重积极发展；寿阳（北）、寿东、山阴（东）、忻县（东）以发展为主，在发展中巩固。

6月

日军对定南县43个村进行驻屯“清剿”（6月24日） 定南县日军黑田大队纠集定南、邢邑、安国、郑章、伍仁桥等10多个据点兵力3000余人，包围定南县丁村、东城、王耨、齐家庄等43个村，划为“剔抉圈”，实行为期7天的驻屯“清剿”。日伪军每天到七八个村驻屯，梳篦拉网，搜捕干部和游击队。据32个村的统计，驻屯“清剿”期间，日伪军抓捕群众3000人，其中被毒打的有1189人，被打伤致残者有568人，被杀害者有数十人。地方干部游击队未受损失。至7月2日，日伪军伤亡数十人后撤回。

冀中第十军分区在大苇塘召开地委扩大会议（6月） 随着世界反法西斯战争的发展，日军兵力不足，开始大量发展伪军，大批据点碉堡由伪军驻守。为了有计划地攻取点碉，争取伪军，掌握对敌斗争的主动权，开辟地区，6月，冀中第十军分区在东淀大苇塘召开地委扩大会议，贯彻中共中央北方分局和冀中区党委的指示。会议决定：（一）克服不敢斗争、单纯躲藏的右倾思想，积极开展以武装斗争为主的各种形式的斗争；（二）巧妙地掌握两面政策的斗争；（三）开展挑帘战、单打一、化袭、奔袭、伏击、连环作战等灵活机动的战术，巧妙地打击敌人；（四）开展地道，建立堡垒户、堡垒村和隐蔽根据地；（五）打击敌伪勒索、掠夺，保护群众利益，改善贫苦农民的生活；（六）做好争取伪军工作；（七）做好外围军的工作。此后，冀中第十军分区不断增强武装力量，提高部队战斗力，改进战术，有力打击日伪军，有计划地深入“敌后之敌后”开辟地区，再建大苇塘根据地，开展夏季攻势，恢复老区并开辟出平南根据地。

冀中区开展青纱帐战役（上半年） 1942年，冀中根据地经过日伪军的多次残酷大“扫荡”，很多地方变质。进入1943年，冀中区的局势发生很大变化。根据冀中区5月份统计，日伪军兵力与1942年同期相比，日军减少了50.7%，伪军增加了40.5%。坚持冀中区游击战的冀中区部队和地方武装已能在4/5的地区展开活动，并且已经拔除日伪点碉115处，斗争局势开始逐步朝着有利于抗日军民的方向发展。晋察冀军区针对冀中区的形势发展变化，下达了《青纱帐长期部队之部署方针》。冀中区党委于1943年4月间也向各地委和军分区发出指示：目前游击根据地虽不能改变为大块根据地，但应当利用青纱帐的有利条件，争取非游击根据地逐渐恢复为游击根据地，已为游击根据地的地区，成为更坚强的游击根据地。

冀中区部队和地方武装，按照晋察冀军区的指示发起了青纱帐攻势作战。这次青纱帐攻势作战的主要目标是拔除日伪点碉。冀中区部队以军事围困与政治攻势相结合，广泛采取武装围攻奔袭和化装奇袭的方式，攻取日伪军驻守的据点和点碉。主力部队穿插在日伪军点线之间，奔袭日伪据点和消灭分散守备的日伪军。武工队则挺进敌占区，发动和组织群众镇压汉奸、特务，争取瓦解伪军、伪组织，开辟和恢复游击区。县区游击队、民兵和地区队三级武装互相配合，困守点碉的日伪军。同时，广大人民群众也积极配合，平毁封锁沟墙和破袭日伪军的交通线。

***北小章村落坚守战（6 月 27 日）**　冀中第七军分区滹沱河南指挥部率领第三十六地区队和晋（县）深（县）（无）极、束（鹿）晋（县）、深北、安平等县大队，进驻束（鹿）晋（县）联合县北小章村，准备开干部会议，被周围据点之敌发觉。敌用“邀击”战术，以东曹据点之兵力对该部实行佯攻，企图诱该部到小舟、泊庄据点之间地区，乘该部运动中对该部攻击。该部采取村落坚守防御，以逸待劳，诱敌来攻。敌先后出动 3000 余人，被该部毙伤 300 余人。

兴隆县大河西惨案（1943 年夏）　大河西，位于兴隆县东偏北的安子岭乡境内，真实地名为高板河，大河西是抗日战争时期的化名。1943 年，日伪当局把这里划为“无人区”，实行惨绝人寰的“三光政策”，强令群众往部落搬迁，遭受殖民统治。但是，深山里的居民不畏强暴，不怕牺牲，与日军展开殊死搏斗，引起日伪统治者仇视。同年夏季，半壁山警察署长常大伦与日军八八一夏道联队一起，对大河西、槐木林一带深山区进行“扫荡”，抓捕群众 60 多人，这些群众全部被日军训练的几十条军犬活活咬死，惨不忍睹。

7 月

晋察冀边区举行“中国共产党成立 22 周年”纪念大会（7 月 1 日）　为庆祝中国共产党成立 22 周年，晋察冀边区于 7 月 1 日召开隆重纪念大会。各直属机关、部队、学校都参加了大会。与会人员合唱《国际歌》，向死难烈士致哀。大会通过了由聂荣臻、萧克、刘澜涛、李楚离、朱良才、杨耕田、潘自力 7 人组成的主席团。会议由主席团主席潘自力主持。北岳区党委代表刘澜涛作了重要演讲，指出了今后的具体任务：一是更进一步地发扬民主作风，加强民主教育和发扬民主的精神；二是更进一步地领导人民进行生产，并且要发展副业和提高农业技术，向人民宣传劳动者的伟大；三是每个党员都要更进一步地团结在党中央的周围，成为全国人民团结的模范；四是要努力学习，努力整风，学习中央各种政策决定，学习边区的许许多多的模范事例。接着，朱良才讲话，号召全军加强党性锻炼和发扬光荣的战斗传统，要在各方面都成为群众的模范。北平燕京大学英籍教授林迈可、北岳区抗援主任郭任之代表来宾发言。当晚，抗敌剧社表演了歌咏《七月之歌》《中华民族》和话剧《司务长刘光明》、京剧《打严嵩》等节目。

晋察冀军区公布抗战6年战绩（7月1日） 晋察冀军区成立以来，领导边区军民经过6年的奋勇抗敌，打退了日伪军无数次的进攻，广歼顽敌，取得了辉煌战绩，保卫了边区。《晋察冀日报》于7月1日公布了军区从1937年11月到1943年5月底的战绩统计：边区部队英勇战斗共17 450次，毙伤俘日伪军235 364名，缴战马8055匹以及大批重要军械等，破坏铁路1114里、公路19 315里，毁桥715座，颠覆火车67列，毁机车73辆，破坏车厢634节，毁汽车782辆，毁飞机4架，毁堡垒1190处，破坏煤矿8所，我军伤亡和下落不明者共计64 670名。聂荣臻于7月4日在延安《解放日报》"七七"纪念特刊上发表文章，指出这"一点一滴之胜利是从一点一滴流血斗争中得来的"①，并在文章中总结了敌我双方的战略战术的发展变化过程，以及我方在敌后取得胜利的经验。7月9日，《晋察冀日报》全文转载此文章。

冀中区党委发出做好群众工作的决定（7月1日） 自冀中五一反"扫荡"以来，冀中军民经过一年的艰苦斗争，使冀中形势逐渐好转，但党内仍有部分同志认识不到群众工作的重要性，甚至出现损害群众利益及脱离群众的行为。为了进一步加强群众工作，适应斗争形势的需要，冀中区党委于7月1日发出《关于群众工作的决定》。文件指出：（一）为适应五一反"扫荡"后的形势，各群众团体统一组成抗日救国联合会。它是在各群众团体基础上的统一，是更加广泛的群众统一战线的组织。（二）群众工作的方针是加强全民团结，尽量减轻群众负担，提高群众抗战信心，坚持游击战争，同其他各种斗争配合，积蓄力

---

① 周均伦主编：《聂荣臻年谱》，人民出版社1999年版，第398页。

量，准备反攻。群众工作任务首先是加强对敌斗争，把群众的切身利益同对敌斗争结合起来。（三）加强党对群众工作的领导。各级团体建立党团及党团制度，党委通过党团来加强对团体的领导；各级党委要注意培养与提拔群众干部，重视群众工作。此决定指导了冀中群众工作的顺利开展。

冀东军分区政治部尖兵剧社成立（7 月 1 日） 毛泽东强调，干革命要靠枪杆子和笔杆子，两者缺一不可。因而早在抗战初期的 1938 年，冀东部队就有文艺宣传活动。1939 年至 1940 年，冀东八路军第十二团和第十三团，先后组建了小型宣传队，使冀东部队的文艺活动逐步开展起来。1942 年 5 月，毛泽东《在延安文艺座谈会上的讲话》精神传到冀东抗日根据地后，广大文艺工作者深受鼓舞。时任冀东军分区政治部主任的李中权对部队的文艺工作极为重视，主张建立一支专业文艺队伍，以文艺为武器，宣传抗日，动员军民对敌斗争。1943 年春，冀东军民经过 5 年的浴血奋战，使冀东抗日形势逐渐好转，组建一支专业文艺队伍的时机已经成熟。经过紧张的筹备工作，冀东军分区政治部于 7 月 1 日在迁安县西水峪村（今属迁西县）正式成立了尖兵剧社，该剧社在军民庆祝党的生日大会上首次演出。社长先后为张茵青、黄天，指导员为郭东俊，成员有管桦、刘大为、罗明、林野、田涓、黄河、田篱、卜雨等 40 多人。剧社内设音乐队、戏剧队、美术组、文学组等，主要活动在昌黎、滦县、乐亭、抚宁、迁安一带，到处演戏、唱歌，宣传抗日救国。从 1943 年 7 月至 1944 年 7 月，尖兵剧社在极其紧张和艰苦的条件下，共演出戏剧 58 场次，创作大量歌曲、器乐曲、宣传画、连环画、街头诗等，出版 3 期《大众报》、7 期《尖兵歌集》及大量供连队、乡村学校使用和阅读的文娱材料，组织 83 场舞台演出、105 场音乐会，特别是以“无人区”斗争为背景的话剧《地狱与人间》，极大地激发了人民的抗日激情。1944 年 10 月，第十三军分区扩编为冀热辽军区后，原军分区尖兵剧社改为冀热辽军区尖兵剧社，并帮助各军分区建立了剧社，如十四分区胜利剧社、十五分区长城剧社、十六分区前锋剧社、十七分区海滨剧社、十八分区宣传队，都是在尖兵剧社的扶植和帮助下组建与发展的。尖兵剧社不仅派黄天、今歌、田力、黄河、刘大为、管桦等培训各军分区剧社成员，还派王维汉、韩大仲、卜雨、刘健夫、傅敏之等分别负责这些剧社的领导工作。尖兵剧社在冀东再不是孤军奋战了，它播下了革命文艺种子，遍地开出了鲜艳的花朵。1945 年 9 月，日本投降后，尖兵剧社随冀东部队挺进东北，去迎接新的战斗。

晋察冀边区千万军民召开庆祝七月三大节日大会（7 月 5 日） 1943 年是中国共产党成立 22 周年、晋察冀军区成立 6 周年。晋察冀边区各界于 7 月 5 日下午举行庆祝三大节日纪念大会。边区军民 6000 余人参加了大会。杨耕田任大会主席。聂荣臻出席大会，并在会上发表了讲话。聂荣臻在讲话中阐述了当前的国际形势，回顾了边区 6 年的抗战历史，指出，反法西斯战争胜利在即，但敌人定会垂死挣扎，“扫荡”“蚕食”不会停止。他号召边区军民不能松懈，要坚持斗争。刘澜涛、成仿吾、宋劭文及边区国民党代表、平津学生代表都先后发言，一致主张：拥护中国共产党的政治路线和各种政策，更加亲密团结，更进一步地建设边区民主政治，拥护边区子弟兵，实现军民亲密互助，努力生产，克服困难，争取抗战最后胜利。会上，杨耕田代表北岳区民众向聂荣臻献了锦旗，边区政府、北岳区党委送了子弟兵慰问信。大会结束后，边区军民观看了抗敌剧社的演出。

晋察冀军区决定 7 月 7 日为军区成立纪念日（7 月 7 日） 晋察冀军区成立于 1937 年 11 月 7 日，但从 1937 年 7 月 7 日开始，八路军一部分干部和队伍就到晋察冀一带开展工作，同时八路军一一五师取得了平型关大捷，这为晋察冀军区的成立奠定了基础。数年来，晋察冀边区不仅成为坚强的抗战堡垒，有力地配合着全国的抗战，打击着日军“确保占领区”的企图，保障着边区同胞的生命财产和民主自由权利，维系着千百万敌后的人心，还成为抗日反攻的前进阵地，所以确定军区纪念日有着非常重大的意义。根据边区的发展历程，晋察冀军区司令部、政治部决定从 1943 年开始，7 月 7 日成为军区成立纪念日。

冀热边特委、行署、军分区成立（7 月 7 日） 鉴于冀东游击根据地已扩展到长城以北、热河边境地区，中共中央晋察冀分局决定，撤销中共冀东地委、专署建制，建立中共冀热边特别委员会（简称“冀热边特委”）、冀热边行政公署（简称“冀热边行署”）。因当时部队人员略少，并且为暂时麻痹日伪军，军事系统仍称为第十三军分区（简称“冀东军分区”）。特委、行署下设 5 个地区委和 5 个专署，领导各县（工）委、各县政府（办事处）。第一地区委、第一专署，辖冀东西部地区，跨长城内外 4 县，即蓟（县）遵（化）兴（隆）、平（谷）三（河）蓟（县）、承（德）兴（隆）密（云）、丰（县）滦（县）密（云）；第二地区委、第二专署，跨长城内外，辖 4 县，即迁（安）滦（县）丰（润）、承（德）青（龙）遵（化）、迁（安）青（龙）平（泉）、承（德）平（泉）宁

(城);第三地区委、第三专署,辖滦河以东,跨长城内外3县,即迁(安)卢(龙)抚(宁)昌(黎)、临(榆)抚(宁)昌(黎)、凌(远)青(龙)绥(中);第四地区委、第四专署,辖北宁铁路南3县,即滦(县)卢(龙)、丰(润)滦(县)、昌(黎)乐(亭);第五地区委、第五专署,辖冀东中部和西南部5县,即遵化、丰(润)玉(田)遵(化)、丰(润)玉(田)宁(河)、武(清)宝(坻)宁(河)、玉(田)蓟(县)宝(坻)。特委机关驻迁西县上水峪、下水峪和丰润杨家铺一带,主要活动在迁西、迁安、兴隆、玉田、丰润等县。到1943年底,全区有19个县、9094个村、2个办事处、360多万人口,主力部队和游击队约1.5万人。冀热边特委、行署、军分区的成立进一步加强了对冀东抗日斗争的领导,增强了冀东的抗日力量。

冀热边特委举行第一次扩大会议(7月上旬) 1943年7月上旬,中共冀热边特委在迁安县东水峪村(今属迁西县)举行第一次扩大会议。李运昌、朱其文、李中权、周文彬、李子光、焦若愚、苏林彦、丁振军、徐志等人出席了会议。会议宣布特委、行署和各地区委、专署成立,任命各级领导干部。特委委员为李运昌、李楚离、李子光、李忠权、朱其文、周文彬、丁振军、徐志、焦若愚、曾克林、钟子云、苏林彦。李运昌任特委书记、行署主任、军分区司令员兼政治委员,李楚离任特委副书记、军分区副政治委员,朱其文任行署副主任。第一地区区委书记为李子光,专员为杨大章;第二地区区委书记为苏林彦,专员为朱其文(兼);第三地区区委书记为徐志,专员为高敬之;第四地区区委书记兼专员为丁振军;第五地区区委代理书记兼专员为焦若愚。与会人员认真学习了中共北方分局于3月25日发出的《关于冀东工作的指示》,总结检查了冀东5年来的工作,研究分析了形势。会议认为,冀东抗日武装力量尚在增长,但敌人的注意力也在增长着,今后斗争的残酷性会增大,并且困难的时期要比其他地区更长。会议据此作出了《对今后工作的决定》,规定了巩固和发展冀东根据地的方针和任务,特别强调要进一步扩大武装力量,加强军事斗争,打退日本侵略者“重点主义”的新攻势。会议决定整编部队,将第十二、第十三两个主力团改为小团建制,新组建第五、第六、第七、第八、第九等五个地区队为地区主力。第一、第四两个地区的地区队归属冀东军分区和有关地区委直接指挥,其余的地区队配置于各主力团。此次会议为冀东武装部队的发展和根据地的建设打下了坚实基础,为积蓄力量全面进行战略反攻提供了保障。

*冀东武装力量整编　根据冀热边特委会议精神，冀热边特委、冀东军分区将主力团和地区队进行了大致分工，规定了各地地区队为地方武装的主力，对其活动区域也进行了原则划分。第十一团主要活动在第二专区，所属第三地区队活动在承德、平泉、宁城地区；第九地区队活动在迁（安）青（龙）平（泉）和迁（安）遵（化）兴（隆）两个联合县内。第十二团活动在第二专区，所属第七地区队活动在长城以南的临榆、抚宁、昌黎和长城以北的凌（远）青（龙）绥（中）地区；第八地区队活动在迁安、卢龙、昌黎和长城以北的青龙县南部山区；第一地区队活动在第四专区；第四地区队活动范围为第五专区；第十地区队活动在玉田、宝坻、武清、宁河一带。第十三团主要活动在第一专区，所属第二地区队活动在密云、平谷、顺义、三河、通县、香河等地区；第五地区队活动在丰宁、滦平、密云地区；第六地区队活动在蓟县、遵化、兴隆地区。为了便于指挥地方武装力量，8月将各县原有的特务队、武工队、游击队、游击小组和公安队等，统编为县基干队和游击队。同时相继发展和新建了几个特种游击队，其中有沿海一带的海上游击队，专门活动在北宁铁路滦县至山海关段的滦山铁道游击队，在日军开办的柏各庄农场起义的朝鲜义勇队，活动在唐山市、古冶、林西周围以开滦矿工为主的工人抗日游击大队等。

晋察冀边区各界举行“制止内战、挽救危亡”大会（7月15日）　1943年初夏，国民党顽固派以60万兵力进攻陕甘宁边区，掀起第三次反共高潮。《晋察冀日报》于7月13日和14日发表报道文章，要求国民党政府撤销包围陕甘宁边区的军队，开赴抗日前线，号召抗日军民坚决保卫抗战以来所得到的果实，保卫陕甘宁。7月15日晚，晋察冀边区各界在阜平县城南庄花山村北面的树林里举行了“制止内战、挽救危亡”大会。20多个县的县长，各军分区司令员、政治委员和当地军民1万余人参加大会。聂荣臻、刘澜涛、郭飞天、于力、刘皑风、程子华等出席大会并发表演讲，林迈可、津田秀、蔡野火也先后讲话。大会号召全体军民即日动员起来，援助陕甘宁边区，打倒反动派。大会还向全国发出“制止内战、挽救危亡”的通电，指出“反动派挑拨内战的阴谋，必遭全国人民的痛击与全世界反法西斯盟邦政府与人民的坚强反对，进行内战者是绝对孤立的，反对内战者是必得胜利的”，并分别致电陕甘宁边区同胞和毛泽东、朱德，声援陕甘宁边区，反对内战。

晋察冀分局作出3年来平西工作总结（7月15日）　平西抗日根据地是八

路军向热河、察哈尔前进的阵地，是坚持冀东、开辟平北的重要阵地。3 年来，平西根据地军民同敌人展开了艰苦斗争，粉碎了敌人的“蚕食”“封锁”“扫荡”以及“治安强化运动”，得到了巩固与发展。7 月 15 日，中共中央晋察冀分局听取了冀热察区党委常委、宣传部长张明远所作的《关于平西 3 年来工作的总结报告》后，认为平西根据地的创造，实际上是从冀热察区党委由冀东回到平西后方才开始。3 年来，冀热察区党委在平西根据地的创造和巩固上取得了相当的成绩，基本上完成了党给予的巩固平西，并以平西作为开展冀热察游击战争前进阵地的任务，区党委基本上执行了中央的指示，没有发生路线上的问题。但在根据地建设中，由于缺乏对平西工作的透彻了解，缺乏精细的计划与坚持根据地的长期打算，没有详细与系统地调查工作，在根据地经济建设、党的建设、地方武装建设、群众工作等方面还存在着一些问题，使根据地发展受到一定影响。晋察冀分局要求冀热察区党委要深刻总结教训，克服主观主义，推动平西根据地工作进一步发展。

栾城乏马伏击战（7 月 17 日） 栾城县敌工部长叶枫通过内线关系，获悉栾城县伪县长张权本带随行人员 30 多人，乘汽车由石家庄出发回栾城上任，遂作出伏击准备。7 月 17 日，冀中六分区四十四地区队二大队埋伏在乏马村南公路东侧，栾城县大队埋伏在乏马村公路东侧青纱帐里，当敌人进入伏击圈时，战士们猛烈开火，30 多名伪地方官员投降，我方缴获短枪十几支、伪军夏装汽车一辆、药品一部，伪县长因车出故障，改乘商务车回栾城。

晋察冀边区参议会驻会办事处召开联络主任会议（7 月 19 日） 为提高参议会联络员工作的责任心和积极性，边区参议会驻会参议员办事处于 7 月 19 日召开联络主任会议。除各专区联络主任外，曲阳、龙华、云彪、阜平等县联络员也参加了会议。成仿吾作报告，提出了在职参议员应做的六项工作：一是经常到选区向选民报告工作与搜集意见；二是以个人或代表团体的名义经常向办事处提意见；三是研究政策法令并检查执行情况；四是要做好宣传教育工作；五是进行参议会驻会办事处委托的调查研究事项；六是参议员可以不定期召集座谈会交换工作意见。此次会议统一了参议员的思想认识，提高了参议员的工作积极性，促进了边区各项建设事业的顺利开展。

晋察冀边区自然科学界协会召开首届代表大会（7 月 20 日至 23 日） 晋察冀边区政府非常重视科技工作，尊重科技人才。7 月 20 日至 23 日，边区自然科学界协会召开了首届代表大会，到会代表及来宾40余人。在会上，各学会报告了一年来的工作成绩，讨论了普及推广科学生产技术，确定了今后工作方针。在此基础上，大会进一步明确了边区自然科学界协会的工作任务及其相对独立性，在会务问题决定中规定：协会的经常工作为政治上团结自然科学工作者，进行学术研究，普及科学思想与技术，其工作要与行政密切联系，但不能混淆。大会还讨论了普及科学知识的问题，决定大力提倡应用技术研究，但也要为理论研究开辟园地，制定了普及科学思想和推广生产技术的若干具体措施。最后，大会选举出17人为理事，并推举陈凤桐、刘再生分别为正、副理事长。边区自然科学界协会首届代表大会的召开，进一步促进了边区科技知识的普及与推广，推动了边区科技事业的迅猛发展，如在由边区自然科学界协会创办的《自然科学》刊物上发表的《超等导电率的理论》一文，是中国较早进行超导理论研究的成果。

冀东部队发起第二次恢复平原基本区战役（7月中旬） 冀东区经过第一次恢复基本区战役及之后的反“扫荡”斗争后，平原地区有所恢复，但绝大部分被“蚕食”区尚未恢复，滦东、路南地区有待巩固，热河反集家斗争进入极其艰苦阶段。此时，日军正在实行收缩和移防给伪军的新方针，伪军伪组织军心动摇、士气涣散的状态日益严重，而冀东抗日军民信心倍增。晋察冀军区于5月指示冀东第十三军分区“乘青纱帐期间以主力伸直平原恢复基本区和巩固山区”。7月初，冀热边党政军决定：在7月中旬青纱帐期间发起第二次恢复平原基本区战役。战前，冀热边特委组织回师冀东的部队和地方干部作了认真准备，引导大家分析利弊条件，学习党的各项政策，研究战术技术。7月中旬，冀东所属主力部队分东、中、西三路向冀东平原进军：东路第十二团，一部转战滦河东，一部由迁安地区渡过滦河，进入迁（安）滦（县）丰（润）联合县北部山区，摧毁滦河西岸迁安地区的联庄伙会后，进入平原地区；中路由李运昌率领第十一团和分区侦察连从喜峰口以南出发，进抵丰润西南部地区与原在那里坚持的第四地区队会师，恢复丰润、玉田、宁河间和遵化南部地区；西路第十三团大部与第二地区队，自兴隆地区沿平谷、密云边界南下，恢复平谷、顺义、三河地区。进入基本区的部队，配合地方武装，迅速驱逐围攻之敌，站稳脚跟，随之组织武装力量四处袭扰敌人，拔出据点，平毁壕沟，将敌人逼“走”，并配合地方党组织，恢复整顿抗日政权，逐渐恢复、扩大平原抗日游击根据地。在历经 3 个月的作战中，主力部队和地方武装共作战 80 余次，攻克敌人点碉 40 多处，毙伤日伪军 1000 多人，恢复村庄 1300 多个，除蓟县外，基本上恢复了冀东平原抗日游击根据地。

青纱帐期间北岳区各部队全线出击（7 月间） 青纱帐起来以后，北岳区各部队遵照晋察冀军区指示全线出击。到 8 月份止，共进行战斗 230 多次，毙伤俘日伪军 700 多名，缴获轻机枪 5 挺、长短枪 300 多支，攻克点碉 52 处，逼退点碉 39 处，恢复了平山以西和徐水、定兴、定县、唐县等部分地区。在此期间，广大民兵配合主力进攻，在游击区和游击根据地、敌占区展开围占斗争和不支敌运动，在“敌后之敌后”沟线外形成小块根据地。

冀中区部队主动出击恢复大片地区（7 月至 12 月） 冀中军民五一反“扫荡”后，克服困难，度过了最艰难的阶段，并逐步恢复了元气，站稳了脚跟，冀中形势出现了更加有利的局面。冀中各地委、各军分区认真贯彻中共中央晋察冀分局、晋察冀军区指示，抓紧有利时机，主动向敌人展开攻势，恢复被敌占领地区。1943 年春夏，冀中军民针对日军集中几个据点兵力，奔袭合击八路军小部队，妄图破坏恢复抗日工作的阴谋，坚持采用灵活多样的游击战术，主动进行反合击斗争，粉碎了敌人的进攻，并恢复和开辟了 54 块游击根据地及隐蔽根据地。9 月，冀中区党委抓住日军抽兵“扫荡”北岳区，冀中兵力空虚的有利时机，要求各军分区主动出击，恢复和扩大根据地。冀中各军分区依照各自不同情况，积极主动地捕捉一切战机，打击和袭扰敌人，各分区恢复了大片地区。

1943 年 6 月，冀中区第六地委、第六军分区派第四十四地区队进入西部地区，先后进行了南屯、乏马、宋北、飘里、韩村等战斗，栾城、赵县、赵（县）元（氏）宁（晋）等县逐步恢复成游击根据地。接着，部队转入深南、晋县、束鹿东部地区，至 1943 年底，六分区的东西部两地区基本上形成了游击根据地，并已连成一片。冀中七分区到 1943 年底，恢复地区和开辟地区都获得进展，游击根据地连成一片，其中出现了若干一二十个村庄连片的小块根据地。冀中八分区部队也于 1943 年夏开展恢复抗日根据地工作，打开了献（县）武（强）饶（阳）地区的局面，恢复了任（丘）河（间）大（城）地区和青（县）建（国）交（河）地区，并向津浦路以东发展。冀中九分区为配合北岳区反“扫荡”，提出了“争主动，巧进攻，打开局面”的指导思想，取得了白洋淀水上伏击战、北曹口伏击战等光辉战例。到1943年底，九分区军民攻克和迫退敌人点碉167处，潴龙河东部地区和白洋淀地区的游击根据地连成一片，潴龙河西部地区也基本上打开了局面，游击根据地发展到保定近郊。冀中十分区将大清河以北的大苇塘作为大本营，指导全分区的对敌斗争，冀中十地委于8月10日在苇塘召开了地委扩大会议，决定开展秋季总力攻势。经过两个月的总力攻势，冀中十分区部队攻克据点17个，争取帮助抗日军民的伪据点57个，开辟村庄近1000个，永定河以南的4个联合县全部衔接起来。

经过半年的努力，各军分区恢复了大片地区，活动范围也较五一反“扫荡”以前更为广阔，出现了1943年环境大为改善的好局面。

***冀中十分区抗日外围武装快速发展** 冀中十分区抗日外围武装有了较快的发展，东进纵队发展到2个支队（北上支队、东挺支队）、3个直属大队和1个直属中队，2个支队共有1500多人和1500多支枪，活动于永定河两岸和津西地区。除东进纵队外还有东进支队和3支抗日先锋队，即永（清）固（安）霸（县）抗日先锋队、新（城）固（安）霸（县）抗日先锋支队、新（城）固（安）涿（县）抗日先锋支队，这4支部队共有500多人和500多支枪。

***冀中七分区多次由内线策应破袭敌点碉** 冀中七分区部队多次由内线策应巧破敌点碉。7月10日，第三十六地区队二连和安平县大队以敌翻译做内应进入安平县角丘据点，毙伤日伪军65人，俘虏伪军5人，缴轻机枪1挺、步枪10余支。第三十二地区队在内线接应下进入藁（城）无（极）县马桥村据点，全歼伪军1个小队。与此同时，第三十二地区队利用青纱帐便于隐蔽和机动的有利条件，多次进行公路伏击。第三十六地区队一连在深泽县西北马村设伏，击毁汽车1辆，毙日军9人，活捉安平县伪警察局局长和特务系长等；接着又在晋县侯城设伏，击毁汽车1辆，毙日军5人，俘日军和朝鲜人各1人。第三十二地区队在正（定）无（极）路驿头附近设伏，击毁汽车2辆，歼敌10余人；又在定（州）安（国）路上大辛庄伏击出动之敌，予以重大杀伤。

***北京堂伏击战** 献（县）武（强）饶（阳）地区是冀中八分区党政军领导机关常驻地，五一反“扫荡”后变为游击根据地。1943年夏季某日，第三十七地区队两个连和饶阳县大队及该县第二、四、六区小队，在地区队长宋云波、政委龚友源统一指挥下，于北京堂、马长屯一线的青纱帐伏击由安平向饶阳运送物资的100余名伪军。此次战斗，除毙伤敌10余人外，其余全部被生俘，缴

枪60余支、马10余匹和一批物资。这是冀中八分区自五一反“扫荡”以来，第一次在白天作战，给部队和群众极大鼓舞。

* **奔袭津西重镇杨柳青（8月12日）** 为了调动敌人，把敌人的注意力引向大苇塘一带，便于集中力量首先恢复十分区西部地，第十军分区决定采取声东击西的办法，首先奔袭津西重镇杨柳青。8月12日，军分区司令员刘秉彦、政治委员旷伏兆率第四十三地区队第一、第三连和东挺支队一个连于大苇塘出发，经过一夜行军，隐蔽在距离杨柳青3公里外的青纱帐内，白天封锁行人，入夜速向杨柳青进发，直冲伪警察署大院，俘伪警200余名。此战震惊了天津日军，日伪军数千人立即紧急出动，跟踪追击，并围攻大苇塘。文新县大队和第四十三地区队一个大班与敌周旋7个昼夜，毙伤日伪军100余名，达到了将敌注意力吸引到大苇塘一带的目的。此战揭开了十分区总力攻势的序幕。

* **杏园伏击战（9月13日）** 9月13日，冀中八分区第三十七地区队第二连和献县县大队及献县九区区小队在献县杏（园）臧（家桥）公路地段设伏，伏击由臧家桥去杏园换防的日军一个班、伪军一个小队，毙日军10人，毙伤伪军3人，俘12人，缴获长短枪10余支。此战是献县五一反“扫荡”后最大的一次战斗，震慑了敌人，鼓舞了群众。

* **北曹口伏击战（9月18日）** 北曹口村位于任（丘）高（阳）公路以北，日军在此设有碉堡，并派伪军把守。9月18日，任丘县第二区区小队在区政委王治平、区小队长张玉虎率领下在北曹口村设伏，击毁敌人汽车2辆，毙伤日军10余人，缴获步枪10余支及日军军装2000多件，并缴获敌华北派遣军给西马大队下达的“扫荡”晋察冀山区的作战计划。军分区将此计划上报晋察冀军区，这一计划对于晋察冀军区了解敌人“扫荡”意图和如何对付敌人的“扫荡”发挥了极其重要的作用。任丘县第二区小队获得晋察冀军区的通令嘉奖和冀中九分区500元的物质奖励，并被升格为县大队。

* **白洋淀水上伏击战** 位于冀中平原的白洋淀，水深面阔，芦苇茂密，物产丰富，是保定至天津间水运必经之地。1943年秋，日军对北岳区进行“毁灭扫荡”时，加强了白洋淀的水上运输。为了切断敌人水上运输线，冀中九分区指示沿线部队，打击敌人水上包运船队。安新县三区区小队是活跃在淀上的一支百余人的水上游击队。9月21日，侦知日伪军100余人分乘3只大船押运数十只货船从天津经白洋淀去保定。安新县三区区小队决定在其必经之路王家寨东

边横埝苇塘设伏截击。经过半个小时的激烈战斗，17 名日军、100 余名伪军全部被歼，日军中队长十加三郎和伪河防大队长均被活捉，三区区小队缴获轻重机枪各 1 挺、步枪 100 余支及数十船物资。这是冀中区在水上伏击敌人的一个光辉战例。安新县三区区小队获得冀中军区第九军分区的嘉奖，被授予“水上雁翎队”的光荣称号，侦查员赵波被授予“民族英雄”称号。

新长城影社成立（7 月） 皮影戏是流行于冀东地区、深受群众喜欢的一种地方戏剧。冀东地委决定用皮影这种形式宣传抗战，活跃抗日军民的文化生活。1943 年 7 月，冀东地委宣传部在迁西县黄槐峪组建新长城影社。影社的主要任务是：为部队和群众演出，配合政治宣传，鼓舞人民抗日斗志；深入敌人心脏，宣传党的政策，瓦解敌人，打击敌人。社长为穆子厚，政治指导员由《救国报》编辑陈大远兼任，后由山樵任专职指导员。影社的主要成员大都是冀东著名的皮影演员，他们是苏旭、苏勉、张茂兰、龚俊海、张桐林、吕廷宾、候瀛、李林等。新长城影社主要活动在遵化、丰润、迁安、卢龙、抚宁、昌黎、滦县等广大游击根据地，是深受当地抗日军民欢迎的一支文艺队伍。影社先后根据真实感人的英雄事迹或流传的抗日故事，编写了《田玉从军》《光明之路》《大生产》等剧本，还改编移植了《白毛女》《血泪仇》等剧目。新长城影社是冀东军区第一支借助传统的民间艺术形式进行抗战宣传的文艺队伍，在宣传抗战的过程中发挥了巨大的作用，这种形式在冀东得到推广，为冀东人民夺取抗战胜利作出了贡献。

冀东西部地区向伪军发起“良心大检查”宣传运动（7 月至 9 月） 中共冀东地委和军分区在全区范围内对伪军展开了强大政治攻势，为了达到争取伪军和瓦解伪组织的目的，冀东西部地区于 7 月至 9 月向伪军开展“良心大检查”的宣传运动，即通过各种方式方法，宣传号召伪军警政和一切伪组织人员，要“身在曹营心在汉”，不要做违背中国人“良心”的事。这是从当地的实际情况出发，利用人民传统的道德观念，给予伪军伪组织“良心”上的威胁与压力，促使其觉悟自省。抗日军民向敌宣布，对每一个伪军伪组织人员的表现行为，抗日政府都有一本账，在宣传运动中强调说明“不咎既往，但看未来”，“过去虽坏，今后改过自新者仍按好人看待”。运动分深入宣传、登记评判、宣布善恶三个阶段进行。抗日政府发出号召后，在伪军中产生了巨大影响，特务、伪军反正自首者到处都有。承（德）兴（隆）密（云）联合县境的伪满讨伐队队长张汉臣率 150 余人携械反正。驻丰（润）滦（县）密（云）联合县境的伪军，在“良心大检查”的震撼感召下，先后有 109 人逃跑回家，并主动向抗日民主政府登记，发誓与日伪断绝关系等。冀东各地伪军纷纷反正起义，为取得反攻作战的胜利创造了有利条件。

夜袭田各庄据点（7 月）　田各庄据点是日伪在清苑县修建较早、规模较大、驻兵较多的据点之一，也是保定至张登公路上的中心据点，被敌人称为“神兵难入，固若金汤”的“保险箱”。1943 年 7 月，之光县大队和二区区小队决定利用内线联合行动，巧取田各庄据点。当时天降大雨，部队冒雨进入田各庄村南的高粱地隐蔽待命。据点内的线人准备好后，迅速跑到炮楼上向隐蔽在外围的部队发出进攻信号。战士们看到信号，立即出击。敌人毫无准备，只得乖乖投降。这次战斗共俘虏伪军 100 多名，缴获步枪百余支、轻机枪 1 挺、手榴弹数千枚。为了防止敌人再次利用据点，部队放火烧毁了炮楼和平房。

8 月

冀东继续推行“合理负担”政策（8 月 1 日至年底）　“合理负担”是抗日民主政府为改善民生、保证抗日战争的经济供给而制定的经济政策。从 1940 年冬季开始，冀东抗日游击根据地就推行“合理负担”政策，但因战斗频繁，推行不够顺畅，到 1942 年开展四、五次“治安强化运动”时，大部分地区被迫中止推行此政策。1943 年夏基本区恢复后，冀热边行署决定继续推行“合理负担”政策，并于 8 月 1 日制定公布了《冀热边村“合理负担”暂行办法（修正草案）》。新的“合理负担”政策得到了广大干部和群众的拥护，各村建立了村民评议委员会。在评议委员会的指导下，首先从清查地主、富农隐瞒的“黑地”入手，按照新条例规定的具体办法评出土地的等级，然后再按照每户每人平均占有的标准亩数，进行分级，依据等级累进计征，最后经过群众讨论将结果张榜公布。为了使“合理负担”政策更切合实际情况，民主政府允许各地区根据本地的实际情况，灵活掌握执行。对于实在没有条件推行“合理负担”的村，则根据冀热边特委 1944 年第四季度工作纲要精神，以极其简便的办法将全村公认的最困难的人免征，使负担面缩小到 70%左右。到 1944 年底，冀热边长城以南的基本区比较普遍地实行了“合理负担”政策。“合理负担”政策的实行，改善了广大群众的生活，更好地调动了根据地各阶层人民的抗日热情和生产积极性。同时，增加了政府的收入，保证了战争的供给。

* **冀热边行署公布“合理负担”修正草案（8月1日）** 1943年夏，冀东基本区恢复后，冀热边特委、行署决定继续推行“合理负担”政策，并总结过去的经验，从实际出发，多次修改原来的条例，于8月1日制定公布了《冀热边村“合理负担”暂行办法（修正草案）》。该文件规定统一折股计算，即地主年收入的地租，以每人每年收入30公斤小米为一股；自耕农和佃农先按照常年产量，以50公斤小米折为一标准亩，然后自耕农每人每年以一标准亩折为一股，佃农则依照交纳地租的轻重程度，按2—4标准亩折成一股，依股之多寡分成9等，各种负担按等累进计征，累进率为0.1%，最高额为1.8%。另外，对特别贫苦的农民和鳏寡孤独免征，对地主、富农的一定利益给予照顾。新的“合理负担”条例一经公布，便得到了广大干部和群众的热烈拥护，并得到了顺利推广。

晋察冀边区进行第二次和第三次精兵简政（1943年8月2日至1944年） 由于日军的残酷“扫荡”和“蚕食”，边区的人口和土地面积大幅减少，人民负担沉重。经过1942年的精兵简政，边区总兵力和党政民脱产干部都大幅精简，但脱产人员的总数仍然超过了中央关于总人口3%的比例。中共中央收到晋察冀分局1943年8月2日的简政工作情况报告后，于8月5日致电晋察冀分局，指出，你们应实行精简，在这个政策上迟疑不决，就将遇到不可克服的困难。你们现在只有90万人口的比较巩固的根据地，其他能收公粮的90万人口是处在游击区，而你们连马匹折合计算尚有8万多人脱离生产，是决不能持久的。目前你们应即下决心减去3万，只留5万，其中文武比例，应是文1武4。减去3万人中，除吕部6000人西移外，另调聂部4000人西移，共计1万人西移，其余2万人在本地安插。如果明年更困难，再准备从5万中减去1万。①

遵照中共中央的指示，结合高级干部会议精神，边区在1943年和1944年又进行了第二次和第三次大规模的精兵简政。在分局的领导下，边区的党政民机关紧密结合整风运动，对各级机关进行了大规模的整顿和改革。以精简上层充实基层，裁撤重叠机构，加强一元化集中统一领导，加强第一线特别是游击区、

---

① 参见政协河北省委员会编《晋察冀抗日根据地史料汇编》（中），河北人民出版社2015年版，第1319页。

边缘区基层政权和组织独立对敌斗争能力等为原则进行了精简和调整。边区政府的脱产人员，由 1942 年的 2000 余人减至 500 余人，精简了 75%。与此同时，边区的区、县两级基层政权得到了充实，“头重脚轻”的现象得到了克服。1943 年 8 月又撤销了冀中区党委、行署和军区建制及北岳区党委建制，设立冀中、北岳两个区工作委员会，作为分局的办事机构；边区农、工、妇、青以及“文救”“学联”“抗敌后援会”等群众组织也统一改组为边区各界抗日救国联合会。这样，边区党政民机关脱产人员总数比 1942 年初减少了一半。部队主要是大团改为小团，编制缩小。1943 年 8 月和 1944 年 3 月，边区奉中共中央命令先后抽调两批共计 12 个团兵力及抗大二分校、白求恩国际和平医院、陆军中学等人员共计 1.6 万余人，到晋绥和陕甘宁边区执行任务，这样边区部队总兵力减少了近 40%。全边区脱产人员总数最终达到了不超过甚至少于边区总人口 3%的目标，边区人民的负担减少了近 50%。通过精兵简政，边区党政军民各机构扭转了以往边区政权结构“头重脚轻”的状况，基本上达到了“精简、统一、效能、节约、反对官僚主义”的要求，调动了边区人民坚持抗战、保卫根据地、从事生产和各项建设事业的积极性，增强了游击区干部群众和各阶层人民的团结，推动了抗日斗争的发展，为彻底粉碎日军的“蚕食”政策，恢复和发展边区政权创造了有利条件。

平北粉碎敌人秋季“扫荡”（8 月 8 日至 9 月中旬） 8 月 8 日，日军集结 6000 多兵力，以突然袭击的方式向平北根据地发起进攻。当时由于日军“扫荡”来得突然，平北领导机关和部队仓促应战，一度呈现混乱局面，后来通过调整部署，才由被动逐渐转为主动。日军这次对平北根据地的“扫荡”，除企图将平北领导机关和部队一举歼灭外，还制造局部“扫荡”的假象，以掩护尔后对北岳区进行更大规模“扫荡”的意图。平北主力部队避实就虚，除留下部分小部队协同地方游击队和民兵在中心区开展游击战之外，其余大部转到敌占区和游击区打击日伪军，并相机在外线恢复和开辟了许多村庄的抗日工作。到 9 月中旬，日伪军在遭到平北主力部队、地方武装和游击队、民兵的打击围困下，除留下部分兵力仍滞留各机动据点外，大部分兵力逐渐退出了平北中心区。

晋察冀边区领导机关实现党的一元化领导（8 月 12 日） 由于日军的频繁“扫荡”和严密封锁，边区的斗争形势相当严峻，根据地被敌人分割，回旋余地缩小，上下联系出现困难，一些地区党政军民存在着不协调的现象。为了有效地使党政军民各项工作统一步调，以粉碎敌人的“总力战”，巩固和恢复根据地，中央决定在各根据地实行党的领导统一和一元化。8月12日，中共中央政治局致电晋察冀分局，决定重新调整分局及军区主要工作人员，以聂荣臻、程子华、刘澜涛、萧克、杜理卿（许建国）、赵振声（李葆华）、刘仁为分局委员，聂荣臻任书记，程子华、刘澜涛任副书记；晋察冀军区由聂荣臻任司令员兼政治委员，萧克任副司令员，程子华、刘澜涛任副政治委员。北方分局改称晋察冀分局，聂荣臻赴延安参加整风运动和党的七大期间，由程子华代理分局书记和军区政治委员，萧克代理军区司令员。同时，晋察冀分局的内部机构调整为：组织部（部长李葆华，副部长刘仁、林铁）；宣传部（部长刘澜涛，副部长胡锡奎）；秘书处（秘书长姚依林）；监察委员会（主任李葆华）；保卫委员会（主任程子华）。晋察冀军区和边区政府内部机构也作了一些变动。9月12日，晋察冀分局召开会议，决定程子华驻军区，分局日常工作由刘澜涛主持。晋察冀分局及军区领导机关的调整和变动，使边区领导机关进一步统一，从而加强了党的一元化领导。

毛泽东电示晋察冀边区彻底执行拥政爱民政策（8月12日） 8月12日，毛泽东电示聂荣臻和晋察冀分局各位同志：拥政爱民是红军的优良传统，任何区域均须执行。最近几年各地发生了严重偏向，军队轻视党政民、欺压党政民之事不断发生，晋察冀亦不例外。你们必须彻底执行拥政爱民政策，军队干部对党政民的骄气，必须深刻检讨。

晋察冀边区行政委员会就交通工作作出指示（8月14日） 在抗日战争时期，晋察冀边区是极其重要的战略必争之地，边区内的交通干线、大中城市和多数县城在相当长的时间里都是被日本侵略者占据着。开展交通工作以沟通敌占区与根据地的联系非常必要。随着抗战形势的发展，8月14日，晋察冀边区行政委员会发出《关于目前交通工作的指示》，指出，自北岳区机关交通统一领导后，无论是人员的精简上，各级对交通工作的重视上，还是交通工作制度的健全及其效率的提高上，都收到一些成绩，但个别署县对交通工作的重要性认识不够，致使在交通干部的配备、交通员质量的提高及对交通队（站）的领导与帮助及使用交通员方面，还存在一些不应有的现象。北岳区根据边委会的指示，进一步加强了各地交通工作的开展。

华北朝鲜独立同盟晋察冀分盟召开第三次盟员大会（8月15日至16日）

为了以整风精神检查与布置工作，华北朝鲜独立同盟晋察冀分盟于 8 月 15 日召开第三次盟员大会。盟员及来宾 40 多人参加了会议。首先张志民代表主席团致开幕词，军区代表、反战同盟支部代表、总盟代表等相继发言，并举行了新盟员入盟仪式。蔡野火作工作报告。报告总结了过去一年的工作，并布置了今后的任务：一是加强调查研究，每项工作要具体化；二是在实际工作中发挥顽强性和创造性；三是互相团结，反对狭隘的感情主义；四是和八路军密切联系，加强协助；五是尊重，互相协商，互相帮助，工作中发挥民主作风；六是克服一切困难完成任务。最后，大会选出蔡野火、张志民等为晋察冀分盟新一届委员。

北岳区各工厂职工会主任联席会召开（8 月 15 日）　北岳区产业联合会于 8 月 15 日召开北岳区各工厂职工会主任联席会。总工会王顾磊参加，北岳区产业联合会赵玉祥作了工作报告。报告总结了两年来工业发展的经验与教训，重点介绍了工业战线赵占魁运动在北岳区的开展情况，提出今后职工会的总任务是生产与教育，要从思想上重视劳动，重视生产，保证生产的完成，并学习领导生产、管理生产与增加生产的方法，最后要求继续深入开展赵占魁运动。会上还表彰了《晋察冀日报》印刷厂，它们的印页由一天 3200 页增加到 4600 页，排字由每小时六七百增加到 1200 字，创下了最高纪录。

《解放日报》发表文章推广北岳区的妇女纺织业经验（8 月 24 日）　北岳区纺织业运动开展以来，取得了很大成绩。8 月 24 日，《解放日报》发表《北岳区的妇女纺织业》的文章。文章指出："自去年冬季号召纺织业运动以后，北岳区妇女就从地窖子里搬出了多年不用的纺车，拂拭了蒙在上面的尘埃，亲切地握着纺车的摇把，活跃在生产战线上。""此外无数的模范例子和纺织英雄确都涌现出来了。""北岳区的纺织业能获得这样大的成绩，除得力的宣传教育工作外，具体办法不断改进，也是有很大作用的。"① 文章发表后，推动了各根据地纺织业的发展。

北岳、冀中区工委成立（8 月 25 日）　为进一步实行精兵简政，加强党的一元化领导，粉碎日军的"毁灭扫荡"，度过艰苦时期，中共中央晋察冀分局于 8 月 25 日作出《关于合并北岳、冀中两区党政军民最高领导机关的决定》。决定合并北岳、冀中两区党政军民领导机关，撤销冀中、北岳两个区党委，撤销冀

---

① 载《解放日报》，1943 年 8 月 24 日。

中军区和冀中行署，建立在分局领导下的北岳区和冀中区工作委员会。北岳区工作委员会由林铁、刘澜涛、胡锡奎3人组成，林铁为主任。冀中区工作委员会由马辉之、周小舟、张国坚组成，马辉之为主任。两委员会是晋察冀分局管理北岳、冀中两地区工作的专设机关，并协助晋察冀分局处理有关北岳、冀中地区的日常工作，原北岳区、冀中区党委所属各地委改由晋察冀分局直接领导。北岳、冀中两区党委工作定于9月5日结束。

北岳区召开生产联席会议（8月25日至30日） 为推动北岳区的农业大生产运动，晋察冀边区行政委员会与北岳区抗联会于8月25日至30日联合召开北岳区生产联席会议。各专区、县的实业科长和农民部长及北岳区抗联、农林局、经委会、银行等代表数十人参加了会议。会议主要内容是研究如何着重大力开展农业生产运动，对过去工作进行总结，确定今后工作方针、任务。会议强调提出，今后应统一组织，加强对敌斗争，粉碎敌人抢粮阴谋，为胜利保卫秋收而战斗。为激励人们的生产热情，联席会议从北岳区涌现出的40余名劳动模范中，选出周二（盂平县）、胡顺义、苗德胜（阜平县）、韩凤龄（涞源）、连洛常（易县）、刘锦荣（完县）6人为各地劳动模范，边委会拨款万元和毛驴、农具予以奖励。会议号召北岳区人们热烈开展农业生产运动，为创造北岳区的“吴满有”而斗争。

王厂沟惨案（8月26日至9月2日） 王厂沟抗日游击根据地是党在长城外创建的一块重要根据地，是日伪军“扫荡”“蚕食”的重点目标。1943年8月26日，热河省警务厅在日本关东军西南防卫司令官安藤忠一郎及承德日本宪兵本部特高课长木村光明策划部署下，纠集日伪军3000多人，对王厂沟9个自然村及沿途十几个村庄实行拔根断源式的灭绝人性的“割青扫荡”和大屠杀。日伪军对王厂沟及其周边村庄的庄稼逐块割，山林逐片烧，猫山守土抗战的居民逐洞杀。在8天的“割青扫荡”和大屠杀中，王厂沟被割青700多亩，有112人被杀害，加上柏木塘、大桑园等附近十几个村庄共被割青10 000万亩，共有362人被杀害，日军制造了骇人听闻的王厂沟大惨案。

晋察冀边区中共七大代表赴延安（8月27日） 中共七大召开一波三折。红军长征到达延安后，日渐安定，1937年12月中央政治局会议提出“在最近期内”召开七大，并成立了筹备委员会，但由于种种原因，筹备委员会并未真正开展工作。1938年11月中共六届六中全会再次提出“在不久的将来”召开七大，并规定了七大的主要议事日程、代表产生办法及名额分配等。中央书记处于1939年6月14日、7月21日两次向各地党组织发出如何选举代表的通知，并要求9月1日前选出代表。然而国内形势又发生变化，中共中央把主要精力放在领导各地打退国民党反共高潮和粉碎日军的“扫荡”上，召开七大的筹备工作再次受到影响。打退国民党顽固派第二次反共高潮后，中共中央于1941年3月12日的政治局会议上，初步议定五一劳动节召开七大，后因部署整风运动、大生产运动和其他工作再次推迟。1943年7月中央书记处向政治局提议，在8个月至9个月内召开中共七大，并指定各主要根据地的一些负责人赴延安参加七大。因此，中央政治局于8月1日就中共七大代表赴延安出席大会问题致电晋察冀分局、冀中区党委，决定聂荣臻、吕正操赴延安准备出席中共将要召开的七大，由程子华代理晋察冀分局书记及军区政委，萧克代理军区司令员，刘澜涛为军区副政委。完成工作交接后，聂荣臻、吕正操于8月27日由阜平县城南庄花山起程，赴延安参加中共七大。一起同行的还有边区新增补的中共七大代表：边区行政委员会副主任胡仁奎、北岳区党委郑天翔、军区组织部长王宗槐等人。10月上旬，聂荣臻一行抵达中共中央所在地延安，受到毛泽东等中共领导人的接见。

冀东抗日军政学校创立（8月） 基于冀热边区抗日武装斗争形势发展的需要，游击区和部队都在扩大规模，部队急需补充一批经过训练的初级军政干部。在这一情况下，晋察冀军区第十三军分区冀东抗日军政学校于1943年8月创建成立。冀热边特委书记、军分区司令兼政委李运昌任校长。军政学校在抗战期间先后共举办了培训班四期，培训干部1000余名，为冀热辽区的抗日武装斗争及时输送了大批优秀的青年干部，为推动晋察冀边区抗战事业发挥了积极作用。1945年8月15日，日本宣布无条件投降后，军政学校跟随主力部队挺进东北，成为后来的东北军政大学的重要组成部分。军政学校第二期第四队即隶属于学校的卫生队，后来改称为东北医科大学第四分校，中华人民共和国成立后改称为承德医学院。

党中央从晋察冀调主力团到陕甘宁边区（1943年8月至1944年3月） 抗日战争时期，陕甘宁边区是全国人民抗日的政治指导中心，是敌后抗战的指挥中枢和总后方。1943年7月，胡宗南部在关中地区制造磨擦事件，积极准备进攻陕甘宁边区，而“张宗逊旅南下，晋西北只留17个小团，防务空虚”。7月12

日，毛泽东、朱德电示聂荣臻、萧克并转吕正操等："决定从晋察冀军区调 6 个团，由吕正操率领西进至晋西北待命。"① 根据中共中央的指示，晋察冀军区于 1943 年 8 月至 1944 年 3 月 8 日，先后共分两批抽调了 12 个主力团，分赴晋绥边区和陕甘宁边区。第一批于 1943 年 8 月底，由冀中军区司令员吕正操率领第十七、十八、二十二、二十六、二十七、二十九团开赴晋绥边区。吕正操抵达晋绥边区后，被任命为晋绥军区司令员，林枫兼任政治委员，续范亭、周士第为副司令员，部队随之转属晋绥军区建制（吕正操调晋绥军区后，第三纵队建制撤销）。第二批由新组成的机动旅旅长黄永胜、政治委员邓华率领第一、五、九、三十四团和独立团、骑兵团以及一个炮兵营和一个工兵连，于 1944 年 1 月开赴陕甘宁边区。另外，根据中共中央的决定，分两批把在晋察冀边区办学的抗大第二分校、陆军中学、抗大附中和白求恩医学校调往延安。这些学校先后到达延安后，直接担负培训全军各类干部的任务。晋察冀边区为保卫陕甘宁边区、保卫党中央作出了重要贡献。

9 月

中共中央关于开展满洲工作致电晋察冀分局（9 月 4 日） 随着战争形势向着更有利于战胜日本法西斯的方向发展，特别是冀东等地区抗日根据地的日益巩固和发展，中共中央开始谋划向东北进军。在 9 月 1 日毛泽东主持召开的中共六届七中全会主席团会议上，中共中央就把开展满洲工作作为会议的重要议题之一进行了讨论。9 月 4 日，中共中央致电中共中央晋察冀分局，指出，满洲工作之开展，不但关系未来中国之局面至巨，而且已成刻不容缓之紧急任务，因此特决定：分局、冀中区党委和冀热察区党委，各组一个满洲工作委员会，专门负责动员和领导一切可能之力量，来开展满洲工作。12 月 18 日，毛泽东又电令晋察冀部队，努力向雁北、绥东、察哈尔、热河及冀东敌占区发展，扩大解放区。

青年记者协会晋察冀分会会议召开（9 月 7 日） 青年记者协会晋察冀分会于 9 月 7 日召开会议，讨论晋察冀分会改选问题。《晋察冀日报》《子弟兵报》《晋察冀画报》等报社记者 30 余人参加了会议。会上报告了 1942 年在边区殉国

① 周均伦主编：《聂荣臻年谱》，人民出版社 1999 年版，第 399 页。

的新闻工作者沈蔚、雷烨、周景陵、戴烨同志的壮烈事迹。接着进行青年记者协会晋察冀分会的改选，经过民主表决，邓拓、丘岗、沙飞、张致祥、周游等人当选为理事。最后，大家交流了各报社的工作经验。

晋察冀边区行政委员会加强对边区村行政干部的管理（9 月 13 日） 随着形势的变化和干部队伍的迅速扩大，加强基层干部管理，防止吏治腐败，成为边区政权建设中一项迫切的任务。毛泽东在中共六届六中全会上指出："政治路线确定之后，干部就是决定的因素。"陈云也强调："党的干部是党的事业的骨干，是党和人民的宝贵财富，没有坚强的干部队伍，党的事业就不能发展，就不能取得革命的胜利。"为了加强对干部的管理，晋察冀边区行政委员会于 9 月 13 日颁发了《晋察冀边区村行政干部奖励办法》。文件指出："自抗战以来我边区村级行政干部为抗战工作，日夜辛勤，始终不懈，因公废私，艰苦奋斗，举凡一切抗战动员、政令贯彻、抗日民主根据地之建设与保卫，我村级行政干部都有着不可磨灭的功绩。""这一办法的基本精神，在于发扬村干部的优点，克服其缺点，而无论奖励或惩戒，目的都在于教育。几年来我们对村干部的培养与教育，在领导上提高其能力，有很多缺点，对村干部创作能力及模范事迹，缺少虚心研究与必要的发扬……县区级政府必须检查过去对这一工作的执行，改进对村干部的领导教育。"①

晋察冀边区行政委员会加强儿童生产教育管理（9 月 15 日） 1943 年边区军民反"蚕食"、反"扫荡"斗争取得胜利，根据地得到恢复和发展。在这一斗争形势下，边区行政委员会于 9 月 15 日发出《关于改进教学工作提高教学效果的指示》，指出："加强教导工作是小学整理以后学校建设的中心任务。""根据上半年的检查，由于各地区工作的不平衡，在教学工作上还存在着不同程度的弱点和偏向，必须继续纠正和改进。这就是：第一，教学上的组织性、计划性很差，各种制度尚未健全；第二，主观主义、教条主义、形式主义的教学还普遍而严重地存在；第三，教学方式方法的研究还停留在空读理论上，没能从实际出发。""改进教学工作需要长期的努力才能实现。领导这项工作还要注意：第一，不同地区不同条件，应有不同重点；第二，因小学教师文化水平低，能

---

① 晋察冀边区革命史编纂委员会编：《晋察冀边区民主政权建设文献选编》中册，中共党史出版社 2013 年版，第 740—741 页。

力差，不会总结经验，改进教学工作必须依靠行政的领导，特别是督学的指导；第三，要教学工作进行得好，还必须给教师必要的准备教学时间，因此在领导上、布置工作上，应彻底纠正过去小学教师为帮助其他工作而放弃教学工作的现象。”①

晋察冀边区各界抗日救国联合会成立（9月16日） 晋察冀边区在调整各级领导机关，实行党的一元化领导的同时，也对边区群众团体进行了统一改组。特别是为了进一步密切边区各战略区群众运动的联系，集中力量加强对敌斗争，经过北岳、冀中、冀热边三区抗日救国联合会的一致提议，边区于9月16日召开了抗日救国联合会扩大执行委员会会议，各区群众运动领袖和代表数十人参加了会议。会议决定北岳区抗日救国联合会与冀中抗日救国联合会合并，成立晋察冀边区各界抗日救国联合会，杨耕田任边区抗日救国联合会主任，沙可夫（后冯宿海）任宣传部长，岳志坚任组织部长，马玉槐任回民建国会主任，郭任之任边区抗日救国联合会后援会主任，王文兴任工人部长，赵志屏任农民部长，李宝光任妇女部长，刘国华任青年部长。会议选举33人组成晋察冀边区各界抗日救国联合会执行委员会，并推选杨耕田、沙可夫等9人为常委会委员。北岳区和冀中区抗日救国联合会停止活动后，所辖各专区抗日救国联合会团体会员由边区抗日救国联合会直接领导。

北岳区军民粉碎日伪军“毁灭扫荡”（9月18日至12月15日） 日本为确保华北“真正成为大东亚战争的兵站基地”，日军华北方面军司令官冈村宁次于1943年9月中旬调集日伪军4万余人，采取长途奔袭、分进合击战术，对北岳区进行了历时3个月的“毁灭扫荡”，企图彻底摧毁北岳区抗日根据地和抗日武装力量，以断绝边区军民赖以生存的基础。敌这次“扫荡”与以往相比，行动较为诡秘、谨慎、迟缓，先对重点区进行分进合击，驱逐八路军部队，建立临时据点，然后依托据点，进行反复“清剿”，挖掘物资，抢夺粮食，最后在撤退之前，有重点地对党政领导机关和主力部队进行奔袭。对于日军的企图，边区领导早有洞察。军区在1943年军事工作方针中，就估计到：“无论敌之战略动向如何，1943年对我晋察冀之作战，重点必指向北岳区，‘扫荡’与‘蚕食’将更

---

① 政协河北省委员会编：《晋察冀抗日根据地史料汇编》中，河北人民出版社2015年版，第1518—1521页。

相辅为用，‘扫荡’可能频繁。”① 军区根据历次反“扫荡”经验，进行了充分准备，划分了内外线各部队的活动区域、活动方法及协同作战方案。在晋察冀军区代司令员萧克、代政治委员程子华的指挥下，军区所属部队共 4 万余人、民兵 18 万余人，广泛开展群众性游击战，抗击日伪军的“扫荡”。

9 月 18 日，各路日伪军占领易县松山，平山县蛟潭庄、会口、六岭关，唐县唐梅，灵丘县下关等要点，完成对北岳区第三、第四军分区的合围。晋察冀军区为避免与优势敌人作战，主动放弃阜平县城，以 1/3 兵力适时转移到外线和日军侧翼作战；以 2/3 的兵力在内线，同民兵游击队结合广泛开展游击战、地雷战、麻雀战，迟滞、消耗和疲惫敌人。9 月下旬，日伪军侵入根据地中心区后，实行重点“清剿”。9 月 25 日，日军合围驻阜平县城东北神仙山的晋察冀边区政府、军区后方机关和部队，在八路军的顽强抗击下，被迫撤退。侵入阜平县城的日伪军，遭到八路军部队和民兵预设地雷的大量杀伤后仓皇退出，转向城南庄等地“清剿”。10 月 1 日至 15 日，在完县西北青灵山、易县银坊等地“清剿”的日伪军，也遭到沉重打击。与此同时，军区外线部队到处伏击日军，一度袭入望都、行唐县城和定县车站，并攻克上陈驿等据点 10 余个，迫使日军回防。

10 月中旬，敌人又抽调 9000 余人到滹沱河、沙河、唐河沿岸抢掠粮食，破坏秋收，并寻歼晋察冀军区机关和部队。军区集中主力于 10 月 17 日至 11 月上旬，连续在三岔、营里、旦里等地打击抢粮日伪军，掩护与帮助群众抢收了大部分粮食，完成了抢耕抢种。同时，外线部队在武工队配合下，袭扰保定、涞源等 13 座城镇，攻克陈候等大小据点 70 余个，有力地配合了内线军民抢收抢种的斗争。11 月中旬，日伪军分批撤退，途中以“辗转奔袭”的手段，合击仙湾、罗家湾等地军区机关和部队。此时军区集中兵力，以奇袭、伏击、地雷战等战法，大量歼灭撤退的日伪军。11 月 22 日部队攻克上社。12 月 5 日在曹庄台伏击日军。12 月 15 日，日伪军全部撤出根据地，反“扫荡”作战结束。北岳区军民的反“扫荡”战役胜利结束。

北岳区军民反“扫荡”作战，历时 3 个月，共作战 5600 多次，毙伤俘日伪军 1.1 万多人，缴获众多的军事武器和物资，攻克、逼退敌据点、碉堡 200 多处

① 谢忠厚、肖银成主编：《晋察冀抗日根据地史》，改革出版社 1992 年版，第 479 页。

（座），并一度攻入保定、望都、唐县等 13 座城镇，炸毁火车 18 列，击毁坦克、汽车 240 余辆，击落飞机 1 架。这次反“扫荡”的胜利，粉碎了敌人毁灭北岳区根据地的企图，保卫了秋收、秋种和秋征工作，宣告了日军的“蚕食”“扫荡”政策彻底破产，为边区军民转入 1944 年的攻势作战创造了有利条件。

* **晋察冀分局作出《关于彻底粉碎敌寇对北岳区“扫荡”的指示》（9 月 17 日）** 9 月 17 日，中共中央晋察冀分局发出《关于彻底粉碎敌寇对北岳区“扫荡”的指示》。指示中明确指出，敌寇此次“扫荡”筹谋已久，且与敌伪最近华北新建设的“剿共掠粮”政策密不可分。因之“扫荡”之残酷性、长期性、毁灭性（对基本区必然更毒狠的施行“三光政策”与“无人政策”），全党必须有高度的警惕和准备。① 晋察冀分局号召全体党政军民紧急动员起来，把进犯腹地的敌人打出去，争取反“扫荡”的胜利。同日，聂荣臻致电晋察冀军区：此次反“扫荡”除全军范围内的部署外，应即电中央军委、八路军总部，请一二〇师、一二九师予以有力配合。

* **晋察冀军区发出《关于开展爆炸运动保卫秋收的命令》（9 月 20 日）** 晋察冀军区于 9 月 20 日发出了《关于开展爆炸运动保卫秋收的命令》，要求各军分区目前不要进行大规模的战斗，以保持部队的持续战斗力，支持长期反“扫荡”作战，不要较早暴露我军的意图，要以积极之爆炸运动及游击战造成敌人困难，以粉碎日军抢掠和破坏秋收的阴谋。

* **北营事件（9 月 24 日）** 在北岳区反“扫荡”中，《晋察冀日报》社坚持在大山里游击办报。9 月 22 日，报社人员刚排完字，敌人已经离报社驻地阜平马兰村非常近了。为了及时把报纸印出、送出，报社派出武装班到村边山头上警戒。编辑人员带好编报资料，电台人员收好发报设备，印刷厂工人临危不乱，沉着工作。报纸印好、送出去后，报社人员迅速把印刷设备挖坑坚壁，然后冒着滂沱大雨转移。报社人员边转移边办报。9 月 24 日，报社队伍行军到灵寿县北营村时，与敌遭遇。在战斗中，第一梯队曹斗斗、郑磊俊和安志学光荣牺牲。此时，第二梯队也进入北营。经过激烈战斗，敌人仓皇而逃。邓拓、张致祥、娄凝先指挥队伍分两路转移。此次与敌遭遇，被称为“北营事件”。之后，报社

---

① 参见政协河北省委员会编《晋察冀抗日根据地史料汇编》中，河北人民出版社 2015 年版，第 1176 页。

队伍转移到灵寿县深山，继续办报。

*神仙山保卫战（9 月 25 日至 10 月）　神仙山又叫大茂山，位于太行山东麓的阜平、涞源、唐县三县交界，群峰对峙，山峦环抱，到处都是悬崖峭壁和天然石洞。抗战最艰苦的时期，这里因位置适中且地势险要而成为北岳区的中心，边区党政军领导机关常驻附近，第三军分区机关、华北联合大学、白求恩医学校、伯华制药厂以及兵工厂、被服厂、军用仓库等都设在附近。因此，神仙山成为日军“扫荡”的重点。9 月 20 日，“扫荡”之日伪军于唐县军城集中 3500 人，分四路合击神仙山。9 月 25 日，敌先头部队 400 余名，在飞机的掩护下，围攻神仙山制高区，妄图以此为基地，歼灭向神仙山转移的晋察冀边区政府、军区后方机关和部队。第三军分区第四十二团四连的指战员凭险扼守，积极迎击敌人。他们先在日伪军必经之路大量埋设地雷杀伤敌人，尔后依据有利地形，居高临下，英勇抗击，打退了敌人多次进攻。四连在一周内进行大小战斗 18 次，毙伤敌 200 余人，敌人合围晋察冀后方机关和主力部队的图谋落空，于 10 月 4 日分头退出神仙山。10 月下旬，日军又暗中调集 4000 余人，兵分九路，再犯神仙山，企图将山里军民一网打尽。在外围部队的配合下，第四十二团再次将敌击退，掩护边区、分区机关和后方单位成功突围。第四十二团与日军周旋 6 个昼夜后，于 11 月 3 日安全转移到外线。神仙山保卫战进行大小战斗 46 次，先后毙伤日伪军 800 余人，缴获重机枪 1 挺，击落敌机 1 架。晋察冀军区对第四十二团通令嘉奖，三分区奖给该团一面“神仙山的保卫者”锦旗。

*青虚山战斗（9 月 27 至 10 月 9 日）　在粉碎敌人秋季“扫荡”作战中，二团四连奉命在唐县青虚山地区执行保卫分区后方机关，掩护当地群众秋收，配合主力外线作战的任务。四连在人民群众的大力帮助和民兵的密切配合下，采取阻击、袭扰等战术手段，以游击战、麻雀战、地雷战杀伤和消耗敌人，有效地阻止了敌人的进犯，打击了敌人的“清剿”和抢掠。从 9 月 27 日至 10 月 9 日，四连先后同数倍之敌奋战 8 个昼夜，交战 10 次，共毙伤敌人百余名，配合兄弟部队粉碎了日军对白花山地区的“扫荡”。

河北平山 1943 年惨案（9 月 16 日至 12 月 15 日）　平山县位于河北省西部，太行山东麓，东距石家庄 35 公里，南距正太路 25 公里，滹沱河由西向东横贯县境。抗战期间，中共中央北方分局、晋察冀军区、第四军分区、晋察冀边区第三专署和第五专署曾长期在此。平山是晋察冀边区的中心区域，因此也是日军“扫荡”“蚕食”的重点区域之一。1943 年秋，日军纠集三四万人的兵力，从 9 月 16 日到 12 月 15 日，对晋察冀北岳区进行历时 3 个月的毁灭性大“扫荡”。在这次大“扫荡”中，日军多次入侵平山县的焦家庄、奶奶庙、三家店、上柳村、石人梁、柏叶沟、岗南、苏家庄、北冶区、东面江、大岭沟等地，并制造了多起惨案，屠杀中国同胞达 2966 人，还有无数群众被毒打、折磨，无数妇女被污辱。这就是平山 1943 年惨案。

冀东区秋季反“扫荡”（9 月中旬至 10 月底） 日军为重新控制冀东平原，并乘秋收季节掠夺物资，从 9 月中旬起，以独立第八混成旅团为主力，集结万余伪军，对冀热边抗日游击根据地进行大规模的“分区扫荡”和“奔袭合击”。日军首先集中 3000 兵力远途，“奔袭合围”冀热边特委、行署和军分区所在地迁（安）青（龙）平（泉）联合县境内的东水峪一带，遭到冀东八路军第十一团和迁（安）青（龙）平（泉）联合县基干队阻击。后又纠集 5000 余人对这块根据地内的村庄进行报复性的疯狂摧残，制造了长河川惨案。与此同时，日伪军对北宁铁路以南和冀东西部地区发起进攻。针对日伪军的进攻，冀热边特委和军分区指示主力部队向长城外出击，配合在“无人区”坚持的地方武装和民兵进行反“集家”斗争，保卫山区游击根据地。留在长城内基本区的部分主力部队配合地区队和县区抗日武装和民兵，根据“寻敌弱点或敌退时，集结打击残余之敌”的作战方针，展开反“扫荡”斗争。八路军和游击队运用袭击、伏击战术，先后攻入遵化县的旧寨、新店子、双城子、马兰峪金矿，滦县的边庄子、火车站等 25 个日伪据点，毙伤俘日伪军数百人，缴获大批军用品，给日伪军以沉重打击，保卫了刚刚恢复的平原根据地。

***长河川惨案（9 月）** 日伪军在迁（安）青（龙）平（泉）联合县的东水峪一带遭到冀东八路军的打击后，从 9 月 7 日起，纠集 5000 余人对这块根据地内的 13 个村庄进行报复性的疯狂摧残。在长达 21 天的烧杀抢掠大围攻中，杀害群众 245 人，烧毁房屋 2800 余间，宰杀禽畜 1.14 万头（只），抢掠板栗 18 万公斤、水果 25 万公斤、粮食 35 万公斤。此次惨案被称为长河川惨案。

***冀东部队奇袭马兰峪金矿（12 月 13 日）** 马兰峪金矿位于遵化县西北部地区，当日伪军主力正在该县东北部进行“扫荡”时，八路军决定利用这一有利时机，攻打马兰峪金矿。12 月 13 日晚，八路军出动 4 个连部队及发动一批群众向金矿逼近。规定以 1 个连展开突击，2 个连作为第 2 梯队跟进，1 个连掩护

群众搬运物资。晚 11 时，金矿中的内线切断矿中电源，突击队利用黑夜掩护迅速冲入矿内，很快歼灭守矿的日伪军大部。群众在部队掩护下随即迅速搬运矿区物资。等到敌军纠集力量发动反扑时，八路军和群众已携带矿中物资撤离。这次作战，我军不仅给日军以重大打击，还获得了一批重要的战略物资。此次战斗得到晋察冀军区的通令嘉奖，晋察冀军区指出："冀东部队虽处于异常紧张的斗争环境，但能以积极主动英勇出奇之动作，获得如此辉煌战果，实堪我全军区部队学习。"

冀热边特委《关于健全宣传部门工作的决定》（9 月 22 日） 根据新的斗争形势要求，中共冀热边特委于 9 月 22 日作出《关于健全宣传部门工作的决定》。决定《救国报》分别由各地委出版地方版，即冀东一地委、二地委、三地委、四地委、五地委分别主办《救国报·滦西版》《救国报·滦中版》《救国报·滦东版》《救国报·燕南版》《救国报·路南版》，主要刊登本地军民抗日斗争的消息及抗日政府的政策法令，要具有地方特色。特委另出《救国时报》（半月刊），登载一些时论文章，供各级领导干部参考。李运昌、李楚离、李中权、周文彬、吕光等组成"党报委员会"。1945 年 11 月，随着冀东《救国报》的终刊，其他报刊也结束了使命。

冀东开展雇工增资运动（秋） 因战争环境所致，冀东的雇工增资运动发展得并不平衡，北宁路南和滦河东比曾被"蚕食"的基本区发展得要早。路南地区从丰（润）滦（县）联合县的沿海渔民雇工开始，先组织渔业雇工小组，后成立渔业工会开展增资斗争，接着在李八敖地区农业雇工中掀起增资斗争高潮。路东地区的抚（宁）昌（黎）联合县政府于 1943 年秋天在仓上村召开了雇工大会，成立了工会，选出了主席。在工会的组织下，全体雇工向雇主说理算账，要求增加工资，斗争取得胜利。1944 年青纱帐期间，卢（龙）抚（宁）昌（黎）、迁（安）卢（龙）青（龙）等县的增资运动相机开展起来，并扩大到全区。参加斗争的雇工和佃户组织工会，推选代表，向雇主提出增资条件。在根据地雇工增资斗争的影响下，唐山、胥各庄、迁安等日伪占领的地方，也以不同形式开展了不同程度的增资罢工运动。通过增资运动，冀热边基本区内的雇工大部分参加了工会（包括一部分农村手工业工人），不仅取得了经济利益，而且提高了阶级觉悟和组织性，纷纷报名参军，许多积极分子还申请加入共产党。

10 月

晋察冀分局发出贯彻执行中央十大政策的决定（10 月 5 日） 中共中央政治局于 10 月 1 日发出《关于减租生产拥政爱民及宣传十大政策的指示》。文件中指出十大政策：（一）对敌斗争；（二）精兵简政；（三）统一领导；（四）拥政爱民；（五）发展生产；（六）整顿“三风”；（七）审查干部；（八）时事教育；（九）“三三制”；（十）减租减息。为加强根据地建设，加强对敌斗争，为抗日战争的最后胜利创造条件，中共中央晋察冀分局于 10 月 5 日决定，把进一步贯彻执行这十大政策作为边区的主要任务。

冀热边特委作出护粮战役的决定（10 月 5 日） 为保障根据地后勤供应，加强粮食管理，中共冀热边特委于 10 月 5 日作出《关于护粮战役的决定》。文件指出，今后敌人计划在冀东大规模征粮抢粮，这是我全体人民的生死问题，也是我游击根据地的存亡问题。要求全区党政军民紧急动员，粉碎敌人的征粮计划。10 月 10 日，冀热边区的承（德）青（龙）遵（化）联合县政府制定了《粮食管理办法》。办法的实施目的是保证军需，调剂民食，禁止粮食进入敌据点。各区成立粮食委员会，由各区区长财粮助理为委员，群众团体及当地驻军（区基干队在内）各选举代表一人参加，亦可聘请当地开明士绅一二人参加。粮食委员会下设粮食委员分会 2 个至 4 个，由区委员会的委员兼任分会的主任委员，由村长、财粮委员、开明士绅、当地驻军（区基干队、本地游击队）等 7 人至 9 人组织。

冀热边恢复热南行动（1943 年 10 月至 1944 年 5 月） 热南地区主要是指锦（州）承（德）铁路以南，长城以北的承德、平泉、兴隆一带。1943 年 10 月至 1944 年 5 月，敌人抽调大量兵力对冀东平原基本区和新开辟区连续进行“秋季扫荡”与“冬季扫荡”，疯狂进行烧杀抢掠，四处“清剿”抗日部队，尤其新开辟的热南山区遭到严重摧残。面对这一严峻形势，1943 年 10 月 11 日，中共冀热边特委作出了恢复热南，向热南发动进攻的决定，并抽调第十一团和第三、第七地区队，在人民群众的支援配合下，寻找战机，袭扰敌人。1944 年 2 月 6 日，部队出其不意乘虚攻入宁城县城，给沦陷区人民极大鼓舞。2 月 16 日，又在下掸子设伏，将由汉奸、特务组成的罪恶多端的“行动队”一举歼灭。但终因力量相差悬殊，难以一时改变热南地区被动局面。热南军民在极端困难的环境下继续坚持对敌斗争。

*冀热边特委作出恢复热南的决定（10 月 11 日）　中共冀热边特委于 10 月 11 日作出《关于恢复热南工作的决定》。文件指出，热南形势的好坏，对整个冀热边形势有重大影响，日伪非常重视并决心夺取或摧毁这个地区。因此，恢复与巩固热南原有阵地，分散敌兵力，转移敌注意力，扩展战果，是我冀热全党坚持冀热边与开辟东北的紧急任务。冀热边特委决定在冬季以前发动恢复热南地区的战役行动。

*热南山区人民坚守抗敌阵地　日伪军在热西、热南地区集家并村后，集中力量对雾灵山、狗背岭、王指山、王厂沟、老岭等几块根据地进行疯狂的摧毁，在兴隆、青龙全境及滦平、丰宁、承德、平泉、宁城等地划定“无住禁作”地带。根据地群众在十分困难的条件下，为坚持根据地而顽强战斗，不断整顿和发展党组织。在敌人对根据地实行“拔根断源式”摧毁的严酷形势下，热南山区几块根据地中仍保持有 600 多名党员，89 个党支部，重新建立了与敌人完全断绝一切关系的抗日一面政权——中心村。坚持在根据地的群众约有 5 万人，参加民兵自卫队的近 1 万人。

行唐宋营突围战（10 月 11 日）　1943 年秋，晋察冀四分区八地区队在灵寿、行唐一带参加反“扫荡”战斗。10 月 11 日，八地区队二、三连进驻行唐宋营村，待机消灭敌人。当日夜，行唐城、上碑等地据点敌人共 3 个日军中队、2 个伪警备队中队，分两路对驻宋营的八地区队进行合击。实施包围后，日军一部从村南进村，与二连接触战斗，二连随即向磁河以西转移。敌深入村内，遭地区队顽强抗击。三连抢占高房，严阵以待。敌偷袭失败后，即发起猛攻。三连沉着应战，顽强抵抗。因敌众我寡，地区队决定突围。三连利用有利地形，边打边突围，以声东击西的战术，调动敌人，并利用敌人的空隙之地，突围成功。地区队长韩增丰为掩护部队突围，光荣牺牲。此役毙伤日伪军 200 余人。

冀中军民粉碎日军推行的“新国民运动”（10 月 15 日）　日军为阻止冀中军民恢复与扩大地区，推行了所谓“新国民运动”，强制搞“反共誓约”，妄图以残酷的镇压，切断群众对八路军的支持。日本华北派遣军情报主任参谋山崎少佐及其助手恒尾率政治工作队 30 余人，与当地日伪军、伪政权、伪新民会一起，于 10 月上旬在高阳、任丘两县搞“新国民运动”的试点，强迫群众背“反共誓约”，组织联防自卫团和情报室，在高阳、任丘 30 公里的公路上建立“人电线”，每隔十步一人，日夜值勤。为了粉碎敌之“新国民运动”，冀中九分区党政军民齐心协力，开展了各种形式的斗争，如进行民族气节教育，号召人民不当汉奸顺民，不参加伪组织，不出卖党员干部；揭露敌“新国民运动”阴谋；派遣敌工人员进城，营救被关押群众；交出一些废弹药、破武器应付敌人；组织表面为敌服务实际坚持抗日的“伪自卫团”；加强锄奸工作，用“单打一”战术惩治一批罪大恶极的特务、汉奸；军分区组织全部军事力量以“外调内打”的作战方针，积极袭击敌人。第四十二地区队与高阳县大队、区小队配合在西梁淀伏击高阳县突击示范队，接着在八果庄伏击，毙伤伪军七八人，又在高阳城西季良村化装袭击了去该村搞“突击示范”的伪公署和伪保安队。第四十二地区队第三连在任丘县五区小队配合下，攻克赵北口据点，毙伤 13 人，俘 20 人，又在任丘小苟各庄将高阳县“突击示范队”的主力日军小元保中队和一个小队全部歼灭。第二十四团和第三十四地区队也在蠡县、肃宁、清苑等地主动出击，攻克、逼退点碉 27 处。经过 3 个多月的斗争，冀中军民粉碎了敌人的“新国民运动”。

* **西梁淀伏击战（11 月末）**　为粉碎日军的“新国民运动突击示范”，冀中九分区派四十二地区队政委李克芹率一个连队，配合高阳县大队活动，武装打击日本侵略者。12 月 4 日，获悉日伪军胁迫群众在百尺村（今属任丘）拆毁民房以报复拒绝参加“反共誓约”的群众后，游击队立即进入西梁淀设伏。伪军进入埋伏圈后，游击队、区小队一齐开火。30 名伪军腹背受敌，进退无路，在水中当俘虏。与此同时，进入埋伏圈的日军，也被手榴弹炸的抱头鼠窜。30 多名日军除几名侥幸逃命外，其余全部被消灭。西梁淀战斗后，日伪军不敢再远离县城，便加紧在县城附近活动。县、区游击队选拔优秀队员，组成一支武工队，深入县城附近，寻机袭扰敌人。至 1944 年 3 月，县、区游击队对敌作战数十次，不断给日伪军以重创，促使了“新国民运动突击示范”运动的破产。

任丘、高阳惨案（1943 年 10 月 16 日至 1944 年初）　任丘和高阳都是冀中抗日根据地的腹地，一直为日本侵略者视为眼中钉。1943 年 10 月 16 日至 1944 年初，侵华日军华北司令部抽调特务团三十分队和“剿共委员会”50 多名日本特务，由华北派遣军情报主任参谋山崎少佐和他的助手恒尾带领，组成“突击示范队”，到任丘、高阳两县推行“新国民运动”，妄图成功后在华北推广。日伪军在任丘、高阳城乡召开“反共誓约”大会和“反共誓约”大检查，所到之处，硝烟弥漫，血迹斑斑，鸡犬不宁。据不完全统计，从 1943 年 10 月到 1944 年初，历时 5 个月，日军在任丘、高阳两县总共屠杀居民 853 人，打伤打残 1900 多人，烧毁民房 4300 多间，制造了骇人听闻的惨案。

平阳大惨案（10 月 18 日） 平阳村位于沙河支流平阳河的下游西侧，处于河北阜平、曲阳、唐县三县的交界处，是阜平的东部门户。1943 年秋，日伪军对北岳区进行了“毁灭扫荡”。由于阜平县是晋察冀边区的腹地，而平阳一带又是中共中央晋察冀分局及边区其他机关的所在地，更是遭到日军的重点和反复“扫荡”。日军荒井（其本人是日本皇族，裕仁的外甥）混合大队，以平阳为中心，在 80 多天的“搜剿”中，对四周四五十里以内的 200 多个大小村庄残酷“清剿”，制造大小惨案 40 多起，使用枪杀、火烧、刀刺、活埋等各种极其残忍的手段 40 余种，杀死群众 1000 余人，烧房屋 5200 余间，抢走粮食 18 万斤、牲口 1200 余头、衣物 4000 余件，这就是骇人听闻的平阳大惨案。

晋察冀分局发出加强经济部门干部工作的决定（10 月 20 日） 敌人对根据地进行军事进攻的同时，也开展经济侵略。根据中共中央 10 月 1 日指示中关于开展大规模生产运动、强化经济工作的精神，中共中央晋察冀分局于 10 月 20 日发出《关于加强经济部门干部工作的决定》，指出，针对敌人对我经济摧残与破坏的企图，我边区目前加强经济工作比任何时候都重要。中共中央晋察冀分局对目前开展经济工作的政策、方针及实施办法、抽调干部作了重要决定。

盂平长峪“天雷战”（10 月 30 日） 据《晋察冀日报》10 月 30 日报道，盂平县民兵在部队的掩护下，打了一场漂亮的“天雷战”。从五台返回盂平长峪据点的日军运输队在距离长峪 7 里处狭窄的山谷道上，被八路军伏击。事先埋伏在山崖上的民兵把用长绳系好的地雷从空中抛下，炸死炸伤日伪军 28 人，缴获大量物品，八路军无一损伤。

晋察冀边区行政委员会加强对政权干部的管理（10 月 31 日） 随着形势的不断好转，根据地和边区干部队伍规模不断扩大。为进一步加强对政权干部的管理，晋察冀边区行政委员会于 10 月 31 日颁发了《政权干部任免考核奖惩办法》，就边区行政干部的任免、考核、奖惩情况进行了具体规定。文件指出：“6 年以来，在边区政权建设中，涌现与培养了大批为国为民具有无限忠诚的优秀政权干部，他们在各个不同的工作岗位上，刻苦奉公，积极工作，在对敌斗争中坚定顽强，英勇牺牲，这种艰苦奋斗的精神，正是我们新民主主义政权干部的特质，这与旧政权人员为少数统治者服务，压迫人民，有根本的区别。”①

锦热边远征工作队成立（10 月底） 由于日伪的重点摧毁，热南山区根据地出现无房、无粮的严重困难局面，部队难以开展战役行动。而锦热路北的承德、平泉、宁城地区，在承（德）平（泉）宁（城）联合县成立后，经过艰苦的工作，取得了重大进展，抗日游击活动迅速向热东方向发展，重新开辟了方圆达数百里的游击区。因此，中共冀热边特委和军分区决定将出击的重点放到承德、平泉、宁城地区，并于 10 月底成立了锦热边远征工作队，由周治国兼队长，周哲民为指导员，率领部分武装工作队，相机逐步向东发展，以便设法与东北抗日联军及其他抗日队伍取得联系。锦热边远征工作队的活动地区以驿马图川为中心，跨越宁城、建平两县，大体包括叶柏寿以北、天义以东、建平以南地区。从 1943 年秋季起到 1944 年秋季，远征工作队紧密配合地方武装，有力地打击了敌伪的嚣张气焰，如同一把尖刀，插在了敌人心脏。

冀东区冬季反“扫荡”（1943 年 10 月底至 1944 年 2 月） 日伪军对冀东抗日游击根据地基本区的秋季“扫荡”遭到重创后，从 10 月 31 日起，对驻冀东的兵力重新进行调整，准备发动新的“扫荡”。冀东军分区根据日伪军这一新动向，指示主力部队迅速从热南返回基本区，利用日伪军调整“防务”的有利时机予以打击。12 月 3 日，第十二团进入长城后，在卢龙县虑马庄打垮伪“治安军”一个营，取得了入关后的第一场胜仗，鼓舞了八路军指战员的斗志，激发了当地群众的抗日热情。接着，第十二团在抚宁县曹西庄击溃抢粮敌军。1944 年 1 月 19 日，第十三团进入长城后，与第四地区队在黄土坎与日伪军激战，歼敌一部。1 月 23 日，冀东部队在崔各庄歼灭进犯之敌。这次反“扫荡”，不仅击退了敌人的围攻，歼灭了敌人，而且乘胜扩大了战果，逼退了宫里、夏家峪、张店子、河口、草厂等许多日伪军据点，使遵化南部地区形势发生了根本变化。

***抚宁曹西庄战斗（12 月 7 日）** 曹西庄在抚宁县城西偏北 10 公里处，驻扎在抚宁县城的日伪军经常到附近讨伐抗日武装。12 月 7 日，曾克林率领的八路军第十二团特务连和第三连、第五连指战员在抚宁县曹西庄一带宿营。上午 10 时左右，日军的 3 辆坦克和 2 辆卡车突然向曹西庄村开来。军情紧急，正在村外的十二团副参谋长杨树元和三连连长穆野立即带领部队与卡车上的日军交

① 政协河北省委员会编：《晋察冀抗日根据地史料汇编》中，河北人民出版社 2015 年版，第 1325 页。

火。当时，日军的 3 辆坦克横冲直撞，不管不顾，径直开进村里。在曾克林的指挥下，特务连连长戴士奇、指导员胡导环率领战士，发挥近战优势，跳到坦克上用掷弹筒和手榴弹进行轰击，当即炸毁日军的 2 辆坦克，另一辆坦克掉头就跑。随即，三连和五连指战员追击敌人，歼灭日军数十人，炸毁 2 辆卡车。这是冀热边地区第一次取得打坦克的胜利，作战部队受到了冀东军分区和晋察冀军区的嘉奖。

***黄土坎、崔各庄战斗（1 月 19 日、23 日）** 冀东冬季反“扫荡”后期，冀东军分区部队在黄土坎、崔各庄与日伪军展开激烈战斗。1944 年 1 月 19 日，第十三团警卫连与第四地区队在蓟县、玉田两县交界的黄土坎、高庄一带集结，准备向蓟县南部挺进。当日下午，日伪军约 2500 人配有 7 辆坦克，分东、西、北三路奔袭合围。第四地区队和第十三团警卫连共 7 个连在黄土坎同日军展开激烈的交战，几处阵地失而复得，激战 10 个小时，毙伤日伪军 200 余人，7 个连深夜安全突围。10 月 23 日，军分区领导机关和第十三团特务连、第十一团、第四地区队、第六地区队集结在遵化县山头庄、刘备寨、亮子河一带，准备召开会议部署新的战斗任务。驻遵化县城的日伪军 600 余人，分两路进犯八路军驻地，当进至崔各庄时，遭到第六地区队的突然袭击，日伪军 120 人被毙伤，余部溃逃。黄昏，十三团一部又与前来增援的驻平安城和前后稻地之两股伪军 4000 人交战，将伪军击退。

晋察冀边区开展彻底减租运动（1943 年秋至 1945 年上半年） 减租减息和交租交息政策的实施，对坚持团结抗日，巩固边区起了重大作用。为了进一步组织和发动广大群众，调动农民生产与抗战的积极性，根据中共中央的指示，中共中央晋察冀分局于 10 月 18 日发出《关于彻底实行减租减息政策的指示》，指出：“六年来，北岳区、冀中区基本上执行了减租减息政策，但各地尚不平衡，冀中较北岳区尤甚。平北大体上才初步执行，冀东则基本上尚未开始执行。”文件根据减租减息政策已经彻底执行、基本执行、初步执行、尚未执行和环境变化、群众利益得而复失等不同情况，明确规定了彻底实行减租减息政策的重点，要求各地在实行减租和彻底减租时，“必须由农会来发动与领导群众的斗争”，防止把减租变成党和政府的“恩赐”的做法，领导干部要亲手检查几个乡村，并创造出新的经验。[1] 10月28日，晋察冀边区政府也作出《关于贯彻减租政策的指示》。在边区政府的政策和法令的指导下，从1943年秋季开始，各地农救会组织发动农民群众，在全边区迅速展开了“查减”和深入、普遍地贯彻减租的群众运动。

北岳区彻底实行减租的重点是在大部基本上业已执行，但尚未彻底执行的地区，要求其由基本上执行减租变为彻底执行减租，主要是纠正“明减暗不减”及其他减得不彻底的现象，并依法保障农民的土地使用权。北岳区根据平山县“查减”运动的经验，将运动由点到面展开。反“扫荡”期间，各县领导干部大都亲自抓“典型村”的减租试点工作，采取召开群众大会并配合以佃户会、地主座谈会、农救会小组会等方式，发动群众逐一解决问题，共组织典型减租斗争达31起，较彻底地解决了高租、非法夺佃、当地回赎及杂租、“上打租”、大斗收租、“送工”等各种超经济剥削问题。平西区从1943年10月开始全面贯彻减租政策，减租运动的重点放在已初步实行的地区，以求得进一步深入执行减租减息。根据政府规定：过去没有实行过减租的，依照法令从1941年以后实行退租；减租后仍超过3.75‰的，地主以各种形式增租的，均依法纠正或取消。在贯彻减租政策过程中，各县对地主增租夺佃、超经济剥削等违法现象进行了彻底清算，形成了广泛、热烈的减租和退租运动。平北区在已初步实行过减租减息政策的地区开展了彻底减租群众运动。各县委和农救会等群众团体，举办了区级干部训练班，学习“双减”政策。一般村庄都成立了“减租复工委员会”，区、村干部分散到各街，进行调查和动员工作，根据所搜集的材料，召集租佃、劳资双方会，提出和解决问题，在做好充分准备工作的基础上，首先在抗日一面村开展了减租减息运动。冀中区在1942年五一反“扫荡”以前，大部分地区实行过减租减息政策。五一反“扫荡”以后，因环境变化，地主大量推翻减租，基本群众利益得而复失。1944年，冀中区党委根据分局和边委会的指示，开展了彻底减租运动。减租政策实施的重点，一为过去已减租至今仍为游击根据地的地区，继续深入巩固群众的既得利益。为减租已被推翻地区，在条件具备时恢复之。减租斗争在基本区，形成了热烈的群众运动。冀热辽区1944

① 参见政协河北省委员会编《晋察冀抗日根据地史料汇编》中，河北人民出版社2015年版，第1447—1449页。

年以前，个别地区虽然实行过减租减息政策，但整个地区没有普遍地发动，而且由于基本区被“蚕食”，1943 年以后普遍形成增租夺佃现象。根据中共中央晋察冀分局指示，中共冀热边特委决定把减租运动的重点，放在山地的中心区和已恢复了的平原基本地区。运动一开始，大部分地区便开展了退租斗争，并在一些基本区取得了较大成绩。

1943 年秋至 1945 年上半年，晋察冀边区各个抗日根据地先后不同程度地实行了减租减息政策，这是边区创建以来开展得最为普遍和深入的一次群众运动。彻底的减租运动，打退了地主对农民的反攻，减轻了农民的负担，改善了民生，进一步调动了农民参加抗战的积极性，促进了边区大生产运动的开展。

***晋察冀边区行政委员会发出贯彻减租减息政策的指示（10 月 28 日）** 晋察冀边区行政委员会于 10 月 28 日发出了《关于贯彻减租减息政策的指示》，指出：“自从边区实行减租减息与交租交息政策以来，对于发动广大农民抗战与生产的积极性，巩固统一战线，坚持根据地，曾经起了重大作用。然而由于各地工作发展不平衡，特别是个别地区对减租减息政策重视不够，以及执行中的粗枝大叶，致使这一政策尚未得到普遍深入地贯彻。为了坚持对敌斗争，开展大生产运动，巩固团结，渡过难关，各地必须彻底实行减租减息，进一步组织动员农民，发挥农民的积极性。”① 这次贯彻减租减息政策，总的重点要放在限制高额地租与废除超经济剥削方面，并对减租与减租后之租额问题、清理欠租与退租问题，依法保障佃户土地使用权问题，典当地与债息问题，进一步作出明确的政策规定。要求各级干部深入研究与熟悉租佃债息条例及有关土地政策的法令，克服官僚主义作风，强调反对执行减租政策的右倾，同时注意防止农民报复造成地主恐慌不安等过“左”现象发生，使减租成为农民群众的自觉运动。

11 月

寨头惨案（11 月 9 日） 寨头是易县桥家河乡的一个村庄。在日军大小数十次“扫荡”中，村民英勇机智地配合八路军的反“扫荡”战斗或支应敌人，保护粮食，掩护伤病员。1943 年秋季，日军对北岳区进行大规模“扫荡”。11

① 《晋察冀抗日根据地》史料丛书编审委员会、中央档案馆编：《晋察冀抗日根据地》第三册（大事记），中共党史资料出版社 1989 年版，第 229 页。

月，侵华日军、华北派遣军二十六师团独立第十一联队，由涞源进犯易县，并在易县寨头村设临时据点，反复“扫荡”桥家河、坡仓、良岗一带。日伪军抓捕群众和游击队员111人，其中有7名系八路军伤病员，在严刑拷打、审讯无果后，八路军被屠杀坑埋。

晋察冀边区行政委员会发出加强冬学工作的指示（11月11日） 晋察冀边区的民众教育发展很快，但也出现了一些问题，如过分政治化的偏向，办学方式方法上脱离实际、脱离群众，过分强调集中、整齐划一等。为了使边区民校教育更适合于广大群众的愿望和敌后抗战的需要，晋察冀边区行政委员会、边区抗联会于11月11日发出《关于加强今冬冬学工作的指示》，指出：“今年的冬学运动，必须使之成为改造根据地群众思想，巩固抗日民主思想阵地的运动，不能看成每年一次的例行工作，马虎了事。要不分地区普遍进行反法西斯主义的民主的思想教育，使广大群众明白认识国际国内法西斯主义者的反动罪恶，及其必然崩溃的道理；认识民主的力量，坚定必胜的信心；扫除法西斯思想的流毒。”① 后来边区还决定在冬学工作中“试行民办公助”的方针和自愿的原则，要求领导与群众相结合，从群众的实际需要出发，发动群众自己办冬学；还规定文化课以识字为主，生产课以“组织起来”为中心，政治课以反法西斯教育为主，在巩固区、游击区和新开辟区各类课程的比重应有所不同。这样更有力地推动了边区民校运动的发展。北岳区大部分地区及平西部分地区的民校教育相当普遍和深入，平北、察南、冀东地区的冬学运动也有了一定展开，到1944年，冀中冬学运动又普遍开展起来。

五台县各区开展“政治出击”（11月13日） 为进一步动摇日伪力量，五台县各区统一步调进行了为期一周的“政治出击”，大量散发宣传品，召开会议，动员群众保卫粮食，保卫家乡，保卫边区，揭露敌伪组织的欺骗宣传，配合地方群众武装摧毁伪组织。五台县各区组织宣传队和突击组先后在游击区的苏子破、北大贤、七里沟、东茹村、小豆村及敌占区的一些地方，召开群众大会、士绅会、村干部会，进行宣传动员；在五台城西关、高洪口、西天和、大石岭、少军梁、狐峪口等敌据点张贴宣传品；围困敌据点，先后袭击石咀、榆林、少军梁、田家村等敌，袭入高洪口、狐峪口敌据点；摧毁大量伪组织，对

---

① 政协河北省委员会编：《晋察冀抗日根据地史料汇编》中，河北人民出版社2015年版，第1524页。

伪村长等人进行民族气节教育；公布一些大汉奸的罪状，勒令其改邪归正。这次“政治出击”极大地震惊了五台敌伪，伪组织人员惶恐不安的情绪愈加强烈，大大鼓舞了人民群众坚决抗敌的决心和信心，同时有力地配合了边区内线的反“扫荡”。

人民武装部划归军区领导指挥（11 月 26 日） 为了便于更广泛地开展游击战争，坚持与保卫抗日根据地，聂荣臻同萧克、唐延杰于 11 月 26 日发布命令，指出：“必须要军队与民兵密切的配合，在军事上得到统一指挥。故将人民武装部划归军区领导指挥。”规定如下：（一）北岳区与专区人民武装部归军区与军分区领导指挥，司令部对人民武装部负指导责任，即等于供给部、卫生部与后勤部关系，人民武装部即为军分区直属部门之一。（二）北岳区人民武装部内设作战教育科、组织科、抗先科。军区领导指挥北岳区人民武装部，军分区领导指挥专区人民武装部。

晋察冀边区行政委员会发出展开反敌伪抢粮斗争的指示（11 月 29 日） 粮食是敌我在经济战线上争夺的主要物资。北岳区军民在 1943 年秋季反敌“毁灭扫荡”的战役中，在党的一元化领导下，再次粉碎了敌人的抢粮计划，取得了粮食争夺战的胜利，但是敌人为了准备“大东亚战争”的决战，一直没有放松“积极搜刮战粮”。晋察冀边区行政委员会于 11 月 29 日发出《关于猛烈地展开反敌伪抢粮斗争的指示》，指出：“保卫粮食是团结游击区广大人民坚持阵地的头等重要工作，必须用一元化的组织力量，猛烈地展开这一斗争。”

老虎洞、黑水坪惨案（11 月） 老虎洞、黑水坪位于井陉县西北部的深山区，抗战时是井陉路北抗日根据地的中心区域。从 1943 年 9 月 16 日起，日军突袭阜平一带，开始“扫荡”，以后范围逐渐南移。11 月 11 日，日军调集了 1 万多兵力，东自井陉矿，西至山西平定、盂县，南从正太路，北从平山，分兵十四路进行“围剿”。11 月 12 日上午，约 5000 名日伪军包围了黑水坪、大洛水、米汤崖村。11 月 14 日，日军开始大搜山。样子山为搜查的重点，老虎洞即在这座山的北柴沟里。11 月 19 日，日军摸到老虎洞。11 月 20 日，日伪军向洞内投掷毒气弹，150 多名同胞除 1 人幸存外，其余全部被毒死。至 11 月 24 日，日军在黑水坪用火烧、狗咬、投井、刀砍等方式，残暴杀害无辜群众达 400 多人。

12 月

宁晋伍烈霍村突围战（12 月 4 日） 冀中六分区参谋长叶楚屏由四十四地区队参谋长贾耕率四大队一个排护送到赵县传达地委和军分区的指示。12 月 4 日早晨，进驻宁晋县伍烈霍村，进村后得知敌人要包围这个村庄。叶楚屏立即决定加强警戒，发现敌人包围村子后，果断决定迅速向敌人兵力薄弱的村南面实施突围。叶楚屏带领一个班从村南突出包围，贾耕带两个班和一挺机枪在后面掩护。战斗中，叶楚屏不幸负伤，贾耕壮烈牺牲。

曲阳贾家口惨案（12 月 7 日） 贾家口村坐落在曲阳城西北部，距县城 30 公里，西邻阜平。每年秋季，日伪军对晋察冀边区进行残酷的大“扫荡”时，都要把贾家口村作为盘据点，反复剔剿附近一带村庄。12 月 7 日，日军在贾家口村及附近一带村庄“扫荡”，对手无寸铁的老百姓实行了疯狂大屠杀，制造了惨绝人寰的大惨案。日军此次杀害无辜百姓 120 多人，其中贾家口村 57 人，周围村庄 63 人，杀绝 7 户，烧毁房屋 800 多间，砍毁树木 5000 多棵，抢走 1200 亩地的秋季收成，贾家口村被夷为平地。17 日下午，县政府派人到灾区进行了慰问，带来边币千余元、小米百余斤，当场进行抚恤、救急，并召开全村民众大会，揭发日军“扫荡”边区的阴谋，声讨日军的残暴行径，激起了边区人民抗日的斗志。

岗南惨案（12 月 12 日） 岗南指东、西岗南村，位于平山县岗南镇。此地抗战时期常有八路军驻扎，八路军经常在此袭扰敌人运输线。1943 年秋，日军集中兵力“扫荡”晋察冀边区，用“三光政策”“铁壁合围”等手段想杀绝边区军民，彻底毁灭抗日根据地。12 月 12 日晨，“扫荡”边区腹地的日军向东撤退时包围了东、西岗南村，进行了惨绝人寰的大屠杀，杀死村民 135 人，5 户被杀绝，17 户成为孤寡户。惨案发生后，分区部队立即赶到附近，全体指战员激昂愤慨，一致要为死难者复仇。除立即派医生到东、西岗南村为受伤村民治疗外，部队于 15 日拂晓猛烈攻下双石洞堡垒，缴获山炮一门，其他轻机枪、步枪等军用品若干。区骨干游击组也配合主力部队一举攻克桥河沿、纪家湾两堡垒。

晋察冀分局发出开展复仇控诉活动的通知（12 月 14 日） 12 月 14 日，中共中央晋察冀分局发出《关于庆祝北岳区反“扫荡”胜利和开展复仇控诉活动的通知》，指出：“敌寇 9 月份开始，以 20 万兵力从华北到广九路，对共产党所领导之武装进行全面‘扫荡’，而以 4 万之众，3 月之久，对我北岳区举行空前严重野蛮的摧毁性‘扫荡’。”“分局为更进一步加强军民团结，提高抗战胜利的信心和决心，开展新的对敌斗争，因此决定由阳历年到明年 1 月 15 日，在北岳区各地举行大规模的热烈的庆祝反‘扫荡’胜利大会，并展开广泛雄伟的群众性复仇运动。”①

《冀热边政报》创刊（12 月 16 日） 《冀热边政报》创刊号于 12 月 16 日出版，到抗战胜利共出刊 12 期。该报主要刊登根据地的政权建设、抗日民主政府的中心工作任务与政权工作研究等。冀热边行署副主任朱其文撰文《冀热边政权斗争的新阶段》代发刊词。文章指出，冀热边这块敌人深远后方的抗日根据地，是在抗战已基本上进入相持阶段，敌人对敌后的进攻已经远超抗战初期的形势下，才从敌人的魔手中夺回来而进一步开辟的地区。它的生长与壮大，曾经历过并经历着不断的艰难缔造的斗争过程，是千百万先烈与人民的血肉泪汗所凝结成的光辉产业。中国人民是不会在异族的奴役下，过着苟延残喘的牛马生活的，中国有着 5000 多年的深厚文化，中国人民有着伟大的民族自尊心，不愿遭受日寇的压迫，不愿遭受强盗的宰割。

晋察冀边区开展拥军爱民运动（1943 年 12 月 20 日至 1944 年 2 月 20 日） 1943 年底至 1944 年初，在转入攻势作战的前夕，晋察冀边区党政军民在长期的对敌武装斗争和根据地各项建设中，业已达到密切团结与协调一致，并依靠这种坚强的团结，取得了反对敌人“扫荡”“蚕食”和根据地建设的重大胜利。但边区在拥政爱民与拥军工作方面，仍然存在着缺点和不足，主要是一些干部和党员对边区党政军民关系的密切性、不可分离性认识不够，军队侵犯群众利益的现象还是存在；在党政民方面，优抗工作做得差，对伤病员爱护不够，对军队困难不积极协助解决的现象依然存在。这些对于进一步增强抗战力量和巩固壮大边区抗日根据地是不利的，也是与即将展开的局部反攻作战的对敌斗争形势不相适应的。

为了加强根据地党政军民的团结，适应攻势作战的需要，中共中央和毛泽东于 1943 年 10 月发出关于开展拥政爱民和拥军优抗运动的号召，要求各抗日根据地党政军民领导机关，在 1944 年阴历正月“普遍地、无例外地举行一次拥政

---

① 晋察冀边区革命史编纂委员会编：《晋察冀边区革命史编年》，河北人民出版社 2007 年版，第 626 页。

爱民和拥军优抗的广大规模的群众运动。”遵照中共中央指示，中共中央晋察冀分局于12月25日作出《关于执行拥政爱民及拥军政策的指示》，强调指出：“中央拥政爱民与拥军政策，是进一步加强根据地内党政军民大团结，进一步巩固统一战线与发展壮大根据地新的对敌斗争力量的重要政策，是坚持根据地的各种政策的重要部分。”① 要求全党坚决执行拥政爱民与拥军政策，要把全边区1943年中，特别是北岳区秋季反“扫荡”中与冀中、冀东不断的反“扫荡”、反“清剿”中，军队与党政民关系上出现的问题，进行深入地彻底地清算，规定出1944年的纠正措施，并决定北岳区自1944年阴历正月初一至十五为运动的进行期间，冀中、冀东根据具体情况，于阴历正月内进行完毕。

为了保障运动健康深入地开展，晋察冀军区制定、公布了《晋察冀人民子弟兵拥政爱民公约》；晋察冀边区各界抗日救国联合会制定、公布了《晋察冀边区人民拥军公约》。两个公约公布后，立即谱成歌曲，在边区广发传唱，并运用连环画、宣传画、鼓词等形式进行广泛宣传。晋察冀军区政治部对全区部队的拥政爱民工作作了具体部署。春节前夕，晋察冀军区直属队召开干部会议，军区政治部代主任朱良才作了《深入开展拥政爱民运动》的动员报告，要求边区部队从干部、战士到勤务人员，都要背熟拥政爱民公约，而且要根据公约自我检查，提出具体的实施办法。会后，各部队普遍进行了动员，各级政治机关组织干部、战士开展批评与自我批评，提出克服与纠正自身问题的办法，并到部队住过的地方，检查执行“三大纪律八项注意”的情况。边区抗联会向各级抗联会发出关于拥政拥军运动的指示，要表彰、奖励优抗拥军的模范干部和群众，要实行优抗劳军活动，号召人民群众慰劳部队，帮助抗属等。1944年1月10日，边区行政委员会发出关于拥军工作的指示，号召各地在阴历正月初一至十五期间，由政府协同群众团体开展拥军运动，慰问子弟兵，遵守拥军公约，发动劳军及优待抗属等工作。在边区党政军民的共同推动下，边区各地形成了拥政爱民和拥军优属的高潮。1944年2月8日，晋察冀边区举行了隆重的“庆祝边区参议会成立一周年、边区政府成立六周年，拥政爱民拥军及战斗英雄模范颁奖大会”，边区军民5000多人参加了大会。程子华、刘澜涛、成仿吾、于力、宋劭文、朱良才、王斐然、杨耕田等边区党政军民领导干部出席了大会。全体

---

① 晋察冀边区革命史编纂委员会编：《晋察冀边区革命史编年》，河北人民出版社2007年版，第627页。

与会者齐唱《拥政爱民公约歌》和《拥军公约歌》。程子华、宋劭文分别在会上讲话，代表部队和政民方面，诚恳地作出自我批评，检讨缺点和错误，并号召边区党政军民更进一步团结起来，做拥政爱民拥军的模范。会上，为104名战斗英雄和模范工作者颁发了奖章和奖品。最后，全体军民进行拥政爱民公约和拥军公约的宣誓。这次大会将春节期间开展的拥政爱民、拥军优抗运动推向了高潮。

1943年底，冀东军分区部队掀起了空前规模的拥政爱民活动，干部、战士通过学习，检查、纠正了军阀主义倾向。1944年春节期间，在冀热边特委领导下，冀东区开展了拥军爱民运动，组织军民联欢，宣读拥政爱民公约和拥军公约。各级地方政府和群众团体还广泛发动群众，开展了拥军优属、慰问子弟兵的活动。在冀中、平北等地，也都掀起了拥军优抗、拥政爱民的群众运动。边区拥政爱民和拥军运动的深入开展，对于加强边区党政军民的坚强团结，鼓舞边区八路军和广大民兵的战斗士气，夺取抗战的胜利，起了重要的作用。

***《晋察冀人民子弟兵拥政爱民公约》**　《晋察冀人民子弟兵拥政爱民公约》由晋察冀军区制定、公布。该公约宣布："边区各级政府，是边区人民自己的抗日民主政权。边区人民是边区的主人。边区八路军是边区人民自己的子弟兵，拥护政府，爱护人民，是边区子弟兵的责任。为了进一步加强军民团结，战胜日寇，反对中国法西斯主义，实现新民主主义的新中国，我军区子弟兵坚决履行以下公约：（一）坚决执行政府政策法令，尊重政府工作人员；（二）积极作战，保卫政权，保护人民生命财产；（三）帮助训练民兵，带领民兵作战；（四）帮助人民生产，解决人民困难；（五）爱护人民利益，不拿人民一针一线；（六）爱惜民力，彻底执行抗战勤务条例；（七）接受人民意见，拥护人民抗日团体；（八）对人民要和气，尊重人民风俗习惯。"①

***《晋察冀边区人民拥军公约》**　《晋察冀边区人民拥军公约》由晋察冀边区各界抗日救国联合会制定、公布。该公约宣布："边区八路军是边区人民自己的子弟兵，边区人民是边区的主人，爱护子弟兵是边区人民的责任。为了加强子弟兵作战力量，战胜日寇，反对中国法西斯主义，实现新民主主义的新中国，我边区人民，坚决履行以下公约：（一）积极参加子弟兵，壮大边区八路军；

① 谢忠厚、肖银成主编：《晋察冀抗日根据地史》，改革出版社1992年版，第509页。

（二）努力担架运输，执行抗战勤务；（三）做向导埋地雷，积极配合作战；（四）解决子弟兵困难，保证子弟兵有吃有住有穿；（五）尊重抗日军，爱护伤病员，保护军用资财；（六）优待抗属，解决抗属困难。”①

晋察冀边区行政委员会颁布反“扫荡”战斗英雄奖励办法（12月30日） 为了表彰在反“扫荡”中各条战线上涌现出来的英雄，鼓舞边区人民的士气，晋察冀边区行政委员会于12月30日发出《晋察冀边区反“扫荡”战斗英雄奖励办法》，决定对反“扫荡”战斗中在武装战线上、秋收战线上、种麦战线上、经济战线上以及其他工作岗位上的各种类型的英雄，分村、县、专区、边区4级（地方）和连、团、分区、军区4级（部队）进行奖励。奖励形式分精神奖励和物质奖励两种，而精神奖励又有颁发奖章和奖状、大会表扬、登报表扬、传令嘉奖或通令表扬等4种，物质奖励发给一定数量的奖金和实物。各专县自行奖励，用款由边区行政委员会统一发出，并给一专区、二专区分别拨款5000元。该文件还就选拔英雄的具体条件作了详细规定。

晋察冀城工委培养城工干部（冬） 晋察冀城工委于1943年冬天委托华北联合大学成立一个进行基本革命训练的特别班，又称政治班，专门培养教育城市出来的青年。中共中央晋察冀分局抽调组织干部狄子才专门负责这项工作。早已撤回根据地的学生党员如黄云、傅秀、王彦等作为骨干调到政治班。1942年撤回根据地的俞林担任班主任。后来撤回城工部的王若君到政治班负责组织工作。政治班党支部即由上述人员组成。政治班成立后，接纳了从城里出来的党员和进步青年100余人，其中大部分被派回城市工作，成为城市工作的得力干部。

八路军总部派地下党员到北平（1943年） 八路军总部派到北平的地下党负责人刘新发展在日伪北平广播电台工作的王栋岑入党，又设法打入日伪建设总署任“委任科员”。王栋岑在日伪建设总署文书科经常看到反映日伪军事工程的绝密文件《军事工程月报》，经常冒险窃取交给刘新，由刘新交通员送到八路军总部。王栋岑还把一些同事介绍入党，刘新把他们组成一个党支部，王栋岑任党支部书记。

平山民夫惨案（1943年冬至1944年春） 平山县瓦口川曾是晋察冀军区司

---

① 谢忠厚、肖银成主编：《晋察冀抗日根据地史》，改革出版社1992年版，第509页。

令部驻地，在其东北部，有三个村庄：樊土沟、冷泉和湾子。1943 年秋季，日军大“扫荡”开始后，从无极、藁城、赵县、栾城、元氏、赞皇、获鹿等县抓来四五千名民夫，又从平山县抓来一大批百姓，在樊土沟、冷泉、湾子一带建堡垒、修公路。经过一冬一春，共筑起三组堡垒群，而民夫因寒冷、饥饿、劳累，每天都有死亡，多时达每天四五十人。据不完全统计，日军在修第一组堡垒时，被害民夫达 550 余人；修第二组时，民夫惨死 600 余人；修第三组时，民夫惨死 600 余人。这是在平山持续时间最长，对同胞折磨最重的大惨案。当时老百姓说：“日军的堡垒群，是用我同胞的尸骨堆起来的。”

1944 年

1 月

晋察冀边区开展第三期全面整风学习运动（1944 年 1 月至 1945 年 9 月）
1944 年 1 月，晋察冀边区整风运动转入第三阶段。晋察冀军区、分局和边区政府机关，以及北岳区县、团以上干部，凡能离职参加整风的，都集中到中共中央晋察冀分局党校学习，一般干部多数就地在职学习。冀热边、平北、冀中地区由于仍处于斗争时期，所以只有少数干部离职到晋察冀分局学习，其余都是一边坚持斗争，一边学习。为了加强对整风运动的领导，中共中央晋察冀分局于 1 月 1 日作出了《关于加强整风领导的决定》，指出："当前整风的步骤，基本上是坦白运动，认真反省，在坦白反省中阅读文件，针对当前在全党存在的中心思想倾向，如右倾（以及轻敌速胜突出的'左'倾）、官僚主义、军阀主义的倾向及自由主义的思想，进行严正坦白的批评与自我批评，展开思想论战与必要的思想斗争，干部写反省笔记与自传，逐级送达批阅。"《关于加强整风领导的决定》要求领导干部必须亲自动手以身作则，积极发动组织和领导整风，克服整风落后的现象，"务必做到在今年内完成和贯彻整风""造成全党普遍深入的整风热潮"①。同时分局决定县级以上党委成立核心小组，加强整风领导。随后，在北岳区干部中首先展开了大规模的群众性坦白运动。要求每个党员干部做到对党忠诚坦白，自觉清除自身从旧社会带来的脏东西，并要求大家丢掉顾虑，向党交心，自觉检查一切非无产阶级思想表现，达到组织上纯洁队伍、思想革命的目的。在坦白检举运动中，由于受"左"的思想影响，有些单位和部

---

① 《晋察冀抗日根据地》史料丛书编审委员会、中央档案馆编：《晋察冀抗日根据地》第一册（文献选编下），中共党史资料出版社 1989 年版，第 894—895 页。

门曾出现过扩大化的偏差，伤害了一些好人，后来作了纠正。从整体上看，这一阶段的整风运动发展是健康的。在3年整风运动中，尽管当时所处的战争环境恶劣，各区整风开始有先有后，所用时间有长有短，也一度出现过反复，发生过偏差和失误，但边区各级党委不断总结经验，加强指导，全区整风运动开展得深入扎实。通过整风，边区广大党员干部的政治思想有了很大提高，组织性纪律性大为加强，克服了某些干部中存在的宗派主义、自由主义、平均主义、本位主义现象和干部之间无原则纠纷等不良现象，军队干部与地方干部较普遍地增强了全局观念，加强了相互团结。

冀热边行署号召人民积极藏粮（1月1日） 为抵制日伪的抢粮行动，保卫根据地的经济，减轻人民的负担，冀热边行署于1月1日发布了《关于对敌展开粮食斗争的指示》，指出，目前敌我粮食斗争已达最紧张最尖锐的阶段。要求各级抗日民主政府要彻底分散坚壁，保证征收任务彻底完成，号召人民积极藏粮。为了保卫麦收，行署又发出号召，从6月24日起，在中心区开展“对敌全面封锁运动”，发动各地民兵将日伪占领的城镇据点，用地雷和岗哨封锁包围起来；号召群众不给日伪据点送粮送柴，不到据点内赶集，断绝与据点的来往。这样一来使许多日伪据点因外无援军，内无粮草，而处于极度困境。宝坻县新安镇，迁安县太平寨、洒河桥和滦县高各庄等据点，都先后被迫撤离。这场持续了几个月的“反资敌”的封锁运动，给日伪军以沉重打击，大大减轻了根据地人民的负担，保证了边区政府的财政收入。

雁北（东）组织联合宣传队（1月6日） 为加强反“扫荡”胜利的宣传解释及善后工作，雁北（东）党政军民干部于1月6日组成联合宣传队，进村宣传。宣传队内设宣传、医疗、调查、慰问等4个小组，深入灵丘四、五两区的13个行政村进行宣传。从1月6日至15日，宣传队先后召开干部、群众会议各17次，医治有病群众200多人，对困难极大的群众进行了妥善安置，并广泛地征求了群众的意见和建议。雁北（东）联合宣传队，不仅宣传了反“扫荡”的胜利，而且安抚了受伤的群众，还进一步密切了军民关系，为转入边区建设打下了基础。

晋察冀分局发出优待妇女儿童的通知（1月7日） 由于敌人的围攻和经济封锁，晋察冀边区的物价高涨，过去所规定的生活费用已经不够使用，抗日军民生活遇到困难。为了保障边区妇女干部和儿童的身体健康，中共中央晋察冀分局于1月7日发出《关于优待妇女干部及保育儿童的通知》，对妇女干部及儿童在不同阶段所用的粮食、菜金、津贴、鞋袜、衣服等物资，重新作出了明确的规定，并要求此规定从1944年1月1日起开始实行。

聂荣臻向中央书记处汇报晋察冀边区的工作（1月10日至11日） 聂荣臻到达延安后，于1月10日至11日在中共中央书记处会议上分三次汇报了晋察冀边区的工作。毛泽东在听取报告时，对一些问题作了插话：（一）关于农业生产，用组织起来的办法，可以克服缺乏劳动力、缺乏肥料等困难。（二）关于百团大战，在群众中应该说打得好，在高级干部中也要说明百团大战是英勇的。（三）关于政权问题，虽然非党人士比党员少，但能吸收中间人士，有很大的影响，使我党有所顾虑，不致变成清一色。现在陕甘宁、晋察冀边区行政委员会中只有几个非党人士，有很大的影响，能进行合法斗争，这种法治的斗争能够教育我们。（四）关于整风审干，过去延安重视知识分子，不重视工农分子，“抢救运动”以来，又完全不相信知识分子，现在应估计大多数知识分子是好的。（五）关于国民党问题，除非国民党下决心跟我们破裂，否则我们不应与其破裂。会议还根据聂荣臻在中央书记处会议上的汇报，于1月11日通过了由任弼时、王若飞起草，经毛泽东修改的《中央书记处给晋察冀分局干部扩大会议的指示》。该文件指出：“六年来，分局同志及晋察冀全体干部党员和在边区的八路军指战员，与人民群众相结合，创造和坚持了晋察冀民主抗日根据地，是执行了中央的路线和所给予的任务，工作是有很大成绩的。近年来，在敌人‘扫荡’‘蚕食’更加艰苦的斗争情况下，你们不仅粉碎了敌人的企图，还把我们的力量伸入到敌后的敌后去，在2000多个村庄中恢复了工作，证明了你们在极困难的局面下，仍能有办法坚持。”但在坚持持久抗战，准备与敌人熬时间方面，“还有若干不够的地方，需要我们努力去充实与改进”①。

晋察冀边区各界举行庆祝反“扫荡”胜利和控诉复仇大会（1月11日） 晋察冀边区各界于1月11日在阜平县马驹石村隆重举行庆祝反“扫荡”胜利和控诉复仇大会，到会军民数千人。大会首先向死难烈士、遇难同胞致哀，继而通过了由聂荣臻、萧克、程子华、刘澜涛、成仿吾、于力、宋劭文、朱良才、杨耕田、李勇等20人组成的大会主席团。刘澜涛、杨耕田、朱良才和民兵爆炸

---

① 周均伦主编：《聂荣臻年谱》，人民出版社1999年版，第406—407页。

英雄李勇等在大会上讲了话。“为死难军民复仇”“开展控诉复仇运动”等口号此起彼伏。大会发出了控诉日本法西斯强盗滔天罪行的通电和给北岳区全体同志的慰问信。大会结束后，抗敌剧社为大家演出了《讨还血债》的话剧。

晋察冀边区开展 1944 年大生产运动（1 月至 12 月） 由于长期战争的消耗，特别是日本侵略者的摧残和掠夺，加上虫、旱、涝等自然灾害，晋察冀边区财政经济遇到严重困难。为了解决边区军民的生活军需困难，为战略反攻创造物质条件，中共中央晋察冀分局、晋察冀边区政府号召边区党、军队和全体人民组织起来，开展群众性的大生产运动。晋察冀边区军民响应政府号召，利用战斗间隙，一手拿枪，一手拿锄头，开展了轰轰烈烈的大生产运动。

1944 年大生产运动主要在北岳区进行。1 月 16 日至 24 日，边区政府联合边区抗联会召开了扩大的经济会议。宋劭文主任作了《开展 1944 年的大生产运动和对敌经济斗争》的报告。代表们就开展边区大生产运动进行了热烈的讨论，取得了一致认识。这次会议成为北岳区广泛开展大生产运动的动员大会，会后边区军民大生产运动全面展开。1944 年北岳区的生产任务是：“不荒一亩熟地，保持去年的生产水平”，在巩固区及游击根据地有劳动力的人中要做到有 1/10 组织为拨工队、变工队；在游击区，要把农业生产与反抓夫、反抢粮、反勒索等对敌斗争结合起来。为此，北岳区成立了各级生产委员会，并采取互助合作的形式，组织群众成立拨工队、变工队，广泛制定家庭生产计划以确保生产的正常进行。

边区大生产运动的最大特点就是组织起来，村与村、组与组，甚至父与子都相互提出竞赛条件，掀起生产竞赛的热潮。在靠近敌人据点的村庄，拨工队白天耕地，夜晚埋地雷，一直埋到敌人炮楼底下的通道上。他们还定了联村作战制度，普遍设岗哨，敌人出来，就放下农具拿起枪，拨工队立刻变成了民兵小分队。除了拨工外，边区政府还大力提倡农业技术，兴修水利，锄三遍，除虫害，浸种选种，造肥等，凡是能增加农民收入的，如织布、纺线、喂猪、养鸡等家庭副业及运输业、手工业等，边区政府也都给予支持和帮助。在各级政府和抗联的领导下，群众广泛制定户计划，召开家庭会议，组织拨工队。春耕期间，边区政府还针对群众普遍缺乏农具、种子、肥料、耕畜的困难，贷粮 1.8 万石，贷款 2000 万元，赈粮 900 石，提高了群众的生产能力。根据毛泽东关于“组织起来”的方针，群众组成各种形式的拨工队，实行劳动互助。据不完全统计，冀西、晋东北 26 个县组织拨工队共 3.85 万多个，参加者 23 万人，占总劳动力的 28.1%，超过了经济会议组织劳动力 10%的要求。由于组织起来实行互助劳动，提高了生产效率 30%左右。平山县女劳动英雄戎冠秀一家，由于制定了全年生产计划，并与拨工结合，全年得粮 24.58 石，比 1943 年多打粮 9.93 石；菜收入 7340 斤，超过 1943 年 5530 斤；造肥共 2030 石，超过计划 3000 斤草；开荒 21.5 亩，超过计划 11.5 亩；新修水池地 6.4 亩，超过计划 2 倍；合作社入股 1100 元。

为了切实保障生产，边区政府制定、颁布了一系列规定和政策，例如，春耕期间，晋察冀边区行政委员会、军区司令部、北岳区人民武装部联合通令，"严格取缔非法动员与浪费勤务的现象"。边区行政委员会还发布布告，禁止军队、工作人员和人民"走麦田小道及田地小道"，"禁止机关部队牲口啃吃树皮，……机关部队牲畜及人民家畜践踏吃毁他人禾苗者，照价赔偿"，禁止偷盗他人粪肥、瓜菜。5 月 7 日，边区行政委员会及边区参议会驻会办事处又联合作出减征公粮的决定，受到群众的热烈欢迎。各地还在大生产运动期间，深入贯彻执行了减租减息、保障农民佃权的土地政策，调动了广大农民生产的积极性、创造性。

通过大生产运动，全边区呈现出朝气蓬勃的新气象。北岳区扩大耕地 53 万多亩，旱地改水田 11 万多亩，粮食产量普遍超过上年，据 42 个先进村的统计，比 1943 年增产 43%。晋察冀边区的大生产运动受到了毛泽东的高度评价。毛泽东于 1945 年 1 月 31 日为延安《解放日报》撰写了《游击区也能够进行生产》的社论，以晋察冀边区为例说明"游击区也能够进行生产"。社论指出，在游击区，在"敌后之敌后"，是否也能够发动军民进行生产运动的问题，"在许多人的思想中，还是没有解决的，这是因为还缺少证明的缘故"。"晋察冀边区的许多游击区内，已于 1944 年进行了大规模的生产，并且收到了极好的成绩。"说明"游击区能够和必须进行大规模的生产运动"①。

* **晋察冀边区召开经济工作会议（1 月 16 日至 24 日）**　为响应党中央的号召，进一步部署开展大生产运动的相关工作，边区政府和边区抗联会于 1 月 16 日至 24 日召开了扩大的经济会议。晋察冀边区行政委员会、边区抗联会、边区

---

① 毛泽东著：《毛泽东选集》第三卷，人民出版社 1991 年版，第 1021—1023 页。

参议会的主要领导，各专署、县的专员、县长、抗联会主任、实业科长，以及军区司令部的部分干部出席了会议。宋劭文作了《开展 1944 年的大生产运动与对敌经济斗争》的报告。报告指出，去年秋季的反“扫荡”战，在党政军民积极斗争之下是胜利了，反“扫荡”战一般是把武装斗争、经济斗争、政治攻势结合起来进行的。可是我们也付出了很大的代价，人力、畜力、农具的损失很不小，公私粮食、衣物被抢被烧的也有相当数量，房屋被烧被毁的也不少。这些都严重威胁着人民的生活且影响着政府的财政。开展大生产运动，有效地开展对敌经济斗争，动员全边区的党、政、军、学、团体，动员全边区的人民，一面战斗，一面生产，战争与生产密切结合，保持去年的农业生产水平，保证不发生一亩熟荒，冲破敌人的封锁，开辟新的贸易路线，尖锐有效地进行对敌经济斗争，活跃边区运销事业，保证军需与民生。这就是我们摆脱相持阶段最后一年困难局面的总的任务。① 与会代表就开展边区大生产运动进行了热烈的讨论，并取得了一致认识。

会议决定动员和组织党政军及全体人民，以大生产（主要是农业、副业）运动为主，大运销运动为辅，深入开展群众性的生产运动，克服边区财政经济困难，保障军需民食及抗日供给。会议认为，开展这场运动的最主要形式是合作社，即在劳动互助上、在群众运输上、在农业再生产物品的供给上、在机关部队的生产工作上等，都要尽量开展合作运动。通过合作社组织的力量，把战争与经济工作结合起来，克服困难，准备反攻的力量。会议还决定，设立各级生产委员会，作为大生产运动的统一领导机构。

会上，中共中央晋察冀分局副书记刘澜涛作了重要讲话。阜平县模范区干部安有成介绍了带领群众开展生产的经验，指出要做到有 1/10 组织为拨工队、变工队；在游击区，要把农业生产与反抓夫、反抢粮、反勒索等对敌斗争结合起来。最后，杨耕田号召大家要响应毛泽东主席的号召，把边区的一切劳动力“组织起来”。为此，北岳区成立了各级生产委员会，并采取互助合作的形式，组织群众成立拨工队、变工队，广泛制定家庭生产计划以确保生产的正常进行。

晋察冀分局、边委会确定边区 1944 年的中心任务（1 月 20 日、2 月 4 日）

---

① 参见魏宏运主编《抗日战争时期晋察冀边区财政经济史资料选编（工商合作编）》，南开大学出版社 1984 年版，第 442—458 页。

根据中共中央的指示和部署，中共中央晋察冀分局于1月20日发出《关于一九四四年工作方针及任务的指示》，指出这一年应将强化对敌斗争，开展全年大生产运动，贯彻完成整风，强化时事教育作为边区党的中心任务。① 为此，中共中央晋察冀分局宣传部于1月31日发出《关于一九四四年宣传工作方针与任务的指示》，指出，在党内外广泛深入地宣传毛泽东同志的思想，使全党彻底团结在毛泽东思想的指导下，从思想上政治上组织上进一步巩固与加强党政军民团结，粉碎敌伪国特的挑拨离间，巩固与发展群众优势与政治优势，猛烈地开展对敌政治攻势，配合武装斗争，向“敌后之敌后”前进，与各种斗争相结合，生长积聚力量，克服困难，准备反攻，迎接胜利。② 根据晋察冀分局的指示，2月14日，晋察冀边区行政委员会发出《对一九四四年边区形势与政府工作方针的决定》，指出1944年政府的工作方针是：团结全民，进一步建设民主政治，积极摧毁瓦解敌伪政权，具体地组织领导大生产与对敌经济斗争，巩固与扩大经济阵地，建设游击区，高度发展抗日民主政府的效能，认真做到以绝大力量解决群众的切身问题，以极小力量用在向群众动员人力物力上。实现这一方针的关键，在于深入整风，改进领导，贯彻简政，肃清官僚主义，建立干部的坚强群众观点，进一步发动与组织广大群众。

李运昌提出冀东1944年的中心任务（1月29日） 冀东军分区营县以上干部于1月29日召开同乐会，军分区司令员李运昌出席并作了新年致辞。他总结了冀东1943年对日伪斗争情况之后，分析了形势，提出在新的一年，冀中的中心任务是提高战斗力，进行军事建设，坚决打击敌人；在政权建设上，要开展民主运动，加强时事和国民教育，进一步关心群众利益，搞好拥军和拥政爱民工作。

兴隆县成功村惨案（1月） 成功村，位于兴隆县东北部蘑菇峪乡境内，这里深沟险壑，巍巍群山，是通往五指山抗日根据地的西大门，也是五凤楼山的南侧、黑河的源头。该村原名柳树洼，人们盼望抗日早日成功，便更名为成功村。1月20日，李国讨伐队、朱盛讨伐队500余人包围了成功村。日伪军在雪

---

① 参见中央档案馆编《中共中央文件选集（1943—1944）》，中共中央党校出版社1992年版，第156页。

② 参见晋察冀边区革命史编纂委员会编《晋察冀边区革命史编年》，河北人民出版社2007年版，第633页。

地里跟踪抓捕群众 33 人。在行进途中，33 人除 1 人跳下山崖，身负重伤，劫后余生，1 人逃跑幸免于难外，其余 31 人全部遇难。

北岳区部队主动出击（1 月至 5 月） 根据晋察冀军区指示，从 1 月开始，北岳区各部队主动向敌人出击。第一军分区部队曾袭入敌人的易县坡下电灯公司，将发电厂破坏，并连续袭入蔚县上庄、涞源煤矿等重要据点。3 月 20 日，第三团侦察连化装袭击保定以西之江城据点，俘获伪军、伪工作人员 110 人。第三军分区部队向完县出击，作战 14 次，逼退西朝阳、玉山店等据点 8 个，毙伤日伪军 130 余人。第四军分区部队于 5 月 2 日在行唐沟里设伏，全歼伪绥靖军第十五团 120 余人，俘获伪团长以下 47 人，并接连攻克和逼退东昆、孟耳庄、口头等据点 20 余个。第十一军分区部队攻入门头沟西北的大台煤矿，击毙伪警备司令，并在妙峰山地区恢复了一些村庄，党政工作又重新深入被敌“蚕食”的涿县、涞水、房山等地区。平北支队攻克和逼退孙河、牛栏山等据点 20 余个，平毁了延庆川至四海间之封锁沟。与此同时，北岳区第一、二专区开展的反“清剿”斗争也取得了胜利。1 月至 5 月，北岳区部队共攻克、逼退敌人据点 358 个，连接、扩大和发展了根据地。

***北岳区第一、二专区反“清剿”（1 月至 2 月上中旬）** 由于日军陆续抽调兵力参加太平洋地区的战争，驻晋察冀边区周围各地的兵力严重不足，敌人把“清剿”的重点转到各游击根据地上，并把山西省平定县定为“剿共重点县”之一，在各地建立公开或秘密的“剿共委员会”，组织武装“清剿”队，在各据点周围实行“清剿”，同时配以奔袭合击。在各级党委的领导下，北岳区第一、二专区部队、民兵、游击队坚决打击各地日伪“清剿”队，充分发挥地雷战、游击战的威力，毙伤大批出动“清剿”的日伪军。同时，抓住有利时机，主动出击歼敌，攻克日伪据点。1 月，二分区河北地区队“引蛇出洞”，在崞县（东）野庄与贾庄间全歼野庄据点日军 20 余人；袭击代县神头、中解口据点。盂（县）寿（阳）支队在寿东一、二区区小队的配合下，夜袭寿东宗艾镇，捣毁伪警察所，火烧伪合作社，俘伪警察多人。2 月上中旬，各部分别攻克、逼退代县、繁峙、应县的一批据点。

2 月

冀中军民对敌发起春季攻势（2 月初至 4 月底） 遵照晋察冀军区的指示，

冀中军区第六、第七、第八、第九军分区从2月开始开展了以拔除敌人守备薄弱、“内线”力量较强的据点为主要内容的春季攻势（亦称“摧碉战役”）。各专区、县、区党政军民积极动员，组织人力、物力支援部队，攻克、逼退了一大批据点和碉堡，填平了一批封锁沟，使不少地区的两面政权变成一面抗日政权。六分区：在赵（县）元（氏）宁（晋）地区攻克了大诰铺据点，逼退了沙河据点，攻克了赵县东北大马圈等7座碉堡；在新河县攻克、逼退了4处点碉，打开了赵（县）元（氏）宁（晋）县的局面；在宁晋县攻克东曹固、北侯庄据点；在束（鹿）冀（县）县攻克、逼退了文朗口、堤北桥、翰林庄、宋家庄和王口等处点碉。七分区：攻克无极县北苏、博野县凤凰堡、安平县南寨等点碉；定南县大队五战五捷，克怀德营、张谦等5处点碉。八分区：在饶阳县攻克大官亭、留楚据点；在河间县连克前申鲁、念祖桥据点，逼退康宁屯、西丁坊、三十里铺等点碉；在任河县和建国县攻克、逼退了史村、唐庄、张庄、北老生、李台庄、河少、留念、张村、西靠等据点；在献县攻克李谢桥据点，断敌滏阳河之水上运输。九分区：继1月攻势后，又在任丘县攻克、逼退敌点碉19处；在蠡县攻克南许、刘铭庄据点；袭入保定南关和肃宁县城；在徐水、容城数次伏歼“扫荡”之敌，均获胜。据统计，从2月初至4月底，在近3个月中，冀中军民共攻克、逼退敌人据点、碉堡519个（座），使敌人在冀中的据点、碉堡由1943年的1082个（座）减至563个（座）。冀中区根据地恢复到1942年五一反“扫荡”之前的局面。

***轻取无极北苏炮楼（2月）** 2月某日夜间，中共晋（州）深（泽）（无）极县委敌工部赫英和第三十二地区队特派员齐志诚，带3名侦查员进入北苏据点岗楼附近，同内线关系伪小队长杨志洪商妥，杨志洪率小队投诚，决定第二天夜间行动。届时第三连秘密埋伏在碉堡附近，副连长马明久带手枪队上了碉堡，按照原定计划，未响一枪，伪军1个小队全部投诚，我军缴获据点内的全部武器和物资。

晋察冀分局加强党报工作（2月3日） 随着晋察冀抗日根据地形势不断好转，边区新闻出版事业逐渐恢复并得到很大发展。在这一环境下，中共中央晋察冀分局加强了对党报的领导工作。分局宣传部于1月30日将实行“全党办报”列为当年宣传工作的重要内容。2月3日，分局专门作出《关于党报工作的指示》，要求各级党委应下达此指示精神于全党全军。该文件一开头就指明：

“1944 年分局宣传工作的方针与任务，也就是党报的方针与任务，应在党报工作人员及通讯员中进行深入的教育，求得贯通了解，在党报工作中贯彻执行。”“党给予党报的任务是艰巨的，绝不是少数报社工作人员及通讯员所能完成，也不应只是交给他们去完成。必须实行列宁、斯大林和毛泽东同志一再教导我们的‘全党办报’的方针。把党报办好是全党的业务。全党在执行每一工作任务时，都必须把党报当作一个不可缺少的武器，充分利用党报指导工作，总结和交流经验，反映与指导群众斗争。而帮助党报克服困难，为党报写文章写通讯，扩大发行网，组织读报，向党报提出改进意见，更是每个党员的光荣义务。”为了保证党报刊登稿件的正确性与真实性，文件还规定“未经分局宣传部审查的重要稿件，报社不登”，要求各级党委党团要“认真负责审查通讯稿件，凡未经党委或行政负责人（如县长、抗联主任）签字盖章的稿件，分局宣传部一律退回”。主要审查的内容：一是稿件的正确性，即“是否违反党的政策，是否暴露秘密，是否确实值得在党报表扬”；二是稿件的真实性，即“是否夸大，民兵战果是否多报”①。

冀热辽部队攻克宁城重镇（2 月 6 日）　宁城是热河中部的重镇，1933 年 3 月 2 日沦陷后，整个热河地区全部被日军占领。日本侵略者为割断八路军与热河群众的联系，制造了“无人区”。1944 年初，冀热辽部队遵照晋察冀军区和分区的部署，积极向伪满境内热河、辽宁地区伸展。2 月 6 日，在锦（州）热（河）路北承（德）平（泉）宁（城）地区的冀热边军区第三地区队队长高桥的带领下，经过周密侦察和精心部署，袭击并攻克了宁城重镇，消灭伪军 50 余人，缴获一批武器及大量的物资，打击了日伪军的嚣张气焰，使热河敌伪大为震惊。此战，受到了晋察冀军区的嘉奖，延安《解放日报》在头版显著位置，以《祖国国旗飘扬东北，八路军攻入热河宁城》大字标题刊登报道，新华社也播发了电讯。

晋察冀边区召开第一届群英大会（2 月 10 日至 14 日）　在晋察冀边区拥政爱民和拥军优抗群众运动高涨之际，根据中共中央晋察冀分局的决定，为总结北岳区 1943 年反“扫荡”中战斗英雄、劳动模范及先进工作者的模范事迹和经

① 《晋察冀抗日根据地》史料丛书编审委员会、中央档案馆编：《晋察冀抗日根据地》第一册（文献选编下），中共党史资料出版社 1989 年版，第 903—904 页。

验，发扬革命英雄主义精神，1944 年 2 月 10 日至 14 日，晋察冀边区党政军民在阜平联合召开了晋察冀边区第一届群英大会。

由于冀中、冀东和平北根据地被敌人分割，交通不便，故只有北岳区的代表参加大会。北岳区评选出 104 名英雄模范，因部分人在医院养伤，实际到会者有 70 余人。程子华、刘澜涛、朱良才、宋劭文、成仿吾、杨耕田等边区各界领导出席了大会。宋劭文致开幕词。他说，这次群英大会，在边区史上还是第一次，开这个会的意义，是为了把边区很好地组织起来，打日本、种庄稼。他要求诸位英雄模范把打日本、种庄稼等一切好的办法讲出来，并表示边区党政军民领导机关要向大家虚心学习。大会期间，战斗英雄、战斗模范交流了在 1943 年反“扫荡”中的英雄事迹和战斗经验。李勇、邓世军、戎冠秀等许多英模作了典型报告。中共中央晋察冀分局、晋察冀边区政府、军区和抗联共同决定，授予邓世军为“晋察冀边区子弟兵战斗英雄”、李勇为“晋察冀边区爆炸英雄”、李殿冰为“边区神枪手”、戎冠秀为“北岳区拥军模范——子弟兵的母亲”、崔洛唐为“北岳区拥军模范——子弟兵的大哥”光荣称号。程子华在大会闭幕式上发表了重要讲话。大会号召全边区党政军民学要进一步团结起来，自己动手，克服困难，战斗英雄要争取做劳动英雄，劳动英雄要争取做战斗英雄。代表们共同宣誓：“一面打仗，又一面生产，拥政爱民，拥军优抗。”

大会一致通过了《晋察冀北岳区战斗英雄暨战斗模范大会宣言》和致毛泽东主席及朱德、彭德怀总、副司令电。该宣言庄严宣告：“我们是边区的主人，是边区的战斗英雄和模范，我们有着最大的决心和信心，一定要战胜困难，战胜敌人。”在世界反法西斯战争大变化的形势下，希望全边区的乡亲和同志们，参加到革命战斗的大竞赛里来，努力奋斗，也做战斗英雄和战斗模范，“把生产和战斗结合起来，多打粮食，多打胜仗，打倒日本法西斯强盗！”①

为了以反“扫荡”中涌现出的战斗英雄与战斗模范的英雄事迹教育干部、党员和群众，2 月 15 日，中共中央晋察冀分局作出《关于扩大边区战斗英雄、战斗模范大会宣传的指示》，总结了这次盛会在政治上的成就，向边区党政军民提出了新的任务，即广泛宣传边区战斗英雄、战斗模范的事迹。根据这一指示，《晋察冀日报》连续发表了边区战斗英雄、战斗模范大会的事迹材料和边区党政

---

① 政协河北省委员会编：《晋察冀抗日根据地史料汇编》中，河北人民出版社 2015 年版，第 1749 页。

军负责干部的讲话，掀起了一个向英雄模范学习的浪潮。各地把这种宣传与1944年的各项任务（强化对敌斗争、开展全年大生产运动、贯彻整风、强化时事教育），特别是与大生产运动密切结合起来，使这一活动成为边区夺取抗战胜利的一次深刻的思想动员运动。

晋察冀边区第一届群英大会的召开，使广大党员、干部和群众受到了爱国主义和革命英雄主义的深刻教育，大会充满了革命竞赛和团结向上的热烈气氛，与春节期间的拥政爱民、拥军优抗运动彼此呼应，成为深入动员和广泛发动边区党政军民做好各项工作的又一个推动力。

晋察冀边区文联召开第三次代表大会（2月15日） 2月15日，边区文联举行第三次代表大会，出席会议的有沙可夫、冯宿海、张春桥、周巍峙、王纪新、丁里、崔嵬等人，会议根据毛泽东《在延安文艺座谈会上的讲话》精神，确定1944年文联的工作方针和主要任务是：（一）宣传贯彻毛泽东思想；（二）继续贯彻与完成整风，彻底克服艺术至上主义倾向；（三）开展文艺普及运动，使文艺进一步为政治服务；（四）在猛烈开展对敌政治攻势中，更大地发挥文艺的战斗作用；（五）在开展大生产运动中，不仅要以文艺作品鼓舞群众生产情绪，反映群众生产运动，而且要亲自参加到生产运动中去，加强生产知识的学习，增强劳动观念，改造思想意识。大会要求各剧团迅速总结拥政爱民和拥军运动、下乡和艺术活动经验，制定政治时事教育计划，组织文艺工作者写边区战斗英雄、劳动模范传记和战斗生产经验，并决定文联不再设专门机构，与抗联宣传部合并。文联对边区文艺的领导主要为思想领导，重点是文艺整风。此后，边区基本上不再举办有组织的大型文艺活动。会议后，边区文联机关正式撤销，边区文学、音乐、美术、戏剧等协会的人员都分散下乡或到各县、区宣传出版机关、各剧社等基层工作，其中心任务为培养广大工农兵通讯员，巩固和发展各地的文艺小组，开展街头、集市、庙会文艺活动，编辑出版通俗文艺刊物。同时，广大文艺工作者也纷纷下乡和入伍，深入生活实际和工农兵群众，有力地推动了乡村基层文艺运动的发展。

晋察冀分局接办党内刊物《战线》（2月20日） 根据中共中央晋察冀分局指示，北岳区党委于1943年8月撤销，作为区党委机关刊物的《战线》出版了115期后停刊。1944年2月20日，中共中央晋察冀分局发出通知，北岳区原党委出版的党内刊物《战线》，自116期起，由晋察冀分局接办，作为分局党刊继续出版。《战线》为32开，半月刊，油印、秘密刊物。作为分局党刊，其加强了各地的关系，强化了党刊对各地的指导和影响，要求各级党的领导干部和领导机关除了必须阅读、讨论和执行外，要积极地为《战线》撰稿，搜集各方面的意见和建议，随时向分局反映，并以此作为检验各地工作成绩的重要标准之一。1945年6月15日，晋察冀分局二月高干会议决定将《战线》改为月刊，每月15日出版，但没有持续多长时间，《战线》就随着中共中央晋察冀分局结束而停刊。《战线》从创办到结束共出刊121期。

晋察冀边区党政军群机关生产负责人召开联席会议（2月23日） 2月23日，中共中央晋察冀分局、晋察冀边区行政委员会、军区司令部政治部和边区抗联会等各机关生产负责人举行联席会议，会议由姚依林主持。各单位汇报了本机关生产进行情况，交换了经验和意见，如分局机关的手工业非常活跃，种类达10余种，特别是卷烟组已有50多人参加；边区政府组织了运输小组；军区政治部抓积肥；等等。联席会还研究了有关生产的方针政策问题，大家一致认为机关生产应切实掌握“以农为主”的原则，生产应与节约结合，但节约不能代替生产的任务。会议进一步推动了机关的生产工作。

冀热边行署召开拥军大会（2月25日） 1943年底，随着整风运动逐步开展，冀热边特委和行署发出《关于发动拥政爱民、拥军优抗的指示》，指出：“这项工作是中央十大政策之一，是一个长期思想教育过程。”要求各地在党和政府的领导下，积极开展此项工作。为扩大宣传，掀起“拥军优抗”热潮，冀热边行署于1944年2月25日在迁（安）遵（化）兴（隆）联合县境内三屯营召开了冀热边区拥军大会，军政民各界2.5万人参加。李运昌、李楚离、朱其文等边区党政军负责人出席了会议，并作了重要讲话。大会隆重热烈，当场有83名青年报名参加了八路军。大会给毛泽东、朱德、彭德怀发了致敬电。此次大会之后，各地也相继开展“拥政爱民、拥军优抗”活动。

冀热边特委决定逐步实施减租减息和合理负担政策（2月） 2月，中共冀热边特委决定，随着基层党政组织得到改造的有利形势，在较稳固区逐步实施减租减息和合理负担政策。冀热边行署随机颁布了《土地政策条例》，调整了合理负担细则。减租运动是在反“扫荡”的间隙进行的，减租方式也比较和缓，除个别顽固对抗者，由群众说理、政府仲裁外，一般不采取群众斗争办法。到1944年底，在基本区内，半数以上村庄实施了减租减息及合理负担政策，初步改善了农民生活，并普遍建立了农会组织。

3 月

晋察冀边区行政委员会作出调整银行业务的决定（3 月 4 日） 由于敌后抗战形势的变化，银行原有组织形式不适合根据地的发展，晋察冀边区行政委员会于 3 月 4 日作出《为加强对敌货币斗争而调整银行业务组织的决定》。文件指出："六年来，边区银行在对敌货币斗争上，在调剂边区金融上，在扶植生产贸易以及协助财政工作上，都起了很大作用。但由于敌后形势的变化，巩固区不断缩小，游击性更是增加，在此斗争频繁的十分分散的农村中，银行普遍设立组织既不可能，而货币斗争又必须通过贸易进行。因此决定将银行之业务组织加以调整，把银行方面能进行货币斗争的干部抽调到商店里去，使金融与贸易密切结合起来，以加强对敌货币斗争。"①

雁北举行生产动员大会（3 月 6 日至 8 日） 晋察冀边区第一次群英大会后，雁北专区隆重举行生产动员大会，驻军、专署、各群众团体领导干部和灵丘县群众数千人到会。军分区政委罗元发、专员李涛等为机关、部队、群众中的战斗英雄、劳动模范戴上了红花，发了奖品。模范劳动者刘凤、民兵英雄刘文斌、部队战斗英雄秦梦兰等在大会上发了言，介绍了个人今后的生产计划和努力方向。这次大会至 3 月 8 日结束，对雁北地区的生产建设事业起到了积极的推动作用。

平西地委、平北地分委召开扩大干部会议（3 月 8 日） 为了总结 1943 年工作，确定 1944 年工作方向，中共平西地委、平北地分委于 3 月 8 日分别召开了扩大干部会议。平西地委确定了 1944 年的发展方向是：在"争取察南 10 县基本全归我所有的方针下，大力向宣化、怀安挺进"②。要求各武装力量和民兵有计划地向日伪军展开更大规模的作战攻势。平北地分委扩大干部会议于 3 月 14 日结束，会议总结了 1943 年平北工作的经验，确定了根据地 1944 年的总任务，即主要抓农业生产，增加粮食产量，减少因敌人掠夺造成的损失；各部队、机

---

① 魏宏运主编：《抗日战争时期晋察冀边区财政经济史资料选编（财政金融编）》，南开大学出版社 1984 年版，第 725—726 页。

② 中共张家口市委党史研究室编：《中共张家口地方史》第一卷，中共党史出版社 2001 年版，第 233 页。

关除帮助群众春耕外，各伙食单位要达到自行生产1个月到3个月菜蔬的目标；发展根据地内的合作事业，加强对贸易工作的领导，以调剂民生；对部队、机关的生产规定统一办法；要进一步严格财政制度，厉行节约，肃清浪费和贪污现象。中共平西地委、平北地分委扩大干部会议的召开，对于大刀阔斧地发动群众，巩固、扩大、发展根据地有着极其重要的作用。

张村营、三十里铺战斗（3月上旬） 3月上旬，冀中第二十四团与蠡县大队，在张村和张村营伏击日伪军，歼敌一部后，大队总支书记刘继仁率四分队到张村营与三连商议撤退之事时，被蠡县、博野、高阳的日伪军包围，最后日伪军施放毒气。在这次战斗中，边区部队指战员有100余人牺牲，击毙日伪军100余人，叛徒姚林被打死。张村营战斗后，第九军分区决定调集力量，继续打击日伪军。3月下旬，第四十二地区队得到河间伪军1000余名到河间东北一带“扫荡”的情报后，连夜派急行军在河间城北三十里铺设伏。日伪军进入伏击圈后，边区部队发起冲锋将其拦腰截断，当场毙伤伪军300余人，俘虏30余人，缴获轻机枪2挺、长短枪300余支、自行车20余辆。接着，又攻克任（丘）河（间）公路上石门桥据点，全歼伪军1个大队，缴获机枪1挺、步枪100余支。

晋察冀边区司法工作会议召开（3月13日至23日） 晋察冀边区行政委员会于3月13日至23日召开司法会议。这是全边区司法工作的一次空前盛会，也是边区司法系统的一次整风会议。边区高等法院和分院的全体干部、各专区法庭的推事、各县司法处审判官全部出席了会议。会议以座谈的方式进行，对边区6年来的司法工作作了全面总结，清算了司法人员中存在的强调“司法独立”“脱离政治”的倾向和在家坐等群众上门打官司等脱离群众的官僚主义和主观主义作风，进一步加强了群众观念，介绍了司法工作的先进经验。会上，边区高级法院院长王斐然作工作报告，对司法工作的基本认识、6年来边区司法工作的基本估计、今后工作的方向和重点进行了具体介绍。宋劭文在会上作总结报告，他指出：“我们的政权是一切抗日人民的政权，各阶级阶层人民只要是抗日的，他们的意志就都由抗日政权表现出来。”“我们的法是从人民中来，到人民中去的，我们的行政、司法，也是从人民中来，再到人民中去的，是为一切抗日人民服务的，我们就通过这样的法，来建设抗日民主社会秩序。”①

为贯彻执行边区司法工作会议精神，晋察冀边区行政委员会于 5 月 31 日颁发了《关于改进司法制度的决定》，指出，其目的是“使司法工作进一步为群众服务，建立与加强司法干部的群众观点，彻底打破‘民不举，官不究’‘明公断案’等传统思想，树立司法工作的调查研究、实事求是的大众化的民主作风”②。文件着重强调：（一）建立健全高等法院、各分院及专署法庭对基层司法工作的定期、不定期的巡视和巡回就审制度；（二）通过县司法处巡回就审加强对广大区村调解工作的指导和帮助，使其进一步健全和完善发展；（三）加强高等法院各专署法庭的二审对县司法处一审的指导和联系；（四）加强司法工作与政府各部门工作的联系，建立由各级政府行政首长主持的、政府各有关部门负责人参加的各级“审判检查会议”，以督促审判工作更好地执行边区政府的法令。从此，边区的司法工作作风有了很大的转变，广大司法干部深入乡村、深入田间地头，走门串户，进行调查研究和说服教育，受到边区广大群众的热烈拥护。边区司法工作的加强和完善，保障了边区抗日民族统一战线社会秩序的巩固和发展，为夺取抗战最后胜利发挥了重要作用。

晋察冀边区行政委员会补充统累税政策鼓励生产（3 月 15 日） 为了进一步调动广大人民群众的生产积极性，晋察冀边区行政委员会于 3 月 15 日对原有的统累税则作了补充，除原有规定外，决定：（一）因生产积极、生产方式改变、土地改良（如旱地变水地等）增加产量者，统累税征收一律按原产量不变；（二）经营水利之收入，按纯收入计算，不予征税；（三）药铺收入，以人力、畜力运输所得收入，及非专门经营的纺织业收入均免税；（四）灾区灾民在受灾期间（地区和时间由专区具体确定）办理运销所得收入免税。

攻克江城据点（3 月 20 日） 3 月 20 日，驻满城日伪军 500 人，合击北岳区部队第三团驻地大坎下等村庄。北岳区八路军部队一个连乘日伪军后方空虚的有利时机，在数千名民兵的积极配合下，化装奔袭距离保定只有 9 公里的满城县江城据点，取得重大胜利。此次战斗，除攻克江城镇外，还攻克、逼退其他点碉 100 多处，共击毙日军 4 名、伪军数十名，俘虏伪军、伪组织人员 120

---

① 政协河北省委员会编：《晋察冀抗日根据地史料汇编》中，河北人民出版社 2015 年版，第 1830—1831 页。

② 政协河北省委员会编：《晋察冀抗日根据地史料汇编》中，河北人民出版社 2015 年版，第 1840 页。

余名。

晋察冀边区行政委员会调整北岳区出入口贸易工作（3 月 20 日） 为畅通物资交流，便利商民，晋察冀边区行政委员会于 3 月 20 日发出《关于变更北岳区出入口贸易的决定》。变更内容为：（一）凡出口货物，除金属原料、金属器具、硝磺、羊毛（成品在外）、植物油及油类作物（花生、大麻子、核桃、青籽）禁止出口，大米、小麦由政府专卖出口外，其余一律免税自由出口；（二）凡入口货物，除纸、烟、酒、香皂、烧纸锡箔禁止入口及在市场买卖外，其余一律准予免税入口，自由买卖；（三）以上两项禁止出入口之货物，如有违犯，除将货物没收外，并根据情节轻重由政府依法惩处。

冀东区春季反"扫荡"（3 月 24 日） 日伪军 1943 年冬季对冀东的"扫荡"被击退之后，又调集大批兵力于 1944 年春季进行"扫荡"，企图破坏共产党组织，掠夺粮食，抓捕青壮年，阻挠春耕生产，对抗日根据地进行彻底破坏。针对这一情况，3 月 24 日，中共冀热边特委发出《关于春季反"扫荡"的指示》，提出反"扫荡"的任务是以加强武装斗争，抓紧春耕，坚壁空舍与打击敌人，保存力量为中心，号召冀热边军民紧急动员起来，作好一切准备，以便胜利地进行反"扫荡"斗争。此后，冀东区抗日军民开展了春季反"扫荡"斗争。冀东八路军在取得了蚩山战斗的胜利后，又巧取遵化县山里各庄伪军据点。4 月底，在丰润县西北高丽铺设伏，拦截敌人运送给养的车队，缴获一批物资。战斗在北宁铁路以南的八路军第一地区队在乐亭县的葛代坨、任各庄、东西沙窝一带伏击敌人。6 月 1 日至 13 日，日伪军 1.7 万余人对冀热边区的迁（安）滦（县）丰（润）、迁（安）遵（化）兴（隆）、丰（润）玉（田）遵（化）、承（德）兴（隆）密（云）、丰（润）玉（田）宁（河）和北宁铁路以南地区，又一次进行"扫荡"，搜索八路军主力和冀东党政军领导机关。八路军主力与各县基干队、区游击队和民兵，在广大人民群众的支持下，灵活运用游击战术，一面掩护各级党政领导机关转移，一面袭扰打击"扫荡"之敌。经过积极作战，粉碎了日军的企图。

***蚩山战斗（3 月 29 日）** 3 月 29 日拂晓，正在卢龙县南部地区组织群众坚壁空舍的第八地区队两个连和一个教导队，被千余名日伪军合围，部队立即向附近的蚩山转移。此刻，迁（安）卢（龙）抚（宁）昌（黎）联合县党政机关干部和千余名群众，也向蚩山转移过来。第八地区队为掩护地方党政机关和

群众，在萤山主峰设防进行狙击防守。上午 8 时战斗打响，第八地区队指战员顽强作战，连续打退日伪军 3 次进攻，战斗一直持续到傍晚 6 时 30 分。最终，日伪军因不善夜战而停止进攻。第八地区队顺利掩护党政机关和群众转移。此次战斗八路军以伤 17 人、牺牲 13 人的代价取得了歼灭日伪军 200 余人的胜利，重挫驻滦东日伪的士气。

冀热边开展打击“北特警”战役（3 月 24 日至 6 月） “北特警”是日本华北方面军一支以经过专业侦察训练的特工人员为骨干，配有现代侦察设备，且能进行作战的，“具有特殊专门能力”的特种部队。“北特警”的存在，给冀热边抗日游击根据地带来极大威胁。为有效打击这一组织对根据地的骚扰和“蚕食”，中共冀热边特委于 3 月 24 日发出指示，要求各地区加强锄奸反特斗争，指出：“对于一切宪兵与坏特务，必须坚决镇压，严厉打击。”“反敌宪特务的斗争，是反‘扫荡’斗争的一个重要环节。”① 强调在锄奸反特斗争中，要党政军民总动员，特别要紧紧地依靠广大群众，在群众中进行宣传教育，以揭露和孤立敌人，摧毁宪兵活动的社会基础，分化瓦解其组织，彻底粉碎宪特活动。中共冀热边特委还制定了《关于如何执行党在锄奸工作中的宽大政策的决定》和《处理敌特国特的一些基本政策》，指出在锄奸工作中要区别对待：罪恶昭著的职业特务，坚决打击；对一般的“座探”“行探”则本着“少捉不杀，治病救人，抢救失足者”的宽大政策分化瓦解。根据特委指示，各地区专门抽出一部分主力部队化整为零，配合地方武装和民兵编成“飞行狙击组”“夜袭组”，专门打击宪兵特务，并采取围困据点，封锁消息，发动群众打击特务分子活动等措施，堵塞特务耳目。军分区提出“打死 1 个宪兵等于打死 3 个日军，等于消灭 1 个班伪军”的口号，展开打宪兵特务的竞赛。整个斗争贯彻了依靠群众的方针，不断取得杀伤宪特的胜利。八路军第一地区队第二连于 2 月 15 日在滦县南部魏各庄设伏，将出扰的“北特警”和伪军 130 多人全部歼灭。3 月底，第八地区队在迁安县至滦县公路上的杨家崖伏击日本宪兵队和伪军。4 月上旬，迁（安）遵（化）青（龙）联合县民兵连续在建昌营、高各庄等地镇压 3 名罪大恶极的汉奸、特务，对公开或隐蔽从事日伪工作的人震慑很大。在打击“北特警”战役行动中，冀热边还加强了对潜藏特务的侦破，将唐山、丰润、遵化、玉田、

---

① 中共河北省委党史研究室编：《冀东武装斗争》，中共党史出版社 1994 年版，第 194 页。

昌黎、卢龙、乐亭、滦县、迁安等地的12名特务一网打尽，处决了唐山“北特警”司令部的日本女特王枫。大规模的锄奸反特斗争，给驻冀东的日本宪兵、特务和伪军警人员以沉重打击，伪军警人员纷纷反正、投诚，斩断了日军伸向根据地的魔爪。

晋察冀分局确定北岳区发展方向（3月24日） 为抓住日伪兵力薄弱的有利时机，扩大抗日根据地，3月24日，中共中央晋察冀分局发出《关于北岳区各地向外发展问题的指示》，指出，北岳区向北发展，于年内打开察南10县及平绥路以南雁北地区。第一、二军分区和雁北、平西军分区应各有重点齐头并进，二分区应以山阴为主，加强武装与工作，向北向东发展，雁北以大力向西（桑干河两岸和大同、怀仁等地）；平北应向北向东发展，使察南10县全归我有，并和平西完全联结，从而全面夹击平绥路。为加强察南、雁北接合地带的工作，弥补其空隙，分局还决定阳原、广灵及蔚县之一部（西合营、北水泉以西地带工作，具体村庄由平西提出具体意见），划归一分区，以此为阵地，逐步向北（天镇等地）发展。

晋察冀分局指示对日伪军开展新的政治攻势（3月25日） 中共中央晋察冀分局于3月25日发出《关于开展对敌伪军新的政治攻势的指示》，要求各地应根据国内国际形势的新变化，利用4月初日本樱花节和中国清明节的有利时机，多方注意民族特点，迅速展开猛烈的对敌政治攻势。各地遵照分局指示，结合春季攻势作战，普遍开展了对敌伪军的政治攻势。清明节前，冀中区各地给伪军发了“祭祖扫墓证”，规定只要清明节这天不做坏事，不管过去好坏，持此证回家祭祖，八路军一概不捉不打，并动员地方组织乘其回家对其进行说服教育，收到了很好的效果。平北根据地结合反伪蒙疆敌伪第五次“施政跃进”，开展了大规模的政治攻势。中共平北地委前后印制了10万余份各种宣传品，广为散发。在龙（关）崇（礼）赤（城）联合县，各据点里都贴上了抗日政府劝谕伪军伪组织人员悔过自新的布告，并开展了对炮楼喊话、给炮楼上课等活动。在这次政治攻势中，我军大量摧毁了伪大乡与伪保甲组织，第一次大量地没收了敌伪所发的“身份证明书”“居住证”“户口册”“门牌”等统治工具，争取与瓦解了不少伪军悔过为民，争取了部分逃亡户回到根据地，建立了不少抗日一面村政权、群众团体与抗日小学校。同时，平北地委将这次政治攻势与执行土地、劳动政策，合理负担政策及脱敌斗争相结合，如龙（关）崇（礼）宣（化）联合县开展了宣化以东、下花园以北、赵川以南的工作，60 余个村庄都交纳了抗日负担，执行土地、劳资、负担政策的村庄达 21 个，脱敌村有 17 个。平北地委还把这次政治攻势与军事斗争相配合，共攻克、逼退敌人据点 54 个。边区开展的轰轰烈烈的对敌政治攻势，有效地瓦解了伪军伪组织，促进了边区的各项建设，为争取抗战最后的胜利打下了基础。

晋察冀边区各界模范妇女大会召开（3 月 31 日至 4 月 7 日） 晋察冀边区抗联会于 3 月 31 日至 4 月 7 日举行了边区各界模范妇女大会，表彰北岳区各地新涌现出的 50 名妇女模范干部和妇女劳动英雄，并一致通过了《晋察冀边区各界模范妇女大会宣言》，号召全边区姐妹们齐努力，学习生产模范张凤龄、张小丑、刘金荣、隰志华，管家模范王世英、张树凤，拥军模范戎冠秀，参政模范梁春莲、刘玉珍，模范教员李翠珍，模范妇女干部张品，“听共产党的话，听毛主席的话，团结在妇救会的周围，用我们双手来增加生产，打败敌人”①。刘澜涛到会并作了报告。各界模范妇女表彰大会总结了边区妇女在对敌武装斗争、生产、政权建设、拥军优抗等方面的成绩和经验，鼓舞了边区妇女的士气。

耿长锁“土地合作社”诞生（春） 1943 年冀中平原遭受严重旱灾，收获无几，加之日本侵略军经常“清剿”“扫荡”，冀中抗日根据地军民生活异常艰难。饶阳县五公村村民响应党和政府“组织起来，生产度荒”的号召，在耿秀峰的倡导下，以打绳互助组为基础，于 1944 年春办起了冀中第一个合伙组，推选耿长锁为组长。其章程为：“为了发展生产，解决困难，使大家有活干、有饭吃，孩子们有书念，发扬同舟共济互助合作精神，自愿组成土地合伙组。”合伙组实行土地、资金入股。不久，合伙组发展为“土地合作组”。耿长锁合作组开始只有耿长锁、卢墨林、乔万象、李玉田 4 户，8 个男劳力，都是贫苦农民；秋后，发展到 17 户。在他们的影响下，当年全村成立了 16 个合伙组，集资 25.5 万元边币，参加户数占全村户数的 60%。土地合伙组不断发展壮大，由组到社，成绩显著，以后成了饶阳县、冀中区、河北省乃至全国生产合作社的典型，它是我国成立最早的农业生产合作社之一。

冀热边军区成立军事工业处（春） 为解决武器装备不足的问题，坚持持久抗战，冀东党组织在丰润县的潘家峪、遵化县的鲁家峪和蓟县的盘山等处兴

---

① 谢忠厚、肖银成主编：《晋察冀抗日根据地史》，改革出版社 1992 年版，第 515 页。

办小型军工厂，但由于原料缺乏，技术能力差，而且不断遭日伪军的“扫荡”摧毁，因此军工厂经常转移。即便在如此困难的条件下，军工厂仍然坚持生产，而且到1944年已经有了相当的发展。为了进一步加强冀东区的军工生产，晋察冀军区军工部按照晋察冀分局的指示，于1944年春派黄锡川等一批干部和技术人员到冀东。尔后，冀东军分区副参谋长才山带领黄锡川等人抵达滦河岸边的抗日游击根据地，建立了有一定生产规模的冀热边军区军事工业处，对外称“新华部队”，内称“材料处”，下设炸药厂，手榴弹、地雷、翻砂铸造厂，枪炮修理厂，无线电修理装配和电池制造厂。在迁安县白沟村（今属迁西县）设总部，在北寺、龙王庙、钓鱼崖、船庄、刘台、南台村、河南寨南山等设立分厂。南台村兵工厂厂房设在南山脚下，开始有30多名军工人员，占用房屋6间，内有烘炉、车床、压力机、砂轮机、钻床，还专门制作了一个大转盘以解决动力问题，主要生产子弹、雷管、手榴弹和地雷。武器造好后，由专门人员化装成樵夫，人担驴驮，将武器送到指定地点。1945年兵工厂扩大后，在梁北九龙寺修建一个车间。钓鱼崖村兵工厂建在有泉水的山坡上，住房、碾米房、豆腐房等生活服务设施建在平地上，军工生产车间建在地下，主要生产掷弹筒、迫击炮弹、子弹等。军工生产用的机器、原材料，都是通过城工、敌工系统或利用个别关系，从日伪占领的城市冲破层层封锁秘密偷运出来。在残酷的战争环境里，冀东军工生产的工人们克服难以想象的困难，夜以继日坚持劳动，成批地生产出部队所需要的硫酸、硝酸、炸药、雷管、手榴弹、子弹、炮弹、枪支和重型地雷等武器弹药。除军分区直属的军工生产基地外，各团和各地区也建立了小型军工厂。到1945年夏季，全区军工生产已具有相当规模，产品质量和数量不断提高，初步满足了军事斗争的需要，为巩固和扩大抗日游击根据地发挥了重要作用。冀东军民冒着生命危险，坚持并保卫军工生产，立下了不朽功勋。

4月

晋察冀分局调整组织机构设置（4月1日） 为进一步深入开展简政工作，中共中央晋察冀分局于4月1日作出《关于组织机构设置和变更的决定》，决定聂荣臻、程子华、刘澜涛、赵振声、刘仁、胡锡奎、许建国、萧克、朱良才为分局委员会委员，聂荣臻任分局书记，程子华、刘澜涛任副书记，赵振声任组织部长，胡锡奎任宣传部长，许建国任社会部长，刘澜涛兼任秘书长，刘仁、林铁任组织部副部长，姚依林任秘书处处长，许建国兼边区政府公安管理处长，张国坚任副处长。聂荣臻离开边区期间，程子华代理分局书记；取消晋察冀调查研究局，成立研究室，刘澜涛兼研究室主任，姚依林为副主任；朱良才任分局敌工部部长，胡锡奎兼任《晋察冀日报》社社长，邓拓任副社长；取消北岳、冀中两委员会。

晋察冀边区行政委员会召开教育工作会议（4 月 1 日至 12 日） 抗战时期，教育与生产劳动相结合是晋察冀边区教育的一大特色，特别是中共中央于 1944 年明确提出加强生产教育的要求及毛泽东发出“组织起来”“自己动手，克服困难”的号召后，边区在开展大生产运动中，进一步加强了教育与生产劳动的结合。晋察冀边区行政委员会于 4 月 1 日至 12 日召开教育工作会议，各专区、各县教育科长、督学、中学校长参加了会议。会议采取整风的方式，以“教育行政领导”和“教育为政治服务”为中心课题，对晋察冀边区以往教育工作中的倾向性问题作了历史的回顾与总结。边区行政委员会教育处处长刘皑风作了题为《统一认识，加强领导，使教育进一步为群众服务，为政治服务》的总结报告。报告根据 1944 年政府工作方针，强化对敌斗争，开展大生产运动，深入整风与反法西斯教育这一总的政治任务的需要和现有教育工作的基础，确定 1944 年政府工作方针是：积极开展与建设游击区教育工作，加强对敌思想战，以提高新民主主义教育的效能；进一步为群众服务，为政治服务；普遍加强生产教育，深入反法西斯教育与民主教育，加强文化教育，使教育工作和其他形式的斗争结合起来。三大主要工作是：加强生产教育；把国民教育和大生产运动结合起来；深入反法西斯教育与乡土教育，开展与建设游击区教育工作，加强对敌政治攻势。刘皑风在总结报告中还特别强调加强教育工作的战斗性。他说，我们所处的环境，是敌后战争的环境，今年的工作方针与任务就要在错综复杂的对敌斗争中来贯彻完成。任何和平思想、太平观念，都是有害的。文化思想战是总力战的一个方面，教育工作本身就含有尖锐的斗争。不分游击区与巩固区，要把反“清剿”、反“扫荡”的准备工作经常化，提高政治警觉，加强民族气节教育、应敌教育与锄奸防特教育，把坚壁课本文具的准备工作做好，以减少损失。万一发生紧急情况，小学教师应争取和干部在一起坚持战时工作，和游击小组在一起直接参加武装斗争。这次会议是边区教育史上一次重要的会议，对深入推动全区小学教育和社会教育的改革和发展起了重要的指导作用。

***阜平朱家营小学**　阜平朱家营小学是朱家营一带的中心小学，由女教师李翠珍主持教学工作。在1944年边区大生产运动中，李翠珍把学习和生产有机结合起来，带领全校学生走在生产的前列，学生的拨工组也最先建立起来。在80多个童子军中，学校建立拨工组11个，并制订了每周的生产计划。学生们组织起来送粪，学纺织、编织、种植等。在大生产运动中，朱家营小学不但没有耽误课，反而因为教育与生产劳动的紧密结合，提高了入学率，学校也得到了巩固。李翠珍被评为边区模范妇女，并出席了边区于1944年3月召开的晋察冀边区各界模范妇女大会。5月4日，《晋察冀日报》刊登了通讯《阜平县模范女教员李翠珍》，并配发了题为《贯彻文化为工农兵服务的方向》的社论。李翠珍的名字传遍了全边区，朱家营小学成为边区小学教育中的一面旗帜。

日本人民解放联盟晋察冀地区协议会正式成立（4月3日）　随着国际反法西斯阵营的扩大，日本国内形势也发生了变化，日人反战同盟的奋斗目标不仅局限于反对不正义的侵略战争，而且要争取中国和日本人民的民族解放，推翻日本法西斯政权。因此，日人反战同盟华北联合会扩大执委会于1944年1月决定将日人反战同盟改组为日本人民解放联盟。敌后抗日根据地的日人反战同盟各支部均改名为在华日人解放联盟支部。晋察冀边区日本人反战同盟于3月9日举行会议，历时15天。会议决定成立日本人民解放联盟晋察冀地区协议会。4月3日，日本人民解放联盟晋察冀地区协议会正式成立，津田秀、宫本哲治、渡边晃、林一雄、中山太郎等5人当选为负责人，津田秀当选为委员长，宫本哲治当选为副委员长。

猴儿山战斗（4月10日）　4月10日，八路军平北支队第四十团第一中队的两个排，在宣化东北20多公里的猴儿山一带开展工作，遭到张家口、宣化等地日伪军900多人的合击包围。经过9个小时激战，八路军毙伤日伪军179名(内有日军龙关首席指挥官)，八路军部队伤14人，亡7人，并于黄昏时顺利突围，创造了敌我伤亡8∶1的光辉战例。晋察冀军区对参战部队授予“长城中队”的光荣称号。

晋察冀分局作出冀中工作的指示（4月15日）　根据1944年的工作方针，中共中央晋察冀分局于4月15日作出《对冀中工作的指示》，指出：（一）利用敌人于青纱帐及点碉撤退有利时机，巩固阵地，整理组织，并以小部的力量巩固地向外发展。（二）在武装方面，由团队到区小队以1/3到2/3兵力轮流整训。

政治上注意拥政爱民，发动与组织对群众的教育；军事上以实际战斗为主，注重主力与游击队配合及点碉减少后的战术教育。（三）切实贯彻减租减息政策，解决土地纠纷。整理团体组织，在领导上着重抗联的统一领导。（四）巩固与扩大党的组织，根据各地的不同情况，具体规定各地从思想或组织上的政党工作，贯彻慎重发展的方针。

冀热边特委总结热南地区一年来的敌我斗争（4 月 18 日） 中共冀热边特委于 4 月 18 日作出了《关于热南地区一年来敌我斗争的总结》，主要有：（一）满洲敌伪异常重视热河边防，自去年 1 月起，即用大力摧毁热南地区，吸取对付东北义勇军的经验，变本加厉对付我们。（二）热南地区目前敌人的“集家”政策已成功，造成了大块“无人区”，可供我活动之阵地已很少，斗争陷入异常孤立与艰苦的境地。（三）反“集家”斗争失败的原因：一方面是满洲敌伪已决心巩固热河边防，不惜采取断臂绝瘤的办法施行“集家”政策，使我与人民及敌区绝缘；另一方面，满洲敌伪残暴，后备力量强大，而我们未能很好掌握住对敌斗争形势。另外，口外干部分散活动，远离领导也是失败的原因之一。（四）今后我们对热河的工作，决定积极向敌后深入发展，开辟新的游击区，坚持山沟工作，隐蔽进行“人圈”工作的三位一体的方针。（五）自去年冬季以后，我们对口外工作则依据上述方针，分别作了各种具体布置。

冀中军民发起护麦战役（4 月中旬至 6 月底） 敌人由于长期战争的消耗和敌占区的日益缩小，导致粮食严重缺乏。为支持其日渐颓败的侵略战争，推行其“以战养战”的图谋，日伪计划以冀中为重点，抢掠小麦 10 万吨。4 月中旬，冀中区党委发出护麦斗争指示，要求各军分区和各县都要组织护麦指挥部，结合扩大根据地，粉碎敌伪抢麦计划。晋察冀军区于 5 月 18 日发出了保护麦收的指示，冀中军民展开了以军事打击为主的且以护麦为中心的对敌斗争。

六分区抗日武装在小李庄伏击敌人的抢粮车队，袭击、截击在黄龙、彭庄、吕邑、清河坊、二龙堂的抢麦之敌，并乘敌外出、据点空虚之际，攻入深县，迫使敌人不敢再轻易外出，后连克滏阳河以北的衡尚营、罗口、张庄、固城等据点及藁城地区的南北营、石井、城子、塔元庄等点碉，逼退了深南地区护家池据点，夜袭了赵县县城。七分区的抗日武装截击安国抢粮之敌，烧毁安平县的辛营、定县小章等地桥梁，破坏公路，断敌交通运输，巧取藁城县禅房据点，夜袭正（定）无（极）路上的赵庄据点，攻克深泽县北白庄据点、束（鹿）晋

（县）县的泊庄据点，逼退天宫营、小冯等据点。八分区的抗日武装夜袭河间城，发动群众平毁封锁沟100多里，攻克会罗等9个据点。九分区的抗日武装在高阳赵堡店、蠡县北寺村、清苑诏庄伏击抢粮之敌，并乘胜攻克保南、魏庄2个据点。特别是在蠡县林堡伏击曾在洛阳战役获特殊勋章的日军宫本秀雄小队，震惊了保定、高阳之敌。

由于冀中各军分区部队主动出击，伸入敌人点碉附近打击敌人，迫使日伪军不敢轻易外出，从而保护了麦收。到6月底，冀中部队共作战100余次，攻克、逼退敌伪点碉42处，毙伤日伪306人，俘虏1170多人。敌人在冀中平原的点碉仅剩下约450处。

*__北高晃伏击战（5月19日）__　5月19日，蠡县日伪县长决定撤出南庄据点，将小麦运回县城。第三十四地区队和博野县大队获悉此情报后，决定在北高晃附近设伏歼灭日伪军。当日伪军行至道西村边时，第三十四地区队二连即向敌人发起攻击，日伪军慌忙西撤。日伪军撤至郑家庄村西时，遭埋伏部队的攻击，急忙向南突围，又遭区小队的火力急袭。于是日伪军折向东北方向逃命，埋伏在此的博野县大队撒开一道火力网，日伪军顿时狼狈不堪，成了瓮中之鳖。此战斗，俘日伪军200多名，缴获重机枪2挺、轻机枪8挺、小炮4门、长短枪200余支。

*__攻克安庄据点（6月初）__　安庄位于新乐县城西北10公里，据点建于村西。中共新乐县委于6月初召开保卫麦收会议，认为拔除安庄据点可以震慑敌人，对护麦斗争有重大意义。于是，在该县大队长郭健的指挥下，一中队攻点，二中队打援。攻点部队提前潜入安庄村西头的民房，攻击时间选择伪军的午饭时间。在内线的配合下，部队冲入碉堡，敌人因正吃午饭，枪支放在碉堡内，无力反抗，只得投降。此战俘虏伪军60余名，缴获轻机枪1挺、长短枪40余支，震慑了新乐之敌，保护了麦收。

*__林堡伏击战（6月12日）__　6月12日，在洛阳战役中获得特殊勋章的宫本秀雄小队护送蠡县伪县长由保定去蠡县上任。冀中第九军分区第二十四团、第三十四地区队和博野县大队获悉这一情报后，决定伏击该敌。拂晓前，各部队按照预定计划进入埋伏点，利用各种地形、地物分散隐蔽在村庄附近和田野里。下午3时许，敌汽车接近林堡村时，第二十四团迎头猛烈射击，但敌仍抢占公路两侧阵地反扑。敌人遭到冀中部队的猛烈攻击后，企图穿过林堡村撤退，

再次遭到第三十四地区队的迎头猛打，又折回夺取公路两侧阵地，企图向保定方向夺路逃窜。此时，埋伏在宋庄村的博野县大队赶来参战。各部队从正面、两翼、后侧四面发起攻击，组成密集火力网，将日军紧紧围住。经过1个多小时激战，歼日本宫本秀雄小队30余人，缴获汽车3辆，俘虏伪县长以下20余人，缴获机枪2挺、掷弹筒2具、步枪30余支。这次全歼宫本秀雄小队，对保定、高阳、蠡县的日军震撼极大，日军被迫下令抢粮部队全部撤回县城和据点。

***攻克昝岗据点（5月6日至9日）** 昝岗是雄县北部的重镇，位于冀中十分区的中心，由新城县铁杆汉奸王凤岗部驻守。为了打开这一地区的局面和粉碎敌人的抢麦计划，冀中第十军分区决定于麦收前除掉该据点。分区组成前线指挥部，司令员刘秉彦亲自指挥，命第二联合县大队担负主攻，第四十三地区队打援，民兵和群众运送弹药。5月6日，第二联合县大队以化袭战术进至据点外围，因被敌人识破，改为强攻，实施坑道爆破和火攻，并辅之以政治攻势，至5月9日敌人被迫投降，俘获伪中队长以下官兵79名，缴获枪60余支。新城、雄县前来增援之敌，均被第四十三地区队击退。攻克昝岗据点后，又迫退了新城县八洋庄、板家窝、杨辛店与雄县的田庄等据点和碉堡。至此，新（城）雄（县）霸（县）地区敌人的抢麦计划破产，部队和地方干部在中心地区的活动由隐蔽转为公开，恢复了抗日村政权。

***火烧北辛营大桥（6月19日）** 北辛营大桥在安平县城的北部，是安平县敌人抢麦的必经之地。敌人为防大桥遭到破坏，在桥西侧埋设木桩、架设铁丝网，在桥桩上挂手榴弹，并日夜巡逻，严密防守。为了粉碎敌人的抢麦计划，安平县大队决定烧毁该桥。6月19日夜，安平县大队选择5名水性好的战士，组成烧桥组，分推两只小船顺水接近桥桩，船上装满浸过煤油的秫秸，当距桥50米时，被敌人发觉。埋伏在碉堡附近的指战员，立即向敌人开火，掩护小船继续前进，烧桥战士迅速剪断铁丝网，将船牢牢绑在桥桩上，并迅速点燃船上的秫秸，霎时火光升起，烧毁了大桥。第三天下大雨，河水猛涨，大桥全部坍塌。敌人去滹沱河以北抢麦的计划全部破产。

晋察冀边区行政委员会改革出入口贸易工作（4月21日） 为了打破敌人封锁，减少入超，贯彻简政，畅通物资大交流，晋察冀边区行政委员会于4月21日发出《关于变更出入口贸易办法的决定》，并指出，该决定是边区几年来经济工作的重大变革。各级政府必须根据目前的环境与对敌经济斗争新的任务，作新的估计与认识，不可拘泥成见，贻误大计，并要对干部进行深入动员与教育，切实执行。所有因这一决定所引起之市场动态、敌伪阴谋、群众反映，应及时报会。[①] 对出入口货物的检查由各级政府直属负责。

收复任丘县城（4月25日至27日） 在大规模深入展开政治攻势的同时，边区各地普遍利用原有的伪军伪组织关系，积极配合武装部队里应外合，大量攻克敌人点碉和敌占城镇。4月25日，在冀中区第九军分区司令员魏洪亮、副政治委员王奇才、参谋长李健的指挥下，第四十二地区队、任丘县大队和任丘县民兵将任丘县城包围。乘任丘县城的日军中队全部撤走这一时机，九地委敌工部长李泽民和任丘县委敌工部长杨健新进入城内，与伪县长兼联队长刘潮如谈判，争取伪军全部反正。为了保证谈判顺利进行，军分区调集部队和民兵迫近县城垣，断绝交通，割断电话线，给伪军造成强大的政治军事压力。在内线的有力配合下，终于迫使伪军头目率部起义，参加反正的伪军伪组织人员共1000余人。4月27日，被日伪占领长达5年之久的任丘城终于回到了人民手中。

聂荣臻在延安高干会议上介绍边区基本情况（4月） 聂荣臻在4月召开的延安高干会议上作《晋察冀军区六年来的工作简报》报告。报告介绍了边区的基本情况：北岳、冀中、冀热边3大行政区，共16个行署，108个县，1230万人口，25万党员，6.6万军队。创建根据地过程中的经验教训，第一阶段为发展时期：（一）建立武装；（二）建立动员委员会，推行合理负担，主要让有钱人出钱；（三）委任县长，建立政权；（四）打通冀中，扩大回旋余地；（五）建立军政学校，培养干部；（六）成立晋察冀边区行政委员会；（七）统一党政军和财经领导制度；（八）放手发展党员；（九）1938年春受王明路线影响，晋东北减租减息曾一度消沉，军事上过于强调正规，曾高喊过“一切经过统一战线，一切服从统一战线”的口号，以上都很快得到纠正；（十）抵制阎锡山派武装破坏边区；（十一）清洗叛徒汉奸；（十二）宋邓支队挺进冀东。第二阶段，1939年1月中央提出“发展华中，巩固华北”方针后的工作：（一）改选村政权；（二）整军，调整武器，加紧训练；（三）整顿与巩固党组织；（四）深入减租减息，依靠群众优势，巩固统一战线；（五）一二〇师到冀中，帮助巩固第三纵

---

① 参见魏宏运主编《抗日战争时期晋察冀边区财政经济史资料选编（工商合作编）》，南开大学出版社1984年版，第369—371页。

队；（六）成立冀热察区党委，萧克率挺进军进驻平西；（七）反磨擦斗争取得胜利。1940 年以后，进行继续巩固的工作：（一）全边区民主大选举；（二）整理财政；（三）继续整军与巩固党；（四）发布《双十纲领》；（五）进行百团大战。第三阶段，1941 年以后坚持对敌斗争：（一）1941 年秋季反“扫荡”；（二）1942 年冀中五一反“扫荡”；（三）反敌五次“治安强化运动”；（四）反敌“蚕食”“扫荡”“清剿”；（五）冀中平原开展地道战，北岳区反“蚕食”向“敌后之敌后”挺进，敌集中对我，我分散游击，敌分散，我集中打敌一路或一部等，坚持了这些有效的作战方针。“经验证明，必须在发展中坚持——向“敌后之敌后”——否则不能发展亦不能坚持。”三个区域的一般情形是：北岳是边区的发展地与基本区，是冀中、冀东的依托；冀中人力物力资源丰富，支援了山地斗争，战略地位重要，但斗争艰苦；冀东对 10 万人武装大暴动思想没有准备，“企图抓一把就跑，不是打算在那里安家，结果就抓得很少”①。1939 年后执行正确方针，在艰苦中逐步发展。报告还汇报了建党、建政、财政金融、建军四个方面的详细情况。

5 月

晋察冀边区加强伪军工作（5 月 1 日） 抗战后期，日军不得不抽调更多的伪军伪组织来弥补兵力不足的问题。因此，争取与瓦解伪军伪组织成为对敌工作的主要任务。为进一步深入开展政治攻势，瓦解削弱日伪力量，中共中央晋察冀分局于 5 月 1 日发出《关于对伪军工作的指示》，明确规定了进一步加强伪军工作的基本方针、策略、工作方法。文件强调：“伪军工作的基本方针是瓦解伪军”，一切争取、打击、反正、埋伏都是为了达到瓦解之目的，都是在这一目的之下的不同策略。但对伪军中的不同成分要采取不同的办法，对伪绥靖军（伪治安军）的策略是长期埋伏，以待将来战略反攻时之需要；对地方性伪军则应有计划地组织反正，以扩大游击根据地。文件要求通过广交朋友等活动方式，在伪军中建立短小精干、极端隐蔽的党组织，必要时可通过私人感情进一步掌握伪军。根据这一指示精神，各区党委、地委分别召集会议，详细研究，加强了对伪军、伪组织工作的领导。

---

① 周均伦主编：《聂荣臻年谱》，人民出版社 1999 年版，第 408—409 页。

献县臧桥战斗（5月1日） 献县臧桥驻有伪水警130多人，5月1日，献县手枪队和第三十七地区队第二连及县大队2个分队，决定以奇袭手段歼灭该敌。手枪队20余名队员担任主攻，第二连以1个排为手枪队的预备队，另2个排封锁桥北之日伪军，县大队负责阻击张家庄方向可能之增援。深夜，在内线关系的配合下，突击队架云梯通过壕沟进入据点，占领伪水警所驻各房屋，伪警在睡梦中即被俘，少数顽抗者被击毙。此次战斗半个多小时即结束，俘虏日军1名、伪军120余名，击毙伪军数名，缴获轻机枪2挺、长短枪150余支、掷弹筒2具、子弹2万余发。

行唐沟里镇伏击战（5月2日） 北岳区第四军分区第三十团于5月2日在行唐县沟里镇伏击伪绥靖军第六集团军第十五团获胜，击毙日本指挥官、伪营长连长以下35人，伤伪连长以下43人，俘伪团长以下官兵47人，缴获机枪5挺、步枪50余支、短枪9支、子弹千余发。战斗结束后，敌人十分恐慌。5月3日，该地区敌伪接连撤掉18座碉堡。

冀东成立开滦工人大队（5月上旬） 冀东军分区决定，以原工人先锋队的部分骨干和开滦工委吴开阳手枪小队为基础，组建一支工人武装队伍，命名为开滦工人大队（简称滦工大队）。开始有队员20多人，到秋季发展到200多人。活动范围主要是开滦林西、唐家庄、赵各庄三矿外围地区。具体任务是袭扰小股日伪武装，歼除汉奸特务，护送过往干部等。年底，该大队奉命更名为海川支队，划归第四地委领导，活动范围向西南伸展到滦南、丰南地区。

晋察冀边区发动1944年攻势作战（5月至9月） 1944年，日军为了战略防御的需要，实行打通中国大陆交通作战，向正面战场国民党军队发起进攻，华北敌后抗战出现有利时机。在国际国内形势有利的情况下，中共中央晋察冀分局和晋察冀军区根据中共中央和八路军总部的指示，对局部反攻作战及时进行了部署。

中共中央晋察冀分局于5月12日发出《关于目前边区形势与工作方针的指示》，要求各地区党委和部队迅速作出部署，利用日军向正面战场进攻，敌后形势相对缓和的有利时机，抓紧空隙对付敌伪，整训部队，发展生产，进行整风和谨慎地清查特务。文件还强调要积极向“敌后之敌后”伸展，并对各区的任务作了具体明确的规定，北岳区的主要发展方向是雁北和察南，争取察南10县基本上全归我有；冀中区要继续扩大和开辟地区，大量瓦解和打垮伪军，夺取敌人的武器来武装人民，把人民的抗日积极性调动起来，把两面负担的地区变为对我单面负担，拒绝对敌人的支应；冀热边区应坚持在伪满境内原有的阵地，深入巩固工作，并逐渐向南发展；平北、平西、冀中第十军分区和冀东要相互配合，向北平近郊进逼，造成紧围北平的态势，扩大共产党八路军的影响；冀中第九军分区要积极向天津附近发展。同时指出，边区向“敌后之敌后”的伸展，不是在定期的战役计划下的统一行动，而是统一步调配合的巩固的向前发展。聂荣臻也于 5 月 17 日从延安电示晋察冀军区：“乘敌后空虚，逼敌后退。”5 月 23 日，晋察冀军区发布训令，指出，目前敌为增援正面及在后方抽兵，造成伪军伪组织新的动摇恐慌。敌占区社会秩序紊乱，敌区人民益感不安，而对伪军不信任之程度也日益增加。根据以上情形，各分区应遵照分局 5 月份关于伪军工作和目前形势估计及工作方针之指示，具体布置，切实执行，继续向“敌后之敌后”开展工作，逼退敌之点碉，打击与瓦解伪军，并摧毁伪组织和经济设施，使更有利于我工作之开辟。根据以上部署，晋察冀边区各战略区发动了攻势作战，使根据地不断巩固和扩大。

北岳区八路军于 5 月间向日伪军发起攻势作战。在护麦战斗中，收复多处据点，开辟了部分新区。6 月上旬，又接连袭击了保定、望都、完县、涞源、灵丘等市县的城关，一度袭入定襄县城，活捉伪县长。7 月，冀西和晋东北展开了挤退敌人点碉的斗争。从 7 月 20 日至 8 月底，先后攻克、逼退敌重要据点张城堡、东会里、南温川等 12 处，使被敌人蹂躏压迫了 2 年的广大人民群众重获解放。到 9 月中旬，北岳区军民已扫清了敌伪第一线点碉，使晋东北与冀西地区连成一片。

平西、平北八路军积极向察南、雁北及平绥路两侧地区伸进，采用以武工队为先导，主力渐次跟进的方式向前发展。经过艰苦奋战，察南部队越过桑干河，在涿鹿县深井堡以西建立了游击根据地，并在怀安、宣化、阳原、涿鹿开辟了一些村庄的工作，打开了察南地区的局面。雁北部队深入应县、广灵、浑源地区，并进入桑干河以北开展工作。八路军还积极向北扩展，开辟了张家口东北崇礼县的大部地区，骑兵部队已进到张北、沽源的坝上草原。

冀中区在经过“摧碉战役”、护麦斗争后，局面大为改观，进入青纱帐期后，冀中部队根据中共中央晋察冀分局的指示，扩充了兵员，轮流进行了整训，部队战斗力大大增强。于 6 月 10 日至 7 月 20 日的青纱帐战役中，开辟了石家庄以东藁城、无极和天津以南青县地区，并进入北平至锦州铁路以北青云店一带活动。冀中部队还向敌占县城发起进攻，先后3次攻克、袭入肃宁、武强等县城，一度攻入任丘、饶阳、文安、河间、深泽、安平、献县等县城，消灭敌人大量有生力量，缴获大批武器、物资。冀中部队还与平西、平北、冀热边部队配合，对北平、天津逐渐形成包围的态势。

冀热辽部队为恢复蓟（县）玉（田）宝（坻）基本区，于5月至6月发起了夏季攻势。军区司令员李运昌率第十一团和第四地区队、第六地区队，分两路向蓟（县）玉（田）宝（坻）地区挺进。至8月底，相继攻克蓟县孔子庄、三岔口、六百户、上仓镇、下仓镇和玉田县林南仓、鸦鸿桥等29个日伪据点，迫使蓟县之敌退守马伸桥、蓟县城及邦均一带，玉田、宝坻之日伪军也撤到重要交通线和较大城镇。被敌人“蚕食”近两年的蓟县平原、玉田西部、宝坻北部地区全部恢复，从而结束了基本区被分割的局面，使东起山海关，西至通县、密云的冀热边抗日根据地连成一片。与此同时，冀热边部队积极向伪满境内热河、辽宁地区伸展。中共冀热边特委和军区派出敌后武装工作队，深入长城以外的“无人区”积极活动。这些武装工作队捣毁“人圈”，攻克据点，歼灭敌人，并到敌人制造“无人区”最早的热河西部地区开展了抗日武装斗争。

晋察冀边区1944年的强大攻势作战，配合了国民党正面战场作战，使日军陷入被动局面，粉碎了日军打通中国大陆交通线的战略防御计划，也对美英盟军在太平洋上的反攻起了重要的战略支援作用。

***晋察冀分局部署发起夏季政治攻势（5月20日）** 1944年后，日伪军被迫在华北采取守势，晋察冀边区军民进行了攻势作战，并不断开展对敌政治攻势。5月20日，中共中央晋察冀分局发出《关于夏季政治攻势的指示》，指出，夏季政治攻势“重点放在敌占区，以伪军、伪组织为主要对象，但不放弃对日军的进攻”。其具体做法与特点为：一是准备充分，针对性强。此时政治攻势除了继续以前的一般原则外，宣传更加有针对性，重点放在敌占区，以伪军、伪组织为主要对象，促使他们转向边区。二是地域广大，形式多样。在政治攻势的方法上实现了多种多样，尤其采用了本地群众喜闻乐见的方式方法，创造出各种武装和非武装的宣传方式，突破了以前主要依靠专业剧社的做法，形成了军民一起进行的群众性运动。三是讲究策略，效果显著。政治攻势除了宣讲形势、政策外，还注意讲究策略，以情感人。1944年的夏季政治攻势，不仅坚定

了边区人民的胜利信心，也进一步转变了敌占区、游击区人们的思想。

* **平谷伏击战（6月3日）** 日军独立第八混成旅团纠集敌伪1.7万余人，开始对冀东的迁安、滦县、丰润、遵化等地进行大规模的“扫荡”，企图搜寻八路军主力，打击冀热边党政军领导机关。冀热边军区主力部队与各县基干队、区游击队和民兵，一面掩护各级党政领导机关转移，一面寻找战机，伏击“扫荡”日伪军。6月3日，冀东军分区第十三团和第二地区队分别在平谷县的土门、熊儿寨一带，将前来奔袭的日军2个中队和伪满“讨伐队”的4个大队和4个特务队共1100多人包围。经过十几个小时的激战，毙伤日伪军500余人。此次战斗，打破了敌人在关内“集家并村”的计划，对冀东西部地区的巩固和发展发挥了重要作用。

* **冀中部队袭入武强县城（6月10日）** 冀中第八军分区第三十七地区队和饶阳、武强两县大队，利用伪军关系，袭入武强县城，并解决了小范镇、簸箕厂、铺头3个据点的伪军，俘虏伪军官兵和伪组织人员500多人，缴获轻重机枪各1挺、掷弹筒8具、长短枪260余支及大量物资。伪县政府、“新民会”“合作社”的人员几乎全部被俘虏。

* **冀晋部队袭克中庄据点（7月9日）** 7月9日夜间，冀晋二分区河北地区队袭克敌人重要据点——崞县中庄，全歼驻扎该地之崞县敌宪兵队40余人，击毙日特务机关长腾井及宪兵副队长麻敬典，缴轻机枪2挺、长短枪40余支。抗日武装伤亡10人。

* **小松林、城北寨伏击战（7月11日）** 冀东八路军2个连，在唐山北约70里之小松林、城北寨设伏，将伪绥靖军第二集团军7个连击溃，毙伪营长张安长以下70余人，伤伪代理团长褚云龙以下百余人，俘52人，缴获轻机枪5挺、长短枪99支。八路军伤20人，亡14人。

* **河肃公路伏击战（8月20日）** 冀中第九军分区主力部队一部在肃宁县游击队的配合下，在河（间）肃（宁）公路上的百家村、张庄、大东庄伏击由河间赴肃宁的日军。8月20日上午10时，日伪军180余人由河间返肃宁，当时日军行至张庄时，突遭八路军预伏部队迎头猛袭，激战半小时后八路军将日军全部歼灭。此次战役，毙伤俘日伪军200余人，缴获重机枪1挺、轻机枪4挺、掷弹筒2具、长短枪138支、子弹4000余发。八路军参战部队仅2人受轻伤，创造了伤亡91∶1的光辉战例。

***收复石咀等重要据点（8 月 25 日）** 北岳区八路军部队逼退五台县敌人的重要据点石咀。此据点为晋察冀边区通往山西的要冲，地理位置十分重要。8 月 26 日、28 日，五台县敌人又从横岭、黄土咀及耿镇等重要据点撤退。到此，北岳区八路军扫光敌人的第一线点碉，晋东北与冀西连成一片。

冀东形势好转（5 月 20 日） 中共冀热边特委于 5 月 20 日发出《冀东敌点碉撤退后形势简报》，指出，冀热边在日伪军大撤点碉之后，环境大见好转，自遵化、丰润、唐山一线以东至山海关，已形成较巩固的地区，北宁铁路南的昌黎、滦县、乐亭地区已具有游击根据地的形势；西部蓟县、平谷、密云地区，只剩蓟县未完全恢复，平谷、密云已较为巩固；西南部已打进武清东北 30 余村；锦承路北及凌绥边境，工作仍坚持向“敌后之敌后”继续伸展，最前面已达朝阳境内，凌（源）绥（中）青（龙）的“无人区”，仍有游击队 200 人活动，青龙、平泉、承德、兴隆等县也有少数群众在“无人区”坚持，土地已大部耕种。这时，冀热边行署下辖 5 个专区、19 个联合县和 2 个办事处，包括 17 个整县（县城除外）和 5 个县的一半，都有我们的工作，脱离敌伪的抗日一面村庄，有 1300 多个。部队也扩大为 3 个团、9 个地区队，还有 7 个县游击队和众多的游击小组，共计 1.2 万多人。部队装备也已改善，每个连有 3 挺至 4 挺机枪，营有重机枪，团有迫击炮。活动区域为东至伪满锦州省境内，西至密云、通县、武清，北至热河、凌源，南至渤海。

丰润白官屯突围战（5 月） 冀热边第五地委、专署和第四地区队于 5 月在丰润县白官屯遭到敌人的奔袭。在向外突围时，电台译电员傅克在敌人机枪的扫射下，将阵亡战友身上的密电码抢回继续突围，保卫了通信机密。为此，傅克受到区部队、军分区、晋察冀军区、八路军总部和中央军委五级表扬。在此次战斗中，《救国报》五地委版的主编顾宁不幸牺牲。

6 月

晋察冀边区开始部署城市工作（6 月 5 日） 6 月 5 日，中共中央发出《关于城市工作的指示》。文件要求各中央局、分局和区党委必须把城市工作与根据地工作作为自己同等重要的两大任务，一方面发展与巩固根据地，依据现有基础，建设比现在强大得多的军队与地方工作；另一方面，争取城市及交通要道的千百万群众，瓦解与争取伪军伪警，准备武装起义，一俟时机成熟，就可使二者互相结合，里应外合地进攻日寇，占领大城市和交通要道。[①] 根据中共中央《关于城市工作的指示》精神，晋察冀边区在 6 月 5 日当天改组城市工作委员会为城市工作部（简称“城工部”），由刘仁任部长。随后，边区在县以上各级党委都成立了城工部和敌工部，靠近交通要道和敌占城市的区委和支部也都设立了敌工委员，专门负责从事城市和交通要道工作。从此，边区各级党组织把开展敌占城市和交通要道的工作，提高到了与根据地其他工作同等重要的战略地位上来。

晋察冀边区加强新解放区的工作与建设（6 月 18 日） 1943 年下半年以来，随着边区抗日根据地的迅速恢复与扩大，新解放区日益增加，为巩固与壮大边区政权，使广大新解放区同胞尽快重建家园，享有民主自由的幸福生活，边区政府从 1944 年起加强了对新解放区各项工作的建设。6 月 18 日，晋察冀边区行政委员会发出《关于开展与收复新地区工作指示》，要求各地抓紧有利时机，与武装部队密切联系，积极开展与收复新地区工作，并明确规定开展这一工作的总方针是“以发动群众、组织群众为第一要务，一般应以反勒索，反征粮抢粮，反抓夫，反奸特，组织群众经济生活，反贪污浪费，整理村财政，改造村政权为主要内容”[②]。同时，正确执行政策，加强群众观点，一切从群众利益出发，一切为了解除人民疾苦。在已收复的地区，要抓紧善后工作，如救灾、治病、慰问、抚恤、宣传解释、清查奸特，迅速恢复生产，逐步恢复和建立起抗日民主的社会新秩序。

晋察冀分局对冀热边工作方针的意见（6 月 18 日） 中共中央晋察冀分局于 6 月 18 日对冀热边工作方针提出意见，指出，冀热边目前依然是一个游击根据地，我们的军事方针，应该是广泛普遍开展群众性的游击战争。在冀热边除极少数地区将主力与游击队稍加区别外，大多数地区都应无主力与游击队之分。冀热边必须建立短小精干灵活的领导机关，不要企图充实每一部门，有些部门可以不设，有些部门可以取消或合并。应该抓紧减租减息，改善民生与开展生产运动，求得基本群众的翻身。

---

① 参见中央档案馆编《中共中央文件选集（1943—1944 年）》，中共中央党校出版社 1992 年版，第 243—252 页。

② 晋察冀边区革命史编纂委员会编：《晋察冀边区民主政权建设文献选编》中册，中共党史出版社 2013 年版，第 836 页。

冀东区发起第三次恢复基本区战役（6月下旬） 蓟县平原和玉田、宝坻边界地区是冀东西部抗日游击根据地的基本区，在1942年日伪推行的第四次、第五次“治安强化运动”时，被日伪“蚕食”。为恢复蓟县、玉田、宝坻地区，1944年6月下旬，冀热边特委发起第三次恢复基本区战役。李运昌和彭寿生率第十一团、第四地区队、第六地区队，以南北两路分进合击。第六地区队首先从北面进入蓟县东部地区，一举攻克马伸桥外围据点孔庄子，歼伪军60余人，迫使蓟县与遵化边界之封锁线上据点的伪军相继撤退。第六地区队乘胜南下，沿途在蓟运河上游又消灭日军小火轮一艘，歼海盗40余人，缴迫击炮1门、步枪30支。与此同时，第十一团和第四地区队在蓟运河以南，攻克蓟县、玉田边境之日伪军中心据点600个，接着又拔除封锁沟上的伪军碉堡数座。7月15日，第六地区队同蓟县基干队于蓟县二区三岔口，故意把军事目标暴露给日伪军。日伪军发现后，立刻调集2500余人向三岔口进击。战斗刚打响，日伪军就受到早已秘密埋伏在防地的第十一团和第四地区队从侧面的夹击，被打得晕头转向，死伤达300余人。经过这一系列战斗，我部队将蓟县二区东部和玉田北部近20公里的封锁沟彻底摧毁。随后，李运昌率部挥师南下，连克蓟县南部之上仓镇、下仓镇等10多个重要据点，迫使蓟县各据点之日伪军退守到邦均、马伸桥和蓟县城一线；驻玉田、宝坻的日伪军被迫退守至交通要道的大据点里。是役，共攻克、逼退日伪军据点和碉堡29个（座），填平封锁沟2条，使蓟县、玉田县的基本区全部恢复。随之建立了三（河）通（县）顺（义）、三（河）通（县）香（河）、武（清）宝（坻）宁（河）、蓟（县）玉（田）宝（坻）和蓟县等县级抗日政权，冀热边抗日游击战争进一步向平津逼近。整个冀热边地区，包括东起山海关，西至通县、顺义、密云，南至津沽沿海已连成一体，并与冀中和平北根据地连接起来，天津和北平近郊有400多个村庄30余万人的地区也开辟为游击区。日伪占领的城镇和北宁铁路，均处在抗日军民的包围之中。

冀热边普遍开展雇工增资运动（夏） 为进一步推动大生产运动深入开展，冀热边地区于夏季普遍开展了雇工增资运动。运动先从滦河东地区开始，然后迅速在全区推广。在运动中，各村雇工首先组织起了工会，然后推选出代表，向雇主提出增资条件，接着由政府出面调解仲裁。由于政策执行较稳，增资问题一般都得到了圆满解决，全区雇工工资普遍增长40%以上。通过雇工增资运动，冀热边地区普遍建立起了工会组织，各县都拥有了会员三四千人。雇工们不仅取得了经济利益，而且提高了阶级觉悟和组织性，纷纷报名参军，许多知识分子还申请加入中国共产党。丰（润）玉（田）宁（河）联合县在 1944 年夏季，共发展了 1289 名党员，其中雇工占 46%，且其中有 100 多人当选为村干部。玉（田）蓟（县）宝（坻）联合县全县共产党员，雇工就占 1/3。抚（宁）昌（黎）联合县经过增资斗争，在雇工的积极参与下，地方游击队由 16 人迅速扩展到 200 多人。劳资政策的贯彻执行，加强了抗日民主政权的建设，改善了广大群众的生活，对于稳定社会秩序、安定民心具有重要意义。同时，激发了群众浓厚的生产积极性，保证了战争的供给。

昌（黎）乐（亭）联合县知识分子抗日救国会成立（夏） 为扩大抗日力量，抗日民主政府号召以学校教职员工为主体，成立知识分子抗日救国联合会。1944 年夏，昌（黎）乐（亭）联合县召开有百余人参加的知识分子代表会，会上成立了联合县知识分子抗日救国会（简称知救会），全县教师及在乡知识分子都参加了知救会。知救会组织后来发展到北宁铁路以南各县。在知救会的统一组织下，有的人通过编辑《知识界》和《七月》理论、文艺刊物，承担抗日宣传工作；有的人组织读书会，指导教师和在乡知识分子学习《社会发展史》《新民主主义论》等革命理论书籍，提高他们的革命觉悟，以充分发挥知救会会员的作用。各地知救会还利用寒暑假邀请平、津、唐沦陷区回乡度假的学生举行座谈会，宣传抗日斗争的胜利和根据地的建设成就。1945 年春节前夕，昌（黎）乐（亭）联合县知救会召开的座谈会有 100 多人参加，其中还有少数人是在上海、南京读书的学生。座谈会使他们进一步了解了共产党、八路军的抗日政策和抗战形势，加深了他们对根据地的认识，扩大了根据地的政治影响。

7 月

第一部《毛泽东选集》出版（7 月 1 日） 《毛泽东选集》是在中共中央晋察冀分局直接领导下，并经中共中央宣传委员会批准，由《晋察冀日报》社编辑出版的。它是我国革命出版史上的第一部《毛泽东选集》。1944 年初，中共中央晋察冀分局为了系统地宣传毛泽东思想，加强对整风运动的统一指导，明确毛泽东思想在根据地的权威地位，决定出版《毛泽东选集》。中共中央晋察冀分局主要领导聂荣臻、程子华、刘澜涛将这项任务交给邓拓。邓拓主持了《毛泽东选集》的选编和出版工作，并写了“编者的话”，高度评价了毛泽东思想，说明了毛泽东思想就是马列主义的原理原则与中国革命实践相结合的中国共产党的思想。他还说明："过去革命斗争的经验教训了我们：要保证中国革命的胜利，全党同志必须彻底地团结在毛泽东思想指导之下。"经中共中央晋察冀分局审定报请中共中央宣传委员会批准，《毛泽东选集》于5月份完成定稿，然后交付位于阜平县坡山村的《晋察冀日报》社印刷二厂排版、印刷。印刷厂设备简陋，但大家热情高涨，把出版《毛泽东选集》当作一项光荣的政治任务对待，努力克服各种物质和技术上的困难，力求尽善尽美，并于7月间出版了样书，9月份印刷装订完毕后，正式对外发行。《晋察冀日报》社为了《毛泽东选集》的出版发行，专门于7月1日发表了《贯彻毛泽东思想　本社出版〈毛泽东选集〉》的消息。这部著作共选编了29篇文章，46万字，分为五卷，印有平装、精装两种版本。所选文章除附有抗战前几篇重要文献外，大都是抗战以来毛泽东的各种著名演讲及其他重要言论。第一部《毛泽东选集》为后来各种版本《毛泽东选集》之"祖"，以后各种版本的《毛泽东选集》均是以第一部为基础增订、选编、翻印、翻译的。它的出版推动了边区整风运动的深入开展，对于统一边区干部思想发挥了重要作用。

晋察冀边区各界召开纪念"七一"和"七七"庆祝大会（7月10日）　为纪念中国共产党成立23周年和晋察冀军区成立7周年，晋察冀边区各界于7月10日在阜平县城关广场召开盛大的纪念"七一"和"七七"军民庆祝大会。到会军民万余人，中共中央晋察冀分局代表胡锡奎、边区参议会副议长于力、边区行政委员会主任宋劭文、军区政治部主任潘自力、边区抗联会主任杨耕田等在大会上讲了话。大会提出晋察冀军民当前三大任务：（一）进一步加强全边区军民各界的民主团结；（二）加紧训练边区子弟兵、民兵，提高战斗力，加强对日作战；（三）进一步深入整风运动。与此同时，抗敌剧社在军区驻地与分局党校联合演出苏联话剧《前线》、大型京剧《李自成》。此次大会配合了整风运动，并确定了晋察冀军民今后的三大任务，对于把全边区干部的思想统一到毛泽东思想旗帜下来，继续深入整风，总结检查改进工作，起了重要作用。

晋察冀分局召开冀中各地委负责人会议（7月10日）　中共中央晋察冀分局于7月10日召开冀中各地委负责人会议，讨论冀中形势和工作任务。程子华作了结论，指出，冀中形势已逐渐好转，但有逆转的可能，要作好准备。当前任务是成立与充实县、区游击队和补充团，并充实地区队兵员，恢复壮大民兵，积极打击敌人。开展政治攻势，争取伪军，积极向“敌后之敌后”伸展，恢复五一反“扫荡”前的某些政令和活动方式，恢复一面负担政权，实行减租减息，巩固发展有利形势。根据上述精神，冀中部分军分区发动了夏季攻势，有的军分区则重点进行了整训和兵员补充。

晋察冀分局召开高级干部会议（7月上旬） 中共中央晋察冀分局结合整风运动，于7月上旬在阜平柏崖村召开扩大的高级干部会议。边区县、团级以上干部300多人参加。会议首先传达了中共中央书记处于1月11日给中共中央晋察冀分局的指示，指出：“六年来，分局同志及晋察冀全体干部党员和在边区的八路军指战员，与人民群众相结合，创造和坚持了晋察冀民主抗日根据地，执行了中央的路线和所给予的任务，工作是有很大成绩的。”① 接着以整风精神全面总结6年来晋察冀边区的工作。中共中央对此次高干会议非常重视，早在1月10日就发出《关于晋察冀分局干部扩大会议应讨论的几个问题指示》，指出会议应该讨论的几个问题是：（一）对形势的估计，要对坚持长期斗争有足够认识；（二）要极大地注意发展军民生产及节约民间物力；（三）要更加依靠群众，在一切政策的决定与实施中都须经常具有坚强的群众观点；（四）要实现党的一元化领导；（五）要把整风的重点放在干部的思想改造上。会上，程子华作了关于形势估计与军事方针的报告，刘澜涛、赵振声、唐延杰、朱良才分别作了地方和部队工作情况的报告。

会议还组成专门的城工研究委员会，讨论研究加强城市工作的方针、任务和方法，最后决定：县以上各级党委成立城工部，在工作方法上，强调注意隐蔽精干，城市地下党组织继续由根据地内领导，尽量避免党派出的干部之间发生横的关系。边区全党把开展敌占城市和交通要道的工作，提高到了与根据地其他工作同等重要的战略地位上来。至10月，分局城工部和冀晋、冀中、冀热边党委城工部陆续向北平派遣了冀真、祝玉珩等一大批干部。

会议至10月上旬结束，历时80天。会议期间，领导干部对各项重大问题进行了反复的讨论，但未充分实现中央指示的精神，对晋察冀抗日根据地创建时期的工作，作了不确切的评价，错误地批评了边区主要领导人。

冀热边区召开财政工作会议（7月11日） 为加强对日伪经济斗争，反对

---

① 晋察冀边区革命史编纂委员会编：《晋察冀边区革命史编年》，河北人民出版社2007年版，第656页。

日伪掠夺，冀热边财政工作会议于 7 月 11 日召开。冀热边行署主任李运昌参加会议并作了重要报告。报告中指出，要求各级政府提高对财政工作的认识，努力开源节流。特别是在敌我斗争尖锐、战斗频繁的情况下，武装部队更应做未雨绸缪之计，以免临渴挖井。报告还提出了边区财政建设的基本原则是："在反资敌反掠夺的斗争中战胜敌人，破坏其经济统治，建设我们的财政，动员冀热边的财力为抗战所用。"① 根据这次会议精神，冀热边各级军政机关以及村政权，普遍进行了财政整顿工作。此后，根据地的财政状况有了明显好转，为争取抗日战争的最后胜利，打下了较充实的物质基础。

冀热边特委召开宣传工作会议（7 月 20 日） 中共冀热边特委于 7 月 20 日召开宣传工作会议。特委副书记、宣传部长李楚离作结论报告，指出"宣传工作应该服从当前的对敌斗争和革命斗争的需要"，强调搞好时事教育、干部教育、支部教育，经常组织对日伪的政治攻势，"宣传毛泽东思想要与一切实际联系起来"②。此次宣传会议还指出，出版报纸、刊物，一定要照顾好干部、党员和人民群众，还要多印一些时事材料，同时出版小学教材和民众教材，以扩大宣传教育面。这次会议为冀热边地区的出版发行工作指出了新的方向。

晋察冀分局指示冀热边特委在严重困难中坚持斗争（7 月 21 日） 冀热边根据地处在日军深远后方，直接威胁伪满、平、津及北宁、平古、锦热等交通干线，日军一直没有放松对冀热边的疯狂"扫荡"。为此，中共中央晋察冀分局于 7 月 21 日给中共冀热边特委发出《关于冀热边地区反"扫荡"准备工作的意见》，指出，冀热边的困难局面，不仅在全国总反攻前不会发生基本变化，即使在反攻到来后，在一定时期内仍然不会发生基本变化。因此，一切方针、政策均应照顾到冀热边这一特点。冀热边地区不仅不能因华北敌后暂时处在顺利局面下而稍有疏忽，而且应作在极端困难的局面下，坚持游击根据地和敌人长期熬时间的准备。中共中央晋察冀分局在 6 月 18 日就提出的广泛开展群众性的游击战争的方针，是坚持冀热边唯一正确的方针。一切为反"扫荡"准备的措施均应根据这一方针去做，广泛的高度分散的群众性的游击战争，才能坚持阵地，战胜困难。根据中共中央晋察冀分局的指示，中共冀热边特委于 8 月 17 日发出

① 晋察冀边区革命史编纂委员会编：《晋察冀边区革命史编年》，河北人民出版社 2007 年版，第 656 页。
② 晋察冀边区革命史编纂委员会编：《晋察冀边区革命史编年》，河北人民出版社 2007 年版，第 656 页。

《关于秋季反“扫荡”准备工作的指示》，指出，即将到来的敌之大“扫荡”将是最严重的一次，时间必长，兵力必大。全党同志、全体军民，必须充分认识此次“扫荡”之特点及严重性，百倍提高警惕性与对革命之责任心，要求全区党政军民充分作好精神与物质准备。

冀东军分区关于对敌武装斗争的指示（7 月 27 日） 从 1944 年夏季开始，日本华北方面军与日本关东军，在“准备决战”的喧嚣声中，进一步强化其“重点主义”措施，特别是对地跨长城内外的冀热边地区更要拼死争夺。针对日伪军的新态势，冀东军分区于 7 月 27 日发出《新形势下对敌武装斗争的指示》，分析了日伪军政机关和兵力在冀东的变化情况：冀东伪“特别行政区”建立后，又新增日军 2000 人，沿长城线由马兰峪至界岭口间进入伪满国兵两个旅，伪绥靖军自 7 月 18 日起以团为单位移防，进驻冀东各县。整个“特别行政区”将以日满军为主，即长城南侧以伪满军为主，建立第二道“西南国境防线”；北宁路沿线以日军为主。文件要求各部队充分认识抗日战争越接近胜利，冀热边地区的斗争越具有特殊的战略意义，要克服麻痹思想，作好粉碎日伪“扫荡”的准备。

晋察冀边区党政军领导机关重大调整（7 月 28 日） 1944 年春、夏以后，晋察冀抗日根据地在攻势作战中逐步恢复和发展壮大。为适应新形势，加强领导，准备反攻，中共中央于 7 月 28 日作出《关于在晋察冀分局和军区下划分四个区党委及军区的决定》，对地区划分、机构设置及主要领导成员的配备都作了原则性指示，指出：“因冀中形势好转，冀东已大开展，同时军区、分局直属单位太多，指挥不便，建议在组织上作如下改变：在分局、军区下划四个区党委及军区。”① （一）以第二、三、四军分区及雁北区（雁北改为军分区）为冀晋军区；以第一军分区、平西、平北（平北改为军分区）为冀察军区；以冀东为冀热辽军区；冀中仍旧。（二）冀晋军区以赵尔陆为司令员，孙毅为副司令员，王平为政委兼区党委书记、政治部主任；冀察军区以郭天民为司令员，刘道生为政委兼区党委书记、政治部主任；冀中军区以杨成武为司令员，林铁为政委兼区党委书记；冀热辽军区以李运昌为司令员兼政委、区党委书记，李楚离为副书记，李中权为政治部主任。中共中央还要求“分局、军区机关应精干短小。”

---

① 晋察冀边区革命史编纂委员会编：《晋察冀边区民主政权建设文献选编》中册，中共党史出版社 2013 年版，第 837 页。

根据中共中央的指示，冀晋、冀察、冀中、冀热辽4个区党委相继成立。晋察冀军区于9月21日作出关于成立冀晋、冀察、冀中和冀热辽4个二级军区的决定。晋察冀边区行政委员会于9月30日发出设置行署调整干部的命令。随之，冀晋区、冀察区党政军领导机关于9月下旬相继成立，冀中区党政军领导机关于10月成立，冀热辽区党政军机关于1945年1月成立。至此，在中共中央晋察冀分局、晋察冀军区和晋察冀边区行政委员会以下，共有4个区党委、军区和区行署，18个地委、军分区和专署，边区面积达20多万平方公里，人口近2000万（包括两面负担地区）。4个区党委、军区和区行署的建立，统一健全了晋察冀边区党政军领导机构，加强了党的领导，为各级党政军领导机构协调一致地进行反攻作战和各项建设作了准备。

*__冀晋区党政军机关成立__　冀晋区于9月下旬由原北岳区划分而来，根据中共中央晋察冀分局、晋察冀军区和晋察冀边区行政委员会的指示，冀晋区党政军机关也相继成立。冀晋区党委书记为王平，委员有赵尔陆、王昭、杨耕田、易清源、王延春、荀长武、方国华、唐子安等，王昭任副书记兼组织部长，易清源任社会部长，王延春任宣传部长。冀晋区党委下辖第二、三、四、五4个地委，张连奎任二地委书记，黄文明任三地委书记，丁莱夫任四地委书记，马天水任五地委书记。冀晋行署主任为杨耕田。冀晋行署下辖第二、三、四、五4个专署，吕东任二专署专员，张冲任三专署专员，臧伯平任四专署专员，李涛任五专署专员。冀晋军区司令员为赵尔陆，政治委员为王平，张连奎任副政治委员兼政治部主任，张开荆任参谋长。冀晋军区下辖第二、三、四、五4个军分区，二分区司令员为曾美，政治委员为张连奎，三分区司令员为李湘，政治委员为黄文明，四分区司令员为马龙，政治委员为丁莱夫。

*__冀察区党政军机关成立__　冀察区于9月下旬由原北岳区划分而来，根据中共中央晋察冀分局、晋察冀军区和晋察冀边区行政委员会的指示，冀察区党政军机关也相继成立。冀察区党委书记为刘道生，委员有郭天民、张苏、牛树才、冯骥、武光、韩纯德、易耀彩、阎子庆等，牛树才任组织部长，冯骥任社会部长。冀察区党委下辖第一、十一、平北地分委（后改为十二地委）、十三4个地委，杨士杰任一地委书记，高鹏先任十一地委书记，段苏权任平北地分委（后改为十二地委）书记，黄连秋任十三地委书记。冀察行署主任为张苏。冀察行署下辖第一、十一、平北办事处（后改为十二专署）、十三4个专署，宋致和任

一专署专员，臧伯平任十一专署专员，张孟旭任平北办事处（后改为十二专署）专员，陈一凡任十三专署专员。冀察军区司令员为郭天民，刘道生任政治委员兼政治部主任，易耀彩任参谋长。冀察军区下辖第一、十一、平北支队（后改为十二军分区）、十三 4 个军分区，一分区司令员为肖应棠，政治委员为杨士杰，十一分区司令员为肖文玖，政治委员为高鹏先，平北支队（后改为十二军分区）司令员为覃国翰，政治委员为段苏权。

* **冀中区党政军机关恢复成立** 根据中共中央 7 月 28 日指示，晋察冀军区于 9 月 21 日下达重建冀中军区的命令：杨成武任司令员，林铁任政治委员，李志民任副政治委员兼政治部主任，王奇才任副主任，沙克任参谋长，黄寿发任副参谋长。冀中军区由第六、七、八、九、十军分区组成，各军分区的领导作了调整：六分区司令员为王先臣，政治委员为魏震，副司令员为叶楚屏，副政治委员为邓可运；七分区司令员为于权伸，政治委员为张庆春，副司令员为杜文达，副政治委员为甘春雷；八分区司令员为贾士珍，政治委员为周彪，副政治委员为谢继友；九分区司令员为魏洪亮，政治委员为陈鹏，副政治委员为王道邦；十分区司令员为刘秉彦，政治委员为旷伏兆，副政治委员为张如三。晋察冀边区行政委员会于 9 月 30 日发出恢复冀中行署的命令：罗玉川任行署主任。冀中行署辖第六、七、八、九、十专区。各专区专员作了调整：六专区为吴树声，七专区为张亮，八专区为李斌，九专区为丁廷馨，十专区为宋志毅。冀中区党委于 10 月 10 日正式恢复：林铁、金城、杨成武、罗玉川、李志民、王奇才为区党委委员，林铁、金城、杨成武、罗玉川、李志民为常委，林铁任区党委书记兼宣传部部长，金城任副书记兼组织部部长、敌工部部长，张之生任城工部副部长，史立德任敌工部副部长，罗玉川兼社会部部长，王冀农任社会部副部长。冀中区党委下辖 5 个地委：六地委书记为魏震，七地委书记为张庆春，八地委书记为周彪，九地委书记为陈鹏，十地委书记为旷伏兆。

* **冀热辽区党政军机关成立** 中共中央于 7 月 28 日发出晋察冀边区党政军机构调整的指示后，由于战争激烈残酷，根据地各项建设工作任务十分繁忙，冀热边党政军领导机关未能立即改组。1945 年初，冀热边地区的抗战形势发生新的变化，各项工作有所恢复，冀热边党政军领导机构就进行了改组。1 月 4 日，冀热边区党委、行署和军分区领导机关在蓟县少林口召开会议，宣布冀热边特委改为冀热辽区党委，下辖 5 个地委；冀热边行署改为冀热辽行署；冀热

边军分区改为冀热辽二级军区。李运昌任区党委书记兼军区司令员、政治委员，李楚离任副书记，委员有苏林彦、李子光、李中权、詹才芳、钟子云、张明远。行署主任为张明远，副主任为朱其文。詹才芳为军区副司令员。全区分设5个地委、5个专署和5个军分区，并任命了主要领导人：第十四地委书记兼军分区政委为李子光，第十四行署代专员为李光汉，第十四军分区司令员为舒行；第十五地委书记兼军分区政委为杨文汉，第十五专署专员为李铁亚，第十五军分区司令员为赵文进；第十六地委书记兼军分区政委为徐志，第十六专署专员为于明涛，第十六军分区司令员为曾克林；第十七地委书记兼军分区政委为李海涛，第十七专署专员为张振宇，第十七军分区司令员为李雪瑞；第十八地委书记兼军分区政委为焦若愚，第十八专署专员为胡光，第十八军分区司令员为何能彬。同时，整编了部队，新编成第十四至第十九等6个团。各县基干队改称支队。此时，冀热辽区共有武装部队19 543人，9个主力团，民兵28万人。冀热辽区党政军领导机关的成立，标志着冀热辽抗日根据地的形成并进入了新的巩固、发展阶段，为抗日战争大反攻作了准备。

晋察冀边区的中学陆续恢复（7月） 从1944年开始，抗日根据地迅速扩大，抗日斗争形势明显好转，边区停办的中学陆续恢复。在冀晋区，1944年7月，晋察冀边区中学改为华北联合大学附中，校长为李贵森。在冀察区，1945年5月，成立冀晋中学。在冀中区，1945年4月26日，冀中行署指示所属第七、第八、第九专区各建一所中学。7月25日，冀中第七中学在安国马村成立。此后，六中、八中、九中、十中陆续建立，冀中共建立5所中学，共有男女学生1700余名，教职员89名。在冀东，乐亭县抗日中学、昌黎县抗日中学、路南民族革命中学等相继建立。各中学的课程内容是：政治思想教育（贯彻毛泽东思想）占30%，文化教育（抗战文艺、会计、边区史地、常识）占50%，生产教育（农、工、军火）占15%，军事教育占5%。各中学对教学方法继续进行了探索和实践，本着学用一致、教导合一的原则，注重参观学习，要求学生参加必要的社会活动、中心工作和生产劳动。边区多数中学的教师不武断说教，不用“填鸭式”或注入式的教学方法，而是启发学生自由研讨。各中学的招生和管理工作也逐步正规化。这些中学的毕业生除了部分继续升学深造外，大部分被分配到边区各个部门，成为边区抗日干部的坚强力量。

* **乐亭县抗日中学建立（8月）** 经昌（黎）乐（亭）联合县决定，冀东第

十七地委于 8 月批准建立以培养革命干部为主要目标的抗日中学，简称“抗中”。为适应抗日游击战争环境，抗中选择在距日伪据点较远，群众基础较好的董庄、程庄、杜林、小滩（后来迁大曹庄、白沙沱）分设 4 处分校，县委常委、宣传部长张伯英，县委常委、组织部长李晓光都曾参加学校的领导工作。学习课程有政治、国文、数学、音乐、体育等。随着抗日斗争形势的变化，学校时而集中，时而分散，村村为校舍，处处作课堂，有时就在坟地里上课，条件十分艰苦。学生边学习边开展抗日宣传活动，利用墙报、板报、广播和街头演讲等形式，揭露日伪罪行，鼓舞广大人民群众积极参加抗战。学校先后培养 600 多名学生，为革命作出积极贡献。

*__昌黎县抗日中学（1944 年秋）__　1944 年秋，昌黎县委、县政府决定在根据地赤崖完小增设一个抗日中学班，由完中教导主任郭述祖担任抗日中学班的主任，负责该班的教学训导工作。初期，有学生 20 多人，到 1945 年 2 月改为抗日中学，在校生达百人，教师 4 人。由于师资所限，最初只开设政治、国文、英语三门课程。抗日中学经费由赤崖乡各保负担，教师享受供给制待遇。1945 年 2 月改为抗日中学后，由县财政拨发经费。学校也曾组织勤工俭学活动，其收入用于补助师生的生活开支。该校办学 2 年多，为革命事业培养了一批青年干部，这些人直接参军或参加地方工作，同时，学校还为冀东鲁迅艺术学校、抗大、医大和冀东建国学院输送了 50 多名进步青年学生。

*__冀晋中学创建（1945 年 5 月）__　冀晋中学于 1945 年 5 月创建，校址在灵寿县西石门。校长为周学鳌，副校长为刘星华。第一期学生是华北联大附中中学班和师范班的学生，编为 3 个班，共 208 人，有教职员 12 人。此后，学校招生工作走上正规化，1945 年 6 月学校招收自费生 100 名，优待生 50 名。校部设组教科、校务科，后改组教科为教务科，改校务科为总务科。学校实行民主集中制的管理制度。学校设党总支（后改为党委），各部、班分建党支部或党小组；选派得力干部分管各部门工作，对干部和教师放手使用；努力完善各种规章制度，比较注意学校管理的正规化；发挥学生会等群众团体的作用；十分注意培养良好的校风，做到了“民主、团结、活泼、前进”。在教学方面，由学习委员会组织和推动政治文化学习，建立严格的汇报制度，成立各科研究会，建立教学手册与教室日记，规定严格的考勤和奖惩制度。

*__冀中第七中学成立（1945 年 7 月 25 日）__　根据冀中行署的指示，冀中第

七中学于1945年7月25日在安国县马村建立。学校有学生427名，其中女生94名，教职员20名。邸文域、陈力、郭敬辉、王凌西和王席征先后任校长。学校招收高小毕业程度的学员。学校采用自学辅导、教授启发方式，采取从做中学、从学中做的方法。学校始终把政治思想教育放在首位，以政治教育、生产教育为主，也注重加强文化科学知识教育。政治思想教育"主要是贯彻中国人民领袖毛泽东同志思想，贯通、了解新民主主义的科学思想，反对法西斯的统治思想及封建迷信的落后思想"，也就是注重时事教育和政策法令教育。

8月

晋察冀军区欢迎敌占区华北朝鲜人民代表慰问团（8月12日） 敌占区华北朝鲜人民代表慰问团冲破敌人的层层封锁线，历尽艰险，于日前安全抵达晋察冀边区，进行慰问演出。晋察冀军区于8月12日召开盛大晚会，欢迎敌占区华北朝鲜人民代表慰问团一行10人。慰问团团员有朝鲜知名的作家、艺术家、舞蹈家。晋察冀军区副政委刘澜涛和慰问团卜团长在欢迎晚会上讲了话。慰问团分别向边区八路军和晋察冀边区行政委员会献了旗。华北朝鲜人民代表慰问团的慰问演出鼓舞了军民士气，加深了中朝友谊。

晋察冀分局发出对敌政治攻势的指示（8月15日） 到1944年下半年，世界反法西斯战争日益取得决定性胜利。在苏军和美英盟军的夹击下，德国法西斯面临着彻底失败的命运，而在远东太平洋战场上的日本法西斯也面临着开战以来的最大危机。于是，日军在对抗日根据地进行疯狂"扫荡"的同时，积极开展思想侵略：一方面加紧对新闻的封锁控制，另一方面加强宣传组织机构，进行欺骗宣传。为了反击敌人的思想进攻，中共中央晋察冀分局于8月15日发出《关于秋季对敌政治攻势的指示》，指出：（一）将反法西斯战争胜利的新形势与反法西斯内部人民力量的高涨及一切反动势力的衰落，进行广泛深入的宣传；（二）秋季政治攻势要与武装斗争、反抢粮和对敌的经济斗争相结合；（三）要加强与发展武工队，组织军事的、政治的、文化的、公安部门的及日本解放联盟及朝鲜独立同盟的力量，挺进"敌后之敌后"，进行全面的武装宣传；（四）宣传方法要多种多样，特别注意使用当地群众所喜闻乐见的方式方法，要创造各种武装的和非武装的宣传方式；（五）利用敌伪日益增长的内部矛盾，加强对伪军伪组织的瓦解、争取工作。随后，边区开展了对敌政治攻势，有力地配合了对敌武装斗争。

中国民间音乐研究会晋察冀分会成立（8 月 28 日） 晋察冀边区音乐工作者于 8 月 28 日成立中国民间音乐研究会晋察冀分会。该会以组织研究、采录、演奏民间音乐（包括民歌、地方戏曲及宗教音乐、风俗音乐、秧歌、大鼓书等）及创作新民歌等为中心任务。第一届干事分工为主席兼演奏主任李劫夫，研究部主任王莘，采录部主任刘沛，秘书张非。

"朝鲜反法西斯联合会"在边区成立（8 月 29 日） 朝鲜学生代表于 8 月 29 日在晋察冀边区举行了"反日本法西斯大会"。到会的学生代表，有从日本来的，有从朝鲜来的，有从伪满洲国和华北敌占区各大城市来的。在大会上，朝鲜独立同盟领导人武亭讲了话，学生代表报告了近年来日本法西斯对朝鲜学生的压迫和侮辱的情况。军区政治部副主任潘自力应邀参加会议并发言。大会通过了争取学习自由等提案 56 件，决议成立"朝鲜反法西斯联合会"，全体代表举行庄严的入盟式。大会于 8 月 31 日结束。

晋察冀分局向毛泽东汇报边区减租问题（8 月 31 日） 中共中央晋察冀分局于 8 月 31 日发出了《关于减租问题向毛泽东的报告》，指出，继续贯彻减租政策，还是全边区今年秋收后的一个重要任务。在比较彻底减租的地区，必须以大力一村一户一件地深入检查。在北岳、冀中、冀东的游击根据地，过去执行过减租的，要继续全面贯彻减租政策；未执行过减租的，要有步骤地认真地执行。在新开辟地区及未实行过减租的游击区，如果我们已经取得一定优势，应开始执行减租；未取得优势的，先宣传十大政策，准备条件，逐渐实行减租。敌占区及隐蔽根据地，应在民族团结、共同对敌、互助互让的原则下解决农民的一些困难，说服地主少收一部分地租等。继续贯彻减租的重点，从全边区讲，是广大的游击区。①

冀热边军民救护 7 名跳伞美军飞行员（8 月底） 1944 年 8 月下旬，一架从重庆起飞的美军 B-29 型远程重型轰炸机，发动机发生了故障，在渤海沿岸昌黎县境内的七里庄、范庄子附近坠毁，7 名飞行员被迫跳伞。七里庄是冀热辽区抚（宁）昌（黎）联合县的一个"堡垒村"，7 名美国飞行员降落后，得到冀热辽根

① 参见晋察冀边区革命史编纂委员会编《晋察冀边区民主政权建设文献选编》中册，中共党史出版社 2013 年版，第 839 页。

据地军民的救护、照料，后经冀东军分区派部队护送到晋察冀军区。他们沿途亲身感受到中国老百姓的热情接待和冒着生命危险护送的动人情景，渐渐地认识了中国共产党和八路军与人民群众是真正的血肉关系，一再表示，他们发现了中国敌后抗日根据地是一个充满希望和充满胜利信心的新世界，看到了中国人民的力量和中华民族的伟大。翌年春，7 名美国飞行员到达延安，受到毛主席、周恩来、朱德等人的接见。

9 月

冀热边特委决定恢复口外工作（9 月 1 日） 1944 年，敌后抗日根据地已进入准备反攻阶段。6 月 18 日，中共中央晋察冀分局在《对冀东工作方针的初步意见》中指出，冀热辽地区应把开展与坚持伪满地区工作当作主要发展方向，把收复东北、解放东北人民当作自己的重要责任。根据中共中央晋察冀分局指示，中共冀热边特委于 9 月 1 日作出《对恢复口外工作的决定》，指出："口外广大山地，是坚持冀东游击战争的有力依托。""如无口外山地作依托，冀东游击战争的坚持是会遇到更多困难的。"要利用有利时机与口外人民建立关系，实行山沟民兵化政策，"改变内外不适宜的组织形式，使党政军民工作，在组织领导上完全统一起来。组织武工队，统一领导口外各地区工作"①。第一、第三地区党委与迁（安）遵（化）青（龙）县委必须积极恢复长城外工作，认真总结过去反集家斗争的经验，提出积极措施，具体布置口外工作。

冀热边特委全面部署第四季度工作（9 月 1 日） 中共冀热边特委于 9 月 1 日发布关于减租运动、锄奸工作、健全财政工作及第四季度中心工作纲要等决定，全面部署了第四季度工作，要求在本年秋季广泛发动群众开展减租运动，减租重点放在"二五减租"上。各级政府要在干部和群众中进行反"扫荡"的积极动员，使其克服麻痹思想和盲目乐观情绪，还要认真组织民兵积极锄奸，实行坚壁清野，进一步开展对日伪据点的封锁。

中央指示晋察冀分局加强东北工作（9 月 4 日） 抗战以来，由于坚持敌后游击战争向东北地区发展的战略决策，党中央已经拥有了可以从陆地和海上直

① 政协河北省委员会编《晋察冀抗日根据地史料汇编》中，河北人民出版社 2015 年版，第 1704—1705 页。

趋东北的晋察冀和山东两大根据地，取得了进军东北的主动权。随着战争形势的好转，中共中央不失时机地提出了夺取东北的战略方针。中共中央于 9 月 4 日发出《关于开展“满洲”工作问题给晋察冀分局的指示》，指出，“满洲”工作的开展，不但关系未来中共的局面，而且已成为刻不容缓的紧急任务，因此特决定：（一）分局、冀中区党委和冀热边特委，各组一个“满洲”工作委员会，负责动员和领导一切可能的力量开展“满洲”工作。（二）3 个委员会的工作分头进行，都直接受中央城市工作部领导，并与该部通报。分局与区党委，应用极大力量给予指导和帮助。（三）如组织机构一时难以健全，可先指定一两位得力干部负责，开始进行工作，再逐渐充实之。根据中共中央的指示精神，中共中央晋察冀分局于 10 月 31 日发出《关于东北工作的决定》，强调进行东北工作是边区全党的任务，全党必须进行这一工作，应当把东北工作提到城市工作同等的地位上来。文件要求冀热辽区党委和平北地委注意向“满洲”境内开展游击战争，邻近“满洲”各县，应组织东北工作部门，进行深入东北腹地的工作。

晋察冀分局向毛泽东汇报边区人民负担情况（9 月 9 日） 中共中央晋察冀分局于 9 月 9 日发出《关于边区人民负担情况向毛泽东的报告》，就晋察冀边区、北岳区、冀中区、冀热辽区和平北区人民负担问题作了详细的报告，北岳区以标准负担量作比，1942 年为 100%，1943 年为 68%，1944 年为 64%。自 1943 年起，村款开支中之优抗粮、团体粮柴鞋赔价约值 6 万余石，已经由政府开支，人民负担减轻比例实际不多。冀中区 1944 年人口为 540 万，原决定仍按 1943 年 54 万石分配，但因各分区人数增加，不够开支，征收数字需要增加。冀热辽因游击性过大，人民负担材料很少，1943 年以后，每亩征收小米 1 斤、伪币 2 元，少数地区征收高稻米 4 斤。平北区 1943 年人口为 30 余万，征收米 400 万斤，1944 年人口为 60 余万，拟征数字较上年增多 1/2。

冀东抗日中学成立（9 月初） 随着冀热辽抗日根据地的日益恢复和发展，根据地急需大批抗日干部。为培养有一定文化水平的抗日工作人员，冀东第三专区的卢（龙）抚（宁）昌（黎）和第四专区的昌（黎）乐（亭）丰（润）滦（县）等联合县，于 9 月初先后成立了抗日中学。昌（黎）乐（亭）联合县县长张昭任昌（黎）乐（亭）抗日中学校长，下属 4 个分校；丰（润）滦（县）抗日中学第一次招收学生 200 人。抗日中学是为加强干部教育而设，学制比较短，课程坚持少而精的原则，教学方法灵活，适应了抗战和边区建设的需要，培养了一大批有志青年，为抗日斗争和根据地建设作出了贡献。

冀热边区开展冬学运动（9月11日） 随着抗日斗争形势的好转，根据地的民众教育也不断加强。民众教育在根据地创建时就开始了，但是那时并不普遍，且时断时续。1944年7月，中共冀热边特委宣传工作会议指出，对民众教育这一方面的工作，并不勉求每一个地区都要千篇一律地去做，应该根据各地的工作情形而开展，因为只有根据地的建设达到一定程度时，才可能进行这方面的工作。9月11日，特委根据当时的环境和条件，适时地发出《关于开展冬学工作的指示》，要求各村建立冬学委员会，发动青壮年、妇女及儿童学习抗日民主政府编印的《民众识字课本》。从此，在冀热边区，特别是基本区掀起了冬学高潮。民众教育的广泛开展，使根据地人民的文化水平和政治觉悟都得到了不同程度的提高，对根据地的巩固和建设起到了很大的促进作用。

晋察冀边区政府召开合作社座谈会（9月15日） 随着晋察冀边区1944年大生产运动的开展，合作社在进一步组织全区劳动力，提高劳动效率，改善农业生产条件和技术，推动边区各项生产事业大幅度发展中起了主力军的作用。1944年9月15日，晋察冀边区行政委员会召开合作社座谈会，到会30个村的代表及专区、县合作社干部共50余人，座谈会历时12天，各村社代表介绍了办好合作社的经验。边区行政委员会主任宋劭文在会上发言，号召大家努力工作，争取在不久即将召开的边区群英大会上，当选为合作社英雄模范。合作社成为强有力的“经济堡垒”，成为新民主主义经济的有力柱石。

冀东区秋冬反“扫荡”（1944年9月15日至1945年1月底） 从1944年夏季开始，华北方面军与关东军在“准备决战”的喧嚣声中，进一步强化“重点主义”措施，特别是对地跨长城内外的冀热边地区展开了拼死争夺。9月，日伪军集中3万余兵力向冀热边基本区发动大规模“扫荡”，企图寻找八路军主力决战，打击抗日游击根据地首脑机关，并大肆抢粮，恢复伪组织。针对日伪军的进攻，中共冀热边特委于9月1日发出《关于秋季政治攻势的指示》，号召各级党委、抗日民主政府和部队要在干部与群众中进行反“扫荡”的思想动员，使其克服麻痹思想和盲目乐观情绪，还要认真组织部队、游击队和民兵，积极锄奸，继续实行坚壁清野，进一步开展对敌封锁运动。在中共冀热边特委的领导下，冀东党政军民正确贯彻“敌进我进”的作战方针，就地分散，坚持斗争，一面反“扫荡”，狠狠打击日军，一面抓紧空隙时间，发动群众，实行减租减息。至 1945 年 1 月底，取得了反“扫荡”战役的胜利。冀热边军民在反“扫荡”中共作战 106 次，攻克、逼退日军据点 58 个，毙伤俘日伪军共 3000 余人，另有 180 名伪军反正；缴获迫击炮 5 门、轻重机枪 44 挺、长短枪 850 支、子弹 15 万发。但我军也付出了沉重代价，特别是杨家铺之战，伤亡惨重。在这次反“扫荡”胜利后，冀热边根据地更加巩固和扩大，根据地共拥有 21 个县，599.8 万余人，民兵发展到 15 万余人，共产党员发展到 2.6 万余人。

*__丰润杨家铺突围（10 月 17 日）__　10 月上旬，中共冀热边特委、行署、军分区在丰润县皈依寨召开扩大工作会议，李运昌、周文彬、李中权、朱其文、丁振军等参加了会议。会议即将结束时，突然接到日军在丰润、滦县、迁安各县大量增兵的情报。军区司令部立刻通知，机关人员撤离到皈依寨 50 公里以外地区。李运昌和李中权分别带队到滦河北与滦河东活动，特委组织部部长周文彬率机关人员没有立即转移，而是接着参加了迁（安）滦（县）丰（润）联合县县委扩大会议。10 月 16 日晚，周文彬、吕光、李杉等人率特委机关、军分区卫生部、迁（安）滦（县）丰（润）联合县县区干部和第四地区区委部分干部及警卫部队共 800 余人到了丰润县杨家铺及附近的李庄子、夏庄子等村宿营。10 月 17 日，日军独立混成旅第八旅团 3000 余人围攻和袭击了丰润县杨家铺及周围村庄。经过十几个小时激战，冀热边特委常委、组织部部长周文彬，特委秘书长李杉，宣传部部长吕光，第四地区区委书记兼专员丁振军，冀东军分区卫生处处长兼政治委员王少奇等 430 多名干部、战士壮烈牺牲，特委社会部部长王友（钟子云）、第三专署专员高敬之和冀东东北情报联络站主任任远身负重伤。杨家铺突围战，是晋察冀边区自抗战以来干部伤亡最严重的一次。

*__巧取刘各庄据点（12 月 22 日）__　12 月 22 日，冀东八路军第一地区队队长张鹤鸣率 6 个连及丰（润）滦（县）联合县基干队、民兵约 1000 人，在长期潜伏在伪绥靖军内部的敌工干部谷松（范祖尧）、杨光（杨振鹤）巧妙配合下，一枪未放，巧取乐亭县刘各庄日伪据点，将伪绥靖军第五团 1500 名官兵全部俘虏，缴获全部武器弹药和其他装备物资。中共中央晋察冀分局敌工部在推广这一“里应外合”的成功经验时称：“这在边区对伪军的瓦解中，是属比较重大的事件。”

*__小官庄战斗（12 月 28 日）__　12 月下旬，李运昌到冀东西部地区检查工作，与第一地区区委、专署机关宿营在平谷县大、小官庄一带。12 月 28 日，日

伪军万余人对大、小官庄一带奔袭合围，企图消灭冀热辽军政领导机关。李运昌获悉后与第一地区区委、专署机关及第十三团主力部队安全转移，但第十三团参谋长关旭和第二地区队政治委员谭志诚所率领的工兵连、宣传队、干训班和地方抗日游击队等部100余人未能及时撤出，被敌合围在小官庄。激战一日，除了一部突出重围外，第十三团参谋长关旭、宣传队长王群英等120人牺牲，第二地区队政治委员谭志诚因负重伤不能突围，自杀殉国。此役我军86人被俘，群众也遭受重大损失。

冀中军民展开局部反攻（9月至12月底） 冀中区部队在1944年春夏季攻势作战中，有效地打击了敌人，攻克、逼退了敌人的一批据点，恢复了被敌人“蚕食”的部分根据地。冀中第九军分区部队紧紧抓住这一有利时机，于9月攻克肃宁县城，并乘胜解放肃宁全境，开始了对敌人的局部反攻。随后，冀中第七、第八、第十军分区部队，也相继展开了局部反攻作战，先后攻克了武强、深泽、安平、献县、饶阳等县城，恢复了藁城、无极地区，长途奔袭了长辛店车站，一度袭入保定西关和天津市区，使敌占区变成了游击根据地。

***奔袭长辛店车站（8月25日）** 冀中第十军分区部队在青纱帐战役期间，内线外线配合作战，向冀中北部日军展开攻势。8月25日夜，奔袭长辛店车站，激战1小时，将伪警察总署、军械库的日军全部歼灭，毙伤日伪军20人，同时攻入宛平敌军械库，缴获步枪500多支，电话总机1座。此攻势不仅从军事上给了日伪军以沉重打击，且在作战时向伪军伪组织广泛展开政治攻势，向群众深入宣传国内外形势及党的政策，震撼了日军认为已经长期确保的所谓“可靠区”，加深了敌人的恐慌动摇情绪。

***攻克深泽县城（9月2日）** 9月2日，冀中第七军分区第三十二地区队、深泽县大队攻入深泽县城。攻城部队在内线关系的配合下，首先攻入西门登上城墙，旋即向城内展开进攻，在密集火力掩护下，冲破敌人的抵抗，经过2个小时激战，歼灭了伪军大队，攻占了伪县政府和警察所，击毙日军顾问团8人、伪警察所长及伪军30多人，缴获了大量武器弹药，并打开监狱解救了受难同胞100余人。此战告捷，冀中军民欢腾，《晋察冀日报》曾专讯表扬。

***攻克武强县城（9月7日）** 冀中第八军分区第三十七地区队于9月7日攻入武强县城。当日夜11时，首先以强攻击溃东门守敌，随即突击城内，并迅速向纵深发起猛攻，激战1小时，伪军停止抵抗，缴械投降。此役俘获日军顾问

及石门联络部特务各 1 名，毙伤伪军 9 人，俘伪中队长、伪县政府秘书以下 300 余人，缴获迫击炮 3 门、长短枪 230 余支，并掩护群众运出小麦 100 万斤。

* **攻克肃宁城（9 月 30 日）**　肃宁县地处冀中腹地，是冀中区和第八、第九军分区领导机关经常活动的地区，经 1943 年和 1944 年春夏季的对敌攻势作战，形势有了很大转变。冀中第九军分区部队在削弱肃宁守备之敌后，于 9 月 29 日组织了对肃宁城的围攻。第三十四地区队和肃宁县大队在 2000 余名民兵群众的配合下，乘夜暗攻取肃宁城。9 月 30 日下午 1 时，全歼城内敌人，并将城周围敌伪据点全部攻克。至此，肃宁全县宣告解放。此役，击毙日军顾问荒野平八郎及伪军小队长以下 20 余人，俘伪军及伪组织人员千余人，缴获迫击炮 2 门、轻机枪 3 挺、长短枪 700 余支、粮食 400 余万斤及其他军用物资甚多。肃宁城是冀中区抗日军民在反攻作战中第一个收复的县城，肃宁县是第一个全境解放的县。肃宁解放，标志着冀中军民对敌局部反攻的开始。延安《解放日报》《晋察冀日报》同时发表评论《冀中又奏大捷，肃宁县完全解放》。

* **攻入安平县城（10 月 26 日）**　冀中第七军分区第三十六地区队在安平县大队配合下攻入安平县城。10 月 26 日开始战斗，攻进北门的第一梯队迅速爬上城墙，将岗楼之敌解决，继而将伪警察分所的 12 名警察俘获。随后，攻城主力部队突进城内，即向伪警备队团部及伪县政府进攻，同时以一部兵力将日军封锁在岗楼内。经过 1 小时激战，攻占伪警备队团部、第五中队部、伪县政府后，即撤出战斗。此战全歼 1 个伪团部、2 个中队及伪县政府全部，俘获伪警备团官兵及伪县长以下政府人员 400 余人，缴获一批军用物资。

* **袭击献县县城（10 月 27 日）**　10 月 27 日夜间，冀中第八军分区第三十七地区队、饶阳县大队、献县县大队，在当地游击队和“内线”关系配合下袭入献县县城。当夜 11 时，攻城部队突然袭击南门，攻入城内后与敌人展开巷战。激战至次日 2 时，伪警察署、县政府、保安第三大队驻地相继被攻克。张庄之敌连夜向献县增援，遭预伏部队有力阻击。3 时许，攻城部队主动撤出战斗。此战共击毙日伪军 40 余人，俘日军 5 人及伪县长、伪警察署长、伪中队长以下 200 余人，缴长短枪 128 支、子弹 2500 余发及其他大量物资。慑于八路军的攻势，张家庄、杏园、贾庄等据点之敌被迫撤回县城，献县境内广大乡村得到解放。

10月

冀热边发起“重回祖国”运动（10月1日） 从1944年夏季开始，冀热边形势大为好转，为了进一步加强对日伪军工作的领导，瓦解伪军政会民组织，争取伪军、伪组织人员，中共冀热边特委于10月1日发出《关于发起“重回祖国”运动以瓦解伪军政会民一切公开及秘密组织的指示》，决定发起号召“重回祖国”的强大政治攻势，并规定1945年2月1日至5月1日为正式“重回祖国”运动期。“重回祖国”运动以党的“治病救人”的宽大政策为基础，号召一切伪军、伪组织人员公开及秘密地脱离敌人，回到祖国来，号召隐藏在根据地与抗日组织内之敌探、奸细向当地政府或本机关首长坦白自首，参加抗日工作；动员伪军、伪组织人员之家属、亲友与群众开展规劝运动，劝告伪军、伪组织人员秘密地向政府登记悔过，在敌内为抗战服务，以控制与瓦解伪组织和开辟据点工作；动员、感化已被发现或自首之敌探、奸细在群众面前坦白自述，展开坦白运动，号召坦白自首以提高党政军民的警惕性，检举敌探、奸细。“重回祖国”运动在伪满军中引起强烈反响，伪军政组织人员发生显著变化，纷纷投降反正，或主动与八路军建立联系或保持“中立”，从而巩固了党与抗日组织，使长城沿线的根据地更加巩固。

晋察冀边区推行“民办公助”的小学教育改革（10月2日） 在边区国民教育工作中，为了搞好边区小学教育的改革和建设，边区政府教育处教育研究组，在阜平史家寨、朱家营村推行“民办公助”的小学试点。在取得试点经验的基础上，边区政府于10月2日发出《关于研究与试行“民办公助”小学的指示》，指出：“民办小学的方针是走群众路线，把小学交给群众去办。”“发动群众的力量，根据群众自己的意志来办群众自己的学校”，“学校形式、教育内容由群众自己决定，学校行政、组织由群众自己管理，经费由群众自筹，教师由群众自己聘请”，要求工作有基础的地区，应逐渐将公办小学转为民办小学。同时强调，民办与公助不能分离，民办仍要加强领导，不能听任自流，必须经常负责督促、检查、帮助，随时解决群众的困难，纠正不应有的偏向。[①]“民办公助”方针的实施，纠正了小学教育与群众需要脱节的问题，解决了教育与生产

① 参见保定历史文化专辑编委会编《保定抗战教育》，新华出版社2005年版，第29页。

的矛盾，充分调动了边区群众办学的积极性，促进了边区小学教育的普及和发展。到1944年底，据冀晋、冀察区33个县的统计，共有初小、高小3368所，学生135 718名；冀中区1945年统计，共有初小、高小2529所，学生658 174名。

晋察冀边区开展以识字为主的冬学运动（10月2日） 利用冬季农闲季节开展冬学运动，对农民进行抗战政策和文化教育，是边区教育工作的中心任务。晋察冀边区行政委员会于10月2日发出《关于开展冬学运动的指示》，具体确定了冬学运动的方针、内容和领导上应注意的问题，决定了本年冬学的起止日期，一般自1944年11月15日起至1945年2月底结束。同时，边区抗联会号召在冬学中发动青年识字比赛，抗联会干部要做自觉学习的模范。文件指出，冬学运动是广大群众的学习运动，不是一般的宣传教育工作。广大群众特别是村干部迫切需要提高自己的文化水平。过去一个大的偏向是一切政治化，历史上冬学运动把重点放到政治教育方面去了，这是忽略群众要求的。今年的冬学运动，以提高群众文化水平为中心，着重开展识字运动。冬学运动开展后，在根据地的巩固区和部分游击区，几乎村村有冬学，不少村庄在冬学结束后，成立了常年民众学校，村民结合农业生产，常年坚持学习。村干部和广大青年男女形成以学习为荣的风尚，妇女们的学习热情也越来越高，冬学运动在边区蓬勃发展。

晋察冀分局城工委提出加强城市工作的意见（10月5日） 遵照中共中央晋察冀分局扩大的高干会议精神，中共中央晋察冀分局城工部于10月5日为分局起草下发了《关于城市工作的计划、组织和工作方法的补充指示》，指示各级党委均须调查掌握一切可以派出的干部。除派遣一般党员外，还须派遣一部分区委以上的干部作为骨干。该文件提出了具体而实际可行的意见，要点是：（一）应利用一切可能的合法形式来团结群众；（二）打入伪组织后，应掌握其领导机关；（三）应在保护中国人的口号下成立某种无定形的联盟；（四）秘密的抗日群众组织只应当成为党员团结少数已经考验过的抗日积极分子的短小精干的组织，绝不能广泛；（五）在城市中目前不设立党的领导机关；（六）打入伪组织的党员发展党员、建立组织应既积极又极端慎重。晋察冀边区各级城工部门坚决贯彻执行中共中央关于加强敌占城市和交通要道工作的战略方针和指示，积极谨慎地发展城市地下党组织，使晋察冀根据地周围敌占大城市和交通要道的地下党组织不断发展壮大。

*冀热边城工部建立（10月）　1944年夏天，冀热边根据地和游击区，已发展到南起渤海，北越锦（州）承（德）铁路，西起潮河，东入辽西的广阔地域。客观形势的发展，要求城市工作必须打开新的局面，以利于城乡相互配合。1944年10月，中共冀热边特委遵照中共中央晋察冀分局的指示建立了城工部，王大中任部长，负责党的城市和交通要道工作。中共冀热边特委除继续向北平、天津、沈阳等大城市派出部分干部外，还要求各地、县委也利用各种关系，通过各种渠道，向大中城市派遣地下工作人员。城市周围的抗日游击队不断向城市逼近，在城郊建立了隐蔽的游击区。自此，冀热边区的城市工作步入了一个新的阶段。

冀中区党委研究重建冀中党政军群机关问题（10月6日、7日）　冀中五一反“扫荡”结束后，冀中根据地大部沦为敌占区和游击区，冀中区党政军领导机关和主力部队暂时转移到冀西山区。随着冀中抗战形势的好转，冀中区党委于10月6日和7日在冀西召开临时会议，研究重建冀中党政军群机关问题。会议决定配备各机关领导干部，在北岳区工作的原冀中干部，原则上一律回冀中工作。冀中军区教导团的学员、干部及分局党校的冀中干部也都回冀中工作。随后，林铁、李志民、罗玉川、金城等领导同志及党政军机关先后到达冀中。之前，冀中军区司令员杨成武也率领部分机关人员，从平汉路西到达冀中。

晋察冀边区各界反对国民党的倒行逆施（10月9日、10日）　随着抗战形势的好转，国民党的倒行逆施日益加剧，引起了社会各界的不满。晋察冀边区参议会驻会参议员办事处于10月9日召开各界时事座谈会，到会的各界人士百余人坚决主张改组国民政府，以挽救危局。10月10日，晋察冀边区各界在阜平城举行边区各界纪念国庆节、要求改组国民政府和统帅部群众大会。到会代表5000多人。会上边区参议会副参议长于力致开会辞，军区副政委程子华、晋察冀边区行政委员会主任宋劭文、边区抗联主任王文兴及各军区各行署代表都讲了话，大家一致反对国民党取消八路军和边区，要求立即改组国民政府和统帅部。最后大会通电全国。

冀中区恢复合作社组织（10月17日）　冀中区合作社组织建立较早，发展较快，工作也有显著的成绩，并在群众中有相当好的影响和基础。五一反“扫荡”后，组织合作社的工作遭受了极大的破坏。随着抗日形势的逐步好转，冀中区党委于1944年10月17日发出《关于恢复与发展冀中合作社的决定》。文件指出，合作社是稳定性的群众组织，它的工作也就是实际的群众工作，因此，应保证选举各级抗联会主任兼任合作社副主任。冀中各专区、县级的合作社筹委会相继建立，区设合作办事处，其在党政群领导配合下工作开展得很快。合作社今后的发展方向，应以农业及手工业生产为重点。此文件得到了全区党政军民干部的重视和广大群众的拥护。随后，各级合作社犹如雨后春笋般纷纷建立起来。

冀中六分区召开劳模大会（10 月 20 日） 冀中第六地委、专署、军分区于 10 月 20 日在宁晋县召开劳模大会。地委书记魏震、专员吴树声、分区司令员王先臣等参加了大会。会上被授予光荣称号的有：劳动模范张化全（深南县）、郁洛善（束冀县）；拥军模范聂大省（晋县）；民兵英雄董振宗（深南县）；战斗英雄侯松波（地委委员）、韩瑞（分区农会主任）等。张化全、聂大省、侯松波等被选为分区英模代表，后来参加了晋察冀边区召开的群英大会。冀中军区火线剧社的傅铎以张化全的模范事迹为素材，写成了著名歌剧《王秀鸾》。六分区司令部、政治部还授予晋县东小留庄拥军模范聂大省“子弟兵的母亲”称号。

晋察冀边区行政委员会发出财政问题的指示（10 月 23 日） 根据中共中央 1944 年 7 月 28 日的指示，晋察冀边区行政委员会于 9 月 30 日发出了设置行署及调整干部的命令，决定设置冀晋区、冀察区、冀中区、冀热辽区 4 个行署。为了统一边区的财政管理，晋察冀边区行政委员会于 10 月 23 日发出《关于财政问题的指示》。文件指出：“行署设置以后，边区财政之统一，主要是边区有统一政策，统一的财粮供给制度与管理制度，统一的预算与统一的征收，以便统筹统支，以有余补不足，而获财政收支平衡之实效。因此，各行署应将各该辖区党政军民脱离生产之编制人马数字，各项供给，军政经费，优抚救灾，事业费及总预备费编造算出预算；将各该地区之人口、土地、富力、分数，每分负担量，征收总额，以及契税，公营事业，机关生产与其他收入，编造算入预算，均报经本会批准。”①

11 月

晋察冀边区开展大练兵运动（1944 年 11 月 1 日至 1945 年 3 月中旬） 为

① 魏宏运主编：《抗日战争时期晋察冀边区财政经济史资料选编（财政金融编）》，南开大学出版社 1984 年版，第 671—672 页。

增强反攻作战力量，从军事上准备将来大发展的条件，中共中央于7月1日向各中央局、中央分局发出《关于整训军队的指示》，要求各抗日根据地“加紧整训现有军队，在现在物质基础上与战斗生产间隙中，把我军的军事训练与政治工作极大地提高一步，准备将来使我军发展一倍至数倍的条件”，以便在反攻时夺取大城市与交通要道，最后驱逐日寇，并对付国民党方面可能的突然事变。[①] 遵照中共中央的指示，10月5日，中共中央晋察冀分局制订了军事训练计划，规定军事训练主要是训兵，并总结带兵、用兵与养兵的经验，要求全区部队基本上在一年内着重今冬明春两季轮番训练完毕。10月25日，朱良才在分局扩大干部会议上作《练兵期中政治工作》的报告，指出，练兵期中政治工作的中心任务是保证整个练兵任务的完成，练兵中政治整训的目的在于克服军阀主义倾向、脱离群众的官僚主义作风和脱离具体实践的教条主义作风。从1944年11月1日至1945年3月中旬，中共中央晋察冀分局领导全边区开展了群众性的大练兵运动。

从11月1日开始，晋察冀军区主力部队、地方军、民兵自卫队，掀起了大练兵的热潮。各部队从政治整训入手，整顿部队的政治思想工作。随后，以提高投弹、射击、刺杀三大战术为中心展开轰轰烈烈的练兵互赛运动。军区直属队各机关以机关为单位成立连队，各机关科长以下全体人员都参加了军事训练。军区参谋长唐延杰担任干部排的教练，程子华、宋劭文、于力等党政军领导干部都到操场观看操练。经过军事训练，军区直属各机关面貌焕然一新。各战略区由于情况不同，练兵运动开展的时间、投入的兵力和实施的方法有所不同：冀晋军区和冀察军区第一军分区于11月上旬展开，有一半部队参加；冀中军区和冀察军区第十一军分区的战斗任务较重，大练兵运动于11月上旬至12月上旬陆续展开，冀中军区为了建设主力，于1945年2月抽调部分部队组成冀中军区练兵团，转移到平汉铁路以西唐县、完县交界带，进行了整训；冀热辽军区由于环境艰苦、战斗频繁，整训是在战斗间隙分别进行。1945年初，晋察冀军区成立了炮兵、工兵部训练队和报务、机务人员训练队，加强了专业干部的训练。冀中军区在干部中进行了加强冀中作战和建设主力的思想教育，针对敌占城镇的设防情况，作了必要的攻坚战准备，各军分区都举办了坑道爆破训练班，开

① 参见谢忠厚、肖银成主编《晋察冀抗日根据地史》，改革出版社1992年版，第516页。

设了炸药厂。冀晋、冀察、冀中、冀热辽各区民兵和自卫队员也以村为单位，利用生产空隙，普遍进行了以制造和使用地雷，提高射击、投弹技能为主的练兵运动。

晋察冀军区部队和民兵自卫队的大练兵运动，取得了巨大成绩，为边区部队进行攻势作战和转入全面反攻、开展大规模的运动战，作了思想上和战术技术上的准备。

***晋察冀军区炮兵干部训练队成立（1945 年 2 月）** 晋察冀军区炮兵营于 1944 年奉命调赴延安炮校后，军区根据抗日战争形势的发展，在军区大练兵运动中，于 1945 年 2 月成立了晋察冀军区炮兵干部训练队，以提高专业干部的素质和军事技术。训练队由各级军区抽调近 100 名优秀的连长、排长（有个别班长）组成，高存信任队长，李元凯任指导员，史存真（林千）任副队长。张家口解放后，军区炮兵干部训练队于 9 月中旬奉命进驻张家口。9 月 25 日，中央军委致电聂荣臻，要晋察冀军区利用收复张家口所获之火炮及炮弹，迅速组建炮兵团。为贯彻落实中央军委的指示，晋察冀军区于 9 月 27 日发布命令："各军区必须深刻认识炮兵今天作战之作用，宁可步兵团缩小些，也必须成立炮兵团"，以适应战争形势发展的需要。于是，军区决定以炮训队为基础，迅速组建炮兵团。10 月，晋察冀军区炮兵团建立，高存信任团长，王英高任政治委员。1947 年，炮兵团改为炮兵旅。炮兵部队边组建边战斗、边训练边整编，为抗日战争的最后胜利和解放战争的顺利进行发挥了重要作用。

***冀中军区练兵团（1945 年 2 月）** 为了在开展普遍的群众性的游击战的同时，注意向运动战的转化作准备，冀中区党委和军区于 1945 年 2 月决定成立军区练兵团，杨成武兼任练兵团团长及政治委员，黄寿发、王奇才兼任副团长、副政治委员。抽调第六军分区第三十一地区队和第四十四地区队各一半，第七军分区第三十二地区队，第八军分区第三十七地区队，第九军分区第二十四团以及第六、第七、第九军分区的教导队共 2000 余人组成冀中军区练兵团。练兵团组成后，开赴平汉路以西完县、唐县两县交界的清醒、神南镇一带地区并从 3 月 15 日开始，进行为期 3 个月的整训。为在机动作战中形成"拳头"，冀中军区在练兵团训练结束时，将部队组编为 4 个主力团，并要求练兵团于 6 月初赶回冀中，参加夏季攻势的子牙河东战役。

晋察冀分局指示冀热辽区党委抓紧建党工作（11 月 2 日） 中共中央晋察

冀分局于 11 月 2 日对冀热辽区党委发出指示，指出，目前冀热辽地区应一方面巩固基本区，一方面继续向热河、辽宁及十分区发展。冀热辽的党员和党组织在数量上还是很少的，在坚持冀热辽阵地上，目前还未能普遍地起到应有的堡垒作用，因此，大量发展党员及党组织，应当成为当前冀热辽党委的重要任务。应在减租减息、合理负担与对敌斗争中大量发展英勇坚决的、为广大群众所拥护的积极分子入党。各种群众组织，特别是农会组织，也应当在对敌斗争中进一步健全与扩大。

冀中区党委作出深入敌后扩大解放区的决定（11 月 10 日） 早在 1944 年 5 月，中共中央晋察冀分局就发出指示，应抓紧敌后情况相对稳定的有利时机，向“敌后之敌后”伸展，扩大和开辟根据地。根据以上指示精神，冀中区党委于 11 月 10 日发出《关于五个月中心工作的指示》，指出，为了分散敌人的力量，巩固基本区，扩大回旋区，便于城市工作的进行和掌握控制含有重大意义的海岸线以及城镇交通要道，必须用大力积极纵横穿插深入敌后，开展敌后各种工作。冀中区党委决定，十分区基本方向是向北平开展，同时组织力量向安次、天津方向伸展，配合九分区完成包围天津之任务。九分区依靠大清河岸的苇塘向武清开展，同时组织力量从津南向渤海海岸线发展。八分区除开展津浦路西青县、沧县、大城的工作外，还伸向路东开辟路东青县、沧县地区。七分区要把藁城、无极地区的工作更进一步引向深入。六分区应将西部地区进一步加强发展与巩固起来，并向平汉铁路推进。各军分区积极贯彻上述指示，纷纷组织力量深入敌后，展开了开辟地区的工作。到 1944 年底，冀中区新开辟村庄 1665 个，解放人口 120 余万，使冀中解放区北达北平近郊，东越津浦路直抵渤海湾。

美军观察组到达晋察冀边区（11 月 11 日） 随着国际反法西斯统一战线逐渐扩大，为了更有效地配合盟军作战，1944 年 7 月美军派出观察组赴延安进行军事、政治考察，后又到晋察冀等其他敌后抗日根据地进行实地考察。为了接待美军观察组，晋察冀军区成立了联络处，处长由晋察冀军区副参谋长耿飚同志兼任，负责与美军观察组的业务联系。美军观察组于 11 月 11 日到达军区司令部，其主要成员有彼得金、路登、惠特塞、多姆克、杜伦、格雷斯。14 日，军区召开 1000 多人的欢迎会，军区领导人向美军观察组介绍了敌我态势及人民武装发展经验，晋察冀边区政府向美军观察组介绍了几年来的民主政治建设情况。从 1944 年 12 月开始，美军观察组又分赴各地区实地考察。彼得金到曲阳、新乐一带参观了地道，并化装成农民，深入群众进行考察。八路军还把在正（定）灵（寿）公路上伏击日军缴获的日军战利品赠送给彼得金。多姆克于1944年12月中旬到北平近郊一带，考察通讯和交通等。惠特塞在收集到若干材料后赴太行区参观。杜伦则在整理好八路军提供的轰炸目标材料后，赴冀中平原参观，以进一步了解保定飞机场和渤海湾滩头阵地的使用价值和利用的可能性，搜集北平、天津、保定、石家庄一带的日军情报及军事设施，考察八路军在冀中平原是如何与日军作战及作战能力如何等，以给美军万一在华北参加协同对日作战作准备。杜伦到冀中后，军区司令员杨成武向他介绍了冀中军民抗击日本侵略者的斗争情况，随后参观了第七、八、九分区的地道。1945年1月20日晚，杜伦随九分区机关转移到任丘与河间交界处的培里村，21日黎明，河间等地区的六七百名敌人包围了培里村，分区警卫部队和民兵英勇地抗击敌人，杜伦随翻译一块儿进入地道。敌人拼命向地道里打枪、灌水、放烟、放毒，从地道顶上挖掘，因为地道里有各种防范措施，敌人的一切伎俩均告失败。杜伦对地道的威力由衷佩服，连连称赞“八路军伟大”“中国老百姓伟大”。他断言：“日本必败，中国一定会胜利。”1944年12月21日，晋察冀军区领导人程子华和耿飚给叶剑英发电报，报告了美军观察组在晋察冀军区40多天的活动情况。美军观察组通过对晋察冀抗日根据地的深入考察，对根据地的军事斗争、根据地各项建设有了较为全面的了解。

冀中行署召开专员会议（11月19日） 冀中行署于11月19日召开专员会议，罗玉川作了报告。会议根据形势部署了积极开展对敌经济斗争，驱逐伪钞，开拓边币阵地，确定进出口贸易政策，大力完成救灾，开始治河工作，准备明年大生产运动等一系列任务。会议指出，对敌经济斗争是根据地很重要的工作。伪钞驱逐不出去，物资向敌区外流就不能防止，救灾与民生问题就不能解决。治河工作如不能大力完成，明年灾荒就难防止，大生产就无从完成。为了保证救灾、经济斗争及奠定明年大生产的基础，必须配合减租运动和及早完成合作社的组织工作。会议明确减租工作是当前的中心任务，合作救灾则是第二个重要工作，号召各级干部应从思想上动员起来，圆满完成全部工作任务。

晋察冀分局决定组织人民武装委员会（11月20日） 自1941年11月北岳区人民武装委员会取消，成立人民武装部以来，北岳区的民兵建设取得了很大的成绩，但人民武装的民主性较前大为减弱，强迫命令作风较前严重。中共中央晋察冀分局根据1944年7月高干会议精神，于11月20日作出《关于组织人民武装委员会的决定》，决定把各级人民武装部组织改变为完全民选的、有独立系统的、实行民主集中制的各级人民武装委员会。各级人民武装委员会的组织原则，完全根据中央军委1941年11月的指示执行。在人民武装委员会下，自卫队与民兵各有其独立系统。但为加强对民兵工作的领导，使民兵成为人民武装中之骨干，在加强对敌斗争和日常行政工作上，发挥集中的指挥作用，晋察冀分局在各级人民武装委员会下成立民兵指挥部，执行人民武装委员会的决定，指挥部长由人民武装委员会主任兼任。冀中区、冀晋区、冀察区各级党委根据中共中央晋察冀分局的决定，撤销了人民武装部，建立了各级人民武装委员会。冀中区于12月建立了冀中区临时人民武装委员会，冀晋区、冀察区人民武装部于1945年3月相继召开了首次人民武装代表大会，把冀晋区、冀察区人民武装部改为冀晋区、冀察区人民武装委员会。各级人民武装委员会是各级党委直接领导下管理民兵建设的工作部门，推动了边区民兵工作的顺利开展。

中央关于开辟平绥路工作的系列指示（1944年11月24日至1945年4月18日） 随着全国抗战形势的好转，中共中央和毛泽东对晋察冀边区在平绥路两侧开展攻势作战极为重视。11月24日，中共中央指示晋察冀分局："目前须派一批得力干部与适当兵力，发动与组织平绥线两侧群众，争取伪军伪警伪组织，有计划有步骤地开展游击战争，使平绥线两侧逐渐变为我之游击地区"，以准备全部夺取平绥铁路。中共中央指出："在进行步骤上，首先应加强大同以东、桑干河两岸工作，组织几个短小精干的武工队，配合雁北北线党政军民原有工作基础，逐步推进，平西则用最大努力争取实行'察南为我所有'。"① 12月18日，毛泽东向程子华发出《关于扩大解放区的指示》，希望晋察冀边区努力向雁北、绥东、察哈尔、热河及冀东敌占区发展，扩大解放区。同时努力从事城市工作。1945年4月18日，毛泽东再次电示中共中央晋察冀分局，明确指出，晋察冀边区扩大解放区，主要发展方向应放在热辽与雁北地区，并抓紧进行主力军、地方军与民兵的训练与扩大，以便将来能抽出若干主力，作为开辟察北、东北之用。中共中央和毛泽东的有关指示，为晋察冀边区抗日军民的攻势作战指明了

① 《晋察冀抗日根据地》史料丛书编审委员会、中央档案馆编：《晋察冀抗日根据地》第一册（文献选编下），中共党史资料出版社1989年版，第959页。

方向。

晋察冀边区交通总局成立（11 月） 随着解放区地域日益恢复扩大，为适应工作需要，中共中央晋察冀分局和边区行政委员会决定将分局交通处和边委会交通运输队合并并成立晋察冀边区交通总局，隶属边区行政委员会领导。经过一段时间的筹备工作，晋察冀边区交通总局于 1944 年 11 月在阜平县东板峪店村正式成立，由分局交通处、边委会交通运输队和冀中交通大队原有工作人员组成，冯树章任局长，史光迪任副局长，下设秘书室和行政、业务、总务科以及医务所、机关生产合作社、驮骡运输队等单位，分管 4 个交通分局、2 个交通总站和 5 条交通干线。冀晋区交通分局局长为白一萍，冀察区交通分局局长为孙慕东，冀中区交通分局局长为宋德仁，一总站站长为赵濯尘，二总站站长为齐志良。5 条交通线分别是：通延安线、通冀热辽线、通晋绥线、通冀中线、通冀鲁豫线。同时，为提高交通人员的政治、业务素质，还举办了 2 个培训班。1945 年 3 月 12 日，边区行政委员会发出建立各级交通组织的通知，边区设交通总局，各行政区设总局办事处，各专区设交通总站，各县设交通站，统一规定了交通管理机构的设置。同年 6 月 21 日，边区交通总局拟定《晋察冀边区各级交通局组织条例及工作条例》（草案），明确了各级交通局受同级政府和上级交通机构双重领导，规定了各级交通机构的人员编制和职责分工等。边区交通总局成立后，逐步理顺与各方面的关系，对交通线、站的管理逐步走上正轨。

冀中军区授予李杏阁“冀中子弟兵母亲”光荣称号（11 月底） 冀中军区在安平县报子营村召开授予李杏阁大娘“冀中子弟兵母亲”的命名大会。冀中军区副政治委员李志民代表冀中军区授予李杏阁“冀中子弟兵母亲”的光荣称号。李杏阁家住安平县报子营村，她是一个普通的农村妇女，丈夫早逝，拉扯着 3 个孩子过日子，生活非常艰难。自从八路军到了她的家乡后，抗日政府处处关心她们孤儿寡母，发给她们救济粮，村里又组织拨工，她们的生活一天天好起来。她认定要跟着共产党走，政府号召拥军，她坚决拥护。开始她只负责看护一两个伤员，后来伤员增多，她家便成了秘密的临时医院病房，医生三两天来巡回换药，平时都靠李杏阁看护伤员。自 1942 年冀中五一反“扫荡”以来，先后有 73 名八路军干部、战士伤员在她家养伤，她千方百计掩护，耐心护理，使他们伤好归队。李杏阁成为深受冀中区军民爱戴的拥军模范。1944 年 12 月 21 日，李杏阁被选为冀中区代表，参加了晋察冀边区第二届群英大会。

冀中区各群众团体机构相继重建（11月） 冀中区各群众团体机构于11月相继重建，李国华任农救会主任（兼抗联主任），陈宝玉任工救会主任，韩启民任妇救会主任，马卓州任回建会主任，佟英任青救会主任。冀中军区卫生教导队重建，招收未经过正式训练的医助和卫生所长、队长32人为第一期学员，原则上训练计划为1年。1945年8月抗战胜利，部队迫切需要医生，学员就提前毕业了。抗战胜利后，卫生教导队扩建为冀中军区白求恩卫生学校，组建冀中军区直属休养所，后直属休养所扩建为冀中军区国际和平医院分院。

12月

晋察冀边区公营工厂召开首届群英大会（12月7日至17日） 晋察冀边区公营工厂于12月7日至17日召开首届群英大会。到会的有军火业、印刷业、制药业、缝纫业、造纸业、煤矿业等公营产业民主选举的英雄模范和列席者共70余人，其中军工劳动英雄30人、模范工作者7人。边区行政委员会主任宋劭文和中共中央晋察冀分局代表赵振声，出席了会议并发表了讲话。大会推选了出席边区群英大会的英模代表刘润田等共20人，其中军工劳模代表10人。

晋察冀边区行政委员会作出设立华北联大教育学院的决定（12月12日） 为了彻底改革干部教育，边区行政委员会于1944年12月12日发布《关于设立华北联大教育学院的决定》。文件明确规定："联大教育学院的性质确定为干部学校，负责提高与培养初、中级党政军民的干部及技术干部，且以提高现任干部为主。"教学上贯彻学以致用、理论和实践密切联系的原则，培养干部为抗战、为新民主主义社会建设事业服务，提高干部为群众服务的能力及必要的技能水平。[①] 1944年至1945年，北平、天津等城市几百名学生到边区，联大教育学院为此增设了政治班，边区中学也合并到联大教育学院，成立中学班，再加师范班、短期训练班等，共有学生600人。开设的主要课程有边区建设、政治思想教育、文化教育、生产知识、医药知识、军事知识等。干部教育的改革和加强，提高了边区广大干部的马列主义水平和业务能力，为边区建设和抗日反攻培养了骨干力量。

晋察冀军区摄影训练队举行开学典礼（12月15日） 晋察冀军区摄影训练

---

① 参见保定历史文化专辑编委会编《保定抗战教育》，新华出版社2005年版，第149页。

队于 12 月 15 日在晋察冀画报社驻地河北阜平洞子沟举行开学典礼，后迁到坊里。沙飞、石少华担任摄影课的教员，石少华重点讲摄影基础知识、相机构造、光学化学原理等，沙飞侧重讲新闻摄影采访报道方法和新闻摄影记者应该具备的条件等内容，还从抗敌剧社请来美术家炎羽讲美术构图。晋察冀军区摄影训练队到抗日战争胜利时一连办了 3 期，培育出摄影人员 50 余人，这些人在抗日战争大反攻和解放战争时期活跃在战斗前线，成为晋察冀摄影队伍中坚强的骨干力量。

晋察冀分局作出开辟平绥路工作的决定（12 月 20 日） 根据中共中央和毛泽东关于开辟平绥路工作的系列指示和部署，12 月 20 日，中共中央晋察冀分局作出了《关于全面开展平绥路工作的决定》。文件要求："冀晋、冀察两区党委应把开辟平绥路工作当作目前主要的任务"，使"雁北、察南全部地区成为我之根据地与游击区"。为此决定成立大同、怀仁两个工作委员会，受第五地委领导；成立怀安工作委员会，受第十三地委领导；成立张北工作委员会，受第十二地委领导。应县、山阴、浑源各县县委均应积极向桑干河两岸延伸。邻近敌占区各县县委均应以现有阵地为基础，向周围敌占区发展。"在能够开展游击战争的地区，应在各工委领导下成立一个至数个武工队，大胆地深入到日军之深远后方活动。在目前尚不能开展游击战争的地区，应准备在明春组织武工队出去活动。山阴、应县、浑源、灵丘等县应组织武工队到川下活动，巩固已开辟地区，开辟新地区。"①

晋察冀边区召开第二届群英大会（1944 年 12 月 20 日至 1945 年 1 月 30 日） 自从 1944 年 2 月边区第一届群英大会以来，晋察冀边区各条战线涌现出许多英雄模范人物，特别是减租减息和大生产运动的开展，使群众的积极性、创造性得到了极大的发挥，英雄模范辈出。为了表彰广大军民的爱国主义和革命英雄主义精神，全面检阅一年来战斗、生产和各项工作成绩，在各县、各单位召开群英会的基础上，边区于 1944 年 12 月 20 日至 1945 年 1 月 30 日在阜平县史家寨村举行了盛况空前的晋察冀边区第二届群英大会。大会历时 42 天，除冀热辽区英模代表团因反"扫荡"未能参加外，冀中区、冀晋区、冀察区的代表均按

---

① 《晋察冀抗日根据地》史料丛书编审委员会、中央档案馆编：《晋察冀抗日根据地》第一册（文献选编下），中共党史资料出版社 1989 年版，第 963—964 页。

时到会。到会的英雄模范和参观者389人，各区干部200人，边区级干部52人，列席的175人，总计816人参加了会议。首先全体到会者向中国人民的伟大领袖毛泽东致敬。然后，宋劭文代表大会筹备委员会报告了会议筹备经过。程子华致开幕词，他说：这次大会的任务“一个是总结生产，一个是总结战斗，要把好的典型、好的经验和方法总结出来”①。于力代表边区参议会致辞，勉励众英雄互相学习，把边区搞得更加兴旺。

大会期间，70多名英雄模范代表发言，介绍了战斗、生产、文教卫生、拥军等各方面的事迹和经验，如“合作社英雄”张瑞介绍发展合作社的事迹，部队劳动英雄寇善卿、王致和等介绍了部队开展生产的经验和收获，医药卫生模范张明远、杨明甫介绍了创办医疗所为群众防病治病的事迹，等等。群英大会期间，阜平高街村创作的《穷人乐》连续演出，而且举办了边区首届展览会，展示了战斗和生产的各项成果。为了表彰群众的英雄创造，大会主席团对军区工业部、高街村剧团、抗敌剧社、《晋察冀日报》社、晋察冀画报社、边区政府财政处印刷局等为边区各项事业作出了巨大贡献的单位分别给予了奖励。会上，程子华作了《关于边区形势与今后任务》的报告，唐延杰作了《1944年军事斗争总结与今后任务》的报告，宋劭文作了《1944年大生产运动总结及1945年任务》的报告，很好地总结了1944年的工作，提出了1945年的各项任务。

晋察冀边区第二届群英大会总结了英雄模范在生产、战斗中的典型经验和边区开展各项工作的经验，通过英雄模范人物事迹的介绍和创造性的工作方法的交流，推动了边区一些问题的解决，促进了各项工作的开展，对1945年各项工作起了巨大的推动作用。

***张瑞合作社**　群英大会上，张瑞被誉为边区“合作社英雄”。张瑞，徐水县人，冀察区二区的区委书记。1943年秋，为了粉碎敌人疯狂抢掠棉花的阴谋，他在高林村办起了第一个纺织合作社，以每百斤高于市价20元的价格收买籽棉，比敌人“收买”价格高近2倍，群众纷纷加入合作社，保护了抗战物资。此后，张瑞又办起了榨油合作社，全村80%的人加入了合作社。1944年，张瑞合作社由1个村庄发展到以高林村为中心的5个村联社（高林村、南头村、冉庄、马庄、郎五庄），业务也进一步扩大，除一般供给、纺织、运输、榨油外，还有

① 谢忠厚、肖银成主编：《晋察冀抗日根据地史》，改革出版社1992年版，第535页。

农业劳动互助、医药卫生、挖河打井、代交公粮、民办学校、改良农具，以及改造小偷、戒除鸦片、调解纠纷等，还组织民兵打仗、砍敌人电线杆、捕捉汉奸特务、开展政治攻势等，把群众的经济斗争与对敌斗争完全结合起来。正如《解放日报》1944 年 5 月 26 日社论所说："张瑞同志的合作社，不仅积极地在敌人铁蹄下保护了敌占区人民的利益，而且成了积极组织敌占区人民对敌斗争的机关。"

* **阜平高街村创作《穷人乐》** 群英大会期间，阜平高街村创作的《穷人乐》，受到了边区党政军领导和群众的好评。阜平县高街村合作社主任陈全福对文化教育工作十分热心，在专业剧团的帮助下，他领导的高街村剧团，创作演出了融话剧、歌唱、舞蹈、快板等各种形式于一剧的《穷人乐》，获得了极大的成功和极高的评价。全剧共 14 场，反映了边区从 1942 年的大水灾到 1944 年的大丰收的景象，表现了边区人民通过阶级斗争和生产斗争，从苦难走向解放的过程。剧中有近百个人物，整部剧表现的都是真人真事，并由生活中的原型去饰演，真实生动，群众反映强烈。群英大会期间，《穷人乐》连演 3 场，边区领导人程子华、胡锡奎、林铁、姚依林、宋劭文等都观看了演出。中共晋察冀中央局于 1945 年 2 月发出《关于阜平高街村剧团创作的〈穷人乐〉的决定》，肯定"这是我们执行毛主席所指示的文艺为工农兵服务的新成就"，"实为我们发展群众文艺运动的新方向和新方法"，从而推动了农村剧团的工作开展。

* **晋察冀边区举办首届展览会** 为了展示一年来边区各项工作取得的成绩，群英大会期间，晋察冀边区举行首届展览会。展览品分战斗、生产、文教三馆陈列。战斗馆中展出了从敌人手中缴获的各种武器和军区工业部自制的各种武器。生产馆里，工业品以棉织物最多，如唐县细布、灵寿土布、定县棉花布等。大会从全部工业品中挑选出 46 件给予了奖励。农作物以粮食为最多，种类齐全，达 100 多种。此外，还有肥料、农具、籽种、药材等陈列。文教馆里，陈列着各种课本、教材、文具等，其中龙华县小学教师桑文义和阜平模范民校教师陈继和创作的连环画最引人注目。展览会开幕后，引起各界人士的浓厚兴趣。20 多天里，各机关、部队、学校和附近群众轮流参观者达 5000 人以上。展览会的召开，使群众的生产热情和劳动创造性得到了极大的提高，各项抗日工作蓬勃开展起来，鼓舞着边区军民再接再厉、为夺取抗战最后胜利而努力奋斗。

1945 年

1 月

晋察冀边区再次开展规模宏大的拥军爱民运动（1 月 5 日） 为了进一步加强根据地军政、军民的密切团结，适应反攻作战和扩大解放区的需要，中共中央和毛泽东在 1943 年 10 月发出关于开展拥政爱民和拥军优抗的号召中，要求各抗日根据地党政军民领导机关，在 1944 年正月“普遍地、无例外地举行一次拥政爱民和拥军优抗的广大规模的群众运动”，并在此之后，“应于每年正月普遍举行一次”①。根据这一指示，晋察冀边区在 1944 年拥军爱民运动的基础上，于 1945 年春节期间再次集中开展了规模宏大的拥军爱民运动。1 月 5 日，中共中央晋察冀分局发出了《关于开展拥政爱民与拥军优抗运动的指示》。文件指出：“在边区开展拥政爱民与拥军优抗运动，主要应从对敌斗争与大生产运动两个方面来进行”；“军队应以积极的行动扩大解放区，缩小敌占区，保护人民利益，要努力生产，减轻人民负担”；“地方拥军优抗工作，应切实解决抗属、荣誉军人、退伍军人的生活问题。”② 在此先后，冀中、冀热辽等区相继发出关于拥政爱民与拥军优抗工作的指示，并将正月定为“拥政爱民与拥军优抗月”。遵照各级党委的指示，1945 年春节，边区从部队到地方又一次掀起了规模空前的拥政爱民与拥军优抗热潮。在部队，一方面组织干部战士检查和纠正军阀主义残余思想作风，一方面利用春节时广泛组织军民联欢。在地方，各级抗日政府和群众团体，广泛发动群众开展“拥军优属”活动，召开烈军属代表会、座谈会。

---

① 中共中央文献研究室编：《毛泽东年谱（1893—1949）》中卷，中央文献出版社 2013 年版，第 472 页。

② 《晋察冀抗日根据地》史料丛书编审委员会、中央档案馆编：《晋察冀抗日根据地》第一册（文献选编下），中共党史资料出版社 1989 年版，第 965 页。

冀晋、冀察、冀中、冀热辽各地战略区的拥政爱民与拥军优抗活动趋于平衡。边区拥政爱民与拥军优抗运动的深入开展，进一步密切了党政军民之间的团结，广泛地发动了边区各界力量，为扩大解放区打下了坚实基础。

***冀中区政军群机构联合指示开展拥政优抗运动（1 月 1 日）** 为了推动冀中区拥政优抗运动的深入开展，冀中行署、军区政治部、冀中抗联会暨冀中临时武委会于 1 月 1 日发出《关于拥爱工作的联合指示》，指出，确定 1945 年正月为拥爱月，在这一个月内开展广泛的拥政优抗的群众运动。拥爱月的具体工作是：（一）进行思想教育，开展坦白反省活动；（二）推动军政民联欢会慰问，实行批评与自我批评；（三）召开拥爱运动大会，奖励英雄模范，进行大生产运动；（四）开展盛大宣传工作，广泛组织文艺活动；（五）开展劳动调查访问，召开抗属大会；（六）发动写信运动，建立部队与抗属间的经常关系；（七）建立各种组织解决实际问题。冀中各军分区遵照军区指示，在春节期间普遍进行拥政爱民运动动员，干部学习党的文件，战士学习拥政爱民课本，各级政治机关一面组织干部对照实际情况查找问题，制定改正办法，一面派出检查组协同地方政府和群众团体干部，分别到各地检查。在党政军民推动下，冀中根据地出现了拥政爱民、拥军优抗的高潮。

冀中区党委就春季反“扫荡”准备工作作出指示（1 月 20 日） 冀中区抗日军民经过 1944 年的攻势作战，恢复和开辟了广大地区，冀中形势大为好转，但敌人不会轻易放弃这一重要的地区。冀中区党委常委会于 1 月 8 日研究讨论了冀中形势和准备粉碎敌人可能实行春季“扫荡”的问题，要求抗日军民在思想上克服轻敌和盲目乐观情绪，防止产生悲观和失望情绪，并于 1 月 20 日发出了《关于春季反“扫荡”准备工作的指示》。文件中强调，目前国际形势虽然对我极为有利，但在军事上敌强我弱的形势并未改变，预料今春敌人对冀中的“扫荡”是有极大可能的，甚至是必然的，其“扫荡”的残酷性是长期的。因此，我们首先要扩大解放区向敌后前进，这样可以分散敌人的注意力，扩大我方的回旋区，利于反“扫荡”；其次，加强人民的武装工作，整理民兵、自卫队、游击小组，开办武委会村级干部训练班及民兵训练班，加强领导，提高战斗力，这是争取反“扫荡”的一个重要因素；再者，要加强伪军伪组织工作，瓦解与消灭伪军，孤立敌军，消灭敌军的耳目，这是反“扫荡”的重要工作；最后，要设置战时领导与指挥机关，加强战时领导。这为反击日伪军的“扫荡”做了充分的准备工作。

忻定县军民反“清剿”（1月中旬） 冀晋区定襄城、季庄、受禄、南王、河边等地日伪军共1300余人，连续合击、“清剿”忻定县抗日游击根据地，企图消灭在史家岗战斗中曾给其重创的二分区四十三团和忻定支队，并在各村大肆抢粮。忻定县军民开展反击战，接连给敌以沉重打击。1月中旬，四十三团四连和忻定支队三、四中队在回风村歼灭北林木来敌数十人。2月初，忻定支队一、三中队在龙门村阻击战中，歼灭赵村来敌10余人。各区区小队、民兵在这段反“围剿”战斗中发挥了重要作用，先后用地雷战、游击战毙伤了大量日伪军。其中，一、三区区小队和民兵在下旬数日内就用地雷炸死炸伤日伪军10余人。

晋察冀分局对冀中工作的指示（1月21日） 中共中央晋察冀分局于1月21日电示冀中区党委，并报中共中央北方局，要求冀中工作应该做到以下几点：（一）发展冀中主力部队、游击队与民兵的村落联系作战，并把地道战、爆破与战斗结合起来，再以此发展为村落连环战。这些如果做好，对今春反“扫荡”，以及将来更残酷的“扫荡”，有很大好处。（二）要学习冀晋、冀察地区去年大生产中的经验，民兵生产战粮，经过村中以生产帮助抗属解决困难和建立家务，帮助荣军成家立业。（三）冀中财政开支很大，“应研究如何从生产与节约两方面开源节流，加以减缩，这对苏息冀中民力极其重要”。同时指出，应详加研究毛泽东“三年内学会作经济工作的报告”，“切实掌握其精神”①。毛泽东阅后，将此电文批示李富春：“此报告请转发山东、平原、华中、五师、广东。”②

晋察冀分局开展雁北工作的指示（1月21日） 中共中央和毛泽东非常重视开辟雁北的工作，在1944年12月18日给晋察冀边区《关于扩大解放区的指示》中就曾要求晋察冀，努力向雁北、绥东、察哈尔、热河及冀东敌占区发展，扩大解放区。根据中央指示，中共中央晋察冀分局于1945年1月21日就《关于开展雁北工作指示》致冀晋、冀察党委，并报北方局、中央。文件指出，据各方情报，敌似有进犯西北之积极准备，我们应当“利用这一可能到来的动机，组织战役，积极开展雁北、察南地区工作，使这个地区全归我有。目前，应即依据分局前次决定，成立工委，组织抽调干部，准备派遣部队，组织武工队，

---

① 中共河北省委党史研究室编：《冀中历史文献选编》中，中共党史出版社1994年版，第337页。

② 晋察冀边区革命史编纂委员会编：《晋察冀边区革命史编年》，河北人民出版社2007年版，第675页。

并布置开辟地区的侦察与建秘密点工作，按时完成，以便将来争取主动”①。这一文件，为巩固已开辟地区及开辟新地区发挥了重要作用。

冀中区党委发出加强地道斗争的指示（1月22日） 地道斗争是冀中军民的伟大创举，也是打击日伪军的主要方式。为了充分发挥地道斗争在攻势作战和大反攻中的作用，根据中共中央晋察冀分局的指示，冀中区党委于1月22日发出《关于加强目前地道斗争的指示》。文件指出，目前冀中地道发展的方向是将各地地道的优点结合起来，使之既适于隐藏保存自己又适于进攻打击敌人，成为进攻、防御两种作用具备的地道，进而达到坚持工作，巩固群众斗争情绪，依靠地道向外推广、扩大解放区之目的。文件对地道构筑方法、要求，对地道战战术的运用、地道战的政治工作、地道的管理等问题提出了许多重要意见。冀中区党委《关于加强目前地道斗争的指示》对于推动冀中地道斗争的发展发挥了重要作用。

冀热辽区党委作出发动群众的意见（1月25日） 从1944年开始，冀热辽区通过发动群众开展减租减息、雇工增资运动和推行“合理负担”政策，改善了广大群众的生活，更好地调动起根据地各阶层人民的抗日热情和生产积极性，但地区发展不平衡。1月25日，冀热辽区党委作出《关于发动群众的初步检查与今后的意见》，强调指出，没有实行减租增资的基本区和新恢复的抗日一面政权地区，仍应抓紧对敌斗争的一切空隙，并以此为中心来发动基本群众；佃农较少的地区，应以实行“合理负担”、评议土地、整理村财政为发动群众的中心；已实行减租增资、“合理负担”的地区，则应以组织群众生产、开展大生产运动为进一步发动群众的中心。② 这一文件，既总结了前期群众运动的情况，又推动了大生产运动的开展。

冀中区军民粉碎敌人联防区（1月至3月） 冀中区军民开展局部反攻作战后，日伪军日益陷入被动挨打的局面。敌人为了加强防务，于1944年9月设置了河间、任丘、肃宁、献县、高阳、安新、博野、蠡县、深县、武强、安平、饶阳及定县、安国、新乐等“军政齐一”的联防区，实施地区联防，派兵四处

---

① 晋察冀边区革命史编纂委员会编：《晋察冀边区革命史编年》，河北人民出版社2007年版，第675页。

② 参见晋察冀边区革命史编纂委员会编《晋察冀边区革命史编年》，河北人民出版社2007年版，第675页。

“扫荡”。冀中区军民开展了反敌联防区的战斗。肃宁被攻克后，任丘、河间、肃宁、献县之敌组成的联防区失去了深入抗日根据地的支柱，特别是2月上旬第四十三地区队在第八军分区部队的配合下一度攻入河间城内，使敌人遭到毁灭性打击，敌人重占肃宁的图谋破灭，从而粉碎了敌人在这一地区的联防行动。3月，第七军分区部队在第八、第九军分区部队的配合下，开展了反敌定县、安国、新乐联防的斗争，经过连续打击，敌联防区内日伪军日益恐慌、逃跑，定县、安国、新乐联防之敌被迫撤退。为配合第九军分区反高阳、安新、博野、蠡县联防区斗争，第七军分区组织了开辟清苑地区的活动，经过保南郎庄伏击战、北大冉伏击战，打破了保定敌人向保南建点的计划；接着部队又连续袭入安国县城东关、博野县城西关，有力地配合了第九军分区粉碎敌人联防的斗争。第六军分区部队积极打击敌人的联防，夜袭束冀县千户营据点，袭击敌冶河据点，攻克敌人藁城县高庄、石井据点，打破了敌人的赵县、藁城和衡水、冀县、枣强等县组织的联防区。第八、第十军分区部队在反敌联防区斗争期间积极作战，经过黑佛头伏击战，夜袭大兴县采育镇，攻克雄县开口据点等，打退了敌人的进攻。从1945年1月至3月，经过频繁的战斗，冀中抗日军民毙伤俘日伪军2000多人，缴获了大量武器弹药，攻克、逼退敌人据点、碉堡20余个（座），沉重打击了敌人联防区的部署。至5月中旬，随着冀中区军民夏季攻势的胜利结束，敌人联防区被完全粉碎。

晋察冀军区部队开展春季攻势作战（1月至5月） 根据中共中央晋察冀分局和晋察冀军区制定的《1945年扩大解放区方案》，晋察冀边区军民在分局和军区的统一指挥下，于1945年1月至5月向日伪军展开了大规模的春季攻势作战。

冀晋军区部队于1945年春向根据地内部和边缘地带的敌占城镇发动了进攻，先后对平山、灵丘、繁峙和山阴等县日伪军发起进攻，攻克雁北的重要据点灵丘县城，并迫退县境敌人据点和碉堡33个（座），拔除平山、灵寿地区敌伪据点24个，解放村庄52个、人口27 000余名，切断了日伪军自大营至灵丘的“确保蒙疆区”的第一道封锁线。

1945年春，冀察军区主力部队和民兵也向边缘区和内地的敌伪城镇据点展开围攻，发动了春季攻势。部队袭入徐水县南关和北关、保定东关，逼退涞源县城敌人，解放了日军在平西的重要据点斋堂和紫荆关，并逼到北平郊区，攻克栗园据点，一度袭入崇礼县城。活动于察南的部队经过3个月的苦战，解放了平绥路南、张家口西南的广大地区。

冀中军区为了扫除敌人残留在腹地的城镇据点，争取把基本区连成一片，于4月13日至5月8日向敌伪发动了春季攻势，连续发起了任（丘）河（间）战役、文（安）新（镇）战役、饶（阳）安（平）战役等，先后收复了任丘、河间、新镇、文安、饶阳、安平、武强、深泽等8座县城，拔出据点和碉堡359个（座），解放村镇527个，把大清河以南、沧石公路以北、子牙河以西、潴龙河以东的基本区连成一片。

针对伪满军入关配合日军再次对冀东抗日根据地进行连续“扫荡”，2月6日，冀热辽区党委发出《对春季政治攻势的指示》，要求从2月15日至2月底，将政治攻势的重点放在基本区，形成广泛地对伪满军的政治攻势；3月间，把政治攻势的重点放在沦陷区与大城市和交通要道。冀热辽军区部队展开了反“扫荡”和打击伪满军战役，至6月初，反“扫荡”战役胜利结束，攻克据点多个，缴获大批武器弹药，给伪满军以沉重打击。

晋察冀根据地的1945年春季攻势取得了胜利，逐渐赢得了战略上的主动地位。

* **采凉山武工队** 冀晋第五分区六团政治处主任葛振岳率领以六团侦察连为主组成的采凉山武工队80余人，从灵丘史各庄出发，沿崎岖山路越过浑广线，渡过桑干河，经大同县境越过平绥铁路，到达大同路北采凉山山区开辟根据地。途径聚乐堡，袭敌火车站，首战告捷，毙伤日伪军多人，缴枪20余支。随后在采凉山山区发动群众，打击汉奸特务，开展游击活动袭扰敌人，至4月，很快打开局面，为后来配合主力兵团进行雁北区（东）扩大解放区战役创造了有利条件。

* **解放斋堂川、紫荆关** 紫荆关位于易县西北紫荆岭上，与居庸关、倒马关合称为“内三关”，其雄踞险地，素有“畿南第一雄关”之称。斋堂原是冀热察挺进军司令部所在地，平西抗战的“心脏”，挺进军于1942年离开斋堂后，这里只有民兵、游击队与敌人周旋。自1944年11月17日开始，冀察部队揭开了解放斋堂川的序幕，对敌展开进攻和围困长达135天。晋察冀军区发起1945年春季攻势后，冀察部队乘势向紫荆关、斋堂之敌发起进攻。4月2日，冀察区第一军分区部队收复了冀西重要关隘紫荆关。冀察区第十一军分区部队于4月1日打响了解放斋堂川的战斗，随后在斋堂王家河滩伏击敌人，粉碎了日伪军对斋堂

川进行的5天“报复扫荡”，收复了平西的斋堂、大台、军庄，平西斋堂川解放。斋堂川解放后，平西和平北解放区连成一片，敌华北最大煤产区之一的门头沟受到严重威胁。

***小章、马村伏击战（3月22日）** 冀中第七军分区第四十五地区队两个连和定南县大队，在定南县小章、马村伏击邢邑去定县取给养之伪教导团一、二大队，并伏击支援的伪第三大队。此次战斗仅用了40分钟，俘伪军中队长以下150余人，缴轻机枪2挺、步枪150余支。

***奇袭石家庄华北工务总署警备队** 冀中第七军分区为迷惑敌人，配合春季攻势，由抗敌大队组成30人精干的挺进队，在内线配合下，夜间奇袭石家庄华北工务总署警备队，砍死日本指导官、伪警备队长、班长各1人，缴获机枪6挺、步枪10余支。

***攻克辛中驿（4月16日至19日）** 辛中驿位于平大公路上，在任丘、河间之间，是敌人的一个重要据点。4月13日，冀中第九军分区部队主力一部在民兵、游击队配合下包围了辛中驿据点。在夜间强攻未成之后，部队决定一面挖掘坑道，准备爆破，一面加强政治攻势，对敌人进行围困。被围困2天后，部分敌人开始动摇，但顽固之敌仍想凭借高墙深沟和坚固堡垒死守，并向周围日军告急求援。4月16日，敌人从河间出动前来增援，但被冀中阻援部队击溃。经过七天七夜的战斗，4月19日，冀中部队攻克了敌人坚固设防的辛中驿据点。攻克辛中驿，切断了任丘、河间之敌的联系，扫除了解放任丘的障碍，打响了冀中春季攻势的第一炮。

***任（丘）河（间）战役（4月23日至5月9日）** 任丘城是联结北平与大名、天津与保定两条公路的交通枢纽。冀中部队攻克辛中驿后，任丘城周围二十里铺、胡林庄等据点之敌，慑于威力，撤到任丘县城内，任丘成为一座孤城。从4月23日起，冀中第九军分区部队开始围攻任丘县城，一面向城墙挖坑道，一面对敌广播喊话，开展政治攻势，搞得敌人极度恐慌，惶惶不可终日。守敌曾两次试图突围，均被击退。敌人待援无望，30日凌晨3时，乘冀中部队调整部署之机，向河间逃窜。冀中第九军分区第四十二地区队追击歼敌一部，收复任丘县城。从此，任丘县全境获得解放。冀中第八军分区部队乘胜扫除河间外围敌人据点，逼近河间城，河间守城日军退至沧县，仅留伪军守城。5月9日，伪军突围时被冀中部队歼灭大部，残敌逃入沙河桥据点，河间遂即收复，任

（丘）河（间）战役胜利结束。任丘、河间是敌人深入冀中根据地腹地的重要核心据点，两城解放彻底摧毁了敌人任丘、河间、献县、肃宁联防体系，使冀中根据地中心区域进一步扩大。

***文（安）新（镇）战役（5月6日至31日）** 冀中部队在解放任丘围攻河间之后，转兵东进北上，以攻取文安、新镇为目标，发起了文（安）新（镇）战役。5月6日，冀中第九军分区部队和县大队，在广大民兵的配合下，将新镇外围敌人的堡垒群分割包围，以坑道爆破结合政治攻势迫使敌人投降。敌人继续顽抗，围攻部队遂连续炸毁了北辛庄、羊坦、安里、广陵、寨上、柳河等据点。其余据点之敌慑于围攻之形势，逐一投降。新镇城内伪军据守无望，于17日弃城向东北方向逃窜，至大清河南岸苏桥附近被第十军分区部队歼灭一部，残敌逃至霸县，新镇遂告解放。之后，第十军分区部队主力转攻文安县城，于24日夜发起攻击，攻入城内，全歼伪军300余人，日军60余人负隅顽抗，等待援敌。30日，大城日伪军600余人来援，冀中部队诱敌入城，准备全歼。当夜城内之敌趁大雨突围逃往大城。31日，文安全境解放。此役共歼敌600余人，解放了文安、新镇地区，冀中第九、第十军分区联结起来，并为第九军分区打开了东进之路。

***饶（阳）安（平）战役（5月6日至29日）** 文（安）新（镇）战役展开后，为了使敌人首尾不能相顾，第七军分区与第八军分区相互配合，于5月6日发起饶（阳）安（平）战役。为了迷惑敌人，第六军分区部队大举破坏深（县）磨（头）公路，袭扰辛集、深县等城镇，并以精干武装潜入石门，袭击了敌华北工务总署，造成了敌人的错觉和惊恐。13日，饶阳之敌向安平撤退，在安平、饶阳之间的韩村铺遭到第七、第八军分区部队及地方武装的伏击，大部被歼灭。冀中部队乘势解放了饶阳县城。在韩村铺战斗的震慑下，安平、武强之敌分别于24日、29日弃城逃跑。此役，共毙伤日伪军270余人，俘日伪军330人，投诚伪军有149人，缴获轻机枪6挺、长短枪25支及其他武器弹药和军用物资300大车。饶阳、安平、武强等城解放后，冀中根据地腹心地区完全连成一片。

平北地委、行署、军分区恢复（1月） 平北地区是指北平以北、平（北平）承（承德）铁路以西、平（北平）张（张家口）铁路以北、长城内外的一片地区。它是伪满、华北和蒙疆3个伪政权的接合部。由于平西到冀东，冀东到平西，都要经过平北，所以平北得到开辟，就可以成为冀东和平西之间往返的中间转运站。中共中央晋察冀分局和军区根据中央精兵简政的决定和中央军委、八路军总部的指示，于 1942 年 2 月宣布撤销八路军冀热察挺进军的番号，同时将平北划为第十二军分区，平北地委划归北岳区党委领导。1943 年 5 月，中共平北地委改为地分委，受平西地委领导。1945 年 1 月，中共平北地委、行署、军分区恢复，段苏权任书记，陆平任副书记。中共北平地委、专署、军分区归属中共冀察区委、行署、军区领导。

冀热辽画报社成立（1 月） 冀热辽根据地是在冀东根据地基础上发展起来的，1938 年初创时，尚无摄影工作，1939 年八路军总政治部特派记者雷烨到冀东前线采访，率先开辟了冀东区的新闻摄影工作。1942 年，晋察冀画报社又先后两次派张进学、陈明才、齐观山、申曙、于舒等 5 人前往冀东，以加强冀东区的摄影工作。1944 年 6 月，晋察冀画报社副主任罗光达奉军区政治部命令，带十几名编辑、摄影和制版、印刷技术人员到冀东建立晋察冀画报社分社。罗光达一行从阜平县洞子沟出发，通过长城沿线的紫荆关、马水关和南口附近的平张铁路封锁线，7 月下旬抵达冀东的遵化地区，并受到冀东军分区领导的欢迎。1945 年 1 月，冀东区改为冀热辽军区，晋察冀画报社冀热分社随之改为冀热辽画报社，画报社 1 月正式成立，罗光达任社长。为了进一步加强摄影工作，军区特发了在全军区开展摄影工作的指示。画报社于 1945 年春在冀东蓟县盘山田家峪举办摄影训练队，学员 30 余人，张进学任队长，赵坚任指导员，刘博芳、林采、安静分别讲授摄影技术、采访及美术课，主要新闻摄影由罗光达讲授。军区摄影人员很快发展到 20 余人，每个团、区队都配备了专职摄影人员，后来他们都成为《东北画报》和第四野战军的摄影主干力量。1945 年 4 月《冀热辽画报》创刊，7 月 7 日画报创刊号出版，抗日战争胜利后冀热辽画报社随部队进入东北，1946 年 1 月改名为《东北画报》。

***《冀热辽画报》创刊号正式出版（7 月 7 日）** 《冀热辽画报》是华北敌后第二个摄影大画报。1945 年 7 月 7 日，《冀热辽画报》创刊号正式出版。开本和编排形式与《晋察冀画报》创刊号基本相似。这期创刊号有冀热辽敌我形势图、创刊词、领袖将领像、首长题词。刊登新闻照片 6 组计 89 幅，名字有《冀热辽子弟兵战绩辉煌》《坚持塞外斗争解救东北同胞的子弟兵》《保卫祖国领海》《六百万从斗争中武装起来的人民》《民主建设》《新解放区动态》等。还有美术作品 3 幅，文艺作品 4 幅，诗 2 组，封面照片《挺进东北》，封底照片《向渤海进

军》。摄影者既有罗光达（笔名东征）、张进学、陈明才、齐观山、于舒、钱谊、申曙等专业摄影工作者，也有王文、何畏、周奋、袁耐冬、杨思禄等业余摄影爱好者。创刊号印数 500 本。11 月，中共中央东北局决定将《冀热辽画报》改成《东北画报》，刊物离开部队编制，由中共中央东北局宣传部领导。

2 月

冀中区党委发布城市工作的指示（2 月 1 日） 城市工作与根据地工作同等重要，特别是冀中，因其特殊的地理位置，更是敌我争夺的重点。为了加强城市工作，根据中共中央的指示，冀中区党委于 2 月 1 日发出《关于城市工作的指示》，指出冀中今后城市工作的方向与任务，是把重要力量放在平、津、保、石、东北及津浦、石德、北宁、平汉 4 条铁路及其重要的城镇。为了完成这一重大任务，冀中区党委决定：（一）迅速建立与健全各级城工部门的组织机构，设立独立部门，选派、配备专门干部；（二）城工部积极训练与派遣人员到城市开展工作，动员从城市归来的学生、工人等到根据地参观，并注意从中发展党员；（三）各级党委要定期研究讨论城市工作。文件还指出，城工部受同级党委和上级城工部门的双重领导。此文件为开展城市工作指明了方向，推动了冀中城市工作的顺利进行。

程子华关于冀中形势与任务的指示（2 月 4 日） 中共中央晋察冀分局代理书记程子华于 2 月 4 日发出《关于冀中形势与任务的指示信》，指出，最近与美军观察组洽谈了解，美国急于迅速打败日寇，因此，冀中的海岸和塘沽工作，津浦路、运河工作，在配合登陆上有直接配合的重要作用。天津、静海的工作很要紧，同时安次、武清、天津等县工作要迅速开辟起来，首先把北宁路之北平、天津段全部控制起来。

冀热辽区党委发布开辟与恢复热辽的决定（2 月 5 日） 为打破日伪对“人圈”的统治，中共冀热边特委在 1944 年至 1945 年间发出一系列关于恢复热边地区的文件，对“人圈”工作规定了一系列正确的方针政策。2 月 5 日，冀热辽区党委发布《关于热辽工作的初步总结意见与恢复开辟热辽工作的决定》，指出，恢复口外的重点是热南“集家”区，收复“人圈”是口外工作的中心环节，恢复口外山地，是坚持冀热辽与开辟东北的斗争胜利之关键，开辟与恢复热辽，解放东北人民，是冀热辽全党重要任务。

老汉坪惨案（2 月 11 日） 驻五台鸿门岩、石咀等据点日伪军 200 余人，乘除夕夜包围冀晋区繁峙县老汉坪，以搜捕共产党员、游击队员为名，对这个仅有 40 户人家、146 口人的村子进行血腥屠杀，将全村粮食、牲畜洗劫一空。这次惨案中 36 名村民被日军杀害，50 人受重伤，两户成为绝户。曾参加边区第二届群英会的村武委会主任、民兵战斗英雄任忠用受奖的手枪连毙数敌，终因寡不敌众，与其父一道被捕，后被敌将全身的肉一块一块地割掉，终不屈服，壮烈牺牲。为纪念烈士，晋察冀边区行政委员会决定将老汉坪改名为任忠村。

在华日人解放联盟在冀中、冀东成立支部（2 月 12 日、5 月 4 日） 1945 年 2 月 12 日，在华日人解放联盟冀中支部召开成立大会。水户清主持会议，中山太郎当选为支部长。会上，“晋察冀地区在华日人解放联盟”协议会代表林一雄（日本人）对冀中支部今后斗争的方针与任务作了指示，冀中军区代表宣读了冀中地区军政民各机关、团体的祝贺信，并赠送了礼品。最后，大会还进行了庄严的宣誓：我们不仅要打倒引起这次战争的军部，而且要团结广大人民，建立民主、自由、繁荣的新日本。大会通过了《致延安冈野进及解放联盟中央创委会电》及《致冀中军政民的慰问信》，还决定在解放区召开日本士兵及居留民大会。最后渡边致闭幕词。在华日人解放联盟冀东支部于 5 月 4 日成立。边区的在华日人利用日军中的同乡、朋友等关系，通过向日军据点喊话、通信、通电话、送慰问袋等方法，直接和日军士兵接近，取得很大效果。

冀热辽军民发动打伪满军战役（2 月 15 日至 5 月底） 濒于覆亡的日本侵略者为了“确保满洲”，对冀热辽地区采取了一系列措施，企图使冀东进一步“满洲化”，并派伪满“国兵”1.5 万人进驻冀东，与华北方面驻冀东的日军“北特警”和独八旅协同作战。在全国战场大部分进入反攻的情况下，冀热辽地区却出现了极为残酷的艰难时刻。冀东出现的以伪满军为主的进攻态势，引起中共中央晋察冀分局和冀热辽区党委的高度重视。冀热辽区党委早在 1 月 15 日发出的《关于目前对敌斗争的决定》中就指出，敌人企图在我区推行集家政策，使冀东伪满化，摧毁我根据地。我们的任务是：动员一切力量，坚决保卫基本区，粉碎敌集家政策，恢复开辟热辽工作，解放“人圈”人民，恢复被“蚕食”区，扩大新解放区，开展游击战争，推广沟道爆炸运动，阻止敌之奔袭合击。

同时，必须乘伪满军立足未稳，给予坚决打击，提高军民斗争的信心。[①] 中共中央晋察冀分局也于 2 月 28 日发出的《关于扩大解放区的方案》中指出，伪满军“进一步推进，把‘无人区’扩大到长城以内，其目的则为进攻，与过去在长城外制造‘无人区’，主要是防御我向伪满洲国发展有很大不同”[②]。分局要求冀热辽对日伪的行动要引起重视，并坚决予以反击。遵照分局和区党委指示，冀热辽军区发动了打伪满军战役。

1 月 26 日，冀热辽军区发出作冀字二号命令，规定战役从 2 月 15 日开始，分三期进行。确定第一、二期战斗方针是：积极发动民众游击小组配合八路军主力部队，大量地广泛地开展地雷战、麻雀战，开展爆炸运动，给伪满军以大的杀伤与威胁；积极破坏交通，收割电线，打击日伪特务活动，堵截与迟滞伪满军行动。根据各地不同情况，冀热辽军区还对各军分区作了具体的战斗部署。从 2 月 15 日开始，各主力部队、地区队、地方游击队及广大民兵频频出击，先后打击北宁路北之平（谷）三（河）密（云）、三（河）通（县）香（河）、密（云）通（县）顺（义）地区和北宁路南之昌（黎）滦（县）乐（亭）地区，古北口及其以东之长城内外地区的伪军。到 3 月底，打伪满军战役第一、二期作战结束。

冀热辽军区及时总结经验教训，并于 4 月 2 日又发出了《反伪满军战役延期的指示》，指出：“战役行动开始，迄今历经两个月，时满两期，我们在军事上、政治上虽然获得了一些成绩，但是尚未达到应有的要求，没有给伪满军入骨痛击，……因而决定反伪满战役行动，预期延长至 5 月底结束。”[③] 各军分区根据军区指示，组织武装，继续采取“夜袭夜伏”的方法，配合民兵袭扰伪满军。各地军民发挥游击战的优势，主动寻机开展近战、夜战袭扰打击伪满军，取得重大胜利。到 5 月底，反伪满军战役第三期作战结束。据统计，在整个打伪满军战役中，冀热辽抗日武装共作战 230 次，毙伤俘日伪军 5035 人，彻底粉碎了日本侵略者企图在冀东地区制造“无人区”的计划，进一步坚定了根据地人民反

① 参见中共河北省委党史研究室编《冀东武装斗争》，中共党史出版社 1994 年版，第 264 页。

② 中共唐山市委党史研究室、唐山市中共党史学会编：《唐山抗日战争史》，中国文史出版社 2016 年版，第 334 页。

③ 中共唐山市委党史研究室、唐山市中共党史学会编：《唐山抗日战争史》，中国文史出版社 2016 年版，第 337 页。

伪满军的信心。

*__冀热辽区党委开展对敌政治攻势__　与军事行动相配合，冀热辽区党委对伪满军和地方伪军发起“重回祖国”的强大政治攻势。为加强对伪军工作的领导，冀热辽区党委于1945年2月建立了敌伪军工作部，沿长城各县委均建立了伪满军工作委员会。这套机构建立以后，以专门机关为核心，发动群众开展对伪满军和地方伪军政人员家属的调查研究工作，并利用各种方法向他们宣传国际反法西斯战争和中国抗日战争的胜利消息，号召一切伪军政人员“只有反正，才是出路”。同时，宣传抗日政府的俘虏政策。冀热辽区党委于2月6日发出的《对春季政治攻势的指示》中要求：2月15日至月底，将政治攻势的重点放在基本区，造成广泛地对伪满军的政治攻势。3月间，把政治攻势的重点放在沦陷区、大城市和交通要道，第十四、十五、十六地区政治攻势的重点放在口外各交通干线和北平、天津、唐山三市。在强大的政治攻势下，伪军伪组织人员日益动摇，不断逃亡，或掉转枪口，反正抗日。

*__李方各庄伏击战（2月9日）__　冀东八路军第十四团于2月8日得到情报：一是驻傐城的伪满军在王庄子、谷家营、八户、东庄等村大肆抢车抓人；二是敌人暗探到李方各庄刺探情报。第十四团团长张鹤鸣、副团长刘守仁、参谋长朱孜竟、总支书记华山等经过研究后，决定先发制敌，并制定了具体的作战方案。2月9日凌晨，第十四团进入伏击阵地，然后封锁消息，转移群众，坚壁清野。上午8时左右，伪满军一个骑兵营分两路由傐城据点向李方各庄进发，几十辆大车紧随其后。其中一路进入埋伏圈后，遭到八路军的猛烈打击，残部慌忙向新庄子逃窜，再次遭到伏击。与此同时，另一股伪满军也遭到八路军的伏击，虽组织多次反扑，但均被打退，又组织“敢死队”直扑田家坟，最后失去反击能力，丢下十几具尸体败退。当增援的伪满军骑兵赶到时，第十四团已经撤离战场，一无所获的伪满军骑兵放火烧毁李方各庄学校泄愤。下午3时左右，伪满军用准备抢粮的大车拉着百余具尸体返回傐城据点。这次战斗打死打伤伪满军200余人、战马60多匹，缴获战马10余匹、轻机枪4挺、步枪50余支、迫击炮4门。李方各庄伏击战重创了伪满骑兵的锐气。

*__宋各庄伏击战（4月26日）__　伪满军1500余人于4月26日从傐城出发，到胡各庄一带“扫荡”，第十四团得知情报后，决定在伪满军返回的必经之路下曹营渡口附近的宋各庄、潘庄进行伏击。下午2时，第十四团副团长刘守仁率

团直属部队和第一、第三连进入设伏区域。5 时许，伪满军从胡各庄直奔下曹营渡口而来。因渡口狭窄，伪满军只好分批过桥。期间，有 200 余名伪满骑兵到宋各庄抢掠，遭到伏击，残敌向下曹营逃窜。第三连指战员趁机收缴战利品，按计划转移。等待过桥的伪满军立马增援，向第三连埋伏地点包抄过来，遭到第一连指战员的截击后，掉头后撤。第一连乘机撤出阵地，与第三连会合，安全转移。这次战斗仅用一个小时，打死打伤伪满军 300 余人，缴获轻机枪两挺、长短枪 300 余支、弹药一批。

*** 柏各庄农场朝鲜劳工起义（4 月 28 日）** 在冀东八路军调整打伪满军战略战术的同时，驻冀东的日伪军也加强了防范，调整兵力部署，重点对北宁铁路以南地区发起大规模“扫荡”。路南抗日军民奋力进行了反击。4 月 28 日，晋察冀朝鲜反战（独立）同盟工作人员陈国华、李大成（朝鲜人）发动和领导冀东柏各庄农场的朝鲜劳工起义，砸毁“日本稻田领事馆”，建立起一支 200 余人的朝鲜义勇军，陈国华任大队长。朝鲜义勇军与其他抗日武装一起奋战在路南地区，打击伪满军。8 月，在抗日战争大反攻中，他们奉命与冀热辽部队一起挺进东北，配合苏蒙联军对日作战。之后，他们返回祖国，参加了解放朝鲜的斗争。

晋察冀分局和军区制定《1945 年扩大解放区的方案》（2 月 17 日） 1945 年初，国际形势发生根本性变化，德日法西斯的失败和灭亡已成定局。华北日军在各抗日根据地军民连续攻势打击下，收缩兵力，固守战略据点，准备做垂死挣扎。面对这种局势，1944 年 12 月，毛泽东代表中共中央向全国各抗日根据地发出了“消灭敌伪，扩大解放区，缩小敌占区”的号召，指出，1945 年要“把一切守备薄弱、在我现有条件下能够攻克的沦陷区，全部化为解放区，迫使敌人处于极端狭仄的城市与交通要道之中，被我们包围得紧紧地，等到各方面的条件成熟了，就将敌人完全驱逐出去”①。

根据中共中央的部署，1945 年 2 月 17 日，中共中央晋察冀分局和军区召集冀晋、冀察、冀中、冀热辽各地区党委和军区领导干部开会，讨论了 1945 年的任务。会议 20 日结束。会后，制定了《1945 年扩大解放区的方案》，明确提出了在各地组织扩大解放区战役的任务。2 月 28 日，晋察冀军区就《1945 年扩大解放区的方案》致各区党委、军区电，并致聂荣臻、刘澜涛，报中央军委、第

① 谢忠厚、肖银成主编：《晋察冀抗日根据地史》，改革出版社 1992 年版，第 500 页。

十八集团军总部，指出：“目前应是我们挤退北面敌寇向我压缩（特别是平北与冀热辽）和扩大解放区的有利时机。”方针是：一方面主要用多数武工队经常向敌占地区积极伸展，把武工队作为开辟地区的经常的主要的组织形式；另一方面又要根据情况和利用有利时机，以主力配合多数武工队，组织较大规模的游击战役行动，进而开辟地区。① 在此方针下，冀晋区，主要任务是开辟平绥南（雁北）北（绥东）广大敌占区，东至阳高，西至大同、集宁、红格尔图（含），准备于5月初进行战役行动；同时，把全线工作逼到正太路和同蒲路上。冀察区，开辟平绥路南（察南包括天镇）北工作，准备于5月初在察南进行战役行动，使冀晋、冀察相连，十三分区与平北相连。冀热辽区，在青纱帐期以前加强对热西南地区的侦察，准备于青纱帐开始即以一部主力配合多数武工队进行战役行动，开辟热西南地区（丰宁以西地区）。冀中区，目前从四面向子牙河东深入，变该地区为游击根据地；加强津浦路东之沧县工作，与渤海和津南区相衔接，以控制这一带海岸；继续扩大十分区局面，使北宁路南之固（安）永（清）韩（城）安（次）衔接起来；于青纱帐期，以一部武装伸入十四、十八分区活动，开辟北宁路北之武清、大兴工作，实现完全控制北宁路，使平津段之冀中与冀东完全联系起来，使冀热辽能全力向伪满发展；冀中北进部队应准备青纱帐倒后继续留在北宁路北，坚持创造北宁路两侧游击根据地。冀热辽区，目前要巩固关内阵地，并准备向冀热辽发展阵地；在青纱帐开始时，十四、十五、十六分区以一部主力，配合多数武工队，组成3个梅花形集团（3个集团界线由冀热辽规定），向锦热路北之热河中部及绥中地区进行战役行动，作一定地区的面的发展，以建立根据地。《1945年扩大解放区的方案》还规定：在时间上，各地均须以冀热辽开辟热河中部及绥中地区的时间为基准。冀晋、冀察的平绥南战役于5月初举行。冀中在青纱帐前进行子牙河东战役，6月初举行北宁路北战役。冀热辽及平北于6月初齐头并进举行开辟热辽战役。3月7日，中共中央晋察冀分局发出《关于扩大解放区几个具体问题的意见》，对扩大解放区过程中的发动基本群众问题、新解放区征收问题、武工队的组织问题、对敌货币斗争问题以及军队做群众工作等问题进行了具体指示，并致电各区党委，上报

---

① 参见晋察冀边区革命史编纂委员会编《晋察冀边区革命史编年》，河北人民出版社2007年版，第678页。

中央。冀晋、冀察、冀中、冀热辽区部队与民兵、群众相配合，于1945年1月至7月间，向日伪军展开了更大规模的局部反攻作战。

***冀晋区安排部署扩大解放区工作（2月）** 根据中共中央晋察冀分局和晋察冀军区扩大解放区的总精神和具体方案要求，冀晋区党委和冀晋军区于2月召开了分区级领导干部会议，对本区扩大解放区工作作出安排部署，决定：本区扩大解放区的重点放在雁北地区，即大同、怀仁以东，浑源、应县、广灵以北，天镇以西的平川地区，以武工队和大部队结合，组织游击战役，把这些地区开辟为游击区或游击根据地，把敌人逼到同蒲路、平绥路两侧。同时，要在繁峙、代县地区开展以“挤敌人”为主的扩大解放区斗争。具体决定，在五分区成立3个纵队：第一纵队由副政委罗文坊、副书记陈一帆统一指挥，负责开辟浑广路以北、平绥路以南地区；第二纵队由司令员陈仿仁、政委马天水统一指挥，负责广灵南村以西至山阴城之间，主要是浑源、应县地区的开辟；第三纵队由繁峙支队支队长罗肖文、政委张柱国统一指挥，在繁峙、代县地区“挤敌人”，扩大根据地。与此同时，提出了其他分区在扩大解放区战役中的任务：二分区的主要任务是拔除或逼退深入根据地内部和边缘区的敌据点，打击和牵制本区域的日伪军；三分区各县根据地委和分区的安排，也分别作出各自扩大解放区的部署。

晋察冀边区开展1945年大生产运动（2月至9月） 继1944年大生产运动之后，冀晋、冀察、冀中、冀热辽各区均于1945年普遍开展了大生产运动。1945年边区大生产运动的任务是：农业生产要“精耕细作，争取耕三余一”，并争取工业品逐渐自给自足。由于各地情况不同，在具体执行上也有所不同。冀中行署于2月20日至3月2日召开生产委员会会议后，冀中区的大生产运动蓬勃开展起来，迅速掀起生产热潮。5月，冀中生产委员会召开第二次会议，再次强调大生产运动是全年的中心任务。会后冀中区党委和冀中行署组织5个检查团，分赴各分区检查大生产运动进展情况，使春耕生产轰轰烈烈地开展起来。8月20日，冀中区党委指示各地，必须抓紧大生产，要求各地及时解决农村秋耕中肥料、种子等问题。冀中全区的生产运动一浪高过一浪。冀热辽区党委于3月8日发出了《关于开展大生产运动的指示》，提出冀热辽区在大生产运动中，要做到把全区劳动力用拨工组、拨工队、合作社等形式组织起来，保证农业生产不低于1944年的产量，纺织业在现有基础上有所发展，并对机关部队生产作了部署。同时还确定了开展大生产运动的方针：一是要根据农业第一，工业、手工业第二，运输运销业第三，“军民兼顾”“公私兼顾”的原则进行；二是要厉行节约，反对贪污、浪费，严格财量制度，禁止滥动员慰问等。冀晋、冀察的劳动产量在劳动互助初步组织起来的基础上又有所提高，拨工更加普遍、广泛和全面。1945 年是边区旱、涝、风、雹、虫灾害比较严重的一年，边区人民与各种自然灾害进行了顽强斗争。边委会和晋察冀分局于 4 月发出紧急“抗旱备荒”的指示。冀晋区、冀察区也及时发出了“注意防旱工作”的通知，号召群众准备短期作物种子，组织一切力量突击播种，同时大力开展水利建设，防治旱、涝灾害。各地普遍掀起了挑水点种、兴修水利、捕打害虫的热潮，还响应边区政府提出的“争取工业品逐渐自给自足”的大生产号召，掀起了开展手工业、副业，兴办生产合作社的热潮；部队、机关、学校也开展了轰轰烈烈的大生产运动。经过大生产运动，晋察冀边区战胜了天灾和战争灾害造成的严重困难，保证了军需民食的供给，为抗战胜利提供了物质保障。

*冀中行署召开生产会议（2 月 20 日至 3 月 2 日）　为了推动 1945 年大生产运动的顺利开展，冀中行署于 2 月 20 日召开了生产委员会会议，布置全区大生产运动和治河工作。会议于 3 月 2 日结束。行署实业科张省三作了关于 1945 年冀中区大生产运动的报告。会议提出要切实响应“耕三余一”的口号，规定了各分区粮棉等主要作物的生产指标，强调机关人员搞好生产，解决部分生活需要，减轻人民负担。行署向合作社提出了支援农业生产的任务，并号召群众组织起来，互助换工，进而节省人力，努力增产。会议还要求各单位、各部门必须亲自领导一个重点单位，调查研究，突破一点，全面指导。会议确定治河工作以治理滹沱河为重点。冀中军区政委林铁、副政委李志民出席了会议并讲话。会后，冀中大生产运动蓬勃开展，参加治河人员达 200 万人次，治河任务如期完成。

*冀中生产委员会成立（3 月 14 日）　冀中生产委员会于 3 月 14 日成立，罗玉川兼任主任，林铁、李志民、王耀华、韩启民（女）、张省三为委员。3 月 20 日，冀中行署发出关于冀中生产委员会召开第一次会议并作出决定的通知，指出，为了完成今年大生产运动的任务，达到预期的增产效果，号召群众组织起来，互助换工，节省人力，多打粮食，做到“耕三余一”。各级政府应迅速成立生产委员会并讨论如何贯彻执行会议精神。冀中生产委员会的成立促进了大

生产运动的开展。随后，大生产运动在各县蓬勃发展。在农业生产方面，扩大了耕地面积，填平了封锁沟，选拔了劳动英雄模范，奖励了先进生产单位和个人；在工商业方面，成立了县合作总社和贸易机构，以活跃农村经济，开展了对敌经济斗争。

***晋察冀边区行政委员会发出《关于工业品自给的指示》（4 月 28 日）** 由于 1944 年忽视了工业品生产，致使一些地区工业品奇缺，给人民生活带来困难。为了解决这一问题，晋察冀边区行政委员会于 4 月 28 日发出《关于工业品自给的指示》，指出："发展自给工业是建设边区重要任务之一，达到'耕三余一'不可缺少的条件。""要进一步重视工业建设"，纠正在布置工业自给工作中存在的认识偏差问题；要以县为单位，"进行深入的调查研究"，而且要全面并有重点地进行调查研究；要求"各级政府应很好会同合作社，组织手工业、农家副业的开展，调剂原料与成品，必要时补助资金之不足，解决其困难"①。为了加强领导，各级政府可以配备专门干部，对边区建设有特殊意义的地方，可以设专门机构。5 月 4 日，晋察冀边区行政委员会实业处在《晋察冀日报》上发表《边区生产的优良工业品》一文，指出："各地在发展工作上，有了新的成绩，应经常交换经验，以便使工业品自给前进一步。"② 在此号召下，各地普遍掀起了开展手工业、副业，兴办生产合作社的热潮。

晋察冀边区决定建立各级贸易管理局（2 月 24 日） 为进一步发展境内贸易，加强管理对敌贸易，猛烈开展对敌经济攻势，晋察冀边区行政委员会于 2 月 24 日发出《关于建立各级贸易管理局的决定》。要求从边区到县一律建立贸易管理局，并指出：（一）各级贸易管理局的职权管理。（二）各级贸易管理局的组织编制。（三）为加强集市管理，所有集市均一律成立集市管理委员会，较大集市可成立市公所，设脱离生产干部（由县政府开支），在区公所或县贸易管理局领导下，管理集市一切设置、牙纪管理、缉私征税、物价稳定、保卫、治安等工作，与当地村公所取得密切联系。（四）领导关系。各级贸易管理局是各该级政府领导下的贸易工作专管部门，受各该级政府行政首长领导，为各该级政府组成部分。局长要参加该级政府行政会议，各级贸易管理局上下级有直接

---

① 《晋察冀日报》，1945 年 4 月 28 日。

② 《晋察冀日报》，1945 年 5 月 4 日。

领导关系。各行署级贸易管理局直接领导总店，总店直接领导分店。（五）干部问题。各级贸易管理局与商店干部，应由各级政府下决心抽调得力干部充任，以确实加强这一部门工作。各级贸易管理局的成立，以及对敌经济斗争的有序展开，对粉碎敌人的经济封锁发挥了很大作用。

二茄兰村惨案（2月27日） 繁峙岩头据点日伪军50余人于2月27日元宵之夜包围了冀晋区繁峙六区二茄兰村，对正在开会的区村干部进行了惨无人道的大屠杀，使13人被杀害，10人受重伤，10人被捕。13岁的抗日小英雄、村儿童团团长冯斗斗与敌进行坚决斗争，壮烈牺牲。冯斗斗牺牲的消息传开后，六区的广大干部群众悲愤万分，学校师生纷纷举行各种形式的悼念活动。1946年，繁峙县委、县政府追认冯斗斗为革命烈士，其英名镌刻在“晋察冀边区繁峙县抗日战争英勇烈士纪念塔”上，千古流芳，永载史册。

3月

冀中区党委发出对敌政治攻势的指示（3月5日） 4月中旬至5月中旬是日本樱花节，每到此时日军倍加思念家乡和亲人。随着太平洋战场上连续战败，日本本土遭受战火，日军厌战与不安情绪大增。冀中区党委于3月5日发出《关于开展樱花节对敌政治攻势的指示》，要求在樱花节期间，广泛开展对敌宣传，进一步诱发敌军和敌侨的思乡、厌战情绪；广泛宣传在华日人解放联盟冀中支部将于6月1日召开的冀中日兵士、居留民大会，并散发参加证，号召日军来参加；散发《晋察冀边区优待日本军民逃战避难办法》及《日本人民解放联盟纲领草案》等文件，以达到从思想上瓦解敌军的目的。3月18日，冀中区党委又作出《关于开展樱花节对敌政治攻势的补充指示》，要求此次攻势必须在党的一元化领导下，与各种斗争相互配合，坚决克服不重视敌军工作，而只有少数敌工干部孤立进行工作的现象。对敌政治攻势在冀中迅速展开，有力地配合了冀中部队的攻势作战。

冀中区党委发出敌伪工作的指示（3月6日） 自1944年5月以来，由于执行了中共中央晋察冀分局的指示，冀中第八、第九分区积极开展瓦解伪军工作，而且颇有收获，但仍存在一些问题，特别是其他地区进展缓慢。为此，冀中区党委于3月6日发出《关于敌伪工作的指示》，指出在开展敌伪工作时，要打破地区观念，广泛寻找社会力量，不分等级，不分地区，广泛进行，上下层并重；要动员全党力量，加强对伪绥靖军、大城市及落后地区的工作；要对伪军积极开展宣传工作，从思想上予以彻底瓦解。文件还规定了各分区的工作重点：六分区向西部地区开展，积极进行石门工作；七分区加强伪绥靖军及保定、石门工作；八分区加强子牙河东伪军工作；九分区加强天津、保定及伪绥靖军工作；十分区开展北平、伪绥靖军工作。此文件为冀中各分区的敌伪工作指明了方向，推动了各地瓦解敌伪工作的开展，促进了冀中军民攻势作战的顺利进行。

晋察冀分局对1945年的工作作出决定（3月7日） 在边区各地开展对敌攻势作战的同时，中共中央晋察冀分局于3月7日对边区1945年工作作出决定，致电各区党委并报中央。边区1945年的工作主要是：（一）开展大生产运动，并抓紧空隙进行县、团级以上干部整风；（二）工作队要按照扩大解放区的方案进行准备，组织武装，调查研究，整训干部、部队，以便按计划举行扩大解放区的战役；（三）利用农忙空隙进行民主大选举（村选、县选及边区参议员选举），于大秋前选举完毕；（四）召集一次扩大干部会议，总结数年来的统一战线工作等。随后，冀晋、冀察、冀中、冀热辽各区围绕以上要求，积极开展各项工作。这样既保障了攻势作战的顺利进行，也为适时开展全面反攻作战创造了条件，具有深远的意义和影响。

晋察冀分局关于党报工作的指示（3月7日、26日） 中共中央晋察冀分局于3月7日、26日两次发出关于党报工作的指示，指出，《晋察冀日报》是中共中央晋察冀分局的机关报，但由于游击战争环境，地区分割，交通不便，要在全边区只办一个党报，不可能达到及时指导各地区工作的目的。为此，决定：（一）《晋察冀日报》在冀晋区及冀察一分区发到村，在其他地区按交通情况发到县团以上各级领导机关；（二）晋察冀军区政治部不办军队报纸，各军区政治部都应办一个军队报纸，报纸的对象应包括干部与战士；（三）每一个村庄，每一个连队，每一个机关、学校，都应尽量发动群众来办墙报，使之成为群众自己的报纸，反映本村、本连队、本机关及学校的生活与工作，广泛组织群众进行写作；（四）在各区党委及各军区政治部的机关报健全后，各地委、各分区所办的报纸应当取消；（五）在条件可能时，各区党委应办一个群众报，“使‘全党办报’的方针能够贯彻下去，除了打通思想以外，还要有坚强的组织工作才能实现。各区党委应在接到这一指示后，用大力解决组织工作中的一切问题，如配备干部、建立组织、准备电台、计划检查等。这样就能使‘全党办报’的方针在我晋察冀边区得以早日彻底实现”①。7月，《晋察冀日报》就“全党办报”的重要性，连续发表《如何提高一步》《再论如何提高一步》和《三论如何提高一步》三篇社论，提出“全党办报”就是使我们的报纸真正从群众中来又到群众中去，为人民服务，指导人民，使报纸真正成为人民大众最实际、最生动的教科书和人民大众自己生活与斗争中不可缺少的武器。只有努力写群众，学群众，又使群众写，群众办，我们才能真正实现与群众密切联系，我们才能提高一步。此后，边区掀起了全党办报的热潮，各地委都创办了富有特色的报刊，这对于沟通各地联系，发动群众抗战起了很大作用，为抗日大反攻准备了条件。

晋察冀分局决定在边区具体执行毛泽东十五项任务的办法（3月10日） 毛泽东于1944年12月15日提出了1945年的十五项任务，为了更好地贯彻落实毛泽东的指示，中共中央晋察冀分局于2月9日至3月8日召开了冀晋、冀察、冀中党政军主要负责干部（冀热辽有十六地委书记）会议，讨论了下列问题：（一）扩大解放区方案；（二）关于扩大解放区的几个具体政策问题；（三）整训部队；（四）本年度边区财政经济；（五）民兵工作；（六）总结抗战以来的群众工作及民主大选举；（七）整风；（八）全党办报；（九）锻炼区、村、连、排级干部；（十）工作作风。3月10日，中共中央晋察冀分局将讨论毛泽东十五项任务在边区具体执行的办法电报中央、北方局及聂荣臻、刘澜涛，并决定将这次会议的决定陆续报告。

晋察冀边区人员调整（3月12日） 根据抗战形势的变化，晋察冀边区行政委员会于3月12日发出人员任免通知，如下：（一）冀热辽区行署主任李运昌因军务繁忙，辞职照准，遗职调本会秘书长张明远接充；（二）本会秘书长调程宏毅接充；（三）冀察区第十一专区专员李关慈辞职照准，遗职调冀晋区第四专区专员臧伯平接充；（四）第四专区专员遗职由权哲民接充；（五）第二专区专员吕东调任冀察区行署秘书长，遗职由赵鹏接充，并派马志远充任第二专区副专员；（六）第五专区专员李涛辞职照准，遗职由于寿康接充；（七）冀晋区行

---

① 《晋察冀抗日根据地》史料丛书编审委员会、中央档案馆编：《晋察冀抗日根据地》第一册（文献选编下），中共党史资料出版社1989年版，第996页。

署秘书长由侯薪担任；（八）冀察区第十二专区专员由张孟旭担任，第十三专区专员由陈一凡担任；（九）华北联大教育学院该归本会领导，由刘皑风兼任院长，赵继昌任副院长；（十）本会成立交通局，由冯树章、史光分任正、副局长。

聂荣臻、刘澜涛提出加强察热工作的意见（3 月 16 日） 冀察区在 1945 年的春季攻势中打开了察北、热西、平西的局面，与冀晋新解放区连成一片，冀热辽区也出现了对八路军空前有利的形势，开辟热辽工作提上了日程。远在延安的聂荣臻、刘澜涛于 3 月 16 日对加强察热工作提出了意见，此意见经过毛泽东的批示后，电示中共中央晋察冀分局。电示中明确指出：察热两省地区，“在战略上有非常重要意义，为我势所必争，中央要求我们于今年内加强这方面的工作”①。同时，对布置平绥线工作、大城市工作、地下工作、纯蒙民地区工作、向热辽地区伸展的工作及布置涞源、广灵、灵丘三城市的战役计划等，提出了具体意见，强调指出：“根据苏联参战时间迫近这一观点，努力布置一切准备配合工作。”此意见对晋察冀军区的攻势作战具有很重要的指导意义。

冀热辽区召开首届群英会（3 月 16 日至 19 日） 冀热辽区因 1944 年冬季反“扫荡”，未能参加晋察冀边区于 1944 年底至 1945 年初召开的第二届群英大会。为了表彰在 1945 年“拥军优属、拥政爱民”活动中涌现出的拥军模范、烈军属模范和战斗英雄，冀热辽区于 3 月 16 日至 19 日在迁西县三屯营召开了首届群英会。冀热辽各界代表与群众 3000 余人参加了会议，冀热辽区党委书记、军区司令员李运昌，军区政治部主任李中权，区行署主任张明远等都出席了大会，并亲自为百余名战斗英雄和“双拥”模范颁奖。大会由政治部主任李中权主持。大会虽然多次遭到敌人的扰乱，但依旧进行，谢太隆、胡凤岐、王子民等 12 位英雄代表作了典型发言。大会表彰英雄与模范 117 人，其中部队英雄模范 87 名，民兵爆炸英雄、拥军模范和模范工作者 30 名，总结了英雄模范在生产、战斗中的典型经验和边区开展各项工作的经验。李运昌作了总结发言，指出“保卫基本区、打击伪满军、粉碎敌‘集家’阴谋，解放东北同胞，大生产运动，大练兵”是冀热辽区的四大重要任务，号召各英雄发挥带头作用、骨干作用。最后大会还通过了致毛泽东和朱德的电文。大会结束后，大家观看了尖兵剧社的话

---

① 晋察冀边区革命史编纂委员会编：《晋察冀边区革命史编年》，河北人民出版社 2007 年版，第 683 页。

剧演出。这是抗战以来冀热辽区的第一次群英大会，大家欢欣鼓舞。接着各地区也纷纷举行了群英大会。群英大会的召开，增强了冀热辽区党政军民的团结，坚定了人民夺取抗战最后胜利的决心，推动了冀热辽区1945年各项工作的顺利开展。

晋察冀边区召开公营工厂干部会议（3月18日） 中共中央晋察冀分局于3月18日至19日召开了公营工厂干部会议。会上，胡锡奎作了《关于公营工厂的几个问题》的报告。报告对公营工厂性质、任务及工资、劳动保护和领导问题作出了明确决定，指出，公营工厂与资本家的工厂完全不同，它是为人民服务的，是为战争与广大人民服务的，是为发展经济的革命财产。我们经营公营工厂的原则是“公私两利，先公后私”。公营工厂的任务，主要是发展经济，供给战争与人民的需要，并大量培养工人干部及技术人才。3月27日，《晋察冀日报》发表胡锡奎在晋察冀边区公营工厂干部会议上的重要讲话。

晋察冀分局发出群众团体工作的指示（3月19日） 中共中央晋察冀分局于3月19日发出《对于群众团体工作的意见》。文件指出，减租减息后，群众团体主要工作，应转变到领导各界人民生产、文化、卫生方面；村级群众团体的干部应成为群众中的领导骨干，然后经过群众的自愿选举，把他们选举到合作社中来，使群众团体和合作社能密切结合；区、县抗联会与合作社合署办公，群众团体的独立性及其组织，仍须保持。此后，中共中央晋察冀分局致电中央，报告了边区群众团体工作问题的讨论意见。

晋察冀分局发出关于民兵问题的决定（3月20日） 为了增强反攻作战力量，从军事上准备将来大发展的条件，中共中央晋察冀分局于3月20日发出《关于民兵问题的决定》，提出：（一）民兵是人民的精华，在工作有基础地区应尽可能发展，不要停止在占全体人数5%的数字上；（二）在边区人民武装代表大会召集前，各地必须总结数年来民兵斗争的创造和经验，并加以推广；（三）各地应效法冀察、冀晋民兵生产战粮的经验，使战粮进一步推广到解决一部分武器粮；（四）各地应考虑以县为单位，成立修械所，装置地雷，组织铁匠，建立民兵武器合作社。中共中央晋察冀分局将此决定报告中央，毛泽东阅后批转北方局、山东、平原、华中、湖北。随后，边区开展了群众性的大练兵运动，民兵得到大发展，而且其政治、军事素质有了很大提高，为边区正规部队的迅猛扩军和向野战兵团的转变准备了充足的后备兵源。

4 月

冉庄地道战显威力（4 月 1 日） 清苑县冉庄位于保定城西南 25 公里处，东有张（登）保（定）公路，西北有平汉铁路。在冀中区党委的领导下，清苑县冉庄地道经过几次改造，形成了一个较完整的作战体系，在消灭日伪军中发挥了优势。1945 年 4 月 1 日，驻保定日伪军 600 多人，占领了距离冉庄 2.5 公里的大张庄、三间房村，接着兵分两路向冉庄逼近。冉庄民兵对进攻之敌从村边工事开始战斗，边打边撤，诱敌进村。敌人进村后，只听到枪声，看不见一个人影，十分惊慌。一群日伪军窜到十字街时，隐蔽在室内工事的民兵立即开火，几个敌人被打倒，其余的乱作一团不知所措。地堡内的民兵见敌人进村便立即开火，敌人用机枪向地堡射击无效，就用镐破坏，民兵拉响了地雷，敌人被炸倒一片。在街里寻找民兵进行报复的敌人，不是踏响了地雷，就是挨了从地道里射出来的子弹，被打得晕头转向，急忙拖着尸体撤到村外。这时，又遇上前来支援的区小队和民兵，敌人在内外夹攻下，狼狈逃窜。这次战斗，冉庄参战民兵只有 20 多人，使用步枪 10 支，地雷、手榴弹各 90 多个，却击退了 600 多名日伪军的进犯，毙伤敌 13 人，民兵无一伤亡，开创了以少胜多、以弱胜强的地道战范例。5 月 14 日，500 多名敌人又进攻冉庄，冉庄民兵利用村落地道战，毙敌 6 人，伤 13 人。5 月 17 日，不甘心失败的敌人集结了 1700 人的兵力，带着十几挺机枪和掷弹筒，三面包围冉庄，企图报复。英勇的冉庄民兵们沉着应战，利用交叉火力网，地上地下，村内村外，同敌人展开激战，毙敌 15 人，其中有团长、营长各 1 人，伤敌 18 人，民兵只轻伤 1 人。冉庄民兵三战三捷，显示了冀中地道战的巨大威力。

冀中行署召开民教科长会议（4 月 4 日） 为了总结 1944 年全区教育工作，提出 1945 年教育工作任务，冀中行署于 4 月 4 日召开了民教科长第一次会议。会议具体安排了干部和成人教育内容，并提出由行署完成成立中学和改进儿童教育的任务。冀中行署指示各中学，政治思想教育的目的是：贯彻中国人民领袖毛泽东同志思想，使人民了解新民主主义的科学思想，反对法西斯的统治思想及封建迷信的落后思想，为此必须加强时事教育、政策法令教育。随后，冀中学校教育快速发展，据 40 个县的春季统计，在 10 380 个村庄，已开办小学 5518 所（含高小 182 所），在校学生达 38.6 万余人，教师 8117 人。

冀中建国学院建立（4 月） 随着晋察冀边区抗日根据地的日益巩固和发展，干部队伍迅速扩大，但是面对复杂多变的敌情，干部必须工作战斗在第一线，因此把干部都集中到学校学习的方法已不适应形势的需要。1944 年 9 月，边区政府召开教育会议，讨论教育改革问题。强调“干部教育重于群众教育”“成人教育重于儿童教育”的原则，提出轮流培训干部，试办干部高小，发展中学，提高在职干部素质，培养专门人才。边区政府根据中央指示精神和边区教育会议精神，进一步加强干部教育工作。1945 年 4 月，冀中区创建了冀中建国学院，又叫冀中五一学院。校址在河间县城内，院长为杨沛，建国学院设政治队、教育队、司法队、会计队，招生 700 余人，均为高小以上文化程度，开设政治课、理论课和专业课，学员在结业前到农村实习。由于解放战争开始，学员提前毕业，大部分都参加了部队工作。干部学校是为了加强干部教育而设，学制都比较短，课程坚持少而精的原则，教学方法灵活，适应了抗战和边区建设的需要。

冀中东北工作委员会成立（4 月 4 日） 中共中央和毛泽东非常重视开展东北工作，一直关注着东北的形势。随着抗战形势的发展，中共中央与晋察冀分局于 1944 年 9 月对东北工作作出指示，指出开展满洲工作已成为刻不容缓的迫切任务。1945 年 4 月 4 日，冀中区党委接到晋察冀分局的电示后，发出《关于东北工作的指示》，决定成立东北工作委员会，动员和领导一切可能的力量，去开展满洲工作，并确定各地区应迅速补充与配备东北工作委员会干部。冀中东北工作委员会直接受中央城工部的领导，当时的干部是王时雪、王芸。

晋察冀分局建议将扩大解放区的方向放在热辽与雁北（4 月 12 日） 进入 1945 年，晋察冀边区加紧了收复东北的作战准备工作，中共中央晋察冀分局于 4 月 12 日就积极进行配合苏联作战的工作致各区党委并报中共中央电，建议将扩大解放区的主要发展方向，放在热辽与雁北地区，明确提出：“冀热辽区党委，对开辟热河工作，在热河建立根据地，站稳脚跟，应下最大的决心。”因为“开辟热河不仅对巩固冀东有很大作用，而且应把热河作为进一步开辟东北，直接配合苏联作战的前进阵地”。“为了配合这一伟大行动，各地部队及地方各级主要干部均建设副职，以备在将来开辟察北、东北时能抽调一大批干部出来。要教育干部积极培养一个（批）能代替所有工作的干部，并争取尽快地完成之。”各地应抓紧进行主力军、地方军训练，以备将来能抽出若干主力，作为开辟察北、东北之用。毛泽东重视并赞同中共中央晋察冀分局的建议，4 月 18 日批示："此报以绝密转发晋西北。"中共中央晋察冀分局这一指示，把边区向东北发展的工作推向了新阶段。

冀东区开展反"蚕食"总力战（4 月 12 日至 7 月） 自从 1944 年冬大批伪满军进驻冀东后，敌人不断对根据地进行奔袭合击，部分地区被敌人"蚕食"，根据地逐渐缩小，形势颇为严重。冀热辽军民发动打伪满军战役后，敌人势力有了很大减弱，但依旧凭借据点和碉堡不断地进行"扫荡""蚕食"，或以优势兵力对中区心进行奔袭合击，又有一些地区被"蚕食"。为了打击敌人的进攻，冀热辽区党委于 4 月 12 日作出《关于巩固冀东基本区的决定》，要求动员一切力量，开展以武装斗争为主的对敌总力战，打退敌人"蚕食"政策，制止敌人奔袭合击，巩固山岳根据地。主力部队要采取灵活的分散与集中游击战术，配合其他斗争，有力打击敌人，制止敌人的疯狂活动。各地根据情况建立临时的反"蚕食"斗争委员会：一是在"蚕食"比较严重，但有主力部队活动的地区，由党委、政权、军队负责同志组成统一的反"蚕食"斗争委员会；二是在"蚕食"不太严重又没有主力活动的地区，在区委领导下抽一部地方武装组织反"蚕食"斗争委员会。随后，各地根据区党委的决定，首先建立了反"蚕食"斗争委员会，对被"蚕食"地区恢复工作作出安排部署。主力部队分散活动主动出击，地方游击队与民兵密切配合，扼守在交通要道上，并采取联村阻击战术，发挥地道战、地雷战和铁道游击队的威力，对敌开展了一场以反"蚕食"为中心的总力战，使其陷入人民游击战争的汪洋之中。对敌反"蚕食"总力战取得了预期的胜利，不仅恢复了被"蚕食"地区，而且开辟了一些新区，使日本侵略者冀东"伪满化"的计划破产，长城沿线的抗日游击根据地更加巩固。

***智取古马据点（6 月初）** 滦县、卢龙地区是敌人"扫荡"的重点区域。6 月初，伪军在滦县古马构筑据点，修建炮楼，派一个营兵力驻防，其经常外出"讨伐"。第十七军分区副司令员张鹤鸣决定由古马村的民兵配合，第十四团担任主攻，内外结合，智取古马据点。天黑后，民兵队长侯甫攻带领本村民兵将据点周围各户的院墙打通，第十四团攻击部队在民兵带领下迅速聚集到据点院墙之下隐蔽起来，只等总攻号令。半夜时分，村外部队向伪军据点开火，吸引伪军火力。预先埋伏好的部队及古马村民兵乘机翻越据点围墙，向伪军猛烈射击。在抗日军民的内外夹击下，伪军很快全部缴械，整个战斗不到 10 分钟结束，

伪绥靖军300余人被歼灭。古马据点被拔出后，第四区的抗日斗争形势迅速好转，抗日活动和党组织建设很快得到恢复。

* **东小营围歼战（6月11日）** 冀东第十七军分区司令部得到驻併城的伪满军700余人准备沿东西八户、曹营、李士一线到小集、连北店一带“扫荡”的情报后，司令员李雪瑞、副政委曾辉、参谋长肖全夫立即部署兵力，决定采取“诱敌深入、关门打狗”的战术打歼灭战。6月11日清晨5时许，伪满军出城，埋伏在西八户一带担负诱敌任务的区小队立即鸣枪，且战且退。当敌人到小集附近时，第十四团第一连突然开火，接应区小队。激战正酣，副团长刘守仁突然命令第一连撤出战斗，佯装向港北溃败，敌人收拢兵力继续追赶。上午9时许，当敌人大队人马行至东小营时，围歼战斗全面展开。速战不成后，分区司令部决定采取疲惫战术，围而不打，消耗敌人。下午4时许，分区司令部下达命令，向已被搞得筋疲力尽、士气低沉的敌人发起总攻。经过几个小时的激战，八路军大获全胜，700余名伪满军除20余名漏网外，其余全部被歼，八路军缴获轻重机枪40挺、战马380匹、步枪弹药1部。

* **羿各庄突围战（6月16日）** 滦（县）卢（龙）支队主力第一连在连长徐殿策、指导员门殿一的带领下于6月16日拂晓转移到滦县羿各庄，得知日伪军即将包围该村时，徐殿策决定采用“拱牛”战术，放弃占领制高点，在村内宅院构筑防御工事，掏开院墙，把日伪军放进院子再打。不久，张各庄、雷庄据点的日伪军1000多人包围羿各庄，占领有利地形后进村。面对不利形势，第一连决定突围，副连长侯文生带领第一排准备夺取西南角大坟地制高点。日伪军发现后，以密集火力封锁，侯文生带队冲到大坟地下面的干水坑里时，被日伪军火力压制。这时，日伪军向第一连展开全面进攻。在连长徐殿策的指挥下，各排互相掩护，向东南方向交替突围，打退了日伪军骑兵的进攻，冲出了羿各庄。

* **老王庄歼灭战（7月21日）** 丰（润）滦（县）联合县境内老王庄一带是冀热辽军区第十七军分区领导机关的驻地。7月21日，驻丰（润）滦（县）联合县境内之伪满军骑兵200余人，到老王庄“扫荡”。第十四团团长张鹤鸣、副团长刘守仁当即决定歼灭该部。当伪满军骑兵先头部队四五十骑兵迂回到老王庄西南第一连阵地前沿时，第一连迅速出击，经过激战将其全歼。与此同时，伪满军骑兵主力在日军山田少佐的指挥下，向第十四团指挥所逼近。第四连和

特务连指战员以猛烈的火力射击后，冲出村外，实施反击。第二连和第三连从侧翼包抄伪满军骑兵后卫部队。下午 2 时，战斗胜利结束。此次战斗击毙山田少佐等 3 名日籍军官和伪满骑兵 170 多人，俘 26 人，击毙战马 150 匹，缴获战马 45 匹、重机枪 2 挺、轻机枪 9 挺、掷弹筒 8 具、迫击炮 2 门及长短枪 115 支。

冀热辽区党委发出壮大主力的扩军指示（4 月 20 日） 冀热辽区担负着巩固与开辟根据地的重任，没有强大的武装，特别是主力部队，是无法完成任务的。冀热辽区党委响应毛泽东的号召，决定壮大主力，并于 4 月 20 日发出《关于目前壮大主力的扩军指示》，对各军分区规定了扩军任务，并要求各级党委加强组织领导，搞好宣传动员工作，在地区、县委、区委各级均成立扩军委员会，发动各县、区、村互相竞赛，掀起参军热潮，特别是党员要发挥模范带头作用，踊跃参军。此后，冀热辽区掀起了踊跃参军的热潮，为抗日战争大反攻补充了力量。

晋察冀边区行政委员会发出《关于统一采购与专卖办法的决定》（4 月 23 日） 晋察冀边区行政委员会于 4 月 23 日发出《关于统一采购与专卖办法的决定》，指出："（一）统一采购，对外是为了统一对敌力量，减少奸商暴利，以争取等价交换，平衡出入口贸易；对内是为了调节供需，稳定物价，以利军需民用。（二）统一采购，一方面是从计划与分配上来进行；一方面是从购买上来进行。（三）对外采购的原则是分散入口，集中买卖。（四）对内统一采购货物，暂只限于军用布棉，主要在于不形成突购争购。（五）专卖是以我禁止出口之物资，为了从敌占区换取我之必需品时为之，交由对外采购之公营商店办理，其他团体或个人均不准办理。"①

晋察冀边区改造新解放区不合理负担（4 月 28 日） 在 1945 年连续不断的春季、夏季攻势作战中，新解放区日益扩大，为了巩固和壮大边区根据地，边区政府加强了对新解放区的建设，并于 4 月 28 日发出《关于新解放区人民负担问题的指示》。文件指出："我新解放区在未解放以前，由于敌伪掠夺勒索，村中贪污浪费人民负担一般很重，负担办法极不公平，上层瞒地亦很严重，使负担重担主要落在基本群众身上，成为群众最大的痛苦，改造负担遂成为群众迫切的要求，因此，在我开展工作，初步站住脚跟之后，便应抓住这一中心环节，

---

① 晋察冀边区革命史编纂委员会编：《晋察冀边区革命史编年》，河北人民出版社 2007 年版，第 691 页。

发动群众，一面加强对敌斗争，整理村财政以减轻人民负担；一面开展反瞒地斗争，改造负担办法，使之比较公平合理。”① 文件提出新解放区的负担办法，要贯彻统一累进税的基本精神，适应各阶层负担能力，使负担趋于合理公平。随之新解放区对不合理负担展开了整理、清算工作，新解放区村财政开支大为减少，群众负担明显减轻。

冀热辽军区政治部出版《新闻摄影常识》（4月） 本书由罗光达著，1945年4月出版，石印本。罗光达是浙江吴兴县人，曾用名为王天成、东征、海鸥等。1938年底到晋察冀边区，担任军区政治部随军新闻摄影记者。1944年6月奉命带队去冀热辽前线创办《晋察冀画报》分社，被任命为分社社长。在紧张筹备期间，他深入渤海前线采访，拍摄新闻照片。在《冀热辽画报》筹办期间，他开设摄影训练班，培养业务骨干，后来将当时的讲课稿整理编著成《新闻摄影常识》。此书由武耀强誊写绘图，董寿延、李支书、李瑞峰等刻版印刷，印数300本。正文共分“新闻摄影的重要性”“新闻摄影的任务”“新闻摄影与其他文化艺术表现方法的异同”“摄影的几个基本常识”“暗房工作的几个基本常识”“新闻摄影的几个问题”“新闻摄影应备的几个条件”等章。本书理论联系实际，内容丰富，通俗易懂，成为摄影工作者的良师益友，指导很多人提高了摄影水平。

5月

晋察冀分局推广冀中津南武工队经验（5月1日） 在1945年对敌攻势作战中，冀中津南支队武工队频繁进入天津市内，对日军重要军事目标展开一系列破坏性袭击，强烈震慑防守之敌，鼓舞了人民夺取抗战胜利的信心。津南武工队的成功经验，受到中共中央晋察冀分局的充分肯定，晋察冀分局于5月1日向各区党委转发《关于冀中津南武工队的组织形式和工作方式经验的介绍》，并向全军区推广。文件指出，冀中津南武工队的组织形式与工作方式，经过证明在开辟地区时是适合的：（一）武工队与一定地区的工委会相结合，受工委会领导，成为这一地区开辟工作的武装力量；（二）工委会中除书记（兼武工队政委）外，设组织、宣传、敌工、城工、政权、民运、武装、锄奸各委员，武装

① 晋察冀边区革命史编纂委员会编：《晋察冀边区革命史编年》，河北人民出版社2007年版，第692页。

委员兼武工队长；（三）在新区原则上不扩兵，可吸收武工队员；（四）武工队改造村政权的办法是，让积极分子参加政权工作，逐步驱逐坏分子，然后再彻底改造政权；（五）先由党员及农会会员组织秘密的游击小组，到一定时期后让民兵加入。毛泽东在看到中共中央晋察冀分局上报中央的文件后，对津南支队武工队主动出击的行动十分欣喜，并立即通过批转文件的形式，向广东、湖北、河南、华中、山东、晋西北等地党组织进行介绍和推广，从而产生了很大反响。

晋察冀边区发出组织各级审计委员会的决定（5 月 1 日） 晋察冀边区政府审计委员会于 1943 年初成立。在攻势作战中，随着边区力量的逐步扩大，为了确切掌握边区军政民编制人数、财粮预决算、机关生产收入，实行节约，反对浪费，晋察冀边区行政委员会、晋察冀军区于 5 月 1 日发出《关于组织审计委员会的决定》，决定成立边区、行署、专区、县各级审计委员会，各级审计委员会有上下级组织领导关系，审计委员会的决定除须有关部门执行外，审计委员会还应直接对上下级报告或指示工作。该文件对审计委员会的职权作了明确规定："掌握本区内党政军民之编制人数，如因地区扩大或工作需要，须增加编制人数时，必须经过上级审计委员会之批准；审计本区内军政民之预决算；检查各部门机关生产收入及开支情况；严格检查各部门有无贪污浪费事情。"最后指出，各级接到这一决定后，应迅速组织成立审计委员会，着手审计、军政之编制预算及生产任务，并将核定结果逐级上报。① 冀热辽区审计委员会于 5 月 20 日成立，并将审计委员会分为冀热辽区、专区、县三级组织。在此前后，其他区也相继建立审计委员会。边区各级审计委员会的建立，保证了边区财政收支的大体平衡，对经济的发展和持久作战起了好作用。

晋察冀边区开展赵占魁运动（5 月 1 日） 《晋察冀日报》于 5 月 1 日发表社论《边区号召普遍开展赵占魁运动》。赵占魁是山西定襄人，延安湿家沟农具厂工人。他以工人阶级当家做主的精神，积极负责，埋头苦干，多次被评为"特等劳模"。1942 年 9 月，陕甘宁边区工会发出向赵占魁学习的通知。随后，各抗日根据地在工厂、企业开展了学习赵占魁的劳动生产运动。《晋察冀日报》社论指出："中国解放区的工人，八年来为保证战争供给，在最艰苦的条件下努

---

① 参见魏宏运主编《抗日战争时期晋察冀边区财政经济史资料选编（财政金融编）》，南开大学出版社 1984 年版，第 673—674 页。

力工作。大后方的工人虽在国民党一党专政的黑暗统治枪杀镇压下，仍然以自己的全部力量为民族与人民的解放付出血汗。沦陷区的工人，在敌伪最悲惨的虐待下，进行顽强的斗争。”① 赵占魁运动，鼓舞了边区工人高度的劳动热情，提高了他们的政治觉悟，有力地推动了整个边区的工业建设的发展。

冀中区加强开展回民工作的指示（5月3日） 冀中是大量回民聚集地，冀中各级党组织认真执行中央的民族政策，在争取回民抗战上取得了很大成绩，但也存在一些问题。随着对敌作战的顺利进行，发动更多的回民参加边区建设日益迫切。冀中区党委于5月3日发出《关于开展回民工作的指示》，指出今后回民工作重点是：吸收回民参加政权工作，提高回民参政积极性；发展回民武装，尽可能配备使用回民干部；改善回民生活，尊重回民习惯，发展回民党员，提拔回民干部。5月12日，冀中区党委又发出《关于城市回民工作的指示》，要求将回民工作推广到城市，争取回民上层，组织教育下层群众，宣传党的回民政策，欢迎回民资本家到根据地来向工商农业投资。为加强组织领导，冀中区设城市回民工作委员会，书记为马玉槐，委员为马俊逸。有回民的各级党委，在城工部内设回民干事。

泊头军屯惨案（5月3日） 军屯系泊头市营子镇的一个村庄，位于泊头市西北25公里，献县淮镇东南6公里处。为了报复军屯村抗日武装智擒日军情报主任香川的侄子，5月3日，香川带领300多名日伪军偷偷地包围了军屯，天亮后摸进村里，挨家挨户砸门、乱翻，抓捕群众200多人。敌人在军屯西北角的一个大场里审讯被捕群众，折腾半天，一无所获，然后将群众押到淮镇据点，关进监狱。除当天60多人乘淮镇大集逃脱外，其余群众都被日伪军屠杀或折磨致死。日本侵略者制造的这起血腥惨案，使这个有201户人家、815人的军屯村，竟有59户受到残害，6户被杀绝。2个月后，淮镇的敌人撤走，军屯村召开讨还血债大会，并去淮镇把全村死难的亲人运回掩埋。

晋察冀边区首府各界庆祝中共七大召开（5月5日） 中国共产党第七次全国代表大会于4月23日至6月11日在延安召开，毛泽东作了《论联合政府》的报告，刘少奇作了《修改党章》的报告，周恩来作了《论统一战线》的报告。大会讨论期间，晋察冀边区代表彭真作《党在敌占城市工作问题》的报告，聂

---

① 《晋察冀日报》，1945年5月1日。

荣臻作《晋察冀党在执行人民战争路线中的经验教训》的报告。大会决定了党的路线，通过了新的党章，选举了党中央领导机构。大会期间，晋察冀边区掀起学习贯彻中共七大的热潮：晋察冀边区首府各界于5月5日召开群众大会，庆祝中共第七次全国代表大会召开；中共中央晋察冀分局于5月28日发出《关于学习毛泽东同志朱德同志在党的第七次全国代表大会上报告的通知》；中共中央晋察冀分局宣传部于6月6日发出《关于深入学习"七大"文献的指示》，指出："各级党员干部学习毛泽东同志的政治报告及朱德同志的军事报告，是一个非常艰巨的政治任务，需要下一番苦功，才能求得贯通的了解。党的领导机关及领导干部，必须以自己在学习上的模范作用，把全党的宣传学习运动带领起来。"①各地响应中共中央晋察冀分局的号召，相继开展了学习贯彻中共七大的活动，要求各级党委要从思想上发动党内外干部群众，提高宣传学习的积极性和主动性。通过一系列的学习活动，边区军民进一步统一了认识，提高了觉悟，为即将到来的大反攻奠定了坚实的思想基础。

冀中区党委召开敌工会议（5月5日） 敌工工作在冀中根据地的恢复和发展中发挥了重要作用，但是在一些地区仍旧存在着一些问题，如未能很好地研究上级指示和本地斗争形势，并予以具体布置和及时指导；干部存在轻敌速胜和急于求功的思想等。为了更好地开展敌伪军工作，冀中区党委于5月5日召开敌工会议。副书记金城出席会议，并作了工作总结，明确了瓦解敌军的方针和里应外合的思想，纠正了在地方性伪军中无条件长期埋伏及一味迁就的现象，要求加强伪满军工作、伪绥靖军工作以及地方性伪军工作。各级党委要从思想上、领导上重视敌工工作，健全敌工部门；敌工部门要与武装部门、政工部门相互配合，及时交换敌伪军工作意见，研究敌伪动态。敌工会议后，冀中敌工工作有了进一步开展，有力地配合了对敌攻势作战。

晋察冀边区沦陷区同学代表大会召开（5月6日） 晋察冀边区沦陷区同学代表大会于5月6日在阜平县史家边区行政委员会大礼堂开幕，出席代表30人（女代表5人），为华北敌占主要城市北平、天津、保定、张家口以及来自东北、冀东、华中、华南沦陷区的青年学生。边区参议会副议长于力、边区行政委员会教育处处长刘皑风、边区抗联会主任王文兴、晋察冀分局姚依林等应约出席。

---

① 中共河北省委党史研究室编：《冀中党史大事记》，中共党史出版社1977年版，第168页。

大会决定成立“晋察冀边区沦陷区同学会”，其主要任务是组织沦陷区青年知识分子参加抗日工作，选出俞林、卞立中、任叔、林湘、王乃仁 5 人为常委，俞林任主席。

晋察冀军区发出加强敌伪军工作的指示（5 月 9 日） 晋察冀军区政治部于 5 月 9 日发出关于加强部队敌伪军工作的指示，目前部队敌伪军工作的主要内容包括三个方面：（一）负责制订部队敌伪军工作的计划，检查和研究敌伪军政策的掌握与教育、俘虏处理与招待等情况；（二）对敌伪军政策方针、打拉策略等，应服从与接受党委敌工部门的领导；（三）部队敌工部是部队政治机关组成部分之一，归政治机关领导。随后，6 月 5 日，冀热辽区党委转发中共中央晋察冀分局关于加强敌伪军工作的指示，指出对伪满军的工作是今后伪军工作中的重要部分，目前主要是从政治上瓦解，但在军事上则是严厉打击。

程子华作《扩大解放区》的报告（5 月 15 日） 程子华于 5 月 15 日在中共中央晋察冀分局干部大会上作了《扩大解放区》的报告。报告中指出了扩大解放区的国际国内形势：现在欧战已经胜利结束，盟国将集中全力对付日本。报告中还指出了武装工作队应该是包括党政军民各方面组织的一种组织形式，是在党的工作委员会一元化领导下执行武装及其他各种斗争任务的。斗争形式方面，斗争形式很多，现在只谈政治形势、军事进攻和经济斗争。首先政治形势方面，欧战结束，同盟国集中力量攻日，日寇处于完全孤立的状态，其最后失败只是时间问题；军事进攻方面，逼退解放区边沿或内部的敌伪孤立点碉问题；经济斗争方面，除了反对敌伪勒索以减轻人民负担，还必须给人民以经济上的帮助，应当扩大边币地区。此外，报告中还说明了扩大解放区的重要意义：解放区扩大了，增加了人口和财富，自然可以充实与扩大部队，实现驱逐敌人的目标。

晋察冀军区部队开展夏季攻势作战（5 月至 8 月） 当春季攻势即将结束时，根据中共中央关于“向一切被敌占领而有可能攻克的地方发动广泛的进攻，借以扩大解放区，缩小敌占区”的指示精神，晋察冀军区部队从 5 月至 8 月开展了夏季攻势。冀晋军区部队在民兵和广大群众的配合下，发起雁北战役，摧毁了敌人由山阴县广武至浑源县境沿长城线和桑干河沿岸的封锁线；部队还越过平绥铁路向北伸展，进至绥东丰镇、兴和地区，并与进入该地区的冀察军区部队会合。

冀察军区部队向西与雁北战役相呼应，于 5 月 12 日发起察南战役，向张家口、阳高、宣化以南地区展开进攻，连克怀安、涞源两城，围困广灵，袭入宣化城南关，直逼张家口市郊；向东配合热辽战役，于 6 月中旬发起平北战役，向龙关、赤城、后城外围据点展开进攻，袭占崇礼城，迫使从独石口到四海一线的伪满军全部退至长城以外，全歼伪满军 1 个营，进入热河西南地区。7 月初，骑兵部队向察北挺进，建立了万全、尚义两县抗日民主政权。与此同时，冀察军区部队配合冀中区大清河北战役，向敌之房山、涿县、涞水、易县、满城外围据点进攻，并一度攻入房山县城，打开了平西的局面。

春季攻势后，冀中军区部队挥师东进和北上，于 6 月 7 日发起子牙河东战役，拔除子牙河沿岸敌人全部据点，一举突破北起静海独流镇、南至献县的日伪军防线，收复献县、大城两县城，东进至渤海边。7 月 12 日，冀中军区部队乘胜发起大清河北战役，向霸县、永清、固安、武清地区展开进攻，收复交河城，解放国土 2700 多平方公里，北进至平津市郊。

在粉碎日伪军大规模“扫荡”后，冀热辽军区遵照晋察冀军区关于发动夏季攻势的命令，组成 3 个挺进支队，于 6 月 12 日分路北出长城，发起热辽战役，摧毁了日伪武装，解放了部分“人圈”，开辟了锦（州）承（德）公路南北广大地区和辽西地区，恢复了长城以北“无人区”的工作，为向东北发展夺取了通道。7 月下旬，日伪军 3 万余人对深入热辽地区的八路军进行反扑。冀热辽军区一面留武工队在内线袭扰敌人，一面适时地将主力转到外线，继续寻机歼敌，粉碎了敌人的反扑。

晋察冀抗日根据地经过 1945 年春季、夏季攻势作战，从 1 月至 7 月末，席卷了雁北、察南、热河、辽西，直逼北平、天津、张家口市郊，作战 2700 多次，歼灭日伪军 2.8 万人，拔除据点碉堡 790 个（座），收复县城 15 座，解放人口 500 多万，扩大解放区面积 13.5 万余平方公里。晋察冀军区八路军发展到 11 万余人，民兵数十万人，并夺得了进军东北的前进阵地，为大反攻作了准备。

* **雁北战役（5 月 12 日至 7 月 3 日）** 为开辟平绥铁路南北的雁北和绥东地区，冀晋军区于 5 月 12 日至 7 月 3 日以第二、第四、第五军分区共 6 个团及 6 个县支队的兵力，发起雁北战役。首先以主力部队重点向浑源、应县、山阴地区和桑干河两岸、平绥路阳高至大同两侧地区的日伪军展开进攻，尔后越过平绥铁路向北伸展。同时以一部兵力围攻繁峙、沙河、五台、台怀等地日伪军。

为配合雁北战役，军区命令在南线和东线的部队向正太铁路和平汉铁路定县附近的日伪军出击。经过近两个月的连续作战，冀晋军区部队攻克、逼退日伪据点 40 多个，毙伤日伪军 710 人、俘虏 256 人、招降伪军 100 多人，缴获轻重机枪 16 挺、长短枪 300 多支、粮食 157 万斤，攻克、逼退敌据点 37 个，解放雁北 6 县 783 个村庄，人口约 44 万。八路军参战部队伤亡支队以下指战员 395 名。这一战役，冲破了敌人由山阴至广灵和桑干河沿岸的封锁线，平绥路以南已成为游击根据地和游击区，成为进一步开辟路北和绥东地区的前进阵地。冀晋军区部队还越过平绥铁路向北伸展，进至绥东丰镇、兴和地区，并与进入该地区的冀察军区部队会合。

***察南战役（5 月 12 日）**　为把冀察、冀晋新区连成一片，并开辟平绥路南北之察南、察北地区，冀察军区集中 6 个团及部分县游击队，于 5 月 12 日发动察南战役。当时盘踞在察南地区的日伪军共 1.4 万人。冀察军区以第一、第十三军分区 4 个团及 4 个县支队向平绥路以南的怀安、涞源、广灵地区之敌发动进攻；以第十一军分区 2 个团及 1 个县支队，沿平绥路南侧进攻怀来、涿鹿地区之敌；以第十二军分区一部在平绥路以北对张家口、宣化之敌进行骚扰活动，牵制敌人。5 月 12 日夜，各部队开始向敌发动进攻。第十三军分区第二十团以奔袭手段攻克怀安县城，并与蔚（县）涿（鹿）、宣化、蔚县支队连续攻克、逼退怀安周围的 17 个据点。第一军分区第二十五、第四十五团及涞源支队，对涞源城及其外围据点展开围困战，拔除马圈子、石门子等据点，收复涞源城。第三团和广灵支队向广灵外围据点出击，陷广灵之敌于包围之中。第十一军分区第七、第四十四团和怀（来）涿（鹿）、房（山）涞（水）涿（县）支队进入怀来、涿鹿地区后，以围攻、坑道爆破结合政治攻势，攻克、逼退了岔道、石门等据点，虎视涿鹿、房山等县城之敌。第十二军分区部队策应察南战役，向龙关、赤城、崇礼外围据点发起攻击。6 月 30 日夜，第四十团和崇礼支队、察北骑兵袭击崇礼县城。至此，察南战役胜利结束，共歼日伪军千余人，攻克收复怀安、涞源、崇礼县城，攻克、逼退敌人据点 50 余个，并袭入宣化南关，逼近张家口城郊。

***平北战役（6 月中旬）**　察南战役后，日伪军由大同、北平抽调兵力，加强察南守备。冀察军区为配合热辽战役，打开热河西南之局面，于 1945 年 7 月初发起平北战役。以第十二军分区主力向龙关、赤城、后城一线展开攻击，先

后逼退永宁城、四海堡、黄花城、龙门所等据点 16 个，并袭占崇礼县城，歼灭企图到龙门所重建据点的伪满军第六团一个营，迫独石口至四海一线伪满军全部退至长城以外。第十二军分区部队进入热河西南地区。第十三军分区之骑兵支队向察北之敌展开进攻，建立万全、尚义两县抗日民主政权。第一、第十一军分区各一部，向房山、涿县、涞水、易县和满城敌人外围据点出击，一度攻入房山县城。

****子牙河东战役（6 月 8 日至 7 月 2 日）**　日伪军在子牙河沿岸北起独流、南至献县百余公里的地段上构筑了 100 多个（座）据点和碉堡，防守严密。为打破敌人长期封锁，冀中军区部队采取奔袭与强攻相结合的手段，于 6 月 8 日至 7 月 2 日发起子牙河东战役。按照冀中军区的战略部署，部队分为南北两路：南路以第八军分区第二十三、第三十一、第三十二、第三十三团，第三十三、第四十地区队和青（县）大（城）、任（丘）河（间）、青（县）沧（县）交（河）、献县等支队，在民兵配合下，攻歼子牙河南段之敌；北路以第九军分区第二十四、第三十八、第四十二地区队，任丘、文（安）新（城）、肃宁等支队，攻歼子牙河北段之敌。战役发起后，南路各部队攻克大城以南的里坦镇、刘各庄桥等据点，并袭入献县城内，歼灭伪军两个中队。援敌遭遇沉重打击后，守城日伪军 480 余人逃走，攻击部队遂占领献县城，乘胜攻取了最后的据点沙河桥。北路部队对子牙河北段敌防线实施突破，一举攻克子牙镇、东子牙等据点，分别击溃由大城、献县淮镇、静海王口镇增援之敌，并解放大城县城。与此同时，冀中各军分区部队积极配合作战：第六军分区协同冀南第二军分区部队攻克宁晋县外围的东旺、唐邱等据点；第七军分区部队攻克无极七汲据点，袭入无极县城；第九军分区津南支队化装袭入天津。此役共进行大小战斗 123 次，毙伤俘日伪军 3600 余人，缴获轻重机枪 48 挺、掷弹筒 40 具、长短枪 1951 支、修械所 4 座、汽车 2 辆、粮食 100 多万斤，收复大城、献县两座县城，拔除子牙河沿岸的全部 37 个日伪据点，解放人口 25 万，解放村镇 272 个。这一胜利彻底打破了敌人利用子牙河从东面对冀中抗日根据地的封锁，完全控制了子牙河及滏阳河北段两岸 300 公里地段及子牙河以东的广大地域。

****大清河北战役**　为了开辟永定河南地区，全面打开十分区局面，巩固与发展大清河北根据地，子牙河东战役结束后，冀中军区部队按预定计划于 7 月 3 日起至 18 日发起大清河北战役。按照战役部署，第九军分区部队为右路纵队，直插天津以西的胜芳、信安、堂二里；第十军分区为左路纵队，围攻牛坨、霸县、南孟、渠沟、独流等据点，消灭伪绥靖军，打开大清河北局面；津南支队、大兴支队、良（乡）宛（平）支队分别向天津、北平近郊活动，以迷惑敌人；第七军分区部队进击安国、博野、蠡县，钳制保定之敌；第六军分区部队肃清赵县、宁晋周围之点碉，威胁石家庄；第八军分区部队围攻交河县城，进逼沧县、泊镇。7月12日夜，右路纵队向胜芳、得胜口、信安、堂二里进击，相继占领胜芳镇、堂二里镇、信安，攻克洋芬港、马头镇，逼退左各庄、云道口、八里桥等据点的敌人，将敌绥靖军第七集团指挥所及第十九团全部歼灭。左路纵队于12日向霸县城发起进攻，一度攻入城内，并拔除贾庄、顾庄等据点，后因敌人增援，进攻部队主动撤出霸县城；同时攻克独流镇，全歼伪绥靖军第二十团第一营；击溃敌人两次增援，逼退后奕、南孟、相八庄等据点之敌。为配合大清河北战役，涿（县）良（乡）宛（平）支队和大兴支队，在北平近郊攻克长神门、西红门等据点；津南支队攻克、逼退天津南的咸水沽、义和庄等据点；第六军分区部队向赵县、宁晋附近点碉进攻，攻克前大章、换马店等据点，逼退赵西、西田村、河渠据点之敌，使赵县、宁晋两城陷于孤立；第七军分区部队一度攻入安国城，拔除韩庄、辛安、候村等据点；第八军分区部队逼退淮镇和交河城的敌人。此役共作战70次，毙伤日伪军1300多人，俘虏伪军2200多人，缴获迫击炮7门、轻重机枪54挺、长短枪2000多支、粮食50万斤及其他军用物资一部，攻入霸县县城，拔除据点70多个，解放人口75万。部队逼到平津市郊，使大清河北出现了空前良好的局面。

* **围攻前大章据点**　冀中第六军分区特务连，第三十一、四十四地区队，赵县、宁晋大队，在司令员王先臣率领下，围攻赵县前大章敌据点。战斗数日，连续击退赵县数百名增援之敌。7月2日，王先臣中弹牺牲。7月3日，前大章伪军中队长以下100余人被迫投降。此役，缴轻机枪3挺、步枪90余支、手枪5支。随后，该部又迫退宁晋以西敌河渠据点。7月12日，换马店、北极桥据点伪军缴械；西田村、赵西等据点之敌仓皇撤走，使赵县、宁晋县城陷于孤立。

* **热辽战役**　遵照中共中央晋察冀分局的指示，冀热辽区在粉碎敌人的“扫荡”后，发起以挺进热辽为中心的夏季攻势。6月上旬，第十四、第十五、第十六地委和军分区抽调力量组织三支挺进支队，以“梅花阵”形式，分西、中、东三路北出长城，发起热辽战役。西路为第一北进支队，由第十四地委组织部

长兼地分委书记李越之、第十三团团长师军和政委王文率领，于 6 月 25 日由古北口东南的桃树峪（属密云县）向围场一带出发；中路为第二北进支队，由第十五军分区司令员赵文进和第十五地委组织部长兼地分委书记宋诚率领，于 6 月 20 日从喜峰口出发，越过长城向都山、五指山一带推进；东路为第三北进支队，由第十六军分区司令员兼地分委书记曾克林和第十六地分委组织部长张化东率领，于 6 月 22 日分三路出义院口、界岭口、九门口，跨过长城向热东、辽西进击。经过一个月的长途跋涉和艰苦奋战，至 7 月下旬，西路到达热河省西部围场、隆化地区；中路越过锦承路，到达平泉以东、凌源以南和赤峰附近地区；东路进入山海关东北和叶柏寿以南地区。热辽战役，摧毁日伪军制造的“无人区”在热南设立的部分“人圈”武装，解放“人圈”12 个，在锦承路南北开辟了广大地区，恢复承（德）平（泉）宁（城）抗日游击根据地，在新开辟的辽西地区，建立两个联合办事处，从而为八路军挺进东北建立了前进阵地。

冀中区粉碎敌“新经济政策”运动（5 月 15 日至 6 月 15 日） 由于反攻作战形势的发展，日本侵略者为了挽救敌占区物资极端缺乏的危机，于 4 月 1 日开始实施“新经济政策”，即通过大量发行大额伪钞，扩大伪币市场，掠夺物资，以供给当地的日军和补救国内经济困难。冀中区党委和冀中行署从 5 月 15 日开始，连续发出关于大力开展对敌经济攻势的指示，指出，大力开展经济攻势，驱逐伪钞，巩固与扩大边币阵地已成为目前重要的政治任务，并决定在 6 月 15 日前，抽出大批干部指挥作战，开展强大的经济攻势。冀中行署也于 6 月 20 日召开贸易会议，作出《关于打击伪钞问题》的报告，对本区打击伪钞取得的成绩与存在的问题作了分析，并指出今后打击伪钞的要求和措施。至 7 月，冀中解放区的对敌经济攻势取得巨大成效，边币市场迅速扩大，边币在广大人民群众中的威信和购买力日益提高。日本侵略者的“新经济政策”遭到了失败。

冀晋区党委发出大批提拔培养干部的决定（5 月 19 日） 随着新解放区的不断扩大，边区建设需要越来越多的干部。冀晋区党委于 5 月 19 日发出大批提拔培养干部的决定，指出：“目前正是我们执行毛主席及中央号召，用大力扩大解放区，迅速发展革命力量，以为不久将来夺取城市反攻日本，并使我党永立不败之地的有利时机。而目前最首要的问题便是干部问题。‘干部决定一切。’如果我们没有大批足用的优秀干部作为资本，则这一严重的政治任务必然落空，革命力量的发展也必然是要受到限制。”“不仅应在本区内，力求工作发展平衡，大量向雁北调剂干部，而且更应该担负对察哈尔、热河、东北等地区，大量提供干部的义务。”①

晋察冀边区行政委员会公布对新解放区的施政方针（5月20日） 为了巩固和壮大边区抗日根据地，使广大新解放区同胞过上民主自由的幸福生活，晋察冀边区行政委员会于5月20日对新解放区人民颁发布告，重申政府施政方针，指出，彻底摧毁伪政权及一切日伪组织，建立抗日民主政权，保障抗日人民人权；对特务、汉奸等罪犯，根据悔改坦白程度处理；保障抗日人民财产所有权；实行二五减租减息政策，保障佃农利益；保障抗日人民各种抗日民主政治权利，发展经济，保障民生，发展工商业等。边区政府的施政方针受到新解放区人民的热烈欢迎，边区各级政府干部领导新解放区人民开展了改造政权、发展生产等轰轰烈烈的群众斗争，使新解放区日益巩固起来。

晋察冀边区行政委员会发出公营机关生产纳税规定（5月21日） 晋察冀边区行政委员会于5月21日发出了《关于公营机关生产纳税的规定》。规定指出，为了使部队机关在今年打下更好的生产基础，更多地解决其机关本身困难的问题，决定今年部队机关所经营的商业，其纳税额不超过其纯收入10%，但公私合营之商业，仍按税则规定以私营商业征税。为奖励部队机关生产，资金向工厂坊一律免税。但烟厂应以商业论。②

晋察冀边区开展1945年民主大选举运动（5月25日至7月） 1944年以来，随着世界反法西斯战争局势的发展，中共敌后战场攻势作战节节胜利，全国民主运动不断高涨。取消国民党一党专政，成立由各党各派参加的民主联合政府，成为全国民主运动的目标。毛泽东于1945年4月在中共七大报告中，向各解放区人民提议“尽可能迅速地在延安召开中国解放区人民代表会议……促进全国人民的团结和联合政府的成立”。敌后解放区由此掀起了召开人民代表会议、促进全国民主联合政府成立的大规模民主运动。晋察冀边区行政委员会于5月25日发出《关于民主大选举准备阶段工作的指示》，指出，为了促进全国民主联合政府的成立，必须开展全边区民主大选举运动，更进一步建设边区民主政

① 河北省社会科学院历史研究所等编：《晋察冀抗日根据地史料选编》下册，河北人民出版社1983年版，第478—482页。

② 参见魏宏运主编《抗日战争时期晋察冀边区财政经济史资料选编（财政金融编）》，南开大学出版社1984年版，第538页。

治，巩固边区各阶层人民的团结。为了领导边区的民主大选举运动，7 月 15 日，边区成立了晋察冀边区选举委员会，赵振声、潘自力、王文兴、边移山、冯宿海、邓拓、刘皑风、于力、宋劭文、程宏毅、王斐然 11 人为委员，宋劭文为主任委员，于力为副主任委员，王斐然为秘书长。边区选举委员会办理边区大选工作的有关事宜。

7 月 23 日，边区选举委员会又对大选举应注意的问题作出指示，今年的大选，较之 1940 年的大选，尤为重要，应动员广大人民积极参政，发动并组织各阶层人民竞选，掀起热烈的参选热潮，并坚决贯彻实行“三三制”政策。同时，对巩固区、游击区、新解放区的村选、区选、县选和边区级的选举，分别作了不同的要求和具体政策规定。根据边区政府的部署，6 月下旬至 7 月上旬，各专署、县大都确定了本地区民主选举的示范村、试验村，并在一些示范村进行了民主选举运动。在搞好民主选举试点工作的基础上，边区选举委员会于 7 月 19 日发出《关于民主大选举工作的指示》，要求全边区全面展开民主大选举运动。由于抗日大反攻的到来，边区民主大选举运动未能如期展开，但仍具有重要意义。民主大选举运动提高了群众的参政意识和政治觉悟，促进了边区民主政治建设，推动了全国民主运动的高涨，为迎接抗战胜利和争取新中国光明美好的未来创造了政治条件。

***选举晋察冀边区代表（6 月 26 日）** 在边区民主大选举运动中，边区选举了出席解放区人民代表会议的代表。6 月 26 日，晋察冀边区行政委员会和边区参议会驻会办事处，召集边区工救会、农救会、妇救会、回民抗日救国会、边区青联、边区文联、晋察冀边区沦陷区同学会、中国青年记者学会晋察冀分会、华北联大教育学院、中共晋察冀分局、军区政治部、边区行政委员会、边区参议会驻会参议员办事处、《晋察冀日报》社等单位代表，及附近地区参议员共同讨论，全体一致赞同陕甘宁边区各界关于筹备解放区人民代表会议的提议，并推举成仿吾、阎立宣、陈凤桐、王成周、郭任之、沙可夫、朱良才、高士毅、吴德 9 人作为中国解放区人民代表会议筹备会晋察冀边区代表。

冀中区党委发出城镇光复后的工作指示（5 月 26 日） 冀中区党委于 5 月 26 日发出《关于光复后之城镇工作指示》。该指示要求继续收复中小城市并采取建设方针，然后由学习管理中小城市，到将来管理建设大城市，要做好入城前的准备工作。入城后党政军民要成立临时的各种委员会，分别掌管各项工作，维持城镇秩序，并统一由城防司令部指挥。

晋察冀边区行政委员会发出开展民众卫生医疗工作的指示（5月27日） 晋察冀边区行政委员会于5月27日发出《关于开展民众卫生医疗工作的指示》，指出，目前，游击区、新解放区的病灾比巩固区更为严重，因此我们应把开展这些地区的卫生医药工作，看成是扩大解放区的重要内容，并用大力通过各种方式方法去开展，学习张瑞的医药合作社。今年天旱少雨，时令又到炎夏，这是最易生病的季节，我们号召各地要配合大生产工作，要重视妇女儿童在这一工作中的伟大作用，学习杨家湾小学的做法，通过妇女儿童把家庭卫生环境搞起来，并在这一工作中开展英雄模范运动。

中共热西分委成立（5月31日） 5月31日，冀察区党委决定成立中共热西分委，吴涛、刘述亭分别任正、副书记，李守真任热西办事处主任，贾兰波任热西武委会分会主任，王子华任热西抗联分会主任。昌平、怀（柔）顺（平）、丰（润）滦（县）密（云）、滦平、丰宁等5县划归分委领导。

《冀中平原上的地道斗争》出版（5月） 此书由杨成武编著，1945年5月出版。该书全面系统地总结了冀中军民开展大规模地道战的历史及成功经验，认为冀中地道战是战争史上的奇观。为了解决地道发展中存在的问题，冀中军区司令员杨成武带周自为和阎佐三等人亲自考察了任丘、蠡县、大城、饶阳、安平等县的地道情况。他钻了各种地道，进一步摸清了地道存在的问题，系统总结了几年来地道战的经验与教训，对地道的构筑、战术要求、组织与领导作了统一的科学的规定，写成了两三万字的《冀中平原上的地道斗争》一书，下发各地。杨成武在其回忆录中记录了他写作《冀中平原上的地道斗争》一书的大致经过："在战争最残酷的岁月里，冀中人民以英勇的战斗精神和无穷智慧筑起一道地下长城，化无险可守的平原为抗日要塞。"这本书"总结了各地的经验，强调要把隐蔽性地道和战斗性地道结合起来，成为一座既能保存自己，又能消灭敌人的地下堡垒"，"探讨了地道战的战术问题，集中群众智慧，列举了在地道中生存、战斗的许多巧妙办法"①。《冀中平原上的地道斗争》还征求了林铁、金城、罗玉川等人的意见，阎佐三画了地道构筑图。《冀中平原上的地道斗争》作为秘密文件油印下发各地，它的出版对冀中地道的发展起到了很好的指

---

① 杨成武著：《杨成武回忆录》，解放军出版社2007年版，第566—567页。

导作用，推动了冀中地道斗争的开展。

6 月

冀中区党委召开县以上党员干部会议（6 月 3 日） 1945 年春季攻势结束后，冀中广大地区获得解放。为了配合即将开展的夏季攻势，冀中区党委于 6 月 3 日召开了县以上党员干部会议。林铁在会上作了《关于冀中目前形势与工作任务》的报告。报告指出，在国际国内的新形势下，冀中取得了春季攻势的胜利，使冀中的面貌大大改观。我们的任务是在现有基础上，进一步扩大解放区，开展夏季攻势，进一步巩固与深入开展根据地的工作，加强沦陷区的工作。

冀晋五地委作出提拔培养干部的决定（6 月 7 日） 中共冀晋第五地委于 6 月 7 日作出《关于有计划有组织地大批提拔培养干部的决定》，指出，随着解放区的日益扩大，“干部荒”的问题越来越严重，必须引起各县充分重视。同时要求，灵丘、繁峙二县在近期内要以现有干部为基数，提拔干部一倍；应县、浑源、代县提拔 2/3；山阴（东）、大同、怀仁（东）、阳高亦应随着工作的开展大胆提拔干部。

晋察冀分局社会部发出新收复城镇保卫工作的指示（6 月 10 日） 随着边区 1945 年对敌春季、夏季攻势作战的深入展开，晋察冀边区抗日军民陆续收复了一些县城与较大市镇。城镇的管理与建设，就成为边区党政军民面临的新课题。中共中央晋察冀分局社会部于 6 月 10 日发出《关于新收复城镇保卫工作的指示》，指出，各地在执行分局扩大解放区的任务中，先后解放了 10 座县城，并正在继续发展中，对新解放区的城镇锄奸保卫工作，树立抗日社会秩序，已吸取许多经验。由于宣传了宽大政策，可以更有效地争取伪军伪组织人员反正。各级保卫部门应迅速在新解放区的城镇展开治安工作，准备长期的巩固条件，将来学习夺取大城市、维持社会治安的经验。根据晋察冀分局社会部的指示，边区军民采取了一系列管理城镇、维护社会治安的措施，使新收复城镇迅速建立了革命秩序，为城镇建设的顺利开展提供了保障，也为将来管理好大中城市提供了经验。

冀晋区第五地委发出全面开展锄奸运动的指示（6 月 10 日） 中共冀晋区第五地委于 6 月 10 日发出《关于全面开展锄奸运动给各县县委的指示信》，要求灵丘、繁峙的老解放区要全面开展锄奸运动，彻底肃清特务奸细；代县、浑源、山阴（东）、应县、阳高、大同、怀仁（东）等县要配合扩大解放区，搞好保卫工作。具体来说，应做到：（一）广泛建立治安组织；（二）摧毁敌伪政权，打击罪大恶极的特务、汉奸；（三）开展交通要道、各县城及大同市的情报工作；（四）在新解放区揭露日伪特务、汉奸和国特的欺骗宣传，号召群众秘密告发特务，号召伪军、伪组织人员及特务汉奸悔过自新；（五）浑源、应县、大同、阳高四县要派人到绥东，通过商业活动掌握绥东的有关情况，准备将来开展锄奸活动。

《晋察冀日报》发表社论庆祝扩大解放区的胜利（6月28日）　《晋察冀日报》于6月28日发表《晋察冀扩大解放区的胜利》社论。社论指出，在近一个半月中，在冀中、冀察、冀晋各区，八路军不断进行了535次以上的机动进攻战，拔除了479座敌伪碉堡，光复了任丘、河间、饶阳、安平、武强、深泽、新镇、文安、涞源、山阴、安新等11座县城，连同以前收复的和原来在我掌握之中的阜平、灵丘、肃宁等城合计起来，共有14座县城，毙伤与俘虏敌伪官兵5500余名，解放同胞数十万人。

新华社晋察冀分社成立（6月）　6月，新华社晋察冀分社正式成立。中共中央晋察冀分局宣传部长胡锡奎兼任分社社长，胡开明任副社长。冀晋、冀察、冀中三个支社相继成立，冀察、冀中两支社已用新闻电台发稿。

7月

杨家峪战斗（7月3日）　冀东军分区尖兵剧社和第十五军分区长城剧社于7月1日联合公演了四幕歌剧《地狱与人间》。此剧是黄天、今歌的新作，反映了人民及其军队反抗日军“集家并村”的法西斯暴行。奉军区首长之命，黄天、今歌赶赴军区驻地进行纪念演出，准备参加冀热辽军区“七七”纪念大会。7月3日早晨，尖兵剧社和长城剧社的80多名文艺战士，在军区副参谋长才山率领下，由遵化县支队长耿兆江带一个加强连护送，从十五军分区腹地滦河东岸出发，奔赴军区机关驻地玉田县。杨家峪是距玉田、丰润较近的一个山村，三面环山，一条小干河穿村而过，形成河南、河北两条街。两个剧社和县大队驻在河北街。就在这天夜里，驻遵化县城的日军和伪满军约1700人把仅有200余户的杨家峪重重包围起来。才山、黄天、今歌和军事代办所所长徐林庭（石林）等20余人在突围战斗中壮烈牺牲。长城剧社的同志掩埋了烈士的尸体，抬回了伤员，带着复仇的心情，独立重排了《地狱与人间》，紧接着便在遵化演出。演出结束时，“打倒日本帝国主义!”“为死难烈士报仇!”的口号在台上台下连成一片。

挺进绥东（7 月初至 8 月 13 日） 夏季攻势作战结束后，根据冀晋区党委指示，中共冀晋第五地委、冀晋第五专署、冀晋第五军分区决定组织中共绥东分委、绥东办事处和绥东纵队，挺进阳高、大同以北的绥东地区，开辟新的根据地。中共绥东分委由陈一帆、张柱国、安汝涛、刘苏、雷宜之、侯千之、任朴斋、范志辉、葛振岳等人组成，书记由地委副书记陈一帆兼任，张柱国、安汝涛分别任组织部长和宣传部长。绥东办事处由侯千之任主任。绥东纵队主要由六团组成，编为 5 个大连队，千余人，由第五军分区参谋长刘苏任司令员，陈一帆任政委，范志辉任副司令员，葛振岳任副政委，吴靖宇任参谋长，王克任政治部主任。绥东分委、办事处、纵队组建后，经短期准备，于 7 月 22 日从灵丘东河南出发，向目的地丰镇、兴和、商都、集宁一带挺进，28 日到达丰镇亮马台，随后组建起兴（和）丰（镇）联合县委和联合县政府，由田林任县委书记，单振英任县长。绥东纵队于 30 日开始向兴和西南日军重要据点张皋发动进攻，接连迫退张皋、白家营、大同窑、高庙镇等日军据点，解放了兴和以南、以东大片土地，并乘势向兴和县城进军，至 8 月 13 日，解放了兴和县城，绥东分委机关和兴丰联合县县级机关进入城内，开始进行稳定社会秩序的各项工作。

晋察冀边区军民纪念中共诞生 24 周年、军区成立 8 周年（7 月 7 日） 晋察冀边区各界于 7 月 7 日在阜平县东台村举行中共诞生 24 周年、军区成立 8 周年纪念大会，边区各机关、团体、部队、工厂、学校及附近村庄群众共 7000 余人参加大会。程子华、宋劭文、潘自力、郭强等党政军民领导人讲了话。程子华的讲话分析了当前的大好形势，指出今后边区军民的重大任务是：（一）继续开展大生产运动；（二）继续对敌开展猛烈攻势，扩大解放区；（三）搞好民主大选；（四）学好党的“七大”文件；（五）扩大边区军队。

聂荣臻、刘澜涛就加强绥远与察哈尔工作致电晋察冀分局（7 月 16 日） 聂荣臻、刘澜涛于 7 月 16 日致电中共中央晋察冀分局，指出，中共中央指示在今年内，要加强绥远与察哈尔的工作，“这两省地区在战略上有非常重要的意义，为我势所必争”①。我们与晋绥军区商妥，大同到集宁线以东地区由晋察冀负责。集宁、张北以北主要为蒙民，应加强对蒙族同胞的工作。

程子华、耿飚致电聂荣臻，汇报四个二级战略区的战果（7月20日） 程子华、耿飚于7月20日致电远在延安的聂荣臻，汇报了冀中、冀热辽、冀察、冀晋四个二级战略区在攻势作战中所取得的战果。汇报中指出，（一）冀中区在春季战役中打开了腹地局面，拔除了大量碉堡，解放了任丘、河间、饶阳、安平、新镇、武强、文安等城，形成了夏季攻势的有利条件。（二）冀热辽地区：十四军分区部队已至隆化以北围场、边城，十五军分区已至都山东凌源以南地区，另一部分已越过辽热路平泉以北，攻克喜峰口东北黎树峪等地，攻入通县西南马驹桥。（三）冀察区：收复涞源、怀安，打开蔚县、广灵地区桑干河两岸及天镇、阳原广大地区。（四）冀晋区：巩固第一期所取得的成绩，掩护开展地方工作，打下今后在阳高、大同、山阴、桑干河南北两岸工作的基础。

晋察冀分局发出城市工作的指示（7月25日） 自1944年中共中央晋察冀分局高干会议传达中央关于城市工作指示以后，各地经过思想动员与干部配备，在1945年初开始有组织地、全面地进行城市工作，但仍处于初级阶段。为了推动城市工作的进一步开展，中共中央晋察冀分局于7月25日发出《关于城市工作的指示》，指出，在目前城市工作中，“全党做城市工作”“把城市工作看得同根据地工作同等重要”等重要思想尚未在全党深入贯彻。有些地区没有把城市工作问题向区村传达，有些区党委城工委员不知道自己该做什么。因此，各级党委必须加强对城市工作的领导，及时解决其干部与经费的困难。这是使城市工作真正成为全党大家来做的工作，使中央关于城市工作的指示能够彻底实现的关键。同时，还对城市工作的宣传工作、组织工作做了具体部署。这为晋察冀边区城市工作的开展指明了方向。

冀中区召开合作社会议（7月下旬） 冀中的合作社组织建立较早，发展较快，工作也有显著的成效，并在群众中有相当好的影响和基础。根据20个县不完全统计，到1945年7月，已建立和恢复基层社3540个，有社员24万余人、股金5022万元、县区以上合作社干部1400余人，而且也出现了饶阳县五公村耿长锁合作社、安国县刘家庄王老合合作社、深泽县大堡村提美彦合作社、深县

---

① 周均伦主编：《聂荣臻年谱》，人民出版社1999年版，第412页。

大护驾迟村高贯斗合作社等不少好的典型合作社。但由于形势发展很快，政治任务重，上级对基层社的指导不够深入，也出现了一些形式主义的毛病。冀中区于 7 月下旬召开了合作社会议，会议总结交流了大生产运动和合作事业经验，批评了自下而上的所谓“安头合作社”，提出以后的方针是压缩上级社编制，加强对村社的领导，并改造“安头合作社”。会议后期，日本宣布投降，故会议仓促结束。会后，许多地方取消了合作社的领导机关，大批干部调做其他工作，致使合作社走向自流，不少基层社自生自灭。

8 月

冀中区党委作出组织形式与编制原则的决定（8 月 1 日） 由于形势的发展变化，根据地的组织形式与领导方式也应当改变，必须建立健全工作机构和工作制度。冀中区党委于 8 月 1 日在组织会议上作出关于《目前形势下的组织形式与编制原则》的决定，指出，各地要根据实际情况，改变组织形式：在游击区敌我斗争相当尖锐，这种地区组织形式仍需要贯彻精干政策，在统一领导下加强农会、武委会、敌工部门工作，加强对敌斗争；在有一定工作的沦陷区，敌人统治较严，仍以党政军民混合组成武工队，统一对敌斗争，开展工作；在新解放区，八路军在军事上完全取得了胜利，敌人的威力与公开之统治机关已被驱逐，但群众还不完全了解抗日形势，抗日组织与秩序都很差，所以应突击建立各种抗日组织，放手发动群众，发展党员，建立民兵与游击队，开展地道战，使新解放区很快变成平原根据地。

聂荣臻、刘澜涛就部署反攻作战致电晋察冀分局（8 月 10 日） 8 月 8 日，苏联政府对日宣战。9 日，苏联百万红军进入中国东北，向日本关东军展开全面进攻。鉴于苏联对日宣战的形势，8 月 9 日，毛泽东发表《对日寇的最后一战》，指出，中国人民的一切抗日力量应举行全国规模的反攻，密切而有效力地配合苏联及其他同盟国作战。8 月 10 日，朱德总司令发出反攻进军的紧急命令，命令各解放区的军队，立即向一切敌占城市和交通要道展开进攻。根据中央军委向各战略区下达大反攻的部署和命令后，聂荣臻、刘澜涛即日从延安致电中共中央晋察冀分局，发出指示：“（一）全军部队应立即部署向北平、天津、保定、石家庄、大同、阳泉、张家口、唐山、山海关前进，准备接受日伪军投降。如日寇继续抵抗，则依情况发动广泛的进攻，配合苏军作战。（二）冀东立即抽出

3个主力团组成纵队，由李运昌率领向辽宁前进，相继发动进攻，尽可能占领最广大地区，准备与苏联红军会师。（三）第二军分区部队尽可能抽调2个团向太原逼近，准备配合贺龙师长率领的部队夺取太原及附近一带地区。（四）立即以晋察冀边区行政委员会名义委任宋劭文兼北平市长，张苏兼天津市长。……凡我占领各城市，务须维持城市秩序，各公共机关亦妥当管理，不得破坏。（五）所有进入城市部队由军区任命警备司令。（六）组织大批地方工作人员随军前进，一切小据点统由地方政府、地方武装占领之。（七）准备军区部队扩大一倍，今天的财政应作新的预算，票子可大批印出，以供使用。”①

晋察冀分局、晋察冀军区详细部署边区大反攻（8月10日） 根据中共中央的作战方针及聂荣臻、刘澜涛部署反攻的指示，中共中央晋察冀分局、晋察冀军区于8月10日对边区大反攻作出详细部署：冀晋军区，主要夺取大同、丰镇、集宁、商都等城，其次夺取保定、石家庄，并以一部兵力策应友区夺取太原；冀察军区，以主力夺取宣化、张家口、张北、多伦、沽源、康保、宝昌等城；冀中军区，集中力量夺取北平，并以一部兵力配合冀热辽军区夺取天津；冀热辽军区，主要夺取塘沽、天津，并肃清境内伪军，夺取秦皇岛、葫芦岛。

冀中军区召集团以上干部紧急会议（8月10日） 在晋察冀军区的统一部署和指挥下，冀中军民积极投入大反攻。8月10日夜，冀中军区在肃宁县大官厅召集团以上干部召开了紧急会议。会上，杨成武司令员宣布：我们已胜利地完成了恢复、巩固与发展冀中平原根据地的艰巨任务；原定的安（国）博（野）蠡（县）战役停止进行，现在要坚决执行毛主席发出的“对日寇的最后一战”的命令，全面发动大反攻。命令第六军分区部队攻占石德路之磨头、辛集、王家井等地，配合冀晋军区部队进攻石家庄；第七军分区的部队配合冀晋军区部队进攻保定及保定至正定平汉铁路沿线的车站；第八军分区的部队攻占津浦铁路线上的唐官屯、马厂等车站，并北上配合九分区的部队夺取天津；第九军分区的部队，攻占高阳、安新县城，破坏天津至廊坊段铁路线，进攻天津；第十军分区的部队攻占雄县、霸县，破坏廊坊至丰台段及徐水至北河段的铁路线，配合冀察部队进攻北平。同时，宣布晋察冀军区聂荣臻司令员已根据朱德总司令的命令，向日本侵略者华北派遣军司令官下村定发出了最后通牒。在“一切

---

① 周均伦主编：《聂荣臻年谱》，人民出版社1999年版，第412—413页。

为了前线胜利”的号召下，冀中行署主任罗玉川亲自动员人民群众为子弟兵赶做军服。冀中部队先后换上了用高阳布做的灰色军装，以崭新面貌投入大反攻中。

晋察冀军区命令华北日军无条件投降（8 月 11 日） 为了实施全面大反攻的作战计划，晋察冀军区于 8 月 11 日向日本华北方面军司令官下村定发出最后通牒，限其 48 小时答复，并饬令在我军区管辖范围内的日伪军交出全部武器、物资，依照所规定的地点分别集中，听候处理。凡投降的，不论官兵都保障其生命安全，得到我军款待；如果拒绝投降，将遭受武力消灭。冀晋、冀察、冀中、冀热辽各军区及所辖军分区也都向被围困的日伪军发出无条件投降的命令和通牒，散发了日本人解放同盟的宣言和告日军书。

晋察冀边区军民展开大反攻（8 月 12 日至 11 月底） 为适应反攻作战的需要，晋察冀军区根据中共中央关于组建正规兵团的指示，先后将 38 个小团扩编成大团，同时又陆续以地方武装改编成 62 个团参加反攻作战。从 8 月 12 日开始，各部队依据晋察冀军区的统一部署，随即在人民群众的全力支援下，对已陷入解放区广大军民包围中的日伪军，展开全面大反攻。

冀察军区部队主力一部与冀中、冀热辽军区部队一部，由冀察军区司令员郭天民、政治委员刘道生指挥，于 8 月 12 日从东、南、西三面包围了北平，占领通县机场。冀中军区部队主力，由冀中军区司令员杨成武、政治委员林铁指挥，于 8 月 19 日晚对天津发起进攻，占领杨村机场，攻克外围据点，一度攻进天津西站。冀晋军区部队主力在司令员赵尔陆、政治委员王平指挥下，配合八路军晋绥军区部队进攻太原，从东面与东北面进抵城郊。冀晋、冀中、冀热辽军区部队各一部，为策应对平津的围攻，分别对保定、石家庄、唐山展开猛烈进攻。

正当边区部队全力对日军进行大反攻的时候，国民党当局公然与日伪军合流，在美帝国主义的帮助下，调运大军抢占平津与交通要道，进逼解放区。在此形势下，为了争取将武装冲突限制在局部范围，中共中央和中央军委于 8 月 22 日决定改变攻取大城市和交通要道的军事方针，指示各解放区部队以必要的兵力着重夺取小城市和广大乡村。中共中央晋察冀分局和军区根据中央军委的指示，于 8 月 24 日及时调整了反攻部署。除挺进东北、热河和执行察哈尔方面作战任务的部队，仍按原计划行动外，各区以一部兵力威胁大中城市，主力则从北平、天津、保定、石家庄、唐山、太原等大中城市周围转移，攻占日伪占据的中小城镇。其中，命令冀晋军区以一个团威胁石家庄，而以大部兵力夺取各县城及平绥路（阳高以西）、平汉路上各据点；冀察军区以主力夺取察南各县城及平汉路、平绥路（天镇以东）各据点及北平市外围据点，特别是石景山、门头沟，威胁北平；冀中军区以主力夺取各县城及平汉路、津浦路、平津路上各据点，以一部主力威胁保定、天津，夺取外围据点；冀热辽军区以主力夺取各县城及秦皇岛，以一部主力威胁唐山。同时，各地区即彻底破坏边区周围的铁路，炸毁桥梁隧道，把铁轨撤回根据地，阻止国民党军队的进犯。

冀中部队主力从天津周围转移后，将进攻矛头指向大清河北地区。第八、第十军分区部队在民兵配合下，首先攻克霸县、永清县城，接着收复牛坨镇、安次城、容城和旧州镇、礼贤镇。第九军分区部队一部，在天津东南拔除小站、咸水沽、葛沽等重要据点19个；另一部围攻天津西面的王庆坨，迫使500名伪军投降。第七军分区部队在地方武装和民兵的配合下，向蠡县、博野一带的敌人展开进攻，收复蠡县、博野、安国、安新等县城。第六军分区部队与地方武装和民兵相结合，向深县、赵县、宁晋等地进攻，攻克和逼退了深县城和西阳台、魏家桥、高古庄等据点，尔后收复了赵县、宁晋、晋县城以及辛集、辛安车站等。

冀察军区部队主力一部，于8月16日对长城线上的军事要冲张家口，从东、南、西三面构成包围。军区各地方部队与民兵，为配合对张家口的进攻，分别攻占了张家口外围的一些重要城镇、矿山、电厂、车站等，使张家口陷于孤立。19日，苏蒙联军向张家口以北的狼窝沟日军攻击。20日晨，冀察部队对张家口发起总攻，经数日激战，于23日晨收复张家口。随即，对各县拒降的伪军展开全面清剿：第十二军区部队从张家口沿平绥线东进，迫使沙岭子伪军300多人投降，接着围困宣化城之敌；第十三军分区部队于31日解放柴沟堡，并迫使怀安城的敌人缴械投降。冀察军区主力一部攻克宣化后，于9月19日攻克新保安，尔后追歼逃敌，连克怀来、延庆和永宁等县城，肃清了平绥铁路东段附近之敌。第十二军分区部队回师察北，攻取了龙关、赤城。冀中纵队于9月29日至11月2日发起蔚（县）广（灵）暖（泉）战役，先后攻克暖泉、广灵、蔚县三城镇。与此同时，冀晋军区一部向察南开进，于10月1日攻克阳原县城。至11月3日，察哈尔省全境完全获得解放。

冀热辽军区部队一部分别从兴隆与围场两地出发，南北合击承德；另一部从冀东区北进平泉、凌源、赤峰。两路大军会同苏军消灭了热河境内的日伪军。其中收降了在兴隆的伪满洲国军 4 个团和 7 个“讨伐队”以及警察队共万余人。9 月 23 日，沦陷十几年之久的热河省获得解放。冀热辽军区的主力部队北进后，留下的 4 个团及新编成的地方部队共 1 万余人，除一部继续围困唐山之敌外，大部向日伪军占据的县城展开进攻。相继收复和攻克乐亭、秦皇岛、玉田、宁河、香河、宝坻、迁安、抚宁、卢龙等县城，丰润、平谷、三河、遵化之敌闻风丧胆，弃城逃跑，冀东广大地区宣告解放。

至 11 月底，晋察冀军民共歼灭日伪军约 7 万余人，解放了察哈尔、热河两省的全部，河北的大部，辽宁、山西、绥远省的各一部，收复了张家口、宣化、集宁、丰镇、绥中、山海关等 70 多座城市，形成了以张家口为中心，晋、察、冀、绥、热、辽纵横千里的战略基地。全区野战部队发展到 21.5 万余人，地方部队扩充到 10.4 万余人，民兵扩大到 90 万余人，不仅取得了抗日战争的最后胜利，还为反对国民党的内战准备了强大的力量。

*__进攻天津__　8 月 9 日晚，冀中军区集中 13 个团的兵力向以天津为重点，北起杨村、南至唐官屯一线城镇的日伪军发动进攻。第二十九团一举攻克天津外围据点韩柳堡、杨柳青，歼灭守敌大部。第七十五团和第七十六团攻占杨村、北仓等车站及杨村西北的飞机场，切断了平津间的交通。第二十八、第三十八团于 19 日夜，一度攻入天津西车站，同敌展开激烈巷战。冀中部队攻入市内后，遭到日军的抵抗，主动撤至城外。与此同时，第二十三、第七十六团攻入静海县城，第六十六团占领了陈官屯、唐官屯车站。地方武装收复了雄县、霸县、高阳、灵寿等县城，拔除了大量据点。在八路军大反攻的声威下，8 月 22 日，天津市南郊伪自卫团 400 多人，由伪团长率领在老君堂向八路军投降。

*__狼窝沟战斗（8 月 20 日）__　苏蒙联军与日军在狼窝沟展开激战。8 月 20 日，苏蒙联军又出动轻型坦克、摩托车，以“一”字型展开攻势。苏蒙联军不怕牺牲，奋力拼杀，击退了日军数十次反扑，占领了野狐岭日军主阵地，使联军主力部队得以迅速通过，取得了全线胜利。这次战斗毙伤日军 860 多人，其中击毙 200 多人，俘将官 87 人、士兵 578 人，缴获大量武器弹药。此次战役苏联红军 54 人、蒙古人民军 6 人壮烈牺牲。

*__北大冉截击战（8 月 22 日）__　清苑县和部分区小队于 8 月 22 日包围了张

登据点，在进行军事围攻的同时，展开政治攻势。同时，派张登炮楼伪军小队长的母亲送去朱德总司令限敌投降的命令和冀中第九军分区司令部通牒。据点内的“内线”也乘机进行工作，迫使张登据点的伪军、警察和特务400余人缴械投降。我军缴获步枪400支、机枪2挺、小炮1门。伪军投降后，驻守张登据点东炮楼的日军五六十人，在保定伪军200多人的接应下，连夜向保定逃窜，行至南、北大冉之间，遭到冀中第九军分区部队和清苑县大队的截击，敌人死伤100多人。冀中参战部队后接到上级命令，撤出战斗，余敌逃回保定。

*解放张家口（8月23日）　张家口是日军在察哈尔的政治、军事中心。8月16日，活动在张北附近的察蒙骑兵支队和苏蒙联军会师，冀察军区以第十团、第四十团、第二十团和蔚（县）涿（鹿）支队从东、西、南三面向张家口进攻，军区独立第五团、宣（化）怀（来）支队、延安支队和当地民兵在怀来、土木、沙城段进行破垄，阻击日军向北平逃窜，配合主力进攻张家口。20日，冀察军区部队开始向张家口展开进攻。第十二军分区第十团、第四十团占领清水河东岸地区，第十三军分区第二十团和蔚（县）涿（鹿）支队因山洪暴发，洋河水猛涨，未能及时投入战斗。22日，第四十团和第十团继续发起攻击，迅速控制清水河东岸全部阵地，将敌压迫到清水河西岸，侦察部队一度袭入清水河西岸。黄昏，部队攻占了市中心区，各路部队勇猛插入市区，分割包围敌人。23日拂晓，张家口市遂告解放。张家口市是抗日大反攻开始以后，中国解放区军民夺取的第一座较大的城市。收复张家口后，察哈尔省全境解放，使晋察冀、晋绥、陕甘宁和新开辟的东北解放区的联系更加便利。

*解放满城（9月18日）　日本宣布无条件投降后，盘踞满城县城的日伪军拒不缴械，准备负隅顽抗。晋察冀军区第一军分区新编第二团和满城县委决定攻打县城。9月17日黄昏，攻城部队首先掐断了日伪军之间的电话联系，接着派出佯攻东城的小部队吸引敌人主力，然后攻城部队从南、北、西三面冲向敌人，很快突破城门，攻入城内。攻入南城的部队占领了伪新民会，突破西城墙攻入城内的部队直扑伪警备大队部，继而占领伪警察局、伪县政府和监狱。攻进北城的战士，占领伪警察分局后，迅速攻入日本宪兵队。攻城部队按原计划攻占各据点后，在南街胜利会师，残余守敌全部退到碉堡内。在保定日军的增援接应下，9月18日下午，龟缩在碉堡内的日伪军，胁迫部分群众仓惶逃往保定。至此，被日本侵略军长期占领的满城县城获得解放。

冀晋二地委召开扩大干部会议部署大反攻问题（8 月 12 日） 中共冀晋二地委于 8 月 12 日召开扩大干部会议，部署大反攻的问题。会议决定采用梯次升级的办法，使二分区部队兵力增加一倍。具体办法为：由五台支队、代支队各组 1 个营补充四团，忻定支队、寿阳支队各组 1 个营补充十九团，阳曲支队组织 1 个营补充四十三团；各支队在现有基础上吸收新参军青年扩编为独立营或独立团。会议研究了大反攻的作战部署，决定将战线南移，四团向盂县进发，十九团置于西烟镇一线，四十三团置于寿阳黄丹沟一带，首先扫清外围据点，夺取城镇，然后直逼太原。

晋察冀分局发出战争动员的指示（8 月 12 日） 为了紧急动员边区一切力量支援前线，保障全面反攻的胜利，中共中央晋察冀分局于 8 月 12 日发出《关于目前战争动员工作的指示》。文件指出，日本接受无条件投降，蒋介石想独吞抗战胜利果实，极力与我争夺伪军，并利用伪军强占地盘。另方面，日本虽已接受无条件投降，但还须经过相当的战事才能迫敌交枪。因此巩固我解放区军民多年来的斗争果实，还须与敌伪顽强进行一段艰苦激烈的斗争。[①] 要求边区各地紧急动员人民参军参战，动员组织担架运输，动员青壮年参加正规军，动员一切力量保证前方作战部队的供给；立即动员组织民兵配合地方军对敌伪进行包围、封锁、困扰，进行政治攻势，以便各个击破；动员自卫队与广大群众、公安机关对根据地实行军事管理，对特务及顽固分子的造谣破坏、反动行为，严加取缔和镇压，保证后方秩序的安定，进城部队和民兵必须严守纪律，对一切建筑物不得破坏，不得自行没收东西；根据地人民动员起来参加农业生产，保证秋收；军民工作人员实行节俭，反对浪费，一切为群众着想，作长期打算；加紧对国民党反动派的一切反共反人民的宣传进行揭露，揭露其各种阴谋。在晋察冀分局、边区政府和边区抗联会的紧急动员下，边区各界广大群众在“一切为了前线的胜利”口号下，以战斗的姿态，战时的组织，立即行动起来，热烈地展开支援前线的各项活动。

晋察冀分局发出调派干部去东北的通知（8 月 12 日） 为了适应全国大反攻的需要，根据中共中央指示，中共中央晋察冀分局于 8 月 12 日发出《关于调

---

① 参见《晋察冀抗日根据地》史料丛书编审委员会、中央档案馆编《晋察冀抗日根据地》第一册（文献选编下），中共党史资料出版社 1989 年版，第 1047 页。

派干部去东北工作的通知》，指出："解放东北后，需要大批党政军民干部进行城市及农村工作。为此决定，除各地东北同志一律调东北工作外，冀晋、冀中应各动员区级以上干部1000名，县以上干部应占2/10，共分五期完成。第二期于见电两星期内每一战略区完成200名。冀中区集中于冀中党校进行初步训练，等候调动，冀晋区集中于分局，冀察区主要补充察北，热西自力更生。冀热辽亦应大量调剂东北。"为此，冀中军区决定由军区参谋长沙克带领在冀中工作的东北籍干部和一个团挺进东北。

晋察冀边区行政委员会部署接收大中城市工作（8月12日） 为适应军队大反攻形势要求，晋察冀边区行政委员会于8月12日决定任命一批大中城市市长，以便接收管理各市。任命边区行政委员会主任宋劭文兼北平市长，边区行政委员会委员张苏兼天津市长，冀热辽行署主任张明远兼任唐山市长，刘秀峰任保定市长，王昭任石家庄市长，刘达任大同市长，朱其文任秦皇岛市长，张孟旭任张家口市长。13日，边区行政委员会又发出《对新收复城市实行军事管制的办法》的布告，对接收大中城市做了必要的准备工作。

冀热辽部队挺进东北（8月13日至9月14日） 东北背靠着苏联和蒙古国，地理位置和战略地位都非常重要。中共中央和毛泽东一直关注着东北的情况，冀热辽抗日根据地多年来也一直担负着挺进东北最终解放东北的战略任务。随着苏联政府对日宣战、百万红军进入中国东北，进军东北的事情再次提上日程。8月11日，朱德总司令发布延安总部第二号命令："为配合苏联红军进入中国境内作战，并准备接受日、'满'敌伪投降"，命令"（一）原东北军吕正操所部，由山西、绥远现地，向察哈尔、热河进发。（二）原东北军张学思所部，由河北、察哈尔现地，向热河、辽宁进发。（三）原东北军万毅所部，由山东、河北现地，向辽宁进发。（四）现驻河北、热河、辽宁边境李运昌所部，即日向辽宁、吉林进发"。"聂荣臻所部由察哈尔、热河现地向北行动。"

8月13日、14日，冀热辽区党委召开大旺庄紧急会议，决定抽调兵力迅速向热河、辽宁和吉林进发。随后，冀热辽军区进军东北的部队陆续出发。中路由第十五军分区司令员赵文进和地委副书记宋诚率领两个主力团，3000多人，越过长城，解放宽城，8月26日进抵平泉与苏军会师后，又兵分两路，一路向宁城、赤峰、乌丹进发，一路向凌源、建平、朝阳、北票进发，接管各城市。西路由第十四地委书记李子光、军分区司令员舒行率领两个团，2000多人，于8

月 19 日出将军关，20 日进抵兴隆，收编伪满军黄方刚旅及警察讨伐队 8000 余人，迅速进军承德，与苏军会师，接管承德市。坚持在围场一带的挺北第一支队，8 月 20 日解放围场，相继在苏军帮助下，接管了隆化和丰宁凤山。东路由第十六军分区司令员曾克林、副政委唐凯率领两个团和朝鲜义勇队 4000 余人，为第一梯队，8 月 28 日出长城要隘九门口，29 日在山海关外前所车站与苏军会师，30 日在苏军配合下解放山海关，迅速向东北挺进，9 月 5 日到达沈阳。

经过与苏军的反复交涉，据理力争，部队进驻沈阳远郊苏家屯（后改为市区小河沿）。为了顾全大局，入城部队暂时对外称“东北人民自治军”，并迅速成立了沈阳市卫戍司令部，由曾克林、张化东分别任正、副司令员。9 月初，李运昌率领冀热辽军区第二梯队出关，以第十五团、四十六团、四十七团、军区直属队及特务营 5000 余人，沿北宁路前进，除四十六团、四十七团组成第十九旅守卫山海关外，其余部队在李运昌率领下于 9 月 14 日进抵沈阳。同日，曾克林与苏军代表卫斯别克上校乘飞机飞往延安，向中共中央政治局详细汇报了冀热辽部队进驻东北和在东北工作的情况，为中共中央作出“向北发展、向南防御”的战略方针提供了重要的决策依据。冀热辽出关部队在东北局统一领导下，开始大规模接管工作，在接管热河、辽宁的基础上，又分别组建吉林、黑龙江支队，先后接管了白城子、齐齐哈尔、郑家屯、四平、吉林等城市，建立政权，发展部队。到 10 月中旬，接管了热河和辽宁全省及吉林、黑龙江部分地区，共 80 多个市、县，解除伪满军警 4 万多人和关东军残部 5000 多人的武装。

*__冀热辽区党委召开大旺庄会议（8 月 13 日、14 日）__　当得到苏联出兵东北的消息时，冀热辽区党委和军区就曾积极酝酿准备出兵配合苏军作战，所以当 8 月 11 日收到延安总部的命令时，冀热辽区党委立即通知分散在各地活动的主要负责人集中，于 8 月 13 日、14 日在丰润县大旺庄召开紧急会议，讨论延安总部第二号和第五号命令的执行方案，并成立冀热辽区党委东进工作委员会和冀热辽军区前方指挥部，李运昌任书记兼总指挥，成员有朱其文、焦若愚、李荒、王亢。会议还决定抽调主力部队 8 个团和朝鲜义勇军等部共 1 万余人，以及由李子光、焦若愚、徐志、李海涛等 4 个地委书记率领的 2500 多名干部，分东、中、西三路两个梯队，迅速开赴热河、辽宁、吉林，配合苏联红军作战，收复东北失地。会议明确进军东北的任务是：（一）配合苏联红军作战，消灭东北和热河的日伪武装，接收伪政权；（二）接管城市，建立人民政权；（三）收缴日

伪武器资材，扩大部队；（四）为后续部队开辟进入东北的通道。会议还决定，李运昌率部出关后，由张明远代理区党委书记兼代理军区政治委员，与副司令员詹才芳、政治部主任李中权留在冀东，负责冀东地区的反攻受降工作。

***收复山海关（8月30日）** 山海关不仅是军事要塞，而且是重要的交通枢纽，是北宁铁路线上的一个大站。为了打开通往东北的大门，前委决定，首先攻克战略重镇山海关。8月28日，部队出长城要隘九门口，接着，在绥中县前所解除400多名顽抗伪军的武装，接管了前所。29日，军分区派出的先遣部队接管了绥中，并与苏联红军会合。30日上午，苏军50余人乘车前往前所，携带大炮3门。双方联合派出代表，两次前往山海关日军司令部，递交敦促其无条件投降的通牒，都被日军拒绝。下午4时，第十二团、十八团在苏军炮火配合下，向山海关发起总攻，日军不支，向秦皇岛方向败逃。此次共歼日伪军2000多人。山海关的收复，为八路军后续部队挺进东北打开了通道。

***冀热辽部队接管沈阳（9月5日）** 沈阳于8月21日被苏军解放，根据《中苏友好同盟条约》，苏军不允许冀热辽部队进驻沈阳。军分区司令员曾克林、副政治委员唐凯与苏联红军沈阳卫戍司令部谈判，经过反复交涉，据理力争，苏军才同意部队驻在沈阳远郊苏家屯。但当苏军看到八路军深受群众拥戴时，就改变了态度，让部队改驻沈阳区小河沿。为了顾全大局，入城部队暂对外称"东北人民自治军"，并迅速成立了沈阳市卫戍司令部、沈阳市人民政府，曾克林、张化东分别任司令部正、副司令员，焦若愚、白希清分别任正、副市长。市政府成立后，召开有地方各界人士和社会名流参加的紧急会议，宣传党的城市政策和八路军的严格纪律，要求各界人士服从军事管制，积极恢复生产，组织贸易等。接着镇压一些罪大恶极的汉奸、特务、土匪、恶霸。沈阳的社会秩序逐渐趋于稳定。

***为中共中央作出"向北发展、向南防御"的战略方针提供决策依据（9月19日）** 为了使中共中央尽快了解东北情况，及早得到关于对东北工作的指示，曾克林陪同苏军代表卫斯别克上校于9月14日飞往延安。中央政治局召开会议，听取了曾克林关于冀热辽部队进驻东北和在东北的详细汇报，掌握了东北的情况和苏军的态度。根据东北情况和战局的新发展，中共中央于9月19日发出《目前任务和战略部署》，指出："全国战略方针是向北发展、向南防御。只要我能控制东北及热、察两省，并有全国各解放区及全国人民配合斗争，即能保障

中国人民的胜利。”同时，决定成立东北局。彭真、陈云、伍修权、叶季壮等领导人和曾克林一起，9 月 16 日乘飞机抵山海关，后改乘火车到达沈阳，使东北工作有了统一的领导。

晋察冀分局召开干部会议（8 月 14 日） 中共中央晋察冀分局于 8 月 14 日召开干部会议，分局代理书记程子华在会上作了《当前情况与我们的紧急任务》的报告，指出，中国人民经过多年的艰苦抗战，在同盟国美英的对日进攻特别是苏联的参战下，使战争过程缩短。在日本宣布无条件投降后，中国人民再经过艰苦斗争，即将取得抗战胜利。当前的紧急任务一是要迅速扩大抗日武装，用运动战以猛烈进攻敌人，根据地以一切力量援助前线，彻底解决敌伪；二是要正确认识城市与乡村的关系。此次会议从战略和全局的高度对边区下一步工作提出了明确要求。

晋察冀边区抗联会号召全体会员参加大反攻（8 月 14 日） 晋察冀边区各界抗日救国联合会于 8 月 14 日发表《告全体会员书》，号召全体会员及全体同胞要保证前线供给，担负起送军粮、抬担架、挖战壕、送消息、做向导的工作。全体群众武装要英勇上前线配合主力，向日军作广泛的进攻；要提高警惕性，防止汉奸、特务的一切破坏活动，巩固后方社会秩序。全体工会会员要高度发扬工人阶级的英雄主义，克服一切困难，坚决完成生产任务。8 月 16 日，晋察冀边区各界抗日救国会又向工、农、妇、青、文团体会员发出紧急指示，要“响应毛主席、朱总司令的指示，紧急动员起来，参战参军，援助前线，争取分秒时间，向敌伪展开全面进攻，迫使敌伪向我缴械投降”①。

晋察冀分局发出发动政治攻势的指示（8 月 20 日） 在抗日大反攻中，中共中央晋察冀分局除动员与组织边区一切力量广泛开展军事进攻外，还于 8 月 20 日发出《关于发动政治攻势的指示》，指出：“各地应组织强大的政治攻势，积极配合作战，给敌伪以歼灭的打击，逼迫敌军向我投降。”“目前政治攻势主要目标是指向敌军、日侨、伪军伪组织及敌军中的朝鲜人，按具体对象进行政治攻势作战；缴枪投降不打，并给优待，伪军反正投诚者，根据实际情形分别派遣，不愿向我缴械投降或破坏者，彻底消灭之。”② 各区抗日军民认真贯彻中

① 晋察冀边区革命史编纂委员会编：《晋察冀边区革命史编年》，河北人民出版社 2007 年版，第 713 页。
② 《晋察冀日报》，1945 年 8 月 21 日。

共中央晋察冀分局的指示，利用各种方法开展工作，掀起了对敌政治攻势的热潮，有力地配合了对日大反攻。

晋察冀边区政府发出《告同胞书》（8月20日） 随着大反攻的逐步深入，晋察冀边区政府于8月20日发出《告同胞书》，指出，中国人民艰苦抗战，随着美英盟军的对日进攻，特别是苏联红军的参战，已迫使日寇宣布无条件投降，抗战最后胜利的日子即将到来。但是敌伪军还没有放下武器，内战危险还极其严重，号召边区全体同胞，不论前线后方，不论男女老少、工农商学，应紧急动员起来，集中一切力量支援前线，为前线服务，完成当前的紧急任务，彻底消灭日本侵略者及其走狗。

中共中央决定成立晋察冀中央局（8月20日） 为了适应抗战胜利后新形势的需要，8月20日，中共中央决定撤销北方局，成立晋察冀中央局和晋冀鲁豫中央局，分别领导晋察冀和晋冀鲁豫解放区的工作。中共晋察冀中央局下属单位与原中共中央晋察冀分局相同，相应的军政机构也保持不变。聂荣臻、程子华、刘澜涛、赵振声、萧克、罗瑞卿、刘仁、许建国、胡锡奎、朱良才、成仿吾、赵尔陆、李运昌、詹才芳14人为中共晋察冀中央局委员，聂荣臻、程子华、刘澜涛、赵振声、萧克、罗瑞卿6人为常委，聂荣臻为中共晋察冀中央局书记兼军区政治委员，程子华、刘澜涛、罗瑞卿为副书记兼军区副政治委员，姚依林为中共晋察冀中央局秘书长，罗瑞卿兼军区政治部主任，蔡树藩、潘自力为军区政治部副主任。9月10日，中共晋察冀中央局正式发布第一号通知，并在张家口正式宣告成立。

中共晋察冀中央局、军区及地方各级党政军领导机构的建立，是中央调整战略布署的重要步骤，加强了对晋察冀解放区党政军的统一领导，有利于集中力量，配合其他解放区围绕中央部署进行战略规划，从而打乱国民党侵占东北的战略企图。

中共中央致电晋察冀中央局到苏联红军占领区建立政权（8月22日） 随着苏联百万红军进入中国，对日展开全面进攻，苏军占领区日益扩大。为了加强对苏军占领区的建设和管理，中共中央于8月22日致电中共晋察冀中央局，指出，红军占领热河、察哈尔，我为争取热河、察哈尔两省起见，各区党委要抽调大批干部，由一部武装掩护，到苏军占领区去建立党的组织，建立地方政权，发动与组织群众，建立地方武装。在苏军占领的城市中，也应派干部去建立政权，组织群众，出版报纸。如苏军允许我军进城，亦应派一部兵力进驻。边区大批干部随着部队进入解放地区，安民告示，镇压恶霸、土匪，建立政权，稳定了社会秩序。

张家口新华广播电台成立（8 月 24 日） 1945 年 8 月抗战胜利，晋察冀八路军于 8 月 23 日解放了华北战略要地张家口。当晚，随军记者团奉命接收了原日伪控制下的“张家口放送局”。8 月 24 日，张家口新华广播电台宣告成立，并立即开始广播。当天下午 5 时开始播音，并确定了开始曲是《开路先锋》，终了曲是《大路歌》，电台呼号暂定为“XGCA”。当晚广播的内容是：延安总部向解放区部队发布的无条件受降的命令和收复城市紧急管制的命令，张家口卫戍司令部的通告，张家口市人民政府的安民布告，张家口解放区进行接管，建立社会新秩序的新闻，人民解放军胜利进军的消息等。8 月 27 日下午，延安新华广播电台与张家口新华广播电台通话。28 日上午 8 时，延安新华广播电台传达了新华总社的决定，要求张家口新华广播电台除广播晋察冀地区新闻、政策法令和摘播报纸文章外，每晚必须转播延安新华广播电台的全部节目，其他时间可以选择转播。张家口新华广播电台遵照根据地党委领导的指示和延安新华总社的有关规定，基本确定了广播任务：向全国广播中国共产党的主张，传播消息，准时转播延安新华广播电台的节目，把中共中央的声音和延安解放军总部的命令传向全国，激励全国人民争取新的胜利。1946 年 9 月 20 日前后，根据形势发展的需要，张家口新华广播电台准备战略转移。按照上级的部署，张家口新华广播电台副台长李廉士、播音科长丁一岚率领部分工作人员先行撤离。行军途中经蔚县时，遭国民党飞机轰炸，器材损坏。后经蔚县西河营、涞源等地到达阜平县栗园庄。10 月 21 日，张家口新华广播电台停止播音。在一年多的时间里，张家口新华广播电台的广播，在解放区和国内其他地区及邻近的亚洲国家中，都具有一定的影响。

冀中区党委发出目前工作重点的指示（8 月 26 日） 冀中区党委于 8 月 26 日发出《关于目前任务与工作重点的指示》，指出目前的工作方针是：一方面以大力迅速地（于最近几天内）占领大城市及交通要道以外的城市和据点，扒掉敌之铁路，破坏敌之交通，将敌人围攻在大城市及主要交通线上，一旦时机成熟，一举而进驻之；另一方面，继续扩大解放区，深入根据地的下层工作，以准备长期打算和巩固我之阵地。

《张垣日报》创刊（8 月 27 日） 《张垣日报》是我党在解放的第一座大城市办的第一张地方报，是《张家口日报》的前身。八路军经过浴血激战，于 8 月 23 日从日伪手中收复了张家口。当晚，到达张家口的新华社随军记者团，向全国发出收复张家口的电讯，同时接管了伪蒙疆通讯社。8 月 27 日，面向张垣大地的《张垣日报》创刊，创刊号上除了八路军入城的头条新闻外，还有军管会维持治安的重要公告，以及毛泽东的《论联合政府》中的有关章节。冀察区党委群众报社的李舜琴、丁原、何辛等人陆续到张家口后，负责《张垣日报》的编写印刷工作，李舜琴被任命为社长，丁原为总编辑，何辛是编辑部主任。《张垣日报》的内容主要源于新华社发表的稿子、张家口军管会有关治安和恢复工作的公告及冀察区党委和平北地委的一些文件。9 月 12 日，《晋察冀日报》迁到张家口出版，《张垣日报》停刊。《张垣日报》共出版 16 期，虽然期数短暂，但报纸的快速出版，给身处战乱中的张家口市民带来了莫大安慰。

天津工作委员会成立（8 月 28 日） 8 月 28 日，中共冀中区党委决定成立中共天津工作委员会（简称“津委会”，对外称“天津解放委员会”），陈鹏为书记。机关设在杨芬港，统一领导在抗日期间建立的市内多系统的组织关系。津委会在市内发行机关报《天津导报》，指导学运、工运、妇运，给尚未站住脚的国民党势力以沉重打击。为了便于在市外进行军事包围和经济封锁，在市内宣传群众、发展革命力量，9 月 1 日，津委会决定成立 5 个市分委，以市内外相结合的形式划区进行工作。津委会还管辖天津、津沽两个县并掌握武装，领导塘沽地区的工作，在市郊发动群众“清算复仇”，开展武装斗争。同时在市内设置青年委员会，不久改为学生委员会，在学生委员会下设妇女工作委员会，公开出版《天津妇女报》。津委会在市内还建立了党的外围组织天津民主青年联合会（简称“民青”）。在此期间，中共渤海区党委城工部，也在市内建立了学生工作委员会，并于 10 月建立了党的外围组织天津市青年学生民主促进会（简称“民促”），出版会刊《爝火》。11 月，在天津市郊由于国民党军队的侵犯，形势起了变化，冀中区党委明确津委会的任务是：隐蔽埋伏、组织群众、发展组织、坚持长期斗争。不久津委会决定把管辖的两个县和地方武装移交冀中区党委九地委。1946 年 1 月，津委会改为中共天津工委，书记吴砚农，并决定撤销市分委。从此，天津工委的工作，重点转入市内，执行“十六字方针”，着重开展工人和学生方面的工作。

张家口市委、市政府成立（8 月 29 日） 根据晋察冀边区行政委员会的决定，8 月 29 日张家口市人民政府成立，张孟旭任市长。市政府下设社会局、财政局、建设局、教育局、地方法院、公安局等部门，直属边委会领导。同时，建立中共张家口市委，杨春甫任书记。同日，市政府召开全市区长联席会议，根据市委提出的“放手发动群众，组织各界人民发展壮大人民力量，造成基本群众之优势，铲除歼特卖国贼，肃清法西斯残余，为建设新民主主义的张家口而奋斗”的正确方针，一致通过了一个民主的临时的紧急施政纲领，要求各区：（一）广泛向各阶层宣传解释边区政府的各项法令政策，召开各界人民及代表会议，号召复工、复业、复学；给职工发双薪，发放大批粮棉等物品，发放专项贷款，成立失业职工介绍所，普遍救济失业贫民和难民，帮助贫苦难民恢复生产，安置失业职工就业。（二）清理敌伪物资，没收敌伪财产，登记与处置伪组织人员；查禁吸毒贩毒妓馆暗娼；对不遵守革命秩序之市民，施以劝导，令其遵守秩序，对破坏打劫敲诈的歼伪特务破坏分子进行镇压。（三）清理敌伪政权机构，实行普选，成立民主政权组织，建立和发展各种群众团体组织，保障劳动群众的政治经济利益。（四）取消一切苛捐杂税，实行工商业自由发展的方针；扶助私人工业和民间手工业，发展公营工业，加强运输工作与物资交流。在市委、市政府的领导下，经过一个多月的奋斗，张家口市的混乱局面很快得到控制。全市工厂先后复工，各商店陆续开始营业，市内中小学全部开学，经济开始发展，市场日趋繁荣，新的社会秩序逐步建立起来。

《时局变化和我们的方针》（8 月 30 日） 胡锡奎于 8 月 30 日在中共晋察冀中央局干部会议上作了《时局变化和我们的方针》报告，指出，日本迅速投降，时局发生了很大的变化。“我党的政策，坚持和平，并与民主团结相联系，提出和平民主团结的总方针。”“利用和平发展时期，加强军事政治经济文化各种建设与开展全国的民主运动，把解放区建设得更好，更有力量，更能获得广大人民的同情，向胜利的光明的前途迈进。”① 报告中提出了宣传工作应注意的几个具体问题。

冀晋新华书店成立（8 月） 抗战时期，各级党委党报的发行由党委发行科承担，后来随着报社出版发行的书刊越来越多，就在报社发行科的基础上成立

① 晋察冀边区革命史编纂委员会编：《晋察冀边区革命史编年》，河北人民出版社 2007 年版，第 720 页。

了新华书店。8月，冀晋新华书店成立，晋察冀边区新华书店在冀晋的图书、报刊的发行工作移交冀晋新华书店。书店在阜平雷堡村设有门市部，还下设唐县和行唐两个支店，支店下还在一些县设有门市部。冀晋新华书店不仅负责发行《冀晋日报》，还负责发行冀晋区出版的其他各种报纸和书刊。

9月

冀中区党委发出加强公安工作的指示（9月1日） 为适应新形势的需要，迅速开展巩固新解放区的工作，冀中区党委于9月1日发出《关于加强公安工作的指示》，要求必须肃清法西斯残余势力，发动群众清查埋藏的特务汉奸，巩固群众既得胜利，各级党政组织必须加强对公安部门的领导，加强公安工作。

《冀晋日报》创刊（9月1日） 《冀晋日报》是冀晋区党委的机关报，也是冀晋区新闻出版工作的主要机构。冀晋区是晋察冀抗日根据地在抗日战争后期到解放战争中的4个战略区之一，1944年建区，1947年撤销。《冀晋日报》于1945年9月1日在阜平县雷堡村创刊，社长兼总编辑为陈冷，副社长兼副总编辑为陈肇。《冀晋日报》的创刊号上刊出了《中共冀晋区党委宣传部通知》，指出："为适应当前形势的需要，区党委特决定自9月1日起出版《冀晋日报》，为冀晋区党委的机关报。《冀晋日报》的方针与任务，仍按分局历次所指示的全党办报的精神和办法进行。各级党委应动员全党并号召各界人士，认真爱护、支持《冀晋日报》。在目前，尤须迅速组织大批有关当前战争的稿件，交送支社专供日报采登。特别是最近来稿极少的现象，应引起各级党委及负责干部的特别注意，必须进行检查和纠正，保证日报稿件的充足。"因国民党向解放区大举进攻，1946年10月报社主动撤离张家口，10月中旬陆续返回冀晋老根据地。根据中共晋察冀中央局的指示，《冀晋日报》与《晋察冀日报》合并，自12月1日起，《冀晋日报》停刊。《冀晋日报》1947年4月1日复刊，社长由区党委宣传部副部长朱卫华兼任。11月12日，冀晋区与察哈尔省合并为北岳区，《冀晋日报》也奉命终刊。

中国抗日战争和世界反法西斯战争胜利结束（9月3日） 9月2日上午9时，在停泊于东京湾的美国密苏里号巡洋舰上，日本外相重光葵代表日本天皇及日本政府，日本陆军参谋总长梅津美治郎大将代表日本帝国大本营在投降书上签字，正式表示日本无条件投降。9月3日，中国举国欢庆。至此，中国抗日战争和世界反法西斯战争胜利结束。晋察冀边区军民踏上了解放战争的征途。

聂荣臻、刘澜涛、萧克等从延安返回晋察冀（9月9日） 抗战胜利后，受中共中央的委派，参加中共七大的聂荣臻、刘澜涛、萧克、罗瑞卿等于9月上旬准备从延安返回晋察冀。此时，恰逢美国C-46型飞机自延安到晋察冀接回被营救的美军飞行员，聂荣臻等就决定搭乘这架飞机返回晋察冀。9月9日，飞机在灵丘机场降落后，他们换乘晋察冀军区派来的汽车，直奔张家口，驻进离张家口火车站不远的宣化大道附近的一处院落，此地原为日本蒙疆派遣军根本博的司令部，现为晋察冀军区司令部。

晋察冀边区党政军机关移驻张家口（9月14日） 张家口解放后，为便利作战指挥及领导各种工作，晋察冀军区于8月27日发出《关于领导机关移驻张家口的命令》，要求边区各级党政军机关移至张家口。9月14日，中共晋察冀中央局、晋察冀军区、晋察冀边区行政委员会等边区党政军民领导机关负责同志、机关工作人员、警卫部队共千人均从乡村迁到张家口市。与此同时，各文艺机构、学校团体也纷纷迁到张家口，如《晋察冀日报》社、华北联合大学等。到1946年10月，张家口聚集了100多位文化工作者。鉴于张家口战略地位极为重要，又是八路军从日本侵略军占领下收复的重要城市，中共中央和毛泽东对张家口的治理和建设工作极为重视，提出了巩固和保卫张家口的任务，并从延安派来大批干部到张家口工作。从1945年9月至1946年10月，塞外名城张家口作为晋察冀边区首府、中共晋察冀中央局直辖市，成为晋察冀边区的文化、政治、军事中心。在一年多的时间里，张家口市在中国共产党的领导和民主政府的管理下，在政治、经济、文化等方面都取得了显著成绩，被群众誉为“第二延安”“文化城”“东方模范城”。

庆祝抗战胜利大会在张家口举行（9月16日） 中共晋察冀中央局、晋察冀边区行政委员会、晋察冀军区各机关移驻张家口后，于9月16日在张家口东山坡广场隆重举行庆祝抗战胜利大会。中共晋察冀中央局书记、晋察冀军区司令员兼政治委员聂荣臻，晋察冀边区行政委员会主任委员宋劭文、中共张家口市委书记杨春甫、张家口市长张孟旭等12人为大会主席团成员。聂荣臻在会上作了重要讲话，他说：“张家口早在抗战开始就沦陷敌手，但是，在它的周围始终都有我们的部队在与敌人进行艰苦的战斗。这一次我们所以能够收复张家口，并不是敌人自动投降的结果，而是我们边区子弟兵——八路军、游击队和广大民兵，以及张家口各界同胞，有我们自己的力量和英勇的战斗得到的。”宋劭文在会上宣布：张家口“所有敌伪奴化人民、统治经济、抢掠财物的一切军政要完全打碎，代之以广泛的民主政治。政府认真为人民兴利除弊，迅速建设和平民主团结的新秩序，发展工农商业，安置失业工人职员，逐渐改善工人、农民、店员、妇女生活，使各界人民各安其业，各得其所，发挥每个人的能力与天才共同建国”①。张家口新华广播电台对庆祝大会盛况进行了现场转播。

晋察冀中央局加强对热河、张家口的领导（9月下旬） 热河、察哈尔陆续收复后，晋察冀党政军机关移驻张家口。为了加强领导，中共晋察冀中央局、晋察冀军区于9月20日发出指示，决定胡锡奎兼冀热辽区党委热河分委书记，兼热河军区政委；段苏权为分委委员兼军区司令员；李子光、王国权为分委委员兼副书记，李子光兼副政委；谢明为政治部主任；胡锡奎、段苏权均为冀热辽区党委委员。热河分委受冀热辽区党委领导，但与中央局应建立直接电台联系，向区党委报告的同时也应向中央局报告。

9月23日，为了加强对张家口经济建设等各项工作的领导，晋察冀边区行政委员会决定张家口为边区直辖市。24日，中共晋察冀中央局公布张家口市委委员名单，决定以刘澜涛、杨春甫、葛琛、萧克、宋劭文、许建国、张孟旭、萧明、蔡树藩、苏毅然、石尚农、郑维山等12人为张家口市委委员，并指定刘澜涛为书记，杨春甫、葛琛为副书记。

9月26日，为加强张家口市军事管理，晋察冀军区决定：张家口市卫戍司令部政治部由晋察冀军区司令部政治部直接领导，并决定由晋察冀军区副司令员萧克兼任司令员，郑维山兼任参谋长，晋察冀军区政治部副主任蔡树藩兼任政治部主任。

为进一步加强张家口市的工作，中共晋察冀中央局决定张家口市政府直接由边区行政委员会领导，对市政府干部加以调整。市长由宋劭文兼任，现任市长张孟旭改任副市长，秘书长由江石之兼任，公安局局长由边区行政委员会公安管理处处长许建国兼任，现任公安局局长苏毅然改任副局长，权哲明为社会局局长，郝沛林为财政局副局长，贾庭三为建设局局长，纪之为教育局局长，王子俊为地方法院院长。

---

① 《晋察冀日报》，1945年9月18日。

晋察冀边区行政委员会发布施政要端（9 月 26 日） 抗战胜利后，随着越来越多城镇的收复，为进一步建设与繁荣城市，加强城市管理，晋察冀边区行政委员会于 9 月 26 日发布施政要端：（一）彻底摧毁敌伪组织，建设民主政权。举凡敌伪压迫奴役我人民之各种政权、团体，秘密的或公开的，均予彻底摧毁。同时积极发动群众，武装人民，组织工人、农民、文化人、青年、妇女、店员、学生等，建设民主政权，实行民主政治。（二）保障人权、财权、政权。对于人民生命财产的安全，政府均依法予以保障；各界人民，除汉奸特务外，均有言论、集会、结社、出版、信教、居住自由及政治权利，非依政府法令，不得加以限制。敌伪限制人民自由之一切措施，概予废除。对曾参加敌伪组织之人员，一律进行登记，加以甄别，能改过自新者，施以宽大政策。对战争罪犯及罪大恶极的汉奸、特务，号召人民控诉，政府依法惩办。因爱国而被押之同胞，除立予释放外，并予以优遇。（三）对敌人公私财产及伪组织公有财产（如土地、房屋、建筑、器物、工厂、商店等），悉由政府查封管理，分别处置；对罪大恶极的汉奸财产，经司法手续，予以没收。（四）迅速恢复农工商业，取消配给制度及组合统制。敌伪一切垄断农工商业之措施概予废除，实行减租减息，保障佃户土地使用权，保障地主土地所有权，以提高农民生产积极性。自由发展工商业，奖励私人经营，严禁囤积居奇、操纵垄断。为调节劳资间利害关系，应适当改善工人、店员生活，提高工作效率，保证各种企业之正当盈利，适当安置失业工人。在边区境内，贸易一律自由，但对敌伪仍在盘据之城市、据点，予以封锁。政府设立公营贸易机关，以调节人民生产与消费；人民自愿按工场、学校、街道大量组织合作社，政府积极帮助，以调剂民生。（五）边币为边区法定通货，实行边币一元化政策，所有公私款项之来往授受，一律通用，商民人等不得拒使。买卖价格，制订契约，均以边币为准。在伪蒙疆地区边币流通数量不足期间，经由专署以上政府机关划定地区，暂准伪蒙疆币流通。在全边区一律严禁伪联银券流通。（六）实行合理税收制度，对敌伪所征一切苛捐杂税（如出产税，矿区税，牲畜税，屠宰税，棉纱、面粉、火柴、水泥等统税，通行税，物品税及各项附加等）悉予废除，实行有免征点和累进最高率的农业统一累进税及合理的工商业税。目前暂留营业税、营业所得税（包括法人经营在内）、烟税、酒税、卷烟统税、契税等税，继续征收。关于出入口税，另行规定公布。（七）摧毁敌伪奴化教育，实行民族的、民主的、科学的、大众的文化教育政策，审查与改造师资，审查与改编教材，敌伪所设学校须经政府审查立案，始准开课。奖励并扶助人民大众的文化事业之发展。（八）对边区境内蒙、回、藏少数民族一律平等待遇，并帮助其在政治上、经济上、文化上的解放与发展，尊重其言语、文字、风俗习惯及宗教信仰。①

晋察冀边区政府的施政要端，旨在实行民主，改善民生，使各界人民均能各得其所，各安其业，发挥各阶层人民的能力与特长，从而建设好民主政府管辖下的城市。

冀热辽行署发出新解放区教育工作的通知（9 月 27 日） 针对新解放区群众长期受敌伪奴化教育的影响，根据晋察冀边区行政委员会发布的教育工作原则和本区实际情形，冀热辽行署于 9 月 27 日发出《关于新解放区教育工作的通知》，对冀热辽区社会教育进行详细部署：（一）改造教育馆，取缔反动性之图书报章；（二）成立民众学校、冬学、读报组等；（三）于冲要街头设置黑板报、阅报牌、识字牌等；（四）掌握影社、剧社及其他各种文化娱乐团体，予以适当之改造；（五）抓紧适当时机，指导各级教育机关举行时事宣传演讲，指导各学校培养小先生，指导校外失学人员进行校外传习；（六）指导各学校附设群众图书馆；（七）组织医药卫生研究会。

晋察冀中央局加强平津地下工作（9 月） 抗战胜利后，国民党抢占各大城市和交通要道，指令残余日伪军拒绝向共产党军队投降并协同国民党军进犯解放区，进而夺取东北。国民党在美国的帮助下抢先占领了北平、天津，北平成为国民党统治华北的中心。为此，中共中央调整战略部置，作出“向北发展，向南防御”的决策，指示各战略区继续打击日伪军，夺取中小城市，扩大解放区，完全控制热、察两省，发展并争取控制东北。根据中央指示，晋察冀军区部队全面进攻，一个多月时间迅速收复大小县城几十座，收复热河，解放冀东大部，并收复省会城市张家口，使北平、天津处于解放区包围中。

为了进一步加强平津地下工作，1945 年 9 月，中共晋察冀中央局指示平津地下党组织：平津工作需要长期打算，党的组织应绝对隐蔽。市区建立隐蔽根据地，迅速争取为游击根据地，在市内外配合下，坚持长期的新的斗争。同时，

---

① 参见晋察冀边区革命史编纂委员会编《晋察冀边区民主政权建设文献选编》下册，中共党史出版社 2013 年版，第 932—933 页。

中共晋察冀中央局批准成立中共北平市委员会，任命刘仁为书记，武光为副书记兼组织部长，周小舟为宣传部长，甘春雷为军事部长。

解放战争时期，平、津地下党领导了工人运动和学生运动，组成国统区“第二条战线”，为争取北平、天津的解放斗争作出了重要贡献。

10 月

聂荣臻在晋察冀中央局干部大会上作《目前的时局与任务》的报告（10 月 2 日） 抗战胜利后，蒋介石在与中共的和平谈判中毫无诚意，借和谈之名为其运兵争夺胜利果实拖延时间。谈判期间在美国的帮助下，国民党大批军队被运送到解放区。中共中央洞察其阴谋，指示各解放区部队与国民党展开针锋相对的斗争，反击国民党的无理进攻，巩固和发展解放区，“全国战略方针是向北发展，向南防御”①。根据中央指示，中共晋察冀中央局于 10 月 2 日召开干部大会，聂荣臻作《目前的时局与任务》的报告，分析了苏联参战、中日签订友好条约、进攻大城市、国共谈判、美军登陆等时局问题，指出：“在中国，目前存在着严重的内战危机，中国国民党反动派正在积极准备反民主反和平的内战，要夺走中国人民用无数流血牺牲代价所取得的胜利果实，使中国继续成为大地主大资产阶级法西斯统治下的半封建的落后的中国。”聂荣臻提出了“为和平民主团结而斗争”的任务，强调“目前正处在历史的最紧要的关头”，一切盲目的乐观心理，以为抗战已经胜利，我们已经拥有广大的解放区，天下从此便可太平的心理，是不对的。我们必须坚决地进入斗争中去，以不懈怠的继续斗争，来巩固与扩大我们的胜利；必须向全党全军及要求和平民主团结的人民，特别是工人和农民，说明这个问题。

聂荣臻在报告中阐明了边区今后的方针，即巩固原有解放区，继续扩大新解放区，要求：“发展与巩固察哈尔（以张家口为中心）、热河两省，控制冀热辽全境，争取我党在东北的优势，争取绥远之大部。”在华北要大大地向北发展，形成更大的民主的解放区。“如能实现这一战略方针，我们就能脱出全线包

---

① 中央档案馆、河北省社会科学院编：《晋察冀解放区历史文献选编（1945—1949）》，中国档案出版社 1998 年版，第 4 页。

围，使我处在更加有利的地位。”① 聂荣臻还对由游击战到运动战的转变，由乡村到城市的转变，群众反奸清算运动，边区财政建设，阐明了具体政策。

晋察冀军区贯彻中央局指示精神，毫不退让，寸土必争，10 月内先后收复蔚县、龙关、赤城、藁城、安次、浑源、丰镇等重点县城，控制了察哈尔全部、热河大部，为执行“向北发展，向南防御”的战略方针打下了基础。

冀中行署调整行政区划（10 月 9 日） 抗战胜利后，中共中央晋察冀分局改为中共晋察冀中央局，冀中区党委归中央局领导。根据当前形势，为便利领导，冀中行署于 10 月 9 日对各专区区划进行调整，决定自 11 月 1 日起，冀中 5 个专署下辖 50 个县、2 个市。

第六专区：七专区之束晋划归六专区，深束之原束鹿部分与束晋原束鹿部分并为束鹿县，束冀县仍存在，两县以石德路为界，所余深束之原深县部分划归深县，束晋之晋县部分与原晋县合并为晋县。六专区所辖有深县、束鹿、束（鹿）冀（县）、晋县、宁晋、赵县、栾（城）正（定）获（鹿）、高（邑）元（氏）、藁城，共 9 个县。

第七专区：将束晋及晋深极两县的晋县部分划给六专区，无极、深泽恢复旧辖区及名称，藁无所余藁正部分改为正藁县，高阳、蠡县划归七专区。七专区所辖有定县、新乐、无极、深泽、安平、安国、博野、蠡县、高阳、清苑、藁（城）正（定）县，共 11 个县。

第八专区：献交县取消，将其所辖交河、献县部分分别划分返各该县，大城、任河划入九专区，原任河县沧河路北由建国县划入的地区仍划归建国县，将九专区的肃宁划入八专区，其时辖有饶阳、武强、献县、河间、肃宁、交河、青（县）沧（县）交（河）、青县、建国，共 9 个县。

第九专区：将胜芳划入九专区，将蠡县、高阳、肃宁划出，将津南、静大两县改为静海县，白洋县改为新安，其时辖有安新、新安、（任）丘河（间）、大城、静海、文安、新镇、武清、胜芳市、天津、（天）津（塘）沽，共 11 个县、市。天津、津沽两县，暂归行署直接管理。

第十专区：辖容城、雄县、霸县、固安、安次、永清、定新、新（城）涿

① 中央档案馆、河北省社会科学院编：《晋察冀解放区历史文献选编（1945—1949）》，中国档案出版社 1998 年版，第 5—15 页。

(县)、涿(县)良(乡)宛(平)、大兴，共10个县。①

1946年5月31日，冀中5个专区合并为4个专区，冀中行署下设4个专署、2个市、49个县和2个县级市。8月15日，冀中行署改为冀中行政公署，冀中行署由晋察冀边区行政委员会在冀中的代表机关变为冀中的政权机关。1947年5月，冀中行政公署下设4个专员公署，辖45个县和3个市。到1948年2月，冀中行政公署下设4个专署、1个市、42个县和1个县级市，直至晋察冀与晋冀鲁豫两区合并。

晋察冀中央局发出《关于依靠群众发动群众的指示》(10月10日) 为了实现中共中央"向北发展，向南防御"的战略方针，必须发动群众，巩固和壮大新解放区。中共晋察冀中央局于10月10日发出《关于依靠群众发动群众的指示》，指出，发动群众是新解放区"刻不容缓之急务，各地必须用最大力量，进行这一工作，求得于今年秋冬获得一定成绩"。发动新解放区的群众，主要是领导群众的反汉奸、反特务的斗争和群众要求的改善生活的斗争，以及二者的配合与联系。文件规定了新解放区开展反奸清算减租增资运动的具体政策：在政治上，应尖锐地反对汉奸、特务，把他们原有的政治地位与社会地位彻底打下去，代之以群众的民主政权；在经济上，要领导群众对汉奸、特务的清算斗争，没收罪大恶极、为群众所痛恨的汉奸的财产，有计划地分配给贫苦的人民，帮助基本群众追回汉奸、特务掠夺他们的财产，使群众得到现有的经济利益。执行宽大政策，主要是少杀人，而不是抑制群众的复仇怒火。在群众改善生活的斗争上，农村主要是领导减租减息运动，城市主要是领导工人增资与改善待遇的斗争；强调反汉奸、反特务的清算运动与改善生活的减租减息运动，二者是互相联系的。同时要求各地加强对老解放区的领导，指定专人研究老解放区的群众工作。②

根据上述指示精神，晋察冀边区政府在新解放区广泛发动人民群众，在政治上组织人民进行反汉奸、特务和战犯的斗争；在经济上领导人民改善生活，农村进行减租减息，城市进行增资斗争，同时救济和安置失业工人。这些举措

---

① 参见中共中央党史研究室编《中国共产党历史大事记》(1919.5—2009.9)，中共党史出版社2010年版，第490页。

② 参见中央档案馆、河北省社会科学院编《晋察冀解放区历史文献选编(1945—1949)》，中国档案出版社1998年版，第13—15页。

使新解放区的社会秩序渐趋安定，人民政权得以巩固。

冀热辽行署颁布《新解放区负担暂行办法》（10月12日） 抗日战争胜利后，为切实减轻农民负担，更有效地发动和组织农民斗争，冀热辽行署于10月12日颁布《新解放区负担暂行办法》，共13条，规定凡未实行合理负担地区，无论对政府公粮公款负担还是村款负担，均按本办法办理，即将所有耕地，以土地好坏折成标准亩，每一标准亩以常年产量100斤小米为标准，不产小米地区以常年产量红粮160斤为标准；耕地折成标准亩，由村民大会无记名投票选举评议委员会办理，不能选举评议委员会者由村政委员会主任、工农妇青武等团体各派一人组成；黑地一律清查登记，限期自报，过期隐瞒不报者，追缴1年至3年负担，并将所有清查出的土地租给贫苦抗属或农民耕种，地租最高不超过30%；折成标准亩后，每人除去一标准亩免征外，其他一律按标准亩平均负担。此外，具体规定了租佃地的负担办法，以及工商业与果品园艺收入的负担办法。①

冀热辽行署颁布的《新解放区负担暂行办法》，减轻了农民负担，赢得了民心，不仅为解放战争的胜利打下了群众基础，而且对解放战争胜利后减轻农民负担的工作产生了积极的影响。

晋察冀边区设立禁烟督察局（10月13日） 为加强管理，肃清烟毒，晋察冀边区于10月13日设置禁烟督察局，“以妥善管理鸦片收买、缉私、烟民登记及教育、戒除事宜”。关于组织机构，在边区禁烟督察局之下，张家口市设张家口市禁烟督察局，直受边局领导；各种烟区（冀晋五专区、冀察十二专区、冀察十三专区、冀察十三专区、冀察十九专区）设禁烟督察分局；各局下种烟各县，设县禁烟督察局；在烟毒走私必经之地怀来、延庆、涿鹿设直属县局。

边区禁烟督察局设四个科室，秘书主任辅助局长推行政令，组织会议，代理局长指导各科室工作；秘书室管理局内一切总务，组织学习，起草电文，收发文件，进行人事登记考核等；行政科具体负责鸦片的缉私、禁吸及烟政法令的执行，印发证照，烟民管理等。张家口市局设行政科、会计科，专区分局设行政股，各县禁烟督察局不分科股，实行工作上之分工。

---

① 参见晋察冀边区革命史编纂委员会编《晋察冀边区革命史编年》，河北人民出版社2007年版，第725页。

关于领导关系，边区禁烟督察局直接接受晋察冀边区行政委员会领导；各级局直接受上级局之领导，同时在政策和工作上受同级政府之领导；直属县局直接受边区禁烟督察局领导；大城镇禁烟办事处受县禁烟局领导。关于人员配备，边区禁烟督察局设局长一人，秘书室设秘书主任、秘书，科设科长，必要时设副科长，各室各科设科员、办事员若干。关于财政经费，办公费用开支等，与同级政府的其他科局相同，均由各级政府负责。

在察哈尔、热河省，设置禁烟督察局，由省政府、边区局双重领导，指导分局、县局之禁烟事宜。省局设局长一人，之下各级编制参照晋察冀边区各级设置。

在烟毒较为泛滥的察哈尔，1947 年 6 月 10 日，察哈尔省政府发出禁字第一号通知，规定：省设立察哈尔省禁烟督察局，五专区设立察哈尔省禁烟督察分局，易县、涞源、涞水、宛平四县设立县禁烟督察局，其他各地暂不设立。各级禁烟局有其垂直的领导关系，同时均为同级政府组成部分。五专署和各县局局长由各级政府财政科科长兼任。①

禁烟督察局作为边区禁烟的专门机构，它的设立密切了禁烟禁毒各环节的联系，使长效广泛的禁烟斗争成为可能。同时提高了各机关、团体、群众对该工作的重视程度，为顺利地开展禁烟禁毒工作制造了舆论优势。

晋察冀与晋绥军区发动绥远战役（10 月 18 日至 11 月底） 抗日战争胜利后，国民党在同共产党进行和平谈判的同时，调集大批兵力向解放区进攻。其中，国民党军第十二战区司令长官傅作义调集所辖主力及收编伪军 6 万余人，首先夺占归绥（今呼和浩特），接着又连续侵占了武川、卓资山、陶林、清水河、凉城、集宁、丰镇、兴和、尚义等城镇及绥东、绥南广大地区，并企图攻占张家口，控制平绥铁路（北平至归绥）全线，妄图在国共会谈中，迫使中国共产党处于不利地位，并借此扩充自身实力。

为反击国民党军的进攻，消灭傅作义主力，收复归绥，解放绥远，切实保障以张家口为中心的战略根据地，中共中央军委指示晋察冀和晋绥军区集结主要兵力，组织绥远战役（亦称平绥战役），并指出："即将开始的平绥战役，关

---

① 参见晋察冀边区革命史编纂委员会编《晋察冀边区革命史编年》，河北人民出版社 2007 年版，第 871 页。

系我党在北方的地位及争取全国和平局面，极为重大。”①

根据中央军委的指示，晋察冀军区司令员兼政委聂荣臻、晋绥军区司令员贺龙指挥晋察冀军区冀中、冀晋、冀察3个纵队与晋绥军区5个旅及地方部队一部，共14个旅5.3万余人的兵力发起绥远战役。10月18日战役打响，晋察冀部队先后攻克张皋、三水岭、隆盛庄，晋绥部队攻占凉城、陶林，歼敌第三十五军和暂编骑兵第一旅各一部。24日，晋察冀部队收复集宁、丰镇，迫使守敌西撤，晋绥部队在卓资山歼敌新编第二十六师5000余人。26日，敌军全线西撤至归绥、包头固守。31日起，晋察冀与晋绥部队集中兵力先后围攻归绥和包头。在攻城中，“我军由于火力不足和缺乏攻坚经验，进展缓慢，形成僵持局面，直至严冬已到，不得不于11月底撤出战斗”②。

此役，解放军共歼灭国民党军1.2万余人，收复丰镇、集宁等十几座城镇和绥东、绥南广大地区，打破了国民党军攻占张家口、控制平绥铁路的计划。但没有彻底完成歼灭傅作义部主力、解放绥远的任务。

晋察冀边区文联召开鲁迅逝世九周年纪念大会（10月19日） 为弘扬鲁迅精神，发展先进文化，晋察冀解放区文联于10月19日组织文化界千余人，在张家口华北联合大学礼堂隆重举行鲁迅逝世九周年纪念大会。与会者有坚持抗战的老解放区文化界人士，有张家口市教育界、文化界和戏剧界人士，还有冀热辽和北平的代表，共计1000多人。晋察冀边区文联代表邓拓、张家口市曲艺协会主任吴善甫、张家口市教育界联合会主任孙铭簪分别讲了话。

大会通过决议，由边区各文化领导机关筹备组织“附逆文化人调查委员会”，通电大后方文化界号召全国文艺界继承鲁迅精神，斗争到底，争取言论、集会、结社、出版等自由的真正实现。边区文联宣布，原来的鲁迅奖金委员会将继续在张家口市工作，欢迎各种为人民服务的文艺作品应征。③ 10月23日，边区文联组织“附逆文化人调查委员会”，推举于力、邓拓为委员。“附逆文化人调查委员会”的宗旨是从组织上清查文化汉奸，纯洁文化队伍。

冀晋行署与冀晋贸易管理局发出《关于当前贸易上几个问题的决定》（10月

---

① 晋察冀边区革命史编纂委员会编：《晋察冀边区革命史编年》，河北人民出版社2007年版，第726页。

② 杨成武著：《杨成武回忆录（下）》，解放军出版社2005年版，162—232页。

③ 载延安《解放日报》，1945年11月2日。

19 日） 抗战胜利后，冀晋行署高度重视工商业的发展。为了统一掌握与加强对友邻区及本区内主要物资的调剂与交流，掌握与稳定物价，进一步贯彻互助互利精神，冀晋行署、冀晋贸易管理局于 10 月 19 日作出《关于当前贸易上几个问题的决定》。文件指出，今后各总店、分店与晋绥等友邻区的较大业务订立合同时，得先将双方交换货物种类、数量、时间、条件等，报本局批准；冀察区需要大宗布棉由本区购买时，可经过利民总店统一掌握，订立业务合同后及时报告本局；本区内机关、部队、商店经营布棉业务时，由贸易局、市公所掌握，规定统一价格，有计划地购买，防止争购，不要影响物价波动。文件还规定，禁止白洋使用，二、五专区委托公营商店办理兑换，兑换的白洋集中在分店、总店保存，非本局命令任何人不准动用。为照顾因物价暴跌而破产的小商人，目前要切实具体解决公私债务纠纷问题。冀晋行署通过对工商贸易的指导、监督和管理，开展了长期的对敌经济斗争，使根据地的工、农、商贸业得到了空前的发展。

晋察冀中央局执行中央《关于内蒙工作方针》的指示（10 月 23 日） 抗日战争胜利后，中共晋察冀中央局进驻张家口，应当地内蒙解放委员会的要求，于 9 月 29 日向中央致电请示。中共中央针对内蒙古地区存在的民族分裂问题和所谓“独立自治”活动等复杂斗争形势，展开了以民族区域自治解决内蒙古民族问题的伟大实践。10 月 23 日，中共中央致电晋察冀中央局及晋绥分局，指出：“在目前我党控制热察，发展东北，取得华北优势的方针下，内蒙在战略上具有极重要的地位。”对内蒙的基本方针，目前是实行区域自治，首先从各旗开始，放手发动与组织蒙人的地方自治运动。对内蒙的各种政策必须适时而慎重。统一西蒙的领导，大的方针由中央决定，实际工作由晋察冀中央局及晋绥分局自行处理，由乌兰夫与两局联系，筹划共同的行动方针及统一步骤。要求晋察冀、晋绥及冀热辽均有专人研究内蒙问题。①

在上述方针指导下，11 月 26 日，内蒙古自治运动联合会成立大会在张家口举行，乌兰夫当选为主席。1947 年 5 月 1 日，中国共产党领导建立了第一个省一级的内蒙古自治区，为以后在其他民族地区实行民族区域自治指明了方向，

---

① 参见中央档案馆、河北省社会科学院编《晋察冀解放区历史文献选编（1945—1949）》，中国档案出版社 1998 年版，第 18—19 页。

积累了宝贵的经验。

山海关保卫战（10月25日至11月16日） 抗日战争胜利后，国民党军为控制北宁铁路（今北京—沈阳），打开进占东北的陆上通道，自1945年10月下旬起，以秦皇岛登陆的先遣部队第十三军、第五十二军向连接华北和东北的咽喉要地山海关发起进攻。为打乱国民党军从陆路抢占东北的部署，掩护八路军、新四军后续出关部队顺利开进，进军东北到达山海关的八路军山东军区第七师和晋察冀军区所属冀热辽军区部队一部（到10月底均隶属东北人民自治军建制），集中6个团的兵力于山海关、九门口、城子峪地区组织防御。

10月25日起，国民党军以一部兵力向山海关外围发起进攻，一度攻占南郊守城部队的警戒阵地。第七师等部即组织反击，毙伤国民党军100余人，夺回了阵地。11月2日至10日，国民党军逐日增加兵力，在空军火力支援下连续发动进攻。第七师等部队一面依托工事顽强坚守，一面组织军民破坏山海关至秦皇岛的铁路、公路，迟滞国民党军后续部队开进。同时，组织小分队趁夜晚出击，一度逼近秦皇岛，迫使国民党军调动兵力加强后方的防御。国民党军因正面久攻不克，于11日调整部署，以第四、第五十四、第二、第一九五师等4个师实施正面牵制；以第八十九、第二十五师分路迂回山海关侧后中前所。第八十九师与第七师等部激战3昼夜，于15日攻占九门口，一部突入中前所以西地区。同日，第二十五师进占中前所。至此，国民党军完成了对山海关的合围，并于16日开始实施围攻。第七师等部顽强战斗，对失守的阵地反复争夺，终因寡不敌众，于16日夜撤离山海关。

山海关保卫战，从10月25日开始，至11月16日结束，八路军部队以1万余兵力，抗击国民党军6万余兵力22天。据不完全统计，共毙伤国民党军1000余人，俘虏300余人。缴获步枪、冲锋枪、卡宾枪等500余支，轻重机枪10余挺，六〇炮6门。八路军指战员伤亡1100余人。此役坚持半月，打乱了国民党军进入东北的计划，为掩护山东第一、二师与华东新四军部队出长城进入东北争取了时间。①

中央军委指示编组热河、冀东野战军（10月25日） 为提高部队战斗力，

---

① 参见中国军事百科全书编审委员会著《中国军事百科全书——中国人民解放军战史分册》下册，军事科学出版社1995年版，第243页。

便于统一指挥，10 月 25 日，中央军委给彭真、程子华即转冀热辽军区司令员兼政委李运昌《迅速组织热河野战军和冀东纵队》，指出，蒋介石正由陆海空运兵 20 万于北平、天津、唐山、秦皇岛一线。中央已决定组成晋察冀第二野战军，位于平北地区，任务为由西向东歼灭由北平向承德进攻之敌。黄永胜 2 个团、文年生 2 个团，共约 6000 人，到承德为热河野战兵团骨干。指令李运昌速令热河所部抽调有战斗力者 8000 人至 1 万人，与黄、文两部合编为热河野战军，由程子华指挥，迅速巩固古北口地区，配合萧克、罗瑞卿作战。同时，将冀东部队划分为野战军、地方军两部分，抽调较有战斗力者 1.5 万人至 2 万人，编为 7 至 10 个大团，2 个旅至 3 个旅，称冀东纵队，由李运昌亲率于机动地区，或配合辽宁野战军打击由关内向关外进攻之敌，或配合萧克、罗瑞卿及程子华野战军打击由北平进攻承德之敌。①

根据中央军委指示，11 月冀热辽军区编组了热河、冀东野战军。热河组建热河纵队，下辖第二十二、二十七、三十旅和混成旅，冀东军区组建第十一、十二、十三、十四 4 个野战旅，执行保卫热河、保卫承德的任务。

晋察冀边区行政委员会发出普遍深入开展冬学运动的指示（10 月 25 日）为了动员全体人民为实现和平、民主、团结而斗争，晋察冀边区发动了冬学运动。10 月 23 日，中共晋察冀中央局宣传部发出《关于冬学运动的指示》，提出 1945 年冬学运动的基本方针：以时事教育为主，并与新解放区发动群众及根据地进一步组织人民经济文化生活相结合，特别是反对敌伪合流、反对反动派进攻。

边区为开展冬学运动作了多方面准备，也在冬学的教学方式等方面积累了宝贵的经验。由于冬学运动能够在各方面密切联系群众，所以得到了根据地群众的广泛认可和积极参与，冬学运动在晋察冀各个地区形成了广泛的热潮。10 月 25 日，晋察冀边区行政委员会发出《关于普遍深入开展冬学运动的指示》，指出，1945 年冬学运动的基本任务，是不分地区普遍深入地进行时事教育，特别是反对敌伪合流，反对反动派进攻解放区，保卫人民的既得利益，争取和平、民主、团结、统一的实现。老解放区人民，在冬学运动中应适当加强文化卫生

---

① 参见毛泽东著《毛泽东军事文选》第三卷，军事科学出版社、中央文献出版社 1993 年版，第 80—81 页。

教育，继续着重开展识字运动，但必须与时事教育相联系，组织群众讨论总结这些年来斗争的经验。新解放区人民，尤应以政治教育为主，文化教育为辅，并将其与时事教育相联系，深入民主、民生的政策教育，与当前贯彻政策、发动群众、开展清算斗争、控诉复仇运动密切结合进行。此外，还对冬学运动的时间、内容等具体问题作出安排。①

通过参加各种形式的冬学，根据地的群众被广泛动员起来，积极参加到中共领导的各项运动中来。冬学运动在动员根据地人民保卫解放区、缴纳爱国公粮、参加大生产运动等方面都起到了积极作用，促进了解放战争时期全面动员工作的顺利开展。

冀热辽中央分局、军区和行署成立（10月27日） 为了加强与国民党争夺东北的斗争，隔断国民党东北与华北的联络，10月27日，中共中央决定撤销冀热辽区党委、军区和行署，成立中共冀热辽中央分局和军区、行署，隶属中共晋察冀中央局、军区和边区政府领导。中共冀热辽中央分局书记兼军区政治委员为程子华，分局委员有萧克、吴德、詹才芳（后增黄火青、杨清、高自力）等；军区司令员为萧克，副司令员为李运昌、陈奇涵，罗瑞卿为第二政治委员；行署主任为张明远。冀热辽下辖热河省、冀东和热辽解放区。

11月9日，中共中央致电程子华、热河分委、晋察冀中央局和东北局，确定“冀热辽分局仍归晋察冀中央局指挥”②，程子华为书记兼第一政治委员，萧克为军区司令员。

鉴于所处位置的关系，冀热辽区财政及干部问题主要依靠晋察冀解决，而东北着力解决东北问题，因此中共冀热辽中央分局委员由中共晋察冀中央局委员和东北局委员两部分组成。

晋察冀边区开展清算复仇运动（1945年10月至1946年初） 抗日战争胜利后，广大新解放区人民迫切要求惩办汉奸、恶霸、特务和清算封建地主阶级的剥削压迫。同时，在老解放区中的部分地区，减租减息进行得不够彻底，封建剥削还相当严重。为了使广大农民安定生活、恢复生产，巩固解放区，中共

---

① 参见王谦主编《晋察冀边区教育资料选编》教育方针政策分册（下），河北教育出版社1990年版，第142页。

② 晋察冀边区革命史编纂委员会编：《晋察冀边区民主政权建设文献选编》下册，中共党史出版社2013年版，第970页。

晋察冀中央局于 9 月 16 日发出了《关于组织群众发动群众的指示》，要求各地各级党组织支持与领导群众开展清算复仇运动；把汉奸、特务，以及恶霸、地主的反动统治与社会地位彻底打垮；建立人民的民主政权，使广大人民真正成为解放区的主人。10 月 20 日，中共中央发出了《中央关于和平建设过渡阶段的形势和任务的指示》，指出，实现新区域的减租减息，肃清汉奸分子，建立民主政权是解放区一切工作的中心任务。

中共晋察冀中央局遵照中共中央的指示，部署武装斗争的同时，在新解放区广泛开展了清算汉奸、恶霸、特务和封建地主阶级的运动，即清算复仇运动。在新解放区，一般先从发动群众清算复仇入手，把清算复仇和减租减息斗争结合起来进行；在老解放区，一般从复查减租减息入手，进一步发动群众，深入开展减租减息和增资的斗争。

为了加强对这一运动的领导，更好地完成新、老解放区的清算复仇和减租减息任务，各解放区党组织都抽调了大批干部，组成工作队深入农村宣传和发动群众。通过宣传动员，张贴布告、标语，开座谈会，走访调查等方法，各解放区党组织广泛发动群众，揭发检举汉奸、恶霸、特务和封建地主阶级的罪行。在此基础上，分片召开群众斗争大会。到 1946 年初，这一运动在晋察冀各解放区达到高潮，到处燃起了清算复仇的烈火，成千上万的翻身农民向汉奸、恶霸、特务和封建地主阶级展开了坚决的斗争。①

清算复仇运动打击了日伪残余势力，提高了群众的阶级觉悟和组织能力。在不少仍为反动分子把持的新解放区村庄，通过这次群众斗争，树立了基本群众在农村的优势，改造了基层政权，巩固了解放区。

11 月

热河省人民代表大会在承德开幕（11 月 1 日）　塞北重镇张家口解放后，中共中央于 10 月 12 日电示晋察冀中央局："国民党热河省主席刘多荃已到长春，察哈尔省主席张砺生已到绥远，请你们迅速召集两省人民代表会议，成立热河、察哈尔两省政府，以抵制国民党的省政府，并望迅速着手进行。"为了执行中共

---

① 参见中共河北省委党史研究室著《中国共产党河北历史》第一卷，中央文献出版社 2001 年版，第 730—733 页。

中央的指示，并满足人民群众对民主的迫切要求，10 月 15 日，晋察冀边区行政委员会和参议会公布召开察哈尔、热河两省人民代表会议，以及成立察哈尔、热河两省政府的决定。

11 月 1 日，热河省人民代表大会在承德开幕，历时 13 天。与会代表 174 人，其中军队 7 人，政府干部 10 人，工人 65 人，农民 28 人，青年学生 4 人，妇女 14 人，医生 1 人，商人 9 人，士绅 23 人，教育界 15 人，抗日功臣 8 人，回族 9 人，蒙古族 17 人，满族 3 人。13 日，大会通过无记名、差额选举，选出李运昌、李子光、杨雨民、叶田、阎顾行、庞松坡、金起先、杨润田、鄂奇尔旺保、韩祐庵、王十一、宋履谦、张振九、刘凤阁、甘重斗等 15 人为省政府委员，胡汝策、张月波为候补委员。选举李运昌为省政府主席，李子光、杨雨民为副主席。

经 11 月 9 日成立的中共热河省委提出，会议讨论通过《热河省目前施政纲领》，共 19 条，宗旨是彻底摧毁国民党法西斯组织及其残余势力，建立新民主主义的热河。当时，热河全省辖热中、热东、热辽和警备区 4 个专署及昭乌达盟，计 25 个县、旗、市，450 万人口。①

察哈尔省人民代表会议在宣化召开（11 月 2 日） 根据晋察冀边区行政委员会 10 月 15 日关于召开察哈尔、热河两省人民代表会议，以及成立察哈尔、热河两省政府的决定，在热河召开人民代表大会的第二天，即 11 月 2 日，察哈尔省人民代表会议在宣化召开。参加会议的代表有 138 人，大会主席团主席张苏致开幕词，刘澜涛、云泽（乌兰夫）、宋劭文、于力分别致辞。大会通过了中共冀察区执行委员会代表刘道生向大会所作的《关于察哈尔省目前施政方针与工作的意见案》，选举张苏、郭天民、宋致和、张子光、刘仁术、黄元、孟子裕、王子美、蓝公武等 9 人为察哈尔省政府委员，张苏为省政府主席。大会于 11 月 6 日闭幕。

11 月 15 日，察哈尔省政府在省会宣化正式成立并开始办公。省政府下辖 5 个专区、2 个盟、1 个市、37 个县和 18 个旗，人口 429.7 万，土地面积 61.76 万平方公里。同时，成立察哈尔省委、省军区，刘道生任省委书记兼军区政委，

---

① 参见谢忠厚著《河北通史》民国下卷，河北人民出版社 2000 年版，第 213 页。

郭天民任省军区司令员。[①]

察哈尔人民代表会议产生了中国共产党历史上第一个行政省级民主政府，组建了政府机构，有民政厅、财政厅、教育厅、实业厅、粮食厅、商业厅等。察哈尔省人民政府成立仅一年时间，领导全省人民开展土地改革，减租减息，发展生产，并支援前线等，受到全省各阶层人民的拥护。1946 年，由于国民党破坏协定，挑起内战，调动大军围攻察哈尔省，10 月 10 日我军主动撤离张家口、宣化，做战略转移，察哈尔省政府也撤离宣化。察哈尔民主政府虽然仅仅在宣化存在了一年（1945 年 11 月至 1946 年 10 月），但其作为中国共产党领导的第一个省级民主政府，有着不同寻常的历史意义。

晋察冀编组野战军和地方部队（11 月 4 日） 为适应在晋察和冀热辽两个方向同国民党军队作战需要，晋察冀军区于 11 月 4 日分别组建了两只机动作战的野战军。第一野战军，由冀察军区 2 个纵队、冀中军区与冀晋军区各 1 个纵队，共 4 个纵队组成，由聂荣臻司令员指挥，协同晋绥军区部队打击傅作义和阎锡山部的进犯；第二野战军，由冀热辽军区 2 个纵队、冀中军区与冀晋军区各 1 个纵队，及原晋冀鲁豫军区第 1 纵队，共 5 个纵队组成，由晋察冀军区副司令员兼冀热辽军区司令员萧克、冀热辽军区政委程子华、晋察冀军区副政委罗瑞卿指挥，打击进犯冀热辽解放区的国民党军，配合东北解放区部队作战。至此，晋察冀军区全军有 9 个野战纵队、26 个旅、81 个团，计 215 310 人；地方军有（独立团、县大队）104 700 人。野战军、地方军总计 320 000 余人。[②] 晋察冀军区通过组建第一、第二两支野战军，便于统一指挥，提高了部队机动作战的能力。

晋察冀边区各界团体发出《关于新解放区放手发动群众中几个新问题的意见》（11 月 5 日） 抗战胜利后，为动员和组织新解放区的广大人民积极参与乡村政治活动，培养政治意识，巩固与保卫新解放区，晋察冀边区总工会、农民会、妇联会、青联会于 11 月 5 日发出《关于新解放区放手发动群众中几个新问题的意见》，指出，反攻以来，巩固与保卫新解放区，大力放手发动群众、组织

---

① 参见中共河北省委党史研究室编《中国共产党河北历史大事记（1919.5—1949.9）》，中共党史出版社 2010 年版，第 495 页。

② 参见北京军区《华北第三次国内革命战争史》编写组编《华北第三次国内革命战争史》，河北人民出版社 1990 年版，第 9—10 页。

群众，使广大基本群众从敌寇、汉奸及统治阶级的压迫奴役下翻过身来，建立人民的革命秩序，成为群众团体特别是农会的首要任务，在目前时局的紧要关头更成为刻不容缓之急务。为此，根据几个地区发动群众的初步经验，就如下几个新的问题提出：（一）新解放区的减租减息增资斗争，必须与群众的反奸反特的清算复仇运动密切结合并灵活巧妙地掌握；（二）新解放区的任何一个群众斗争，都必须走群众路线，不能包办代替，操之过急，同时要彻底肃清领导上的右倾思想；（三）在执行减租政策中，要解决广大农民无地少地的问题；（四）发动群众斗争，必须与思想教育（阶级教育）、发展组织相结合。①

在边区各群众团体的大力推动下，通过放手发动群众，新解放区的群众政治觉悟日益提高，政治参与意识空前高涨，为新解放区的巩固和发展、解放战争的胜利打下了群众基础。

热河省委成立（11 月 9 日） 为开辟热河工作，中共中央晋察冀分局于 8 月 14 日派胡锡奎、王国权、段苏权等人各带一批干部及军队开赴热河。不久，又派杨雨民带一批热河籍指战员返回热河进行接收工作。9 月中旬，这些重要干部相继到达承德，随即成立热河行政公署，李子光任主任，杨雨民任副主任，开始建党、建政、扩军并开展各项接收工作。

为迅速巩固热河、察哈尔两省工作，中共中央于 8 月 27 日电示晋察冀分局："由分局决定立即组织热河与察哈尔两区党委，其管辖区域及与其他区党委关系，由分局规定。"② 9 月 20 日，依据形势发展，晋察冀中央局决定成立冀热辽区党委热河分委、热河军区，由胡锡奎任书记兼政委，李子光、王国权为副书记，段苏权为分委委员兼军区司令员，李子光兼副政委，谢明为政治部主任，胡锡奎、段苏权均为冀热辽区党委委员。新成立的热河分委隶属于冀热辽区党委领导，"但与中央局得建立直接电台联系，向区党委报告应同时报告中央局"③。10 月 14 日，热河省民主政府成立，主席为李子光，副主席为杨雨民，原伪热河省长、维持会长孙柏芳正式交出政权。22 日，胡锡奎、赵毅敏致电中共中央，报告热河情况，提出准备于 28 日召集全省人民代表大会，正式成立省政

---

① 参见《晋察冀边区总工会、农民会、妇联会、青联会关于新解放区发动群众中几个新问题的意见》，1945 年 11 月 5 日。原件存中央档案馆。

② 中共中央致晋察冀中央分局电，1945 年 8 月 27 日。

③ 1945 年 9 月 20 日，晋察冀中央局致各区党委、军区并报中共中央军委电。

府，以李运昌为主席，李子光、杨雨民为副主席，宣布政纲。25 日，中共中央复电同意热河省政府主要人选。

11 月 1 日，热河省人民代表大会在承德召开，来自 18 个市县的 174 名代表出席大会，大会 13 日结束。会议选出 15 名政府委员、2 名候补委员，推举李运昌为主席，李子光、杨雨民为副主席。9 日成立中共热河省委，原热河分委撤销，书记为胡锡奎，副书记兼社会部部长为谭余宝，组织部长为马载，宣传部长为王逸群，秘书长为李德仲。热河省委下辖热西、热东、热中、热北地委和承德市委。①

热河省委成立后，深入开展了对汉奸、特务控诉复仇的清算运动和土地改革运动。在短短的几个月时间里，热河全省组织了各种群众团体，建立了党的核心；建立了群众的武装和人民政权，使中国共产党在热河立住脚跟，建立起巩固的根据地，为粉碎蒋介石的进攻打下了坚实的基础。②

晋察冀中央局指示开展广播工作（11 月 10 日） 为进一步发挥新华广播电台的作用，中共晋察冀中央局于 11 月 10 日发出《关于开展广播工作的指示》，指出，边区自反攻以来掌握了广播电台，这是党历史上利用新式宣传工具的开始，广播电台是人民的喉舌、最有力的斗争武器。要求全党以爱护党报的精神，管理利用好广播电台。县团级以上机关，至少购置收音机一台，将按时收听的材料，有计划地组织干部学习，进行战士教育及群众宣传。每县城或重要市镇，至少购置收音机一台，将其放置在热闹街口，按时播放。党政军民领导机关要有计划地组织群众开展讲演、歌咏等活动，到电台播送。同时，采取有效办法，禁止或劝阻广大人民收听反动广播。③ 新华广播电台每天准确如实地播送国际国内和本地区的新闻消息，宣传共产党、人民解放军救国救民的主张、政策，广播对稳定社会秩序，教育广大人民，起了重要作用。

晋察冀边区行政委员会就货币问题发出指示（11 月 19 日） 抗战胜利后，晋察冀边区货币问题极为复杂，除本区所发行货币外，还有伪联银、伪蒙疆、伪满钞、冀南钞、西北农钞、山东北海钞、白洋、法币等。这些货币的存在与

---

① 参见唐洪森著《国共争战大东北》，科学普及出版社 1999 年版，第 116—117 页。

② 参见《人民日报》，1980 年 4 月 3 日。

③ 参见晋察冀边区革命史编纂委员会编《晋察冀边区革命史编年》，河北人民出版社 2007 年版，第 733 页。

流通，对于有计划地组织边区的经济生活是个极大的障碍。11 月 19 日，晋察冀边区行政委员会发出了《关于货币问题的指示》，指出，货币问题，关系金融物价，对人民生活影响很大。为了贯彻政策，统一步调，各级政府及有关财经部门，对货币问题必须执行如下政策：（一）边区货币政策应坚持边币一元化。要打击伪钞，限用白洋，与友邻区协商钞票兑换比率，限制法币关金在市面流通，使边区内地纯为边币市场，以安定物价金融，促进经济繁荣。（二）边币发行由本会责成边区银行统一掌握，各分行不得发行纸币。冀中、冀热辽印刷分局应将印刷券别、金额经行署报经本会批准，纸币发行数额应由分行报总行批准统一注账。（三）打击伪钞，要统一计划，统一步调，以免紊乱。依各种伪钞的情况及特点对伪联银券采取坚决打击、严禁使用的方针，对伪蒙疆券采取逐渐缩小流通地域、降低比值以最后收拾的方针，对伪满洲钞票适当照顾，使之逐渐流入东北地区。此外，要全面限用白洋，使用白洋时必须向银行按牌价兑换成边币。由边区银行与晋绥协商边币与西北农钞的比值，由冀中行署与冀南协商边币与冀南钞的比值，以及通汇办法。禁止法币、关金在边区流通，有携入境者贬值强制收兑。①

晋察冀边区行政委员会通过制定货币政策，开展了卓有成效的货币斗争，使边币迅速占领市场，扩大流通，巩固和提高信用，以达到统一边区货币、稳定金融、平抑物价、发展经济、保障供给的目的。

晋察冀中央局宣传部指示开展政治攻势（11 月 20 日） 抗战胜利后，晋察冀边区在地域和人口上都有了调整，由于新老解放区民众的政治觉悟与心理状态参差不齐，加之国民党政府在边区周围的国统区进行反宣传，给边区的宣传工作提出了严峻考验。在这种形势下，为加强对民众的宣传工作，开展政治攻势，晋察冀边区宣传部发出了一系列指示。

11 月 20 日，中共晋察冀中央局宣传部发出《关于开展政治攻势的指示》，指出目前解放区面临着国民党严重的军事进攻，更激烈的东北战争即将展开。为了巩固解放区军民的已得利益，争取在自卫战争中更有利的条件，必须开展一个强烈的政治攻势。主攻的对象是国民党各派系的军队和美国干涉军。指出

---

① 参见晋察冀边区革命史编纂委员会编《晋察冀边区革命史编年》，河北人民出版社 2007 年版，第 734 页。

要加强对国民党受降区人民的政治宣传，并对政治攻势的宣传中心、宣传主力和时机作了具体部署。要求今后 6 个月不间断开展这一政治攻势，进行广泛的强烈的宣传战。

11 月 24 日，中共晋察冀中央局宣传部发出《关于目前宣传要点》：（一）抗战获得胜利，中国人民本应从此得到和平民主的生活，但国民党反动派决心破坏团结进行空前规模的内战；（二）中国人民是有力量保卫和平的；（三）国民党发动内战是毫无前途的，停止内战是全国人民的要求；（四）国民党反动派依靠美国打内战，“必然搬起石头打自己的脚”。中国人民从抗战中获得的独立，是不允许国民党反动派一手送给外国人的。

晋察冀边区通过加强民众宣传工作，凝聚了人心，使晋察冀边区不断发展壮大，为日后华北解放区的建立和大反攻的胜利奠定了坚实的思想基础。

冀热辽中央分局、热河省委发布热河形势与军事方针（11 月 20 日） 抗战胜利后，国民党军队对热河解放区发动了大规模军事进攻，再一次把热河人民推向了战火之中。中共冀热辽中央分局、热河省委对热河的战略地位非常重视，把保卫热河和冀察热辽地区提高到影响东北和华北以及全国的战略高度，对热河的战略方针和军事部署曾多次发出指示。11 月 20 日，中共冀热辽中央分局、热河省委发出《关于热河形势与军事方针的指示》，指出，热河是东北的保障，是东北与华北的枢纽，又成为东北的支援、冀东的靠背。目前国民党军向解放区进攻，重点移到东北。山海关至锦州方面成为进攻东北的主要战场，由北平到古北口方面成为进攻热河的主要战场。冀热辽军区的任务是一方面粉碎国民党军由北平向古北口的进攻，一方面援助东北打退国民党军由山海关到锦州的进攻。热河的紧急中心任务，是打退敌军，肃清土匪，发动群众，建设根据地。为此，确定建军方针是，野战军与地方军并存，而重点放在迅速整训野战军上。此外，提出了地方军和野战军在大量发展的同时进行巩固与整训的具体措施，要求把部队重点放在山海关至锦州、北平至古北口一线的战场及附近地区和作战要利用的铁路公路线上，通过军队、政权、党务、群众系统做好统一的战争动员。①

保定小学教员开展反饥饿反甄审斗争（1945 年 11 月 24 日至 1946 年 3

① 参见《冀热辽中央分局重要文件汇集》第一册，原件存中央档案馆。

月） 抗战胜利后，国民党清苑县政府接管了11所小学。但国民党当局接管学校两个多月，连一分钱的薪水也未发，人们不得不靠四处借债、典卖衣物度日。在事实面前，人们对国民党的幻想破灭了，失望和不满情绪日益增长起来，要求请愿罢教。保委会抓住这一有利时机，积极组织共产党员到各校串联，组织大家起来斗争。

1945年11月24日，法华庵、管驿街、县学街等10所小学30名教师代表，在淮军公所小学举行代表会议，商讨请愿问题。国民党清苑县政府当局得知后千方百计阻挠。12月2日，11所小学的教师在白衣庵小学举行全体会议，并宣布成立清苑县立小学教职员联合会（简称“小教联”）。会后“小教联”派出代表赴县政府请愿，明确提出：县立小学与省立小学待遇平等，补发11月、12月薪金；增加薪金，改善小学教师的待遇。

小学教员们的活动，引起了国民党、三青团的注意，他们表面上转达大家的要求，暗中却四处活动，破坏请愿斗争。地下党员遵照党组织的指示，通过各种关系到各校秘密串连，揭露敌人的阴谋；还以“小教联”的名义组织各校代表到保定各大中学校、警察局、国民党军二十二师、保定日报社等处联络，得到了社会舆论的同情和支持。后经反复交涉，国民党当局被迫答应小学教员们提出的全部条件，小学教员反饥饿请愿斗争取得了胜利。

保定小学教员反饥饿请愿斗争胜利后，1946年3月25日，国民党清苑县政府通令各县立小学：“为了提高教师待遇，实行并校裁员，定于3月28日进行考询（即甄审），全体教员（除校长、训育主任外）一律参加，不参加者视为弃权、辞职……”其目的是清洗教员队伍中的中共地下党员和进步人士，消除党在群众中的影响。地下党总支书记言林及时向保委会进行了汇报。保委会决定发动群众，争取多数教员，利用“小教联”这个合法组织，开展反甄审罢教斗争。当日下午，“小教联”召开全体教员大会，通过了反对“并校裁员”的决议案。26日，国民党清苑县政府召开全体教员大会。国民党县党部常委王寿春辱骂教员，“小教联”当即决定罢教，并组织游行示威。最后在全体教员的坚决抵制下，28日没有人参加考询。29日，在地下党员的倡议下，全体教员大会通过决议，由“小教联”常委组成请愿团，到保定各军政机关请愿，说明事实真相，坚持让王寿春公开赔礼道歉，否则绝不复教。29日下午，“小教联”请愿团分别到保定警察局、专员公署、十四督察区请愿。与此同时，“小教联”又派代表到保定各大中学校联系，要求给予声援和支持。在社会各界舆论的一致谴责下，国民党清苑县当局只好答应了小学教员们的要求，责令王寿春在全体小学教员参加的大会上赔礼道歉。坚持了 6 天的小学教员反甄审罢教斗争，在党组织的领导下，终于取得了胜利。①

乌兰夫成功改组“内蒙古人民共和国临时政府”（11 月 25 日） 随着抗日战争的胜利，统治内蒙古中西部沦陷区的伪蒙疆政权彻底崩溃。

9 月 9 日，内蒙古人民代表大会选举产生了“内蒙古人民共和国临时政府”。后临时政府派内政部长特克希布彦率代表团抵张北，与中国共产党和八路军取得联系。中共晋察冀中央局当即派乌兰夫率奎璧、克力更、陈炳宇、黄静涛、达成义、田户等 10 余名干部和当时在张家口的寿明图、赛音吉亚、胡尔沁毕力格等蒙古族青年知识分子，由当时绥蒙政府驻地商都出发，于 10 月初抵达苏尼特右旗。经过同苏蒙联军负责人及“内蒙古人民共和国临时政府”各方面人士广泛接触与深入调查研究，在乌兰夫的提议下，“内蒙古人民共和国临时政府”改为蒙古自治政府。中共方面有 5 人参加政府组阁，乌兰夫任自治政府主席兼军事部长，奎璧任内政部部长、克力更任经济部部长、田户任军事部副部长，一部分蒙古族青年知识分子和上层人士被选入政府机构，保留了补英达赉的政府委员职位。该政府仍属临时政府，以后将召开内蒙古人民代表大会产生正式的政府。改组后的蒙古自治政府迁往张北。10 月下旬，政府大部分成员随乌兰夫抵张家口，投身于内蒙古自治运动工作。11 月 25 日至 28 日，内蒙古各盟旗在张家口召开代表会议，决定成立“内蒙古自治运动联合会”并在各盟旗普遍建立分会。至此，“内蒙古人民共和国临时政府”自行解散。

刘澜涛在晋察冀中央局直属机关及张家口市干部大会上作报告（11 月 28 日） 抗日战争胜利后，蒋介石一面加紧准备内战，一面邀请毛泽东到重庆谈判。国共双方代表于 10 月 10 日签订了《双十协定》。在这个文件中，国民党表面上不得不同意中国共产党提出的和平建国的基本方针，但拒绝承认人民军队和解放区民主政权的合法地位，并企图在“统一军令”和“统一政令”的借口下，根本取消中国共产党领导下的人民军队和解放区。在这种错综复杂形势下，为统一思想，明确下一阶段斗争目标，刘澜涛于 11 月 28 日在晋察冀中央局直属

① 参见中共保定市委党史研究室《中共保定地方党史》，中共党史出版社 2012 年版，第 215 页。

机关及张家口市干部大会上作《目前的时局、任务和几个思想问题》的报告，传达中央的指示精神。中共中央10月底指出，自目前开始的6个月左右的时间，是抗战阶段转变到和平建国阶段的过渡期间。今后6个月的斗争，是我们将来在整个和平阶段中政治地位的决定关键。我党现在总的任务，是为和平民主团结而斗争。我党在解放区的中心任务，是集中一切力量，反对顽军对我的进攻，尽量扩大解放区，在一切解放区组织强大的野战军，有计划地歼灭向我进攻的顽军，歼灭得愈多愈好。我们要巩固华北、华中，控制热察绥三省，争取我党在东北的优势。

报告指出，目前战争的性质，“是反对国民党反动派争夺抗战胜利果实的战争”，“决不能误认为内战阶段已经到来”。《双十协定》的签订是近代中国革命史上的重大事件，认为它毫无意义是不对的，忘记斗争，坐待实行也是不对的。报告专门谈到思想上的几个问题，一是群众观点与群众路线问题，二是一切为了前线的问题，三是加强时事教育、宣传毛泽东思想。报告号召全党紧张起来，以整风的精神，向一切违反人民利益、违反毛主席思想的邪气歪风进行严正的斗争和教育，到处展开“知无不言，言无不尽，言者无罪，闻者足戒，有则改之，无则加勉”的民主的群众思想教育，检查与反省自反攻以来的思想建设，以进一步加强思想领导。①

12月

《新察哈尔报》创刊（12月1日）　12月1日，中共察哈尔省委机关报《新察哈尔报》在宣化创刊。中共察哈尔省委宣传部副部长毛铎兼任一段时间的报社社长后，由丁原任社长。钱丹辉任新华社察哈尔分社副社长，新华社分社和支社的记者直接向报社供采访稿。

这是一张真正代表人民、服务人民的报纸，创刊伊始，就充分体现出鲜明的人民性。其发刊词中有这样的话：“这不是统治阶级的喇叭，而是群众的喉舌……做到群众办、群众写、群众看，使它真正成为广大群众自己的报纸。我们永远与察哈尔人民在一起，向和平、民主、自由、团结、繁荣的新察哈尔前

① 参见晋察冀边区革命史编纂委员会编《晋察冀边区民主政权建设文献选编》下册，中共党史出版社2013年版，第981—985页。

途迈进!”《新察哈尔报》的主要阅读对象为区、村干部，工人，店员，小学教员及稍识字的农村广大群众，文字力求通俗、简明，形式追求新鲜、活泼。该报报道的内容主要为宣传党保卫抗战胜利果实，坚决反对内战，争取和平民主的斗争；宣传察哈尔省进行清算复仇、巩固解放区的斗争；宣传减租减息和土地改革；宣传为粉碎反动军队进攻而开展的斗争。

1946 年 10 月 9 日，在纪念《新察哈尔报》创刊百期时，察哈尔省委书记刘道生对这个时期的报纸作了总结，认为：“由于新闻工作干部的积极负责，不断克服困难，改正缺点，近一年工作已有重大发展。根据发动群众、解放区建设与自卫战争三大任务，我们报纸在反映现实、交流经验、指导工作、教育群众方面，都获得了一定成绩，得到群众的爱护，逐渐发挥了集体宣传者和组织者的作用。”① 10 月 10 日，报社从张家口撤出，迁至涞水、易县等地，开始了“驴驮上办报”，大转移途中还出版了 3 期报纸。暂停了 20 多天后，11 月 14 日《新察哈尔报》在农村根据地恢复出版。12 月 1 日，改为中共察哈尔省委机关报。1947 年 2 月改名为《察哈尔日报》。1948 年 9 月 1 日与《北岳日报》合并，《察哈尔日报》停刊。

华北联合大学在张家口恢复招生（12 月 10 日） 八路军收复张家口后，华北联合大学随军进入张家口。为培养更多更优秀的革命者和建设者，中共晋察冀中央局于 12 月 10 日作出《关于华北联大全部恢复工作的决定》，称：为了大量吸收各地青年学生及知识分子，决定华北联大即全部恢复工作，重新招生。教育学院由政府交回，筹办政法学院、文艺学院，附设外国语学院。联大改为由中央局直接领导的、培养党与非党的各种人才的干部学校。成仿吾任校长、党委书记。②

在成仿吾的领导下，华北联合大学抓紧复校，并于 1946 年 2 月 21 日至 27 日在《晋察冀日报》上发布了招生简章，第一期招生 800 名。8 月 28 日至 30 日，又发布第二次招生简章，开展了培养与提高解放区县区级各种工作干部的培训班，招生名额为 500 名，学习期限 4 个月。这期间“不仅是解放区的知识青年，就是国民党统治下的北平、天津、保定等地也有大量知识青年蜂拥而至，

---

① 岳志强：《探寻〈张家口日报〉辉煌历程》（上），《张家口日报》2015 年 5 月 9 日。

② 参见中央档案馆、河北省社会科学院编《晋察冀解放区历史文献选编（1945—1949）》，中国档案出版社 1998 年版，第 23 页。

要求入学”①。华北联合大学恢复了法政、教育、文艺 3 个学院，还扩大了原有的教育学院，增设了外国语学院，延长学习期限，努力“由过去的短期训练班转变为新式的正规大学”②。学校加强了对学员的思想政治教育，培养学员为人民服务的意识，做到了理论联系实际，教育与生活、生产劳动相结合，同时课程教学和管理规范化，保证了教学质量。学校还注意把文化生活带到老百姓的身边。“学校不时开娱乐晚会，节目除有文艺工作团准备外，还有学生自己的节目，以及集体创作的剧本，随时反映出边区老百姓对敌斗争的动人奇迹。该校还经常向老百姓进行宣传教育工作，帮助老百姓的文化娱乐活动。”③ 该校不仅丰富了张家口地区人民的业余文化生活，同时也宣传了中国共产党的政策和工作方针。

华北联合大学在张家口办学的一年多时间里，努力进行着在城市内稳定办学和建设现代化综合大学的有益尝试，成为当时集革命教育、现代大学教育为一体的、中国共产党人领导的著名学府，在中国现代教育史上写下了重要篇章，也为新中国第一个新型的、正规的大学——中国人民大学的创立奠定了坚实的基础。④

张家口市总工会成立（12 月 21 日至 24 日） 1945 年 8 月 23 日，八路军从日军手中解放张家口。刚刚组建的中共张家口市委及时发动群众，号召工人阶级发挥主人翁作用，为建设新民主主义的张家口而奋斗。9 月中旬，任冀察区总工会主任的肖明召开了张家口市 27 个企业及行业的 32 名工人的临时代表会议，决定成立张家口市总工会筹备委员会，与会代表一致推举肖明为筹备委员会主任。与此同时，市总工会筹备委员会积极展开了首届工人代表大会的筹备工作，并在《晋察冀日报》上全文刊登了《张家口市总工会组织章程》（草案）、《张家口市总工会目前纲领》（草案），目的是广泛征求修改意见和建议，号召广大职工围绕当时全市的工作重点，积极书写提案，以实际行动迎接代表大会的召开。

12 月 21 日至 24 日，工友们翘首以盼的全市首届工人代表大会在张家口大

---

① 宋荐戈、李冠英、张傲卉著：《成仿吾教育实践与教育思想》，湖南教育出版社 1997 年版，第 73 页。

② 《介绍华北联合大学》（张家口广播），《晋察冀日报》1946 年 2 月 23 日。

③ 《介绍华北联合大学》（张家口广播），《晋察冀日报》1946 年 2 月 23 日。

④ 参见张金辉、郎琦著《中国人民大学办学正规化现代化的重要时期——华北联大在张家口办学的历史考察与价值分析》，《河北北方学院学报（社会科学版）》第 29 卷第 4 期，第 75 页。

戏院（后改为工人俱乐部）隆重开幕。大会有正式代表122名，另有列席代表及来宾300余名。中共晋察冀中央局领导赵振声、边区参议会议长成仿吾、副议长于力、边区总工会主任马辉之都到会祝贺并发表讲话。曾在大革命时期担任过首任中共张家口地委书记的肖三也专程从延安赶来祝贺，并作了热情洋溢的演说。在大会上，肖明代表筹备委员会作了题为《解放三个月的张家口市工人运动》的工作报告。大会决定成立张家口市总工会，并通过了市总工会的组织章程。大会制定了市总工会目前纲领，确定了今后的任务。大会讨论了全市工友们提出的113件提案，并提出了解决的办法。大会选出肖明、李振庭、穆其彬、胡华等15人为市总工会执行委员及3名候补委员。在随后召开的执委会上，选举肖明为市总工会主任，选举李振庭为副主任。大会最后通过了《张家口市首届工人代表大会宣言》，号召“全市工人紧紧跟随中国共产党前进，进一步开展工人运动，保卫工人和全体人民的利益，联合农民和各界民主人士，争取全国和平、民主、团结的实现”。

张家口市总工会的成立，是张家口的大事，是晋察冀边区的大事，是解放区的大事。在当时具有非常重要的现实意义和重大的历史意义。[①]

程子华在冀热辽党的干部会议上作形势报告（12月25日） 1945年12月上旬，蒋介石把杜聿明召到重庆面授机宜，要求杜聿明以主力打通锦承线，迅速扩大在热河的占领区，并巩固北宁路的安全。12月中旬，杜聿明回到锦州，部署进攻热河的工作。为粉碎敌人的阴谋，加紧保卫热河的政治动员，12月25日，程子华在冀热辽党的干部会上作《目前时局与我们的任务》的报告。报告总结了三个月来民主与反民主斗争的胜利，分析了今后民主与反民主斗争的形势和我们争取民主斗争胜利的有利条件，提出了目前冀热辽区的中心任务。指出目前的中心工作，是保卫热河的政治动员，放手发动群众，开展军事建设，准备作战、剿匪，开展财经工作。现在是极端紧张的时期，国民党在长城线集中十几个师，要向承德、张家口进攻，必须很快把中心工作做好。要求各机关部队根据这一报告的精神，加紧保卫热河的政治动员，检讨和改善工作。[②]

晋察冀中央局发文纠正党与群众团体的关系（12月） 抗战时期，晋察冀

① 参见王治良《解放区最早的城市工会——记张家口市总工会的成立》，《张家口日报》2015年3月2日。
② 参见《冀热辽中央分局重要文件汇集》第一册，原件存中央档案馆。

抗日根据地在中国共产党的领导下，农会、工会、妇救会等群众团体的群众运动开展得轰轰烈烈，为民族的解放作出了重大贡献。抗战胜利后，为保持群众团体的独立性，加强党对群众团体的领导，纠正党和群众团体关系的错误倾向，中共晋察冀中央局于12月发出《关于纠正党与群众团体关系间几种不正确现象的初步意见》。文件指出，在新解放区，放手发动群众与组织群众，使广大基本群众从敌伪、汉奸及统治阶级的长期压迫奴役下翻过身来，建立革命的新秩序，是当前新解放区的首要任务。新解放区的发动群众工作，主要领导机关是群众团体。目前党委与群众团体之间存在着许多不正确的关系，如党委轻视群众工作，党委长期不讨论团体工作，而党委有关团体工作的会议又不让团体干部参加；片面了解一元化领导，党委代替团体工作，统筹统支团体干部；党委对团体的领导方式不民主，批评多，帮助少；党委决定调进、调出干部，不通知团体。因而使放手发动群众的工作受到很大限制，遭受不应有的损失。在分析产生上述不正确现象的原因之后，强调从思想上、政策上与组织上加强党对群众工作的领导。

为此，中共晋察冀中央局决定：（一）党委对群众团体的领导是政治上的领导，在领导方法上，应通过党团来实现党的任务与政策，党委对团体没有组织上的关系，具体的群众运动由团体负责完成；（二）在工作上，各级党委应根据党的土地政策、劳动政策、生产政策，定期讨论，提出明确的方针与具体计划，交给团体去讨论执行，并随时检查党员在团体中的工作，定期向党委报告工作；（三）在组织上，为了使党更好地指导群众工作，县以上各级党委恢复民运部，各团体恢复独立的领导系统，在各团体中建立党团，可召开党团联席会议以解决共同性的问题；（四）在思想上，克服党委中轻视或取消群众工作的倾向，及团体干部中的自由主义与山头思想，迅速纠正目前的各种不正确现象。①

冀东解放区区划变更（12月） 为加强领导，便于开展工作，1945年12月，冀东解放区变更区划，划设5个地委、专署、军分区，其党、政、军组织任职情况及所属县分别为：第十四专区，地委代书记为方志平，副书记为李越之，专署代专员为李光汉，副专员为朱林森，军分区司令员为曾雍雅，政治委员为

---

① 参见晋察冀边区革命史编纂委员会编《晋察冀边区革命史编年》，河北人民出版社2007年版，第741页。

方治平（兼），副司令员为王智涛，副政治委员为艾平，下辖平（谷）三（河）蓟（县）、三（河）通（县）香（河）、三（河）通（县）顺（义）、蓟（县）南、密（云）东5县；第十五专区，地委书记为杨文汉，副书记为裴仰山，专员为李铁亚，军分区司令员为任昌辉，政治委员为杨文汉（兼），副司令员为曹致福，副政治委员为李平，下辖迁（安）滦（县）丰（润）、蓟（县）遵（化）兴（隆）、遵化、兴隆4县；第十六专区，地委书记为刘亦如，专员于明涛，分区司令员为李道之，政治委员为刘亦如（兼），副司令员为田同春，下辖迁安、抚宁、临榆、昌黎、迁西、青龙、青西7县；第十七专区，地委书记为王世煜，专员为张振宇，军分区司令员为李雪瑞，政治委员为王世煜（兼），副司令员为肖全福（肖全夫），副政治委员为曾辉，下辖滦北、滦县、乐亭、丰（润）滦（县）、唐（山）滦（县）5县；第十八专区，地委代书记为田心，专员为常佩池，军分区司令员为田心（1946年2月潘峰任实职），政治委员为田心（兼），副司令员为李兴，副政治委员为李振声，下辖丰（润）玉（田）遵（化）、丰（润）玉（田）宁（河）、玉（田）蓟（县）、玉（田）宝（坻）、武（清）宝（坻）宁（河）、香（河）武（清）宝（坻）6县。另设中共唐山市委，受区党委领导，机关设在解放区，专做唐山市内工作。①

---

① 参见中共河北省委党史研究室编《中国共产党河北历史大事记（1919.5—1949.9）》，中共党史出版社2010年版，第502—503页。

1946 年

1 月

古北口保卫战（1 月 9 日至 14 日）　古北口保卫战是解放战争时期，中国人民解放军反击国民党军队抢占军事要塞古北口的一次具有战略意义的战斗。

1946 年 1 月 9 日，第十一战区行辕主任孙连仲奉蒋介石密令，纠集了 3 个军、3 个保安团及 800 名日军，对古北口发起进攻。冀东第十四军分区第十六团和第五十五团，奉命在古北口以南的燕落、不老屯、兵马营、栗榛寨、芹菜岭一线进行阻击。两个团密切配合，并肩作战，击退了国民党军队的进攻。为在国共两党签订的停战协定 13 日午夜生效前抢占古北口，12 日晨，国民党军再次发起攻击。第十六团、第五十五团虽英勇反击，但由于力量对比过于悬殊（相差 10 倍），不得不退守兵马营以北的山地。是日夜，经过急行军由延庆出发的冀察纵队和冀晋纵队第一旅分别到达古北口侧翼的燕落一带和古北口阵地。13 日上午 9 时，国民党军在 5 架飞机的掩护下，向下河、大小新开岭、兵马营一线的解放军阵地发起进攻。冀晋纵队第一旅第三团指战员英勇抗击，连续打退国民党军的 8 次冲锋。中午 12 时至下午 1 时，妈妈山阵地和公路两侧的几个高地相继被国民党军占领。在这危机时刻，第一旅第二团奉命从侧翼冲上高地，并接连夺回几个山头。国民党军退守公路西侧一个制高点拼命顽抗，第二团指战员经几次反复冲锋，终于占领该高地。傍晚，第二团插入新开岭东山，并与第三团相互配合，使国民党军残部只得退守妈妈山。激战正在进行之际，冀晋纵队第二旅赶到。第二旅第五团在北甸子伏击歼灭国民党军一部，第六团在南台协同第一旅第一团击溃国民党军两个营。夜间，第二旅第四团一个营夜袭妈妈山，给予国民党军杀伤后撤回原阵地。14 日拂晓，即停战令生效后 5 个小时，国民党军又猛攻香水峪一带解放军阵地。解放军指战员英勇阻击，战斗十分激烈。

战至中午，国民党军伤亡惨重，已无力继续进攻。解放军则开始全线反击，至黄昏，解放军收复全部被占阵地。此战，国民党军投入 1.2 万余兵力，被毙伤 1500 余人；解放军直接参战的部队为两个旅及两个团，阵亡 100 余人。

古北口保卫战的胜利，不仅保卫了承德和热河，而且粉碎了蒋介石妄图在停战令生效前打通进军东北道路的阴谋，为反对内战、保卫和平，取得了战略性的胜利。

丰润阻击战（1 月 10 日至 14 日） 为策应东西两路国民党军进攻承德，唐山国民党九十四军第五师、第四十三师两个团，伪军一部，分两路向丰润、遵化方向进犯。冀东军区第十三旅（欠十四团）与遵化县支队、滦西县支队、唐山工人总队，在丰润以南之前马庄、国特营、三里屯等地区，占有利地形，阻敌进犯。1 月 10 日晨，国民党军沿丰（润）唐（山）公路北犯，遭冀东军区部队迎头痛击。十三旅二团与敌人展开白刃格斗，给敌重大杀伤。与此同时，国民党第五师十五团在炮火的支援下，分两路向遵化县支队防御阵地攻击，一个营占领东黄各庄，一部攻占国特营阵地。11 日晚，二团发动夜袭，歼灭东黄各庄之敌大部，同时各县支队插入敌后，破坏敌运输线，打乱敌指挥，使国民党军前后不能相顾，有力地配合了主力作战。12 日，国民党军对六十团防御阵地多次猛烈进攻，被击退。为保存力量，冀东军区部队主动撤出阵地，放弃丰润。13 日晨，六十团撤至卢各庄、披霞山、高丽铺附近地域组织防御；二团撤至小尚各庄、东西马庄子一线组织防御；遵化县支队撤至西杨家营一线组织防御。中午，国民党军第四十三师两个团向第二道防御阵地发起猛攻，黄昏时，敌被迫撤回丰润县城。冀东第十三旅指挥部调整部署，撤到第三道防御阵地。14 日晨，国民党军分两路向罗文口和豆各庄进犯，均被击退。此次战斗，共歼敌 700 余人，粉碎了国民党军夺取遵化前出喜峰口，策应其东西两路进攻承德的企图。

冀热辽军区发动第一次承德保卫战（1 月 10 日至 16 日） 承德市是热河省的省会。早在抗日战争胜利后不久，国民党蒋介石就制订了进攻热河、抢占承德的计划，但由于国民党内部派系的矛盾，进攻热河的计划暂时搁浅。1 月 5 日，国共双方代表经过多次谈判，初步达成了停战协定。但蒋介石并无和平诚意，就在签署停战协定前，他下达了秘密作战命令，令其军队“抢占战略要地”，其中包括热河省的省会承德。1 月上旬，国民党集中十余万兵力，分东、西、南三路开始向承德大举进犯。东路：国民党第十三军、第五十二军，沿锦承路西进，直逼平泉。西路：国民党第九十二军、第十六军，河北省三个保安团和部分日军，沿平古路抢占古北口，直取承德。南路：国民党第九十四军第五师、第四十三师，夺取丰润、遵化、喜峰口，策应东西两路的进攻。

为了确保热河战略要地，中共中央和中央军委于1月上旬，连续发出四封电报，明确指出，我能否控制热河，对全国战略意义及我党在全国的地位有极大的关系，消灭进犯之国民党军，对促进停止内战，保持热察两省有决定意义，要不惜一切牺牲坚决打击进攻热河之顽军，保卫承德。根据上级指示，冀热辽军区直接指挥了保卫承德的战役。1月13日，东路进攻之国民党军兵分三路向平泉、小寺沟进犯。冀东军区第十二旅在平泉东南道虎沟川，第十四旅在平泉西南小寺沟一带配合冀热辽军区其他部队组织防御。激战一昼夜，歼灭国民党军1100余人，打退了东路国民党军的进攻。其他两路进攻承德的国民党军队也相继被冀热辽所属部队击退。

第一次承德保卫战的胜利，粉碎了国民党妄图在停战令生效前抢占承德的狂妄计划，有力地揭露了国民党假和平真内战的丑恶行径，也打破了美械化装备的国民党军不可战胜的纪录，挫伤了国民党军的锐气。同时使冀热辽军区部队受到一次与国民党军进行正规战的锻炼，增强了战斗力，鼓舞了热河军民战胜敌人的信心。

《冀热辽日报》更名为《长城日报》（1月12日） 《冀热辽日报》是中共冀热辽分局机关报，时任社长是李锐。1945年12月下旬，冀热辽区党委改为冀东区党委。这样，党报《冀热辽日报》名称的更改也在酝酿之中。当时，并未用《冀东日报》之名。有人提出长城是伟大的中华民族的象征，冀东人民在抗战中与长城结下了深厚的感情，许多悲壮的抗日故事和许多伟大的胜利，都和长城有关系。因此，决定将《冀热辽日报》更名为《长城日报》。1946年1月12日，《长城日报》出版发行，期号是262期，这个期号是接《冀热辽日报》第261期顺延下来的。在报纸更名的同时，新华社冀热辽分社也改名为新华社冀东分社。

《长城日报》从1946年1月12日到5月中旬共4个月中，共出版了35期。到1946年5月15日，《长城日报》终刊。1946年5月16日，《长城日报》改名为《冀东日报》，报纸期号依旧延续《长城日报》的297期，《冀东日报》社第一任社长是吴明。

遇架山反击战（1月13日） 为在停战协定生效前抢占战略要点，1946年1月上旬，国民党第二战区阎锡山部和归绥的傅作义部大举进犯阳高、浑源、丰镇、集宁等地。晋察冀冀晋纵队与晋绥军区部队对敌进行反击作战。遇架山位于平绥铁路北侧，距大同20多公里，是扼守阳高的战略要地。1月13日凌晨，阎锡山部驻大同骑兵第四师2000余人，配属收编的日军，分两路向遇架山进犯。防守遇架山的晋察冀军区冀晋纵队第四旅第十一团英勇反击，连续击退敌人的多次进攻。战斗至中午，第四旅第六团从大同以北赶来支援，并切断敌人退路，迫使国民党军弃阵地逃跑，第十一团、第六团乘胜追击，接连解放了周士庄、倍家皂和二十里铺等10多个村镇和战略要点。此次反击战，共毙伤和俘虏国民党军1000余人，大大提高了晋察冀部队士气。战斗结束后，晋察冀冀晋纵队集中5个团的兵力，接连两日攻占国民党军吉家庄和浑源县城大部分外围据点，并于1月16日收复浑源县城。

集宁争夺战（1月13日至18日） 集宁是平绥铁路上的重镇，是绥东的心脏。它连接着大同、张家口、归绥，连接着晋绥和晋察冀两大解放区。1月10日，国共两党签订了《停止军事冲突的协定》，定于13日24时生效。这个文件规定，以协定生效前的现状，划分国共双方的军事分界线。为了抢夺抗战的胜利成果，蒋介石于11日向各地国民党军队下达了务于13日24时前抢占战略要点的密令，特别电令傅作义部队务于“停止冲突命令”生效前，攻占集宁县城。傅作义接到蒋介石密令后，派孙兰峰率国民党军新编第四师、伪蒙骑兵4000多人，于13日突袭集宁，上午8时抢占集宁。集宁失守将直接威胁绥东和晋察冀首府张家口的安全。毛泽东电令贺龙，务于军调部18日飞往集宁之前，不惜一切代价，夺回集宁。于是，姚喆率晋绥军区第二十七团从卓资山回援集宁，骑兵旅从陶林驰援集宁，晋察冀军区冀晋纵队第三旅和第四旅第六团，也从丰镇、遇驾山等地北上集宁参加战斗。

1月15日夜，晋绥军区和冀晋纵队向集宁外围的卧龙山、老虎山发起攻击，经一夜激战，占领集宁外围全部阵地。16日包围集宁城垣。傅作义向北平军调处执行部告急，企图以抢占集宁的事实得到军调处庇护。17日，军调部执行小组国民党中校林光军、美军上校莱克到张家口，要求去集宁视察。晋察冀军区司令部下令各部队于17日下午6时30分统一向城垣发起总攻。18日晨，晋绥和晋察冀参战部队收复集宁，战斗于上午11时结束。此次战斗，俘敌2000多人，缴获战马1700多匹。18日下午2时，军调部三方代表飞抵集宁，看到集宁在中共军队手里。

集宁争夺战的胜利，有力地捍卫了抗战的胜利成果，重创了国民党的有生力量。同时集宁作为军事调处成功范例的第一小组，也为全国的十几个小组作出了榜样。

冀晋区党委决定开展戎冠秀运动（1月13日） 戎冠秀（1896—1989），女，河北省平山县人。1938年2月加入中国共产党，不久担任下盘松村妇女抗日救国会会长、伤病员转运站副站长。在艰苦的抗战环境和残酷的对敌斗争中，积极带领本村妇女，拥军支前，坚壁清野，救护伤员，被授予“北岳区拥军模范——子弟兵的母亲”和晋察冀边区“劳动英雄”光荣称号。解放战争时期，积极动员适龄青年参军参战，热情带领广大妇女生产支前，拥军优属，在当地第一个为儿子报名参军。1946年1月13日，冀晋区党委作出《关于开展戎冠秀运动的决定》，指出，子弟兵的母亲——戎冠秀，对革命无限忠诚，有高度的阶级性，堪称模范的共产党员。她爱护武装如爱护自己的眼睛，爱护战斗员与伤病员如同爱护自己的孩子，是“一面光辉的拥军旗帜”，又是“各种工作的模范和骨干”，刻苦劳动，不怕困难，发扬民主，联系群众，有优良的领导作风。中共冀晋区党委号召在全区普遍开展戎冠秀运动。①

中华人民共和国成立前夕，作为华北区人民代表，戎冠秀光荣出席了中国人民政治协商会议第一届全体会议，并参加了开国大典。其后，积极投身家乡的社会主义建设事业。历任村党支部委员、妇代会主任、村党支部副书记、乡党委委员、县委委员。先后当选为第一至第五届全国人大代表，全国妇联第三、第四届代表大会代表，全国妇联第四届执委会委员，河北省妇联第五、第六届执委会委员。1973年起，任平山县妇联名誉主任。多次被评为全国“三八”红旗手、标兵，出席全国劳模会议和拥军优属表彰会议。中共十一届三中全会后，虽已80岁高龄，依然为改变山区的贫困面貌献计献策。时刻惦念部队战士，多次向边防部队送锦旗，致慰问信，鼓励战士，守土有责，勇保边疆，表现出一名“子弟兵母亲”的高尚情怀。

---

① 参见中央档案馆、河北省社会科学院编《晋察冀解放区历史文献选编（1945—1949）》，中国档案出版社1998年版，第50页。

戎冠秀作为爱国拥军和大生产的光辉旗帜，其事迹曾激励着成千上万的抗日军民为中华民族的解放和国家的独立而英勇奋战。她的一生是追随党不断前进的一生，是为党和人民作出重要贡献的一生。

晋察冀中央局指示开展1946年大生产运动（1月24日） 大生产运动最早是在陕甘宁边区开展的。抗战期间，通过这场以自给为目标的大规模生产自救运动，根据地基本实现了经济自给自足，为抗战胜利提供了物质保障。抗战胜利后，在边区人力、物力、财力严重消耗的情况下，广大工人、农民群众迫切要求休养生息，医治战争创伤，重建家园。

为了尽快恢复遭受战争破坏的解放区经济，使解放区有足够的力量来支持争取和平、民主的伟大斗争，中共中央在1945年11月发出的《关于减租与生产》的指示中指出："发展大规模的生产运动，增加粮食与日用必需品，改善人民生活，救济饥民难民，供给军队需要，成为非常迫切的任务。"遵照中共中央的指示，中共晋察冀中央局于1月24日发出《关于开展1946年大生产运动的指示》，指出，1946年全体军民必须以最大的精力来开展大生产运动，其规模与成绩要超过以往任何一年。这是巩固和平、争取民主、壮大解放区力量的坚强的物质保证。要求在老解放区立即布置生产运动；在新解放区，首先减租减息，控诉清算，并把发动群众与大生产运动结合起来。具体部署了农业生产、工业生产、机关部队生产、贸易金融方面的任务，要求恢复由党政军民合组的各级生产委员会，以加强对生产的领导。①

自中共晋察冀中央局发出大生产运动的指示后，各区党委在1946年初相继召开生产会议，确定以农业生产为主的方针，针对群众资金不足、牲畜农具缺乏等困难，政府发放贷款，同时号召农民"组织起来，互助互济"。各机关、部队纷纷在不妨碍工作与学习的条件下，积级进行生产，减轻人民负担。中共晋察冀中央局确定了首长负责、亲自动手、统一领导、分散经营的原则，根据不同地区不同环境，对各机关、部队、学校提出不同的生产任务。3月10日，晋察冀边区生产委员会发出第一号指示，大生产是贯彻全年的中心工作，分为四个阶段：春耕播种为第一阶段，麦收夏锄为第二阶段，秋收为第三阶段，冬季

---

① 参见晋中央档案馆、河北省社会科学院编《晋察冀解放区历史文献选编（1945—1949）》，中国档案出版社1998年版，第31—36页。

生产为第四阶段。当前春耕在即，应抓紧送粪耕地，修正县区计划、作户计划，恢复与组织劳力，分发使用贷款贷粮，补充牲畜农具，整修渠道，护滩垛梯田，调剂种子，动员一切力量，将人力畜力工具组织起来，投入到春耕运动的热潮中去。强调今年大生产的规模与成绩要超过以往任何一年，各级领导在思想上要高度重视大生产工作，在组织上恢复 1944 年的生产委员会机构，统一党政军民领导生产的力量，特别是首长负责亲自动手的领导方法，并使各级生产委员会成为有权力的组织，建立定期的会议汇报检查制度，每个生产阶段都要布置与检查，并向边区生产委员会作总结报告。

大生产运动的开展，促进了互助合作运动和农业的发展，使粮食和生活日用必需品的数量大大增加，改善了人民的生活，保证了军队的供给，为争取和平，粉碎国民党对晋察冀边区的军事进攻提供了物质保证。同时积累了宝贵的建设经验，培养锻炼了大批干部。

晋察冀边区财政会议召开（1 月 30 日） 抗战胜利后，为安排下一步财经工作，1946 年初，晋察冀边区专门召开了财经会议，历时 70 余天。1 月 30 日，宋劭文在会上作了《关于 1946 年的财政经济工作》的总结报告，检讨了 1945 年的财政经济工作，根据新的形势提出了 1946 年财政经济工作的方针与任务。报告指出，1946 年是和平建设新阶段的开始，“必须用更大的力量，来发展生产运动，使这个生产运动的规模和成绩，超过以往任何一年”。因此，本年大生产运动的方针应该是在已有生产基础上，更加普遍深入地发展大生产运动，继续贯彻以农业为主的方针，但同时必须努力发展工业与商业。在农业上，大量增产粮食、棉花与其他农产品；在工业上，大力恢复手工业（特别是纺织业），有重点地建设机器工业、矿业；在商业上，应贯彻解放区贸易自由的方针，发展公私商业，发展交通运输，稳定物价、金融，克服工业品与农业品价格的剪刀形势，以达保护农业品与工业品之目的。在财政工作上，进一步贯彻发展经济、保障供给的方针，在争取收支平衡，树立长期过日子的思想指导下，努力发展公私生产，开辟财源，清查缴获物资，肃清浪费，厉行节约，整理村财政，在财政管理上实现统一领导、分地区管理的原则，健全与坚持正常的财政制度。宋劭文在报告中详细部署了边区 1946 年的各项经济建设工作和财政建设工作。

晋察冀边区行政委员会制定 1946 年度工业建设方针（1 月） 晋察冀边区财经会议确定了 1946 年度财经工作方针，据此，1946 年 1 月，边区行政委员会规定了本年度工业建设方针，即为了实现独立自主的方针，必须大量发展自给工业。工业建设除发展必要的重工业外，中心为发展群众性的棉纺棉织业，首先解决棉纺问题，大量增加农村土布生产量，并须同时发展其他日用品工业与手工业。边委会在此方针下拟定了本年度工业生产建设的各项具体计划，决定为完成本年度工业建设方针及扶植各地手工业，在组织上干部上采取如下措施：成立规模较大的化工研究所，在工商处领导下成立地矿研究所，在张家口商业学校成立大型的会计训练班，在酒精、皮革、造纸、硫酸等工厂及各机械厂设实习技术干部及学工若干人进行短期训练，由马辉之负责组织人员研究改进纺织机，将工业专门学校改为工业中学，为培养工业干部作准备。

晋察冀边区行政委员会成立财经办事处（1月） 为贯彻统一领导、分散经营的原则，进一步加强与统一财经工作的领导，以便大大发展生产，严格管理财政，克服目前困难，保证自卫战争供给，晋察冀边区行政委员会于1月作出《关于成立财经办事处及改变贸易银行税局组织领导关系的决定》。

边委会下成立财经办事处，统一掌管边区财政、审计、金融、工商、出入口贸易工作，边区贸易公司、边区银行、边区禁烟局、工业局、交通局归该处领导，边区、省、行署的工商处、审计委员会、税局撤销，其工作一律交该办事处办理；财经办事处设至省、行署级，上下级系直属领导关系；除财政经济法令由边委会颁发外，其他财经工作日常事务均由该办事处负责处理。边区贸易公司与各地区贸易公司分设，边区贸易公司的任务是调节各战略区物资，办理与其他各解放区的物资交流；各地区贸易公司、公营商店统一归各地区政府领导，其任务是调节各地区物资、金融，供给合作社物资，配合工商部门管理集市；边区贸易公司与各地区贸易公司上下级有工作指导关系。各战略区银行、分行归各地区政府统一领导，边区银行对各分行有工作指导关系，进行业务指导及外汇调处，边币发行统一由边委会掌握，各地区分行无发行权。边区税局撤销后，出入口税与地方税由各地区管理，县税局及口境税卡仍设，税则变动须经边委会批准。专署、县仍设审计委员会与工商科，工商工作不多的地区可与农林科合并为实业科。

2月

晋察冀中央局制定对北平及其近郊工作的方针（2月1日） 抗战胜利后，

中共晋察冀中央局批准成立中共北平市委员会，任命刘仁为市委书记，武光为市委副书记。2月1日，中共晋察冀中央局发出《对北平工作方针的意见》和《关于北平近郊工作的方针》，指出，目前城市工作重点放在北平，北平的重点放在学生与知识青年中，以求发动与领导学生群众的经济斗争与民主运动。与民主党派广泛合作，推动全国民主运动。继续领导工人贫民的经济斗争，但暂时不进行大规模的工人政治运动。在群众运动中，积极慎重地发展党的组织。要求察哈尔省委，冀中、冀东区党委，均抽用大力开辟北平城郊工作，打下城郊党的基础。开辟平郊工作，采取积极主动地与国民党“挤地方”的方针，但须避免与顽军武装冲突，在他们进攻时，应实行自卫，并迅速报告。在开辟地区，发动群众的过程中，要防止过左过右的偏向，正确执行减租清算政策，并要求其他各区及各大城市与交通要道周围，仿照北平近郊工作方针执行。

在整个解放战争时期，中共北平地下党遵循“隐蔽精干，长期埋伏，积蓄力量，以待时机”的总方针，实行平行组织、单线联系原则。由于北平地下党领导有力，组织严密，建立了安全有效的秘密交通线和地下电台，成功地领导指挥全市3000多名地下党员开展了积极的斗争，为北平和平解放作出了巨大的贡献。

晋察冀边区抗联扩大执委会召开（2月9日） 反攻以来的半年，晋察冀边区群众在普遍展开清算复仇、反克扣工资、增加工资、反黑地、改造政权、改造负担等各种斗争中，造成了空前的群众运动，有了新的发展、新的成就。但大部分地区群众尚未发动起来，领导上存在着放任自流的现象。为了进一步发动群众，开展持久的群众运动，晋察冀边区抗联扩大执委会于2月9日召开，晋察冀边区行政委员会副主任、抗联主任马辉之出席并在会上作《关于反攻以来边区群运工作的初步检查及1946年群运方针与任务的报告》，提出了1946年边区群众运动的方针与任务。总的方针是，进一步发动群众，开展空前规模的生产运动，以平复战争的创伤，提高人民的生活水平，把边区建设得更好，以推动全国范围内的民主事业和建设事业。在这个总方针下，在新解放区，继续放手发动群众，彻底贯彻减租减息和增加工资的政策，迅速为大生产打下坚实的群众基础，全面开展生产运动。而在新区的城市，要教育工人，学习技术，增加生产，提高工作质量，遵守劳动纪律，建设革命的工厂，保护与发展私营工商业。在老解放区，立刻准备一切条件，组织群众进入大生产运动中，务必在今年使老区的农业与工业生产、公私生产，特别是农业生产，超过以往的一切规模与成绩，并辅之以查租查资，进一步发动群众。此外，还具体阐明了各群众团体的具体方针与具体任务。

为适应新形势的要求，执委会决定取消抗联会，恢复各群众团体的独立领导系统。恢复各团体独立领导系统后，区以上成立联合委员会，实现对各团体的联合领导。晋察冀边区通过充分发动群众开展清算复仇、减租增资等各种斗争，深入开展大生产运动，使群众焕发出巨大的革命热情，为解放战争的胜利打下了坚实的基础。

晋察冀中央局进行部队精简整编复员工作（2月16日至6月） 抗战胜利前夕，晋察冀军队在敌人的残酷“扫荡”和步步紧逼的情况下，遇到了许多困难，如部队的给养、吃粮等均感到困难。抗战胜利后，出于真诚的和平愿望，中共中央于2月1日发出《关于目前形势与任务的指示》，指出重庆政治协商会议“已获得重大成果”，“从此中国即走上了和平民主建设的新阶段”，要求各战略区作好整编军队的精神准备，“待命实施”。[①]

根据中央的指示，结合边区的实际情况，中共晋察冀中央局于2月16日就《关于部队大规模的精简》电报中央，请示批准。电文指出：目前和平已确定，全国范围内战已不可能，军队需要大量缩编，因此我区已无编制军队22.5万（内主力15万，地方军7.5万）之必要，提议“立即进行大规模的精简”。具体计划，暂编4个师，共8万人，加上军区直属队、教导师、省兵团，总计主力10万人。编余主力一部回家，大部连同枪支转入地方武装。地方武装，县编保安队1个连（100人），分区编1个小团（1000人），编余战士大量回家生产，编余干部集中整训，一部调城市工作，一部到生产教育部门，一部转入领导和加强民兵。冀热辽分局、军区一级，提议取消，但在东北局势未定前，在热河暂设中央局指挥所。中央随即批示聂荣臻转中央局：（一）同意大规模精简计划，但热河、冀东党政军领导机关暂继续保持原状，因该区还有随时受袭击的危险；（二）和平基础已经确定，但目前还不巩固，反动分子企图以一切办法破坏和平，继续挑起内战。

为保证整军复员工作顺利实施，2月18日，聂荣臻、刘澜涛将《关于整编

---

① 参见中共中央文献研究室编《刘少奇年谱》下卷，中央文献出版社1996年版，第15—16页。

复员工作计划草案》电报中央军委：计划全军区野战军、地方军由总兵力 26.5 万人，精简为总兵力约 16 万人。野战军编成 4 个纵队，一个纵队为两旅六团、1.6 万人为准，共计 6.4 万人，编余主力全部转为地方军。地方军编成冀晋 1 万人，冀察 1 万人，冀中 2 万人，热河 1.5 万人，边沿区各县保留县大队，机动位置保留适当地方团，共计 7.5 万人。基本方针是，主力精简，地方军复员，地方军编余者将有 10 万人复员转业。计划 5 月底大体完成精简。2 月 23 日，中央军委复电批准。

2 月 25 日，在美国调停下，国共双方签署了《关于整编军队及统编中共军队为国军之基本方案》（简称《整军方案》）。国共以此为依据对各自军队进行复员整编。在此背景下，晋察冀军区进行了大规模的整军复员，即在整编军队（简称“整军”）的同时将大量编余官兵转业复员（当时通称为“复员”）。3 月 1 日，中共晋察冀中央局发布《关于复员工作的决定》，规定主要精简老弱，裁员除部分转业外，大部复员。要求“各级军队首长和军队政治机关、各级党政民负责同志，均应把复员工作看成当前一件极其重大的工作，以对人民、对战士认真负责的精神来慎重处理复员中的一切问题”①。

为了做好复员工作，晋察冀解放区各级党组织、政府、军队和人民团体开展了大量艰苦细致的工作。3 月 1 日，晋察冀边区行政委员会颁布《晋察冀边区复员条例》，原则性规定了对复员人员还乡后的政治要求和生产生活安排、复员光荣证和生产补助费的发放、复员还乡途中的招待及还乡后区村政府的欢迎事宜、抗日死难人员家属的抚恤及复员之残废军人的优待、其他解放区复员人员的安置、复员委员会的组织办法等。为使该条例规定的若干重要事项得到有效落实，晋察冀边区行政委员会于同日颁布了《晋察冀边区复员人员费用发给办法》，非常细致地规定了复员人员生产补助费及路费、衣服费用、鞋子费用、病弱残废人员车马费的发放标准、程序、负责单位等。② 3 月 15 日，晋察冀边区行政委员会发出指示，就如何对复员人员进行动员教育和还乡后的安置各提出 4 项具体办法，并进一步规定了复员人选确定、复员费用与物品发放、不能回家之残废及老弱军人的安置办法等。这些条例、指示具有很强的操作性，使复员

---

① 《晋察冀日报》1946 年 3 月 4 日。

② 参见历史文献社选编《整军复员文献》，中华民国三十五年六月初版，第 27—32 页。

工作有章可循，减少了可能出现的混乱现象。

《晋察冀边区复员条例》第 10 条规定："县市以上各级政府均组织复员委员会，由军政团体各部门遴选委员五人至七人组织之，并设专职干部，办理复员事务。"① 据此，晋察冀解放区陆续成立了各级复员委员会作为本地区复员工作的领导机关，到 3 月下旬，各级复员委员会陆续成立。晋察冀解放区成立这一组织的目的是，充分调动各级党政军民的力量，共同做好规模空前的复员工作。各级复员委员会成立后定期召开会议，总结复员工作中的经验，针对新出现的问题找出解决办法，实现了对复员工作的有效领导。

至 6 月，精简整编完成，全军区精简老弱和复员转业 10 万余人，其中 5 万多人的正规部队转为地方武装。野战军缩编为 4 个纵队：原晋冀鲁豫军区第一纵队编为第一纵队，杨得志为司令员，苏振华为政委，辖第一、二、三旅；冀察军区 2 个纵队合编为第二纵队，郭天民任司令员兼政委，辖第四、五旅；冀中军区 2 个纵队合编为第三纵队，杨成武为司令员，李志民为副政委，辖第七、八旅；冀晋军区 2 个纵队合编为第四纵队，陈正湘为司令员，胡耀邦为政委，辖第十、十一旅。晋察冀军区直辖 1 个教导旅、1 个炮兵团。原晋察冀野战军指挥机构撤销，4 个野战纵队归晋察冀军区直接指挥。地方部队编为 6 个二级军区、21 个军分区、13 个独立旅。冀晋军区辖 3 个军分区及独立第一、二旅，司令员为赵尔陆，政委为王平；冀察军区辖 4 个军分区及独立第四、五旅，司令员为郭天民，政委为刘道生；冀中军区辖 4 个军分区及独立第七、八旅，司令员为孙毅，政委为林铁；冀热辽军区（二级军区），程子华为司令员兼政委，副司令员为李运昌、陈奇涵、黄永胜，副政委为黄火青，辖冀东、热河、热辽 3 个军区及 10 个军分区；冀东军区辖 4 个军分区及独立第十、十一、十二旅，司令员为詹才芳，政委为李楚离；热河军区辖 3 个军分区及独立第十三、十四旅，司令员为段苏权，政委为黄火青（兼）；热辽军区辖 3 个军分区及独立第十六、十七旅，司令员为黄永胜（兼），政委为胡锡奎。

如此大规模的整军复员，不仅直接导致晋察冀军区部队数量少、不充实，还冲击了军事训练，加重了反"蚕食"斗争的困难，消耗了大量人力物力，成为全面内战爆发后影响晋察冀军区战局开展的重要因素。"这时我们的领导机关

① 历史文献社选编：《整军复员文献》，中华民国三十五年六月初版，第 28 页。

过多地相信了和平，就是所谓和平幻想问题。因为这个缘故，使得我们对于战争的准备极不充分。军队进行了复员”，“其基本原因就在于对全国形势的估计有错误”①。

晋察冀边区行政委员会决定建立税务机关整顿税务（2 月 17 日） 为繁荣边区国民经济，充实财政收入，适应和平建设需要，2 月 1 日，晋察冀边区行政委员会发出《关于建立各级税务机关的决定》（财税字第 14 号），决定成立各级税务机关，征收货物税。同时，附发《晋察冀边区各级税务机关组织规则》《晋察冀边区税务工作人员奖惩规则》《税款提成暂行办法》，对边区税务总局、分局、支局、税务所等各级税务机关的职责、领导关系、干部及人员的配备任免、税款征收及解库等作了具体规定。

边区行政委员会同时还公布了《晋察冀边区货物税暂行条例》及《晋察冀边区货物税暂行条例施行细则》。《晋察冀边区货物税暂行条例》包括总则、税则、报税与查验、奖惩、附则，共五章 19 条，并附边区产品输出边区税目表、非边区产品输入边区税目表、禁止输入边区境内货物表。《晋察冀边区货物税暂行条例施行细则》共 9 条，具体规定了边区货物税各种货物税率的确定规程、估价机关及办法、报税与查验办法、免税与退税办法、稽查手续与缉私奖惩办法等，并附市（镇）营业税申请评定书、开业报告书、歇业报告书。同时规定，所有以前颁布的有关货物税条例、命令，与此抵触者，一律作废。

晋察冀边区总工会扩大执委会总结边区职工运动（2 月 20 日） 抗战胜利后，晋察冀边区的工会工作在党的领导下得到蓬勃发展。2 月 20 日，晋察冀边区总工会扩大执委会作出关于新解放区发动及组织工人群众的经验、组织领导、文化教育等具体问题的决定。

根据新解放区发动与组织工人的一些经验，扩大执委会提出今后职工运动的总方针是：为恢复与发展边区的工业建设而斗争。为此，必须提高工人阶级的觉悟，加强教育，提拔与培养干部，巩固组织，改变劳动态度，加强劳动纪律，增加产量，提高质量，保护与改进工厂，进一步改善工人生活，并协助政府进行保障在业与救济失业等职工福利工作。要求各级各类工厂的工会及农村雇工的工会，依据不同情况，加强领导，培养干部，发展工会组织，继续发动

① 聂荣臻传记编写组编：《聂荣臻军事文选》，解放军出版社 1992 年版，第 258—259 页。

工人群众，并开展生产运动。

执委会决定，根据晋察冀边区行政委员会的民主管理工厂的指示原则，在各工厂中建立工厂管理委员会，统一行政与工会的工作；一个企业单位下的各工厂可设统一工会的分会或支会；已经发动过群众并改造的工会，可吸收职员入工会，但需经会员介绍、工会审查；张家口市可建立行业工会联合会，由市总工会领导；各级工会设武装自卫队部，直属工会领导，受各级武装委员会统一指挥；工厂工会内设女工委员、青工委员；矿山工会内设矿山部。在文化教育方面，要求各级工会要有系统地加强对工人的时事教育、政治教育与业务教育，提高工人干部的素质。

晋察冀中央局指示边区机关部队学校开展节约运动（2 月 25 日） 抗战胜利后，晋察冀边区百业待兴，急需加强建设。为了使根据地军民养成勤俭节约的习惯，培养崇尚廉洁奉公的社会风气，2 月 25 日，中共晋察冀中央局发出《关于开展机关部队学校节约运动的指示》。文件指出，目前边区财政制度紊乱，铺张浪费现象极为严重，机关、学校、部队开支浩大，管理松懈，某些干部甚至贪污腐化。因此号召边区全党全军，特别是高级干部，必须严加警惕，切实纠正这种现象，必须在机关、学校、部队中认真开展广泛的群众性的节约运动，揭发缺点、错误，规定改进方案，彻底清理家务，严格财政制度，加强行政管理，肃清贪污浪费。晋察冀边区通过开展节约运动，净化了社会风气，积累了社会财富，推进了各方面工作，为解放战争胜利打下了坚实的物质基础。

晋察冀边区农会发出 1946 年农民会的方针与任务的指示（2 月 25 日） 1945 年 10 月 21 日，晋察冀边区发布《晋察冀边区各界抗日救国联合会关于取消抗联会及恢复各团体独立领导系统的决定》，规定："取消边区一直到村的各级抗联会，恢复自边区一直到村的工、农、妇、青、文等各团体的独立领导系统。"① 各区群众团体开始恢复独立领导，在晋察冀边区建立了各级农民会组织。

为进一步指导农民会工作，晋察冀边区农民会印发《关于 1946 年边区农民会的方针与任务的指示》，指出在边区群众运动总的方针与任务下，边区农民会的具体方针与任务是：在老解放区，将主要力量放在生产建设上，以大力发展

---

① 中央档案馆、河北省社会科学院主编：《晋察冀解放区历史文献选编（1945—1949）》，中国档案出版社 1998 年版，第 16 页。

生产，并辅之以彻底查租与解决土地纠纷；在新解放区，主要是继续大放手、大平面、普遍深入地发动群众，在发动群众贯彻政策的基础上，发展与组织群众的大生产运动。而贯彻全年的具体任务是：继续深入群众斗争，全面贯彻政策，把群众普遍发动起来；开展超过以往任何一年的大生产运动；争取年内大多数农民参加农民会。同时阐明了在发动群众中的具体政策，如土地改革中的退租、大伙房地、反黑地、敌伪组织及其人员的处理及逃亡地主返乡等问题的具体解决意见。对大生产运动中的领导、户计划、劳动互助、合作社等问题提出了具体要求。各级农民会中，增设妇女和合作社委员。

农民会的建立凝聚了广大人民的力量，激发了人民群众当家做主的愿望。在农民会的领导下，晋察冀边区深入开展了大生产运动，为夺取解放战争的胜利打下了坚实的物质基础。

冀热辽军区组织第二次承德保卫战（2月27日至3月2日） 1月10日国共双方签署了《关于停止国内军事冲突的命令和声明》（即“停战协定”），双方向所属部队发布了1月13日午夜停战的命令。2月初，国民党军第九十四军第五师从唐山北上，进驻凌源，企图占领党坝、宽城一线，截断承德至喜峰口的公路，切断热河与冀东的联系，然后向北与平泉之敌夹击小寺沟防线，以达到占领承德的目的。2月11日，国民党第五师经建昌、北营子进犯椁椤树川，同时，国民党第十三军第五十四师由天义、八里罕向黄土梁子进犯，以牵制冀东军区部队向南增援；又命令平泉国民党第十三军第四师两个团进犯小寺沟，并命国民党第五十二军第一九五师与之配合，相机合攻承德。冀热辽军区司令员李运昌命令热河独立第二旅、第三旅，热辽纵队第二十七旅，冀东第十二旅前往椁椤树川围歼国民党第五师，统一由詹才芳指挥；命令冀东第十四旅在小寺沟坚守阵地，牵制敌人；命令杨苏纵队第三旅在黄土梁子牵制敌人。

第二次承德保卫战椁椤树川为主战场，小寺沟阻击战和凤凰岭阻击战为第二、三战场。椁椤树川战场：2月26日晚8时，冀热辽军区参战部队各部秘密到达指定位置，形成了对椁椤树川国民党军的包围圈。27日1时战斗打响，经过一昼夜激战，将国民党军分割包围在王仗子、郭仗子和八十亩地这两个区域。3月1日零点，全线发起总攻。3月2日拂晓，正当冀热辽军区部队即将全歼被围的国民党军时，突然接到根据“党坝协定”由军调小组下达的撤军命令，让国民党第五师得以解围。小寺沟战场：2月27日下午3时，国民党军向冀东军区前哨阵地南台、大台桥一带发起进攻，冀东军区第十四旅奋起抗击，与两倍于己的美式装备国民党军经过三昼夜激战，多次打退国民党军冲锋，巩固了小寺沟阵地，有力地配合了椁椤树川战斗，粉碎了国民党再次攻占承德的计划。战后，第十四旅荣获中共中央的来电嘉奖，受到冀热辽军区的表扬。凤凰岭战场：2月22日拂晓，国民党第五十二军第一九五师分左右两路沿承平公路向凤凰岭发起攻击，妄图从这里打开缺口，攻占承德。在热河二旅的顽强阻击下，一九五师扔下100多具尸体和伤兵，退回平泉。

第二次承德保卫战以毙敌3000余人取得胜利，这次胜利再次粉碎了国民党妄想攻占承德的阴谋。第二次承德保卫战的胜利，使热河的战局有了转机，人民军队由被动转向主动。从此，热河战场国共双方处于暂时对峙状态，这为冀东、热河和东北解放区争取了几个月进行自卫战争准备的时间。

察哈尔省委召开发动群众工作会议（2月）　为深入部署发动群众工作，2月，中共察哈尔省委召开发动群众工作会议，会议总结了4个月来察哈尔省放手发动群众的成绩与存在问题，省委执行放手发动群众的方针的经验，确定了今后6至10个月放手发动群众工作的方针与任务。

省委书记刘杰在会议上作了《察哈尔省四个月来放手发动群众的总结》报告。报告指出，解放区要成为全国和平民主建设的模范，要推动全国的民主化，要政治民主，经济繁荣，文化进步，除了充分发动群众外，没有别的办法。根据中央指示，省委决定察哈尔要以6个月至10个月时间放手发动群众，首先争取3个月内在新解放区基本上完成清算复仇、减租增资的斗争，求得普遍发动群众。在已经发动群众的地区，进一步巩固群众优势，强调开展全面的群众性的大生产运动，在生产中继续发动群众；在开始发动或未发动群众的地区，要进一步放手发动群众，并求得发动群众与大生产相结合。此外，具体阐明了党的反汉奸清算复仇斗争的性质、目的和减租与土地问题、增加工资问题、反国民党特务问题、天主教问题的具体政策及策略。报告强调，发动群众是全党的基本任务。各地在领导上要力量集中，步调一致，把发动群众与贯彻政策密切结合，普遍地大规模地把群众发动起来，在发动群众中改造政权，组织群众，建立与发展党及人民武装。

中国共产党通过在察哈尔省开展广泛深入的民众动员，使察哈尔省的广大农民被广泛动员起来，保证了解放战争的胜利。

3月

晋察冀边区行政委员会发出《关于1946年教育工作的指示》（3月2日） 抗战胜利后，根据地百业待兴，急需各种专门人才。根据地人民文化落后，民众文化水平有待提高，针对这些情况，晋察冀边区政府制定了一系列促进教育发展的政策。

3月2日，晋察冀边区行政委员会发出《关于1946年教育工作的指示》，指出，和平民主与建设的新阶段已开始到来，必须将文化教育建设放到更重要的地位。1946年教育工作总的方针任务是，在新民主主义教育方针指导下，加强民主教育，坚决采取适当步骤扫除法西斯主义、封建主义奴化教育的遗毒；大量培养为人民服务的干部和各项建设人才；继续贯彻“群众需要与自愿”的原则和“民办公助”的方针，并将其与发动群众、大生产运动、民主建设相结合，普及国民教育与社会教育；继续扫除文盲，开展群众性的文教运动；进一步改革与整顿学校教育，充实教学设备，防止旧型正规化思想的复活，克服非实事求是、不合时宜的紊乱现象；积极提倡自然科学，掌握技术，提倡体育卫生；广泛团结与教育民主的知识分子文化人，共同为新教育建设服务。同时规定了干部教育与中等教育、社会教育、小学教育的具体任务，要求按新编制加强各级教育行政组织，成立各级文教委员会。

《关于1946年教育工作的指示》下发后，晋察冀边区政府根据文件精神恢复发展小学教育，创办中等专业教育和高等教育，广泛开展社会教育，对根据地的建设和发展作出了巨大贡献。

晋察冀边区行政委员会颁布《关于边区选举国民代表大会代表的选举办法》（3月7日） 抗战胜利后，全国各阶层人民、各民主党派强烈要求中国经由和平的途径走上民主、富强的道路。为争取和平，中国共产党在1946年1月召开的政治协商会议上作出了很大让步，与国民党达成了关于国民大会代表名额分配的协议。3月7日，晋察冀边区行政委员会颁布《关于边区选举国民代表大会代表的选举办法》。依据政治协商会议决议，规定晋察冀边区国民代表大会代表选举办法。具体如下：第三、四专区划为一个选区，第一、十一专区划为一个选区，察哈尔省、热河省、冀中、冀东可根据具体情况自行确定划分若干选区。边区之河北区域选举代表26名，计冀中应选代表11名，冀东应选代表9名，第

一、十一专区应选代表 3 名，第三、四专区应选代表 3 名。河北省地区应选职业团体代表共 13 名，计工会应选代表 5 名，农会应选代表 5 名，由边区工会、农会布置选举；商会应选代表 3 名，计冀中，冀东，第三、四专区各选 1 名。察哈尔省（第一、十一专区除外）应选区域代表 10 名（包括张家口、宣化市），职业团体代表 3 名（工会、农会、商会各选 1 名）。热河省应选代表 9 名。第二、五专区在过去已经进行国民大会代表选举，经政治协商会议决议旧代表仍有效。

《关于边区选举国民代表大会代表的选举办法》还规定了选举的具体办法及选举委员会的组织，要求 4 月 10 日前完成边区各地代表的选举工作。

张家口市进行民主大选（3 月 10 日至 5 月 9 日） 张家口是中国共产党依靠自己的力量从日军手中光复的第一座省会城市，也是当时解放区最大的城市。中共中央和毛泽东十分重视张家口的治理和建设工作，从延安派来大批干部。中共晋察冀中央局、晋察冀边区行政委员会和晋察冀军区司令部以及边区其他党政群机关都先后迁来张家口。张家口成了晋察冀边区军事、政治、经济和文化的中心。张家口解放后，在政权建设方面，按照“政府是属于人民，而由人民民主选出的”这一解放区不可动摇的政策，坚持贯彻“三三制”的原则，开展民主选举，成立民主政府。在基层政权上，摧毁了敌伪遗留的甲牌制，建立了（街）村政权。

张家口市于 3 月 10 日组织了市选举委员会。3 月 18 日，晋察冀边区行政委员会颁布《张家口市参议会组织暂行条例》，规定张家口市参议会由全市公民选举之参议员组织之，参议员任期两年，得连选连任。市参议会为市各级政权的最高权力机关。条例还对市参议会的组织机构、议事程序、与政府的关系等作出了具体规定。同日，晋察冀边区行政委员会颁布《张家口市参议会选举条例》，规定市参议会由本市选民用直接平等普选制无记名复记式投票法选举之；凡居住本市之年满 18 岁之中华民国人民，不分性别、职业、民族、阶级、党派、宗教信仰、文化程度，经选举委员会登记后，均有选举权与被选举权；市参议员选举除本条例另有规定者外，一般公民均以区为单位选举之，其应选参议员名额，按该区公民人数算，每 1000 人选举参议员 1 人，尾数超过 700 人者得增选 1 人；警察、机关、团体均参加所在区之区域选举，部队包括驻在本市的军区部队及卫戍保安部队、中等以上学校、工厂工人得单独进行选举参议员，少数民族得单独进行选举参议员，并分别规定了应选参议员名额。

4月，张家口市进行民主大选，全市有86%以上的选民参加了投票选举。共选出正式参议员91人，候补参议员26人。参议员中有刘秀峰（市委书记）、杨春甫（市委副书记）、张孟旭、郑维山等党政军领导17人，还有工人27人，农民11人，学生3人，店员4人，医生5人，商人26人，地主2人。参议员中有少数民族代表14人。4月26日，张家口召开了历史上从来没有过的、人民当家做主的第一届参议会。5月9日，大会选举刘秀峰为张家口市参议会议长；于德海（回民、察哈尔省人民代表），陈儒仁（老工人、市电灯公司副经理）为副议长；选举杨春甫，张孟旭分别为张家口市正、副市长；恽子强（大学教授），李靖南（资本家），王荣仁（民主人士），权哲民，洪子良（民主人士、中医）为市政府委员。

通过在张家口举行民主大选，全市各族人民团结在共产党、八路军的周围，建设了人民当家做主的民主政治。同时，在工农业生产、文化教育以及城市建设等方面都取得了显著的成就，为中国共产党管理大城市积累了丰富的经验。

热河省委召开扩大干部会议（3月12日至4月6日） 为贯彻执行中共中央2月1日指示，研究讨论当前形势问题，同时学习中央几个社论与刘少奇的文章，讨论发动群众与领导作风问题，进行检讨与批评，交流典型经验，1946年3月12日，中共冀热辽中央分局、热河省委召开热河省委扩大干部会议。与会人员有地方县长书记以上、部队团以上干部260人，会议历时25天。会议上，程子华作关于形势与任务的结论，胡锡奎作关于领导作风与发动群众的结论，吴德作关于调整组织关系与干部问题的报告，萧克作关于军事形势与建军工作的报告，李运昌作财经工作报告，王逸伦作关于蒙汉土地关系报告。

关于形势估计，会议一致同意中央2月1日指示，一般地解决了对东线失利问题的认识，但对目前热河具体形势的分析，没有取得最后一致看法。关于热河军事问题，提出了热河的军事方针和作战方针，并要求热河建设一定数量的正规军，大量发展地方游击队，组织10万以上民兵，及建设军事工业。关于发动群众，大会认为只是初步的不平衡，根据热河土地异常集中的现状，宣布适当分散土地，把减租与清算结合起来，运动中心转入减租，解决土地问题。会议未对作风问题专门讨论，但会后省委本身专门检讨三天，决定学习中共七大的民主作风，加强集体领导，建立政治研究室，把思想领导放在最重要的地位。省委委员增加王孝慈、王逸伦，王孝慈任热中地委书记以加强赤峰工作，王国权任热东地委书记，调赤峰市委书记权星垣任热北地委副书记以加强热北工作，韩春德任省委秘书长，李德仲任经济部长，谭余宝兼社会部长，王逸群任宣传部长。

会议于 4 月 6 日闭幕。4 月 26 日，中共冀热辽中央分局、热河省委向中共中央、中共晋察冀中央局作了《关于热河省委扩大干部会议经过的报告》。[①] 得到中央复电肯定，称赞“这些工作你们做得很好，是完全正确的，与中央最近关于土地问题指示是符合的”。

冀中行署发布加强回民工作的指示（3 月 18 日） 抗日战争时期，由于晋察冀边区正确地执行了民族政策，照顾了少数民族群众的利益，冀中区的少数民族尤其是回民，与汉民团结一致，对抗战的胜利起到了促进作用。

抗战胜利后，为了弥补民族关系中某些地方的不足，加强回汉两族的团结，3 月 18 日，冀中区行署发出《关于加强回民工作的指示》，要求各级政府：（一）加强对回民的民主教育，发扬回民的优良传统，培植回民建国人才；（二）凡有回民地区，政府要吸收回民参政；（三）尊重回民的风俗习惯，特殊照顾回民的经济生活；（四）为改善回民生活，繁荣新民主主义经济，适当扶植回族工农业的发展。

冀中的回民工作加强了回族与汉族的团结。在反击国民党对解放区战略要点的进攻中，回族人民组织回民支队，与汉族人民子弟兵一起参加战斗，支援前线，保卫家园。

冀东区党委召开财经问题扩大会议（3 月 18 日） 为总结冀东区前一段时间的财经工作，3 月 18 日，冀东区党委召开财经问题扩大会议，张明远在会议上作总结报告。报告第一部分为“对过去财经工作的检讨”，第二部分为“当前财经工作中的几个问题”。报告认为，日本投降后，中心任务是扩大解放区与发动群众，此时期财经工作任务是支援前线，保证供给，以及减租清算增资，使基本群众从殖民地与封建束缚下解放出来。这一时期的财政工作，基本方针是对的，并按此进行，但在执行中犯了某些原则错误（主要是货币政策）并存在严重问题（主要是享乐思想与浪费现象）。报告阐明了新民主主义的经济政策，

---

① 参见晋察冀边区革命史编纂委员会编：《晋察冀边区革命史编年》，河北人民出版社 2007 年版，第 762—763 页。

为人民大众过好日子的革命目的，发展经济主要依靠基本群众的劳动热忱等观点。根据中共晋察冀中央局及边委会关于大生产与财经工作的方针与冀东的新环境，报告指出了冀东区财经工作的具体任务与政策：农业生产上，要节省民力，不误农时，精耕细作，消灭熟荒；减租查租；兴修水利；劳动互助，发展合作；救灾备荒。恢复与发展工业、手工业、渔业，工业主要是开金矿、煤矿，制盐，运盐等，发展纺织业、编织业、造纸业、铁工厂。大力开展机关部队生产，除野战军外，地方军团以下、分区以上旅以上生产自给要做到伙食费全部（柴在外）、公杂费一部或全部。开展军民大节约运动，肃清浪费。开展货币斗争，驱逐伪币，打击法币，巩固与扩大边币市场，稳定物价。恢复与繁荣贸易，实现内地贸易自由，管理出入口，畅流货物。要从大开源、大节流、大清理运动中，解决今年的财政困难与亏空问题。①

晋察冀中央局决定加强党对群众团体工作的领导（3 月 20 日） 在晋察冀边区，群众团体的建立、发展离不开中国共产党的领导。抗战胜利后，在和平民主建设新阶段，为了巩固解放区，必须认真深入群众工作，加强领导，为此，3 月 20 日，中共晋察冀中央局作出《关于加强党对群众团体工作领导的决定》。

为了加强党对群众团体工作的领导，中央局决定各级党委恢复民运部，民运部在党委制定的方针原则下负责处理有关民运的日常工作，以加强对团体的领导关系。党对群众团体的领导是政治上的领导，不是事务上的干涉，要通过团体中的党团来领导团体，而党团应服从党委的领导。同级党委不能改变上级团体的决定，下级团体要坚决服从上级团体的决定，党委不同意上级团体的决定时应向上级党委反映。上级党委对团体决定有修改也要经过团体系统来指示。在团体中工作的党员干部要坚决保证经过团体系统实现党的方针任务。通过加强党的领导，各种群众团体在晋察冀边区进一步建立、发展、壮大起来，促进了边区各项工作的开展。

晋察冀联合中学在张家口建校（3 月 20 日） 抗战胜利后，在中国共产党的领导下，张家口文化教育事业蓬勃发展。3 月 20 日，由张家口市立中学、女子中学和回民中学联合组成的晋察冀联合中学在张家口建校，第一任校长是从

---

① 参见晋察冀边区革命史编纂委员会编《晋察冀边区革命史编年》，河北人民出版社 2007 年版，第 764—765 页。

延安派来筹办学校的郝人初，当时的教师队伍则由延安大学行政学院、鲁迅艺术文学院及晋察冀边区的一批优秀知识分子组成。郝人初校长特别注意培养学生们团结友爱的精神，教师们也十分爱护学生，保障了同学们在艰苦的环境下能够健康成长。

晋察冀联合中学是准备同国统区中学接轨的正规中学。教授国文、历史、地理、数学、化学、物理、动植物、英语、音乐和体育等课程。晋察冀联合中学1949年迁入北京，1955年更名为北京一〇一中学。学校成立以来，培养了大量人才，他们已成为各条战线的骨干力量。其中不少人担任党、政、军重要领导工作，还有许多人成为蜚声海内外的专家、学者及各行各业的模范人物。

《北方文化》在张家口创刊（3月22日） 抗日战争胜利后，为迎接解放全中国的斗争任务，成仿吾于1945年11月中旬从延安到达华北重镇张家口。此时，华北联大、晋察冀边区政府、中共晋察冀中央局、晋察冀边区参议会都已经迁入张家口，这里成为晋察冀边区政治、文化的中心。成仿吾继续担任华北联大校长、中共晋察冀中央局委员和边区参议会议长。1946年初，一批文艺界人士如周扬、丁玲、萧三、沙可夫、古元等先后到达张家口，这里一时人才济济。

1946年3月22日，大型综合性文化刊物《北方文化》半月刊在张家口出版，其为16开铅印。主编为成仿吾、张如心，编委有周扬、萧三、丁玲、杨献珍等13人。这是在晋察冀解放区出现的有重大影响的文化刊物。成仿吾在创刊号上发表的“创刊的话”中指出，刊物的主要任务是努力巩固国内和平，为全国各方面的民主改革尽最大的努力。在创刊号上，成仿吾还以北方文化社社长名义向全国各报社、各杂志社及各文化团体发出友谊邀请，征集各种书报杂志。《北方文化》发表了许多评论文章，涉及政治、经济、文化、教育等方面。此外，文艺作品在该刊占有较大比重，小说有丁玲的《我在霞村的时候》、康濯的《初春》、孙犁的《碑》等，散文有陆定一的《老山界》、萧三的《西行漫记》等，诗歌有艾青的《人民的城》、蔡其矫的《街上》、朱子奇的《在草原上》等。贺敬之在该刊上介绍了许多流行于解放区的歌谣。该刊还编发了“高尔基逝世纪念”专辑。该刊主要作者还有萧军、秦兆阳、王子野、欧阳凡海、阳朔等。成仿吾是写政治评论的主将，在该刊第一卷第三期上发表了《中苏关系之回顾》，文章回顾了十月革命后的中苏关系；在第五期上发表了《中国青年要走自己的路》，文章指出："中国青年目前的任务是勇敢地站在民主队伍的前头，坚决奋斗，争取民族的彻底解放与人民的全部自由。要粉碎国民党反动派的一切欺骗造谣，绝不上他们的当，不受他们的利诱，不怕他们的威胁。中国青年要走自己的路——人民自由解放的大道。"

由于形势的变化，张家口受到国民党势力的严重威胁，华北联大奉命转移。1946 年 8 月，《北方文化》出至第二卷第六期后停刊，共出版 12 期。①

4 月

天津市委成立（4 月 1 日） 4 月 1 日，冀中区党委决定将天津工委改为中共天津市委，书记为吴砚农，副书记为杨英任，组织部长为李震刚，宣传部长为于致远，秘书长为路达。机关由胜芳移到新镇，领导市内的多头单线隐蔽活动。这时，除工人、学生工作外，在市内又开展了市民（即行业）方面的工作。

6 月全面内战爆发，国民党当局全面统治了天津，查封进步社团和刊物，对工运、学运实行破坏和镇压。为了保存革命实力，市委将学运骨干撤往解放区，市内工作转入长期隐蔽与巩固组织阶段。党的领导不再强调统一，冀中、渤海和冀东 3 个区党委城工部又分别恢复了市内工作。这时冀中区党委领导的天津市委下分工运、学运、民运、统战 4 个系统，坚持工作。冀中区党委城工部及临近天津各县城工部，分别派遣人员进市开辟市民和工运工作。8 月，原由天津迁往大后方的院校返回天津，师生中的党员和党的外围组织民主青年同盟（简称"民青"）成员，组织关系仍属中共南方局（后改为上海局）领导，通称"南系"；中共中央晋察冀城工部领导的北平学委的党员和党的外围组织民主青年联盟（简称"民联"）成员，组织关系仍归北平学委领导，通称"北系"；隶属中共冀中区党委天津市委领导的学委，通称"地方系"。这 3 个系统的学运工作，到年底配合全国掀起了以抗议美军暴行为标志的爱国民主运动的新高潮。

内蒙古自治运动统一会议在承德召开（4 月 3 日） 1946 年 3 月，内蒙古自治运动联合会和东蒙古人民自治政府，各派出代表 7 人，在热河省承德举行自治运动统一会议。联合会代表为乌兰夫、刘春、克力更、包彦、田户、乌力吉那仁、庆格勒图；东蒙自治政府代表为博彦满都、哈丰阿、特木尔巴根、包玉

---

① 参见《齐鲁晚报》，2013 年 10 月 31 日。

昆、白云航、义达嘎苏隆、喀萨巴特尔。

经过预备会议后，4 月 3 日举行正式会议，通过了《内蒙古自治运动统一会议主要决议》，明确了内蒙古自治运动是在中国共产党的领导帮助下实行平等自治，联合会为自治运动统一领导机构。同时成立东蒙总分会，领导东蒙的工作，联合会统一领导内蒙古的武装力量。会议还确定了联合会的机构设置、领导人以及近期的工作方针和任务，史称“四三会议”。

四三会议解决了中国共产党领导内蒙古民族解放斗争的根本问题，明确了内蒙古自治运动的正确道路和具体办法，对内蒙古革命的胜利具有极其重要的意义。

冀中保育院成立（4 月 4 日） 为了减轻在农村为革命工作的广大妇女干部的负担，让她们能够集中精力更好地工作，4 月 4 日，冀中保育院在河北省河间县鸽子洼村成立。保育院由 11 位领导组成了理事会，由田泽林任院长，林铁任政委。当时保育院仅有干部和烈士子女 10 余名，教职工 10 余名，婴幼儿入院年龄不限，一律实行寄宿供给制，对婴幼儿的教育是以养为主。保育院跟随冀中机关党委曾在河间、任丘、饶阳等县落脚，过着游击的生活，历经艰险，为保育和培养革命后代立下了汗马功劳。

晋察冀中央局召开宣教会议（4 月 7 日） 中国共产党对宣传教育工作非常重视，成立了专门的宣传机构，并根据宣传教育对象的不同采取了不同的宣传教育策略，采用了适时有效的宣传教育方式，使得宣传教育工作有条不紊地展开。4 月 7 日，中共晋察冀中央局宣教会议召开，会议历时 20 余天，根据中央 2 月 1 日指示的精神与方针，分析了边区自反攻以来的形势变化与干部党员的思想状况，确定了中央局在和平民主新时期的宣传教育工作的基本方针。

4 月 28 日和 29 日，邓拓在会议上作了《中共晋察冀中央局宣教会议总结报告》。报告分为“党内教育与思想问题”“宣传战线上的斗争与任务”“文化教育建设问题”等三个部分。在分析反攻前后、自卫战争中、和平实现后的边区党内思想变化及其规律后，指出贯彻中央 2 月 1 日指示的精神与方针，必须解决党内存在的几个主要思想问题，即肃清对国民党大地主大资产阶级的幻想与惧怕心理，克服狭隘的关门主义思想，贯彻放手发动群众的正确思想，揭露与纠正忘本主义的思想倾向。强调这些思想问题，必须作为当前全党教育的中心问题，用大力加以解决。报告部署了开展全党学习运动、干部轮训与办好党刊和支部小报等具体工作。在分析宣传战线上的斗争及其情况后，指出对国民党的宣传战，是今后宣传战线上的一个主要斗争，总的方针是为了巩固和平，争取民主，坚持贯彻政协三大协定，一点一滴地争取群众，发展民主势力，解放人民思想。同时，要求改进报纸、广播与出版发行工作，报纸、通讯、广播工作中要贯彻全党办报的精神，走深入实际、为群众服务的道路，出版发行工作要实行企业化、社会化。在回顾抗战以来边区文化教育的成就后，指出今后教育工作的方针仍是坚定的新民主主义的方针，这就是根据群众需要，与实际结合，为人民服务。此外，报告对发展中等教育、干部教育和小学教育提出了具体要求。今后文艺运动要坚定不移地贯彻毛泽东在延安文艺座谈会上提出的方针，提倡与鼓励文艺工作者下乡，开展写群众、写工农兵的创作运动，对外建立文艺界民主统一战线。报告还提出恢复与建立文化界组织等具体措施。

宣教会议的召开，通过行之有效的宣传教育工作，确保人民群众积极响应党的号召，了解党的政策主张，调动了群众参加边区工作的积极性。

晋察冀边区行政委员会发出《关于新形势下各级政府组织领导的指示》（4月12日） 抗战胜利后，晋察冀边区各项建设事业增多，各级政府工作更加繁重。为适应和平建设新时期的需要，胜利完成新形势下的工作任务，4月12日，晋察冀边区行政委员会发出《关于新形势下各级政府组织领导的指示》，指出，为适应和平建设新形势，在统一、简政、效率的原则下，调整各级政府组织领导。全边区划分为察、热两省政府和冀中、冀晋、冀东3个行署，19个专区，撤销5个专区。各地恢复战前旧县治。热河恢复旧省界。老解放区之区适当划大，新解放区之区可较小。同时对各级政府的编制和职权等问题作了具体的规定。

关于组织编制，《关于新形势下各级政府组织领导的指示》提出，重新调整各级政权组织，此次调整的原则是县、省为地方自治单位，为发展地方上各种建设事业，须加强行署、省和县的组织；提高各建设部门的组织能力，强化和平建设事业的领导；贯彻精简政策，以减轻人员负担，提高行政效能。在此原则下，第一，确定各行署、省府今后要直接领导掌握到县，专署为行署或省府的辅助机关，组织缩小，一般的不另布置、指示与总结工作。这对减少组织层次，求得政策法令迅速直接地贯彻，是有很大作用的。第二，健全村政权，使用村政权的组织，发挥村政权的力量，研究改进区的工作方法。第三，在工商业发达，且人口有1万以上，或处于交通要道的大集镇，设置市、镇公所，掌管集镇政权，并繁荣集镇经济。市、镇公所由县政府直接领导，因为这些集镇往往是一个地区内政治、经济、文化的中心，对农村有很大影响，应派有能力干部充任。第四，新编制规定行署、省府一般为150人，专署为30人，县府或县佐公署平均为100人（包括公安局及派出所，不包括市、镇公所），区公所平均为9人（不包括粮食部门，因已设置粮库，区不需设人）。在新编制规定总数内，由各行署、省府根据不同地区的工作情况，具体掌握执行。第五，为了统一与加强对财政经济工作的管理，在各行政区设置财经特派员办事处，其编制为财经特派员1人（必要时可设副特派员），秘书干事3人，共4人。其职权为代表边委会统一管理边委会驻在各该行政区内的各财经组织和企业部门。

关于工作职权问题，《关于新形势下各级政府组织领导的指示》提出：（一）保障人权。为适应和平建设的新形势，县长、专员、行署主任、省府主席所兼军法官名义，一律取消。加强司法工作，加强公安部门的侦察工作。判处死刑必须一律报请行署或省府批准。逮捕人犯必须要有周密的侦察工作，并只有县级以上公安、司法部门有逮捕人犯权力。审理案件，确定县为初审，行署高等法院分院与省府高等法院为二审，边委会为第三审。各级应切实遵守，不得逾越职权。（二）工矿、交通事业的管理。手工业及小的工业，应尽量由合作社经营或发动私人经营，政府在政策上加以指导与帮助。工矿事业（如工矿行政、工矿事业的设计、矿产的管理等）的管理，归政府实业部门。较大的工厂、矿山，除有些边委会经营外，应公私合营，或让与私人经营，并实行企业化、合理化，政府在政策方面加以指导，各行署、省以下均不建立工矿专管机关。交通方面，邮政由边区统一管理，电讯（包括电话、电报）工作多的地区，可设局专管，工作少的地区，即由政府实业部门管理；公路多的地区（如冀中、冀东、热河），可设立公路局，少的地区不设，交通行政均由政府实业部门管理。（三）财政、粮食、贸易。关于财政方面的各种制度，完全按照边区财经会议决定执行。凡有关人民负担的法令的制定与变更，必须报经边委会批准。关于财粮预决算的审核批准，应在制度规定范围之内，由省、县分别掌握。粮食逐渐由边区统一掌握，行署、省府要把各地粮库逐渐掌握起来。贸易政策及贸易行政，均由各级政府财政部门掌管。（四）教育。小学教育、社会教育，主要由县级负责掌管，行署、省府主要办理职业学校、师范学校、中等学校，并要有计划地定期总结和交流小学教育、社会教育的经验。（五）民政工作，主要是贯彻政策，发动群众，并要以大力办好优抗、复员工作，设专人掌管。在干部管理工作上，今后行署、省府科长、厅长及专员以上干部，必须报边委会批准；县长以上干部，必须报边委会备案。关于选举工作，准备在今年夏季实行县议会选举，各地可预作准备。

《关于新形势下各级政府组织领导的指示》强调，为适应和平建设新的形势，使边区各级政权工作提高一步，各级领导机关（首先是行署、省以上）必须继续加强调查研究工作，了解具体情况，注意掌握政策，认真执行检查、汇报制度，及时检查政策法令执行情况。只要边委会之政策法令，从边区到村得到了确切统一的贯彻，则各地工作必能得到很好的进展，并能打下坚实的基础。最后各级领导机关及干部要继续高度发扬民主作风，加强组织领导，反对官僚主义、事务主义，创造适应新形势下的工作制度，抛弃手工业的工作方法，以期政府领导作风得到迅速彻底的转变。

边区政府组织领导的调整，有利于加强领导，转变工作作风，改进工作方法，提高行政效能，从而更好地加强边区各级政权工作，巩固解放区。

晋察冀中央局社会部发文加强保卫工作（4 月 25 日）　停战协定签订后，国民党特务机关动员一切力量，破坏国内和平，制造内战。晋察冀解放区城镇和广大乡村，惩办汉奸、战犯、特务，改造伪组织人员，建立革命秩序，建设公安机关，开展群众清算复仇运动，取得了不小成绩。但是由于思想上组织上没有充分准备，对敌探特务的阴谋活动缺乏警惕性，因此忽视了对敌伪统治的深入调查与具体分析；在惩办汉奸、战犯、特务中，未能正确掌握锄奸政策，发生了过左的偏向；在新解放区城镇，许多制度尚未建立，对特务破坏分子的防范还有许多漏洞；加之领导上的官僚主义与干部群众缺乏阶级警惕性，使敌伪地下组织和特务破坏分子未能彻底肃清。

为挫败国民党特务全面挑起内战、破坏国内和平的阴谋，全面加强晋察冀边区的保卫工作，4 月 25 日，中共晋察冀中央局社会部发出《关于目前保卫工作给各级党委社会部的指示》。文件指出，边区全党迅速纠正保卫工作中存在的错误，迎接更紧张复杂的反法西斯特务的隐蔽斗争。目前保卫工作的任务是，动员全党提高阶级警惕，教育与发动广大群众反对国民党特务的阴谋破坏活动，彻底肃清汉奸敌特地下残余组织，巩固党与军队，巩固统一战线，巩固和平民主建设。中央局要求各级党委社会部，为实现这一艰巨任务，要在全党与广大群众中，揭露特务阴谋破坏活动，克服麻木不仁的思想，提高阶级警惕，并正确执行处理汉奸破坏分子的方针与政策；集中全力，布置隐蔽作战的基础，开展侦察工作，调查与发现特务线索，搜集特务内奸活动材料；迅速建立健全解放区城镇与乡村的公安工作，掌握户籍，颁布社会治安办法，以维持革命的秩序；加强机关保卫工作，防止奸细混入机关部门；放手开展国民党所占大中小城市的情报派遣工作，向反动派营垒开展反内线突击。此外，提出了加强各地治安保卫工作的具体措施。

张家口市举行第一届参议会（4月26日至5月10日） 3月，《张家口市参议会组织暂行条例》颁布，并经过民主大选，产生了参议员和候补参议员，他们代表张家口市人民，共同商议张家口市的政治、经济、文化的民主建设大计。4月26日，张家口市首届参议会第一次会议召开，选举议长、副议长，市政府市长、副市长及委员。

据新华社张家口5月14日电报道：历时半月的张家口市首届参议会一次大会，于胜利完成17万市民所嘱托之确立市政大计及选举正、副议长与市政府委员后，5月10日已隆重闭幕。该会自5月2日起，即讨论提案，原提案共333件，经过分组综合，讨论与通过者，共14大件。大会首项讨论者为中共张家口市委“关于张市目前施政方针”一案，经两天讨论后一致通过。大会通过之第二案为房租问题，这与全市居民关系极大，经专门委员会数次研究与实地调查后作出决定。为奖励私人投资经营房产，允许二房东存在。关于税收品类征额，争论最为热烈，与会人员共同认为其原则应为公平合理简单易行，并照顾本市最低限度之财政开支。最后一致通过之决议案为：（一）将营业所得税改为统一累进税；（二）将有牙税之商业，如粮食、干鲜果等及小本买卖业，免除营业税；（三）对小商贩实行照牌税，根据收入分等征收，贫苦小商贩则一律免征。大会还批准了市政府本年度财政预算。5月9日，会议进行选举，91位正式参议员全部出席，由各议员联署提议候选人。经过介绍和竞选，刘秀峰以75票当选为市参议会议长，于德海以70票、陈兆仁以59票当选为副议长，杨春甫当选为政府委员。最后杨春甫以90票当选为市长，张孟旭以85票当选为副市长。

新选举出的张家口市民主政府广泛联系群众，辛勤工作。民主政府鼓励公私企业，废除日伪的一切苛捐杂税，实行单一的统一累进税。全市工商企业逐步恢复了生产和经营，在农村，进行土地改革，实行减租减息政策，实现了耕者有其田。工农业生产逐步恢复，治安情况好转，人民生活安定，社会秩序良好。在中国共产党和民主政府的领导下，张家口市成为晋察冀边区军事、政治、经济和文化的中心。

张家口市参议会是在党的领导下建立的全市人民代表机关和全市最高权力机关，参议会选举产生政府，政府对参议会负责，受参议会监督。

晋察冀边区行政委员会推行“民办公助”小学教育方针（4月） 抗日战争胜利后，为适应新的教育形势，边区政府提出“民办公助”的教育方针，对国民教育进行改造，使之走上彻底为群众服务的道路。1946年4月，晋察冀边区行政委员会发出《关于整理、改造小学教育与推行“民办公助”方针的指示》，总结1944年4月边区教育会议提出的“为群众服务、为政治服务的方针”，以及试行“民办公助”方针以来，边区教育工作的成绩与不足，提出在和平建设时期更应努力使小学教育普及。该指示要求在老解放区，培养教师，逐渐整顿班级，提高教学成绩，满足群众需要；在新解放区，团结与改造知识分子，根据群众意见改造旧学制，开发民主教育和生产教育，培养儿童的民主思想和勤劳朴素的习惯。根据城市或农村，老区或新区的不同情况，贯彻“民办公助”方针，或公办为主，或民办为主，或两者并行，均应从吸收儿童入学和提高教学成绩出发。积极团结与改造私塾，取得群众同意后，私塾或与小学合并，或单独发展为普通小学。通过大力发展小学教育，边区的小学教育得到普及，教学质量得到提高，教育事业得到很大发展。

晋察冀边区银行印发《晋察冀边区金融工作概述》（4月） 为全面总结晋察冀边区的金融工作，1946年4月，晋察冀边区银行整理出《晋察冀边区金融工作概述》一文，分析边区金融工作的历史发展，总结确立边币本位币地位、排除杂钞稳定边币、办理外汇提高边币比值、主动发行掌握物资、举办贷款扶植农工商业、稳定物价调剂经济、代理金库融通财政、定价收兑伪蒙币等方面的成绩与经验。4月，边区银行总行已有分行3个，支行3个，办事处19个，营业所37个，兑换所3个。发放合作贷款870 390 840元，工业贷款5 302 512 460元，农业贷款7 134 918 549.53元，商业贷款811 122 830元，水利贷款16 231 100元，救灾贷款2 335 650 000元，医药等其他贷款12 880 000

元，共计发放各种贷款 16 483 705 779.53 元。①

冀晋行署上报《冀晋区经济会议总结》（4 月） 为总结半年来冀晋区经济工作，1946 年 4 月，冀晋行政公署作出《冀晋区经济会议总结》报告。报告分两部分：第一部分，即半年来冀晋区经济工作的检讨；第二部分，即当前冀晋区经济情况及经济工作的方针任务。根据晋察冀边区经济会议决定及冀晋区经济工作情况，冀晋区经济工作方针以农业为主，同时发展工商业。工商业要大力恢复手工业，有重点地开展机器工业，在现有手工业基础上继续发展。商业上贯彻自由贸易，发展公私商业与交通运输，保护物资，稳定物价，开展对敌经济斗争，以配合整个对敌军事政治文化斗争。报告还规定了对敌经济斗争的三大任务：严格管理出入口、稳定物价、开展金融货币斗争。为加强经济工作与对对敌经济斗争的领导，冀晋行署还决定建立经济委员会，由政府工商部门、税务稽征局、商店、银行、合作社等部门组成。经济委员会为联席会议而不是执行机关，任务是研究经济工作与探讨对敌经济斗争的重要问题及对策，其决议交由各有关部门分别执行。

5 月

冀热辽中央分局指示冀东区党委停止复员工作（5 月 4 日） 1946 年 3 月中旬，国民党召开六届二中全会，会议通过了许多违反此前停战协定和政协协议的议案，同时加紧进行全面内战的布署。为应对国民党预谋发动的全面内战，5 月 1 日冀东区党委发出《对目前形势的紧急指示》，要求全党克服和平麻痹思想，立即进行自卫战争的动员。5 月 4 日，中共冀热辽中央分局发出《关于复员备战及军工问题给冀东的指示》，并报中共晋察冀中央局。文件指出，冀热辽地区可能很快爆发更大的战争，因此，冀东现有部队 3 万人不要复员。关于部队编制，各县区游击队应保存与加强训练，每分区编一个团，另外要编一强有力的 7000 人至 12 000 人的野战部队。各地民兵应大大加强训练。各地军工生产不应停止，应继续大量生产手榴弹、地雷等武器。根据文件指示，冀东区停止了复员工作，并将补兵归队转为中心工作，结合土改掀起参军热潮。这对前期缩

① 参见晋察冀边区革命史编纂委员会编《晋察冀边区革命史编年》，河北人民出版社 2007 年版，第 774 页。

编过多过快是一个补救，但仍然难以在短期内迅速恢复军力，因而造成内战初期战场上的被动局面。

冀中考察团发表《冀中货币斗争的新阶段》（5月10日） 为全面总结冀中区前一阶段的货币斗争，晋察冀边区行政委员会冀中考察团写出《冀中货币斗争的新阶段》一文。文章分析了冀中行署3月10日《关于目前货币斗争情况及全面进行驱伪币工作指示》的不足之处，及4月1日《关于抓紧肃清伪币的指示》的新方针，指出自4月11日的指示后，冀中的货币斗争有了新的发展，一个月来，冀中货币斗争出现了富有生气的新阶段。其基本经验是在货币斗争中执行群众路线，不使群众吃亏；掌握真实市价，挂牌公开兑换比值；加强货币斗争的一元化领导。

冀中通过积极的货币斗争，迅速肃清了伪币，掌握了大量物资，扩大了边区货币发行，保护了边区人民利益，争取了人心，在对敌货币斗争中打了一场大胜仗。

冀热辽军区发起辽西热东破击战役（5月12日至19日） 5月，冀热辽军区为了配合东北部队进行自卫作战，保卫四平、长春等地，发动辽西热东破击战役，打击国民党军。

5月中旬，冀热辽军区一方面发表声明，抗议国民党军违背停战协定，声称其大规模调动军队向热河解放区发动进攻，在政治上争取主动；另一方面，根据中共中央和中央军委的指示，在辽西、热东地区发动了对北宁（山海关至大宁河段）、锦承（朝阳至平泉段）铁路的破击作战。5月12日，各部队按计划相继展开行动。经过为时一周的破击作战，至19日，在辽西地区，冀东军区和辽西支队等地方武装，以及挺进山海关至绥中北宁铁路的冀东纵队，摧毁了山海关至锦州段铁路的大部桥梁，占领了小松岭、沙河、石河桥、高岭等重要据点与车站，使北宁铁路一度中断。在热河东部，热河军区独立第一、第二旅及热中、热辽、热东各军分区部队，向赤峰至叶柏寿铁路南段及凌源至义县间的铁路线出击，控制了赤峰至叶柏寿间铁路130公里，歼灭国民党军第十三军第五十四师第一六二团全部及炮兵营2个连，并占领了金岭寺、公营子、博罗赤、小平房、三十家子及其车站，使热东铁路、公路交通线处于瘫痪状态。在平泉至八里罕甸子一线，第一纵队和热河军区独立第三旅也进行了出击作战。

此次战役歼灭了国民党军第五十四师第一六二团及炮兵营大部，使北宁铁路一度中断，并使热东铁路与公路交通瘫痪，迟滞了国民党军向东北增兵。

冀中区党委发出反“蚕食”斗争的方针与对策的指示（5 月 14 日） 停战协定和政协协议签订后，国民党不但不履行，而且加紧了对解放区的吞食。仅在 1946 年上半年，国民党军向北宁路、平古路两侧吞食晋察冀解放区村庄 2000 余个。这样做一方面为和平谈判占据有利地位，另一方面为发动内战打下基础。

为瓦解国民党对冀中解放区的“蚕食”进攻，根据中共晋察冀中央局指示，5 月 14 日，冀中区党委发出《关于反“蚕食”斗争的方针与对策的指示》。文件指出，估计在冀中区，国民党将采取全面但有重点的积极“蚕食”，特别是要点周围和要线两侧地区，可能进行大举推进“蚕食”，并与争麦斗争相结合。因此，反“蚕食”斗争是全区当前的首要任务。应在巩固冀中、建设冀中的总方针下，积极恢复 1 月 13 日以后所失之阵地，并开展地区，展开一元化的总力战，坚持正确的政策，将军事斗争与其他斗争密切结合，积极防御，寸土不让，给进攻者以严重歼灭的打击，坚决保卫解放区，同时配合停战小组的调处，粉碎国民党的“蚕食”进攻。文件还提出了贯彻敌进我进、积极主动的作战思想，以及歼灭与瓦解伪军，肃清政治土匪等实施反“蚕食”斗争的具体对策。

晋察冀边区贸易公司召开物资交流会议（5 月 15 日） 为繁荣边区市场经济，5 月 15 日，晋察冀边区贸易公司在唐县罗庄边贸公司召开物资交流会议。参加会议的有边区贸易公司副经理李子直及各部室科负责干部，冀中德茂公司、元兴商店、冀晋贸易局、恒升总店、利民总店、荣庆祥总店、冀察利民公司等单位的业务部长、经理等负责人。

会议分析抗战胜利以来，造成群众生产的东西卖不了或卖不好，群众需要的必需品买不了等情况，以及影响生产下降，购买力降低的客观原因与主观原因。决定今后的方针，应该是通过物资交流，达到保护生产，扶植生产，发展生产，并且平衡物价，稳定物价的目的。反对赢利观点、本位思想和避难就易的作风。会议决定将冀中、冀察的贸易路线建立起来，使冀中的布与冀察的麻、牲口交流起来，互派专人了解情况，具体推动物资交流，首先进行 1 万匹布与麻、牲口的交流；恢复冀晋与冀察以前的布、麻、牲口、粮食等物资的互相交流，提高冀晋、冀察人民的购买力，大力推销土产，冀察集中力量吸收杏仁、白麻、药材，边区贸易公司负责出口；冀晋、冀中物资交流尽量争取平衡，冀晋的煤、铁运到冀中调剂，冀中的盐运到冀晋一部销售。

冀东行署发布调整行政区划命令（5 月 18 日） 为适应自卫战争形势的需要，便于开展工作，根据晋察冀边区行政委员会的指示，冀东区行署于 5 月 18 日发布行政区划变更令，将冀东所辖 5 个专区改为 4 个，并对各区所辖各县作了调整。按照原则上恢复战前旧县治的要求，冀东区划分为 4 个专区，即第十二、第十三、第十四、第十五专区，其顺序及辖县变更为：（一）原十六专区改称十二专区，包括迁安、兴隆、临榆、抚宁、青龙、青西等 6 县；昌黎归十七专区，其铁路以北之旧昌黎部分暂由卢龙、抚宁两县分管。（二）原十七专区改称十三专区，包括乐亭、滦县、滦南、滦西、丰南、昌黎等 6 县；原丰南之煤河以西归丰润管辖。（三）第十四专区名称不变，包括密云、平谷、顺义（铁路以东部分）、三河、通县、香河、武清等 7 县；原密东所属之兴隆部分归兴隆。（四）第十五专区、十八专区合并，称第十五专区，包括兴隆、遵化、蓟县、玉田、丰润、宝坻、宁河等 7 县；原丰南之丰合及丰润之突出宁河部分归宁河管辖。同时还对专署专员配备及组织编制与县区划分原则一并作出指令。

晋察冀边区行政委员会发出《关于目前教育工作的指示》（5 月 20 日） 针对晋察冀边区教育事业存在的对文化教育建设不够重视、教育建设的长期观点不足、人力财力困难等问题，为适应形势发展的需要，5 月 20 日，晋察冀边区行政委员会发出《关于目前教育工作的指示》，指出今后教育工作总的方针，是坚定不移的新民主主义的教育方针。具体说，就是坚持人民的民族的立场，根据群众需要与自愿，从实际出发，实事求是，学以致用，适应和平民主建设需要，为人民服务。教育工作总的任务是，进一步建设民主政治，大力开展经济文化建设。今明两年最中心的任务是，采取短期训练的方式，培养大批大学师资及一部分中等学校师资，培养大批领导农业生产的干部、水利人才，部分的工业干部及合作贸易会计干部、行政干部，并加强对在职干部的教育，提高其政治文化水平及工作能力。同时贯彻“民办公助”方针，发展普及社会教育与小学教育，并逐步提高教学质量。具体部署了干部教育、社会教育和小学教育的各项工作，提出了解决经费与教材问题的办法。

晋察冀边区通过大力发展干部教育、社会教育、小学教育，下大力气解决了教育经费和教材问题，使边区的教育事业有了很大程度的发展和提高，培养出了大量对社会有用的人才，对根据地的建设和发展作出了巨大贡献。

冀中区党委讨论执行中央《五四指示》的决定（5 月 20 日） 1946 年 5 月

4 日，中共中央发出由刘少奇主持起草的《关于土地问题的指示》（简称《五四指示》），要求各解放区，将抗战以来减租减息的政策改为耕者有其田的政策，并提出正确指导这一群众运动的 18 条原则。根据中共晋察冀中央局的布置，5 月 20 日，冀中区党委发出在 5 月召开地委书记以上会议讨论中央《五四指示》的决定。决定首先明确了总的方针，即继续大胆放手发动群众，贯彻中央新的土地政策。在贯彻政策中纠正已犯的错误，没有做过土地斗争的村庄应是贯彻政策，防止重复错误。其次，根据总的方针及不同地区不同情况，提出了发动群众与解决土地问题的不同方法。最后，决定对加强群众运动领导问题提出了具体要求。在《五四指示》的指导下，冀中地区至 1946 年底有 7012 个村庄完成了土地改革，占村庄总数的 83%，使农民在政治上、经济上摆脱了几千年来的封建压迫和剥削。

冀晋行署改变各级政府组织领导（5 月 20 日） 为反击国民党准备内战对解放区进行的“蚕食”，加强对自卫战争的领导，5 月 20 日，冀晋行署发出《关于改变各级政府组织领导的指示》，决定从 6 月 1 日起，冀晋行署改制为下属 3 个专署：（一）冀晋五专署改称冀晋一专署，辖区包括原五专署所辖的灵丘、浑源、繁峙、代县、山阴（东）、应县、怀仁（东）、大同（东）、阳高及察哈尔省原辖广灵，共 10 县；（二）二专署名称不变，辖区包括原辖的五台、定襄、忻县（东）、崞代、盂县、阳曲（东）、榆次（北）、寿阳（北）、平定（北），共 9 县；（三）冀晋三专署、四专署合并为冀晋三专署。与此同时，冀晋区党委所辖的地委、冀晋军区所辖的军分区，名称和辖区也依照专署改变情况同时改变，即五地委改称一地委，五分区改称一分区。

晋察冀中央局请示中央打开与各解放区贸易关系（5 月 23 日） 抗战胜利后，晋察冀解放区大力发展经济，实力逐渐增强。为进一步繁荣边区经济，加强与其他解放区的联系，一致对外进行经济斗争，打赢与国民党区的贸易战，5 月 23 日，中共晋察冀中央局关于打开与各解放区的贸易关系问题致电中央：（一）晋察冀边区工业建设与贸易管理工作迫切需要专门领导机关计划，以求各地工业能够有计划建设起来，对外贸易统一步调（最近与国民党区贸易斗争极为尖锐）。因此，决定在边委会设立工商处，原实业处改为农林处，省政府设工商厅，县在专业科下设一两个管工商的干部，将边区银行放在工商部门与财政部门管理之下，使银行成为对外斗争的一个有力机关。（二）目前华北各地对外斗争步调极不统一，被国民党及私商乘隙，损失甚大，不易取得贸易上的主动地位。提议由中央派一财政领导干部到华北，成立各解放区统一的经济领导机关，或由东北、晋察冀、山东、晋冀鲁豫、陕甘宁、晋绥等各解放区各派代表一人，联合组成一个统一的领导机关，地点以张垣（今张家口）为适宜，因距平津近，情况灵通，便于掌握。（三）晋察冀与东北、晋冀鲁豫、山东间的贸易关系，必须迅速打开，造成各解放区间贸易交流，繁荣各地区经济，只要各解放区间贸易交流能够实现，即可达到在工业原料上基本自给，不依赖平津，“使平津买办阶级向我屈服，使我取得完全主动地位”。现已派人到山东、东北、晋冀鲁豫联系，谈判相互间贸易事宜，请中央通知各地“注意与我们打开关系”。

6 月 6 日，中央对晋察冀电文作出批示，称：各解放区可专设经济电台，互相通报，互相联络，除协商解决彼此间经济上有关联之问题，如贸易交流，以利经济发展外，并对平、津、太原等城市之出口主要物资（如粮食、煤炭、盐、棉花等）应随时协商，取得一致步骤，共同对外，以免国民党钻空子。为着统一对平津的经济斗争，中央委托中共晋察冀中央局在张家口设立一个统一的领导机关，山东、晋冀鲁豫、晋绥、陕甘宁各派一代表参加。对太原、济南两城市各有关的解放区，也可共同组织贸易的专门委员会，负责策划共同对这些城市贸易的办法。①

冀中军区进行胜芳保卫战（5 月 24 日至 30 日）　5 月中旬，国民党九十四军一二一师、九十四军四十三师一二九团第三营、九十二军二十一师六十二团、十一战区第五师工兵营和文安县保警队共 9000 余人，由九十四军军长牟廷芳指挥，向北宁线以西和津西解放区大举进攻。于 5 月 23 日，占领了堂二里、东沽港、何家堡、策城、辛章、台头、王口等地，对胜芳形成了三面包围。24 日，国民党军出动 5000 兵力，在飞机、坦克的配合下，攻打胜芳。

针对国民党军的大举进攻，冀中军区命九分区三十八团、特务团、回民支队和胜芳市保安大队在市内防守，冀中七旅一部与十分区地方武装部队在外线迂回。经过一天的激战，国民党军丢下大片尸体退了下去。当夜，冀中军区负责外线作战的增援部队趁机攻下堂二里，毙敌 600 余人，使进犯胜芳的国民党

① 参见晋察冀边区革命史编纂委员会编《晋察冀边区民主政权建设文献选编》下册，中共党史出版社 2013 年版，第 1100—1101 页。

军处于前后挨打的境地。5 月 26 日，国民党军一部拼命进攻崔庄子，向冀中军区前沿阵地发动多次进攻，都一一被击退。当晚，国民党军又进攻冀中军区东河口阵地，用迫击炮、火箭炮、榴弹炮轮番轰炸，在坦克配合下步兵发起冲锋，结果，数十次冲锋都被击退。在东南防线，冀中部队主动放弃两座碉堡和一段阵地，有意把国民党军放进来，采取“关门打狗”的战术，将放进来的 200 多名国民党军，击毙一部，活捉一部，阵地又回到冀中军区手中。27 日晚 9 时、12 时和 28 日晨 3 时，国民党军对胜芳前沿阵地连续三次发动攻击，冀中军区部队面对国民党军的进攻，沉着应战，越战越勇，打得国民党军尸横遍野，欲攻不能，欲退不得，只好停止进攻，等待援兵。27 日，驻通县国民党九十二军二十一师六十三团增援进犯胜芳之敌，当晚在信安遭冀中军区三十八团和特务团痛击，被歼百余名，29 日狼狈逃回。驻杨柳青、王庆坨的国民党三六一、三六二两个团出动千余人前来增援。在胜芳东北面集中炮火向冀中军区阵地轰击，发炮 360 余发，连续发动了 6 次冲锋，均遭失败。此后，冀中军区外线部队回师进行夹击，国民党军腹背受敌，至 31 日将军队全部撤出。经过 7 天激战，歼敌 1500 多人，缴获轻机枪 3 挺、冲锋枪 7 支、步枪 100 多支、子弹 17 000 余发，毁敌坦克 3 辆。冀中军区部队伤亡 400 余人。

胜芳保卫战的胜利，不仅粉碎了国民党军“三天要攻下胜芳”的狂妄图谋，沉重地打击了国民党军“蚕食”解放区的嚣张气焰，更重要的是为解放区军民保卫解放区增强了信心。

晋察冀边区行政委员会调整机构设置（5 月 26 日） 晋察冀边区行政委员会高度重视农林牧工商事业的发展，为适应和平建设新阶段的工作需要，进一步加强与统一对农林牧工商事业的领导，积极扶植农林牧工商事业的发展，建设繁荣的城镇与乡村，5 月 26 日，经第 48 次边委会委员会议决定：边委会取消实业处、工矿管理局，改设农林处、工商处。农林处掌管农田、水利、林业、畜牧、合作等工作；工商处掌管工厂、矿山及贸易等行政工作。省、行署取消实业厅（或科），改设农林、工商两厅，边委会财经特派员办事处撤销。专署设农林、工商视察员 1 人至 5 人。县政府一般设实业科，另在实业科内设专人掌管工商行政，有些县亦可取消实业处，改设农林、工商两科。边区交通局由边委会直接领导，邮政、铁路由边区统一管理。电信、公路多的省区可设局专管，不需设局者归工商部门掌管。

晋察冀边区行政委员会决定将行署改为行政公署（5月26日） 为加强对晋察冀边区的领导，便于开展工作，5月26日，晋察冀边区行政委员会第68次委员会议决定：重划专区，一律恢复旧县治。冀晋、冀中、冀东三行署改为行政公署，原各科一律改为厅，公安部门改称公安局。边区行政委员会仍由宋劭文、胡仁奎分别任正、副主任，秘书长为程宏毅，民政处处长为柯庆施，财政处处长为南汉宸，教育处处长为刘皑风，农林处处长为刘奠基，工商处处长为宋劭文（兼），工商处副处长为姚依林、江泽民，公安处处长为许建国，秘书处处长为王植范，交际处处长为徐彬如，高等法院院长为王斐然。

此时，冀晋区行政公署辖第一、二、三专署，计27县，行政公署主任为杨耕田；冀中区行政公署辖第八、九、十、十一专署，计49县和胜芳、辛集、河间、泊镇4市，行政公署主任为罗玉川；冀东区行政公署主任为张明远，辖第十二、十三、十四、十五专署，计26县；察哈尔省改辖宣化市、察哈尔盟、锡林郭勒盟和第四、五、六、七专署，计33县、18旗；热河省改辖第十六、十七、十八、十九、二十专署，昭乌达盟和承德、赤峰两市，计28县、9旗。

晋察冀中央局发出《关于目前时局与对策的指示》（5月30日） 3月1日至17日，国民党在重庆召开六届二中全会。蒋介石在会上公开号召破坏政协协议，将全国人民陷于战争灾难中。在东北，国民党发动了大规模内战；在华北、华中，国民党军不断对解放区进行“蚕食”进攻，企图把东北内战扩大为全国内战。针对以上严峻复杂的局面，5月30日，中共晋察冀中央局发出《关于目前时局与对策的指示》。

中共中央2月2日在《关于目前形势与任务的指示》中，曾经一再指出，自政治协商会议后，中国即走上了和平民主建设的新阶段。但是，国民党六届二中全会实际上推翻了政协协议，国民党妄图保持一党专政，正在积极准备把东北内战扩大为全国内战，“目前全国内战危机极为严重”，全党全军“必须加以高度的警惕”。

根据中央指示精神，中共晋察冀中央局提出几点对策。

第一，我党目前的方针，是避免挑衅，拖延时间，积极准备，力争东北停战及制止全国内战。只要我全党全军紧急动员起来，动员舆论，动员群众，积极备战，则国民党反动派发动全国内战的阴谋，尚有被制止的可能。如不能制止，亦必须使内战爆发的时间推迟，方才对我有利。

第二，针对国民党的“蚕食”进攻，必须奋起自卫，坚决击退，收复失地。我们反对分裂，但不怕分裂，反对内战，但不怕内战。我们必须避免挑衅，决不主动进攻，一切报复必须合乎有理有利有节的原则，必须在外交上舆论上有充分的准备，不要使之成为顽军发动内战的借口。为粉碎敌人“蚕食”进攻，除在全党全军全体人民中深入思想动员，激发奋起自卫之决心，加强时事学习与阶级教育以提高战斗情绪，纠正束缚自己的手足，以退让求和平的右倾思想外，还必须力求精兵主义，并在财政负担能力许可的条件下，充实野战军，建立地方军区主力，建立与加强边沿区的县、区保安队，组织多数精干的深入顽后的武工队，并百倍加强对民兵的组织与领导。

第三，练兵、减租、生产，是当前建设与巩固解放区，推动全国和平、民主，粉碎反动派内战阴谋的基本保证。必须在今后 6 个月中取得显著成绩，以制止全国内战，使自己立于不败之地。今后 6 个月又分为两期，望各地首先抓紧目前 3 个月的工作，切勿麻痹松懈。今后尤须特别抓紧练兵，这是制止内战极其重要的准备工作。各地优抗工作必须认真切实检查改进，对战士生活必须高度关心，并在可能条件下尽量解决其困难。各地兵工生产，应抓紧突击，准备供给部队与民兵的需要。同时加紧进行国军工作。

第四，在外交上，总的精神是求得在不吃亏的基础上解决纠纷，而不是使纠纷扩大，我方权利所在必须力争，彼方无理要求必须拒绝。一切报复行动必须有外交上的充分准备，在商谈无结果，正式提出声明与警告之后，方才进行，报复后应公开说明这是报复行动，理直气壮地责难对方。这样就使我在外交上取得主动，师出有名。对于美方代表，不论其如何偏袒国方，只要美国没有策动全国内战，恢复赫尔利政策，即须在上述外交原则下争取之。

《关于目前形势与任务的指示》指出，目前国际国内形势，对我空前有利，我党我军及解放区人民的力量，已获得空前发展，国内民主势力已大大抬头，因此任何对时局前途悲观的心理，是毫无根据的。但是在我们面前还有许多困难，而且我们应该自觉地充分估计到这种困难，这样才能准备得更好。目前一切准备工作，则必须处处从内战可能的方面着想，必须高度提高警惕性，深入动员，积极准备。只有这样，才能有效地制止或推迟全国性的内战，并于内战一旦爆发时，得以从容应付，立于不败之地。①

冀热辽军区组织五月战役（5月） 3月，东北战事展开，国民党部队调兵东北，在热河只有十三军两个师和五十二军一九五师一部及被收编的土匪队4000余人。进入5月，根据中共中央和中央军委的指示，为配合东北作战，冀热辽军区有计划、有组织地发动了五月战役。

为了配合东北民主联军作战，杨苏②纵队一部调往宁城、叶柏寿一带，参加热东战役。平泉敌军趁正面兵力减少之机，于4月11日晨突然以一个师的兵力，沿承平公路两侧山区展开2.5公里战线，向凤凰岭推进，妄图打通进攻承德的道路。担任凤凰岭正面守卫任务的是杨苏纵队二旅五团冀热辽军区警卫团。激战一天，杨苏纵队参战部队打退国民党军4次大规模进攻。至下午5时，全线发起反攻，敌人溃退。五团和警卫团乘胜追击，夺回了全部阵地。此战，以牺牲70人的代价，消灭国民党军400余人，胜利地保卫了凤凰岭阵地。

5月，国民党因东北战事吃紧，急欲从冀热辽地区抽调部队增援。5月3日，中共中央又电报指示聂（荣臻）刘（澜涛）及程（子华）萧（克）：为了阻止国民党违约调动两个师去东北打内战，“在一星期内发动对朝阳、平泉铁路线上顽军之攻击，及彻底破坏该段铁路线”。5月13日至19日，热河三旅在旅长赵文进指挥下，七、八两团在凌源三十家子至平泉杨树岭段展开了大破交。据不完全统计，共破铁路20公里，翻毁铁轨1985根、枕木29 694根，炸毁铁桥12座97空，破汽车路20公里，炸木桥3座，毁电线杆1094根、线21公里，收缴电线33.3吨、翻车2节，歼敌100余人，使宋杖子、三十家子至杨树岭段铁路陷于瘫痪，有力地阻止了国民党军的调动和军用物资运输。

5月初，独立一旅（周仁杰旅）接杨苏纵队二旅防地。平泉的国民党军队趁冀热辽部队换防之机，曾多次进行试探性进攻。5月25日拂晓，国民党军队以两个多团的兵力向凤凰岭发起进攻。为了打击国民党军队的气焰，当晚，冀热辽独立一旅一营利用雷雨天气，以一连为主攻，二连为助攻，全歼了国民党军防线边沿的一个特种侦察排30余人。然后乘胜全线发起反攻，敌人不敢夜战，狼狈溃逃。七十一团以小的代价，杀伤敌200余人。敌人缩回城内。

---

① 参见晋察冀边区革命史编纂委员会编《晋察冀边区民主政权建设文献选编》下册，中共党史出版社2013年版，第1089—1091页。

② 即杨得志、苏振华。

五月战役是冀热辽军区正规军、地方部队及游击队密切合作，对付美械化装备的国民党精锐部队的一次胜利战斗。五月战役拖住了侵犯热河之敌，牵制了国民党 3 个军零 2 个师不能东调，有力地配合了东北战场我军的作战。

6 月

热河省委发出《六六指示》（6 月 6 日） 1946 年初国民党军队大举进攻热河省，辽西及热河东部地区主要城镇相继陷入敌手。一些干部、战士的思想出现了混乱，热河解放区面临十分困难的局面。为进一步发动农民，贯彻中央的土地政策，进行自卫战争，中共热河省委发出《关于贯彻中央土地问题指示的指示》（简称《六六指示》）。文件指出，中央《五四指示》及 5 月 11 日、17 日两次电示，切合时宜，适用于热河地区。号召热河全党坚决迅速地贯彻执行，任何怀疑犹豫、消极怠工、害怕变更土地所有权的现象，必须纠正。认为省委扩大会议提出“从土地高度集中走到分散”的方针，是符合中央《五四指示》精神的，已有 48 万余亩土地从地主手中转移到农民手中，要求各地在 4 个月至 6 个月之内，普遍达到全部或大部解决土地问题。文件具体规定了解决土地问题的方针与办法，由农民会分配与调剂土地的政策与方法。同时强调党委、政府、军队和群众团体积极领导与协助解决土地问题，并以解决土地问题为中心，开展其他工作。

《六六指示》下发后，热河省的清算复仇斗争又掀起了新高潮，并从实行减租减息政策转入没收地主的土地分配给贫苦农民的新阶段。经过这段斗争，党的政策更加深入人心，真正形成了蓬勃的群众运动，广大贫苦群众坚定了跟共产党走的决心，也有力地打击了敌人的嚣张气焰，巩固了解放区。

晋察冀军区与晋绥军区发动晋北战役（6 月 16 日至 8 月 15 日） 1946 年春，驻山西省同蒲铁路太原至大同沿线国民党军第二战区所属第十九军、第四十三军及收编的日伪军一部，不断向解放区进攻，扩大占领区。晋绥军区和晋察冀军区为阻止国民党军进攻，切断太原和大同国民党军的联系，决心组织晋北战役。

6 月 16 日，晋绥军区独立第二、第四旅和晋察冀军区第十一旅等部共 1.5 万余人，开始实施反击，先后攻占朔县、山阴等城。6 月 24 日，根据中央军委指示，组织晋北野战军司令部，由晋绥军区副司令员周士第兼任晋北野战军司令员和政治委员，统一指挥晋绥和晋察冀两军区在晋北的部队，继续反击国民党军的进攻。至7月14日，连克宁武、繁峙、廿里铺、代县、崞县（今原平县）等城镇，迫使驻原平、忻口、五台、定襄等地国民党军退集忻州固守。7月20日起，晋北野战军司令部先后以10个团的兵力进攻忻州，至30日，攻克其外围据点9个。7月31日和8月12日两次攻城未果，仅歼灭由太原出援的国民党军第六十八师2个团。8月15日，晋北野战军司令部改以一部兵力继续围城，主力转入休整，战役结束。

此役，共歼国民党军8000余人，击落飞机1架，解放10余座城镇，控制了同蒲铁路南起忻县，北至大同以南近200公里地段，孤立了大同的敌人，增加了阎锡山的北顾之虑。

冀中区党委指示在老解放区内检查政策纠正错误（6月18日） 为深入贯彻党中央《五四指示》，纠正在老解放区执行土地政策中出现的“左”倾主义错误，6月18日，冀中区党委下达《关于老解放区内检查政策纠正错误的指示》，对中农、富农、中小地主、全国有影响的民主人士及开明士绅、伪军伪组织人员等各阶层的具体问题，提出了处理意见，指出一定不能侵犯和损害中农利益，其被斗出的土地、房屋、粮食应退还或补偿。富裕中农被斗出的土地，暂不能退还者，可订立典当或租佃契约1年，最多不超过3年。清算富农出租之土地、黑地及房屋，不予退还，但清算黑地处罚额不超过黑地总值的2倍，其超过部分应订立典当或租佃契约1年，最多不超过3年。中小地主如斗争过火不能维持生活者，应说服群众退回一部分土地财物，使其生活有出路。烈属、抗属、工属及堡垒户是豪绅地主被打击者，应多留一些土地以保留面子。对全国有影响的民主人士及开明士绅，应适当照顾，由分区直接掌握。对伪军伪组织人员，家庭无非法财产且本人回家务农者不予追究，本人过期不归者分情况予以惩处，非法致富而被斗过火生活受影响者，可少退一部分财物。文件要求各地纠正错误，贯彻政策，严防地主反攻；在纠正了错误，土地经公平合理分配后，应即明确农民土地所有权，并在群众既得利益基础上进一步开展大生产运动。

对于纠正错误，《关于老解放区内检查政策纠正错误的指示》中强调，不能将纠正错误看成简单易行的事，不能求之过急，在强调团结与不损害基本群众既得的适当利益的前提下，慎重而逐渐地纠正；党内党外问题要分清，政治经济问题要分清，土地问题与工商业要分清；纠正错误必须经过支部，应在党的统一领导、统一步调、共同负责精神下有计划地处理；纠正错误是个党内教育问题，不能大喊大叫，造成群众运动，应当有调查研究，分情况处理问题；正确对待中农找干部解决问题的情况。

检查政策与纠正错误，满足了解放区广大农民的土地要求，纠正了在执行土地政策中的“左”的错误，调动了广大农民的革命积极性，支援了解放战争。

全面内战爆发后中央指示晋察冀军区的任务（6 月 28 日） 6 月 26 日，国民党撕毁停战协定与政协协议，进攻中原解放区，发动全国内战。同日，晋察冀军区聂荣臻、萧克、刘澜涛、罗瑞卿致电中共中央军委：“完全同意中央战略方针，即先消灭晋阎，控制山西高原，使晋绥、晋西北、晋冀鲁豫三区连成一片，解放出许多兵力对敌机动作战。”“因此，我们须实行东防西攻之方针，尽量抽出兵力，集中于主要方向，实现大兵团运动战之歼敌计划。”6 月 28 日，中共中央电示聂荣臻、萧克、刘澜涛、罗瑞卿及程子华《国民党大打后晋察冀军区的基本任务》，称：“26 日电悉，你们战略意见是正确的。”在国民党大打后，晋察冀军区的基本任务是：“保卫地方与夺取三路四城。”即用半年或较多时间，夺取平汉路长辛店至石家庄段、正太路和同蒲路，占领保定、石家庄、太原、大同。①

中共热河省委报告热河土地改革情况（6 月） 为总结中央《五四指示》前后热河土地改革情况，6 月，中共热河省委向中共冀热辽分局、中共晋察冀中央局并中央报告热河土地改革的情况，称热河农民已由减租减息的土地改革普遍转入耕者有其田运动。运动的转变是在省委干部会以后。从 4 月中旬到 6 月的一个半月间，群众创造了许多解决土地问题的办法，如旗地归农，地主挂地周围的海荒地归开荒者，清算霸占土地与清算负担，退租退息退押租，清算额外剥削，其年限与息额不定，地主强占的公地、义地分给农民，抽赎滚利盘剥地、指地当利地等。同时报告了斗争中各阶层的反应和各种斗争形式与组织形式。

7 月

晋察冀中央局传达与执行中央《五四指示》（7 月 1 日） 5 月 4 日，中共中

① 参见毛泽东著《毛泽东军事文选》第三卷，军事科学出版社、中央文献出版社 1993 年版，第 305—307 页。

央发出《五四指示》，指示各解放区，将抗战时期减租减息的政策改变为土地改革的政策。文件指出："解决解放区的土地问题是我党目前最基本的历史任务，是目前一切工作的最基本的环节，必须以最大决心与努力，放手发动与领导群众来完成这一历史任务。"同时提出正确指导这一群众运动的 18 条原则，主要是：应坚决拥护群众在反奸、清算、减租、减息、退租、退息等斗争中，从地主手中获得土地，实现耕者有其田；坚决用一切方法吸收中农参加运动，并使其获得利益，决不可侵犯中农土地，整个运动必须获得包括富裕中农在内的全体农民的真正支持或满意；一般不变动富农的土地，应使富农和地主有所区别；对待中小地主和大地主、豪绅、恶霸要有所区别；不可将农村中解决土地问题、反对封建地主阶级的办法，同样地用来反对工商业资产阶级，对待工商业资产阶级和封建地主阶级要有原则区别；要给汉奸、豪绅、恶霸留下维持生活所必需的土地；禁止使用违反群众路线的命令主义、包办代替及恩赐等办法。①

《五四指示》是中国共产党由抗日战争时期的减租减息政策，过渡到土地改革的一篇具有战略意义的重要文献。为深入贯彻执行《五四指示》，7 月 1 日，中共晋察冀中央局作出《关于传达与执行中央〈五四指示〉的决定》，指出："中央《五四指示》的精神，是从反奸、清算、减租、减息、退租等斗争中，做到耕者有其田，而不是平分土地（平分土地将侵犯中农利益，过重打击富农）。"根据新解放区、老解放区、边缘区及蒙古农业地区的不同情况，规定了执行《五四指示》的重点及策略，并对执行《五四指示》中的若干具体政策作了规定，决定在全区开展土地改革运动。号召边区全党争取时间，集中精力，加入土地改革运动中，争取多数人的支持，反对少数，各个击破，完成这一伟大的历史任务。

通过深入贯彻《五四指示》，中共晋察冀中央局领导边区广大人民废除了阻碍农村生产力发展的封建土地制度，满足了广大人民群众得到土地的强烈愿望，使边区广大人民在政治上、经济上摆脱了几千年来的封建压迫和剥削。

冀热辽中央分局传达土地政策（7 月 1 日） 为深入贯彻中央《五四指示》，开展土地改革，取得自卫战争的胜利，7 月 1 日，中共冀热辽中央分局在承德召开 800 余人的党员干部大会。大会通过了致毛泽东和中共中央的电报，分析了

① 参见中共中央文献研究室编《刘少奇年谱》下卷，中央文献出版社 1996 年版，第 43 页。

国际国内形势，总结了过分相信蒋介石和平诚意的教训，强调目前总的任务是一切为了自卫战争的胜利，争取永久和平。为此，要求做好战争动员，加紧练兵与扩军，解决土地问题，向地主借粮借款以解决财政困难，在全党全军中进行阶级教育等。

程子华作《目前时局与土地政策》的报告，指出现时《五四指示》的土地政策，是实行土地改革，虽没有完全放弃减租，但和减租有很大不同；虽不是平分土地地实行耕者有其田，但是基本地实行耕者有其田。号召“用大的组织力来贯彻这一指示，完全实现”。同时具体阐明冀热辽地区实行土地改革的路线和政策。报告强调：“敌人要进攻热河，我们要准备保卫热河，任务与工作很多，但基本的是土地改革，只要这一任务能够彻底完成，我们就能够支持长期的艰苦的胜利的战争。”

会后，分局发出《关于目前时局与工作方针的指示》，指出冀热辽目前工作的方针是放手发动群众，迅速解决土地问题并壮大我党我军和人民的力量，使我们在新老解放区都能站住脚，立于长久不败之地。要求立即在冀热辽全党全军和全体人民中进行战争动员；立即抽调大批干部组织工作团，深入广大农村，发动群众，解决土地问题；立即用大力扩兵、练兵，充实主力军与地方军，大量组织游击队、武工队、民兵，有计划地建立军工；大量培养提拔本地干部和工农干部；在发动群众的基础上向地主借粮，清理敌伪物资，掌握物资，推行边币，打击伪币，以解决当前财经困难。①

《新张家口报》创刊（7 月 1 日）　7 月 1 日，中共张家口市委出版机关报《新张家口报》，沈重任社长兼总编辑，韩非任副总编辑，社址在张家口市桥东东安大街。《新张家口报》出版时间不长，张家口失守后，10 月 9 日，《新张家口报》停刊，报社工作人员于 10 月 10 日傍晚撤离张家口。《新张家口报》和《新察哈尔报》部分人员随冀热察区党委转移，于 1947 年 5 月 1 日创刊《冀热察导报》。

晋察冀边区开始推行统一累进税（7 月 2 日）　为在晋察冀边区全面推行统一累进税制度，7 月 2 日，晋察冀边区行政委员会制定并颁布《晋察冀边区农业统一累进税简易办法》，其中包括 12 条办法及注释。办法适用于未推行统一累

① 参见《冀热辽中央分局重要文件汇集》第三册，原件存中央档案馆。

进税之地区，规定了各种财产收入之征税免税的办法、土地产量的调查登记办法、财产收入折合“富力”的折计办法、免税点的刨除办法和税等税级。同时规定本办法暂定为村负担办法，边区粮款各村负担比例由县区政府召集各区村代表，根据各区村土地、粮食产量、人口、分数及调查真实程度，民主评议分配之。

同日，晋察冀边区行政委员会发出《关于在未实行统一累进税地区推行农业统一累进税简易办法的指示》，指出在全边区普遍实施农业统一累进税是一项重大而艰巨的工程。边区的老解放区实行统一累进税已经 5 年以上，博得各阶层人民的拥护。边区的新解放区幅员辽阔，工作发展不平衡，经济情况与老解放区各有殊异，故根据统一累进税之原则与新解放区情况，遵循简便易行、富有弹性等原则，制定出《晋察冀边区农业统一累进税简易办法》。此办法先推行于未实行统一累进税之地区，以准备过渡到正规的农业统一累进税。办法第一条征税免税问题，是根据奖励生产与简便易行两原则制定的；办法第四条财产税与收入税合计，是为了简便易行；第五条免征点与负担面，是为了照顾新解放区基本群众的生活；第六条税等税率，是为了扶植中贫农，照顾富农，使大地主土地分散。各省、行署在边委会统一决定下，对本办法逐级具体化，以适合当地情况；在具体执行上，各地要“提高一步”，即去年按旧式地亩摊派地区（如热河大部），一般提高到“民主评议”的合理负担（结合发动群众，改造政权），去年用“民主评议”之地区，一般提高到实行本办法。推行本办法，要与整顿村财政，贯彻土地改革政策相结合，在边缘区与反敌勒索相结合，依靠基本群众。

晋察冀边区统一累进税的制定与实施，不但与战争时期征税尤须简便易行的客观需要相适应，而且对加强各阶级、各阶层的团结，减轻人民负担，发展农业生产，壮大根据地经济，打破敌人的经济封锁，起到了积极作用，为夺取解放战争的胜利作出了重要贡献。

晋察冀边区交通管理局呈报交通工作总结（7 月 9 日） 抗战胜利以后，晋察冀边区交通工作得到很大发展。7 月 9 日，晋察冀边区交通管理局局长张冲向边区行政委员会呈报《交通管理局 1945 年 9 月至 1946 年 6 月工作总结》。总结分为铁路、公路、电信、邮政、冀中航运、员工生活等六部分。总结称平绥铁路管理局在张家口解放后一星期开始通车，有东西两段，东段（晋察冀边区）

由西拨子东 3 公里至周士庄西 5 公里，共长约 297 公里；西段（晋绥边区）由孤山东 3 公里至福生庄西 12. 7 公里，共长 209 公里。所管辖铁路长约 506 公里，占平绥路干线全长 62%。边区交通管理局于 9 月初改为邮政管理局，接收各地邮政工作，建立新的邮政组织及工作。至 1946 年 4 月，边区有 7 个邮政市局、分局，180 个县局，224 个支局，659 个代办所，干线里程 16 002 公里，邮件投递速度与准确率逐月上升。边区公路管理局 1945 年 9 月成立后，立即着手恢复与建设境内公路。经 9 个月的努力，公路管理局直接恢复通车公路 1465 公里，各战略区自行修复通车公路 4023 公里，全边区共计通车公路干线 28 条，总长 5491 公里。边区电信管理局成立后，于 10 月接收与修复被日伪破坏的电信电话机构与设施，至 1946 年 2 月底，修复线路 3327 公里，新建线路 1595 公里，共计达 4922 公里；接收设置市县局 20 处，设置交换机支局 14 处，设置电话单机计 1360 具，其中商民用户占 41%，各县局占 23%，其余大部为机关部队使用。到 5 月底，长途线路达 90 条，总长约 5597 公里，县局、支局、单机也逐月增加。内河航运在冀中整个交通运输业中居主要地位，冀中行署为恢复发展船业，于 1946 年 3 月发放造船贷款 7000 万元，并决定在臧桥等码头组织船工会，由冀中工务局领导大力整理、疏通河道。①

晋察冀军区下令全军参加乡村发动群众解决土地问题的斗争（7 月 10 日） 自贯彻执行中共中央《五四指示》以来，晋察冀边区掀起全民土地改革的热潮。随着土地改革的深入开展，军队也参加进来。7 月 10 日，中共晋察冀中央局发出《关于中央向各解放区提议实行耕者有其田的法令》，为配合中央即将颁布的土地改革法令，要求各区党委大胆发动群众实行耕者有其田。晋察冀军区随即下达《全军参加乡村发动群众解决土地问题的斗争的训令》，指出解决农民土地问题，是资产阶级民主主义性质革命阶段的基本历史任务。由于过去几年来解放区减租减息斗争的深入，广大农民群众已不能满足于减租减息，到处伸手要求土地，他们从反奸、反恶霸、清算、减租、退租的斗争中，创造了许多方法取得了土地。党中央对此指示了明确坚定的方针，批准了农民正义合理的要求和群众所创造的实现耕者有其田的方法。

---

① 参见晋察冀边区革命史编纂委员会编《晋察冀边区革命史编年》，河北人民出版社 2007 年版，第 794—795 页。

晋察冀军区表示完全欢迎与拥护土地改革运动，并根据中央局7月1日《关于传达与执行中央〈五四指示〉的决定》（即《七一决定》）认真执行。要求全军除进行这一政策教育外，要组织全体指战员积极参加乡村发动群众解决土地问题的斗争。为了做好动员与组织全军参加发动群众的工作，8月1日，晋察冀军区政治部发布《关于全军参加乡村发动群众解决土地问题的指示》，要求部队对全体指战员深入进行土地政策教育，并向驻地群众作好宣传工作。军区与分区要抽出一定数量的干部组成工作队，在地方党的统一领导下，协同政权、群众团体，有重点地参加发动群众解决土地问题的斗争，在斗争中特别注意军党、军政、军民的亲密团结。

晋察冀军区配合地方土地改革、全军参加乡村发动群众解决土地问题的斗争，为土地改革在全区的顺利进行打下了基础，为中央土地改革政策在晋察冀的推行提供了保障。

晋察冀边区政府布置下年度财经工作（7月15日） 为应对国民党发动的全国性大规模内战，安排下年度财政经济工作，7月15日，晋察冀边区行政委员会发出《关于下年度（1946年10月至1947年9月）财政经济工作的指示》，指出，估计下年度晋察冀边区可能处在紧张的自卫战争中，下年度财政经济工作的总方针应是："在可能爆发的反帝反封建反独裁的自卫战争条件下，坚持独立自主的原则，力求自给自足，用大力发展农工生产，保障供给，反对国民党反动派的卖国政策，抑制美帝国主义的经济侵略，支援自卫战争的胜利。"为实现这一总方针，在财政方面，必须增加收入，厉行节约，严格执行编制与预决算制度，实现财政收支平衡；在生产方面，除发展必要的重工业外，必须大量地、有重点地发放生产贷款，并用大力组织群众生产，增产粮布，发展民族工业，解决日用必需品（主要是发展农业生产与农村手工业作坊及副业生产）的供应问题，确定工业商业必须为农村服务、为农民服务；在贸易方面，必须严格管理出入口贸易，调节境内物资交流，掌握物资，稳定物价；在金融方面，必须肃清境内杂钞，杜绝金融倒把，管理外汇，提高边币流通率。同时提出了切实做到"实现财政收支平衡""大力发展生产""掌握物资，稳定物价""管理出入口，掌握外汇，提高边币①，打击法币"等四项工作的具体政策措施。为了

① 提高边币具体指提高边币的市场占领份额。

完成上述财经工作任务，边区政府要求各地必须充实加强干部，继续执行“统一领导，分散经营”的基本指导原则。①

晋察冀中央局指示百倍加强民兵工作（7 月 15 日） 晋察冀民兵是在中国共产党的动员和领导下建立和壮大起来的不脱离生产的群众武装。在抗战与反顽战争中，民兵起到了重大作用。为应对国民党发动的全国性内战，7 月 15 日，中共晋察冀中央局发出《关于百倍加强民兵工作的指示》。文件指出，停战以来，有些同志包括党的高级领导机关在内，对民兵工作放松了，这是值得深刻检讨的。今后“必须百倍加强起来。农村支部坚持‘党员军事化’的口号，党员要尽量参加民兵，武器要完全掌握在党员和坚决可靠的基本群众手里，支部加强领导村武委会；各级党委要经常讨论民兵工作。主力军与地方军要以大力扶助民兵发展，退伍军人尽量参加民兵，提高民兵的军事技术。政府要注意对民兵的多方扶助，及时奖励表扬民兵英雄和干部，重视民兵伤亡抚恤，注意解决民兵家庭困难。群众团体要在发动群众中与武装群众结合，动员会员大量参加民兵，使民兵真正成为人民自己的武装组织”。同时要加强武委会干部工作，扩大武委会编制，提高民兵武器生产效率，加强民兵干部训练，伤亡民兵或干部抚恤标准及抚恤制度要与部队相同，加强城市人民武装自卫组织，并提出了各项具体要求。②

由于加强了民兵工作，在奋起自卫反击国民党军全面进攻的过程中，晋察冀地方武装，利用有利地形，修筑地道和高房堡垒等工事，开展了反“蚕食”、反“扫荡”的斗争，不断给进犯解放区的国民党军以有力的反击，策应了野战部队的运动战和歼灭战。此外，在战斗中涌现出了丰润县第一区民兵大队长刘勇、定县郝白村民兵郝庆山、新乐县第一区北李庄爆炸英雄李混子等一大批民兵战斗英雄。

晋察冀边区行政委员会颁布《晋察冀边区进出口贸易及外汇管理办法》（7 月 25 日） 为保护晋察冀边区境内民族工业、手工业与适当稳定物价，发展农工生产，杜绝杂钞在境内流通，7 月 25 日，晋察冀边区行政委员会公布《晋察

① 参见晋察冀边区革命史编纂委员会编《晋察冀边区革命史编年》，河北人民出版社 2007 年版，第 796 页。

② 参见中央档案馆、河北省社会科学院编《晋察冀解放区历史文献选编（1945—1949）》，中国档案出版社 1998 年版，第 158—160 页。

冀边区进出口贸易及外汇管理办法》。该文件内容共18条，限定了准予进口货物和出口货物，规定货物进口，商人须向边区银行或其所属分支行申请购买外汇；出口货物，商人须向边区银行或其所属分支行办理结汇。文件规定进口商须于事前申请税务局核准，缴纳保证金后才能由银行卖给外汇，出口也要经税局批准后才能办理纳税和出口手续。对于不按本办法办理手续的商人，按其货物总值处以5%至10%的罚金。对贩运禁止出口货物的商人和私自使用、买卖杂钞者，按有关罚则处罚。同时，公布《晋察冀边区进出口贸易及外汇管理办法施行细则》。文件内容共19条，针对执行进出口贸易及外汇管理办法中可能遇到的具体情况和手续，作出了详细的规定。

边区政府通过颁布《晋察冀边区进出口贸易及外汇管理办法》和《晋察冀边区进出口贸易及外汇管理办法施行细则》，保护了晋察冀边区境内的工商业，平抑了物价，杜绝了杂钞在边区流通，使边区取得了对敌货币斗争的最后胜利。

冀东区党委报告发动群众进行土地改革情况（7月26日） 5月4日，中共中央的《五四指示》将党在抗战时期执行的减租减息政策改变为没收地主的土地分配给农民的政策，从此揭开了土地改革的序幕。根据这一指示，冀东区迅速掀起了群众性的土地改革运动。

为总结冀东区前一阶段土地改革工作，7月26日，冀东区党委关于发动群众情况向分局、中央局并中央报告：6月初区党委扩大会议后，各分区于7月初将工作布置到村，十五分区提前半月发动群众，滦东分区提前10余天发动群众，现在各分区群众已经大部发动起来，十五分区普遍发动起来。发动群众是从打退地主反攻开始的，行署6月16日发布布告，农民群众神气十足，反攻地主垂头丧气。4月至6月，地主反攻的局面迅速被群众压下去，群众向地主展开了清算斗争。群众起来的特点是迅猛和普遍。二分区从7月1日起，仅用15天，将全区40个村中能发动的群众都发动起来了。据不完全统计，48家地主家中清算出土地7000余亩，粮食5000余斤。报告初步总结了在清算中解决土地问题的成绩，在斗争中用一切方法团结中农的经验，要求各地保留富农经营的基础，至少保留其为富裕中农，各地根据地主阶级的动向，实行“安定政策，使之安于处在解决土地后之平等地位”。如果没有特别阻碍，全区10月间可大体解决土地问题，即使敌人进攻，亦可争取大部解决。①

据冀东区党委关于冀东土地改革情况报告统计，截至 11 月 28 日，全冀东 10 737 个行政村（包括敌占村）中，已经实行土地改革的有 6512 个，运动中农民前后获得土地 1 776 850 亩以及巨量的粮食、牲畜、农具、房屋等，所有土地改革区，赤贫已被消灭，从贫农、雇农上升到中农的约 154 154 户（蓟县、宁河未计入，通县、武清仅 51 村改革），每人获得土地平均 1.5 亩，享有斗争利益总人数约 350 万，占已改革地区人口总数的 80％。

晋察冀中央局开展学习运动（7 月 28 日）　7 月 7 日，中共中央发出《为纪念“七七”九周年宣言》，称“七七宣言”。宣言呼吁：（一）立即重行发布全国（包括东北）无例外无条件无限期地停止冲突、停止运兵、停止建立工事、停止征兵的命令；（二）重开政治协商会议，改组国民党一党专政的政府为民主联合政府；（三）复员裁兵，废除军阀制度；（四）美国政府停止武装干涉中国内政，停止助长中国内战，停止派遣军事顾问团，立即自动撤退一切在华陆海空军。

为在全党贯彻中央精神，7 月 28 日，中共晋察冀中央局作出《关于开展学习运动的决定》。学习的对象重点为党内干部，特别是高级干部。从 8 月至年底暂分两期，8 月、9 月学习“七七宣言”与土地政策，10 月至 12 月学习若干历史问题决议与新党章。同时决定从边区到县各级各系统成立学习委员会，统一领导学习运动。

8 月 6 日，中共晋察冀中央局总学委发出《关于学习中央“七七宣言”的通知》（第一号），根据中央局开展全党大规模学习运动的决定，全党全军，首先是干部，特别是高级干部，立即深入对中央“七七宣言”的讨论。联系 7 月 20 日中央关于时局的指示及中央局传达的精神，全党紧急动员起来，前线与后方，地方与部队，党政军民学思想统一，步调一致，投入大规模的自卫战争中去。9 月份转入土地改革政策的学习，贯彻中共七大放手发动群众的路线，统一政策思想。10 月份到年底进行党的历史和党的建设的学习。决定中央局总学委下建立区党委及纵队以上干部的高级学习组，各地、各单位建立分会及核心小组，以此作为学习重点，推动全党的学习。

---

① 参见晋察冀边区革命史编纂委员会编《晋察冀边区革命史编年》，河北人民出版社 2007 年版，第 799 页。

8月18日，中共晋察冀中央局总学委发出第二号通知，中央局7月底决定开展全党学习运动，目前必须加强对学习的领导，一般机关不建立学委支会，由学委分会协同各该党的总支、支部直接负责；高级学习组就是核心小组，由总学委直接领导。同时总学委部署最近半月各单位学习讨论四个中心问题："（一）人民大众反帝反封建的革命，目前主要是反帝呢，还是反封建，或者完全不能分割？目前统一战线的性质与组织形式是否与抗日民族统一战线完全一样？（二）蒋介石没有革命性（内战、独裁、卖国），我党何以采取'洗脸政策'而非'杀头政策'？现在是否该'杀头'了？如果还是'洗脸政策'，是因为阶级力量对比条件不得不如此呢，还是因为人民要求和平，我们有力量'杀头'而不去'杀'呢？（三）我党提出和平民主新阶段的根据究竟是什么？是否这个阶段现在已经过去？如果还是和平民主新阶段，目前内战如何解释？内战的性质和目的是怎样的？（四）目前粉碎蒋介石进攻与上次自卫战争性质是否相同？敌我双方战争的条件有无根本变化，或有些什么变化？战争的进程中我们在局部地区应否主动进攻？若然是否违背自卫与反击的原则？战争的前途和联合政府的实现有何关系？"①

中央局通过近半年的学习运动，大大提高了晋察冀边区领导干部的思想水平，促进了党内团结，增强了边区党的战斗力，为边区的巩固发展奠定了很好的干部基础。

晋察冀边区行政委员会传令嘉奖阮慕韩献地（7月29日） 阮慕韩，1902年生，河北省张家口怀安县柴沟堡镇人，原名阮铭琦。青年时期留学日本，攻读法学专业。1931年九一八事变后，回国在北京中法大学、北京法商学院和天津立法商学院任教。同年10月加入中国共产党。他按照党组织安排，利用教授的身份，做文化教育界上层人士的统战工作，被称为"红色教授"。1937年卢沟桥事变后赴晋察冀边区，曾任第二战区战地动员委员会委员兼晋绥游击军政治部长、冀中军区司令部秘书长。1940年后任华北大学法政研究室主任、北方局通讯联络部长、晋察冀边区参议会秘书主任等职。1945年日本投降后回到阔别20多年的家乡，担任察哈尔省高等人民法院院长。

---

① 晋察冀边区革命史编纂委员会编：《晋察冀边区革命史编年》，河北人民出版社2007年版，第805—806页。

1946 年 7 月 23 日，阮慕韩在怀安县人民政府和柴沟堡区主要负责同志的协助下，在柴沟堡城内西北角旧戏院召开了主要有阮家佃户参加的群众大会，宣布无任何条件地将祖上传下来的 3000 多亩土地，还于耕种土地的父老乡亲，并报请当地政府同农会分配给无地和少地的乡亲。当时，中共中央只是提出和号召对地主占有的土地实行“二五减租”，而阮慕韩却自觉自愿地和盘奉献土地，这在当时的农民心目中确实是“破天荒”。会后，阮慕韩还将家中珍藏的 1000 多件皮、毛、绸、缎、布制的衣服，几百件农具，3 万多斤粮食，两大箱金银首饰，一箱玉器全部交给当地农会，分给缺衣少食的贫困农民。

7 月 26 日，《晋察冀日报》在头版头条发表了“地主出身的共产党员阮慕韩献地 30 余顷，其叔父亦深明大义共襄义举”的通讯报道。同日，还发表了《阮慕韩献地》的社论，对阮慕韩的举动给予高度赞扬。中共晋察冀中央局同日还给阮慕韩致函，表示将号召从地主阶级转到无产阶级立场来的这一部分党员向阮慕韩学习。

阮慕韩的这一举动得到当地大多数地主阶级出身的党员干部和开明地主的热烈响应，晋察冀边区很快掀起了还田于民的热潮。晋察冀边区大部分地方解决了几千年来未能解决的耕者有其田的问题，使得很多农民实现了拥有耕地的夙愿，有力地推动了边区土地改革政策的贯彻执行。

7 月 29 日，晋察冀边区行政委员会发出《关于传令嘉奖阮慕韩献地的通令》，称赞阮慕韩“为人民服务之伟大精神，堪称边区人民表率，各级干部之楷模，特此传令嘉奖”。同时号召全体干部向阮慕韩学习，将自己多余的土地主动献出送给农民，为人民服务，用全力帮助各地农民解决土地问题。①

冀东发生安平事件（7 月 29 日）　7 月 29 日，美国海军陆战队与国民党军各一部，侵入香河安平镇附近的冀东军区防地，并向解放军发起攻击，解放军被迫自卫。战斗持续 4 个多小时后，美国海军陆战队和国民党军派出增援部队，并以多架美国飞机助战，解放军被迫撤出安平镇，该镇遂被国民党军、美军占领。战斗中，双方都有伤亡。这一事件史称“安平事件”。

此事件是由美蒋联手主动挑起来的，马歇尔为了把责任推到中共身上，亲

---

① 参见中央档案馆、河北省社会科学院编《晋察冀解放区历史文献选编（1945—1949）》，中国档案出版社 1998 年版，第 179 页。

自四上庐山，与蒋介石密谋策划。美国驻华大使司徒雷登，也马不停蹄地奔走于南京与牯岭之间。国民党当局有意扩大事态，一心想把美国军队拉进中国内战的漩涡。国民党要员接连发表歪曲事件真相的谈话。国民党《中央日报》也发表文章，歪曲事实，混淆视听。

8月下旬至9月上旬，军调部第二十五特别小组先后前往安平镇、香河县城等地，调查冲突事件真相。由于国民党、美国方面一再破坏调查程序，致使整个调查工作时断时续，无法形成一致结论，最后终于失败。鉴于这种情况，9月9日，军调部中共代表团在北平举行中外记者招待会，公布事件真相。叶剑英发表了《关于安平事件调查结果的声明》，第二十五特别小组中共代表黄逸峰公布了《军调部第二十五特别小组中共代表关于安平事件调查报告书》。叶剑英指出，安平事件的发生，绝不是如美蒋捏造的所谓中共"预谋"的伏击，而是美军在我冀东若干地区，不断配合国民党军队进攻我解放区的必然恶果。为此，他向美方提出四点强烈要求：（一）美军应向我方正式道歉，并保证不再发生类似事件；（二）立即把安平镇交还我方；（三）驻华美军应全部撤出中国；（四）美国政府必须停止对国民党政府和军队的援助，以维护中美人民之间的传统友谊。叶剑英的严正声明，让公众明白了安平事件的真相，粉碎了国民党企图借此事件拉美反共的阴谋，进一步激发了全国人民仇美反蒋的爱国热情。9月下旬，马歇尔下令，撤走驻秦皇岛和塘沽地区的美国海军陆战队。

晋察冀军区与晋绥野战军大同、集宁之战失利（7月31日至9月16日） 1946年1月国共双方签订停战协定后，国民党军仍加紧向解放区进攻。在华北，国民党军对晋察冀解放区首府张家口形成东西夹击之势。大同位于张家口以西，是晋北的战略要地，驻有国民党军第二战区所属暂编第三十八师和第十二战区所属东北挺进军骑兵第五、第六师，连同保安团队共约1.9万人。

为改变张家口两面受敌的不利局面，巩固解放区，晋察冀军区和晋绥野战军遵照中共中央军委指示，联合组成大同前线指挥部，由晋绥野战军副司令员张宗逊任司令员，晋察冀军区副政治委员罗瑞卿任政治委员，统一指挥晋察冀军区第二、第三、第四纵队各一部和晋绥野战军独立第一、第三旅及第三五八旅、骑兵旅等部，连同地方武装共9个旅30个团的兵力夺取大同。其中以5个旅和地方武装一部攻城，以4个旅和地方武装一部位于绥远省（今属内蒙古自治区）集宁附近的卓资山、土城子、商都、凉城地区打援。7月31日开始外围作战，至 8 月 4 日，攻占大同周围大部分据点，歼灭国民党守军 2000 余人。8 月 14 日开始攻城，至 9 月 4 日，攻占北关、西关车站和部分城关街区。此时国民党第十二战区集中第三十五军 3 个师、暂编第三军 2 个师和 4 个骑兵纵队（师）共 3 万余人，自归绥（今呼和浩特）分 3 路向集宁进犯，企图夺取集宁，南援大同。根据敌情变化，大同前线指挥部决定以 3 个旅和部分地方武装围困和监视大同国民党军，集中 25 个团 4 万余人的兵力于集宁地区迎击国民党军援军。9 月 10 日，国民党援军攻占集宁以西卓资山后，以新编第三十一师、暂编第十一、第十七师在空军配合下从西、北两个方向进攻集宁。晋察冀军区部队和晋绥野战军实施反击，迫其就地转入固守。11 日下午，向退守卧龙山、脑包山之敌发起攻击，歼灭国民党军暂编第十一师大部、第十七师一部共 5000 余人。12 日，第十二战区所属第一〇一师来援。大同前线指挥部令主力西进阻援。第十二战区新编第三十二师、新编骑兵第四师等部尾随第一〇一师续援，并于 13 日拂晓全力进攻集宁城。晋察冀军区部队和晋绥野战军鉴于战役形势对己不利，遂于当晚撤出集宁，16 日撤围大同。此役，共歼国民党军 1.2 万余人，但未能达到攻城、打援的预期目的。

8 月

冀东军区进行香河保卫战（8 月 2 日至 9 月 5 日） 1946 年 6 月下旬，国民党军在完成发动全面内战的准备和部署后，以围攻中原解放区为起点，向全国各解放区展开全面进攻，中国历史上规模空前的内战由此爆发。

国民党军对侵占冀东蓄谋已久，进攻行动几乎没有停止过。安平事件发生后的第二天，国民党军第九十二军一部便配合美军侵占了安平镇。8 月 2 日，第九十二军五十六师、一四二师共 2 万余人，又在美军顾问的参与指挥下，兵分三路，向香河发动大规模进攻，侵占了北运河西岸通县解放区的所有重要集镇和广大乡村，并布重兵于运河西岸，准备夺占香河县城。为反击国民党军的进攻，冀东军区组织所属第二十九、第三十六团及第五十九团 1 个营，由第十四军分区司令员曾雍雅统一指挥，展开香河保卫战。部队以北运河东岸大堤为依托，从西集镇、马头镇至起河屯、毛草店、后家湾，构成了 20 公里长的防线。在 1 个多月的时间内，冀东军区以 2000 余兵力，在香河、武清、通县县大队和广大民兵、人民群众的配合支援下，抗击 10 倍于己的国民党军，粉碎了其数十次进攻，歼敌 1300 余人，有效迟滞了国民党军的进犯行动。

香河保卫战的胜利，为整个冀东解放区作好粉碎国民党军大规模进攻的准备争取了时间，使冀东军民对即将开始的反顽自卫斗争增强了胜利的信心。

晋察冀边区行政委员会颁布法令保护与发展民族工业（8 月 4 日） 为繁荣边区经济，保护民族工业，8 月 4 日，晋察冀边区行政委员会公布《晋察冀边区保护与发展民族工业暂行办法》。文件指出，为保护与发展边区境内工业，奖励境内外实业家在边区投资，特规定，边区境内一切工厂、作坊，不论公营私营合作社经营，不论资金多少，均享受如下奖励（矿业条例另订）：凡在边区创设棉纺、毛纺、平板玻璃、电气、钢铁、机器制造、农具制造及制造其他重要工业原料（如甘油、酒精、炭精、染料等）工业者，享受豁免全部营业税、所得税 2 年至 5 年等优待；凡在边区创设棉织、毛织、印刷、玻璃器皿、化学器皿、瓷器、洋烛、肥皂、榨油、皮革、造纸、制药、搪瓷、纽扣、牙粉、牙刷、面粉、火柴、罐头食品、油墨、文具及其他日用必需品的工业者，享受豁免全部营业税、所得税 1 年至 3 年等优待；凡在边区内创设化妆品、儿童玩具等非必需品的工业者，享受豁免全部营业税 1 年至 3 年等优待。

晋察冀中央局决定成立战争动员委员会（8 月 8 日） 为响应中共中央开展自卫战争的号召，有组织地进行战争动员，8 月 8 日，中共晋察冀中央局发出《关于成立战争动员委员会的通知》，决定成立战争动员委员会，以宋劭文、唐延杰、南汉宸、姚依林、马辉之、邓拓、查国桢、陈守中等 8 人为委员，由宋劭文任主任，唐延杰任副主任，在中央局总的领导下进行战争动员工作。

此后，各解放区纷纷响应，各自成立战争动员委员会，进行战争动员的组织工作。8 月 19 日，冀中区党委发出进行自卫战争的紧急指示，要求各地在党的统一领导下，县以上均成立战争委员会，加强机关的战时准备和宣传动员工作。8 月 20 日成立战争委员会，由罗玉川任主任。10 月 6 日，中共冀热辽中央分局作出《关于成立自卫战争动员委员会的决定》，决定成立由冀热辽一级至区村级的各级自卫战争动员委员会，各级精简委员会即与动员委员会合并。自卫战争动员委员会，由各级党政军民的重要干部及群众代表组成，在各同级党委领导下，是群众性又带政权性质的机关，其职权是动员群众、民兵、地方武装等补充主力兵团，办理支援前线与其他一切有关战争动员的工作，并有上下级关系，下级必须服从上级动员委员会的指示命令。冀热辽一级自卫战争动员委员会中，李运昌任主任，李子光任副主任，热河、热辽区不设动员委员会，由冀热辽一级动员委员会兼任。

通过战争动员委员会的工作，晋察冀解放区大规模开展参军补军运动，同时进行生产和支前工作，迅速掀起自卫反击、保卫家园的热潮，为扭转战争初期的不利局面打下了基础。

晋察冀中央局发出进行自卫战争的指示（8月9日） 6月26日，国民党蒋介石在美国支持下，悍然撕毁停战协定和政协协议，大举围攻中原解放区，挑起了全面内战。面对解放区面临的严峻形势，8月9日，中共晋察冀中央局发出《为坚决进行自卫战争，彻底粉碎蒋介石的进攻，恢复国内和平给全党全军的指示》。文件指出，现在全国性的大规模内战实际上已经开始，全晋察冀边区已经进入战斗状态。我们的历史使命就是，坚决完成中央所给予我们的任务，在自卫战争中彻底粉碎蒋介石的进攻，争取恢复和平。

该指示号召全晋察冀军民亲密团结，统一意志，整齐步伐，紧张地动员起来，坚决勇敢地投入到自卫战争中去，彻底粉碎蒋介石进攻。这是中央局对边区军民开始自卫战争的总动员。晋察冀边区的党组织，根据文件精神领导晋察冀边区的军民同国民党的全面进攻展开了坚决的斗争。晋察冀各解放区响应中央局号召，相继发布指示，对自卫战争进行动员和部署。

冀晋区党委于8月15日发出《关于动员全党全军全民进行自卫战争的紧急指示》，指出全国性的大规模内战已经开始，中国的和平已被蒋介石破坏，冀晋区也已进入空前紧张的战争状态。为了保卫和平民主和胜利果实，为了争取中国人民的生存和政治地位，冀晋区全党全军全民应立即百倍紧张地动员起来，坚决勇敢地投入到自卫战争中去，把“一切为了战争”“一切为了前线的胜利”作为目前的中心口号。为了适应战争需要，各级党政军民应迅速成立战争动员委员会，动员一切可能动员的人力、物力、财力支援前线，保证子弟兵的粮食、被服、弹药、担架等的及时供给。具体工作一是立即进行全面的备战检查，二是立即召开各级与不同部门、不同人员的战争动员会议，三是继续动员新战士。《关于动员全党全军全民进行自卫战争的紧急指示》还要求各级党委必须加强锄奸反特；加强通讯报道与宣传工作；加强城市敌工工作；加强党的领导，处理好战争动员与大生产、群众运动等各项工作的关系。

承德、冀东解放区失守（8月21日至9月21日） 承德是冀热辽解放区的政治、经济和军事中心，连接东北与华北两大战略区，战略地位非常重要。冀东解放区控制着关内外的交通命脉北宁路，是华北与东北之间的走廊。因此承德和冀东成为敌我必争之地。

8 月 21 日，国民党军集中 3 个军 7 个师的兵力分三路开始向热河省会承德地区进攻。当时，冀热辽主力部队第一纵队被西调，参加大同、集宁及保卫张家口之战，所剩部队只有 4 个旅，1.5 万人，力量十分薄弱，武器装备也比较落后，无力阻止国民党军的大举进攻。而早在 6 月 21 日，中共中央察觉国民党军的意图时致电聂荣臻、刘澜涛、程子华、萧克，指出："如果敌于平泉集中 3 个师西进，我不能于野战中歼灭其主力，承德即有被占之可能。假如将来出现这一形势，则应考虑固守承德或者主动放弃承德的问题。如有把握歼灭敌军主力，从根本上粉碎其进攻，则应当固守承德；如无此把握，则应准备放弃承德。一则保存杨（得志）苏（振华）纵队及其他部队有生力量不至于过于消耗，坚持冀热辽广大区域，俟土地问题解决，兵备即可增强，那时可能收复锦热路及承德；二则抽出赵（尔陆）纵队回晋冀，协同太行、冀中夺取保定、石门及正太路。"① 根据中央指示精神，为保存有生力量，冀热辽部队在掩护冀热辽中央分局，中共热河省委、省政府等领导机关转移后，于 8 月 28 日撤出承德。

国民党军侵占承德后，又集中 6 个军 14 个师 13 万余兵力，于 9 月 4 日开始向冀东解放区实施四面围攻，冀东部队采取了积极防御的战略方针，遵照中央军委关于以歼灭敌人有生力量为主，不以保守和夺取地方为主的指示，在相机给敌人大量杀伤后，主动放弃了所有的县城。至 9 月 21 日，国民党军先后占领了 15 座县城及其附近主要村镇，冀东解放区全部失陷，根据地也被分割。

承德、冀东的失守，使以张家口为中心的晋察冀解放区面临的形势更加严峻，张家口成为国民党军下一个重兵攻打的目标。晋察冀军事上处于极为不利的局面。

晋察冀中央局号召参军补军（8 月 30 日） 7 月，国民党军全面向中共领导的解放区和人民军队发动进攻。当时晋察冀解放区的人民军队由于进行了大量裁减，故在全面内战初期处于劣势地位。8 月 25 日，中共冀热辽中央分局发出

---

① 中共中央文献研究室编：《毛泽东年谱（1893—1949）》下卷，人民出版社、中央文献出版社 1993 年版，第 94 页。

《关于供给与补兵问题的指示》，指出，适应今后战争环境，保证供给补充。为争取自卫战争胜利，要大量补兵，每一独立旅指定一个分区为补兵区，由各分区负责首先补充野战部队，野战部队减员过多时可由地方部队抽调补充野战部队，但以不损伤地方武装元气为标准。为应对危局，8 月 30 日，中共晋察冀中央局发出《关于紧急动员参军补军的号召》，强调全国性内战日益扩大，这是中国人民决定自己命运的历史紧要关头。号召边区全体党员热烈参军，参加到前线作战的野战纵队中去，成为广大人民参军的模范。每一名共产党员一定要经得起这个历史的严峻考验，团结一致，克服一切困难，完成参军补军的光荣任务。号召发出后，晋察冀边区开展了轰轰烈烈的参军补军运动，使人民军队迅速发展壮大，为逐渐扭转战场上的劣势并转入反攻作了准备。

晋察冀中央局决定成立新华出版社（8 月 30 日） 8 月 30 日，中共晋察冀中央局决定，为统一与加强对边区文化出版工作的领导，成立新华出版社，其性质如党的出版局，而以群众性的公开出版机关出现。所有党的公开出版系统均由出版社统一领导，由周扬（华北联大副校长，中央局文委副主任）任新华出版社社长。

晋察冀边区第一次贸易公司经理联席会议召开（8 月） 为繁荣边区经济，加强对外贸易斗争，8 月，晋察冀边区召开第一次贸易公司经理联席会议，历时 20 余天，检讨与总结边区的财经政策、贸易经营、组织领导与业务计划等问题。8 月 29 日，宋劭文作了《关于财经工作政策上的几个问题的总结》，着重阐述了稳定物价，慎重货币发行，严格管理出入口、境内贸易自由及加强税收等政策。30 日，栗再温作《会议结论》，着重分析了边区形势与对外贸易斗争，要求对内调剂，掌握物资，稳定物价。公营商店在业务经营上要实行专业化，重点经营，完成采购任务以保证军需，要吸收外汇以支持边币，对资金、库存、营业计划均保守秘密，并要做好公司商店的组织与设置工作，向商人学习谨慎、和气、守信用、耐劳苦的作风，处理好总公司与各地分公司、各分公司之间、公营商店与机关商店合作社的关系及与党政部队团体之间的关系，团结私商小贩。

9 月

晋察冀边区行政委员会公布今明两年教育工作方案（9 月 1 日） 根据抗战以来边区教育发展与形势需要，9 月 1 日，晋察冀边区行政委员会公布《晋察冀边区今明两年教育工作方案》，规定边区教育工作的任务是：迅速地大量地培养当前最急需的各类干部人才，普遍地提高人民的政治觉悟与文化水平。上述方案指出，要以最大的力量办理短期的各种训练班，各种初级、中级的职业学校与行政干部学校（包括在职干部的轮训），并可少办一些普通中学班（初中）以吸收高小毕业生深造。在教育方针、课程内容与教学方法上，一切学校与训练班，要切实掌握从当前斗争形势、边区现实社会、群众需要出发；要切实掌握理论与实践一致，教、学、做合一的原则；课程内容适当集中，力求实用；注重讨论会、实习工作、参加劳动；以期真正做到与实际结合、与群众结合，彻底肃清旧型正规化思想的影响。

在上述任务与方针下，晋察冀边区行政委员会拟定了今明两年教育工作实施方案，包括初等教育（国民教育）、中等教育（初中级干部教育）的具体建设计划，以及教员、教材、设备、经费等问题的解决办法。强调党政军民通力合作，一起办教育。小学教育、社会教育，在方针确定后，由县负完全责任，具体组织领导，专署负责检查了解、帮助总结经验；各省政府、行政公署直接负责办好中等学校，而对小学教育、社会教育的领导着重于制定方针政策和总结推广典型经验。

晋察冀边区行政委员会决定建立回民事务委员会（9月4日） 解放战争时期，晋察冀边区实行了一系列积极的宗教政策，保护了宗教界的合法权益。9月，晋察冀边区回民联合会向边委会作了《关于回民情况与今后工作意见》的报告，说明边区约有7万回民及其分布情况，边区回民的经济、文化及生活习惯情况，抗战以来边区回民工作的主要成绩及在清算复仇运动中出现的某些问题，并较系统地提出了成立各级回民事务委员会的具体意见。

9月4日，晋察冀边区行政委员会制定《关于建立回民事务委员会的决定》（草案），指出，为加强回民工作，进一步扶助回民在政治上经济上文化上的建设与发展，决定于省（或行政区）级以上政府内均建立回民事务委员会，专区级、县级待视工作需要情形由省政府或行政公署批准后进行建立。回民事务委员会是政府领导下的一个部门，专门从事研究回民的工作及掌管有关回民的事务问题，在民族平等、民主自由的精神下管理回民地区的自治，发动回民积极参加边区之各种建设事业，并根据回民目前经济文化基础与需要发展有利于回民的经济及教育文化事业。同时具体规定了各级回民事务工作委员会的工作范围、职权及工作关系，以及回民事务委员会的组织编制与产生办法。

晋察冀边区行政委员会通过建立回民事务委员会，尊重少数民族宗教信仰和风俗习惯，保护了少数民族合法权益和正当利益，巩固了党对宗教界的统一战线，加强了党对宗教工作的领导。

晋察冀中央局召开干部大会分析目前时局（9 月 15 日） 8 月至 9 月，国民党军占领承德、集宁、丰镇等城市和冀东地区后，蒋介石于 9 月 10 日令绥远第十二战区傅作义部和北平第十一战区孙连仲部，集中主力分别从集宁、丰镇和南口、怀柔两个方向，会攻张家口。

面对国民党的疯狂进攻，为分析当前时局，统一思想，9 月 15 日，中共晋察冀中央局召开干部大会，聂荣臻作《目前战局与任务》的报告，分析了边区目前的战况。他认为，敌人进攻边区首先从冀热辽开始，目的是巩固北宁路，控制冀东，占领承德。我们早就准备放弃承德，不过放弃早了些，使敌人对冀热辽的战役计划提前实现。在西线，集宁战役，歼灭傅作义第十一师主力和第十七师一个团，但由于战场布置不好，给养缺乏，担架医药等准备不充分，没有歼灭傅军主力，“我军主动放弃集宁”，形成了目前不利的形势。傅军占领集宁后，可能南下解救大同，也可能与东线蒋军的行动相策应。因此，必须主动解大同之围，在战略上重新部署，集结兵力，寻求机动，找机会打敌人，才能改变不利的形势。报告指出：“今天，主要战场移到平绥线上，估计敌人将采取东西合击的方法，西面可能有三个师，东面可能两个多军至三个军。”“我们的任务是保卫察哈尔，准备在平绥线上打敌人。”同时强调，战争是长期的，在万一不利的情况下，不作孤注一掷，张家口“并非绝对不能放弃”，但不能轻易放弃，党政军民机关都要听战委会的指挥，有秩序地布置战场。①

根据这次干部大会的精神，9 月底至 10 月上旬，晋察冀军民进行了艰苦的张家口保卫战，并在战局不利的情况下为保存力量，主动撤离张家口。

晋察冀边区制定 1946 年度供给标准（9 月 19 日） 为减轻人民负担，支持长期战争，9 月 19 日，晋察冀边区行政委员会作出《关于各战略区 1946 年度供给标准的决定》，要求积极开辟财源，厉行节约，克服浪费，反对铺张，减去或

① 参见中央档案馆、河北省社会科学院编《晋察冀解放区历史文献选编（1945—1949）》，中国档案出版社 1998 年版，第 193—196 页。

减少不必要或不急需的开支，以积蓄力量，不加重人民负担，支持长期战争。同时确定了1946年度全边区统一的供给标准。规定除野战军外，其他一切机关、团体、地方部队、中等以上学校，毫无例外地要负担生产任务；年度供给标准采取因地因人因时制宜的办法，按照部队高于地方、野战部队高于地方部队、边缘区高于中心区、寒冷地区适当高些的原则，各省、署可根据边委会规定的标准适当调剂，制定出本战略区的供给标准，但不得超过边区统一的供给标准。此外，从本年度起除部分特殊人员（技术人员）保留薪金制外，一律改为供给制；各省、署建立起自己的革命的家务。

冀热辽中央分局实行紧急金融处理办法（9月25日） 为打赢与国民党的货币斗争，粉碎国民党的经济进攻阴谋，9月25日，中共冀热辽中央分局发出《关于紧急金融处理办法的决定》，指出，国民党大规模军事进攻，配合以经济进攻，8月3日在平津报纸上公布发行伪满币131亿，企图破坏边币，大量套取物资。为粉碎国民党的经济进攻阴谋，中共冀热辽中央分局实行紧急金融处理办法：（一）对伪币的处理，即日起边界一律禁止伪币入境，外面商人带伪币在内地收买物资者，物资不得输出，退还伪币；严格管理粮食、皮毛牲畜及其他土产品的输出，只准换回粮食，不准换回伪币或法币；国民党的流通券及新伪满币、假伪满币、法币关金及除边币以外的一切杂钞，禁止在市面流通；奖励商民以伪币向外面交换必需品；严禁私人买卖大烟，输出大烟。（二）推行边币，由银行规定统一的边币与伪满币的比值，各地设兑换所；维持银行充足的准备金；禁止公家以边币在市面上吸收伪币；恢复公营商店营业；立即宣布开始公粮代金的征收工作；各市镇征收营业税及其他税收，必须用边币；公家商店一定完全收边币，收伪币时由银行兑换；从速用伪币向外交换布匹棉花等必需品，以接济供应；集中各机关现有伪币金银，有条件的卖边币；登记各机关边币的存数及用途。同时决定开展政治攻势，打击伪币，推广边币市场。

张家口保卫战（9月29日至10月11日） 占领承德、冀东后，为达到“打通平绥路，巩固华北”的目的，9月29日，蒋介石集中孙连仲第十一战区、傅作义第十二战区共9个军兵力，从东西两面向张家口发起进攻。在东线，第十一战区十六、五十三军为主攻，分别由南口、怀柔地区沿平绥线向怀来进攻；十三军由承德出大阁（今丰宁）、沽源，与之配合。在西线，第十二战区3个步兵师、1个骑兵师、1个骑兵纵队及阎锡山第一战区暂编三十八师，集结于大同、集宁一线，待机行动。

晋察冀军区主力展开张家口保卫战，由萧克、罗瑞卿组成野战军指挥机关，集中兵力，打击由北平北进的国民党第三十四集团军；由杨成武率第三纵队 6 个旅，在冀晋、冀中、冀察军区部队及数十万民兵配合下，向平汉线保定以北发起攻势，以配合张家口保卫战，分散国民党军的兵力；由第四纵队在张家口以北、以西滞迟傅作义部的行动，掩护晋察冀党政军机关撤退。至 10 月 3 日，平汉前线经 4 天作战，歼灭国民党军 8000 余人，攻克望都、徐水、容城、定兴等 4 座县城和保定南北清风店至高碑店各车站。平绥前线，歼灭国民党第十六军一〇九师之三二五团全部及三二七团 1 个营。在平绥东线，10 月 8 日，歼灭国民党第四二三师一二七团，10 日又在怀来东南山神庙歼灭国民党第九十四军一二一师 1000 余人。由于傅作义部 10 月 8 日侵占张北，11 日又偷袭突入张家口，晋察冀军区守城部队遂撤离张家口。至此，张家口保卫战结束。

此役，晋察冀军区部队共歼灭国民党军 2.2 万余人，为尔后机动作战创造了有利条件，但未能圆满实现大量歼灭敌人有生力量的目标。

冀中行政公署作出关于冀中扩大财政会议的报告（9 月）　为总结冀中区 1945 年的财政工作，决定 1946 年的财政方针，1946 年 9 月，冀中行政公署作出关于冀中扩大财政会议的报告。报告分为两部分：第一部分为 1945 年度财政工作的检查，第二部分为 1946 年度财政方针与财政工作。报告认为 1945 年度财政工作成绩不小，保证了战争供给与战争胜利，在新解放区实行了较为合理的负担办法，在老解放区整理了村财政，开拓了六、八、九、十分区的边币市场。但人民负担过重，边区款与村款负担平均每人占收入的 36.6%，而财政亏空却很大。其根源是财政思想与财政制度存在着严重的偏向。因此决定 1946 年度的财政方针是：进一步切实贯彻发展经济、保障供给的总方针，树立长期过日子的思想，努力发展公私生产，积极开辟财源，彻底清理家务，厉行节约，肃清浪费，整理财政，做到收支平衡，减轻民负。在财政管理上，统一管理，严明职责，划清权限，建立财政秩序与财政纪律，建立健全正常的财政制度。同时决定建立健全边区财政与地方财政体制、建立完整的边区财政与正常的财政制度、建设地方财政等。

10 月

冀热辽中央分局决定限期肃清热河匪患（10 月 3 日） 8 月，国民党大举进攻热河解放区时，派遣了大批特务、匪队到解放区进行骚扰和破坏，加上一些地方武装和民兵叛变，一时土匪蜂起，仅热北、热西就有匪 100 多股，7600 多人。热东地区仅朝阳、建昌两县就有匪 114 股，6500 多人。热辽地区有匪 3200 多人，热中地区有匪 3300 多人。全省境内武装土匪达 2 万人以上。为巩固根据地的建设，必须肃清热河匪患。

10 月 3 日，中共冀热辽中央分局发出《关于限期肃清热河匪患的决定》，成立了剿匪工作委员会和剿匪司令部，由王逸伦任工委书记兼政委，张甦为司令员。任务是限期彻底肃清匪患，发动群众，实行土地改革，改造和壮大地方武装及民兵。肃清土匪的政策是分化瓦解，剿抚兼施，先打后拉，打中有拉，严惩匪首，争取匪众，对悔过自新者不咎既往，缴枪不杀，对其家属不杀害。同时规定了剿匪战术，剿匪部队和人员的纪律，以及群众性剿匪措施，要求省委、各区党委即日拟定计划具体部署实行。① 此后，剿匪司令部调动 5 个骑兵团和 1 个步兵团，以热北、热西地区为重点进行了两次大规模的联合剿匪行动，共消灭土匪 5395 人。这样，在中心区的匪患被肃清或者被挤到敌占点线附近地区。

通过历时 5 个多月的第一阶段剿匪斗争，到 1947 年春，热西、热北地区土匪大部被消灭，其他地区的土匪活动也大大减少，冀热辽地区出现比较安宁的局面，为冀热辽解放区的军事斗争和各项建设事业扫除了障碍。

晋察冀中央局宣传部发出《关于开展自卫反击政治攻势的指示》（10 月 6 日） 全面内战爆发后，为保卫晋察冀边区，中共晋察冀中央局和边区行政委员会开始进行自卫战争的动员和准备工作。为此，中共晋察冀中央局先后发出了《为坚决进行自卫战争，彻底粉碎蒋介石的进攻，恢复国内和平给全党全军的指示》《为粉碎蒋介石进攻争取爱国战争胜利的号召》等，要求各区坚持进行自卫反击。

政治宣传是动员工作的重要一环。10 月 1 日，中共中央发出《三个月总结》，系统阐述了全面内战爆发以来三个月战争的经验，提出今后的作战方针和

---

① 参见《冀热辽中央分局重要文件汇集》第三册，原件存中央档案馆。

作战任务及解放区土改、生产、支援战争的任务。《三个月总结》中提出“一切军队必须加强政治工作”，加强党的领导。6 日，中共晋察冀中央局宣传部发出《关于开展自卫反击政治攻势的指示》，指出：“蒋军正在集结兵力，向张家口进攻及向平汉路增援，今后更艰苦的长期斗争，要求我们把政治攻势加强起来”，“真正使政治攻势成为总力战的一部分，并迅速做出成绩。”政治攻势的中心任务是：反对蒋军进攻，指出蒋军必败，从思想上瓦解蒋军，坚决自卫；粉碎蒋介石的和平攻势；响应美军撤离中国的运动。同时提出了长期地系统地开展政治攻势的策略、措施及当前的宣传中心的口号。①

晋察冀边区各区党委宣传部门响应中央局宣传部指示，根据各区具体形势和特点，提出有针对性的政治宣传策略，对拨开国民党和平迷雾，提高解放区军民自卫战争的自觉性，瓦解国民党官兵的战争斗志，争取全国人民对中国共产党自卫战争的同情和声援，有着重要意义。

晋察冀边区成立后方工业建设办事处和工业局（10 月 8 日） 为顺利进行自卫战争，支援前线作战，大力建设后方工业被提上日程。10 月 8 日，晋察冀边区行政委员会、晋察冀军区发出工行字第二号命令，决定成立后方工业建设办事处，负责筹划后方工厂建设事宜，并任命姚依林为办事处主任，刘再生、刘鼎为副主任。凡边委会工商处及军区工业部所属各工厂之地址设置、经费预算、干部分配、物资保管及调整等事项，均由该办事处负责办理。在冀晋区迅速设立较大兵工厂，由杨成在办事处领导下负责生产的组织领导。边区工商处及军区工业部在宣化及下花园的各工厂，一律由江泽民负责领导。

随着战争的推进，工业用品尤其是军用物资需求不断增加，有必要加强和扩大工业生产。11 月 27 日，晋察冀边区在原有工业建设办事处的基础上成立工业局，统一领导原军区工业部所属工厂、原边区行政委员会工商处所属工厂、原兴华实业公司所属工厂。工业局受边区行政委员会领导，但有关军工生产部分受军区领导。姚依林任局长，刘再生、刘鼎任副局长。同时在工业局内组织工业委员会，职责为讨论决定有关工业建设重要事项，以姚依林、刘再生、刘鼎、江泽民、杨成、沈鸿 6 人为委员。原军区工业部及兴华实业公司取消。晋察

① 参见晋察冀边区革命史编纂委员会编《晋察冀边区革命史编年》，河北人民出版社 2007 年版，第 819 页。

冀边区的工业生产得到加强，部队前线所需物资和后方生产物资等有了进一步保障。

冀热辽合并分局、省委、区党委三机关（10月9日） 全面内战爆发后，国民党出动重兵对晋察冀解放区展开进攻。8月，国民党3个军7个师兵力由平泉分三路进攻热河，由于敌我力量悬殊，中共冀热辽中央分局和热河党政机关、部队主动放弃热河，大部向围场、赤峰转移，一部分向兴隆转移。为适应战争环境，经中共中央同意，冀热辽分局决定精简机构，充实下层和部队。

10月9日，中共冀热辽中央分局关于组织机构及目前任务、武装问题对各区党委、地委及各旅团作出指示，一是将热河省委、热辽区党委合并于冀热辽中央分局，恢复热河省政府，领导全热河各级政府工作；另设冀热辽野战军司令部，段苏权任野战军司令员，黄火青任政治委员。二是冀热辽中心任务是解决土地问题与多打歼灭战，二者配合，缺一不可，必须坚决执行。三是补充主力兵团。冀热辽分局经过调整后能够加强领导，集中进行建设工作，有利于迅速恢复元气，尽快改变战争初期军事上的不利局面。

晋察冀中央局发出关于公安保卫工作的指示（10月10日） 为了配合前线粉碎国民党军的进攻，争取自卫战争的胜利，后方必须严厉镇压特务活动，肃清特务破坏分子，巩固军队和地方治安。10月10日，中共晋察冀中央局向各区党委发出公安保卫工作的指示，要求各地：（一）开展群众反奸肃特教育，广泛揭破特务活动，提高对特务的警惕，保卫秋冬生产、群众参战与土地改革各项群众运动之顺利进行；（二）切实加派得力干部增强武装侦察工作，开展情报工作，打击顽、伪还乡团活动，使接顽区锄奸工作与武装斗争密切结合起来，保卫边沿区各种组织，巩固区村政权；（三）社会部应训练强有力的领导干部到税务机关及口境税卡中去，利用经济贸易的公开形式，掩护锄奸工作上的侦察、检查工作，严防往来敌我区商贩中之特务活动；（四）在军队中加紧对俘虏的侦察、调查工作，发动俘虏举发顽、伪军中的特务分子，争取俘虏兵，扩大人民军队；（五）提高城镇警察质量，切实掌握户籍，在情况较复杂的城镇，经常进行抽查工作，并建立秘密民警，使用自卫队，有计划地巡逻，把公开社会治安管理与秘密侦察、调查工作密切结合起来，做到切实巩固社会治安；（六）深入对公私经济生产部门的侦察、调查工作，提高经济部门干部的警惕性。各地应在交通要道设立检查站，检查违禁物品，如反动宣传品、私藏电台、秘密文件、武装等。

各地接到中央局指示后，根据具体情况颁发文件，进行了公安保卫工作的布置，保证了军队和地方的巩固。

晋察冀野战军撤守张家口（10月11日） 9月，国民党军以强悍兵力攻下集宁，并迫使晋察冀、晋绥部队撤围大同，形成对晋察冀首府张家口两面夹击的严峻形势。经中央军委同意，为争取主动，晋察冀军区在张家口一面布置防守，一面疏散机关和物资作撤离准备。

傅作义部队占领张北后，于10月10日沿张（北）张（家口）公路向张家口进攻。晋察冀军区教导旅在狼窝沟顽强阻击敌人，以争取时间掩护党政军领导机关有序地从张家口转移。狼窝沟失守后，张家口以北已无险可守。遵照中共中央、毛泽东制定的"以歼灭敌有生力量为主，不以保守个别地方为主"① 的战略方针，在歼灭敌2.2万余人、给予敌人重大杀伤力后，晋察冀边区党政军机关主动撤离张家口。中共晋察冀中央局及边委会撤往平山，察哈尔省委、省政府撤往涞水，张家口市委、市政府撤往涞源东团堡。

10月11日，傅作义部队占领张家口。张家口既失，继续坚持东线阵地已无意义，军区主力于13日撤出怀来阵地。12日，中共中央致电聂荣臻、刘澜涛、萧克、罗瑞卿、张宗逊关于张垣失守后的作战指示："张垣失守后，傅作义部队极端分散，利于我各个歼灭。""一城一地之得失无关大局，主要任务是歼灭敌人有生力量。望本此方针，鼓励士气，团结全党，完成中央给你们的神圣任务。"②

14日，晋察冀军区司令部发布了《保卫张家口战役公报》，称："张家口之弃守不仅为察省人民之损失，且亦我军从晋察冀边区及全国人民之损失，我们决不能坐视人民之利益横遭劫夺而善罢甘休。我们将继续为保卫人民利益，保卫解放区的神圣土地而英勇奋战。张垣保卫战仅属于大战之开端，事实将证明，蒋介石企图从军事上迫我屈服，永远只是妄想。蒋氏既已违背全国民意侵占张垣，我们今后在军事上就完全不受任何约束，完全可以自由主动地继续歼灭进犯者。我们从日寇手中解放张家口，一定还要由我们从蒋家进犯军手里重新解

---

① 周均伦著：《聂荣臻的非常之路》，人民出版社2004年版，第81页。

② 中央档案馆编：《中共中央文件选集（1946—1947）》，中共中央党校出版社1992年版，第309页。

放出来。”①

热河军区进行建昌战斗（10月14日） 建昌位于热河与辽西的接壤地带，地处北宁路和锦承路夹角之间。日本投降后，建昌即为于大川匪部抢占，成为国民党军队进攻热河的重要基地。为了拔掉这个钉子，1946年初，热河军区二十七旅和热东军分区部队曾两次攻打建昌，由于建昌城坚固的环形防御体系易守难攻，都未能攻下。经过周密部署，10月14日，热河军区司令员段苏权率十三旅两个团和热东独立团、辽西支队，由赤峰前线插到热东敌后，进攻建昌守敌，经15个小时激战，全歼该敌，共计俘虏保安第四支队少将副司令罗星光以下700余人，击毙伪县长、国民党党部书记长及正副团长以下700余人，缴获甚多。冀察热辽军区对参战部队进行了嘉奖。战斗得到民众的积极支援，建昌民众1000余人主动上前线送弹药、抬担架，破碉拆墙。建昌一役，打开了热东的局面，对整个热河战场也产生了一定影响。

冀中文协成立（10月15日） 在抗战胜利后，为了更好领导边区文化建设事业，晋察冀边区及各省、行署陆续成立多种文化团体。1945年10月，冀中文联率先成立，领导开展农村群众文艺工作。为发扬传统，进一步团结冀中区的文艺工作者，繁荣解放区文艺，1946年10月15日，中共冀中区党委宣传部在河间召开文协成立大会，参加大会的有冀中党政机关代表和文艺界会员64人。会议通过了文协工作纲领与简章，投票选举了王林、孙犁、力麦、王炎、远千里、路一、田涯、赵卜一（艾实惕）、丁辛、秦兆阳、鹿一夫、崔嵬、郭维、傅铎、胡丹佛等15人为文协执委，胡苏、沈雁、梁斌、王德厚为候补执委。其中王林、崔嵬分别为正、副主任，孙犁、崔嵬、郭维、傅铎、秦兆阳、鹿一夫、田涯、赵卜一、王林为常委。大会通过的文协成立宣言称：冀中文协将遵照人民意志，更进一步贯彻毛主席文艺工作方针，它将在火热的战争中，奋起自己的力量；它将进一步使文艺工作为人民服务，与群众相结合；它将在冀中平原广大农村，掀起一种浪潮，使人民的战斗歌声鼓声洋溢田野；它将进一步团结旧艺人，运用、改造乡间的一切艺术形式，为新的人民艺术的成果而努力。

晋察冀中央局在涞源召开扩大干部会议（10月22日至11月5日） 自卫战争初期，晋察冀边区军事上面临许多不利局面，再加上首府张家口失守，给

---

① 《晋察冀日报》，1946年10月19日。

军民思想上造成一定的恐慌。为统一思想，增强解放区军民战胜国民党的信心，10 月 22 日至 11 月 5 日，中共晋察冀中央局在涞源召开扩大干部会议。会议由聂荣臻主持。会议根据中共中央关于《以自卫战争粉碎蒋介石的进攻》和《三个月总结》等指示，以批评与自我批评的精神，检查前一段时期对大规模内战思想上、军事上、工作上准备的不足，总结经验教训，澄清模糊观念，统一了对张家口失守后的思想认识，鼓励军民树立必胜信心，统一步调，团结一致，战胜蒋介石的进攻。会议还研究决定了今后的作战方针和任务。

11 月 1 日，会议作出《关于张垣失守后的形势与任务的决定》，分析了四个月来自卫战争的进展，指出："只要我们依照中央的方针坚决执行，力争军事形势的根本转变，我们就一定能够胜利。"同时总结了张垣失守的痛苦教训，分析了张垣失守后的形势。目前，敌人对晋察冀热辽整个战略进攻的企图是切断华北与东北、内蒙与外蒙之联系，并企图深入山地，占领若干重要点线，"困我于山区"，以便其控制平原。"今后，我们在自卫战争中，困难必然增加，应该充分认识这种严重性。"国际国内的政治形势依然有利，只要按照中央指示进一步团结群众，发动群众，动员一切力量支持长期自卫战争，坚持运动战、歼灭战的方针，力求更加自由主动地继续大量歼灭敌之有生力量，就能够彻底粉碎蒋介石之进攻，收复一切失地，扩大解放区。会议要求全党全军必须采取集中优势兵力各个歼灭敌人的作战方法；继续深入群众工作，全面彻底实行土地改革；开展大规模的生产节约运动，克服财经困难；改进斗争形式、组织形式、工作作风，以适应今后长期的自卫战争和依靠中小城市与广大乡村的环境。①

会后，为适应战争新形势，晋察冀中央局调整了军区战斗序列，野战军与地方军扩充到 24 万余人，撤销冀察、热河两军区，冀察军区与张家口卫戍区合并为察哈尔军区，辖察南、平西及冀西北地区；原冀察军区的平北、察北地区划归热河军区，并将热河军区改称冀热察军区。

冀热察与察哈尔区划调整（10 月 23 日） 张家口失守后，为粉碎国民党的进攻，适应战争形势的变化，继续实行"向北发展，向南防御"的战略方针，牢固地控制热、察地区，以支援建立巩固的东北根据地，中共中央、中央军委

① 参见中央档案馆、河北省社会科学院编《晋察冀解放区历史文献选编（1945—1949）》，中国档案出版社 1998 年版，第 202—206 页。

和晋察冀中央局、晋察冀边委会、晋察冀军区对行政组织区划作了较大的调整。

10月23日，中央局决定将冀察及热西分为两区党委：冀热察区党委，管辖热西分区及察北、察东、平北3个分区，干部武装等一律不动，段苏权为书记，牛树才为副书记兼组织部长，杨春甫为行政公署主任，张孟旭为行政公署副主任，梁正中为宣传部长；其他地区划归察哈尔省委管辖（怀来、涿鹿归察哈尔，宣化归冀热察），孙明为组织部长，吴光为城工部长，其他不变。中共张家口市委划归中共察哈尔省委领导，市委书记由萧明担任，张家口市卫戍区合并到察哈尔军区，郑维山任军区司令员，刘杰任军区政治委员。同时成立冀热察军区，下辖察东、察北、平北和热西4个军分区，曾思玉为司令员，段苏权为政委。

11月9日，中共察哈尔省委、省政府、省军区将察东地委、专署、军分区分设为察东、平北两个地委、专署、军分区，将平西地委、专署、军分区分为易水、平西两个地委、专署、军分区，察哈尔省辖区缩小为平西、易水、察南3个专区。11月13日，晋察冀边区行政委员会决定察北、平北、热西划归冀热察行政区，杨春甫、张孟旭分别为正、副主任，张家口市政府由察哈尔省政府领导，萧明任市长。

为加强平北工作，1947年1月28日，冀热察行政公署发布通令，将原第五专区划为平北、察东两个专区。察东专区辖龙关、赤城、龙（关）崇（礼）宣（化）、怀来、延庆、崇礼等6县。平北专区辖昌平、怀柔、顺义、密云、四海等5县。委任葛启为察东专区专员，李守真为平北专区专员，王维为新成立的四海县县长。

晋察冀中央局发出《关于加强全党思想教育及轮训区村干部的指示》（10月24日） 自卫战争以来，边区党政军民各级干部涌现出英勇作战、慷慨动人的事迹，同时也出现强迫命令、脱离群众，甚至叛变投敌的事件，为此，中共晋察冀中央局发出《关于加强全党思想教育及轮训区村干部的指示》，强调为了使全党思想更加统一，组织性、纪律性更加提高，更好地进行一切工作，团结广大群众，全力支持战争，争取胜利，特决定：（一）各级党委认真加强党员及干部的思想教育，要把它看作是统一思想、团结对敌、争取胜利最必要的一环；（二）提高干部觉悟和政治水平，并且经常保有一大批机动突击的干部；（三）大批训练区村干部，不能借口工作繁重而放松或推脱这一工作，务必使区村干部（特别是村干部）中的主要负责干部都能在今冬轮训一次，可采取短期速成的办法。各地委及县委必须把思想教育工作当作重要任务，亲自布置、亲自领导，在工作中应表扬积极分子、模范工作者以及各种英雄，而对少数不可救药的坏分子给以应有的纪律教育。

《关于加强全党思想教育及轮训区村干部的指示》强调，党校教育与党所领导下的学校教育及区村干部（特别是村干部）的训练，其目的都是使我党思想由上而下更加贯彻统一，更加广泛紧密地团结群众。它是克服严重的脱离群众现象的必要步骤，是我党伟大的思想建设教育继续发展与提高战斗力的重要措施，绝不能把它看成一件照例的工作而等闲视之。因此，对于上述指示，各级党委应根据自己的具体环境详细讨论、确实布置、贯彻执行。

11 月

晋察冀军区发起易（县）涞（水）战役（11 月 2 日至 21 日） 1946 年 10 月，国民党军占领晋察冀解放区首府张家口后，其第十一战区司令长官孙连仲以集结在涞水、定县、保定地区的第五十三、第九十四军等部继续向解放区腹地进攻，企图夺占易县城，西出紫荆关，与进占察南的第十六军和第三十五军一部会攻涞源，以分割晋察冀解放区。

晋察冀军区司令员兼政治委员聂荣臻决定将野战军第一、第二、第三、第四纵队由察南调至河北平原，在地方部队配合下，首先歼灭第九十四军一部，然后扩张战果，粉碎国民党军队的进攻。11 月 2 日，国民党军第九十四军第一二一师由涞水西进。晋察冀军区以独立第八旅在正面采取运动防御，诱敌深入，以第三纵队及独立第四旅在易县至涞水公路门敦山、南北桥头、二十里铺等地设伏。3 日晚，国民党军先头第三六一团进至军区部队设伏地域。第三纵队主力及独立第四旅乘敌立足未稳，突然发起猛烈攻击，并迅速截断其后续部队，全歼第三六一团及增援的第三六一团 1 个营，第一二一师主力退回涞水。13 日，国民党军第五十三、第九十四军各以 4 个团分两路再攻易县，遭晋察冀军区部队打击后，于 19 日撤回涿县、定兴。晋察冀野战军主力随即转至满城、定县地区休整待机。

12 月 16 日，国民党军第五十三军 4 个团与增调的暂编第一路军第二总队 2 个团由保定、漕河分路向满城进攻，企图迷惑和牵制晋察冀军区部队，掩护其第九十四军由涞水再攻易县。晋察冀军区以第二纵队 1 个团于徐水以南牵制第九十四军，以5个团进到满城及以南地区为预备队，集中第三、第四纵队主力反击进攻满城之敌，并以独立第七、第八旅向固城、保定间出击，阻击第九十四军南援。19日晚，第三、第四纵队分别从易县、定县地区以急行军隐蔽进至满城以东，第三纵队猛插敌五十三军右翼，包围进至后大留地区的第一三〇师第三八八团。20日晚，第四纵队5个团楔入第二总队侧后，向周营、道口、相庄的总队指挥所和2个团发起猛攻。激战至21日，全歼第三十五军第三八八团和第二纵队2个团。第五十三军余部退回保定，第九十四军未敢南援。

易（县）涞（水）战役先后歼敌7900余人，粉碎了国民党蒋介石“进攻冀西，打通平汉路”的企图。这是人民解放军在撤离张家口以后，在运动中集中优势兵力大量歼敌的良好开端。

冀晋区地委传达中央局涞源会议精神（11月8日）　11月8日，王平在冀晋区地委书记联席会议上作结论报告，传达中共晋察冀中央局《关于张垣失守后的形势与任务的决定》精神，分析冀晋区的具体情况，部署自卫战争各项工作。报告提出几个方面的要求：（一）关于武装建设，要求补充扩大主力，充实地方军，建立区小队、武工队，加强部队政治工作，加强作战计划和参谋工作，培养干部特别是连排干部，加强民兵领导，整理民兵组织，恢复和健全兵工生产。（二）关于对敌斗争，强调主力军大踏步前进与大踏步后退，集中优势兵力各个歼灭敌人，反对分兵把口，反对只满足于击溃战；在战术指导上，采取敌进我进的方针，深入敌后，化装奇袭；还对一、二、三分区作战重点进行了布置。（三）为保证自卫战争的胜利，确定开展生产节约运动，解决财政困难；抓紧土改，迎头赶上；划分行政区，以利作战。（四）关于思想领导与作风问题，目前主要的敌人是思想腐化、惧怕敌人、惧怕困难、幻想和平、退却逃跑的个人打算与小团体主义，没有警惕性，不守纪律等，我们应该与这些敌人作坚决的斗争。

冀热察军区发起赵川战斗（11月9日）　国民党发动全面内战以后，以重兵“围剿”解放区，先后占领热河、冀东等地重要城市和交通枢纽，并攻占晋察冀首府张家口。为了增强军民斗争信心，必须打击国民党的嚣张气焰。冀热察军区采取“专打孤立之敌”的方针，于1946年冬以赵川发起对敌反击。赵川位于宣化以东，国民党第三十五军第一〇一师第三〇三团在此驻扎。

战前，冀热察军区独立第五旅旅长詹大南、政委李光辉召集会议，决定放弃强攻，采取智取，将敌人引出城外来打。10月8日晚，部署十三团在白庙子一带，十五团在董家窖、李家堡一带设伏，并给敌人制造“此处无正规部队”的假象。9日，敌人一个营被引向白庙子，由十三团分割包围“吃掉”。然后会同十五团相继攻入赵川城内，与残敌展开激烈的巷战。经过5个小时激战，将两个营敌军大部歼灭，俘敌副团长及前往赤城、龙关上任的两名敌伪县长和赵川镇长以下300余人，毙敌百余人。缴获迫击炮3门，六〇炮6门，轻重机枪24挺，步枪300多支，马54匹，电台、无线电话各1部。

赵川战斗结束后，中共晋察冀中央局致电表扬，指出冀热察军区独立第五旅在困难时刻，积极主动，抓住战机，消灭傅作义嫡系部队，振奋了民心，鼓舞了士气。

冀中区党委决定开展李混子爆炸运动（11月15日） 李混子（1924—1946），河北新乐北李家庄人，出生在一个贫农家里。1937年9月，参加抗日儿童团。1938年春，担任村青年抗日先锋队指导员，研究自制武器，捉特务，打汉奸，站岗，放哨。同年12月，被村党支部破格批准加入中国共产党。不久，参加县里爆破训练班，回村后担任北李家庄村爆破组长，带领民兵利用自己研制的地雷炸电杆、毁路基、破坏敌人的交通设施，创造了无数惊人的战绩。在抗日战争中，地雷战曾令日军闻风丧胆。“敌人遇见骨碎，火车碰上翻身”，是人们对闻名全国的爆炸英雄李混子的赞誉。自全面内战爆发到1946年12月底，李混子和他的爆炸组共炸毁敌人火车头7个、车皮30余节、桥梁数座，毙伤敌人150余名。李混子爆炸组的威力，迫使敌人不敢晚上通车。在李混子爆炸组的影响下，全区、全县、全冀中区的爆炸运动开展起来。

为了粉碎国民党军进攻，恢复国内和平，1946年11月15日，冀中区党委发出《关于开展李混子爆炸运动的决定》，要求冀中区各级党政军民有计划地培养千万“李混子”，并向李混子学习，使冀中“村村皆雷”“雷山雷海”，掀起全区广泛的爆炸运动，以便大量消灭蒋军有生力量，取得战争的最后胜利。1946年12月8日，李混子带领民兵布雷时，因大风刮起棉袍挂住雷线不幸被炸成重伤，次日牺牲，年仅22岁。

1947年1月10日，晋察冀边区行政委员会向全区发出《关于嘉奖李混子爆炸组的通令》，决定授予李混子“边区爆炸英雄”称号，通令嘉奖爆炸组，奖弹药费边币200万元。

冀晋区开展为人民立功运动（11月18日） 1946年9月至10月，华东解放区在军队政治工作中开展了立功运动，收到良好的效果。11月11日，延安《解放日报》在头版刊登了对华东立功运动的报道并发表了《广泛开展立功运动》的短评，称赞山东和华中解放区开展的立功运动是“人民自卫战争中的一个创举”，号召全国解放区普遍开展立功运动。为此，冀晋区党委、冀晋行政公署于11月18日、28日先后发出关于开展为人民立功运动的指示，决定在冀晋区全党全军全民中广泛开展为人民立功运动。号召冀晋区各级政权干部认真参与为人民立功运动，要求党政军民干部、战士必须确立坚定的革命人生观，全心全意为人民服务，坚决勇敢，不怕牺牲，发动群众，保卫胜利果实，保卫解放区，还要在旧历年前后将运动推向高潮。同时将运动精神贯彻到今后一切工作中去。到1947年初，为人民立功运动不仅在冀晋，而且在整个晋察冀直至全国各个解放区全面开展起来，成了在解放战争中开展思想政治工作的有效工具和推动解放战争胜利的有力武器。通过开展为人民立功运动，战士们的思想觉悟和部队的战斗力大大提高，为解放战争的彻底胜利打下了坚实的思想和物质基础。

冀东区党委召开扩大会议研究作战方针和土地改革（11月19日） 为进一步认清形势，统一思想，争取更大胜利，冀东区党委于11月19日召开扩大会议，分析冀东的斗争形势和前途。会议认为，冀东地区是国民党保持华北与东北两大战场的联系，维护平、津、唐的安全，保证北宁铁路畅通的重要战略地带，国民党军队必然不惜代价控制冀东。目前国民党军队仍占明显优势，特别是交通方便，有利于增援，且重要城镇仍不易攻破。今后的斗争将会更加频繁和激烈。会议决定集中力量领导全区军民同国民党进行军事的、政治的和经济的斗争。迅速扩军，尽快充实主力部队，并适当抽出部分主力部队加强各县大队的兵力，坚持地区斗争，把反“蚕食”斗争提到战略地位上来；实行军队和地方统一领导，县、区级党委书记兼任县大队政治委员、区小队指导员；继续深入进行土地改革，努力发展生产，全力支援战争。

在这个战略方针的指引下，冀东各级党委加强了地方部队和民兵建设，到1946年底主力部队发展到4.29万人，为粉碎国民党军队的“全面蚕食”和“重点扫荡”打下了基础。

冀东军区召开军分区、旅以上干部政治工作会议（11月21日） 随着抗日战争向自卫战争的转变，晋察冀部队面临着组织、政治思想的转变。抱有盲目的和平幻想成为晋察冀在自卫战争初期屡屡失利的主观因素之一。为此，晋察冀军区开展了政治练兵和军事练兵，以同时提高官兵的思想政治水平和军事作战能力。冀东军区响应晋察冀军区号召，随即开展政治练兵运动。为总结经验，改进工作，1946 年 11 月 21 日，冀东军区召开分区、旅级以上干部政治工作会议，军区政治部主任李中权作了长篇总结报告。报告分为四个部分：（一）总结秋季自卫战争以来的政治工作，提出今后首要任务是进一步巩固与提高部队的战斗士气，保证战斗任务的完成。（二）生产与群众工作问题。对于群众工作，首先减轻民力负担，准备拥军爱民工作，加强部队与地方联系；生产方面，提倡节约，部队可开工厂、搞运输赚钱，土地协同地方经营。（三）关于部队政治学习问题。部队学习的总方针是巩固胜利信心，提高斗志，保证部队饱满的阶级义愤与战斗情绪，改善部队内部关系与军民关系。（四）干部工作和党的工作。积极地用大力培养和提拔干部，解决干部培训和婚姻问题；有计划地进行发展党员的工作，重视党员教育，严格党的制度。

通过此次政治工作会议，冀东军区对政治练兵进一步加强了领导，对部队战斗力的提升产生了积极作用，在随后的战斗中取得不少辉煌的战果。1946 年 12 月，冀东军区部队成功进行通香武战役和三通香战役，攻克武清和通州县城。1947 年 2 月，冀东部队夜袭马坊，攻克宝坻县城、丰南小集和昌黎泥井，破击平古铁路。

冀中区党委发出关于开展大规模参军运动的指示（11 月 21 日） 全面内战已进入更加严酷的时期，过去 4 个月已歼敌 35 个旅，中央要求继续大量歼灭敌人有生力量，给予晋察冀再歼敌 7 个旅的任务，以争取反攻形势的到来。为此，1946 年 11 月 21 日和 25 日，冀中区党委、冀中行政公署先后发出关于开展大规模参军运动的指示，号召冀中区全党全军全民“一切为了壮大人民武装，一切为了战争的胜利”，村干部及党员带头参军，保证在 1946 年 12 月至 1947 年 2 月再扩兵 2. 5 万人至 3 万人，保证主力军满员，保证自卫战争的胜利。指示中要求：第一，干部要起模范带头作用，带头参军，以自身行动来影响他人；第二，要广泛号召群众参军，形成轰轰烈烈的参军运动；第三，各级建立武装动员委员会，负责领导扩军工作；第四，政府抽调干部到新兵团，保证做好新兵物资的供给工作；第五，还要注意优抗抚恤工作，真正解决抗属、荣军的困难。参军运动的开展，为保证晋察冀及冀中等主力部队的兵员打下了良好基础，成为自卫战争能取得最后胜利的重要前提。

冀中开展提倡土货、抵制美货运动（11月21日） 1946年11月4日，蒋介石政府与美国在南京签订《中美友好通商航海条约》，规定美国人有“在中国领土全境内居住、旅行及经商”的权利；美国商品在中国“之征税、销售、分配或使用”，享有“不低于现在或将来所给予”中国“国民、法人、团体之待遇”；美国船舶可以在中国“开放之任何口岸、地方或领水内”自由航行。为此，陕甘宁、晋察冀边区行政委员会于1947年1月20日发布命令，规定11月4日为国耻日，每年在是日均下半旗，并举行国耻纪念集会，直至条约废除。①

11月21日，冀中行政公署、军区、各团体联合发出《关于提倡土货抵制美货进一步贯彻自力更生方针的指示》，决定于12月间，在冀中全区，与土地改革、备战相结合，开展一个深入而普遍的提倡土货、抵制美货的运动，并在此后将其变为经常工作坚持下去，由冀中区经济委员会领导进行。经过广泛宣传党的政策，反美、蒋货物的思想已经深入人心，广大群众认识到用边区土货是热爱解放区的表现，反对美、蒋货物和缉私查私的斗争在各个解放区形成了广泛的群众运动，使美、蒋货物在解放区内地市场已基本绝迹，有力地打击了国民党蒋介石的倾销和抢购政策，从而给解放区的自给性的民族工业和手工业的发展开辟了道路。

冀热察军区发起平定堡歼灭战（11月25日） 为了打退国民党军的嚣张气焰，继赵川战斗胜利后，冀热察军区又发起平定堡歼灭战。11月25日，冀热察军区独立第五旅参谋长周志飞率第十三团，在察北分区司令员陈宗坤所率领的骑兵第二、第三团的配合下，出其不意，将国民党土匪头子“察北改编司令”杨永兴盘踞的平定堡团团围住，同时从城的东南、西南、西北几处发起攻击。经过两个多小时战斗，占领敌人指挥部，全部歼灭逃跑残敌。除杨永兴侥幸逃脱外，此次战斗歼灭国民党军1400余人，缴获轻机枪10挺、步枪700余支、战马300多匹。这次歼灭战是晋察冀部队撤守张家口后在坝上的一次干净、利落的歼灭战，影响波及整个察北及冀热察区，提高了察北人民争取解放战争胜利

① 参见中央档案馆编《中共中央文件选集（1946—1947）》，中共中央党校出版社1992年版，第700—701页。

的信心，为坚持察北地区武装斗争创造了条件。

察哈尔省委发出怀来路南坚持游击战争的经验（11 月 30 日） 为了反抗国民党和地主还乡团，涿鹿西二堡农民于 10 月首创了“护地队”，提出“保卫土地、保卫家乡”的口号。这一群众性武装迅速发展成为以县区干部为骨干的县区护地队和村护地小组。按照“区不离区”的指示，怀来五区干部在区委书记率领下，首先镇压了几个罪大恶极的反动地主，震慑了敌人，打开了局面，在敌占区展开了游击战争。

11 月 30 日，中共察哈尔省委发出《怀来路南坚持游击战争的经验》，指出，护地队为发展地方武装，坚持游击战争，保护农民的既得利益，特别使保卫土地任务更加明确。同时指示各地区成立区护地队和村护地小组。总的任务是袭扰敌人，打击特务、汉奸，镇压反动地主，保护农民土地和民主政权。此外，规定了队员条件，护地队纪律及护地队与区武工队的关系，明确了斗争方针和策略。

对涿鹿、怀来的斗争经验，《新察哈尔报》曾以《护地队是坚持敌后群众武装斗争的新方向》为题发表社论，充分肯定了怀来、涿鹿两县武装斗争的经验。

冀热辽中央分局召开高干会议（11 月下旬） 自全面内战爆发以来，国民党在热河占领了 11 个县城和一些村镇，并且开始由点到面进行扩张。为分析形势，研究对策，11 月下旬，中共冀热辽中央分局召开高干会议。11 月 21 日，程子华在会上作关于目前热河形势与任务的结论的报告，分析目前的敌军兵力分散、不足，及热河已经是初步的根据地的现状，提出立即动员扩军，充实主力，是目前党政军民的最重要工作，必须尽全力完成。在执行中央运动战方针时，热河应当经过一个准备过程，从各方面准备进行运动战的条件，这就是剿匪、打地主武装，加强地方军、人民武装，贯彻土地政策，加强党的建设、政权建设、财经建设，以进一步巩固扩大根据地，支持长期战争，充实主力军，以便转为运动战为主，配合广泛游击战，大量歼灭敌人。会议认为，根据地的巩固与扩大，必须同时进行。既要大力建设主力军，提升地方军数量，积极作战，又要普遍深入地进行土地改革工作和财经工作。会议提出用三个月的时间进行准备工作，从而能够打运动战来大量歼敌，来转变热河形势。

《冀热察导报》社在平西成立（11 月） 1946 年 10 月，晋察冀部队撤出张家口后，《新张家口报》的工作人员撤到涞源、涞水一带，11 月，与《新察哈尔报》和新华社察哈尔分社的部分人员汇合，组成《冀热察导报》社，钱丹辉任社长，沈重任副社长兼总编辑。当时由于斗争形势艰苦，报社人员跟随部队经常处于敌人的分割包围之中，因此筹备办报也异常困难。经过半年左右的筹备，作为冀热察区党委机关报的《冀热察导报》于 1947 年 3 月试刊，5 月 1 日正式出版。《冀热察导报》配合战争形势，集中主要版面报道自卫战争和土地改革，在指导战争、群众运动和教育干部群众上，起了较好的作用。1948 年 12 月 23 日，张家口重获解放时，《冀热察导报》社随大军进入张家口，由于冀热察区党委撤销，《冀热察导报》遂于 1949 年 1 月 4 日宣布终刊。

自创刊以来，《冀热察导报》在一年多的时间里，出刊 519 期，在为独立、和平、民主与争取解放战争彻底胜利而奋斗的总方针下，宣传党的政策，指导战争、土改、生产、支前等实际工作，胜利完成了冀热察区党委赋予的艰巨任务。

12 月

晋察冀中央局决定成立财经委员会（12 月 1 日） 为加强对全区财政的领导，厉行节约，发展生产，渡过困难，坚持长期自卫战争，1946 年 12 月 1 日，中共晋察冀中央局发出关于成立财经委员会的决定。决定在中央局、分局、区党委三级成立财经委员会。中央局财经委员会以聂荣臻、黄敬、宋劭文、南汉宸、赵尔陆、姚依林、栗再温 7 人组成，聂荣臻、黄敬分别为正、副主任。财经委员会的任务是决定全区财经政策与方针，审查党政军民的财经计划，批准与审核预决算，检查各地区、各机关、各部队财经供给工作，并处置有关财经紧急措施。分局及区党委财经委员会人选，由各级党委自己选定，并立即开始工作。分局及区党委审计委员会取消，其工作由财经委员会担任。

1947 年 1 月 10 日，中共晋察冀中央局发出《关于财经工作的决定》，再次提出，为贯彻财经政策，实行统一领导，决定在中央局、区党委两级成立财经委员会和财经办事处。财经委员会和财经办事处成立后，有力地推动了边区财经工作与生产的恢复和发展，为解放战争的胜利提供了物质基础。

晋察冀边区财经会议召开（12 月 4 日至 22 日） 为了进一步整理边区财政工作、厉行节约、调整军队供给标准、调整战争勤务及开展 1947 年大生产等工作，1946 年 12 月 4 日，中共晋察冀中央局、晋察冀边区行政委员会召开边区财经会议。边区党政军主要领导人和冀中、冀晋、冀察三个战略区高级干部参加会议。

聂荣臻在开幕式上讲话，指出 1946 年 2 月在和平幻想情况下开会，思想上存在许多混乱，财经上许多问题未解决好。本年人民负担比以往任何时期都重，日子很困难。宋劭文报告了边区财政情况，并提出要研究不依靠发行来解决财政困难的办法。杨耕田报告了冀晋区财政经济情况，安志成报告了冀中区财政经济情况，张苏报告了冀察区财政经济情况，赵尔陆报告了军队供给标准初步意见。经会议分组讨论，12 月 17 日，聂荣臻主持中央局会议，听取各小组对财政工作的意见，黄敬、林铁、罗瑞卿、王平、赵尔陆、宋劭文、张苏、杨耕田、安志成等发言。18 日，听取农工商银行各方面对经济工作的意见，张苏、张冲、安志成、姚依林、栗再温、罗瑞卿、宋劭文、赵子尚、杨耕田、管学文、林铁、王平等发言。22 日，在中央局会议上确定了整理财政工作、厉行节约、调整军队供给标准、调整战争勤务及开展 1947 年大生产等财政经济工作的任务及措施。至此，中央局与边区财经会议历时 18 天，圆满结束。财经会议的召开，完善了晋察冀边区财政经济工作的组织和制度体系，加强了对自卫战争的物质保障。

胡锡奎作热河土改情况的报告（12 月 7 日） 为了解决土改和生产问题，1946 年 12 月 7 日至 9 日，中共冀热辽中央分局召开高干会议。胡锡奎在会上作关于热河土地改革的过程现状及今后的任务与方针的报告。报告分为土地改革的过程、农村阶级关系的变化及其动态、今后的任务与方针三个部分。报告指出，土地改革前，地主土地高度集中，广大贫农、雇农以至中农没有土地或土地极少。自热河省委高干会议决定分散土地的方针之后，热西、热辽分区及平泉、承德 5 月初即大量分散土地 48 万余亩，其他地区在中央《五四指示》下达后开始大量分散土地，7 月底走向高潮。各地到 7 月底，热北、热中到 9 月底，农民得到土地 300 余万亩，发展党员 3 万余人，参军 2 万余人，人民武装发展达 20 万人以上，农会会员达 50 余万人。但是，由于在执行政策中存在“左”的或右的偏向，加之国民党军队的进攻，解放区形成了土地改革已经彻底、土地改革不够彻底和被国民党军摧毁这样三种不同的地区。

针对以上问题，报告指出今后的任务与方针是：检查（政策执行中的偏向、果实的分配）并深入（深入群众，以坚强组织工作，巩固已得果实）土地改革工作，坚决贯彻《五四指示》，动员全力克服偏向，调剂土地分配（机关部队不得占据土地），在3个月内全部完成土地改革，配合武装斗争积极恢复被摧毁地区，建立巩固的长期的革命根据地，积极准备反攻，以取得自卫战争的最后胜利。

晋察冀边区决定恢复粮票制度及健全粮秣预计算制度（12月9日） 为了支持长期的自卫战争，克服财政困难，晋察冀边区必须严格粮食开支，肃清贪污，杜绝浪费。1946年12月9日，边区行政委员会作出《关于恢复粮票制度及健全粮秣预计算制度的决定》，决定从1947年1月份起，晋察冀野战军及军区、边区直属单位离开冀晋行署所辖地区者，使用晋察冀边区公粮票。

要保证粮票制度顺利执行，必须健全粮秣预计算制度。各部队、机关于每月10日前将上月决算及下月份预算同时送出，无上月决算不批准下月预算，不批准预算不发粮票，无粮票严令粮库拒绝付粮。边区还附发《晋察冀边区公粮草票使用暂行办法》，规定边区公粮票发给边区野战军及边区、军区直属单位持用，除非过往部队或吃公粮机关出差人员凡停留两天以上及需长驻机关、学校，必须通过当地行署、专署、县区粮食专管部门的支付通知，才准凭票付粮。

边区公粮票分“小米”“花料”“公草”三种，由边区粮食局负责发行，其粮种、斤数不得涂改，不得当作通货流通。公粮票发给野战军及军区、边区直属单位持用，其可凭票到各战略区领取公粮。

崇礼战斗（12月9日） 崇礼县位于张家口东北90里处，是冀热察根据地的门户。傅作义部占领张家口后，将绥东保安骑兵师调驻崇礼，并设置了严密的防御阵地。为了继续打击国民党军队对冀热察解放区大举进攻的气焰，继1946年11月发起赵川战斗和平定堡战斗之后，12月9日，冀热察军区独立第十三旅第三十八团、第三十九团和独立第五旅第十三团、第十五团，连同察北军区骑兵第三团，对崇礼县城发起攻击。

冀热察部队经过周密部署，于12月9日凌晨5时发起进攻，经过一天一夜的激战，10日上午攻克崇礼县城，结束战斗。此役全歼傅作义部骑兵师1200余人，击毙国民党绥东保安副司令兼骑兵师师长石玉山。冀热察部队只伤百余人，亡24人。这次战斗的歼敌人数创冀热察军区成立后的新纪录。15日，晋察冀军区发出专电庆祝冀热察地区部队取得崇礼战斗的胜利。18日，中央军委传令“嘉奖冀热察地方兵团一切有功的指战员同志们”。27日，《解放日报》发表《冀察南北大捷》的社论，称晋察冀部队崇礼战斗连同赵川、平定堡战斗的胜利，与满城之捷“南北辉映”，“使得傅作义对张垣与平绥线的控制感受重大的威胁”。

满城大捷（12 月 16 日至 21 日） 易涞战役结束后，为策应国民党第九十四军进占易县控制平汉线，牵制晋察冀野战军，12 月 16 日，国民党第五十三军第一三〇师、第一一六师各两个团及暂编第一路军第一纵队两个总队共 6 个团的兵力，分三路向满城进犯，妄图夺取满城、下口子、大王店。针对敌人的企图，晋察冀军区决定抓住敌人立足未稳的有利时机，集中第三、第四纵队共 4 个旅的优势兵力，发起满东战役，迅速歼灭来犯之敌。

晋察冀野战军经过 20 多天的休整，对战役进行了周密布署。12 月 20 日晚，以 5 倍于敌的兵力，对敌从四面进行包围，勇猛攻击，经过一昼夜激战，全歼国民党美械装备第三八八团，歼灭保安二总队二、三团大部，阻击援敌第三八九团，毙敌 900 多人，俘敌少将团长佟道、随玉宸、胡金山以下官兵 2800 多人。满城战役的胜利，不仅打击了敌人猖狂进攻的嚣张气焰，粉碎了敌人侵占满城迫使野战军退守山地，确保平汉线及各点安全的阴谋，而且使冀晋、冀中各根据地连成一片。

新乐县西柴里村民兵受到边区传令嘉奖（12 月 16 日） 在自卫战争中，晋察冀除了野战军在前方作战以外，地方部队和民兵也奋起保卫家园。新乐县三区西柴里村民兵英勇作战，曾十几次打退敌人进攻。10 月 31 日，凭借岗楼、高房堡垒、地道和火枪、手榴弹、地雷的结合进攻，坚持顽强作战两天两夜，粉碎敌人一个团兵力和东长寿 200 余还乡队的大规模报复进攻，歼敌 40 余人，自己毫无伤亡，安全转移，继续斗争。12 月 16 日，晋察冀边区行政委员会对西柴里村民兵传令嘉奖，称其“实为民兵模范”，奖励子弹 1000 发。

察哈尔省开展为人民立功运动（12 月 18 日） 在中共中央的号召下，1946 年九十月间兴起的立功运动在各解放区迅速展开。晋察冀边区以冀晋区最先进行，其他各区相继开展。12 月 18 日，中共察哈尔省委发出《开展为人民立功运动的通知》，号召全省党员、干部、全军指战员，确立全心全意为人民服务的人生观，坚持长期斗争的思想，争取自卫战争的彻底胜利，并在各自的岗位上，以新的精神、新的姿态，开展为人民立功运动。

1947 年 1 月 15 日，中共察哈尔省委又发出《为开展立功运动的指示》，指出要进一步广泛开展为人民立功运动，要从思想和行动上统一起来，争取解放战争的胜利。同日，《新察哈尔报》为广泛开展为人民立功运动发表社论。为在全省范围内开展为人民立功运动，省委制定了立功运动的主要内容和方法，要求各部门成立建功委员会，建立“功劳簿”，制定立功计划，把立功运动进一步开展起来。察哈尔军区政治部制定了《立功运动实施暂行条例草案》，察哈尔省政府、武委会颁发了《关于民兵自卫队开展杀敌竞赛为人民立功运动暂行办法草案》。

察哈尔省开展的为人民立功运动，是把前方与后方、战争与生产、生产与节约、拥军与爱民、工作与学习等方方面面结合起来，为解放战争的胜利发挥了积极的作用。

冀热辽中央分局指导冀东土地改革（12 月 19 日） 冀东解放区贯彻中央《五四指示》后，土地改革运动普遍开展起来。7 月 26 日，冀东区党委向冀热辽中央分局、晋察冀中央局及中共中央作了报告，汇报本区的土地改革情况。12 月 19 日，中共冀热辽中央分局给冀东区党委发出《关于检查与深入土地改革的指示》。随后中共中央也作了指示。

《关于检查与深入土地改革的指示》指出，目前热河总的任务是进一步发动群众准备反攻，转入大的运动战与准备扩大根据地。为实现这一任务，除军事上大量歼灭敌人外，基本的一环是检查与深入土地改革，而后者又是前者的基本保证，这就把土地改革、武装斗争和建设根据地有机结合起来，在对土地改革重要意义的认识上前进了一大步。《关于检查与深入土地改革的指示》规定，检查与深入土地改革的总方针是紧紧依靠贫农为骨干，紧密团结中农，真正得到 90%以上人口的支持，争取富农一道，分化地主阶级，争取中小地主，集中力量打击汉奸、国特、豪绅恶霸大地主，并在有理合法的条件下，迅速完成土地改革。《关于检查与深入土地改革的指示》依据不同地区的不同情况，提出了用不同办法来贯彻土地改革的方法。

《关于检查与深入土地改革的指示》系统地总结了前段土地改革的经验和不足，提出了今后土地改革的任务和方针，是解决热河土地问题的又一重要文献。

晋察冀边区印发《1946 年度财政开支及机关生产概况》（12 月 20 日） 为了总结边区财政运行情况，统筹下一年度的财政开支，继续组织机关生产，1946 年 12 月 20 日，晋察冀边区行政委员会秘书处印发《1946 年度财政开支及机关生产概况》。该文件分财政开支和生产概况两部分。边区财政开支（1945 年 12 月至 1946 年 9 月 30 日）：自 1945 年 9 月到张垣后，临时费开支最大，全年共计开支 9157 万元，其中最大数字系建筑费 3100 万元，印刷费 2100 万元；经常费全年共计开支 9516 万元；机关生产开支 9200 万元，其中生产费用 6047 万元，由张垣向阜平转运费用 3200 万元。生产概况（1945 年 11 月 25 日至 1946 年 12 月）：全年筹集生产资金共 1190 万元；裕华商店、临时运销、裕华木制工厂、裕华被服鞋厂、裕华酱油公司、裕华运输合作社等生产单位全年共计盈利 10 312 万元；机关家务现有资产共计 5710 万元，负债 5727 万元。“现在机关家务的实际情况是历年生产基金、生产盈余已完全用光，并已欠外债。”“今后日子如何过，正在研究。”①

财政的紧张是边区面临的严峻考验，由此晋察冀边区在 1947 年进一步加强了财经工作，普遍开展大生产运动。

冀晋区召开大生产运动总结大会（12 月 20 日） 为了总结 1946 年大生产运动经验，确定 1947 年生产任务，晋察冀各解放区纷纷召开总结大会，发布大生产运动的文件。1946 年 12 月 20 日，冀晋区召开全区大生产运动总结大会，各级干部及先进模范 600 余人参加会议。来自盂县、灵丘等地区的代表作了典型报告。最后，杨耕田作《1946 年大生产简要总结及 1947 年大生产的方针任务》的结论报告。

大会指出，1946 年在战争与土改的形势下，冀晋区的农业生产，虽灾情严重，收成大减，但“超过以往任何一年”的要求有的还是完成了，有的接近完成，工矿业与手工业有进步。根据长期战争和土改的新形势，大会确定了 1947 年大生产运动的方针是：战争与生产结合，节省劳力，广泛组织劳动力，不误农时，大量增产粮食，大力发展自己的工业、手工业与家庭副业，保证军需民食，改善群众生活，金融、贸易、税收为农业生产与工业生产服务，全面地进行经济建设。大会通过了大生产运动的文件，制定了各项具体政策，为 1947 年大生产运动的顺利进行奠定了基础。

冀中区党委发出大规模参军运动的指示（12 月 21 日） 随着内战的爆发，热河、冀东形势紧张，晋察冀边区在军事上处于不利局面。1946 年 8 月 30 日，

① 晋察冀边区革命史编纂委员会编：《晋察冀边区革命史编年》，河北人民出版社 2007 年版，第 832 页。

中共晋察冀中央局发出紧急动员参军补军的号召，要求各级党委选派优秀的党员干部参加野战军，到前线去，为和平民主而战，粉碎蒋介石的进攻，保卫人民的自卫战争。随后，各战略区响应中央局号召，纷纷组织参军运动。12月21日，冀中区党委发出关于开展大规模参军运动的指示，明确指出开展大规模参军运动的思想认识和具体措施，强调全党全军全民必须从思想上深刻认识，此次扩军是打败蒋介石、转变斗争形势的关键。要求结合土地改革，大力开展参军运动，必须在1946年12月至1947年2月的3个月中保证再扩军2.5万到3万人，以保证主力军的满员和地方军的更加充实与强大。

沈崇事件激发北平反美反蒋爱国民主运动（12月24日） 1946年12月24日，北平发生美军士兵强奸北京大学女学生沈崇事件。事件发生后，国民党当局加以压制和造谣诬蔑，引起北平广大师生及各界人士的愤怒。翌日，北平民营亚光通讯社发出新闻，披露事件真相。26日，北平《世界日报》《北平日报》《新生报》等几家报纸不顾国民党当局的阻扰，刊登了亚光社的新闻。之后北京大学、清华大学、燕京大学等校学生先后罢课，消息传到天津、唐山、秦皇岛、保定、张家口等城市后，学生纷纷罢课游行，抗议美军暴行。与此同时，唐山市开滦煤矿数千名工人举行罢工，秦皇岛港务局、码头、玻璃厂等1.5万工人罢工游行，支援北平学生的反美运动。

以学生为中心的反美反蒋爱国民主运动，在各级阶层人民中产生巨大的影响。1947年1月17日，美驻华海军陆战队军事法庭被迫在北平东交民巷第五团司令部开庭审理沈崇案件。北京大学校长胡适、沈崇的父亲和法律顾问及中外记者27人出席。22日继续开庭审理，宣布美军伍长皮尔逊为强奸已遂罪，后判刑15年，帮凶普利查德处监禁劳役10个月。但其回国后，8月11日，美军海军部长竟以证据不足为由，宣布判处无效并恢复其职务。

冀东区召开生产会议（12月26日） 为响应中共晋察冀中央局号召，1946年12月26日，冀东区召开分区干部参加的生产会议，具体计划1947年的大生产运动。张明远在会上作报告。12月30日，冀东区党委印发《今年大生产几项工作初步总结与明年的大生产运动》，提出了1947年大生产运动的方针：战争与生产密切结合，经过土地改革，用大力发展农业生产，厉行节约，以增加军民收入，减轻人民负担，改善生活，逐渐实现丰衣足食；发展工业、手工业，求得某些必需品自给；在金融贸易上继续扩大边币市场，稳定物价，保护物资，严格管理出入口，畅流内地货物，使商业进一步为农工业生产服务。同时具体规定了农业、工商、合作等各种政策，强调加强党和政府对大生产运动的领导。

《晋察冀画刊》（单页）第 1 期出版（12 月 30 日） 为了密切配合战争形势，贯彻“为兵服务”“为解放战争服务”的方针，根据晋察冀军区政治部的指示，《晋察冀画报》分前后方两部分，工作重点放在前线。考虑到画报出版周期太长，不能适应战时需要，故决定出版单页的《晋察冀画刊》，并于 12 月底前出版第 1 期。

1946 年 12 月 30 日《晋察冀画刊》第 1 期出版，到 1948 年 5 月 28 日出版末 1 期，在将近一年半的时间内共出版 44 期，平均 12 天出版一期。主要内容是报道晋察冀的历次战役战斗、立功运动、英模人物、庆功祝捷、战地生活、军事民主、神勇炮兵、群众支前、军民关系、平分土地、蒋军暴行等，另外还发表兄弟解放区一部分来稿。画刊为 8 页单页，4 个版面（有几期加到 8 版），双面印刷。一期刊登 3 组至 5 组照片（共 20 张左右），最多一期刊登照片近 50 张，也发表美术作品。每期都有一个中心内容，有简要文字介绍，版面设计美观大方，形式生动活泼，制版印刷都很精良，深受广大战士喜爱。画刊每期印刷 10 000 份，主要发到野战部队，每个班发两份，地方部队发到连，赠送地方 50 多个单位，还送往延安党中央和毛泽东、朱德、周恩来等首长处，并和兄弟解放区 30 多个新闻出版社进行交换。44 期画刊共刊登照片 830 余张，美术作品 16 幅，总计发行 44 万份，有作者 59 人（不包括外稿）。

晋察冀边区行政委员会总结 1946 年合作社工作（12 月） 1946 年 12 月，晋察冀边区行政委员会作出《1946 年合作社工作初步总结》，内容包括合作社发展的成绩和偏向、合作方针的检查和贯彻、对合作社工作的几个意见等三部分。文件指出，一年来，边区合作社数量增多，据冀晋 17 个县、冀中 19 个县、冀察第五专区及易县和满城两县、冀东的不完整统计，合作社达 8342 个，社员有 1 066 688 人，股金有 819 751 120 元。其中，冀晋区村社占行政村的 57%以上，社员占总人口的 44%以上。文件还指出，合作社在组织群众生产、医药卫生、信用等方面起了很大作用。新、老解放区都创造了新的典型，如新解放区的永安六区景家弯社、怀来九街合作社、浑源大磁窑合作社；老解放区的赵忠合作社、望都东高昌村社、徐水张瑞铁工厂。但合作社发展很不平衡，有些地方重发展，轻巩固。因此要求今后要克服“官办思想”，普遍地大量地不拘形式地发展各种类型的合作社，合作社要以生产为重点，活跃各种业务，并要根据群众需要有条件地发展联社。

晋察冀边区行政委员会总结1946年水利建设工作（12月） 1946年12月，晋察冀边区行政委员会作出《边区一年来水利建设工作初步总结》，内容包括一年来水利建设的新情况与具体成绩、水灾的损失及其原因、经验教训、今后意见等四部分。文件指出，一年来，边区水利建设规模之大，成绩之显著，超过了以往任何一年。1946年，有计划地完成了和完成着比较大的水利工程，仅灌溉百顷以上的渠道即有11道，全部完工后可灌溉597 800亩，现已可灌溉150 800亩。特别是新解放区水利建设有很大发展。冀中、冀晋、冀察三区，共开渠889道，灌溉达991 638.5亩；冀晋、冀察两区凿井2736眼，旱地变水田47 915.1亩，总计灌溉工程共增水田1 392 984.2亩，相当于1945年灌溉工程的3.6倍。文件还指出，在春季，全边区修堤坝130处，仅冀中、冀东两区修堤筑坝约277.7千米，挖河14道，全长约3.3千米。同时加强水利管理，培养干部，提高技术，大大减轻了水旱灾害。但水灾仍出人意料，根据8月底以前统计，冀中有1753个村近450万亩地受水灾，减产粮食450余万石；冀东有1407个村200余亩地、51万余人口受水灾，减收小米达9000余万斤。在总结经验教训的基础上，边区根据察哈尔及冀晋和冀中、冀东各区的不同情况，提出了今后水利建设工作的任务和措施。

1947 年

1 月

冀东军区发动通（县）香（河）武（清）战役（1 月 3 日至 10 日） 国民党军队因“全面进攻”冀东解放区的失败，从 1946 年 12 月上旬开始实行“三分军事、七分政治”的方针，对冀东解放区实行局部进攻、重点“扫荡”、全面“蚕食”的战略，集中万余兵力重点“扫荡”北宁路南解放区和路北的玉田、宝坻等县。

为了粉碎国民党军队的进犯，冀东区党委要求冀东军区部队采取“敌进我退”“避实击虚”“内外配合”的游击战术，寻敌弱点积极作战，掩护解放区干部和群众突围，进行反“扫荡”斗争。1947 年 1 月 3 日，冀东军区第十四军分区为策应北宁路南解放区反“扫荡”斗争，发动通（县）香（河）武（清）战役。集中第三十四、第三十六团、警备团及三河、香河、通县、顺义 4 个县大队，在通县、香河、武清地区，向国民党军队展开激战。经 10 余次战斗，攻克敌据点 10 余个，歼灭国民党军 900 余人。10 日，对武清县城发起进攻，全歼守军 2000 余人，缴获物资 300 大车。

战役结束后，第三十四团二连登城有功，被冀东军区授予“武清连”光荣称号。该连谢明芳等 3 名突击手，被授予“武清勇士”“特级战斗英雄”光荣称号。

晋察冀边区行政委员会颁发 1947 年度政民机关、学校、团体供给标准（1 月 6 日） 晋察冀边区行政委员会颁发财行字第 105 号令，下发 1947 年度政民机关、学校、团体供给标准：（一）伙食。大灶，每人每日小米 2 斤 4 两（以公粮秤为准）；中灶，每人每日小米 3 斤 8 两；小灶一律取消；交通员与运输员，每人每日小米 2 斤 10 两；过节费，每人全年小米 20 斤。（二）津贴。不论干部、勤杂人员等每人每月小米 6 斤，以月初米价发钱。（三）被服。每人全年单衣 1 套，棉衣 1/3（即 3 年 1 套棉衣），单鞋 4 双，棉鞋 1 双，袜子 1 双，被子酌量补充，以不超过 1/5 为原则，大衣不发。（四）杂项开支（包括办公、医药、学习、出差、零星修理、购置、病员补助、灯油、烤火及其他一切杂支）。每人每月小米 18 斤。（五）生育费。小米 225 斤。（六）幼儿补助。1 个月至 24 个月者每人全年小米 888 斤，25 个月至 48 个月者每人全年小米 1023 斤，49 个月至 72 个月者每人全年小米 1158 斤。（七）各种事业所需之特别费另订。（八）供给标准内须扣除生产任务。关于生产任务之规定，由各级生产委员会另订。本标准自 1947 年 1 月 1 日起施行。①

晋察冀中央局作出《关于财经工作的决定》（1 月 10 日） 全面内战爆发之后，为了支持长期战争，争取解放战争的最后胜利，解放区就必须克服由国民党蒋介石发动内战而造成的财政经济困难。为此，中共中央和毛泽东向全党发出指示："必须十分节省地使用我们的人力资源和物质资源，力戒浪费。……必须努力生产，使一切必需品，首先是粮食和布匹，完全自给。"②

遵照中共中央和毛泽东的指示精神，1947 年 1 月 10 日，中共晋察冀中央局发出了《关于财经工作的决定》，指出："必须深刻认识当前财政经济的困难情况，以最大的决心和努力紧缩编制，厉行节约，精密计算，发展生产，才能克服困难。"文件的主要内容：一是贯彻统一领导、分散经营的原则。边区级税局取消，今后各种税收，统由各区自己负责办理。二是确定新编制与供给标准。地方军人数应有一定限度，以充实野战军。依照后方照顾前方，地方军队照顾野战军，以及财政困难，紧打窄用的精神，制定本年度供给标准。三是开展大生产运动。今年大生产运动必须以最大的努力来进行，同时注意整顿战争勤务与建立兵站运输，推进生产运动。四是机关部队生产方针不应动摇。养成劳动习惯，亲自动手，克服困难。各级在财政委员会领导下，设立机关、部队商店管理委员会，进行监督管理。五是银行与贸易工作结合，共同进行稳定金融、调剂物资的任务。六是财经政策实行统一领导。在中央局、区党委两级设立财

---

① 参见王谦主编《晋察冀边区教育资料选编》教育方针政策分册（下），河北教育出版社 1990 年版，第 365—366 页。

② 毛泽东著：《毛泽东选集》第四卷，人民出版社 1991 年版，第 185 页。

经委员会和财经办事处。七是整理村财政。八是开展群众性节约运动。[①]

冀东区党委解决土地问题、赔偿中农土地（1 月 10 日） 为落实中共中央与晋察冀中央局土地改革政策，贯彻执行冀热辽分局关于检查与深入土改的指示精神，1947 年 1 月 10 日，中共冀东区委印发《关于内地复查和边缘区解决土地问题的决定》，提出六点具体要求：一是明确基本区复查的重点是明改暗不改或改了又退土地的村庄，使农民尽快得到土地，不误春耕。二是在边缘区采取和平方式动员地主将超额土地转让给农民；少数恶霸地主、伙会和还乡团头目的土地，由乡政府宣布没收，分给农民耕种。三是进一步巩固农民的既得利益，以安定农民情绪，提高农民的生产热情。四是纠正前段土改胜利果实分配不公或干部多分的现象。五是立即布置工作，使其与春耕生产结合进行。六是大量翻印《李有才板话》，以供复查运动参考。

同日，为巩固群众既得利益，加强中农和贫雇农的团结，冀东区党委印发《关于赔偿中农土地问题的决定》，要求在复查中，对前段被侵犯的中农土地，以债券形式赔偿；对被斗过苦的富农和地主，经上级批准也给予适当照顾；对尚未赔偿的中农土地，决定由政府按土地价格予以公平赔偿。1 月 25 日，区党委召开生产会议，决定把复查作为春耕前的一项重要任务。从 2 月、3 月开始，在全区各地、县开始进行复查试点。冀东的土改做法，得到了中央的肯定。

晋察冀各战略区粮票开始相互流通使用（1 月 16 日） 1946 年 12 月 9 日，晋察冀边区行政委员会作出《关于恢复粮票制度及健全粮秣预计算制度的决定》，规定从 1947 年 1 月份起，晋察冀野战军及军区、边区直属单位离开冀晋行署所辖地区者，使用晋察冀边区公粮票。边区公粮票分“小米”“花料”“公草”三种，由边区粮食局发行。

为适应自卫战争形势，解决地方兵团越界出击或到外战略区工作人员吃粮困难问题，而又认真执行粮库粮票预决算三大制度，晋察冀边区行政委员会发出通知，决定从 1947 年 1 月 16 日起，各战略区粮票可以相互流通使用。

边区粮食局是粮票发行与管理机构。早在 1946 年 2 月 14 日晋察冀边区行政委员会就发出《关于成立边区粮食局的通知》，为加强粮食管理，决定县级、行

---

① 参见中央档案馆、河北省社会科学院编《晋察冀解放区历史文献选编（1945—1949）》，中国档案出版社 1998 年版，第 220—224 页。

署（省）、边区，设置粮食局，专管粮食工作。边区粮食局由财政处副处长安志成兼局长，吴波任副局长。1947 年 1 月 19 日，晋察冀边区行政委员会规定了边区粮食局对地方粮食局的领导关系，一是在野战兵团作战地区，各地方粮食局应受边区粮食局指挥；二是地方粮食局应负责代管边区粮料草，其耗损不得超过地方粮食耗损；三是为了战争需要，边区粮食局可随时调用地方粮料草，但调用后，边区粮食局应迅速筹划归还。

晋察冀军区发起保（定）南战役（1 月 20 日至 28 日） 1946 年 12 月，国民党军第十一战区部队在进攻晋察冀解放区易县、满城地区受挫后，主力收缩于北平至保定铁路沿线，企图控制铁路，分割和“蚕食”解放区。保定以南望都至正定 200 余公里地段兵力薄弱，仅驻有第三军第三十二师一部、保安第五总队 4 个团等共 2 万余人。

晋察冀军区为打破国民党军对冀中和冀晋两区的封锁，保障冀中地区粮食西运，决定由第四纵队司令员陈正湘、政治委员胡耀邦统一指挥所属第十、第十一旅和冀晋军区独立第一旅及第三、第九军分区部队发起保（定）南战役。1947 年 1 月 21 日，第十、第十一旅一举攻克望都城和王京村，歼敌保安第五总队 1 个团又 1 个营；独立第一旅和第三、第九军分区部队在定县至新乐铁路沿线展开破击战。第四纵队集中主力继续南进定县、新乐之间。23 日，以一部兵力攻占定县城西南寨西店，开辟战场，主力在定县以南铁路两侧设伏，准备打援。24 日，由正定经新乐北援的国民党军保安第五总队 1 个团及第三十二师一部进至十家町地区时，被第四纵队设伏部队全歼。随后，独立第一旅向南逼近，新乐县城的国民党守军弃城退逃。28 日，第四纵队等部队对孤立无援的定县城发起总攻，守军 3 个团一部被歼，余部逃至望都地区被第二纵队截歼。

此役，共歼国民党军 8000 余人，解放望都、定县、新乐等城，切断了敌人石家庄与保定间的联系，使晋察冀解放区冀中、冀晋两区连成了一片。1 月 29 日，毛泽东致电晋察冀军区，祝贺保南大捷，称军区“已在平汉线取得主动，望在上半年用围城打援、各个歼灭之方法，将平汉线上蒋系各军基本解决，以便下半年主力转入平绥线，解决傅作义”①。

晋察冀边区行政委员会颁布《自卫战争勤务暂行办法》（1 月 25 日） 为适

---

① 周均伦主编：《聂荣臻年谱》上卷，人民出版社 1999 年版，第 464 页。

应自卫战争的需要，发动全边区人民积极参战，平衡人民劳力负担，以发展生产，支持长期战争，1946 年 12 月晋察冀边区召开财经会议，提出调整战争勤务。1947 年 1 月 25 日，晋察冀边区行政委员会颁布《自卫战争勤务暂行办法》。文件规定，服自卫战争勤务（以下简称“勤务”）为人民之神圣义务。除法令另有规定者外，凡年在 17 岁至 55 岁之男子，及有运输力之牲畜、车辆、船只，均须依照本办法之规定服勤务。耕牛一般不服勤务，但在有些地区需以耕牛担任运输者，由省行署规定之。女子缝纫勤务由省、行署规定之。《自卫战争勤务暂行办法》制定了具体的勤务计工方法、准予动员勤务的人员及物品、勤务动员机关等，同时严禁非法动员勤务，违者严加惩处。文件还规定，为加强自卫战争勤务之组织领导，节省劳力，支持长期战争，各级政府应切实整顿与健全勤务组织。《自卫战争勤务暂行办法》还在照顾群众生活、适当平衡负担方面作了规定。① 之后，经过讨论修正，《自卫战争勤务暂行办法》进一步完善。3 月 29 日，晋察冀军区武装部将《自卫战争勤务暂行办法》通告各地执行。

各解放区为执行《自卫战争勤务暂行办法》，根据具体情况，制定了适应的办法，开展自卫战争勤务工作。3 月 25 日，冀热察行政公署发出《关于整顿自卫战争勤务节省民力的指示》，指出造成勤务过重的主要原因是非法动员、浪费劳动力和负担不平衡。文件要求：（一）贯彻执行边区自卫战争勤务暂行办法与本署补充办法，以保证及时动员，避免浪费；（二）取缔非法动员，严格动员手续；（三）扩大负担面，注意掌握调度平衡；（四）建立交通站。② 4 月 15 日，冀中行政公署颁布《关于具体执行晋察冀边区〈自卫战争勤务暂行办法〉的决定》，明确了执行的指导思想，根据冀中具体情形，一方面保证战时供应，一方面要照顾群众生产与军属代耕，注意平衡负担，达到节省民力，保障生产与战争顺利进行并长期支持战争的目的。

冀东军区发动三（河）通（县）香（河）战役（1 月 29 日至 2 月 9 日） 国民党军队在冀东解放区“全面进攻”受挫后，被迫改为局部进攻、重点“扫荡”、全面“蚕食”。中共冀东区党委针对这种局面，加强对反“扫荡”、反“蚕

---

① 参见中央档案馆、河北省社会科学院编《晋察冀解放区历史文献选编（1945—1949）》，中国档案出版社 1998 年版，第 225—228 页。

② 参见中共河北省委党史研究室、河北省档案馆编《冀热察解放区》，中共党史出版社 1994 年版，第 38 页。

食”的组织领导，从1946年12月12日反“扫荡”开始，到1947年3月，第十三地委先后下发5个文件，对反“扫荡”作出全面具体指示。

为配合解放军平汉线作战和北宁路南反“扫荡”斗争，1947年1月29日，继通（县）香（河）武（清）战役后，冀东军区又发动了三（河）通（县）香（河）战役。在冀东军区独立第十旅和十四军分区联合组成的野战司令部统一指挥下，第二十九、三十四团，警备一、二团及各县大队，再次向三河、通县、香河地区的国民党军队发动进攻。战役持续13个昼夜，共歼灭国民党军3000余人，攻克北平门户通州城，恢复了冀东西部大部解放区。

1947年2月9日，冀东军区授予第三十四团六连郭长生“通州勇士”“特级战斗英雄”称号，授予第二十九团五连尚振合、郭全有“甲等战斗英雄”称号，该连牺牲的陈泽被追认为“甲等战斗勇士”。

2月

冀热察区党委召开会议分析形势（2月3日） 冀热察行政区于1946年10月建立后，先后组织了赵川、平定堡、崇礼战斗并连战连胜，形势非常有利。为分析形势，更好地总结经验，1947年2月3日，冀热察区党委召开会议，刘道生、段苏权、牛树才、杨春甫、孙敬文、张孟旭、苏启胜、舒行等与会。会议回顾和总结了军区成立以来的工作和对敌斗争情况，学习了中央关于根据地建设和打歼灭战等指示，统一了对目前形势和任务的认识。会议决定：（一）抽调选派一批有谋略的坚强干部到敌后去创建根据地。（二）壮大与充实主力，扩大地方武装。（三）整顿作风纪律，开展关心和爱护人民群众的活动；领导群众开展土地改革、查田护地活动；对于反攻倒算的地主，坚决予以严厉打击。（四）发展生产，帮助群众进行春耕；精简机关，厉行节约，克服财政困难。

根据党委会议研究部署，2月10日，冀热察区党委作出《关于1947年我区形势与任务的决定》，对上述各点反复强调，确定总方针：创建冀热察大块巩固根据地，成为华北与东北、内蒙古联系的中流砥柱，配合全国爱国自卫战争，大量歼灭敌人，加速反攻准备，为爱国自卫战争胜利与全国和平、民主而斗争，为祖国的独立而斗争。

这次会议是冀热察区党委组建以来召开的第一次大会，也是一次关系到冀热察根据地生死存亡的会议。这次大会深刻地分析了形势，明确了当前面临的严重困难，提出了全区党政军民今后的工作任务，并制定了新的正确战略方针，不仅使全区党政军民从思想上有了一个战略转变，而且指明了继续努力的方向，增强了党政军民对自卫战争胜利的信心。这次大会精神的贯彻和落实，对克服暂时的困难，扩大武装，打击敌人，开辟冀热察战场的新局面产生了积极而重要的影响。

晋察冀中央局召开土地改革汇报会（2 月 4 日至 20 日）　为了对晋察冀边区执行《五四指示》以来的土地改革运动进行初步总结，加强对土地改革工作的领导，1947 年 2 月 4 日，中共晋察冀中央局召开土地改革汇报会。冀晋和冀中区党委、察哈尔省委、各地委负责人及边区各机关负责人到会。会议由刘澜涛主持，首先由各区党委汇报各区土地改革运动情况，各地委加以补充，并分别组织小组会和大会讨论。汇报会提出三个问题，即土改复查问题及其重点，必须保护中农利益，税契手续要简单易行。要求各地要在土改和大生产运动中，"贯彻群众路线，打开窗户，让新鲜空气进来，使领导与广大群众结合"。2 月 20 日，刘澜涛在会上作关于边区土地改革初步检查汇报的总结讲话，分析冀中、冀晋、察哈尔省三个地区土改情况和具体问题，提出在生产运动中的几个思想问题，以及群众路线问题、干部问题。同时对 1947 年的中心工作进行修改，把边区民主大选推迟到下一年，确定边区目前工作重点为：第一，前方打胜仗；第二，全面贯彻土地改革；第三，全力开展大生产运动。① 会后，冀东、冀中、冀晋、察哈尔等地区均进行复查，使党的各项政策得到进一步落实，真正实现耕者有其田的土地改革政策。到 1947 年春，各解放区有条件进行土地改革的地区，都胜利结束了这一运动。

冀热察区党委指示继续反"扫荡"准备（2 月 6 日）　1947 年 2 月 3 日，中共冀热察区党委会议召开后，明确了形势与任务，2 月 6 日，区党委发出《关于继续准备进行反"扫荡"的指示》，总结一个半月以来所取得的成绩和存在的问题，提出当前的总任务是："开展总力战，坚持阵地，为彻底粉碎敌人'扫荡'而斗争。"方针是："以分散的游击战争为主，但在一定的条件之下，不放松一切机会，以运动战主动争取大量歼灭敌人，拔除据点。"区党委要求各部队进行

① 参见晋察冀边区革命史编纂委员会编《晋察冀边区民主政权建设文献选编》下册，中共党史出版社 2013 年版，第 1198—1208 页。

分散的群众性的游击战争，在反“扫荡”中积极发动群众、组织群众和武装群众，同时保证主力经常满员，壮大地方武装。区党委还号召全党全军：“团结一致，整齐步伐，以坚持长期与蒋傅军作决死斗争，以坚持长期斗争彻底粉碎敌人‘扫荡’。”①

晋察冀中央局发出加强国军工作的决定（2月7日） 全面内战爆发以后，国民党大肆进行特务活动，以“打入拉出”的方法，对“我组织进行控制和瓦解”。1947年2月5日，中共晋察冀中央局发出《关于保卫工作的指示》，要求各地应大力开展群众防奸教育，提高警惕性，工作重心放在边沿地区和顽占点线交通要道及后勤部门与顽占大城市交通要道内线工作，各区党委或省委社会部应尽一切力量，开展邻近地区大中城市的情报内线联络工作。

随着自卫战争的胜利发展，对国民党军队的瓦解工作越来越重要，2月7日，中共晋察冀中央局发出《关于加强国军工作的决定》，针对军事形势发展的状况，指出当前国军工作的目的是从思想上、组织上瓦解敌军。决定采取以组织起义、拖枪为主的方针，同时进行长期埋伏工作。要求加强对顽军的调查研究，了解其内部情况，各级军区政治部单独成立联络科，统管军队系统的国军工作，同时抽调干部，充实各级组织，调整内线关系，开展情报工作。为实现以上任务，各区党委在进一步充实健全各级组织的同时，还抽调地方和部队中与国民党军有关系的人进行训练，然后打入国民党内部，待机开展工作。此外，从俘虏与逃亡、投诚人员中物色有爱国思想有胆识的人，经过教育后，再派遣其打入国民党军中，利用这种方式及时掌握国民党军队内部的情况，或策动反正、逃亡，或战斗时里应外合，收到了良好的效果。

国民党在冀东制造“火烧北大洼惨案”（2月8日） 1947年1月以后，国民党军对丰润县、唐山市、韩城镇三角地带进行全面“蚕食”，对玉田、宝坻两县边界的水区根据地进行了重点“扫荡”。玉田、宝坻两县交界一带的水区，被当地群众称为“北大洼”。国民党军队占领玉田县北部以后，这里仍属于巩固的解放区，冀东第十五军分区的粮食、棉花等军用物资和重要文件常在这里坚壁，后方医院、纺织厂、被服厂等军工厂也设在这里。2月8日，国民党第九十二军第一六八团1700多人，按照第十一战区参谋部毁灭玉田水区的计划，对玉田县、

① 《中共冀热察区党委关于继续准备进行反扫荡的指示》，原件存河北省档案馆。

宝坻县水区 70 多个村庄进行了烧、杀、抢、掠，制造了骇人听闻的“火烧北大洼惨案”。在这次惨案中，共杀害 12 个无辜农民，抓走壮丁 10 人，抢走大车 245 辆、粮食 90 万公斤，烧毁房屋 5145 间、船 898 只，洗劫村庄 48 个，近 4 万名农民无家可归。15 日，《冀东日报》为火烧北大洼惨案的受难同胞发表《捐启》，呼吁各界“节省一件衣，一文钱，一粒米”，援救遭难同胞。冀东第十五专署拨粮 12.5 万公斤，并派干部慰问。

冀热辽中央分局发出《关于建设和发展野战军的指示》（2 月 12 日） 承德、赤城撤退后，冀热辽军区的战略方针由运动战为主转变为以游击战为主，一面保留一部分主力部队于热辽地区休整，一面将一部分主力配备到各个军分区，执行歼灭小股蒋军与清剿土匪大团的任务。

2 月 12 日，中共冀热辽中央分局发出《关于建设和发展野战军的指示》，系统地总结了军队建设中的经验和问题，规定各地要开展爱护野战军运动，保证野战军经常满员，保证野战军的物资供给，解决军属的生活困难。野战军方面要开展拥政爱民和立功运动，坚决执行政府法令，严肃群众纪律。指示还规定要有计划地从地方军抽调人员补充野战军，但同时要照顾地方军，反对“吞并”思想。指示要求加强一元化领导，统一对敌斗争，野战军的负责人员要参加各该驻地党委，各地党政负责人应经常到野战军中进行慰劳和讲话。经过大量的工作，到 3 月，冀热辽主力部队已发展到 10 万多人。

冀中各机关团体部队开展立功运动（2 月） 在纪念“二七惨案”24 周年之际，2 月 7 日，冀中总工会号召全冀中工人弟兄继承发扬“二七”革命精神，积极生产，开展轰轰烈烈的生产竞赛，齐心努力，进行立功运动，创造更多的模范厂、模范组、模范工人和大批的劳动英雄。同时要求各级工人干部正确掌握劳资政策，做到劳资兼顾，使资方有利可图，工人有工可做和改善生活。13 日，冀中军区司令部召开直属单位立功宣誓大会，推动了立功运动在部队中的大力开展。十一分区四二〇部队各连队迅速开展为人民立功运动。14 日，文安县委召开 700 多人参加的县区村干部大会，号召开展立功运动，决定各村建立“功劳簿”，3 个月总结一次，一年开一次表功会。立功运动很快在各行各业纷纷开展起来。献县邮局提出立功标志，誓与邮件共存亡，保证班次正常，不积压邮件，扩大业务。

3月

晋察冀边区广泛开展瓦解蒋军的擦黑（污）点运动（3月初） 为了加强对蒋军的瓦解工作，1947年初，晋察冀边区各级党组织发动群众，开展群众性的争取瓦解工作，广泛开展擦黑（污）点运动，主要是做好蒋军的家属工作，发动各村的蒋军家属找回或鼓励其子弟携枪返回、组织起义或当内线，以擦掉蒋军家属和该村的“污点”。民主政府也通过演剧、写标语、散发传单、张贴布告等形式，宣传共产党和人民政府的俘虏政策和奖励投诚人员的办法。冀中固安县仅十几天就有携枪归来的“国军”人员60名，空手归来的34名，离敌转业的16名，和中共建立联系的3名。冀东密云县六区在瓦解程各庄据点的“伙会”时，通过家属写信、喊话，十几天后就有17名“伙会”士兵带枪反正。据冀中新城、永清、安次、霸县、大兴、雄县等县的不完全统计，仅在3个月左右的时间内，就瓦解敌军3215名。瓦解蒋军工作的广泛开展，有力地配合了对国民党军事上的打击，加速了国民党的溃败。

晋察冀边区成立临时战委会（3月3日） 为了保证战时伤员转送，供应运输，支持战争胜利，并认真克服动员混乱、浪费民力现象，3月3日，中共晋察冀中央局、晋察冀军区司令部政治部发出通知，成立边区临时战委会。萧克为主任，潘自力、罗玉川为副主任，黄敬、赵尔陆、金城、李波、王奇才、宋如海、向仲华、谭冠三、李昌等为委员。冀中各分区战委会直接归该会领导。

战委会负责统一分配民兵担架、牲口、大车，并检查部队对民力的使用情况，各参战部队根据分配所得数字，由旅、分区以上政治机关派干部持证明信件，到指定之各地战委会领取相应物品。不经战委会，任何部队不准直接动员民力；任何部队不准乱抓与截留民兵担架、大车、牲口；任何部队不得霸占驻地民力，妨碍战勤动员；战斗结束后，由组织此一战役或战斗之最高军事机构，迅速通知部队，放回民兵及群众之牲口、大车，不得无故不放。如有违犯，须按级究查处理。

通知要求：党政机关、群众团体，必须用大力组织民力及运输工具，派主要干部负责组织，并尽可能建立党的临时组织，保证战勤任务的完成。各级战委会切实负责检查民兵担架、牲口、大车之质量及工作。各部队应切实负责照顾随军民兵的安全、食宿及注意教育，火线抢救伤员，不得使用民兵。从团驻所至各野战医院，由随军民兵担架负责运送伤员，归纵队统一调剂与掌握。从野战医院至基地医院，由沿线民兵担架运送。

察哈尔省政府发出改进政府领导的指示（3 月 5 日） 领导上存在着的官僚主义等缺点，不仅使政府本身的工作遭受了重大损失，更重要的是使各级政府的领导作用逐渐削弱，领导威信日益降低。为此，察哈尔省政府于 3 月 5 日发出关于改进政府领导的指示。指示总结了政府在实际工作中的偏向和缺点，并提出改进的办法。首先要有组织、有计划、有系统、有目的、深入具体地了解情况。一般采用三种方法，一是组织工作队下乡，二是建立各级政府汇报制度，三是有计划地调干部汇报工作。同时明确规定各级干部特别是区干部下乡，最少要有一半时间和群众谈话，在与群众交谈时要多与中间分子谈话，并倾听落后群众的意见，打破只与积极分子交谈的局限性。其次要加强部门工作，包括加强会议制度，统一工作计划；划定工作范围，密切部门联系。最后还要采用重点主义的领导方法：为了领导上的深入具体，吸取经验指导全盘，除去工作上的重点外，在地区上也应该采用重点领导的方法。省府要求每专署设一重点县，重点县由专署研讨后报省。对重点县应该做到全面了解，干部配备上应该适当加强，工作要求上应较一般县为高，在工作帮助力量使用上应较多照顾，县应与省建立直接的、经常的联系，这样在掌握政策、全面领导上有很大帮助。

改进领导、纠正偏向是一个艰巨复杂的斗争过程，无论上下级之间、部门与部门之间、领导者与领导者之间，在斗争中都会遇到许多阻碍和困难，甚至发生表面上暂时的不团结现象。一定要改变互抱戒心的心理，因为下级批评领导、提出意见是应有的责任。上级对下级的督促、检查、批评、鼓励，坚持制度，要求成绩，同样也是应负的重要责任。指示要求，政策法令及上级给予的任何工作任务，必须以负责的态度认真执行，各级首长在领导上必须经常进行思想教育，大胆放手地发扬民主。但同时也必须树立行政纪律，做到赏罚严明，在群众性的立功运动中要把改进领导作为重要项目，在改进领导过程中应该重新学习中共中央“关于领导方法的决定”，以便使全省在领导方面向前迈进一步。①

---

① 参见晋察冀边区革命史编纂委员会编《晋察冀边区民主政权建设文献选编》下册，中共党史出版社 2013 年版，第 1210—1214 页。

冀热察区党委召开扩大会议确定工作方针（3月11日） 冀热察解放区自1946年10月成立以来，始终处于财政极端困难的状态，再加上国民党的“扫荡”和清剿，使部队的后勤供给严重不足，已经严重影响到部队的战斗力。为此，1947年3月1日，冀热察行署发出《关于1947年财政工作的指示》，提出严格整理财政制度，开展与恢复地区工作，大量发展生产，以渡过难关，支援前线。11日，冀热察区党委召开扩大会议，刘道生在会上作《关于冀热察区1947年形势与任务的报告》，分析冀热察区当前的形势，指出5个月以来，“我们的地区与部队全发展壮大了。现在我区的斗争形势，是处在犬牙交错敌我相持的状态”，而且这种局面会持续相当长的时间，因此应在各方面作长期准备，“抓住空隙积极向外发展，打击敌人。只有这样，才能把冀热察战略区变成巩固的根据地，与华北、内蒙古、东北联系的中流砥柱”①。会议确定冀热察区当前的任务是：开辟地区；充实主力，加强地方武装；贯彻土地改革政策，发展生产；克服财政困难。

晋察冀中央局宣传部召开边区文艺座谈会（3月13日至16日） 3月13日至16日，中共晋察冀中央局宣传部召开边区文艺座谈会。宣传部长周扬在会上作了讲话，他指出要进一步组织文艺界力量，使文艺能更好地反映当前伟大的自卫战争、土改与大生产，从而更好地为工农兵服务。会议决定《长城》复刊，由成仿吾、沙可夫、萧三、艾青、丁玲、周巍峙、刘皑风、周扬、邓拓、王延春、毛铎、张致祥、田间、丁里、江丰、王林、陈鹏等17人组成作品评奖委员会。会议还决定由萧三、艾青、田间、曼晴等发起组织边区诗歌研究会，繁荣边区文艺。座谈会后不久，中共晋察冀中央局即发出关于边区文艺工作的三个决定，即《开展边区文艺创作的决定》《开展乡村文艺运动的决定》和《开展部队文艺工作的决定》。同时认为边区创作《穷人乐》是毛泽东文艺方针的具体实践，平山柴庄剧团是实践《穷人乐》方向的一个典型。

《晋察冀军区部队进入城市的命令》颁布（3月19日） 随着自卫战争的开展，晋察冀军区逐渐扭转战场上的不利局面，对国民党军展开有力反击，陆续收复了一些县城，并向大城市和交通要塞推进。为了严格入城纪律，接收和管

---

① 参见中共河北省委党史研究室、河北省档案馆编《冀热察解放区》，中共党史出版社1994年版，第31页。

理新收复的城市，3 月 19 日，聂荣臻颁布《晋察冀军区部队进入城市的命令》：（一）指定城防部队承担肃清残余敌人的任务，其他部队不驻城内，因公入城人员须持旅以上司令机关许可证；（二）所有缴获敌人的物资，由攻城部队最高政治机关负责清查处理，作为边区财政收入；（三）凡属敌人财产，无论其政治背景如何，不得由军队没收，而应由地方政权依党的政策处理；（四）在军事上将敌人肃清后，政权入城应令治安人员进行政治搜索，肃清反动派；（五）民兵主要任务为破路及在城外堵击可能溃散之敌，在城内秩序未恢复前，不准入城；（六）城防部队于任务完成后，即准备退时移交地方武装接防。

华北财经会议在涉县召开（3 月 25 日至 5 月 11 日） 随着战争形势的发展，解放军从自卫转向反攻，从内线作战转向外线作战，地域越来越广，规模越来越大。为了动员一切力量，全力进行战略反攻准备，中共中央在 1947 年 1 月 3 日的《关于召开华北财经会议的指示》（即《三一指示》）中指出，由于自卫战争的巨大消耗，已使一切解放区的财经情况陷入困境，必须以极大决心和努力动员全体军民一致奋斗，并统一各区步调，利用各区一切财经条件和资源，及实行各区大公无私的互相调剂，完全克服本位主义，才能长期支持战争。中央认为应立即召集财经会议，会议的议程应为交换各区财经工作经验，讨论各区货物交流及货币、税收、资源互相帮助情况，讨论对国民党进行统一的财经斗争等，并可由各区派人成立永久的华北财经情报和指导机关。2 月 24 日，中共中央又致电华东局、晋察冀中央局、晋绥分局并晋冀鲁豫中央局称："华北财经会议，对于克服困难，支援战争，非常重要，务须使其有成就，各项问题务须获得解决。"[①] 要求各地迅速准备到邯郸开会。

根据中央指示，晋冀鲁豫中央局成立华北财经会议筹备处，2 月 2 日起开始会议筹备工作。华北财经会议原定 3 月 1 日召开，鉴于晋绥、陕甘宁的代表未能通过封锁线，在汾河以西等候过河机会，直到 3 月 25 日才赶到会上，因此大会正式开幕是 3 月 25 日。整个会议分三个阶段进行，即 3 月 10 日至 24 日为座谈阶段，3 月 25 日至 4 月 13 日为报告阶段，4 月 14 日至 5 月 11 日为讨论阶段。出席会议的代表有 17 人，列席 38 人。薄一波为大会主席。

3 月 25 日，财经会议在涉县开幕。从 3 月 25 日到 4 月 13 日，各区作工作报

---

① 中共中央文献研究室编：《刘少奇年谱》下卷，中央文献出版社 1996 年版，第 68 页。

告，薛暮桥作了《山东的财经工作情况》、南汉宸作《晋察冀财经工作情况》《陕甘宁边区的财经工作》、刘子久作的《怎样解决我主力出击到蒋管区时的财粮问题》。会议从 4 月 14 日开始进入讨论阶段，大会主席团拟定三个讨论题目。大会讨论采取代表发言汇报的形式，以各解放区为单位，进行小组讨论，然后向大会发言。安志成代表晋察冀组汇报讨论意见时说，总的来说，发展经济，保障供给，目前要把所有物力、人力、财力组织到战争生产中去，支援战争。收入方面，努力开辟财源，大力发展生产，开源节流。过去是，建立家务，改善生活，减轻人民负担，锻炼劳动意识；今天是，节衣缩食，支援战争。生产方面，以手工作坊为主，农商业为副，生产与供给结合，商业与供给结合。

栗再温代表晋察冀发言，讲了劳动互助问题、生产问题、合作社问题、贸易问题、城市工商业问题、金融问题等。

5 月 4 日，中共中央电告薄一波：同意华北财经会议产生一个决定，确定财经共同方针和各种政策。因此会议提出九条决定：经济建设必须奖励土货，抵制美蒋货，加强对敌经济斗争，实行保护政策；目前财经工作的首要任务是集中一切力量，保障战争供给；实行精兵简政，首先精简地方机关人员，充实部队；改进公粮税收工作，增加财政收入；整理村财政；调整战争勤务；贸易和金融货币工作应为发展生产服务，贸易工作的主要任务是对外争取有利交换；由于交通运输困难，出击部队的粮食供给主要依靠战争缴获和就地筹措；集中统一成立财经机关。

华北财经会议于 5 月 11 日闭幕，通过了《华北财经会议决定》，成立了华北财经办事处，董必武为主任，各区派人为副主任。

6 月 5 日，薄一波将华北财经会议的上述决议上报中央，中共中央于 10 月 24 日批转各地。批示指出，中央认为这次财经会议总结了华北各解放区财经工作经验，并正确提出了今后财经工作的方针与政策。财经会议对各种财经政策都作了具体的决定，这些决定应即坚决实行。华北财经会议结束后，各解放区的财政经济工作基本上都按照会议确定的方针、政策去进行，中央工委和华北财办进行了一系列的协调指导工作。

华北财经会议是支援战争、全力准备战略进攻的一次重要的会议，是中共历史上一次史无前例的重要会议，特别是它形成的决定，以及它所成立的华北财经办事处，为华北地区及全国各地各解放区开展财经工作，指明了现实可行的道路，也为新中国成立以后人民政府的工作，提供了极其宝贵的历史经验。

冀东行政公署嘉奖丰润一区民兵大队长刘勇（3 月 25 日） 在边缘地区的反“蚕食”斗争中，游击队、武工队在民兵的配合下，广泛开展游击战。冀东丰润县一区的武装民兵在大队长刘勇的率领下，作战 132 次，歼灭国民党军近百人，俘 32 人，缴步枪 26 支、大车 9 辆，攻下炮楼两座，有效地配合了主力部队作战。为此，冀东军区人民武装委员会授予刘勇“冀东军区模范工作者暨战斗英雄”称号，冀东行政公署传令对其嘉奖，号召全区武装工作者和地方干部向刘勇学习，以粉碎国民党军队的进攻，争取自卫战争早日胜利。

晋察冀中央局在安国召开扩大干部会议（3 月 29 日至 4 月上旬） 1947 年 2 月 1 日，中共中央发布《迎接中国革命的新高潮》的指示（即《二一指示》），分析了中国革命的形势，指出，解放区人民解放军的胜利和蒋管区人民运动的发展，预示着中国新的反帝、反封建斗争的人民大革命毫无疑义地将要到来，并可能取得胜利。要进一步贯彻“集中兵力各个歼敌”的作战方针，在今后几个月内完成再歼国民党军 40 至 50 个旅的任务。[①]

为了讨论贯彻中央《二一指示》，检查总结晋察冀边区军事斗争、土地改革和生产三大任务的执行情况，3 月 29 日至 4 月上旬，中共晋察冀中央局在安国召开扩大干部会议。会议认为，边区在土改方面要继续放手发动群众并进行复查，在军事上虽取得一定成绩，但依然没有摆脱被动局面。当前的方针仍然是以农村包围城市，集中优势打击敌人，在运动中消灭敌人。会议决定把作战重点放在正太线，调集晋察冀野战军杨得志、李志民的第二纵队、杨成武的第三纵队和陈正湘、胡耀邦的第四纵队等 3 个主力部队，准备进行正太战役。

4 月 6 日，中共晋察冀中央局就贯彻中央《二一指示》精神作出决定：（一）完全拥护中央指示。（二）晋察冀军区部队战斗力已增强，只要以后检讨与总结过去的经验教训，贯彻运动战方针，力争主动歼敌，边区形势一定可以改变。（三）打胜仗是边区有决定性意义的首要任务，“今后必须研究与总结过去的作战经验，贯彻执行集中优势兵力歼灭敌人的作战原则，争取主动，改变现在形势，同时紧密游击战与运动战的配合，加强对游击队与民兵的领导”。（四）要

---

① 参见中共中央文献研究室编《毛泽东年谱（1893—1949）》下卷，人民出版社、中央文献出版社 1998 年版，第 166—168 页。

广泛发动群众，搞好边区的土地改革。（五）在土地改革基础上开展大规模的生产运动。（六）“战争、土改、生产三大任务是互相结合的，而一切又都是为着自卫战争的胜利；要想战争胜利，必须要三大任务很好地结合起来。”①

4月10日，中共晋察冀中央局发出《关于讨论中央〈二一指示〉后的决定》，指出，在中央指示的战争、土改、生产三大任务中，应“贯彻执行集中优势兵力歼灭敌人的作战原则”，“同时紧密游击战与运动战的配合，加强对游击队与民兵的领导”。在土改方面，“必须大胆放手彻底完成土地改革，要深入复查，进一步满足无地少地农民的要求；中农利益，不得侵犯”。还要在土改基础上，“展开大规模的生产运动”②。

冀热辽分局和军区划归东北局和军区领导（3月30日） 为使冀察热辽和东北解放区形成统一的力量，造成对东北蒋介石国民党军的东西夹攻之势，3月30日，中共中央致电晋察冀中央局、冀热辽分局、东北局：“兹决定冀热辽分局改为受东北局领导，接电后东北局、东总及东北政委会即与冀热辽分局、军区、政府发生指导关系（冀东包括在内）。”③ 4月，中央决定冀热辽中央分局和冀热辽军区改为冀察热辽中央分局和冀察热辽军区，由中共东北局领导。程子华为书记兼政委，黄火青为副书记兼组织部长，李运昌为副司令员兼省主席，杨清为秘书长兼城工部长，赵毅敏为宣传部长，胡锡奎为社会部长。5月1日，晋察冀边区行政委员会发出通知，决定冀热辽区（包括冀东、冀热察、热河）改归东北行政委员会领导。至此，冀热辽区党、政、军由晋察冀划归东北。

4月

冀察热辽中央分局第一次党代表会议召开（4月2日至5月14日） 为了分析和总结自卫战争以来边区党的各项工作和经验教训，4月2日，中共冀察热辽中央分局在热河林西召开党的第一次代表会议。出席会议的有冀东、冀热察等区及军队党组织的10个代表团、218名代表，代表23万党员（热河解放区有

① 中央档案馆、河北省社会科学院编：《晋察冀解放区历史文献选编（1945—1949）》，中国档案出版社1998年版，第253—257页。

② 晋察冀边区革命史编纂委员会编：《晋察冀边区革命史编年》，河北人民出版社2007年版，第835页。

③ 中共中央文献研究室编：《毛泽东年谱（1893—1949）》下卷，人民出版社、中央文献出版社1998年版，第178页。

党员26 500名，不包括热西和热南）。会议着重讨论了全区形势、土地改革、武装斗争、财政经济、建党建政等问题，通过了《关于一年来形势的检讨与今后方针任务的决议》。会议还指出当前的最中心任务是一切为着自卫战争的胜利，并提出了“以运动战为主，配合以广泛的游击战”的作战方针，发动战略反攻，歼灭敌人，收复失地。

分局书记程子华作政治报告，对一年来的形势方针进行检讨，分析目前全国战局与解放区形势，提出全力准备大反攻中冀察热辽党的中心任务是，努力发挥一切力量，在一切为着前线的前提下，紧张的动员起来，争取自卫战争的最后胜利。号召冀察热辽各地区克服困难，争取最后胜利。① 副书记黄火青作建党工作报告，宣传部长赵毅敏作土改工作报告，军区副司令员李运昌作军事工作报告。会议于5月14日结束，这次会议，是热河历史上的一次重要会议，它标志着热河解放区全党全军和全体人民的大团结，标志着开展战略反攻，解放全热河的胜利时刻已经到来。

冀热察军区发起平定堡—独石口战斗（4月7日至9日） 1947年春，在解放军的打击下，国民党军队被迫由全面进攻改为重点进攻。按照集中优势兵力，对敌人守备薄弱的据点及城镇坚决夺取的作战方针，冀热察军区统一部署，在察东、察北发起了平定堡—独石口战斗，揭开了张家口解放区战略进攻的序幕。

4月7日夜，冀热察军区独立第十三旅1个团，察北骑兵一、二团，县队、武工队和支前大军1500多人赶到平定堡。8日晨战斗打响，首先攻打平定堡西围子据点，激战1小时，到早晨7时许，守城蒋军第二纵队张天聪部直属队被解放军俘虏。残敌一部逃入平定堡东围子，纠集第九十四师一部守敌继续顽抗，并组织突围。解放军随即发起总攻，从西、北两个方向突击登城，冲进城里，与敌展开巷战。战斗持续到下午7时，解放军发现张北方向百余辆满载敌军的汽车向平定堡增援，决定不和来援敌军开战，打扫战场后撤出战斗。这次战斗，共毙伤敌军200余人，其中击毙敌营长1人，俘虏150多人，击落敌飞机1架，俘驾驶员1人，缴获一部分枪支和许多马匹。同时，冀热察军区独立第五旅奉命以250里急行军突袭独石口，于8日夜到达指定位置，进入阵地。9日拂晓开

① 参见晋察冀边区革命史编纂委员会编《晋察冀边区民主政权建设文献选编》下册，中共党史出版社2013年版，第1230—1233页。

始攻击，经 3 小时激战，全歼国民党张天聪部第十四纵队和马占山部十一旅二十二团。击毙敌上校团长胡庆迪以下官兵 127 人，伤敌 145 人，俘敌 800 余人，毙伤与缴获战马 500 多匹，缴轻重机枪 23 挺、步枪 448 支、短枪 8 支，六〇炮 7 门、电台 2 部、电话机 4 部。平定堡—独石口战斗的胜利，切断了国民党察东、察北之间的联系，标志着张家口解放区战略进攻的开始。

晋察冀野战军发动正太战役（4 月 8 日至 5 月 4 日） 1947 年春，国民党军集中兵力重点进攻山东和陕北解放区，在其他战场转为守势。北平（今北京）行辕为确保华北战略要地，维护交通线，保持与东北的联系，将所属正规军 9 个军收缩在北平、天津、保定地区及平绥、北宁、平汉铁路沿线，以第九十四军、第十六军各一部共 7 个团的兵力向冀中解放区大清河以北地区实施局部进攻。在石家庄及正太铁路（正定—太原）东段只有第三军 2 个师、第四十三军 1 个师和保安团队守备。晋察冀军区司令员兼政治委员聂荣臻遵照中国共产党中央军事委员会关于大踏步进退，完全主动作战等指示精神，针对正太铁路东、西段分归北平行辕和太原绥靖公署，指挥不统一的弱点，决心集中野战军 3 个纵队在冀中、冀晋等军区部队配合下进行正太战役。首先歼灭石家庄外围国民党军，尔后沿正太铁路向西发展攻势，以歼太原出援的国民党军。同时，以冀中军区部队牵制向大清河北进攻的国民党军。

3 月 31 日，聂荣臻关于举行正太战役问题致电中央军委：（一）据悉平汉及北宁线之敌，一二一师、九十五师及二十二师，将向大清河北之永清一带进攻，石家庄之敌也有向北佯动，以牵制我回返。（二）我即举行正太战役，目的在歼灭正太线及石门外围之敌，并彻底破坏铁路。战役拟分两期完成：第一期重点于东段，以 3 个纵队歼石门外围之敌；第二期以主力向西大举破击。在第一期完成后，如平汉北段之敌南援，可先歼援敌，然后向西破击。（三）预计 4 月 9 日前打响，全战役 1 个月左右完成。4 月 2 日，毛泽东复电聂荣臻、萧克、罗瑞卿："正太战役应尽可能提早举行及缩短作战时间，以便于本月底或下月初抽调 1 个纵队（杨得志）支援晋西北打傅作义（晋西北有 4 个旅在陕北作战）。"①

4 月 9 日凌晨石家庄外围作战开始，晋察冀军区第二、第三纵队攻击安丰、正定地区守军，第四纵队主力攻击方村、栾城、北固城等地守军。至 12 日，攻

① 周均伦主编：《聂荣臻年谱》上卷，人民出版社 1999 年版，第 466 页。

克正定、栾城两县城及石家庄外围据点 90 余个，歼灭守军 1 万余人，形成攻取石家庄之势。国民党军第三军遂退守石家庄市区待援。在此期间，北平、保定、天津之间的国民党军第九十四、第十六军等部向冀中解放区大清河以北地区进攻，并占领胜芳镇。保定的第五十三军向南增援，到达方顺桥、望都地区。晋察冀军区不为国民党军的行动所牵动，以冀中军区部队与进攻大清河北之敌周旋，以地方部队监视保定南援之敌，主力于 14 日仍按预定计划由正定地区沿正太铁路发展进攻。至 17 日，攻克获鹿、井陉两县城和井陉矿区，打开了西进的通路。此时，国民党军保定绥靖公署为解第三军之危，急将在大清河以北的第九十四军等部调回保定，增援石家庄，企图牵制晋察冀军区部队主力。晋察冀军区即以地方部队于望都、方顺桥地区阻击南援的国民党军，以第四纵队集结于井陉地区为预备队，以第二、第三纵队继续西进。22 日至 25 日，第二纵队从北面逼近阳泉；第三纵队攻克娘子关，进至阳泉以东、以南地区，与第二纵队构成了会攻阳泉之势。

太原“绥靖”公署为确保阳泉，急令第三十三军第七十一师、暂编第四十六师等部共 5 个团由太原、忻县乘火车东援，4 月 25 日进入阳泉、寿阳地区，使该地区国民党守军增至 1.1 万余人。晋察冀军区遂改以第三纵队从正面牵制阳泉守军；以第二纵队一部向寿阳西北地区迂回，至 28 日攻占盂县城、宗艾镇等地；第四纵队于 29 日进至芹泉地区，截断了阳泉、寿阳间的交通；冀晋军区独立第一旅攻占定襄县城，牵制太原国民党军。进入阳泉地区的国民党军第三十三军 2 个师惧怕被歼，于 29 日回撤，进入测石驿（今测石）地区时，遭第四纵队阻击，被迫就地转入防御。5 月 1 日，晋察冀军区部队向阳泉紧缩包围，第二纵队一部攻占寿阳西南的马首、上湖火车站，切断了寿阳与太原的联系；地方部队攻占太原东北郊段王镇。太原绥靖公署判断晋察冀军区部队将要进攻太原，遂令阳泉守军及被阻于测石驿地区的第三十三军速向寿阳集中，准备回援太原。2 日，国民党军暂编第十总队等部由阳泉撤至测石驿地区与第三十三军会合时，晋察冀军区部队当即发起全线攻击，战至 4 日，歼其 1 万余人，其残部逃往榆次。在此期间，冀中军区部队于定县以北地区歼灭由保定地区南下增援的国民党军第九十四军等部 1000 余人。

此役，晋察冀军区部队共歼灭国民党军 3.5 万余人，解放县城 7 座和井陉、阳泉、黄丹沟等矿区，控制获鹿至榆次间铁路 180 余公里，孤立了战略要点石家庄的国民党守军，打通了晋察冀和晋冀鲁豫两个解放区的联系，对扭转华北战局起了重要作用。

***晋察冀野战军攻克正定（4月11日至12日）** 1947年春，晋察冀野战军为了孤立石家庄、太原之敌，决定破袭正太铁路，发动了正太战役。4月11日下午6时30分，晋察冀野战军第二纵队从东、南两面，第三纵队从西、北两面，向驻守正定城的国民党军队发起总攻。炮兵团的两个营首先对正定城墙进行了猛烈的炮火轰击，之后在第二纵队第五旅马龙旅长和李水清政委的指挥下，第十四团七连率先在东南角爆破突破，官兵们在班长刘海的带领下，把云梯架在了城墙上。凌晨，各路攻击部队冲入城内。战斗历时14个小时，于12日上午8时结束，全歼守敌5000余人，正定解放。4月12日，正定市宣告成立。这是解放战争以来，中国共产党命名的第一座新城市。

***娘子关战斗（4月23日至25日）** 1947年4月，在正太战役中，娘子关战斗是晋察冀军区部队对国民党地方武装的一次攻坚战。娘子关筑有坚固的防御工事及稠密的堡垒群，由国民党军山西保安第四团约1000人据守。晋察冀军区第三纵队在攻克井陉后，乘胜直取娘子关。4月24日，以第七旅乘夜暗分数路从侧后及正面插入其纵深，以一部切断娘子关守军的退路，使之处于腹背受击之势。25日凌晨3时，第七旅在炮火掩护下发起攻击。守城部队立即反冲击，双方展开白刃格斗。第七旅在击退守军反冲击后勇猛穿插，将娘子关守军防御体系分割成数块各个围歼。经3小时激战，全歼保安团第四团。

冀中军区再次打响胜芳保卫战（4月8日至14日） 1947年4月初，晋察冀野战军发起正太战役，在集中主力向石家庄外围及石家庄至太原铁路沿线国民党军猛烈进攻期间，国民党军保定绥靖公署以所属第十六、第九十四军和整编第六十二师各一部共7个团的兵力，向冀中解放区霸县大清河以北胜芳镇地区发动进攻。晋察冀军区所属冀中军区司令员孙毅、政治委员林铁为配合晋察冀野战军进行正太战役，牵制大清河以北国民党军，使其不能向正定、石家庄、获鹿等地增援，决心以第八、第十军分区部队及独立第七旅共9个团的兵力，采取内线与外线相结合的战法进行反击。

4月8日，国民党军向胜芳西北崔庄子进攻受挫，11日至13日，又分由崔庄子、于家坟向胜芳进攻。冀中军区在内线作战的第七十六、第七十七团顽强抗击；外线作战的独立第七旅和第六十三、第六十四、第七十三、第七十五团破袭北宁铁路（今北京—沈阳）丰台至廊坊段，并攻克固安县柳泉镇国民党军后方补给点，尔后转至永清、霸县、胜芳地区，与内线部队对国民党军进行夹击。14 日，冀中军区部队主动撤出胜芳。

此战，共歼灭国民党军 2300 余人，缴枪 400 余支。冀中地方部队这一积极主动的进攻，不仅牵制了国民党保定绥靖公署统辖下的全部机动兵力，同时也有力地配合了晋察冀野战军发动的正太战役。

晋察冀中央局社会部发出地下工作与入城工作指示（4 月 10 日） 在自卫战争中，由于军事形势的变化和运动战的需要，新解放的城镇有的要长期控制，有的只需暂时控制。对这两种不同情形下城镇的入城工作和地下工作，必须在思想上与组织上作充分的准备。为此，4 月 10 日，中共晋察冀中央局社会部发出《关于新收复城市与撤离某一城市时的地下工作与入城工作的指示》。文件要求：（一）对收复或新解放的城镇，占领以前与既占之后，应根据该地区当时的具体情况，以雷厉风行的作风进行保卫工作。具体工作有派遣和逆用俘虏、社会治安管理、处理顽伪人员、研究顽伪文件、加强宣传与调查。（二）为在运动战中集中兵力打击敌人，主动或被迫撤离某一城镇时，保卫机关应派遣干部建立地下据点，有计划地布置社会调查员，突击争取社会上层做情报工作。

冀中行政公署召开财经会议（4 月 15 日） 根据经济形势的需要，为了加强财经工作，4 月 14 日，冀中区党委财经委员会发出关于目前经济工作重点与几个具体问题的指示，提出 4 月至 6 月的工作重点：一是大力管理与组织出入口，保证供给；二是开展打法（币）斗争，肃清法币；三是加强市场管理，做到不暴涨不暴跌。

根据财经委员会对经济工作的指示精神，为解决今后财政问题，研究土改后的改进负担，保证自卫战争的供给，4 月 15 日，冀中行政公署召开财经会议。参加会议的有各专区负责财经工作的专员、财政科长及中心区与边缘区各县财政科长、冀中各部门代表 40 余人。晋察冀边区行政委员会主任宋劭文与财经办事处主任黄敬、副主任柯庆施出席会议，宋劭文就目前财经工作作了报告。冀中行政公署财政厅报告了土改后农业统一累进税税则的修正草案及执行问题。

华北财经办事处在平山成立（4 月 16 日） 抗日战争以来，华北各解放区遵照中央“发展经济、保障供给”的方针和独立自主、自给自足的财政原则，大力发展解放区经济，给抗日战争与解放战争以巨大的支持。但是，解放区的经济也存在一些问题，主要是各解放区各自为政，经济互相抵制、互相封锁的现象严重地束缚着解放区经济的发展，不适应当时华北各解放区已连成一片的形势。因此成立华北财经办事处统一管理华北各解放区财经政策，调剂各区财经关系，成为当务之急。4 月 11 日，中共中央决定晋西北的中央工作机构分为三部分时，就提出由董必武担任华北财经办事处主任，经五台转太行，参加已于 3 月 25 日开幕的华北财经会议。

4 月 16 日，中共中央发出《中央关于成立华北财经办事处及任董必武为主任的决定》，指出，为着争取长期战争胜利，中央决定在太行成立华北财经办事处，统一华北各解放区财经政策，调剂各区财经关系。董必武任办事处主任。华东、五台、太行、晋绥各派一得力代表为副主任，经常参加办事处工作。人选由各区提出，正、副主任均由华北财经会议选举。随后，薄一波将财经会议选举的薛暮桥、方毅（华东）、南汉震、姚依林（北岳）、杨立三（邯郸）、白如冰、陈希云（西北）等参加办事处人选报告中央。

在中央批准中央工委留驻河北平山的同时，同意华北财经办事处和中央工委一起留驻在平山县，随即在夹峪村开始筹建办事处的工作。5 月 4 日，华北财经办事处开始办公。华北财经办事处成立后，随即着手开展工作，其工作内容为：调整各地贸易关系，统一各区经济政策和对敌经济斗争，调剂贫富，平衡各地人民负担，统一规定各地供给标准，统一计划掌握各地货币发行情况，稳定各种货币兑换比率，并在这些基础上，逐渐使各解放区财经工作进一步统一。

8 月 1 日，华北财经办事处制定《华北财经办事处组织规程》。该规程对华北财经办事处的职责范围、工作任务、组织设置等问题逐一作了规定。8 月 16 日，中共中央发出《中央对〈华北财经办事处组织规程〉的批示》，该批示同意董必武所提华北财经办事处组织规程，电告各中央局及各区财经办事处施行。华北财经办事处正式开始运作。

华北财经办事处在中央工委的领导下，管理着除东北以外各解放区的一切财政经济工作，担负着为坚持长期战争筹措除东北战场以外各个战场所需的军需供给的艰巨任务。随着形势的不断变化和新情况的不断出现，1948 年 4 月，中央决定撤销华北财经办事处，成立中共中央财政经济部。从 1947 年 4 月华北财经办事处成立到 1948 年 4 月成立中共中央财政经济部的一年时间里，华北财经办事处遵照中央的指示和华北财经会议决议的精神，积极开展工作，使华北各区经济有了较大的发展，同时为全面统一华北财政奠定了基础。

晋察冀中央局党刊《战线》复刊（4 月 20 日） 1947 年，经过抗日战争和一年多解放战争，晋察冀边区已拥有 80 余万党员，成为中国共产党在全国范围内最大的一个边区根据地。当时，边区面临着打仗、土改和大生产三件大事，迫切需要进一步从思想上建设党、发展党，贯彻毛泽东思想于一切工作中。为适应这种形势，《战线》于 4 月 20 日再次复刊。聂荣臻在复刊词中指出："《战线》的任务，总起来说，就是要统一党内思想，交流经验，指导工作。能够起到这些作用，它的任务就能够完成。希望全党同志都关心它，支持它，给它写稿，提意见，使它真正成为全党的刊物。"① 12 月 5 日，《战线》正式出版复刊之后的第一期，为 16 开铅印本。此后，即不定期刊印，直至 1948 年 5 月，晋察冀、晋冀鲁豫两中央局合并为华北局之前。

《战线》的读者对象主要为县级干部。内容上，除登载政治形势、边区建设、党的组织、地方武装等问题外，每期有明显侧重，尤其在贯彻党的历次会议精神和宣传党的各项政策方面。《战线》的创办，对北岳区党员干部思想的统一和马列主义水平的提高，对边区的建设和发展，发挥了重大作用。

中央工作委员会到达晋察冀军区驻地城南庄（4 月 26 日） 1947 年 3 月，胡宗南部对陕甘宁边区发动军事进攻，对延安进行狂轰滥炸。由于敌人过于强大，中共中央、中央军委主动撤离延安，于 3 月 29 日到达清涧县枣林沟。当日晚至 30 日，毛泽东主持召开了中共中央会议，讨论中央机关行动问题，决定成立中央前敌委员会（简称"前委"），由毛泽东、周恩来、任弼时率领中央机关部分人员和解放军总部留在陕北，坚持斗争，主持中央工作，指挥全国解放战争，由刘少奇、朱德、董必武组成中央工作委员会（简称"工委"），前往晋西北或其他适当地方，进行中央委托的工作。第二天晚上，刘少奇和朱德东渡黄河去晋绥解放区临县。4 月 2 日早晨，刘少奇、朱德一行来到晋西北的临县三交镇，与先期到达这里的中央机关和工作人员会合。这些机关和干部原计划要随中央工委全部赴华北的，但 4 月 11 日接到中共中央电，将晋西北的中央工作机构分为三部分，一部分回陕北，一部分暂留原地不动，准备将来与中央会合，一部分随中央工委前行。"中央工委现由刘少奇为书记，刘少奇、朱德、董必武

① 周均伦主编：《聂荣臻年谱》上卷，人民出版社 1999 年版，第 468—469 页。

为常委，康生、彭真参加土地会议后，亦留中央工委为常委。”“朱、刘先至晋察冀指导工作一时期，董经五台即转太行参加财经会议。”①

4月16日，中央工委离开三交镇，刘少奇、朱德等乘汽车前行，其余大部分机关队伍由中组部副部长安子文率领徒步在后跟进。途径兴县、静乐、宁武、原平、五台，然后翻越太行屋脊，到达晋察冀。4月26日，刘少奇、朱德等在晋察冀中央局书记刘澜涛陪同下，驱车来到晋察冀军区司令部驻地河北省阜平县城南庄。27日、28日，刘少奇、朱德在城南庄听取中共晋察冀中央局的工作汇报。30日，刘少奇、朱德等出席中共晋察冀中央局干部欢迎晚会，并在会上讲话。刘少奇在讲话中指出，晋察冀解放区在一切为着前方军事胜利的方针下，要用一切力量彻底完成土地改革，并以土地改革为中心，搞好各项工作，使党和根据地更巩固。朱德介绍了各个解放区战场情况，总结打胜仗的几条经验：第一，主要是进行土地改革，发动了群众，这是打胜仗的基础；第二，党政军民团结一致，光靠军队是不行的；第三，依靠人民群众，依靠民兵、地方部队，使野战军能专打歼灭战。会议指示晋察冀要学会打大歼灭战。② 而后火线剧社和战地服务团都表演了精彩的文艺节目。

冀东区召开经济工作会议（4月） 由于在抗战时期和解放战争初期战争的巨大破坏，冀东经济濒于崩溃。而冀东所处的战略地位非常重要，是连接华北、东北的走廊，支援解放战争的重要基地。冀东区党委十分重视冀东的财政经济工作，在1946年几次召开财经工作会议，贯彻中央局财经工作方针，为恢复和发展冀东解放区经济打下基础。

1947年4月，冀东区召开经济工作会议，总结过去一年的财政经济工作，根据冀热辽分局关于开展1947年大生产运动的指示精神，对冀东区财经工作的任务、方针、政策作出具体部署。确定财经工作的基本方针是：发展经济，保障供给，加强对国民党的斗争，增加人民收入。要求大生产运动必须与自卫战争密切结合，在土改复查的基础上，大力增加粮食产量，发展纺织业和其他工业、手工业，达到某些生活必需品自给。在金融贸易上，继续扩大边币市场，稳定物价，保护物资，严格管理出入口，畅流内地物资，使商业为工农业生产

---

① 中央档案馆、西柏坡档案馆：《西柏坡档案》第一卷，中国档案出版社2012年版，第4—5页。

② 参见中共中央文献研究室编《刘少奇年谱》下卷，中央文献出版社1996年版，第76—77页；参见中共中央文献研究室编《朱德年谱》，人民出版社1986年版，第294—295页。

服务。此外，中共冀东区委、地委一级组成财经委员会，县设工商科，区设工商助理，村设工商委员，集市设工商管理员，加强对财经工作的统一领导和管理。

5 月

晋察冀新华广播电台恢复播音（5 月 1 日） 张家口失陷时，张家口电台于 1946 年 10 月停止播音，撤出张家口，转移到河北省阜平县栗园庄，11 月开始克服重重困难筹建电台。新台正式定名为晋察冀新华广播电台。1947 年 1 月 1 日，《晋察冀日报》上发表了《晋察冀新华广播电台试播启事》。晋察冀新华广播电台的主要任务是：对平、津、保三角地区宣传党的方针政策，支援解放战争，解放全中国。试播期间自办节目较少，转播延安新华广播电台的节目占较大比重。

尽管困难很多，但是晋察冀新华广播电台的编播、技术干部，团结一致，坚持工作，并且不断改进工作。晋察冀新华广播电台终于在 1947 年 5 月 1 日正式恢复播音，开始曲为《黎明铁匠》。东北解放区的《东北日报》，香港《华商报》，都介绍了晋察冀新华广播电台的节目和波长。晋察冀新华广播电台除转播延安新华广播电台的节目以外，自办的节目有《简明新闻》《综合新闻、评论及其他》《轮回节目》（30 分钟），包括国际一周、民主呼声、四大家族，蒋家和星期评论汇集，另有解放区介绍（30 分钟），每星期一、星期四是解放区介绍，星期二、星期五是解放军介绍，星期三、星期六是文艺节目，星期日是特别节目。

1948 年 5 月，中共中央和毛泽东从陕北转移到石家庄西柏坡。陕北新华广播电台（前身为延安新华广播电台）随党中央迁移到河北省。为集中力量加强陕北新华广播电台的宣传工作，新华总社和晋察冀中央局决定，晋察冀新华广播电台终止播音，同时并入陕北新华广播电台。至此，晋察冀新华广播电台完成了历史使命。1948 年 7 月 1 日，全台工作人员在台长黎韦率领下到达西柏坡附近的封城村，同廖承志、梅益、温济泽领导的陕北新华广播电台的战友会师。1949 年 3 月，广播电台又随党中央和毛泽东迁往北平，先后改称北平新华广播电台和北京新华广播电台。新中国成立后，北京新华广播电台又改称中央人民广播电台。

晋察冀新华广播电台为传播中共中央的声音发挥过巨大的舆论影响，为解放战争的胜利作出了卓越贡献，在中国共产党新闻发展史上和中国人民广播史上写下了光辉一页。

中央工委进驻西柏坡帮助晋察冀工作（5月3日） 刘少奇、朱德一行抵达晋察冀时，正值正太战役进行之中，聂荣臻、萧克、罗瑞卿等晋察冀军区领导人都在井陉县城西北35公里的洪河槽村前线指挥部。肩负着“停留一段时期，了解和解决该区军事行动问题”任务的刘少奇和朱德与聂荣臻等约定在平山县城西面10公里的封城村见面。5月3日，刘澜涛陪同刘少奇、朱德到达河北省平山县封城村，与聂荣臻、萧克、罗瑞卿等见面，听取了晋察冀的工作汇报。

在封城，刘少奇和朱德与聂荣臻、萧克、刘澜涛、罗瑞卿等就晋察冀军区作战的经验教训等问题进行了研究讨论。当得知中央工委准备到太行区（即晋冀鲁豫解放区）安家时，聂荣臻等提出，晋察冀存在许多问题，像如何打仗问题，石门是京广、德石、石太三条铁路交点，现在还没有解放，张家口又失守，同时还存在土改问题等，建议中央工委留在晋察冀。刘少奇和朱德商议同意后，致电请示在陕北的毛泽东。5月10日，毛泽东复电表示：“完全同意中央工委及工委工作机关留在晋察冀工作一时期，以便能够帮助中央局解决各项工作问题。”①

中央工委决定留在晋察冀，驻地究竟定在哪里？当时有两种意见，一是在阜平，与晋察冀领导机关在一起，联系方便，但阜平几乎都是山区，村庄小，居住分散，经济条件差，与外界联系不便；另一种意见是平山县的郭苏、黄泥、洪子店、柏坡一带，村庄大，距离近，滹沱河两岸滩地肥美，物产丰富，曾被聂荣臻司令员誉为“晋察冀的乌克兰”，且东出30公里便是华北大平原，交通便利。经过讨论确定在平山县的郭苏、柏坡、洪子店一带选址。后刘少奇、朱德等根据朱德的秘书潘开文、卫士长齐明臣和聂荣臻的副官处长余光文的实地考察情况研究决定：中央工委定址于西柏坡，工委机关到西柏坡周围一带村庄落脚。中央工委确定西柏坡作为驻地后，安子文带领中央机关陆续进驻到其附近的北庄、南庄等村。从5月到6月底，经过1个月的紧张工作，即修房、腾房、建房等工作完毕后，7月初，中央工委正式搬到西柏坡中央大院。

刘少奇、朱德就彻底完成冀东土改作出指示（5月6日） 冀东的土改复查

① 中央档案馆等编：《中共中央在西柏坡》，海天出版社1998年版，第81页。

运动，原则上是继续贯彻中央《五四指示》，同时随着形势的发展不断进行深化。1947年3月至4月，冀东区党委召开各地委、县委书记会议，要求各地进行细致的复查工作。区党委发出《关于复查土地进一步建立基本群众巩固优势的决定》，对彻底发动群众进行土改复查和在运动中整顿基层党支部等工作提出具体要求，推动土改复查工作向纵深发展。

中央工委到达晋察冀后，听取了晋察冀中央局和各区党委关于土地改革情况的汇报。5月6日，刘少奇、朱德根据冀东区土改复查情况的汇报，作出《关于彻底完成冀东土改的指示》。文件指出："冀东群众的土地改革运动已经获得伟大成绩，但还未彻底，地主还保留了过多的土地财产，富农土地一般未动，无地少地农民的土地要求仍未满足。"为了尽可能最高限度地满足农民的土地要求：（一）应学习太行山的经验，组织群众性的复查，完全割掉封建尾巴。可以从地主方面继续取得一部分土地财产，填补给农民；应集中火力斗争汉奸、豪绅、恶霸，对中小地主、抗日地主应有出于群众自愿的照顾与区别。（二）可以而且应该从富农手中取得一部分土地、牲畜、工具去满足农民要求，但应避免发动专门对富农的运动。除对汉奸、恶霸、富农等为群众所痛恨者应该清算斗争外，对一般富农可采取商调、动员等办法，使其拿出一部分土地、牲畜；对勤俭起家的富农及新富农的土地财产，应以不动为原则，不要完全消灭富农经济。（三）必须坚决联合中农，以保持乡村人口90%以上的反封建的统一战线，使中农在复查中得到利益。

文件对冀东土改提出了一些新的具体政策和策略，特别是对过去基本不动富农的规定作了明确否定，推动冀东土改复查运动更快更深地发展。

阳泉市委和阳泉市人民政府成立（5月上旬） 1947年5月4日，晋东重镇阳泉市解放。5月上旬，冀晋区党委决定从平定县划出阳泉镇及附近3个村独立设市，成立中共阳泉市委和阳泉市人民政府，直属区党委和行政公署领导，任命智生元为书记兼市长，任仆斋为公安局长。随后，市政府、市工矿局、市职工会组成工人管理委员会积极安置失业工人，为工人介绍工作，解决其生活问题，至18日发放贷款3万余元，安置工人700余名，并贷款给铁路工人，组成了"工人生产合作社"。市政府筹措粮食22 728斤，救济贫苦人民1024户2885人，群众称之为"救命粮"。同时，市委、市政府统一成立工作委员会，派出工作队深入城乡清理敌伪物资，整顿社会秩序，安定人民生活。阳泉成为中国共产党在全国解放前亲手创建并管理的一座人民城市。

冀东军区发起滦东战役（5月17日至26日） 1947年4月底，冀东战场转入战略进攻阶段，冀东军区于5月17日发动了滦（河）东战役。战役的主要任务是切断北宁铁路，主要攻击目标是昌黎县城。

独立第十旅于5月19日攻克昌黎。独立第十一旅和第十二、十三、十五军分区部队向平津公路沿线的国民党守军发动进攻。卢龙县出动民兵5000余人破坏滦县至昌黎的铁路、公路交通。在历时10天的战役中，攻克留守营、张家庄、后封台、安山、石门等车站，摧毁了深河、榆关、石门寨、上庄坟等4个山海关外围据点。16日、25日先后逼退抚宁、迁安两县城的国民党守军，将国民党二十九军堵截在北宁铁路南段。与此同时，第十三军分区第四十八团在路南地区，收复国民党军“蚕食”的地区。团长刘守仁、政治委员李文光率第一、三营从昌黎南下乐亭，副团长张小川等第二营从田庄向南，一路收复国民党军据点多个，迫使国民党军主力退出北宁路南地区。

滦东战役是冀东解放战争中战果最大，影响最深的一次战役。冀东军区主力部队和唐山地区各县地方武装几乎全部投入了战斗。这次战役共歼灭国民党军3400余人，缴获各种枪2800余支、炮9门，圆满完成了切断北宁铁路交通的任务，将国民党第九十二军堵截于北宁铁路南路，使其不能开赴东北。

晋察冀中央局通知暂停土地复查（5月24日） 根据中共中央指示精神，1946年5月以后晋察冀边区开展了大规模的土地改革运动。1947年2月，中共晋察冀中央局召开土改工作汇报会议，对《五四指示》以来的土改运动进行了认真总结，在肯定成绩的同时找出了不足之处，提出了进行复查的任务。会后，冀中、冀晋、冀东、察哈尔等地开始了土地复查。在土地复查运动中，由于对土地政策的传达有错误，同时运动发动过于急躁，产生了“肉体消灭”地主、侵犯中农利益等过火行为。

中共晋察冀中央局发觉运动偏向后，于5月24日致电冀晋区党委并告冀中区党委、察哈尔省委，要求暂停土地复查并做好善后工作：（一）阜（平）行（唐）灵（寿）平（山）等地由于对土地政策传达有错误，发生了“肉体消灭”地主的过激行为，应迅速停止。（二）做好暂停土地复查地区的善后工作。总结教训，退回地主应留的基本土地，同时不伤害群众及干部的情绪。除党内检讨错误外，“对外只说明暂时停止”，以免影响生产，并防止地主反攻破坏。对于受到过分打击的抗干烈属和中农应给以安慰，对逃跑的地主要找回并安置。（三）中央局及各区党委工作团除在新解放区者外，全部集中到一两个县去工作，先从几个村做起。（四）为避免传达错误，“农民专政”“一切权力归农会”“百分之九十人民的意见就是政策”等指示不能全部向下级和群众传达，“扫地出门”以后不能再讲。（五）活埋、剐人应即停止，杀人须有一定的法律手续。①

晋察冀中央局暂停土地复查的指示，及时纠正了土地改革中出现的“左”的偏向，保证了土地改革运动的健康发展。

晋察冀中央局决定禁止各机关部队经营商业（5 月 28 日） 为了加强边区的财经力量，统一对敌斗争，支援自卫战争，1947 年 5 月 28 日，中共晋察冀中央局发出《关于各机关部队停止经营商业的决定》，要求各机关、部队一律停止经营商业。6 月 20 日，中央局又发出《补充指示》：（一）组织机关部队生产处理委员会，在中央局领导下，全权处理机关部队生产事宜。黄敬为主任委员，罗瑞卿为副主任委员，安志成为秘书长。（二）各机关部队生产家务、干部资金，不论商业、工业与合作社，均应详细登记报告，听候处理。（三）各机关部队生产经营干部，转到财经部门工作，妥善安置。（四）各机关部队生产之处理，要与节约运动密切结合进行。（五）适当延长移交工作期限，使决定彻底执行。

6 月 15 日，冀中区党委发出具体执行中央局停止各机关部队经营商业决定的决定，根据冀中具体情况决定：除各单位所经营的商店收归国营外，凡以营利为目的的和带有家属性质及荣军干属性质的工厂、作坊亦改为国营，但仍留本单位经营，其盈利仍留一定提成作为本单位分红，解决本单位的特殊开支。

各解放区所属之机关部队，把各自所经营的商业均交国营商店经营，这不仅解决了长期以来部队机关与民争利的问题，同时节省出大量的人力、物力、财力来从事粮食生产，减轻人民的负担。由于全体机关干部和部队广大指战员的积极努力，粮食生产取得了巨大成绩。许多部门不仅完成了上交任务，减轻了人民的负担，而且改善了机关部队的生活。

北平爆发“反饥饿、反内战”学生运动（5 月） 国民党蒋介石的独裁、内

① 参见中央档案馆、河北省社会科学院编《晋察冀解放区历史文献选编（1945—1949）》，中国档案出版社 1998 年版，第 295—297 页。

战、卖国政策使国统区的经济危机与政治危机日益严重。当时国统区的物价狂涨，生活必需品昂贵，人民生活难以维持。中共中央上海局根据中央指示，确定各地通过纪念“五四”活动，在上海、南京、北平、天津等城市的学校，将分散的斗争逐步汇合，在5月中旬形成高潮。

北平地下党组织根据上海局和晋察冀中央局城工部的指示经过串联和宣传，在清华、北大、燕京、朝阳、中法等学校的带动下，提出“反饥饿、反内战”的口号，5月15日起各校举行罢课，我党组织宣传队上街宣传，与上海、南京、天津的“反饥饿、反内战”运动相呼应。北平反动当局极为恐慌，于18日各校上街宣传达到高潮时，出动军警，军警手持铁棍、皮带，殴打宣传队员，打伤50多人，制造了“五一八血案”。为反抗国民党当局的镇压，20日，北平和天津各院校举行了“五二〇大游行”。31日，唐山交大学生在街头散发传单时，遭到三青团暴徒的围打，10余名在校的学生闻讯冲出校门，救援被打学生。随后，校内集合200多名学生也赶赴现场，与几十名暴徒展开搏斗。在这次暴力事件中，共有29名学生受伤，其中5名重伤，造成“五三一血案”。

北平的学生运动爆发后，全国各大城市学生也纷纷以罢课、游行相支援。这场声势浩大的“反饥饿、反内战”的学生运动，历时一个多月，使国统区民主运动日益高涨，给国民党的统治造成沉重打击。

6月

朱德到冀中视察和指导工作（6月2日至7月2日） 为解决晋察冀的军事问题，朱德在聂荣臻的陪同下于6月2日至7月2日到冀中进行视察和指导工作。6月2日，朱德、聂荣臻越过平汉线抵达安国县。6月4日，他们到达冀中军区所在地——河间县黑马张庄。朱德听取了冀中军区领导人的工作汇报，并于6月10日在冀中军区干部会议上发表讲话，指出，我们的部队是人民的勤务员，要为人民服务。部队不能脱离群众，要把纪律整顿好。打歼灭战是红军传统的战略思想，一定要贯彻打歼灭战的思想。打歼灭战时要注意几点：（一）集中兵力主动作战；（二）打敌之侧背，包围并歼灭敌人；（三）利用有利地形，把敌人消灭掉；（四）要在政治上压倒敌人，在战略上轻视敌人，在战役战术上重视敌人。我们要学会自己的建军方法，学会依照自己的情况去带兵、养兵、练兵、用兵。“有什么武器打什么仗，在什么地方打什么仗，遇到什么敌人打什么仗。”他还提出要大量培养干部，准备担负解放全中国的任务。机关要精简，学校要加强管理。[①] 其讲话中蕴含着丰富的战略思想。6 月下旬，朱德随晋察冀野战军司令部移住白洋淀，与聂荣臻一起组织保北战役。7 月 2 日，朱德与聂荣臻回到阜平，结束了他来到晋察冀后，在没有安定驻地的情况下首先为了解决军事问题而进行的一个月的视察和指导工作，为以后从根本上解决晋察冀的军事问题打下了坚实基础，也为扭转华北战局做好了充分的准备工作。

晋察冀中央局传达刘少奇对冀晋土改的意见（6 月 8 日） 1946 年 8 月，冀晋区党委召开土地会议，10 月 19 日，发出《关于迅速全面展开土地改革运动的指示》，布置土地改革工作。1947 年 1 月，中共冀晋区党委发出《关于敌后及边沿区开展反“倒算”斗争的指示》，要求沦陷区、边沿区及敌后区在清算减租运动中组织群众开展反“倒算”斗争，并对这场斗争的方针、方法、政策都作出了具体规定。5 月，冀晋区开展土改复查工作。冀晋行署主任杨耕田亲率土改复查工作组到浑源县参加典型村土改复查工作，并对冀晋一分区全区的工作作具体指导。一地委组织干部 100 人分为两个工作队及几个小组，分别到应县、浑源、繁峙、广灵、灵丘、大同、阳高等地进行土改复查工作。经过 20 多天（5 月 19 日至 6 月 10 日）工作，一专区共有 606 个村庄进行了土改复查，参加群众多达 35 万余人，普遍解决了前一阶段土改不深入、不彻底的问题，但也造成了侵犯中农利益、违反工商业政策等过火行为，产生了一些不良后果。

6 月 8 日，中共晋察冀中央局传达刘少奇对冀晋土改的意见：冀晋地区的“五月复查”实质是“左”倾冒险主义。有几点教训：（一）一切工作要走群众路线，否则就会犯“左”的或右的错误；（二）暴露出领导机关从上而下民主不够的作风；（三）发现错误后，应坚决反对这个错误，明确态度；（四）在党内意见有分歧时应服从上级决定和多数人意见；（五）讲政策时，党内党外、领导机关和群众应有区别。

根据中央工委和晋察冀中央局的指示，冀晋土改复查中的问题很快得到纠正，有利于土地改革的顺利进行。

晋察冀野战军发动青（县）沧（县）战役（6 月 12 日至 15 日） 1947 年 5 月正太战役后，国民党军保定绥靖公署所属部队主力收缩于北平（今北京）、天

---

① 参见中共中央文献研究室编《朱德年谱》，人民出版社 1986 年版，第 296 页。

津、保定三角地带，天津以南青县至沧县 80 余公里的铁路沿线仅有河北省保安第二、第六、第八总队和各县保安团队共 1.3 万余人驻守。晋察冀军区为牵制华北国民党军，策应东北民主联军的夏季攻势，决定由军区副政治委员罗瑞卿、第二纵队司令员杨得志、第三纵队司令员杨成武组成前方指挥所，统一指挥第二、第三、第四纵队和炮兵旅、冀中军区、察哈尔军区部队各一部，在山东渤海军区部队一部配合下发起青（县）沧（县）战役。

6 月上旬，各部队分别由平山、灵寿、行唐、曲阳等地区出发，到达集结地域。12 日夜，朱德和聂荣臻组织指挥晋察冀野战军发起青沧战役。第三纵队对唐官屯至青县，第四纵队对兴济至姚官屯，第二纵队和渤海军区部队一部对沧县城外围据点的国民党军发起攻击，连克数十个据点，进逼青县、沧县两城和兴济镇。冀中、察哈尔、渤海军区部队各一部分别在平汉铁路徐水以北、大清河以北和津浦铁路唐官屯以北地区进行牵制作战。13 日至 14 日，各主攻部队冒雨攻城。第三纵队攻占青县城东关后，采取山炮抵近轰击、爆破、攀梯等手段突入城内，展开激烈巷战，于 14 日凌晨占领青县城。天亮后又向南追击 40 余公里，将突围逃跑之敌 300 余人全歼于沧县以北地区。第四纵队第一次攻击兴济镇失利，又组织第二次攻击，从工事较为薄弱的镇西北角突入，于 14 日黄昏全歼守军。第二纵队及渤海军区部队一部使用 150 公斤炸药炸开沧县县城西门，突入城内，另一部从城北、城东、城东南角相继突破城垣，激战至 15 日晨，全歼守军。

与此同时，冀中军区独立第七旅及第十军分区部队攻占永清县城，毙伤守军 1500 余人，并破坏了北平至天津的铁路；第八军分区部队攻克天津西南王口镇；察哈尔军区独立第四旅攻克平汉线之高碑店等地；渤海军区部队攻克天津以南大里八口等地；第五、第七、第九军分区部队破坏了北平至保定的铁路。国民党军第十六军及整编第六十二师、第九十二军第一四二师等部被迫由天津南下增援，原来准备增援东北的国民党军第九十四军第四十三师也收缩于天津。

此役歼灭国民党河北省保安第六、第八总队全部，第三总队大部，共 1.3 万余人。解放青县、沧县、永清 3 座县城，控制津浦铁路 80 余公里。战役迫使平津之敌不敢出关增援东北，从而有力地支持了东北民主联军。

6 月 19 日，毛泽东致电朱德、刘少奇、聂荣臻，并转杨得志、罗瑞卿、杨成武，对青沧战役的胜利表示祝贺。同时指示：“下一步行动，似以全力（主力三个纵队不要分散，再加地方部队）向平津段出击，截断杨村、黄村段，争取在大清河北歼灭援敌为有利；如此，可在平津、平保两线往来机动，寻歼敌之正规部队。”①

晋察冀边区行政委员会公布新的行政区划和领导机构（6 月 13 日） 1947 年 5 月，中央工委进驻西柏坡前后，适应解放战争形势的发展，原属晋察冀的冀察热辽解放区（包括冀东、冀热察、热河）划归东北局领导。6 月 13 日，晋察冀边区行政委员会公布新的行政区划，并调整了领导机构。冀晋区：区党委书记兼军区政治委员为王平，军区司令员为赵尔陆，行政公署主任为杨耕田，辖 4 个专区、27 个县、1 个市。察哈尔省：省委书记兼军区政治委员为刘杰，军区司令员为郑维山，省政府主席为张苏，辖 3 个专区、17 个县。冀中区：区党委书记兼军区政治委员为林铁，军区司令员为孙毅，行政公署主任为罗玉川，辖 45 个县、3 个市。晋察冀所辖冀晋、冀中、察哈尔 3 个行政区，共分为 11 个专区、89 个县、4 个市。其中冀晋区辖一至四专区，冀中区辖八至十一专区，察哈尔省辖五至七专区。

冀中区开展土地复查运动（6 月 15 日） 《五四指示》以来冀中的土地改革取得了很大成绩，但土改中仍存在很多问题，如贯彻群众路线不够，大部分农民翻身翻心不够，少数干部存在强迫命令作风等。为了进一步发动群众，根据中央局指示精神，6 月 15 日，冀中区党委发出《关于开展土地复查运动的决定》。文件强调土地复查运动的重要性，指出复查的重点：第一是在经济上，高度满足所有无地少地农民的土地要求，并使其适当得到生产工具和物资，以便能组织生产；第二是在政治上，使农民真正成为自觉的主人，实际掌握村中大权。在政策掌握上要坚持三条基本原则：（一）彻底消灭地主阶级的封建剥削，但给地主保留最后的生活涞源，不从肉体上消灭地主；（二）对富农，群众要求清算时，不应打击太重，以免中农发生怀疑动摇；（三）坚决不侵犯中农利益。

7 月 15 日，冀中行政公署发出《关于大力开展土地改革与复查运动的指示》，指出：“各级政权干部如何投入这一翻天覆地变更历史的伟大运动，与如何更加鲜明的在人民群众面前显示我民主政权的性质，乃是当前的紧要任务。”过去所进行的土地改革存在思想上不明确、作风上有官僚主义等缺点，因此，

① 周均伦主编，《聂荣臻年谱》上卷，人民出版社 1999 年版，第 471 页。

各级政权必须大力投入土地改革运动，明确土地改革是战争以外的第一个中心工作，土地改革彻底，是自卫战争胜利及一切工作的先决条件。要求各级政府明确支持并大力投入到土地改革与复查运动中，“为农民的彻底解放而奋斗”①。

晋察冀军区召开后勤会议（6月21日、8月6日） 为了支持长期战争，增强部队的战斗力，晋察冀军区对后勤工作十分重视，在1947年6月和8月分别召开两次后勤会议。6月21日，晋察冀军区参谋长赵尔陆在军区第一次后勤会议上作《关于后勤工作的报告》，认为在大规模自卫战争中，后勤工作做得好坏，对战争有决定性的影响。提出今后加强后勤工作的方针是：（一）贯彻一切服从战争与一切为了前线的精神，动员全边区人力、物力、财力支援前线；（二）普遍推行战争与生产结合的经验，认真节约人力、物力，支持长期战争；（三）统一步调，统一指挥。根据这个方针，确定了各级后勤的组织、工作范围与权限、内部分工等，还提出处理缴收物资、俘虏、随军工作、前线供给工作，以及使用民力和后勤司令部权力等几个具体问题。强调各级党委、各军区、各分区要把新的后勤组织迅速建立起来。

继第一次后勤会议后，晋察冀军区又于8月6日召开第二次后勤会议，晋察冀军区后勤政治委员黄敬在会议上作结论报告。指出，这次后勤会议开了13天，收获很大。明确了认识上的几个问题：基于晋察冀目前形势，强调斗争的正规性与统一性；基地建设以二级军区为重点，依靠二级军区来建设后勤工作；运用后勤司令部的组织形式，把党政军民各种力量充分发挥起来。同时对各级分工与组织领导问题、各部门工作条例工作方案的处理问题、传达与执行问题等作了详细说明。

晋察冀野战军发动保（定）北战役（6月25日至28日） 6月中旬，国民党军保定绥靖公署所属部队在津浦铁路北段青县、沧县地区作战失利后，其第十六军、整编第六十二师、第九十二军第一四二师及原准备增援东北的第九十四军第四十三师等部收缩于天津以南地区。保定及其以北地区仅有6个师另2个团，兵力较弱。其中独立第九十五旅和保安第七总队驻徐水至高碑店铁路沿线和易县、涞水地区。为继续牵制华北国民党军，使其无暇东顾，以策应东北民主联军的夏季攻势，晋察冀野战军司令员杨得志、政治委员罗瑞卿及第二政治

① 《冀中行政公署关于大力开展土地改革与复查运动的指示》，原件存河北省档案馆。

委员杨成武奉命集中所属第二、第三、第四纵队发起保（定）北战役，攻歼北河店至漕河头铁路沿线的国民党守军，并求歼其援军一部。

6月25日晚，晋察冀野战军发起保北战役。第二纵队攻击徐水县城，第三纵队主力攻击固城和北河店，第四纵队主力攻击漕河头和徐河桥，第三、第四纵队各以一部兵力阻援。26日晚，第二纵队攻克徐水县城，歼守军第十六军第一〇九师1个团，并拔除徐水至田村铺间铁路沿线据点多个。27日，第四纵队攻占二十里铺、漕河头、徐河桥、孙庄等据点，歼保安第二、第三师各一部。此时，国民党军第十六军主力及第九十四军第四十三师沿平汉路南下增援，进至良乡以南地区；第九十四军第五、第一二一师亦由定兴南援，进至北河店地区。28日，晋察冀野战军以第二纵队第六旅和第三纵队第七、第八旅各一部将国民党援军阻于北河店以南十五汲一带，以第二纵队第六旅另一部攻击其侧后，迫使其退守北河店以北地区。当晚，第三纵队攻克固城，歼敌第十六军三二五团、第九十四军第一二一师三六二团，并歼灭援军2000多人。29日，朱德致电中央军委，指出，青沧战役和保北战役之所以胜利，是由于打堡垒及攻城的战术都有相当的提高，步兵炮兵能够协同作战，步兵善于使用炸药。

此后，为调动驻保定的国民党军出援，创造新的战机，第四纵队于7月4日至6日攻占保定以西马厂、谢庄、南北奇村等据点，歼满城、完县保安团队1000余人。但保定国民党军未敢出援，战役结束。此役，晋察冀野战军共歼国民党军8270余人，切断了平汉铁路北段。

晋察冀军区部队再次整编（6月）　经过一年的内线作战，晋察冀军区已扭转了初期战场失利的局面，歼灭国民党军20万人，收复县城39座，取得了不小的成绩。但相对其他军区仍嫌不足。保（定）北战役后晋察冀军区进行了为期两个月的整训，总结教训，研究下一步策略。

受中共中央之托，刘少奇、朱德到西柏坡后，也立即着手了解这里的军事情况。1947年5月3日，刘少奇、朱德与聂荣臻、萧克、罗瑞卿在平山封城村见面后，即会商晋察冀的军事工作，决定由聂荣臻分别召开纵队、旅、团级干部会议，总结晋察冀军区作战的经验教训。朱德还几次出席晋察冀中央局会议，和指战员谈话，并广泛征求各方面干部群众的意见，摸准部队情况，找到问题症结，并采取了相应的解决措施。6月3日，刘少奇向中共中央汇报晋察冀野战军工作状况，指出，野战军尚未形成一个统一的集团，各纵队各旅以至各团都有自己的后方，还带着联合作战的形式，整个战争机构和制度未建立，现在要着手改变这种情况。建议让野战军在青沧战役后休整一个月，责成杨得志、罗瑞卿在朱德、聂荣臻的帮助下完成必要的改组工作。

6 月初成立新的晋察冀野战军领导机关，杨得志任司令员，罗瑞卿任政委，杨成武任第二政委，耿飚任参谋长，潘自力任政治部主任。下辖第二、三、四纵队和炮兵旅。第二纵队司令员为陈正湘，政治委员为李志民；第三纵队司令员为郑维山，政治委员为胡耀邦；第四纵队司令员为曾思玉，政治委员为王昭。炮兵旅旅长为高存信，政治委员为李呈瑞。整编后的野战军共 12 万人，改善了装备。

地方军区有冀中军区、冀晋军区、察哈尔军区。冀中军区司令员为孙毅，政治委员为林铁；冀晋军区司令员为唐延杰，政治委员为王平；察哈尔军区政治委员为刘杰。同时成立晋察冀军区后勤司令部，赵尔陆任司令员，黄敬任政治委员。地方军合计 37 个正规团，约 8.8 万人。

经过整编，晋察冀加强了野战军的建设，地方军兵力也有所增加，形成一支适应打运动战、歼灭战的劲旅，为迎接战略反攻作了军事上的准备。

7 月

晋察冀中央局发出《关于建立与健全作战机构及地方军建设的决定》（7 月 1 日） 为适应目前大规模作战，特别是已经开始了的全国战略反攻，中共晋察冀中央局专门召集各区党委、军区武委会及大军区各部门主要负责同志召开会议，详细讨论地方军建设和后勤工作问题。7 月 1 日，中共晋察冀中央局发出《关于建立与健全作战机构及地方军建设的决定》，指出，这一切都是为了建立一个完整的战争机构，使边区的一切人力物力都能合理地组织到战争中来，并使它使用得当，不让它浪费。这一机构的建立，将使党的一元化领导加强，使后方与前方、军与民、文与武、地方军与正规军，均能密切配合。会议中，萧克作关于地方军建设及军队干部训练的报告，赵尔陆作关于后勤工作的报告，这两个报告“正确地解决了地方军建设与后勤工作问题，各级应深入讨论，把它贯彻地实现出来”①。

《晋察冀边区人民武装代表会议结论》印发（7月1日） 适应目前战略防御进入战略反攻的形势，需要主力军更大量地歼灭敌人甚至远离本区进行反攻作战，地方军就需要代替主力军之任务消灭敌人，民兵也须逐渐参与部分地方军的任务。为此，7月1日，晋察冀边区人民武装委员会印发《边区人民武装代表会议结论》，指出，人民武装进入向集中统一方面发展的历史新阶段。人民武装问题的中心是“组织改变”，包括建立各级人民武装部、村之基础组织仍为民兵与自卫队、建立民兵团担架大队和运输大队等；加强人民武装的训练；民兵战术思想由分散游击战向必要的集中发展；集中参战时的两个基本要求为准时到达和不开小差。

晋察冀军区后勤部成立（7月7日） 为了统一管理全军后方勤务工作，经中央军委批准，7月7日，晋察冀军区后勤部成立，晋察冀军区参谋长赵尔陆兼任军区后勤司令员，军区第四副政治委员黄敬兼任后勤政治委员，吴先恩、程宏毅为后勤副司令员，查国祯为后勤副政治委员，戴正华为参谋长。军区后勤部下辖供给部、卫生部、兵站部和摩托化管理处。供给部，部长为封永顺，政治委员为吴先恩（兼），副部长为杨植亭、吴波；卫生部，部长为殷希彭，政治委员为姜齐贤，副部长为叶青山，副政治委员为吴国华；兵站部，部长为张西帆（后刘宜），政治委员为赵熔，副部长为郝华亭，副政治委员为杨子华（后左淮映）。

《冀中画报》创刊（7月7日） 7月7日，《冀中画报》社在河间县成立。刘萤任主任编辑，林扬、庞嵋、李枫、袁浩、邵克为摄影记者。《冀中画报》同时创刊。《冀中画报》为连队读物，4开单页，道林纸双面印刷，每期印2000份，共出6期，发表照片88幅、美术作品20幅。照片作者有李峰、吴洛夫、杉玲、林扬、魏宗耀、刘萤、杜海振、陈志、宋谦、曹正、李枫、袁浩、李晞、袁绍柯等。

晋察冀中央局扩军备战（7月9日） 7月9日，中共晋察冀中央局作出《关于扩军工作的决定》：（一）今后每年分2月、8月两次扩军，一般以军分区

---

① 中央档案馆、河北省社会科学院编：《晋察冀解放区历史文献选编（1945—1949）》，中国档案出版社1998年版，第300页。

为单位分别进行。扩军工作必须广泛动员群众，党员及干部应起带头作用，党员应占 20%以上，干部配备要充足，部队应有计划地培养与使用。（二）本年度（1947 年 8 月至 1948 年 8 月）扩军任务为 6 万人。（三）现正进行中的扩军工作应照原计划提早完成，其余在 9 月底以前完成。（四）在群众中进行深入动员，号召群众参军，其中党员应占 20%以上。（五）对新兵进行训练，加强新兵工作。

中央工委正式成立（7 月 12 日）　刘少奇与中央工委于 7 月初搬到西柏坡办公。7 月 12 日，刘少奇通知“各中央局、分局：现朱德、董必武、康生、彭真、陈伯达均已到达平山县工委所在地，中央工委即正式成立，各处情况及报告望即送工委”①。中央工委正式成立，对外称工人劳动大学，简称“工校”或“劳大”。化名“胡服”的刘少奇是“校长”，朱德总司令则被称为“朱校董”。中央工委包括原中央党校全部人员，涉及中组部、中宣部、社会部、解放报社、中央青委、中央办公厅、中央秘书处、招待所及军委总政治部、卫生部、供给部、三局一部和徐特立文教工作团等，总计 1500 多人。中央工委书记为刘少奇，副书记为朱德，常委有董必武、彭真、康生，委员有陈伯达、邓颖超（全国土地会议后留工委），秘书长有安子文、伍云甫（后）。中央工委下设：办公处，处长为伍云甫，内设秘书科、机要科、通讯科、材料科、行政科；供给部，部长为牟泽衔，副部长为王大甫、龙许，内设供给处、经建处。这样，中央工委就在西柏坡正式办公，开始了中国革命最后一个农村指挥所的建设工作，担负起中央委托的重要工作：（一）将晋冀察军事问题解决好；（二）将土地会议开好；（三）将财经办事处建立起来。中央工委在晋察冀一年多的时间，彻底扭转了晋察冀的战局，指导了解放区的土改深入开展，实现了华北、西北、华东解放区财经工作的统一管理，为建立巩固的华北解放区奠定了坚实基础，为战略大决战提供了充足的后勤支援，同时也为中共中央由陕北移驻华北，在西柏坡建立最后一个农村指挥所提供了安全保障。

晋察冀代表团参加全国土地会议（7 月 17 日至 9 月 13 日）　1947 年 5 月 15 日，中央工委召开全国土地会议预备会，决定土地会议定于 17 日开幕，会期大概三四十天。会议开法，先由各地作报告，然后讨论，最后作出决定。会议领

① 中共中央文献研究室编：《刘少奇年谱》下卷，中央文献出版社 1996 年版，第 83 页。

导机构是主席团，由朱德、刘少奇、董必武等中央工委委员及各代表团负责人共 22 人组成，常委为朱德、刘少奇、董必武、康生、彭真。

7 月 17 日，中央工委受中央委托，在河北省西柏坡村召开全国土地会议。出席会议的有各解放区代表 110 余人。刘少奇主持会议并致开幕词，指出，土地问题是解放区一切问题的基本环节。会议的任务是要从土地问题出发，讨论一切工作及其他各项工作，在既有成绩的基础上更有改进。朱德、董必武在开幕式上讲话。会议于 9 月 13 日结束。会议通过了《中国土地法大纲（草案）》。朱德在会议上作关于国内外形势的报告，指出，放手发动群众，彻底消灭封建势力，是打垮蒋介石的最基本条件。要很快取得战争的胜利，第一个关键就是分田地，消灭封建势力，挖掉蒋介石的根子；第二个关键就是要打胜仗。军队需要从思想上和组织上加以整顿，需要一个查阶级、查思想、查作风的运动，使军队在思想上拥护土改，组织上纯洁严密。① 彭真在会议上作报告对《中国土地法大纲（草案）》进行全面的阐述。他指出，不动富农，贫农问题无法解决，富农经济在中国半封建社会内是与封建性的剥削联系在一起的，富农的封建剥削与雇佣劳动的资本剥削是分不开的。消灭富农的封建剥削，不是根本消灭富家经济。对地主阶级要将其土地全部拿出，财产只拿多余部分。另外，平分中要防止几种偏向：一是干部包办分地，不去发动群众；二是和平分地；三是地富思想。土改中要坚持中国共产党的领导，这是土改的第一个关键。贫雇农是中坚力量，要组织以贫雇农为骨干的、联合中农的群众队伍，这是土改能否搞好的决定一环。

7 月 30 日，晋察冀代表团在座谈会上向大会主席团汇报工作。刘少奇在座谈会上讲话，指出晋察冀在土地改革中犯了右的错误，在复查中又犯了“左”的错误，最基本的原因是党内不纯。② 9 月 14 日，刘少奇同晋察冀代表团谈话时指出，党内斗争是为了搞好党，而不是弄垮党，提意见要是积极的、建设性的，一切无原则的斗争都不准。在土改中，对“反革命案”更应慎重。③

10 月 10 日，中共中央公布《中共中央关于公布中国土地法大纲的决议》和《中国土地法大纲》。《中共中央关于公布中国土地法大纲的决议》指出：“中国

---

① 参见中共中央文献研究室编《朱德年谱》，人民出版社 1986 年版，第 299 页。

② 参见中共中央文献研究室编《刘少奇年谱》下卷，中央文献出版社 1996 年版，第 85—86 页。

③ 参见中共中央文献研究室编《刘少奇年谱》下卷，中央文献出版社 1996 年版，第 95 页。

共产党中央委员会完全同意这个土地法大纲，并予以公布。希望各地民主政府、各地农民大会、农民代表会议及其委员会，对这个决议加以讨论及采纳，并订出适合当地情况的具体办法，开展及贯彻全国的土地改革运动，完成中国革命的基本任务。"①《中国土地法大纲》规定了没收地主阶级土地，按人口平均分配土地，充分反映了中国数亿农民强烈的土地要求。为彻底消灭封建的土地制度，满足广大农民的土地要求，规定了行动纲领。

全国土地会议之后，根据中共中央的决议，在中共晋察冀中央局的领导下，晋察冀边区广泛开展了贯彻执行《中国土地法大纲》的土地改革运动。

全国土地会议及时总结了土地改革工作的经验，进一步巩固了党的土地政策，会议通过的《中国土地法大纲》是彻底消灭封建土地剥削制度的战斗纲领。这次会议对深入发动农民群众，推动土地改革运动的全面开展，发挥了重要的作用。但是，这次会议也存在一些缺点。会议确定的"平均分配一切土地"的方针，助长了农民群众中存在的平均主义倾向，再加之没有制定完备、细致、具体的政策，不可避免地会造成土地改革中侵犯中农利益和破坏工商业的问题。会议对前段土地改革不彻底的问题和党内组织不纯、思想不纯的情况，估计得过于严重，而对于已经出现的"左"的倾向却注意不够。这些缺点，是一段时间里各解放区在土地改革和整党工作中发生"左"的偏向的重要原因之一。后来中共中央及时发现并纠正了这些"左"的偏向，保证了土地改革运动的健康发展，为实现农民的翻身解放和支援人民解放战争创造了条件。

晋察冀边区行政委员会发出《关于调查寇灾损失的通知》（7 月 30 日） 7 月 30 日，晋察冀边区行政委员会发出《关于调查寇灾损失的通知》，要求各地在目前土地改革的过程中利用工作团人员或另抽出专人进行一些典型调查。调查材料项目包括人口及劳役的损失、人民财产损失、社会福利方面损失、工矿水利损失等项中的详细内容。调查材料应注意的事项如下：（一）调查时务将时间、地点（县区村名）、敌伪军番号、主管人及直接犯罪人姓名、蒙难者姓名、材料来源与提供材料者姓名写明；（二）损失折价应依当地价格折成边币及小米数字，以便统计；（三）每项材料除综合材料外，均应调查一个至数个典型材料并加以生动说明。

① 《彭真传》编写组编：《彭真年谱》上卷，中央文献出版社 2002 年版，第 458—459 页。

8 月 23 日，晋察冀边区行政委员会发出《关于调查统计寇灾损失的指示》，指出："由于目前地方上有中心工作，还有当地的紧急工作，因此对于调查损失这一工作可能还未引起各级政府的注意，但寇灾的损失材料是必须要抓紧准备，我们在思想上应认识到如果我们不尽最大的努力来争取赔偿物资，而使蒋介石篡夺了全部赔偿物资，对我解放区的自卫战争是有一定影响的，而且时间已是非常紧迫。因此要求各级干部必须抽出一定力量结合当前中心工作，抓紧进行此项工作。"①

8 月 14 日，中国解放区救济总会主任董必武发出《关于对日索偿问题的通知》。要求各地救济分会用全部力量组织调查团，选择各地受寇灾最重地点进行详细调查，以获得全面真实材料。9 月 3 日，冀晋二专署通知各县市，进行抗战时期全区人民的损失调查，特别指出五台"无人区"、平定煤矿区、寿阳阳摩寺、阳曲五区南北山、定襄百泉郊、炭窑沟、盂县八区等要写出典型调查报告。

晋察冀边区荣誉军人管理委员会成立（7 月 30 日）　为统一边区荣誉军人管理教育，妥善安置荣誉军人，提高他们的政治觉悟与工作能力，7 月 30 日，中共晋察冀中央局、晋察冀行政委员会、晋察冀军区司令部政治部发出《关于成立边区荣誉军人管理委员会的决定》，决定成立边区荣军管理委员会，以中央局组织部长、秘书长、边委会主任委员、民政处长、军区副司令员、政治部主任、组织部长、后勤司令员、政治委员、军区卫生部部长、政委等 11 人为委员。各行署如有必要，可成立管理分会。荣军管理会下设管理处、各级荣校和疗养院。

为响应边区号召，做好荣军工作，各区党委都设立了相关领导机构。1947 年 10 月 10 日，冀中荣军局召开正式成立大会，局长宋云波、副局长金涛、组教科长刘定一、总务科长温清波、荣军队长王韵芬、教导员刘继贤正式上任。荣军局工作方针为：进一步统一与加强荣军的管理与教育，妥善安置荣军，提高他们的政治觉悟与工作能力，使其维持与发挥既得之荣誉，并继续为人民的光荣事业奋斗到底。荣军局成立的同时，荣军学校也举行了开学典礼。该校乃为培养各地荣军干部而设立。

11 月 23 日，晋察冀边区行政委员会、晋察冀军区联合发布《关于加强荣军

① 《晋察冀日报》，1947 年 8 月 23 日。

工作的决定》，总结了过去荣军工作的成绩和存在的问题，规定了今后荣军工作的具体办法：（一）对出院的临时残废不发残废证明书和残废金，不准退伍，并送健康院去休养。已恢复健康的三等荣军连级以上干部送军校学习，排班长和老战士送二级军区的军政学校或纵队随营学校学习。一、二等荣军可以做后勤工作的，由荣军处理机关分别介绍工作，各接收机关不能轻视或推托。（二）适合退伍回家的荣军，除由荣军处理机关介绍到县，按《晋察冀边区年老病弱退伍军人待遇办法》发给补助金外，当地政府应帮助荣军进行生产，解决困难。（三）不能参加工作或家在蒋区及家虽在解放区而无家可归又不愿回家的，可以分别送到边区和行署荣校，采取半工半学的方针，组织生产学习。

冀中区第二届财经会议召开（7月） 7月，冀中区党委召开第二届财经会议，金城在会上作总结报告。报告提出了今后的财经工作方针和任务。财经方针总的精神是贯彻华北财经会议精神，为战争服务，为生产服务，为人民服务，进一步贯彻毛泽东发展经济保障供给的思想。具体的任务是公私两利，军民兼顾，集中一切力量保证战争供给。总结报告最后强调要加强组织领导和思想领导。

8月

晋察冀边区开始抗旱备荒工作（8月1日） 8月1日，晋察冀边区行政委员会与边区各群众团体发出联合指示，号召党政军民紧急动员起来，全面进行抗旱备荒工作，并具体指示当前各项具体工作：首先，抢救已发芽滋长、结实吐穗的玉蜀黍、高粱、黍稷、瓜类、豆类、棉、麻、红薯及枣、柿子等。其次，担水突击栽红薯、种白菜。再次，组织群众或合作社购买调剂还仓谷、荞麦等种子。最后，各地要坚决贯彻土地改革、抗旱备荒的方针，反顽伪抢掠等。

8月6日，冀晋区生产委员会发出关于生产自救的紧急指示，号召各地迅速行动起来，生产自救，减轻灾荒。此后《晋察冀日报》连续介绍了盂县、五台、平定、定襄、灵丘等地的方法和经验。8月8日，中共冀晋四地委召开直属机关党政民扩大干部会议，齐文川进行了抗旱度荒的思想动员，并介绍本分区的受灾情况，指出干部要从思想上充分认识今年灾情的严重性，厉行生产节约，深入群众，领导群众抗旱度荒，为人民立功。会后由分区党政民各机关抽出干部，组成工作组，分赴灾情严重的县去领导这一工作。

晋察冀边区行政委员会作出保护邮工的决定（8 月 8 日） 为了适应当前战争需要，密切上下级、前后方之联系，保障邮件之速度与安全，更加提高邮工工作情绪，8 月 8 日，晋察冀边区行政委员会作出关于保护邮工的决定：（一）邮政局因战役关系，遇到部队邮件骤然增多，原有之交通工具运送不及时的情况，为避免邮件积压，应在所驻地动员牲口或大车，但以不超过 5 天为准；（二）邮工通过渡口，该渡口所设渡船或送河队应无代价优先渡送邮工，不得延误，以保障速度；（三）邮工外出值勤未带粮票，各政府机关应予招待，邮工亦得出具正式手续，以后偿还；（四）邮工外出发生疾病，所到地政府应予延医治疗，并派人将邮工所负邮件送往投递局；（五）邮工值勤负伤，就近医院应予收留治疗；（六）邮工家属一律享受军人家属待遇；（七）边沿区之邮工均应配置一定武器，各地可抽调地方缴获之武器给予补充，以保障邮工邮件之安全；（八）携带邮件正在值勤之邮工，各地岗哨不得扣留、查验，邮工亦不得逗留滋事，或带任何违禁品，违者得申请邮局所在地政府依法办理；（九）因大雨冲刷或其他原因致大车路段遭到破坏，非绕道某段公路不可通过时，可准邮局运输车在这一段公路上行驶通过，以利邮件之快速送达。

晋察冀中央局财经委员会作出加强粮食管理与保证战时供给的决定（8 月 10 日） 鉴于目前粮食工作有两大问题，即节约粮食和保证粮食不受损失，8 月 10 日，中共晋察冀中央局财经委员会发出《关于加强粮食管理与保证战时供给的决定》，指出：（一）保障野战军供给是边区与地方的共同任务；（二）简化手续，照顾地方财政；（三）加强对粮食组织机构的管理。

8 月 11 日，中共晋察冀四地委发出《关于加强公粮保管的指示》：（一）必须特别注意在灾荒严重年度公粮保管的复杂性和困难性，各级党委要逐级负责，及时督促检查，保证公粮不发生意外；（二）对过于分散储存的公粮，可根据当地情况适当集中到踏实可靠农民户内封存；（三）公粮既经入库，不经批准不准任何人擅自动用，否则严肃处理。反对只强调群众困难，对私自吃公粮不积极设法处理的放任自流现象。

冀东区党委召开财经会议（8 月 31 日） 为动员全区准备全力大反攻，8 月 31 日，中共冀东区党委召开财经会议。会议确定财经工作的三大中心任务：一是保证战争供给，全力为战争服务；二是随着土改复查运动的不断深入，大力发展各种形式的合作社经济；三是进一步贯彻独立自主的经济方针，把同国民党的经济斗争由被动转为主动。在财政供应上，进一步明确“先军队后地方、先前方后后方，先野战军后地方军，先上级后下级”的原则。在此基础上，对发展生产、开辟财源、精简节约、平衡农业负担、调整战争勤务、整理村财政、加强粮食管理等工作提出了具体要求。

9 月

晋察冀野战军发动大清河北战役（9 月 10 日至 12 日） 1947 年 7 月中旬，国民党北平行辕调集第十六军、第九十四军第四十三师及独立第九十五旅等部，对冀中解放区大清河以北地区进行“清剿”，后留第十六军、第九十四军各一个团及保安第三、第七总队建点“驻剿”。9 月，为挫败国民党军控制大清河北的企图，中国人民解放军晋察冀野战军并冀中、冀晋、察哈尔军区部队，对“驻剿”之敌实施反击。

9 月 2 日夜，晋察冀野战军第三纵队奔袭徐水，歼国民党守军独立第九十五旅一部，尔后，在第五、第九军分区部队破击固城至保定段铁路的掩护下，于 6 至 8 日攻击涞水，歼国民党第九十四军第五师一部。第九十四军第四十三师和第五、第一二一师各一个团急忙从大清河北增援涞水；第十三军第四师、第十六军第二十二师亦向铁路沿线集结。9 日夜，第三纵队由涞水转向涿县、良乡、房山地区作战；第二、第四纵队及冀中军区部队乘机出击大清河北，求歼孤立之敌第九十四师。至 10 日，第二纵队在吴家台歼守军一个营后，向板家窝第一〇九师师部及一个团逼近；第四纵队两次对驻昝岗的第九十四师师部及两个团发动攻击，均未奏效；冀中军区独立第七旅突入霸县县城，将第二十二师一个团主力及保安团一部压缩于北关；第十军分区部队将第九十四师一个团主力压缩于开口村 3 座大型碉堡中。12 日，国民党军第十三军第四师、第二十二师主力和独立第九十五旅、第一五七旅等部驰援大清河以北。晋察冀军区部队为避免陷入被动局面，遂撤出战斗。

此役，共歼灭国民党军 5278 人，我军伤亡 6778 人。这次战役虽然没有达到预定目标，且伤亡较多，但中央工委和中央军委对此次作战还是给予了充分的肯定和鼓舞。朱德、刘少奇在 9 月 23 日致中央军委电报中指出：“野战军大清河战役，因围敌过多，不能最后解决”，“但此次士气极旺，干部大有牺牲精神，较以前不同。”24 日，中共中央军委复电指出：“此次大清河战役，歼敌一部，虽未获大胜，战斗精神极好，伤亡较多并不要紧。休整若干天，按照该区具体条件部署新作战，只要有胜利，无论大小，都是好的。”①

冀晋军区发动智村歼灭战（9月16日至18日） 1947年8月，冀晋军区司令员唐延杰率前方指挥所百余人，从军区到达五台县，并成立冀晋兵团，部队在五台县东冶镇地区整顿训练。独立第一旅于8月下旬，到五台县城东的苏子坡、东南茹村一带集结，9月13日出发，先东行20余里，然后转向西北方向，从北部山区转移到崞县的中原岗、神头岗一带集结，准备作战。15日傍晚出发，于16日拂晓之前包围了智村，同时独立二旅各警戒部队均进入警戒阻击阵地，切断了智村与周围据点的联系，冀晋兵团指挥所进驻南兰台村。16日对智村发起攻击，战至18日晚8时胜利结束。

连同打援，此战歼敌近2000人，缴获山炮1门、迫击炮2门、小炮47门、重机枪2挺、轻机枪42挺、步马枪498支及其他军用品1部。五台、定襄组织群众6626人参加智村战斗的支前工作。攻克智村、泡池两村后，又逼退北义井、双堡、董村、紫岩、东楼、宋村等据点9个，解放了忻定川大片地区，保护了群众的秋收。

彭真以中央政治局委员资格到晋察冀帮助工作（9月20日） 9月18日，中共中央工委致电中央：晋察冀需要加强领导，提议彭真以中央政治局委员资格到晋察冀帮助与指导工作。19日，中共中央致电晋察冀中央局并告中央工委及杨得志、罗瑞卿、杨成武：“根据中央工委建议，为着加强晋察冀工作之目的，决定派彭真同志以中央政治局委员资格帮助与指导晋察冀工作。”20日，彭真即到晋察冀中央局。②

9月21日，中共晋察冀中央局在阜平召开常委会，并根据全国土地会议精神和刘少奇对晋察冀代表团提出的要求，确定召开晋察冀中央局扩大会议。彭真出席会议，指出，如工作有原则分歧，报告工委，无原则分歧，则无条件团结。团结起来，反对宗派主义、官僚主义，一致解决当前问题。

9月25日，中共晋察冀中央局召开财经会议，彭真出席并讲话，对财经干部提出三个要求：第一，将阶级立场搞清，要先为贫雇农其次是中农服务，要

---

① 周均伦主编：《聂荣臻年谱》上卷，人民出版社1999年版，第472页；中共中央文献研究室编：《毛泽东年谱（1893—1949）》下卷，人民出版社、中央文献出版社1993年版，第236页。

② 参见《彭真传》编写组编《彭真年谱》上卷，中央文献出版社2002年版，第460页。

依靠贫雇农，团结中农，实施我们的政策。第二，打破旧一套，建立新一套。第三，要改掉坏的作风。有不同意见可以提出，但决议了的一定要切实贯彻，百分之百执行，不能作假报告，要实事求是。

9月28日，中共晋察冀中央局召开常委扩大会议，有区党委、纵队以上干部60人参加，会期3天。会议主题仍然是土改和整党。聂荣臻、刘澜涛、萧克、黄敬、罗瑞卿、彭真先后发言。彭真在讲话中指出："会议的目的，是把当前整党、土改用一切力量搞好"，"主要是把高级干部思想统一下。"①

中央工委关于政权形式问题给冀东区党委发出指示（9月26日） 9月26日，中共中央工委指示冀东区党委：土改中应放手创造、建立与试验人民代表会制度。各级农民代表会或人民代表会，为各级政府最高权力机关，一切权力应集中于代表会。各级代表会代表县以下，由区村人民直接选举，县以上由县代表会间接选举。被打倒的地主富农及其他反动分子均不应有选举权与被选举权。各级政府机关应向代表会报告工作，并完全遵守与执行代表会决议。由农会主任作为议长或称主席召开会议。11月12日，中共中央将这一指示批转给各中央局、分局及各位负责同志，令其参照执行。

晋察冀中央局、晋察冀军区《关于军队贯彻整党整军及执行土地改革任务的决定（草案）》（9月） 1947年9月，中共晋察冀中央局、晋察冀军区发布《关于军队贯彻整党整军及执行土地改革任务的决定（草案）》，指出目前正处于全国大反攻开始、革命新高潮的前夜，全党的中心任务是争取战争胜利和彻底完成土地改革。现在中央已确定了平分土地、彻底消灭封建残余的方针，农民同封建残余将展开决死的残酷的斗争，这种阶级矛盾会更加深刻敏锐地反映到军队里来。因此要完成党所给予的战争与土地改革任务，必须首先从思想上组织上整党整军，加强全军系统的阶级教育，提高军队的纯洁性，这成为军队当前的重要任务。关于整党整军，要进行查阶级、查思想、查作风运动；关于执行土地改革任务，全军要"加强土地改革的思想教育，并规定积极办法施行之"②。

---

① 《彭真传》编写组编：《彭真年谱》上卷，中央文献出版社2002年版，第463页。

② 周均伦主编：《聂荣臻年谱》上卷，人民出版社1999年版，第473—474页。

10月

晋察冀边区土地会议在史家寨召开（10月3日至11月9日） 全国土地会议后，中共中央要求各解放区贯彻大纲精神，积极开展土地改革运动，并于10月10日公布了《中国土地法大纲》。

为贯彻全国土地会议精神，1947年9月，晋察冀边区召开土地会议预备会，聂荣臻在会议上作报告，指出应该把对过去经验的争论作一结论，以集中精力解决好边区土地问题。军事要大胆贯彻“大踏步前进，大踏步后退的运动战方针”。土改要贯彻平分土地的精神，同时要防止“左”的错误。整党要反对宗派主义、主观主义、官僚主义、自由主义等倾向。边区工作的“中心问题是一个发动群众的问题，也就是彻底地完成土地改革的问题。因为只有彻底完成土地改革，把群众真正地发动起来，才能支援长期的大规模的战争，取得战争的胜利”①。

10月3日，中共晋察冀中央局在河北省阜平县史家寨召开晋察冀边区土地会议。参加会议的有冀晋、冀中、察哈尔等地区县级以上干部1100余人。聂荣臻致开幕词，彭真在会上传达了全国土地会议精神，并作了关于《平分土地与整顿队伍》的报告与《迎接土地革命新高潮》的结论；聂荣臻代表晋察冀中央局作了关于在边区迅速贯彻《中国土地法大纲》的动员报告，并对边区的土地改革和整党工作作了部署。刘澜涛、邓颖超等相继在大会上讲话。会议于11月9日结束。这次会议对于提高领导干部的阶级觉悟和转变工作作风，支持和领导广大贫苦农民迅速实行土地改革，彻底完成晋察冀边区土地改革的任务起了重要推动作用。

会后，中共晋察冀中央局、晋察冀边区行政委员会、晋察冀军区联合发布布告，命令全区依据《中国土地法大纲》，立即开展土地改革运动。11月10日，边区农会召开临时代表会议，发表了《告农民书》，号召边区农民团结起来，“打倒地主阶级，彻底平分土地，自己解放自己，自己做主人”。26日，边区行政委员会发布布告，接受《中国土地法大纲》为边区土地法，并立即执行。27日，中共晋察冀中央局、晋察冀边区行政委员会和晋察冀军区联合发布布告，

① 周均伦主编：《聂荣臻年谱》上卷，人民出版社1999年版，第473页。

规定对违反土地法者给予严厉制裁，保障边区农民彻底翻身。布告发布以后，深刻变革农村生产关系的土地改革运动，很快在晋察冀边区广泛开展，为边区的巩固和发展壮大打下了基础。

***刘少奇批复彭真关于召开扩大会议及土地会议向中央的报告（10月10日）** 晋察冀边区土地会议开幕前，中央召开了一次扩干会，到会者系区党委、纵队以上干部，共60人。召集的目的在于结束边区党内无原则的纷争及已过时的争论，批评与纠正目前思想上几个主要倾向，使高级干部思想上首先取得一致，以便集中精力领导土地会议，把会开好。会议历时3天。聂荣臻代表常委作了报告，彭真、刘澜涛都作了发言。根据刘少奇、朱德在全国土地会议时给边区代表团讲话所指示的精神，会议把两年工作作一总结，对两年来工作中的成绩与缺点都作了适当估计，特别是对目前边区党内几个主要倾向——主观主义、官僚主义、宗派主义、自由主义反领导，作了揭发。

1947年10月4日，中共晋察冀中央局就扩干会及边区土地会议开幕情况向中央和中央工委作了报告。10月10日，刘少奇代表中央工委致电彭真，对报告进行批复，指出："中央局关于扩大会议及土地会议的经过情形给中央的报告，我们工委同志看了以后，都很赞成，认为你们对于过去的总结及对今后工作所作决定的办法，是完全正确的与必要的，并将成为晋察冀工作转变的开始。望你们转告中央局各同志，坚持扩大会议所采取的方针，努力奋斗，贯彻到底，就会获得很大胜利的。你们的情形，望随时告知。"①

***彭真在晋察冀边区土地会议上作《平分土地与整顿队伍》的报告（10月12日）** 1947年10月12日，彭真在晋察冀边区土地会议上作《平分土地与整顿队伍》的长篇报告。报告阐述了《中国土地法大纲》的主要内容，并结合边区实际，提出贯彻落实的要求：在党内展开查思想、查立场、查作风的运动，党的基层支部和党员应一律公开，接受群众监督；对于过去犯了错误的同志，应先批评或警告，不要不教而诛。在平分土地中必须首先发动贫雇农，组织领导核心，同时团结中农，不得侵犯中农利益。贫农团与农会是团结农民、组织农民的主要组织形式，新农会在过渡期间应成为乡村中的实际政权，并经由农

---

① 晋察冀边区革命史编纂委员会编：《晋察冀边区民主政权建设文献选编》下册，中共党史出版社2013年版，第1269—1271页。

民代表会来行使此职权或实现此作用。①

***彭真在晋察冀边区土地会议上作《迎接土地革命新高潮》的结论（11 月 6 日、7 日）** 1947 年 11 月 6 日、7 日，彭真在晋察冀边区土地会议上作《迎接土地革命新高潮》的长篇结论，指出，根据现在有利形势，农民群众土地革命运动的高潮必将到来。各级领导干部，对于高潮中群众运动的规模和斗争剧烈的程度，必须预先作充分的估计与精神准备。在土地改革中，我们的干部必须全心全意为人民群众，老老实实为人民当勤务员，为人民当长工，并且把全部的精力和时间，用在为人民服务的事业上。同时，必须坚决相信人民伟大的创造力，虚心地、不断地向人民群众学习，并且在群众的革命实践中不断改造与提高自己。

晋察冀野战军再次发动保（定）北战役（10 月 11 日至 23 日） 1947 年 9 月中旬，东北民主联军发起秋季攻势，国民党军队被迫先后从晋察冀战场抽调 5 个师（旅）出关增援，从而减弱了晋察冀战场的兵力。为寻机歼灭敌人并配合东北民主联军的秋季攻势，10 月 3 日，晋察冀野战军杨得志、杨成武、耿飚致电中央军委，就保（定）北战役的作战方案进行请示。5 日，中央军委复电同意。晋察冀野战军集中第二、第三、第四纵队，炮兵旅和冀中军区第七旅等部，再出保北开辟战场。10 月 11 日，第二、第三纵队一部围攻徐水县城，另一部对徐水至北河段铁路线进行破击。同时第四纵队于安新县三台镇和容城县小里、东西牛营一带构筑工事，阻击 15 日来自固安、雄县之敌，战役呈胶着状态。

10 月上旬，蒋介石飞临北平召集军事会议，决定调集国民党王牌主力第三军由石家庄向北增援。晋察冀野战军得到这一情报后，迅速调整战略，决定留 4 个旅兵力在徐水继续阻击沿平汉路南下的国民党军队；其余在保北的野战军主力立即强行军，分三路驰奔保定以南地区，务必将北援的国民党第三军围堵于定县清风店并歼灭之。同时命令独立第八旅和冀中、冀晋军区部队及民兵配合作战，拖住国民党第三军缠斗，使其既不能后退，又迟滞前进，为星夜驰往的野战军主力争取时间。

10 月 18 日，经过 200 多里长途行军的野战军 6 个旅提前到达指定地点。19 日，把国民党第三军包围在清风店。战至 22 日，歼敌 2400 人，俘虏 11 400 余

① 参见《彭真传》编写组编《彭真年谱》上卷，中央文献出版社 2002 年版，第 467—468 页。

人，生俘以军长罗历戎为首的军部国民党高级将领数人。保北战役以晋察冀野战军的清风店大捷收尾，取得了重大胜利，共歼灭国民党军队1.7万余人。

*徐水外围阻击战（10月11日至21日）** 1947年10月11日，晋察冀野战军第三纵队发起徐水外围作战，至14日拔除了北河店至徐水的国民党军据点；第二纵队攻占徐水南、北两关，围攻城垣。国民党保定绥靖公署急忙以第九十四军的第五师、独立第九十五旅、北平行辕战车第三团，以及第十六军的第九十四师、第一〇九师等，分别自涿县、霸县向固城、容城推进，图解徐水之围。

晋察冀野战军按预定计划，除以一部分兵力继续围攻徐水，另以一部兵力钳制容城之第十六军外，集中主力寻歼由固城南援的国民党第五师等部。经过4天的激战，未能得手，敌我胶着于徐水、固城、容城之间地区。10月17日，野战军司令部得知蒋介石急令驻石家庄的第三军主力北上，会同北面南下的援军夹击晋察冀野战军于保北地区。据此，晋察冀野战军首长命令第三纵队司令员陈正湘统一指挥野战军第二、第三纵队各一部及独立第七旅等部在保北地区坚决阻击南援的国民党第九十四军、第十六军等部。在杨得志、杨成武率部兼程南下发起清风店战役的同时，这4个旅顽强抗击国民党军北线援兵。解放军指战员在“挡住敌人，保证保南决战胜利”的口号下英勇阻击。野战军主力部队依托徐水以南清庙营、十里铺、史各庄一线阵地，一次又一次地打退国民党军队的冲击，并不断发起反击。直到22日上午，国民党军付出伤亡4200人的代价仍然被阻击在保定以北。解放军各部完成了既定任务撤出战斗，为清风店战役的顺利进行争取了时间。

*清风店大捷（10月19日至22日）** 晋察冀野战军在徐水外围的成功阻击，使国民党不得不改变战略部署。1947年10月15日，驻守石家庄的国民党第三军军长罗历戎按保定绥署孙连仲的命令，率第七师及第十六军一个团北上，企图经保定北援，夹击晋察冀野战军于徐水地区。

晋察冀野战军指挥部全面地分析了上述敌情，认为国民党第三军主力孤军远程北上，处于运动状态，有利于我歼灭该敌。遂于10月17日当机立断，决心以主力隐蔽南移，寻歼第三军主力于保定以南的清风店地区。乃令第二纵队第五旅、第三纵队（缺第九旅）和冀中军区独立第七旅，伪装成野战军主力继续围攻徐水，并抗击北面援军；令冀中军区独立第八旅及民兵尾随第三军主力北上，钳制与迟滞该敌前进，并阻击敌人后撤，为主力聚歼该敌争取时间。野战军集中第四纵队，第二纵队第四旅、第六旅及第三纵队第九旅共 6 个旅兵力，于 18 日秘密兼程南下，19 日将国民党第三军包围在清风店地区，22 日发起总攻，将其全歼。这次战役获胜的重要原因是：晋察冀野战军在保定以北攻城打援均未奏效而可能陷入被动的情况下，当机立断，迅速改变决心，以主力隐蔽快速南下，一昼夜行军 200 余里，出敌意外地抓住并迅速歼灭由石家庄北进，并处于运动中的敌人，使部队始终保持了战役的主动权。

清风店战役，晋察冀部队歼灭国民党第三军主力，俘军长罗历戎，连同保北作战，共计歼敌 1.7 万余人，创晋察冀歼灭战新纪录，对扭转晋察冀战局起了重要作用，并为尔后解放军攻取石家庄创造了有利条件。10 月 23 日，中共中央致电祝贺，称此战“创晋察冀歼灭战新纪录”。

中央批准夺取石家庄的建议（10 月 23 日） 石家庄素有“南北通衢，燕晋咽喉”之称，历来为兵家必争之地。全面内战爆发前后，毛泽东就考虑攻占石家庄的问题，提出了在北线夺取“三路四城”① 的作战计划。但由于条件不成熟，夺取石家庄的方案随之搁浅。随着战局的发展，晋察冀野战军发动的正太战役扫清了石家庄外围据点，特别是清风店战役中歼灭国民党第三军主力，为解放石家庄创造了重要条件。10 月 22 日，即在清风店战役结束的当天，晋察冀军区司令员兼政治委员聂荣臻向中央工委和中央军委发电，正式提出“乘胜夺取石家庄”的建议。10 月 23 日，中央工委向远在延安的中央军委致电，建议批准晋察冀军区发起石家庄战役，电报指出：“我们意见亦以打石门为有利。石门无城墙，守兵仅三团，周围四十里长的战线，其主管被俘，内部动摇，情况亦易了解。乘胜进攻，有可能打开，亦可能引起平、保敌人南援，在保、石间寻求大规模运动战的机会。”同日，毛泽东以中央军委名义复电聂荣臻、朱德、刘少奇，批准进行石家庄战役，并对战役进行了部署。一是要求部队“整顿队势，消除疲劳，侦察石门，完成打石门之一切准备”；二是提出要集中优势兵力，“不但集中主力九个旅，而且要集中几个地方旅”，攻打石家庄；三是采取“以攻石门打援兵姿态”，“将重点放在打援上面”②。按照毛泽东的部署，在朱德的具体指导下，晋察冀野战军和地方部队积极准备解放石家庄事宜。

---

① 三路四城，即平汉、正太、同蒲三条铁路和保定、石门（石家庄）、太原、大同四城。

② 中共中央文献研究室编：《毛泽东年谱（1893—1949）》下卷，中央文献出版社 2013 年版，第 246 页。

朱德具体指导解放石家庄的部署和准备（10月25日至11月1日） 解放石家庄这样坚固设防的大城市，在晋察冀军区是前所未有的，既无攻城经验，也缺乏入城后维护社会治安的经验。为了鼓舞士气，确定战术，朱德和聂荣臻前去晋察冀野战军进行部署和准备，以准确掌握战役部署的第一手资料，帮助部队解决实际问题，制订战役计划。

10月25日，晋察冀野战军司令部在安国召开旅长以上干部参加的前委扩大会议，朱德专程前去参加，并在会上提出了“勇敢加技术”的号召，要求各部队在作战中，加强党的领导，精心设计，大搞军事民主，认真钻研战术、技术，严格入城纪律，做好入城教育工作。10月27日，朱德又与秘书、卫士们合乘一辆车从晋察冀野战军司令部到安国县西北的西伯章村炮兵旅阵地，听取了汇报，并深入各炮团实地视察。当天下午，朱德又给炮兵旅团以上干部讲话，指出：“要研究运用炮兵为步兵打开突破口，把敌人碉堡打掉，支援步兵向深发展。”10月28日、29日，朱德分别召集连、排、班干部和战士座谈如何攻打石家庄，还找了在清风店战役被俘的驻守石家庄的国民党军第三军的俘虏，了解敌方情况。

10月30日，晋察冀野战军参谋长耿飚在安国主持炮兵、工兵干部会，集中研究如何打好阵地攻坚战，详细讨论和研究如何攻打堡垒，如何进行坑道作业、通过外壕等问题。朱德亲自参加会议，并在会上指出，这次会议有两个优点，一是民主空气好，使一些很好的意见发表出来；二是具有求实精神，提出了一些紧密联系实际的问题。炮兵、工兵要努力在战争实践中学习。在作战部署上，主要进攻方向的兵力、火力要集中使用，大集中里面有小集中。迫击炮要能伴随步兵一起行动，山炮、野炮、榴弹炮，要组成火力队，在主要进攻方向上支援突击队。

10月31日，晋察冀野战军召开旅以上干部会议。在会上，朱德与杨得志、罗瑞卿、杨成武等共同拟定攻打石家庄的作战命令和部署：以阵地战的进攻战术为主，用坑道作业接近堡垒，用炸药爆破，加以炮击，各个摧毁，稳打稳进。朱德在讲话中要求指战员要特别注意学习、民主和作风三点，要把石家庄当作一所难得的学校，要从这个学校练出一套能攻善守的本领来；要认真发扬军事民主；要严守三大纪律八项注意，要拿石家庄来证明：我军不但能打下大城市，而且能很好地管理大城市。会议规定了两条纪律：一是民兵不入城；二是野战军不住城。朱德特别强调打仗要“勇敢加技术”。会后，晋察冀野战军司令部把朱德提出的“勇敢加技术”的号召作为一个口号传达到所有部队，要求坚决贯彻执行。

为保障战役胜利，朱德要求晋察冀军区注意几件事：（一）物资必须准备充足，特别是炸药、炮弹；（二）人员补充，组织好医疗队、慰问队，巡视各医院，迅速医好伤病员；（三）军队干部家属、子弟兵不能自给者，必须发给生活费。同时指示晋察冀野战军组成一支骑兵快速侦察支队活动，并于保定附近侦察敌情，下令从华东野战军调一个机炮营增强攻击石家庄的火力，命令察哈尔军区部队积极向平汉路北平、保定段出击，钳制吸引平、保一带的国民党军队。

11月1日，朱德离开安国，到达冀中军区所在地河间县。经过一系列紧张而周密的运筹，一支庞大的攻城大军云集石家庄外围，一场前所未有的城市攻坚战即将打响。

晋察冀边区供给商店与贸易公司合并（10月25日） 边区贸易工作是对敌经济斗争的重要组成部分，随着战事的发展，其越来越受到重视，其职能和作用进一步得到加强。为动员全边区公营商店支援战争，解决部队的供给，1947年10月25日，晋察冀边区财经办事处、晋察冀军区后勤司令部发出《关于供给商店与边区贸易公司合并的决定》，决定将边区供给商店与边区贸易公司合并，并由贸易公司完全担负供给商店供给部队的全部业务。同时在边区及二级军区贸易公司设立军队供应部，在野战军经常活动地区设立军队供应股。原供应商店的干部均归贸易公司任用或转到地方粮食部门工作。贸易公司供应野战军的物品范围包括油盐、菜蔬、文具用品及战士日用品。同日，又发出《供给商店与贸易公司合并中几个问题的补充决定》，着重对合并中的具体问题进行规定，如组织机构和人员的配备，保证完成任务中的几个问题，结账移交手续和时间等。

10月26日，贸易公司即发出《关于出售救济物资的指示》，针对联总和行总发给解放区的为数极少的救济物资，提出充分利用、慎重处理的意见：（一）救济物资出售时，“要从整体出发，从整个财政和全体人民的负担上着想”，一定要卖到适当的价钱，而不能以“意外财”的看法恩赐与拍卖。（二）全体同志要对革命负责，对人民负责，绝对不允许稍有粗枝大叶的现象存在。（三）处理方针为：救济物资一律以战争缴获胜利品的名义出售；由贸易公司统一分配、统一作价后，再由其所属公司商店统一出售、统一结账。（四）由边区贸易公司组织评价委员会，负责分配、作价，根据具体情况随时变更分配比例，做到随清理、随作价、随运出，以便各地及时出售。

10月27日，贸易公司发出《关于生产救灾指示》，针对入春以来晋察冀边区持续不断的旱情，指示边区商店站在为贫苦农民的立场上，立刻动员起来，将部分业务转向与救灾结合，选择较严重地区灾户推行，设法使灾民进行生产。其方法是：贷款货物给灾民，依其偿还能力规定分期归还；尽量帮助灾民提高成品质量；可放出原料，收回成品，依其质量给予合理工资；不能走大车的运输路线可以组织人力运输。

重组后的边区贸易公司更有利于统一领导，提高贸易工作的效率和竞争力，其在组织救济和生产救灾中也发挥了重要作用。

晋察冀野战军颁布遵守“三大纪律八项注意”的训令（10月26日） 1947年10月10日，中国人民解放军总部颁布“三大纪律八项注意”，训令全军深入教育严格执行。“三大纪律八项注意”是我军基本的传统的军事纪律与政治纪律，是体现人民军队本质的要素。依照解放军总部训令，10月26日，晋察冀野战军司令部颁布训令：“凡我军一切人员，必须无例外地把“三大纪律八项注意”作为时刻遵循恪守的规范。各部队要经常反复深入教育，贯彻执行。应抓紧战役空隙有计划地在指挥员、战斗员、勤杂人员、供管人员、军医卫生人员中，结合实际情况，进行有效教育，务必从思想认识上了解其真义，并从行动上认真严格执行。所有个人和单位，不仅自觉遵守，并要互相督促监督，成为彻底贯彻执行“三大纪律八项注意”的模范。”① 12月28日，晋察冀军区野战军政治部发布政治训令，要求进入新区作战部队的食品原则上就地取给，不仰赖后方供应。各级政治机关要协助后勤部门，对部队所派遣参加群众工作的干部给予具体指导和帮助。部队在冬季作战中要严格执行“三大纪律八项注意”。

无论是在进入新解放城市，还是进行战争动员等工作时，晋察冀部队都严格执行“三大纪律八项注意”，提高了解放军在群众中的威信，亲密了军民关系，增强了部队的战斗力。

晋察冀边区贸易公司加强物价调控（1947年10月至1948年2月） 物价

① 《晋察冀日报》，1947年11月1日。

的稳定一直是经济工作中的重要环节。为了稳定边区物价，尤其是防止物价波动过大损害农民利益，1947 年 10 月 27 日，晋察冀边区贸易公司向各公司总经理发出《关于护秋当中掌握物价的指示》，强调护秋工作是关系到贸易工作能否逐渐加强，做到真正为广大贫苦农民服务的关键，而稳定物价是完成护秋工作的保证。要求各地预防物价季节性波动和地区的不平衡，特别注意个别地区、边缘地区的物价波动。同时在工作中及时总结经验。

12 月 25 日，晋察冀边区贸易公司发出《关于稳定物价的指示》，提出贸易工作的基本任务是为翻身农民服务，服务的唯一办法是以全力稳定边区物价。指出稳定物价的办法：（一）做到稳定物价的目标与步调一致，先规定标准市场、标准商品和标准价格、许可升降率；（二）由总店或有力的分店具体掌握物价责任；（三）二级贸易公司的主要工作是经常预见市场变化；（四）边区公司要预见全边区将来物价可能的变化，并作预先调度和指导。贸易公司通过加强贸易工作，有效改善了晋察冀边区财政经济困难的境况，保证了不断增长着的物资供给，为解放战争展开反攻创造了物质条件。

1948 年 2 月 20 日，晋察冀边区贸易公司印发物价会议文件之四——《关于稳定物价几个具体问题的决定》。该文件中规定了标准市场、标准商品、标准价格和许可升降率，以 1947 年 10 月上旬为物价水平期，按粮食流转趋向规定价格，而对商品间的比额不作统一规定。文件还提出从目前物价水平达到标准价格水平的步骤，制订出第一次粮食调运计划，申明边贸公司、分公司、总店及分店的职责和必须遵守的各项制度，如工作旬报制度、逐级负责制度等。

2 月 23 日，晋察冀边区贸易公司发出《关于执行物价会议决议的指示》，认为物价稳定将使边区财政收支基本上达到平衡，将极有助于边区生产的顺利发展和翻身农民的发家致富，更有力地支援了伟大的自卫战争。文件提出贯彻决议中要掌握的几个基本环节：（一）加强贸易部门各级的领导，使组织上下一致，指挥灵活；（二）控制物价上升速度，掌握合理比价，使各种生产平衡发展；（三）重点掌握标准市场标准商品的价格；（四）物价稳定时尽量完成货币回笼数额；（五）整党必须与稳定物价工作相结合。

11 月

晋察冀部队攻克石家庄（11 月 6 日至 12 日）　石家庄是华北战略要地，虽无城墙，但经侵华日军和国民党军不断修筑，已构成完备的环形防御体系。环市修有外市沟（宽6米、深8米），内市沟（宽5米、深5米）及市区核心阵地3道防线，沿沟及纵深筑有永备、半永备工事6000多个；两沟间有环城铁路，并配有铁甲列车，可机动支援作战。另外，市东北有云盘山可作依托，西北有军用飞机场，便于空中机动。1947年10月，国民党军第三军主力在清风店战役被歼，该市守军只有第三十二师及保安团队一部，兵力空虚，军心动摇。保定绥靖公署遂将其独立团、第三军炮兵营空运石家庄，增强守备兵力。其兵力部署是：第三十二师守内市沟及核心阵地，保安团队守外市沟及外围阵地，总兵力2.4万余人。第三十二师师长刘英为警备司令。

清风店战役后，晋察冀军区司令员兼政治委员聂荣臻经请示中共中央军委批准，决心集中野战军3个纵队及6个独立旅，乘胜发起石家庄战役。战役的部署是：以晋察冀野战军第三、第四纵队分别从西南和东北两个方向实施主要突击；以冀晋军区独立第一旅与第二旅、第四军分区和冀中军区独立第七旅与第八旅、第十一军分区的部队从西北和东南两个方向实施辅助进攻；以晋察冀野战军第二纵队、独立第九旅及第三、第九军分区的部队部署于定县、新乐之间，负责阻击由保定方向增援之敌；以察哈尔军区独立第四旅及第五、第七军分区的部队向平汉路北平至保定段出击，重点破坏铁路线，配合主力部队作战。人民解放军总司令朱德亲自出席了晋察冀野战军作战会议，与野战军司令员杨得志、第一政治委员罗瑞卿、第二政治委员杨成武等共同拟定了作战部署，即以第三、第四纵队和冀晋、冀中军区各一部，组成攻城集团；以第二纵队、冀中军区一部配置于定县、新乐间，准备打援；令察哈尔军区独立第四旅出击北平（今北京）至保定铁路线，配合主力作战。另外，向石家庄释放近千名清风店战役中俘虏的国民党军官兵，以扩大胜利影响，瓦解守军士气。晋察冀解放区地方政府调集民兵、民工近10万人，担架1万多副，大车4000余辆支援作战。

11月6日，攻城部队全线发起进攻。第三纵队由城西南，第四纵队由城东北，实施主要突击；冀晋军区独立第一、第二旅由城西北，冀中军区独立第七、第八旅由城东南，实施辅助突击。至7日，相继攻克留营、西三教、柳林铺、南翟营、北翟营、东岗头和大郭村飞机场。与此同时，晋察冀野战军炮兵击中石家庄发电厂，断绝了内外市沟电网之电源；各部队在火力掩护下迫近作业改造地形，迅速完成了纵横交错的交通壕，前锋直伸外市沟前沿。

8 日晨，第四纵队攻克制高点云盘山。下午 4 时 30 分，攻城部队各炮兵群实施火力急袭，突击部队向外市沟防线发起攻击。第三纵队第七旅首先突破西兵营防线，攻克城角村、西里村，歼守军一部，击毁铁甲车一列。第四纵队第十旅由云盘山以西突破，攻占范谈村、义堂村等据点，歼灭保定绥署独立团主力。冀中军区独立第七、第八旅攻占东三教、槐底。冀晋军区独立第一、第二旅包围了北焦等据点守军。尔后，各突击部队在炮火掩护下，突破了外市沟防线，迅速向纵深发展。

10 日下午 4 时，各攻城部队向内市沟防线发起总攻。第三纵队第八旅爆破成功，突破内市沟防线，攻占西南兵营、东里村，歼灭了在坦克支援下反扑的第三十二师第九十六团主力。第四纵队第十旅突破内市沟后，连续打退第三十二师第九十四团的 7 次反冲击，迅速向铁路以东市区发展。冀中、冀晋军区部队全歼元村、彭村、北焦守军。11 日，第二梯队第十一、第九旅相继加入战斗。各部队勇猛穿插，分割围歼，充分发挥了军事打击与政治瓦解相结合的威力。在解放军猛烈攻击下，国民党军第三十二师残部收缩至大石桥，坚守核心阵地。12 日晨，解放军对大石桥发起总攻击。战至上午 11 时 30 分，全歼石家庄市区守军。

13 日，中共中央和朱德总司令分别致电嘉勉，称“仅经一周作战，解放石门，歼灭守敌，这是很大的胜利，也是夺取大城市之创例”，“在此有利形势下，尚望继续努力，团结全军，积极寻找机会歼敌，争取冬季作战之大胜利”①。

攻克石家庄战役，共歼灭国民党军 2.4 万人，缴获坦克 9 辆、火炮 100 余门及大量机车、汽车和军用物资。此役不仅占领了敌华北的一个战略要点，使晋察冀与晋冀鲁豫两大区连成一片，还首创了人民解放军夺取重要城市的先例，为尔后进行城市作战提供了重要经验。

晋察冀边区农会临时代表会召开（11 月 10 日） 1947 年 11 月 10 日，晋察冀边区农会临时代表会召开，与会党政军民代表有 120 多人，彭真和聂荣臻参加会议，并分别作了讲话。会上成立了边区临时农会，推选出姜占春、郭强、李国华、崔民生、何丰年、刘侠（女）、李富淑（女）等 7 人为委员，姜占春为

① 中央档案馆、河北省社会科学院编：《晋察冀解放区历史文献选编（1945—1949）》，中国档案出版社 1998 年版，第 327 页。

主任，郭强为副主任。

会后发布《晋察冀边区临时农会告农民书》，号召农民团结起来，彻底平分土地，组织生产，支援前线，前方打蒋军，后方挖蒋根，前后方一齐努力，打倒蒋介石，建立新中国。《晋察冀边区临时农会告农民书》是一篇有历史意义的农民翻身的宣言，是农民用自己的语言，通俗地解释我党的土地政策的重要文件。中共晋察冀中央局要求各级干部研究与学习这个文件，大量翻印，广为散发，到处张贴，并采为区村干部及群众教育、小学、冬学的重要教材，同时要求乡村小学教员、知识分子将文件念给农民听。群众和干部看了或者听了这个文件之后，有任何意见，由各县宣传部负责汇集并报告晋察冀中央局宣传部。

晋察冀边区结合土地改革进行整党（1947 年 11 月上旬至 1948 年 6 月） 全国土地会议之后，中共晋察冀中央局于 1947 年 10 月至 11 月 7 日召开了土地会议。在提高认识的基础上，会议批判了党内存在的右倾思想，揭露了各种离开党的路线的严重现象，尤其是暴露了党内存在的成分不纯、作风不纯、丧失立场、敌我不分、地富思想和官僚主义等问题，对这些问题展开了严肃的批评，端正了对整党认识不足的错误态度，从而使出席会议的领导干部普遍认识到整党的必要性。对县以上的主要领导干部进行了调整，在高级和中级领导干部中组成了推进土地改革的领导班子，确定了在土地改革中开展整党的方针、计划，明确了整党的重要方法和步骤。

11 月中下旬，各地委相继召开有区、县两级干部参加的扩大会议。会上，传达了土地会议精神，针对本地区的情况，提出本地区的土地改革和整党的具体措施。晋察冀边区各解放区的整党，是按照中共中央肯定并推广的河北平山县的整党典型经验展开的。整党的主要内容是“三查三整”。整党的方法和方针是在党内开展批评与自我批评，本着打通思想、改进作风、严肃党纪、纯洁组织的原则，以及对犯错误的党员采取“惩前毖后，治病救人”的方针，坚持教育挽救为主；对混入党内的坏人，则坚决清除出党。具体做法有以下几点：一是集中时间，自上而下有步骤地进行整党。中共晋察冀中央局召开贯彻《中国土地法大纲》会议后，各解放区党委按照中央局的部署，集中半个月到 20 天的时间进行整党。大体经过三个阶段：第一阶段建立整党领导小组，在整党领导小组的组织下，认真学习和讨论文件，统一对整党的认识，明确整党的目的；第二阶段由领导干部带头反省和检查土地改革中的问题，开展批评与自我批评，个人写出检查；第三阶段是对每个党员干部进行鉴定，并对犯错误的干部，按其错误的轻重分别进行批评教育和组织处理。二是领导带队，深入基层，亲自领导整党工作。晋察冀边区史家寨土地会议结束后，中共晋察冀中央局和边区的一些主要领导刘澜涛、杜理卿、吴德峰、刘秀峰、金城、冯文彬，还有一些地委书记等负责人，都深入基层亲自领导整党工作。在农村整党过程中，对那些混进党内的阶级异己分子和坏分子，利用职权袒护、包庇地主和富农甚至是自己的亲属，破坏土地改革运动的，坚决清除出党；对党的组织基础薄弱的地方，着重帮助建立健全党的组织和各种制度，并吸收土地改革积极分子和贫雇农入党，壮大基层党的队伍；对党的组织基础比较健全的地方，主要是指导其广泛开展"三查三整"，解决党内存在的一些具有不良倾向的问题，纯洁和巩固党的肌体和组织。三是发动群众，并吸收非党贫雇农参加整党。各级党组织整党土地改革工作团（队或组）到基层后，分别召开党员干部大会和群众大会进行动员，深入群众，访问贫雇农和军烈属，帮助他们打消思想顾虑，吸收他们中的一些代表列席党的支部大会，虚心听取他们的意见和建议。

各地整党工作遵照党中央的指示精神，采取有重点的、波浪式的、逐步推广的方式进行，先整老区，后整半老区；先整具备整党条件的基层组织，条件不足的基层组织待条件成熟后再整；分期分批有计划有重点地进行整党工作。凡是开展整党的地区和组织，都采取了集中力量，按期完成整党任务的做法。平山整党经验得到了推广，各地普遍邀请党外群众中的积极分子参加整党会议，听取他们的批评意见。我党经过初步整党，改变了党的组织不纯和作风不纯的现象，使党和人民群众的关系密切起来。

到 1948 年下半年，有些老区土地改革胜利完成，整党也已在一部分地区接近尾声。我党经过整党运动，从基层党组织中清除了一批混入党内的地主、富农、阶级异己分子和蜕化变质分子；严肃批评了一些党员干部的官僚主义、强迫命令作风；揭发和处理了某些党员干部包庇坏人、贪污腐化和侵犯群众利益等严重违法乱纪行为。同时吸收了一批在运动中表现积极、立场坚定的贫雇农骨干分子入党，克服了党内的成分不纯、思想不纯、作风不纯的问题，从而提高了党组织的战斗力，发挥了党员的先锋模范作用，有力地推动了土地改革的彻底完成和解放战争的胜利进行。

冀晋区党委与察哈尔省委合并为北岳区党委（11 月 12 日） 1946 年 10 月，

国民党军队进犯察哈尔省解放区，攻占平绥铁路沿线城镇及张家口，察哈尔省被平绥铁路分割。11月，察哈尔平绥铁路以北地区划归冀热察区，察哈尔省辖区仅限于该省平绥铁路以南地区。

1947年11月，中央晋察冀中央局将察哈尔省委、冀晋区党委合并为中共北岳区委员会，其主要领导成员由晋察冀局任命。11月15日，晋察冀北岳区党委发出通知：根据中央局决定，已于本月12日正式合并冀晋区党委与察哈尔省委为北岳区党委，赵振声为书记兼军区政委，杨耕田为副书记兼组织部长，刘杰为副书记兼秘书长，唐延杰为军区司令员，萧文玖为军区副司令员，王平为军区第二政委，张连奎为军区政治部主任，张苏为行署主任兼财办处主任，李济寰为财办处副主任。12月1日，正式组成中共北岳区委员会，设书记、副书记及委员，工作机构设组织部、宣传部、民运部、社会部、城工部、敌工部和青委会、妇委会，主办《北岳日报》，并设区党委党校。

北岳区党委成立后，结合土地改革，首先在党政军干部中开展查思想、查立场、查作风的整党运动。随后，抽调大批干部组成土地改革工作队进驻各地、县，地、县党委领导成员虽未免职，但党委一切工作由土地改革工作队代替，出现组织上的混乱现象和土地改革整党的“左”的错误倾向。中共中央及时发现并纠正了这一“左”的错误，使北岳区各级党组织在土地改革整党运动中进一步发展壮大。1948年春，晋察冀边区从原察哈尔省、冀晋区合并时抽调出来的2000多名干部，由原察哈尔省委书记刘杰带领，按区党委及其下属的地、县、区委四级领导班子的建制组成南下工作团，开赴中原解放区。

1948年5月，中共中央晋察冀局撤销后，北岳区党委改由中共中央华北局领导。区党委所属下级组织，始设6个地委，1个市委，1948年8月后设5个地委。

中央批转中央工委关于政权形式问题给冀东区党委的指示（11月12日）

1947年11月12日，中央工委关于政权形式问题给冀东区党委的指示由中共中央批转各中央局、分局和刘伯承、邓小平、陈毅、粟裕、陈赓、谢富治、彭德怀、张宗逊、邓子恢、张鼎丞、许世友、谭震林、中后委、中工委。该指示指出，在实行土地改革，彻底消灭封建剥削制度斗争中，必须随时采取必需的改变。关于这些问题，中工委曾对冀东党委有一原则指示，特转告知后，各地可参照本地具体情况，采择试行，并随时将所得经验电告我们。该指示强调了五点具体意见。

第一，目前解放区各级政权形式，应采取从下至上的代表会议制度，其名称或称农民代表会，或称人民代表会，一般以称人民代表会为妥。但在土地改革中，被打倒的地主、富农及其他反动分子，均不应有选举权及被选举权（新式富农应除外）。望在土地改革中，应将解放区政权，改组为人民代表会政权。在没有工业区及大城市的解放区，实际上主要是（在区村则完全是）农民代表政权，故各级农会成立后，应使农会委员会（或主席团）成为各级代表会的常驻机关，应将代表会的工作，当作自己的主要工作。为了团结工人、雇农及人民的先进分子，在各级代表会的领导下，工厂、机关、军队、学校得派较多的代表数目，党应将最好的干部，委派到代表会去工作。应从思想上使这种代表会制度，与各种办事机关的委员制分别清楚。这种代表会制最利于群众直接掌握与监督政权，反对官僚主义，最不利于官僚主义者站在人民头上作威作福。故我们应在积极发动起来的群众中，放手建立与试验这种制度，注意收集经验，以便将来能正式规定解放区的政权制度。

第二，各级农民代表会，或人民代表会，为各级政府最高权力机关，一切权力应集中于代表会，而不应集中于委员会，或群众大会。因为群众大会不能实行有系统的权力，而由委员会集中权力，则其易成一般官僚机关。由各级代表会委派各级政府委员会及其他办事机关，在代表会的决议与指令之下进行工作，各级政府委员会所进行的一切工作，也均在代表会通过或批准。村长、区长、县长等名称可照旧，余改称主任委员，区、村公所改称区、村政府。

第三，各级代表会代表，县以下由区、村人民直接选举（亦可说由人民直接委派），县以上由区、县代表会间接选举。各工厂各机关各部队，亦应派代表到相当的代表会，代表任期以一年为宜。各级代表会应经常集会，村（即乡）每10天或半月一次，区与县每月一次，省或边区每年两次、三次或四次，每次会期，区、村半天至一天，县、省或边区会议十几天或一至两个月，有事时召集特别会议。各级代表会由各级农会主任当议长（或称主席），并由其召集会议。

第四，各级政府机关，应向代表会报告自己的一切工作，并请求审查和批准。代表会对政府的行政、立法、司法、监察及武装等一切事项，均有权决议或否决，各政府机关须完全遵守并执行代表会决议。

第五，代表会代表不称职者，得随时由选民撤回另派。各级政府委员会不称职者，得由代表会全部或个别撤换、审核。①

晋察冀中央局领导石家庄城市建设和管理工作（11月12日至12月） 早在石家庄解放前夕，中共中央工委和晋察冀中央局即确定石家庄市为晋察冀边区直辖市，石家庄市委、市政府直属晋察冀中央局、晋察冀边区行政委员会领导（后改为直属华北局、华北人民政府领导）。按照区党委（省级）的建制配备干部，并从中央机关和各根据地抽调大批干部到石家庄工作，任命了以毛铎为书记，柯庆施为市长的市委、市政府领导班子。晋察冀军区任命了以曾涌泉为司令员的市警备司令部领导班子。1947 年 12 月 26 日，石门市改称石家庄市，仍为边区直辖市。

1947 年 11 月 12 日，解放石家庄战役胜利结束后，在解放区组建的石家庄市党政军领导成员和工作人员随军分批进入市内，市委机关设在中华大街原日伪建设总署石家庄河渠工程处，迅速展开工作。11 月 21 日，市委召开了第一次全委会，出席会议的有书记毛铎，副书记魏震，市长柯庆施，组织部长魏士珍，宣传部长曹裕民，警备司令曾涌泉，社会部长陈守中，铁路局政治委员栗再温等。市委委员进行了具体分工，并确定了进城后市委的首要工作是宣传党的各项方针政策，解除群众的思想顾虑，稳定社会秩序，建立各级党政组织。为此，市委向市内各区派出 200 多名干部，组成工作组和临时工作委员会，作为过渡性的权力机构，深入街间和乡村，依靠群众，建立基层党政组织。首先建立起 6 个区工作委员会。1948 年 1 月 1 日，市辖区由 6 个增加至 8 个，第一至第四区为市区，第五至第八区为郊区，各区区工委改为区委员会，同时组建了区政府。在市内各区之下设立街人民政府和党支部，在郊区各村设立村人民政府和村党支部，市、区、街（村）三级党政组织迅速建立起来。1949 年 1 月至 8 月期间，阳泉市划归石家庄市管辖。

在建党建政时，市委常设工作机构也随着形势的发展和干部的不断增加而逐步建立起来。在市委之下设立了秘书处、组织部、宣传部、社会部、研究室及《新石门日报》社等机构。市委、市政府本着精兵简政、效率、廉政和密切

① 参见中央档案馆、河北省社会科学院编《晋察冀解放区历史文献选编（1945—1949）》，中国档案出版社 1998 年版，第 325—326 页。

联系群众的原则，除秘书处外，各部下面都未设科室，一般都是一名部（处）长带二三名干事。根据工作需要，后来还成立了党报委员会、职工运动委员会。根据形势需要，后来又成立了市政府党组、妇女运动委员会、市政府直属党委会、经济委员会、工厂工作委员会、青年工作委员会等组织。

与此同时，市政府机关也建立了一套工作机构，设立了秘书处、社会局、工商局、财政局、教育局、卫生局、公安局、人民法院8个部门，以后又增设了建设局、中国人民银行石家庄分行、戏剧音乐工作委员会等。总之，从石家庄解放到新中国成立，是石家庄党政建设的一个重要时期，由于受中共中央和华北局的直接领导，石家庄市委、市政府为团结广大群众，克服困难，在城市接管、稳定社会秩序、恢复和发展生产中，起到了领导核心作用，为以后的城市发展奠定了基础。

* **做好城市接管工作（11月12日至12月底）** 为了对城市迅速进行接管，1947年11月12日，晋察冀中央局成立了以晋察冀中央局副书记黄敬为主任的敌伪物资管理委员会，下设铁路、工业、财经、银行、军械、电讯、文化、交通、运输、卫生等小组。后来因工作需要，又增设了缉私组。与此同时，张春桥、何纪荣、石虹等人率领原《晋察冀日报》社和《冀晋日报》社的一批工作人员，接管了国民党《石门日报》《前锋报》《新生报》《建国报》和《黑白画报》等，创办了市委机关报《新石门日报》；张清华等人接管了国民党民教馆和广播电台，创办了新民教馆，并设立了石家庄新华广播电台；张梦庚等人接收了旧剧团、书场等文艺团体；武树藩等人接收了中小学校；晋察冀军区后勤卫生部医务人员接收了国民党驻军医院和地方医疗单位。

为了做好接收工作，敌伪物资管理委员会多次会同市政府、市警备司令部联合发出布告，公布接收敌伪物资财产的有关政策和范围，强调只接管没收那些国民党各级政府经营的企业和国民党大官僚所经营的企业，而不没收一般国民党员和小官僚经营的工商业，地主经营的工商业也不在接管没收之列。在中共中央工委和晋察冀中央局的直接指导下，接管人员遵照“保存人力、物力、财力，恢复生产，建设新城市”的方针，分组分头到国民党市政府和国民党官僚资本所经营的工厂、企业、仓库进行清查接收，同暗藏的反革命分子的破坏、抢劫进行了坚决的斗争。在接收工作中，一些地下共产党员和老工人发挥了积极作用。随着接收工作的展开，一些厂矿、学校成立了工人纠察队、工厂管理委员会、工会、移交委员会、护校委员会、复业筹备会等组织，结合复工、复业、复课，进行接收工作。

经过上述工作，我党接收了平汉、正太和石德铁路及铁路大厂等重要交通运输行业；没收了炼焦厂、修械所、汽车修理厂、铁工厂、织布厂、面粉厂、酱油厂、榨油厂、自来水公司、电灯公司及发电厂、电话局等企业和公用部门，以及中国银行、中央银行、农民银行、交通银行等金融机构，使其成为国营企业。随着企业性质的变化，广大职工及群众响应共产党的号召，冒着敌机的轰炸，复工生产，抢修设备机器，使邮政于 11 月 15 日通邮，电话于 11 月 22 日通话，电灯于 12 月 20 日通电，自来水于 1948 年 1 月 5 日送水。铁路和铁路大厂、汽车修理厂、棉织厂、铁工厂、制冰厂、面粉厂等主要工厂，都于 1947 年 12 月底陆续恢复生产，复工职工达 3800 余人，占石家庄解放前职工总人数的 40% 以上。

***稳定石家庄社会秩序（1947 年 11 月 14 日至 1948 年初）** 在进城初期，党政军各机关发布安民告示，宣传党的政策，安定民心，稳定秩序。1947 年 11 月 14 日，柯庆施、郑维山、毛铎等联名发布了市政府和卫戍司令部联字第一号布告。19 日，市政府发布关于工商政策的第一号布告。21 日，新成立的市警备司令部又发出稳定社会秩序的紧急通知。从 23 日起，市公安局接连发出维护社会治安的第一、二、三号布告。这些安民布告从不同角度阐述了党的政策，主要内容是：（一）保护人民的生命财产及民主权利；（二）宣布工业、交通行业的一切公营企业和官僚资本主义企业之职工及厂长、经理、技术人员等，均按原职原薪留用；（三）宣布保护、发展合法的私人工商业，严禁抢劫、偷盗、破坏，或以其他名义没收及勒索；（四）保护学校、剧院及一切文化教育事业，教职员、学生及各种文化工作者，均受政府保护和分别任用；（五）宣布对敌伪一般官吏、职员，采取胁从不究、立功受奖的政策；（六）一切隐藏之敌伪武装人员，应立即到指定地点登记，并交出武器、符号、文件等，政府对放下武器者一律宽大处理，对抗命敌对者严加惩办；（七）对各地逃亡到石的地主、富农也采取宽大政策，并保护其工商业及合法财产；（八）聚众抢劫、偷盗、破坏者，以破坏秩序罪论处，偷盗军火、机器、仓库物资及拆毁公共建筑者加倍处罚；（九）宣布解散一切反革命组织（包括国民党三青团及其他各种特务组织），各该组织应立即停止活动，并向政府登记。

与此同时，市委、市政府迅速组建了由市委委员、社会部长陈守中为局长，以晋察冀中央局社会部举办的两个公安训练班的100多名学员为骨干的市公安局、公安分局、派出所及公安局服务大队（即警察大队）。11月27日，市警备司令部发布戒严令，随后，市公安局颁发了临时警备方案，在全市实行军管和宵禁。之后，结合伪顽人员登记，在全市开展了大清查，即清查敌人残余组织人员，清查敌人的档案文件，清查敌人的隐蔽电台，清查敌人的武器弹药等。同时，市公安局还制定颁布了《户口管理暂行规则》《石家庄市管理交通暂行规则》及特种行业管理办法等一系列法规，维护社会治安，打击敌特的破坏活动。市委、市政府还自下而上地发动群众，特别是发动工人，保护工厂、物资，协助人民解放军和民主政府镇压破坏分子，维持社会秩序，对维护社会稳定发挥了重要作用。

* **保护石家庄民族工商业（1947年11月14日至1948年5月）** 石家庄的民族工商业，大部分为地主、富农所有。由于工商业者对共产党的政策不了解，加之一度发生过抢劫和清算工商业者的错误做法，以及周围各县到市内乱抓逃亡地主，又出现了各地采办人员廉价抢购物资等现象，使工商业者人心惶惶，市场一时相当混乱。针对这种情况，中共石家庄市委、市政府进一步阐明党保护、发展民族工商业的政策，并通过敌伪物资管理委员会颁布了物资管制与冻结办法，对抢劫物资和破坏工商业的坏分子坚决进行镇压，对工人和城市贫民加强教育管理；成立统一采购办事处，对各地派来的采购人员进行登记，实行严格管理，非经主管部门批准，不得采购任何物资；对已违法采购和不正当倒卖者，实行退回和补偿损失政策。同时，在党内纠正了放任自流的片面群众观点。在日用消费品的分配方面，采取了先野战军，次农村根据地，后城市的原则；在缉私没收走私物品方面，采取了本区严、友区宽的方针。此外，严禁以清算斗争方式查封民族工商业及没收其财产的行为。不经本市公安司法部门批准，外地人员不得随便进市抓人，人民对奸特恶霸的检举与控诉，需经人民法院审理判决，严格执行在政治上打击奸特恶霸分子和经济上保护民族工商业的合法经营不受侵犯的政策。对于资本家外逃的大兴纱厂，政府在接管以后，采取了暂时代管的办法。

总之，在城市接管工作中，石家庄市委、市政府基本上较好地保存了各个厂矿企业的机器设备和资材，贯彻了党的保护民族工商业的政策，为经济恢复和建设打下了基础。

晋察冀边区出台政策积极发展农业生产（1947 年 11 月 14 日至 1948 年 5 月） 土地分配以后如何提高农业生产是各解放区的一件重大工作，中央对此高度重视，于 1947 年 11 月 14 日致电在华北负责财经工作的董必武，指出，希望财办物色几个对农业生产有经验的干部，组织委员会研究提高解放区农业生产办法并写成指示，电告各地执行。同时强调，望把发展生产的指导当作财办一件中心工作，经常有人到各区去了解情况，总结生产经验，推动解放区农业、手工业的发展。

根据中央的指示和华北财办的部署，1948 年春季，晋察冀边区出台多个政策鼓励发展农业生产。1948 年 4 月 3 日，晋察冀边区行政委员会发出布告：耕者有其田的目的，就在消灭封建制度，土地还家，并使农民能努力劳动发家致富。分得土地和努力生产，是农民翻身的两个关键，现在春耕已经开始，应即大力开展生产运动。（一）根据土地法大纲的精神，各阶层人民分得的土地财产，一经分定，产权财权，均归私有，不再变更，并承认其自由经营（自耕或雇工经营）、买卖及在特定条件下出租的权利。其因生产经营而致富者，一律受法律保护，任何人不得侵犯。（二）凡土地已经依照土地法大纲实行平分或公平调剂的村庄，在全村绝大多数人民已经满意，经过全村人民大会通过，并经区或县领导机关检查后，即由当地政府协同农会宣布最后确定地权，并按土地丈量结果，分户发给土地证。（三）土地已经基本平分，但尚须作个别的或部分的调剂的村庄，其调剂工作，可移到秋后进行，目前应集中力量进行生产。（四）土地尚未调剂或平分的地区，在秋收前，土地即由原耕户耕种。土地改革应在秋后再进行。（五）不论土地已分或未分的地区，在今后大秋以前土地的收获，一律归耕者所有。（六）土地改革以前所定的统一累进税税则作废。本会将广泛征求各阶层人民的意见，另行制定适合于土地改革以后，便于农业和工商业发展，以及便于人民发家致富的新税则，公布实行。

1948 年 5 月 6 日，中共晋察冀中央局发出《关于土地改革后农村发展生产的指示》，指出，土地改革的目的，是从封建与半封建的束缚下，解放生产力，使各阶层人民在新的条件下，积极生产，发财致富，发展国民经济。目前在解放区，则主要是人民生产之恢复与发展；在乡村中，主要是土地改革后的农业与副业生产之恢复与发展。土地改革后，要注意解决以下问题：（一）按政策改正划错成分；（二）区、县发土地证；（三）特殊情况可出租土地；（四）雇佣劳动是合法的，但要反对封建剥削；（五）实行无累进率的比例税收，自愿组织互助合作。农业生产力飞跃式提高的决定因素，第一是实行土地改革，消灭封建剥削；第二是由群众自由地组织合作互助。各级党委要动员包括妇女在内的广大群众进行生产，把领导生产放在日常工作的第一位。

5 月 13 日，晋察冀边区行政委员会农林处召开技术推广会议，到会有 18 个单位 41 人。会议检讨了农林工作中脱离群众、脱离实际的思想，要求广大农林干部脚踏实地为农民增产服务。5 月 15 日，冀中行政公署公布《发展、保护与奖励农业生产的七项办法》，主要内容有：奖励合作互助组织，变旱田为水田，保护与繁殖牲畜，保护与奖励植树造林，奖励改造荒地，奖励特种作物，奖励技术发明。5 月 22 日，冀中行署根据农业推广工作的需要，决定在赵县、晋县、束鹿、藁城、深县、宁晋、安平、深泽、定县、文新、建国等 11 个县，建立农业推广场。另在蠡县、高阳、清苑三县建立 3 个联合农业推广场。各场行政要受所在专区、县领导，技术上受所在专区之试验场领导。各场专门推广和繁殖优良品种，调查和推广农业技术。

朱德主持总结石家庄战役经验（11 月 18 日至 12 月 1 日）　1947 年 11 月 12 日，晋察冀野战军经过 6 个昼夜的奋战，一举解放了石家庄，取得了城市攻坚的首战胜利。朱德即于次日给聂荣臻发电，向晋察冀军区全体指战员表示热烈祝贺，高度评价石家庄战役是夺取大城市之创例。

11 月 18 日，朱德出席晋察冀野战军政治部在束鹿县东小庄村召开的总结石家庄战役经验座谈会，指出必须极大地注意学习阵地攻击技术，这是我国革命征途上的一个里程碑，是我军自建军以来，经过三次革命战役后遇到的新课题，它意味着中国革命战争已跨入一个新阶段。打下了石家庄，只是上了第一课，而更大的课题、更艰苦的实践还在后面。11 月 25 日，朱德在南善村对冀中军区和行署有关领导阐述攻占石家庄的重大意义，强调南线已经打出去了，石家庄也打下了。不要小看打下石家庄的意义，打下了这样的城市，美蒋都害怕了。全国性的革命高潮已经到来。敌人已经不能进攻，只能单纯防御，现在到处退却。

为了全面总结石家庄战役的经验，朱德于 11 月 28 日至 12 月 1 日，邀请参战人员座谈，总结战役经验。邀请的有野战军司令员杨得志等高级指挥员，还有来自第一线战斗连队的基层指战员。在参战的20余个炮兵连队中，朱德就邀请了4名炮兵连长到会，还请了9名步兵连队的连排干部和2名战士参加座谈。总结座谈会连续开了4天。朱德边听边记，与大家一起切磋研讨，最后总结出石家庄战役的几十条具体经验。

12月1日，朱德在晋察冀野战军干部会议上讲话，总结了打下石家庄的意义和经验教训：我们打下了石家庄，敌人动摇了防守大城市的信心。保定、北平的敌人怕得很厉害。我们自己更有了打大城市的信心。我们最大的收获是提高了战术，学会了打大城市。这是军事上、政治上的意义。打下石家庄主要经验是：（一）准备充分。石家庄战役准备了一年，对敌情作了详细的调查，情况了解得比较清楚；我们准备的兵力很充足，相当于敌人的4倍，既准备攻坚，又准备打援，甚至准备以打援为主；我们的物资条件准备得也很充分，有充足的攻城器械，准备的炸药和炸弹都没有用完。（二）讲究战术。战士们做到了“勇敢＋技术”。冲锋前，在冲击出发位置上挖了工事，缩短了冲锋距离，减少了伤亡；炸药使用很好，应用范围很广，很多连队会用炸药炸开突破口和开辟通道，打手榴弹技术也很重要；炮兵起了较大作用，采用了集中几十门炮打一个突破口的办法，学会了炮、炸、步协同；学会了集中火力突破一点，随即向两边扩张的战术；巷战打得很艺术，除充分使用手榴弹、炸药及冲锋枪外，还会挖墙壁前进。

这些经验从当时的全局出发，着眼于夺取第三次国内革命战争的胜利，对指导全国各解放区战场的攻坚战及收复城市，都发挥了重要的作用。

北岳行政公署成立并任命干部（11月18日） 随着解放战争形势的变化，晋察冀边区行政委员会为适应土地改革及大规模运动战的需要，进行了必要的行政区划调整，1947年11月18日，晋察冀边区行政委员会颁布命令：（一）冀晋区与察哈尔省合并改称北岳区，撤销冀晋行政公署及察哈尔省政府，成立北岳区行政公署，下辖6个专署。任命前察哈尔省政府主席张苏为行政公署主任兼财政办事处主任，李济寰为财政办事处副主任。（二）原三专区撤销，将原辖之阜平、曲阳两县划归四专区，完县、唐县、望都划归五专区，原七专区改称三专区。（三）原属冀晋领导之定北县划归冀中区九专区，正定市及正定以东属于正定旧县治地区划归北岳区四专区，其他专区辖境不变。（四）任命一、二、三、四、五、六专署专员分别为姚再庭、薛同连、郭蕴、崔民生、陈守芬、高振德。

冀中军区攻克军事要地元氏县城（11 月 22 日至 12 月 3 日） 1947 年 11 月 12 日石家庄解放后，在冀中和冀南根据地之间，国民党据点仅剩下元氏县城最后一座孤城。元氏城墙为石头砌成，十分坚固，由国民党河北保安第五团团长魏永和部，以及周边八县的保警队共 5000 余人防守。蒋介石任命魏永和为元氏、高邑等八县“剿共”总司令兼石家庄市市长，并不断空投弹药、食品等救援物资。

当晋察冀野战军攻打石家庄时，冀中兵团和太行军区第三十四团、三十五团等部队事先已包围了元氏城，并扫除了外围各据点。晋察冀军区将解放元氏的任务交由冀中独立第七旅、独立第八旅和太行军区第三十四团、第三十五团以及高邑、元氏等县独立营完成。同时，以华东野战军榴炮营和晋察冀炮兵旅一个野炮营，进行火力支援。11 月 22 日，攻城开始，独立第七旅配属火炮 15 门，从东关以北的东面和北面进攻；独立第八旅配属火炮 10 门，从东关以南的东面和南面进攻；太行部队的两个团附火炮 1 门从西面进攻。24 日，解放军占领敌军东、西、南三个城关工事和外城壕。25 日，为突破城垣，晋察冀野战军调三纵工兵营参战。攻城部队按照上级“多流汗，少流血”的指示精神，决定施以坑道爆破入城。攻城各部在工兵部队的指导下，从不同方向向城下掘进。经过反反复复的坑道战，解放军工兵和民兵历时 13 个昼夜，挖出土方 11 万立方米，完成了破城坑道 6 条。南门城楼下一条坑道装炸药 7000 公斤，其余每条坑道装炸药 3000 公斤。12 月 2 日，首先以强大炮火对城垣守敌进行了压制和摧毁。当炮火延伸之时，坑道内炸药成功起爆，将南门、西门等 5 处城墙炸开。随之，攻城部队从爆破口冲进城内，经彻夜激战，于 12 月 3 日凌晨 5 时全歼守敌，收复了元氏城。此役，魏永和及以下国民党官兵 1553 人被击毙，3400 余人缴械投降，元氏城解放。

北岳区党委在涞水召开土地会议（11 月 25 日） 冀晋区与察哈尔省合并为北岳区后，为了贯彻晋察冀中央局土地会议精神，1947 年 11 月 25 日，北岳区党委与平西地委联合在涞水召开了土地会议。与会者有北岳区党委各单位，平西地委各机关、各县区干部共 900 余人，组成若干个代表团。会议要求大家以贫雇农为主人的资格去审查干部，组织贫雇农干部小组，同干部中的地主富农分子和地富思想作斗争，宣布实行平分土地和整顿队伍的方针。会后，北岳区党政军群普遍开展查阶级、查思想、查作风的整党运动，同时抽调大批干部组织土地改革工作队进驻各地，取代当地党委领导土地改革运动。土地改革中曾出现“左”的错误倾向，后来得以纠正。

冀中军区直属队召开土地会议（11月25日至12月8日） 为了贯彻晋察冀军区部队参加土地改革的指示，推动冀中军区参加土地改革工作的进程，1947年11月25日至12月8日，冀中军区直属队召开土地会议，参加人员为区连级以上干部共1175人。罗玉川在开幕式上传达边区土地会议精神，孙毅报告解放石家庄的经过，萧克莅会讲话，李天焕作结论。

土地会议的重点为整党，即查阶级、查思想、查作风，取得的经验就是：必须有明确的重点，树立贫雇农骨干，用“闪电战”的方法跟踪追击，对地主出身的干部分不同情况施以必要的压力，及时反对温情和调和主义。发生的主要偏向：有的单位没有抓住重点，有的专门扣“大帽子”导致恐慌，有的单位对被检查者产生同情心从而产生调和办法。

12月15日，冀中军区政治部发出政治命令：“着全军参加土地改革，帮助农民打个彻底翻身仗。”军区除抽人直接参加平分土地运动外，还规定四项工作：（一）调查群众对土地改革的反映和地主富农坏分子的破坏活动，由支部收集及时反映到本区代表会议或贫农团；（二）宣传土地法、联合布告、告农民书，发动农民积极贯彻土地法，争取自己的彻底解放；（三）如有地主富农坏分子破坏土地改革，必须援助农民加以镇压；（四）扶助贫农团、新农会一切决议的执行。要求军区所有机关部队人员遵守土地改革纪律，协助推进驻村的土地改革运动。①

晋察冀中央局决定给解放战士分地（11月28日） 为了深入贯彻全国土地会议精神，加强军队建设，鼓舞官兵士气，1947年11月28日，中共晋察冀中央局致信边区行政委员会和军区政治部，提议根据《中国土地法大纲》精神，给解放战士及光荣牺牲的烈士分土地。同时拟定了分地办法：（一）家在老解放区的解放战士，除其家庭留地外，其本人亦应分予一份土地。（二）家在蒋管区，其本人因年老、残疾而退伍，愿留在解放区者，应从军田中分予一份土地。（三）家在新解放区者，通知其家乡之民主政府，在分地时应给其本人分地。家

① 参见《晋察冀日报》，1947年12月23日。

在蒋管区者，其家乡将来被我军解放时，再分予土地。（四）解放战士之烈士，不管其家在老解放区或新解放区，烈士本人应分得一份土地，其家在蒋管区者，应将烈士姓名调查登记，俟其家乡将来解放后，再分予土地。凡对人民解放军战士及烈士之各种优恤条件，对解放战士及烈士一样适用。

11 月 29 日，晋察冀军区政治部发出拥护中央局所拟定的解放战士分地条件的通令，指出：（一）要将这一条例在解放战士中进行深入教育，组织传达讨论，结合土地政策教育，说明党和人民对解放战士的关心和爱护，说明解放战士是劳动人民的军队；（二）普遍进行对解放战士及解放战士烈士的调查登记，将姓名籍贯、英勇功绩，造成名册，按级上报，转送当地民主政府，供平分土地之参考；（三）这一条件应在群众中广泛宣传，以便通过群众关系传播，唤醒蒋伪，并应组织对敌政治攻势及战场喊话，特别是发动解放战士写信，对其原部队及将管区进行有计划的扩大宣传，以大量争取被蒋麻痹的官兵早日归来。

12 月 1 日，晋察冀边区行政委员会根据中央局的提议并由第 60 次委员会讨论通过后，发布《关于解放战士分土办法的决定》。文件指出，根据《中国土地法大纲》的精神，解放战士及光荣牺牲之烈士，应和我军其他指战员同样分得土地。无论解放战士家在老解放区或新解放区，都要分得一份土地，家在蒋管区的将来该区域解放时也要分予其土地。凡对人民解放军战士及烈士之各种优恤条件，对解放战士及烈士一样适用。《关于解放战士分土办法的决定》责成军区政治机关对解放战士情况进行登记造册，以作当地政府平分土地时的参考。

1948 年 3 月 21 日，晋察冀边区行政委员会给各级政府发出战民社字第六十号通知，要求各级政府对解放战士家属与一般军属一样看待，解决其土地问题，并要发动其家属给予其子弟或丈夫写信，报告村中分给其家中土地财产和各方照顾的情形，同时区村政府及农会最好写信慰问，并告以家中受到照顾的情形，以鼓舞解放战士的斗志，使之一心一意在前方作战。

晋察冀边区深入贯彻执行《中国土地法大纲》（1947 年 11 月至 1948 年春） 在全国土地会议和晋察冀边区土地会议召开之后，1947 年 11 月 27 日，中共晋察冀中央局、晋察冀边区行政委员会、晋察冀军区联合发表布告，命令全区依据《中国土地法大纲》，立即开展土地改革运动。从 11 月至 12 月，晋察冀边区各区党委均相继召开了土地会议，传达与贯彻了全国土地会议和《中国土地法大纲》的精神，检查并总结了执行中央《五四指示》中的成绩、经验和缺点，根据不同情况规定了实行土地改革的步骤、方法及各项具体政策。各区党委土地会议之后，各县也相继召开了扩大干部会议。经过一系列会议和广泛宣传，平分土地改革运动很快在各解放区展开。

中共中央工委、晋察冀中央局及各区党委、地委、县委都抽出大批干部组成整党土地改革工作团（队或组），深入农村，领导土地改革运动。工作团到村后，紧紧依靠贫雇农，组织贫农团和新农会，向其宣讲《中国土地法大纲》和其他有关土地改革文件。经过宣传和学习动员，广大贫雇农纷纷行动起来投入平分土地运动。他们广泛开展了查阶级、订成分、吐苦水、挖苦根、小会诉苦、大会控诉斗争等活动，很快掀起了平分土地的热潮。

中央局根据部分地区的实践，要求在老区只通过抽补的方式调剂土地，土地不超过平均数 1/10 以上的，不动其土地。通过这种方式，各阶层土地大体拉平，特别是贫农的土地大大增加，其土地拥有数接近了平均数。截至 1948 年春天，据北岳、冀中两区（除边沿区以外）统计，在有条件进行土地改革的 15 066 个行政村、1068 万人口的区域中，已有 90％以上的地区达到了大体平分。贫雇农都获得了大体相当于平均数的土地和财产，地主也分得了一份，一般维持在平均数的 70％以上，在巩固区只有占全部 8％的地区（约 100 万人口）才需要继续调剂。

晋察冀解放区老区和半老区土地改革运动的伟大胜利，不仅实现了耕者有其田，还使农村的阶级关系发生了根本变化，从根本上消灭了几千年来的封建剥削制度，改变了封建主义的生产关系，解放了生产力，推动了社会的向前发展。农民不仅在经济上翻了身，而且在政治上翻了身，真正当家做了主人。在政治、经济、文化、生活等方面，边区广大农村都显示出欣欣向荣的新局面。

晋察冀军区开展新式整军运动（1947 年 11 月至 1948 年 3 月） 遵照中共中央和毛泽东关于在全军开展新式整军的指示精神，晋察冀野战军和晋察冀军区所属各部队，从 1947 年 11 月至 1948 年 3 月开展了新式整军运动。晋察冀所属各部队采取诉苦（诉旧社会和反动派所给予劳动人民之苦），“三查”（查阶级、查工作、查斗志）的方法，开展了一次有领导、有秩序的民主整军运动。

1947 年 7 月，中国人民解放军由战略防御转入战略进攻。军事上的胜利，使中国人民解放军由解放战争初期的 120 多万人发展到 195 万人。由于部队新成分增加，特别是从国民党军中解放过来的士兵成分增多，部队在组织上、思想上、作风上产生了许多不纯现象。为使部队适应形势和任务的要求，进一步提高政治觉悟、纪律性和战斗力，一些部队结合当时解放区正在进行的土地改革运动和整党运动，相继开展多种形式的诉苦教育。1947 年 9 月 28 日，毛泽东批转了东北民主联军辽东三纵队诉苦教育的经验报告。随后，这个运动便在部队普遍开展起来。1948 年 3 月 7 日，毛泽东在《评西北大捷兼论解放军的新式整军运动》中，把诉苦和“三查”概括为新式整军运动，就其基本经验、历史作用和意义作了阐述。

晋察冀所属各部队的新式整军运动和其他兄弟部队大体一致，分为四个阶段：第一个阶段，土改教育。其过程分为四步：第一，学习文件。主要学习的文件有《中国土地法大纲》、刘少奇的《在全国土地会议上的总结》，以及毛泽东的其他有关报告和指示，如《中国人民解放军宣言》《关于目前党的政策中的几个重要问题》等。第二，由部队首长和地方政府领导作报告和介绍土地改革情况，然后让参加土地改革后参军的战士介绍农村土地改革情况，以及分配土地后其家庭经济情况。第三，召开全体军人大会，宣誓拥护土地改革运动。第四，在提高认识的基础上，引导指战员初步检查有无损害贫雇农利益、包庇地主富农、干涉土地改革的言行，为以后思想整顿作准备。通过土地改革教育，全体官兵对中国共产党开展的土地改革运动的目的、意义，有了一个比较全面的认识，提高了阶级觉悟。

第二阶段，诉苦教育。中共晋察冀中央局和晋察冀军区在《关于整党整军及执行土地改革任务的决定（草案）》中指出：“在全军内开展诉苦运动并参加地方群众的清算诉苦会”，让人们“认清压迫的总根源是封建势力，并由此认识今天战争与土地改革内容目的的一致性”。我党通过诉苦教育，提高了解放军官兵的阶级觉悟，加强了军队与人民群众的密切联系，对取得解放战争的胜利起了巨大作用。

第三阶段，“三查三整”。“三查三整”的过程分为三步：第一，是进行思想动员。提高全体指战员对“三查三整”的认识，提高其辨别是非的能力，消除其顾虑。第二，是从上而下、从下而上地开展批评与自我批评。一般是营、团以上干部在党委扩大会议上进行批评与自我批评，连、排干部在支委扩大会议上进行批评与自我批评。采取个人检查与群众揭发相结合、普遍检查与重点批判相结合的方法。第三，是进行组织整顿。对有这样和那样问题的干部，经组织审查和群众评议以后，对违抗命令、贪生怕死、泄露军情和混进军内的坏分子与蜕化变质分子分别清除出部队；对犯有官僚主义作风、侵犯群众利益、违反俘虏政策和有自私自利错误的党员干部，经过批评教育后，在战斗中考验，以提高其思想认识，改进其作风。通过“三查三整”，我党清除了混进军队党组织中的阶级异己分子和其他坏分子，纯洁了党的组织，巩固了部队，提高了战斗力，为解放战争的胜利奠定了基础。

第四阶段，练兵立功。经过新式整军运动，晋察冀所属各部队的指战员的阶级觉悟和思想水平都有所提高，全军上下掀起了轰轰烈烈的群众性大练兵运动。在练兵中，全军充分贯彻了群众路线的练兵方法，开展了军事民主活动。战士苦练射击、刺杀、投弹、爆破、土工作业，干部以提高战术指挥为主。各级干部专心研究战术指挥，战士纷纷提出意见，使战术学习成为群众运动。经过练兵，部队的军事技术水平有了很大提高。有的旅85％的人射击弹弹中靶，手榴弹投掷由练兵前平均26米左右，提高到32米左右。新式整军运动部队所焕发出来的战斗力，不仅表现在大练兵运动中，更突出地表现在随后的杀敌立功中。

12月

晋察冀军区新组建三个野战纵队（12月初） 为适应面临的作战任务的需要，进一步加强野战军建设，1947年11月14日，晋察冀军区请示中央军委和中央工委，拟将原有的地方部队适当集中，新组建三个野战纵队。16日，中央军委批准了晋察冀军区的扩编方案。

12月2日，晋察冀野战军召开了团以上干部参加的扩大会议，总结作战经验，并决定扩建野战军。晋察冀军区遂于1947年12月至1948年2月对所辖部队进行了扩编，扩编后，晋察冀军区共辖6个纵队和1个炮兵旅，其中野战军（1947年6月中央军委决定重建晋察冀野战军，归晋察冀军区建制）辖4个野战纵队和1个炮兵旅，两个二级军区各辖一个地方纵队，具体扩编情况如下。

将原察哈尔军区与冀晋军区合并为北岳军区，以原察哈尔军区的领导机构和冀中军区独立第七旅、第八旅及察哈尔军区、冀晋军区的3个独立团、5个独立营合编为第六纵队，司令员为文年生，政治委员为向仲华，辖第十六、第十七、第十八旅，隶属野战军建制。

以原冀晋军区独立第一旅、第二旅和原察哈尔军区独立第四旅组成第一（北岳）纵队，司令员为唐延杰，政治委员为赵振声、王平，辖第一、第二、第三旅。

以冀中军区独立第九旅及军区所属各军分区的 6 个独立团组成第七（冀中）纵队，司令员为孙毅，政治委员为林铁，辖第十九、第二十、第二十一旅。

以上第一、第七两个纵队为地方纵队，仍属各军区建制。各军分区则再编新的独立团、营。炮兵旅补充了新缴获的火炮，并将迫击炮团改为自造 15 厘米的重迫击炮团。

这样，晋察冀军区机动作战的主力部队较一年前扩大近一倍，装备也有很大提升。

晋察冀野战军前线委员会扩大会议在晋县周家庄召开（12 月 2 日至 4 日） 清风店战役和石家庄解放后，为总结作战经验，传达中共晋察冀中央局土地会议精神和部署新的作战任务，中共晋察冀野战军前线委员会于 1947 年 12 月 2 日，在晋县周家庄召开了团级以上党员干部参加的扩大会议。

会议首先回顾了边区的战局，系统地总结了大清河北、清风店、石家庄诸战役的经验教训。与会人员从切身经历中深刻感受到：边区战局的转变和在战略进攻中连续获得的胜利，是学习和运用毛泽东军事思想，贯彻运动战、歼灭战方针的成果。会议认真讨论了中共晋察冀中央局和晋察冀军区《关于军队贯彻整党、整军及执行土地改革任务的决定》。朱德、彭真、聂荣臻到会作了形势报告和讲话，勉励部队进一步学习毛泽东军事思想，贯彻并执行党的政策纪律，在反攻作战和参加土地改革方面争取更多更大的胜利。

中共晋察冀野战军前线委员会扩大会议的精神在部队传达后，广大指战员深受鼓舞，各部队进行了评功，奖励有功人员，并积极投入冬季作战演练，为将要发起的新的战役认真作好准备。

北岳区具体执行晋察冀边区教育发展的方针（12 月 8 日） 1947 年 11 月，晋察冀边区行政委员会发出关于目前教育工作几个问题的指示，指出在新形势下，“目前已初步暴露了过去教育工作的许多弱点，主要是缺乏明确坚定的阶级路线，群众路线，与从实际出发，实事求是的作风。也开始启示了今后教育工作应急的任务：主要是如何大量培养新知识分子与如何帮助在经济上、政治上翻身的贫苦农民在文化上翻身”。指示中提出，各级学校参加土地改革；加强干部教育与中等教育；明确阶级路线，予贫雇农子女入学以方便；减少生产时间与任务，增加教育经费。①

针对晋察冀边区行政委员会提出的教育方针，12月8日，北岳区行政公署发出《关于具体贯彻边委会对目前教育工作指示的商榷》，提出适合本区的补充意见：（一）关于如何组织与领导各级学校投入农民翻身这一伟大革命运动中，各校除贯彻边委会指示外，“尤应切实深入学校本身的‘四查’运动，改造学校工作，树立贫雇农骨干，加强思想领导”；（二）关于加强干部教育及中等教育问题，除应严格注意及组织在职干部的时事与业务学习外，根据需要中等师范教育亦应急需大力加强；（三）学校生产问题，仍应继续贯彻“以工养学”的精神，进行生产教育；（四）关于小学，“领导上必须坚定地走群众路线，树立贫雇农为主的领导思想，使大批贫雇农及工人子弟涌入学校”；（五）明确阶级路线，使教育工作为工人、贫雇农服务；（六）各专区、县接此意见后，连同边委会原指示进行研究，对目前应即着手之工作需立即贯彻执行。

刘少奇指导北平地下工作（12月13日） 为了加强国统区第二条战线的斗争，1947年12月13日，刘少奇主持中共中央工委会议，听取刘仁、张秀岩、赵凡、张鸿舜、苏一夫等关于北平地下党的组织、群众工作和今后工作的情况汇报。刘少奇听完汇报后发言指出，对党员要进行“打倒蒋介石”的教育，要使党员确认蒋介石必须打倒，而且下决心自己去打。要动员群众在这一大革命中积极行动起来，表现自己的力量。蒋管区城市的每一次群众运动，哪怕是单纯的生活要求，都对解放军有直接和间接的帮助，都有打倒蒋介石的意义。这一工作做好，就能有广大群众的配合攻城，里应外合，并配合管理城市。关于北平地下工作，刘少奇作出三点指示：（一）地下党要贯彻“组织精干，长期埋伏，积蓄力量，以待时机”的地下工作方针，主要任务是教育群众，组织群众，根据广大市民、工人群众的切身利益和迫切要求，与国民党展开经济、政治斗争，而不是准备武装暴动；（二）要把分散的、单线联系的党员组织起来，建立支部和小组，以便领导群众进行斗争；（三）地下党领导北平“工运”，要把主要精力放在市政工人方面，特别要把重点放在电信系统工人工作方面。

---

① 参见王谦主编《晋察冀边区教育资料选编》，教育方针政策分册（下），河北教育出版社1990年版，第312—316页。

根据刘少奇的指示，中共北平工人工作委员会改为中共北平市政工人工作委员会，张鸿舜任书记，委员有陆禹、马光、陈伟。中共北平平民委员会内外城区委合并，成立新的平民工作委员会，赵凡任书记，苏一夫任副书记兼宣传委员，彭思明任组织委员。该委员会下设浴池业、油盐业、织布业、人力三轮车、建筑瓦木工、地毯、郊区菜园等行业委员会。

晋察冀野战军政治部发布野战军参加土改的指示（12 月 25 日） 为响应中共中央号召部队参加土地改革的指示，1947 年 12 月 25 日，晋察冀野战军政治部发布《关于野战军参加土改的指示》，决定：（一）部队在老区驻军或行军宿营时，必须组织指战员广泛宣传土地政策；向房东进行调查、宣传时，要有明确的阶级立场。（二）部队进入新区或游击区时，团以上政治机关应抽调干部组织临时工作队，协助地方干部发动群众，推行平分土地政策。（三）部队驻军在一周以上，团以上政治机关应选派一定人员，在地方党统一领导下，协助地方发动群众，无原则分歧要服从地方党的领导。（四）部队可以事先与地方党协商，参加群众诉苦运动，给农民撑腰助威。（五）野战军抽调一定人员参加地方党组织的工作团，进行土改实际工作。该指示还宣布了部队参加土改的六项纪律，要求严格遵守。

按照《关于野战军参加土改的指示》要求，1948 年 1 月 12 日，晋察冀野战军组织土地改革工作团，分别到冀中、北岳两区工作。全团 114 人，是部队中选出成分最好、阶级观点比较明确的指战员。团以上单位组织了土改工作队，连队组织了土改工作组，一面战斗，一面积极参加当地的土地改革。“驻一村帮助一村，走一村宣传一村，见一人宣传一人”已成为广大指战员的行动口号。部队在新开辟的地区和敌人据点周围，到处张贴《中国土地法大纲》，向人民群众宣传土改政策，协助群众镇压罪大恶极的地主恶霸，发动与组织群众同敌军和反动地主作斗争。在老解放区还帮助组织贫农团，协助翻身农民保护已得的胜利果实。各地农民在军队的坚决支持下，土改运动搞得热火朝天，解放军指战员也从中受到了深刻的阶级教育，鼓舞了战斗意志。

晋察冀边区组织南下干部支援中原解放区（1947 年 12 月 26 日至 1948 年春） 随着华中局面的展开，华中急需大批干部南下工作。由于华北局势相对稳定，且在土地改革和解放战争中锻炼出一批干部，1947 年 12 月 26 日，中共中央工委致电晋绥分局、晋察冀中央局并报中央，决定从晋察冀抽调 2000 人，从晋绥抽调800人南下，区党委、地委、县委、分区委及优秀乡级干部，党政军民财经干部均要。同时强调，所有思想意识有问题和作风不正，在工作中犯有错误及受过处分的干部及有浓厚地主富农思想的干部，须送党校审查鉴定并进行一两个月的训练后，方可派去。要求晋察冀即速开办并扩大党校，所有在整党中受过处分的干部，只要服从党，愿改正错误，不拒绝工作，应一律送党校训练改造。中央工委也决定开办党校。1948年春，晋察冀边区从原察哈尔省、冀晋区合并时抽调出来的2000多名干部，由原察哈尔省委书记刘杰带领，按区党委及其下属的地、县、区委四级领导班子的建制组成南下工作团，开赴中原解放区。

晋察冀野战军发动大规模平汉路战役（1947年12月27日至1948年1月21日） 晋察冀军区所属各部队调整充实后，晋察冀野战军于1947年12月6日致电中央军委和中央工委，决定“集中力量向平、保段击敌，以削弱敌人，孤立保定，抓住三角区之敌，配合东北为目的”。中央军委于7日复电同意军区提出的作战方针，并要求为更好配合东北解放军冬季作战，以20日以后开始破击为宜。据此，晋察冀野战军决定发起平汉铁路破击战役，以采取破击平汉北段，进袭保定的手段，调动和分散敌人，求得歼敌主力一部。参战部队为第二、三、四纵队全部，及北岳纵队、北岳和冀中军区部队，在北岳、冀中两区10万民工的支援下，向平汉路涿县至保定段，北宁路黄村至魏善庄段，津浦路静海至唐官屯段，平绥路南口至清河、沙城至青龙桥、聚乐堡至天镇各段，同时展开破击战。战役分两个步骤实施：第一步，全面破击平汉铁路北段和平绥铁路东段，孤立敌人沿线各点，开辟战场，创造在运动中歼灭敌人的条件；第二步，根据情况选择一点或几点攻击，如敌人来援就先歼灭援敌，而后攻点，如敌不援，就坚决歼灭被围之敌人。

12月27日，大规模的破击战开始。第二纵队破击平汉铁路至徐水段；第三纵队破击高碑店至良乡段；第四纵队破击徐水至高碑店段；冀中军区部队破击平汉铁路保定段，并向津浦铁路、北宁铁路出击。第六纵队集结于定县以北，为战役预备队。冀热察、冀东和渤海军区部队分别向平绥、北宁、津浦各铁路线展开破击，加以配合。在这次破击战中，石家庄铁路工人随军行动，进行技术指导。在他们的帮助下，破击战进展十分迅速，仅三昼夜就将平汉铁路保定至涿县段，津浦铁路静海至唐官屯段，北宁铁路黄村至魏善庄段，平绥铁路南口至清河、沙城至青龙桥、聚乐堡至天镇各段，总长约 400 公里的铁路全部破坏，使宁、津、保、张间的铁路交通陷于瘫痪。在破路的同时，部队还先后解放了铁路沿线和附近的一些敌人据点，为开辟战场、调动敌人创造了有利条件。

战役于 1948 年 1 月 21 日结束，共歼敌 1.4 万余人，孤立了北平、天津、保定、张垣之敌，打乱了蒋介石、傅作义增援东北的整个军事部署。

***庄疃战役重创国民党军（1948 年 1 月 10 日至 17 日）** 在 1947 年底晋察冀解放军发起大规模的平汉铁路破击战的时候，华北剿总总司令傅作义惧怕保定有失，急调第三十五军、暂编第三军、新编骑兵第四师和大清河北的第十六军向平汉铁路北段增援。12 月 29 日，上述部队和原在平汉铁路的第九十四军分别集结于涿县、定兴、涞水、高碑店、徐水地区。国民党军被诱至保定地区后，晋察冀野战军决心乘机歼灭刚进入涞水的敌人，并诱敌一部回援，再歼该敌于涞水附近。1948 年 1 月 10 日，晋察冀野战军司令员杨得志、政治委员罗瑞卿集中 5 个纵队及军分区武装一部，先以 5 个旅兵力进击涞水城，发起涞水庄疃战役。

按照部署，第三纵队主攻涞水，第二纵队于涞水、定兴间打援，第一纵队阻击北面来敌，第六纵队于保定西南拖住敌军，第四纵队出击大清河北。12 日，以主力一部围攻自保定驰援涞水进据庄疃的国民党第三十五军新三十二师（号称“虎头师”），以 5 个纵队阻击第三十五军军部和第一〇一师。13 日凌晨 5 时整，解放军对庄疃守敌发起总攻，各部队成多路向村内突击，与敌展开逐屋逐院的争夺。激战中，国民党新三十二师师长在密集炮火中毙命，其余部队大部被歼。截至 13 日，重创新三十二师，击溃第三十五军军部和第一〇一师。解放军主力撤围涞水。

此役，共歼敌 8000 余人，击毙敌军长、师长各 1 人，使傅作义主力部队受到重创，打击了华北“剿总”调兵增援东北的计划。1 月 21 日，《晋察冀日报》发表《祝北线之捷》的时评，称这次战役“不仅使所谓华北心脏的平津保的交通支离破碎，更打乱了蒋傅匪军的整个部署”。

***出击大清河北（1948 年 1 月 18 日至 21 日）** 国民党第三十五军在庄疃地区遭到晋察冀解放军歼灭性打击后，傅作义急令第十六军及暂编第三、第九十四军与新编骑兵第四师自保定地区北援，再次集结于高碑店、定兴、涞水地区。据此，晋察冀解放军第六纵队再攻保定，第四纵队及第十九旅继续向大清河北地区进攻，以便重新调动、分散敌人。1948 年 1 月 17 日，第四纵队攻占雄县。

18 日至 20 日，又进攻昝岗、板家窝、岔河集、牛驼镇和霸县城等国民党部队据点，歼灭了国民党“土顽”王凤岗部第十五团大部，摧毁敌人 3 个月来在大清河北所经营的“王凤岗式”的碉堡线，第六纵队也同时攻克保定南郊的南北沟头和阮庄等敌军据点。战报显示，计歼灭王凤岗部第十五团二营全部、三营大部、一营一个连，保警队第二纵队全部，毙伤 1500 余人，俘 521 人。至此，晋察冀解放军结束了破击平汉铁路北段战役，进行休整。此役，解放了大清河北广大地区，给华北国民党部队以沉重打击。

晋察冀中央局学习《目前形势和我们的任务》（12 月 31 日） 中共中央于 1947 年 12 月 25 日至 28 日，在陕北米脂县杨家沟召开扩大会议，即“十二月会议”，会议的主要任务是，根据新的革命形势，确定党夺取全国胜利的基本政策。会议围绕“打倒蒋介石，建设新中国”这个主题，听取、讨论和通过了毛泽东作的《目前形势和我们的任务》的报告。报告全面阐述了伟大转折时期党在各方面的纲领和政策。在政治方面，强调发展革命统一战线；在军事方面，提出了著名的十大军事原则；在经济方面，明确宣布了新民主主义革命的三大经济纲领；在土地改革和整党方面，进一步阐明了土地改革和整党的伟大意义和基本政策。会议还通过了《关于目前国际形势的几点估计》，并作了两个重要决定：（一）中国人民革命战争应该力争不间断地发展到完全胜利，应该不让敌人用缓兵之计（和谈）获得休整时间，然后再来打人民；（二）组织革命的中央政府的时机目前尚未成熟，须待我军取得更大胜利，然后再考虑此项问题，颁布宪法更是将来的问题。会后，贯彻落实“十二月会议”精神，迅速成为各解放区的一项重要工作。

12 月 31 日，中共晋察冀中央局发出关于学习毛泽东《目前形势和我们的任务》报告的指示，要求各地各部门应立即组织这个报告的学习，并通过各种方式在群众中广泛地进行宣传。指示强调，参加土地改革的同志应将这个报告，配合土地法向农民宣传；部队应将这个报告作为军事政治教育的中心教材，在干部与战士中反复地进行教育，借以提高其政治思想与战略战术思想的水平；中等以上学校均应以这个报告作为政治教育的中心教材。学习时间根据各地各部门的不同情况来决定。机关至少连续学习 1 个月，平均每天学习两个小时；部队可利用作战间隙与整训的时间学习，学习结束后要有报告和总结。

中共中央工委明确提出划分阶级的标准（12 月 31 日） 为了规范土地改革

运动中划分阶级的问题，保障土地改革的顺利进行，1947 年 12 月 31 日，中共中央工委发出《关于阶级分析问题的指示》，明确提出划分阶级的标准，要求各地党委立即检查本地土地改革工作。指出，如已发生在划分阶级方面的“左”倾错误，应立即纠正、补救，如尚未发生，应早加防范，不要使这种错误发生、发展。《关于阶级分析问题的指示》强调，划分阶级只有一个标准，即占有生产手段（在农村主要是土地）与否，占有多少，以及与占有关系相连带的生产关系（剥削关系）。如再提出其他标准，都是错误的。追历史只能追到当地新政权建立前 3 年或前 5 年，而不要追太远或追几代。例如，在当地新政权建立前 3 年中是地主，即定地主成分，是农民，即定农民成分。望根据新华总社广播的苏维埃政府《关于土地斗争中一些问题的决定》及《怎样分析阶级》两文件去办理，并将这两个文件立即印发给一切土地改革工作干部详加讨论，并根据中央指示立即提出修改及补充这两个文件的意见，速告中央，以便中央能迅速规定分析阶级的统一标准和办法。《关于阶级分析问题的指示》还指出，确定谁是地主、富农，必须首先在贫农委员会及贫农团大会讨论通过，经工作团或上级审查同意，再由本村农民大会讨论通过，方可确定。而绝不应由少数人决定或有任何强迫包办。

《关于阶级分析问题的指示》产生了重要而深远的影响，对于制止和纠正土地改革运动中出现的各种错误和偏差发挥了重要作用，为推进土地改革运动沿着正确方向进行提供了必要的遵循依据。

晋察冀中央局贯彻中央在土地改革和整党中纠正“左”的偏向的指示（1947 年 12 月至 1948 年初） 晋察冀在土地改革运动初期，一度发生“左”倾错误，在平分土地中侵犯了中农的利益。主要表现在：首先是划阶级标准不清，敌我界限不分，在划分阶级成分时，普遍就高不就低。有些地方不是以生产关系和剥削程度来划分阶级，而是错误地用比吃、比穿、比三代作为划分阶级的标准，将一些生活条件稍好或有轻微剥削的中农，划为地主、富农。甚至有些地区的贫农团为了多分土地和浮财，有意识把一些中农的成分定为富农或地主。其次是有些干部和群众单纯满足贫雇农的要求，提出“群众要求怎么办，就怎么办”的口号，找各种理由斗争中农，结果伤害了中农的利益。最后，在土地改革过程中各解放区发生了程度不同的“武装土改”问题，出现了乱杀乱斗现象。1947 年 12 月，中共中央召开了政治局扩大会议。会议根据各解放区在土地改革中出现的“左”的偏向，制定了纠正偏向的具体政策。1948年初，又相继发表了任弼时《关于土地改革中的几个问题》的报告，中共中央《关于在老区、半老区进行土地改革工作和整党的指示》，以及毛泽东《在晋绥干部会议上的讲话》等文件、指示，为土地改革和纠偏工作提供了必要的遵循。

晋察冀解放区根据中共中央一系列指示，采取具体措施，纠正“左”倾错误。冀中区、北岳区、冀东区等地党委都先后召开会议，针对本区在土地改革和整党中存在的问题，深入开展学习中共中央和毛泽东的有关指示，多数干部对平分土地中所犯的错误的性质及其严重后果，逐步有了明确的认识。各地委、县委在区党委的统一部署下，派工作组深入基层和农村调查了解情况，组织和领导纠偏工作。第一，恢复了农村党支部的党内正常生活和工作，被停止工作和开除党籍的党员，凡应恢复党籍的都予以恢复；第二，对侵犯中农利益和错划阶级成分的，凡能退还弥补的一律退还弥补和改正；第三，各级领导干部诚恳地承认了工作中的错误，主动承担责任，有思想包袱的党员干部放下包袱，振奋精神，重新上阵；第四，对凡属不应没收而被没收的工商业，各地先后进行了发还或赔偿，并帮助其迅速恢复营业。

华北财经办事处成立渤海盐业公司（1947年底） 1947年底，华北财经办事处创办了渤海盐业公司。它由渤海、冀中、冀南三个地区工商局或贸易局合组，受华北财经办事处领导，管理渤海区黄河以北地区食盐的生产及运销。渤海盐业公司资金暂定北海币15亿元，三地区各出5亿元。业务发展资金不足时，按比例增加资金，所得盈利亦按资金比例分配。该公司经理人选由华北财经办事处委任。同时规定了公司工作职责：一方面，保障盐民及运输农民应得利益，奖励食盐生产及运输；另一方面，保障冀中、冀南等地人民获得廉价食盐，各地政府认为盐价不妥时，可向公司提出意见，共同协商解决。渤海盐业公司成立后，对食盐行业的有序发展及平稳物价都起到了很好的作用。

华北各解放区军工会议召开（1947年底至1948年初） 由于华北解放区已连成一片，战争规模扩大与军火生产任务增加，统一管理和加快开展兵工建设的工作提上日程。1947年底到1948年初，中央工委在河北省西柏坡主持召开了华北各解放区军工会议，出席会议的有晋察冀、晋冀鲁豫、晋绥、山东等解放区和中央军委有关部门的代表40多人，中央工委领导人刘少奇、朱德、董必武及华北财办的负责人出席会议并讲话。会议主要讨论军工生产建设方针、工厂管理、组织领导等问题，并确定了对兵工建设的总方针，研究制定了工厂领导、工厂管理、职工工会工作、党的工作、工业干部问题、军火生产技术问题的几个原则。

12月21日，刘少奇在华北各解放区军工会议开幕典礼上指出，这次会议是中央领导的，目的是解决统一领导、调剂、节约、技术、管理等问题，提高军工生产质量。现在全党整党，军工生产也要整顿，兵工厂中要进行“三查”，反对贪污浪费，反对官僚主义，反对不负责任的态度，以及要研究和建立比较合理的工资制度等。同时强调，蒋介石在军事上的优势，已经净尽，美蒋已经均无信心，在作最后的打算，第一步退两广，第二步到台湾，再不行只好当流亡政府。这次会议就是要整理兵工交通方面的问题，克服各个环节中阻碍我们与人民结合的缺点，从而充分发挥党和军队与人民结合的力量，达到打倒蒋介石的目的。

12月25日，中央工委致电中央军委参谋部，报告军工会议情况：会议已进行5天，根据刘少奇、朱德的报告讨论了军工的建设方针。工厂以分散在山地为原则，不搞工业中心。产品集中解决弹药和炸药，除生产一些有效用的迫击炮外，武器主要靠缴获。对石家庄、井陉、阳泉的工业，采取恢复方针。对工厂管理，采取经济核算的企业化制度。工资原则上不能过高。对生产规格，大致做到某些必须统一及可能统一的统一起来。

12月31日，刘少奇在中央工委与军工会议代表座谈会上发表讲话，指出生产不仅是军工厂的第一任务，而且是唯一任务。生产任务包括质量好、数量多、成本低，党、政、工会要合作把生产搞好。同时指出，革命很快就可以胜利。革命胜利有三大功臣，前方军队、党的领导和后方工作。军工生产就是后方工作，在中国革命中有很大功劳。会议通过认真讨论，最后对兵工建设的总方针、工厂领导、工厂管理、职工工会工作、党的工作、工业干部问题、军火生产技术问题的几个原则，以及华北解放区军火工业统一领导组织等问题作了结论。华北解放区已连成一片，战争规模扩大与军火生产任务增加，因此，在中央工委领导下，指挥与计划华北军火生产实为必要。会议决定华北财办军供组要担负此任务，进行以下工作：（一）交流各区经验，创办刊物，编译兵工技术及工厂管理书籍；（二）到各区巡视调查并了解情况，各区必须按期报告；（三）调整各区生产与经费使用；（四）调剂干部与器材；（五）储备重要材料；（六）收罗技术人才办训练班，培养工业干部；（七）定期或不定期地召开军工会议。

鉴于各区的财政收入尚未统一，各区军火生产的经费基本上自谋解决。在当时很难做到军事工业的完全统一管理，由各区抽调几个适当干部帮助军供组进行上述工作，为将来完成统一领导与管理作好准备。华北军工会议的召开及会议精神的贯彻执行，对努力发展解放区的军火生产，支援解放战争，取得全国胜利，发挥了重要的作用。

1948 年

1 月

晋察冀军区公布晋察冀 1947 年战绩（1 月 1 日） 经过一年半的自卫战争，晋察冀军区扭转了初期战场上的失利局面，取得了不错的战绩。1948 年 1 月 1 日，晋察冀军区公布晋察冀 1947 年作战经过及战绩：晋察冀解放军在 1947 年 1 月至 12 月作战中，歼灭了平汉线保定以南到元氏段、正太线石家庄至寿阳以东段、津浦路唐官屯以南到沧县段的国民党军队，粉碎了蒋军向平保铁路两侧“蚕食”与控制大清河北地区以巩固所谓华北心脏的平津保三角地区的图谋，使其在河北的势力及保定绥靖公署大为削弱。在一年的作战中，晋察冀军队实现了由战略防御转向战略反攻，不仅使冀中、北岳两区连成一片，更使晋察冀整个南面都与友邻解放区连成一片。

华北财经办事处发出《关于反对贪污浪费的指示》（1 月 4 日） 为了解决解放战争中的财政供应问题，全党意识到必须一面发展生产，一面用大力整顿财政，特别是缩减一切可以缩减的人员，节省一切非必要的开支。中央号召全党继续发扬艰苦奋斗的作风，严禁铺张浪费、贪污腐化。1948 年 1 月 4 日，华北财经办事处根据中央的精神，发出《关于反对贪污浪费的指示》。文件指出，日本投降以来，我财政经济工作迅速发展，工作任务超过抗战时期数倍至数十倍。由于我们未严格掌握制度，缺乏科学管理方法，且财经干部成分复杂，又无严格管理教育，因此，贪污浪费现象日益严重。这种现象如不迅速纠正，则将大大加重我财政困难，使我战争难于长久支持，且将腐蚀干部，腐蚀党员，损害党的政治影响与革命的胜利。各级党委在整编队伍、审查干部思想时，尤其在检讨财经工作时，必须动员干部同各种贪污浪费现象进行斗争，开展批评与自我批评，揭发各部门的贪污浪费现象，引起全党警惕。必须采取惩前毖后、治病救人态度，对诚恳反省、自我坦白、痛改前非的干部宽大处理；对隐瞒和屡教不改的，予以应得处分。教育与纪律不能偏废，教育无效，或其犯罪行为超过一定程度，就必须执行纪律，不应姑息。

《关于反对贪污浪费的指示》强调，只有运用群众力量反对贪污浪费，才能收到切实效果。对各种贪污案件必须按其性质及情节轻重认真处理。各种贪污，性质不同，应当分别处理。机关首长必须以身作则，拒绝一切不应得的享受，否则，便不能与贪污现象进行严肃斗争。对各种资财的损失和浪费现象，也应认真检查，它与贪污虽有区别，但同样也是削弱革命力量、损害人民利益（加重人民负担）的一种罪恶行为。财经供给干部，不负责任的工作态度，往往造成革命资财的重大浪费和损失。因为本位主义或官僚主义领导，而使革命资财受重大损失者，亦应深刻检讨，使其迅速纠正。有些机关部队虚报人数，多支重领，造成巨大浪费，更须坚决反对。反之，一切不避艰险、保护革命资财、任劳任怨、反对贪污浪费的干部，则应受到奖励。

《关于反对贪污浪费的指示》要求各地、各级财经供给负责机关应当做到以下几点：（一）严格掌握制度（研究制度本身是否合理），经常检查，使制度真正贯彻下去。尤须建立审计制度，检查收支状况。（二）审查财经供给干部，清洗不可救药的贪污腐化分子，进行经常的管理教育，为此可以加设政治机关，加强干部管理教育工作。而动员全体同志和广大人民增加生产，节约开支，与贪污浪费现象进行严肃的斗争，是支持长期战争不可少的条件。（三）检查并纠正乡村中的贪污浪费现象。如对村财政的贪污浪费，合作社的贪污，以及对生产贷款和斗争果实的贪污，都应预防与及时纠正。

晋察冀边区各级、各部门高度重视华北财经办事处发出的这一指示，并及时贯彻落实。该指示对晋察冀各解放区克服官僚主义，反对贪污浪费现象，进一步做好财经工作，以更多财力支持军事斗争发挥了重要的积极作用。

华北交通会议召开（1月4日至5日） 随着战争区域和规模的不断扩大，作战物资及军需供应运输量的大幅度增长，交通运输问题日益突出。为适应战争和发展国民经济的需要，解决交通工作中所存在的许多问题，中央工委和华北财经办事处于1948年1月4日召开了华北交通会议，讨论有关公路、铁路和邮政建设，统一管理运河和加强兵站工作等问题。董必武出席会议并发表了重要讲话。董必武在会议的总结报告中，对交通工作的重要性、交通运输建设的方针和任务，以及统一领导等问题，提出了重要意见。董必武强调，我们的交通建设，对战争和国民经济发展都有帮助，不必把两者机械分开。要以实事求是的态度处理公营、私营、合作经营三者的关系，大力发展华北的交通运输。会议经过讨论，决定修筑阳泉至德州和涉县至南馆陶两条铁路和四条公路干线，其中两条公路从西到东，西起陕甘宁，一条经晋绥、晋察冀到山东东端的海口，一条经晋绥、晋冀鲁豫到山东南部的海口；另两条公路从南到北，一条从晋察冀到东北，一条经冀鲁豫到黄河边，供应南征大军；建立卫河和运河管理机构，统一治河工程、船舶管理，协调关系，统一运费及管理水上治安工作；加强邮政建设，逐步实现邮政工作企业化和专业化，统一邮政和邮票；加强运输工作，建立运输公司，实行公营、私营、合作运输同时发展的方针；建立统一的交通运输工作领导机构，加强业务领导等。会议于 1948 年 1 月 5 日结束。1 月 8 日，华北财经办事处向中央补充报告交通会议的情况。

晋察冀边区行政委员会发出《关于人民法庭工作的指示》（1 月 6 日） 为了保障土地改革的顺利进行，保卫农民的利益，晋察冀边区行政委员会于 1948 年 1 月 6 日由主任委员宋劭文签署《关于人民法庭工作的指示》。该指示将人民法庭作为人民镇压反革命及一切危害人民利益分子的工具，把群众大会审判处决罪犯的组织形式提高一步。该指示指出，人民法庭必须走群众路线，进行实地调查研究后再作判决。在县设立人民法庭，分区办事，巡回审判，或到村就审，以便利群众为原则。晋察冀边区行政委员会提议，本着便利群众、适应革命斗争的要求，县设人民法庭，分区办事巡回审判，或到村就审。各县可以由县政府委派审判员五六人或七八人（按区之多少），各区再由农民代表会选派（或由区农会、区农民代表会批准审判员 2 人至 4 人，分区组织县人民法庭审判委员会），并在各区互选主任审判员 1 人，主持审判、开会，并蓄积经验。审判员应选择立场坚定、不怕镇压反革命、办事细心稳当并为群众拥护者充任。县党政负责人必须加强对人民法庭的领导，重要罪犯的判决，须经县长批准，然后执行；判决死刑之罪犯，必须经县长批准，才能执行。但罪犯如对县人民法庭之判决不服，可要求复审，并可向专员公署提出声辩。凡已提出声辩者，必须等候专员公署最后判决，才能依法执行。

人民法庭的工作，大体可分为以下四个步骤：第一步，检查工作。由农民团体推举检查员，其搜集被告犯罪事实及证人、证物，并加以调查，对证整理，起草控诉书，代表受损害人民要求对被告人处刑。第二步，审讯工作。人民法庭在接到控诉书后，应迅速进行预审，一切准备好之后，即决定开庭日期、地点，发出通知。开庭时人民可自由旁听。审判员根据起诉书审讯被告，审查人证、物证，并允许被告或被告的代表辩护提出反证。审判员根据原告、被告提出的控诉与辩护及证据，加以研究，然后确定罪状是否成事实，下次再审，或者宣告无罪。第三步，判决工作。宣判之前，要先与有关群众商量，征求群众意见，群众同意后，再开庭宣判。第四步，执行工作。宣判之后，要按判决执行。罚款由人民法庭执行，交付农民团体处理。判 2 年或 3 年以下徒刑之人犯，一般可以交村罚劳役，但不要给罪犯以肉体上的虐待。判决超过 2 年或 3 年徒刑的人犯，一般可交县监所（或称劳动感化院）执行，强迫劳动。各行署所办之监所，可调一些犯人集中管理使用。监所的管理和工作应加强整顿和改善，并积蓄经验。死刑一律枪决，由人民法庭执行。人民法庭绝对不准刑讯，不许徇私舞弊。委派或选派审判人员之机关及相当的人民代表会，得按各审判人员之工作情形，随时奖惩调换，如有徇私舞弊、枉法失职，情节重大者，应交付人民法庭审判。

晋察冀边区行政委员会《关于人民法庭工作的指示》，使司法工作逐渐正规化，避免了在对敌斗争中多头执法出现的混乱，强化了人民政权的权威，为以后新中国的法制建设进行了有益的探索。

华北财经办事处成立卫河、运河临时管理委员会（1 月 8 日） 卫河、运河流经冀中、冀南、渤海三区，为便利航运，华北财经办事处接受财经会议各区代表所提意见，于 1948 年 1 月 8 日成立卫河、运河临时管理委员会。管理委员会主要职责是：（一）统一计划治河工程，检查各区河务局工作；（二）统一规定船舶管理办法、指挥调动及调剂沿河船舶，保证军运、货运；（三）调整各地贸易关系，排除物资交流中的各种障碍；（四）研究工资运费政策及船工、码头工人管理办法；（五）研究水上治安；（六）办理其他各区交议事项。

冀中行政公署发出《关于目前加强财政工作上几个主要问题的指示》（1 月 11 日） 1948 年 1 月 5 日，晋察冀边区行政委员会主任宋劭文在关于财经工作的讲话时指出：（一）财经工作要统一领导，具体来说就是，财政要统一调度，商业要统一管理，工业要统一管理，对敌斗争要统一管理，银行的会计和金库由银行统一管理；（二）要树立管理国家的思想，树立专业经营的思想；（三）

关于公营工厂的管理问题，按照毛主席的指示，凡事关操纵国民生计的事业，如铁路、矿山等，都要由国家经营；其他事业公私都可办，但公家要在经营上起到领导作用。

根据上述指示，1948 年 1 月 11 日，冀中行政公署发出《关于目前加强财政工作上几个主要问题的指示》，主要内容是：（一）组织力量完成征收和管理，在阴历年前完成征收。（二）集中粮食，筹建大库。集中是为了便于供给，大库要建在交通便利、安全、群众基础好的地区。除了粮食，还要对柴草、棉布、被服进行管理。（三）清理村库，清理开支。清理村库要与建立大库一起进行，包括清理实物和报销。清理开支的重点在“三十六年度的柴粮款收支，要有凭有据，彻底清算”。（四）加强财政管理，合并财粮机构。冀中级、分区级、县级、区级财粮部门都合并为一套组织，以简化手续。这些措施“是保证华北财政统一的初步工作，是适应野战军运动战的重要工作，各级负责干部必须组织力量在平分田地运动中来完成这一任务”①。

晋察冀电讯管理局成立（1 月 14 日） 随着大规模的爱国自卫战争日趋紧张，为了确保晋察冀区通讯机密，顺畅全区平时及战时的通讯联络，1948 年 1 月 14 日，晋察冀边区行政委员会、晋察冀军区司令部决定在边区电讯机要管理委员会领导下，成立电讯管理局，以钟夫翔为局长，臧泉吉为副局长，统一管制全区的电讯工作，并在北岳、冀中分别设立电讯管理分局，于各军分区设电讯支局，以分别管理与领导各该区电讯工作。同时，晋察冀边区军管电讯管理局公布了《电讯工作管制暂行办法》。②

中央工委在西柏坡召开敌军工作会议（1 月 26 日至 28 日） 1948 年 1 月 26 日，中共中央工委在西柏坡召开敌军工作会议，刘少奇出席会议并讲话。刘少奇就问题的提出、现在中国人民的任务、对俘虏的方针、如何处理俘虏、如何瓦解土顽武装、敌军工作及第三种势力问题等，作了详细分析与阐述，指出敌军工作要采取教育与分散释放的政策，其目的是瓦解敌人。该政策的实施有三种办法：第一是放俘虏；第二是打入敌人内部或去谈判争取；第三是开展政治攻势。

---

① 晋察冀边区革命史编纂委员会编：《晋察冀边区革命史编年》，河北人民出版社 2007 年版，第 914 页。

② 参见《晋察冀日报》，1948 年 1 月 18 日。

1月28日，朱德在会上讲话，指出敌军工作就是斗智的工作。各地要搞通思想，至少要表示代表无产阶级工作；要做好俘虏工作，改变他们的思想立场；要争取瓦解敌军，不能用肉体消灭，争取收编敌方部队；对起义、投诚、逃跑、俘虏的敌人要区别对待。同时强调，敌军工作干部要安心工作，组织问题要统一。

周扬发表反对客里空作风的文章（1月28日） 1948年1月28日，中共晋察冀中央局宣传部部长周扬在《晋察冀日报》刊发《反对客里空作风，建立革命的实事求是的新闻作风》。客里空是苏联剧本《前线》中的一个信口开河的记者，他代表了新闻报道工作中的一个最恶劣的倾向，即说假话、吹牛拍马、无是非、无原则的倾向。有客里空的地方，就没有真实，就谈不到批评与自我批评。“我们的报纸一定不能有客里空的作风；一定要建立一种党报、人民的报纸所应有的革命的、实事求是的作风。”要开展反对客里空运动，首先要切实整顿新闻队伍。编辑记者要经常学习讨论党的政策和毛主席的著作，以提高自己的阶级觉悟与政治水平。同时应加强报纸与工农群众和干部的经常的联系。要在党内党外造成舆论，使客里空没有容身之所。此外，必须以雇农中的积极分子及与他们有联系的干部为基础，重新建立通讯网，多多登载工农的稿件。知识分子一方面帮助工农群众，一方面向他们学习。这样，客里空的作风自然而然就会减少。

晋察冀中央局宣传部决定成立边区出版局（1月30日） 1948年1月30日，中共晋察冀中央局宣传部作出《关于成立边区出版局的决定》。文件指出，为加强与统一对边区出版工作的领导，成立晋察冀边区出版局，并改组与扩大晋察冀新华书店，使其作为出版局统一对外发行的机构。各地公营书店及所属印刷厂，由新华书店接收，按照需要和条件，在各地设总分店、分店、支店，统一由总店领导管理。出版局贯彻企业化方针，由周扬兼任出版局局长，下设编辑部与出版发行部，王子野任编辑部长，李长彬任出版发行部长兼新华书店经理，王钊任出版发行副部长兼冀中总分店经理。

彭真在中央工委会议上汇报晋察冀工作（1月31日） 1948年1月18日，中共中央原则通过了由毛泽东起草的《关于目前党的政策中的几个重要问题》（又称《中央一月决定》），为征求意见，24日和27日，毛泽东致电刘少奇，要求中央工委开会讨论《中央一月决定》。31日，刘少奇主持召开中央工委会议。

在讨论《中央一月决定》时，彭真就晋察冀解放区农村土地改革、城市工作和财政、扩兵工作情况向中央工委作了汇报。

汇报中说，自全国土地会议以来，晋察冀党内地主、富农思想遭到很大打击，在行动上包庇地富、打击贫农的现象尚未发现，陷入宗派包庇干部者没有，消灭封建制度的贫雇农领导骨干开始形成，干部大部分是好的，党的组织上、作风上已有重大改变。现在土改过程中，反右做得较好；但反“左”又可能右了，故应强调过去纠正右很对，现在纠正“左”、防止“左”需要一个合理的解释，这不是根本改变方针。

根据晋察冀的具体情况，汇报对《中央一月决定》草案提出以下意见：（一）土地改革中以不动工商业为宜；（二）不应废除工商业来往债务、欠雇工工资和工人放的债；（三）除汉奸、战犯、官僚资本家外，房子一般不没收；（四）城镇除农业人口和确需土地补足生活的非农业人口可分地外，其余一律不分；（五）对参加三青团、国民党的学生和一般公务人员，除现行破坏、抵抗者外，应根据其平时政治态度及思想行动，而采取不同政策。

刘少奇听取了彭真的汇报后指出，晋察冀边区有些“左”，但不太严重、普遍，现已开始纠正。在纠正时不能操之过急，不要一下子又不平分土地了。

晋察冀边区执行中央请示报告制度（1月） 为了集中力量进行全国规模的革命战争，进行政治、经济、文化等领域的建设，以便更好要求全党在思想上、政治上、组织上和行动上团结一致，中共中央于1948年1月7日发出了《关于建立报告制度的指示》，规定了各地党委向中央定期作报告的制度。3月25日，中共中央又发出《关于建立报告制度的补充指示》，要求各中央局、分局、前委“对于下级发出的一切有关政策及策略性质的指示及答复”，“同时发给中央一份”；“下级向你们所作政策及策略性的报告，其内容重要者”，应同时告知中央；“每一个中央委员中央候补委员均有单独向中央或中央主席随时反映情况及陈述意见的义务及权利”。

在抗日战争和解放战争时期，晋察冀认真贯彻并执行党的一元化领导，因而取得了伟大成绩，但是在游击战争、农村分散、工作繁忙的情况下，在某些地方、某种情况也有个人包办情况，削弱和破坏了党的集体领导和分工负责的原则。平西区某县的县长曾擅自规定大行政区之间的货币比值，个人决定在平效万寿山设立区公所等，这都是一种无组织无纪律的行为。

为了解决类似问题，晋察冀各区党委，根据中共中央关于请示报告的有关文件，结合当地情况组织县以上干部学习了列宁《共产主义运动中的“左派”幼稚病》第二章及中共中央宣传部重印的《“左派”幼稚病》第二章前言，并且作出了具体执行《关于建立请示报告制度的决定》。文件指出，严格执行党中央和华北局所规定的报告制度，做到每两个月有一次综合性报告。各级党委、各直属部委、政府党组、群众团体党组，均无例外地根据中央和华北局的指示，把对这一问题的认识、思想状态、执行程度作一认真的、彻底的检查，求得迅速地把请示报告制度认真地、严格地建立起来，并建立报告制度、检查工作制度、办公制度、会议制度、学习制度等。

2 月

晋察冀边区开展文物古迹保护工作（2 月 6 日） 1948 年 2 月 6 日，晋察冀边区行政委员会、中共晋察冀中央局发出《为征集与保管文物古迹通告》。规定各地方当局对土地改革中发现与接受之有历史价值与学术价值的图书、古物、美术品等要统一保管，避免损失。同时规定对各地名胜古迹及建筑应妥为保护，不得破坏。晋察冀边区决定筹备成立文物保管委员会，专管文物古迹保护工作。要求把征集到的贵重文物开列清单，并妥为包装运送边区文物保管委员会筹备处，交由周扬同志（其中特别贵重者派专人负责运送）。贵重文物的种类为：（一）古版书籍、抄本、宗教经典、县志、风土志等；（二）古物、古字画、雕刻及照片；（三）贵重图书资料，包括外文书刊、图表等。上述文物为土地改革胜利果实之一部，任何机关或个人不得任意加以损坏，不得归私人所有。

此后，各地党政部门逐渐重视起文物古迹保护工作。如为使各地文物古迹能更好保管，北岳区党委特根据中央局保管文物古迹指示，决定成立五台山管理委员会。该委员会由五台县委书记、县长及寺院和尚等人员组成，并配备 1 人至 2 人专门工作。县委书记为委员会主任，直接受北岳区行署领导。中央局的指示还指出，易县之西陵、灵寿之麒麟院、曲阳之宝王殿、平西之妙峰山、潭柘寺及其他地区之重要名胜古迹，亦应由各县委负责组织此种管理委员会，管理该地文物古迹。最后责成各县对当地之重要名胜古迹加以调查，并组织管理委员会，分别报告区党委及北岳行署；各地在土地改革中发现之各种书籍、文物，亦望认真保管，并详细登记，分别报告区党委及北岳行署。经过以上工作，许多文物古迹很好地保存下来。

北岳区行署召开生产会议（2 月 9 日至 18 日） 为了完成华北财经办事处布置的 1948 年生产工作的任务，推动北岳区大生产运动，1948 年 2 月 9 日至 18 日，北岳区行署召开生产会议，到会者有各区专员、副专员及各专县实业合作银行等干部 35 人。会议首先由行署主任张苏传达华北财经办事处的指示精神，然后以专区为单位进行分组讨论，从各县具体情况出发，由体会群众需求、发现问题，到想办法、找重点、作计划，步步深入，综合小组意见，再经大会讨论，最后由华北财经办事处副主任李济寰作结论。结论指出，土地改革在很多地区已经基本完成，群众生产情绪将大大提高；整党以后，干部思想一致，力量集中；财政开始做到主动，能有更大力量扶植生产。这些都是对生产非常有利的条件。同时也存在一些困难，如土地与生产工具分散，劳力缺乏，资金不足，以及大规模战争动员、敌人的掠夺破坏等。但总的来说，有利方面是基本的、发展的，困难方面是暂时的、可以克服的。北岳区今年的奋斗目标有三个：一是互助合作，放手发展农民生产与全民生产；二是大力改进生产方法，特别是发展水利和牧畜业，以增加粮食生产；三是根据生产条件与社会需要，努力发展手工业与农村副业，争取群众日用品的基本供给。

刘少奇建议晋察冀、晋冀鲁豫两区合并（2 月 16 日） 由于国民党的封锁分割，晋察冀与晋冀鲁豫两区形成一条分界线，这是不得不打破地理、历史及经济诸条件，而依照敌人的封锁线来划分的。1948 年 2 月 16 日，刘少奇致电彭真、聂荣臻和薄一波并报中央，提议晋察冀与晋冀鲁豫两区完全合并，邯郸局与五台局合并，成立华北中央局，管辖太行、太岳、冀鲁豫、冀南、冀中、北岳 6 个区党委，将来或者再与华东局商量合并渤海区，共辖 7 个区党委。此外两个军区司令部、政治部、财经办事处、银行贸易机关、后勤机关、党校、大学、报纸等，亦均合并办理。两个边区政府暂不宣布合并，但可合并办公，待召集两区统一的人民代表大会时再宣布合并。在石家庄附近设立指挥中心，管辖区域纵横不及千里，人口 4300 余万，再加渤海，则约 5000 万。交通便利，汽车一天即可到达任何一个区党委，毫无不便之处。野战军仍分南北两个兵团，但指挥与建制统一，若干军分区亦实行合并统一，如太岳与五台对太原的两个分区，合并为太原军区，渤海、冀中对天津的两个分区亦可合并为天津军区。

两区合并，不论在军事、政治、经济、文化各方面，均有极大利益。从此也就可以抽出大批高级与中级干部到黄河以南去工作了。这两大解放区完全合并与统一后，即成为关内的基本解放区，发动5000万人民统一的力量，去支援西北、中原与华东，是不可限量的，因而也就可以逐渐和缓与减弱对这些区域交界线上的对抗。

2月20日，毛泽东致电刘少奇，提议由中央工委于3月初召集彭真、聂荣臻、薄一波、陈毅、邓子恢、康生、饶漱石到中央工委所在地开会，讨论刘少奇关于晋察冀与晋冀鲁豫两区合并的提议，以及支援整个南线、北线的财政、经济、军工干部，成立华北机构，成立大党校、大军校、大党报等问题。

经过多方征求意见、讨论各方面的具体问题后，中共中央同意两区合并。

聂荣臻向毛泽东报告晋察冀军区军事建设问题（2月16日） 1948年2月16日，聂荣臻就晋察冀军区军事建设问题，向毛泽东作长篇报告。报告分五个方面：（一）部队组成与部署；（二）新兵动员训练与补充；（三）干部培养；（四）后勤组织；（五）全区财政供给全部统一。报告称："我们必须最大限度地组织我们的力量，反对不愿和怕拿出力量来的保守思想，同时又必须作长久打算，反对孤注一掷的思想。在军事部署上减少次要方向的地方武装，取消肃清了敌人地区的军分区组织，把大量地方兵团编入纵队。"①

冀中军区召开军政工作会议（2月18日） 为了决定建军和作战方针，1948年2月18日，冀中军区召开军政工作会议。参加会议的有各分区、旅及军区司、政、后勤各部门的负责干部。会议总结了军区一年来的政治工作，提出1948年上半年的政治工作任务是贯彻中央和晋察冀中央局整党方针，实行整党整军，结合土地政策进行时事教育，提高部队官兵的阶级觉悟，提高军队在组织上、思想上、作风上的纯洁性，以保证部队的巩固和战斗力的提高。在军事工作方面，会议要求全体干部必须深刻研究和掌握毛泽东《目前形势和我们的任务》报告的精神，把军事斗争的十大原则运用到作战中去。要壮大主力，加强装备，加强军事斗争的指导。各分区要互相支援，加强边缘区斗争，为主力军胜利创造条件。

中央工委转发关于收复石家庄的城市工作经验（2月19日） 中央工委非常重视石家庄城市工作的总结。当石家庄城市接管和管理工作告一段落后，鉴

---

① 周均伦主编：《聂荣臻年谱》，人民出版社1999年版，第482页。

于今后要陆续收复城市，而“如何去收复城市，收复后又如何管理，这在党内一般是还没有解决的问题”。中央工委就石家庄的城市工作进行总结，于 1948 年 2 月 19 日形成了《中央工委关于收复石家庄的城市工作经验》的正式文件，发给有关地区和领导同志，强调该文件为现在及将来进行城市工作的参考，并报中共中央。石家庄城市接管的主要经验有以下几个方面。

第一，因为进入大城市后的干部多来自各地区各部门，其思想与作风均须很好地统一；对于入城之工作人员，必须争取时间集中训练，除了教其了解城市政策、接管经验与工作步骤外，还须教其长期服从军管委员会之统一领导与指挥，遵守“三大纪律八项注意”，严肃群众纪律与接收纪律。

第二，在军管委员会的统一领导下，要不变原有行政系统与组织，按照原机关、部门和生产单位，分组进行工作，如干部缺乏还可派一些特派员或军管代表租用人员实行接管。务须在不怕轰炸与克服混乱的情形下，集中精力，争取时间，迅速进行工作。保证对机器、物资、文件（包括档案）、人员作完整的接管，防止只重视物资、机器，不注意原有能用人员和文献的偏向。所有物资，除立即使用或防止轰炸破坏不得不搬移（如军火弹药等），并经军管委员会批准者外，不准动用或转移，即便批准用者，亦须建立严格交付手续，并要坚持原地保存、就地复工复业的方针。同时又因城市中的机关企业复杂，物资甚多，干部缺少，接管之初，须区别不同对象，从而确定接收重点，以免忙乱不堪，顾此失彼。所以公用事业（电灯、电话、自来水），交通运输（铁路、汽车、电车），军火弹药及重要企业和仓库，宣传事业（报馆、广播电台），军事机关，重要党政机关应为接收之重点。

第三，进城前除教育战士，解放城市就在于取得城市、保存城市、发展建设城市外，并须指示，保护物资与进行战斗是同等重要的革命任务。对城防部队、警卫人员，必须明确指示，其唯一任务就在于看管保护，只有看管之责，绝无搬运使用之权，更不准有破坏、盗窃、赠送等行为。而且，他们除听从直接上级之指挥外，在看守岗位上，应接受各该机关、学校、工厂、仓库等之负责接收人员的指挥。石家庄的看管警卫部队，曾阻碍接收人员的行动，对接收工作影响至大。此外，分派到各个接收之工厂仓库等的警卫部队，如无必要，不可经常调防、轮流看守，应建立单一固定负责制度，这样能加强其责任心，帮助接管，便于减少损失。同时，必须结合发动在较好的下层分子（如工人、学生、工友、店员及下级职员等）中组织临时纠察队伍，以帮助军警看守保护。有生活困难者，可临时解决之。

第四，除由警卫部队武装稳定社会秩序，保护工厂建筑、物质资产外，须配合安民布告，进一步地明确宣布：除破坏革命秩序的反革命分子外，一律不加逮捕。对文教及企业人员，一律录用，但人员不得擅离职守，并须切实保护该单位之正常秩序及财产完整，复工复业。在财经行政及技术管理人员和工人中宣布：除反动分子外，可原职原业，继续工作。

第五，必须把接管工作与复工复业复课结合起来，在主要的接收工作后（不一定一切接收完），就立即筹备复工复业复课，以实现接收之目的，完成接收之任务。如此，接收人员应是准备复工复业的人，这不仅能加强其保存与建设的观念，且能负责地尽量争取与团结旧人员，以迅速恢复各种建设。开始接收石家庄时，有些工厂部门把接收与生产脱节，以致拖延完工恢复生产，而大兴纱厂、炼焦厂等则把二者统一起来，均有这种成功的经验。

第六，在接管之方法上，除自上而下地宣布政策（布告及集会），安定敌伪及原有人员，令其负责看管，听候处理外，还应从下而上地发动群众，特别是发动工人，以保护工厂、物资，协助解放军及民主政府镇压破坏分子，维持秩序，复工复业。同时可以斟酌具体条件，有步骤地建立工人纠察队、工厂委员会、工会、移交委员会、卫校委员会、复业委员会等各会组织。入城之初，第一步发动群众的主要内容与目的，即安定人心，稳定秩序，看守并保护工厂机构、物质、资产，以便利接收，恢复建设，求得各安其业，大家有工做、有事干、有饭吃。只有这样，才是初步发动群众的唯一正确方针，也只有如此，才能使接收工作完整顺利地进行。

2月25日，中共中央向各中央局、分局、前委发出注意总结城市工作经验的指示，强调要以中央工委总结的攻占石家庄和初期管理石家庄的方针和方法为基本方针和方法，从而使接管石家庄的经验在全国产生更加广泛而深远的影响。

晋察冀中央局就整顿队伍和平分土地问题请示中央、中央工委（2月21日） 1948年2月21日，中共晋察冀中央局就整顿队伍和平分土地问题致电请示中央、中央工委：（一）群众情况。平分土地的宣传已深入人心，贫农团已普遍建立，新农会也已成立。（二）土地问题。有些地区已大体解决，有些地区土地改革还不彻底，拟采取“中间不动两头动”的办法。（三）在老区规定一切勤劳起家的新中农可加入贫农团。贫农与中农在农会与村级领导机关中的比例，规定各不少于1/3，必要时贫雇农可在贫农团中另编小组。（四）全体农民渴望迅速分地，以便专心春耕，此种呼声甚高。

2月23日，中共中央致电晋察冀中央局并告中央工委，对中央局关于平分土地的指示表示赞同，同时提出修正意见。中共中央指出，在封建剥削已不存在或只存残余的地方，“不应再来一次平分土地，而应是调剂土地”；在封建剥削仍然存在的地区，“原则应是平分土地”，“但办法仍应是抽补，而不是完全打烂”。“平山用党内外民主结合的办法来整党审干是一个新创造，是最健全的整党方法。”①

刘少奇肯定平山土地改革与整党相结合的经验（2月27日） 在晋察冀解放区的平分土地运动中，平山县创造了整党与发动群众相结合的成功经验，解决了平分土地运动初期发生的各种偏向。其成功经验有：公开党的支部，在广大群众帮助下进行整党，把党的会议与群众会议合而为一；从乡到县建立了人民代表大会的系统，并赋予其一切权力；每个党员的阶级思想作风和行为，在群众的对证下，受到清查。这些党的建设和政权建设的好形式，使非党农民加倍尊重党的领导。由于及时地批评和处分了群众反映问题大的党员干部，奖励和提拔了群众所拥护的党员干部，使得非党群众对党员干部的某些积怨，得到了化解，从而密切了党同群众的联系，纯洁了党的组织。党组织通过强有力的领导，分清了犯错误的党员干部的责任和上级应承担的责任，使得一切问题获得实事求是的解决，避免了群众单纯片面地观察党员干部的缺点，消除了土地改革运动中无政府状态。尝试建立从乡到县的人民代表大会制度，开始树立了权力机关的权威。

1948年1月18日，刘少奇在回复毛泽东电报时，推荐了平山县把土地改革与民主整党运动相结合的成功经验。2月27日，刘少奇在总结土地改革和整党经验时指出，平山县把土地改革与民主整党运动结合起来，公开党的支部，吸收非党群众参加，改变过去农村支部工作的神秘性，打破坏分子隔离党与群众

---

① 晋察冀边区革命史编纂委员会编：《晋察冀边区民主政权建设文献选编》下册，中共党史出版社2013年版，第1319—1321页。

联系的障碍，改善了党与群众的关系，创造了老解放区发动群众平分土地的经验。同日，新华社从晋察冀解放区发出电讯，扼要介绍了平山老解放区在土地改革中创造的这一范例，供各地在土地改革工作中研究参考。

3 月

晋察冀边区发出动员参军、归队的号召（3 月 1 日、5 日） 为了适应革命战争胜利发展的需要，保卫广大人民的土地、财产和民主自由，1948 年 3 月 1 日，晋察冀军区、晋察冀中央局、边区行政委员会发出动员参军的号召，号召广大农民、民兵、农村的党员干部积极参军，边区各农会或贫农团、区村政府和支部进行参军宣传和组织。对于已经报名参军的新战士，要首先解决他们的土地问题，使他们参加部队之后，对家庭不会有什么顾虑，能够在前线英勇杀敌，为人民立功。

为了号召自由离队或逾假不归的干部与战士尽快归队，保证部队满员，壮大主力部队，3 月 5 日，晋察冀军区司令部、晋察冀边区行政委员会联合发出《关于归队问题的布告》，具体办法为：（一）除正式退伍之荣誉军人及复员军人外，所有离队干部与战士，应在扩军开始后一星期内向当地区村政府报名归队，确实不能归队者须经村民大会评议、区政府批准；（二）区村政府武委会应协同人民团体，检查督促离队干部与战士迅速归队；（三）如有个别坏分子阻碍与破坏归队工作，或个别携带武器离队者，区村政府、武委会及人民团体，应立即检举，分别交人民法庭或送还原部队处理。

边区各区党委纷纷响应号召，开展动员参军、归队工作。3 月 30 日，冀中区党委发出动员参军与归队工作的指示，规定各地区必须在清明节前后布置到村，于 4 月 20 日完成。各村要广泛深入地进行宣传教育工作，采取自报公议、民主讨论的方法，教育动员党员、干部、群众和旧战士参军归队。对于逃亡的战士与应归队不归者，群众可否决其参加贫农团和新农会，是党员的开除党籍。

晋察冀中央局发出执行中央《关于在老区、半老区进行土地改革与整党工作的指示》（3 月 4 日） 为了规范各解放区土地改革和整党工作，1948 年 2 月 22 日，中共中央发布《关于在老区、半老区进行土地改革与整党工作的指示》。文件把老区与半老区分为三类地区：第一类地区是土地改革较为彻底的地区，第二类地区是土地改革尚不彻底的地区，第三类地区是土地改革很不彻底的地区。要求对这三类地区采取不同的工作方针进行整党工作。平分土地时要注重土地质量、产量及远近的差别；调剂土地时应首先补足缺地较多的贫雇农；要用 2 年到 3 年时间有计划地完成全区土地改革与整党工作；土地改革与整党均应采取有重点的波浪式逐步推广的方法；平山县的典型经验（经过党的支部，邀集党外群众参加党的会议，共同审查党员与干部），应为各地所取法。

3 月 4 日，中共晋察冀中央局发出为执行中央《关于在老区、半老区进行土地改革与整党工作的指示》给各级党委的指示信，要求各级党委细心研究中央指示精神，并“依照此指示，细腻地进行土地改革与整党工作；对过去工作初步加以检讨”。在具体确定各地工作方针时，必须根据各地具体情况来决定平分或调剂土地，一方面要尽可能满足贫雇农要求，尤其要首先满足缺地较多的贫雇农的要求；另一方面又要照顾中农利益。“土地分配应求得大体平均，但也要反对绝对平均主义的错误思想。”土地改革过程中还要注意健全贫农团和各级农民代表会组织。各地要借鉴平山的经验，“采用党员与党外群众结合开会的整党方法”，对党员干部加以教育，对支部加以改造，使其能很好地起到先锋队作用。①

冀中召开首次工业会议（3 月 6 日至 20 日） 为了检讨工运中的问题，确定今后工运的方向，1948 年 3 月 6 日，冀中财经办事处与冀中总工会召开冀中首次工业会议，与会者有公营、合作经营的工人代表，化学、机械技师，国营和机关工厂的经理、厂长，县市及冀中行业工会主任，私营企业资本家，共计 164 人。晋察冀边区财经办事处副主任姚依林、冀中行署主任罗玉川到会指导。会议历时半个月，对工业问题中工厂管理机关化、盲目性及铺张浪费现象进行了检讨，初步树立了企业管理思想，并确定了今后冀中工业发展的方针与任务。

晋察冀中央局发出边沿区和游击区工作的指示（3 月 14 日） 为了克服在边沿区、游击区主观领导上的缺点和偏向，击退国民党的不断“蚕食”，巩固解放区，1948 年 3 月 14 日，中共晋察冀中央局向各区党委发出《关于边沿区和游击区工作的指示》，并报中央工委。要求采取团结和依靠 90%以上的多数，以孤立敌人的方针，在政治上、军事上和经济上对敌积极进攻，以造成主力作战的有利条件，最后配合消灭敌人。因此在边沿区和游击区不应分配土地，整党工

① 参见《晋察冀日报》，1948 年 3 月 6 日。

作中也不要过分强调成分，以团结多数。对游击队和民兵要加强政治和军事领导，坚决打击还乡团、复仇队的首要分子，争取次要。为减少损失，在边沿区和游击区应该采用武装斗争与两面政策相结合的办法。同时注重以政治攻势从内部瓦解敌人的工作。3 月 16 日，中央工委将该指示转发给其他各中央局、分局，以作参考，据此对本处边沿区、游击区的工作加以检查。

晋察冀野战军出击察南、绥东以配合东北战场作战（3 月 21 日至 4 月 9 日） 针对傅作义“以主力对主力”的战法，1948 年 3 月 5 日，刘少奇、朱德请示中央军委，建议将绥远地区划归晋察冀野战军机动范围，以便在适当时机打击傅作义后方，破坏平绥路西段，调动分散敌人，以求得战机歼灭敌人。经中央军委同意后，晋察冀野战军首长决定集中主力西进，杨得志、罗瑞卿、杨成武指挥第二、三、四纵队组成右翼，唐延杰、王平指挥第一、六纵队组成左翼兵团，避开敌之主力，发起察南绥东战役。除以第七纵队位于保定地区机动迷惑敌人外，以左翼兵团分别由易县、曲阳奔袭绥东的天镇、阳高，并破击该段铁路，歼灭由定县、唐县地区出击察哈尔省南部之敌，攻歼广灵、蔚县等据点之敌，开辟新的战场，调动北平敌人西援，求歼援敌。

战役于 3 月 20 日发起，至 25 日，左翼兵团攻占广灵、蔚县、吉家庄、阳高等城镇。傅作义在察南遭受严重打击后，被迫将北平地区的暂编第四军、第三军、第三十五军等主力西调增援。为了分散敌人，创造战机，晋察冀野战军随即以左翼兵团西出绥远，破击丰镇、集宁段铁路，吸引张家口地区敌人西援；以右翼兵团主力在阳原、蔚县、吉家庄地区待机歼敌。25 日晚，左翼兵团自天镇地区西进，至 4 月 6 日，先后攻占丰镇、天成、新堂、凉城、和林等地，歼敌补训第四师大部，直逼归绥城。4 月 7 日，右翼兵团北上，计划攻歼丰镇、怀安地区之敌暂编第四军主力。歼灭天镇车站、谷后堡及怀安、滹沱店等地敌军一部。

此役共歼敌补训第五、第六师全部，补训第四师大部，暂编第十一师一个团，骑十一旅一部等，共 1.8 万余人，截断了平绥铁路，并迫使敌人往返驰援，疲于奔命，无法及时抽调兵力增援东北方面。

4 月

北平发生“四月风暴”（4 月初） 蒋介石的内战、独裁、卖国政策，激起工人、农民、学生和知识分子的反对，国统区人民反蒋斗争高潮迭起。为了维护摇摇欲坠的统治，国民党更加疯狂地镇压后方人民的爱国民主运动。1947 年 7 月，国民党当局颁布了《戡乱动员令》，一方面尽可能征发人力、物力、财力，继续进行内战；另一方面大肆逮捕、监禁、屠杀工人、学生和其他爱国志士。

1948 年 4 月初，由于国民党北平当局公然宣布取缔华北学生联合会，北大、清华等 10 所大学学生举行抗议总罢课，各校还分别成立“保卫华北学联”机构，进行“反对迫害，保卫学联”的斗争，与北平各大学的教职员工、北平研究院的研究人员、北大医学院附属医院的医护人员一致要求调整待遇而举行的罢教、罢研、罢诊、罢工、罢职相结合，汇聚成“六罢合一”的“四月风暴”。由此可见，蒋介石已是众叛亲离，四面楚歌，政治上完全陷于孤立。

晋察冀边区行政委员会指示在土改中要保护工商业（4 月 3 日） 为了发展民族工业，促进商业贸易，增加边区政府的财政收入，1948 年 4 月 3 日，晋察冀边区行政委员会发出《关于土改中保护工商业问题的指示》，规定：（一）凡遵守政府法令进行营业的工厂、作坊、商店，政府依法保护其财产所有权、经营自由权及正当的营业利润，任何个人或团体均不得加以干涉或侵犯。（二）地主或旧式富农兼营工商业的人，他们与工商业相连的一切土地财产，同样应受保护，不得没收及分配。其不与工商业相连的一切土地财产，属于地主的，则应全部由农会没收及分配；属于旧式富农的，则征收其多余部分。（三）地主、旧式富农若已经将他的财产转移到工商业经营里面，这种财产不再没收分配；若是为了隐藏资财，冒充工商业实际并没有经营，这种财产，可由农民告发，经县人民法庭调查，确系属于应没收或征收的浮财性质者，得判决没收或征收，交由乡村农会分配。（四）官僚资本、战犯及罪大恶极的恶霸的工商业财产，经县以上法庭判决应该没收的，这种财产由政府处理，不由农会处理。若是这种工商业规模很小，并且是在乡村经营者，应由区政府处理；其工商业规模较大者，应依情况分别由县、市、行署或晋察冀边区行政委员会处理。这些工商业凡属有益于国民经济者，无论是决定交由政府接管或由人民接管，均须保持其继续营业，不得分散或破坏。（五）地主、旧式富农带技术性质的生产工具（如纺车、织布机、缝纫机、轧花机、弹花机等）不应该没收或征收。但当其家庭劳动力不足，又不能雇人经营，并为农民所需者，其多余的部分得由乡村农会接收分配。（六）在过去复查中，已归农会接收的地主、旧式富农的工厂、作坊、商店，其没有分配的，应说服农民交还原主经营；已经分配了的，均须保持其继续营业，不得分散或破坏。如果所没收的工厂、作坊、商店属于新式富农、富裕中农或其他工商业者所有的，则不论已经分配或没有分配，都应该说服农民归还原主，或尽可能设法补偿。（七）凡属工商业户之间的债务债权，一概不废除。农民与工商业户之间的赊卖及农民相互之间的友谊借贷，均一律有效。地主、富农及高利贷者在工商业中的债权，凡是不属于高利贷性质的债权，不应该废除。（八）对工商业征税，应该以不妨碍并且保护工商业，特别是工业的发展为原则。（九）工商业资本家应在新民主政府和国家经济的领导下，从事有益于国民经济的正当活动并应保证工人生活的适当改善，但这种改善不应超出经济所许可的范围。工人应积极生产，使资本家获得适当的利润，在“发展生产，繁荣经济，公私兼顾，劳资两利”的总原则下，工人与资本家团结起来，共同为战争的胜利和国家的建设而奋斗。（十）应该鼓励工厂、作坊、商店及手工业者多带学徒，学徒的生活待遇，除在经济情况所许可及必要的范围内，作适当的改善和废除封建或半封建性质之待遇外，一般仍应遵照过去习惯。①

毛泽东率中共中央机关到达城南庄（4 月 13 日） 在全国和西北战场的战局已经大大改善之后，为适应解放战争胜利发展的需要，毛泽东、周恩来、任弼时决定率中共中央机关和人民解放军总部离开陕北转移到华北。1948 年 4 月 12 日进入河北阜平县境内，夜住西下关村。当晚，毛泽东委托任弼时了解当地的土地改革情况。第二天在西下关村召开阜平地区村干部参加的土地改革工作座谈会，了解土地改革、群众生活、干部觉悟、文化教育和政策落实等情况。周恩来参加了座谈会。参加座谈会的本地干部区委书记陆诠汇报了全区的土地改革工作，区长陈大德汇报了财政经济、文化教育和人民生活情况。当周恩来听到米家营村有名的边区劳动模范，由勤劳致富上升为新中农，在土地改革中不仅被搬了“石头”，而且还挨了批斗时指出，英雄模范不能搬，有缺点错误可以引导。周恩来提出的意见，为中共中央和毛泽东主席及时纠正土地改革中的“左”的偏向，提供了重要的参考。

4 月 13 日，毛泽东率中共中央机关到达城南庄。在城南庄，毛泽东再次委托任弼时于 4 月下旬召集阜平、曲阳、定县三县县委书记和部分区委书记参加

① 参见《晋察冀日报》，1948 年 4 月 5 日。

土地改革、整党工作座谈会。会议期间各县汇报了本地区的土地改革和整党情况及阶级状况、各阶层对土地改革的态度、党员干部的具体表现、群众的意见要求等。接着，与会人员讨论毛泽东在陕北米脂起草的《1948年的土地改革和整党工作的党内指示（草案）》，并联系实际，提出修改意见。毛泽东亲自征求大家意见，问这个文件是否符合实际，并鼓励大家一定要注意党的政策，注意团结90%的人口，做好工作，支援前线。在城南庄，中共中央书记处于4月30日至5月7日召开扩大会议（简称城南庄会议），研究夺取全国胜利的各项战略部署和方针政策。会议期间，讨论通过了毛泽东亲自起草的《纪念“五一”劳动节口号》。

由于敌机突然空袭，5月18日晚上，在聂荣臻的安排下，毛泽东及其随从人员从城南庄秘密迁往花山村。在这里，毛泽东一方面继续指导全国的土地改革和整党工作，一方面高度关注中原战局。5月22日，毛泽东为中央军委起草了复刘伯承、邓小平，并告陈毅、粟裕电：“夏季作战的重心是各方协助粟兵团歼灭五军。只要五军歼灭，便取得了集中最大力量歼灭十八军的条件，只要该两军被歼灭，中原战局即可顺利发展。望本此方针，部署一切。”5月27日，毛泽东离开花山村乘车到达西柏坡，与朱德、刘少奇、周恩来、任弼时会合。

***城南庄会议（4月30日至5月7日）** 1948年4月30日至5月7日，中共中央书记处扩大会议在城南庄召开（简称城南庄会议）。毛泽东、朱德、刘少奇、周恩来、任弼时都出席了会议。这是自撤离延安后五位书记第一次在一起参加的正式中央会议。会议讨论通过了毛泽东亲自起草的《纪念“五一”劳动节口号》。文章号召巩固和扩大反对帝国主义、反对官僚资本主义的统一战线；为打倒蒋介石，建立新中国而奋斗；团结各民主党派、各人民团体、各社会贤达迅速召开新的没有反动分子参加的政治协商会议；讨论并实现召集人民代表大会，成立民主联合政府。文章还响亮地提出“打到南京去，活捉伪总统蒋介石”的口号。4月30日，“五一”口号由陕北新华广播电台向全国播放，5月1日，发表在《晋察冀日报》上。

5月初，中共中央书记处扩大会议讨论三项议题：（一）把战争引向国民党地区；（二）发展生产，减轻人民负担；（三）反对无政府无纪律状态，适当缩小地方权力。毛泽东在会上发言：将战争引向国民党地区无疑会有很大困难，打出去的主力会减弱，打不了很多胜仗，但无此一条不能战胜国民党。打出去以后，敌我都到蒋管区去吃，不能依赖后方，后方要尽量供给前方。同时，为了保证在新解放区打开军事局面，应该充分利用抗战时期的经验，以团结一切社会力量反对美蒋反动派为总方针。会议讨论了发展生产、减轻人民负担问题。毛泽东认为，土地改革、整党、开人民代表会议，目的是发展生产，使人民负担适当减轻，要使后方的农业和工业长上一寸，才能适应战争需要。会议反复强调了反对无政府、无纪律状态，适当缩小地方权力的问题。毛泽东指出，全党必须讲纪律，讲政策，服从统一领导，进行正规建设。毛泽东在城南庄会议上的战略性意见，后来被归纳为"军队向前进，生产长一寸，加强纪律性，革命无不胜"，这成为相当长的一个时期内党的行动方针。

这次会议，还研究了粟裕提出的调整南线战略进攻部署的建议。粟裕周密地考虑了中原战场形势的变化，权衡了渡江南进的利弊，认为三个纵队渡江以后不一定能吸引国民党的主力回防，反而分散了自己的兵力，加上其他不利条件，不如继续留在中原作战为好。5 月 5 日，毛泽东和中央书记处经过仔细讨论，同意粟裕的意见，改变了原来准备派华东野战军三个主力纵队渡江直插闽浙赣的打算，决定先集中兵力尽可能多地歼敌主力在长江以北，然后再渡长江。这是一个重大的战略决策，构成了以后淮海战役设想的最初蓝图。同日，中共中央把这一决定电告晋冀鲁豫野战军负责人刘伯承、邓小平和华东局。

城南庄会议是中共中央部署夺取全国胜利的一次重要会议。会议确定的战略方针，打破了国民党军队进犯解放区的阴谋计划，为解放区的生产建设指明了方向，同时，有力地加强了党的思想建设和组织建设。

冀钞与边钞准许互相流通（4 月 15 日）　1948 年 3 月 9 日，中央工委致电中共中央，就华北金融贸易问题提议，以冀南银行为基础，合并晋察冀银行，成立华北银行并发行新钞，统一两区货币，然后再以华北银行新钞统一西北、渤海与山东货币。中共中央于 3 月 10 日复电同意中央工委意见。

石家庄解放后，晋察冀与晋冀鲁豫边区连成一片，但两区间的贸易还是两个建制，阻碍经济交流和发展。为解决这个问题，4 月 4 日，晋察冀边区财经办事处发出《关于冀钞边钞互相流通问题的指示》。经华北金融贸易会议讨论后，决定冀钞与边钞在两区准许互相流通，所有税收及公私款项一律通用，并固定比价为 1∶10（冀钞 1 元合边钞 10 元）。指示要求各地采取措施，向群众宣传解释。

4 月 10 日，晋察冀边区银行总行与冀南银行总行联合发布通知：晋察冀边区银行、冀南银行两个总行已迁石家庄联合办公。为贯彻两区贸易自由，便利民商物资交流及货币固定比价（冀钞 1 元合边币 10 元）流通的决定，各行应协同当地贸易工商部门妥善布置，防止投机，并向商民群众及其他部门人员进行解释宣传，以免固定比价后发生物价波动及其他不良现象。

4 月 15 日，晋冀鲁豫边区政府、晋察冀边区行政委员会发布联合布告：（一）从本年 4 月 15 日开始，冀南银行发行的冀钞与晋察冀边区银行发行的边钞，在晋冀鲁豫边区与晋察冀边区的各个地方，都准许互相流通，所有税收及公私款项，冀钞边钞都一律通用；（二）冀南银行钞票与晋察冀边区银行钞票的比价，因定为 1∶10，以后不再变动；（三）今后的两区货币，就按上述比价流通，不论公私民商，如果有买卖货币、捣乱金融、垄断物资的行为，一经查获，给予严重处分。

晋察冀与冀察热辽部队发起热南战役（4 月中旬至 6 月 25 日） 进入 1948 年以后，全国的战局发生了根本的变化。中共中央决定首先歼灭东北境内的敌人，解放东北全境，并由华北野战军进行战略配合，全力钳制关内的国民党军，使之不能出关。为此，华北野战军第二兵团（司令员为杨得志、政委为罗瑞卿、参谋长为耿飙）与冀察热辽部队一起发起热南战役。

1948 年 4 月中旬，华北野战军第二兵团突破国民党军在平绥路上的封锁线，楔入热南兴隆县和滦平县一带的山区，与冀东军区独立第四师、独立第五师会合。5 月 29 日，三纵队从兴隆县北双洞、六道河一带出发，直扑古北口、石匣、密云展开钳制性攻击。四纵队和四旅从兴隆县半壁山、遵化县马兰峪一线出发，迅速东进直指唐山。6 月 14 日，攻克滦县重镇，歼灭国民党军 7000 余人，逼近唐山郊区。这时，国民党军匆忙从平古路密云、古北口一线调集 8 个师的兵力向东增援，企图以东西夹击之势，打通华北与东北的交通。平古路的敌军东调，造成西线空虚。华北野战军三纵队和冀东军区独立第四师、独立第五师乘机向平古路各线之敌发起进攻，于 6 月 19 日攻克石匣、小营，并包围了古北口，歼敌 1800 余人，从而截断了由怀柔到滦平近 200 里的平古路，使北平至承德间的交通完全陷于瘫痪。

解放军西线的攻势，使国民党军急调 5 个师回师西援，又造成了滦东的空虚。华北野战军四纵十一旅乘势将北宁线上的昌黎包围，于 6 月 25 日下午 2 时攻占昌黎城，全歼守敌3000多人。

中共中央机关进驻西柏坡（4月23日） 在全国和西北战场的战局已经大大改善之后，为适应解放战争胜利发展的需要，毛泽东、周恩来、任弼时决定率中共中央机关和人民解放军总部离开陕北转移到华北。1948年3月21日，毛泽东、周恩来、任弼时等率领中共中央机关从杨家沟出发，到绥德县吉镇，22日到刘家坪。23日，从吴堡县川口村以南的园则塔渡口东渡黄河，进入晋绥解放区的山西临县。26日，毛泽东等到达中共晋绥分局和晋绥军区司令部的所在地——山西兴县蔡家崖村。4月13日，毛泽东到达晋察冀军区所在地阜平县城南庄。23日，周恩来、任弼石率领中共中央机关到达西柏坡，同原在这里的以刘少奇为首的中共中央工作委员会会合。5月27日，毛泽东到达位于太行山东麓、滹沱河北岸的西柏坡。

中共中央机关和人民解放军总部进驻西柏坡后，5月9日，中共中央和中央军委发出通知："中央已与中央工委会合，中央工委即行撤销。"随即以叶剑英为首的中央后方委员会也撤销。从此，西柏坡成为中共中央、中央军委、人民解放军总部所在地。周恩来在1973年2月的一个批示中曾写道："西柏坡是毛主席和党中央进入北平、解放全中国的最后一个农村指挥所。"在这里，毛泽东、周恩来、刘少奇、朱德、任弼时等中共中央领导同志，指挥了人民解放军的战略进攻和战略决战，夺取了解放战争的决定性胜利。

5月

晋察冀边区行政委员会推行新税则取代统一累进税（5月1日） 1948年5月1日，晋察冀边区行政委员会布告：在土地改革业已完成的村庄，封建制度已经消灭，边区过去所实行的统一累进税税则，已不适用，并已宣告作废。边区准备制定适合当前情况的新税则，其主要原则为：（一）凡土地已经实行平分，各阶层人民所有土地，已经大体达到平均的村庄，一律废除累进税制，改用无累进之比例税收制，使人民多生产者，能多得利。（二）农业税分数与征收数量，一律按各块土地常年平均产量计算，不按当年实际产量计算。凡因勤苦劳动或经营，多上粪、多浇水、深耕细作、改良作物等所增加之收入，即超过土地常年平均产量之收入，一律不增加负担，以奖励劳动，增加生产。在荒年及其他不可抗的打击而欠收的情况下，得由政府酌量减收或免收。（三）平衡各地负担。过去各地区负担不平衡，有些地方负担轻，有些地方负担重，今年要加以调剂，尽量做到平衡。（四）自下年度起，村款由晋察冀边区行政委员会统一征收开支。（五）今年除晋察冀边区行政委员会规定之正式税收外，各级政府与其他任何机关，不得再有额外征收。

晋察冀中央局发出《关于土地改革后农村发展生产的指示》（5 月 6 日） 土地改革的目的，是从封建与半封建束缚下，解放生产力，使各阶层人民在新的条件下，积极生产，发财致富，发展国民经济。为此，1948 年 5 月 6 日，中共晋察冀中央局发出《关于土地改革后农村发展生产的指示》。文件指出，土地改革后，要注意解决以下问题：（一）按政策改正划错成分；（二）区县发土地证；（三）特殊情况可出租土地；（四）雇佣劳动是合法的，但要反对封建剥削；（五）实行无累进率的比例税收，自愿组织互助合作。同时指出，农业生产力飞跃式提高的决定因素，第一是实行土地改革，消灭封建剥削；第二是由群众自由地组织合作互助。各级党委要动员包括妇女在内的广大群众进行生产，把领导生产放在日常工作的第一位。

中共中央和中央军委决定晋察冀和晋冀鲁豫合并为华北解放区（5 月 9 日） 1948 年 3 月 9 日，中央工委刘少奇、朱德等就《关于合并晋察冀与晋冀鲁豫两区军、政机构和统一货币问题》致电中共中央，提出："合并两个中央局，和各同志商量结果，认为合并党务财经机构，而不合并军政两项，势不可能。""我们意见，两个司令部亦一道合并，暂时由朱总司令主持。两个区政府合并办公，但仍保持独立领导，指定党团负责人，由董老主持。"①

中共中央及中央军委采纳了中央工委刘少奇的这一建议，于 1948 年 5 月 9 日作出《关于改变华北和中原解放区的组织及其辖境和有关人选的决定》。文件指出："为了更加有利于革命战争向南发展和华北解放区集中力量进行生产节约支前起见，中央及军委在与中央工委会合后，特决定改变华北和中原解放区的组织及其管辖境地，并决定人选。"通知中涉及两区合并的如下：（一）晋冀鲁豫及晋察冀两解放区合并为华北解放区。（二）晋冀鲁豫及晋察冀两中央局合并为华北中央局，以刘少奇兼华北中央局第一书记，薄一波为第二书记，聂荣臻

① 晋察冀边区革命史编纂委员会编：《晋察冀边区民主政权建设文献选编》下册，中共党史出版社 2013 年版，第 1321—1322 页。

为第三书记，以刘少奇、薄一波、聂荣臻及董必武、彭真、叶剑英、徐向前、滕代远、罗瑞卿、刘澜涛、赵振声、王从吾、萧克、黄敬、杨立三、赵尔陆、杨秀林①17名同志为委员，刘少奇、薄一波、聂荣臻及董必武、彭真、滕代远、刘澜涛、黄敬8名同志为常委。（三）晋冀鲁豫及晋察冀两军区合并为华北军区，以聂荣臻为司令员，薄一波为政委，徐向前为第一副司令员，滕代远为第二副司令员，萧克为第三副司令员，赵尔陆为参谋长，罗瑞卿为政治部主任，蔡树藩为副主任；以徐向前兼华北野战军第一兵团司令员及政委，调王建安为副司令员兼副政委；以杨得志为华北野战军第二兵团司令员，罗瑞卿兼第一政委，杨成武为第二政委。（四）晋冀鲁豫及晋察冀两边区政府在华北人民代表会议未召开前，暂成立华北联合行政委员会，以董必武为主席，黄敬、杨秀林为副主席，宋劭文为秘书长。（五）华北局成立后，中央委托华北局办理大党校、大军校、大党报及华北大学（统一北方、联合两大学），并以刘澜涛为党校校长；叶剑英兼军校校长及政委，萧克兼副校长，朱良才为副政委兼政治部主任；磐石为华北日报社社长；范文澜为华北大学校长。

中央已与中央工委会合，中央工委即行撤销。②

***两区合并后军事方面的主要任务（5月）**　第一，继续消灭国民党反动派残留在华北的军事力量，拔掉他们在华北解放区内部仅存的孤立据点，配合各兄弟解放区，彻底消灭国民党北线蒋阎匪军，以解放华北的一切大小城市和乡村，并进一步配合中国人民解放军的胜利进攻，完成解放全中国的伟大任务。为达此目的，就必须提高华北野战军的战斗力，特别是攻坚作战的能力，继续加强部队攻坚的战术教育，巩固部队内部的团结，进一步密切军民的联系，严格执行“三大纪律八项注意”，加强对新解放区及新解放城市政策的教育，适当地在部队内部发扬民主，继续进行巩固纪律的教育，以及加强爱护解放区，节约民力的教育。

第二，继续建设和健全人民武装组织，并在军区和人民政府统一命令下，配合军警担任巩固区域内部的警戒治安等工作。继续加强边沿区、接敌区的游击战争，自觉地、有计划地配合主力，主动地打击敌人，保田保家保粮保丁，

---

① 即杨秀峰。

② 参见晋察冀边区革命史编纂委员会编《晋察冀边区民主政权建设文献选编》下册，中共党史出版社2013年版，第1330—1331页。

继续发挥地方兵团、游击队、武工队高度对敌斗争的精神，配合主力军作战。

第三，继续动员华北的人力、物力、财力，有计划地、有效率地支援前线。为达此目的，就必须加强军火生产，尽可能不断地供给前方；继续加强各种军需工业的建设，以保证部队的供给；恢复和兴建铁路、公路、河路，改进各种运输工具，健全兵站运输；继续加强野战和后方医院的工作，提高医务人员技术，重视对伤员的医疗护理工作；切实帮助革命军人和烈士家属，解决他们的实际困难，保障其生活；对荣誉军人，继续给予适当安置，并经常给予照顾、帮助。

* **晋察冀等老区经济建设上的主要任务**（5 月）　第一，努力恢复和发展农业生产。解放区土地改革基本完成后，要普发土地证，确定地权；适应土地改革以后的农村经济情况，废除农业统一累计进税，实行按土地常年应产量计算的比例负担制，以便在土地改革的基础上，充分利用劳动农民的热情，以恢复和发展农业生产；改定成分，适当补偿被侵犯的中农，安置没有分给任何土地、浮财的地主、富农，以便安定农村社会秩序，使一切农业人口各得其所，安心生产，各阶层人民的土地财产，法律应给予切实保障，不受侵犯。

第二，在发展生产、繁荣经济、公私兼顾、劳贷两利的总方针下，努力发展工商业。为了实现城市领导乡村的方针，为了继续巩固无产阶级对农民的领导，如果有计划地将工业品和农业品进行交换，就必须发展工商业。人民政府应重申坚决保护工商业不受侵犯的政策。华北区的企业，已经居于并将继续处于国民经济的领导地位，应当迅速改善它的经营管理方法，加强它的生产能力，更大地满足人民解放战争和人民生活的需要。

第三，改革税制，整顿税收，力求不再加重人民负担，在土地改革已经完成的区域，一律废除农业统一累进税制，实行按土地常年应产量计算的比例负担制；花出一定时间，丈量土地，订正产量，确定分数，以达到农村负担的公平合理。工商业税以不妨碍一切有益于国民生计的工商业发展为原则。农业负担最高不超过全区人口平均的农业总收入的 20%，工商业负担除战时特殊利得税外，最高不超过以货币计算的纯收入的 25%，以发展经济保障供给。村款一律在地方税款内，统筹分配，由县政府管理，严禁任何人以任何名目摊派募捐、强迫慰劳等。

* **两区合并后政治上需要开展的工作**（5 月）　第一，整顿区村级组织，并

建立各级人民代表会议。整顿区村级组织，是民主建政的基础。在华北人民政府内设人民监督机关。建立每年旧历正月初旬村政大检查的制度。第二，在民主基础上所建立的华北人民政府，是华北解放区行政上的统一领导机构，应提高行政效率，加强行政能力，严格执行行政纪律。肃清某些机构中所存在的若干无纪律、无政府的思想，反对地方主义和山头主义。第三，厉行简政便民政策，全力组织群众进行生产。支前战勤必不可免，但应尽量节省民力，要求前方做到战时三兵一夫、平时五兵一夫的比例；后方做到停止一切与战争无关的支差。第四，保障人民的合法的民主自由权利。保障人民的言论、出版、集合、结社、信仰、迁徙、旅行的自由，不得侵犯；保障人民的身体的自由和安全，除司法机关和公安机关可依法执行其职务外，任何机关、部队、团体、个人，不得对人民加以逮捕、监禁、审问或处罚；判处死刑的执行，除边沿区、游击区应由行政公署核准外，巩固地区一律须经华北人民政府核准；保障人民的政治权利，凡年满 18 岁的华北解放区人民，除精神病患者和依法判决剥夺公民权者外，一律享有选举权和被选举权。第五，依据男女平等原则，从政治、经济、文化上提高妇女在社会、政治上的地位，发挥妇女在经济建设上的积极性。禁止买卖婚姻，男女婚姻自由，任何人不得干涉。第六，依据民族平等原则，保障居住在华北解放区内的少数民族在政治、经济、文化上和汉族享有平等权利，尊重少数民族的宗教信仰和风俗习惯。

冀中军区在部队中组织开展民主运动（5 月 12 日） 1948 年 1 月 30 日，中共中央军委发出《关于军队内部民主运动的指示》，要求在军队内部实行政治民主、经济民主和军事民主。文件指出：“部队内部政治工作方针，是放手发动士兵群众、指挥员和一切工作人员，通过集中领导下的民主运动，达到政治上高度团结、生活上获得改善、军事上提高技术和战术的三大目的。”①

根据中央军委指示精神，5 月 12 日，冀中军区政治部发布《关于开展部队民主运动的指示》，指出，冀中部队经过土地政策教育、诉苦运动、整党、“三查三整”等工作，阶级觉悟提高了，在干部的工作作风与领导作风上、部队的组织纪律上、党与群众的关系上均有所改善。但在部队中，军阀残余与官僚主义作风，以及某些干部的单纯军事观点至今仍然存在，官兵之间、上下级之间，

① 中共中央文献研究室编：《毛泽东年谱》下卷，人民出版社、中央文献出版社 1993 年版，第 272 页。

以及积极分子与落后分子之间存在着某种程度的隔阂。因此必须开展部队的民主运动，达到改进领导、提高纪律、加强团结、进一步巩固部队战斗力的目的，以完成打倒蒋介石、建设新中国的总任务。

华北野战军挺进热西、冀东（5月13日至6月25日） 察南绥东战役后，华北野战军第二兵团稍事休整，即遵照中央军委关于出击冀东的指示，以第三纵队、第四纵队和第二纵队的第四旅，共7个旅的兵力，由杨得志、罗瑞卿率领，首先向热河以西地区推进，然后转向冀东，以宽大机动办法调动并寻歼敌人；另以第六纵队、第二纵队主力，以及北岳军区第一纵队、冀中军区第七纵队，由杨成武率领，留置平汉路以西，录机歼敌，策应兵团主力在热西、冀东方向的作战。

1948年5月12日，东北野战军阻击国民党第十三军的第四师由平泉增援承德。13日，华北野战军第二兵团进军热河的部队自蔚县地区沿途于延庆县城及上下店地区，各歼敌一部；29日，进抵平承路怀柔西北的黄花城、四海地区和汤河口、宝山寺、琉璃庙地区；接着，在东北野战军第十一纵队等部配合下，出击平承路怀柔至鞍匠营（今滦平县）段，至6月2日，切断了平承路，分别攻占隆化、丰宁、鞍匠营及平泉等城镇，对承德形成了包围态势，严重威胁北平敌之侧背。傅作义急调平绥路的主力向平承路增援。华北野战军第三纵队在平谷附近地区钳制敌军主力，以第四纵队等部出击冀东。6月12日晚至15日，华北野战军秘密东进，以奔袭动作，连克榛子镇、丰润、任各庄等敌据点12个，歼国民党第一五一师等部5000余人。国民党调集7个师的兵力，自平谷地区经三河、蓟县、玉田东援。华北野战军第三纵队等部立即乘机出击平承路，围攻古北口，调敌主力回援。接着，华北第四纵队和东北第十一纵队等部继续东进，截断北宁路，于23日至25日连克昌黎县城及石门镇等据点多个，歼敌保安团队共4000余人。

***隆化战斗中董存瑞舍身炸碉堡（5月25日）** 1948年初，冀热辽解放区地域扩大，人口增加，形成了生产发展、后方巩固的良好局面。承德等地国民党守军处在解放区的重重包围之中，完全处于被动挨打的地位。5月8日，冀热辽军区政治局发出《关于热河战役政治工作的指示》，指出冀热辽解放军与国民党十三军相比，兵力火力均占优势，发起承德外围作战的必胜条件已经成熟。5月13日，冀热辽第十一纵队一部以很小的代价歼灭驻防在承德几十公里的国民

党十三军的一个工兵营。随后，部队绕过承德，直插隆化。

5 月 24 日，进攻隆化县城的战斗打响。隆化位于承德的西北部，是防守承德的北大门，地形险要，易守难攻，守卫隆化城的国民党军为八十九师二六五团及师属工兵连、战防炮连和保安团 2000 余人。解放军攻城的部署是以三十一师担负主攻，在炮兵旅的配合下，夺取敌军制高点苔山阵地；三十二师一个团从东北方向攻击隆化中学，另两个团为预备队；三十三师从城东南方向突击，支援三十一师攻苔山，掩护三十二师攻击隆化中学；独六师位于高寺台一线，阻击承德增援之敌。攻击开始后，解放军首先用炮火摧毁了苔山制高点上的大部工事，步兵也攻占了县城的大部，但在隆化中学遇到了敌军顽强的抵抗。在校东北角的外侧旱河上的一座桥型碉堡里，敌军以猛烈的火力封锁进入学校的通道。

两次炸碉堡失败后，班长董存瑞身带炸药包和两名携带支架的战士第三次去炸碉堡，两名战士中途不幸中弹倒下，只有董存瑞一人冲到了碉堡的跟前。此时，他的左腿被敌人的机枪打断，暗堡的底部离干涸的河床还有段高度，河道两侧护堤陡滑，他两次安放的炸药因没有木托都滑了下来。此时，冲锋号已经吹响，董存瑞毅然用身体作支架，左手托起炸药包，右手拉燃了导火索，炸毁了敌人的桥形暗堡。年仅 19 岁的董存瑞英勇牺牲。5 月 26 日凌晨 3 时，历经 21 小时激战，国民党除一部潜逃外，其余 1600 余人全部被歼，隆化县城得到解放。

6 月 8 日，东北野战军第十一纵队党委决定，追认董存瑞为“纵队战斗英雄”“模范共产党员”，命名他生前所在的六连六班为“董存瑞班”，规定纵队所属机关和部队在点名和集会时，静默 3 分钟以示悼念。7 月 10 日，冀热察行署发布决定，将隆化中学改名为存瑞中学。

刘少奇强调华北工作具有全国性意义（5 月 20 日）　1948 年 5 月 20 日，刘少奇在中共中央华北局扩大会议上讲话，阐述了晋冀鲁豫中央局和晋察冀中央局合并的理由，指出，以前因为日本人封割，所以成立两个战略单位进行斗争。今天没有封割了，故没有任何理由再分成两个战略单位进行斗争，要合并起来，统一进行斗争。合并了，有利无害，这是人民的要求，还可以节约干部。在谈到华北局的工作任务时，刘少奇指出，毛主席的战略方针是把战争引向国民党区，以保护我解放区。华北的方针是建设的方针，进行土地改革，发展生产，训练干部，支援前线，改善人民生活。我们现在建设的各种制度将来要为全国所取法。中央工作主要是华北局工作，华北工作带有全国性意义。我们从陕北出发，落脚华北，今天又从华北出发，走向全国。我们要逐步走向正规化，强调集中统一，反对分散主义、无政府状态。

华北军区组建（5 月） 为了加强整个华北解放区的建设，并使之成为支援全国各战场的战略基地，1948 年 5 月 9 日，中共中央和中央军委决定将晋察冀和晋冀鲁豫两大解放区合并成华北解放区，设立中共中央华北局、华北联合行政委员会、华北军区，由刘少奇兼任华北局第一书记，董必武任华北联合行政委员会主任，聂荣臻任华北军区司令员，薄一波任政治委员，徐向前、滕代远、萧克任副司令员，赵尔陆任参谋长，罗瑞卿任政治部主任，蔡树藩为副主任。机关设司令部、政治部、后勤司令部。

原晋冀鲁豫军区所属的冀鲁豫军区、冀南军区、太行军区、太岳军、独立第一旅、独立第三旅，原晋冀鲁豫野战军第八纵队、第十三纵队、第十四纵队和原晋察冀军区所属的冀中军区、北岳军区、第一纵队、第二纵队、第三纵队、第四纵队、第六纵队、第七纵队、补训兵团（1948 年 3 月，晋察冀军区为满足野战部队兵员补充的需要，组建补充兵团，辖第一至第四补（俘）训旅）均划归华北军区建制；原晋冀鲁豫军区炮兵旅和晋察冀军区炮兵旅分别改番号为华北军区炮兵第一旅、第二旅。华北军区下辖六个军区及野战军第一、第二兵团。第一兵团辖第八、第十三、第十四纵队，以徐向前兼任司令员和政治委员，第二兵团辖第二、第三、第四、第六纵队和炮兵旅，以杨得志任司令员，罗瑞卿兼任第一政治委员、杨成武任第二政治委员。

5 月 31 日，中共中央华北局《关于晋察冀与晋冀鲁豫两区合并问题》给毛主席并中央的报告中，对华北军区的机构作了进一步的补充，提出司令部设七个处，政治部设四部二处，后勤部设三部一处。华北军区所辖地方军编为北岳、冀中、冀南、冀鲁豫、太行、太岳和晋中等二级军区。

华北军政大学在石家庄成立（5 月） 为加强对军事政治干部的培养与训练，为华北战场乃至全国各战场培养大批中高级指挥人才，1948 年 5 月，中央军委决定在石家庄成立华北军政大学。它是由原晋察冀军区的军政干校、步兵学校和晋冀鲁豫的军政大学、陆军中学、青年教导团等 5 个单位合并而组建的，属于华北军区建制。叶剑英任校长兼政治委员，萧克任副校长，朱良才任副政治委员兼政治部主任，谭家述任教育部部长，李钟奇任校务部部长，陶汉章任教育部副部长。学员主要是各部队的从旅团到连排长职务的干部，有军事指挥员、政工人员、通信员、警卫员、地方武委会干部，还有一部分战士，也有刚从敌军中解放过来的青年军官。

华北军政大学的教学方针是：培养成千上万的政治上坚定，能掌握与运用毛泽东思想进行正规建军、正规作战，并能宣传党的政策策略的军事、政工干部。教学内容为：在战术上要进行攻坚战、山地战、水网稻田战、河川战的训练，特别强调各兵种合成战术的教育。在技术上，着重训练炮兵。炮兵的训练重点是山炮。工兵训练以爆破和架桥为主，其次进行坑道作业和筑城训练。同时，训练摩托干部，以适应现代战争需要。政治理论教育内容，除学习马列主义的基本理论外，特别强调中国共产党的方针政策的教育。华北军政大学采取群众路线和民主的教学方法，把教学过程分为教学准备阶段、教学实施阶段、教学检查阶段。

7 月 1 日，朱德在华北军政大学开学典礼上指出，革命形势的迅速发展，不但要求有大批的干部去开展工作，而且对干部的质量也有较高的要求。要求我们的干部必须有见识、有能力，更要有好的作风和坚定的党性。

经过两年多的艰苦奋斗，华北军政大学为人民解放军培养输送各兵种骨干和军政指挥员 1.4 万余名，培养军事、政治、文化教员 1000 余名，为解放战争的最后胜利和后来的国防建设作出了重大贡献。

9 月

华北人民政府成立（9 月 26 日）　华北人民政府的成立是按照中共中央、华北局的指示精神，有计划、有步骤地进行的。根据中共中央华北局 1948 年 5 月关于成立统一的华北人民政府的建议，6 月 11 日，晋冀鲁豫边区参议会、晋察冀边区参议会发出了召开驻会参议员联席会议的通告。通告指出，为适应当前形势需要及呼应中国共产党华北中央局之建议，迅速召开华北临时人民代表大会，并制定推举代表大会筹备委员会，以期我华北联合执政之新的机构提早诞生。

6 月 12 日，晋冀鲁豫边区政府、晋察冀边区行政委员会共同发出通知：在新政府产生以前，两边区政府采取联合办公形式，各部门的名称用厅、处、院，并决定设临时性的机构七厅二处一院一行作为联合行政委员会的工作机构。华北联合行政委员会主席为董必武，副主席为黄敬、杨秀峰。

华北联合行政委员会在当时负责统一领导整个华北地区的政务，组织人力、物力恢复与发展生产；保护工商业，进一步完成土地改革，巩固和发展人民民主统一战线，巩固人民民主政权和支援全国解放战争；执行两边区参议会驻会参议员联席会议决议事项，负责筹备华北临时人民代表大会的召开，并在这个基础上筹备组建华北人民政府；负责处理由"联合办公"到华北人民政府成立之前这一历史阶段的各项具体工作。

为了尽快成立华北人民政府，晋冀鲁豫和晋察冀两边区参议会驻会参议员，于 6 月 26 日在石家庄举行联席会议。会议通过了关于召开华北临时人民代表大会产生统一的华北人民政府的重要决议。大会还推举薄一波、杨秀峰、宋劭文、戎子和、张友渔组成筹备委员会，宋劭文为筹备处主任，平杰三为副主任，负责草拟提交大会讨论的几个重要文件，即《华北人民政府组织大纲》《华北局关于华北人民政府施政方针的建议》《华北解放区农业税暂行税则》《村、县（市）人民代表选举条例》。根据参议员联席会议的决定，晋冀鲁豫边区政府和晋察冀边区行政委员会联合发布了《关于召开华北临时代表大会暨选举办法的决定》。

6 月 30 日，中共中央华北局发出了《关于召开华北临时人民代表大会的通知》。文件指出，为使华北人民政府成立具备完备的民主手续，决定分三个步骤成立：第一步，南北两区政府实行联合办公。第二步，召开两边区参议会驻会参议员联席会议，此会已于 6 月 26 日召开并通过决议：（一）两区政府完全合并，追认两区政府联合办公为完全合并的过渡阶段；（二）由业已联合办公的两边区政府，负责筹备召开临时华北人民代表大会，产生华北统一的政府。第三步，召开临时华北人民代表大会，产生政府。为了开好华北临时人民代表大会，广泛听取党外民主人士的意见。刘少奇还专门指示，会期可延长到 10 天以上，以便党外人士讲话。

华北临时人民代表大会于 8 月 5 日开始举行预备会，主要商讨华北临时人民代表大会主席团产生的原则和名额，并组织提案审查委员会和代表资格审查委员会。预备会上推选董必武、聂荣臻、薄一波、彭真、滕代远、杨秀峰、宋劭文、成仿吾等 33 人组成华北临时人民代表大会主席团；推举杨秀峰、万丹如、孟甫等 11 人组成资格审查委员会，对出席华北临时人民代表大会的代表资格进行审查。

8 月 7 日，华北临时人民代表大会在石家庄电影院正式开幕。出席这次大会的代表有 542 人，其中党员有 376 人，非党员有 166 人。大会首先由董必武致开幕词，他指出这次大会是中国民主革命历史中划时代的一次大会。董必武对这次大会的现实意义和深远的历史意义作了高度的概括：这次大会将成为全国人民代表大会的雏形。他的讲话，给代表们以极大的鼓舞，使代表们看到了新中国的曙光，宣告了一个崭新的全国性的联合政府即将成立。中原军区代表邓小平、晋察冀部队代表滕代远、回民代表何其宽、工运代表凌必应、法学专家陈瑾昆、民盟代表李何林、国统区学生代表等分别讲了话。

在大会期间，杨秀峰、宋劭文分别作了晋冀鲁豫边区政府及晋察冀边区行政委员会两年来的政府工作报告；聂荣臻作了华北军区两年来的军事报告；薄一波代表中共华北局作了关于华北区施政方针的建议报告；杨秀峰作了《华北人民政府组织大纲草案》的说明；谢觉哉作了《村、县（市）人民政权组织条例草案》及《村、县（市）人民代表选举条例草案》的说明。安子文作为中央工委代表也出席了会议。

8 月 18 日，华北临时人民代表大会选举了董必武、聂荣臻、薄一波、徐向前、成仿吾、杨秀峰、谢觉哉、黄敬、宋劭文、滕代远、凌必应、戎子和、蓝公武、范文澜、晁哲甫、薛迅、张苏、于力、赵尔陆、殷希彭、南汉宸、邢肇棠、徐正、贾心斋、陈瑾昆、刘雨辰、王复初共 27 人为华北人民政府委员。华北临时人民代表大会胜利闭幕。

9 月 26 日，董必武率当选的华北人民政府委员会全体干部就职视事。华北人民政府正式成立，晋察冀边区行政委员会、晋冀鲁豫边区政府撤销。

晋察冀边区行政委员会从 1938 年 1 月成立到 1948 年 9 月撤销，历时 10 年多。在这 10 年多时间里，晋察冀边区行政委员会完成了中共中央交办的各项任务，为民族的独立和人民的解放作出了重要贡献。

后　　记

为学习贯彻习近平总书记关于“深入开展中国人民抗日战争研究”重要讲话精神，传承和弘扬晋察冀抗战精神，助力实现中华民族伟大复兴的中国梦，中共河北省委党史研究室、河北省晋察冀边区研究会联合编纂出版本书。

2016 年 11 月，省委党史研究室组织保定、石家庄、沧州、唐山、承德、张家口、秦皇岛、廊坊、衡水等九市的党史部门及城南庄晋察冀边区革命纪念馆的有关人员召开编写座谈会，讨论制定编写规范和要求，明确任务分工，本书的编写工作正式启动。由于时间紧、任务重，本书稿采取边列条目、边写作的方法，并实行分工负责制。具体分工如下：贾景辉负责 1937 年 7 月至 12 月，王宏负责 1938 年 1 月至 1939 年 6 月，丁建同负责 1939 年 7 月年至 1940 年底，阎丽负责 1941 年 1 月至 12 月，王利慧负责 1942 年 1 月至 6 月，王晓平负责 1942 年 7 月至 1943 年 6 月，王林芳负责 1943 年 7 月至 1945 年 9 月，李翠艳负责 1945 年 10 月至 1948 年 9 月。在编写人员的共同努力下，在短短 10 个月内，完成了 100 多万字的书稿。为了更完整地展现党领导全国人民艰苦抗战的伟大历程，本书增加了 1931 年 9 月至 1937 年 6 月有关条目，由上官诗媛编写。王林芳、李翠艳对全书进行了统稿。

本书按照编年体为主、纪事本末体为辅的原则编写，总体上按照历史发展脉络编排，但注意记述事件的完整性。鉴于篇幅的限制，在对重要事件进行整体记述外，其所包含的可以独自成条的内容以“ * ”带目予以详细阐述。本书以记述史实为主，对人与事不作过多评价，行文力求准确、朴实、生动、简洁，有可读性。

省委党史研究室领导对此书的编写工作倾注了大量心血，室主任孙增武十分关注本书的出版，要求高质量地做好各项工作。室副主任赵胜军、宋学民、姚建敏从本书的整体谋划、框架结构与实施方案制定到编写修改，都进行了悉心指导，并审定了全部书稿。河北美术出版社原社长张基春、原副总编辑王素芝对本书的组织策划付出了辛苦劳动。

由于编者水平有限，本书难免有疏漏和不妥之处，敬请广大读者不吝赐教。

编者

2021 年 3 月